Henner Schierenbeck

Ertragsorientiertes Bankmanagement

Henner Schierenbeck

Ertragsorientiertes Bankmanagement

Band 3: Fallstudien mit Lösungen

6., überarbeitete und erweiterte Auflage

GABLER

Bibliografische Information Der Deutschen Bibliothek
Die Deutsche Bibliothek verzeichnet diese Publikation in der Deutschen Nationalbibliografie; detaillierte bibliografische Daten sind im Internet über <http://dnb.ddb.de> abrufbar.

Professor Dr. Dr. h.c. Henner Schierenbeck ist Ordinarius für Bankmanagement und Controlling am Wirtschaftswissenschaftlichen Zentrum der Universität Basel.

1. Auflage 1992
2. Auflage 1997
3. Auflage 1997
4. Auflage 1998
5. Auflage April 2002
6. Auflage Mai 2005

Lektorat: Susanne Kramer / Renate Schilling

Der Gabler Verlag ist ein Unternehmen von Springer Science+Business Media.
www.gabler.de

Umschlaggestaltung: Ulrike Weigel, www.CorporateDesignGroup.de
Druck und buchbinderische Verarbeitung: Wilhelm & Adam, Heusenstamm
Gedruckt auf säurefreiem und chlorfrei gebleichtem Papier
Printed in Germany

ISBN 3-409-64207-2

Vorwort zur 6. Auflage

Die nunmehr sechste Auflage des Fallstudienbuches zum „Ertragsorientierten Bankmanagement" zeigt einmal mehr die Richtigkeit des Ansatzes eines in das Gesamtwerk integrierten Arbeitsbuches. Das Fallstudienbuch komplettiert die in der 8. Auflage erschienenen Bände 1 und 2.

Band 1: Grundlagen, Marktzinsmethode und Rentabilitäts-Controlling

Band 2: Risiko-Controlling und integrierte Rendite-/Risikosteuerung

Mit der neuen Auflage waren zahlreiche Anpassungen an das sich beständig ändernde Umfeld verbunden. Diese waren primär durch die im Juni 2004 veröffentlichte, überarbeitete Rahmenvereinbarung des Basler Ausschusses („Basel II") notwendig geworden. Aber auch in anderen Bereichen waren Abstimmungen und kleinere Korrekturen notwendig.

Des weiteren fanden auch zwei neue Fallstudien Aufnahme in das Arbeitsbuch. Dabei handelt es sich einerseits um die regulatorische Behandlung eigener Aktien bei der Kennzahlenberechnung und deren Auswirkung (Fallstudie 65) und zum anderen um eine Aufgabe zum in der achten Auflage des Bandes 1 erstmals vorgestellten IVG (= Incremental Value Generation) (Fallstudie 30).

Für die Projektkoordination und den inhaltlichen Beitrag möchte ich mich bei Herrn LIC.RER.POL. MICHAEL POHL bedanken. Ihm zur Seite standen die Herren LIC.RER.POL. MICHAEL BUESS, DIPL.-KFM. MATTHIAS EICHER, DIPL.-VW. MICHAEL KUNZ und LIC.RER.POL. MANUEL PLATTNER sowie die studentischen Hilfskräfte Frau CAND.RER.POL. JESSICA LIST, Frau STUD.RER.POL. PETRA SCHULTHEISS und Herr CAND.RER.POL. CHRISTOPH VONDER MÜHLL, welche an der technischen Umsetzung beteiligt waren.

Basel, im Februar 2005

HENNER SCHIERENBECK

Vorwort zur 1. Auflage

Im Gegensatz zu den ersten beiden Auflagen des "Ertragsorientierten Bankmanagements" sind in der neuesten, dritten Auflage am Schluss der jeweiligen Kapitel keine Übungsaufgaben mehr eingefügt worden. Zum einen geschah dies aus Gründen der Beschränkung des ohnehin sehr stark angewachsenen Gesamtumfangs, zum anderen konnte ich so die Chance ergreifen, diese Übungsaufgaben einem vielfach geäußerten Wunsch entsprechend erheblich zu erweitern und sie in einem gesonderten Fallstudienbuch zusammenzufassen. Dieses liegt nunmehr vor.

Der Aufbau des Übungsbuches lehnt sich eng an die dritte Auflage des "Ertragsorientierten Bankmanagements" an. Dadurch ergänzt es in idealer Weise die Lektüre des zugrundeliegenden Basiswerkes. Insbesondere bietet es auch die Möglichkeit der Repetition und der Vertiefung des dargestellten Stoffes. Trotz dieser engen Verzahnung mit dem "Ertragsorientierten Bankmanagement" kann das Übungsbuch selbstverständlich auch für sich genommen mit Gewinn gelesen werden. Dazu tragen nicht zuletzt die sehr ausführlichen Lösungsvorschläge bei, die sicher maßgeblich zur Qualität dieses Fallstudienbuches beitragen.

Bei der Auswahl der Fallstudien habe ich mich zum einen davon leiten lassen, dass der Gesamtkomplex "Ertragsorientiertes Bankmanagement" im wesentlichen abgedeckt wird. Zum anderen habe ich einen gewissen Schwerpunkt auf neuere Entwicklungen legen wollen. So enthält die Sammlung beispielsweise sowohl eine Fallstudie zur Bonus-/Malusproblematik in der Einzelgeschäftskalkulation als auch Aufgaben zu den im Rahmen des Risiko-Managements behandelten neueren Finanzinstrumenten. Im übrigen sind Umfang und Schwierigkeitsgrad der Fallstudien mit Bedacht unterschiedlich verteilt, wobei ich bewusst keine entsprechende Kategorisierung vorgenommen habe.

Ein Übungsbuch wie das vorliegende ist nicht nur für den, der es durcharbeitet, mit viel (aber hoffentlich lohnenden) Mühen verbunden, sondern insbesondere auch für alle die, die bei der Erstellung eines solchen Werkes mitgewirkt haben. Mein herzlicher Dank gilt hierbei meinen Mitarbeitern, ohne deren Engagement dieses Buch nicht entstanden wäre.

An erster und herausragender Stelle möchte ich hier insbesondere Herrn DIPL.-KFM. GÜNTER FIEBACH erwähnen, der die Gesamtkoordination innehatte, den Großteil der Fallstudien geschrieben und immer wieder die Korrektheit der Lösungsvorschläge geprüft hat. Als weitere Mitarbeiter, denen ich ebenfalls zu Dank verpflichtet bin, möchte ich besonders Herrn DR. ARND WIEDEMANN sowie Herrn DR. ALFRED W. MARUSEV nennen. Für zahlreiche Korrekturhinweise danke ich ferner Frau DIPL.-KFM. DORIS FELLENSTEIN, Herrn DIPL.-KFM. MICHAEL LISTER und Herrn DIPL.-KFM. JÖRG G. RAAYMANN.

Von meinen studentischen Mitarbeitern möchte ich an erster Stelle Frau CAND. RER. POL. CORNELIA LAFFER und Frau CAND. RER. POL. CLAUDIA WÖHLE nennen, die mit außerordentlich hohem Engagement die druckfertige Umsetzung des Manuskriptes besorgt haben. Ihnen zur Seite standen Frau CAND. RER. POL. PASCALE KELLER und Herr STUD. RER. POL. CHARLES E. RIPPERT. Ihnen allen gebührt mein herzlicher Dank.

Basel, im Juli 1992

HENNER SCHIERENBECK

Inhaltsübersicht

Band 1: Grundlagen, Marktzinsmethode und Rentabilitäts-Controlling

Drittes Kapitel

Band 2: Risiko-Controlling und integrierte Rendite-/Risikosteuerung

Erstes Kapitel

Zweites Kapitel

Drittes Kapitel

Band 3: Fallstudien mit Lösungen (6. Auflage)

Fallstudie 1: Methoden zur Ermittlung des Konditionsbeitrags-Barwertes

Die IBW-Bank vergibt am 01.08.05 an den Basler Uhrenfabrikanten Uhrs Wotsch einen Kredit zu folgenden Konditionen:

- Kreditbetrag: 100.000 CHF
- Laufzeit: 4 Jahre
- Nominalzins: 8,5 %
- Disagio: 2 %
- Zinszahlung: jährlich nachschüssig
- Tilgung: in 4 gleichen Raten, jeweils zum 31.07.

Der Effektivzins des Kredites beträgt 9,4545940 %.

Die aktuellen Geld- und Kapitalmarktzinssätze lauten wie folgt:

Laufzeit	GKM-Satz
1 Jahr	6,5 %
2 Jahre	7,0 %
3 Jahre	7,5 %
4 Jahre	8,0 %

Abb. 1.1: Geld- und Kapitalmarktzinsen am 01.08.05

1. Erläutern Sie kurz die Zielsetzung und die Vorgehensweise zur Ermittlung des Konditionsbeitrags-Barwertes über die Konstruktion zahlungsstrukturkongruenter GKM-Gegengeschäfte!

2. Berechnen Sie den Konditionsbeitrags-Barwert für den Kredit der IBW-Bank über die Konstruktion der zahlungsstrukturkongruenten GKM-Refinanzierung!

3. Worin liegt der Vorteil der Verwendung von (Kassa-)Zerobond-Abzinsfaktoren zur Berechnung des Konditionsbeitrags-Barwertes?

4. Zerobond-Abzinsfaktoren lassen sich über die Konstruktion von synthetischen Zerobonds bestimmen.

   a) Erläutern Sie zunächst, was man unter einem Zerobond bzw. einer Nullkupon-Anleihe versteht!

b) Ermitteln Sie aus den in Abbildung 1.1 angegebenen Zinssätzen, die zum Zeitpunkt 01.08.05 für die verschiedenen Laufzeiten gültig sind, beispielhaft den (Kassa-)Zerobond-Abzinsfaktor für 3 Jahre über die Konstruktion eines synthetischen Zerobonds!

c) Welche durchschnittliche jährliche Rendite (= Emissionsrendite) weist dieser 3-jährige synthetische Zerobond auf?

5. Berechnen Sie nun den Konditionsbeitrags-Barwert des Kredites unter Verwendung der Zerobond-Abzinsfaktoren!

Die noch fehlenden (Kassa-)Zerobond-Abzinsfaktoren für 1, 2 und 4 Jahre sind der folgenden Abbildung 1.2 zu entnehmen.

Laufzeit	GKM-Satz	Zerobond-Abzinsfaktor
1 Jahr	6,5 %	0,938967
2 Jahre	7,0 %	0,873152
3 Jahre	7,5 %	?
4 Jahre	8,0 %	0,732154

Abb. 1.2: (Kassa-)Zerobond-Abzinsfaktoren für die am 01.08.05 gültigen GKM-Zinsen

Lösungsvorschlag zu Fallstudie 1:

zu 1.:

Die zahlungsstrukturkongruenten GKM-Anlage- beziehungsweise GKM-Refinanzierungsströme werden so bestimmt, dass – außer im Zeitpunkt des Abschlusses des Geschäfts – die Zahlungen aus dem Kundengeschäft von den Zahlungen der Gegengeschäfte am Geld- und Kapitalmarkt kompensiert werden. Der Konditionsbeitrags-Barwert ergibt sich dann aus der Differenz zwischen der Anfangsauszahlung beziehungsweise -einzahlung des Kunden und der Summe der Anlage- beziehungsweise Refinanzierungstranchen des Gegengeschäftes. Für den Fall, dass die Gegengeschäfte zum Kundengeschäft am Geld- und Kapitalmarkt real durchgeführt würden, ließe sich der Konditionsbeitrags-Barwert zum Zeitpunkt des Geschäftsabschlusses tatsächlich vereinnahmen.

Hinweis: Sämtliche Ergebnisse der nachfolgenden Aufgaben sind aufgrund der höheren Genauigkeit mit ungerundeten Zwischenergebnissen berechnet, so dass es bei Berechnungen mit gerundeten Zwischenergebnissen zu Abweichungen kommen kann.

zu 2.:

Die Konstruktion der zahlungsstromkongruenten GKM-Refinanzierung zum Kundenkredit gibt Abbildung 1.3 wieder.

Um die am weitesten in der Zukunft anfallende Kundenzahlung in Höhe von 27.125 CHF auszugleichen, muss ein 4-Jahres-Gegengeschäft am Geld- und Kapitalmarkt zu einer Rückzahlung – einschließlich der Zinsen für das vierte Jahr – in der gleichen Höhe führen. Daraus lässt sich das zum Zeitpunkt des Kundengeschäftsabschlusses am Geld- und Kapitalmarkt aufzunehmende 4-Jahres-Geld ableiten: 27.125 CHF : (1 + 8 %) = 25.115,74 CHF. Diese Refinanzierung führt zu jährlichen Zinszahlungen von 2.009,26 CHF (= 25.115,74 CHF · 8 %). Die Zinszahlung des dritten Jahres mindert die Zahlung aus dem Kundengeschäft, so dass durch ein 3-Jahres-Gegengeschäft am Geld- und Kapitalmarkt eine Rückzahlung – einschließlich der Zinsen für das dritte Jahr – von 27.240,74 CHF (= 29.250 CHF – 2.009,26 CHF) generiert werden muss. Sukzessive lassen sich auf die gleiche Weise wie oben beschrieben die 3-, 2- und 1-Jahres-Refinanzierungstranchen bestimmen. Die Summe dieser Refinanzierungstranchen (= 102.221,52 CHF) stellt also den Betrag dar, der am Geld- und Kapitalmarkt – aufgeteilt auf die verschiedenen Laufzeiten – aufzunehmen ist, um die jährlich anfallenden Kundenzahlungen aus dem Kredit auszugleichen. Die Differenz zur Anfangsauszahlung des Kundengeschäfts, also der Konditionsbeitrags-Barwert, drückt die Vorteilhaftigkeit des Kredites gegenüber einem Alternativgeschäft am Geld- und Kapitalmarkt bezogen auf den Zeitpunkt des Kundengeschäftsabschlusses dar.

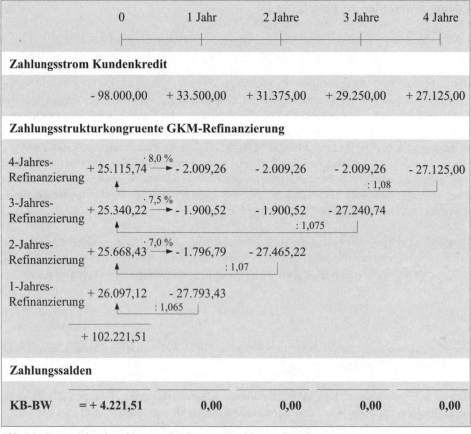

	0	1 Jahr	2 Jahre	3 Jahre	4 Jahre
Zahlungsstrom Kundenkredit					
	- 98.000,00	+ 33.500,00	+ 31.375,00	+ 29.250,00	+ 27.125,00
Zahlungsstrukturkongruente GKM-Refinanzierung					
4-Jahres-Refinanzierung	+ 25.115,74	- 2.009,26	- 2.009,26	- 2.009,26	- 27.125,00
(· 8,0 % ; : 1,08)					
3-Jahres-Refinanzierung	+ 25.340,22	- 1.900,52	- 1.900,52	- 27.240,74	
(· 7,5 % ; : 1,075)					
2-Jahres-Refinanzierung	+ 25.668,43	- 1.796,79	- 27.465,22		
(· 7,0 % ; : 1,07)					
1-Jahres-Refinanzierung	+ 26.097,12	- 27.793,43			
(: 1,065)					
	+ 102.221,51				
Zahlungssalden					
KB-BW	**= + 4.221,51**	**0,00**	**0,00**	**0,00**	**0,00**

Abb. 1.3: Konstruktion der zahlungsstrukturkongruenten GKM-Refinanzierung

zu 3.:

Der Konditionsbeitrags-Barwert von Kundengeschäften lässt sich konzeptionell einfacher bestimmen, wenn auf der Grundlage der jeweiligen Marktzinssätze erst einmal entsprechende Abzinsfaktoren bestimmt werden. Mit diesen Abzinsfaktoren, die die spezifische Information über die aktuell gültigen Geld- und Kapitalmarktzinsen enthalten, können sämtliche Zahlungsströme aus Kundengeschäften bewertet und somit auf den Zeitpunkt des Geschäftsabschlusses bezogen werden. Dadurch erübrigt sich die individuelle Konstruktion der zahlungsstrukturkongruenten GKM-Gegengeschäfte für jedes einzelne Geschäft. Zu beachten ist allerdings, dass die Verwendung von Zerobond-Abzinsfaktoren bei gespaltenen Geld- und Kapitalmarktzinssätzen zu suboptimalen Ergebnissen führt (siehe Fallstudie 20).

zu 4.a):

Zerobonds (Nullkupon-Anleihen) sind Finanztitel, die in abgezinster Form ausgegeben und bei Fälligkeit zum Nennwert getilgt werden. Folglich weist der Zahlungsstrom dieser Anleihen nur zwei Werte auf: einen Emissions- beziehungsweise Anschaffungskurs sowie einen Rückzahlungs- beziehungsweise Verkaufskurs. Der Anleger erhält während der Laufzeit keine jährlichen Zinszahlungen. Aus der Emissionsrendite des Zerobonds ergeben sich fiktive zwischenzeitliche Zinszahlungen, die zu diesem Prozentsatz jeweils implizit wiederangelegt werden. Die Rückzahlung besteht somit aus dem eingezahlten Kapitalbetrag und den kumulierten Zins- und Zinseszinszahlungen.

zu 4.b):

Der Ermittlung der (Kassa-)Zerobond-Abzinsfaktoren über die Konstruktion synthetischer Zerobonds liegt die Überlegung zugrunde, welcher Betrag zum aktuellen Zeitpunkt angelegt zu einer zukünftigen Rückzahlung in Höhe von 1 CHF führt. Aus einer Kombination von Geld- und Kapitalmarktgeschäften ist also ein Zahlungsstrom zu konstruieren, der nur eine Anfangsauszahlung und eine Rückzahlung am Ende der Laufzeit aufweist. Der 3-jährige Zerobond-Abzinsfaktor ermittelt sich aus der Kombination einer 3-Jahres-Geldanlage sowie einer 2-jährigen und einer 1-jährigen Refinanzierung.

Ausgangspunkt der Berechnungen bildet die Rückzahlung in drei Jahren in Höhe von 1 CHF, die den Auszahlungsbetrag einer 3-Jahres-Geldanlage sowie die Zinsen für das dritte Jahr beinhaltet. Der Anlagebetrag berechnet sich, indem dieser Rückzahlungsbetrag durch (1 + 7,5 %) dividiert wird. Die 3-Jahres-Geldanlage führt nach zwei Jahren zu einer Zinszahlung, die durch eine 2-jährige Refinanzierung zu eliminieren ist. Für diese gilt ein Geld- und Kapitalmarktzinssatz von 7,0 %, so dass sich der Refinanzierungsbetrag in t = 0 in Höhe von + 0,065203 CHF ergibt. Mit einer weiteren Refinanzierung über 1 Jahr werden die nach 1 Jahr anfallenden Zinszahlungen der 3-Jahres-Anlage und der 2-Jahres-Refinanzierung ausgeglichen. Der Zerobond-Abzinsfaktor ermittelt sich schließlich aus dem Saldo der 3-Jahres-Geldanlage sowie der 2-Jahres- und der 1-Jahres-Refinanzierung im Zeitpunkt t = 0.

(Kassa-)Zerobond-Abzinsfaktor für 3 Jahre ZB-AF[0;3]:

GKM-Geschäft	Laufzeit	GKM-Satz	0	1	2	3
Geldanlage	3 J.	7,5 %	- 0,930233	+ 0,069767	+ 0,069767	+ 1
Refinanzierung	2 J.	7,0 %	+ 0,065203	- 0,004564	- 0,069767	
Refinanzierung	1 J.	6,5 %	+ 0,061224	- 0,065203		
			- 0,803806	0	0	+ 1

=> **ZB-AF[0;3] = 0,803806**

Mit dem 3-jährigen (Kassa-)Zerobond-Abzinsfaktor können nun sämtliche Kundenzahlungen, die nach 3 Jahren aus den heute abgeschlossenen Geschäften anfallen, bewertet und somit auf den Zeitpunkt des Geschäftsabschlusses bezogen werden.

zu 4.c):

Der Zerobond würde im Zeitpunkt t = 0 zu einem Kurs von 80,3806 % ausgegeben, die Rückzahlung beträgt nach Ablauf von 3 Jahren 100 %. Die durchschnittliche jährliche Rendite (= Emissionsrendite) berechnet sich wie folgt:

$$80{,}3806\,\% \cdot (1+x)^3 = 100\,\%$$

$$\Rightarrow \quad (1+x)^3 = \frac{1}{0{,}803806}$$

$$\Rightarrow \quad (1+x) = \sqrt[3]{\frac{1}{0{,}803806}}$$

$$\Rightarrow \quad x = \sqrt[3]{\frac{1}{0{,}803806}} - 1$$

$$\Rightarrow \quad \mathbf{x = 7{,}5515\,\%}$$

zu 5.:

Zunächst werden die Zahlungen des Kunden mit Hilfe der (Kassa-)Zerobond-Abzinsfaktoren verbarwertet, d.h. auf den Zeitpunkt des Geschäftsabschlusses abgezinst (vgl. Abb. 1.4).

Datum	Kapitaldienst	Zerobond-Abzinsfaktor	Barwert
	(1)	(2)	(3) = (1) · (2)
01.08.06	33.500	0,938967	31.455,39
01.08.07	31.375	0,873152	27.395,13
01.08.08	29.250	0,803806	23.511,32
01.08.09	27.125	0,732154	19.859,67
$\sum$	121.250		102.221,51

Abb. 1.4: Ermittlung des Barwertes der Kapitaldienste

Der Konditionsbeitrags-Barwert errechnet sich als Differenz zwischen dem Barwert der Kapitaldienste (= Zins- und Tilgungszahlungen) des Kunden und dem Kreditauszahlungsbetrag.

	102.221,51 CHF	Barwert der Kapitaldienste
–	98.000,00 CHF	Kreditauszahlungsbetrag
=	**4.221,51 CHF**	Konditionsbeitrags-Barwert

Fallstudie 2: **Immunisierung des Zinsspannenrisikos mit Zinsswaps**

Der hoffnungsvolle Nachwuchs-Controller Werner Weitblick ist seit kurzem bei der Crash-Bank in Thun beschäftigt. Kurz vor dem Bilanzstichtag 04 bekommt er den Auftrag, auf Basis der derzeit vorhandenen Informationen für die kommenden drei Geschäftsjahre Ablaufbilanzen zu erstellen. Das Ergebnis seiner Bemühungen ist in der folgenden Abbildung wiedergegeben:

Bilanzpositionen	31.12.04	31.12.05	31.12.06	31.12.07
Festverzinslich:				
• Wertschriften	250	250	250	250
• Schuldverschreibungen	300	300	300	----
Festzinsüberhang:				
• aktivisch	----	----	----	250
• passivisch	50	50	50	----
Variabel verzinslich:				
• Kontokorrentkredite	350	350	350	350
• Termineinlagen	300	300	300	600
Variabler Überhang:				
• aktivisch	50	50	50	----
• passivisch	----	----	----	250

Abb. 2.1: Ablaufbilanzen der Crash-Bank (in Mio. GE)

Durch intensive Recherchen hat Weitblick darüber hinaus in Erfahrung gebracht, dass

- die Position „Wertschriften" ausschließlich aus festverzinslichen Wertschriften besteht, die zum 31.12.07 in einer Summe getilgt werden,
- die von der Bank emittierten Schuldverschreibungen am 31.12.06 (inklusive der letzten Zinszahlung) in einer Summe zurückgezahlt werden,
- aufgrund der deutlich schwächeren Konjunkturlage für die Jahre 05 bis 07 ein jährlicher Rückgang des 3-Monats-Euribor um 1 %-Punkt erwartet wird,
- in der Vergangenheit die Zinssätze für Kontokorrentkredite bei einem Rückgang des 3-Monats-Euribor um 1 %-Punkt stets um 0,9 %-Punkte, die Zinssätze für Termineinlagen um 0,5 %-Punkte zurückgenommen wurden, und dass ein derartiger Wirkungszusammenhang auch für zukünftige Zinssenkungsphasen unterstellt werden kann.

Bei Betrachtung der Ablaufbilanzen stellt Weitblick fest, dass die Crash-Bank bei Eintritt der prognostizierten Zinsentwicklung bei der derzeit absehbaren Bilanzstruktur in den nächsten Jahren deutliche Ertragseinbußen zu erwarten hat. Weitblick ist überzeugt, dass man sich seinem Schicksal nicht tatenlos ergeben muss und sucht nun nach Möglichkeiten, dieser Entwicklung aktiv entgegenzuwirken.

1. a) Stellen Sie die Elastizitätsbilanz der Crash-Bank zum 31.12.04 auf und ermitteln Sie den Elastizitätssaldo der Gesamtbilanz!

   b) Während seines wirtschaftswissenschaftlichen Studiums an der Universität Basel hat sich Weitblick ausgiebig mit neueren Finanzinstrumenten beschäftigt. Aus dieser Zeit weiß er, dass unerwünschte Elastizitätsprofile mit Hilfe von Zinsswaps verändert werden können.

   b1) Wie muss der Zinsswap strukturiert sein, damit die in Teilaufgabe 1.a) aufgestellte Bilanz gegen Marktzinsänderungen immunisiert werden kann?

   Hinweis: Gehen Sie davon aus, dass Swapgeschäfte im variabel verzinslichen Bereich auf 3-Monats-Euribor-Basis abgeschlossen werden, für die eine Zinsanpassungselastizität von 1 gilt!

   b2) Erstellen Sie anschließend unter Einbeziehung dieses Zinsswaps die modifizierte Elastizitätsbilanz der Crash-Bank zum 31.12.04!

   c) Welches Problem ergibt sich aus einem solchen statischen Immunisierungsansatz?

Aufgrund dieses mit einem statischen Ansatz verbundenen Problems versucht Weitblick, eine dynamische bzw. intertemporäre Immunisierung zu konstruieren.

2. a) Skizzieren Sie allgemein die Vorgehensweise bei einer intertemporären Immunisierung der Zinsspanne!

   b) Ermitteln Sie die für die einzelnen Swap-Tranchen erforderlichen Volumina und Laufzeiten und beschreiben Sie die jeweilige Struktur der Zahlungsströme (fix bzw. variabel)! Stellen Sie nach Ermittlung der Swap-Tranchen jeweils die entsprechend modifizierte Elastizitätsbilanz auf!

   Gehen Sie dabei für das variabel verzinsliche Geschäft von den folgenden Prämissen aus:

   - Die durchschnittliche Zinsanpassungselastizität der variabel verzinslichen Positionen auf der Aktiv- und Passivseite bleibt in der Betrachtungsperiode unverändert.
   - Auslaufende Festzinsgeschäfte werden durch volumensmäßig entsprechende, variabel verzinsliche Geschäfte ersetzt (F/V- bzw. V/F-Schicht).
   - Der rein variable Block (V/V-Schicht) bleibt volumensmäßig unverändert.

Lösungsvorschlag zu Fallstudie 2:

zu 1.a):

Die **Elastizitätsbilanz** der Crash-Bank ist in der nachfolgenden Abbildung 2.2 dargestellt.

zu 1.b1):

Das Zinsänderungsrisiko wird im Rahmen der Zinselastizitätsbilanz durch ungleichgewichtige durchschnittliche aktivische und passivische Zinsanpassungselastizitäten (ZE) angezeigt. Die notwendige Voraussetzung für eine Immunisierung gegen das Zinsänderungsrisiko besteht also in einem Ausgleich dieser unterschiedlichen Elastizitäten.

Allgemein:

$$\text{Ø } ZE_{\text{Aktiv}} \text{ (nach Swap)} = \text{Ø } ZE_{\text{Passiv}} \text{ (nach Swap)}$$

$$\frac{\text{Bilanzvol.} \cdot \text{Ø } ZE_{\text{Akt.}} + \text{Swapvol.} \cdot ZE_{\text{Swap-Akt.}}}{\text{Bilanzvolumen}} = \frac{\text{Bilanzvol.} \cdot \text{Ø } ZE_{\text{Pass.}} + \text{Swapvol.} \cdot ZE_{\text{Swap-Pass.}}}{\text{Bilanzvolumen}}$$

$$\text{Swapvolumen} = \frac{\text{Bilanzvolumen} \cdot (\text{Ø } ZE_{\text{Passiv}} - \text{Ø } ZE_{\text{Aktiv}})}{ZE_{\text{Swap-Aktiv}} - ZE_{\text{Swap-Passiv}}}$$

Bei der Crash-Bank liegt ein **aktivischer** Elastizitätsüberhang vor, d.h. die Aktivzinsen reagieren stärker auf Veränderungen der Marktzinsen als die Passivzinsen. Um dieses Ungleichgewicht auszugleichen, muss ein **Receiver Swap** abgeschlossen werden, bei dem die Bank Festzinszahlungen erhält (Konsequenz: Ø ZE_{Aktiv} sinkt) und variable Zinszahlungen leistet (Konsequenz: Ø ZE_{Passiv} steigt). Die aktivische Elastizität des erforderlichen Swaps beträgt demnach 0, die passivische 1. Nach der oben genannten Formel folgt daraus für das Swapvolumen:

$$\text{Swapvolumen} = \frac{600 \text{ Mio. GE} \cdot (0{,}250 - 0{,}525)}{0 - 1{,}0} = \mathbf{165 \text{ Mio. GE}}$$

Das notwendige Swapvolumen beträgt 165 Mio. GE.

zu 1.b2):

Unter Berücksichtigung des Swaps ergibt sich die in der nachfolgenden Abbildung 2.3 dargestellte **modifizierte** Elastizitätsbilanz.

zu 1.c):

Das Problem des statischen Immunisierungsansatzes besteht darin, dass er keine Hinweise auf die notwendige **Laufzeitgestaltung** des Swaps enthält. Um derartige Aussagen treffen zu können, müssen bereits absehbare, zukünftige Veränderungen der Bilanzstruktur Berücksichtigung finden.

zu 2.a):

Vorgehensweise beim intertemporären Immunisierungsansatz:

- Ausgehend von dem am weitesten in der Zukunft liegenden Festzinsüberhang wird der Elastizitätssaldo und damit das Zinsänderungsrisiko zu diesem Zeitpunkt ermittelt.
- Es wird ein Zinsswap mit einer dem Zeitpunkt des Überhangs entsprechenden Laufzeit abgeschlossen, der zu einem Ausgleich des Elastizitätssaldos führt und dessen Zahlungsströme die zinsänderungsbedingten Ergebniseinbußen exakt kompensieren.
- Anschließend werden retrograd die restlichen, zeitlich davor liegenden Elastizitätsüberhänge durch Zinsswaps ausgeglichen, die laufzeitmäßig dem jeweiligen Überhang entsprechen.
- Dieser Vorgang wird solange fortgeführt, bis durch das „Swap-Bündel" sämtliche Elastizitätsungleichgewichte beseitigt worden sind.

zu 2.b):

Ermittlung der 1. Swap-Tranche mit Laufzeit bis zum 31.12.07

Ausgangspunkt bildet die Festzinsposition mit der längsten Laufzeit, im Beispiel ist dies die Position festverzinsliche Wertpapiere über 250 Mio. GE mit Laufzeit bis 31.12.07.

- **F/F-Schicht** per 31.12.07: 0
- **F/V-Schicht** per 31.12.07:

Block	Bilanzposition	Volumen (in Mio. GE)	Zins-anpassungs-elastizität	Ergebnisveränderung bei Δ 3-M.-Euribor = - 1 % Pkt. (in Mio. GE)
F	Aktiv: Wertschriften	250	0	0
V	Passiv: Termineinlagen	250	0,5	+ 1,25
				+ 1,25

- **V/V-Schicht** per 31.12.07:

Block	Bilanzposition	Volumen (in Mio. GE)	Zins-anpasungs-elastizität	Ergebnisveränderung bei Δ 3-M.-Euribor = - 1 % Pkt. (in Mio. GE)
V	Aktiv: Kontokorrentkredite	350	0,9	- 3,15
V	Passiv: Termineinlagen	350	0,5	+ 1,75
				- 1,40

- Gesamte **Ergebnisveränderung** bei Rückgang des 3-Monats-Euribor um 1 %-Punkt:

1,25 Mio. GE
- 1,40 Mio. GE

- 0,15 Mio. GE

Das zum Ausgleich dieses Ergebnisrückgangs abzuschließende Swapgeschäft muss also bei einem Rückgang des 3-Monats-Euribor um 1 %-Punkt zu einem **Gewinn** in Höhe von 0,15 Mio. GE führen. Da es sich um einen aktivischen Elastizitätsüberhang handelt, der bei sinkenden Marktzinsen zu Verlusten führt, muss die Bank einen Receiver Swap abschließen, bei dem sie feste Zinszahlungen (Zinsanpassungselastizität = 0) erhält und variable Zinszahlungen (Zinsanpassungselastizität = 1,0) leistet, so dass der Elastizitätsüberhang schließlich gleich 0 wird.

- Ermittlung der **durchschnittlichen Zinselastizitäten** (vor Swapgeschäft):

$$\text{Ø}\,ZE_{\text{Aktiv}} = \frac{250\,\text{Mio. GE} \cdot 0 + 350\,\text{Mio. GE} \cdot 0{,}9}{600\,\text{Mio. GE}} = 0{,}525$$

$$\text{Ø}\,ZE_{\text{Passiv}} = \frac{250\,\text{Mio. GE} \cdot 0{,}5 + 350\,\text{Mio. GE} \cdot 0{,}5}{600\,\text{Mio. GE}} = 0{,}5$$

- Ermittlung des **notwendigen Swapvolumens**:

allgemein: $$\text{Swapvolumen} = \frac{\text{Bilanzvolumen} \cdot (\text{Ø}\,ZE_{\text{Passiv}} - \text{Ø}\,ZE_{\text{Aktiv}})}{ZE_{\text{Swap-Aktiv}} - ZE_{\text{Swap-Passiv}}}$$

im Beispiel: $$\frac{600\,\text{Mio. GE} \cdot (0{,}5 - 0{,}525)}{0 - 1{,}0} = \mathbf{15\ Mio.\ GE}$$

Die 1. Swap-Tranche mit einer Laufzeit bis zum 31.12.07 muss ein Volumen von 15 Mio. GE aufweisen. Die Ergebniswirkung bei einem Rückgang des 3-Monats-Euribor um 1 %-Punkt ist mit + 0,15 Mio. GE (= 15 Mio. GE · 1,0 · 0,01) wie gewünscht.

Nach Abschluss dieses **3-Jahres-Zinsswaps** ergibt sich zum 31.12.07 die in der nachfolgenden Abbildung 2.4 dargestellte Elastizitätsbilanz.

Aus den in der Aufgabenstellung wiedergegebenen Ablaufbilanzen (vgl. Abb. 2.1) wird ersichtlich, dass sich die Bilanzstruktur der Bank am 31.12.07 von denjenigen der Vorjahre unterscheidet. Während zum 31.12.07 wegen des Auslaufens der Schuldverschreibungen ein aktivischer Festzinsüberhang vorliegt, sind die Jahre 05 und 06 durch einen passivischen Festzinsüberhang gekennzeichnet. Infolge der spezifischen Elastizitäten spielt dieser Unterschied hier jedoch keine Rolle. Entscheidend ist vielmehr die Höhe der einzelnen Elastizitäten. Unter den gegebenen Prämissen ergeben sich durch die Bilanzstrukturverschiebungen in 05 und 06 jeweils Elastizitätssalden, die von Null verschieden sind und somit auf Zinsänderungsrisiken hinweisen.

In der nachfolgenden Abbildung 2.5 ist die Elastizitätsbilanz zum 31.12.05 bzw. 06, die sich unter Einbezug der ersten Swap-Tranche ergibt, dargestellt. So verringert sich durch den Abschluss des 3-Jahres-Swaps der aktivische Elastizitätsüberhang zum 31.12.05 und zum 31.12.06 nur leicht von 0,275 auf 0,250, so dass ein Zinsrückgang um 1 %-Punkt einen Ergebnisrückgang von 1,5 Mio. GE (= 600 Mio. GE · 0,250 · 0,01) zur Folge hat. Um diesen Saldo auszugleichen und damit das Zinsänderungsrisiko auszuschalten, ist der Abschluss einer weiteren Swap-Tranche notwendig.

Ermittlung der 2. Swap-Tranche mit Laufzeit bis zum 31.12.06

- Struktur der **Zahlungsströme**:

Die Bank erhält wiederum fixe Zinszahlungen und leistet im Gegenzug entsprechende variable Zinszahlungen.

- **Notwendiges Swapvolumen**:

$$\frac{600 \text{ Mio. GE} \cdot (0{,}275 - 0{,}525)}{0 - 1{,}0} = \mathbf{150\ Mio.\ GE}$$

- **Ergebniswirkung** bei Rückgang des 3-Monats-Euribor um 1 %-Punkt:

150 Mio. GE · 1,0 · 0,01 = **1,5 Mio. GE**

Nach Abschluss des **„Swap-Bündels“** (inkl. der 2. Swap-Tranche) ergibt sich sowohl zum 31.12.05 als auch zum 31.12.06 die in der nachfolgenden Abbildung 2.6 wiedergegebene Elastizitätsbilanz. Die Elastizitätssalden sind damit bis zum 31.12.07 zu jedem Zeitpunkt ausgeglichen. Somit ist die gewünschte Immunisierung der Bilanz gegen die erwarteten Zinsänderungen erreicht.

Elastizitätsbilanz zum 31.12.04

Aktiva					Passiva				
Block	Bilanz-position	Volumen (in Mio. GE)	Zinsan-passungs-elastizität	Ertragsver-änderung bei Δ 3-M.-Euribor = - 1 %-Punkt (in Mio. GE)	Block	Bilanz-position	Volumen (in Mio. GE)	Zinsan-passungs-elastizität	Aufwandsver-änderung bei Δ 3-M.-Euribor = - 1 %-Punkt (in Mio. GE)
	(1)	(2)	(3)	(4) = (2)·(3)·(- 1 %)		(5)	(6)	(7)	(8) = (6)·(7)·(- 1 %)
F	Wert-schriften	250	0	0	F	Schuld-verschrei-bungen	300	0	0
V	Konto-korrent-kredite	350	0,9	- 3,15	V	Termin-einlagen	300	0,5	- 1,5
Σ bzw. Ø Aktiva		600	0,525	- 3,15	Σ bzw. Ø Passiva		600	0,25	- 1,5

aktivischer Elastizitätsüberhang:

0,525 – 0,25 = **0,275**

Abb. 2.2: Elastizitätsbilanz der Crash-Bank zum 31.12.04

Modifizierte Elastizitätsbilanz zum 31.12.04

Aktiva					Passiva				
Block	Bilanz-position	Volumen (in Mio. GE)	Zinsan-passungs-elastizität	Ertragsver-änderung bei Δ 3-M.-Euribor = - 1 %-Punkt (in Mio. GE)	Block	Bilanz-position	Volumen (in Mio. GE)	Zinsan-passungs-elastizität	Aufwandsver-änderung bei Δ 3-M.-Euribor = - 1 %-Punkt (in Mio. GE)
	(1)	(2)	(3)	(4) = (2)·(3)·(- 1 %)		(5)	(6)	(7)	(8) = (6)·(7)·(- 1 %)
F	Wert-schriften	250	0	0	F	Schuld-verschrei-bungen	300	0	0
V	Konto-korrent-kredite	350	0,9	- 3,15	V	Termin-einlagen	300	0,5	- 1,5
bzw. Ø Aktiva		600	0,525	- 3,15	bzw. Ø Passiva		600	0,25	- 1,5
Zinsswap (feste Zahlung)		165	0	0	Zinsswap (variable Zahlung)		165	1,0	- 1,65
Σ bzw. Ø Aktiva		600	0,525	- 3,15	Σ bzw. Ø Passiva		600	0,525	- 3,15

Elastizitätsüberhang: 0,525 – 0,525 = 0

Abb. 2.3: Modifizierte Elastizitätsbilanz der Crash-Bank zum 31.12.04 (statischer Ansatz)

Elastizitätsbilanz zum 31.12.07 (inkl. 1. Swap-Tranche)									
Aktiva					Passiva				
Block	Bilanz-position	Volumen (in Mio. GE)	Zinsan-passungs-elastizität	Ertragsver-änderung bei Δ 3-M.-Euribor = - 1 %-Punkt (in Mio. GE)	Block	Bilanz-position	Volumen (in Mio. GE)	Zinsan-passungs-elastizität	Aufwandsver-änderung bei Δ 3-M.-Euribor = - 1 %-Punkt (in Mio. GE)
	(1)	(2)	(3)	(4) = (2)·(3)·(- 1 %)		(5)	(6)	(7)	(8) = (6)·(7)·(- 1 %)
F	Wert-schriften	250	0	0	V	Termin-einlagen	600	0,5	- 3
V	Konto-korrent-kredite	350	0,9	-3,15					
bzw. Ø Aktiva		600	0,525	- 3,15	bzw. Ø Passiva		600	0,5	- 3
3-Jahres Zinsswap (feste Zahlung)		15	0	0	3-Jahres-Zinsswap (variable Zahlung)		15	1,0	- 0,15
Σ bzw. Ø Aktiva		600	0,525	- 3,15	Σ bzw. Ø Passiva		600	0,525	- 3,15
Elastizitätssaldo per 31.12.07: 0,525 – 0,525 = 0									

Abb. 2.4: Elastizitätsbilanz zum 31.12.07 nach Abschluss der 1. Swap-Tranche

Elastizitätsbilanz zum 31.12.05 und 06 (inkl. 1. Swap-Tranche)									
Aktiva					Passiva				
Block	Bilanz-position	Volumen (in Mio. GE)	Zinsan-passungs-elastizität	Ertragsver-änderung bei Δ 3-M.-Euribor = - 1 %-Punkt (in Mio. GE)	Block	Bilanz-position	Volumen (in Mio. GE)	Zinsan-passungs-elastizität	Aufwandsver-änderung bei Δ 3-M.-Euribor = - 1 %-Punkt (in Mio. GE)
	(1)	(2)	(3)	(4) = (2)·(3)·(- 1 %)		(5)	(6)	(7)	(8) = (6)·(7)·(- 1 %)
F	Wert-schriften	250	0	0	F	Schuld-verschrei-bungen	300	0	0
V	Konto-korrent-kredite	350	0,9	- 3,15	V	Termin-einlagen	300	0,5	- 1,5
bzw. Ø Aktiva		600	0,525	- 3,15	bzw. Ø Passiva		600	0,25	- 1,5
3-Jahres-Zinsswap (feste Zahlung)		15	0	0	3-Jahres-Zinsswap (variable Zahlung)		15	1,0	- 0,15
Σ bzw. Ø Aktiva		600	0,525	- 3,15	Σ bzw. Ø Passiva		600	0,275	- 1,65

aktivischer Elastizitätsüberhang per 31.12.05 und 06: 0,525 – 0,275 = 0,25

Abb. 2.5: Elastizitätsbilanz zum 31.12.05 und 31.12.06 nach Abschluss der 1. Swap-Tranche

Elastizitätsbilanz zum 31.12.05 und 06 nach Abschluss des Swap-Bündels – Aktiva					Passiva				
Block	Bilanzposition	Volumen (in Mio. GE)	Zinsanpassungselastizität	Ertragsveränderung bei Δ 3-M.-Euribor = - 1 %-Punkt (in Mio. GE)	Block	Bilanzposition	Volumen (in Mio. GE)	Zinsanpassungselastizität	Aufwandsveränderung bei Δ 3-M.-Euribor = - 1 %-Punkt (in Mio. GE)
	(1)	(2)	(3)	(4) = (2)·(3)·(- 1 %)		(5)	(6)	(7)	(8) = (6)·(7)·(- 1 %)
F	Wertschriften	250	0	0	F	Schuldverschreibungen	300	0	0
V	Kontokorrentkredite	350	0,9	- 3,15	V	Termineinlagen	300	0,5	- 1,5
bzw. Ø Aktiva		600	0,525	- 3,15	bzw. Ø Passiva		600	0,25	- 1,5
3-Jahres-Zinsswap (feste Zahlung)		15	0	0	3-Jahres-Zinsswap (variable Zahlung)		15	1,0	- 0,15
2-Jahres-Zinsswap (feste Zahlung)		150	0	0	2-Jahres-Zinsswap (variable Zahlung)		150	1,0	- 1,5
Σ bzw. Ø Aktiva		600	0,525	- 3,15	Σ bzw. Ø Passiva		600	0,525	- 3,15

Abb. 2.6: Elastizitätsbilanz zum 31.12.05 und 31.12.06 nach Abschluss des Swap-Bündels

Fallstudie 3: **Capital Asset Pricing Model (CAPM) und Eigenkapitalkosten**

Jos Fritz, momentan Praktikant in einer bekannten I-Bank, wird mit der Aufgabe betraut, den Geschäftsbereich Finanzdienstleistungen eines Industriekonzerns zu bewerten. Dazu will er sich des sogenannten Discounted Cash Flow Verfahrens bedienen. Nachdem er die relevanten Cash Flows bestimmt hat, stellt sich Jos die Aufgabe, die Diskontierungsfaktoren in Form der Eigenkapitalkosten zu ermitteln.

1. Erläutern Sie zunächst kurz den Begriff der Eigenkapitalkosten. Wieso werden diese als Diskontierungsfaktoren verwendet?

Zur Bestimmung der Eigenkapitalkosten will Jos Fritz das bekannte Capital Asset Pricing Model (CAPM) heranziehen. Die Gültigkeit des CAPM hängt allerdings von einer Vielzahl verschiedener Annahmen ab.

2. Unterstützen Sie Jos bei der Aufzählung der Prämissen des CAPM!

Der gesamte Markt besteht im folgenden aus den Unternehmen Lintner, Mossin und Sharpe. Da sich Jos ausführlich mit der von MARKOWITZ entwickelten Portfoliotheorie auseinandergesetzt hat, weiß er, dass die Bestimmung des Marktportfolios den ersten Schritt zur Ermittlung der Eigenkapitalkosten gemäß CAPM bedeutet. Um das Marktportfolio zu ermitteln muss sich Jos Fritz zuerst mit der sogenannten Effizienzlinie auseinandersetzen.

3. Erläutern Sie den Begriff Effizienzlinie und stellen Sie diese auch graphisch dar!

Von einem Kollegen aus dem Asset Management erfährt Jos die prozentuale Zusammensetzung des Marktportfolios, sowie die einzelnen erwarteten Renditen und die Kovarianzen zwischen den drei Unternehmen. Diese können Sie der folgenden Tabelle entnehmen:

Kovarianzen	Lintner	Mossin	Sharpe	Erwartete Rendite	Portfolio-Gewicht
Lintner	25	16	12	7 %	0,0676
Mossin	16	68,9	9	11 %	0,4851
Sharpe	12	9	34,8	8 %	0,4473

Abb. 3.1: Kovarianzen, erwartete Renditen, Portfolio-Gewichte

4. a) Berechnen Sie nun die erwartete Rendite und die Standardabweichung des Marktportfolios!

   b) Wie setzt sich das theoretisch richtige Marktportfolio zusammen? Ist dieses in der Praxis ermittelbar?

   c) Was versteht man unter dem sogenannten Separationstheorem?

5. Zeichnen und erklären Sie nun die Kapitalmarktlinie. Wäre es denkbar, dass eines der drei Unternehmen nicht im Marktportfolio vorkommt? Erläutern Sie Ihre Antwort und gehen Sie dabei auf den Gleichgewichtsprozess im CAPM ein, wobei Sie die Begriffe Renditeforderung und Renditeerwartung unterscheiden.

6. Im nächsten Schritt sollte Jos die Höhe des risikofreien Zinssatzes bestimmen. Als zusätzliche Hilfe erhält er die Information, dass es sich beim Portfolio mit Standardabweichung 6,13 % und erwarteter Rendite von 10,07 % um ein effizientes Portfolio handelt.

Neben der Kapitalmarktlinie spielt die Wertpapierlinie eine entscheidende Rolle im Rahmen des CAPM. Sämtliche Wertpapiere und auch Portfolios aus verschiedenen Wertpapieren sind dort abgetragen.

7. a) Was spiegelt die sogenannte Wertpapierlinie wider? Stellen Sie diese graphisch dar!

   b) Bestimmen Sie nun die Betas der drei Unternehmen. Gehen Sie danach kurz auf die Begriffe systematisches und unsystematisches Risiko ein!

8. a) Nachdem Sie das Beta des Unternehmens Lintner bestimmt haben, sollten Sie das Beta des Geschäftsbereichs Finanzdienstleistungen bestimmen. Nutzen Sie folgende Informationen bei der Bestimmung des Betas.

Geschäftsbereich (GB)	$Beta_{GB}$	GB-Anteil am Unternehmen
Technische Anlagen	0,9	0,4
Consulting	0,4	0,2
Finanzdienstleistungen	?	0,4

Abb. 3.2: Geschäftsbereichsspezifische Betas und Unternehmensanteile

   b) Bestimmen Sie nun die Eigenkapitalkosten des Geschäftsbereichs Finanzdienstleistungen! Welche Information steht Ihnen somit zur Verfügung?

9. Welche Verwendung finden die Eigenkapitalkosten im Zusammenhang mit der Performancemessung und dem Performancevergleich einzelner Geschäftsbereiche?

10. Welchen wesentlichen Kritikpunkten muss sich das CAPM stellen?

Lösungsvorschlag zu Fallstudie 3:

zu 1.:

Die Eigenkapitalkosten repräsentieren die Mindesthöhe der von den Eigenkapitalgebern, aus Opportunitätsüberlegungen geforderten Verzinsung auf das marktwertorientierte Eigenkapital. Folglich dienen die Eigenkapitalkosten als Diskontierungsfaktor, wenn der aktuelle Marktwert einer Unternehmung respektive eines Teilbereichs einer Unternehmung ermittelt werden soll. Die geforderte Verzinsung fällt dabei um so höher aus, je größer die Unsicherheit der zukünftigen Cash Flows von den Investoren eingeschätzt wird.

zu 2.:

Die Basisversion des CAPM arbeitet mit sehr restriktiven Annahmen. Zu den üblichen Annahmen die bereits in der Portfoliotheorie Anwendung finden, werden noch zusätzliche Prämissen hinzugefügt. Die aus der Portfoliotheorie bekannten Voraussetzungen sind folgende:

- Die Investoren beurteilen Portfolios einzig anhand deren erwarteter Rendite und Standardabweichung über eine Periode.

- Bei zwei ansonsten identischen Portfolios wählen Investoren immer das mit der höheren erwarteten Rendite.

- Investoren sind risikoavers. Bei zwei ansonsten identischen Portfolios wählen Sie das mit der niedrigeren Standardabweichung.

- Wertpapiere können zu beliebigen Bruchteilen ge- und verkauft werden.

- Es existiert ein risikofreier Zinssatz zu dem sowohl Geld aufgenommen, als auch angelegt werden kann.

- Steuern und Transaktionskosten sind irrelevant.

Zu diesen Annahmen werden die folgenden hinzugefügt:

- Der Anlagehorizont beträgt für alle Investoren gleichermaßen eine Periode.

- Der risikofreie Zins ist für alle Investoren der gleiche.

- Informationen sind für alle Marktteilnehmer frei und ohne Zeitverzögerung erhältlich.

- Investoren haben homogene Erwartungen, d.h. Sie teilen die Einschätzung über erwartete Renditen, Standardabweichungen und Kovarianzen zwischen den einzelnen Wertpapieren.

zu 3.:

Die Effizienzlinie repräsentiert sämtliche effizienten Portfolios. Die Effizienz eines Portfolios hängt einzig von dessen erwarteter Rendite und der Standardabweichung ab. Unter effizient versteht man folglich Portfolios, denen bei gleichem Risiko kein anderes Portfolio renditemäßig überlegen ist oder Portfolios für die es bei gleicher erwarteter Rendite kein anderes Portfolio mit einer niedrigeren Standardabweichung gibt. Betrachtet werden hier nur riskante Wertpapiere. Eine Anlage in risikolosen Papiere ist nicht möglich. Da sämtliche Investoren gleiche Vorstellungen über die relevanten Renditen, Standardabweichungen und Kovarianzen haben, stellt sich die Effizienzlinie für alle Investoren gleich dar. Einzig unterschiedliche Präferenzen hinsichtlich Risiko und Rendite führen dazu, dass Investoren unterschiedliche Portfolios halten.

Die Effizienzlinie enthält auch das sogenannte Marktportfolio. Dabei handelt es sich um ein Portfolio das sämtliche verfügbaren Wertpapier gemäß ihrem Anteil am Marktwert aller Unternehmen gewichtet.

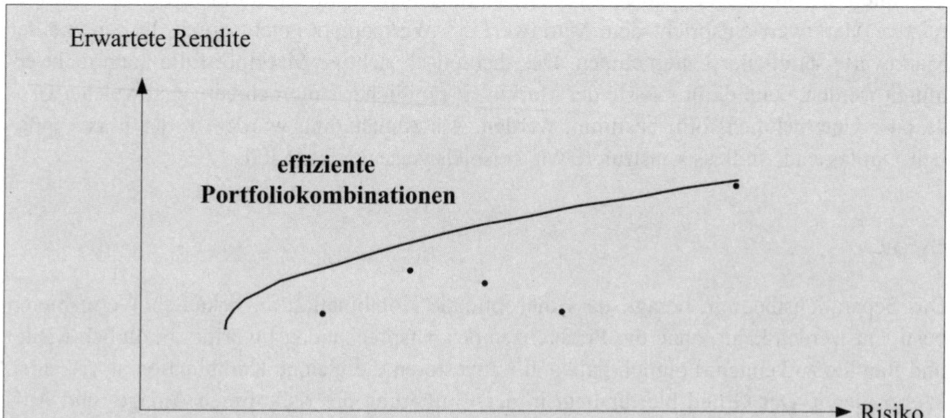

Abb. 3.3: Effizienzlinie ohne Investition in risikofreies Wertpapier

zu 4.a):

Die erwartete Rendite eines Portfolios ergibt sich als gewichteter Durchschnitt der Rendite der
im Portfolio enthaltenen Wertpapiere.

$$r_{PF} = \sum w_i \cdot r_i$$

mit: r_{PF} = Portfoliorendite; w_i = Portfoliogewicht Wertpapier i; r_i = Rendite Wertpapier i

$$r_{PF} = 0{,}0676 \cdot 7\,\% + 0{,}4851 \cdot 11\,\% + 0{,}4473 \cdot 8\,\% = \mathbf{9{,}39\,\%}$$

Die Berechnung der Portfolio-Standardabweichung erweist sich als schwieriger. Für ein Portfolio bestehend aus drei Wertpapieren kann die folgende aus der Statistik bekannte Formel verwendet werden:

$$\sigma_{PF} = \left[\sum_{i=1}^{3} \sum_{j=1}^{3} w_i \cdot w_j \cdot \sigma_{ij} \right]^{1/2}$$

mit: σ_{PF} = Portfolio-Standardabweichung; σ_{ij} = Kovarianz zwischen Wertpapier i und j

σ_{PF} = **5,38 %**

<u>zu 4.b):</u>

Das Marktportfolio ist definiert als Portfolio bestehend aus sämtlichen Wertpapieren wobei der Anteil, der in ein Wertpapier investiert wird, seinem relativen Marktwert entspricht. Der relative Marktwert entspricht dem Marktwert des Wertpapiers geteilt durch die Summe der Marktwerte sämtlicher Unternehmen. Das theoretisch richtige Marktportfolio kann nicht ermittelt werden, denn dafür müsste der Marktwert sämtlicher Unternehmen, egal welcher Größe oder Unternehmensform bestimmt werden. Als Annäherung wurden in der Praxis möglichst umfassende Indizes konstruiert, wie beispielsweise der S&P 500.

<u>zu 4.c):</u>

Das Separationstheorem besagt, dass die optimale Kombination an riskanten Wertpapieren bestimmt werden kann, ohne die Präferenzen des entsprechenden Investors bezüglich Risiko und Rendite zu kennen. Folglich halten alle Investoren die gleiche Kombination an riskanten Wertpapieren. Der Grund hierfür liegt in der Einführung der risikofreien Anlage- und Aufnahmemöglichkeit. Dadurch ergibt sich für die Investoren neue Kombinationsmöglichkeiten an effizienten Portfolios, welche aus der, die y-Achse in Höhe der risikofreien Verzinsung schneidenden, Tangente an die „alte“ Effizienzlinie bestehen. Sämtliche Portfolios auf dieser linearen Effizienzlinie bestehen aus einem Anteil am Tangentialportfolio und risikoloser Geldanlage beziehungsweise -aufnahme.

zu 5.:

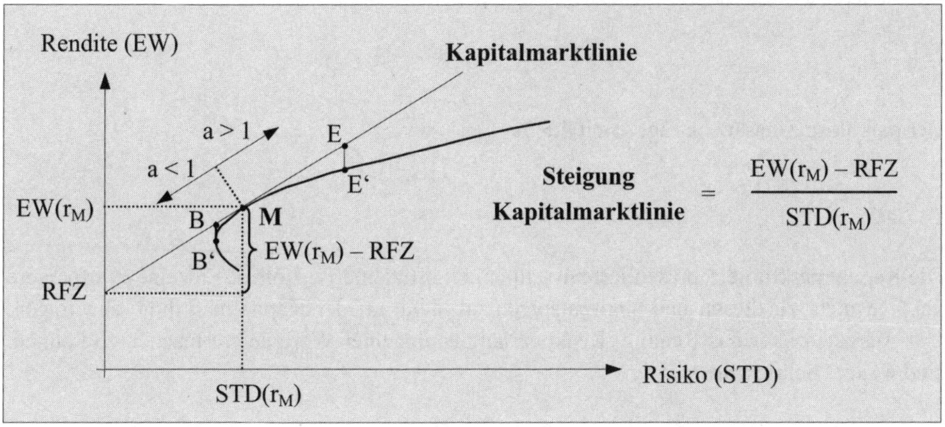

Abb. 3.4: Kapitalmarktlinie

Die Kapitalmarktlinie entspricht der geraden Effizienzlinie, die durch das Marktportfolio und die Höhe des risikolosen Zinses determiniert wird. Der Tangentialpunkt dieser Effizienzlinie entspricht dem Marktportfolio. Da alle Investoren, aufgrund des Separationstheorems, den riskanten Teil ihrer Anlage in das Tangentialportfolio investieren, muss dieses zwangsläufig dem Marktportfolio entsprechen. Dabei enthält das Marktportfolio immer sämtliche Wertpapiere. Wäre dies nicht der Fall, würde der Preis des entsprechenden Wertpapiers solange fallen, respektive die Renditeerwartung steigen, bis diese der entsprechenden Renditeforderung der Investoren entspricht und diese wieder bereit sind in das Papier zu investieren. Dieser Gleichgewichtsprozess führt zum Marktportfolio. Entsprechend handelt es sich beim CAPM um ein Gleichgewichtsmodell.

zu 6.:

Da es sich bei der Kapitalmarktlinie um eine lineare Funktion handelt, ist diese durch zwei Punkte hinreichend definiert. Folglich gilt es auf Basis der zwei gegebenen effizienten Portfolios die Funktionsgleichung der Kapitalmarktlinie zu ermitteln und den y-Achsenabschnitt zu bestimmen.

- Grundgleichung: $y = a \cdot x + b$
- Marktportfolio: (5,38 % / 9,39 %)
- effizientes PF_2: (6,13 % / 10,07 %)
- $9{,}39\,\% = a \cdot 5{,}38\,\% + b$
- $10{,}07\,\% = a \cdot 6{,}13\,\% + b$

- $a = \frac{10{,}07\,\% - 9{,}39\,\%}{6{,}13\,\% - 5{,}38\,\%} = 0{,}91$

- $b = 4{,}5\,\%$

Der risikolose Zinssatz beträgt somit **4,5 %**.

zu 7.a):

Die Kapitalmarktlinie repräsentiert ausschließlich effiziente Portfolios. Einzelne Wertpapiere gehören nicht zu diesen und sind entsprechend nicht auf der Kapitalmarktlinie abgetragen. Um Aussagen über das Rendite-/Risikoverhältnis einzelner Wertpapiere machen zu können, sind weitere Schritte notwendig.

Da in der CAPM-Welt jeder Investor das Marktportfolio hält, ist bei der Betrachtung einzelner Wertpapiere nicht die Standardabweichung des entsprechenden Papiers relevant sondern ausschließlich das Risiko, welches das entsprechende Wertpapier zum Marktportfolio beiträgt.

Die Ausgangsformel zur Berechnung der Standardabweichung des Marktportfolios hat folgende Gestalt:

$$\sigma_M = \left[\sum_{i=1}^{N} \sum_{j=1}^{N} w_{iM} \cdot w_{jM} \cdot \sigma_{ij} \right]^{1/2}$$

Nach einigen Umformungen erhält man folgende Gleichung:

$$\sigma_M = (x_{1M}\sigma_{1M} + x_{2M}\sigma_{2M} + x_{3M}\sigma_{3M} + ... + x_{NM}\sigma_{NM})^{1/2}$$

Hieraus ist ersichtlich, dass einzig die Kovarianz mit dem Markt relevant ist für die Risikobeurteilung eines Wertpapiers. D.h. Wertpapiere, die eine hohe Kovarianz mit dem Markt aufweisen, erhöhen das Risiko des Marktportfolios entsprechend. Außerdem wird ersichtlich, dass die Standardabweichung des einzelnen Wertpapiers keine Rolle spielt. Die Wertpapierlinie stellt diesen Zusammenhang dar und lässt sich wie folgt darstellen:

$$r_i = r_f + \left[\frac{r_M - r_f}{\sigma_M^2} \right] \cdot \sigma_{iM}$$

mit: r_i = Rendite Wertpapier i; r_f = risikoloser Zinssatz; σ_M = Standardabweichung Markt; σ_{iM} = Kovarianz zwischen Wertpapier i und dem Markt

Die Standardabweichung des Marktes und die Kovarianz lassen sich zum sogenannten Beta zusammenfassen:

$$\beta_{iM} = \frac{\sigma_{iM}}{\sigma_M^2}$$

Das Beta eines Wertpapiers repräsentiert die Sensitivität des Wertpapiers gegenüber Änderung der Marktrendite. Alternativ lässt sich die Wertpapierlinie nun auch wie folgt darstellen:

$$r_i = r_f + (r_M - r_f) \cdot \beta_{iM}$$

Die Wertpapierlinie spiegelt das Verhältnis von erwarteter Rendite und dem Risiko wider, das ein Wertpapier zum Marktportfolio beiträgt und kann graphisch wie folgt dargestellt werden:

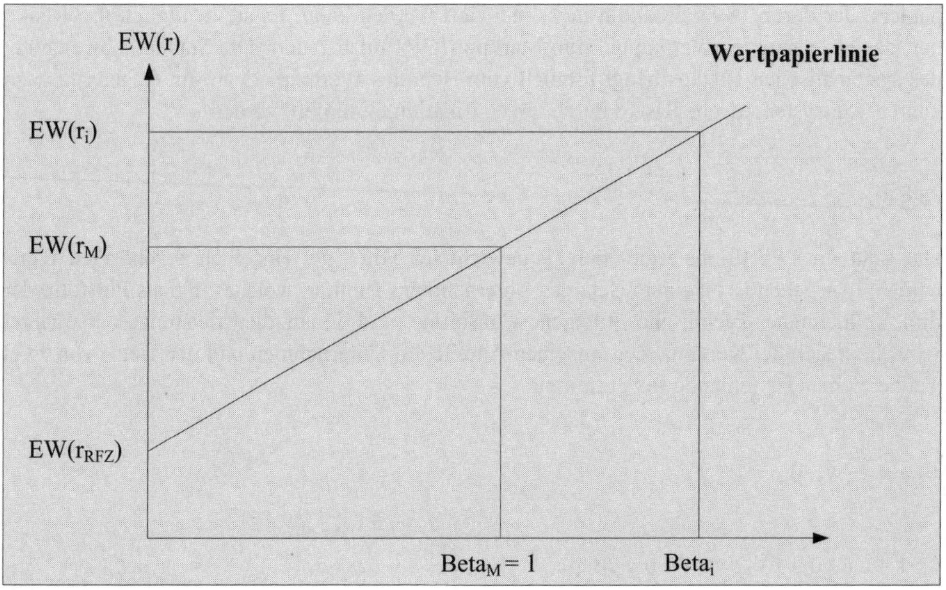

Abb. 3.5: Wertpapierlinie

zu 7.b):

In einem ersten Schritt zur Bestimmung der Betas wird für die jeweiligen Wertpapiere die Kovarianz mit dem Markt errechnet. Dies geschieht anhand folgender Formel:

$$\sigma_{iM} = \sum_{i=1}^{N} w_{iM} \cdot \sigma_{ij}$$

Sind die Kovarianz des entsprechenden Wertpapiers mit dem Markt und die Standardabweichung des Marktportfolios bekannt, lässt sich das Beta anhand der bereits eingeführten Formel

$\beta_{iM} = \frac{\sigma_{iM}}{\sigma_M^2}$ berechnen.

Somit erhält man für die drei Unternehmen die folgenden Betas:

Unternehmen	Beta
Lintner	0,51
Mossin	1,33
Sharpe	0,72

Unter dem systematischen Risiko versteht man den Teil der Standardabweichung eines Wertpapiers, der durch Diversifikation nicht reduziert werden kann. Es stellt folglich das Risiko dar, das ein einzelnes Wertpapier zum Markportfolio hinzusteuert. Die Standardabweichung des systematischen Risikos hängt folglich vom Beta des Wertpapiers ab. Im Gegensatz dazu kann das unsystematische Risiko durch Diversifikation eliminiert werden.

zu 8.a):

Das Beta eines Portfolios ergibt sich als gewichtetes Mittel der einzelnen zugehörigen Wertpapiere. Ausgehend von einem Beta des Unternehmens Lintner, welches nun als Portfolio der drei Teilbereiche Technische Anlagen, Consulting und Finanzdienstleistungen betrachtet wird, lässt sich bei Kenntnis der einzelnen Anteile am Unternehmen und den Betas von zwei Teilbereichen das fehlende Beta ermitteln.

$$\beta_{PF} = \sum_{i=1}^{n} w_i \cdot \beta_i$$

$$0{,}51 = 0{,}4 \cdot 0{,}9 + 0{,}2 \cdot 0{,}4 + 0{,}4 \cdot \beta_{FD}$$

Durch Auflösung nach dem Beta des Bereichs Finanzdienstleistungen ergibt sich für dieses ein Wert in Höhe von **0,175**.

zu 8.b):

Durch Kenntnis des risikofreien Zinssatzes und der Rendite des Marktportfolios lassen sich nun die Eigenkapitalkosten des Bereichs Finanzdienstleistungen berechnen:

$$\text{Eigenkapitalkosten}_{FD} = 4{,}5\,\% + (9{,}39\,\% - 4{,}5\,\%) \cdot 0{,}175 = \mathbf{5{,}36\ \%}$$

Damit ist die an diesen Bereich zu stellende Renditeerwartung klar. Übertrifft der Bereich seine Eigenkapitalkosten wird Mehrwert für die Aktionäre geschaffen.

zu 9.:

Die risikoadjustierten Eigenkapitalkosten werden im modernen Risiko-Controlling aus den Erkenntnissen der Kapitalmarkttheorie abgeleitet. Sie weisen also auch enge Bezüge zum Shareholder Value-Konzept auf. Die dort postulierten Forderungen, dass Unternehmen mindestens ihre Eigenkapitalkosten verdienen müssen, um Shareholder Value zu generieren, ist auf den Risiko-Chancen-Kalkül mit Hilfe einer Gleichgewichtsbedingung zu übertragen. Sie lautet wie folgt:

- Nettoergebnisse ≥ risikoadjustierte Eigenkapitalkosten bzw.
- Nettoergebnisse nach risikoadjustierten Eigenkapitalkosten ≥ 0

In einem ersten Schritt gilt es nun die unternehmensspezifischen Eigenkapitalkosten zu ermitteln. Aus der Kapitalmarkttheorie ist bekannt, dass sich risikoadjustierte Eigenkapitalkosten von zwei Determinanten herleiten lassen, nämlich

- der Höhe der Verzinsung einer risikolosen Anlage und
- der Risikoprämie für das eingegangene (systematische) Risiko.

Das Produkt aus unternehmensspezifischem Betafaktor und Risikoprämie des Marktes kann dabei als Risikozuschlag des Unternehmens i (RZ_i) über dem risikolosen Zins interpretiert werden.

Im nächsten Schritt müssen die unternehmensspezifischen Eigenkapitalkosten in die Mindest-Eigenkapitalrentabilität und damit eine unternehmensinterne Steuerungsgröße transformiert werden. Die aus dem CAPM ermittelten Eigenkapitalkosten entsprechen der Mindestperformance, welche die Anleger auf ihr investiertes Kapital erwarten. Es handelt sich hierbei insofern um den Total Investor Return (TIR), als er sich stets aus Dividenden und Kursgewinnen zusammensetzt.

zu 10.:

Das CAPM konnte bisher empirisch weder eindeutig bestätigt noch widerlegt werden. Die zugrundegelegten Annahmen scheinen mehrheitlich unrealistisch. So werden beispielsweise Transaktionskosten gänzlich vernachlässigt und von Leerverkaufsbeschränkungen abgesehen. Auch die Annahmen bezüglich des Verhaltens und der Information der verschiedenen Marktteilnehmer sind in Frage zu stellen. Ein weiteres Problem stellt die in der Grundversion des CAPM nicht aufgegriffene Steuerproblematik dar. Sollen diese berücksichtigt werden, dann bedarf es einer komplexen Erweiterung des Standardmodells. Ein einheitlicher Eigenkapitalkostensatz ist somit auch nicht mehr ableitbar. Dieser müsste erst wieder aus den kapitalgewichteten Eigenkapitalkostensätzen sämtlicher Investoren konstruiert werden. Eine offenkundig in der Praxis kaum zu lösende Aufgabe. Aus diesem Grunde werden die Eigenkapitalkosten trotz theoretischer Unzulänglichkeiten üblicherweise mit der Standardversion des CAPM ermittelt.

<u>Fallstudie 4:</u> **Hedging mit Caps und Floors**

Gerd Geldmacher, frischgebackener Managing Director im Risikocontrolling der Banca Basilea, stellt beim Betrachten der von ihm erstellten Zinselastizitätsbilanz (vgl. Abb. 4.1) fest, dass seine Bank bei Eintritt der am Geld- und Kapitalmarkt derzeit bestehenden Zinssenkungserwartungen zukünftig deutliche Ertragseinbussen erleiden wird.

	Aktiva	Vol. (in Mio. GE)	Elastizität bzgl. 3-Monats-Libor		Passiva	Vol. (in Mio. GE)	Elastizität bzgl. 3-Monats-Libor
F	Interbankenkredite	50	0	F	Interbankenverbindlichkeiten	138	0
F	Betriebsmittelkredite	150	0	F	Obligationen	118	0
F	Hypothekendarlehen	148	0	F	Sonstige Passiva	30	0
F	Sonstige Aktiva	60	0	V	Sichteinlagen	114	0
V	Kontokorrentkredite	188	0,9	V	Termineinlagen	80	0,85
V	Existenzgründungsdarlehen	124	0,5	V	Spareinlagen	240	0,34
	∑ bzw. Ø	-	-		∑ bzw. Ø	-	-

Abb. 4.1: Zinsertragsbilanz der Banca Basilea zum 31.12.04

Um dieser Entwicklung aktiv entgegenzuwirken, sucht Geldmacher nach Möglichkeiten, den Zinsüberschuss der Banca Basilea gegen Zinsänderungen zu immunisieren. Aus der Zeit seines Studiums an der Wharton School der Universität von Pennsylvania weiss er, dass unerwünschte Elastizitätsprofile unter anderem mit Hilfe von OTC-Zinsoptionen verändert werden können. Auf Nachfrage, welche Zinsoptionen derzeit gehandelt werden, bekommt er vom bankeigenen Derivatehandel Informationen zu den beiden folgenden Produkten:

Zins-Cap:	Cap-Satz:	11 % p.a.
	Referenzzins:	3-Monats-Libor
	Prämie:	1.5 % p.a.
Zins-Floor:	Floor-Satz:	9 % p.a.
	Referenzzins:	3-Monats-Libor
	Prämie:	0,6 % p.a.

1. Beschreiben Sie die wesentlichen Charakteristika der Finanzinstrumente Cap, Floor und Collar!

2. a) Stellen Sie sodann – jeweils aus Sicht eines Käufers – die Absicherungsprofile der beiden vom Derivatenhandel der Banca Basilea genannten OTC-Zinsoptionen graphisch dar.

2. b) Stellen Sie das Absicherungsprofil eines Collar graphisch dar, der aus der Kombination eines gekauften Cap und eines verkauften Floor besteht (Ausstattungsmerkmale vgl. Teilaufgabe 2.a)!

Kennzeichnen Sie jeweils den Vorteilhaftigkeitsbereich und skizzieren Sie kurz die jeweilige Zinserwartung, die den beschriebenen Transaktionen zugrunde liegt! Unterstellen Sie, dass der betrachtete Käufer sein Kapital jeweils zum Marktzins aufnehmen bzw. anlegen kann!

Angesichts der von Gerd Geldmacher erwarteten rückläufigen Zinsentwicklung würde dieser gerne die aktivische Zinsanpassungselastizität der Gesamtbilanz verringern, wobei die Chance, von wider Erwarten steigenden Zinsen zu profitieren, beibehalten werden soll.

3. a) Zeigen Sie zunächst, inwieweit durch Variation des Optionsvolumens die durchschnittliche aktivische Zinsanpassungselastizität beeinflusst werden kann, und welcher durchschnittliche Aktivzins sich de facto jeweils unter Berücksichtigung der Differenzzahlung aus dem abgeschlossenen Optionsgeschäft in Abhängigkeit von der eingetretenen Marktzinsänderung und vom gewählten Optionsvolumen ergibt!

Die derzeitigen Zinssätze betragen:

- 3-Monats-Libor: 9,0 %
- Durchschnittlicher Aktivzins: 7,8 %

Die Auswirkungen sollen für die folgenden Optionsvolumina

- 0 Mio. GE
- 20 Mio. GE
- 40 Mio. GE
- 60 Mio. GE

und die folgenden Zinsszenarien untersucht werden!

- 3-Monats-Libor: 9 %
- 3-Monats-Libor: 8 %
- 3-Monats-Libor: 7 %
- 3-Monats-Libor: 6 %

<u>Hinweis:</u> Eine Berücksichtigung der für den Floor gezahlten Prämie bei der Berechnung des durchschnittlichen de facto Aktivzinses ist nicht erforderlich.

b) Welches Optionsvolumen benötigt Geldmacher um die Banca Basilea vollständig gegen den erwarteten Zinsrückgang zu immunisieren?

Lösungsvorschlag zu Fallstudie 4:

zu 1.:

Cap:

Vertragliche Vereinbarung einer **Zinsobergrenze** (Cap-Satz oder Strike Rate Cap) für einen festgelegten Kapitalbetrag über eine festgelegte Laufzeit, bei der sich der Verkäufer des Cap dem Käufer gegenüber zur Zahlung des Differenzbetrages verpflichtet, um den der vereinbarte Referenzzinssatz nach Ablauf der vereinbarten Zinsperiode die vertraglich festgelegte Zinsobergrenze **übersteigt**.

Für die eingegangene Verpflichtung erhält der Verkäufer vom Käufer eine Prämie, die als eine Art Versicherungsprämie gegen steigende Zinsen interpretiert werden kann. Diese Prämie kann einmalig zu Beginn des Geschäfts oder laufend über die Jahre der Laufzeit des Cap gezahlt werden.

Die Prämie wird in Anlehnung an die Optionspreistheorie ermittelt. Die wesentlichen Determinanten für die Höhe der Prämie sind vor allem die Laufzeit des Cap sowie das Verhältnis von Strike Rate und aktuellem Marktzins. Dabei ist die Cap-Prämie tendenziell umso höher, je länger die Laufzeit des Cap ist, je stärker die Volatilität des Referenzzinssatzes und je näher die Strike Rate am derzeitigen Marktzins liegt.

Floor:

Vertragliche Vereinbarung einer **Zinsuntergrenze** (Floor-Satz oder Strike Rate Floor) für einen bestimmten Kapitalbetrag über eine bestimmte Laufzeit, bei der sich der Verkäufer des Floor dem Käufer gegenüber zur Zahlung des Differenzbetrages verpflichtet, um den der vereinbarte Referenzzinssatz zu bestimmten Zeitpunkten die vereinbarte Floor Rate **unterschreitet**.

Analog zum Cap zahlt der Käufer an den Verkäufer eine Prämie, die als Versicherungsprämie gegen sinkende Zinsen interpretiert werden kann.

Collar (für die Passivseite):

Bei einem Collar wird der Kauf eines Cap mit dem Verkauf eines Floor kombiniert. Die (für den gekauften **Cap**) zu zahlende Prämie wird dabei zumindest teilweise durch die für den veräußerten Floor vereinnahmte Prämie kompensiert. Auf diese Weise kann z.B. eine variable Zinsverpflichtung bei Erwartung steigender Zinsen nach oben (durch den gekauften Cap) abgesichert werden, ohne die volle Cap-Prämie zahlen zu müssen. Im Gegensatz zu einer isolierten Cap-Position profitiert der Inhaber einer Collar-Position jedoch nicht unbegrenzt von wider Erwarten sinkenden Zinsen, sondern (durch den verkauften Floor) nur bis zur jeweiligen Floor Rate abzüglich der gezahlten Netto-Prämie (gezahlte Cap-Prämie abzüglich vereinnahmte Floor-Prämie).

Collar (für die Aktivseite):

Hier setzt sich der Collar konsequenterweise aus dem Verkauf eines Cap und dem Kauf eines Floor zusammen. Die (für den gekauften **Floor**) zu zahlende Prämie kann mit Hilfe der erhaltenen Cap-Prämie gemindert werden. Eine zinsvariable aktivische Position kann hiermit gegen fallenden Zinserträge abgesichert werden, ohne dass die volle Floor-Prämie gezahlt werden müsste. Analog zum Collar auf der Passivseite kann der Inhaber einer Collar-Position auf der Aktivseite nicht in vollem Maße von - wider Erwarten - steigenden Zinsen profitieren, sondern nur bis zur jeweiligen Cap Rate abzüglich der gezahlten Netto-Prämie (gezahlte Floor-Prämie abzüglich vereinnahmte Cap-Prämie).

zu 2.a):

Der Käufer eines **Cap** erwartet steigende Zinsen und möchte sich gegen die negativen Konsequenzen dieser erwarteten Zinssteigerung (z.B. bei einer geplanten Refinanzierung) absichern. Der effektive Zinsaufwand entwickelt sich in Abhängigkeit von der Entwicklung des Referenzzinses wie folgt:

Entwicklung des Referenzzinssatzes		Effektiver Zinsaufwand
3-Monats-Libor ≤ 11 %	=>	3-Monats-Libor + 1,5 %
3-Monats-Libor > 11 %	=>	11 % + 1,5 % = 12,5 %

Das Vorteilsfeld beginnt für den Cap-Käufer da, wo der 3-Monats-Libor-Satz die Summe aus Zinsobergrenze und gezahlter Prämie übersteigt (11 % + 1,5 % = 12,5 %) (vgl. Abb. 4.2).

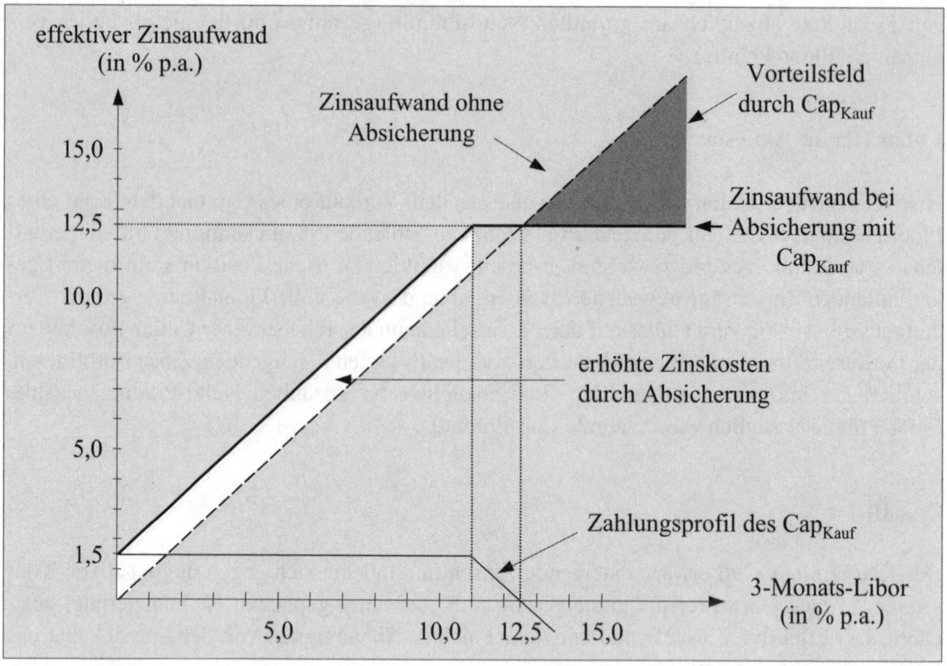

Abb. 4.2: Absicherungsprofil eines Cap-Käufers

<u>zu 2.b):</u>

Der Käufer eines **Floor** erwartet sinkende Zinsen und möchte sich gegen die negativen Konsequenzen dieser erwarteten Zinssenkung (z.B. bei einer geplanten Kapitalanlage) absichern. Für die Entwicklung seines effektiven Zinsertrages in Abhängigkeit von der Entwicklung des Libor-Satzes gilt:

Entwicklung des Referenzzinssatzes		Effektiver Zinsertrag	
3-Monats-Libor ≥ 9 %	=>	3-Monats-Libor	– 0,6 %
3-Monats-Libor < 9 %	=>	9 %	– 0,6 % = 8,4 %

Das Vorteilsfeld beginnt für den Floor-Käufer da, wo der Referenzzins den Wert von 8,4 % (Strike Rate abzüglich gezahlte Prämie = 9 % – 0,6 %) unterschreitet (vgl. Abb. 4.3).

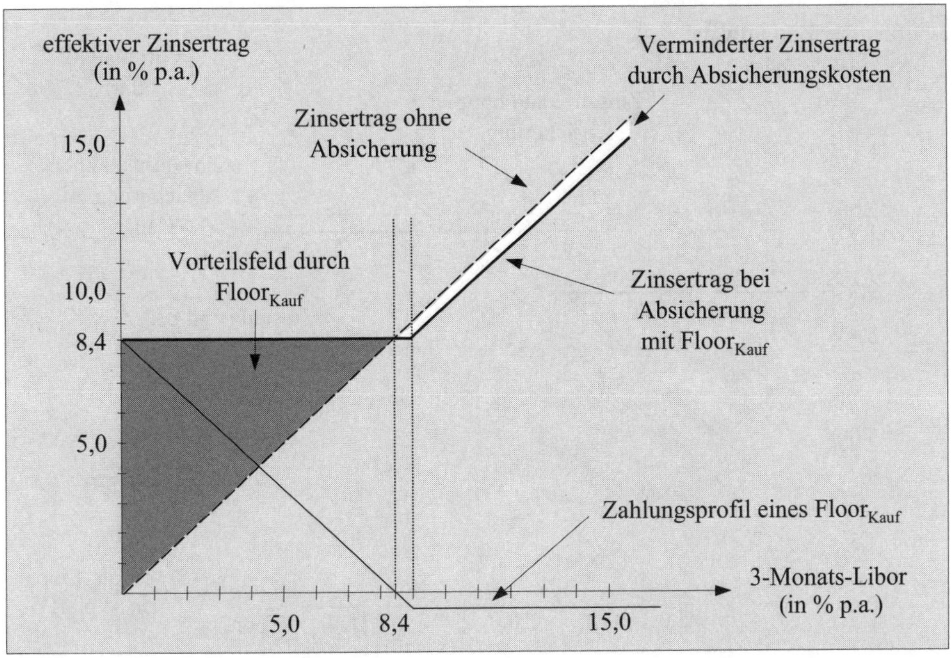

Abb. 4.3: Absicherungsprofil eines Floor-Käufers

zu 2.c):

Der Käufer eines **Collar** erwartet typischerweise steigende Zinsen, gegen die er sich (z.B. wegen einer geplanten Refinanzierung) absichern möchte. Für den zu diesem Zweck erworbenen Cap muss er eine Prämie zahlen (im Beispiel: 1,5 %). Da er eine stärkere Zinssenkung für wenig wahrscheinlich hält, ist er bereit, auf die positiven Konsequenzen einer solchen Zinssenkung weitestgehend (in Form von gesunkenen Refinanzierungskosten) zu verzichten. Er **verkauft** einen Floor, wobei die im Gegenzug erhaltene Prämie (im Beispiel: 0,6 %) die von ihm gezahlte Cap-Prämie auf eine **Netto-Prämie** in Höhe von 0,9 % (= 1,5 % – 0,6 %) reduziert. In Abhängigkeit von der Entwicklung des Libor-Satzes beläuft sich sein effektiver Zinsaufwand auf:

Entwicklung des Referenzzinssatzes		Effektiver Zinsaufwand	
3-Monats-Libor ≤ 9 %	=>	9 %	+ 0,9 % = 9,9 %
9 % < 3-Monats-Libor ≤ 11 %	=>	3-Monats-Libor	+ 0,9 %
3-Monats-Libor > 11 %	=>	11 %	+ 0,9 % = 11,9 %

Im Ergebnis ist die Zinskurve für den Collar-Käufer also sowohl nach oben als auch nach unten begrenzt. Der Zinsaufwand bei Absicherung durch Kauf des Collars ergibt sich aus der Addition des Zinsaufwandes bei Absicherung mit einem Cap Kauf, wobei die zu zahlende Prämie miteinbezogen wurde, und dem Zahlungsprofil, das aus dem Verkauf des Floors resultiert (vgl. Abb. 4.4).

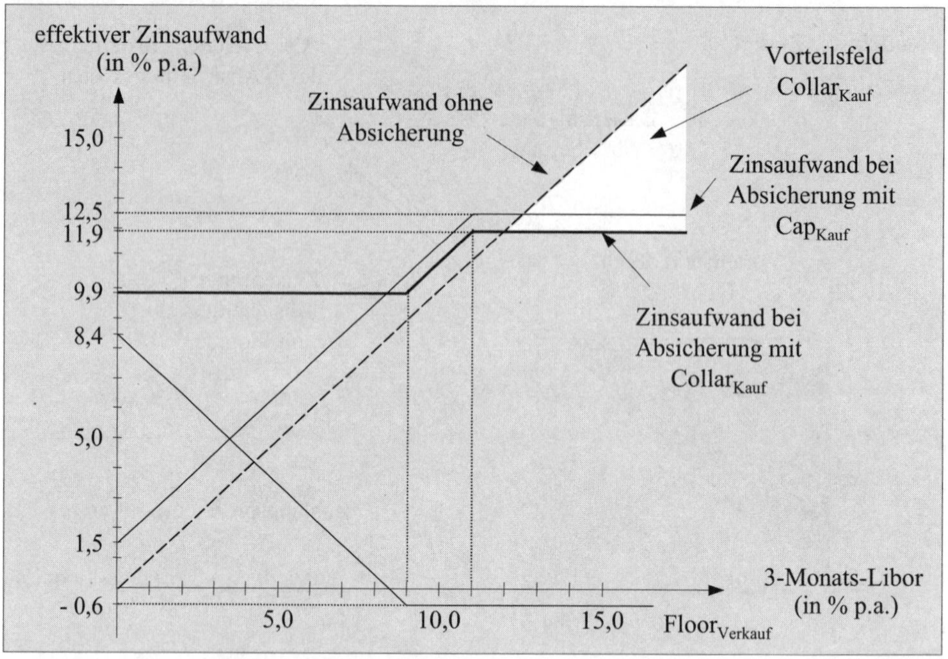

Abb. 4.4: Absicherungsprofil eines Collar-Käufers

Das Vorteilsfeld beginnt, sobald der 3-Monats-Libor den Wert von 11,9 % (Cap-Satz + Netto-Prämie) überschreitet. Diese im Vergleich zum isolierten Cap-Kauf um 0,6 %-Punkte nach unten verschobene Vorteilhaftigkeitsgrenze entspricht genau der vereinnahmten Floor-Prämie. Dagegen ist der Collar-Käufer dem isolierten Cap-Käufer gegenüber dann im Nachteil, wenn der Libor-Satz 8,4 % unterschreitet. Während der Cap-Käufer an weiteren Zinssenkungen voll partizipieren kann, verbleibt der Zinsaufwand für den Collar-Käufer weiterhin bei 9,9 % (Floor Strike Rate + Netto-Prämie).

zu 3.a):

Für die Aktivseite lässt sich eine Zinsanpassungselastizität in Höhe von 0,3211 bestimmen. Bei einer unterstellten Zinssenkung des Referenzzinses um 1 % verringert sich der in der Aufgabenstellung gegebene durchschnittliche Aktivzins in Höhe von 7,8 % um 0,3211 %-Punkte auf 7,4789 %. Gleichzeitig erhält die Bank jedoch eine Differenzzahlung vom Verkäufer des Floors. Zur Berechnung der Differenzzahlung ist neben der Referenzzinsänderung auch die Höhe des Floor-Volumens zu berücksichtigen. Beispielhaft ergibt sich für ein Floor-Volumen in Höhe von 20 Mio. GE, und einer unterstellten Referenzzinssenkung von 1 % eine Differenzzahlung von 200.000 GE. Unter Einbezug der erhaltenen Zahlung aus dem Floor-Kauf verringert sich der Rückgang des durchschnittlichen Aktivzinses um 0,0278 %-Punkte (= 200.000 GE / 720 Mio. GE) auf lediglich 0,2933 %-Punkte. Daraus ergibt sich ein Aktivzins$_{\text{floored}}$ in Höhe von 7,51 % [= 7,8 % + 0,2933 · (-1 %)].

Floor-Volumen 0 Mio. GE

- 3-Monats-Libor: 9 % (Δ: 0 %)

$$\varnothing \text{ Aktivzins}_{\text{floored}} = \frac{\max[0; 9\,\% - 9\,\%] \cdot 0 \text{ Mio. GE}}{720 \text{ Mio. GE}} + 7{,}8\,\% + (0\,\% \cdot 0{,}3211) = 7{,}80\,\%$$

- 3-Monats-Libor: 8 % (Δ: - 1 %)

$$\varnothing \text{ Aktivzins}_{\text{floored}} = \frac{\max[0; 9\,\% - 8\,\%] \cdot 0 \text{ Mio. GE}}{720 \text{ Mio. GE}} + 7{,}8\,\% + (-1\,\% \cdot 0{,}3211) = 7{,}48\,\%$$

- 3-Monats-Libor: 7 % (Δ: - 2 %)

$$\varnothing \text{ Aktivzins}_{\text{floored}} = \frac{\max[0; 9\,\% - 7\,\%] \cdot 0 \text{ Mio. GE}}{720 \text{ Mio. GE}} + 7{,}8\,\% + (-2\,\% \cdot 0{,}3211) = 7{,}16\,\%$$

- 3-Monats-Libor: 6 % (Δ: - 3 %)

$$\varnothing \text{ Aktivzins}_{\text{floored}} = \frac{\max[0; 9\,\% - 6\,\%] \cdot 0 \text{ Mio. GE}}{720 \text{ Mio. GE}} + 7{,}8\,\% + (-3\,\% \cdot 0{,}3211) = 6{,}84\,\%$$

Floor-Volumen 20 Mio. GE

- 3-Monats-Libor: 9 % (Δ: 0 %)

$$\varnothing \text{ Aktivzins}_{\text{floored}} = \frac{\max[0; 9\,\% - 9\,\%] \cdot 20 \text{ Mio. GE}}{720 \text{ Mio. GE}} + 7{,}8\,\% + (0\,\% \cdot 0{,}3211) = 7{,}80\,\%$$

- 3-Monats-Libor: 8 % (Δ: - 1 %)

$$\varnothing \text{ Aktivzins}_{\text{floored}} = \frac{\max[0; 9\,\% - 8\,\%] \cdot 20 \text{ Mio. GE}}{720 \text{ Mio. GE}} + 7{,}8\,\% + (-1\,\% \cdot 0{,}3211) = 7{,}51\,\%$$

- 3-Monats-Libor: 7 % (Δ: - 2 %)

$$\varnothing \text{ Aktivzins}_{\text{floored}} = \frac{\max[0; 9\,\% - 7\,\%] \cdot 20 \text{ Mio. GE}}{720 \text{ Mio. GE}} + 7{,}8\,\% + (-2\,\% \cdot 0{,}3211) = 7{,}21\,\%$$

- 3-Monats-Libor: 6 % (Δ: - 3 %)

$$\varnothing \text{ Aktivzins}_{\text{floored}} = \frac{\max[0; 9\,\% - 6\,\%] \cdot 20 \text{ Mio. GE}}{720 \text{ Mio. GE}} + 7{,}8\,\% + (-3\,\% \cdot 0{,}3211) = 6{,}92\,\%$$

Floor-Volumen 40 Mio. GE

- 3-Monats-Libor: 9 % (Δ: 0 %)

$$\text{Ø Aktivzins}_{\text{floored}} = \frac{\max[0; 9\,\% - 9\,\%] \cdot 40 \text{ Mio. GE}}{720 \text{ Mio. GE}} + 7{,}8\,\% + (0\,\% \cdot 0{,}3211) = 7{,}80\,\%$$

- 3-Monats-Libor: 8 % (Δ: - 1 %)

$$\text{Ø Aktivzins}_{\text{floored}} = \frac{\max[0; 9\,\% - 8\,\%] \cdot 40 \text{ Mio. GE}}{720 \text{ Mio. GE}} + 7{,}8\,\% + (-1\,\% \cdot 0{,}3211) = 7{,}53\,\%$$

- 3-Monats-Libor: 7 % (Δ: - 2 %)

$$\text{Ø Aktivzins}_{\text{floored}} = \frac{\max[0; 9\,\% - 7\,\%] \cdot 40 \text{ Mio. GE}}{720 \text{ Mio. GE}} + 7{,}8\,\% + (-2\,\% \cdot 0{,}3211) = 7{,}27\,\%$$

- 3-Monats-Libor: 6 % (Δ: - 3 %)

$$\text{Ø Aktivzins}_{\text{floored}} = \frac{\max[0; 9\,\% - 6\,\%] \cdot 40 \text{ Mio. GE}}{720 \text{ Mio. GE}} + 7{,}8\,\% + (-3\,\% \cdot 0{,}3211) = 7{,}00\,\%$$

Floor-Volumen 60 Mio. GE

- 3-Monats-Libor: 9 % (Δ: 0 %)

$$\text{Ø Aktivzins}_{\text{floored}} = \frac{\max[0; 9\,\% - 9\,\%] \cdot 60 \text{ Mio. GE}}{720 \text{ Mio. GE}} + 7{,}8\,\% + (0\,\% \cdot 0{,}3211) = 7{,}80\,\%$$

- 3-Monats-Libor: 8 % (Δ: - 1 %)

$$\text{Ø Aktivzins}_{\text{floored}} = \frac{\max[0; 9\,\% - 8\,\%] \cdot 60 \text{ Mio. GE}}{720 \text{ Mio. GE}} + 7{,}8\,\% + (-1\,\% \cdot 0{,}3211) = 7{,}56\,\%$$

- 3-Monats-Libor: 7 % (Δ: - 2 %)

$$\text{Ø Aktivzins}_{\text{floored}} = \frac{\max[0; 9\,\% - 7\,\%] \cdot 60 \text{ Mio. GE}}{720 \text{ Mio. GE}} + 7{,}8\,\% + (-2\,\% \cdot 0{,}3211) = 7{,}32\,\%$$

- 3-Monats-Libor: 6 % (Δ: - 3 %)

$$\text{Ø Aktivzins}_{\text{floored}} = \frac{\max[0; 9\,\% - 6\,\%] \cdot 60 \text{ Mio. GE}}{720 \text{ Mio. GE}} + 7{,}8\,\% + (-3\,\% \cdot 0{,}3211) = 7{,}09\,\%$$

Bei einem Floor-Volumen von 60 Mio. GE ergibt sich demnach eine **Zinsanpassungselastizität** in Höhe von:

$$ZE = \frac{7{,}80\,\% - 7{,}56\,\%}{1\,\%} = \frac{7{,}80\,\% - 7{,}32\,\%}{2\,\%} = \frac{7{,}80\,\% - 7{,}09\,\%}{3\,\%} = 0{,}24$$

Zusammenfassend ergibt sich die folgende Übersicht:

Unterstellte Marktzins-entwicklung	9,0 %-Floor (Referenzzins = 3-Monats-Libor)			
	Vol. = 0 Mio. GE	Vol. = 20 Mio. GE	Vol. = 40 Mio. GE	Vol. = 60 Mio. GE
3-Monats-Libor	Ø Aktivzins$_{unfloored}$	Ø Aktivzins$_{floored}$		
9,0 %	7,80 %	7,80 %	7,80 %	7,80 %
8,0 %	7,48 %	7,51 %	7,53 %	7,56 %
7,0 %	7,16 %	7,21 %	7,27 %	7,32 %
6,0 %	6,84 %	6,92 %	7,00 %	7,09 %

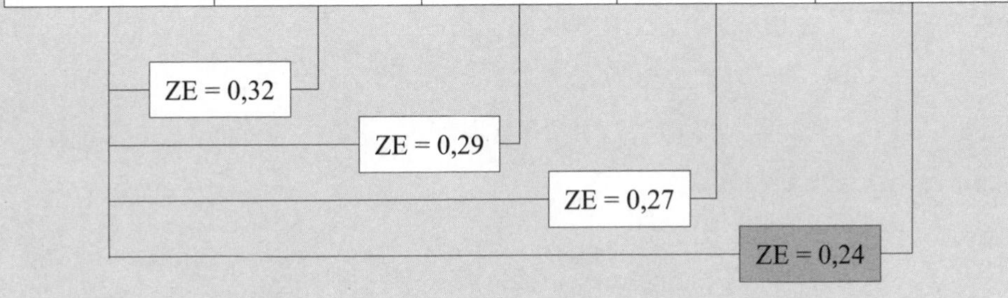

Abb. 4.5: Steuerung der Zinsanpassungselastizität durch alternative Floor-Volumina

zu 3.b):

Angestrebt wird ein Ausgleich der Zinsanpassungselastizität der Aktivseite an die Zinsanpassungselastizität der Passivseite in Höhe von 0,2078. Dazu ist zunächst der durchschnittliche Aktivzins ($AZ_{floored}$) zu bestimmen, der bei einer Zinssenkung zu der entsprechenden Zinsanpassungselastizität führt. Der durchschnittliche Aktivzins ergibt sich aus folgender Gleichung:

$$\frac{7{,}80\,\% - AZ_{floored}}{1\,\%} = 0{,}2078$$

$$<=> \quad AZ_{floored} = 7{,}80\,\% - 0{,}2078 \cdot 1\,\%$$

$$<=> \quad AZ_{floored} = 7{,}5922\,\%$$

Der gesuchte durchschnittliche Aktivzins beträgt demnach 7,5922 %. Hieraus lässt sich nun das gesuchte Floor-Volumen herleiten, indem folgende Gleichung gelöst wird:

$$\frac{1\,\% \cdot \text{Floor-Volumen}}{720\text{ Mio. GE}} + 7{,}8\,\% - ((-1\,\%) \cdot 0{,}3211) = 7{,}5922\,\%$$

$$\frac{0{,}01 \cdot \text{Floor-Volumen}}{720\text{ Mio. GE}} + 0{,}074789 = 0{,}075922$$

$$\frac{0{,}01 \cdot \text{Floor-Volumen}}{720\text{ Mio. GE}} = 0{,}001133$$

0,01 · Floor-Volumen = 815.760 GE

Floor-Volumen = **81,576 Mio. GE**

Fallstudie 5: **Abgrenzung von Risikobelastungsszenarien im Risikotragfähigkeitskalkül und regulatorische Erfordernisse**

1. Spezifizieren Sie die Gleichgewichtsbedingung im Risikotragfähigkeitskalkül für die drei repräsentativen Risikobelastungsfälle und stellen Sie diesen die konkreten, aufgegliederten Risikodeckungsmassen gegenüber!

2. a) Die Bank Inkognito verfügt über folgende Risikodeckungspotentiale:

Primäres Risikodeckungspotential	39.016.460 GE
Primäres bis tertiäres Risikodeckungspotential	50.346.029 GE
Primäres bis quintäres Risikodeckungspotential	72.501.652 GE

Abb. 5.1: Risikodeckungspotentiale

Bestimmen Sie ausgehend von einem Risikovolumen in Höhe von 800 Mio. GE und einer stetigen Standardabweichung von 2,5 %, die Z-Werte sowie die entsprechenden Sicherheitsniveaus, die sich aus den verschiedenen Risikodeckungspotentialen ergeben! Das Risiko liegt hierbei in einer negativen Abweichung vom Erwartungswert.

Ihnen steht folgende Tabelle zur Verfügung:

	1. Nachkommastelle des Z-Wertes				
Z	0	2	4	6	8
0	50,00 %	57,93 %	65,54 %	72,57 %	78,81 %
1	84,13 %	88,49 %	91,92 %	94,52 %	96,41 %
2	97,72 %	98,61 %	99,18 %	99,53 %	99,74 %
3	99,87 %	99,93 %	99,97 %	99,98 %	99,99 %
4	100,00 %	100,00 %	100,00 %	100,00 %	100,00 %

Abb. 5.2: Sicherheitsniveaus in Abhängigkeit vom Z-Wert (gerundet auf 2 Stellen hinter dem Komma)

Beispiel zur Tabelle: Z-Wert von 1,4 entspricht einem Sicherheitsniveau von 91,92 %.

b) Interpretieren Sie die resultierenden Sicherheitsniveaus, auch vor dem Hintergrund sogenannter Worst-Case Szenarios! Welche Rolle spielt in diesem Zusammenhang der Risikokapital-Eigenkapital-Koeffizient (REK)?

3. Stellen Sie die Ergebnisse der Teilaufgabe 2.a) graphisch dar! Gehen Sie dabei von einem Erwartungswert des Geschäftsergebnisses von Null aus!

Betrachten Sie in einem weiteren Schritt die Erfüllung der regulatorischen Erfordernisse. Die Erfordernisse bezüglich der Zusammensetzung der erforderlichen Eigenmittel, auf welche in Fallstudie 16 detailliert eingegangen wird, können Sie dabei jederzeit als erfüllt ansehen.

4. a) Unterstellen Sie ein Wachstum des Risikovolumens um 10 % bei gegenüber Teilaufgabe 2.a unverändertem Eigenmittelbestand und einem durchschnittlichen Anrechnungsfaktor (DAF) von 65 %! Mit welcher Wahrscheinlichkeit erfüllt die Bank die gesetzliche Anforderung einer jederzeitigen Unterlegung von 8 % der risikogewichteten Aktiva mit Eigenmitteln? Vernachlässigen Sie dabei und in den weiteren Betrachtungen den Einfluss der ausgefallenen Positionen auf die Höhe der risikogewichteten Aktiva.

b) In einem weiteren Szenario unterstellen Sie unveränderte risikogewichtete Aktiva! Wie hoch wäre in diesem Fall die Wahrscheinlichkeit, die gesetzlichen Erfordernisse zu erfüllen?

c) Als abschließendes Szenario gehen Sie davon aus, dass im Belastungsfall das Risikovolumen um 10 % und der Anrechnungsfaktor um 5 %-Punkte reduziert und gleichzeitig die Eigenmittel um 10 % des Ausgangswertes vergrößert werden könnten! Wie hoch wäre in diesem Szenario die Wahrscheinlichkeit, die gesetzlichen Erfordernisse erfüllen zu können und was lässt sich aus diesem Ergebnis folgern? Nennen Sie darüber hinaus Möglichkeiten, wie die Reduktion der risikogewichteten Aktiva und die Vergrößerung der Eigenmittel erfolgen kann sowie die damit verbundene Probleme!

Lösungsvorschlag zu Fallstudie 5:

zu 1.:

Die **Gleichgewichtsbedingung im Risikotragfähigkeitskalkül** sagt aus, dass das gesamte Risikopotential die insgesamt zur Verfügung stehenden Risikodeckungsmassen der Bank nicht übersteigen darf. Diese Bedingung wird durch die Definition von drei repräsentativen Risikobelastungsfällen konkretisiert. Diesen Risikobelastungsfällen, die alle an verschiedene Wahrscheinlichkeiten geknüpft sind, sind entsprechend Risikodeckungspotentiale gegenüber zu stellen. Abbildung 5.3 spiegelt diesen Sachverhalt wider:

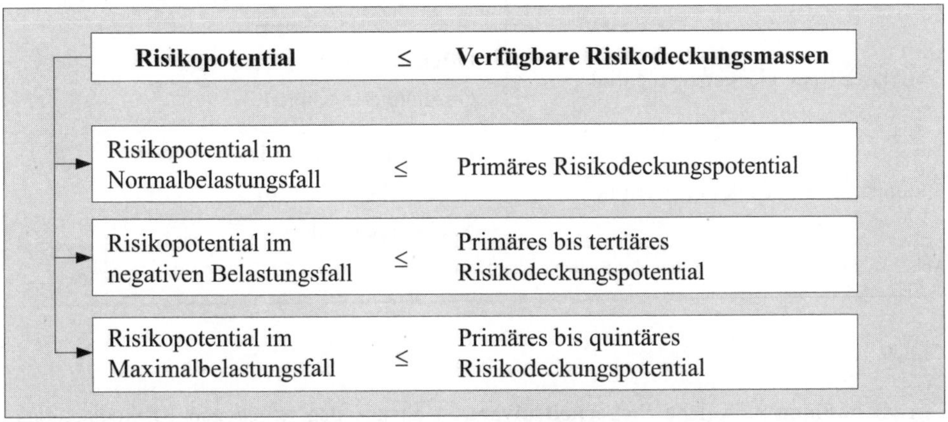

Abb. 5.3: Spezifizierung der Gleichgewichtsbedingung für Erfolgsrisiken im Risikotragfähigkeitskalkül

Der **Normalbelastungsfall** repräsentiert ein Szenario, in dem die Verluste im Rahmen der Erwartungen bleiben. Mit größeren Verlustkonsequenzen verbunden ist **der negative Belastungsfall**. Hier muss dennoch gelten, dass zur Abdeckung der hiermit verbundenen Verluste kein Rückgriff auf das offene Eigenkapital notwendig ist. Nur bei der dritten Konstellation, die als **Maximalbelastungsfall** oder als Worst-Case Szenario bezeichnet werden kann, ist die Gesamtheit aller verfügbaren Risikodeckungsmassen aufgerufen, die entstandenen Verluste abzudecken. Folgende Abstufung der Risikodeckungsmassen in Verbindung mit Abb. 5.3 konkretisiert diese Anforderungen.

Primäres Risikodeckungspotential	• Für erwartete Verluste - gebildete Rückstellungen - kalkulierte (Standard-)Risikokosten • Übergewinn
Sekundäres Risikodeckungspotential	• Stille Reserven
Tertiäres Risikodeckungspotential	• Mindestgewinn • Sonderposten für allgemeine Bankrisiken
Quartäres Risikodeckungspotential	• Offene Reserven • Gezeichnetes Kapital
Quintäres Risikodeckungspotential	• Ergänzungskapital Klasse I und II (ohne stille Reserven) • Nachrangkapital

Abb. 5.4: Stufenweise Abgrenzung der Risikodeckungsmassen in Banken

zu 2.a):

Um zu bestimmen, welche **Sicherheitsniveaus** sich aus den gegebenen Risikodeckungspotentialen ergeben, muss der umgekehrte Weg zur standardmäßigen VaR-Berechnung gegangen werden. Die Gleichung zur Berechnung des VaR im analytischen Grundmodell wird zuerst nach dem Z-Wert aufgelöst. In diese neue Gleichung ist anstelle des VaR das entsprechende Risikodeckungsvolumen einzusetzen. Der somit ermittelte Z-Wert entspricht einem der Standardnormalverteilungstabelle zu entnehmenden Sicherheitsniveau.

$$\begin{aligned} \text{VaR} &= \text{RV} \cdot \text{RF} \\ &= \text{RV} \cdot \left(e^{\text{RMZ}} - 1\right) \\ &= \text{RV} \cdot \left(e^{\text{STD} \cdot \text{Z-Wert}} - 1\right) \end{aligned}$$

mit: e = Eulersche Zahl; LN = natürlicher Logarithmus; RF = Risikofaktor; RV = Risikovolumen; RMZ = Risikomesszahl; STD = Standardabweichung; VaR = Value at Risk

Nach Auflösung des Klammerausdrucks lässt sich die obige Gleichung wie folgt umformen:

$$\text{VaR} = \text{RV} \cdot e^{\text{STD} \cdot \text{Z-Wert}} - \text{RV}$$

$$\Rightarrow \quad \text{VaR} + \text{RV} = \text{RV} \cdot e^{\text{STD} \cdot \text{Z-Wert}}$$

$$\Rightarrow \quad LN(VaR + RV) = LN\left(RV \cdot e^{STD \cdot Z\text{-}Wert}\right)$$

$$\Rightarrow \quad LN(VaR + RV) = LN(RV) + LN\left(e^{STD \cdot Z\text{-}Wert}\right)$$

$$\Rightarrow \quad LN(VaR + RV) = LN(RV) + STD \cdot Z\text{-}Wert$$

Wird die Gleichung nun nach dem Z-Wert aufgelöst, so ergibt sich:

$$Z\text{-}Wert = \frac{LN\left(\frac{VaR + RV}{RV}\right)}{STD}$$

Da das Risiko im vorliegenden Fall in einer negativen Abweichung vom Erwartungswert begründet ist, weist der Z-Wert somit ein negatives Vorzeichen auf. Für das primäre Risikodeckungspotential stellt sich die Berechnung folgendermaßen dar:

$$Z\text{-}Wert_{\text{primäres Risikodeckungspotential}} = \frac{LN\left(\frac{-39.016.460 + 800.000.000}{800.000.000}\right)}{2{,}5\,\%} = \mathbf{-\,2{,}0}$$

Analog berechnen sich die weiteren Z-Werte:

$$Z\text{-}Wert_{\text{primäres bis tertiäres Risikodeckungspotential}} = \frac{LN\left(\frac{-50.346.029 + 800.000.000}{800.000.000}\right)}{2{,}5\,\%} = \mathbf{-\,2{,}6}$$

$$Z\text{-}Wert_{\text{primäres bis quintäres Risikodeckungspotential}} = \frac{LN\left(\frac{-72.501.652 + 800.000.000}{800.000.000}\right)}{2{,}5\,\%} = \mathbf{-\,3{,}8}$$

Der Standardnormalverteilungstabelle lassen sich jetzt die entsprechenden Sicherheitsniveaus in Höhe von 97,72 %, 99,53 % und 99,99 % entnehmen.

zu 2.b):

Das primäre Risikodeckungspotential ist für den Normalbelastungsfall bestimmt; d.h. für den Belastungsfall, bei dem die Verluste im Rahmen der Erwartungen bleiben. Die obige Berechnung hat gezeigt, dass für die Bank Inkognito die potentiellen Verluste mit einer Wahrscheinlichkeit von nur 2,28 % das primäre Risikodeckungspotential übertreffen. **Das primäre bis tertiäre Risikodeckungspotential,** das grundsätzlich die stillen – d.h. ohne Außenwirkung einsetzbaren – Verlustdeckungsmöglichkeiten umfasst, reicht in 99,53 % der Fälle aus, um die eintretenden Verluste zu decken. **Das primäre bis quintäre Risikodeckungspotential** und damit die gesamten Risikodeckungsmassen der Bank wird nur in 0,01 % der Fälle nicht ausreichen um die Verluste zu decken. Diese Situation wird auch als Worst-Case Szenario bezeichnet.

Speziell für den Maximalbelastungsfall sind zwei weitere Anmerkungen im Zusammenhang mit dem Risikotragfähigkeitskalkül hilfreich. Die eine betrifft die Berücksichtigung von **Korrelationen** zwischen den verschiedenen Risikokategorien zur Bestimmung des Gesamtrisikopotentials. Die Erfahrung lehrt, dass bei solchen Maximalbelastungsfällen die Wahrscheinlichkeit risikoreduzierender Korrelationseffekte eher gering ist. Daher wird im Maximalbelastungsfall sicherheitshalber eher von einer additiven Verknüpfung von Einzelrisiken zum Gesamtrisiko auszugehen sein.

Ein zweiter Aspekt betrifft die zentrale Frage, ob die Bank auch für den simulierten Worst-Case ihre gesamten verfügbaren Risikodeckungsmassen einzusetzen bereit ist. Wird in diesem Sinne eine geschäftspolitische Vorgabe formuliert, die etwa besagt, dass das maximale Risiko im Rahmen eines bestimmten Sicherheitsniveaus nur einen bestimmten Prozentsatz des gesamten haftenden Eigenkapitals belasten darf, wird damit praktisch ein **Risiko-Eigenkapital-Koeffizient (REK)** festgelegt. Ein REK von beispielsweise 50 % würde angeben, dass auch im angenommenen Maximalbelastungsfall höchstens 50 % der verfügbaren Risikodeckungsmassen einschließlich des offenen Eigenkapitals verbraucht werden darf. Ein solcher Koeffizient drückt also ebenso wie das statistische Sicherheitsniveau in der Value at Risk Berechnung die Risikobereitschaft beziehungsweise den Risikoappetit der Geschäftsleitung aus.

zu 3.:

Der Abbildung 5.5 zufolge deckt das primäre Risikodeckungspotential die potentiellen Verluste im Normalbelastungsfall. Demnach reicht das Risikodeckungspotential in 97,72 % der Fälle aus, um die Verluste der Bank Inkognito aufzufangen. Das entsprechende Sicherheitsniveau wird repräsentiert durch die schraffierte Fläche rechts von der Verlustangabe von - 39,02 Mio. GE. Analog sind die graphisch dargestellten, restlichen Risikodeckungspotentiale zu interpretieren.

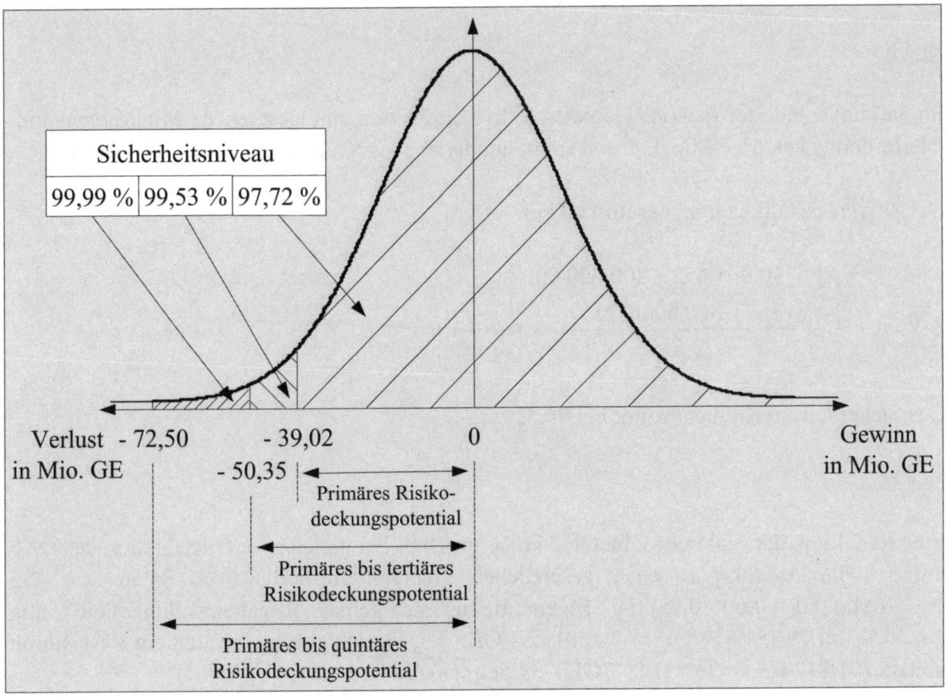

Abb. 5.5: Risikodeckungspotentiale und Sicherheitsniveaus

<u>zu 4.a:</u>

Ein unterstelltes Wachstum des Risikovolumens um 10 % würde dieses auf 880 Mio. GE (= 800 Mio. GE · 1,1) erhöhen. Bei einem DAF von 65 % ergeben sich somit risikogewichtete Aktiva von 572 Mio. GE (= 880 Mio. GE · 0,65). Ein unveränderter Eigenmittelbestand impliziert eine Höhe in der Summe des primären bis quintären Risikodeckungspotentials, welche sich auf 72.501.652 GE beläuft.

Die gesetzliche Mindesterfordernis beläuft sich auf 8 % der risikobehafteten Aktiva, was einen Betrag von 45,76 Mio. GE ergibt (= 572 Mio. GE · 8 %). Somit darf die Bank maximal einen Verlust von 26.741.652 GE (= 72.501.652 GE – 45.760.000 GE) erleiden, um die Mindesteigenkapitalunterlegung nicht zu unterschreiten.

Gemäß der in Teilaufgabe 2.a hergeleiteten Formel ergibt sich damit ein Z-Wert von:

$$\text{Z-Wert} = \frac{LN\left(\frac{-26.741.652 + 800.000.000}{800.000.000}\right)}{2{,}5\,\%} = \mathbf{-\,1{,}4}$$

Es ergibt sich somit ein Sicherheitsniveau von 91,92 %, was bedeutet, dass die Bank mit einer Wahrscheinlichkeit von 91,92 % die gesetzlichen Erfordernisse bezüglich der Eigenmittelunterlegung nicht verletzt.

zu 4.b:

Im Fall unveränderter risikogewichteter Aktiva ergibt sich eine gesetzliche Mindesteigenmittelerfordernis von 41,6 Mio. GE und somit ein maximales Verlustlimit von 30.901.652 GE.

Der Z-Wert beläuft sich in diesem Fall auf:

$$\text{Z-Wert} = \frac{LN\left(\frac{-30.901.652 + 800.000.000}{800.000.000}\right)}{2{,}5\,\%} = -\ \mathbf{1{,}6}$$

Das Sicherheitsniveau liegt somit bei 94,52 %.

zu 4.c:

Eine Reduktion der risikogewichteten Aktiva um 10 % bei gleichzeitiger Reduktion des DAF um 5 %-Punkte führt zu einer gesetzlichen Eigenmittelforderung von 34,56 Mio. GE (= 720 Mio. GE · 0,60 · 0,08). Die Eigenmittel nehmen gemäß Aufgabenstellung gleichzeitig um 10 % auf 79.751.817 GE (= 72.501.652 GE · 1,1) zu. Daraus ergäbe sich ein Verlustlimit von 45.191.817 GE (= 79.751.817 GE – 34.560.000 GE).

Der Z-Wert beträgt bei dieser Konstellation:

$$\text{Z-Wert} = \frac{LN\left(\frac{-45.191.817 + 800.000.000}{800.000.000}\right)}{2{,}5\,\%} = -\ \mathbf{2{,}3}$$

Es ergibt sich mittels linearer Interpolation ein Sicherheitsniveau von 98,895 % (= (98,61 % + 99,18 %) / 2), was bedeutet, dass die Bank mit einer Wahrscheinlichkeit von knapp über einem Prozent die gesetzlichen Mindesterfordernisse nicht einhalten kann, was allerdings im Rahmen einer moderaten Risikopolitik ein relativ hoher Wert ist.

Möglichkeiten zur Verminderung der risikogewichteten Aktiva liegen beispielsweise in der Securitisation von Aktivpositionen, dem Abbau stark risikobehafteter Aktiva, der Umschichtung in Aktiva mit geringerem Anrechnungskoeffizienten oder der Modifizierung von Besicherungsbedingungen. Unabhängig davon welche Maßnahmen getroffen werden bleibt zu beachten, dass diese meist mit einer negativen Ergebniswirkung verbunden sind und die Risikoreduktion daher immer in Relation zu dieser Ergebniswirkung zu betrachten ist. So besteht beispielsweise im Zuge einer Securitisation risikobehafteter Kredite am Kapitalmarkt die Gefahr, dass der bilanzielle Wert der Kredite größer ist als der Erlös, welcher durch den Verkauf erzielt werden kann. Bei der Verringerung stark risikobehafteter Geschäfte besteht auch immer die Gefahr, dass man damit langjährige Kundenbeziehungen riskieren und damit zukünftige Ertragspotentiale opfern könnte.

Zur Erhöhung der Eigenmittel besteht beispielsweise die Möglichkeit eine Kapitalerhöhung durchzuführen, die Begebung von anrechnungsfähigen hybriden Instrumenten bzw. von Nachrangkapital oder die Veräußerung eigener Aktien (da diese eine Abzugsposition des Kernkapitals darstellen).

Bei fast allen Maßnahmen bleibt in unterschiedlich ausgeprägtem Maß das Problem, dass die gesetzliche Mindestunterlegung auf täglicher Basis erfüllt sein muss, die Maßnahmen aber erst mit zeitlicher Verzögerung wirksam werden. Somit sind solche Maßnahmen im Rahmen von Belastungsszenarien mit äußerster Vorsicht einzuplanen.

Fallstudie 6: **Erfolgsquellenanalyse bei schwankenden Zinssätzen**

Um darzustellen, wie sich schwankende Zinssätze auf die Ergebnisbeiträge einer Bank auswirken, sei die nachstehende stark vereinfachte Zinsertragsbilanz (vgl. Abb. 6.1) betrachtet. Es soll angenommen werden, dass zu Beginn des Ausgangsjahres zwei Festzinskredite über jeweils 50 Mio. GE mit einer Laufzeit von 2 bzw. 3 Jahren vergeben werden. Diese werden mit gleichzeitig abgeschlossenen 3-Monats-Kundeneinlagen über insgesamt 100 Mio. GE refinanziert, die über den gesamten Betrachtungszeitraum in dem jeweils benötigten Umfang prolongiert oder substituiert werden. Der Kundenkreditzins beläuft sich auf 9,4 % bei 2 Jahren Laufzeit und auf 9,6 % bei 3-jähriger Vertragsdauer; die Kundeneinlagen verzinsen sich zu 7,5 % p.a.

<table>
<tr><th>Aktiv</th><th colspan="8">Zinsertragsbilanz im 1. Jahr</th><th>Passiv</th></tr>
<tr><th>Geschäftsart</th><th>Vol. (Mio. GE)</th><th>SZ</th><th>GKM</th><th>TGZ</th><th>TGZ</th><th>GKM</th><th>HZ</th><th>Vol. (Mio. GE)</th><th>Geschäftsart</th></tr>
<tr><td>Kundenkredit 2 Jahre</td><td>50</td><td>9,4 %</td><td>8,0 %</td><td>8,6 %</td><td rowspan="2">8,6 %</td><td rowspan="2">8,9 %</td><td rowspan="2">7,5 %</td><td rowspan="2">100</td><td rowspan="2">Kundeneinlage 3 Monate</td></tr>
<tr><td>Kundenkredit 3 Jahre</td><td>50</td><td>9,6 %</td><td>8,0 %</td><td>8,6 %</td></tr>
</table>

Abb. 6.1: Ausgangs-Zinsertragsbilanz im ersten Jahr

Die Zinsstrukturkurve des betrachteten Ausgangsjahres verläuft im mittleren Laufzeitbereich extrem flach, so dass der Geld- und Kapitalmarkt-Satz für 1 bzw. 2 Jahre exakt dem Geld- und Kapitalmarkt-Satz für 3 Jahre entspricht.

Nach Angaben der volkswirtschaftlichen Abteilung hat sie sich ein Jahr später wie folgt verändert:

Fristigkeit	1 Tag	3 Monate	1 Jahr	2 Jahre	3 Jahre
GKM-Zinsen im 2. Jahr	6,4 %	6,8 %	6,9 %	7,0 %	7,1 %

Abb. 6.2: Geld- und Kapitalmarkt-Zinsstruktur des zweiten Jahres

Aufgrund der rückläufigen Zinsentwicklung beträgt der Kundenzins für die 3-Monats-Kundeneinlage im gesamten zweiten Jahr nur noch 6,0 %.

1. a) Ermitteln Sie die Veränderung des Zinsüberschusses und seiner Komponenten vom ersten auf das zweite Jahr!

   Unterstellen Sie dabei aus Vereinfachungsgründen, dass sich die Zinsänderungen in einem Schritt zu Beginn des zweiten Jahres ergeben haben und für das gesamte zweite Jahr Gültigkeit besitzen.

b) Arbeiten Sie in einer detaillierten Analyse die Ursachen für den Anstieg des Zinsüberschusses im zweiten Jahr heraus! War die Strukturentscheidung in der Ausgangssituation vorteilhaft?

2. Auf Empfehlung der volkswirtschaftlichen Abteilung erwägt das Bilanzstrukturmanagement unmittelbar zu Beginn des dritten Jahres, die Fristentransformation aufgrund der unabsehbaren Zinsentwicklung zu beenden. Im folgenden sind die Auswirkungen auf das Fristentransformationsergebnis in Abhängigkeit von der Zinsprognose zu untersuchen.

a) Welche kompensatorischen Gegengeschäfte sind am Geld- und Kapitalmarkt abzuschließen, um die Fristigkeiten der zu Beginn des dritten Jahres noch bestehenden Kundengeschäfte exakt auszugleichen und somit die Fristentransformation zu beenden?

Wie hoch wäre in diesem Fall das Fristentransformationsergebnis?

Unterstellen Sie in Ihren Berechnungen, dass die Zinsstruktur des zweiten Jahres (vgl. Abb. 6.2) sowie der Kundenzins und das Volumen der 3-monatigen Kundeneinlage auch während des gesamten dritten Jahres unverändert gültig sind!

b) Für den Fall, dass die Fristentransformation aufrechterhalten wird, sollen zwei mögliche Vorgehensweisen unterschieden werden:

(1) Die 3-Monats-Kundeneinlagen werden im Umfang von 100 Mio. GE zum Zinssatz von 6,0 % prolongiert bzw. substituiert. Da der 2-jährige Kundenkredit ausgelaufen ist, wird auf der Aktivseite 3-Monats-Geld am Geld- und Kapitalmarkt angelegt, das im dritten Jahr ständig prolongiert wird, so dass die Bilanzsumme auf beiden Seiten 100 Mio. GE beträgt.

(2) Das Bilanzstrukturmanagement gibt dem Marktbereich für die 3-Monats-Kundeneinlagen Richtkonditionen, und zwar in Höhe von 5,2 % vor, wodurch eine Reduktion des Volumens um die Hälfte im Vergleich zum Vorjahr erreicht werden soll.

Berechnen Sie für beide Alternativen das Fristentransformationsergebnis, wiederum unter der Bedingung, dass die Zinsstruktur des zweiten Jahres (vgl. Abb. 6.2) auch während des gesamten dritten Jahres unverändert gültig ist!

c) Leiten Sie unter Verwendung der Ergebnisse aus den Teilaufgaben a) und b) in Abhängigkeit von möglichen Zinserwartungen Handlungsalternativen für das Bilanzstrukturmanagement ab!

3. a) Wie hoch wären die Zinsüberschusskomponenten im ersten Jahr und wie würden sie sich im zweiten Jahr entwickeln, wenn es sich bei den beiden Aktivpositionen um variabel verzinsliche Kundenkredite (mit den gleichen Konditionen) gehandelt hätte? Gehen Sie bei Ihrer Berechnung davon aus, dass der 2-jährige Kundenkredit eine Zinselastizität von 0,4 und der 3-jährige Kundenkredit eine Zinselastizität von 0,3 aufweist. Weiterhin sei unterstellt, dass es der Kundenabteilung im zweiten Jahr gelingt, eine elastizitätskonforme Zinsanpassung der Kreditkonditionen am Markt durchzusetzen!

   b) Zeigen Sie auf, worauf die Unterschiede beim Zinsüberschuss des zweiten Jahres gegenüber der Festzinsvereinbarung (vgl. Teilaufgabe 1.a)) zurückzuführen sind!

Lösungsvorschlag zu Fallstudie 6:

zu 1.a):

Situation im ersten Jahr:

	Zinsertrag	9,5 Mio. GE	(= 9,4 % · 50 Mio. GE + 9,6 % · 50 Mio. GE)
–	Zinsaufwand	7,5 Mio. GE	(= 7,5 % · 100 Mio. GE)
=	Zinsüberschuss_1	**2,0 Mio. GE**	

Aufspaltung des Zinsüberschusses im ersten Jahr:

Position	Konditionsmarge	Volumen (in Mio. GE)	Konditionsbeitrag (in Mio. GE)
	(1)	(2)	(3) = (1) · (2)
Kredit (2 Jahre)	9,4 % – 8,0 %	50	0,7
Kredit (3 Jahre)	9,6 % – 8,0 %	50	0,8
Einlage	8,9 % – 7,5 %	100	1,4
∑ **$\text{Konditionsbeitrag}_1$**			**2,9**

Position	Strukturmarge	Volumen (in Mio. GE)	Strukturbeitrag (in Mio. GE)
	(1)	(2)	(3) = (1) · (2)
Kredit (2 Jahre)	8,0 % – 8,6 %	50	- 0,3
Kredit (3 Jahre)	8,0 % – 8,6 %	50	- 0,3
Einlage	8,6 % – 8,9 %	100	- 0,3
∑ **Strukturbeitrag_1**			**- 0,9**

Zinsüberschuss_1		**2,0**

Situation im zweiten Jahr:

Aktiv		Zinsertragsbilanz im 2. Jahr							Passiv
Geschäftsart	Vol. (Mio.GE)	SZ	GKM	TGZ	TGZ	GKM	HZ	Vol. (Mio.GE)	Geschäftsart
Kundenkredit 2 Jahre	50	9,4 %	8,0 %	6,4 %	6,4 %	6,8 %	6,0 %	100	Kundeneinlage 3 Monate
Kundenkredit 3 Jahre	50	9,6 %	8,0 %	6,4 %					

Abb. 6.3: Zinsertragsbilanz im zweiten Jahr

	Zinsertrag	9,5 Mio. GE	(= 9,4 % · 50 Mio. GE + 9,6 % · 50 Mio. GE)
–	Zinsaufwand	6,0 Mio. GE	(= 6,0 % · 100 Mio. GE)
=	Zinsüberschuss$_2$	**3,5 Mio. GE**	(+ 1,5 Mio. GE gegenüber dem 1. Jahr)

Ermittlung der Zinsüberschusskomponenten im zweiten Jahr:

Position	Konditions-marge	Volumen (in Mio. GE)	Konditions-beitrag (in Mio. GE)	Veränderungen ggü. d. Vorjahr (in Mio. GE)
	(1)	(2)	(3) = (1) · (2)	
Kredit (2 Jahre)	9,4 % – 8,0 %	50	0,7	0,0
Kredit (3 Jahre)	9,6 % – 8,0 %	50	0,8	0,0
Einlage	6,8 % – 6,0 %	100	0,8	- 0,6
∑ **Konditionsbeitrag$_2$**			**2,3**	**- 0,6**

Position	Strukturmarge	Volumen (in Mio. GE)	Struktur-beitrag (in Mio. GE)	Veränderungen ggü. d. Vorjahr (in Mio. GE)
	(1)	(2)	(3) = (1) · (2)	
Kredit (2 Jahre)	8,0 % – 6,4 %	50	0,8	+ 1,1
Kredit (3 Jahre)	8,0 % – 6,4 %	50	0,8	+ 1,1
Einlage	6,4 % – 6,8 %	100	- 0,4	- 0,1
∑ **Strukturbeitrag$_2$**			**1,2**	**+ 2,1**

Zinsüberschuss$_2$		**3,5**	**+ 1,5**

<u>zu 1.b):</u>

Insgesamt lässt sich feststellen, dass sich der Zinsüberschuss von 2 Mio. GE im ersten Jahr auf 3,5 Mio. GE im zweiten Jahr erhöht hat. Bei der Betrachtung der einzelnen Zinsüberschusskomponenten wird bezüglich des **Konditionsbeitrages** ersichtlich, dass er sich gesamthaft gegenüber dem ersten Jahr um 0,6 Mio. GE verringert hat. Während der Beitrag der Aktivseite aufgrund der vorliegenden Festzinsvereinbarung konstant blieb, ist es der Kundenabteilung bezüglich der Passivposition nicht gelungen, einen Kundeneinlagenzins durchzusetzen, der in gleichem Maße wie der Marktzins gesunken ist ($GKM_1^{Einlage} - GKM_2^{Einlage} = 2{,}1\,\% > HZ_1 - HZ_2 = 1{,}5\,\%$). Dies ist mit einer Erfolgseinbuße von genau - 0,6 Mio. GE verbunden.

Daraus lässt sich folgern, dass die Erhöhung des Zinsüberschusses ausschließlich auf den **Strukturbeitrag** zurückzuführen ist, der sich gegenüber dem ersten Jahr von - 0,9 Mio. GE auf + 1,2 Mio. GE, also um insgesamt 2,1 Mio. GE verbessert hat. Der Grund für diese Erhöhung ist darin zu sehen, dass sich die Zinsstrukturkurve im Vergleich zur Ausgangssituation gedreht hat. Dass diese Entwicklung wahrscheinlich von der Bank antizipiert worden ist, lässt sich anhand der Inkaufnahme der auf beiden Bilanzseiten negativen Strukturbeiträge im ersten Jahr ableiten. Hätte die Bank nämlich mit einem Verbleib der Zinsstruktur in ihrer Ausgangslage auch für die Folgejahre gerechnet, wäre das bewusste Erzeugen eines aktivischen Festzinsüberhangs mehr als unprofessionell gewesen. Aufgrund der eingetretenen Zinsveränderung profitiert die Bank nun aber ganz erheblich von ihrer betriebenen Fristentransformation, da sie durch die eingegangenen Festzinsvereinbarungen eine Anpassung der Kreditzinsen an das nun geringere Marktniveau verhindert hat. Daraus resultiert ein aktivischer Strukturbeitrag in Höhe von 1,6 Mio. GE, der gegenüber dem Ausgangsjahr um 2,2 Mio. GE (1,1 Mio. GE + 1,1 Mio. GE) gestiegen ist. Demgegenüber fällt der passivische Strukturbeitrag um 0,1 Mio. GE niedriger aus als im Vorjahr. Diese geringfügige Reduzierung ist damit zu erklären, dass sich durch das Drehen und Sinken der Zinsstrukturkurve ebenfalls der Abstand zwischen den einzelnen Zinssätzen für unterschiedliche Fristigkeiten verändert hat ($TGZ_1 - GKM_1^{Einlage} = -0{,}3\,\% > TGZ_2 - GKM_2 = -0{,}4\,\%$).

Inwieweit die vorliegende Strukturentscheidung insgesamt vorteilhaft war, lässt sich erst nach Beendigung der Fristentransformation beurteilen. Das Zwischenergebnis der Fristentransformation ist nach Ablauf von zwei Jahren mit 0,3 Mio. GE (- 0,9 Mio. GE + 1,2 Mio. GE) positiv.

<u>zu 2.a):</u>

Während der 2-Jahres-Kundenkredit am Ende des zweiten Jahres abgelaufen ist, besteht im dritten Jahr weiterhin der 3-jährige Kundenkredit mit nunmehr einer Restlaufzeit von einem Jahr. Das kompensatorische Gegengeschäft hierzu ist eine 1-jährige Refinanzierung am Geld- und Kapitalmarkt zu 6,9 % im Umfang von 50 Mio. GE.

Annahmegemäß werden die 3-Monats-Kundeneinlagen in vollem Umfang von 100 Mio. GE prolongiert bzw. substituiert, so dass der entsprechende Ausgleich durch die Anlage von 3-Monats-Geld am Geld- und Kapitalmarkt zu 6,8 % vorzunehmen ist.

Aktiv			Zinsertragsbilanz im 3. Jahr Beendigung der Fristentransformation durch Abschluss kompensatorischer Gegengeschäfte				Passiv
Geschäftsart	Vol. (Mio.GE)	SZ	GKM	GKM	HZ	Vol. (Mio.GE)	Geschäftsart
Kundenkredit 3 Jahre (Restlaufzeit 1 Jahr)	50	9,6 %	8,0 %	6,8 %	6,0 %	100	Kundeneinlage 3 Monate
GKM-Anlage 3 Monate	100	6,8 %	6,8 %	6,9 %	6,9 %	50	GKM-Refinanzierung 1 Jahr
∑ bzw. Ø	150	$7{,}7\overline{3}$ %	7,2 %	$6{,}8\overline{3}$ %	6,3 %	150	∑ bzw. Ø

Abb. 6.4: Zinsertragsbilanz im dritten Jahr nach Abschluss kompensatorischer Geld- und Kapitalmarktgeschäfte

Unter der Annahme, dass die Zinsstruktur des zweiten Jahres auch während des dritten Jahres unverändert gültig ist, berechnet sich das Fristentransformationsergebnis wie folgt:

Strukturmarge: $7{,}2\,\% - 6{,}8\overline{3}\,\% \quad = \quad 0{,}3\overline{6}\,\%$

Strukturbeitrag: $0{,}3\overline{6}\,\% \cdot 150$ Mio. GE $=$ 0,55 Mio. GE

zu 2.b):

zu (1):

Die 3-monatige Geldanlage am Geld- und Kapitalmarkt gleicht die nach dem Auslaufen des 2-Jahres-Kundenkredites zunächst unausgeglichene Bilanz wieder aus, so dass sich die Bilanzsumme auf 100 Mio. GE beläuft (vgl. Abb. 6.5).

In diesem Fall lässt sich das folgende Ergebnis aus der Fristentransformation erzielen:

Strukturmarge: $7{,}4\,\% - 6{,}8\,\% \quad = \quad 0{,}6\,\%$

Strukturbeitrag: $0{,}6\,\% \cdot 100$ Mio. GE $=$ 0,6 Mio. GE

Das Fristentransformationsergebnis ist ausschließlich von der Entwicklung des Zinssatzes für 3-monatige Geld- und Kapitalmarktgeschäfte abhängig.

<table>
<tr><th colspan="8">Aktiv — Zinsertragsbilanz im 3. Jahr — Passiv
Aufrechterhaltung der Fristentransformation, Alternative (1)</th></tr>
<tr><th>Geschäftsart</th><th>Vol. (Mio.GE)</th><th>SZ</th><th>GKM</th><th>GKM</th><th>HZ</th><th>Vol. (Mio.GE)</th><th>Geschäftsart</th></tr>
<tr><td>Kundenkredit 3 Jahre (Restlaufzeit 1 Jahr)</td><td>50</td><td>9,6 %</td><td>8,0 %</td><td rowspan="2">6,8 %</td><td rowspan="2">6,0 %</td><td rowspan="2">100</td><td rowspan="2">Kundeneinlage 3 Monate</td></tr>
<tr><td>GKM-Anlage 3 Monate</td><td>50</td><td>6,8 %</td><td>6,8 %</td></tr>
<tr><td>∑ bzw. Ø</td><td>100</td><td>8,2 %</td><td>7,4 %</td><td>6,8 %</td><td>6,0 %</td><td>100</td><td>∑ bzw. Ø</td></tr>
</table>

Abb. 6.5: Zinsertragsbilanz im dritten Jahr ohne Abschluss kompensatorischer GKM-Geschäfte, Alternative (1)

zu (2):

Alternativ zu Variante (1) besteht die Möglichkeit, durch die Vorgabe von Richtkonditionen den Umfang der Kundeneinlagen zu beeinflussen. Annahmegemäß reduzieren sich die 3-Monats-Einlagen im dritten Jahr auf 50 Mio. GE, wenn der Kundenzins auf 5,2 % gesenkt wird.

Aktiv	Zinsertragsbilanz im 3. Jahr Aufrechterhaltung der Fristentransformation, Alternative (2)						Passiv
Geschäftsart	Vol. (Mio.GE)	SZ	GKM	GKM	HZ	Vol. (Mio.GE)	Geschäftsart
Kundenkredit 3 Jahre (Restlaufzeit 1 Jahr)	50	9,6 %	8,0 %	6,8 %	5,2 %	50	Kundeneinlage 3 Monate

Abb. 6.6: Zinsertragsbilanz im dritten Jahr nach Abschluss kompensatorischer GKM-Geschäfte, Alternative (2)

Das Strukturergebnis berechnet sich wie folgt:

Strukturmarge: 8,0 % – 6,8 % = 1,2 %

Strukturbeitrag: 1,2 % · 50 Mio. GE = 0,6 Mio. GE

Wie bei Alternative (1) ist die Veränderung des Strukturergebnisses ausschließlich von der Veränderung des 3-Monats-GKM-Zinses abhängig.

zu 2.c):

Das Bilanzstrukturmanagement kann grundsätzlich zwischen zwei Alternativen wählen (Zwischenlösungen, wie etwa ein teilweises Schließen der offenen Festzinsposition, bleiben hier unberücksichtigt):

(1) Abschluss kompensatorischer Gegengeschäfte (vgl. Teilaufgabe 2.a)),

(2) Aufrechterhaltung der Fristentransformation auch im dritten Jahr (vgl. Teilaufgabe 2.b)).

Die Konsequenzen dieser beiden Strategien auf die Höhe des Strukturergebnis unterscheiden sich sehr deutlich voneinander.

zu (1):

Durch den Abschluss kompensatorischer Gegengeschäfte beträgt die positive Laufzeitprämie $0{,}3\overline{6}\,\%$ (= 7,2 % – $6{,}8\overline{3}\,\%$). Multipliziert mit der (durch die kompensatorischen Eigengeschäfte 150 Mio. GE betragenden) Bilanzsumme ergibt sich im dritten Jahr ein absoluter Strukturbeitrag von 0,55 Mio. GE. Sieht man von einer möglichen Veränderung des 1-Jahres-GKM-Zinses ab, fällt der deutlich positive Strukturbeitrag unabhängig von zukünftigen Schwankungen des GKM-Zinses für 3 Monate **mit Sicherheit** an.

zu (2):

Für den Fall, dass die Fristentransformation im dritten Jahr aufrechterhalten wird und keine kompensatorischen Gegengeschäfte abgeschlossen werden, wurden in Teilaufgabe b) zwei mögliche Vorgehensweisen vorgestellt. In beiden Alternativen beträgt der Strukturbeitrag 0,6 Mio. GE und ist ausschließlich von der Veränderung des 3-Monats-GKM-Zinses abhängig.

Schwankungen des 3-Monats-GKM-Zinses wirken sich bei beiden Möglichkeiten in exakt gleichem Ausmaß auf den Strukturbeitrag aus. Aus diesem Grund ist im folgenden bei der Betrachtung unterschiedlicher Zinserwartungen keine Differenzierung notwendig.

Fall 1: Sollte der 3-Monats-GKM-Zins weiterhin **unverändert** bei 6,8 % verbleiben, so stellt sich auch im dritten Jahr ein positiver Strukturbeitrag in Höhe von 0,6 Mio. GE ein.

Fall 2: Sollte hingegen der GKM-Zins für drei Monate **sinken**, so würde sich der Strukturbeitrag verbessern und in jedem Fall über 0,6 Mio. GE liegen.

Fall 3: Für den Fall, dass der GKM-Zins für drei Monate wieder **ansteigt**, verschlechtert sich der Strukturbeitrag des dritten Jahres. Hierbei sind zwei Konstellationen zu unterscheiden: Bewegt sich die Steigerung des 3-Monats-GKM-Zins zwischen 6,8 % und 6,9 %, liegt der Strukturbeitrag des dritten Jahres zwischen 0,6 Mio. GE und 0,55 Mio. GE. Erst bei einem Anstieg über 6,9 % würde der Strukturbeitrag des dritten Jahres unter 0,55 Mio. GE fallen.

Verglichen mit der Situation nach Abschluss kompensatorischer Gegengeschäfte (Strukturbeitrag im dritten Jahr: 0,55 Mio. GE) ergibt sich für die Bank dann ein Nachteil, wenn der 3-Monats-Satz am Geld- und Kapitalmarkt steigt und dabei ein Niveau von 6,9 % überschreitet.

Somit kann festgehalten werden, dass die Vorteilhaftigkeit der Vorgehensweise des Bilanzstrukturmanagement ganz entscheidend von der **Zinserwartung** abhängt. Sollte für das dritte Jahr mit hoher Wahrscheinlichkeit ein sinkender 3-Monats-Zins erwartet werden, so sind die Gegengeschäfte im Hinblick auf das Erzielen eines hohen positiven Fristentransformationsbeitrages zu unterlassen. Wird ein Zins oberhalb von 6,9 % erwartet, sollten die Gegengeschäfte zur Erzielung eines sicheren positiven Strukturbeitrages in Höhe von 0,55 Mio. GE abgeschlossen werden.

Erwartung für den 3-Monats-GKM-Satz im dritten Jahr	**Fristentransformationsbeitrag im dritten Jahr** (FTB3) (in Mio. GE)		Abschluss von Gegengeschäften vorteilhaft
	ohne Abschluss von Gegengeschäften	**mit** Abschluss von Gegengeschäften	
Fall 1: **konstant** $GKM^{3Mte} = 6{,}8\,\%$	$FTB_3 = 0{,}60$	$FTB_3 = 0{,}55$	nein
Fall 2: **sinkend** $GKM^{3Mte} < 6{,}8\,\%$	$FTB_3 > 0{,}60$	$FTB_3 = 0{,}55$	nein
Fall 3: **steigend** $6{,}8\,\% < GKM^{3Mte} < 6{,}9\,\%$	$0{,}60 > FTB_3 > 0{,}55$	$FTB_3 = 0{,}55$	nein
$GKM^{3Mte} > 6{,}9\,\%$	$FTB_3 < 0{,}55$	$FTB_3 = 0{,}55$	ja

Abb. 6.7: Fristentransformationsbeitrag des dritten Jahres in Abhängigkeit von der Zinserwartung

Betrachtet man das Gesamtergebnis aus der Fristentransformation ohne Abschluss kompensatorischer Gegengeschäfte über die drei Jahre, so lässt sich der Zinssatz ermitteln, bis zu dem der 3-Monats-GKM-Zins im dritten Jahr ansteigen darf, bevor der positive Strukturbeitrag aus den ersten beiden Jahren gänzlich aufgezehrt ist. Die Verlustschwelle liegt bei einem 3-Monats-GKM-Zins, der zu einem Strukturbeitrag von - 0,3 Mio. GE führt. Unabhängig von der gewählten Vorgehensweise zur Aufrechterhaltung der Fristentransformation liegt der kritische Zins bei 8,6 % (vgl. Abb. 6.8).

Gesamtergebnis aus der Fristentransformation		
Jahr	ohne Abschluss von Gegengeschäften	mit Abschluss von Gegengeschäften
1	- 0,9 Mio. GE	- 0,9 Mio. GE
2	+ 1,2 Mio. GE	+ 1,2 Mio. GE
3	?	0,55 Mio. GE
$\sum$	+ 0,3 Mio. GE + ?	0,85 Mio. GE

Abb. 6.8: Gesamtergebnis aus der Fristentransformation mit und ohne Abschluss kompensatorischer Gegengeschäfte

<u>zu 3.a):</u>

Situation im ersten Jahr:

Aktiv		Zinsertragsbilanz im 1. Jahr						Passiv	
Geschäftsart	Vol. (Mio.GE)	SZ	GKM	TGZ	TGZ	GKM	HZ	Vol. (Mio.GE)	Geschäftsart
Kundenkredit 2 Jahre	50	9,4 %	8,24 % *	8,6 %	8,6 %	8,9 %	7,5 %	100	Kundeneinlage 3 Monate
Kundenkredit 3 Jahre	50	9,6 %	8,18 % **	8,6 %					

Abb. 6.9: Zinsertragsbilanz im ersten Jahr bei variabler Verzinsung der Aktivpositionen
(mit: * = 0,4 · 8,6 % + 0,6 · 8,0 %; ** = 0,3 · 8,6 % + 0,7 · 8,0 %)

	Zinsertrag	9,5 Mio. GE	(= 9,4 % · 50 Mio. GE + 9,6 % · 50 Mio. GE)
–	Zinsaufwand	7,5 Mio. GE	(= 7,5 % · 100 Mio. GE)
=	Zinsüberschuss$_1$	**2,0 Mio. GE**	

Auch bei einer variablen Verzinsung der Kredite beläuft sich der gesamte Zinsüberschuss auf 2,0 Mio. GE. Allerdings ist – wie die nachfolgende Aufspaltung zeigt – die Höhe der Einzelkomponenten im Vergleich zur Festzinsvereinbarung unterschiedlich.

Aufspaltung des Zinsüberschusses im ersten Jahr:

Position	Konditionsmarge	Volumen (in Mio. GE)	Konditionsbeitrag (in Mio. GE)
	(1)	(2)	(3) = (1) · (2)
Kredit (2 Jahre)	9,4 % – 8,24 %	50	0,58
Kredit (3 Jahre)	9,6 % – 8,18 %	50	0,71
Einlage	8,9 % – 7,5 %	100	1,40
$\sum$ **Konditionsbeitrag$_1$**			**2,69**

Position	Strukturmarge	Volumen (in Mio. GE)	Strukturbeitrag (in Mio. GE)
	(1)	(2)	(3) = (1) · (2)
Kredit (2 Jahre)	8,24 % – 8,6 %	50	- 0,18
Kredit (3 Jahre)	8,18 % – 8,6 %	50	- 0,21
Einlage	8,6 % – 8,9 %	100	- 0,30
$\sum$ **Strukturbeitrag$_1$**			**- 0,69**

Zinsüberschuss$_1$		**2,00**

Der **Konditionsbeitrag** fällt gegenüber der Festzinsvariante im ersten Jahr mit 2,69 Mio. GE um 0,21 Mio. GE geringer aus. Analysiert man diese Abweichung genauer, so wird transparent, dass die aktivische Komponente anstelle von 1,5 Mio. GE hier lediglich 1,29 Mio. GE ((9,4 % – 8,24 %) · 50 Mio. GE + (9,6 % – 8,18 %) · 50 Mio. GE) beträgt. Die Ursache bilden die elastizitätskongruent konstruierten Bewertungszinssätze, die sich bekanntlich zu 40 % bzw. 30 % aus dem Tagesgeldsatz zusammensetzen. Bei einer inversen Zinsstruktur kann damit je nach Grad der Elastizität und Abstand der Zinssätze zueinander ein - wie auch bei den betrachteten variabel verzinslichen Krediten - höherer Bewertungszins verbunden sein, der eine Verringerung des aktivischen Konditionsbeitrages zur Folge hat. Der passivische Konditionsbeitrag beläuft sich unverändert auf 1,4 Mio. GE.

Betrachtet man nun den **Strukturbeitrag**, so lässt sich auch hier eine Veränderung erkennen. Im Vergleich zur Festzinsvereinbarung (- 0,9 Mio. GE) fällt er bei einer variablen Verzinsung der Kredite weniger negativ aus (- 0,69 Mio. GE). Auch hier bleibt die passivische Komponente mit 0,3 Mio. GE unverändert; demnach ist die Ursache wiederum auf der Aktivseite zu suchen. Hier sorgt die leichte Erhöhung der elastizitätskongruenten Bewertungssätze für eine Verringerung der negativen Differenz zum Tagesgeldzins, was sich begünstigend auf den Strukturbeitrag auswirken muss.

Situation im zweiten Jahr:

Aktiv			Zinsertragsbilanz im 2. Jahr						Passiv
Geschäftsart	Vol. (Mio.GE)	SZ	GKM	TGZ	TGZ	GKM	HZ	Vol. (Mio.GE)	Geschäftsart
Kundenkredit 2 Jahre	50	8,52 %	7,36 % *	6,4 %	6,4 %	6,8 %	6,0 %	100	Kundeneinlage 3 Monate
Kundenkredit 3 Jahre	50	8,94 %	7,52 % **	6,4 %					

Abb. 6.10: Zinsertragsbilanz im zweiten Jahr bei variabler Verzinsung der Kundenkredite
(mit: * = 0,4 · 6,4 % + 0,6 · 8,0 %; ** = 0,3 · 6,4 % + 0,7 · 8,0 %)

	Zinsertrag	8,73 Mio. GE	(= 8,52 % · 50 Mio. GE + 8,94 % · 50 Mio. GE)
–	Zinsaufwand	6,00 Mio. GE	(= 6,0 % · 100 Mio. GE)
=	Zinsüberschuss_2	**2,73 Mio. GE**	(+ 0,73 Mio. GE gegenüber dem 1. Jahr)

Ermittlung der Zinsüberschusskomponenten im zweiten Jahr:

Position	Konditionsmarge	Volumen (in Mio. GE)	Konditionsbeitrag (in Mio. GE)	Veränderungen ggü. d. Vorjahr (in Mio. GE)
	(1)	(2)	(3) = (1) · (2)	
Kredit (2 Jahre)	8,52 % – 7,36 %	50	0,58	0,00
Kredit (3 Jahre)	8,94 % – 7,52 %	50	0,71	0,00
Einlage	6,8 % – 6,0 %	100	0,80	- 0,60
∑ $\text{Konditionsbeitrag}_2$			**2,09**	**- 0,60**

Position	Strukturmarge	Volumen (in Mio. GE)	Strukturbeitrag (in Mio. GE)	Veränderungen ggü. d. Vorjahr (in Mio. GE)
	(1)	(2)	(3) = (1) · (2)	
Kredit (2 Jahre)	7,36 % – 6,4 %	50	0,48	+ 0,66
Kredit (3 Jahre)	7,52 % – 6,4 %	50	0,56	+ 0,77
Einlage	6,4 % – 6,8 %	100	- 0,40	- 0,10
∑ Strukturbeitrag_2			**0,64**	**+ 1,33**

Zinsüberschuss_2		**2,73**	**+ 0,73**

zu 3.b):

Betrachtet man nun die Auswirkungen einer Zinsveränderung bei variabler Verzinsung, so zeigt sich, dass im Vergleich zur Festzinsvereinbarung (3,5 Mio. GE) der Zinsüberschuss mit 2,73 Mio. GE deutlich geringer ausfällt. Zur Ursachenanalyse sei zunächst vorausgeschickt, dass die Auswirkungen auf die Ergebniskomponenten der Passivseite hier nicht näher betrachtet werden, da sie analog zu denen der Festzinsvereinbarung gelten. Bezüglich der Aktivseite ist festzustellen, dass der aktivische **Konditionsbeitrag** gegenüber dem ersten Jahr unverändert bei 1,29 Mio. GE verharrt. Dies signalisiert – wie auch in der Aufgabenstellung gefordert –, dass der Marktbereich die Kreditkonditionen entsprechend der Veränderung der Opportunitätszinssätze angepasst hat. Also stellt diese Ergebniskomponente im Hinblick auf die Festzinsvariante keine Besonderheit dar, da auch dort der aktivische Konditionsbeitrag konstant bei 1,5 Mio. GE verharrte. Allerdings sei daran erinnert, dass der Marktbereich im Falle von variabel verzinslichen Geschäften zumindest prinzipiell die Möglichkeit besitzt, auf die Höhe des Konditionsbeitrages Einfluss zu nehmen.

Hingegen ergibt sich ein wesentlicher Unterschied bei Betrachtung des aktivischen Strukturbeitrages. Während sich dieser bei der Festzinsvariante um 2,2 auf 1,6 Mio. GE verbessert hat, beläuft er sich nach der Zinsänderung im variablen Fall auf 1,04 Mio. GE, was lediglich eine Erhöhung um 1,43 Mio. GE bedeutet. Dies ist mit der elastizitätskonformen Konstruktion der Bewertungszinssätze zu begründen, die im Fall einer Zinssenkung eine entsprechende Anpassung erfahren. Im Gegensatz dazu verharren sie bei der Festzinsvariante auf dem Ausgangsniveau, was dort zu einer Vergrößerung der nunmehr positiv werdenden Differenz zum veränderten Tagesgeldzins führt. Auch im variablen Fall hat die Drehung der Zinsstrukturkurve eine positive Wirkung auf die ehemals negative Differenz zwischen Bewertungs- und Tagesgeldzins, sie fällt jedoch aufgrund des Elastizitätseffektes erheblich geringer aus.

Der abschließende Vergleich der Zinsüberschussentwicklung der Kredite bei fester bzw. variabler Verzinsung lässt erkennen, dass die Konsequenzen einer Zinssenkung je nach Zinsvereinbarung unterschiedlich ausfallen. Insbesondere die Betrachtung der Strukturergebnisse macht deutlich, dass die betrachtete Bank im Fall der vorliegenden Zinsentwicklung bessere Ergebnisse erzielen würde, wenn sie bei den betrachteten Krediten Festzinsvereinbarungen einginge.

	Festverzinsliche Kundenkredite	Mio.GE	Variabel verzinsliche Kundenkredite	Mio.GE
1. Jahr	Konditionsbeitrag Kredit (2 J.)	0,70	Konditionsbeitrag Kredit (2 J.)	0,58
	Konditionsbeitrag Kredit (3 J.)	0,80	Konditionsbeitrag Kredit (3 J.)	0,71
	Strukturbeitrag Kredit (2 J.)	- 0,30	Strukturbeitrag Kredit (2 J.)	- 0,18
	Strukturbeitrag Kredit (3 J.)	- 0,30	Strukturbeitrag Kredit (3 J.)	- 0,21
	Zinsüberschuss$_1$	**0,90**	**Zinsüberschuss$_1$**	**0,90**
2. Jahr	Konditionsbeitrag Kredit (2 J.)	0,7	Konditionsbeitrag Kredit (2 J.)	0,58
	Konditionsbeitrag Kredit (3 J.)	0,8	Konditionsbeitrag Kredit (3 J.)	0,71
	Strukturbeitrag Kredit (2 J.)	0,8	Strukturbeitrag Kredit (2 J.)	0,48
	Strukturbeitrag Kredit (3 J.)	0,8	Strukturbeitrag Kredit (3 J.)	0,56
	Zinsüberschuss$_2$	**3,1**	**Zinsüberschuss$_2$**	**2,33**

Abb. 6.11: Ergebnisvergleich bei fester bzw. variabler Verzinsung der Kundenkredite

Fallstudie 7: **Leistungsstörung im Kreditgeschäft**

Für die Produktion eines neuen Armbanduhrmodells hat der Basler Uhrenfabrikant Uhrs Wotsch am 01.08.05 bei der IBW-Bank einen Kredit zu folgenden Konditionen aufgenommen:

- Kreditbetrag: 100.000 CHF
- Laufzeit: 4 Jahre
- Nominalzins: 8,5 %
- Disagio: 2 %
- Zinszahlung: jährlich nachschüssig
- Tilgung: in 4 gleichen Raten, jeweils zum 31.07.

Der Effektivzins des Kredites beträgt 9,4545940 %.

Die Geld- und Kapitalmarktzinssätze für die unterschiedlichen Laufzeiten sowie die zugehörigen (Kassa-)Zerobond-Abzinsfaktoren lauten am 01.08.05 wie folgt:

Laufzeit	GKM-Satz	(Kassa)-Zerobond-Abzinsfaktor
1 Jahr	6,5 %	0,938967
2 Jahre	7,0 %	0,873152
3 Jahre	7,5 %	0,803806
4 Jahre	8,0 %	0,732154

Abb. 7.1: Geld- und Kapitalmarkt-Zinsstruktur und (Kassa-)Zerobond-Abzinsfaktoren am 01.08.05

Aus den gegebenen Daten ergibt sich der Konditionsbeitrags-Barwert in Höhe von 4.221,51 CHF. Die (über alle Perioden konstante) Konditionsmarge des Kredites, die sich bei kapitalbindungsproportionaler Verteilung des Konditionsbeitrags-Barwertes ergibt, beträgt 1,9703604 % (vgl. Lösungsvorschläge zu den Fallstudien 1 und 43).

Aufgrund des überaus erfolgreichen Absatzes der neuen Armbanduhr wäre Uhrs Wotsch in der Lage, unmittelbar nach Zahlung der ersten Rate (Tilgung und Zinszahlung) eine Sondertilgung (am 01.08.06) in Höhe von 30.000 CHF vorzunehmen. Er bittet daher seine Hausbank, die Restlaufzeit des Kredites von 3 auf 2 Jahre zu verkürzen und die dann noch verbleibenden zwei jährlichen Kapitaldienstleistungen auf je 25.500 CHF zu reduzieren (vgl. Abb. 7.2).

Termin	Kapitaldienst	
01.08.06	30.000 CHF	(Sondertilgung)
01.08.07	25.500 CHF	
01.08.08	25.500 CHF	

Abb. 7.2: Wunsch des Kunden für den noch zu leistenden Kapitaldienst

Das Zinsniveau am Geld- und Kapitalmarkt stellt sich am 01.08.06 wie folgt dar:

Laufzeit	GKM-Satz	(Kassa-)Zerobond-Abzinsfaktor
1 Jahr	5,0 %	0,952381
2 Jahre	5,5 %	0,898217
3 Jahre	6,0 %	0,838645
4 Jahre	6,5 %	0,774835

Abb. 7.3: GKM-Zinssätze am 01.08.06

1. Erläutern Sie zunächst verbal, unabhängig von der oben geschilderten Situation, was unter dem verlustneutralen Ablösesaldo zu verstehen ist! Gehen Sie dabei auch auf die Effekte ein, die aus einer Veränderung der Zinssätze am Geld- und Kapitalmarkt resultieren! Erklären Sie, worin sich der verlustneutrale Ablösesaldo vom Ertrags-(Kurs-) Wert unterscheidet!

2. Ermitteln Sie nun den verlustneutralen Ablösesaldo des ursprünglichen Kredites am 01.08.06, wobei anzunehmen ist, dass das Kundengeschäft über kapitalbindungsproportional verteilte periodische Konditionsbeiträge gesteuert wird!

3. a) Kalkulieren Sie anschließend den Kurswert des Anschlussgeschäfts und den Barwert der neuen Konditionsbeiträge!

   b) Stellen Sie zunächst mit Hilfe des Effektivzinses des Anschlussgeschäfts in Höhe von 6,7967802 % einen Zins- und Tilgungsplan in der Effektivzinsrechnung auf und ermitteln Sie im Anschluss daran die neue durchschnittliche Konditionsmarge! Beantworten Sie zusätzlich die Frage, ob die IBW-Bank die Bitte auf Änderung der Tilgungsmodalitäten akzeptieren soll!

Lösungsvorschlag zu Fallstudie 7:

zu 1.:

Unter dem **verlustneutralen Ablösesaldo** wird der Betrag verstanden, den der Kunde im Falle einer sofortigen Volltilgung mindestens zahlen muss, damit die Bank – vom Zeitpunkt der Leistungsstörung an – keinen Verlust aus dem betreffenden Kreditgeschäft erleidet.

Der verlustneutrale Ablösesaldo ergibt sich somit aus der Frage, welchen Betrag die Bank insgesamt noch zurückzahlen müsste, wenn sie den Kundenkredit zu den im Zeitpunkt des Vertragsabschlusses gültigen Konditionen vollständig und fristenäquivalent am Geld- und Kapitalmarkt refinanziert hätte. Demnach müssen die nach der Kreditablösung noch offenstehenden Refinanzierungszahlungen durch Wiederanlagen zu den im Zeitpunkt der Ablösung gültigen Geld- und Kapitalmarktzinsen kompensiert werden. D.h. diese neu abzuschließenden Geld- und Kapitalmarkt-Anlagegeschäfte ersetzen die in Zukunft anfallenden restlichen Kundenzahlungen aus dem Kreditgeschäft. Die vom Kunden zu zahlende Ablösesumme ist somit das Entgelt für die verbleibenden Kosten aus dem ursprünglich vereinbarten Zahlungsstrom, wobei sie **keine zukünftigen Konditionsbeiträge** mehr enthält. Sie ermöglicht lediglich die Rückzahlung der noch ausstehenden aufgenommenen Geld- und Kapitalmarkt-Refinanzierungstranchen.

Die Höhe des verlustneutralen Ablösesaldos wird von **zwei Determinanten** bestimmt:

(1) Der Geld- und Kapitalmarkt-Zinsstruktur zum Zeitpunkt der vorzeitigen Tilgung

(2) Dem „Rutschen“ auf der Zinsstrukturkurve

zu (1):

Ist das Zinsniveau zwischenzeitlich **gesunken**, müssen die zum Zeitpunkt des Geschäftsabschlusses relativ teuren längerfristigen Refinanzierungstranchen aus den Zahlungen der zu den zum Zeitpunkt der Ablösung geltenden, niedrigeren Zinssätzen abgeschlossenen kürzerfristigen Anlagetranchen getilgt werden. Die Ablösesumme ist also gemessen am Effektivsaldo relativ hoch. Verstärkt wird der Effekt aus dem gesunkenen Zinsniveau durch das „Rutschen“ auf der Zinsstrukturkurve im Falle einer normalen Zinsstruktur (siehe: zu (2)).

zu (2):

Selbst im Fall eines bis zum Ablösezeitpunkt **konstant** gebliebenen Zinsniveaus würde die Bank bei einer Tilgung zum Effektivsaldo einen Verlust erleiden. Mit Ablauf der Kreditlaufzeit findet ein „Rutschen“ auf der Zinsstrukturkurve nach links statt. Bei einer, wie im Beispiel gegeben, normalen Zinsstruktur müssen die längerfristigen Refinanzierungstranchen durch kürzerfristige Anlagetranchen, die niedriger verzinslich sind, kompensiert werden. Somit müsste der Kunde mit der Ablösesumme auch bei unverändertem Zinsniveau einen Ausgleich für diesen „Rutscheffekt“ zahlen.

Lediglich für den Fall zwischenzeitlich **gestiegener** Zinsen kann die Bank unter Umständen von einer vorzeitigen Tilgung zum Effektivsaldo profitieren. Das ist genau dann der Fall, wenn die zwischenzeitliche Zinssteigerung den „Rutscheffekt" auf der Zinsstrukturkurve überkompensiert. Verstärkt wird diese Überkompensation, wenn zusätzlich die Zinsstruktur invers wird.

Der **Ertrags-(Kurs-)Wert** ist der Betrag, den die Bank vom Kunden fordern müsste, wenn sie zusätzlich auch die für die Zukunft kalkulierten Konditionsbeiträge vereinnahmen wollte. Das bedeutet, dass die zukünftig vereinbarten Kundenzahlungen auf den Zeitpunkt der Kreditablösung mit den dann gültigen Zerobond-Abzinsfaktoren abgezinst werden müssen. Mit dem Ertrags-(Kurs-)Wert als Ablösesumme ist sichergestellt, dass die Bank die ursprünglich kalkulierten Konditionsbeiträge des Kredites erwirtschaftet.

Hinweis: Sämtliche Ergebnisse der nachfolgenden Aufgaben sind aufgrund der höheren Genauigkeit mit ungerundeten Zwischenergebnissen berechnet, so dass es bei Berechnungen mit gerundeten Zwischenergebnissen zu Abweichungen kommen kann.

zu 2.:

Für die Ermittlung des verlustneutralen Ablösesaldos ist der **Barwert der** noch ausstehenden **Geld- und Kapitalmarkt-Cash Flows** zu berechnen. Diesen erhält man, indem die noch ausstehenden Zahlungen des Kunden (Kunden-Cash Flows) um die zukünftigen periodischen Konditionsbeiträge gekürzt werden und dann mit den im Zeitpunkt der Ablösung gültigen Zerobond-Abzinsfaktoren verbarwertet werden. Die periodischen Konditionsbeiträge ergeben sich, indem die Konditionsmarge auf das jeweils während der Periode effektiv gebundene Kapital (gemäß effektivem Zins- und Tilgungsplan, vgl. Abb. 7.4) bezogen wird (vgl. Abb. 7.5 und Abb. 7.6).

Zeitpunkt	Kunden-Cash Flow	Zinsen	Tilgung	Effektivsaldo
	(1)	(2) = Effektivsaldo des Vorjahres · 9,454594 %	(3) = (1) – (2)	(4) = Effektivsaldo des Vorjahres – (3)
01.08.05	- 98.000	–	–	98.000,00
01.08.06	+ 33.500	9.265,50	24.234,50	73.765,50
01.08.07	+ 31.375	6.974,23	24.400,77	49.364,73
01.08.08	+ 29.250	4.667,23	24.582,77	24.781,97
01.08.09	+ 27.125	2.343,03	24.781,97	0,00

Abb. 7.4: Zins- und Tilgungsplan in der Effektivrechnung

Zeitpunkt	Effektivsaldo	Ausstehende periodische Konditionsbeiträge	Kunden-Cash Flow	Ausstehender GKM-Refinanzierungs-Cash Flow
	(1)	(2) = (1) · 1,9703604%	(3)	(4) = (3) – (2)
01.08.07	73.765,50	1.453,45	31.375,00	29.921,55
01.08.08	49.364,73	972,66	29.250,00	28.277,34
01.08.09	24.781,97	488,29	27.125,00	26.636,71

Abb. 7.5: Bestimmung der noch ausstehenden periodischen Konditionsbeiträge und der GKM-Refinanzierungstranchen

Zeitpunkt	Ausstehender GKM-Refinanzierungs-Cash Flow	(Kassa-)Zerobond-Abzinsfaktor	Barwert
	(1)	(2)	(3) = (1) · (2)
01.08.07	29.921,55	0,952381	28.496,72
01.08.08	28.277,34	0,898217	25.399,19
01.08.09	26.636,71	0,838645	22.338,75
Verlustneutraler Ablösesaldo per 01.08.01			**76.234,66**

Abb. 7.6: Kalkulation des verlustneutralen Ablösesaldos

Der verlustneutrale Ablösesaldo entspricht dem Barwert der Geld- und Kapitalmarkt-Cash Flows und beträgt am 01.08.06 **76.234,66 CHF**.

zu 3.a):

Da der Kunde den Kredit zum 01.08.06 nicht vollständig ablösen möchte, sondern die Tilgungszahlungen sowie die Laufzeit des Kredites ändern möchte, können die Wünsche des Kunden als **Anschlussgeschäft** formuliert werden.

Für die Kalkulation des **Ertrags-(Kurs-)Wertes des Anschlussgeschäfts** werden die geänderten Kundenzahlungen wiederum mit den am 01.08.06 gültigen Zerobond-Abzinsfaktoren multipliziert (vgl. Abb. 7.7).

Zeitpunkt	Kapitaldienst (Kunden-Cash Flow)	(Zerobond-) Abzinsfaktor	Barwert des Kunden-Cash Flow
	(1)	(2)	(3) = (1) · (2)
01.08.06	30.000,00	1,000000	30.000,00
01.08.07	25.500,00	0,952381	24.285,71
01.08.08	25.500,00	0,898217	22.904,54
Summe	81.000,00		77.190,25

Abb. 7.7: Ermittlung des Ertrags-(Kurs-)Wertes des Anschlussgeschäfts

Der Ertrags-(Kurs-)Wert des Anschlussgeschäfts beträgt **77.190,25 CHF**.

Zur Ermittlung des **Konditionsbeitrags-Barwertes des Anschlussgeschäfts** wird der verlustneutrale Ablösesaldo vom Ertrags-(Kurs-)Wert des Neugeschäfts abgezogen.

	77.190,25 CHF	Ertrags-(Kurs-)Wert des Anschlussgeschäfts
–	76.234,66 CHF	verlustneutraler Ablösesaldo
=	**955,59 CHF**	Konditionsbeitrags-Barwert des Anschlussgeschäfts

zu 3.b):

Abbildung 7.8 gibt den Zins- und Tilgungsplan des Anschlussgeschäfts in der Effektivzinsrechnung wieder. Dabei ergibt sich die Anfangsauszahlung des Anschlussgeschäfts als Saldo aus der verlustneutralen Ablösesumme und der Sondertilgung des Kunden (- 76.234,66 CHF + 30.000 CHF = 46.234,66 CHF).

Zeitpunkt	Kunden-Cash Flow	Zinsen	Tilgung	Effektivsaldo
	(1)	(2) = Effektivsaldo des Vorjahres · 6,7967802 %	(3) = (1) – (2)	(4) = Effektivsaldo des Vorjahres – (3)
01.08.06	- 46.234,66	--	--	46.234,66
01.08.07	25.500,00	3.142,47	22.357,53	23.877,12
01.08.08	25.500,00	1.622,88	23.877,12	0,00

Abb. 7.8: Zins- und Tilgungsplan des Anschlussgeschäfts in der Effektivrechnung

Um die durchschnittliche Konditionsmarge des Anschlussgeschäfts zu ermitteln, ist wiederum der Barwert der Durchschnittssalden zu berechnen (vgl. Abb. 7.9).

Jahr	Durchschnittssaldo	Zerobond-Abzinsfaktor	Barwert
	(1)	(2)	(3) = (1) · (2)
06	46.234,66	0,952381	44.033,01
07	23.877,12	0,898217	21.446,84
Summe	67.965,51		65.479,85

Abb. 7.9: Ermittlung des Barwertes der Durchschnittssalden des Anschlussgeschäfts

Die **durchschnittliche Konditionsmarge des Anschlussgeschäfts** ergibt sich dann aus dem Quotienten von Konditionsbeitrags-Barwert und dem Barwert der Durchschnittssalden.

$$\text{durchschnittliche Konditionsmarge} = \frac{955{,}59\,\text{CHF}}{65.479{,}85\,\text{CHF}} = 1{,}4593714\,\%$$

Um zu entscheiden, ob die Bank die Änderungen in den Tilgungsmodalitäten akzeptieren soll, sind der Ertrags-(Kurs-)Wert des Anschlussgeschäfts und der Ertrags-(Kurs-)Wert des unveränderten Altgeschäfts miteinander zu vergleichen.

Die Ermittlung des **Ertrags-(Kurs-)Wertes des unveränderten Altgeschäfts** ist der folgenden Abbildung 7.10 zu entnehmen. Dabei werden die am 01.08.06 noch ausstehenden Kundenzahlungen mit den zu diesem Zeitpunkt gültigen Zerobond-Abzinsfaktoren multipliziert.

Zeitpunkt	Kapitaldienst (Kunden-Cash Flow)	Zerobond-Abzinsfaktor	Barwert des Kunden-Cash Flow
	(1)	(2)	(3) = (1) · (2)
01.08.07	31.375,00	0,952381	29.880,95
01.08.08	29.250,00	0,898217	26.272,85
01.08.09	27.125,00	0,838645	22.748,26
Summe	87.750,00		78.902,06

Abb. 7.10: Ermittlung des Ertrags-(Kurs-)Wertes des unveränderten Altgeschäfts

Da der Ertrags-(Kurs-)Wert des Altgeschäfts (= 78.902,06 CHF) am 01.08.06 höher ist als der des Anschlussgeschäfts (= 77.190,25 CHF), ist es für die Bank vorteilhafter, die Wünsche des Kunden auf Änderung der Tilgungsmodalitäten abzulehnen.

Die Bank könnte auf den Sonderwunsch des Kunden eingehen, wenn die Sondertilgung mindestens **31.711,81 CHF** betragen würde. In diesem Fall wäre der Ertrags-(Kurs-)Wert des Anschlussgeschäfts mindestens gleich so hoch wie der des unveränderten Altgeschäfts, so dass die Bank einen Vorteil aus den geänderten Kundenwünschen ziehen könnte. Nachfolgende Gleichung verdeutlicht die Berechnung der Mindesthöhe der Sondertilgung, die mit X bezeichnet wird.

$$X + 25.500 \text{ CHF} \cdot 0{,}952381 + 25.500 \text{ CHF} \cdot 0{,}898217 > 78.902{,}06 \text{ CHF}$$

Fallstudie 8: **Bestimmung von Markteinstandszinssätzen**

Im Grundkonzept der Marktzinsmethode lassen sich alternative Geschäfte am Geld- und Kapitalmarkt den Kundengeschäften einfach zuordnen, wenn von einer festen Zinsbindung über die gesamte Laufzeit des Kundengeschäftes sowie von einer konstanten Kapitalbasis ausgegangen wird. In der Realität jedoch unterliegen sowohl die Konditionen der Kundengeschäfte als auch die Geld- und Kapitalmarktzinssätze Schwankungen. Um den Vorteil der Marktzinsmethode als entscheidungsorientiertes Zinsverrechnungskonzept nutzen zu können, sind Präzisierungen im Rahmen des Grundkonzepts notwendig, welche die Berücksichtigung unterschiedlicher Zinsanpassungscharakteristika erlauben.

1. Unterscheiden Sie zunächst Festzins- von variabel verzinslichen Geschäften, indem Sie von der jeweiligen Definition ausgehen und benennen Sie Beispiele!

Aufgrund der unterschiedlichen Zinsanpassungscharakteristika von variabel und festverzinslichen Geschäften ist es notwendig, Zuordnungstypen zu bilden, welche die Grundgeschäfte mit gleichen Merkmalen hinsichtlich der Zinsanpassung zusammenfassen. Ziel ist es nämlich, den einzelnen Typen von Geschäften möglichst differenziert real durchführbare Alternativgeschäfte zuzuordnen, die hinsichtlich der Laufzeit- und/oder Zinsmerkmale die zugrundeliegenden Produkte exakt abbilden. Darüber hinaus ist es im Rahmen einer verursachungsgerechten Aufteilung des Zinsüberschusses erforderlich, auch für sämtliche sonstige Bilanzpositionen, die nicht Kunden- oder Geld- und Kapitalmarktgeschäfte umfassen, Opportunitätsgeschäfte zu konstruieren.

2. Nehmen Sie im folgenden eine Typologisierung der Zuordnungsbeziehungen zwischen den Grundgeschäften einschließlich der sonstigen Bilanzpositionen einer Bank und Opportunitätsgeschäften vor, aus der auch die Zinsanpassungsregeln hervorgehen!

Die seit einigen Jahren erfolgreiche MZM-Bank tätigt zu Beginn des laufenden Geschäftsjahres 2005 die folgenden Geschäfte, die für den Fall, dass die Laufzeit unter einem Jahr liegt, entsprechend prolongiert bzw. substituiert werden.

Geschäft	Volumen (in Mio. GE)	Merkmale
Eurokredit	15	• Zinsbindung: 6 Monate • Roll-over-Vereinbarung alle 6 Monate
Ratenkredit	50	• Laufzeit: 2 Jahre • Zinsbindung: 2 Jahre • jährliche Zinszahlungen, kein Disagio • Tilgung in 2 gleichen Raten jeweils am Jahresende
Hypothekendarlehen	81	• Laufzeit: 10 Jahre • variabel verzinslich • keine laufenden Tilgungen • Zinselastizität: 0,4 (Referenzzins: Tagesgeld-Zinssatz)
Sichteinlagen	50	• täglich fällig
Termineinlagen	9	• Laufzeit: 3 Jahre
Spareinlagen	21	• mit vereinbarter Kündigungsfrist • Fristigkeitenstruktur 60 %: 10 Jahre (in 10 gleichen Tranchen) 15 %: 1 Jahr 25 %: täglich fällig
Schuldverschreibungen	68	• festverzinslich, endfällig • Laufzeit: 5 Jahre

Abb. 8.1: Geschäfte der MZM-Bank im laufenden Geschäftsjahr 2005

Über das gesamte laufende Geschäftsjahr 2005 hat die Zinsstruktur am Geld- und Kapitalmarkt das folgende Aussehen:

Laufzeit	Zinssatz am Geld- und Kapitalmarkt
1 Tag	4,0 %
1 Monat	4,7 %
2 Monate	5,3 %
6 Monate	5,7 %
1 Jahr	6,1 %
2 Jahre	6,5 %
3 Jahre	6,8 %
4 Jahre	7,0 %
5 Jahre	7,2 %
10 Jahre	7,9 %

Abb. 8.2: Im laufenden Geschäftsjahr 2005 gültige Zinsstruktur am Geld- und Kapitalmarkt

In 2005 unterhält die MZM-Bank eine Barreserve in Höhe von 8 Mio. GE, die in dieser Höhe exakt den gesetzlichen Liquiditätsvorschriften entspricht.

Wie sich das Eigenkapital und die Sachanlagen in den letzten Jahren und in 2005 entwickelt haben, ist der folgenden Abbildung 8.3 zu entnehmen. Es ist vereinfachend davon auszugehen, dass sich die Bestandsveränderungen jeweils zu Beginn des Jahres vollzogen haben. Des weiteren enthält die Abbildung 8.3 die für die Bewertung der einzelnen Tranchen benötigten Zinssätze für 10-Jahres-Kapitalmarkt-Papiere, die in den jeweiligen Jahren gültig sind.

Jahr	Zuwachs des Eigenkapitals	Zuwachs der Sachanlagen	10-J.-GKM-Zinssatz im Jahr ...
1995 (Gründungsjahr)	9,00 Mio. GE	4,50 Mio. GE	-
1996	+ 0,00 Mio. GE	+ 0,00 Mio. GE	5,5 %
1997	+ 0,00 Mio. GE	+ 0,00 Mio. GE	5,8 %
1998	+ 0,00 Mio. GE	+ 0,00 Mio. GE	6,2 %
1999	+ 0,00 Mio. GE	+ 0,00 Mio. GE	7,8 %
2000	+ 0,10 Mio. GE	+ 0,05 Mio. GE	8,8 %
2001	+ 0,30 Mio. GE	+ 0,15 Mio. GE	9,3 %
2002	+ 0,40 Mio. GE	+ 0,20 Mio. GE	9,9 %
2003	+ 0,60 Mio. GE	+ 0,30 Mio. GE	8,2 %
2004	+ 0,70 Mio. GE	+ 0,35 Mio. GE	8,0 %
2005	+ 0,90 Mio. GE	+ 0,45 Mio. GE	7,9 %

Abb. 8.3: Volumensentwicklung des Eigenkapitals und der Sachanlagen in den letzten Jahren (einschließlich der historischen 10-Jahres-Zinssätze am Geld- und Kapitalmarkt)

Aus Abbildung 8.3 ist ersichtlich, dass die Entwicklung des Eigenkapitals und der Sachanlagen proportional verläuft, das heißt, der Anfangsbestand an Eigenkapital sowie die jeweiligen Volumenszuwächse pro Jahr sind doppelt so hoch wie bei den Sachanlagen. Des weiteren ist aus den Daten der Abbildung abzuleiten, dass der (ungewichtete) Durchschnitt der historischen Zinssätze der 10-Jahres-Kapitalmarkt-Papiere über die letzten 9 Jahre und den des laufenden Jahres 7,74 % beträgt.

3. Ordnen Sie die einzelnen Bilanzpositionen den soeben gebildeten Typen zu und benennen beziehungsweise konstruieren Sie die entsprechenden Opportunitätsgeschäfte, die am Geld- und Kapitalmarkt als Alternativen real durchführbar sind!

Die Zinsertragsbilanz der MZM-Bank hat für das laufende Geschäftsjahr 2005 das folgende Aussehen (vgl. Abb. 8.4).

Soll-zins	Aktiva	Volumen (in Mio. GE)		Passiva	Haben-zins
0,00 %	Barreserve	8	50	Sichteinlagen	0,50 %
6,75 %	Eurokredit	15	9	Termineinlagen	6,55 %
8,00 %	Ratenkredit	50	21	Spareinlagen	4,50 %
7,80 %	Hypothekendarlehen	81	68	Schuldverschreibungen	7,60 %
0,00 %	Sachanlagen	6	12	Eigenkapital	0,00 %
		160	160		

Abb. 8.4: Vereinfachte Zinsertragsbilanz der MZM-Bank im laufenden Geschäftsjahr 2005

4. Berechnen Sie den Zinsüberschuss und die Bruttozinsspanne, den die MZM-Bank im laufenden Geschäftsjahr erzielt!

   Unterscheiden Sie die verschiedenen Erfolgsquellen, indem Sie die Konditionsmarge und den Konditionsbeitrag insgesamt und für jede einzelne Position sowie die Fristentransformationsmarge und den -beitrag der MZM-Bank insgesamt ermitteln!

Lösungsvorschlag zu Fallstudie 8:

zu 1.:

Festzinsgeschäfte:

Festzinsgeschäfte sind Geschäfte, bei denen eine vertragliche Verpflichtung für die Bank besteht, den Zinssatz innerhalb der Zinsbindungsfrist nicht zu verändern, wobei die Zinsbindungsdauer länger als ein Tag sein muss. Demnach fällt Tagesgeld nicht unter diese Definition. Als Beispiele für festverzinsliche Geschäfte sind Wechselkredite, Termineinlagen oder Hypothekendarlehen mit fester Verzinsung zu nennen.

Variabel verzinsliche Geschäfte:

Alle anderen Geschäfte, die nicht unter die obige Definition von Festzinsgeschäften fallen, die also keine vertraglich vereinbarte feste Zinsbindung aufweisen, werden den variabel verzinslichen Geschäften zugeordnet. Hierunter fallen beispielsweise Spareinlagen und Sichteinlagen.

zu 2.:

Die Typologisierung der Grundgeschäfte einer Bank erfolgt in Orientierung an folgenden vier konkreten und operationalen Entscheidungstatbeständen:

(1) Wahl eines strukturäquivalenten Laufzeit- beziehungsweise Zinsanpassungskriteriums für die einzelnen Bankprodukte,

(2) Festlegung der maßgeblichen (kleinsten) Bewertungseinheiten für konkrete Bankprodukte, die eine strukturäquivalente Abbildung von Opportunitätsgeschäften ermöglichen,

(3) Berücksichtigung der im Kundengeschäft vereinbarten (bekannten) Kapitalbindung beziehungsweise Annahme approximativer Kapitalverläufe bei unbekannter (tatsächlicher) Kapitalbindung,

(4) Bestimmung der Anpassungsregeln für die produktspezifischen Markteinstandssätze bei schwankenden Zinssätzen.

Die Typologie von Zuordnungsbeziehungen zwischen den Grundgeschäften einschließlich der sonstigen Bilanzpositionen und Opportunitätsgeschäften ist der folgenden Abbildung 8.5 zu entnehmen.

<table>
<tr><td rowspan="3"></td><td rowspan="3">Festzins-produkte</td><td colspan="4">variabel verzinsliche Produkte</td><td rowspan="3">sonstige Aktiv-/Passiv-Positionen</td></tr>
<tr><td colspan="2">indikatorengebundene Produkte</td><td colspan="2">unspezifische variable Produkte</td></tr>
<tr><td>kurzfristig (Geldmarkt)</td><td>längerfristig (Kapitalmarkt)</td><td>längerfristig</td><td>kurzfristig (bis 3 Monate)</td></tr>
<tr><td rowspan="2"></td><td colspan="3">vereinbarte Kapitalbindung</td><td colspan="3" rowspan="2">unbekannte (tatsächliche) Kapitalbindung</td></tr>
<tr><td>variabel</td><td>konstant</td><td>konstant/variabel</td></tr>
<tr><td>Annahme von Ablauf-fiktionen</td><td colspan="3">nein</td><td>ja</td><td>nein</td><td>Ja</td></tr>
<tr><td>Zuordnungs-prinzipien</td><td colspan="2">Zinsbindung</td><td colspan="2">Zinselastizität (kalkulatorisch geschätzt oder effektiv durch gestaffelte Tranchen abgebildet)</td><td colspan="2">formelle juristische oder technische (Mindest-) Laufzeit</td></tr>
<tr><td>Bildung von Finanzie-rungs- bzw. Anlage-tranchen?</td><td>ja</td><td>nein</td><td colspan="2">ja</td><td>nein</td><td>Ja</td></tr>
<tr><td>Typ</td><td>Typ Ib</td><td>Typ Ia</td><td>Typ IIa/b</td><td>Typ IIc</td><td>Typ IIIa</td><td>Typ IIIb</td></tr>
</table>

Abb. 8.5: Typologie von Zuordnungsbeziehungen zwischen Bilanzpositionen (ohne GKM-Positionen) und Opportunitätsgeschäften

zu 3.:

Geschäfte des Typs Ia

Ursprungsgeschäft	Alternativgeschäft am Geld- und Kapitalmarkt mit gleicher Zinsbindung	GKM-Zinssatz
Eurokredit	6-Monats-Geld	5,7 %
Termineinlagen	3-Jahres-Kapitalmarkt-Papier	6,8 %
Schuldverschreibungen	5-Jahres-Kapitalmarkt-Papier	7,2 %

Geschäfte des Typs Ib

Ratenkredit:

Das alternative Geschäft am Geld- und Kapitalmarkt wird aus den folgenden Einzelopportunitäten konstruiert:

Einzelopportunität	Volumen (in Mio. GE)	GKM-Zinssatz
1. Tranche: 2-Jahres-Geld	25	6,5 %
2. Tranche: 1-Jahres-Geld	25	6,1 %

Näherungsweise kann der Opportunitätszinssatz als zeitgewichteter Durchschnitt der GKM-Zinssätze der Einzelopportunitäten ermittelt werden:

$$i_{Opp} = \frac{(2 \cdot 6{,}5\,\%) + (1 \cdot 6{,}1\,\%)}{3} = 6{,}37\,\%$$

Alternativ ergibt sich der Opportunitätszinssatz als Effektivzins der zusammengefassten Einzelopportunitäten aus der Lösung der folgenden Gleichung:

$$\frac{25 \cdot 6{,}5\,\% + 25 \cdot (1 + 6{,}1\,\%)}{(1 + i_{Opp.})} + \frac{25 \cdot (1 + 6{,}5\,\%)}{(1 + i_{Opp.})^2} = 50$$

$$\frac{28{,}15}{(1 + i_{Opp.})} + \frac{26{,}625}{(1 + i_{Opp.})^2} = 50$$

Durch Umformung der quadratischen Gleichung erhält man:

$$50 \cdot (1 + i_{Opp.})^2 + (-28{,}15) \cdot (1 + i_{Opp.}) + (-26{,}625) = 0$$

Mit Hilfe der Lösungsformel für die allgemeine quadratische Gleichung $ax^2 + bx + c = 0$, die lautet

$$x_{1,2} = \frac{-b \pm \sqrt{b^2 - 4ac}}{2a},$$

kann diese Gleichung gelöst werden.

Nach dem Einsetzen der konkreten Werte für a, b und c ergibt sich die folgende als einzig mögliche Lösung für den Opportunitätszins:

$$(1 + i_{Opp.}) = \frac{-(-28{,}15) \pm \sqrt{28{,}15^2 - 4 \cdot 50 \cdot (-26{,}625)}}{2 \cdot 50} \Rightarrow i_{Opp.} = 6{,}36\,\%$$

Geschäfte des Typs IIa/b

Variabel verzinsliches, endfälliges Hypothekendarlehen:

Der Opportunitätszins für das variabel verzinsliche Hypothekendarlehen wird nach dem Elastizitätskonzept gebildet. Maßgeblich für die Konstruktion des Opportunitätsgeschäftes am Geld- und Kapitalmarkt ist die Zinselastizität des Kundengeschäftes. Sie gibt an, in welchem Ausmaß der Positionszins die Schwankungen eines Referenzzinssatzes – hier: des Zinssatzes für Tagesgeld – nachvollzieht. Eine Zinselastizität von 40 % bedeutet, dass der Kundenzinssatz für das Hypothekendarlehen sich um ± 0,4 %-Punkte verändert, wenn der Tagesgeld-Zinssatz um ± 1 %-Punkt schwankt. Das alternative GKM-Geschäft setzt sich entsprechend aus einem Anteil Tagesgeld (Zinselastizität = 1) und einem laufzeitkongruenten Festzinsgeschäft (Zinselastizität = 0) zusammen, so dass es die gleiche Zinselastizität aufweist wie das Kundengeschäft.

Damit aus dem Opportunitätsgeschäft eine Zinselastizität von 0,4 resultiert, müssen die Volumensanteile für die beiden GKM-Tranchen wie folgt fixiert werden:

GKM-Geschäft	Volumensanteil	Zinselastizität	GKM-Zinssatz
Tagesgeld	40 %	1	4,0 %
10-Jahres-Kapitalmarkt-Papier	60 %	0	7,9 %
Summe bzw. Durchschnitt	100 %	0,4	6,34 %

Folglich errechnet sich der elastizitätsorientierte Opportunitätszinssatz für das variabel verzinsliche Hypothekendarlehen mit der Laufzeit von 10 Jahren als volumensgewichteter Durchschnitt der Zinssätze der beiden GKM-Geschäfte: 40 % · 4,0 % + 60 % · 7,9 % = 6,34 %.

Bei Geschäften des Typs IIb handelt es sich um variabel verzinsliche Engagements mit einer ex ante Bekannten, jedoch nicht festen Kapitalbindung. Bei diesen Geschäften ist die im Konzentrationszeitpunkt vereinbarte variable Kapitalbindung bei der Konstruktion der elastizitätsorientierten Opportunität beziehungsweise des elastizitätsorientierten Gegengeschäfts zu beachten. Handelt es sich bei dem zu bewertenden Geschäft nicht mehr um ein endfälliges Engagement, sondern um ein variabel verzinsliches Tilgungsdarlehen mit recht hohen Tilgungsraten, ist das Elastizitätskonzept um die Bildung der Refinanzierungstranchen innerhalb des Festzinsblocks der Marktgeschäfte zu erweitern. Die Zerlegung in einzelne Refinanzierungstranchen erfolgt dabei analog zum Typ Ib, um dem bekannten Kapitalverlauf des Kundengeschäfts Rechnung zu tragen.

Geschäfte des Typs IIc

Spareinlagen:

Für die Kalkulation von Spareinlagen werden im Umfang von 60 % des Volumens der Spareinlagen zehn gleich hohe Tranchen von versetzt beginnenden 10-Jahres-GKM-Tranchen, eine Tranche 1-Jahres-Geld mit einem Volumensanteil von 15 % sowie Tagesgeld im Umfang von 25 % des Volumens gebildet, um die in der Aufgabenstellung gegebene Fristigkeitenstruktur adäquat abzubilden.

GKM-Geschäft	Volumensanteil	GKM-Zinssatz
Tagesgeld	25 %	4,00 %
1-Jahres-Geld	15 %	6,10 %
10-Jahres-Kapitalmarkt-Papiere (in 10 Tranchen, jährlich versetzt beginnend)	60 %	7,74 %
Summe bzw. Durchschnitt	100 %	6,56 %

Die durchschnittliche Verzinsung, die für die 10 Tranchen an 10-Jahres-Kapitalmarkt-Papieren anzusetzen ist, errechnet sich als (ungewichteter) Durchschnitt über die historischen 10-Jahres-GKM-Zinssätze (vgl. Abb. 8.3) und ist mit 7,74 % in der Aufgabenstellung angegeben.

Der Opportunitätszins für die Spareinlagen wird als Durchschnitt der Zinssätze der GKM-Tranchen gebildet: 25 % · 4 % + 15 % · 6,1 % + 60 % · 7,74 % = 6,56 %.

Geschäfte des Typs IIIa

Sichteinlagen:

Für Geschäfte des Typs IIIa sollten sich die alternativen Geschäfte am Geld- und Kapitalmarkt an der formellen (juristischen Mindest-)Laufzeit orientieren. Da Sichteinlagen in engem Zusammenhang zum Zahlungsverkehr stehen und täglich durch den Kunden abrufbar sind, sind Tagesgelder als Opportunitätsgeschäfte anzusetzen. Den Sichteinlagen ist der Tagesgeldzins – im Beispiel: 4 % – als Zinssatz für ein Alternativgeschäft am Geld- und Kapitalmarkt zuzuordnen.

Geschäfte des Typs IIIb

Sachanlagen und Eigenkapital:

Sachanlagen und Eigenkapital weisen eine relativ unspezifische Fristenstruktur auf. Bei erstmaliger Anwendung der Marktzinsmethode bietet sich – sofern keine Daten über die Entwicklung dieser Bestandspositionen vorliegen sowie im Gründungsjahr – die Bildung von 10 Tranchen, die entweder mit den aktuellen Zinssätzen für 1-, 2-, 3-, … 10-Jahres-Geld- und Kapitalmarktgeschäfte oder aber mit den historischen 10-Jahres-GKM-Zinssätzen bewertet werden, an. In den nachfolgenden Jahren sind für die in jedem Jahr freiwerdende Tranche sowie eventuelle Zuwächse der dann jeweils aktuelle 10-Jahres-GKM-Zinssatz anzusetzen.

In dieser Fallstudie liegen Daten über die Entwicklung des Eigenkapitals beziehungsweise der Sachanlagen seit der Gründung der MZM-Bank vor. Mit der Annahme, dass für die Bestände an Eigenkapital und Sachanlagen im Gründungsjahr 10 Tranchen gebildet wurden, wie dies oben beschrieben wurde, setzt sich der mit dem jeweiligen aktuellen 10-Jahres-GKM-Zinssatz des Jahres zu bewertende Betrag an Eigenkapital bzw. Sachanlagen aus der im jeweiligen Jahr abgelaufenen Tranche aus dem Gründungsjahr sowie dem jeweiligen Zuwachs des Jahres zusammen.

Am Beispiel des Eigenkapitals ergibt sich aus den gegebenen Daten der Opportunitätszins als gewichteter Durchschnitt der historischen Zinssätze von 10-Jahres-Kapitalmarkt-Papieren. Die Berechung ist im folgenden dargestellt:

Jahr	im Jahr … neu zu bewertende Tranche aus dem anfänglichen Bestand von 9 Mio. GE	Zuwachs zu Beginn des Jahres …	mit dem 10-J.-GKM-Zins des Jahres … zu bewertende Tranche	10-J.-GKM-Zins des Jahres …
	(1)	(2)	(3) = (1) + (2)	(4)
1996	0,9 Mio. GE	0,0 Mio. GE	0,9 Mio. GE	5,50 %
1997	0,9 Mio. GE	0,0 Mio. GE	0,9 Mio. GE	5,80 %
1998	0,9 Mio. GE	0,0 Mio. GE	0,9 Mio. GE	6,20 %
1999	0,9 Mio. GE	0,0 Mio. GE	0,9 Mio. GE	7,80 %
2000	0,9 Mio. GE	0,1 Mio. GE	1,0 Mio. GE	8,80 %
2001	0,9 Mio. GE	0,3 Mio. GE	1,2 Mio. GE	9,30 %
2002	0,9 Mio. GE	0,4 Mio. GE	1,3 Mio. GE	9,90 %
2003	0,9 Mio. GE	0,6 Mio. GE	1,5 Mio. GE	8,20 %
2004	0,9 Mio. GE	0,7 Mio. GE	1,6 Mio. GE	8,00 %
2005	0,9 Mio. GE	0,9 Mio. GE	1,8 Mio. GE	7,90 %
∑ / Ø	9,0 Mio. GE	3,0 Mio. GE	12,0 Mio. GE	**7,91 %**

Der für das Eigenkapital berechnete Opportunitätszins in Höhe von 7,91 % gilt ebenfalls für die Sachanlagen, da die Entwicklung des Volumens – wie der Aufgabenstellung zu entnehmen ist – proportional zu der des Eigenkapitals verläuft.

Barreserve:

Die Barreserve ist aufgrund gesetzlicher Vorschriften zu halten. Da somit keine alternative Verwendung für diese Mittel möglich ist, ist ein Opportunitätszinssatz von 0 % anzusetzen.

zu 4.:

Soll-zins	GKM-Zins	Aktiva	Volumen (Mio. GE)		Passiva	GKM-Zins	Haben-zins
0,00 %	0,00 %	Barreserve	8	50	Sichteinlagen	4,00 %	0,50 %
6,75 %	5,70 %	Eurokredit	15	9	Termineinlagen	6,80 %	6,55 %
8,00 %	6,36 %	Ratenkredit	50	21	Spareinlagen	6,56 %	4,50 %
7,80 %	6,34 %	Hypotheken-darlehen	81	68	Schuldver-schreibung	7,20 %	7,60 %
0,00 %	7,91 %	Sachanlagen	6	12	Eigenkapital	7,91 %	0,00 %
7,082 %	6,028 %		160	160		6,147 %	4,345 %

Abb. 8.6: Zinsertragsbilanz der MZM-Bank im laufenden Geschäftsjahr 2005

Die Konditionsmargen und Konditionsbeiträge der einzelnen Geschäfte ermitteln sich wie folgt:

Position	Volumen (in Mio. GE)	Konditionsmarge	Konditionsbeitrag (in Mio. GE)
	(1)	(2)	(3) = (1) · (2)
Barreserve	8	0,00 % – 0,00 % = 0,00 %	0,0000
Eurokredit	15	6,75 % – 5,70 % = 1,05 %	0,1575
Ratenkredit	50	8,00 % – 6,36 % = 1,64 %	0,8200
Hypothekendarlehen	81	7,80 % – 6,34 % = 1,46 %	1,1826
Sachanlagen	6	0,00 % – 7,91 % = - 7,91 %	- 0,4746
Summe Aktiva / Ø	160	1,053 %	1,6855
Sichteinlagen	50	4,00 % – 0,50 % = 3,50 %	1,7500
Termineinlagen	9	6,80 % – 6,55 % = 0,25 %	0,0225
Spareinlagen	21	6,56 % – 4,50 % = 2,06 %	0,4326
Schuldverschreibungen	68	7,20 % – 7,60 % = - 0,40 %	- 0,2720
Eigenkapital	12	7,91 % – 0,00 % = 7,91 %	0,9492
Summe Passiva / Ø	160	1,801 %	2,8823
Summe / Ø	320	1,427 %	4,5678

Insgesamt ergibt sich eine durchschnittliche Konditionsmarge in Höhe 1,427 %. Bezogen auf die doppelte Bilanzsumme berechnet sich daraus der Konditionsbeitrag von 4,5678 Mio. GE.

Die Strukturmarge bildet sich aus der Differenz von durchschnittlichem aktivischen und durchschnittlichem passivischen Geld- und Kapitalmarktzinssatz: 6,028 % – 6,147 % = - 0,119 %. Das Ergebnis aus der Fristentransformation beträgt demnach - 0,119 % · 160 Mio GE = **- 0,1904 Mio. GE***. Insgesamt ergibt sich daraus die Bruttozinsspanne in Höhe von 2,736 % beziehungsweise ein Zinsüberschuss von **4,377 Mio. GE***.

(* Rundungsdifferenzen möglich!)

Fallstudie 9: Unexpected-Loss-Kalkulationen für das Ausfallrisiko im Kreditportfolio

Im Zuge einer groß angelegten Umstrukturierung versucht die Volksbank Gladbach eG ein modernes Risikomanagementsystem für die Sparte Kreditgeschäft aufzubauen. Es handelt sich dabei vorwiegend um Kredite, die nicht handelbar sind. Bislang beschränkt sich die Quantifizierung des Kreditrisikos auf Gesamtbankebene ausschließlich auf die Standard-Risikokostenkalkulation. Um sich gegen unvorhersehbare Kreditrisiken abzusichern, werden nach einer Faustregel der Bank, Rückstellungen in Höhe des zehnfachen der Standard-Risikokosten gebildet. Da der Vorstand der Bank von dieser Faustregel fest überzeugt ist, muss Herr Liederbach als Verantwortlicher für das Risikomanagement der Bank versuchen, die moderne Konzeption der Messung von Kreditrisiken im Rahmen eines Vortrags überzeugend zu präsentieren.

1. Erläutern Sie zunächst den Begriff des Unexpected Loss im Rahmen des Ausfallrisikos!

Für die Präsentation wird zunächst ein Beispielportfolio I konstruiert, welches aus 5 Krediten besteht, die jeweils ein Kredit-Exposure in Höhe von 1 Mio. EUR aufweisen. Vereinfachend wird unterstellt, dass für alle 5 Kredite eine einheitliche erwartete Ausfallrate von 5 % und eine Rückzahlungsquote von 0 % gilt. Des weiteren wird angenommen, dass zwischen den Krediten eine Korrelation von Null existiert, d.h. die Kredite voneinander unabhängig sind. Betreffend der Quantifizierung des Kreditrisikos sind Herrn Liederbach das Modell der Binomialverteilung und jenes der Poissonverteilung bekannt.

2. Ermitteln Sie den Unexpected Loss des Beispielportfolios I mit Hilfe des Binomialverteilungsmodells! Gehen Sie dabei von einem Sicherheitsniveau von 99,884 % aus.

3. Kalkulieren Sie die Höhe des Unexpected Loss des Beispielportfolios, wenn diese mit Hilfe der Poissonverteilung ermittelt wird? Gehen Sie bei Ihren Berechnungen von einem Sicherheitsniveau von 99,784 % aus!

Ein Vorstandsmitglied äußert seine Bedenken bezüglich der Annahmen des Beispielportfolios I. Diese seien nicht realistisch, da von Krediten mit identischer Ausfallrate und identischem Kredit-Exposure ausgegangen wird. Daraufhin konstruiert Herr Liederbach das Beispielportfolio II, dessen Zusammensetzung realistischer sein soll. Abbildung 9.1 zeigt die Zusammensetzung dieses Portfolios:

	Kredit 1	Kredit 2	Kredit 3
Kredit-Exposure in EUR	1 Mio.	2 Mio.	3 Mio.
Erwartete Ausfallrate	5 %	4 %	7 %
Rückzahlungsquote	0 %	0 %	0 %

Abb. 9.1: Zusammensetzung des Beispielportfolios II

4. Quantifizieren Sie den Unexpected Loss des Beispielportfolios II mit Hilfe der Poissonverteilung unter Zugrundelegung eines Sicherheitsniveaus von 99,127 %!

Lösungsvorschlag zu Fallstudie 9:

zu 1.:

Der Kreditverlust als Oberbegriff beinhaltet eigentlich zwei Elemente, nämlich den **erwarteten und den unerwarteten Kreditverlust**. Der erwartete Verlust wird prinzipiell bereits bei der Kreditvergabe im Rahmen der Standard-Risikokostenkalkulation als eine zu antizipierende Größe erfaßt. Da Kreditverluste dieser Natur bereits beim Geschäftsabschluß antizipiert und durch das Vereinnahmen von Risikoprämien gedeckt werden, können sie grundsätzlich nicht mehr als Gegenstand des Kreditrisikos angesehen werden. Folgerichtig wird nur der Teil des Kreditverlusts als Kreditrisiko bezeichnet, welcher mit einer bestimmten Wahrscheinlichkeit über den erwarteten Kreditverlust hinausgeht.

Wegen der ex ante bestehenden Unsicherheit über die Höhe des unerwarteten Verlusts – **Unexpected Loss** – eines Kredits respektive eines Kreditportfolios, kann dieser nur im Rahmen einer Wahrscheinlichkeitsaussage quantifiziert werden. Infolgedessen wird der unerwartete Kreditverlust grundsätzlich mit der Kennzahl Value at Risk ausgedrückt, welche besagt, mit welcher Wahrscheinlichkeit (bzw. Sicherheitsniveau) der unerwartete Verlust eines Kredits oder eines Kreditportfolios bei einer unterstellten Haltedauer einen bestimmten Betrag nicht überschreitet.

Um den unerwarteten Kreditverlust rechnerisch ermitteln zu können, muss grundsätzlich zuerst der mit einer bestimmten Wahrscheinlichkeit **quantifizierbare maximale Kreditverlust** mit Hilfe eines Verteilungsmodells hergeleitet werden. Von der so quantifizierten maximalen Verlustgröße ist anschließend der erwartete Kreditverlust – die Standard-Risikokosten – abzuziehen, um den unerwarteten Teil des Kreditverlusts hervorzubringen. Abbildung 9.2 verdeutlicht diese Vorgehensweise visuell.

Unerwarteter Kreditverlust (Unexpected Loss)	=	Mit einem vorgegebenen Sicherheitsniveau maximal quantifizierbarer Kreditverlust	–	Erwarteter Kreditverlust (Expected Loss)

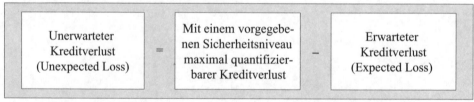

Abb. 9.2: Allgemeine Vorgehensweise zur Ermittlung des unerwarteten Kreditverlusts

zu 2.:

Bei einheitlicher Ausfallrate und einheitlichem Kredit-Exposure der Kredite bietet sich zur Quantifizierung des Unexpected Loss das **Binomialverteilungsmodell** an. Es werden zunächst die Eintrittswahrscheinlichkeiten für sämtliche mögliche Kreditereignisse ermittelt. Mit Hilfe der kumulierten Wahrscheinlichkeiten lässt sich anschließend ein Wert für den unerwarteten Kreditverlust festlegen, welcher mit einer bestimmten Wahrscheinlichkeit nicht überschritten wird. Dabei werden die Kreditereignisse aufgrund der gesetzten Annahmen als

Kreditnehmerausfälle definiert. Ermittelt werden konkret die Wahrscheinlichkeiten für die Ereignisse, dass:

- kein Kreditnehmer ausfällt,
- ein Kreditnehmer ausfällt,
- mehrere respektive alle Kreditnehmer ausfallen.

Folgende Formel zeigt die allgemeine Vorgehensweise zur Berechnung dieser Wahrscheinlichkeiten mit Hilfe der Binomialverteilung.

$$W_n^N = \binom{N}{n} \cdot p^n \cdot (1-p)^{N-n} = \frac{N!}{(N-n)! \cdot n!} \cdot p^n \cdot (1-p)^{N-n}$$

mit: W_n^N = Wahrscheinlichkeit dafür, dass von N Kreditnehmern n ausfallen; p = erwartete Ausfallrate des Kreditnehmers; N = Anzahl der Kredite im Portfolio

Wird beispielsweise nach der Wahrscheinlichkeit, dass kein Kredit ausfällt, gefragt, so lässt sich diese mit Hilfe der Binomialverteilung folgendermaßen ermitteln:

$$W_0^5 = \binom{5}{0} \cdot 0{,}05^0 \cdot (1-0{,}05)^{5-0}$$

$$= \frac{5!}{(5-0)! \cdot 0!} \cdot 0{,}05^0 \cdot (1-0{,}05)^{5-0}$$

$$= \frac{5 \cdot 4 \cdot 3 \cdot 2 \cdot 1}{(5 \cdot 4 \cdot 3 \cdot 2 \cdot 1) \cdot 1} \cdot 0{,}05^0 \cdot (1-0{,}05)^5$$

= 77,378 %

Demnach beläuft sich die Eintrittswahrscheinlichkeit für den Fall, dass kein Kredit ausfällt, auf 77,378 %.

Im folgenden werden die Wahrscheinlichkeiten für die restlichen Kreditereignisse berechnet.

- Die Wahrscheinlichkeit, dass genau 1 Kreditnehmer ausfällt:

$$W_1^5 = \binom{5}{1} \cdot 0{,}05^1 \cdot (1-0{,}05)^{5-1}$$

$$= \frac{5!}{(5-1)! \cdot 1!} \cdot 0{,}05^1 \cdot (1-0{,}05)^4$$

$$= \frac{5 \cdot 4 \cdot 3 \cdot 2 \cdot 1}{(4 \cdot 3 \cdot 2 \cdot 1) \cdot 1} \cdot 0{,}05^1 \cdot (1-0{,}05)^4$$

= 20,363 %

- Die Wahrscheinlichkeit, dass genau 2 Kreditnehmer ausfallen:

$$W_2^5 = \binom{5}{2} \cdot 0{,}05^2 \cdot (1-0{,}05)^{5-2}$$

$$= \frac{5!}{(5-2)! \cdot 2!} \cdot 0{,}05^2 \cdot (1-0{,}05)^3$$

$$= \frac{5 \cdot 4 \cdot 3 \cdot 2 \cdot 1}{(3 \cdot 2 \cdot 1) \cdot (2 \cdot 1)} \cdot 0{,}05^2 \cdot (1-0{,}05)^3$$

= 2,143 %

- Die Wahrscheinlichkeit, dass genau 3 Kreditnehmer ausfallen:

$$W_3^5 = \binom{5}{3} \cdot 0{,}05^3 \cdot (1-0{,}05)^{5-3}$$

$$= \frac{5!}{(5-3)! \cdot 3!} \cdot 0{,}05^3 \cdot (1-0{,}05)^2$$

$$= \frac{5 \cdot 4 \cdot 3 \cdot 2 \cdot 1}{(2 \cdot 1) \cdot (3 \cdot 2 \cdot 1)} \cdot 0{,}05^3 \cdot (1-0{,}05)^2$$

= 0,113 %

• Die Wahrscheinlichkeit, dass 4 Kreditnehmer ausfallen:

$$W_4^5 = \binom{5}{4} \cdot 0{,}05^4 \cdot (1-0{,}05)^{5-4}$$

$$= \frac{5!}{(5-4)! \cdot 4!} \cdot 0{,}05^4 \cdot (1-0{,}05)^1$$

$$= \frac{5 \cdot 4 \cdot 3 \cdot 2 \cdot 1}{(1) \cdot (4 \cdot 3 \cdot 2 \cdot 1)} \cdot 0{,}05^4 \cdot (1-0{,}05)^1$$

= 0,003 %

Und schließlich die Wahrscheinlichkeit, dass alle Kreditnehmer ausfallen:

$$W_5^5 = \binom{5}{5} \cdot 0{,}05^5 \cdot (1-0{,}05)^{5-5}$$

$$= \frac{5!}{(5-5)! \cdot 5!} \cdot 0{,}05^5 \cdot (1-0{,}05)^0$$

$$= \frac{5 \cdot 4 \cdot 3 \cdot 2 \cdot 1}{1 \cdot (5 \cdot 4 \cdot 3 \cdot 2 \cdot 1)} \cdot 0{,}05^5 \cdot (1-0{,}05)^0$$

≈ 0,000 %

Die Ergebnisse der Wahrscheinlichkeitsberechnungen werden in Abbildung 9.3 zusammengetragen.

Anzahl Kreditausfälle	Ausfallvolumen des Kreditportfolios	Eintrittswahrscheinlichkeit des Kreditereignisses	Kumulierte Wahrscheinlichkeit
0	0 Mio. EUR	77,378 %	77,378 %
1	1 Mio. EUR	20,363 %	97,741 %
2	2 Mio. EUR	2,143 %	99,884 %
3	3 Mio. EUR	0,113 %	99,997 %
4	4 Mio. EUR	0,003 %	100,000 %
5	5 Mio. EUR	0,000 %	100,000 %

Abb. 9.3: Wahrscheinlichkeitsermittlung mit Hilfe des Binomialverteilungsmodells

Aus Abbildung 9.3 ist zu entnehmen, dass mit einer Wahrscheinlichkeit von 99,884 % der Portfolioverlust einen Maximalwert von 2 Mio. EUR nicht übersteigen wird. Um den als Verlustüberraschung geltenden Unexpected Loss des Portfolios ermitteln zu können, muss zunächst der Expected Loss berechnet werden. Aufgrund der vereinfachenden Prämisse einer einheitlichen Ausfallrate und eines einheitlichen Kredit-Exposure, lässt sich der erwartete Portfolioverlust gemäß Abbildung 9.4 ermitteln:

Erwarteter Portfolio-verlust	=	Erwartete Ausfallrate	•	Erwartete 1 – Rückzahlungs-quote	•	Kreditvolumen (bei Ausfall)
0,25 Mio. EUR	=	5 %	•	1 – 0 %	•	5 Mio. EUR

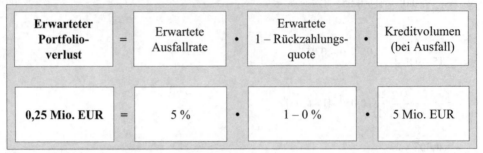

Abb. 9.4: Ermittlung des erwarteten Portfolioverlusts

Der Unexpected Loss des Portfolios stellt den Teil des Portfolioverlusts dar, der mit einer bestimmten Wahrscheinlichkeit über den erwarteten Portfolioverlust hinausgeht. Infolgedessen entspricht er der Differenz zwischen dem maximalen und dem erwarteten Portfolioverlust. Demnach wird er – mit einer Wahrscheinlichkeit von 99,884 % – den Wert von **1,75 Mio. EUR** (= 2 Mio. EUR – 0,25 Mio. EUR) nicht überschreiten.

zu 3.:

Bei relativ geringen Ausfallraten stellt die **Poissonverteilung** eine gute **Approximation der Binomialverteilung** dar. Dabei wird die Zulässigkeit einer solchen Approximation durch die Tatsache unterstützt, dass die Ausfallraten der Kredite im Bankbereich typischerweise nur rund ein Prozent betragen. Zudem besitzt die Poissonverteilung gegenüber der Binomialverteilung den Vorteil, dass sie in der Lage ist, den unerwarteten Verlust eines Kreditportfolios, in welchem die Kreditnehmer unterschiedliche Ausfallraten aufweisen, zu quantifizieren. Allgemein lassen sich die Wahrscheinlichkeiten der Kreditausfälle mit Hilfe der Poissonverteilung wie folgt ermitteln:

$$W_{(n)}^{Poisson} = \frac{e^{-\mu} \cdot \mu^n}{n!}$$

mit: $W_{(n)}^{Poisson}$ = Wahrscheinlichkeit dafür, dass n Kreditnehmer ausfallen; e = Eulersche Zahl; μ = Summe der erwarteten Ausfallraten; n = Anzahl der Kreditausfälle

Im Falle des Beispielportfolios I beläuft sich μ auf insgesamt:

$$\mu = 5\,\% + 5\,\% + 5\,\% + 5\,\% + 5\,\% = 25\,\% = 0{,}25$$

Mit Hilfe der obigen Formel lässt sich die Eintrittswahrscheinlichkeit für den Fall, dass kein Kredit ausfällt, ermitteln. Diese beläuft sich auf 77,88 %:

$$W_{(n=0)}^{Poisson} = \frac{e^{-25\%} \cdot (25\%)^0}{0!} = \mathbf{77{,}88\ \%}$$

Die Eintrittswahrscheinlichkeit für einen Kreditausfall beträgt 19,47 %:

$$W_{(n=1)}^{Poisson} = \frac{e^{-25\%} \cdot (25\%)^1}{1!} = \mathbf{19{,}47\ \%}$$

Abbildung 9.5 zeigt die Ermittlung der Eintrittswahrscheinlichkeiten für die restlichen Kreditereignisse:

Ausfall-volumina n	Poissonverteilung $W_{(n)}^{Poisson} = \frac{e^{-\mu} \cdot \mu^n}{n!}$	Eintritts-wahrscheinlich-keiten	Kumulierte Wahrschein-lichkeiten
0 Mio. EUR	$W_{(n=0)}^{Poisson} = \frac{e^{-25\%} \cdot (25\%)^0}{0!} =$	77,880 %	77,880 %
1 Mio. EUR	$W_{(n=1)}^{Poisson} = \frac{e^{-25\%} \cdot (25\%)^1}{1!} =$	19,470 %	97,350 %
2 Mio. EUR	$W_{(n=2)}^{Poisson} = \frac{e^{-25\%} \cdot (25\%)^2}{2!} =$	2,434 %	99,784 %
3 Mio. EUR	$W_{(n=3)}^{Poisson} = \frac{e^{-25\%} \cdot (25\%)^3}{3!} =$	0,203 %	99,987 %
4 Mio. EUR	$W_{(n=4)}^{Poisson} = \frac{e^{-25\%} \cdot (25\%)^4}{4!} =$	0,013 %	100,000 %
5 Mio. EUR	$W_{(n=5)}^{Poisson} = \frac{e^{-25\%} \cdot (25\%)^5}{5!} \approx$	0,000 %	100,000 %

Abb. 9.5: Wahrscheinlichkeitsermittlung des Kreditportfolios mit Hilfe der Poissonverteilung

Bei einem Sicherheitsniveau von 99,784 % kann davon ausgegangen werden, dass nicht mehr als 2 Kredite ausfallen, und demnach die Höhe des Portfolioverlusts nicht höher als 2 Mio. EUR beträgt. Angesichts des erwarteten Portfolioverlusts in Höhe von 0,25 Mio. EUR beträgt der Unexpected Loss des Kreditportfolios bei einem Sicherheitsniveau von 99,784% **1,75 Mio. EUR** (= 2 Mio. EUR – 0,25 Mio. EUR).

zu 4.:

Im Gegensatz zur Binomialverteilung werden die Kreditereignisse im Rahmen der Poissonverteilung nicht nur als Kreditnehmerausfälle, sondern auch als **unterschiedliche Ausfallvolumina des Portfolios** interpretiert. Fallen beispielsweise 2 Kreditnehmer aus, so kann dieses Kreditereignis von den beiden Modellen unterschiedlich aufgefasst werden. Während die Binomialverteilung dies als ein einziges Kreditereignis interpretiert, können mit der Poissonverteilung gleich 3 Kreditereignisse daraus abgeleitet werden. Diese sind nämlich: Ausfall von Kreditnehmer 1 und 2 mit einem entsprechenden Ausfallvolumen von 3 Mio. EUR (= 1 Mio. EUR + 2 Mio. EUR), Ausfall von Kreditnehmer 1 und 3 mit einem Ausfallvolumen von 4 Mio. EUR (= 1 Mio. EUR + 3 Mio. EUR) und schließlich Ausfall von Kreditnehmer 2 und 3 mit einem Ausfallvolumen von insgesamt 5 Mio. EUR (= 2 Mio. EUR + 3 Mio. EUR). Es ist somit ersichtlich, dass die Verlustverteilung eines Kreditportfolios neben den Ausfallraten der Kreditnehmer auch von der Volumenstruktur des Portfolios determiniert wird.

Das Kreditrisikomodell CreditRisk+^{TM} bietet in bezug auf die Abbildung der Volumenstruktur eines Kreditportfolios einen Lösungsansatz an, indem es alle Kredite in Größenklassen (Exposure-Bänder) einteilt. Demnach wird in jedem Exposure-Band der potentielle Verlust eines Kredits stets als ein ganzzahliges Vielfaches einer Grundeinheit L (z.B. 1 Mio. EUR) ausgedrückt. Die allgemeine Vorgehensweise zur Herleitung des normierten Kreditverlusts zeigt sich wie folgt:

$$\varepsilon_j = \frac{\sum_{x=1}^{M} V_x \cdot p_x}{L}$$

mit: ε_j = durch Grundeinheit L normierter Kreditverlust des Exposure-Bandes j; V_x = Kredit-Exposure des Kreditnehmers x; p_x = erwartete Ausfallrate des Kreditnehmers x; M = Anzahl der Kreditnehmer innerhalb eines Exposure-Bandes j

Die Volumenstruktur und der normierte erwartete Verlust des Beispielportfolios II werden durch die Abbildung 9.6 wiedergegeben. Dabei wird 1 Mio. EUR als Grundeinheit für die Exposure-Bänder angenommen. Da im Beispielportfolio II die Kreditnehmer 1, 2 und 3 jeweils ein Kredit-Exposure in Höhe von 1, 2 und 3 Mio. EUR aufweisen, kann die Volumenstruktur dieses Portfolios durch die Bildung von 3 Exposure-Bändern beschrieben werden.

Exposure-Bänder	Exposure V_x (in EUR)	Erwartete Ausfallrate p_x	Grundeinheit L (in EUR)	Erwarteter normierter Kreditverlust ε_j	Erwarteter Kreditverlust (Expected Loss in EUR)
	(1)	(2)	(3)	(4) = (1) · (2) / (3)	(5) = (3) · (4)
1	1 Mio.	5 %	1 Mio.	0,05	0,05 Mio.
2	2 Mio.	4 %	1 Mio.	0,08	0,08 Mio.
3	3 Mio.	7 %	1 Mio.	0,21	0,21 Mio.
Summe bzw. Durch-	6 Mio.	5,67 %	1 Mio.	0,34	0,34 Mio.

Abb. 9.6: Abbildung der Volumenstruktur des Kreditportfolios durch Exposure-Bänder

Im folgenden wird beispielhaft die Ermittlung des normierten erwarteten Kreditverlusts des Exposure-Bandes 1 gezeigt:

$$\varepsilon_1 = \frac{V_1 \cdot p_1}{L} = \frac{1\,\text{Mio. EUR} \cdot 5\,\%}{1\,\text{Mio. EUR}} = \mathbf{0{,}05}$$

Der erwartete Kreditverlust des Exposure-Bandes 1 resultiert aus der Multiplikation des Kreditvolumens mit der erwarteten Ausfallrate des Bandes und beträgt 0,05 Mio. EUR (Spalte 5). Nach der Normierung auf die Grundeinheit von 1 Mio. EUR beläuft sich der normierte Kreditverlust des Bandes auf 0,05. Die Summe der erwarteten Kreditverluste aller Exposure-Bänder entspricht exakt dem erwarteten Portfolioverlust.

Anhand der Vorgehensweise zur Ermittlung der normierten erwarteten Verluste der einzelnen Exposure-Bänder lässt sich eine **Rekursionsformel** ableiten. Damit kann die Wahrscheinlichkeit, dass ein mit der Grundeinheit L normiertes Kreditvolumen n in einer Betrachtungsperiode ausfällt, mit Hilfe dieser Rekursionsformel berechnet werden. Diese lautet wie folgt:

$$W_{(n)} = \sum_{j=1}^{n} \frac{\varepsilon_j}{n} \cdot W_{(n-j)}$$

mit: $W_{(n)}$ = Wahrscheinlichkeit für den Kreditausfall mit einem Volumen von n; ε_j = durch Grundeinheit L normierter Kreditverlust des Exposure-Bandes j

Um nun den Verlauf der Verlustverteilung des Kreditportfolios zu konstruieren, ist es erforderlich, alle möglichen **Kreditereignisse** zu berücksichtigen. Da die Kombinationen der Kreditnehmerausfälle zu unterschiedlichen Höhen der Ausfallvolumina führen, gibt es beginnend mit dem Ereignis, dass keiner der Kreditnehmer ausfällt, bis hin zu dem Ereignis, dass alle Kreditnehmer ausfallen, insgesamt 7 Kreditereignisse (vgl. Abb. 9.7). Mit Hilfe der Poissonverteilung wird nun jedem dieser Ereignisse bzw. jeder möglichen Höhe des Ausfallvolumens eine Eintrittswahrscheinlichkeit zugewiesen. Abbildung 9.7 zeigt diese Vorgehensweise.

Ausfall-volumina n in EUR	Exposure Band 1	Exposure Band 2	Exposure Band 3	Eintrittswahr-scheinlichkeit des Kredit-ereignisses	Kumulierte Wahrschein-lichkeiten
	(1)	(2)	(3)	(4) = (1) + (2) + (3)	(5)
0	$e^{-(5\%+4\%+7\%)}$			85,214 %	85,214 %
1 Mio.	$\frac{0,05}{1} \cdot 85,214\%$			4,261 %	89,475 %
2 Mio.	$\frac{0,05}{2} \cdot 4,261\%$	$\frac{0,08}{2} \cdot 85,214\%$		3,515 %	92,990 %
3 Mio.	$\frac{0,05}{3} \cdot 3,515\%$	$\frac{0,08}{3} \cdot 4,261\%$	$\frac{0,21}{3} \cdot 85,214\%$	6,137 %	99,127 %
4 Mio.	$\frac{0,05}{4} \cdot 6,137\%$	$\frac{0,08}{4} \cdot 3,515\%$	$\frac{0,21}{4} \cdot 4,261\%$	0,371 %	99,498 %
5 Mio.	$\frac{0,05}{5} \cdot 0,371\%$	$\frac{0,08}{5} \cdot 6,137\%$	$\frac{0,21}{5} \cdot 3,515\%$	0,250 %	99,748 %
6 Mio.	$\frac{0,05}{6} \cdot 0,250\%$	$\frac{0,08}{6} \cdot 0,371\%$	$\frac{0,21}{6} \cdot 6,137\%$	0,222 %	99,970 %

Abb. 9.7: Wahrscheinlichkeitsermittlung des Beispielportfolios II mit Hilfe der Poissonverteilung

Zunächst wird die Wahrscheinlichkeit für den Fall ermittelt, dass in der Betrachtungsperiode keiner der Kredite ausfällt. Da in diesem Fall keines der Exposure-Bänder davon betroffen ist, erfolgt die Ermittlung der Wahrscheinlichkeit mit Hilfe der Standardformel der Poissonverteilung:

$$W_{(n=0)}^{Poisson} = \frac{e^{-16\%} \cdot (16\%)^0}{0!} = \mathbf{85{,}214\ \%}$$

Demnach beträgt die Wahrscheinlichkeit, dass kein Kredit ausfällt, 85,214 %. Die Wahrscheinlichkeit, dass genau ein Kredit ausfällt, wird mit Hilfe der Rekursionsformel ermittelt:

$$W_{(n=1)} = \sum_{j=1}^{1} \frac{\varepsilon_j}{n} \cdot W_{(n-j)}$$

$$= \frac{0,05}{1} \cdot W_{(1-1)}$$

$$= \frac{0,05}{1} \cdot 85,214\%$$

$$\mathbf{= 4{,}261\ \%}$$

Die Wahrscheinlichkeit, dass der Kreditausfall genau 2 Mio. EUR beträgt, lässt sich mit Hilfe der Rekursionsformel folgendermaßen ermitteln:

$$W_{(n=2)} = \sum_{j=1}^{2} \frac{\varepsilon_j}{n} \cdot W_{(n-j)}$$

$$= \frac{\varepsilon_1}{2} \cdot W_{(2-1)} + \frac{\varepsilon_2}{2} \cdot W_{(2-2)}$$

$$= \frac{0{,}05}{2} \cdot 4{,}261\,\% + \frac{0{,}08}{2} \cdot 85{,}214\,\%$$

$$= 0{,}065\,\% + 3{,}4086\,\%$$

$$\mathbf{= 3{,}515\,\%}$$

Die so ermittelten Wahrscheinlichkeiten werden schließlich in **kumulierte Wahrscheinlichkeiten** überführt. Geht man von einem Sicherheitsniveau von 99,127 % aus, so kann aus Abbildung 9.7 entnommen werden, dass der maximale Verlust des Kreditportfolios II nicht höher als 3 Mio. EUR sein wird. Angesichts des bereits im Vorfeld kalkulierten erwarteten Portfolioverlusts, welcher eine Höhe von 0,34 Mio. EUR (= 1 Mio. EUR · 5 % + 2 Mio. EUR · 4 % + 3 Mio. EUR · 7 %) aufweist, wird der unerwartete Teil des Portfolioverlusts die Höhe von 2,66 Mio. EUR (= 3 Mio. EUR – 0,34 Mio. EUR) mit einer Wahrscheinlichkeit von 99,127 % nicht überschreiten.

Auffallend dabei ist, dass die Summe der mit der Poissonverteilung hergeleiteten Wahrscheinlichkeiten nicht 100 % beträgt, sondern lediglich 99,970 %. Der Grund dafür liegt darin, dass theoretisch für die unrealistischen Kreditereignisse mit einem Ausfallvolumen von mehr als 6 Mio. EUR ebenfalls Eintrittswahrscheinlichkeiten ermittelt werden können, die größer als Null sind. Zudem zeigt sich der Approximationsfehler der Poissonverteilung auch deutlich anhand der Wahrscheinlichkeitsermittlung für den Fall, dass kein Kredit ausfällt. Hierbei richtig wäre die mit der Binomialverteilung ermittelte Wahrscheinlichkeit von 84,816 % (= (100 % – 5 %) · (100 % – 4 %) · (100 % – 7 %)). Verglichen mit dem Ergebnis der Poissonverteilung (85,214 %) wird die gleiche Wahrscheinlichkeit um 0,398 % überschätzt. Dieses Phänomen ist darauf zurückzuführen, dass die Poissonverteilung lediglich eine Approximation der Binomialverteilung ist. Dabei wird der Approximationsfehler um so geringer, je mehr Kredite das Portfolio umfaßt, und je kleiner die erwarteten Ausfallraten der Kredite sind.

Fallstudie 10: **Einsatz der ROI-Analyse im Fusions-Controlling**

Nachdem bereits einige Tage zuvor Gerüchte über eine Fusion von Schweizerischer Bankgesellschaft (UBS) und Schweizerischem Bankverein (SBC) im Umlauf waren, wurde am Montag, den 8. Dezember 1997, der entsprechend lautende Verwaltungsratsbeschluss anlässlich einer Pressekonferenz der Öffentlichkeit in Zürich, London und New York bekannt gegeben:

„UBS und SBC schliessen sich zusammen

Die Verwaltungsräte der UBS (Schweizerische Bankgesellschaft) und des Schweizerischen Bankvereins haben beschlossen, vorbehältlich der Zustimmung durch die Aktionäre, die beiden Bankengruppen als gleichberechtigte Partner zusammenzuführen und ein neues Unternehmen zu gründen. Sie schaffen damit die Voraussetzung, unter dem Namen UBS (United Bank of Switzerland) einen der weltweit führenden Finanzdienstleistungskonzerne mit Sitz in Zürich und, sofern rechtlich möglich, in Basel zu bilden.

Der neue Konzern wird in seinen drei globalen Kerngeschäften Private Banking, Institutional Asset Management und Investment Banking weltweit eine Spitzenposition einnehmen. Mit der führenden Rolle im Privat- und Firmenkundengeschäft in der Schweiz verfügt die neue Gruppe über optimale Voraussetzungen, in diesem Geschäft international zu expandieren.

Mathis Cabiallavetta wird Präsident des Verwaltungsrates und Marcel Ospel übernimmt den Vorsitz der Konzernleitung.

Den Aktionären wird ein Umtauschangebot basierend auf den Börsenkapitalisierungen und den konsolidierten Abschlüssen der beiden Unternehmen unterbreitet werden. Die Aktionäre des Schweizerischen Bankvereins werden mit 40 % und jene der Schweizerischen Bankgesellschaft mit 60 % am Kapital der neuen Gesellschaft beteiligt sein. ...“ (Quelle: Pressemitteilung vom 8. Dezember 1997 von Schweizerischem Bankverein und UBS)

Im Falle der Fusion von SBC und UBS liegt also eine Kombination vor, das heißt eine Verschmelzung der beiden Banken durch Neugründung, wobei die Aktionäre gemäß dem festgelegten Aktienaustauschverhältnis ihre Anteile gegen solche der neuen UBS tauschen. Anhand dieses Beispiels sollen im folgenden mit Hilfe der erweiterten ROI-Analyse die aus dem Zusammenschluss resultierenden transitorischen Effekte und die Verbundeffekte analysiert werden.

Zunächst sind die sogenannten **transitorischen Effekte** darzustellen, die sich aus der reinen Addition des ökonomischen Substrats (Geschäftsvolumen, Marktanteil, finanzielle Potenz u.ä.) der beiden Bankkonzerne sowie aus dem Kaufpreis und der Art der Bezahlung bzw. durch das vereinbarte Aktienaustauschverhältnis ergeben. Hierzu werden die Daten (vgl. Abb. 10.1) vor der Fusionsankündigung herangezogen, um den in der Regel positiven Ankündigungseffekt auf Aktienkurse bzw. den Marktwert des Eigenkapitals aus der Betrachtung herauszuhalten.

	SBC	UBS
Eigenkapital (per 30.06.1997)	15,087 Mrd. CHF	23,325 Mrd. CHF
Return on Equity (annualisiert)	19 %	16 %
ausstehende Aktien (per 31. Oktober 1997)	79.503.509 Namenaktien mit Nennwert 40 CHF	21.300.000 Inhaberaktien mit Nennwert 100 CHF 22.250.000 Namenaktien mit Nennwert 20 CHF
Aktienkurs (per 5. Dezember 1997)	447,50 CHF	Inhaber: 1.930 CHF Namen: 387 CHF

Abb. 10.1: Datenbasis für die erweiterte ROI-Analyse von SBC und UBS vor Ankündigung der Fusion (Quelle: Pressemitteilung vom 8. Dezember 1997 von Schweizerischem Bankverein und UBS, NZZ vom 6./7.12.1997)

1. Berechnen Sie auf Basis der in Abbildung 10.1 gegebenen Daten die Kennzahlen der erweiterten ROI-Analyse für den SBC und für die UBS!

   Hinweis: Um die Inhaber- und Namenaktien der Schweizerischen Bankgesellschaft zusammenfassen zu können, sind für eine Inhaberaktie mit Nennwert 100 CHF je 5 Aktien mit Nennwert 20 CHF (= Nennwert der Namenaktien) anzusetzen, so dass sämtliche Kennzahlen, die eine Aktie der Schweizerischen Bankgesellschaft betreffen, auf eine Aktie mit Nennwert 20 CHF bezogen sind.

Über den Umtausch der Aktien von Schweizerischer Bankgesellschaft und Schweizerischem Bankverein gegen Anteilswerte der neuen UBS und über das Aktienkapital der neuen UBS sind in der Pressemitteilung folgende Informationen gegeben:

„... Umtausch der Aktien
Den Aktionären beider Banken wird ein Umtauschangebot in Aktien der neuen Bank zu folgenden Konditionen unterbreitet: Die Aktionäre der Schweizerischen Bankgesellschaft erhalten pro Inhaberaktie 5 Namenaktien und pro Namenaktie 1 Namenaktie der neuen Bank. Die Aktionäre des Schweizerischen Bankvereins erhalten pro 1 Namenaktie 1 1/13 Namenaktien der neuen Bank. Der Umtausch findet, vorbehältlich der Genehmigung durch die Aktionäre, im Anschluss an den Vollzug der Fusion der beiden Banken statt.
Das Umtauschangebot basiert auf den Börsenkapitalisierungen und den konsolidierten Abschlüssen der beiden Unternehmen. Somit werden die Aktionäre des Schweizerischen Bankvereins mit 40 % und jene der Schweizerischen Bankgesellschaft mit 60 % am Kapital der neuen Gesellschaft beteiligt sein. Die Fairness der Bewertungen wurde unabhängig voneinander durch Morgan Stanley Dean Witter für die Schweizerische Bankgesellschaft und durch Wasserstein & Perrella für den Schweizerischen Bankverein bestätigt.
Das Aktienkapital des neuen Finanzkonzerns wird nach Vollzug der Fusion CHF 4.287.383.280,– betragen, eingeteilt in 214.369.164 Namenaktien zu CHF 20,– nominell. Die

neuen Aktien werden keinerlei Eintragungs- und Stimmrechtsbeschränkungen unterliegen und für das Geschäftsjahr 1998 voll dividendenberechtigt sein. ... " (Quelle: Pressemitteilung vom 8. Dezember 1997 von Schweizerischem Bankverein und UBS)

2. Bestimmen Sie im folgenden mit den ergänzenden Informationen über das Aktienaustauschverhältnis und das Aktienkapital der neuen UBS die Kennzahlenwerte der erweiterten ROI-Analyse für die neue UBS!

3. a) Stellen Sie die für die beiden Bankkonzerne sowie die neue UBS berechneten Kennzahlen im erweiterten ROI-Schema übersichtlich dar!

   b) Interpretieren Sie die Kennzahlen der neuen UBS, die sich aus der Zusammenfassung von UBS und SBC ergeben, und stellen Sie die transitorischen Effekte der Fusion heraus!

Verbundeffekte aus einer Fusion resultieren aus den organisatorischen, technologischen, personellen und finanziellen (postmerger) Integrationsmaßnahmen. Sofern die Integration zweier Fusionspartner erfolgreich verläuft, sind positive Einflüsse auf das zukünftige Gewinnwachstum und/oder die Gewinnstabilität zu erwarten. Als Gründe sind die gemeinsame Nutzung von Kernkompetenzen, der Abbau von Doppelspurigkeiten, die Abrundung oder die Fokussierung der Leistungspalette, die Erzielung eines besseren Risikoausgleichs etc. zu nennen.

Die aus der Fusion für die neue UBS zu erwartenden Verbundeffekte sind auf die **Maßnahmen** zurückzuführen, die in dem folgenden Auszug aus dem Referat von Peter Wuffli, Chief Financial Officer SBV, anlässlich der Pressekonferenz am 8. Dezember 1997 genannt sind:

„... Schaffung von Mehrwert
Ziel unseres Zusammenschlusses ist die Erreichung von nachhaltiger Wertschöpfung und damit auch die Sicherung der Zukunft unserer „neuen" Bank, ihrer Angestellten und somit auch des Finanzplatzes Schweiz.
Wie wir die Wertschöpfung erreichen wollen, möchte ich Ihnen anhand des Schaubildes verdeutlichen:

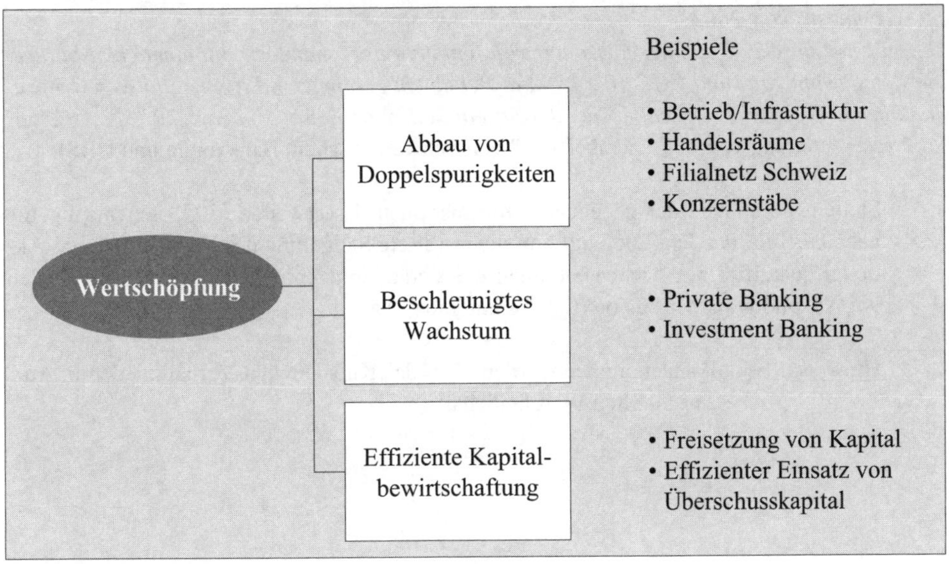

Eliminierung von Doppelspurigkeiten
Durch den Zusammenschluss werden wir in der Lage sein, Überkapazitäten auf der operationellen Seite, bei den Infrastruktureinrichtungen und bei der technologischen Ausstattung abzubauen.
Parallel dazu werden wir, zur Sicherung unserer zukünftigen Wettbewerbsfähigkeit und zur Anpassung an das zu erwartende Geschäftsvolumen, das Schweizer Filialnetz straffen müssen. Damit ist unweigerlich auch ein Stellenabbau verbunden.

Konzentration auf wachstumsträchtige Geschäftsaktivitäten
Zur Zukunftssicherung gehört aber vor allem der Aufbau bzw. der Ausbau erfolgversprechender Geschäfte, wie wir das für das Private Banking und das Investment Banking nach einer Phase der Integration planen.

Effizienter Kapitaleinsatz
Schliesslich gehört zu einer nachhaltigen Wertschöpfung ein haushälterischer Umgang mit dem Eigenkapital.
Eine Herausforderung wird darin bestehen, die im Laufe der nächsten Jahre erarbeiteten zusätzlichen Eigenen Mittel sowie Eigenmittel, die im Zuge der Integration frei werden, in wertschöpfungsstarke Neuinvestitionen zu lenken. ...“ (Quelle: Pressemitteilung vom 8. Dezember 1997 von Schweizerischem Bankverein und UBS)

Die **Wirkung der Verbundeffekte** aus der Fusion zwischen SBC und UBS auf den Marktwert des Eigenkapitals sind im folgenden anhand der Plandaten für die neue UBS aufzuzeigen. Hierzu ist der folgende Auszug – ebenfalls aus dem Referat von P. Wuffli – gegeben.

„... *Gewinnstruktur 2002*
Gegen Ende unseres Planungshorizontes von fünf Jahren rechnen wir mit einem konsolidierten Reingewinn von rund CHF 10 - 11 Mia. Bei einem geschätzten Eigenkapital von dannzumal über CHF 50 Mia. errechnet sich daraus ein Return on Equity von etwa 20 %. ..." (Quelle: Pressemitteilung vom 8. Dezember 1997 von Schweizerischem Bankverein und UBS)

4. Stellen Sie anhand der gegebenen Informationen das erweiterte ROI-Schema für die neue UBS für das Jahr 2002 auf, um die erwartete Steigerung des Marktwertes pro Aktie zu quantifizieren! Geben Sie auch die Veränderungen gegenüber den ROI-Zahlen vor Ankündigung der Fusion (vgl. Teilaufgabe 2) an.

   Hinweis: Es soll angenommen werden, dass das Kurs/Gewinn-Verhältnis den in Aufgabe 2 ermittelten Wert beibehält.

Lösungsvorschlag zu Fallstudie 10:

zu 1.: Kennzahlen der erweiterten ROI-Analyse für SBC und UBS

Anzahl Aktien:

Anzahl Aktien	(siehe Abb. 10.1)
SBC	$= 79.503.509$
UBS	$= 5 \cdot 21.300.000 + 22.250.000 = 128.750.000$

Zur Ermittlung der Anzahl der ausstehenden Namen- und Inhaberaktien der Bankgesellschaft sind die Namenaktien mit Nennwert 100 CHF auf einen Nennwert von 20 CHF umzurechnen. Da 100 CHF das Fünffache von 20 CHF ist, ist die Anzahl der Inhaberaktien mit fünf zu multiplizieren und zu der Anzahl der Namenaktien zu addieren.

Aktienkapital:

Aktienkapital	= Anzahl Aktien · Nennwert pro Aktie
SBC	$= 79.503.509 \cdot 40 \text{ CHF} = 3.180.140.360 \text{ CHF}$
UBS	$= 128.750.000 \cdot 20 \text{ CHF} = 2.575.000.000 \text{ CHF}$

Eigenkapitalrentabilität:

Eigenkapitalrentabilität	(siehe Abb. 10.1)
SBC	19 %
UBS	16 %

Eigenkapital pro Aktie:

Eigenkapital pro Aktie $= \dfrac{\text{Eigenkapital}}{\text{Anzahl Aktien}}$

SBC $= \dfrac{15{,}087 \text{ Mrd. CHF}}{79.503.509} = 189{,}77 \text{ CHF}$

UBS $= \dfrac{23{,}325 \text{ Mrd. CHF}}{128.750.000} = 181{,}17 \text{ CHF}$

Gewinn pro Aktie:

Gewinn pro Aktie = Eigenkapitalrentabilität · Eigenkapital pro Aktie

SBC = 19 % · 189,77 CHF = 36,06 CHF

UBS = 16 % · 181,17 CHF = 28,99 CHF

Marktwert pro Aktie:

Marktwert pro Aktie (siehe Abb. 10.1)

SBC = 447,50 CHF

UBS
$$= \frac{1.930\,\text{CHF} \cdot 21.300.000 + 387\,\text{CHF} \cdot 22.250.000}{128.750.000}$$
$$= 386{,}17\,\text{CHF}$$

Der Marktwert pro Aktie der Bankgesellschaft ergibt sich aus der gesamten Börsenkapitalisierung der UBS am 5. Dezember 1997 geteilt durch die Anzahl Aktien mit Nennwert 20 CHF, da sich der Marktwert ebenso wie bei der Kennzahl Eigenkapital pro Aktie auf Aktien mit 20 CHF Nennwert beziehen muss.

Kurs/Gewinn-Verhältnis:

Kurs/Gewinn-Verhältnis
$$= \frac{\text{Marktwert pro Aktie}}{\text{Gewinn pro Aktie}}$$

SBC
$$= \frac{447{,}50\,\text{CHF}}{36{,}06\,\text{CHF}} = 12{,}41$$

UBS
$$= \frac{386{,}17\,\text{CHF}}{28{,}99\,\text{CHF}} = 13{,}32$$

Marktwert des Eigenkapitals:

Marktwert des Eigenkapitals = Anzahl Aktien · Marktwert pro Aktie

SBC = 79.503.509 · 447,50 CHF = 35,578 Mrd. CHF

UBS = 128.750.000 · 386,17 CHF = 49,719 Mrd. CHF

zu 2.: Kennzahlen der erweiterten ROI-Analyse für die neue UBS

Anzahl Aktien:

Die Anzahl Aktien der neuen UBS ist bereits im oben wiedergegebenen Text der Pressemitteilung genannt. Sie ergibt sich aus dem festgelegten Aktienaustauschverhältnis von 1 zu 1 1/13 für die Aktien des Schweizerischen Bankvereins und von 1 zu 1 für die Aktien der Bankgesellschaft, wobei die Inhaberaktien auf einen Nennwert von 20 CHF umzurechnen sind (1 Inhaberaktie mit Nennwert 100 CHF entspricht 5 Aktien mit Nennwert 20 CHF).

$$\text{Anzahl Aktien} = 1\,1/13 \cdot 79.503.509 + 1 \cdot 128.750.000 = 214.369.164$$

Aktienkapital:

Das Aktienkapital in Höhe von 4.287.383.280 CHF ist ebenfalls in dem Auszug aus der Pressemitteilung angegeben. Es ergibt sich aus der Anzahl der Aktien multipliziert mit dem Nennwert pro Aktie der neuen UBS, der 20 CHF beträgt.

$$\text{Aktienkapital} = 214.369.164 \cdot 20\text{ CHF} = 4.287.383.280\text{ CHF}$$

Eigenkapitalrentabilität:

Die Eigenkapitalrentabilität der neuen UBS berechnet sich als Eigenkapital-gewichteter Durchschnitt der für SBC und UBS ausgewiesenen Werte.

$$\text{Eigenkapitalrentabilität} = \frac{19\,\% \cdot 15{,}087\text{ Mrd. CHF} + 16\,\% \cdot 23{,}325\text{ Mrd. CHF}}{15{,}087\text{ Mrd. CHF} + 23{,}325\text{ Mrd. CHF}}$$

$$= \frac{2{,}86653\text{ Mrd. CHF} + 3{,}732\text{ Mrd. CHF}}{38{,}412\text{ Mrd. CHF}}$$

$$= \frac{6{,}59853\text{ Mrd. CHF}}{38{,}412\text{ Mrd. CHF}} = 17{,}18\,\%$$

Es wird also der sich bei beiden Banken aus der (annualisierten) Eigenkapitalrentabilität ergebende Jahresgewinn zusammengefasst und auf die Summe des Eigenkapitals bezogen.

Eigenkapital pro Aktie:

$$\text{Eigenkapital pro Aktie} = \frac{\text{Eigenkapital}}{\text{Anzahl Aktien}}$$

$$\text{neue UBS} = \frac{15{,}087\text{ Mrd. CHF} + 23{,}325\text{ Mrd. CHF}}{214.369.164}$$

$$= \frac{38{,}412\text{ Mrd. CHF}}{214.369.164} = 179{,}19\text{ CHF}$$

Gewinn pro Aktie:

Gewinn pro Aktie = Eigenkapitalrentabilität · Eigenkapital pro Aktie

neue UBS = 17,18 % · 179,19 CHF = 30,78 CHF

Marktwert pro Aktie:

Der Marktwert pro Aktie ergibt sich aus der Summe der Marktwerte des Eigenkapitals der beiden Banken dividiert durch die Anzahl der Aktien der neuen UBS.

$$\text{Marktwert pro Aktie} = \frac{35{,}578 \text{ Mrd. CHF} + 49{,}719 \text{ Mrd. CHF}}{214.369.164} = 397{,}90 \text{ CHF}$$

Kurs/Gewinn-Verhältnis:

$$\text{Kurs/Gewinn-Verhältnis} = \frac{\text{Marktwert pro Aktie}}{\text{Gewinn pro Aktie}}$$

$$\text{neue UBS} = \frac{397{,}90 \text{ CHF}}{30{,}78 \text{ CHF}} = 12{,}93$$

Marktwert des Eigenkapitals:

Wie oben bereits erwähnt ergibt sich der Marktwert des Eigenkapitals aus der Summe der entsprechenden Werte der beiden Banken.

Marktwert des Eigenkapitals = 35,578 Mrd. CHF + 49,719 Mrd. CHF = 85,297 Mrd. CHF

zu 3.a):

In Abbildung 10.2 sind die in Aufgabe 1 und 2 ermittelten Kennzahlen im erweiterten ROI-Schema zusammengestellt.

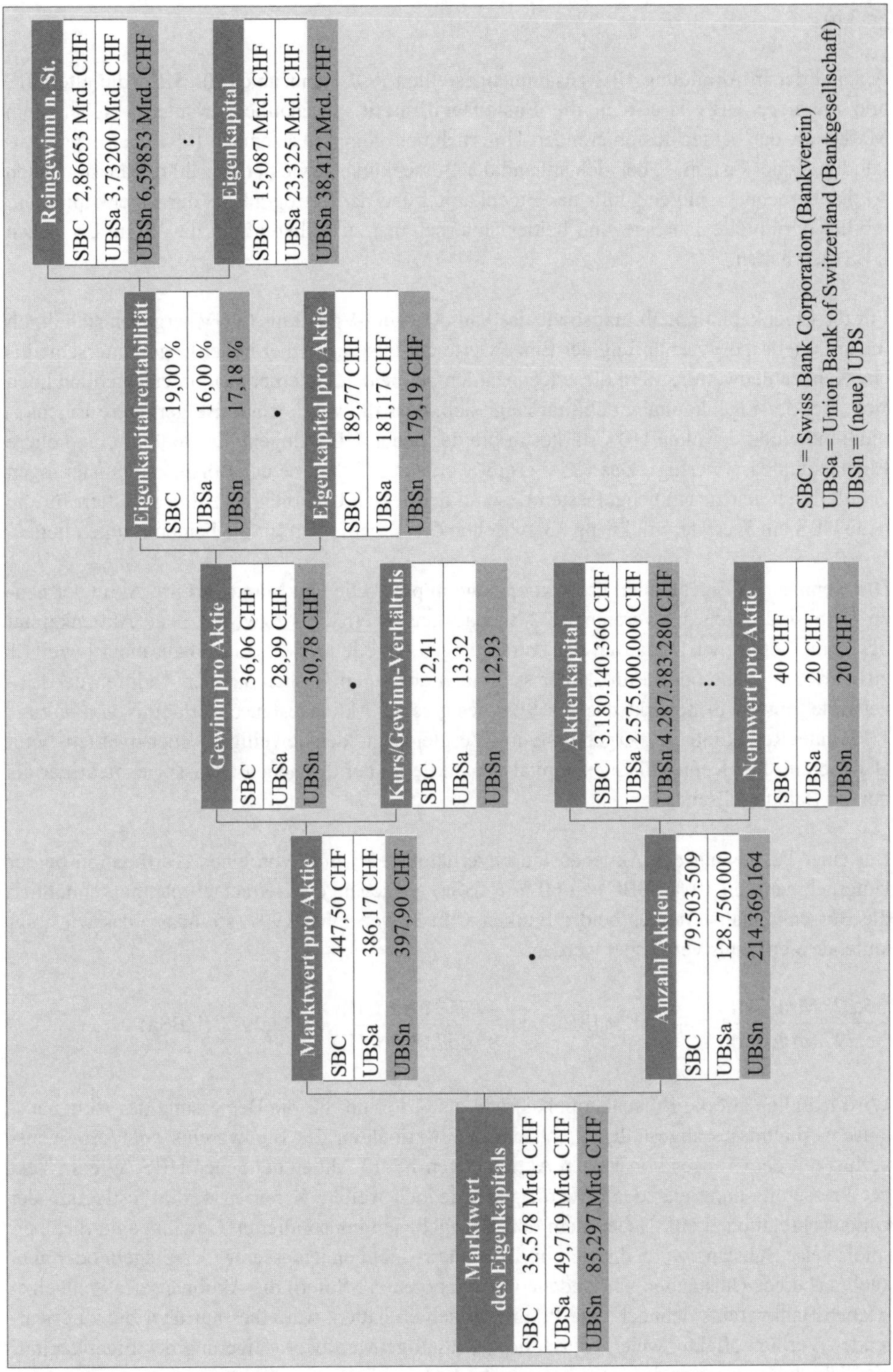

Abb. 10.2: Erweitertes ROI-Schema für SBC, UBS und neue UBS

zu 3.b):

Anhand der in Abbildung 10.2 zusammengestellten ROI-Kennzahlen für SBC, die alte UBS und die neue UBS lässt sich die **Fusionsarithmetik** anschaulich erläutern. Neben dem Marktwert der beiden fusionierenden Unternehmen vom 5. Dezember 1997 – also vor Ankündigung der Fusion – , der sich anhand der Börsenkurse sowie der Anzahl der ausstehenden Aktien berechnet, sind ebenfalls das Eigenkapital und der (retrograd aus der Eigenkapitalrentabilität) ermittelte Jahresgewinn beider Unternehmen zu addieren, um die Werte der neuen UBS zu erhalten.

Für die Eigenkapitalrentabilität sowie das Kurs/Gewinn-Verhältnis (KGV) ergeben sich durch die arithmetische Verknüpfung der Einzelwerte der Fusionspartner in der Regel unterschiedliche Kennzahlenwerte, sofern diese Kennzahlen bei beiden Unternehmen unterschiedlich hoch sind. Bei der Eigenkapitalrentabilität zeigt sich, dass die vergleichsweise geringere Eigenkapitalrentabilität der alten UBS stärker in die der neuen UBS eingeht, da sie über eine höhere Eigenkapitalbasis verfügt. Das KGV ergibt sich aus der Summe der Börsenkapitalisierungen geteilt durch den zusammengefassten Gewinn der beiden Unternehmen. Hier resultiert für die neue UBS ein Wert der mit knapp 13 zwischen den Ergebnissen für die beiden Banken liegt.

Die Kennzahlen Eigenkapital pro Aktie, Gewinn pro Aktie und Marktwert pro Aktie der neuen UBS sind durch das vereinbarte Aktienaustauschverhältnis bzw. das neue Aktienkapital bestimmt, sofern der Umtausch der Aktien gegen Anteile an der neuen Bank nicht jeweils 1 zu 1 erfolgt. Während die im Zähler stehenden absoluten Größen aus der Addition der Einzelwerte entstehen, bewirkt das für SBC festgelegte Aktienaustauschverhältnis von 1 zu 1 1/13 eine Reduktion der Ergebnisse im Vergleich zu den jeweiligen Höchstwerten beim Bankverein. Die Kennzahl Eigenkapital pro Aktie ist bei der neuen UBS sogar niedriger als bei der Bankgesellschaft.

Bei einer Festlegung des Aktienaustauschverhältnisses wurde von einer Wertrelation beider Unternehmen von 40 % (SBC) zu 60 % (UBSa) ausgegangen. Betrachtet man ausschließlich die Börsenkapitalisierungen beider Banken vom 5. Dezember 1997, so müsste das wie folgt lautende Verhältnis verwendet werden:

$$\frac{35{,}578\,\text{Mrd. CHF}}{85{,}297\,\text{Mrd. CHF}} = 41{,}71\ \%\ (\text{SBC})\ \text{zu}\ \frac{49{,}719\,\text{Mrd. CHF}}{85{,}297\,\text{Mrd. CHF}} = 58{,}29\ \%\ (\text{UBSa})$$

Wird lediglich auf die Börsenkapitalisierung als Kriterium für die Bemessung des Aktienaustauschverhältnisses abgestellt, so entsteht den Aktionären des Bankvereins ein Vermögensverlust mit dem Tausch von 1 alten Aktien gegen 1 1/13 Aktien der neuen UBS. Wie im Text der Pressemitteilung angedeutet wird, gehen jedoch weitere Kriterien in die Festlegung der Umtauschrelationen ein. Neben dem dort angegebenen konsolidierten Gewinn, sind dies beispielsweise Substanzwerte, die sich im Börsenkurs nicht angemessen widerspiegeln oder aber auch das unter Umständen vorhandene Gewinnpotential. Sofern die Aktionäre des Schweizerischen Bankvereins dennoch eine Prämie zu zahlen hätten, wäre dies nur über die zu erwartenden Verbundeffekte, welche durch die nachhaltige Marktwertsteigerung des Eigenkapitals eine Überkompensation des Vermögensverlustes bewirken, zu rechtfertigen.

zu 4.:

Da für den Reingewinn eine Spannweite und für das Eigenkapital eine Mindestgröße angegeben sind, werden im folgenden für die Kennzahlen ebenfalls Minimal- und Maximalwerte berechnet.

Eigenkapitalrentabilität:

Im Jahr 2002 wird eine Ziel-Eigenkapitalrentabilität in Höhe von 20 % angestrebt.

Reingewinn:

Für das Jahr 2002 wird ein Reingewinn in Höhe von 10 bis 11 Mrd. CHF angestrebt.

Eigenkapital:

Für das Eigenkapital wird im Jahre 2002 ein Wert von über 50 Mrd. CHF erwartet. Aus den Werten für die Eigenkapitalrentabilität sowie dem Reingewinn kann die Höhe des Eigenkapitals abgeleitet werden. Bei einem Reingewinn von 10 Mrd. CHF und einer Eigenkapitalrentabilität von 20 % würde das Eigenkapital genau 50 Mrd. CHF betragen. Setzt man für den Reingewinn jedoch den höheren Wert von 11 Mrd. CHF an, so wäre das Eigenkapital mit 55 Mrd. CHF entsprechend höher.

Eigenkapital pro Aktie:

$$\text{Eigenkapital pro Aktie} = \frac{\text{Eigenkapital}}{\text{Anzahl Aktien}}$$

$$\text{neue UBS 2002} = \frac{50\ \text{Mrd. CHF}}{214.369.164} = 233{,}24\ \text{CHF}$$

bzw.

$$= \frac{55\ \text{Mrd. CHF}}{214.369.164} = 256{,}57\ \text{CHF}$$

Gewinn pro Aktie:

$$\text{Gewinn pro Aktie} = \text{Eigenkapitalrentabilität} \cdot \text{Eigenkapital pro Aktie}$$

$$\text{neue UBS 2002} = 20\ \% \cdot 233{,}24\ \text{CHF} = 46{,}65\ \text{CHF}$$

bzw.

$$= 20\ \% \cdot 256{,}57\ \text{CHF} = 51{,}31\ \text{CHF}$$

Marktwert pro Aktie:

Marktwert pro Aktie = Gewinn pro Aktie · Kurs/Gewinn-Verhältnis

neue UBS 2002 = 46,65 CHF · 12,93 = 603,18 CHF

bzw.

= 51,31 CHF · 12,93 = 663,44 CHF

Die soeben ermittelten ROI-Zahlen der neuen UBS für 2002 sind in der folgenden Abbildung 10.3 im erweiterten ROI-Schema dargestellt, wobei die relativen Veränderungen gegenüber den Kennzahlen vor Ankündigung der Fusion in Klammern angegeben sind.

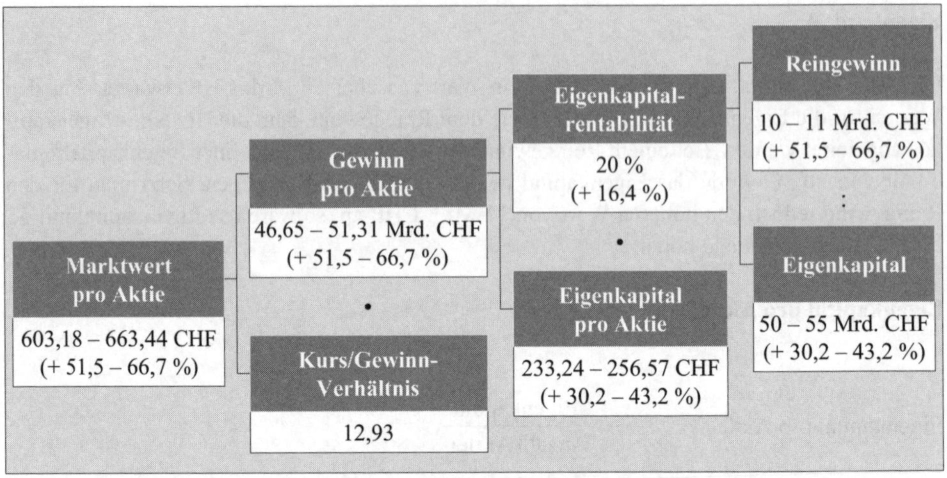

Abb. 10.3: Angestrebte bzw. prognostizierte ROI-Zahlen der neuen UBS für 2002 mit prozentualen Veränderungen gegenüber den Kennzahlen vor Ankündigung der Fusion in Klammern

Gegenüber dem Marktwert pro Aktie in Höhe von 397,90 CHF, der sich für die neue UBS vor der Ankündigung der Fusion ergibt (vgl. Abb. 10.2), ist bis zum Jahre 2002 aufgrund der prognostizierten bzw. erwarteten Kennzahlen mit einer Steigerung des Aktienkurses um 51,5 % bis 66,7 % auf einen Wert zwischen 603 CHF und 663 CHF zu rechnen. Diese Steigerung ist ausschließlich auf die Verbundeffekte, die aus den angekündigten Maßnahmen zur Verbesserung der Wertschöpfung resultieren, zurückzuführen. Diese bewirken einen höheren Gewinn, der den Kurswert positiv beeinflusst. Zusätzlich können positive Verbundeffekte vom Kurs/Gewinn-Verhältnis ausgehen, indem der Zusammenschluss zu einer höheren Stabilität der Gewinne führt. Im Rahmen dieser Fallstudie wurde diese Kennzahl jedoch konstant gehalten. Des weiteren wurden keine zusätzlichen Rentabilitätswirkungen bzw. Gewinnverbesserungen aus Investitionen aus freigesetztem Überschusskapital berücksichtigt.

Fallstudie 11: **Strukturergebnisvorlauf und zinsinduziertes Marktwertrisiko**

Robert Rechner, der neue Controller der Genfer Banque Fatale, hat sich zum Ziel gesetzt, die einzelnen Geschäftsfelder der Bank im Hinblick auf ihre Rentabilitäts- und Risikowirkung zu analysieren. Einer der ersten Analysebereiche ist die von der Bank in großem Umfang betriebene Fristentransformation mittels kurzfristig refinanzierter Wertpapieranlagen. Bei einer ersten groben Durchsicht der Unterlagen fällt Rechner auf, dass die anfangs aus dieser Fristentransformation erzielten Strukturergebnisse in den Folgejahren aufgrund steigender Zinsen häufig wieder aufgezehrt wurden. Dabei hat der Vorstand, der eine konsequent ertragsorientierte Ausschüttungspolitik verfolgt, die Dividende unter dem Eindruck der anfangs überaus positiven Ergebnisentwicklung zunächst regelmäßig kräftig erhöht, musste sie später jedoch wegen des abschreibungsbedingt deutlich rückläufigen Ergebnisses sukzessive wieder senken.

Aufgrund der derzeit attraktiv erscheinenden Zinskonstellation ist auch im laufenden Geschäftsjahr wieder eine umfangreiche Fristentransformation geplant. Gekauft werden sollen für 100 Mio. GE 3-jährige 7 %-Anleihen. Die Refinanzierung erfolgt über Tagesgeld zu 5 %. Uneinigkeit herrscht allerdings über das Ausmaß und die zeitliche Erstreckung von Zinsveränderungen während der Laufzeit der Wertpapiere. Die Prognosen für eine Erhöhung des Zinsniveaus bei gleichbleibender Struktur im Bereich bis und mit 3 Jahren Restlaufzeit (Parallelverschiebung) reichen von 0 über 2 und 3 bis zu 4 %-Punkten. Als möglicher Zeitraum, innerhalb dessen sich die angesprochenen Zinsänderungen vollziehen könnten, werden 1, 2 sowie 3 Jahre genannt.

Die Aufgabe von Rechner besteht nun darin, den Netto-Erfolg aus der geplanten Fristentransformation für jedes der genannten Zinsszenarien (differenziert nach Ausmaß und Zeitpunkt der Zinsveränderung) zu ermitteln. Als alternative Haltedauer sollen dabei Zeiträume von einem, zwei und drei Jahren untersucht werden.

1. Berechnen Sie das Ergebnis aus der geplanten Fristentransformation unter der Voraussetzung, dass die Zinsstrukturkurve für die Dauer der Wertpapieranlage unverändert bleibt!

2. Beschreiben Sie allgemein, welche Voraussetzung erfüllt sein muss, damit eine Fristentransformation mittels einer kurzfristig refinanzierten Anlage in Wertpapieren trotz steigender Marktzinsen erfolgreich sein kann!

3. Ermitteln Sie in Abhängigkeit von Ausmaß und zeitlicher Erstreckung der Veränderung der Zinsstrukturkurve

   a) die kritischen Kurswerte, d.h. den Wert, auf den der Kurs bis zur Beendigung der Fristentransformation maximal fallen darf, so dass der bisher erzielte Zinsüberschuss aus der Fristentransformation gerade aufgebraucht wird sowie

b) die rechnerischen Kurswerte, d.h. diejenigen (Markt-)Kurse, zu denen ein Verkauf der Wertpapiere nach Zinsänderung möglich wäre!

c) Stellen Sie die Ergebnisse der Teilaufgaben 3.a) und b) in einer Matrix dar und ermitteln Sie daraus den Netto-Erfolg aus der Fristentransformation!

Gehen Sie bei Ihren Berechnungen von folgenden Prämissen aus:

- Tagesgeldzinsänderungen vollziehen sich zeitlich linear.
- Die betrachteten 7 %-Anleihen notieren derzeit zu pari.
- Der aktuelle Tagesgeldzins beträgt 5 %.
- Es herrscht eine normale Zinsstruktur mit einer Renditedifferenz von 0,5 %-Punkten pro Jahr Restlaufzeit.
- Zinseszinseffekte aus der Wiederanlage von Zinsüberschüssen bleiben unberücksichtigt.

d) Beschreiben Sie stichwortartig, welche Erkenntnisse sich aus den ermittelten Ergebnissen gewinnen lassen!

Lösungsvorschlag zu Fallstudie 11:

zu 1.:

Zahlungsstrom (in Mio. GE):	t_0	t_1	t_2	t_3
3-Jahres-Wertpapieranlage zu 7,0 %	- 100	+ 7	+ 7	+ 107
Tagesgeld-Refinanzierung zu 5,0 %	+ 100	- 5	- 5	- 105
		+ 2	**+ 2**	**+ 2**

Abb. 11.1: Fristentransformationsbeitrag bei konstantem Tagesgeldzins

Für den Fall, dass der Tagesgeldzins (TGZ) sich nicht verändert, erwirtschaftet die Bank aus der geplanten Fristentransformation einen jährlichen Transformations- bzw. Strukturbeitrag von 2 Mio. GE (= 7 Mio. GE – 5 Mio. GE). Das ergibt über die Gesamtlaufzeit von drei Jahren einen Strukturbeitrag von 6 Mio. GE.

zu 2.:

Der Erfolg einer Fristentransformation durch eine kurzfristig refinanzierte Anlage in Wertpapieren ergibt sich aus der Überlegung, inwieweit der bei positiver Differenz zwischen Anlage- und Refinanzierungszins erzielte Zinsüberschuss (-vorlauf) den sich aufgrund von steigenden Marktzinsen ergebenden Kursverlust der Wertpapiere übersteigt. Sobald dieser Kursverlust den kumulierten Zinsüberschuss (= Strukturbeitrag) überkompensiert, ergibt sich aus der Fristentransformation ein Verlust.

zu 3.a):

Der **kritische Kurswert** ergibt sich aus der Kürzung des Rückzahlungskurses (= 100) um den aufgelaufenen Zinsüberschuss. Je länger also die Fristentransformation aufrechterhalten wird und je geringer der Zinsanstieg ausfällt, desto niedriger werden bei positiver Differenz zwischen Anlage- und Refinanzierungszins die kritischen Kurswerte.

Berechnung der kritischen Kurswerte:

Δ TGZ = 0 => TGZ = 5,0 %

Der pro Jahr erzielte Strukturbeitrag beträgt: 7 Mio. GE – 5 Mio. GE = **2,0 Mio. GE**

Bezeichnet man d als den Zeitraum bis zur Beendigung der Fristentransformation (durch Verkauf bzw. Tilgung des Wertpapiers), so ergeben sich folgende kritische Kurswerte ($K_{krit.}$):

$d = 1$: $K_{krit.} = 100 - 2 \cdot 1 = 98$

$d = 2$: $K_{krit.} = 100 - 2 \cdot 2 = 96$

$d = 3$: $K_{krit.} = 100 - 2 \cdot 3 = 94$

Δ TGZ = + 2,0 %-Punkte

Da sich der Zinsanstieg annahmegemäß nicht abrupt, sondern **zeitlich linear** vollzieht, wirkt sich die Marktzinsänderung nur zur Hälfte auf die Höhe des Strukturbeitrages aus. Somit ergibt sich im Beispiel stets ein durchschnittlicher Tagesgeldzins von:

$5{,}0\,\% + 0{,}5 \cdot 2{,}0\,\% = 6{,}0\,\%$.

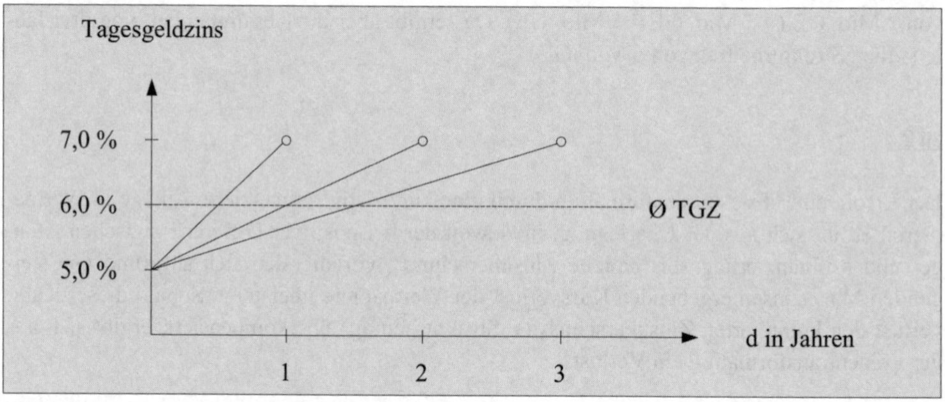

Abb. 11.2: Entwicklung des Tagesgeldzinses bei Δ TGZ = + 2,0 %-Punkte

Der pro Jahr erzielte Strukturbeitrag beträgt: 7 Mio. GE – 6 Mio. GE = **1,0 Mio. GE**

Die kritischen Kurswerte lauten somit für:

$d = 1$: $K_{krit.} = 100 - 1 \cdot 1 = 99$

$d = 2$: $K_{krit.} = 100 - 1 \cdot 2 = 98$

$d = 3$: $K_{krit.} = 100 - 1 \cdot 3 = 97$

Δ TGZ = + 3,0 %-Punkte

Durchschnittlicher Tagesgeldzins:

$5{,}0\,\% + 0{,}5 \cdot 3{,}0\,\% = 6{,}5\,\%$

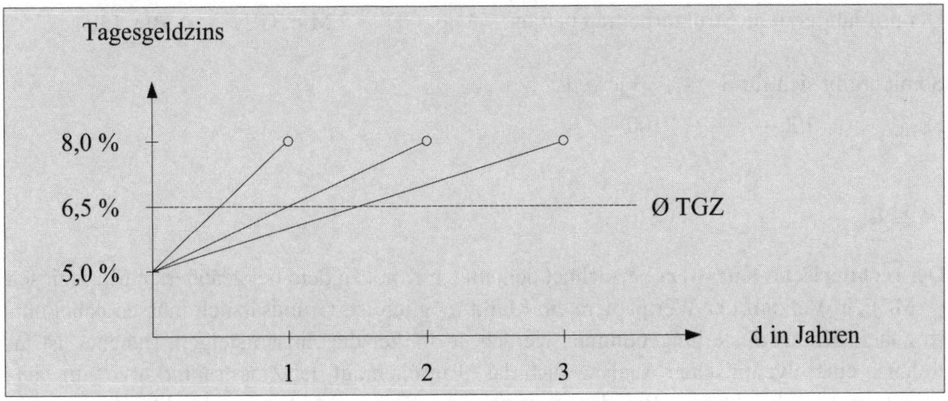

Abb. 11.3: Entwicklung des Tagesgeldzinses bei Δ TGZ = + 3,0 %-Punkte

Der pro Jahr erzielte Strukturbeitrag beträgt: 7 Mio. GE – 6,5 Mio. GE = **0,5 Mio. GE**

Es gilt für

d = 1: $K_{krit.} = 100 - 0{,}5 \cdot 1 = 99{,}5$

d = 2: $K_{krit.} = 100 - 0{,}5 \cdot 2 = 99{,}0$

d = 3: $K_{krit.} = 100 - 0{,}5 \cdot 3 = 98{,}5$

Δ TGZ = + 4,0 %-Punkte

Durchschnittlicher Tagesgeldzins:

5,0 % + 0,5 · 4,0 % = 7,0 %

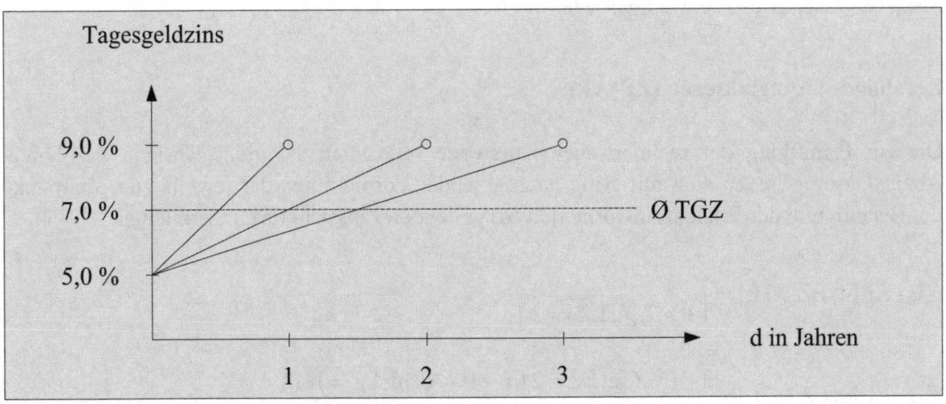

Abb. 11.4: Entwicklung des Tagesgeldzinses bei Δ TGZ = + 4,0 %-Punkte

Der pro Jahr erzielte Strukturbeitrag beträgt: 7 Mio. GE – 7 Mio. GE = **0 Mio. GE**

Somit ergibt sich für d = 1, 2, 3 jeweils:

$K_{krit.} = 100 - 0 = 100$

zu 3.b):

Der **rechnerische Kurswert** bezeichnet denjenigen Kurs, zu dem bei geänderten Marktzinsen (= MZ) ein Verkauf der Wertpapiere am Markt möglich ist. Grundsätzlich müssen dabei umso höhere Kursverluste hingenommen werden, je stärker die Zinsen steigen. Daneben ist im Rahmen einer dynamischen Analyse auch das „Rutschen auf der Zinsstrukturkurve" im Zeitablauf zu berücksichtigen. Bei der vorgegebenen Zinsstrukturkurve (Renditedifferenz pro Jahr Restlaufzeit = 0,5 %-Punkte, Marktrendite für Wertpapiere mit 3 Jahren Restlaufzeit in der Ausgangssituation = 7 %) haben Wertpapiere mit einer Restlaufzeit von 2 Jahren in der Ausgangssituation bspw. eine Marktrendite von 6,5 %, solche mit einem Jahr Restlaufzeit eine von 6,0 %.

Der rechnerische Kurswert ergibt sich allgemein durch Multiplikation der noch ausstehenden Zahlungen mit den laufzeitentsprechenden Zerobond-Abzinsfaktoren.

Zahlungsreihe der Wertpapiere:

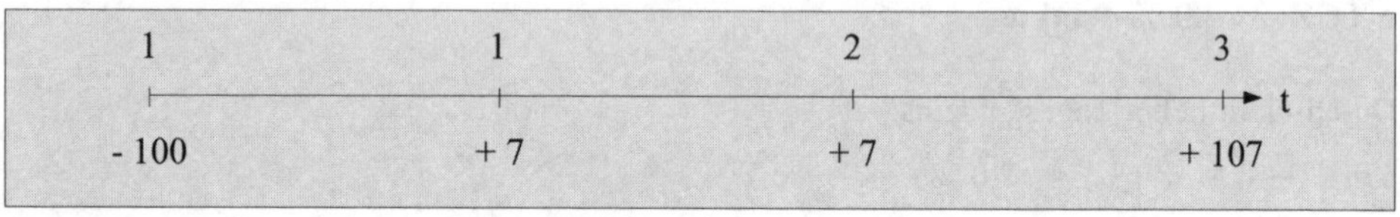

Abb. 11.5: Zahlungsreihe der Wertpapiere (in Mio. GE)

Zerobond-Abzinsfaktoren (ZB-AF):

Die zur Ermittlung der rechnerischen Kurswerte relevanten 1- und 2-jährigen Zerobond-Abzinsfaktoren lassen sich mit Hilfe nachstehender Formeln aus der jeweils zum Zeitpunkt der Beendigung der Fristentransformation (d) geltenden Zinsstrukturkurve ableiten:

$$\text{ZB-AF}[d; LZ = 1J.] = \frac{1}{1 + MZ[d; LZ = 1J.]}$$

$$\text{ZB-AF}[d; LZ = 2J.] = \frac{1 - (MZ[d; LZ = 2J.] \cdot \text{ZB-AF}[d; LZ = 1J.])}{1 + MZ[d; LZ = 2J.]}$$

Berechnung der rechnerischen Kurswerte

Δ MZ = 0

- **d = 1:** Die ursprünglich drei Jahre betragende Restlaufzeit hat sich nach einem Jahr Haltedauer auf zwei Jahre verkürzt. Demzufolge ist die vom Zeitpunkt d = 1 aus gesehen in einem Jahr erwartete Zahlung in Höhe von 7 Mio. GE mit dem in d = 1 geltenden 1-jährigen Zerobond-Abzinsfaktor, die vom Zeitpunkt d = 1 aus gesehen in 2 Jahren erwartete Zahlung in Höhe von 107 Mio. GE mit dem in d = 1 geltenden 2-jährigen Zerobond-Abzinsfaktor zu multiplizieren. Bei **unveränderten** Marktzinsen für Restlaufzeiten von 1 und 2 Jahren in Höhe von 6,0 % und 6,5 % resultieren im Zeitpunkt d = 1 die folgenden 1- und 2-jährigen Zerobond-Abzinsfaktoren:

$$\text{ZB-AF}[d=1;LZ=1J.] = \frac{1}{1+MZ[d=1;LZ=1J.]} = \frac{1}{1{,}06} = 0{,}94340$$

$$\text{ZB-AF}[d=1;LZ=2J.] = \frac{1-(MZ[d=1;LZ=2J.]\cdot \text{ZB-AF}[d=1;LZ=1J.])}{1+MZ[d=1;LZ=2J.]}$$

$$= \frac{1-(0{,}065\cdot 0{,}94340)}{1{,}065} = 0{,}88139$$

Für den rechnerischen Kurswert ($K_{rechn.}$) ergibt sich damit ein Wert von:

$K_{rechn.} = 7 \cdot 0{,}94340 + 107 \cdot 0{,}88139 = 6{,}60 + 94{,}31 = 100{,}91$

- **d = 2:** Die Restlaufzeit hat sich weiter auf ein Jahr verkürzt, so dass die vom Zeitpunkt d = 2 aus gesehen in einem Jahr erwartete Zahlung in Höhe von 107 Mio. GE mit dem in d = 2 geltenden 1-jährigen Zerobond-Abzinsfaktor zu multiplizieren ist. Dieser beträgt:

$$\text{ZB-AF}[d=2;LZ=1J.] = \frac{1}{1+MZ[d=2;LZ=1J.]} = \frac{1}{1{,}06} = 0{,}94340$$

Damit resultiert in d = 2 ein rechnerischer Kurswert in Höhe von:

$K_{rechn.} = 107 \cdot 0{,}94340 = 100{,}94$

- **d = 3:** Am Laufzeitende erfolgt die Tilgung zum Nennwert.

$K_{rechn.} = 100$

Δ MZ = + 2,0 %-Punkte

- **d = 1:** Der Anstieg der Marktzinsen mit 1- und 2-jähriger Restlaufzeit von 6,0 % bzw. 6,5 % auf **8,0 %** resp. **8,5 %** hat zur Folge, dass sich die 1- und 2-jährigen Zerobond-Abzinsfaktoren wie folgt verändern:

$$ZB\text{-}AF[d=1;LZ=1J.]=\frac{1}{1+MZ[d=1;LZ=1J.]}=\frac{1}{1{,}08}=0{,}92593$$

$$ZB\text{-}AF[d=1;LZ=2J.]=\frac{1-(MZ[d=1;LZ=2J.]\cdot ZB\text{-}AF[d=1;LZ=1J.])}{1+MZ[d=1;LZ=2J.]}$$

$$=\frac{1-(0{,}085\cdot 0{,}92593)}{1{,}085}=0{,}84912$$

Für den rechnerischen Kurswert ergibt sich somit ein Wert von:

$$K_{rechn.}=7\cdot 0{,}92593+107\cdot 0{,}84912=6{,}48+90{,}86=97{,}34$$

- **d = 2:** Die vom Zeitpunkt d = 2 aus gesehen in einem Jahr erwartete Zahlung in Höhe von 107 Mio. GE ist mit dem in d = 2 geltenden 1-jährigen Zerobond-Abzinsfaktor zu multiplizieren. Dieser beträgt:

$$ZB\text{-}AF[d=2;LZ=1J.]=\frac{1}{1+MZ[d=2;LZ=1J.]}=\frac{1}{1{,}08}=0{,}92593$$

Damit resultiert in d = 2 ein rechnerischer Kurswert in Höhe von:

$$K_{rechn.}=107\cdot 0{,}92593=99{,}08$$

- **d = 3:** Die Tilgung am Laufzeitende erfolgt unabhängig von einer Marktzinsänderung zu 100.

$$K_{rechn.}=100$$

Δ MZ = + 3,0 %-Punkte

- **d = 1:** $ZB\text{-}AF[d=1;LZ=1J.]=\frac{1}{1{,}09}=0{,}91743$

$$ZB\text{-}AF[d=1;LZ=2J.]=\frac{1-(0{,}095\cdot 0{,}91743)}{1{,}095}=0{,}83365$$

$$K_{rechn.}=7\cdot 0{,}91743+107\cdot 0{,}83365=6{,}42+89{,}20=95{,}62$$

• **d = 2:** $ZB\text{-}AF[d=2;LZ=1J.]=\frac{1}{1+MZ[d=2;LZ=1J.]}=\frac{1}{1{,}09}=0{,}91743$

$K_{rechn.} = 107 \cdot 0{,}91743 = 98{,}17$

• **d = 3:** $K_{rechn.} = 100$

Δ MZ = + 4,0 %-Punkte

• **d = 1:** $ZB\text{-}AF[d=1;LZ=2J.]=\frac{1}{1{,}10}=0{,}90909$

$$ZB\text{-}AF[d=1;LZ=2J.]=\frac{1-(0{,}105\cdot 0{,}90909)}{1{,}105}=0{,}81859$$

$$K_{rechn}=7\cdot 0{,}90909+107\cdot 0{,}81859=6{,}36+87{,}59=93{,}95$$

• **d = 2:** $ZB\text{-}AF[d=2;LZ=1J.]=\frac{1}{1+MZ[d=2;LZ=1J.]}=\frac{1}{1{,}10}=0{,}90909$

$$K_{rechn}=107\cdot 0{,}90909=97{,}27$$

• **d = 3:** $K_{rechn.} = 100$

<u>zu 3.c):</u>

Die Zusammenstellung der Ergebnisse der Teilaufgaben 3.a) und b) sowie die Ermittlung des Netto-Erfolges aus der Fristentransformation beinhaltet die nachfolgende Abbildung 11.6

<u>zu 3.d):</u>

- Die periodisch erzielten Laufzeitprämien (= Zinsüberschussvorlauf) sollten nicht vor Beendigung der Fristentransformation in die Gewinnverwendung (Dividende, offene Rücklagen) einbezogen werden.

- Der Zinsüberschussvorlauf muss vielmehr als „stille Reserve" zur Abdeckung später noch möglicher Kursverluste bereit gehalten werden.

d	Kritische Kurswerte				Rechnerische Kurswerte				Netto-Erfolg			
	bei Δ MZ (TGZ) =				bei Δ MZ =				bei Δ MZ =			
(in Jahren)	0	+ 2 %	+ 3 %	+ 4 %	0	+ 2 %	+ 3 %	+ 4 %	0	+ 2 %	+ 3 %	+ 4 %
	(1)	(2)	(3)	(4)	(5)	(6)	(7)	(8)	(9) = (5)-(1)	(10) = (6)-(2)	(11) = (7)-(3)	(12) = (8)-(4)
1	98	99	99,5	100	100,91	97,34	95,62	93,95	2,91	- 1,66	- 3,88	- 6,05
2	96	98	99	100	100,94	99,08	98,17	97,27	4,94	1,08	- 0,83	- 2,73
3	94	97	98,5	100	100,00	100,00	100,00	100,00	6	3	1,50	0

mit:

d = Zeitraum bis zur Beendigung der Fristentransformation
Δ TGZ = Lineare Veränderung des Tagesgeldzinses während des Zeitraumes d

Abb. 11.6: Ermittlung des Netto-Erfolges der Fristentransformation

Fallstudie 12: **Strukturergebnisvorlauf und Währungsrisiko**

Die Geschäftsleitung der Banca Basilea in Basel hat festgestellt, dass man in der Vergangenheit aufgrund der traditionell zwischen dem EUR und dem CHF bestehenden Zinsdifferenz zusätzliche Ergebnisbeiträge hätte erwirtschaften können. Auch derzeit besteht wieder ein Zinsvorsprung des EUR gegenüber dem CHF, wie Abbildung 12.1 verdeutlicht.

Fristigkeit	1 Tag	3 Monate	1 Jahr	2 Jahre	3 Jahre
EUR-Zins	2,1 %	2,1 %	2,3 %	2,5 %	2,7 %
CHF-Zins	0,6 %	0,6 %	0,9 %	1,3 %	1,5 %

Abb. 12.1: GKM-Zinsstruktur im Euroland und der Schweiz

Vor diesem Hintergrund wird erwogen, einige Kundenkredite in Zukunft nicht mehr in Heimatwährung (CHF), sondern in EUR zu vergeben. Allerdings ist man sich nicht sicher, wie sich der EUR-Wechselkurs, der zur Zeit bei 100 EUR = 154 CHF steht, entwickeln wird. So wird eine Abschwächung des EUR durchaus für möglich gehalten.

Eine Entscheidungshilfe erhofft man sich durch die Ergebnisse einer Analyse, die bei der Controllingabteilung in Auftrag gegeben wird. Da Sie als Grenzgänger gewohnt sind, in beiden Währungen zu denken, werden Sie mit der Erstellung dieser Analyse beauftragt. Im Rahmen dieser Untersuchung sollen am Beispiel eines Festzinskredites über 330 Mio. CHF und einer Laufzeit von drei Jahren die Auswirkungen von Wechselkursveränderungen auf den Gegenwert des Kredites einerseits sowie auf die erzielten Währungstransformationsbeiträge andererseits analysiert werden. Die Kapitalwertdifferenzen der einzelnen Zahlungen aufgrund der differierenden Anfallszeitpunkte sollen angesichts des tiefen Zinsniveaus vereinfachend vernachlässigt werden. Dabei sollen die folgenden Szenarien simuliert werden:

- Untersuchte Wechselkursveränderungen (Δ WK, jeweils gemessen als Abweichung vom aktuellen Kurs = 1,54 CHF/EUR) bis zur Beendigung der Währungstransformation:

  ΔWK = - 0,025 CHF/EUR => 100 EUR = 151,5 CHF
  ΔWK = - 0,050 CHF/EUR => 100 EUR = 149,0 CHF
  ΔWK = - 0,075 CHF/EUR => 100 EUR = 146,5 CHF
  ΔWK = - 0,100 CHF/EUR => 100 EUR = 144,0 CHF

- Untersuchte Zeiträume bis zur Beendigung der Währungstransformation: 1, 2 und 3 Jahre.

1. Ermitteln Sie das Ergebnis aus der geplanten Währungstransformation für den Fall, dass der Wechselkurs für die Dauer der Währungstransformation konstant bleibt!

2. Skizzieren Sie allgemein, unter welcher Voraussetzung eine Währungstransformation trotz nachteiliger Wechselkursveränderungen erfolgreich sein kann!

3. Ermitteln Sie in Abhängigkeit von Ausmaß und zeitlicher Erstreckung der Wechselkursveränderungen für jedes der oben geschilderten Szenarien

a) die Wertänderung des Kredites sowie

b) die bis zur Beendigung der Währungstransformation erzielten Währungstransformationsbeiträge!

c) Stellen Sie die in den Teilaufgaben 3.a) und b) errechneten Ergebnisse in einer Matrix dar und ermitteln Sie darauf aufbauend den Netto-Erfolg der Währungstransformation!

Gehen Sie bei Ihrer Analyse von folgenden Prämissen aus:

- Die Veränderung des Wechselkurses vollzieht sich zeitlich linear.
- Zinseszinseffekte bleiben unberücksichtigt.
- Sowohl die EUR- als auch die CHF-Zinsstruktur bleibt bis zur Beendigung der Währungstransformation unverändert.

d) Welche Erkenntnisse lassen sich im Hinblick auf die anstehende Entscheidung der Banca Basilea aus den ermittelten Ergebnissen ableiten?

Lösungsvorschlag zu Fallstudie 12:

zu 1.:

Die Währungstransformationsmarge errechnet sich aus der Differenz des GKM-Satzes in Fremdwährung und dem laufzeitentsprechenden GKM-Zins in Heimatwährung. Bei der geltenden Zinskonstellation am Geld- und Kapitalmarkt für 3-Jahresgelder ergibt sich für jedes Laufzeitjahr bis zur Beendigung der Währungstransformation eine Währungstransformationsmarge von 1,2 % (= 2,7 % - 1,5 %). Bezogen auf das Kreditvolumen in Höhe von 214,29 Mio. EUR (330 Mio. CHF / 1,54 CHF/EUR) entspricht das bei **unverändertem** Wechselkurs einem jährlichen Währungstransformationsbeitrag in Höhe von:

214,29 Mio. EUR · 0,012 · 1,54 CHF/EUR = **3,96 Mio. CHF**

Bezeichnet man den Zeitraum bis zur Beendigung der Währungstransformation mit d, so ergibt sich das folgende Bild:

d (in Jahren)	0	1	2	3
kumulierter WT-Beitrag (in Mio. CHF)	0	4,0	7,9	11,9

Bei unverändertem Wechselkurs kann der in EUR zurückgezahlte Kredit ohne Kursverlust in CHF transferiert werden, so dass der Netto-Erfolg aus der Währungstransformation den kumulierten Währungstransformationsbeiträgen entspricht.

zu 2.:

Der Gesamterfolg einer Währungstransformation bei **nachteiliger** Wechselkursentwicklung ergibt sich aus der Überlegung, inwieweit die über die einzelnen Laufzeitjahre anfallenden Währungstransformationsbeiträge die aufgrund von veränderten Wechselkursen bei der Umrechnung in Heimatwährung entstehenden Kapitalverluste übersteigen. Dabei ist zu beachten, dass nicht nur der in Fremdwährung transferierte Kapitalbetrag einem Währungsrisiko unterliegt. Auch die in Fremdwährung gezahlten Zinsen, welche für die Höhe der Währungstransformationsbeiträge verantwortlich sind, unterliegen einem Wechselkursrisiko, da diese ebenfalls in Heimatwährung zurückgetauscht werden müssen. Sobald die Schmälerung des Kapitalbetrages aufgrund der Wechselkursveränderung die kumulierten Währungstransformationsbeiträge übersteigt, ergibt sich aus der Währungstransformation ein Verlust. Umgekehrt gilt, dass immer dann ein Gewinn aus der Währungstransformation erzielt wird, wenn die Summe der Währungstransformationsbeiträge größer ist als die aufgrund des veränderten Wechselkurses resultierende Verringerung des Kapitalbetrages.

zu 3.a):

Die Wertänderung des Kredites in CHF ist abhängig von der Differenz der Wechselkurse zu Beginn (Tausch in EUR zum Kurs von 1,54 CHF/EUR) und zum Ende (Rücktausch in CHF zum dann gültigen Wechselkurs) der Währungstransformation.

Δ WK = - 0,025 CHF/EUR => 100 EUR = 151,5 CHF

214,29 Mio. EUR · 1,515 CHF/EUR = 324,64 Mio. CHF

=> Δ Gegenwert des Kredites: 324,64 Mio. CHF – 330 Mio. CHF = - 5,36 Mio. CHF

Δ WK = - 0,050 CHF/EUR => 100 EUR = 149,0 CHF

214,29 Mio. EUR · 1,490 CHF/EUR = 319,29 Mio. CHF

=> Δ Gegenwert des Kredites: 319,29 Mio. CHF – 330 Mio. CHF = - 10,71 Mio. CHF

Δ WK = - 0,075 CHF/EUR => 100 EUR = 146,5 CHF

214,29 Mio. EUR · 1,465 CHF/EUR = 313,93 Mio. CHF

=> Δ Gegenwert des Kredites: 313,93 Mio. CHF – 330 Mio. CHF = - 16,07 Mio. CHF

Δ WK = - 0,100 CHF/EUR => 100 EUR = 144,0 CHF

214,29 Mio. EUR · 1,440 CHF/EUR = 308,57 Mio. CHF

=> Δ Gegenwert des Kredites: 308,57 Mio. CHF – 330 Mio. CHF = - 21,43 Mio. CHF

zu 3.b):

Die pro Laufzeitjahr erzielten Währungstransformationsbeiträge in CHF sind abhängig von den zu den jeweiligen Umtauschzeitpunkten geltenden Wechselkursen.

Δ WK im Zeitpunkt d = - 0,025 CHF/EUR => 100 EUR = 151,5 CHF

Da sich die Abschwächung des EUR annahmegemäß **zeitlich linear** vollzieht, ergeben sich in Abhängigkeit vom Zeitraum bis zum Ausstieg aus der Währungstransformation (d) die folgenden Wechselkursverläufe:

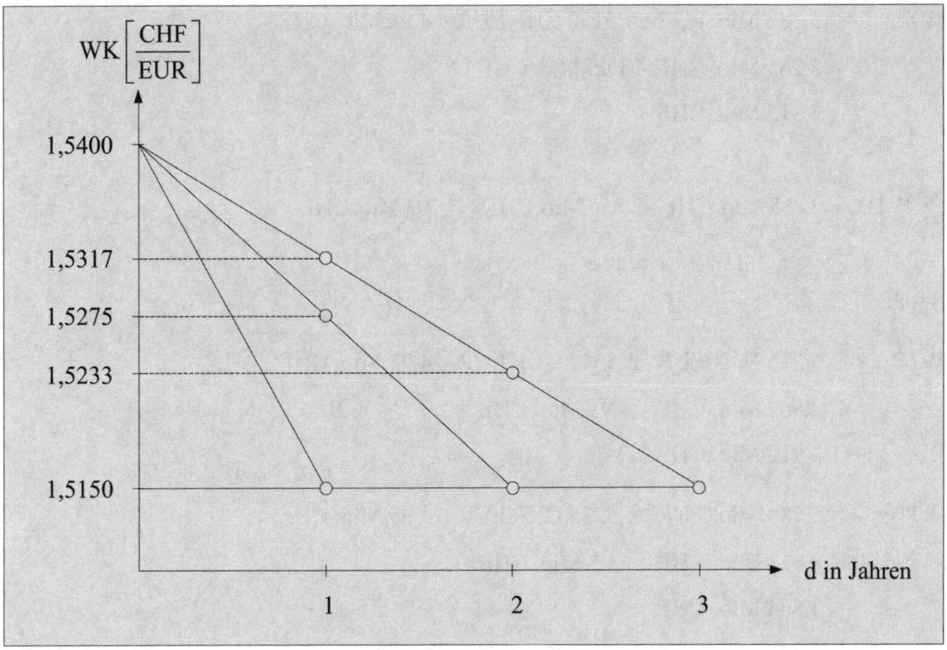

Abb. 12.2: Wechselkursentwicklung bei Δ WK = - 0,025 CHF/EUR

So können beispielsweise bei einer Beendigung der Währungstransformation nach Ablauf von drei Jahren (d = 3) die ersten 5,786 Mio. EUR (= 1. Zinszahlung) zum Kurs von 1,5317 CHF/EUR, die zweiten 5,786 Mio. EUR (= 2. Zinszahlung) zum Kurs von 1,5233 CHF/EUR und schließlich die letzten 5,786 Mio. EUR (= 3. Zinszahlung) zu 1,5150 CHF/EUR transferiert werden.

Für die untersuchten Zeiträume d ergeben sich somit die folgenden Währungstransformationsbeiträge (WTB):

d = 1:

WTB = 214,29 Mio. EUR · 2,7 % · 1,5150 CHF/EUR – 330 Mio. CHF · 1,5 %

= 5,786 Mio. EUR · 1,5150 CHF/EUR – 4,95 Mio. CHF

= 8,765 Mio. CHF – 4,95 Mio. CHF

= 3,815 Mio. CHF

d = 2:

WTB_1: = 5,786 Mio. EUR · 1,5275 CHF/EUR – 4,95 Mio. CHF

= 8,838 Mio. CHF – 4,95 Mio. CHF

= 3,888 Mio. CHF

WTB_2: $= 5{,}786 \text{ Mio. EUR} \cdot 1{,}5150 \text{ CHF/EUR} - 4{,}95 \text{ Mio. CHF}$

$= 8{,}765 \text{ Mio. CHF} - 4{,}95 \text{ Mio. CHF}$

$= 3{,}815 \text{ Mio. CHF}$

$$\sum_{d=1}^{2} WTB_d = 3{,}888 \text{ Mio. CHF} + 3{,}815 \text{ Mio. CHF} = 7{,}703 \text{ Mio. CHF}$$

d = 3:

WTB_1: $= 5{,}786 \text{ Mio. EUR} \cdot 1{,}5317 \text{ CHF/EUR} - 4{,}95 \text{ Mio. CHF}$

$= 8{,}862 \text{ Mio. CHF} - 4{,}95 \text{ Mio. CHF}$

$= 3{,}912 \text{ Mio. CHF}$

WTB_2: $= 5{,}786 \text{ Mio. EUR} \cdot 1{,}5233 \text{ CHF/EUR} - 4{,}95 \text{ Mio. CHF}$

$= 8{,}814 \text{ Mio. CHF} - 4{,}95 \text{ Mio. CHF}$

$= 3{,}864 \text{ Mio. CHF}$

WTB_3: $= 5{,}786 \text{ Mio. EUR} \cdot 1{,}5150 \text{ CHF/EUR} - 4{,}95 \text{ Mio. CHF}$

$= 8{,}765 \text{ Mio. CHF} - 4{,}95 \text{ Mio. CHF}$

$= 3{,}815 \text{ Mio. CHF}$

$$\sum_{d=1}^{3} WTB_d = 3{,}912 \text{ Mio. CHF} + 3{,}864 \text{ Mio. CHF} + 3{,}815 \text{ Mio. CHF} = 11{,}5901 \text{ Mio. CHF}$$

Δ WK im Zeitpunkt d = - 0,050 CHF/EUR => 100 EUR = 149 CHF

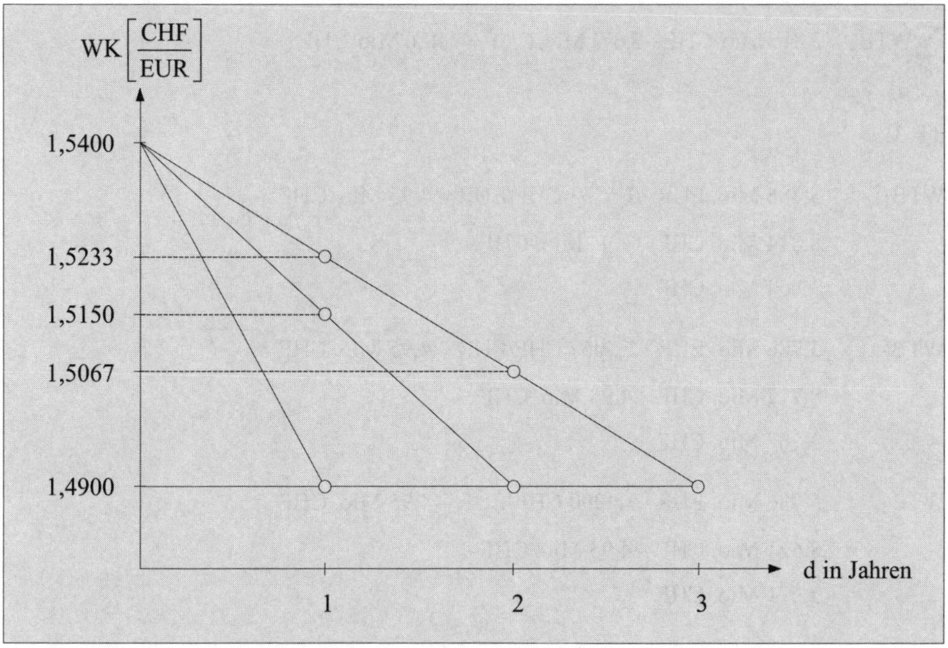

Abb. 12.3: Wechselkursentwicklung bei Δ WK = - 0,050 CHF/EUR

Bei dieser Wechselkurskonstellation können für den Fall einer über drei Jahre laufenden Währungstransformation (d = 3) die ersten 5,786 Mio. EUR (= 1. Zinszahlung) zum Kurs von 1,5233 CHF/EUR, die zweiten 5,786 Mio. EUR (= 2. Zinszahlung) zum Kurs von 1,5067 CHF/EUR und der Währungstransformationsbeitrag des letzten Jahres (= 3. Zinszahlung) zum Kurs von 1,4900 CHF/EUR transferiert werden.

d = 1:

WTB = 5,786 Mio. EUR · 1,4900 CHF/EUR – 4,957 Mio. CHF

= 8,621 Mio. CHF – 4,95 Mio. CHF

= 3,671 Mio. CHF

d = 2:

WTB_1: = 5,786 Mio. EUR · 1,515 CHF/EUR – 4,95 Mio. CHF

= 8,765 Mio. CHF – 4,95 Mio. CHF

= 3,815 Mio. CHF

WTB_2: = 5,786 Mio. EUR · 1,4900 CHF/EUR – 4,95 Mio. CHF

= 8,621 Mio. CHF – 4,95 Mio. CHF

= 3,671 Mio. CHF

$$\sum_{d=1}^{2} WTB_d = 3{,}815\,\text{Mio. CHF} + 3{,}671\,\text{Mio. CHF} = 7{,}486\,\text{Mio. CHF}$$

d = 3:

WTB_1: = 5,786 Mio. EUR · 1,5233 CHF/EUR – 4,95 Mio. CHF

= 8,814 Mio. CHF – 4,95 Mio. CHF

= 3,864 Mio. CHF

WTB_2: = 5,786 Mio. EUR · 1,5067 CHF/EUR – 4,95 Mio. CHF

= 8,717 Mio. CHF – 4,95 Mio. CHF

= 3,767 Mio. CHF

WTB_3: = 5,786 Mio. EUR · 1,4900 CHF/EUR – 4,95 Mio. CHF

= 8,621 Mio. CHF – 4,95 Mio. CHF

= 3,671 Mio. CHF

$$\sum_{d=1}^{3} WTB_d = 3{,}864\,\text{Mio. CHF} + 3{,}767\,\text{Mio. CHF} + 3{,}671\,\text{Mio. CHF} = 11{,}301\,\text{Mio. CHF}$$

Δ WK bis zum Zeitpunkt d = - 0,075 CHF/EUR => 100 EUR = 146,5 CHF

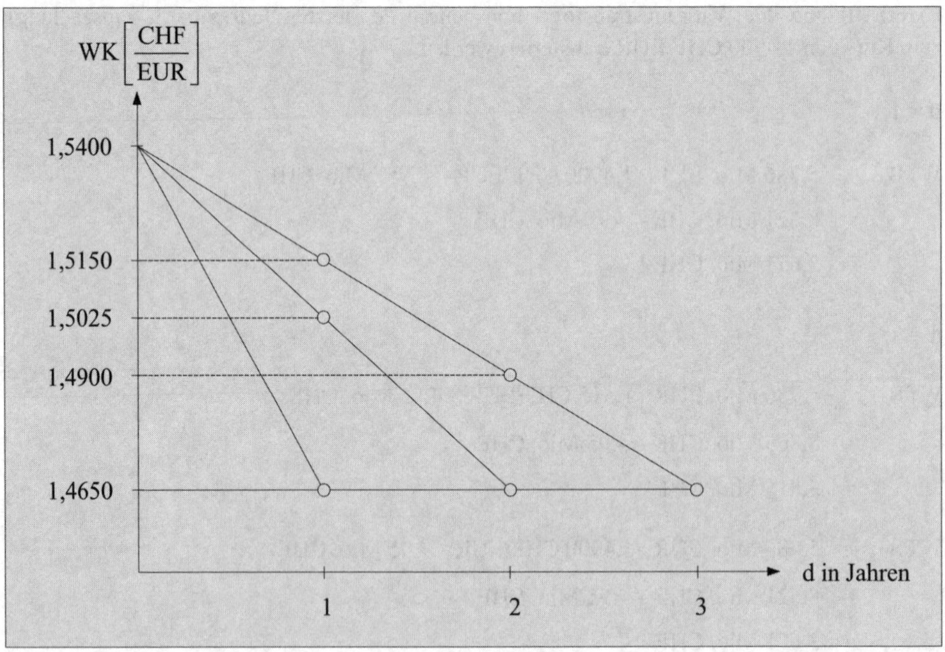

Abb. 12.4: Wechselkursentwicklung bei Δ WK = - 0,075 CHF/EUR

d = 1:

$$WTB = 5{,}786 \text{ Mio. EUR} \cdot 1{,}4650 \text{ CHF/EUR} - 4{,}95 \text{ Mio. CHF}$$
$$= 8{,}476 \text{ Mio. CHF} - 4{,}95 \text{ Mio. CHF}$$
$$= 3{,}526 \text{ Mio. CHF}$$

d = 2:

$$WTB_1: = 5{,}786 \text{ Mio. EUR} \cdot 1{,}5025 \text{ CHF/EUR} - 4{,}95 \text{ Mio. CHF}$$
$$= 8{,}693 \text{ Mio. CHF} - 4{,}95 \text{ Mio. CHF}$$
$$= 3{,}743 \text{ Mio. CHF}$$

$$WTB_2: = 5{,}786 \text{ Mio. EUR} \cdot 1{,}4650 \text{ CHF/EUR} - 4{,}95 \text{ Mio. CHF}$$
$$= 8{,}476 \text{ Mio. CHF} - 4{,}95 \text{ Mio. CHF}$$
$$= 3{,}526 \text{ Mio. CHF}$$

$$\sum_{d=1}^{2} WTB_d = 3{,}743 \text{ Mio. CHF} + 3{,}526 \text{ Mio. CHF} = 7{,}269 \text{ Mio. CHF}$$

d = 3:

$$WTB_1: = 5{,}786 \text{ Mio. EUR} \cdot 1{,}5150 \text{ CHF/EUR} - 4{,}95 \text{ Mio. CHF}$$
$$= 8{,}765 \text{ Mio. CHF} - 4{,}95 \text{ Mio. CHF}$$
$$= 3{,}815 \text{ Mio. CHF}$$

$$WTB_2: = 5{,}786 \text{ Mio. EUR} \cdot 1{,}4900 \text{ CHF/EUR} - 4{,}95 \text{ Mio. CHF}$$
$$= 8{,}621 \text{ Mio. CHF} - 4{,}95 \text{ Mio. CHF}$$
$$= 3{,}671 \text{ Mio. CHF}$$

$$WTB_3: = 5{,}786 \text{ Mio. EUR} \cdot 1{,}4650 \text{ CHF/EUR} - 4{,}95 \text{ Mio. CHF}$$
$$= 8{,}476 \text{ Mio. CHF} - 4{,}95 \text{ Mio. CHF}$$
$$= 3{,}526 \text{ Mio. CHF}$$

$$\sum_{d=1}^{3} WTB_d = 3{,}815 \text{ Mio. CHF} + 3{,}671 \text{ Mio. CHF} + 3{,}526 \text{ Mio. CHF} = 11{,}012 \text{ Mio. CHF}$$

Δ WK bis zum Zeitpunkt d = - 0,100 CHF/EUR => 100 EUR = 144 CHF

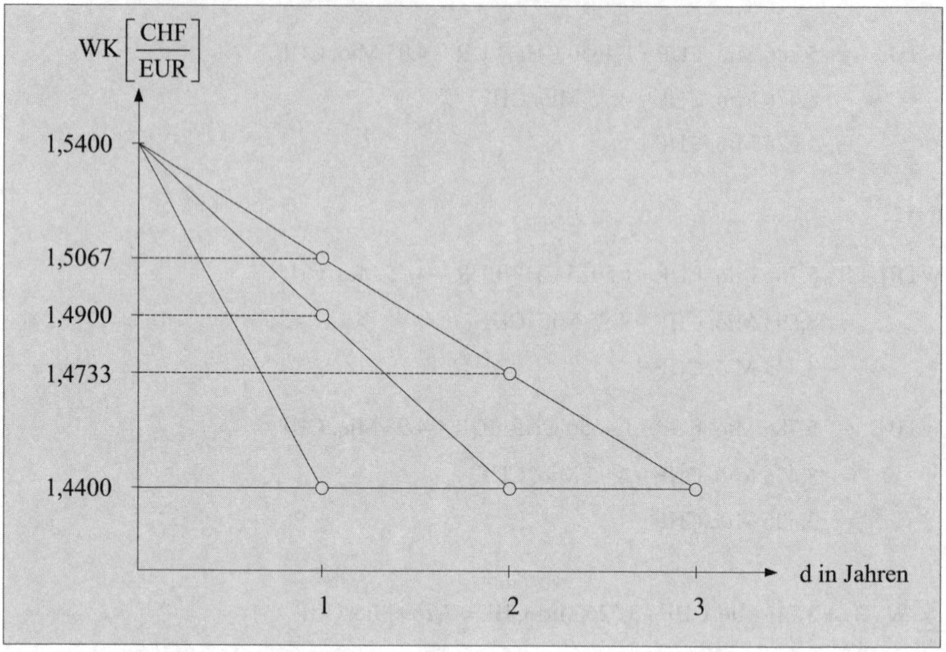

Abb. 12.5: Wechselkursentwicklung bei Δ WK = - 0,10 CHF/EUR

d = 1:

WTB = 5,786 Mio. EUR · 1,4400 CHF/EUR – 4,95 Mio. CHF

= 8,331 Mio. CHF – 4,95 Mio. CHF

= 3,381 Mio. CHF

d = 2:

WTB_1: = 5,786 Mio. EUR · 1,4900 CHF/EUR – 4,95 Mio. CHF

= 8,621 Mio. CHF – 4,95 Mio. CHF

= 3,671 Mio. CHF

WTB_2: = 5,786 Mio. EUR · 1,4400 CHF/EUR – 4,95 Mio. CHF

= 8,331 Mio. CHF – 4,95 Mio. CHF

= 3,381 Mio. CHF

$$\sum_{d=1}^{2} WTB_d = 3{,}671\,\text{Mio. CHF} + 3{,}381\,\text{Mio. CHF} = 7{,}052\,\text{Mio. CHF}$$

d = 3:

WTB_1: = 5,786 Mio. EUR · 1,5067 CHF/EUR – 4,95 Mio. CHF

= 8,717 Mio. CHF – 4,95 Mio. CHF

= 3,767 Mio. CHF

WTB_2: = 5,786 Mio. EUR · 1,4733 CHF/EUR – 4,95 Mio. CHF

= 8,524 Mio. CHF – 4,95 Mio. CHF

= 3,574 Mio. CHF

WTB_3: = 5,786 Mio. EUR · 1,4400 CHF/EUR – 4,95 Mio. CHF

= 8,331 Mio. CHF – 4,95 Mio. CHF

= 3,381 Mio. CHF

$$\sum_{d=1}^{3} WTB_d = 3{,}767 \text{ Mio. CHF} + 3{,}574 \text{ Mio. CHF} + 3{,}381 \text{ Mio. CHF} = 10{,}7229 \text{ Mio. CHF}$$

zu 3.c):

d (in Jahren)	Δ WK (in CHF/EUR) bis zum Zeitpunkt d = 0	- 0,025	- 0,050	- 0,075	- 0,100
	Wertänderung des Kredites (in Mio. CHF)				
	(1)	(2)	(3)	(4)	(5)
0	0,0000	- 5,3600	- 10,7100	- 16,0700	- 21,4300
1	0,0000	- 5,3600	- 10,7100	- 16,0700	- 21,4300
2	0,0000	- 5,3600	- 10,7100	- 16,0700	- 21,4300
3	0,0000	- 5,3600	- 10,7100	- 16,0700	- 21,4300
	Erzielter Währungstransformationsbeitrag (in Mio. CHF)				
	(6)	(7)	(8)	(9)	(10)
0	0,0000	0,0000	0,0000	0,0000	0,0000
1	3,9600	3,8154	3,6707	3,5261	3,3814
2	7,9200	7,7030	7,4861	7,2691	7,0521
3	11,8800	11,5907	11,3014	11,0121	10,7229
	Netto-Erfolg (in Mio. CHF)				
	(11) = (1) + (6)	(12) = (2) + (7)	(13) = (3) + (8)	(14) = (4) + (9)	(15) = (5) + (10)
0	0,0000	- 5,3600	- 10,0000	- 15,0000	- 20,0000
1	3,9600	- 1,5418	- 7,0436	- 12,5454	- 18,0471
2	7,9200	2,3459	- 3,2282	- 8,8023	- 14,3764
3	11,8800	6,2336	0,5871	- 5,0593	- 10,7057

Abb. 12.6: Ermittlung des Netto-Erfolges aus der Währungstransformation

zu 3.d):

Der Netto-Erfolg aus der Währungstransformation hängt ganz entscheidend von der Wechselkursentwicklung bis zur Beendigung der Währungstransformation ab; von Bedeutung sind dabei sowohl das **Ausmaß** als insbesondere auch die **zeitliche Erstreckung** der Wechselkursänderungen.

Lediglich für den Fall, dass keine Wechselkursänderung eintritt, ist der Netto-Erfolg für die betrachteten Zeiträume bis zur Beendigung der Transformation durchgehend positiv.

Bei der geringsten betrachteten EUR-Abschwächung (Δ WK = - 0,025 CHF/EUR oder 1,6 % bezogen auf den Ausgangskurs von 1,54 CHF/EUR) tritt nur dann kein Verlust auf, wenn die Währungstransformation nicht vor Ablauf von zwei Jahren beendet wird. Bei einer EUR-Abschwächung von - 0,050 CHF/EUR oder 3,2 % bezogen auf den Ausgangskurs von 1,54 CHF/EUR tritt kein Verlust auf, wenn die Währungstransformation nicht vor Ablauf von drei Jahren beendet wird.

Bei den übrigen betrachteten Szenarien führt die Währungstransformation zu Verlusten.

Bei einer hier nicht betrachteten – jedoch durchaus möglichen – **EUR-Aufwertung** gegenüber dem Schweizer Franken würden dagegen über die alljährlich anfallenden Währungstransformationsbeiträge hinaus (die ebenfalls von einer EUR-Aufwertung profitieren) beim abschließenden Rücktransfer zusätzliche Erträge anfallen.

Fallstudie 13: **Berechnung des Value at Risk im analytischen Grundmodell**

Auch der Geschäftsleitung der Controlling Bank ist es nicht entgangen, dass aufgrund der Veränderungen im Wettbewerbsumfeld sowie der zunehmenden Dynamik der Märkte und gestiegenen Komplexität der zu bewältigenden Anforderungen Risikoaspekte in der Unternehmensführung explizit berücksichtigt werden müssen.

Als Berater bei der RiskConsult GmbH haben Sie den Auftrag erhalten, der Geschäftsleitung der Controlling Bank die Berechnungsmethodik des Value at Risk im analytischen Grundmodell zu präsentieren. Dazu verwenden Sie eine Zeitreihe bestehend aus Aktienkursen der Volkswagen AG. Einfachheitshalber beschränken Sie sich auf eine kleine, statistisch jedoch nicht repräsentative Datenbasis:

Datum	Kurswerte der Volkswagen Aktie
19.12.03	44,60 EUR
02.01.04	44,65 EUR
16.01.04	43,22 EUR
30.01.04	40,46 EUR
13.02.04	39,57 EUR
27.02.04	37,80 EUR
13.03.04	36,24 EUR
27.03.04	35,42 EUR
10.04.04	36,96 EUR
24.04.04	38,48 EUR
08.05.04	35,51 EUR

Abb. 13.1: Kurswerte der Aktie der Volkswagen AG

1. Zeigen Sie das sechsstufige Schema im Risikomodell RiskMaster® auf. Konkretisieren Sie dabei zusätzlich den Risikoparameter und das Risikovolumen für eine Aktie unter Verwendung der Daten aus Abbildung 13.1. Gehen Sie davon aus, dass der Value at Risk am 08.05.04 berechnet werden soll!

2. a) Berechnen Sie für den in Teilaufgabe 1 definierten Risikoparameter mit Hilfe der Daten aus Abbildung 13.1 die Standardabweichung!

   b) Welche Haltedauer wurde der Standardabweichung zugrunde gelegt? Was bedeutet die Haltedauer und wie wird sie festgelegt?

3. a) Ermitteln Sie anschließend die Risikomesszahl! Legen Sie Ihren Berechnungen ein Sicherheitsniveau von 99,87 % (Z-Wert von 3) zugrunde! Gehen Sie zusätzlich davon aus, dass es sich um eine Long-Position handelt!

   b) Welche implizite Prämisse weist die Formel zur Berechnung der Risikomesszahl auf?

4. Berechnen Sie den Risikofaktor! Welchen Zweck erfüllt diese vierte Stufe bei der Value at Risk-Berechnung?

5. a) Ermitteln Sie den Value at Risk für eine Aktie der Volkswagen AG bei der zugrunde gelegten Haltedauer und einem Sicherheitsniveau von 99,87 %! Interpretieren Sie dessen Aussagegehalt!

   b) Welche Änderungen resultieren, wenn es sich bei der betrachteten Aktie um eine Short-Position handelt?

Die Geschäftsleitung hat großen Gefallen an Ihrer Präsentation gefunden. Ein Geschäftsleitungsmitglied möchte allerdings gerne wissen, wie das Risiko eines Portfolios ermittelt werden kann. Da Sie diese Frage bereits erwartet haben, greifen Sie zu einer zweiten Zeitreihe, welche aus Aktienkursen der Siemens AG besteht (vgl. Abbildung 13.2).

Datum	Kurswert der Siemens Aktie	stetige Renditen der Siemens Aktie
19.12.03	63,26 EUR	
02.01.04	64,00 EUR	0,0116
16.01.04	68,22 EUR	0,0639
30.01.04	64,99 EUR	- 0,0485
13.02.04	66,50 EUR	0,0230
27.02.04	62,05 EUR	- 0,0693
13.03.04	59,78 EUR	- 0,0373
27.03.04	60,08 EUR	0,0050
10.04.04	62,96 EUR	0,0468
24.04.04	65,02 EUR	0,0322
08.05.04	58,19 EUR	- 0,1110

Abb. 13.2: Kurswerte und Renditen der Siemens Aktie

Die Standardabweichung der stetigen Renditen in obiger Zeitreihe beträgt 5,3 %, der Mittelwert - 0,835 %.

6. a) Berechnen Sie auf Basis der zusätzlichen Daten die Kovarianz und die Korrelation für den entsprechenden Betrachtungszeitraum zwischen der Aktienrendite der Volkswagen AG und jener der Siemens AG!

   b) Ermitteln Sie den Value at Risk für ein Portfolio bestehend aus 1.500 Aktien der Volkswagen AG und 1.000 Aktien der Siemens AG!

7. a) Welches Portfoliorisiko würde sich ergeben, wenn es sich bei den 1.500 Aktien der Volkswagen AG um eine Short-Position handelt?

   b) Wie hoch wäre das Portfoliorisiko unter Teilaufgabe 7. a), wenn die Renditen der beiden Aktien vollständig positiv korrelieren würden?

Lösungsvorschlag zu Fallstudie 13:

zu 1.:

Stufe 1: Definition des Risikoparameters (RP): **Stetige Aktienkursrenditen**
Definition des Risikovolumens (RV): **Aktienkurs** (35,51 EUR) zum Zeitpunkt der Value at Risk-Ermittlung (08.05.04)

Stufe 2: Berechnung des Erwartungswertes und der Standardabweichung des Risikoparameters

Stufe 3: Bestimmung der Risikomesszahl (RMZ), wobei das Sicherheitsniveau anhand der Höhe des Z-Wertes fixiert wird:
RMZ (RP) = STD (RP) · Z-Wert

Stufe 4: Ableitung des Risikofaktors
RF (RP) = $e^{RMZ\,(RP)} - 1$

Stufe 5: Ermittlung eines einzelnen Value at Risk:
VaR (RP) = RV · RF (RP)

Stufe 6: Verrechnung mehrerer Value at Risk anhand der Korrelationskoeffizientenmatrix

zu 2.a):

Zur Berechnung der Standardabweichung des Risikoparameters muss in einem ersten Schritt der Risikoparameter für die Zeitreihe berechnet werden. Der Risikoparameter wurde in der Stufe 1 für dieses Beispiel definiert als eine Zeitreihe bestehend aus stetigen Aktienkursrenditen. Diese berechnen sich nach der Formel,

$$r_t^s = \ln\left(\frac{K_t}{K_{t-1}}\right)$$

mit: ln = natürlicher Logarithmus; K = Kurswert (Aktienkurs)

was für den Zeitraum vom 19.12.03 bis 02.01.04 eine stetige Rendite in Höhe von ln (44,65 / 44,60) = 0,00112 oder 0,112 % ergibt (die stetigen Renditen für die restliche Zeitreihe sind in Abbildung 13.3 dargestellt).

Die Standardabweichung berechnet sich indem die Wurzel aus der Summe der durchschnittlichen quadratischen Abweichungen der einzelnen Beobachtungen vom arithmetischen Mittel berechnet wird:

$$STD = \sqrt{\frac{1}{N}\sum_{t=1}^{N}(r_t - AM)^2}$$

Im Fall kleiner Stichproben müsste bei der Berechnung der Standardabweichung eigentlich die Summe der quadrierten Abweichung nicht durch N, sondern durch N – 1 geteilt werden. In Risikomodellen werden allerdings größere Stichproben gewählt, welche diese Korrektur vernachlässigbar machen, weshalb sie hier aufgrund der besseren Übersichtlichkeit weggelassen wird.

Abbildung 13.3 zeigt die notwendigen Berechnungen, indem ausgehend von jeder stetigen Rendite die jeweilige Abweichung der stetigen Rendite vom Mittelwert berechnet und in der letzten Spalte quadriert wurde.

Datum	stetige Renditen	Abweichung vom Mittelwert (r_t – AM)	Quadratische Abweichungen vom Mittelwert (r_t – AM)^2
19.12.03			
02.01.04	0,00112	0,02391	0,00057
16.01.04	- 0,03255	- 0,00979	0,00010
30.01.04	- 0,06599	- 0,04320	0,00187
13.02.04	- 0,02224	- 0,00055	0,00000
27.02.04	- 0,04576	- 0,02297	0,00053
13.03.04	- 0,04215	- 0,01936	0,00037
27.03.04	- 0,02289	- 0,00010	0,00000
10.04.04	0,04256	0,06535	0,00427
24.04.04	0,04030	0,06309	0,00398
08.05.04	- 0,08032	- 0,05753	0,00331
Summe	- 0,22792		0,01500
AM	- 0,02279		0,00150

Abb. 13.3: Berechnungstabelle für die Ermittlung der Standardabweichung
mit: AM = arithmetisches Mittel

Entsprechend kann die Standardabweichung wie folgt berechnet werden:

$$\text{STD} = \sqrt{\frac{1}{10} \cdot 0{,}01500} = 0{,}03873$$

zu 2.b):

Es wurde eine Haltedauer von 10 Handelstagen zugrunde gelegt. Die Haltedauer charakterisiert die Grundlage, auf welcher der Value at Risk berechnet wird. Eine lange Haltedauer zieht eine höhere Standardabweichung nach sich, womit sich das Risiko einer negativen Wertänderung und damit der Value at Risk erhöht.

Die Haltedauer sollte der Liquidität der Positionen Rechnung tragen. Bei einer liquiden Position, welche im Falle einer negativen Wertänderung respektive einer Annäherung an das Risikolimit schnell verkauft werden kann, dürfte aus dieser Perspektive dementsprechend mit einer kürzeren Haltedauer gerechnet werden. Eine schnelle Verkaufsmöglichkeit ist demnach durch ein geringeres Risiko charakterisiert, welches im Value at Risk-Konzept in einer kürzeren Haltedauer berücksichtigt wird.

zu 3.a):

Die Risikomesszahl berechnet sich wie folgt:

$$\begin{aligned} RMZ\,(RP) &= STD\,(RP) \cdot Z\text{-Wert} \\ &= 0{,}03873 \cdot (-3) = -0{,}11619 \end{aligned}$$

Dabei ist zu beachten, dass im Falle einer Long-Position immer dann mit einem negativen Vorzeichen gerechnet wird, wenn das Risiko in einem negativen Risikoparameter besteht. In einem solchen Fall schlagen jene Vorfälle negativ zu Buche, welche bei der Standardnormalverteilung links vom Erwartungswert liegen. Im vorliegenden Beispiel wurde der Risikoparameter als die stetige Veränderungsrate zweier Aktienkurse definiert, womit ersichtlich ist, dass das Risiko in negativen Risikoparametern liegt.

zu 3.b):

Die Formel geht implizit von einem **Erwartungswert** des Risikoparameters von **Null** aus! Die Stufe 3 im RiskMaster® transformiert den auf der Standardnormalverteilung basierenden Z-Wert in die Normalverteilung, welche auf der Standardabweichung der Stichprobe basiert. In diesem Sinne ist die Formel zur Berechnung der Risikomesszahl nichts anderes, als die Transformationsformel, welche den Z-Wert in den normalverteilten X-Wert überführt, unter der Annahme eines Erwartungswertes von Null:

$$X = Z \cdot STD + EW$$

mit: EW = Erwartungswert; STD = Standardabweichung; Z = standardnormalverteilte Zufallsvariable; X = normalverteilte Zufallsvariable

Diese Prämisse ist sowohl aus rechentechnischen als auch aus pragmatischen Erwägungen heraus grundsätzlich nicht zu vermeiden. Denn zum einen wird in den Linearkombinationsregeln stets das Gesamtrisiko miteinander verknüpft. Es ist deshalb nicht möglich, erst die einen Wert von Null unterschreitenden und damit zu effektiven Wertverlusten führenden Teile herauszurechnen und diese anschließend zu verknüpfen. Zum anderen würden die Gleichungen zur Risikoberechnung eine ungleich höhere Komplexität verbunden mit höherem Berechnungsaufwand aufweisen. Die Prämisse ist allerdings insofern unproblematisch, als das tatsächliche Verlustrisiko tendenziell eher über- als unterschätzt wird.

zu 4.:

$$\begin{aligned} RF &= e^{RMZ} - 1 \\ &= e^{-0{,}11619} - 1 = -0{,}10969 \end{aligned}$$

Die Formel zur Berechnung der Risikomesszahl gewährleistet, dass die Risikomesszahl, welche auf Basis stetiger Risikoparameter berechnet wurde, in eine diskrete Kennzahl umgewandelt wird. Der Grund für die Umwandlung der auf dem stetigen Risikoparameter aufbauenden Risikomesszahl in eine diskrete Größe liegt darin, dass die logarithmische Berechnung der stetigen Rendite dazu führt, dass das Risiko nicht durch die einfache Multiplikation einer bestimmten Position mit der Risikomesszahl ermittelt werden kann. Erst die Rückführung dieser logarithmischen Verknüpfung durch Berechnung des Risikofaktors ermöglicht in Stufe 5 die Ermittlung des VaR durch eine einfache multiplikative Verknüpfung von Risikofaktor und Risikovolumen.

zu 5.a):

Der Value at Risk einer einzelnen Aktie berechnet sich wie folgt:

$$\text{VaR} = \text{RF} \cdot \text{RV} = -\,0{,}10969 \cdot 35{,}51\ \text{EUR} = \mathbf{-\,3{,}89509\ EUR}$$

Dieses Resultat bedeutet nun, dass der geschätzte Wertverlust unter üblichen Marktbedingungen (gemäß unserer Stichprobe) bei einer Haltedauer von 10 Handelstagen mit einer Wahrscheinlichkeit von 99,87 % 3,89509 EUR nicht überschreiten wird.

zu 5.b):

Zum einen ist bei der Risikomesszahl (RMZ) zu berücksichtigen, dass bei einer Short-Position das Risiko darin besteht, dass die Aktie an Wert gewinnt respektive positive Renditen beobachtet werden. Daher ist der Z-Wert und dementsprechend auch die RMZ positiv:

$$\begin{aligned} \text{RMZ (RP)} &= \text{STD (RP)} \cdot \text{Z-Wert} \\ &= 0{,}03873 \cdot 3 = 0{,}11619 \end{aligned}$$

Aufgrund der positiven RMZ resultiert durch die Potenzierung ein höherer Risikofaktor:

$$\begin{aligned} \text{RF} &= e^{\text{RMZ}} - 1 \\ &= e^{0{,}11619} - 1 = 0{,}12321 \end{aligned}$$

Zum anderen geht das Risikovolumen bei der Berechnung des Value at Risk mit einem negativen Vorzeichen ein, da es sich um eine Short-Position handelt. Somit resultiert wiederum ein negativer Wert für den Value at Risk:

$$\begin{aligned} \text{VaR} &= \text{RF} \cdot \text{RV} \\ &= 0{,}12321 \cdot (-\,35{,}51\ \text{EUR}) = \mathbf{-\,4{,}37519\ EUR} \end{aligned}$$

zu 6.a):

Die Kovarianz berechnet sich, indem vom durchschnittlichen Produkt der Renditepaare das Produkt aus den beiden arithmetischen Mitteln abgezogen wird:

$$\text{COV}(A,B) = \frac{1}{N}\sum_{i=1}^{N} a_i b_i - AM_A \cdot AM_B$$

mit: COV = Kovarianz; AM = arithmetisches Mittel; N = Anzahl Elemente der Datenbasis; a_i = Werte der Beobachtungen der Datenreihe A; b_i = Werte der Beobachtungen der Datenreihe B

Die Berechnungen für den ersten Teil der Formel können der folgenden Tabelle entnommen werden:

Datum	stetige Renditen der Volkswagen Aktie	stetige Renditen der Siemens Aktie	Produkt der Renditen
19.12.03			
02.01.04	0,00112	0,0116	0,00001
16.01.04	- 0,03255	0,0639	- 0,00208
30.01.04	- 0,06599	- 0,0485	0,00320
13.02.04	- 0,02224	0,0230	- 0,00051
27.02.04	- 0,04576	- 0,0693	0,00317
13.03.04	- 0,04215	- 0,0373	0,00157
27.03.04	- 0,02289	0,0050	- 0,00011
10.04.04	0,04256	0,0468	0,00199
24.04.04	0,04030	0,0322	0,00130
08.05.04	- 0,08032	- 0,1110	0,00891
Summe			0,01745

Abb. 13.4: Berechnungen für die Ermittlung der Kovarianz

Damit errechnet sich die Kovarianz wie folgt:

$$COV = 0{,}01745 / 10 - (-0{,}02279) \cdot (-0{,}00835) = \mathbf{0{,}00155}$$

Die Korrelation ergibt sich, indem die Kovarianz durch das Produkt der beiden Standardabweichungen geteilt wird:

$$COR(A,B) = \frac{COV(A,B)}{STD(A) \cdot STD(B)} = \frac{0{,}00155}{0{,}03873 \cdot 0{,}05305} = \mathbf{0{,}75444}$$

<u>zu 6.b):</u>

Der Value at Risk für eine Siemens Aktie ergibt sich wie folgt:

$$RMZ\ (RP_{Siemens}) = STD\ (RP_{Siemens}) \cdot (-\ Z\text{-Wert}) = 0{,}05305 \cdot (-3) = -0{,}15914$$

$$RF_{Siemens} = e^{RMZ} - 1 = e^{-0{,}15914} - 1 = -0{,}14712$$

$$VaR_{Siemens} = RF \cdot RV = -0{,}14712 \cdot 58{,}19\ EUR = \mathbf{-8{,}56091\ EUR}$$

Der Risikovektor besteht demnach aus 1.500 Volkswagen Aktien (VaR = 1.500 · (- 3,89509 EUR) = - 5.842,64 EUR) und 1.000 Siemens Aktien (VaR = 1.000 · (- 8,56091 EUR) = - 8.560,91 EUR). Die Volkswagen Aktien respektive Siemens Aktien können deshalb im Risikovektor zusammengefasst werden, weil sie jeweils gegenüber sich selbst eine Korrelation von eins aufweisen und der Diversifikationseffekt demnach Null beträgt!

Das Portfoliorisiko berechnet sich gemäß Stufe 6 des RiskMaster® nach der folgenden Formel:

$$\text{VaR}_{\text{Portfolio}} = \sqrt{\begin{array}{l}[\text{Risikovektor}] \\ \cdot [\text{Korrelationskoeffizentenmatrix}] \\ \cdot [\text{Transponente des Risikovektors}]\end{array}}$$

beziehungsweise

$$\text{VaR}_{\text{Portfolio}} = \sqrt{\begin{bmatrix}\text{- 5.842,64 EUR} & \text{- 8.560,91 EUR}\end{bmatrix} \begin{bmatrix}1 & 0{,}75444 \\ 0{,}75444 & 1\end{bmatrix} \begin{bmatrix}\text{- 5.842,64 EUR} \\ \text{- 8.560,91 EUR}\end{bmatrix}}$$

oder

$$\text{VaR}_{\text{Portfolio}} = \sqrt{\begin{array}{c}(\text{- 5.842,64 EUR})^2 + (\text{- 8.560,91 EUR})^2 \\ + 2 \cdot 0{,}75444 \cdot (\text{- 5.842,64 EUR}) \cdot (\text{- 8.560,91 EUR})\end{array}} = \mathbf{13.523{,}95\ EUR}$$

Damit ergibt sich ein um 880,60 EUR (= 5.842,64 EUR + 8.560,91 EUR – 13.523,95 EUR) geringeres Risiko gegenüber der Situation, in welcher die Renditen der beiden Aktien vollständig positiv miteinander korrelieren.

<u>zu 7.a):</u>

Der Value at Risk einer short gehaltenen Volkswagen Aktie wurde unter 5.b) auf - 4,375 EUR beziffert. Für 1.500 short gehaltene Aktien würde demnach ein Value at Risk in Höhe von
- 6.562,79 EUR resultieren, wobei das Risiko in diesem Fall in positiven Renditen besteht.

Um das Risiko des gesamten Portfolios zu berechnen, ist allerdings zu beachten, dass beim gesamten Portfolio (bestehend aus Long- und Short-Positionen) das Risiko zur gleichen Zeit sowohl in steigenden als auch in sinkenden Renditen besteht. Aufgrund der fehlenden Linearität des natürlichen Logarithmus muss das Marktwertrisiko der Gesamtposition sowohl in Abhängigkeit eines Anstiegs als auch in Abhängigkeit einer Senkung der relevanten Risikoparametern bestimmt werden. Aus Vorsichtsgründen ist dann der größere der beiden Risikowerte als VaR zu betrachten. Somit müssen zwei Szenarien zur Ermittlung eines aggregierten VaR bestehend aus Long- und Short-Positionen berechnet werden. Das erste Szenario impliziert negative Renditen, das zweite positive Renditen bei der Berechnung der Risikomesszahl:

Erstes Szenario (negative Renditen):

	Short-Position 1.500 Aktien Volkswagen AG	Long-Position 1.000 Aktien Siemens AG
Stufe 3	RMZ = 0,03873 · (- 3) = - 0,11619	RMZ = 0,05305 · (- 3) = - 0,15914
Stufe 4	RF = $e^{-0,11619}$ – 1 = - 0,10969	RF = $e^{-0,15914}$ – 1 = - 0,14712
Stufe 5	VaR pro Aktie = - 0,10969 · (- 35,51 EUR) = 3,89509 EUR	VaR pro Aktie = - 0,14712 · 58,19 EUR = - 8,56091 EUR
	VaR für 1.500 Aktien = 1.500 · 3,89509 EUR = 5.842,64 EUR	VaR für 1.000 Aktien = 1.000 · (- 8,56091 EUR) = - 8.560,91 EUR

Dabei wird ersichtlich, dass es sich beim „Value at Risk" der Volkswagen Aktie um einen Gewinn handelt. Während die Siemens Aktie bei negativen Renditen einen Verlust erleidet, wirken sich negative Renditen bei der Volkswagen Aktie aufgrund der Short-Position positiv auf das Ergebnis aus.

Der Value at Risk des Portfolios ist wiederum unter Berücksichtigung der Korrelation zu berechnen. Negative Renditen bei der Siemens Aktie bedeuten nämlich noch nicht zwingend einen entsprechend hohen Gewinn in der Short-Position:

$$\text{VaR}_{\text{Portfolio}} = \sqrt{\begin{array}{c}(5.842{,}64\ \text{EUR})^2 + (-8.560{,}91\ \text{EUR})^2 \\ + 2 \cdot 0{,}75444 \cdot (5.842{,}64\ \text{EUR}) \cdot (-8.560{,}91\ \text{EUR})\end{array}} = \mathbf{5.652{,}79\ EUR}$$

Damit ergibt sich ein um 2.934,51 EUR (= 5.652,79 EUR – 2.718,28 EUR) höheres Risiko gegenüber einer Situation, in welcher eine vollständig negative Korrelation zwischen den beiden Aktientiteln zu beobachten wäre.

Zweites Szenario (positive Renditen):

	Short-Position 1.500 Aktien Volkswagen AG	Long-Position 1.000 Aktien Siemens AG
Stufe 3	RMZ = 0,0387 · 3 = 0,1162	RMZ = 0,0531 · 3 = 0,1591
Stufe 4	RF = $e^{0,1162}$ – 1 = 0,12321	RF = $e^{0,1591}$ – 1 = 0,17250
Stufe 5	VaR pro Aktie = 0,12321 · (- 35,51 EUR) = - 4,375 EUR	VaR pro Aktie = 0,17250 · 58,19 EUR = 10,03778 EUR
	VaR für 1.500 Aktien = 1.500 · (- 4,375 EUR) = - 6.562,79 EUR	VaR für 1.000 Aktien = 1.000 · 10,03778 EUR = 10.037,78 EUR

Hier wird ersichtlich, dass es sich beim „Value at Risk" der Siemens Aktie um einen Gewinn handelt. Während die Siemens Aktie bei positiven Renditen einen Gewinn erzielt, wirken sich positive Renditen bei der Volkswagen Aktie aufgrund der Short-Position negativ auf das Ergebnis aus.

Der Value at Risk des Portfolios ist wiederum unter Berücksichtigung der Korrelation zu berechnen. Negative Renditen bei der Siemens Aktie bedeuten nämlich noch nicht zwingend einen Gewinn in der Short-Position:

$$\text{VaR}_{\text{Portfolio}} = \sqrt{\begin{matrix}(\text{-6.562,79 EUR})^2 + (\text{10.037,78 EUR})^2 \\ + 2 \cdot 0{,}75444 \cdot (\text{-6.562,79 EUR}) \cdot (\text{10.037,78 EUR})\end{matrix}} = \textbf{6.665,47 EUR}$$

Damit ergibt sich gegenüber dem ersten Szenario ein höherer Value at Risk. Wie oben bereits beschrieben empfiehlt es sich aus Vorsichtsgründen den größeren der beiden Risikowerte als Value at Risk zu betrachten, weshalb in diesem Falle ein Value at Risk in Höhe von 6.665,47 EUR resultiert.

zu 7.b):

Bei einer vollständig positiven Korrelation ergäbe sich der Value at Risk wie folgt:

Erstes Szenario (negative Renditen):

$$\text{VaR}_{\text{Portfolio}} = \sqrt{\begin{matrix}(\text{5.842,64 EUR})^2 + (\text{-8.560,91 EUR})^2 \\ + 2 \cdot 1 \cdot (\text{5.842,64 EUR}) \cdot (\text{-8.560,91 EUR})\end{matrix}} = \textbf{2.718,28 EUR}$$

oder (5.842,64 EUR + (- 8.560,91 EUR) = - 2.718,28 EUR)

Zweites Szenario (positive Renditen):

$$\text{VaR}_{\text{Portfolio}} = \sqrt{\begin{matrix}(\text{-6.562,79 EUR})^2 + (\text{10.037,78 EUR})^2 \\ + 2 \cdot 1 \cdot (\text{-6.562,79 EUR}) \cdot (\text{10.037,78 EUR})\end{matrix}} = \textbf{3.475,00 EUR}$$

oder (- 6.562,79 EUR + 10.037,78 EUR = 3.475,00 EUR)

Es ist ersichtlich, dass bei vollständig positiver Korrelation nur negative Renditen ein Risiko darstellen, weil nur dort ein negatives Vorzeichen auftritt. Über die Risikomatrix kann diese Unterscheidung leider nicht mehr gemacht werden, weil die Wurzel aus einer positiven Zahl sowohl ein positives als auch ein negatives Vorzeichen trägt.

Zusammenfassend kann festgestellt werden, dass das Risiko des Portfolios aus Long- und Short-Positionen mit - 2.718,28 EUR deutlich kleiner gewesen wäre, wenn vollständig positive Korrelationen zu beobachten gewesen wären! Dieses Ergebnis wird plausibel, wenn man erkennt, dass eine vollständig positive Korrelation zwischen der Rendite zweier Aktien im Falle einer Long- und einer Short-Position einer vollständig negativen Korrelation entspricht. Dies ist der Grund dafür, dass bei einer „tieferen" Korrelation in Teilaufgabe 7.a) ein höheres Risiko resultierte als bei vollständig „positiver" Korrelation.

Fallstudie 14: **Ausfall eines Swap-Partners**

Die international tätige Swappi-Bank sucht für die Refinanzierung eines Roll-over-Kredits über 100 Mio. USD variabel verzinsliche Mittel. Das in der Software-Entwicklung und Mikrochip-Produktion tätige Unternehmen Chip Corp. ist an festverzinslichen USD mit gleichem Volumen interessiert. Eine Anfrage bei der jeweiligen Haus- bzw. Korrespondenzbank nach den entsprechenden Konditionen für eine 100 Mio. USD-Emission über eine Laufzeit von fünf Jahren ergibt das in Abbildung 14.1 wiedergegebene Bild.

	Chip Corp.	Swappi-Bank
Zielfinanzierung	fix	variabel
Zinskosten: variabel	Libor + 0,625 %	Libor
Zinskosten: fix	12,36 %	10,25 %

Abb. 14.1: Finanzierungskonditionen der Chip Corp. und der Swappi-Bank

Die Zinszahlungen erfolgen jeweils jährlich. Auf Anregung der Harakiri Bank Tokyo sind beide Parteien gewillt, die bestehenden komparativen Vorteile durch einen Zinsswap auszunutzen. Für die Vermittlung und ihre Rolle als zwischengeschalteter Vertragspartner (Intermediär) stellt die Harakiri Bank den Beteiligten insgesamt eine jährliche Gebühr von 0,25 % auf das Swapvolumen in Rechnung.

1. Welche Voraussetzungen sollten allgemein erfüllt sein, damit durch den Abschluss eines Zinsswaps Finanzierungsvorteile realisiert werden können?

2. a) Ermitteln Sie das Arbitragepotential zwischen der Chip Corp. und der Swappi-Bank!

   b) Die Swappi-Bank wird das Swapgeschäft mit Chip nur dann akzeptieren, wenn sie hiervon einen effektiven (d.h. nach Abzug der vereinnahmten Gebühr) jährlichen Finanzierungsvorteil von 0,75 % hat. Berechnen Sie den sich ergebenden Finanzierungsvorteil der Chip Corp. und geben Sie für beide Parteien Swap-Inflow- und Swap-Outflow-Zahlungsströme an!

   c) Welche Transaktionen werden von der Chip Corp. und der Swappi-Bank vorgenommen? Stellen Sie die Zinszahlungen des Swapgeschäfts graphisch dar und geben Sie die Swap-Zahlungsströme an, die bei der Harakiri Bank anfallen!

Nach dem dritten Jahr muss die Chip Corp. aufgrund drastisch gesunkener Weltmarktpreise Konkurs anmelden und fällt von diesem Zeitpunkt an als Partner des Zinsswaps aus. Die Vertragsbeziehung zwischen der Harakiri und der Swappi-Bank wird davon allerdings nicht berührt.

Das USD-Zinsniveau ist im Vergleich zur Ausgangssituation gesunken. Die Harakiri Bank rechnet mit weiterhin sinkenden Zinsen, und möchte daher die durch den Ausfall entstandene „offene Festzinsposition" durch entsprechende Gegengeschäfte am Geld- und Kapitalmarkt schließen. Der für die Harakiri Bank derzeit am Markt realisierbare Zins für festverzinsliche Mittel mit einer Laufzeit von zwei Jahren liegt bei 8 %, während sie variabel verzinsliche Mittel zu Libor-Konditionen handeln kann.

3. a) Welche Geld- und Kapitalmarktgeschäfte werden von der Harakiri Bank durchgeführt?

   b) Stellen Sie die Zinszahlungen nach Abschluss dieser Geld- und Kapitalmarktgeschäfte graphisch dar und berechnen Sie das Gesamtergebnis, das sich für die Harakiri Bank aus dem Zinsswap und den am Geld- und Kapitalmarkt abzuschließenden Gegengeschäften nach 5 Jahren ergibt! Eine Abzinsung der sich in den Folgejahren ergebenden Zahlungen ist nicht erforderlich.

4. Berechnen Sie das Gesamtergebnis für die Harakiri Bank aus dem Swap-Geschäft und den Gegengeschäften, die nach 3 Jahren abzuschließen sind, für den Fall, dass das USD-Zinsniveau bis zum dritten Jahr im Vergleich zur Ausgangssituation nicht gesunken, sondern gestiegen ist! Unterstellen Sie, dass die Harakiri Bank 2-jährige, festverzinsliche Mittel zu 11,5 % und variabel verzinsliche Mittel weiterhin zu Libor-Konditionen handeln kann. Auch hier ist die Berechnung von Barwerten nicht erforderlich.

Lösungsvorschlag zu Fallstudie 14:

zu 1.:

Die Voraussetzungen zur Erzielung eines Finanzierungsvorteils durch den Abschluss eines Zinsswaps sind:

- Die Swap-Partner müssen **entgegengesetzte Finanzierungsinteressen** hinsichtlich der Zinsberechnungsbasis (variabel versus fix) haben.
- Zwischen den Partnern sollte ein **Bonitätsunterschied** bestehen.
- Die **Differenz der Risikoprämien**, die Gläubiger für zinsfixe Mittel verlangen, muss sich von der Differenz der Risikoprämien bei variabel verzinslichen Mitteln unterscheiden.

zu 2.a):

Das Arbitragepotential eines Zinsswaps errechnet sich als Differenz der relativen Zinsvorteile der Swappartner im variablen und fixen Bereich.

Zinsvorteil der Swappi-Bank im **variablen** Bereich:	Libor + 0,625 % – Libor	= **0,625 %**
Zinsvorteil der Swappi-Bank im **fixen** Bereich:	12,360 % – 10,250 %	= **2,110 %**
Differenz der relativen Zinsvorteile:	2,110 % – 0,625 %	= **1,485 %**

zu 2.b):

Die frei aushandelbaren Swap-Zahlungsströme können wie folgt aussehen:

	Chip Corp.	Swappi-Bank
zinsfixe Kosten	0	10,25 %
zinsvariable Kosten	Libor + 0,625 %	0
Swap-Inflow	Libor – 0,875 %	10,25 %
Swap-Outflow	10,25 % + 0,125 %	Libor – 0,750 %
Nettokosten mit Swap	11,875 %	Libor – 0,750 %
Kosten ohne Swap	12,360 %	Libor
Finanzierungsvorteil	0,485 %	0,750 %

Abb. 14.2: Ermittlung des Finanzierungsvorteils des Zinsswaps

Da die Swappi-Bank vom gesamten Arbitragepotential in Höhe von 1,485 % für sich 0,750 % beansprucht und die Harakiri Bank insgesamt Gebühren in Höhe von 0,25 % vereinnahmen will, verbleibt für die Chip Corp. lediglich ein Finanzierungsvorteil von 0,485 %. Die Aufteilung des Arbitragepotentials zwischen den Swappartnern ist zwar grundsätzlich frei vereinbar, es wird in der Praxis jedoch stets so sein, dass der Swappartner mit der höheren Verhandlungsmacht – also der besseren Bonität – auch den größeren Finanzierungsvorteil für sich reklamieren kann.

zu 2.c):

Es werden folgende Transaktionen durchgeführt:

- Die Chip Corporation emittiert eine Floating Rate Note zu Libor + 0,625 % und zahlt über die Harakiri Bank 10,25 % + 0,125 % an die Swappi-Bank zur Bedienung der Festzins-Anleihe.
- Die Swappi-Bank emittiert eine Festzins-Anleihe zu 10,25 % und zahlt zur Bedienung der Floating Rate Note über die Harakiri Bank Libor – 0,75 % an die Chip Corp.
- Die Harakiri Bank leitet die Zinszahlungen weiter und behält für ihre Rolle als Vermittler und zwischengeschalteter Vertragspartner pro Jahr jeweils 0,125 % von den Swap-Partnern ein.

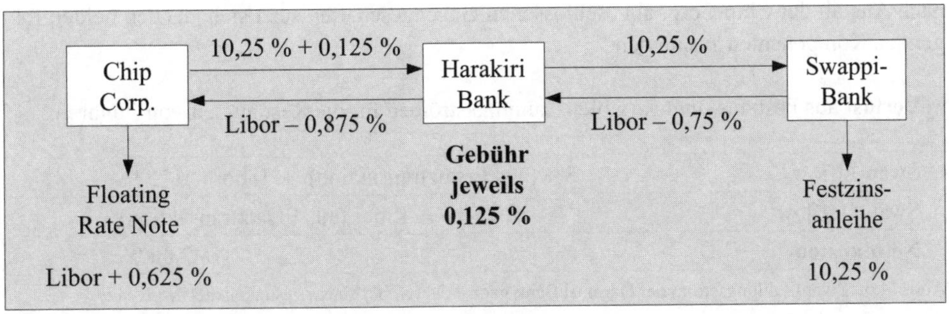

Abb. 14.3: Ausgangstransaktionen beim Abschluss des Zinsswaps

Bei der Harakiri Bank kommt es zu folgenden Zahlungsströmen:

Swap-Inflow	10,25 % + 0,125 % + Libor – 0,750 %
Swap-Outflow	10,25 % + Libor – 0,875 %
Nettoertrag	**+ 0,250 %**

Abb. 14.4: Swap-Zahlungsstrom der Harakiri Bank bei Abschluss des Zinsswaps

Wie von der Harakiri Bank beabsichtigt, verbleiben ihr jährlich 0,25 % des Swapvolumens als Gewinn.

zu 3.a):

Die Harakiri Bank führt am Geld- und Kapitalmarkt folgende Transaktionen durch:

- Aufnahme von 100 Mio. USD zu Libor (variabel)
- Anlage von 100 Mio. USD zum Festzins von 8 %

zu 3.b):

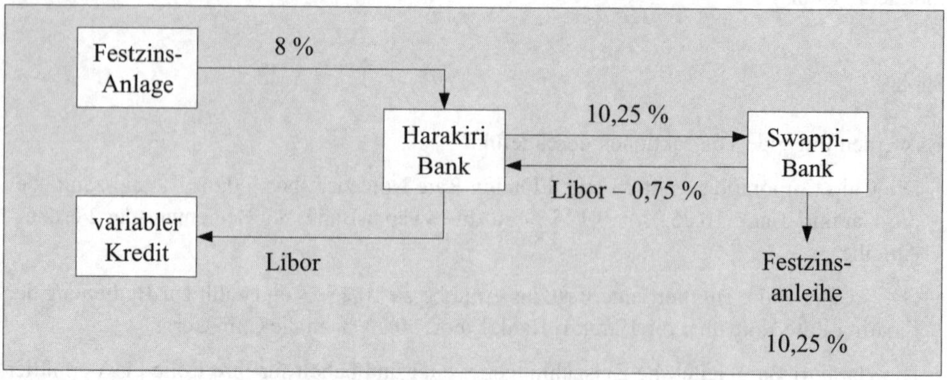

Abb. 14.5: Zahlungsströme der Harakiri Bank nach Ausfall der Chip Corp. bei gesunkenem Zinsniveau

Das Gesamtergebnis nach 5 Jahren aus dem Zinsswap und den am Geld- und Kapitalmarkt nach Ausfall der Chip Corp. abgeschlossenen Gegengeschäften setzt sich aus den beiden folgenden Komponenten zusammen:

- **Verlust** aus Festzins- und variablen Zahlungsströmen für die Restlaufzeit von 2 Jahren:

Swap-Inflow	8% (aus Ersatztransaktion) + Libor – 0,75 %
Swap-Outflow	10,25 % + Libor (aus Ersatztransaktion)
Nettokosten	**- 3,00 %**

Abb. 14.6: Swap-Zahlungsstrom der Harakiri Bank nach 3 Jahren bei einem gesunkenen Zinsniveau

Bezogen auf das Volumen von 100 Mio. USD beläuft sich der **Verlust** aus Festzins- und variablen Zahlungsströmen für die Restlaufzeit von 2 Jahren auf:

(100 Mio. USD · 3 % · 2) = **6 Mio. USD**

- **Vereinnahmte Gebühren** aus dem Zinsswap in den ersten 3 Jahren der Laufzeit:

(100 Mio. USD · (0,125 % + 0,125 %) · 3) = **0,75 Mio. USD**

Insgesamt ergibt sich somit nach 5 Jahren, bei Ausfall der Chip Corp. und einem niedrigeren Zinsniveau als zum Abschlusszeitpunkt des Swaps, ein **Verlust in Höhe von 5,25 Mio. USD**.

zu 4.:

Es werden folgende Geld- und Kapitalmarktgeschäfte durchgeführt:

- Aufnahme von 100 Mio. USD zu Libor (variabel)
- Anlage von 100 Mio. USD zum Festzins von 11,5 %

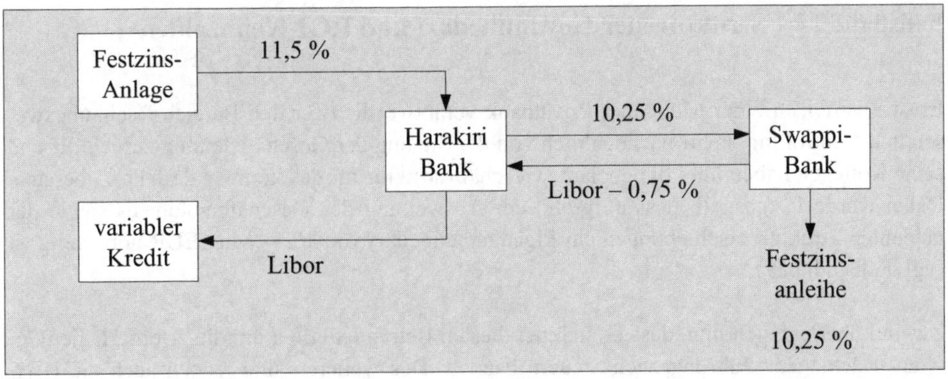

Abb. 14.7: Zahlungsströme der Harakiri Bank nach Ausfall der Chip Corp. bei gestiegenem Zinsniveau

Das Gesamtergebnis nach 5 Jahren aus dem Zinsswap und den am Geld- und Kapitalmarkt nach Ausfall der Chip Corp. abgeschlossenen Gegengeschäften setzt sich wiederum aus zwei Komponenten zusammen:

- **Gewinn** aus Festzins- und variablen Zahlungsströmen für die Restlaufzeit von 2 Jahren:

Swap-Inflow	11,5 % (aus Ersatztransaktion) + Libor – 0,75 %
Swap-Outflow	10,25 % + Libor (aus Ersatztransaktion)
Nettoertrag	**+ 0,50 %**

Abb. 14.8: Swap-Zahlungsstrom der Harakiri Bank nach 3 Jahren bei Anstieg des Zinsniveaus

Bezogen auf die Restlaufzeit von 2 Jahren und auf das Volumen von 100 Mio. USD beträgt der **Gewinn** aus Festzins- sowie variablen Zahlungsströmen insgesamt:

(100 Mio. USD · 0,5 % · 2) = **1 Mio. USD**

- **Vereinnahmte Gebühren** aus dem Zinsswap in den ersten 3 Jahren der Laufzeit:

(100 Mio. USD · (0,125 % + 0,125 %)· 3) = **0,75 Mio. USD**
Es ergibt sich somit nach 5 Jahren bei einem Anstieg des Zinsniveaus ein **Gewinn** in Höhe von **1,75 Mio. USD**.

Das Ergebnis zeigt, dass die Auswirkungen eines Partnerausfalls bei einem Zinsswap von der zwischenzeitlich eingetretenen **Zinsentwicklung** abhängen. Aus dem Verlust in Höhe von 5,25 Mio. USD für den Fall eines deutlich gesunkenen Zinsniveaus wird bei dem unterstellten Zinsanstieg ein Gesamtgewinn von 1,75 Mio. USD.

Fallstudie 15: **Struktureller Gewinnbedarf und ROI-Kennzahlen**

Ernst Zweifel, in einer Münchner Privatbank verantwortlich für den Bereich Rechnungswesen und Controlling, kehrt nachdenklich von der Sitzung der Geschäftsleitung zurück. Er und seine Kollegen haben über die geplante Geschäftsstruktur für das kommende Jahr 05 beraten. Dabei wurde festgestellt, dass aufgrund der Ausweitung des Geschäftsvolumens sowie der geplanten Strukturverschiebungen ein Eigenkapitalbedarf von 10,11 Mio. EUR notwendig ist (vgl. Fallstudie 29).

Zweifel überlegt sich nun, dass es sich bei diesem Betrag lediglich um die erforderliche (Gewinn-)Rücklagenzuführung nach Steuern handelt. Des weiteren sind jedoch auch die Dividendenausschüttung sowie die anfallenden Steuerzahlungen aus dem Reingewinn zu leisten. Sofort begibt sich Zweifel an die Arbeit, um den gesamten Gewinnbedarf zu ermitteln. Dafür stellt er sich zunächst sämtliche Informationen zusammen, die zum einen die Grundlage für die Ermittlung des Eigenkapitalbedarfs bildeten und zum anderen für die darauf aufbauenden Analysen erforderlich sind.

Relevante Bilanzdaten für das Jahr 04

• Bilanzsumme:	3.000 Mio. EUR
• bilanzielles Eigenkapital:	112 Mio. EUR
• Gezeichnetes Kapital:	36 Mio. EUR

Geplante Eckdaten 05 (Ist-Zahlen für 04 jeweils in Klammern)

• Anteil der Risikoaktiva an der Bilanzsumme:	65 %	(61 %)
• durchschnittlicher Anrechnungsfaktor im Solvabilitätskoeffizienten:	74 %	(72,12 %)
• Solvabilitätskoeffizient:	9,5 %	(10,18 %)
• Ergänzungskapital in % des bilanziellen Eigenkapitals:	19 %	(20 %)
• geplantes Bilanzsummenwachstum:	6 %	

Relevante ROI-(Plan-)Kennzahlen für 05

• Handelsspanne:	0,27 %
• Bruttobedarfsspanne:	1,87 %
• AOSE-Spanne:	0,19 %
• Risikospanne:	- 0,60 %
• Provisionsspanne:	0,95 %

Geplante Dividendenpolitik
Es sollen wiederum 12 % Bardividende auf das gezeichnete Kapital ausgeschüttet werden.

Die Steuerbelastung (inkl. Gewerbesteuer) beträgt einheitlich 35 %

1. Ermitteln Sie auf Basis der Ihnen vorliegenden Informationen den notwendigen Reingewinnbedarf vor Steuern und Dividendenzahlung! Gehen Sie davon aus, dass eine externe Kapitalzuführung derzeit nicht möglich ist!

2. Um seine Kollegen in der Geschäftsleitung an das Denken in relativen Größen zu gewöhnen, rechnet Zweifel die absoluten Zahlen in ROI-Kennzahlen (bezogen auf durchschnittliche Bestandsgrößen) um.

   a) Welche Bruttozinsspanne müsste die Bank erzielen, um den in Aufgabe 1 ermittelten Reingewinn zu erreichen?

   b) Wie hoch ist der sich daraus ergebende (Eigenkapital-)Rentabilitätsbedarf vor und nach Steuern?

   c) Stellen Sie die ermittelten Kennzahlen übersichtlich in Form des ROI-Schemas dar!

Auf der nächsten Sitzung der Geschäftsleitung präsentiert Zweifel die Ergebnisse seiner Analyse. Sofort melden sich bei seinen Kollegen Bedenken an, dass die notwendige Bruttozinsspanne bei der geplanten Struktur und den erwarteten Marktverhältnissen nicht realisierbar sein wird.

3. Als mögliche Ansatzpunkte zur Erreichung des notwendigen Reingewinnbedarfs werden im weiteren Verlauf der Sitzung die folgenden Maßnahmen diskutiert:

   a) Reduzierung der (Plan-)Bruttobedarfsspanne,

   b) Erhöhung der (geplanten) Provisionsspanne,

   c) Reduzierung der (geplanten) Risikospanne.

   Nennen Sie beispielhaft konkrete Maßnahmen, die zur Erreichung der unter a), b) und c) genannten Ziele beitragen können! Gehen Sie dabei auch auf mögliche Probleme ein, die mit den von Ihnen genannten Maßnahmen verbunden sein könnten!

   Nach mehrstündigen kontroversen Diskussionen ohne konkretes Ergebnis werden als weitere mögliche Alternativen

   d) eine einmalige Kürzung der geplanten Dividende,

   e) eine gegenüber der bisherigen Planung verhaltenere Wachstumspolitik
   in Erwägung gezogen, um den notwendigen Reingewinnbedarf zu senken.

   Wie beurteilen Sie diese Vorschläge?

Lösungsvorschlag zu Fallstudie 15:

zu 1.:

Der **notwendige Reingewinnbedarf** setzt sich aus drei Komponenten zusammen:

- Ausgeschütteter Gewinn (Dividende)
- Thesaurierter Gewinn
- Steuern auf einbehaltene und ausgeschüttete Gewinne

Ausgeschütteter Gewinn (Dividende)

12 % Bardividende auf das gezeichnete Kapital in Höhe von 36 Mio. EUR:

36 Mio. EUR · 0,12 = **4,32 Mio. EUR**

Dividende vor Steuern (Steuersatz: 35 %):

$$\frac{4{,}32\text{ Mio. EUR}}{1-0{,}35} = \mathbf{6{,}6462\text{ Mio. EUR}}$$

Steuern auf die Dividende (Steuersatz: 35 %):

6,6462 Mio. EUR – 4,32 Mio. EUR = **2,3262 Mio. EUR**

Thesaurierter Gewinn

Thesaurierung nach Steuern (= notwendiger Eigenkapitalzuwachs): **10,11 Mio. EUR**

Thesaurierung vor Steuern (Steuersatz: 35 %):

$$\frac{10{,}11\text{ Mio. EUR}}{1-0{,}35} = \mathbf{15{,}5538\text{ Mio. EUR}}$$

Steuern auf thesaurierten Gewinn:

15,5538 Mio. EUR – 10,11 Mio. EUR = **5,4438 Mio. EUR**

Steuern auf einbehaltene und ausgeschüttete Gewinne

Steuern: 2,3262 Mio. EUR + 5,4438 Mio. EUR = **7,770 Mio. EUR**

Daraus ergibt sich ein **Reingewinnbedarf vor Steuern** in Höhe von:

4,32 Mio. EUR + 10,11 Mio. EUR + 7,770 Mio. EUR = **22,20 Mio. EUR**

zu 2.a):

Die Bezugsgröße für die im folgenden zu berechnenden ROI-Kennzahlen bildet die **durchschnittliche Bilanzsumme** des Jahres 05:

$$\text{Ø Bilanzsumme} = \frac{3.000\text{ Mio. EUR} + 3.000\text{ Mio. EUR} \cdot (1 + 0{,}06)}{2} = \mathbf{3.090\text{ Mio. EUR}}$$

- **Mindest-Reingewinnspanne**

$$= \frac{\text{Mindest - Reingewinn}}{\text{Ø Bilanzsumme}} = \frac{22{,}20\text{ Mio. EUR}}{3.090\text{ Mio. EUR}} = \mathbf{0{,}72\ \%}$$

- **Mindest-Bruttogewinnspanne**

= Mindest-Reingewinnspanne – Risikospanne^{Plan}

= 0,72 % – (- 0,60 %) = **1,32 %**

- **Mindest-Bruttoertragsspanne**

= Mindest-Bruttogewinnspanne + Bruttobedarfsspanne^{Plan}

= 1,32 % + 1,87 % = **3,19 %**

- **Mindest-Bruttozinsspanne**

= Mindest-Bruttoertragsspanne – Provisionsspanne^{Plan} – Handelsspanne^{Plan} – Außerordentliche und Sonstige Ertragsspanne^{Plan}

= 3,19 % – 0,95 % – 0,27 % – 0,19 % = **1,78 %**

zu 2.b):

- **Eigenkapitalquote (EKQ)**

Für die Berechnung der Eigenkapitalquote ist das durchschnittliche Eigenkapital des Jahres 05 zu verwenden:

$$\text{Ø Eigenkapital} = \frac{112\text{ Mio. EUR} + 122{,}11\text{ Mio. EUR}}{2} = \mathbf{117{,}055\text{ Mio. EUR}}$$

$$\text{EKQ} = \frac{\text{Ø Eigenkapital}}{\text{Ø Bilanzsumme}} = \frac{117{,}055\text{ Mio. EUR}}{3.090\text{ Mio. EUR}} = \mathbf{3{,}79\ \%}$$

- **Eigenkapitalrentabilität vor Steuern (EKR v. St.)**

$$\text{EKR v. St.} = \frac{\text{Mindest - Reingewinnspanne}}{\text{Eigenkapitalquote}} = \frac{0{,}72\,\%}{3{,}79\,\%} = \mathbf{19{,}00\,\%}$$

- **durchschnittlicher Steuersatz (s)**

s = 35 %

=> 1 – Steuersatz = 1 – 0,35 = **0,65**

- **Eigenkapitalrentabilität nach Steuern (EKR n. St.)**

EKR n. St. = 19,00 % · (1 – 0,35) = **12,35 %**

zu 2.c):

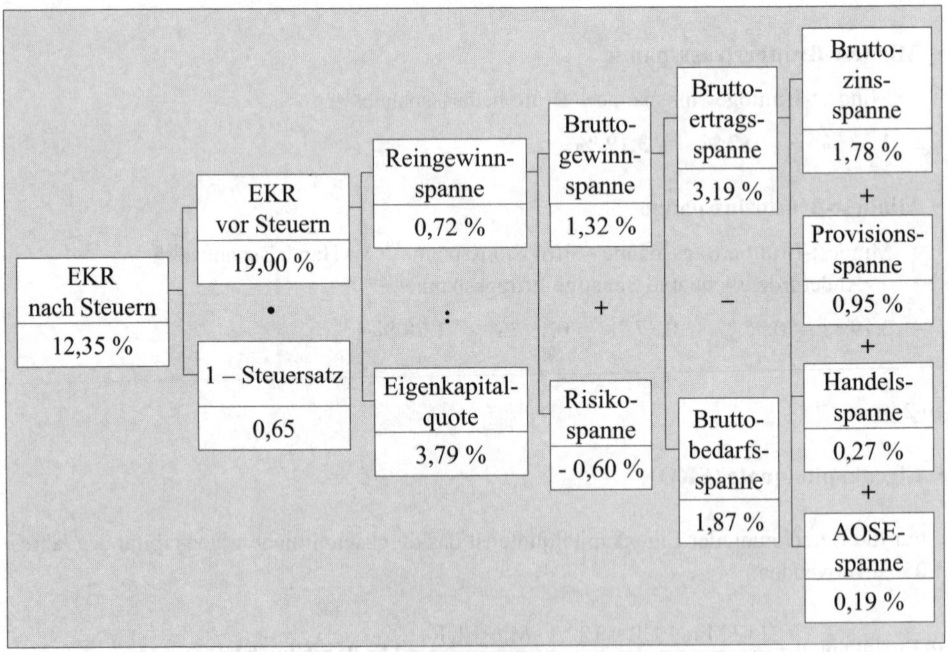

Abb. 15.1: ROI-Kennzahlenhierarchie laut Gewinnbedarfsanalyse

zu 3.a):

Die Bruttobedarfsspanne ergibt sich aus der Summe von Personalkostenspanne und Sachkostenspanne.

An diesen Bestimmungsgrößen setzen u.a. die folgenden Maßnahmen im Rahmen des Kostenmanagement an, z.B.:

- Rationalisierung der Arbeitsabläufe (z.B. Verringerung der Hierarchiestufen bei der Prüfung von Kreditanträgen)
- Änderung der Personalstruktur (z.B. konsequente Verlagerung von weniger anspruchsvollen Tätigkeiten auf Personal niedrigerer Tarifgruppen; hochqualifizierte Spezialisten werden von solchen Arbeiten befreit und können sich auf ihrer Qualifikation entsprechende, anspruchsvolle Aufgaben konzentrieren; dadurch verringert sich tendenziell der Bedarf nach solchen relativ teuren Mitarbeitern, so dass in der Folge ihr Anteil am Gesamtpersonal sinkt
- Konzentration der Beschaffungsaktivitäten für Sachmittel (Erzielung von Rabatten)

Mögliche Probleme:

Die angesprochenen Maßnahmen sind überwiegend struktureller Natur und haben eher langfristigen Charakter, so dass kurzfristig eine Senkung der Bruttobedarfsspanne auf diese Weise kaum zu erreichen sein wird.

<u>zu 3.b):</u>

Um die Provisionsspanne zu steigern, könnte eine Intensivierung des Beratungsgeschäfts zur Erhöhung des Anteils der Provisionserträge am Gesamtertrag angestrebt werden, zum Beispiel:

- Wertpapiergeschäft
- Vermittlung von Versicherungen
- M & A-Beratung

Hier besteht ebenfalls der Nachteil darin, dass die vorgeschlagenen Maßnahmen eher langfristig zu einer Entlastung des Reingewinnbedarfs beitragen.

<u>zu 3.c):</u>

Mögliche Ansatzpunkte zur Reduzierung der Risikospanne sind beispielsweise:

- strengere Selektionskriterien bei der Kreditwürdigungsprüfung
- verstärkte Diversifikation der Kreditnehmer
- Auflösung von stillen Reserven

Mögliche Probleme:

Bei den beiden ersten Ansatzpunkten handelt es sich wieder um eher langfristig orientierte Maßnahmen. Die Auflösung stiller Reserven ist nicht als Problemlöser anzusehen, da diese Reserven nur einmal aufgelöst werden können und somit in Zukunft als Sicherheitspolster entfallen; eine solche Strategie dient eher dazu, Zeit zur dauerhaften Lösung struktureller Probleme zu gewinnen.

zu 3.d):

Mögliche Probleme einer **Dividendenkürzung** können sein:

- Eine Dividendenkürzung führt ceteris paribus kurzfristig zu einem geringeren Reingewinnbedarf. So würde eine vollständige Dividendenstreichung im vorliegenden Fall eine Entlastung von 6,6462 Mio. EUR (= 4,32 Mio. EUR + 2,3262 Mio. EUR) und damit 29,94 % des gesamten Reingewinnbedarfs (= 22,20 Mio. EUR) bewirken.
- Langfristig dürfte eine solche Maßnahme deutlich negative Auswirkungen auf die Möglichkeit einer externen Kapitalbeschaffung haben, da die potentiellen Kapitalgeber eine angemessene Verzinsung ihres Kapitals erwarten.

zu 3.e):

Bei der geplanten **Wachstumsrate** handelt es sich zunächst um eine von der Bank autonom zu beeinflussende Größe, die sich auch kurzfristig umsetzen lässt. Darüber hinaus gehen von einem moderateren Wachstum keine negativen Rückwirkungen (wie z.B. von einer Dividendensenkung) aus.

Bei konstanter Risikostruktur, unveränderter Risikonorm und steigender Bilanzsumme bleibt die notwendige Eigenkapitalquote zwar konstant, das erforderliche absolute Eigenkapital steigt jedoch linear mit dem Wachstum der Bilanzsumme.

Dieser Zusammenhang soll anhand des vorliegenden Beispiels verdeutlicht werden:

Vorhandes Eigenkapital für 04:	3,7333 % von 3.000 Mio. EUR = 112,00 Mio. EUR
Geplantes Bilanzsummenwachstum für 05:	6 %
Notwendiges Eigenkapital für 05:	3,7333 % von 3.180 Mio. EUR = 118,72 Mio. EUR
=> Eigenkapitalzuwachs:	118,72 Mio. EUR – 112 Mio. EUR = 6,72 Mio. EUR = 6 % von 112 Mio. EUR

Der allein dem Bilanzsummenwachstum zuzurechnende Bedarf an zusätzlichem Eigenkapital beträgt also 6,72 Mio. EUR bzw. 66,5 % (= 6,72 Mio. EUR / 10,11 Mio. EUR) des Eigenkapitalbedarfs.

Die Entlastungswirkung auf den Reingewinnbedarf resultiert aus dem wachstumsbedingten Eigenkapitalbedarf (= 6,72 Mio. EUR) sowie den darauf entfallenden Steuern von 3,6185 Mio. EUR ((= 6,72 Mio. EUR / 0,65) · 0,35). Sie beträgt 46,6 % (= 10,3385 Mio. EUR / 22,20 Mio. EUR) und ist damit fast doppelt so hoch wie bei einer vollständigen Streichung der Dividende.

Eine mittelbare Entlastungswirkung geht auch auf die Höhe der **Risikospanne** aus, da bei verteilten Märkten ein Wachstum in erster Linie über den „Einkauf schlechter Risiken" bzw. rückläufige Margen möglich sein wird. Somit führt ein moderateres Wachstum tendenziell zu in der Zukunft niedrigeren Ausfällen und damit zu entsprechend niedrigeren Risikospannen.

Darüber hinaus dürften auch die **Betriebskosten** (Bruttobedarfsspanne) durch ein verhalteneres Wachstum positiv beeinflusst werden, so dass auch von dieser Seite eine Entlastungswirkung auf den Gewinnbedarf ausgeht.

Fallstudie 16: Ermittlung des Gesamt-Eigenmittelunterlegungserfordernisses

Der Aufsichtsrechtsspezialist Carlo Monte wurde vom Vorstand der Bank „Kohlen & Reibach" beauftragt, die Ermittlung der Eigenmittelunterlegungserfordernisse für das Marktrisiko sowie für das Gegenparteirisiko vorzunehmen sowie nachzuprüfen, ob die Bank die aufsichtsrechtlichen Eigenmittelanforderungen erfüllt. Leider vergisst er aber, die verschiedenen Einzelposten zusammenzufassen, um dem Vorstand den aufsichtsrechtlichen Gesamt-Eigenmittelbedarf zu nennen. Auch müssen die aufsichtsrechtlich anrechenbaren Eigenmittel noch berechnet werden. Kurz vor der entsprechenden Sitzung bittet er deshalb Sie, ihm dabei behilflich zu sein und stellt Ihnen zu diesem Zweck seine Aufzeichnungen sowie eine Zusammenstellung verschiedener relevanter Bilanzpositionen zur Verfügung. Letztere präsentiert sich wie folgt:

Position	Volumen (in Mio. EUR)
Gezeichnetes Kapital	1,50
Kapitalrücklage	7,60
Gewinnrücklage	10,20
Gewinnvortrag	0,80
langfristige nachrangige Verbindlichkeiten	7,10
kurzfristige nachrangige Verbindlichkeiten	4,20
Hybride Finanzierungsinstrumente	0,90
Goodwill	9,80
Stille Reserven in Wertpapieren	8,00
Innovative Kapitalinstrumente	1,40
Pauschalwertberichtigungen	0,70

Abb. 16.1: Komponenten des aufsichtsrechtlichen Eigenkapitals in der Bilanz von „Kohlen & Reibach" vor Gewinnverwendung per 31.12.04

1. Wie hoch sind die vorhandenen anrechenbaren Eigenmittel gemäß BASLER AUSSCHUSS? Erfüllt die Bank „Kohlen & Reibach" die aufsichtsrechtlichen Anforderungen? Gehen Sie dabei von den im Grundsatz I BaFin respektive den in der noch bis 2007 geltenden Eigenmittelübereinkunft des BASLER AUSSCHUSSES („Basel I") kodifizierten Vorschriften aus. Verwenden Sie die Resultate der Fallstudien 37 und 63.

Um den Vorstand zu beeindrucken, will Carlo Monte an der Sitzung ebenfalls die Eigenmittelanforderungen präsentieren, die sich gemäß der neuen Eigenmittelvereinbarung des BASLER AUSSCHUSSES (Basel II) ergeben. Allerdings stellt er fest, dass ihm dafür noch ein Wert für die Eigenmittelanforderung aus dem operationellen Risiko fehlt. Nach einem kurzen Anruf bei seinem alten Freund Marco Nero von der Bank Bussilini (vgl. Fallstudie 38) und einigen eigenen Berechnungen erhält er eine Eigenmittelanforderung für das operationelle Risiko nach dem Basisindikatoransatz des BASLER AUSSCHUSSES in Höhe von 1.800.000 EUR für die Bank „Kohlen & Reibach".

2. Ermitteln Sie das Gesamt-Eigenmittelunterlegungserfordernis für die Bank „Kohlen & Reibach" per 31.12.04 gemäß den Beschlüssen des BASLER AUSSCHUSSES zur Neuregelung der Eigenmittelvereinbarung! Verwenden Sie dazu ebenfalls die Resultate der Fallstudien 37 und 63.

Unterstellen Sie nun, dass Carlo Monte bei der Kalkulation der Eigenmittelanforderungen aus dem Kreditrisiko einen Fehler begangen hat. In seiner Präsentation vermeldet er, dass die Eigenmittelanforderung aus dem Kreditrisiko auf **32.269.996 EUR** ansteigen wird. Schon bald wird aber der Fehler festgestellt und korrigiert. Dennoch stellt der Vorstandsvorsitzende die Frage, wie im hypothetischen Falle divergierender Soll- und Ist-Eigenmittelanforderungen eigentlich vorgegangen werden müsste. Wiederum sieht Monte eine Möglichkeit, sich zu profilieren.

3. Welche strategischen Optionen stehen der Bank offen, um die (hypothetische) Eigenmittelanforderung von 32.269.996 EUR mit den tatsächlich vorhandenen Eigenmitteln wieder in Einklang zu bringen? Beachten Sie, dass der Jahresüberschuss vor Steuern im Jahre 04 genau 3,225 Mio. EUR beträgt. Für neu aufzunehmendes Fremdkapital wird im Durchschnitt mit einem Zinssatz von 6 % gerechnet. Gehen Sie ferner davon aus, dass zur Auffüllung des aufsichtsrechtlich geforderten Kapitalstocks die Berücksichtigung der Kapitalkomponenten in folgender Reihenfolge mit dem jeweils maximal möglichen Betrag zu erfolgen hat: Nachrangkapital, Klasse II-Ergänzungskapital, Klasse I-Ergänzungskapital, Kernkapital.

Lösungsvorschlag zu Fallstudie 16:

zu 1.:

Um das Gesamt-Eigenmittelunterlegungserfordernis nach geltendem Recht zu ermitteln, müssen die Eigenmittelanforderungen für das Marktrisiko, das Adressenausfallrisiko des Handelsbuches und für das Ausfallrisiko addiert werden.

Die Eigenmittelanforderung für das Marktrisiko findet sich in der Übersicht am Ende des Lösungsteils der Fallstudie 63. Sie beträgt insgesamt **14.825.275 EUR**.

Die Eigenmittelanforderung für das Adressenausfallrisiko des Handelsbuchs findet sich in Fallstudie 37. Sie beträgt **41.734 EUR**.

Ebenfalls in Fallstudie 37 wird aufgezeigt, wie die Eigenmittelanforderung für das Ausfallrisiko (nach „Basel I" respektive geltendem Grundsatz I BaFin sowie nach Basel II) zu ermitteln ist. Die Eigenmittelanforderung nach geltender Regelung beträgt **8.440.000 EUR**.

Insgesamt resultiert aus den genannten Komponenten eine Gesamt-Eigenmittelunterlegungserfordernis in Höhe von **23.307.009 EUR**.

Die anrechenbaren Eigenmittel bestehen gemäß den Regelungen des BASLER AUSSCHUSSES aus Kernkapital, Ergänzungskapital (weiter unterteilt in Ergänzungskapital der Klassen I und II) und Nachrangkapital.

Das aufsichtsrechtliche **Kernkapital** setzt sich wie folgt zusammen:

	Gezeichnetes Kapital:	1,50 Mio. EUR
+	Kapitalrücklage:	7,60 Mio. EUR
+	Gewinnrücklage:	10,20 Mio. EUR
+	Gewinnvortrag:	0,80 Mio. EUR
+	Innovative Kapitalinstrumente	1,40 Mio. EUR
–	Goodwill:	9,80 Mio. EUR
Summe Kernkapital:		**11,70 Mio. EUR**

Zu beachten ist, dass der Anteil der innovativen Kapitalinstrumente am gesamten Kernkapital nicht mehr als 15 % betragen darf. Diese Randbedingung ist hier unproblematisch, die entsprechende Quote beträgt 11,97 % (= 1,40 Mio. EUR / 11,70 Mio. EUR).

Beim **Ergänzungskapital** ist zu beachten, dass das gesamte Klasse I-Ergänzungskapital nur bis zu einer Höhe von 100 % und das gesamte Klasse II-Ergänzungskapital nur bis zu einer Höhe von 50 % des Kernkapitals anrechenbar ist. Somit ergibt sich eine Obergrenze für das Klasse I-Ergänzungskapital von 11,70 Mio. EUR, die hier jedoch nicht kritisch ist. Hingegen wird die Anrechnung von langfristigen nachrangigen Verbindlichkeiten als Ergänzungskapital der Klasse II auf 5,85 Mio. EUR (= 50 % · 11,70 Mio. EUR) beschränkt. Eine Beschränkung gilt ebenfalls für die Anrechnung von Neubewertungsreserven: Um der potentiellen Steuerbelastung sowie der Marktvolatilität gerecht zu werden, dürfen nur 45 % dieser stillen Reserven mit in die Kapitalbasis einbezogen werden. In diesem Fall sind es 3,60 Mio. EUR (= 45 % · 8,00 Mio. EUR).

	Pauschalwertberichtigungen (Vorsorgereserven):	0,70 Mio. EUR
+	Neubewertungsreserven:	3,60 Mio. EUR
+	Hybride Finanzierungsinstrumente:	0,90 Mio. EUR
Summe Ergänzungskapital Klasse I		**5,20 Mio. EUR**
+	langfristige nachrangigeVerbindlichkeiten:	5,85 Mio. EUR
Summe Ergänzungskapital Klasse II		**5,85 Mio. EUR**

Insgesamt beläuft sich das Ergänzungskapital somit auf 11,05 Mio. EUR (= 5,20 Mio. EUR + 5,85 Mio. EUR).

Nachrangkapital darf höchstens bis zur Grenze von 250 % des zur Unterlegung von Marktrisiken verwendeten Kernkapitals verwendet werden. Sollen also die insgesamt vorhandenen kurzfristigen nachrangigen Verbindlichkeiten in Höhe von 4,20 Mio. EUR mit in die aufsichtsrechtlich anerkannte Eigenmittelbasis einfließen, müssen vom Kernkapital zunächst 1,68 Mio. EUR (= 4,20 Mio. EUR / 250 %) für die Deckung von Marktrisiken reserviert werden.

Insgesamt betragen die Eigenmittelanforderungen für die **Marktrisiken** 14,87 Mio. EUR. Um das Kapital optimal zu nutzen, d.h. vor allem um das Nachrangkapital möglichst zuerst auszuschöpfen, sind nun zur Deckung der Marktrisiken der berechnete Pflichtteil Kernkapital (= 1,68 Mio. EUR) und das gesamte Nachrangkapital (= 4,20 Mio. EUR) zu verwenden. Die verbleibenden 8,99 Mio. EUR (= 14,87 Mio. EUR – 1,68 Mio. EUR – 4,20 Mio. EUR) sind durch Kern- und Ergänzungskapital zu decken, ebenso wie die 8,44 Mio. EUR Eigenmittelanforderung für das **Ausfallrisiko**. Total müssen also noch 17,43 Mio. EUR (= 8,44 Mio. EUR + 8,99 Mio. EUR) über das Kern- und das Ergänzungskapital gedeckt werden. Dabei sollte stets im Auge behalten werden, dass in der Summe das verwendete Ergänzungskapital das verwendete Kernkapital nicht übertreffen darf. Somit darf die Hälfte des restlichen Deckungsbedarfs von 17,43 Mio. EUR abzüglich 0,84 Mio. EUR (= 1,68 Mio. EUR / 2) – also 7,88 Mio. EUR – durch Kernkapital, die Hälfte von 17,43 Mio. EUR zuzüglich 0,84 Mio. EUR – also 9,56 Mio. EUR – durch Ergänzungskapital gedeckt werden. Aufgrund der Regel, die das anrechenbare Ergänzungskapital der Klasse II auf 50 % des angerechneten Kernkapitals beschränkt („50 %-Regel“), dürfen davon höchstens 4,78 Mio. EUR aus Ergänzungskapital der Klasse II bestehen. Im folgenden wird davon ausgegangen, dass diese Quote voll ausgeschöpft wird.

Wie diese Deckungsmassen auf die noch offenen Deckungsbedarfe für das Markt- respektive das Ausfallrisiko verteilt werden, spielt hingegen keine Rolle. Beispielsweise könnte zunächst das so allokierte Kernkapital (= 7,88 Mio. EUR) zur fast vollständigen Deckung der noch offenen Marktrisiken verwendet werden. Allerdings reicht dies nicht aus, vielmehr werden noch

1,11 Mio. EUR aus dem Ergänzungskapital (beispielsweise der Klasse II) benötigt. Aus dem verbleibenden Ergänzungskapital kann der Bedarf aus dem Ausfallrisiko gedeckt werden.

Abbildung 16.2. fasst die gewonnenen Erkenntnisse zusammen.

	Marktrisiko (in Mio. EUR)	Ausfallrisiko (in Mio. EUR)	**Summe (in Mio. EUR)**
Deckung aus Kernkapital	9,56 (= 1,680 + 7,88)	0	**9,56**
Deckung aus Ergänzungskapital der Klasse I	0	4,78	**4,78**
Deckung aus Ergänzungskapital der Klasse II	1,11	3,66	**4,77**
Deckung aus Nachrangkapital	4,200	0	**4,20**
Summe	**14,87**	**8,44**	**23,31**

Abb. 16.2: Deckung der aufsichtsrechtlichen Eigenmittelanforderungen per 31.12.04

Übrig bleiben letztlich 2,14 Mio. EUR (= 11,70 Mio. EUR – 9,56 Mio. EUR) an Kernkapital und 1,50 Mio. EUR an Ergänzungskapital (davon 0,42 Mio. EUR (= 5,20 Mio. EUR – 4,78 Mio. EUR) an Ergänzungskapital der Klasse I und 1,08 Mio. EUR (= 5,85 Mio. EUR – 1,11 Mio. EUR – 3,66 Mio. EUR) an Ergänzungskapital der Klasse II). Diese Deckungsmassen stehen der Bank voll zur Deckung weiterer Risiken zur Verfügung.

zu 2.:

Bei der Berechnung der Eigenmittelanforderung gemäß Basel II ist zu konstatieren, dass sich die Methoden zur Berechnung der Eigenmittelanforderungen für das Marktrisiko sowie das Adressenausfallrisiko des Handelsbuches nicht ändern. Insofern bleibt der Unterlegungsbetrag unverändert bei **14.825.275 EUR** für das Marktrisiko und **41.734 EUR** für das Adressenausfallrisiko des Handelsbuchs.

Eine Verminderung ergibt sich hinsichtlich der Eigenmittelanforderungen für das Kreditrisiko. Anstelle der bisherigen 8.440.000 EUR müssten nur noch **6.827.325,60 EUR** an Eigenmitteln unterlegt werden. Dazu käme der von Monte berechnete Zuschlag für das operationelle Risiko in Höhe von **1.800.000 EUR.**

Insgesamt ergäbe sich somit ein Gesamt-Eigenmittelunterlegungserfordernis in Höhe von **23.494.334,60 EUR**, was einer Erhöhung gegenüber der Eigenmittelanforderung gemäß bestehender Regelung um 0,80 % entspricht. Insgesamt kann damit konstatiert werden, dass die Eigenmittelanforderung praktisch unverändert bleibt.

zu 3.:

Würde hingegen eine Eigenmittelanforderung für das Kreditrisiko von **32.269.996 EUR** resultieren, so ergäbe sich zusammen mit den Anforderungen für das Marktrisiko, das Adressenausfallrisiko des Handelsbuchs sowie des operationellen Risikos eine Gesamt-Eigenmittelunterlegungserfordernis in Höhe von **48.937.005 EUR**.

Die faktische Verdoppelung der Eigenmittelanforderung ergibt für die Bank gravierende Konsequenzen. Es zeigt sich, dass die Bank sich ihre aktuelle Geschäftsstruktur (und dadurch determinierte Risikostruktur) nicht mehr leisten kann, da die aufsichtsrechtlichen Eigenmittelanforderungen für Gegenpartei-, Markt- und operationelle Risiken inskünftig die vorhandenen und aufsichtsrechtlich anrechenbaren Eigenmittel übersteigen werden.

Die Höhe der aufsichtsrechtlichen Eigenmittelanforderung ergibt sich grundsätzlich als Funktion der eingegangenen Risiken. Dabei gilt folgender Zusammenhang: Je höher das Risikopotential der eingegangenen Geschäfte, desto höher die (aufsichtsrechtlichen) Eigenmittelanforderungen.

Vor diesem Hintergrund muss das Ziel formuliert werden, das Verhältnis von aufsichtsrechtlicher Eigenmittelanforderung und vorhandenem Haftungskapital – das nach den Berechnungen von Monte einen Wert von 1,82 (= 48,94 Mio. EUR / 26,95 Mio. EUR) annehmen wird, auf einen Wert von höchstens 1 zu senken.

Grundsätzlich ergeben sich für die Bank somit zwei Strategierichtungen:

(1) Erhöhung der anrechenbaren Eigenmittel

(2) Reduktion der Eigenmittelanforderungen

Selbstverständlich ist auch eine Kombination dieser beiden Strategien denkbar.

(1) Erhöhung der anrechenbaren Eigenmittel

Bei der Erhöhung der aufsichtsrechtlichen Eigenmittelbasis sind die entsprechenden Randbedingungen bei der Anrechenbarkeit von Kapitalkomponenten zu beachten:

- Die Anrechenbarkeit von Nachrangkapital ist auf 250 % des zur Unterlegung von Marktrisiken verwendeten Kernkapitals beschränkt und darf nur zur Unterlegung von Marktrisiken verwendet werden.
- Das Ergänzungskapital der Klasse I darf das Kernkapital nicht übersteigen
- Das Ergänzungskapital der Klasse II darf 50 % des Kernkapitals nicht übersteigen.

- Insgesamt darf die Summe aus dem Ergänzungskapital der Klasse I und der Klasse II das Kernkapital nicht übersteigen.

Bei Eigenmittelanforderungen für Marktrisiken in Höhe von 14,87 Mio. EUR, für Ausfallrisiken von 32,27 Mio. EUR und für operationelle Risiken von 1,80 Mio. EUR führt dies zu folgendem Gleichungssystem:

(1) $x_M + y_{1M} + y_{2M} + z = 14{,}87$ Mio. EUR

(2) $x_R + y_{1R} + y_{2R} = 32{,}27$ Mio. EUR + 1,80 Mio. EUR = 34,07 Mio. EUR

(3) $y_{1M} + y_{1R} \leq x_M + x_R$

(4) $y_{2M} + y_{2R} \leq 0{,}5 \cdot (x_M + x_R)$

(5) $y_{1M} + y_{1R} + y_{2M} + y_{2R} \leq x_M + x_R$

(6) $z \leq 2{,}5 \cdot x_M$

mit:
x_M = zur Unterlegung von Marktrisiken verwendetes Kernkapital
x_R = zur Unterlegung der restlichen Risiken verwendetes Kernkapital
y_{1M} = zur Unterlegung von Marktrisiken verwendetes Klasse I-Ergänzungskapital
y_{2M} = zur Unterlegung von Marktrisiken verwendetes Klasse II-Ergänzungskapital
y_{1R} = zur Unterlegung der restlichen Risiken verwendetes Klasse I-Ergänzungskapital
y_{2R} = zur Unterlegung der restlichen Risiken verwendetes Klasse II-Ergänzungskapital
z = Nachrangkapital

Als Nebenbedingung wird gemäß Aufgabenstellung unterstellt, dass der maximal anrechenbare Betrag an Nachrangkapital ausgeschöpft werden soll. Somit wird zum einen Ungleichung (6) zur Gleichung und zum anderen folgt daraus, dass zur Deckung der Marktrisiken kein Ergänzungskapital angerechnet werden muss ($y_{1M} = 0$, $y_{2M} = 0$). Gleichung (1) mutiert somit zu Gleichung (7)

(7) $x_M + z = 14{,}87$ Mio. EUR

Darin wird nun Gleichung (6) eingesetzt, woraus Gleichung (8) entsteht, die aufgelöst einen Wert von 4,257 Mio. EUR für x_M ergibt:

(8) $x_M + 2{,}5 \cdot x_M = 3{,}5 \cdot x_M = 14{,}87$ Mio. EUR $\rightarrow x_M = 4{,}249$ Mio. EUR

Für z resultiert aus dem Resultat aus (8) und der Gleichung (6) demnach ein Wert von 10,623 Mio. EUR (= 2,5 · 4,249 Mio. EUR).

Als weitere Nebenbedingungen sollen – ebenfalls gemäß Aufgabenstellung – gelten, dass zunächst der höchstmögliche Betrag an Ergänzungskapital der Klasse II und insgesamt soviel

Ergänzungskapital wie möglich angerechnet wird. Zudem gilt aus der ersten Nebenbedingung, dass $y_{1M} = 0$, $y_{2M} = 0$ und $x_M = 4{,}249$ Mio. EUR. Dies führt dazu, dass die Ungleichung (4) die Form der Gleichung (9), und Ungleichung (5) die der Gleichung (10) annimmt:

(9) $y_{2R} = 0{,}5 \cdot (4{,}249 + x_R) = 2{,}1245 + 0{,}5 \cdot x_R$

(10) $y_{1R} + y_{2R} = 4{,}249 + x_R$

Gleichung (9) in Gleichung (10) eingesetzt ergibt Gleichung (11):

(11) $y_{1R} + 0{,}5 \cdot (4{,}249 + x_R) = 4{,}249 + x_R \rightarrow y_{1R} = 2{,}1245 + 0{,}5 \cdot x_R$

Setzt man nun die Gleichungen (9) und (11) in Gleichung (2) ein, so resultiert Gleichung (12) die sich einfach nach x_R auflösen lässt:

(12) $x_R + 2{,}1245 + 0{,}5 \cdot x_R + 2{,}1245 + 0{,}5 \cdot x_R = 34{,}07$ Mio. EUR
$\rightarrow x_R = 14{,}9105$ Mio. EUR

Damit lassen sich nun auch einfach y_{1R} und y_{2R} ausrechnen. Insgesamt ergeben sich somit folgende Werte:

- $x_M = 4{,}249$ Mio. EUR
- $x_R = 14{,}9105$ Mio. EUR
- $y_{1R} = 9{,}57975$ Mio. EUR
- $y_{2R} = 9{,}57975$ Mio. EUR
- $y_{1M} = 0$
- $y_{2M} = 0$
- $z = 10{,}621$ Mio. EUR

Abbildung 16.3 zeigt im Überblick, wie die Eigenmittelanforderung unter Beachtung der Rand- und Nebenbedingungen optimalerweise gedeckt werden sollte.

	Marktrisiko (in Mio. EUR)	Ausfallrisiko und operationelles Risiko (in Mio. EUR)	**Summe (in Mio. EUR)**
Deckung aus Kernkapital	4,249	14,91	**19,159**
Deckung aus Ergänzungskapital Klasse 1	0	9,58	**9,58**
Deckung aus Ergänzungskapital Klasse 2	0	9,58	**9,58**
Deckung aus Nachrangkapital	10,621	0	**10,621**
Summe	**14,87**	**34,07**	**48,94**

Abbildung 16.3: Optimale Deckung der aus Basel II entstehenden potentiellen Eigenmittelanforderungen

Abbildung 16.4 zeigt nun eine Gegenüberstellung von vorhandenen und benötigten Risikodeckungsmassen.

		Risikodeckungsmassen (in Mio. EUR)			
		vorhanden	benötigt	Differenz	
Kernkapital		11,700	19,159	**7,459**	**+ 63,8 %**
Ergänzungskapital	Klasse I	5,200	9,58	**4,38**	**+ 84,2 %**
	Klasse II	5,850	9,58	**3,73**	**+ 63,8 %**
Nachrangkapital		4,200	10,621	**6,421**	**+152,9 %**

Abbildung 16.4: Deckungslücken per 31.12.04

Nachdem nun die Lücken in den einzelnen aufsichtsrechtlichen Eigenmittelkomponenten identifiziert wurden, muss die Frage beantwortet werden, mit welchen konkreten Maßnahmen diese Lücken geschlossen werden sollen.

Zur Erhöhung des **Kernkapitals** stehen verschiedene Möglichkeiten zur Verfügung, wie in Abbildung 16.5 gezeigt wird:

Innenfinanzierung/ Selbstfinanzierung	Außenfinanzierung/ Beteiligungsfinanzierung
• Erhöhung der Gewinnrücklage respektive des Gewinnvortrags	• Erhöhung des gezeichneten Kapitals (und evt. der Kapitalrücklage) • Emission innovativer Kapitalinstrumente

Abbildung 16.5: Alternative Maßnahmen zur Erhöhung des Kernkapitals

Entscheidet sich die Geschäftsleitung dafür, die notwendige Erhöhung des Kernkapitals durch Maßnahmen zu erreichen, welche das bilanzielle Eigenkapital erhöhen, stellt sich die Frage, ob der Bedarf durch die Einbehaltung von Gewinnen oder durch die Kapitalzuführung von außen zu decken ist.

Ganz allgemein gilt, dass die Anrechenbarkeit innovativer Kapitalinstrumente (wie beispielsweise Vermögenseinlagen stiller Gesellschafter oder preference shares mit einer Zins-Step up-Regelung) nach den Regelungen des BASLER AUSSCHUSSES auf höchstens 15 % des gesamten Kernkapitals beschränkt ist. Das bedeutet, dass der Gesamtbetrag innovativer Kapitalinstrumente auf 2,874 Mio. EUR (= 19,159 Mio. EUR · 15 %) beschränkt ist. Berücksichtigt man den Wert der sich bereits in der Bilanz befindlichen innovativen Instrumente in Höhe von 1,400 Mio. EUR, so zeigt sich, dass höchstens 1,474 Mio. EUR neu emittiert werden dürfen.

Bei der Erhöhung von **Ergänzungskapital der Klasse I** stehen folgende Möglichkeiten zur Verfügung:

- Erhöhung der Vorsorgereserven

- Erhöhung der Neubewertungsreserven

- Emission hybrider Finanzierungsinstrumente

Bezüglich der **Vorsorgereserven** gilt: eine Erhöhung der Vorsorgereserven vermindert den Jahresüberschuss, was die Möglichkeiten zur Bildung von Gewinnrücklagen beschränkt. Die Höhe der **Neubewertungsreserven** ist abhängig von der Marktsituation und in diesem Sinne von der Bank grundsätzlich nicht beeinflussbar. Nur wenn „Kohlen & Reibach" zum 31.12.04 noch nicht die gesamten 45 % der Differenz zwischen historischem Anschaffungskurs und aktuellem Marktkurs angerechnet hat, ergibt sich für die Bank auch bei unveränderter Marktsituation ein gewisser Spielraum zur Erhöhung des Ergänzungskapitals. Von Vorteil wäre auch, dass eine solche Erhöhung das bilanzielle Eigenkapital nicht erhöhen respektive den Jahresüberschuss nicht senken würde und sich somit nicht negativ auf die Eigenkapitalrentabilität auswirkte. Denselben Vorteil hätte die **Emission hybrider Finanzierungsinstrumente**. Allerdings haben diese, um als Ergänzungskapital anerkannt zu werden, einige Bedingungen zu erfüllen. So dürfen sie unter anderem nicht besichert und müssen nachrangig und voll einbezahlt sein.

Beim **Ergänzungskapital** muss beachtet werden, dass das **Ergänzungskapital der Klasse II** (also die nachrangigen Verbindlichkeiten mit einer Ursprungslaufzeit über 5 Jahren) den Wert von 50 % des Kernkapitals nicht übersteigt. Dies führt zu einem Maximalwert von 9,58 Mio. EUR. Unter Berücksichtigung der bereits vorhandenen 5,85 Mio. EUR können also nur noch 3,73 Mio. EUR an zusätzlichem Ergänzungskapital der Klasse II angerechnet werden. Allerdings steht es der Bank durchaus frei, zusätzliche längerfristige (Ursprungslaufzeit mehr als 5 Jahre) Verbindlichkeiten von über 3,73 Mio. EUR einzugehen. Denn einer Anrechnung dieser längerfristigen Verbindlichkeiten im Rahmen des Nachrangkapitals steht grundsätzlich nichts im Wege. Diese als Nachrangkapital angerechneten längerfristigen nachrangigen Verbindlichkeiten stünden dann aber nur zur Deckung zusätzlicher Marktrisiken bereit.

Zum **Nachrangkapital** zählen nachrangige Verbindlichkeiten mit einer Ursprungslaufzeit von mindestens 2 Jahren, wozu auch nachrangige Verbindlichkeiten zählen, die wegen der 50 %-Regel nicht als Ergänzungskapital der Klasse II anrechenbar sind.

Zusammenfassend kann festgehalten werden, dass die Optimierung der aufsichtsrechtlichen Eigenmittelstruktur ein komplexes Problem mit vielen Neben- und Randbedingungen darstellt. So ist beispielsweise unter Rentabilitäts-Leverage-Aspekten abzuwägen, ob vorhandene Deckungslücken bei den Eigenmitteln primär eher mit bilanziellem Eigen- oder Fremdkapital zu schließen sind. Ist die aktuelle Eigenkapitalrentabilität vor Steuern höher als der durchschnittliche Zinssatz für neu aufzunehmendes Fremdkapital (wie in der Aufgabenstellung gegeben), so ist eine Deckung des Finanzierungsbedarfs primär mit Fremdkapital (also tendenziell Nachrangkapital und Ergänzungskapital) vorzuziehen. Weitere wichtige Determinanten sind unter anderem das Marktwert-Buchwert-Verhältnis und die Risikosituation der Bank.

(2) Reduktion der Eigenmittelanforderungen

Die anderen Strategien zielen auf eine **Senkung der Eigenmittelanforderungen** ab. Durch einen **Verzicht auf das Kreditgeschäft** würde sich die Eigenmittelanforderung beispielsweise von 48,94 Mio. EUR auf 16,67 Mio. EUR (= 48,94 Mio. EUR – 32,27 Mio. EUR) vermindern. Allerdings stellt sich die Frage, ob für „Kohlen & Reibach" der Verzicht auf das Kreditgeschäft geschäftspolitisch opportun ist oder ob nicht beispielsweise ein hoher Anteil der Provisionserträge über Cross Selling-Effekte mit dem Kreditgeschäft verbunden sind. Bestehen diese Probleme nicht und kann eine hinreichende Senkung der Eigenmittelanforderung auf mehreren Wegen erzielt werden, d.h. bestehen Wahlmöglichkeiten, so ist zunächst auf die Kombination von Geschäften zu verzichten, welche in der Summe den geringsten aufsichtsrechtlichen RORAC aufweisen (d.h. das ungünstigste Verhältnis aus erwartetem Ertrag und aufsichtsrechtlicher Eigenmittelanforderung).

Soll auf das Kreditgeschäft nicht verzichtet werden, könnte eine **Minderung des Eigenmittelbedarfs** durch folgende Maßnahmen erreicht werden:

- Eine **Erhöhung der Besicherungsquote** im Neugeschäft führt zu einer Verminderung der Verlustrate bei Ausfall und dementsprechend zu einem tieferen durchschnittlichen Anrechnungsfaktor.

- Auch eine **Beschränkung der Kreditvergabe** auf Kreditnehmer mit guter bis sehr guter Bonität führt über die Verringerung der durchschnittlichen Ausfallwahrscheinlichkeit zu einem tieferen durchschnittlichen Anrechnungsfaktor.

- Dieselbe Wirkung hat die Besicherung der Kredite durch **Kreditderivate und Garantien**, wobei die Anrechnungsfaktoren der Kreditnehmer durch diejenigen der Transaktionspartner beim Kreditderivatgeschäft respektive diejenigen der Garanten ersetzt werden. Allerdings ist zu beachten, dass der Einsatz von Kreditderivaten jedoch an strenge Anforderungen geknüpft ist, ohne deren Erfüllung eine Senkung der Eigenmittelunterlegung nicht gewährt wird. Diese Anforderungen beziehen sich auf die Ausgestaltung der Transaktionen einerseits sowie auf die Struktur der Risikosteuerungsprozesse andererseits. Zudem ist im Rahmen einer Kosten-Nutzen-Überlegung im Einzelfall das Verhältnis aus den Transaktionskosten, die mit einem solchen Derivatgeschäft verbunden sind, und den „eingesparten"

Eigenmitteln zu betrachten. Der technische Ablauf einer Kreditderivat-Transaktion ist in Fallstudie 26 ersichtlich.

- Werden Forderungen im Rahmen einer **ABS-Transaktion** verbrieft und anschließend verkauft, so führt dies dazu, dass die Bank nicht mehr Gläubigerin der Forderungen ist. Infolge dessen entfallen für diese Kredite die Eigenmittelanforderungen. Ist die Bank nach dem Verkauf weiter an der Transaktion beteiligt, beispielsweise als Bereitstellerin von Bonitätsverbesserungen (Credit Enhancements), so werden aber selbstverständlich für diese so genannten Credit Enhancements Eigenmittelanforderungen fällig. Die Entlastung bei den Eigenmitteln ist dabei aber negativ korreliert mit dem Preis, den das SPV der Bank für den Forderungspool bezahlt. Je schlechter die Bonität, desto tiefer der Barwert der zukünftigen Zins- und Tilgungsleistungen. Der Ablauf einer ABS-Transaktion ist ebenfalls in Fallstudie 26 ersichtlich.

- Zu einer Reduktion der Eigenmittelanforderungen im **Marktrisikobereich** führt beispielsweise die Reduktion der offenen Handelspositionen, beispielsweise in Aktien oder fremden Währungen.

Fallstudie 17: **Limitsteuerung und Limitkontrolle im Handelsbereich**

Nachdem Sie sich einige Zeit im Controlling der XY-Bank durch hervorragende Leistungen ausgezeichnet haben, wird Ihnen die Verantwortung für den Handelsbereich übertragen. Eine Ihrer ersten Aufgaben besteht darin, das Ihrem Bereich zugewiesene ökonomische Kapital auf Jahresbasis in Höhe von 5 Mio. GE in ein Quartalslimit zu übertragen. Sie beschließen dies mittels eines Stop-Loss-Limits zu tun.

1. a) Verwenden Sie zur Periodisierung des Gesamtlimits (Jahreslimits) des Handelsbereichs die vereinfachte Form des Wurzelgesetzes! Was versteht man unter einem Stop-Loss-Limit?

   b) Um Ihre Berechnung zu überprüfen, simulieren Sie den Fall, dass im ersten Quartal ein Verlust in Höhe des gesamten Quartalslimits realisiert wird. Das Folgelimit passen Sie entsprechend an. Auch in den folgenden Quartalen wird das jeweils angepasste Limit voll ausgeschöpft. Berechnen Sie die Summe der Quartalsverluste!

   c) Stellen Sie die Entwicklung der Quartalslimite graphisch dar, wenn sich keine Verluste ereignen und das Gesamtlimit konstant bleibt. Welches grundsätzliche Problem sticht Ihnen dabei unwillkürlich ins Auge?

2. Bisher haben Sie sich nur mit der Berücksichtigung realisierter Verluste beschäftigt. Wie sollten Sie mit sich realisierenden Gewinnen verfahren?

Um unverhältnismäßig hohe Kursverluste gegen Ende des Planungshorizontes zu vermeiden, soll im Handelsbereich ein selbstverzehrendes Limit eingeführt werden. Dazu verwenden Sie wiederum das Wurzelgesetz.

3. Stellen Sie die Verringerung des Gesamtlimits im Zeitablauf graphisch dar. Berechnen Sie die Limite für das Restjahr jeweils zum Quartalsanfang, und gehen Sie davon aus, dass während der Laufzeit weder Gewinne noch Verluste realisiert werden. Berechnen Sie außerdem die sich ergebenden Quartalslimite!

Nachdem Sie sich entschlossen haben, mit einem selbstverzehrenden Gesamtlimit zu arbeiten, gilt es während des Jahres die Güte Ihres VaR-Modells zu testen. Da Sie verhindern wollen, dass das Jahres- oder Quartalslimit frühzeitig ausgeschöpft wird, entschließen Sie sich zusätzlich ein Tageslimit vorzugeben.

4. a) Vervollständigen Sie die von der Research Abteilung zur Verfügung gestellte lückenhafte Tabelle (vgl. Abbildung 17.1).

Abbildung 17.1 enthält die am jeweiligen Handelstag gehaltene Position. Um ein von der Geschäftsleitung vorgegebenes Konfidenzniveau in Höhe von 99,87 % zu gewährleisten, rechnen Sie mit einem Z-Wert von 3. Zur Ermittlung der VaR verwenden Sie den Varianz / Kovarianz Ansatz.

Handelstag	Risikovolumen	Standardabweichung	Risikofaktor	Overnight-VaR
1	4.376.475 GE	2,50 %	?	316.229,83 GE
2	2.989.000 GE	3,70 %	- 10,51 %	?
3	5.115.000 GE	2,10 %	- 6,11 %	312.304,13 GE
4	5.365.390 GE	1,90 %	?	?
5	8.250.000 GE	1,25 %	- 3,68 %	303.646,05 GE

Abb. 17.1: Positionsspezifika auf Tagesbasis (ausschließlich Long-Positionen)

Am Ende der ersten Woche vergleichen Sie die effektiven Erträge mit den zuvor berechneten VaRs. Diese als Backtesting bezeichnete Prozedur hilft Ihnen Ihr VaR-Modell zu beurteilen. Die jeweiligen Ergebnisse (wiederum lückenhaft) können Sie der Abbildung 17.2 entnehmen.

Handelstag	Stetige Rendite	GuV
1	5,50 %	?
2	0,99 %	29.738,06 GE
3	- 7,15 %	?
4	- 1,62 %	- 86.219,06 GE
5	0,22 %	18.169,98 GE

Abb. 17.2: Handelsergebnisse (auf Tagesbasis)

b) Stellen Sie VaR und die Erträge respektive Verluste der einzelnen Handelstage graphisch dar.

c) Enthält diese Datenreihe eine Backtesting-Ausnahme und kann man aufgrund dieser Datenreihe Rückschlüsse auf die Güte des Modells zur Berechnung des VaR ziehen?

Ihr erstes Jahr als Verantwortlicher für den Handelsbereich war ein voller Erfolg. Sie haben freie Hand den Geschäftsbereich auszubauen. Hierfür werben Sie von der Konkurrenz drei erfolgreiche Aktienhändler ab. Diese leiten unabhängig voneinander die drei neuen Teilbereiche des Handelsbereichs. Auch das Ihnen zur Verfügung gestellte ökonomische Kapital wird auf 15 Mio. GE erhöht. Als Verantwortlicher für den gesamten Handelsbereich obliegt es Ihnen diese 15 Mio. GE auf die Teilbereiche zu verteilen.

Sie beauftragen Ihren neuen Mitarbeiter ein kurzes Referat über verschiedene Varianten der Limitverteilung im Handelsbereich vorzubereiten. Nach einigen Tagen schlägt Ihnen dieser die drei folgenden Varianten vor:

- Die additive Aggregation der Teillimite zum Gesamtlimit

- Berücksichtigung der Korrelationen, aber über die Zeit feste Limite
- Treasury als Residual Player

5. Welche Charakteristika der verschiedenen Varianten erscheinen Ihnen von besonderer Bedeutung?

Lösungsvorschlag zu Fallstudie 17:

zu 1.a):

Die Periodisierung von Gesamt- bzw. Jahreslimiten kann auf Basis des Wurzelgesetzes erfolgen. Dabei kann zwischen der eigentlich korrekten Form und der vereinfachten Version des Wurzelgesetzes unterschieden werden. Die korrekte Form des Wurzelgesetzes kann nur bei Kenntnis der Standardabweichung der zugrundeliegenden Risikoposition verwendet werden. Folglich ist hier die vereinfachte Form anzuwenden, welche sich wie folgt darstellt:

$$\text{Limit}\,(HD_2) = \frac{\text{Limit}\,(HD_1)}{\sqrt{\frac{HD_1}{HD_2}}}$$

mit: HD_t = Haltedauer Periode t

Die Anwendung des Wurzelgesetzes erlaubt in beiden Fällen nur eine approximative Lösung. Allerdings fällt der entstehende Fehler relativ gering aus, so dass dieser als geringfügig und deshalb vernachlässigbar angenommen werden kann.

Auf Basis der vereinfachten Form des Wurzelgesetzes lässt sich folgendes Quartalslimit berechnen:

$$\text{Quartalslimit}_1 = \frac{\text{Gesamtlimit}_1}{\sqrt{\frac{4\text{ Quartale}}{1\text{ Quartal}}}} = \frac{5\text{ Mio. GE}}{\sqrt{4}} = \mathbf{2{,}5\ Mio.\ GE}$$

Wird ein Stop-Loss-Limit vorgegeben, muss die Position glattgestellt werden, sobald der Verlust innerhalb eines Quartals das Limit von 2,5 Mio. GE erreicht hat.

zu 1.b):

Da das Quartalslimit 2,5 Mio. GE beträgt, ist damit bei einer Stop-Loss-Vorgabe auch der maximal mögliche Verlust (unter normalen Marktbedingungen) definiert. Wird im ersten Quartal ein Verlust in dieser Höhe realisiert, muss dieser bei Berechnung des Limits für das Folgequartal berücksichtigt werden. Dieses stellt sich wie folgt dar:

$$\text{Quartalslimit}_2 = \frac{\text{Gesamtlimit}_2}{\sqrt{\frac{3\text{ Quartale}}{1\text{ Quartal}}}} = \frac{5\text{ Mio. GE} - 2{,}5\text{ Mio. GE}}{\sqrt{3}}$$

= 1.443.375,67 GE

Abbildung 17.3 zeigt die weiteren Ergebnisse:

Quartal	Gesamtlimit konstant	Quartalslimit	Verlust
1	5.000.000 GE	2.500.000,00 GE	2.500.000,00 GE
2	5.000.000 GE	1.443.375,67 GE	1.443.375,67 GE
3	5.000.000 GE	747.146,23 GE	747.146,23 GE
4	5.000.000 GE	309.478,10 GE	309.478,10 GE
Summe	-	-	5.000.000,00 GE

Abb. 17.3: Quartalslimiten bei Maximalverlusten

<u>zu 1.c)</u>

Werden während der Laufzeit keine Verluste realisiert und gleichzeitig das Gesamtlimit konstant gehalten, ergeben sich die folgenden Quartalslimite.

$Quartalslimit_1 = Gesamtlimit_1 / \sqrt{4} = 5 \text{ Mio. GE} / \sqrt{4} = 2.500.000{,}00 \text{ GE}$
$Quartalslimit_2 = Gesamtlimit_2 / \sqrt{3} = 5 \text{ Mio. GE} / \sqrt{3} = 2.886.751{,}35 \text{ GE}$
$Quartalslimit_3 = Gesamtlimit_3 / \sqrt{2} = 5 \text{ Mio. GE} / \sqrt{2} = 3.535.533{,}91 \text{ GE}$
$Quartalslimit_4 = Gesamtlimit_4 / \sqrt{1} = 5 \text{ Mio. GE} / \sqrt{1} = 5.000.000{,}00 \text{ GE}$

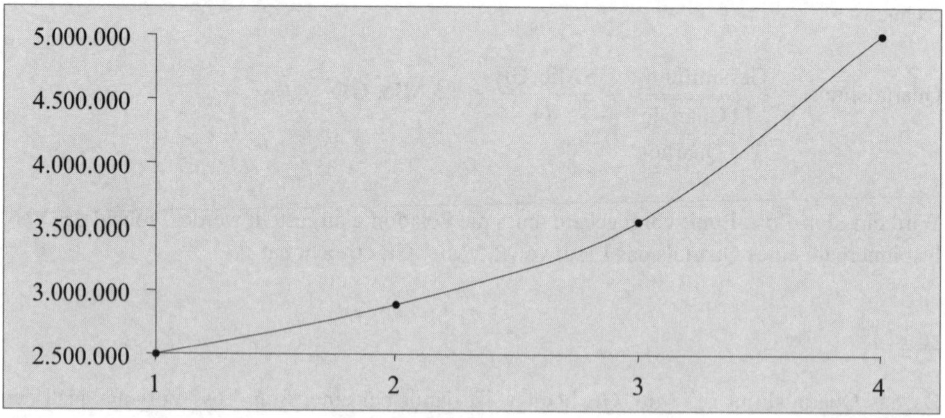

Abb. 17.4: Quartalslimiten bei konstantem Gesamtlimite ohne GuV

Problematisch an der Vergabe eines konstanten Gesamtlimits ist die Tatsache, dass gegen Ende des Planungshorizontes – falls keine Verluste das Limit reduzieren – Anreize zu einer unverhältnismäßig hohen Risikobereitschaft entstehen.

zu 2.:

Realisierte Gewinne können auf zwei verschiedene Arten behandelt werden. Zum einen erscheint es sinnvoll, die Gewinne einzubehalten und mit den gegebenen Limiten weiterzuarbeiten, zum anderen können realisierte Gewinne verwendet werden, um die Limite zu erhöhen. Werden die Gewinne einbehalten, wird das Imparitätsprinzip angewandt, d.h. realisierte Verluste werden bei der Limitvergabe berücksichtigt, realisierte Gewinne hingegen nicht. Welche Variante gewählt wird, hängt letztlich von der Risikobereitschaft der Entscheidungsträger ab.

zu 3.:

Bei der Vergabe eines selbstverzehrenden Jahreslimits wird dieses regelmäßig an die sich verringernde Restlaufzeit angepasst. Auf diese Weise wird erreicht, dass das Quartalslimit konstant bleibt und keine Anreize zu erhöhter Risikobereitschaft gegen Ende der Laufzeit gesetzt werden. Dies geschieht durch folgende Umrechnung:

$$\text{Gesamtlimit}_{\text{neu}} = \text{Gesamtlimit}_{\text{alt}} \cdot \sqrt{\frac{\text{Restlaufzeit Planungsperiode}}{\text{Planungsperiode}}}$$

Somit ergibt sich nach dem ersten Quartal ein neues Limit für die Restlaufzeit der Planungsperiode in Höhe von:

$$\text{Gesamtlimit}_{\text{neu}} = 5.000.000 \cdot \sqrt{\frac{3}{4}} = 4.330.127{,}02 \text{ GE}$$

Hieraus lässt sich nun das Limit für das zweite Quartal berechnen:

$$\text{Quartalslimit}_2 = \frac{4.330.127}{\sqrt{3}} = 2.500.000 \text{ GE}$$

Quartal	Gesamtlimit – selbstverzehrend	Quartalslimit
1	5.000.000,00 GE	2.500.000,00 GE
2	4.330.127,02 GE	2.500.000,00 GE
3	3.535.533,91 GE	2.500.000,00 GE
4	2.500.000,00 GE	2.500.000,00 GE

Abb. 17.5: Quartalslimite bei selbstverzehrendem Gesamtlimit

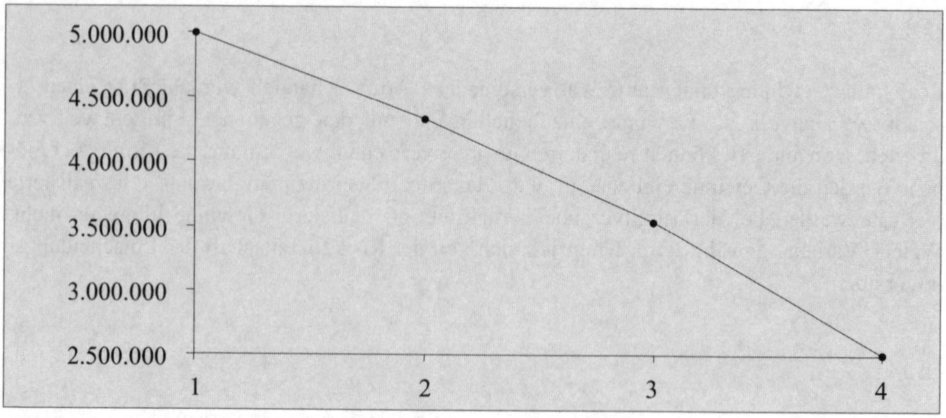

Abb. 17.6: Gesamtlimit unter Annahme eines selbstverzehrenden Jahreslimits

zu 4.a):

In Abbildung 17.1 fehlen verschiedene Risikofaktoren und VaR. Da sowohl Z-Wert als auch Standardabweichung jeweils angegeben sind, lässt sich der entsprechende Risikofaktor direkt berechnen und in Kombination mit dem Risikovolumen auch der VaR.

Risikofaktor $= e^{\text{Z-Wert} \cdot \text{STD}} - 1$
VaR $=$ Risikovolumen · Risikofaktor

Entsprechende lässt sich Abbildung 17.1 vervollständigen:

Handels-tag (1)	Z-Wert (2)	Standard-abweichung (3)	Risikofaktor $(4) = e^{(2) \cdot (3)} - 1$	Risikovolumen (5)	Overnight-VaR $(6) = (4) \cdot (5)$
1	- 3	2,50 %	- 7,23 %	4.376.475 GE	- 316.419,14 GE
2	- 3	3,70 %	- 10,51 %	2.989.000 GE	- 314.143,90 GE
3	- 3	2,10 %	- 6,11 %	5.115.000 GE	- 312.526,50 GE
4	- 3	1,90 %	- 5,54 %	5.365.390 GE	- 297.242,61 GE
5	- 3	1,25 %	- 3,68 %	8.250.000 GE	- 303.600,00 GE

Abb. 17.7: Positionsspezifika auf Tagesbasis (ausschließlich Long-Positionen)

zu 4.b):

Der graphischen Darstellung voraus geht die Vervollständigung von Abbildung 17.2. Die Berechnung der Ergebnisse ergibt sich nach folgender Formel:

$$\text{Ergebnis}_1 = \text{Risikovolumen} \cdot (e^{\text{stetige Rendite}} - 1)$$
$$= 4.376.475 \text{ GE} \cdot (e^{0,055} - 1) = 247.448,59 \text{ GE}$$

Handelstag (1)	Risikovolumen (2)	Stetige Rendite (3)	GuV (4) = (2) · [e$^{(3)}$ –1]
1	4.376.475 GE	5,50 %	247.448,59 GE
2	2.989.000 GE	0,99 %	29.738,06 GE
3	5.115.000 GE	- 7,15 %	- 352.954,04 GE
4	5.365.390 GE	- 1,62 %	- 86.219,06 GE
5	8.250.000 GE	0,22 %	18.169,98 GE

Abb. 17.8: Handelsergebnisse (auf Tagesbasis)

Die Resultate aus den Abbildungen 17.7 und 17.8 werden in Abbildung 17.9 zusammengeführt.

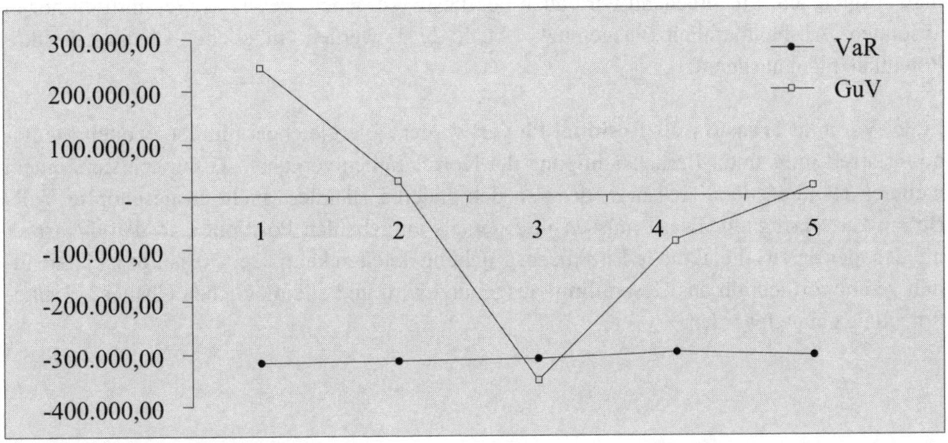

Abb. 17.9: Backtesting im Handelsbereich

zu 4.c):

Grundsätzlich spricht man von einer Backtesting-Ausnahme, wenn die Verluste höher als der VaR-Schätzwert für die entsprechende Haltedauer liegen. Wird beispielsweise ein Konfidenzniveau von 99 % festgelegt, erwartet man durchschnittlich eine Backtesting-Ausnahme in 100 Tagen. Liegt die tatsächliche Ausnahmequote höher, liegt die Vermutung nahe, dass das VaR-Modell nicht alle Risiken adäquat erfasst. Im vorliegenden Beispiel ist am dritten Handelstag eine Backtesting-Ausnahme zu erkennen. Aufgrund der geringen Datenmenge lassen sich hier allerdings keinerlei Rückschlüsse auf das VaR-Modell ziehen.

zu 5.:

Die **additive Aggregation der Teillimite** ohne Berücksichtigung von Korrelationen stellt eine sehr einfache, transparente Methode zur Limitverteilung dar. So könnte das Gesamtlimit in Höhe von 15 Mio. GE beispielsweise zu gleichen Teilen also jeweils 5 Mio. GE auf die drei Geschäftsbereiche verteilt werden. Der Vorteil dieser Vorgehensweise liegt in ihrer Einfachheit, zusätzlich liegt eine sehr sicherheitsorientierte Variante vor; implizit wird von vollständiger Korrelation zwischen den verschiedenen Risikopositionen ausgegangen. Allerdings wird das Gesamtlimit auf diese Weise praktisch niemals auch nur annähernd ausgeschöpft und mögliche Chancen-Risiko-Potentiale können nicht genutzt werden.

Eine zweite Möglichkeit besteht darin, das Gesamtlimit derart auf die einzelnen Händler aufzuteilen, dass unter Berücksichtigung der zwischen den Wertpapieren existierenden Korrelationen das Gesamtlimit immer eingehalten wird. Problematisch an der starren Limitzuteilung ist allerdings, dass nicht berücksichtigt wird, ob der jeweilige Händler während der Limitperiode Long- oder Short-Positionen eingeht. Aufgrund abweichender Erwartungen zwischen den Händlern ist davon auszugehen, dass zu den meisten Zeitpunkten sowohl Long- als auch Short-Positionen gehalten werden. **Korrelationen** zwischen einzelnen Wertpapieren sind in aller Regel positiv, so dass sich Long- und Short-Positionen grundsätzlich in gewissem Ausmaß ausgleichen. Entsprechend wird auch bei dieser Vorgehensweise das Gesamtlimit nur in absoluten Ausnahmefällen ausgenutzt. Auch hier werden mögliche Chancen-Risiko-Potentiale nicht ausgenutzt.

In der Variante **Treasury als Residual Player** werden – vergleichbar mit der zweiten Methode – starre Limits unter Berücksichtigung der Korrelationen vergeben. Zusätzlich steht einem weiteren Händler, dem Treasurer, der von den anderen Händlern nicht ausgeschöpfte VaR-Betrag zur Verfügung. Diese müssen ihre jeweils aufgebauten Positionen an den Treasurer melden, der daraus die aktuelle Limitbeanspruchung ableiten kann. Der Treasurer ist letztendlich verantwortlich, ob das Gesamtlimit ausgenutzt wird und alle möglichen Chancen-Risiko-Potentiale genutzt werden.

Fallstudie 18: **Herleitung von Zielrentabilitäten aus Kapitalmarkterfordernissen**

Die Investoren der Bank Innocento erwarten eine Mindest-Performance in Höhe von 13 % auf das investierte Eigenkapital zu Marktwerten, wobei die erwartete Kursrendite 10 % beträgt. Das Marktwert/Buchwert-Verhältnis der Bank Innocento beträgt derzeit 2 und soll am Ende der Planungsperiode einen Wert von 2,1 aufweisen.

1. Erläutern Sie zunächst den Begriff des Total Investor Returns und zeigen Sie dessen Zusammenhang mit der Mindest-Eigenkapitalrentabilität auf!

2. a) Berechnen Sie unter Zugrundelegung der gegebenen Informationen den Dividendensatz in Prozent des Eigenkapitals!

   b) Ermitteln Sie ausgehend von den gegebenen Informationen die erforderliche Eigenkapitalwachstumsrate!

3. Leiten Sie die Mindest-Eigenkapitalrentabilität vor Steuern aus den Verknüpfungen der in der Aufgabenstellung angegebenen respektive in den Teilaufgaben 1 und 2 ermittelten Kennzahlen anhand einer graphischen Darstellung her. Gehen Sie dabei von einer Steuerquote in Höhe von 30 % aus!

Lösungsvorschlag zu Fallstudie 18:

zu 1.:

Der Total Investor Return (TIR) entspricht der Mindestperformance, welche die Anleger auf ihr investiertes Kapital erwarten. Folgerichtig bezieht sie sich auf den Marktwert des Eigenkapitals. Ausgehend von der Mindest-Performanceanforderung der Anleger ist eine Mindest-Eigenkapitalrentabilität zu Buchwerten zu formulieren, welche dieser Anforderung genügt. Dabei wird die **Mindest-Eigenkapitalrentabilität** nach Steuern im wesentlichen durch zwei Komponenten determiniert. Einerseits durch den **Dividendensatz in Prozent des Eigenkapitals** und andererseits durch die **erforderliche Eigenkapitalwachstumsrate**. Die Verknüpfung dieser drei Kennzahlen lässt sich wie folgt darstellen:

Mindest-EKR (nach Steuern) = Dividendensatz + erforderliche Eigenkapitalwachstumsrate

Um einen marktwertbezogenen TIR in eine buchwertbezogene Eigenkapitalrentabilität zu transformieren, muss der TIR zuerst in die erwartete Dividendenrendite und die erwartete Kursrendite aufgeteilt werden. Im Zusammenspiel mit der Kennzahl Markwert/Buchwert-Verhältnis und deren zeitlichen Entwicklung determinieren diese beiden Größen jeweils die Höhe des Dividendensatzes und der erforderlichen Eigenkapitalwachstumsrate (vgl. Abb. 18.1).

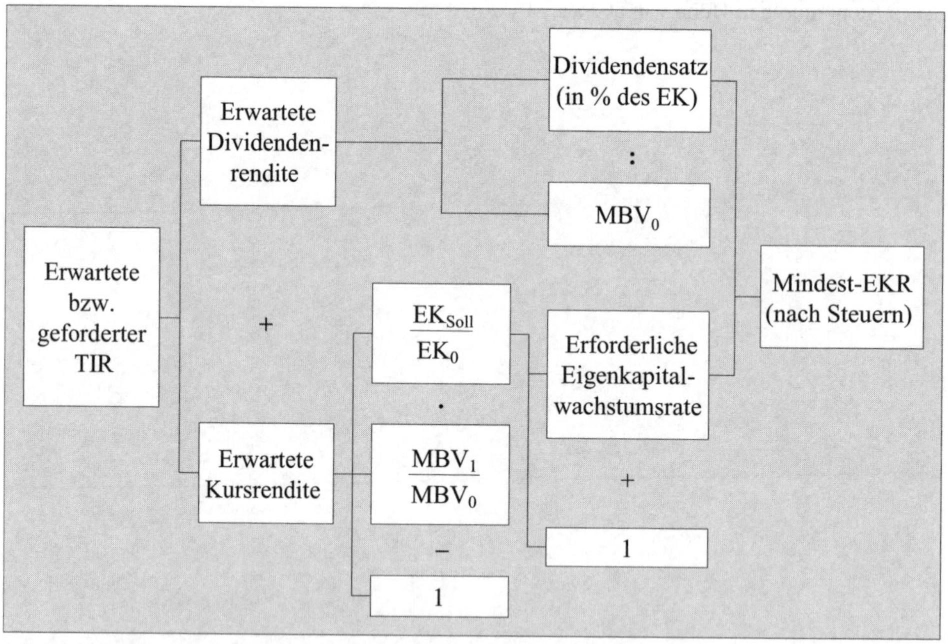

Abb. 18.1: Zusammenhang zwischen TIR und Mindest-Eigenkapitalrentabilität (mit: TIR = Total Investor Return; EK = Eigenkapital; MBV_0 = aktuelles Marktwert/Buchwert-Verhältnis; MBV_1 = Marktwert/Buchwert-Verhältnis am Ende der Planperiode; EKR = Eigenkapitalrentabilität)

Die **erwartete Dividendenrendite** ist zunächst auf den Marktwert des Eigenkapitals zu beziehen. Im Zuge der Transformation des TIR in die Eigenkapitalrentabilität ist dieser in einen Dividendensatz bezogen auf den Buchwert des Eigenkapitals umzurechnen. Dabei ist die erwartete Dividendenrendite mit dem aktuellen Marktwert/Buchwert-Verhältnis (MBV_0) zu multiplizieren. Folgende Formel zeigt diesen Rechenvorgang:

$$\text{Dividendensatz (in \% des Eigenkapitals zu Buchwerten)} = \text{erwartete Dividendenrendite} \cdot MBV_0$$

Als Ergebnis resultiert der Prozentsatz, der zur Finanzierung der Dividende aus der Eigenkapitalrentabilität erwirtschaftet werden muss.

Die zweite Komponente im Transformationsprozess des TIR zur Eigenkapitalrentabilität ist die **erwartete Kursrendite (bzw. Marktwertrendite)**, welche sich aus der Erhöhung der Markt- bzw. Kurswerte im Periodenvergleich ergibt. Folgende funktionale Verknüpfung verdeutlicht ihre Beziehung zu der Höhe der erforderlichen Eigenkapitalwachstumsrate:

$$\text{erwartete Kursrendite} = \frac{EK_{Soll}}{EK_0} \cdot \frac{MBV_1}{MBV_0} - 1$$

$$\Rightarrow \quad \frac{EK_{Soll}}{EK_0} = \frac{\text{erwartete Kursrendite} + 1}{MBV_1 / MBV_0}$$

Werden beide Seiten der obigen Gleichung um - 1 erweitert, resultiert nachfolgende Formel:

$$\frac{EK_{Soll}}{EK_0} - 1 = \frac{\text{erwartete Kursrendite} + 1}{MBV_1 / MBV_0} - 1$$

Dabei stellt der Term $\frac{EK_{Soll}}{EK_0} - 1$ die Wachstumsrate des Eigenkapitals dar:

$$\frac{EK_{Soll}}{EK_0} - 1 = \text{Wachstumsrate des Eigenkapitals} = \frac{\text{erwartete Kursrendite} + 1}{MBV_1 / MBV_0} - 1$$

Diese Gleichung lässt sich weiter umformen zu:

$$\text{Wachstumsrate des Eigenkapitals} = \frac{\text{erwartete Kursrendite} + \left(1 - MBV_1 / MBV_0\right)}{MBV_1 / MBV_0}$$

Die obige Formel führt zu den folgenden Schlussfolgerungen:

- bei im Periodenvergleich konstantem Marktwert/Buchwert-Verhältnis ($MBV_1 / MBV_0 = 1$) entspricht die erwartete Kursrendite exakt der erwarteten bzw. erforderlichen Eigenkapitalwachstumsrate (aus eigener Ertragskraft):

$$\text{Wachstumsrate des Eigenkapitals} = \frac{\text{erwartete Kursrendite} + (1-1)}{1} = \text{erwartete Kursrendite}$$

- wenn sich das Marktwert/Buchwert-Verhältnis verändert, ist die erforderliche Eigenkapitalwachstumsrate (und damit die erforderliche Eigenkapitalrentabilität) entweder höher als die erwartete Kursrendite (wenn das Marktwert/Buchwert-Verhältnis sinkt) oder geringer als diese (wenn das Marktwert/Buchwert-Verhältnis steigt).

zu 2.a):

Da der Total Investor Return eine Höhe von 13 % aufweist und die erwartete Kursrendite 10 % beträgt, beläuft sich die erwartete Dividendenrendite auf 3 %:

$$\text{Total Investor Return} = \text{erwartete Kursrendite} + \text{erwartete Dividendenrendite}$$

$$\text{erwartete Dividendenrendite} = \text{Total Investor Return} - \text{erwartete Kursrendite}$$

$$= 13\,\% - 10\,\% = \mathbf{3\,\%}$$

Bei dem aktuellen Marktwert/Buchwert-Verhältnis von 2 beträgt der **Dividendensatz** 6 %:

$$\text{Dividendensatz} = \text{Erwartete Dividendenrendite} \cdot MBV_0$$

$$= 3\,\% \cdot 2 = \mathbf{6\,\%}$$

zu 2.b):

Das Marktwert/Buchwert-Verhältnis steigt bis zum Ende der Planungsperiode von 2 auf 2,1. Bei gegebener erwarteter Kursrendite von 10 % ist zunächst das Verhältnis zwischen dem erwarteten Eigenkapital am Ende der Planungsperiode (EK_{Soll}) und dem aktuellen Eigenkapital (EK_0) herzuleiten:

$$\frac{EK_{Soll}}{EK_0} = \frac{\text{erwartete Kursrendite} + 1}{MBV_1 / MBV_0}$$

$$= \frac{10\,\% + 1}{2{,}1 / 2{,}0} = \mathbf{1{,}0476}$$

Um der Markterwartung der Kursrendite und dem geänderten Marktwert/Buchwert-Verhältnis Rechnung zu tragen, muss das Eigenkapital in der Planungsperiode um mindestens 4,76 % (= 1,0476 – 1) wachsen.

zu 3.:

Die Mindest-Eigenkapitalrentabilität nach Steuern setzt sich aus dem Dividendensatz und der erforderlichen Eigenkapitalwachstumsrate zusammen. Demnach beläuft sie sich auf 10,76 %:

Mindest-EKR (nach Steuern) = 6 % + 4,76 % = **10,76 %**

Abbildung 18.2 zeigt den Verlauf der Transformation eines erwarteten, respektive geforderten Total Investor Return zur Mindest-Eigenkapitalrentabilität nach Steuern.

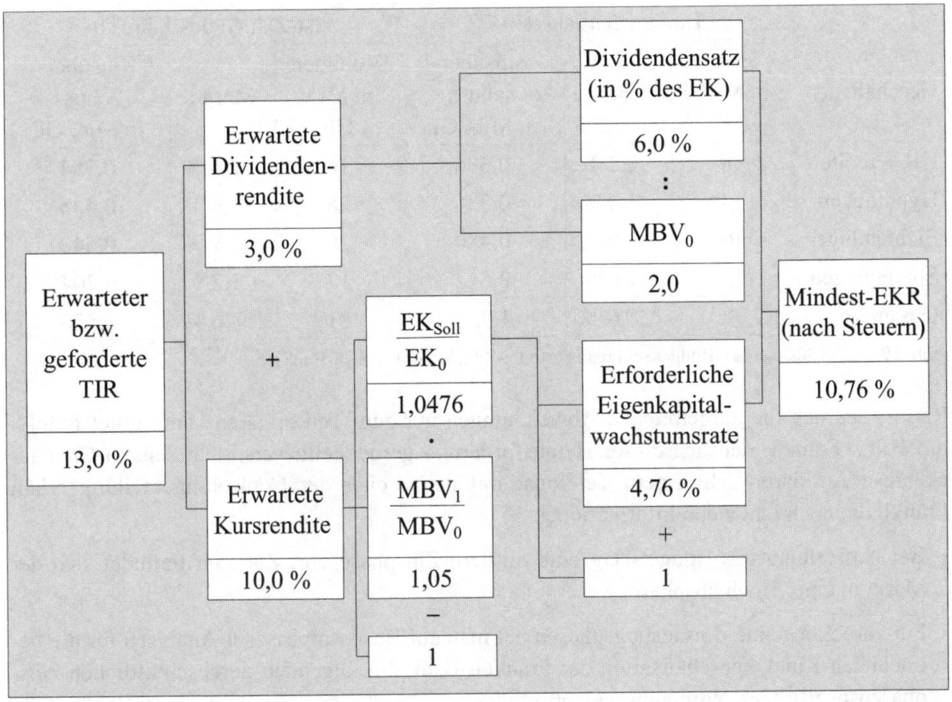

Abb. 18.2: TIR und Mindest-Eigenkapitalrentabilität

Die Umwandlung der Eigenkapitalrentabilität von einer Nachsteuer- in eine Vorsteuergröße wird im nächsten Schritt vollzogen:

$$\text{Mindest-EKR (vor Steuern)} = \frac{10{,}76\,\%}{1 - 30\,\%} = \mathbf{15{,}37\ \%}$$

Fallstudie 19: **Abweichungsanalyse im Zinsüberschuss-Budget**

Urs Fränkli hat nach erfolgreichem Abschluss seines Studiums Anfang des Jahres 05 eine Stelle als Assistent der Geschäftsleitung bei der Franken-Bank angetreten. Sein Vorgesetzter, der für den Kommerz-Bereich zuständige Reto Ratlos, ist gerade mit der Auswertung einer Aufstellung über den von der Bank im abgelaufenen Geschäftsjahr im Kundengeschäft erzielten Zinsüberschuss beschäftigt. Dabei sind teilweise erhebliche Diskrepanzen zu dem von ihm zu Beginn des Jahres aufgestellten Zinsüberschuss-Budget festzustellen.

	Budget des Jahres 04			Ist-Zahlen des Jahres 04		
Geschäftsart	Volumen in Mio. GE	Marge	Zinsüberschuss in Mio. GE	Volumen in Mio. GE	Marge	Zinsüberschuss in Mio. GE
KK-Kredite	18	2,2 %	0,396	16	2,4 %	0,384
Hypotheken	24	1,4 %	0,336	28	1,6 %	0,448
Sichteinlagen	16	3,0 %	0,480	20	2,7 %	0,540
Spareinlagen	32	1,6 %	0,512	17	1,2 %	0,204
Gesamt	90	1,916 %	1,724	81	1,946 %	1,576

Abb. 19.1: Zinsüberschuss-Budget und realisierte Ist-Zahlen der Franken-Bank des Jahres 04

Ratlos, der sich die aufgetretenen Abweichungen nur zum Teil erklären kann, bittet Fränkli um Hilfe. Fränkli, der sich dieser Herausforderung gerne stellt, verspricht seinem Chef lückenlose Aufklärung. In einem Telefonat mit dem Leiter der Controllingabteilung erhält Fränkli die noch fehlenden Informationen:

- Bei Aufstellung des Budgets lag eine mittlere Zinsphase vor. Zur Zeit befindet sich der Markt in einer Hochzinsphase.
- Für zurückliegende Zinsanstiegsphasen hat man auf Basis empirischer Analysen für die betrachteten Kundengeschäftsarten der Franken-Bank die folgenden durchschnittlichen zinsphasenspezifischen Normalmargen ermittelt:

	Niedrigzinsphase	Mittlere Zinsphase	Hochzinsphase
Kontokorrentkredite	0,8 %	0,9 %	1,2 %
Hypotheken	0,8 %	0,6 %	0,4 %
Sichteinlagen	3,0 %	3,6 %	4,0 %
Spareinlagen	2,5 %	2,9 %	3,8 %

Abb. 19.2: Zinsphasenspezifische Normalmargen der Franken-Bank

1. Im Rahmen der Abweichungsanalyse für das Zinsüberschuss-Budget können bei den Abweichungen 1. Grades wachstums- und strukturbedingte (Volumensabweichungen) sowie zinsniveau- und konditionsbedingte Abweichungen (Margenabweichungen) unterschieden werden. Erläutern Sie kurz den Aussagegehalt der genannten Abweichungsursachen!

2. Ermitteln Sie für jede der Kundengeschäftsarten der Franken-Bank auf graphischem Weg die Volumens-, Margen- und 2. Grad-Abweichung! Erläutern Sie dabei jeweils am konkreten Beispiel die unterschiedliche Behandlung der 2. Grad-Abweichung!

3. a) Leiten Sie - wiederum für jede Geschäftsart - in einem nächsten Schritt die Volumens-, Margen- und 2. Grad-Abweichung analytisch her! Differenzieren Sie die Abweichungen weiterhin in Wachstums- und Strukturabweichungen bzw. Zinsniveau- und Konditionsabweichungen!

   b) Fassen Sie die in Teilaufgabe 3. a) ermittelten Ergebnisse anschließend in einer Übersicht zusammen und arbeiten Sie anhand dieser Aufstellung die wesentlichen Ursachen für die Zinsüberschussabweichung bei der Franken-Bank heraus!

Lösungsvorschlag zu Fallstudie 19:

zu 1.:

Volumensabweichungen treten immer dann auf, wenn das im Rahmen des Budgets geplante Volumen nicht realisiert werden konnte.

- Die **Wachstumsabweichung** erklärt dabei den Teil der Volumensabweichung, der darauf zurückzuführen ist, dass das geplante Volumenswachstum nicht erreicht werden konnte.
- Die **Strukturabweichung** beantwortet die Frage, wie sich ungeplante Verschiebungen in der Geschäftsstruktur auf den Zinsüberschuss ausgewirkt haben.

Margenabweichungen sind immer dann zu verzeichnen, wenn die budgetierte Marge nicht erreicht werden konnte.

- Die **Zinsniveauabweichung** weist auf Abweichungen beim Zinsüberschuss hin, die sich aufgrund ungeplanter Zinsniveauänderungen ergeben haben.
- Die **Konditionsabweichung** erklärt den Teil der Margenabweichung, der auf ein Abweichen vom üblichen Konditionsverhalten der Bank zurückzuführen ist.

zu 2.:

Wesen der 2. Grad-Abweichung

2. Grad-Abweichungen entstehen durch das Zusammenwirken von mindestens zwei Einflussfaktoren (hier: Volumen und Marge), die **multiplikativ** miteinander verknüpft sind, wobei jedoch die Aufspaltung der Gesamtabweichung im Rahmen der Abweichungsanalyse **additiv** erfolgt. Die theoretisch exakte Zurechnung solcher Verbundeffekte auf die primären Einflussfaktoren ist nicht möglich, so dass die Frage, ob und wie solche Abweichungen höheren Grades zu verteilen sind, nur über Konventionen zu lösen ist.

Zurechnung der 2. Grad-Abweichung

Für die Behandlung der 2. Grad-Abweichung im Rahmen der Abweichungsanalyse beim Zinsüberschuss-Budget sind grundsätzlich die folgenden Fälle zu unterscheiden:

Fall 1: **gleichläufige** Entwicklung der beiden Determinanten des Zinsüberschusses

a: Ist-Marge und Ist-Volumen sind jeweils größer (im Bsp.: Hypothekendarlehen),

b: Ist-Marge und Ist-Volumen sind jeweils kleiner (im Bsp.: Spareinlagen)

als die budgetierten Werte.

Für den Fall 1 gilt:

Die 2. Grad-Abweichung wird **gesondert ausgewiesen**. Der Vorteil einer solchen Vorgehensweise, der hier der Vorzug gegeben werden soll, liegt in der theoretisch exakten Bestimmung der Ergebniswirkung der primären (1. Grad-) Abweichungen. Alternativ möglich wäre allerdings auch eine anteilige (z.B. hälftige oder proportionale, d.h. im Verhältnis der Primärabweichungen) Zurechnung der 2. Grad-Abweichung auf beide, oder auch eine vollständige Zurechnung auf einen der beiden primären Einflussfaktoren.

Fall 2: **gegenläufige** Entwicklung der beiden Determinanten des Zinsüberschusses

a: Ist-Marge ist größer und Ist-Volumen kleiner (im Bsp.: Kontokorrentkredite),

b: Ist-Marge ist kleiner und Ist-Volumen größer (im Bsp.: Sichteinlagen)

als die budgetierten Werte.

Für den Fall 2 gilt:

Die 2. Grad-Abweichung wird einmal positiv und einmal negativ erfasst (Multiplikation eines positiven und eines negativen Faktors). Der Saldo aus der Berechnung ist Null.

Graphische Darstellung

Fall 1a: Hypothekendarlehen

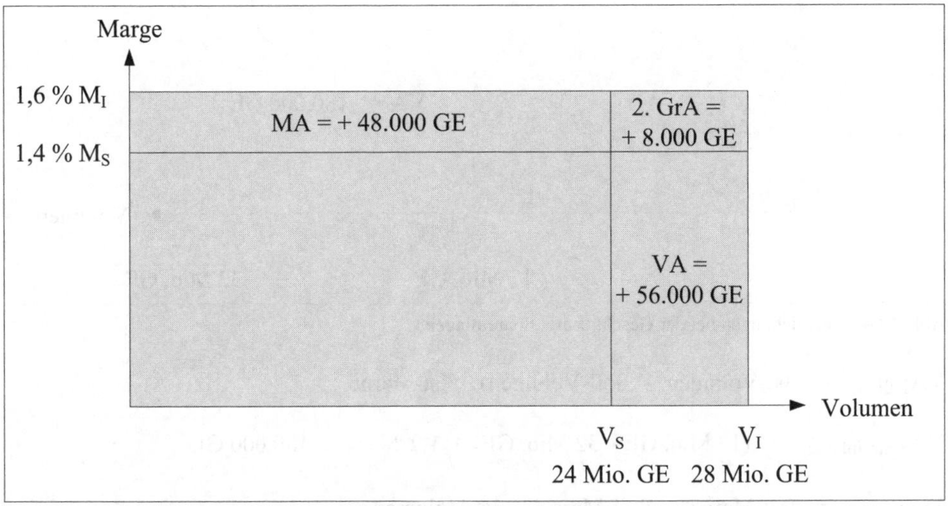

Abb. 19.3: Abweichungen bei der Geschäftsart „Hypothekendarlehen“
(mit: M = Marge; MA = Margenabweichung; V = Volumen; VA = Volumensabweichung; I = Ist; 2. GrA = 2. Grad-Abweichung; S = Soll)

Hinweis: Die in den Abbildungen ausgewiesenen Beträge ergeben sich aus der Multiplikation der jeweiligen Volumens- bzw. Margenwerte mit den entsprechenden Abweichungen (z.B.: $MA_{Hypotheken}$ = (1,6 % – 1,4 %) · 24 Mio. GE = + 48.000 GE). Der sich auf Basis der realisierten **Ist-Werte** ergebende Zinsüberschuss ist jeweils grau unterlegt.

$VA_{Fall\ 1a}$ = (Ist-Volumen – Soll-Volumen) · Soll-Marge

$VA_{Hypotheken}$ = (28 Mio. GE – 24 Mio. GE) · 1,4 % = + 56.000 GE

$MA_{Fall\ 1a}$ = (Ist-Marge – Soll-Marge) · Soll-Volumen

$MA_{Hypotheken}$ = (1,6 % – 1,4 %) · 24 Mio. GE = + 48.000 GE

2. $GrA_{Fall\ 1a}$ = (Ist-Marge – Soll-Marge) · (Ist-Volumen – Soll-Volumen)

2. $GrA_{Hypotheken}$ = (1,6 % – 1,4 %) · (28 Mio. GE – 24 Mio. GE) = + 8.000 GE

$GA_{Hypotheken}$ = 56.000 GE + 48.000 GE + 8.000 GE = + 112.000 GE

Fall 1b: Spareinlagen

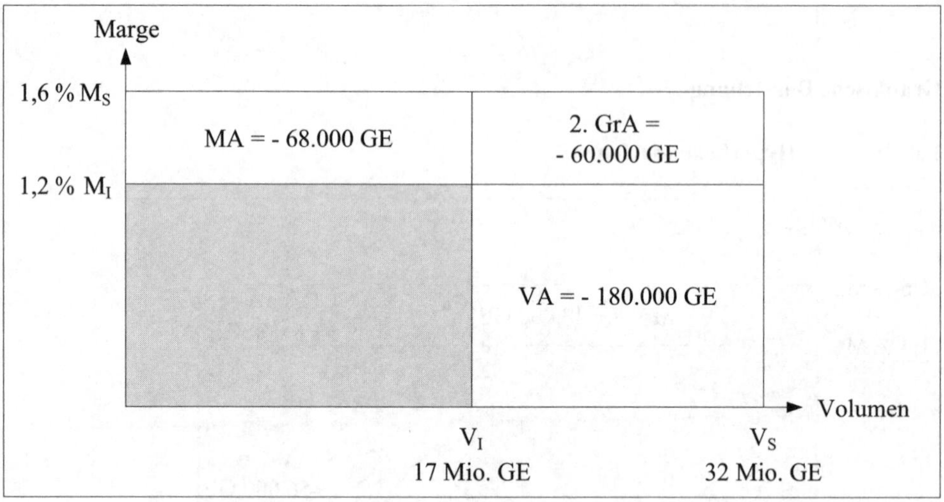

Abb. 19.4: Abweichungen bei der Geschäftsart „Spareinlagen"

$VA_{Fall\ 1b}$ = (Ist-Volumen – Soll-Volumen) · Ist-Marge

$VA_{Spareinlagen}$ = (17 Mio. GE – 32 Mio. GE) · 1,2 % = - 180.000 GE

$MA_{Fall\ 1b}$ = (Ist-Marge – Soll-Marge) · Ist-Volumen

$MA_{Spareinlagen}$ = (1,2 % – 1,6 %) · 17 Mio. GE = - 68.000 GE

2. $GrA_{Fall\ 1b}$ = (Ist-Marge – Soll-Marge) · (Soll-Volumen – Ist-Volumen)

2. $GrA_{Spareinlagen}$ = (1,2 % – 1,6 %) · (32 Mio. GE – 17 Mio. GE) = - 60.000 GE

$GA_{Spareinlagen}$ = - 180.000 GE + (- 68.000 GE) + (- 60.000 GE) = - 308.000 GE

Fall 2a: Kontokorrentkredite

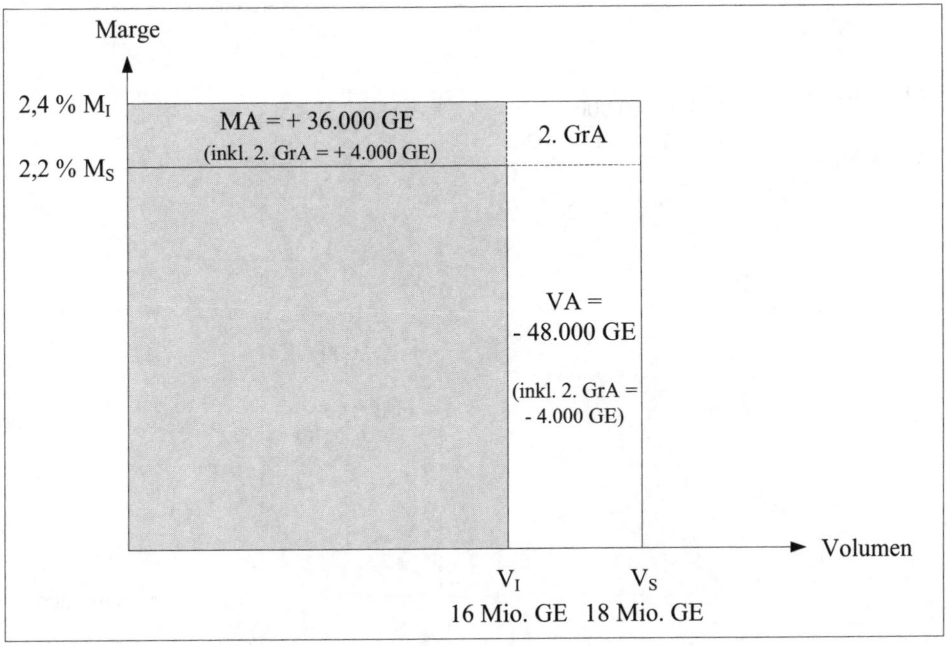

Abb. 19.5: Abweichungen bei der Geschäftsart „Kontokorrentkredite"

$VA_{Fall\ 2a}$ = (Ist-Volumen – Soll-Volumen) · Ist-Marge

$VA_{KK\text{-}Kredite}$ = (16 Mio. GE – 18 Mio. GE) · 2,4 % = - 48.000 GE

$MA_{Fall\ 2a}$ = (Ist-Marge – Soll-Marge) · Soll-Volumen

$MA_{KK\text{-}Kredite}$ = (2,4 % – 2,2 %) · 18 Mio. GE = + 36.000 GE

Gesamtabweichung $(GA)_{KK\text{-}Kredite}$ = - 48.000 GE + 36.000 GE = - 12.000 GE

Fall 2b: Sichteinlagen

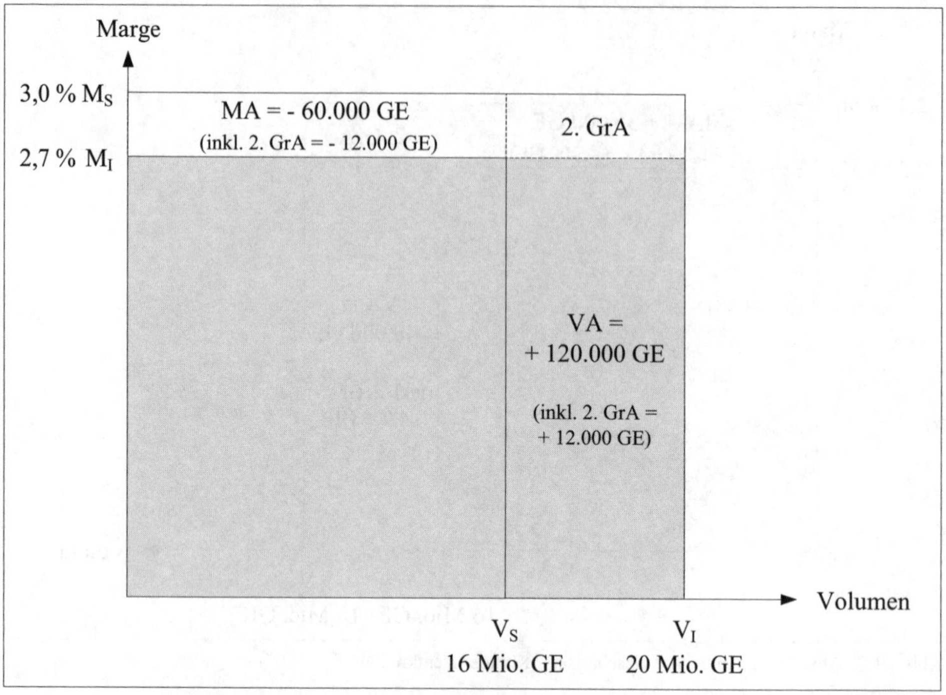

Abb. 19.6: Abweichungen bei der Geschäftsart „Sichteinlagen"

$VA_{Fall\ 2b}$ = (Ist-Volumen – Soll-Volumen) · Soll-Marge

$VA_{Sichteinlagen}$ = (20 Mio. GE – 16 Mio. GE) · 3,0 % = + 120.000 GE

$MA_{Fall\ 2b}$ = (Ist-Marge – Soll-Marge) · Ist-Volumen

$MA_{Sichteinlagen}$ = (2,7 % – 3,0 %) · 20 Mio. GE = - 60.000 GE

$GA_{Sichteinlagen}$ = 120.000 GE + (- 60.000 GE) = + 60.000 GE

zu 3.a):

1. Gesamtabweichung

Die Gesamtabweichung beim Zinsüberschuss ergibt sich aus dem Vergleich des budgetierten Zinsüberschusses (1,724 Mio. GE) mit dem tatsächlich realisierten Zinsüberschuss (1,576 Mio. GE). Die gesamte Zinsüberschussabweichung beträgt demnach - 148.000 GE.

2. Volumensbedingte Zinsüberschuss-Abweichung (VA)

Die allgemein geltenden Zusammenhänge sind jeweils als Formel vorangestellt.

$$VA_{Fall\,1a} = \sum_{i=1}^{n} (\text{Ist - Volumen}_i - \text{Soll - Volumen}_i) \cdot \text{Soll - Marge}_i$$

mit: i = Index der einzelnen Geschäftsart

$$VA_{Hypotheken} = (28 \text{ Mio. GE} - 24 \text{ Mio. GE}) \cdot 1{,}4\,\% = +56.000 \text{ GE}$$

$$VA_{Fall\,1b} = \sum_{i=1}^{n} (\text{Ist - Volumen}_i - \text{Soll - Volumen}_i) \cdot \text{Ist - Marge}_i$$

$$VA_{Spareinlagen} = (17 \text{ Mio. GE} - 32 \text{ Mio. GE}) \cdot 1{,}2\,\% = -180.000 \text{ GE}$$

$$VA_{Fall\,2a} = \sum_{i=1}^{n} (\text{Ist - Volumen}_i - \text{Soll - Volumen}_i) \cdot \text{Ist - Marge}_i$$

$$VA_{KK\text{-}Kredite} = (16 \text{ Mio. GE} - 18 \text{ Mio. GE}) \cdot 2{,}4\,\% = -48.000 \text{ GE}$$

$$VA_{Fall\,2b} = \sum_{i=1}^{n} (\text{Ist - Volumen}_i - \text{Soll - Volumen}_i) \cdot \text{Soll - Marge}_i$$

$$VA_{Sichteinlagen} = (20 \text{ Mio. GE} - 16 \text{ Mio. GE}) \cdot 3{,}0\,\% = +120.000 \text{ GE}$$

2.1 Wachstumsbedingte Zinsüberschussabweichung (WA)

$$WA_{Fall\,1a} = \sum_{i=1}^{n} \left(\text{Soll - Volumen}_i \cdot \frac{\text{Ist - Gesamtvolumen}}{\text{Soll - Gesamtvolumen}} - \text{Soll - Volumen}_i\right) \cdot \text{Soll - Marge}_i$$

$$WA_{Hypotheken} = \left(24 \text{ Mio. GE} \cdot \frac{81 \text{ Mio. GE}}{90 \text{ Mio. GE}} - 24 \text{ Mio. GE}\right) \cdot 1{,}4\,\% = -33.600 \text{ GE}$$

$$WA_{Fall\,1b} = \sum_{i=1}^{n} \left(\text{Soll - Volumen}_i \cdot \frac{\text{Ist - Gesamtvolumen}}{\text{Soll - Gesamtvolumen}} - \text{Soll - Volumen}_i\right) \cdot \text{Ist - Marge}_i$$

$$WA_{Spareinlagen} = \left(32 \text{ Mio. GE} \cdot \frac{81 \text{ Mio. GE}}{90 \text{ Mio. GE}} - 32 \text{ Mio. GE}\right) \cdot 1{,}2\,\% = -38.400 \text{ GE}$$

$$WA_{Fall\,2a} = \sum_{i=1}^{n} (\text{Soll-Volumen}_i \cdot \frac{\text{Ist-Gesamtvolumen}}{\text{Soll-Gesamtvolumen}} - \text{Soll-Volumen}_i) \cdot \text{Ist-Marge}_i$$

$$WA_{KK\text{-}Kredite} = (18\text{ Mio. GE} \cdot \frac{81\text{ Mio. GE}}{90\text{ Mio. GE}} - 18\text{ Mio. GE}) \cdot 2{,}4\,\% = -43.200\text{ GE}$$

$$WA_{Fall\,2b} = \sum_{i=1}^{n} (\text{Soll-Volumen}_i \cdot \frac{\text{Ist-Gesamtvolumen}}{\text{Soll-Gesamtvolumen}} - \text{Soll-Volumen}_i) \cdot \text{Soll-Marge}_i$$

$$WA_{Sichteinlagen} = (16\text{ Mio. GE} \cdot \frac{81\text{ Mio. GE}}{90\text{ Mio. GE}} - 16\text{ Mio. GE}) \cdot 3{,}0\,\% = -48.000\text{ GE}$$

2.2 Strukturbedingte Zinsüberschussabweichung (SA)

$$SA_{Fall\,1a} = \sum_{i=1}^{n} (\text{Ist-Volumen}_i - \frac{\text{Soll-Volumen}_i}{\text{Soll-Gesamtvolumen}} \cdot \text{Ist-Gesamtvolumen}) \cdot \text{Soll-Marge}_i$$

$$SA_{Hypotheken} = (28\text{ Mio. GE} - \frac{24\text{ Mio. GE}}{90\text{ Mio. GE}} \cdot 81\text{ Mio. GE}) \cdot 1{,}4\,\% = +89.600\text{ GE}$$

$$SA_{Fall\,1b} = \sum_{i=1}^{n} (\text{Ist-Volumen}_i - \frac{\text{Soll-Volumen}_i}{\text{Soll-Gesamtvolumen}} \cdot \text{Ist-Gesamtvolumen}) \cdot \text{Ist-Marge}_i$$

$$SA_{Spareinlagen} = (17\text{ Mio. GE} - \frac{32\text{ Mio. GE}}{90\text{ Mio. GE}} \cdot 81\text{ Mio. GE}) \cdot 1{,}2\,\% = -141.600\text{ GE}$$

$$SA_{Fall\,2a} = \sum_{i=1}^{n} (\text{Ist-Volumen}_i - \frac{\text{Soll-Volumen}_i}{\text{Soll-Gesamtvolumen}} \cdot \text{Ist-Gesamtvolumen}) \cdot \text{Ist-Marge}_i$$

$$SA_{KK\text{-}Kredite} = (16\text{ Mio. GE} - \frac{18\text{ Mio. GE}}{90\text{ Mio. GE}} \cdot 81\text{ Mio. GE}) \cdot 2{,}4\,\% = -4.800\text{ GE}$$

$$SA_{Fall\,2b} = \sum_{i=1}^{n} (\text{Ist-Volumen}_i - \frac{\text{Soll-Volumen}_i}{\text{Soll-Gesamtvolumen}} \cdot \text{Ist-Gesamtvolumen}) \cdot \text{Soll-Marge}_i$$

$$SA_{Sichteinlagen} = (20\text{ Mio. GE} - \frac{16\text{ Mio. GE}}{90\text{ Mio. GE}} \cdot 81\text{ Mio. GE}) \cdot 3{,}0\,\% = +168.000\text{ GE}$$

3. Margenbedingte Zinsüberschussabweichung (MA)

$$MA_{Fall\,1a} = \sum_{i=1}^{n} (\text{Ist - Marge}_i - \text{Soll - Marge}_i) \cdot \text{Soll - Volumen}_i$$

$$MA_{Hypotheken} = (1{,}6\,\% - 1{,}4\,\%) \cdot 24 \text{ Mio. GE} = +48.000 \text{ GE}$$

$$MA_{Fall\,1b} = \sum_{i=1}^{n} (\text{Ist - Marge}_i - \text{Soll - Marge}_i) \cdot \text{Ist - Volumen}_i$$

$$MA_{Spareinlagen} = (1{,}2\,\% - 1{,}6\,\%) \cdot 17 \text{ Mio. GE} = -68.000 \text{ GE}$$

$$MA_{Fall\,2a} = \sum_{i=1}^{n} (\text{Ist - Marge}_i - \text{Soll - Marge}_i) \cdot \text{Soll - Volumen}_i$$

$$MA_{KK\text{-}Kredite} = (2{,}4\,\% - 2{,}2\,\%) \cdot 18 \text{ Mio. GE} = +36.000 \text{ GE}$$

$$MA_{Fall\,2b} = \sum_{i=1}^{n} (\text{Ist - Marge}_i - \text{Soll - Marge}_i) \cdot \text{Ist - Volumen}_i$$

$$MA_{Sichteinlagen} = (2{,}7\,\% - 3{,}0\,\%) \cdot 20 \text{ Mio. GE} = -60.000 \text{ GE}$$

3.1 Zinsniveaubedingte Abweichung (ZNA)

$$ZNA_{Fall\,1a} = \sum_{i=1}^{n} (\text{Ist - Normalmarge}_i - \text{Soll - Normalmarge}_i) \cdot \text{Soll - Volumen}_i$$

$$ZNA_{Hypotheken} = (0{,}4\,\% - 0{,}6\,\%) \cdot 24 \text{ Mio. GE} = -48.000 \text{ GE}$$

$$ZNA_{Fall\,1b} = \sum_{i=1}^{n} (\text{Ist - Normalmarge}_i - \text{Soll - Normalmarge}_i) \cdot \text{Ist - Volumen}_i$$

$$ZNA_{Spareinlagen} = (3{,}8\,\% - 2{,}9\,\%) \cdot 17 \text{ Mio. GE} = +153.000 \text{ GE}$$

$$ZNA_{Fall\,2a} = \sum_{i=1}^{n} (\text{Ist - Normalmarge}_i - \text{Soll - Normalmarge}_i) \cdot \text{Soll - Volumen}_i$$

$$ZNA_{KK\text{-}Kredite} = (1{,}2\,\% - 0{,}9\,\%) \cdot 18 \text{ Mio. GE} = +54.000 \text{ GE}$$

$$ZNA_{Fall\,2b} = \sum_{i=1}^{n} (\text{Ist - Normalmarge}_i - \text{Soll - Normalmarge}_i) \cdot \text{Ist - Volumen}_i$$

$$ZNA_{Sichteinlagen} = (4{,}0\,\% - 3{,}6\,\%) \cdot 20 \text{ Mio. GE} = +80.000 \text{ GE}$$

3.2 Konditionsbedingte Abweichung (KA)

$$KA_{Fall\,1a} = \sum_{i=1}^{n} (\Delta\ \text{Kundenpositionsmarge}_i - \Delta\ \text{Normalmarge}_i) \cdot \text{Soll-Volumen}_i$$

$$KA_{Hypotheken} = (0{,}2\ \% - (-\ 0{,}2\ \%)) \cdot 24\ \text{Mio. GE} = +\ 96.000\ \text{GE}$$

$$KA_{Fall\,1b} = \sum_{i=1}^{n} (\Delta\ \text{Kundenpositionsmarge}_i - \Delta\ \text{Normalmarge}_i) \cdot \text{Ist-Volumen}_i$$

$$KA_{Spareinlagen} = (-\ 0{,}4\ \% - 0{,}9\ \%) \cdot 17\ \text{Mio. GE} = -\ 221.000\ \text{GE}$$

$$KA_{Fall\,2a} = \sum_{i=1}^{n} (\Delta\ \text{Kundenpositionsmarge}_i - \Delta\ \text{Normalmarge}_i) \cdot \text{Soll-Volumen}_i$$

$$KA_{KK\text{-}Kredite} = (0{,}2\ \% - 0{,}3\ \%) \cdot 18\ \text{Mio. GE} = -\ 18.000\ \text{GE}$$

$$KA_{Fall\,2b} = \sum_{i=1}^{n} (\Delta\ \text{Kundenpositionsmarge}_i - \Delta\ \text{Normalmarge}_i) \cdot \text{Ist-Volumen}_i$$

$$KA_{Sichteinlagen} = (-\ 0{,}3\ \% - 0{,}4\ \%) \cdot 20\ \text{Mio. GE} = -\ 140.000\ \text{GE}$$

4. 2. Grad-Abweichung (2. GrA)

$$2.\,GrA_{Fall\,1a} = \sum_{i=1}^{n} (\text{Ist-Marge}_i - \text{Soll-Marge}_i) \cdot (\text{Ist-Volumen}_i - \text{Soll-Volumen}_i)$$

$$2.\,GrA_{Hypotheken} = (1{,}6\ \% - 1{,}4\ \%) \cdot (28\ \text{Mio. GE} - 24\ \text{Mio. GE}) = +\ 8.000\ \text{GE}$$

$$2.\,GrA_{Fall\,1b} = \sum_{i=1}^{n} (\text{Ist-Marge}_i - \text{Soll-Marge}_i) \cdot (\text{Soll-Volumen}_i - \text{Ist-Volumen}_i)$$

$$2.\,GrA_{Spareinlagen} = (1{,}2\ \% - 1{,}6\ \%) \cdot (32\ \text{Mio. GE} - 17\ \text{Mio. GE}) = -\ 60.000\ \text{GE}$$

Der Ausweis der 2. Grad-Abweichung für die Geschäftsarten des Falles 2 (gegenläufige Entwicklung) ist nicht notwendig, da sie bereits durch die Ermittlung der Volumens- und Margenabweichung vollständig erklärt worden ist.

zu 3.b):

Die **zusammenfassende Übersicht** ist in Abbildung 19.7 wiedergegeben.

Wesentliche Ursachen für die negative Zinsüberschussabweichung

Mit Blick auf die **Gesamtentwicklung** bleibt festzuhalten, dass die wesentlichen Ursachen für den gegenüber dem Budgetansatz niedrigeren Zinsüberschuss in der unplanmäßigen Konditionsgestaltung (Konditionsabweichung insgesamt = - 283.000 GE) sowie in dem um 10 % niedrigeren Gesamtvolumenszuwachs (Wachstumsabweichung = - 163.200 GE) zu sehen sind. Ein stärkerer Rückgang beim Zinsüberschuss konnte lediglich durch eine deutlich positive Zinsniveauabweichung (+ 239.000 GE) vermieden werden.

Die mit weitem Abstand größte Negativabweichung (- 308.000 GE) ist bei den **Spareinlagen** festzustellen, wobei alle drei Komponenten (Volumens-, Margen- und 2. Grad-Abweichung) negativ sind. Dies ist zum einen durch einen gegenüber dem Budget deutlich geringeren Anteil am Kundengeschäftsvolumen – dieser wurde mit 32 Mio. GE / 90 Mio. GE = 36 % budgetiert, jedoch führt der realisierte Anteil von 17 Mio. GE / 81 Mio. GE = 21 % zu der Strukturabweichung in Höhe von (- 141.600 GE) – verursacht. Zum anderen wirkte sich das Abweichen von dem „normalen“ Konditionsverhalten – die realisierte Marge von 1,2 % anstelle der budgetierten 1,6 % führt zu der Konditionsabweichung in Höhe von - 221.000 GE – stärker als die zinsniveaubedingte positive Abweichung aus.

Nur leicht negativ ist die Entwicklung bei der Geschäftsart **Kontokorrentkredite** (Gesamtabweichung = - 12.000 GE). Hier kann die negative Volumensabweichung (- 48.000 GE) nicht ganz durch die positive Margenabweichung (+ 36.000 GE) kompensiert werden.

Eine stark positive Abweichung weist die Geschäftsart **Hypotheken** auf, bei der die Abweichung insgesamt + 112.000 GE beträgt. Als Ursache sind hier die bessere Konditionengestaltung (+ 96.000 GE) sowie eine günstigere Struktur (+ 89.600 GE) gegenüber den budgetierten Werten zu nennen, die die negativen zinsniveau- und wachstumsbedingten Abweichungen deutlich übertreffen.

Bei den relativ ertragsstarken **Sichteinlagen** sind die realisierten Werte ebenfalls höher als die budgetierten Werte, wobei die positive volumensbedingte Abweichung (+ 120.000 GE) im wesentlichen durch eine strukturelle Verbesserung zustande kommt (strukturbedingte Abweichung: + 168.000 GE). Dagegen gehen bezüglich der Margenabweichung positive Wirkungen von der ungeplanten Veränderung des Zinsniveaus, negative von einer ungünstigeren Konditionengestaltung aus.

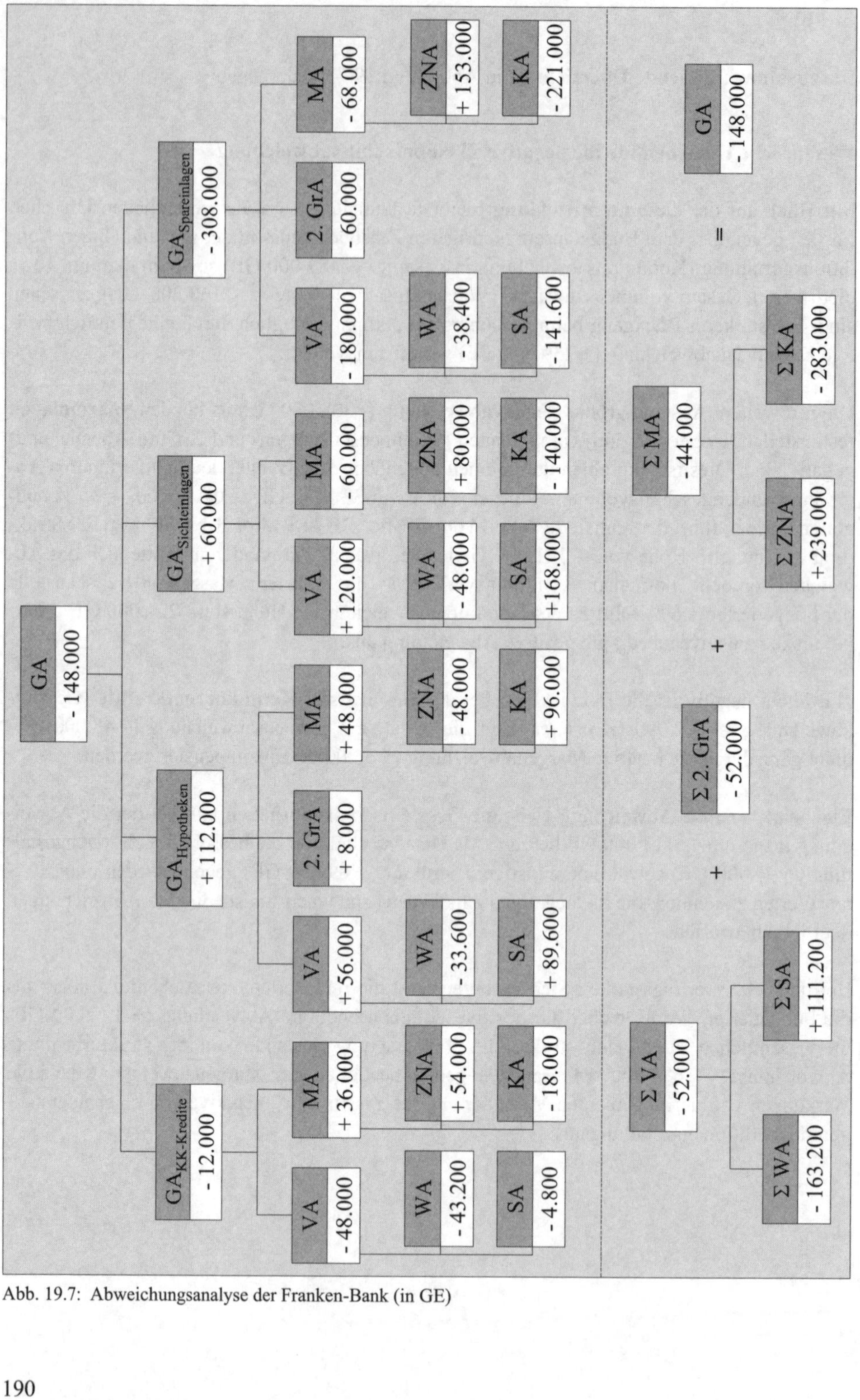

Abb. 19.7: Abweichungsanalyse der Franken-Bank (in GE)

Fallstudie 20: **Berücksichtigung gespaltener Geld- und Kapitalmarktsätze im Perioden- und Barwertkalkül**

Das in Liechtenstein ansässige Bankhaus Steuer & Hintherzieher hat vor geraumer Zeit damit begonnen, das Konzept der Marktzinsmethode zur einzelgeschäftsbezogenen Kalkulation von Zinsergebniskomponenten einzuführen. Nach Ablauf der ersten Projektphase findet deshalb eine Sitzung der Geschäftsleitung statt, in der zusammen mit einigen leitenden Angestellten aus dem Bereich des Controllings der Bank über die weitere Vorgehensweise bei der Implementierung der Marktzinsmethode sowie dabei auftretender Probleme beraten wird.

Im Verlauf der Sitzung wird insbesondere die Problematik gespaltener Geld- und Kapitalmarktsätze und deren Berücksichtigung im Rahmen der marktzinsgestützten Margenkalkulation diskutiert. Da diesbezüglich bislang noch keine befriedigende Lösung gefunden werden konnte, werden Sie als junge(r) Mitarbeiter(in) des Projektteams beauftragt, mögliche Ansätze zur Lösung des Problems auszuarbeiten.

1. Beschreiben Sie die Ihnen bekannten Verfahren zur Auswahl von Einstandszinssätzen für Kundengeschäfte und erklären Sie, welches dieser Konzepte am besten für die Kundengeschäftskalkulation geeignet ist!

Zum besseren Verständnis werden Sie gebeten, anhand einer stark vereinfachten Zinsertragsbilanz (vgl. Abb. 20.1) die Vorgehensweise bei der Einzelgeschäftskalkulation im Falle gespaltener Geld- und Kapitalmarktsätze zu verdeutlichen.

Soll-zins	Aktiva	Volumen (in Mio. CHF)		Passiva	Haben-zins
5,00 %	Tagesgeld	15	35	Sichteinlagen	1,20 %
6,20 %	3-Monats-Wechsel	50	75	3-Monats-GKM-Geschäft	5,70 %
9,50 %	3-Jahres-Festzinskredit	60	60	1-Jahres-Spareinlagen	3,50 %
10,20 %	5-Jahres-Hypotheken-darlehen (fest)	75	30	4-Jahres-Sparbriefe	7,35 %
		200	200		

Abb. 20.1: Vereinfachte Zinsertragsbilanz des Bankhauses Steuer & Hintherzieher

Die für das Bankhaus kalkulationsrelevanten Geld- und Kapitalmarktsätze sind in der nachfolgenden Tabelle enthalten (vgl. Abb. 20.2).

Laufzeit	GKM-Anlage	GKM-Aufnahme	Refinanzierungssatz einer Triple-A-Bank
1 Tag	5,00 %	5,40 %	5,10 %
3 Monate	5,30 %	5,70 %	5,45 %
1 Jahr	6,50 %	6,90 %	6,65 %
2 Jahre	7,30 %	7,70 %	7,60 %
3 Jahre	8,00 %	8,40 %	8,20 %
4 Jahre	8,60 %	9,00 %	8,85 %
5 Jahre	9,10 %	9,50 %	9,35 %

Abb. 20.2: Kalkulationsrelevante Geld- und Kapitalmarktsätze des Bankhauses Steuer & Hintherzieher

2. a) Ermitteln Sie auf Basis der gegebenen Volumina und Positionszinsen zunächst die Bruttozinsspanne beziehungsweise den Zinsüberschuss des Bankhauses Steuer & Hintherzieher!

   b) Bestimmen Sie für jedes Einzelgeschäft die Konditionsmarge und den Konditionsbeitrag sowie die kalkulatorische Strukturmarge und den Strukturbeitrag!

Im Rahmen einer vertiefenden Analyse lassen sich die quantifizierten aktivischen Konditionsmargen und die Strukturmargen der Einzelgeschäfte noch weiter differenzieren.

3. a) Spalten Sie die aktivisch anfallenden Konditionsmargen weiter auf und interpretieren Sie die resultierenden Teilmargen!

   b) Differenzieren Sie auch die kalkulatorischen Strukturmargen der Einzelgeschäfte weiter und erläutern Sie die dabei resultierenden Teilmargen!

Da in absehbarer Zeit ansteht, das Zinsergebnis über Barwertgrößen – sowohl im Bereich der Treasury als auch in den dezentralen Kundengeschäftsbereichen – zu steuern, stellt ein Mitglied der Geschäftsleitung die Frage, was sich bei der barwertigen Kundengeschäftskalkulation verändert, wenn gespaltene Geld- und Kapitalmarktsätze hier Berücksichtigung finden. Wiederum sind Sie als junge(r) Mitarbeiter(in) des Projektteams gefragt, sich mit dieser Problematik auseinander zu setzen.

Zur Verdeutlichung der Zusammenhänge verwenden Sie einen 3-jährigen endfälligen Festzinskredit über 50.000 CHF, der eine Verzinsung von 9,5 % aufweist.

4. Kalkulieren Sie zunächst den Konditionsbeitrags-Barwert des Kredits durch die Konstruktion von Geld- und Kapitalmarktgeschäften nach dem Ansatz, den Sie in Teilaufgabe 1 unter Steuerungsaspekten favorisiert haben! Gehen Sie dabei von den in Abbildung 20.2 gegebenen Geld- und Kapitalmarktkonditionen aus!

Vereinfachend lassen sich Konditionsbeitrags-Barwerte auch über die Verwendung von Zerobond-Abzinsfaktoren berechnen. In der nachfolgenden Abbildung 20.3 sind die Zerobond-Abzinsfaktoren für Anlagen und Refinanzierungen für die Laufzeiten 1 Jahr und 3 Jahre gegeben.

Laufzeit (LZ)	ZB-AF(Anlage)[0;LZ]	ZB-AF(Refinanzierung)[0;LZ]
1 Jahr	0,938967	0,935454
2 Jahre	?	?
3 Jahre	0,792809	0,782479

Abb. 20.3: Zerobond-Abzinsfaktoren der aktuellen Geld- und Kapitalmarktsätze, differenziert nach Anlage und Refinanzierung

5. a) Berechnen Sie die beiden noch fehlenden Zerobond-Abzinsfaktoren über die Konstruktion eines synthetischen Zerobonds für eine 2-jährige Anlage (ZB-AF(Anlage) [0;2]) und für eine 2-jährige Refinanzierung (ZB-AF(Refinanzierung)[0;2])!

   b) Kalkulieren Sie den Konditionsbeitrags-Barwert unter Verwendung der Zerobond-Abzinsfaktoren, indem Sie die zahlungsstrukturkongruenten synthetischen Zerobonds konstruieren, wiederum nach dem in Aufgabenstellung 1 favorisierten Ansatz!

6. Erklären Sie, worauf die unterschiedlichen Ergebnisse der Aufgaben 4 und 5. b) zurückzuführen sind! Welche Schlüsse ziehen Sie daraus?

Lösungsvorschlag zu Fallstudie 20:

zu 1.:

Grundsätzlich stehen drei Verfahren zur Auswahl des Einstandszinssatzes von Kundengeschäften zur Verfügung:

(1) das Opportunitätsprinzip,

(2) das Engpassprinzip und

(3) das Gegenpositionsprinzip.

zu (1): Opportunitätsprinzip

Das sogenannte **Opportunitätsprinzip** basiert auf der konsequenten Umsetzung des Opportunitätsgedankens der Marktzinsmethode. Anstelle eines Kundengeschäftes könnte eine Bank alternativ auch am Geld- und Kapitalmarkt tätig werden. Bezogen auf einen Kundenkredit könnte die Bank das Geld auch am Geld- und Kapitalmarkt plazieren, während für die Passivseite gilt, dass statt der Hereinnahme einer Kundeneinlage sich die Mittel auch am Interbankenmarkt beschaffen ließen. Hieraus folgt nach dem Opportunitätsprinzip die Entscheidungsregel, dass für Kundenkredite als Einstandszins der Anlagezinssatz (Geldsatz) und für Kundeneinlagen der Geldaufnahmezinssatz (Briefsatz) gewählt wird.

Im Falle gespaltener Geld- und Kapitalmarktsätze offenbart das Opportunitätsprinzip allerdings erhebliche Steuerungsdefizite. Der Zentraldisposition ist es nämlich grundsätzlich nicht möglich, die den Marktbereichen zugerechneten Konditionsmargen auf dem Wege einer fristenkongruenten Glattstellung der Kundengeschäfte auch tatsächlich zu realisieren. Schließt die Treasury dennoch die durch neu akquirierte Kundengeschäfte entstandenen offenen Positionen fristenkongruent, muss sie bei Anwendung des Opportunitätsprinzips einen negativen, auf die Geld-Brief-Spanne zurückzuführenden Zinsergebnisbeitrag im Strukturergebnis hinnehmen.

zu (2): Engpassprinzip

Als Alternative zu dem aus Steuerungsgesichtspunkten ungeeigneten Opportunitätsprinzip wird häufig das sogenannte **Engpassprinzip** vorgeschlagen. Voraussetzung zur adäquaten Anwendung dieses Auswahlverfahrens ist die Kenntnis der jeweiligen Kundenkredit- respektive Kundeneinlagenüberhänge in den jeweiligen Fristen. Hat die Bank beispielsweise im Bereich 1-jähriger Geschäfte weniger Kundenkredite ausgegeben als sie an Kundeneinlagen hereingenommen hat, so müsste sie, um Fristentransformationsrisiken zu vermeiden, die überschüssigen Kundeneinlagen am Geld- und Kapitalmarkt anlegen. Die Bank befindet sich in diesem Laufzeitbereich in einem sogenannten **Aktiv**-Engpass. Da aufgrund des Aktiv-Engpasses überschüssige Einlagen am Geld- und Kapitalmarkt zu plazieren sind, findet im Laufzeitbereich von einem Jahr der (niedrigere) GKM-Anlagezinssatz auf beiden Seiten der Bilanz als Einstandszinssatz Verwendung. Genau umgekehrt ist die Vorgehensweise in Laufzeitbereichen mit einem **Passiv**-Engpass.

Bezüglich der in den quantifizierten Konditionsmargen enthaltenen Steuerungsinformationen liefert das Engpassprinzip adäquate Impulse. So werden z.B. im Fall eines Aktiv-Engpasses durch die Vorgabe des niedrigeren GKM-Anlagezinssatzes als Einstandszins die Aktivgeschäfte bonifiziert und die ohnehin schon im Übermaß vorhandenen Einlagengeschäfte auf der Passivseite mit einem Malus belegt. Durch die Vorgabe eines einheitlichen GKM-Einstandszinssatzes wird zudem das innerhalb des Opportunitätsprinzips auftretende Problem eines im Strukturergebnis enthaltenen negativen Ergebnisbeitrages für die Zentraldisposition vermieden.

Dennoch stehen der Anwendung des Engpassprinzips erhebliche Kritikpunkte entgegen. Abgesehen von den Schwierigkeiten in der Praxis, in den verschiedenen Laufzeitbereichen jeweils tagesgenau Engpässe festzustellen, stehen der Treasury für die Steuerung der Fristentransformation eine Reihe von Instrumenten zur Verfügung, so dass hier nicht die Unvollkommenheiten an den Geld- und Kapitalmärkten zu Steuerungszwecken genutzt werden müssen. Ist beispielsweise der Eingriff der zentralen Struktursteuerung in das dezentrale Kundengeschäft geschäftspolitisch gewollt, so kann beispielsweise mit Hilfe von Bonus-Malus-Systemen das Kundengeschäft wesentlich präziser gelenkt werden, um die gewünschten Steuerungsimplikationen darzustellen. Sofern die zentrale Struktursteuerung zur Forcierung von bestimmten Kundengeschäften einen Bonus für die Konditionsmargen verrechnet, ist dieser als „Kosten" der Struktursteuerung im eigenen Ergebnis anzurechnen. Umgekehrtes gilt im Falle der Vergabe von Mali.

zu (3): Gegenpositionsprinzip

Eine Lösung bietet das dritte Verfahren, das sogenannte **Gegenpositionsprinzip**. Das Konzept basiert auf dem Gedanken, dass jedes Geschäft, das die Marktbereiche tätigen, **kalkulatorisch** sofort zu den aktuellen Konditionen am Geld- und Kapitalmarkt glattgestellt wird. Das bedeutet, dass den auf der Aktivseite der Bilanz abgeschlossenen Kundengeschäften der (höhere) fristenäquivalente GKM-Refinanzierungssatz als Einstandszins zugeordnet wird, während den Kundeneinlagen auf der Passivseite entsprechend der (niedrigere) GKM-Anlagesatz beigestellt wird. Durch diese Vorgehensweise wird gewährleistet, dass die den Marktbereichen zugeschriebenen Konditionsbeiträge für die Zentraldisposition durch eine sofortige Glattstellung des jeweiligen Kundengeschäftes am Geld- und Kapitalmarkt tatsächlich realisierbar sind. Fristentransformationsentscheidungen aus der Vergangenheit spielen im Gegensatz zum Engpassprinzip im Rahmen dieses Verfahrens keine Rolle.

Aufgrund der Vorgabe zweier verschiedener GKM-Einstandszinssätze pro Fristigkeit resultiert im Falle vollständiger Fristenkongruenz im Kundengeschäftsbereich für die Treasury ein positiver Zinsergebnisbeitrag in Höhe der (durchschnittlichen) Geld-Brief-Spanne. Dies ist insofern gerechtfertigt, als dass die Zentraldisposition durch bewusstes Unterlassen der Glattstellung der Kundengeschäfte und die Spekulation auf eventuell noch zu akquirierende (günstigere) Kundengeschäfte einen gegenüber der sofortigen Glattstellung zusätzlichen Zinsergebnisbeitrag generiert.

Im Ergebnis lässt sich somit festhalten, dass die Kundengeschäftskalkulation nach dem Gegenpositionsprinzip im Falle gespaltener Geld- und Kapitalmarktsätze zu adäquaten Signalen sowohl für die Marktbereiche als auch die Zentraldisposition führt. Aufgrund der für die anderen beiden Konzepte aufgezeigten Steuerungsdefizite ist das Gegenpositionsprinzip als das am besten geeignete Verfahren zu charakterisieren.

zu 2.a):

Die Bruttozinsspanne des Bankhauses Steuer & Hintherzieher ermittelt sich aus der Differenz des durchschnittlichen Aktiv- und Passivzinses. Der durchschnittliche Aktivzins (Passivzins) der angegebenen Zinspositionen der Zinsertragsbilanz wird bestimmt, indem aus den einzelnen Positionszinsen der Aktivseite (Passivseite) ein volumengewichteter Mittelwert berechnet wird. Für das Bankhaus ergibt sich der folgende durchschnittliche:

$$\text{Ø AZ} = \frac{15\,\text{Mio.} \cdot 5{,}00\,\% + 50\,\text{Mio.} \cdot 6{,}20\,\% + 60\,\text{Mio.} \cdot 9{,}50\,\% + 75\,\text{Mio.} \cdot 10{,}20\,\%}{200\,\text{Mio.}} = 8{,}60\,\%$$

$$\text{Ø PZ} = \frac{35\,\text{Mio.} \cdot 1{,}20\,\% + 75\,\text{Mio.} \cdot 5{,}70\,\% + 60\,\text{Mio.} \cdot 3{,}50\,\% + 30\,\text{Mio.} 7{,}35\,\%}{200\,\text{Mio.}} = 4{,}50\,\%$$

Die Bruttozinsspanne (BZSP) beträgt:

Ø AZ – Ø PZ = 8,60 % – 4,50 % = 4,10 %.

Der Zinsüberschuss (ZÜ) ermittelt sich, indem die Bruttozinsspanne mit dem (gesamten) Geschäftsvolumen multipliziert wird:

ZÜ = BZSP · Geschäftsvolumen = 4,10 % · 200 Mio. CHF = **8,2 Mio. CHF**

zu 2.b):

Bei Anwendung des **Gegenpositionsprinzips** fungieren die Geld- und Kapitalmarkt-Aufnahmesätze als Einstandszinssätze für die Aktivgeschäfte und die GKM-Anlagesätze als Einstandszinssätze für die Passiva. Dabei ist allerdings zu beachten, dass für die von der Bank selbst getätigten Geld- und Kapitalmarktgeschäfte dieses Auswahlverfahren **nicht** angewendet werden darf. Die Notwendigkeit der Auswahl eines (gegenpositionsorientierten) GKM-Einstandszinssatzes entfällt hier, da die Übertragung des Grundgedankens des Gegenpositionsprinzips, einer (möglichen) Glattstellung des kalkulierten Geschäftes, auf von der Treasury abgeschlossene Geld- und Kapitalmarktgeschäfte keinen Sinn macht.

Im Rahmen der Quantifizierung der verschiedenen Zinsergebniskomponenten von Einzelgeschäften wird daher bei den Geld- und Kapitalmarktgeschäften der Bank in die Spalte der GKM-Einstandszinssätze der **tatsächlich kontrahierte Positionszins** übertragen (vgl. Abb. 20.4). Damit resultieren für Geld- und Kapitalmarktgeschäfte der Bank auch im Fall gespaltener GKM-Sätze Konditionsmargen in Höhe von Null.

Für die Konditionsmargen beziehungsweise -beiträge der betrachteten Einzelgeschäfte gilt demnach:

Bilanzposition	Volumen (in Mio. CHF)	Positions-zins	GKM-Einstands-zins	Konditions-marge	Konditions-beitrag (in Mio.CHF)
Tagesgeld	15	5,00 %	5,00 %	0,0000 %	0,0000
3-Monats-Wechsel	50	6,20 %	5,70 %	0,5000 %	0,2500
3-Jahres-Festzinskredit	60	9,50 %	8,40 %	1,1000 %	0,6600
5-Jahres-Hypothek (fest)	75	10,20 %	9,50 %	0,7000 %	0,5250
Summe bzw. Ø Aktiva	200	8,60 %	7,8825 %	0,7175 %	1,4350
Sichteinlagen	35	1,20 %	5,00 %	3,8000 %	1,3300
3-Monats-GKM-Geschäft	75	5,70 %	5,70 %	0,0000 %	0,0000
1-Jahres-Spareinlagen	60	3,50 %	6,50 %	3,0000 %	1,8000
4-Jahres-Sparbriefe	30	7,35 %	8,60 %	1,2500 %	0,3750
Summe bzw. Ø Passiva	200	4,50 %	6,2525 %	1,7525 %	3,5050

Abb. 20.4: Kalkulation der Konditionsmargen und -beiträge nach dem Gegenpositionsprinzip

Bei der Bestimmung der (einzelgeschäftsbezogenen) Strukturmargen beziehungsweise -beiträge wird für die Fristigkeit von einem Tag das **arithmetische Mittel** aus der Geld- und Briefnotierung des Tagesgeldes (Tagesgeld-Mittelzins) als Laufzeitzinssatz verwendet. Durch diese Vorgehensweise wird vermieden, dass neben den Strukturbeiträgen der Einzelgeschäfte noch eine weitere Margenkomponente in Höhe der für das Tagesgeld existierenden Geld-Brief-Spanne auftritt, die ebenfalls der Zentraldisposition zuzurechnen wäre. Entsprechend gilt für die Strukturmargen beziehungsweise -beiträge:

Bilanzposition	Volumen (in Mio. CHF)	GKM-Einstands-zins	Tagesgeld-Mittelzins	Struktur-marge	Struktur-beitrag (in Mio.CHF)
Tagesgeld	15	5,00 %	5,20 %	- 0,2000 %	- 0,0300
3-Monats-Wechsel	50	5,70 %	5,20 %	0,5000 %	0,2500
3-Jahres-Festzinskredit	60	8,40 %	5,20 %	3,2000 %	1,9200
5-Jahres-Hypothek (fest)	75	9,50 %	5,20 %	4,3000 %	3,2250
Summe bzw. Ø Aktiva	200	7,8825 %	5,20 %	2,6825 %	5,3650
Sichteinlagen	35	5,00 %	5,20 %	0,2000 %	0,0700
3-Monats-GKM-Geschäft	75	5,70 %	5,20 %	- 0,5000 %	- 0,3750
1-Jahres-Spareinlagen	60	6,50 %	5,20 %	- 1,3000 %	- 0,7800
4-Jahres-Sparbriefe	30	8,60 %	5,20 %	- 3,4000 %	- 1,0200
Summe bzw. Ø Passiva	200	6,2525 %	5,20 %	- 1,0525 %	- 2,1050

Abb. 20.5: Kalkulation der Strukturmargen und -beiträge unter Berücksichtigung des Gegenpositionsprinzips

Führt man abschließend sämtliche Konditions- und Strukturbeiträge additiv zusammen, resultiert der aus Teilaufgabe a) bekannte Zinsüberschuss in Höhe von 8,2 Mio. CHF.

$$ZÜ = \Sigma\, KB_{aktiv} + \Sigma\, KB_{passiv} + \Sigma\, SB_{aktiv} + \Sigma\, SB_{passiv}$$

$$ZÜ = 1{,}4350 \text{ Mio. CHF} + 3{,}5050 \text{ Mio. CHF} + 5{,}3650 \text{ Mio. CHF} + (-\ 2{,}1050 \text{ Mio. CHF})$$
$$= 8{,}2 \text{ Mio. CHF}$$

Analog errechnet sich die Bruttozinsspanne (BZSP) der Bank, indem die durchschnittlichen Konditions- und Strukturmargen auf Aktiv- und Passivseite addiert werden (vgl. Abb. 20.4 und Abb. 20.5).

$$BZSP = Ø\, KM_{aktiv} + Ø\, KM_{passiv} + Ø\, SM_{aktiv} + Ø\, SM_{passiv}$$

$$BZSP = 0{,}7175\ \% + 1{,}7525\ \% + 2{,}6825\ \% + (-1{,}0525\ \%) = 4{,}10\ \%$$

<u>zu 3.a):</u>

Mit Ausnahme des Tagesgeldes weisen sämtliche in der Zinsertragsbilanz aufgeführten Aktiva von Null verschiedene Konditionsmargen auf und sind demzufolge als Kundengeschäfte anzusehen.

Betrachtet man die für das Bankhaus Steuer & Hintherzieher angegebenen GKM-Aufnahmesätze und vergleicht diese mit den fristenäquivalenten Refinanzierungssätzen einer Triple-A gerateten Bank, fällt auf, dass die Refinanzierungssätze des Liechtensteiner Bankhauses in allen Fristigkeitskategorien höher liegen. Aus diesem Tatbestand lässt sich schließen, dass es sich bei dem Bankhaus Steuer & Hintherzieher um keine Bank bester Bonität handelt.

Wie aus der in Teilaufgabe 2.b) durchgeführten Kalkulation deutlich wird, hängen die aktivischen Konditionsmargen aber (neben den Positionszinsen der zu bewertenden Geschäfte) entscheidend von der Höhe der für die Bank am Geld- und Kapitalmarkt realisierbaren laufzeit- beziehungsweise zinsbindungsäquivalenten Refinanzierungssätze ab. Der Einfluss der bankeigenen GKM-Refinanzierungssätze auf die Konditionsmargen im Kundengeschäft der Aktivseite lässt sich durch eine weitere Aufspaltung der Konditionsmargen in zwei Teilmargen isolieren. Dazu wird mit dem laufzeit- beziehungsweise zinsbindungskongruenten GKM-Refinanzierungssatz einer Bank bester Bonität (Triple-A) ein weiterer kalkulationsrelevanter Zinssatz eingeführt und gedanklich als Trennlinie innerhalb der Konditionsmarge implementiert. Am Beispiel des 3-Monats-Wechselkredites wird die Aufspaltung der Konditionsmarge in der folgenden Abbildung 20.6 verdeutlicht.

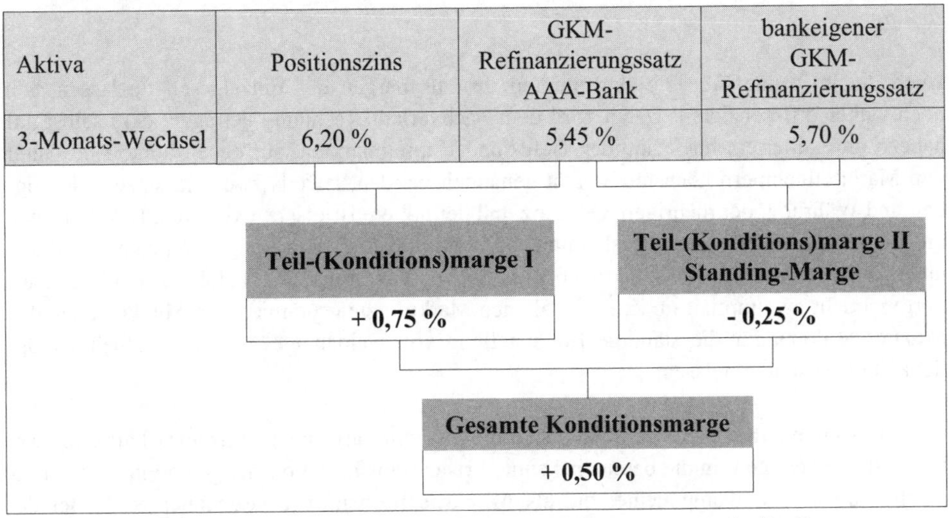

Aktiva
Positionszins
GKM-Refinanzierungssatz AAA-Bank
bankeigener GKM-Refinanzierungssatz
3-Monats-Wechsel
6,20 %
5,45 %
5,70 %
Teil-(Konditions)marge I
+ 0,75 %
Teil-(Konditions)marge II Standing-Marge
- 0,25 %
Gesamte Konditionsmarge
+ 0,50 %

Abb. 20.6: Aufspaltung aktivischer Konditionsmargen am Beispiel des 3-Monats-Wechselkredites

Für den von der Bank auf der Aktivseite der Bilanz getätigten Wechselkredit ergeben sich zwei Teil-(Konditions)margen, wobei die (negative) Teilmarge II auch als **Standing-Marge** bezeichnet wird. Diese Teilmarge resultiert ausschließlich aus der Tatsache, dass das Bankhaus gegenüber dem Triple-A gerateten Vergleichsinstititut ein schlechteres Geld- und Kapitalmarktstanding aufweist und dementsprechend höhere Refinanzierungskosten zu tragen hat. Die verbleibende (positive) Teilmarge ist ihrem Wesen nach dagegen als Konditionsmarge im klassischen Sinn zu verstehen, da sich in ihr Marktunvollkommenheiten und/oder Bonitätsunterschiede niederschlagen. Aggregiert resultiert aus den beiden Teilmargen wieder die aus Teilaufgabe 2.b) bekannte Konditionsmarge des Wechselkredites.

In Abbildung 20.7 sind für sämtliche Kundengeschäfte der Aktivseite die beiden identifizierbaren Teil-(Konditions)margen dargestellt. Da das Bankhaus in allen Laufzeitkategorien gegenüber dem Vergleichsinstitut höhere Refinanzierungssätze aufweist, ergeben sich für die betrachteten aktivischen Kundengeschäfte ausschließlich negative Standing-Margen.

Bilanzposition	Konditionsmarge	Teil-(Konditions)marge I	Teil-(Konditions)marge II **Standing-Marge**
3-Monats-Wechsel	0,50 %	0,75 %	- 0,25 %
3-Jahres-Festzinskredit	1,10 %	1,30 %	- 0,20 %
5-Jahres-Hypothek (fest)	0,70 %	0,85 %	- 0,15 %

Abb. 20.7: Aufspaltung der Konditionsmargen aktivischer Kundengeschäfte (Übersicht)

zu 3.b):

Auch die in Teilaufgabe 2.b) bestimmten Strukturmargen der Einzelgeschäfte lassen sich noch weiter differenzieren. Dabei wird dem Sachverhalt Rechnung getragen, dass selbst auf nahezu unregulierten, hoch liquiden Geld- und Kapitalmärkten, auf denen homogene Güter von Marktteilnehmern höchster Bonität gehandelt werden, jeweils zwei Zinssätze je Fristigkeit und Währung, der niedrigere Geldsatz und der höhere Briefsatz, existieren. Das Auftreten dieser Geld- und Briefsätze ist dabei nicht auf eine Preisdifferenzierung infolge von Bonitätsunterschieden, Instrumentenspezifika oder ähnlichen Faktoren zurückzuführen, sondern resultiert vielmehr aus implizit im Zins enthaltenen Marktnutzungsprämien, die **Market-User** den **Market-Makern** für die ständige Bereitstellung von Geldanlage- und Geldaufnahmemöglichkeiten entrichten müssen.

Diesem Sachverhalt entsprechend lässt sich die Strukturmarge eines Einzelgeschäftes in zwei Bestandteile zerlegen: in die bereits bekannte Fristentransformationsmarge und in eine marktpositionsabhängige Komponente, die als **Marktpositionsmarge** bezeichnet wird. Bei der Quantifizierung dieser beiden Margenbestandteile wird konzeptionell ähnlich vorgegangen wie bei der Aufspaltung aktivischer Konditionsmargen, indem innerhalb der Strukturmarge der sogenannte **fristenäquivalente Referenzzins** als Trennlinie eingezogen wird. Dieser kalkulationsrelevante Zinssatz berechnet sich dabei als arithmetisches Mittel aus den für das Finanzinstitut verfügbaren Geld- und Briefsätzen der jeweiligen Fristenkategorie. Für das Bankhaus Steuer & Hintherzieher ergeben sich entsprechend die folgenden (fristenäquivalenten) Referenzzinssätze (vgl. Abb. 20.8).

Laufzeit	GKM-Anlage	GKM-Aufnahme	Fristenäquivalenter Referenzzins
1 Tag	5,00 %	5,40 %	5,20 %
3 Monate	5,30 %	5,70 %	5,50 %
1 Jahr	6,50 %	6,90 %	6,70 %
2 Jahre	7,30 %	7,70 %	7,50 %
3 Jahre	8,00 %	8,40 %	8,20 %
4 Jahre	8,60 %	9,00 %	8,80 %
5 Jahre	9,10 %	9,50 %	9,30 %

Abb. 20.8: Fristenäquivalente Referenzzinssätze des Bankhauses Steuer & Hintherzieher

Die Differenzierung der einzelgeschäftsbezogenen Strukturmargen stellt sich formal wie folgt dar:

$$SM_{aktiv} = \left(\begin{matrix} \text{GKM -} \\ \text{Einstandszins} \end{matrix} - \begin{matrix} \text{fristenäquivalenter} \\ \text{Referenzzins} \end{matrix} \right) - \left(\begin{matrix} \text{fristenäquivalenter} \\ \text{Referenzzins} \end{matrix} - \begin{matrix} \text{Referenzzins} \\ \text{Tagesgeld} \end{matrix} \right)$$

$$SM_{aktiv} = \text{Marktpositionsmarge}_{aktiv} + \text{Fristentransformationsmarge}_{aktiv}$$

beziehungsweise

$$SM_{passiv} = \begin{pmatrix} \text{fristenäquivalenter} \\ \text{Referenzzins} \end{pmatrix} - \begin{pmatrix} \text{GKM -} \\ \text{Einstandszins} \end{pmatrix} - \begin{pmatrix} \text{Referenzzins} \\ \text{Tagesgeld} \end{pmatrix} - \begin{pmatrix} \text{fristenäquivalenter} \\ \text{Referenzzins} \end{pmatrix}$$

$$SM_{passiv} = \text{Marktpositionsmarge}_{passiv} + \text{Fristentransformationsmarge}_{passiv}$$

Die Ermittlung der Marktpositions- und Fristentransformationsmargen als Teilmargen der Strukturmarge ist der nachfolgenden Abbildung 20.9 zu entnehmen.

Betrachtet man die **Marktpositionsmargen** der verschiedenen Einzelgeschäfte, fällt auf, dass sich diese lediglich hinsichtlich des Vorzeichens, aber nicht bezüglich der Höhe der Beträge unterscheiden. Ursache dafür ist die in allen Laufzeitkategorien für das Bankhaus gleich große Geld-Brief-Spanne in Höhe von 0,4 %-Punkten. Da der bei der Bestimmung der Marktpositionsmargen benötigte fristenäquivalente Referenzzins genau in der Mitte dieses Intervalls liegt, resultieren betragsmäßig einheitliche Marktpositionsmargen.

Für das Tagesgeld sowie die 3-Monats-GKM-Refinanzierung weist die Marktpositionsmarge allerdings ein negatives Vorzeichen auf. Der Grund dafür liegt in der Tatsache, dass das Bankhaus beide Interbankengeschäfte zum für sie jeweils ungünstigeren Marktzinssatz abgeschlossen hat, mithin also in beiden Fällen als **Market-User** aufgetreten ist. In diesem Zusammenhang ist nochmals darauf hinzuweisen, dass auch bei der Aufspaltung der Strukturmargen von GKM-Geschäften weiterhin der **tatsächlich kontrahierte Positionszins** als „GKM-Einstandszins" in der Kalkulation verwendet wird.

Für die Kundengeschäfte ergeben sich dagegen ausschließlich positive Marktpositionsmargen. Da aufgrund der Anwendung des Gegenpositionsprinzips im Kundengeschäft als GKM-Einstandszins jeweils der für die Bank günstigere Marktsatz in die Kalkulation einfließt, nimmt die Bank **im Kundengeschäft grundsätzlich eine Market-Maker-Position** ein. Dieser Sachverhalt, der für die Bank vorteilhaft ist, schlägt sich korrekterweise in Form positiver Marktpositionsmargen nieder.

Die **Fristentransformationsmargen** spiegeln ebenso wie die Marktpositionsmargen die korrekten Steuerungs- und Ergebnisinformationen wider. So weisen beispielsweise Tagesgeld und Sichteinlagen Fristentransformationsmargen in Höhe von Null auf, da durch diese Geschäfte keinerlei Fristentransformation betrieben wird. Die übrigen Geschäfte generieren entsprechend ihrer Fristigkeit dagegen von Null verschiedene Fristentransformationsbeiträge.

Addiert man für jedes Einzelgeschäft die quantifizierten Fristentransformations- und Marktpositionsmargen, ergeben sich wiederum die aus Teilaufgabe 2.b) bekannten einzelgeschäftsbezogenen Strukturmargen.

Bilanzposition	GKM-Einstandszins	fristenäquivalenter Referenzzins	Tagesgeld-Mittelzins	Markt-positions-marge	Fristentrans-formations-marge
Tagesgeld	5,00 %	5,20 %	5,20 %	- 0,20 %	0,00 %
3-Monats-Wechsel	5,70 %	5,50 %	5,20 %	0,20 %	0,30 %
3-Jahres-Festzinskredit	8,40 %	8,20 %	5,20 %	0,20 %	3,00 %
5-Jahres-Hypothek (fest)	9,50 %	9,30 %	5,20 %	0,20 %	4,10 %
Ø Aktiva	7,8825 %	7,7125 %	5,20 %	0,17 %	2,5125 %
Sichteinlagen	5,00 %	5,20 %	5,20 %	0,20 %	0,00 %
3-Monats-GKM-Geschäft	5,70 %	5,50 %	5,20 %	- 0,20 %	- 0,30 %
1-Jahres-Spareinlagen	6,50 %	6,70 %	5,20 %	0,20 %	- 1,50 %
4-Jahres-Sparbriefe	8,60 %	8,80 %	5,20 %	0,20 %	- 3,60 %
Ø Passiva	6,2525 %	6,3025 %	5,20 %	0,05 %	- 1,1025 %
Σ	–	–	–	0,22 %	1,4100 %

Abb. 20.9: Bestimmung von Marktpositions- und Fristentransformationsmargen

Hinweis: Sämtliche Ergebnisse der nachfolgenden Aufgaben sind aufgrund der höheren Genauigkeit mit ungerundeten Zwischenergebnissen berechnet, so dass es bei Berechnungen mit gerundeten Zwischenergebnissen zu Abweichungen kommen kann.

zu 4.:

In Teilaufgabe 1 wird das Gegenseitenkonzept favorisiert, wonach sich die Bewertung des Kundengeschäfts an den realen Möglichkeiten der Treasury orientiert, das Kundengeschäft durch ein strukturgleiches Gegengeschäft glattzustellen. Der Konditionsbeitrags-Barwert des Beispiel-Kredits ist also durch die Konstruktion der zahlungsstrukturkongruenten Refinanzierung über Geld- und Kapitalmarktgeschäfte zu berechnen, wie die folgende Abbildung 20.10 verdeutlicht:

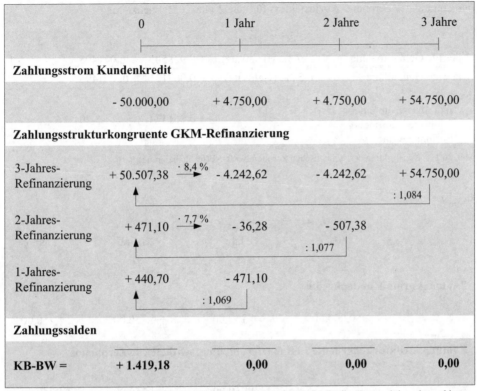

	0	1 Jahr	2 Jahre	3 Jahre
Zahlungsstrom Kundenkredit				
	- 50.000,00	+ 4.750,00	+ 4.750,00	+ 54.750,00
Zahlungsstrukturkongruente GKM-Refinanzierung				
3-Jahres-Refinanzierung	+ 50.507,38 (· 8,4 % →)	- 4.242,62	- 4.242,62	+ 54.750,00 (: 1,084)
2-Jahres-Refinanzierung	+ 471,10 (· 7,7 % →)	- 36,28	- 507,38 (: 1,077)	
1-Jahres-Refinanzierung	+ 440,70	- 471,10 (: 1,069)		
Zahlungssalden				
KB-BW =	**+ 1.419,18**	**0,00**	**0,00**	**0,00**

Abb. 20.10: Berechnung des Konditionsbeitrags-Barwerts (KB-BW) durch die Konstruktion der zahlungsstrukturkongruenten Refinanzierung über Geld- und Kapitalmarktgeschäfte

zu 5.a):

Berechnung des Zerobond-Abzinsfaktors für eine 2-jährige Anlage

	GKM-Sätze	0	1	2
2-jährige Geldanlage	7,3 % (Geldsatz)	- 0,931966	+ 0,068034	+ 1
1-jährige Geldaufnahme	6,9 % (Briefsatz)	+ 0,063642	- 0, 068034	
Summe = Zahlungsstrom einer 2-jährigen Zerobond-Anlage		- 0,868324	0	+ 1

Abb. 20.11: Konstruktion des synthetischen Zerobonds ZB-AF(Anlage)[0;2]

Berechnung des Zerobond-Abzinsfaktors für eine 2-jährige Refinanzierung

	GKM-Sätze	0	1	2
2-jährige Geldaufnahme	7,7 % (Briefsatz)	+ 0,928505	- 0,071495	- 1
1-jährige Geldanlage	6,5 % (Geldsatz)	- 0,067131	+ 0, 071495	
Summe = Zahlungsstrom einer 2-jährigen Zerobond-Refinanzierung		+ 0,861374	0	- 1

Abb. 20.12: Konstruktion des synthetischen Zerobonds ZB-AF(Refinanzierung)[0;2]

<u>zu 5.b):</u>

	0	1 Jahr	2 Jahre	3 Jahre
Zahlungsstrom Kundenkredit				
	- 50.000,00	+ 4.750,00	+ 4.750,00	+ 54.750,00
Zahlungsstrukturkongruente Refinanzierung über synthetische Zerobonds				
		- 4.750,00	- 4.750,00	- 54.750,00
1-jähriger Zerobond	+ 4.443,41	← • 0,935454 • ZB-AF(Refi)[0;1 Jahr]		
2-jähriger-Zerobond	+ 4.091,53		← • 0,861374 • ZB-AF(Refi)[0;2 Jahre]	
3-jähriger Zerobond	+ 42.840,74			← • 0,782479 • ZB-AF(Refi)[0;3 Jahre]
	+ 51.375,67			
Zahlungssalden				
KB-BW	**= 1.375,67**	**0,00**	**0,00**	**0,00**

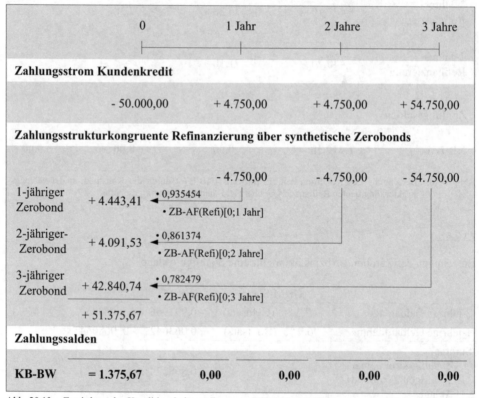

Abb. 20.13: Ermittlung des Konditionsbeitrags-Barwerts (KB-BW) mit Hilfe von synthetischen Zerobonds bei Anwendung des Gegenseitenkonzeptes

zu 6.:

Die Kalkulation des Konditionsbeitrags-Barwertes über die direkte Glattstellung mit Hilfe von GKM-Refinanzierungsgeschäften (KB-BW = 1.419,18 CHF) führt zu einem höheren Ergebnis als bei der Konstruktion der Refinanzierung über synthetische Zerobonds (KB-BW = 1.375,67 CHF).

Um diesen Unterschied zu erklären, ist es hilfreich, zunächst die in den synthetischen Zerobonds für 2 und 3 Jahre enthaltenen Geld- und Kapitalmarktgeschäfte explizit aufzuführen. Die Zahlungen der 1-jährigen synthetischen Zerobond-Refinanzierung entsprechen denjenigen einer 1-jährigen GKM-Refinanzierung, so dass diese hier nicht gesondert dargestellt werden.

	GKM-Sätze	0	1	2	3
2-jährige Geldaufnahme	7,7 %(Briefsatz)	+ 4.410,40	- 339,60	- 4.750,00	
1-jährige Geldanlage	6,5 %(Geldsatz)	- 318,87	+ 339,60		
Summe		+ 4.091,53	0	- 4.750,00	

Abb. 20.14: Aufspaltung der 2-jährigen synthetischen Zerobond-Refinanzierung in die enthaltenen GKM-Geschäfte

	GKM-Sätze	0	1	2	3
3-jährige Geldaufnahme	8,4 %(Briefsatz)	+ 50.507,38	- 4.242,62	- 4.242,62	- 54.750,00
2-jährige Geldanlage	7,3 %(Geldsatz)	- 3.953,98	+ 288,64	+ 4.242,62	
1-jährige Geldanlage	6,5 %(Geldsatz)	- 3.712,66	+ 3.953,98		
Summe		+ 42.840,74	0	0	- 54.750,00

Abb. 20.15: Aufspaltung der 3-jährigen synthetischen Zerobond-Refinanzierung in die enthaltenen GKM-Geschäfte

In der folgenden Abbildung 20.16 werden die GKM-Refinanzierungsgeschäfte bei direkter Glattstellung mit den erforderlichen Geld- und Kapitalmarktgeschäften, aus denen sich die synthetischen Zerobond-Geschäfte zusammensetzen, verglichen. Es zeigt sich, dass die synthetischen Zerobonds aus einer Kombination von GKM-Anlage- und GKM-Aufnahmegeschäften resultieren, so dass nicht nur GKM-Refinanzierungssätze, sondern auch die GKM-Anlagesätze zum Ansatz kommen. Die Spreads zwischen GKM-Anlage- und GKM-Aufnahmezinssätzen für die „überflüssigen“ Anlage- und Refinanzierungsvolumina, die sich per Saldo ausgleichen, wirken sich im Sinne von „Transaktionskosten“ negativ auf den Konditionsbeitrags-Barwert aus, so dass dieser niedriger ist als im Falle der direkten Glattstellung. Sofern identische GKM-Anlage- und GKM-Aufnahmezinssätze für die gleiche Laufzeit vorliegen, erhält man nach beiden Berechnungsweisen identische Konditionsbeitrags-Barwerte. Somit kann das Fazit gezogen werden, dass die Verwendung von Zerobond-Abzinsfaktoren bei der Berechnung von Konditionsbeitrags-Barwerten im Falle von gespaltenen Geld- und Kapitalmarktsätzen zu ungenauen Ergebnissen führt und daher suboptimal ist. Somit ist die direkte Glattstellung mit GKM-Gegengeschäften vorzuziehen, wobei das überzeugende Argument für dieses Verfahren ist, dass es sich an den realen Möglichkeiten Treasury bei Minimierung der „Transaktionskosten“ orientiert.

	Direkte Glattstellung des Kundengeschäfts durch Kupon-Tranchen		Glattstellung des Kundengeschäfts durch synthetische Zerobonds	
Laufzeit	Anlage	Refinanzierung	Anlage	Refinanzierung
1 Jahr		+ 440,70	- 318,87 - 3.712,66 - 4.031,53	+ 4.443,41
2 Jahre		+ 471,10	- 3.953,98	+ 4.410,40
3 Jahre		+ 50.507,38		+ 50.507,38
Summe Gegengeschäfte		+ 51.419,18	- 7.985,51	+ 59.361,18
Kundenauszahlung	- 50.000,00		- 50.000,00	
Konditionsbeitrags-Barwert	+ 1.419,18		+ 1.375,67	

Abb. 20.16: Vergleich der Geld- und Kapitalmarktgeschäfte

Fallstudie 21: **Vergleich von Marktzinsmethode und Pool-Methode**

Die neue Geschäftsleitung der Stabil-Bank möchte die Rentabilität ihrer Bank im Wertbereich kalkulieren. Zu diesem Zweck beauftragt sie zwei Mitarbeiter der Controlling-Abteilung, ein Rechnungskonzept vorzuschlagen und darauf aufbauend eine Rentabilitätsrechnung durchzuführen.

Als Berechnungsgrundlage liegen die folgenden Informationen vor (vgl. Abb. 21.1 und 21.2):

ø Sollzins	Aktiva	Volumen (in Mio. GE)		Passiva	ø Habenzins
8,5 %	Wechselkredite	20	10	Sichteinlagen	0,5 %
9,6 %	Betriebsmittelkredite	25	40	Spareinlagen	3,5 %
11,6 %	Existenzgründungs-darlehen	25	25	Termineinlagen	9,0 %
10,0 %	Hypothekendarlehen	30	25	Sparbriefe	9,2 %
10,0 %		100	100		6,0 %

Abb. 21.1: Zinsertragsbilanz der Stabil-Bank

Geschäftsart	relevante durchschnittliche Fristigkeiten	relevante durchschnittliche Marktzinssätze
Wechselkredite	3 Monate	8,5 %
Betriebsmittelkredite	1 Jahr	9,3 %
Existenzgründungsdarlehen	4 Jahre	10,1 %
Hypothekendarlehen	10 Jahre	10,4 %
Sichteinlagen	1 Tag	7,6 %
Spareinlagen	1 Jahr	9,3 %
Termineinlagen	2 Jahre	9,6 %
Sparbriefe	5 Jahre	10,2 %

Abb. 21.2: Fristen- und Marktzinsinformationen der Stabil-Bank

Der Mitarbeiter Puhl ist davon überzeugt, dass aufgrund des guten Standings der Bank nur ein institutsbezogener Maßstab zur Bewertung von Geschäften geeignet ist, und favorisiert deshalb die Pool-Methode. Da er über einen ausgeprägten Gerechtigkeitssinn verfügt, teilt er die Bruttozinsspanne zu gleichen Teilen auf das Aktiv- und Passivgeschäft auf.

Sein Kollege, Herr Markt, hat kürzlich bei einem Controlling-Seminar die Marktzinsmethode kennengelernt und hält diese für das wesentlich geeignetere Rechnungskonzept.

Da sich die beiden Mitarbeiter nicht auf eine einheitliche Vorgehensweise einigen können, führt zunächst jeder für sich allein eine Rentabilitätsrechnung durch. Im Anschluss daran sollen die Ergebnisse miteinander verglichen werden, um sich dann für ein Konzept entscheiden zu können.

1. a) Wie hoch ist der einheitliche Einstandszins nach der Pool-Methode bei hälftiger Teilung der Bruttozinsspanne?

   b) Ermitteln Sie mit Hilfe des einheitlichen Einstandszinses die Margen und die Ergebnisbeiträge der einzelnen Geschäftsarten nach der Pool-Methode!

2. Ermitteln Sie nun die Margen und Ergebnisbeiträge nach der Marktzinsmethode!

3. Stellen Sie die ermittelten Margen-Ergebnisse einander gegenüber und zeigen Sie die wesentlichen Unterschiede auf!

4. Der für die Festlegung der Konditionen für Hypothekendarlehen zuständige Abteilungsdirektor, Dr. Blender, sieht in dem Wechsel der Geschäftsleitung eine willkommene Gelegenheit, seine von der bisherigen Geschäftsleitung stets abschlägig beschiedenen Gehaltswünsche erneut vorzubringen. Blender stützt sein Begehren auf die Berechnungen Puhls, dessen Zahlenwerk für das letzte Geschäftsjahr einen Zinsüberschuss der Hypotheken-Abteilung von 600.000 GE ausweist. Seiner Ansicht nach würde dieser Betrag ohne die Tätigkeit seiner Abteilung schließlich wegfallen. Vor diesem Hintergrund sei sein derzeitiges Gehalt von 120.000 GE p.a. viel zu niedrig und müsse kräftig angehoben werden. Können Sie sich der Argumentation Blenders anschließen?

5. Nennen Sie die zentralen Mängel der Pool-Methode!

Lösungsvorschlag zu Fallstudie 21:

zu 1.a):

- durchschnittlicher Aktivzins:

  $8{,}5\ \% \cdot 0{,}2 + 9{,}6\ \% \cdot 0{,}25 + 11{,}6\ \% \cdot 0{,}25 + 10{,}0\ \% \cdot 0{,}3 = \mathbf{10{,}0\ \%}$

- durchschnittlicher Passivzins:

  $0{,}5\ \% \cdot 0{,}1 + 3{,}5\ \% \cdot 0{,}4 + 9{,}0\ \% \cdot 0{,}25 + 9{,}2\ \% \cdot 0{,}25 = \mathbf{6{,}0\ \%}$

- Bruttozinsspanne:

  $10{,}0\ \% - 6{,}0\ \% = \mathbf{4{,}0\ \%}$

- Hälftelung der Bruttozinsspanne:

  $4{,}0\ \% : 2 = \mathbf{2{,}0\ \%}$

Der **einheitliche Einstandszins** errechnet sich aus:

$$\begin{aligned} & \text{durchschnittlicher Aktivzins} - 0{,}5 \cdot \text{Bruttozinsspanne} \\ = \ & 10{,}0\ \% - 2{,}0\ \% = \mathbf{8{,}0\ \%} \end{aligned}$$

bzw.

$$\begin{aligned} & \text{durchschnittlicher Passivzins} + 0{,}5 \cdot \text{Bruttozinsspanne} \\ = \ & 6{,}0\ \% + 2{,}0\ \% = \mathbf{8{,}0\ \%} \end{aligned}$$

zu 1.b):

Geschäftsart	Marge	Volumen (in Mio. GE)	Zinsbeitrag (in Mio. GE)
	(1)	(2)	(3) = (1) · (2)
Aktiva			
• Wechselkredite	8,5 % - 8,0 % = 0,5 %	20	0,10
• Betriebsmittelkredite	9,6 % - 8,0 % = 1,6 %	25	0,40
• Existenzgründungsdarlehen	11,6 % - 8,0 % = 3,6 %	25	0,90
• Hypothekendarlehen	10,0 % - 8,0 % = 2,0 %	30	0,60
∑ bzw. Ø Aktiva	2,0 %	100	2,00
Passiva			
• Sichteinlagen	8,0 % - 0,5 % = 7,5 %	10	0,75
• Spareinlagen	8,0 % - 3,5 % = 4,5 %	40	1,80
• Termineinlagen	8,0 % - 9,0 % = -1,0 %	25	- 0,25
• Sparbriefe	8,0 % - 9,2 % = -1,2 %	25	- 0,30
∑ bzw. Ø Passiva	2,0 %	100	2,00

Abb. 21.3: Margenermittlung nach der Pool-Methode

$$\text{Marge}_{\text{Aktiv}} \quad + \quad \text{Marge}_{\text{Passiv}} \quad = \quad \text{Bruttozinsspanne}$$

$$2{,}0\,\% \quad + \quad 2{,}0\,\% \quad = \quad \mathbf{4{,}0\,\%}$$

zu 2.:

Geschäftsart	Konditionsmarge	Volumen (in Mio. GE)	Konditions-beitrag (in Mio. GE)
	(1)	(2)	(3) = (1) · (2)
Aktiva			
• Wechselkredite	8,5 % - 8,5 % = 0,0 %	20	0,000
• Betriebsmittelkredite	9,6 % - 9,3 % = 0,3 %	25	0,075
• Existenzgründungsdarlehen	11,6 % - 10,1 % = 1,5 %	25	0,375
• Hypothekendarlehen	10,0 % - 10,4 % = - 0,4 %	30	- 0,120
∑ bzw. Ø Aktiva	0,33 %	100	0,330
Passiva			
• Sichteinlagen	7,6 % - 0,5 % = 7,1 %	10	0,710
• Spareinlagen	9,3 % - 3,5 % = 5,8 %	40	2,320
• Termineinlagen	9,6 % - 9,0 % = 0,6 %	25	0,150
• Sparbriefe	10,2 % - 9,2 % = 1,0 %	25	0,250
∑ bzw. Ø Passiva	3,43 %	100	3,430

Abb. 21.4: Margenermittlung nach der Marktzinsmethode

$\text{Konditionsmarge} = \text{Konditionsmarge}_{\text{Aktiv}} + \text{Konditionsmarge}_{\text{Passiv}}$

$= 0{,}33\,\% + 3{,}43\,\% = \mathbf{3{,}76\,\%}$

$\text{Strukturmarge} = \text{Bruttozinsspanne} - \text{Konditionsmarge}$

$= 4{,}00\,\% - 3{,}76\,\% = \mathbf{0{,}24\,\%}$

Die Gesamtmargen nach der Marktzinsmethode lassen sich auch direkt aus der Zinsertragsbilanz ermitteln (vgl. Abb. 21.5).

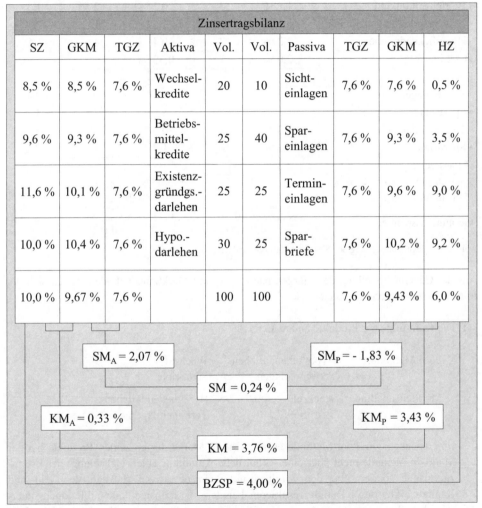

Zinsertragsbilanz

SZ	GKM	TGZ	Aktiva	Vol.	Vol.	Passiva	TGZ	GKM	HZ
8,5 %	8,5 %	7,6 %	Wechsel-kredite	20	10	Sicht-einlagen	7,6 %	7,6 %	0,5 %
9,6 %	9,3 %	7,6 %	Betriebs-mittel-kredite	25	40	Spar-einlagen	7,6 %	9,3 %	3,5 %
11,6 %	10,1 %	7,6 %	Existenz-gründgs.-darlehen	25	25	Termin-einlagen	7,6 %	9,6 %	9,0 %
10,0 %	10,4 %	7,6 %	Hypo.-darlehen	30	25	Spar-briefe	7,6 %	10,2 %	9,2 %
10,0 %	9,67 %	7,6 %		100	100		7,6 %	9,43 %	6,0 %

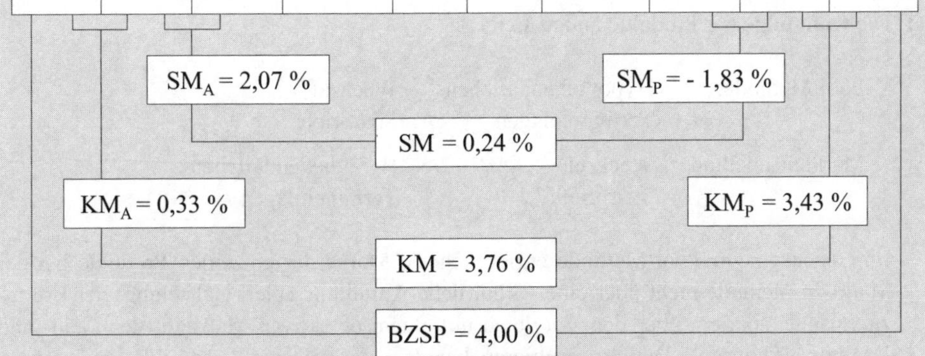

Abb. 21.5: Zinsertragsbilanz und Margenermittlung nach der Marktzinsmethode

(mit: TGZ = Tagesgeldzins; BZSP = Bruttozinsspanne; GKM = Geld- und Kapitalmarktzins; KM = Konditionsmarge; SZ = Sollzins; SM = Strukturmarge; HZ = Habenzins; A = Aktiv; Vol. = Volumen; P = Passiv)

zu 3.:

Geschäftsart	Pool-Methode		Marktzinsmethode		Margendifferenz in %-Pkt.
	Marge	Rang	Konditionsmarge	Rang	
Aktiva					
• Wechselkredite	0,5 %	4	0,0 %	3	- 0,5
• Betriebsmittelkredite	1,6 %	3	0,3 %	2	- 1,3
• Existenzgründungsdarlehen	3,6 %	1	1,5 %	1	- 2,1
• Hypothekendarlehen	2,0 %	2	- 0,4 %	4	-2,4
Ø Aktiverfolg	2,0 %		0,33 %		
Passiva					
• Sichteinlagen	7,5 %	1	7,1 %	1	- 0,4
• Spareinlagen	4,5 %	2	5,8 %	2	+ 1,3
• Termineinlagen	- 1,0 %	3	0,6 %	4	+ 1,6
• Sparbriefe	- 1,2 %	4	1,0 %	3	+ 2,2
Ø Passiverfolg	2,0 %		3,43 %		
Zentraler Dispositionserfolg (= Strukturmarge)	—		2,07 % – 1,83 % = 0,24 %		
Gesamtzinsspanne	2,0 % + 2,0 % = 4,0 %		0,33 % + 3,43 % + 0,24 % = 4,0 %		

Abb. 21.6: Gegenüberstellung der Margen nach Pool- und Marktzinsmethode

Aus der Gegenüberstellung der Margen nach Pool- und Marktzinsmethode ergeben sich die folgenden wesentlichen Unterschiede:

(1) Die **Rangfolge** der Produkte ändert sich:

- Pool-Methode: Hypothekendarlehen > Wechsel
  Termineinlagen > Sparbriefe
- Marktzinsmethode: Wechsel > Hypothekendarlehen
  Sparbriefe > Termineinlagen

Im Gegensatz zur Pool-Methode ergibt sich die Marge der einzelnen Produkte bei der Marktzinsmethode nicht über eine willkürliche Aufteilung (hier: Hälftelung) der Bruttozinsspanne, sondern über den Vergleich mit einem objektiven Maßstab (den Geld- und Kapitalmarktzinsen). Daraus resultieren bei der Marktzinsmethode i.d.R. auch unterschiedlich hohe Durchschnittsmargen für Aktiv- und Passivgeschäfte. So wird im Beispiel deutlich, dass die Passivprodukte einen im Durchschnitt deutlich höheren Zinsspannenbeitrag (3,43 %) liefern als die Aktivprodukte (0,33 %).

Dagegen weist die Pool-Methode durch die Hälftelung der Bruttozinsspanne beiden Bilanzseiten einen im Durchschnitt gleich hohen Erfolgsbeitrag (jeweils 2,0 %) zu.

(2) Die **Vorteilhaftigkeit** der Produkte ändert sich:

Während die Pool-Methode z.B. den Hypothekendarlehen eine positive Marge (2,0 %) zuweist, ist die nach der Marktzinsmethode errechnete (Konditions-) Marge negativ (- 0,4 %). Da eine fristengleiche Anlage der Mittel am Geld- und Kapitalmarkt einen höheren Erfolgsbeitrag erwirtschaften würde, sollte ggf. eine Produktelimination bzw. eine veränderte Konditionspolitik bei der betreffenden Produktart in Erwägung gezogen werden.

Die von der Pool-Methode zugerechnete positive Marge lässt dagegen eine Beibehaltung des Produktes zu den derzeitigen Konditionen vorteilhaft erscheinen (auf der Passivseite gilt diese Argumentation umgekehrt bei den Sparbriefen).

(3) Die von der Zentraldisposition zu verantwortende **Fristentransformation** wird nur von der Marktzinsmethode als eigenständige Erfolgsquelle identifiziert. Auf diese Weise kann eine verursachungsgerechte Zuordnung der Erfolgsbeiträge vorgenommen werden. Im Beispiel trägt die von der Bank betriebene aktive Fristentransformation (die Aktiva weisen eine im Durchschnitt längere Bindungsdauer auf als die Passiva) 240.000 GE zum Zinsüberschuss bei.

<u>zu 4.:</u>

Der Zinsüberschuss der Abteilung „Hypotheken" beträgt nach der **Pool-Methode**:

30 Mio. GE · 2,0 % = 600.000 GE

Die Behauptung Blenders, dieser Betrag würde ohne ihn wegfallen, stimmt nur für den Fall, dass eine Alternativanlage gefunden wird, die sich zum einheitlichen Einstandszins (hier: 8 %) verzinst. Nur in diesem Fall wäre die Marge der zuvor im Hypothekenbereich gebundenen 30 Mio. GE gleich 0 (8 % – 8 % = 0). Sinnvoller (und jederzeit möglich) wäre stattdessen eine fristengleiche Anlage dieser 30 Mio. GE am Geld- und Kapitalmarkt. Bei der angegebenen Zinskonstellation für 10-Jahres-Gelder errechnet sich daraus ein alternativer Ertrag von:

30 Mio. GE · 10,4 % = 3,12 Mio. GE

Das bedeutet gegenüber der Ausgangssituation (30 Mio. GE · 10 % = 3,0 Mio. GE) einen Anstieg des Zinsertrages (und bei ansonsten gleicher Struktur auch eine Steigerung des Zinsüberschusses) um 120.000 GE.

Auf genau dieser Grundüberlegung basiert auch die **Marktzinsmethode**. Demnach beläuft sich der Konditionsbeitrag der Abteilung „Hypotheken" auf:

30 Mio. GE · (- 0,4 %) = - 120.000 GE

Genau dieser Konditionsbeitrag würde – wie gezeigt – bei Nicht-Aktivität der Hypotheken-Abteilung wegfallen. Der mit den Hypotheken darüber hinaus erzielte Strukturbeitrag (30 Mio. GE · 2,8 % = 840.000 GE) fällt nicht in den Zuständigkeitsbereich von Blender, sondern in den der Zentraldisposition. Infolgedessen ist dieser Strukturbeitrag Blender auch nicht zuzurechnen.

Abschließend lässt sich festhalten, dass das von der Abteilung „Hypotheken" erwirtschaftete und Blenders Tätigkeit zuzurechnende Ergebnis (Konditionsbeitrag: - 120.000 GE) nicht einmal Blenders derzeitiges Gehalt rechtfertigt.

<u>zu 5.:</u>

Die zentralen Kritikpunkte an der Pool-Methode sind:

- konzeptionelle Unmöglichkeit einer leistungsgerechten und entscheidungsorientierten Aufspaltung des Zinsüberschusses in seine Komponenten
- prinzipielle Ausrichtung auf das Durchschnittsprinzip anstelle des Grenzprinzips
- institutsbezogener Maßstab zur Bewertung der Geschäfte
- Notwendigkeit einer willkürlichen Aufteilung der Bruttozinsspanne
- Opportunitätskosten werden nicht aufgezeigt

Fallstudie 22: **Abweichungsanalyse im Produktivitätsergebnis**

Eine Bank benötigt für die Erstellung des Produktes „Aktien“ eine zentrale Wertpapierabteilung, die den Handel, die Abwicklung sowie Lieferung und Abrechnung vornimmt. Die Standardstückkosten pro Arbeitsschritt/Kostenträger für das nächste Jahr ergeben sich aus folgenden Annahmen und Berechnungen:

Arbeitsschritte	Standardbearbeiter	Standardressourcenverbrauch	Standardbruttogehalt *	Standardkostensatz **	Standardstückkosten
Handel	Händler	6 Min.	84.000 EUR	70 EUR/Std.	7,00 EUR
Abwicklung u. Lieferung	Sachbearbeiter	GS: 15 Min. SF: 30 Min.	36.000 EUR	30 EUR/Std.	GS: 7,50 EUR SF: 15,00 EUR
Abrechnung	-	1 Formular	-	1 EUR/Stk.	1,00 EUR

Annahmen:
* inkl. einer geplanten Tarifsteigerung von 5 %
** bei geplanten Lohnnebenkosten von 25 % des Bruttogehaltes und einer Standardnettokapazität von 1.500 Stunden pro Jahr

Legende:
GS = Girosammelverwahrung
SF = Streifbandverwahrung

Abb. 22.1: Geplante Standardstückkosten pro Arbeitsschritt/Kostenträger im nächsten Jahr

Während der Handel der Aktien von Wertpapierhändlern durchgeführt wird, erfolgt die Abwicklung und Lieferung durch Sachbearbeiter. Wegen der Diskrepanz in den Standardbearbeitungszeiten müssen die Aktienorders bei diesen Arbeitsschritten nach Girosammelverwahrung (GS) und Streifbandverwahrung (SF) unterschieden werden. Neben den Personalkosten treten bei der Orderabrechnung auch sachbezogene Standardeinzelkosten für Abrechnungsformulare auf.

Zur Ermittlung der jeweiligen Kostensätze pro Funktionstyp wird standardmäßig ein geplanter Lohnnebenkostenzuschlag von 25 % auf die Tarifgehälter unterstellt. Die Standardbruttogehälter beinhalten eine geplante Tarifsteigerung von 5 % für das kommende Jahr. Die Nettoarbeitskapazität pro Mitarbeiter und Jahr von 1.500 Stunden ergibt sich aus der geplanten jährlichen Bruttoarbeitskapazität von 1.950 Stunden, abzüglich der standardmäßigen Abwesenheitszeiten von 30 Tagen Urlaub, 5 Tagen Krankheit und 3 Tagen Seminar (insgesamt 38 Tage = 15,2 % der Bruttokapazität) sowie der erlaubten persönlichen Verteilzeiten von ca. 9,29 % der Anwesenheitszeit. Für den Wertpapiersachbearbeiter errechnet sich damit z.B. ein Stundensatz von 30 EUR (= 36.000 EUR · 1,25 : 1.500 Stunden).

Auf Basis dieser Informationen wird die Planung des Produktivitätsergebnisses in der zentralen Wertpapierabteilung durchgeführt (vgl. Abb. 22.2).

In Abstimmung mit den Vertriebseinheiten werden Bearbeitungsmengen von zusammen 16.750 Aktienorders geplant, die sich zu 80 % (= 13.400 Aktienorders) auf die Girosammel- und zu 20% (= 3.350 Aktienorders) auf die Streifbandverwahrung verteilen. Damit ergeben sich im Plan verrechnete Standardstückkosten von insgesamt 284.750 EUR und ein rechnerischer Kapazitätsbedarf von insgesamt 6.700 Stunden bzw. 1,12 Händler und 3,35 Sachbearbeitern.

Die Wertpapierabteilung berücksichtigt diesen rechnerischen Personalbedarf bei der Planung ihrer Personalkosten und geht daher von zwei Händlern zum Standardgehalt von je 105.000 EUR (84.000 · 1,25) sowie 3,5 Sachbearbeitern zu jeweils 45.000 EUR (36.000 · 1,25) aus. Sie setzt damit die standardmäßigen Tarifgehälter inkl. einer 5 %-igen Lohnsteigerung und eines 25 %-igen Lohnnebenkostenzuschlages an. Im Handel verbleibt durch die notwendige Einstellung eines zweiten Händlers eine hohe Leerkapazität von 1.325 Stunden (= 13.250 Orders), die bewertet zum Standard(stück)kostensatz von 70 EUR/Stunde (7 EUR/Order) Leerkosten in Höhe von 92.750 EUR bedeuten. Die Leerkapazität der Sachbearbeiter kann durch die Beschäftigung einer Teilzeitarbeitskraft (50 %) mit 6.750 EUR (225 Stunden zu 30 EUR) vergleichsweise niedrig gehalten werden.

Bei der Sachkostenplanung für Abrechnungsformulare findet die Höhe der standardmäßig verrechneten Stückkosten (16.750 · 1 EUR) Anwendung. Da die Planmenge der Formulare bei den geplanten Betriebskosten und den verrechneten Stückkosten übereinstimmt, findet ein Lageraufbau/-abbau nicht statt.

Die gesamten Plankosten belaufen sich somit auf 384.250 EUR und führen im Vergleich zu den geplanten verrechneten Standardstückkosten in Höhe von 284.750 EUR zu einem negativen Produktivitätsergebnis von 99.500 EUR. Der Plan-Verrechnungsgrad im Produktivitätsergebnis beläuft sich auf nur 74,11 %, die Kapazitätsauslastung auf 81,21 %.

	Bearbeiter/ Kostenart	Mengen	Kostensatz (in EUR)	Kosten (in EUR)	Kapazität (in Std.)
verrechnete Standard-stückkosten	Händler	16.750 Aktienorders	7,00	117.250	1.675
	Sach-bearbeiter	13.400 Aktienorders GS	7,50	100.500	3.350
		3.350 Aktienorders SF	15,00	50.250	1.675
	Sachkosten	16.750 Abrechnungs-formulare	1,00	16.750	-
				284.750	**6.700**
– Kosten	Personal-kosten	2 Händler 3,5 Sachbearbeiter	105.000 45.000	210.000 157.500	3.000 5.250
	Sachkosten	16.750 Abrechnungs-formulare	1,00	16.750	-
				384.250	**8.250**
= Plan-Produktivitätsergebnis				**- 99.500**	**- 1.550**
Auslastung				74,11 %	81,21 %

Abb. 22.2: Plan-Produktivitätsergebnis der Zentralen Wertpapierabteilung

Das Produktivitätsergebnis der Wertpapierabteilung kann trotz Einhaltung der Standardzeiten und -mengen bereits im Planungszeitpunkt nicht ausgeglichen sein, weil wegen der Unteilbarkeit des Produktionsfaktors Arbeit mehr Mitarbeiter als nötig beschäftigt und bezahlt werden müssen. Das negative Produktivitätsergebnis in Höhe von 99.500 EUR spiegelt genau diese Leerkapazität von 1.550 Stunden wider und stellt somit eine geplante Beschäftigungsabweichung dar.

Das eingetretene Ist-Produktivitätsergebnis beinhaltet einen Vergleich zwischen den zu Standardstückkosten verrechneten Ist-Bearbeitungsmengen (Soll-Kosten) und den tatsächlich angefallenen Betriebskosten. Folgende Veränderungen sind gegenüber den geplanten Werten aufgetreten (vgl. Abb. 22.3).

Die bearbeiteten Ordermengen sind um 2.250 Stück gegenüber der Planung gesunken. Gleichzeitig ergibt sich eine Verschiebung von der Girosammel- zur Streifbandverwahrung. Statt eines geplanten Verhältnisses von 80 : 20 liegt es tatsächlich bei 90 : 10. Beide Effekte zusammen führen bei den Händlern bzw. Sachbearbeitern zu einer gegenüber dem Plan deutlich verminderten Stückkostenverrechnung bzw. Kapazitätsanforderung. Während bei den Händlern jedoch kein Kapazitätsabbau möglich war, konnten die Ist-Kosten der Sachbearbeiter durch den Nichteinsatz der Teilzeitkraft (anderweitige Verwendung als sogenannter Springer) reduziert werden.

Dieser Verbesserung des Produktivitätsergebnisses steht jedoch ein Anstieg bei den Personal- und Sachkosten entgegen. Statt einer geplanten Tariferhöhung von 5 % erfolgte eine 6 %-ige Steigerung, die durch den Rückgang des Lohnnebenkostenzuschlags von 25 % auf 24 % nicht kompensiert wurde. Zudem hat sich eine inflationäre Preissteigerung bei den Abrechnungsformularen von 1,00 auf 1,20 EUR ergeben, von denen außerdem 500 mehr als eigentlich notwendig verbraucht wurden.

Insgesamt wird die Reduzierung der verrechneten Standardstückkosten gegenüber der Planung durch die Verbesserung der Betriebskosten nicht kompensiert, so dass eine Verschlechterung des Produktivitätsergebnisses auf - 127.874,43 EUR eintritt.

	Bearbeiter/ Kostenart	Mengen		Kostensatz (in EUR)	Kosten (in EUR)	Kapazität (in Std.)
verrechnete Standard-stückkosten	Händler	14.500	Aktienorders	7,00	101.500,00	1.450,00
	Sach-bearbeiter	13.050	Aktienorders GS	7,50	97.875,00	3.262,50
		1.450	Aktienorders SF	15,00	21.750,00	725,00
	Sach-kosten	14.500	Abrechnungs-formulare	1,00	14.500,00	-
					235.625,00	**5.437,50**
– Kosten	Personal-kosten	2	Händler	105.152,00	210.304,00	3.000,00
		3	Sachbearbeiter	45.065,14	135.195,43	4.500,00
	Sach-kosten	15.000	Abrechnungs-formulare	1,20	18.000,00	-
					363.499,43	**7.500,00**
= Ist-Produktivitätsergebnis					**-127.874,43**	**- 2.062,50**
Auslastung					64,82 %	72,5 %

Abb. 22.3: Ist-Produktivitätsergebnis der Zentralen Wertpapierabteilung

Für die einzelnen Abweichungen im Produktivitätsergebnis sollen Sie nun in einer detaillierten Analyse die Ursachen erforschen!

1. Ermitteln Sie die Preisabweichung, die auf Veränderungen der Preise der Produktionsfaktoren gegenüber der Planung beruhen!

   Schlagen Sie durch den Ansatz der Ist-Faktormenge die Abweichung zweiten Grades voll der Preisabweichung zu!

   Differenzieren Sie darüber hinaus bei den Personalkosten tarif- und lohnnebenkostenbedingte Abweichungsursachen!

2. Berechnen Sie die Verbrauchsabweichung bei den variablen Kosten, die durch den vom Plan abweichenden mengenmäßigen Mehr- oder Minderverbrauch von Produktionsfaktoren entsteht!

3. Analysieren Sie die mengenbedingte Beschäftigungsabweichung und ihre Ursachen!

   a) Ermitteln Sie die mengenbedingte Beschäftigungsabweichung und unterscheiden Sie diese weiter nach ihren Teilursachen in eine Quantitäts- und Strukturabweichung!

   b) Durch welche Maßnahme hätte das Produktivitätsergebnis verbessert werden können?

4. Bei der Analyse des Produktivitätsergebnisses können neben der mengenbedingten Beschäftigungsabweichung noch zwei weitere Ursachen für Beschäftigungsabweichungen festgestellt werden.

   a) Nehmen Sie zum einen an, die Bearbeitungszeit läge beim Handel einer Wertpapierorder abweichend vom Standard bei 9 Minuten.

      Welche Ursachen können einer solchen zeitbedingten Beschäftigungsabweichung zugrundeliegen?

   b) Beschreiben Sie zum anderen kurz die Auswirkungen, wenn statt einer Standard(brutto) kapazität von 39-Wochenstunden nur eine 35-Stundenwoche existierte!

      Wodurch kann eine kapazitätsbedingte Beschäftigungsabweichung alternativ noch entstehen?

5. In welchen Formen kann sich eine Kostenstrukturabweichung bei den Personalkosten im Produktivitätsergebnis äußern?

   Verdeutlichen Sie Ihre Aussagen erstens am Beispiel der Personalkosten für einen Wertpapierhändler! Gehen Sie dabei davon aus, dass die Ist-Kosten bei 117.205,71

EUR liegen, wobei das Standardbruttogehalt 90.000 statt 84.000 EUR und der Lohnnebenkostenzuschlag 30 % statt der geplanten 25 % betragen soll!

Unterstellen sie zweitens, dass anstelle eines Sachbearbeiters ein Wertpapierhändler für die Abwicklung der Aktienorders eingesetzt wird!

6. Skizzieren Sie kurz, wer in der Regel die Verantwortung für die einzelnen Abweichungsursachen trägt!

7. Wie wirken sich die einzelnen Abweichungsursachen auf die Standardstückkostenkalkulation des kommenden Jahres aus? Klären Sie in diesem Zusammenhang auch, welche Abweichungen bereits im geplanten Produktivitätsergebnis vorliegen können!

Lösungsvorschlag zu Fallstudie 22:

zu 1.:

Preisabweichung = Ist-Faktoreinsatz · (Plan-Preis – Ist-Preis)

Durch die Verwendung des Ist-Faktoreinsatzes (tatsächlich beschäftigte Mitarbeiter bzw. verbrauchte Abrechnungsformulare) wird die Abweichung zweiten Grades voll der Preisabweichung zugeschlagen.

Die Kostensteigerung bei den **Personalkosten** führt zu folgender Preisabweichung:

Händler	2	·	(105.000 – 105.152,00)	=	- 304,00 EUR
Sachbearbeiter	3	·	(45.000 – 45.065,14)	=	- 195,43 EUR
Preisabweichung Personalkosten					**- 499,43 EUR**

Die Preisabweichung bei den Personalkosten beruht auf **zwei Effekten**:

- **tarifbedingte** Preisabweichung: statt der geplanten 5 %-igen Tariferhöhung Steigerung um 6 % (negativer Effekt)

- **lohnnebenkostenbedingte** Preisabweichung: Rückgang des Lohnnebenkostenzuschlags von geplanten 25 % auf nur 24 % (positiver Effekt)

Die Abweichung 2. Grades muss bei gegenläufiger Entwicklung der Kostenkomponenten Bruttogehalt und Lohnnebenkosten durch den Ansatz des Ist-Bruttogehaltes dem positiven Einflussfaktor, also der Lohnnebenkostenentlastung, zugerechnet werden.

	tarifbedingte Preisabweichung
=	Ist-Faktoreinsatz · (Plan-Bruttogehalt – Ist-Bruttogehalt) · Plan-Lohnnebenkosten-Zuschlag
	lohnnebenkostenbedingte Preisabweichung
=	Ist-Faktoreinsatz · Ist-Bruttogehalt · (Plan-Lohnnebenkosten-Zuschlag – Ist-Lohnnebenkosten-Zuschlag)

2 · (84.000 – 84.000 : 1.05 · 1,06) · 1,25	=	- 2.000,00 EUR
3 · (36.000 – 36.000 : 1,05 · 1,06) · 1,25	=	- 1.285,71 EUR
tarifbedingte Preisabweichung		**- 3.285,71 EUR**
2 · 84.000 : 1,05 · 1,06 · (1,25 – 1,24)	=	+ 1.696,00 EUR
3 · 36.000 : 1,05 · 1.06 · (1,25 – 1,24)	=	+ 1.090,29 EUR
lohnnebenkostenbedingte Preisabweichung		**+ 2.786,29 EUR**
Preisabweichung Personalkosten		- 499,43 EUR

Die Addition von tarifbedingter (- 3.285,71 EUR) und lohnnebenkostenbedingter Teilabweichung (+ 2.786,29 EUR) ergibt die gesamte Personalkosten-Preisabweichung der Wertpapierabteilung in Höhe von - 499,43 EUR. Durch den Ansatz des Ist-Bruttogehaltes wird die Abweichung zweiten Grades in Höhe von 26,29 EUR [2 · (84.000 : 1,05 · 1,06 – 84.000) · (1,25 – 1,24) + 3 · (36.000 : 1,05 · 1,06 – 48.000) · (1,25 – 1,24)] voll der Lohnnebenkostenabweichung zugeschlagen.

Die Preisabweichung bei den **Sachkosten** beträgt für 15.000 Abrechnungsformulare jeweils 0,20 EUR (= 1,00 EUR – 1,20 EUR) und beläuft sich damit auf - 3.000 EUR.

Abrechnungsformulare	15.000	·	(1,00 – 1,20)	=	- 3.000 EUR
Preisabweichung Sachkosten					**- 3.000 EUR**

zu 2.:

	Verbrauchsabweichung
=	Ist-Kosten zu Plan-Preisen – Soll-Kosten bei Ist-Beschäftigung
=	(Ist-Menge – Soll-Menge) · Plan-Preis bzw. Standardstückkosten

Verbrauchsabweichungen entstehen nur bei variablen Kosten, wenn mehr oder weniger Produktionsfaktoren benötigt werden, als für die abgewickelten Geschäftsvorfälle gemäß Standard vorgesehen sind. Der Mehrverbrauch von 500 Abrechnungsformularen bedeutet bei einem Planpreis von 1 EUR daher eine **Verbrauchsabweichung** von 500 EUR.

Abrechnungsformulare	(14.500 – 15.000)	·	1,00	=	- 500 EUR
Verbrauchsabweichung Sachkosten					**- 500 EUR**

zu 3.a):

Mengenbedingte Beschäftigungsabweichungen entstehen, wenn die tatsächlichen Bearbeitungsmengen über oder unter der gemäß Standard ermittelten Maximalmenge liegen. Liegen keine Abweichungen von der Standardbearbeitungszeit und der Standardkapazität vor, führen nur Veränderungen der Kundenmengen zu Abweichungen von der Standardmenge. Negative Beschäftigungsabweichungen stellen dann Leerkosten für unausgelastete Kapazitäten dar.

Die Ist-Beschäftigungsabweichung lässt sich daher zum einen direkt aus der zu den jeweiligen Standardkosten der Bearbeiter bewerteten freien Kapazität ermitteln.

Händler	(1.450 Std. – 3.000 Std.)	·	70 EUR/Std. =	- 108.500 EUR
Sachbearbeiter	(3.987,5 Std. – 4.500 Std.)	·	30 EUR/Std. =	- 15.375 EUR
Ist-Beschäftigungsabweichung				**- 123.875 EUR**

Sie lässt sich auch indirekt aus der Gesamtabweichung abzüglich der bereits berechneten Preis- und Verbrauchsabweichung retrograd ableiten:

Ist-Beschäftigungsabweichung = - 127.874,43 – (- 3.999,43) =	**- 123.875 EUR**

Die Ursachen für diese Ist-Beschäftigungsabweichung erklären sich im Beispiel allein aus der Veränderung der Ist-Mengen gegenüber den Plan-Mengen im Produktivitätsergebnis. Die Plan-/ Ist-Mengenabweichung kann dabei sowohl bei den Stückzahlen der verrechneten Standardstückkosten als auch bei den Einsatzfaktoren der Personal- und Sachkosten liegen. Diese Veränderungen zuzüglich der Plan-Beschäftigungsabweichung ergeben die tatsächliche Ist-Beschäftigungsabweichung.

Die Ist-Beschäftigungsabweichung kann daher detailliert anhand der Formel

mengenbedingte Beschäftigungsabweichung
= (Ist-Menge – Plan-Menge) · Plan-Preis

für die zentrale Wertpapierabteilung berechnet werden:

	Bearbeiter/ Kostenart	Δ der Mengen	Kostensatz (in EUR)	Δ der Kosten (in EUR)	Δ der Kapazität (in Std.)
Δ der verrechneten Standardstückkosten	Händler	(14.500 – 16.750) Aktienorders	7,00	- 15.750	- 225,00
	Sachbearbeiter	(13.050 – 13.400) Aktienorders GS	7,50	- 2.625	- 87,50
		(1.450 – 3.350) Aktienorders SF	15,00	- 28.500	- 950,00
	Sachkosten	(14.500 – 16.750) Abrechnungsformulare	1,00	- 2.250	-
				- 49.125	**- 1.262,50**
– Δ der Kosten	Personalkosten	(3 – 3,5) Händler	45.000,00	- 22.500	- 750,00
	Sachkosten	(16.750 – 14.500) Abrechnungsformulare	1,00	- 2.250	-
				- 24.750	**- 750,00**
+ Plan-Beschäftigungsabweichung				**- 99.500**	**- 1.550,00**
= mengenbedingte Beschäftigungsabweichung				**- 123.875**	**- 2.062,50**

Für die weitere Erklärung dieser Beschäftigungsabweichung kann die mengenmäßige Veränderung der sachbezogenen (Stück-)Kosten (d.h. für die Abrechnungsformulare in der Wertpapierabteilung) unberücksichtigt bleiben, da sie mit jeweils umgekehrtem Vorzeichen in die beiden Komponenten des Produktivitätsergebnisses eingeht und sich somit kostenmäßig neutralisiert. Die Steigung bzw. Einsparung der Ist-Kosten entspricht also genau der Mehr- bzw. Minderverrechnung an Standardstückkosten. Eine tiefere Analyse muss aber erläutern, warum die Ist-Kosten nicht im Ausmaß der verrechneten Stückkosten gesunken sind.

Die **mengenbedingte Beschäftigungsabweichung** bei den Standardstückkosten resultiert – wie gesehen – aus einer durch das Kundenverhalten verursachten Veränderung der Ist-Mengen gegenüber den Plan-Mengen. Werden durch diese Veränderungen der Bearbeitungsmengen kostenwirksame Anpassungsmaßnahmen möglich bzw. erforderlich, müssen diese ebenfalls der mengenbedingten Beschäftigungsabweichung zugerechnet werden. Ursachen für Mengenänderungen können zum einen in einer quantitativen Mengensteigerung oder -reduzierung, zum anderen aber auch in strukturellen Mengenverschiebungen liegen, so dass die mengenbedingte Beschäftigungsabweichung weiter in eine Quantitäts- und Strukturabweichung differenziert werden kann.

Neben dem allgemeinen Rückgang der Ordermenge **(Quantitätsabweichung)** hat bei den Sachbearbeitern gleichzeitig eine Verschiebung von der Streifband- zur Girosammelverwahrung stattgefunden **(Strukturabweichung)**. Die gegenüber der Planung reduzierten verrechneten Standardstückkosten in Höhe von 46.875 EUR (exkl. der verminderten Stückkostenverrechnung für Abrechnungsformulare, die auch dem Ist-Kostenrückgang entspricht) lassen sich also auf quantitäts- und strukturbedingte Ursachen zurückführen: Die Trennung der Quantitäts- und Strukturabweichung bei den Sachbearbeitern wird durch den Ansatz einer fiktiven Grenzlinie ermöglicht: Welche Kapazitäts- und Kostenauswirkung hätte eine Reduzierung der Girosammel- und Streifbandorder im gleichen prozentualen Ausmaß wie der Gesamtorderrückgang gehabt (Quantitätsabweichung) und wie hat sich das tatsächliche Verhältnis geändert (Strukturabweichung)?

Händler: (14.500 – 16.750) Aktienorders · 7,00 EUR/St. =	- 15.750 EUR
Sachbearbeiter: GS $(\frac{14.500}{16750} \cdot 13.400 - 13.400)$ Aktienorders · 7,50 EUR/St. =	- 13.500 EUR
SF $(\frac{14.500}{16750} \cdot 3.350 - 3.350)$ Aktienorders · 15,00 EUR/St. =	- 6.750 EUR
Quantitätsabweichung	**- 36.000 EUR**
Sachbearbeiter: GS $(13.050 - \frac{14.500}{16.750} \cdot 13.400)$ Aktienorders · 7,50 EUR/St. =	+ 10.875 EUR
SF $(1.1450 - \frac{14.500}{16.750} \cdot 3.350)$ Aktienorders · 15,00 EUR/St. =	- 21.750 EUR
+ **Strukturabweichung**	**- 10.875 EUR**
= **mengenbedingte Beschäftigungsabweichung bei den verrechneten Standard-Stückkosten**	**- 46.875 EUR**

Auch der Rückgang der Ist- gegenüber den Plan-Personalkosten um 22.500 EUR, die durch den Nichteinsatz der Teilzeitkraft entsteht, ist in der Orderzahlentwicklung begründet und damit der mengenbedingten Beschäftigungsabweichung zuzurechnen. Eine Zuordnung zur Quantitäts- oder Strukturabweichung ist nicht möglich, da beide Effekte zusammen zu dem verminderten Kapazitätsbedarf führen.

zu 3.b):

Es bleibt in der zentralen Wertpapierabteilung noch zu klären, warum das hohe negative Produktivitätsergebnis nicht durch die Entlassung des zweiten Händlers und damit durch eine Ist-Kostenreduzierung verbessert werden konnte. Rein rechnerisch, d.h. gemäß der unterstellten Standards, teilt sich die gesamte händlerbezogene Beschäftigungsabweichung von 108.500 EUR, die sich aus der geplanten (92.750 EUR) und der neu hinzukommenden (15.750 EUR) zusammensetzt, wie folgt auf: Auf den ersten Händler entfallen 3.500 EUR, was einer Leerkapazität von 50 Stunden bzw. einer Auslastung von 96,67 % entspricht. Der zweite Händler wird jedoch rechnerisch überhaupt nicht benötigt, d.h. die Beschäftigungsabweichung stimmt mit den Ist-Kosten zu Plan-Preisen in Höhe von 105.000 EUR überein und die Gesamtkapazität von 1.500 Stunden steht zur freien Verfügung. Die Plan-Beschäftigungsabweichung wird durch den Mengenrückgang folglich soweit erhöht, dass trotz einer gegebenenfalls vorliegenden Unteilbarkeit von Mitarbeitern jetzt einem Personalabbau nichts mehr im Wege stünde. Als Gründe von der Entlassung des Händlers trotz gesunkener Bearbeitungsmengen abzusehen, können folgende genannt werden: langfristiger, nicht kündbarer Arbeitsvertrag, geplanter Einstieg in das Wertpapier-Eigenhandelsgeschäft oder Erwartung steigender Orderzahlen im kommenden Jahr und in Folge dessen Vermeidung einer teureren Neueinstellung.

Die Beschäftigung des zweiten Händlers kann jedoch auch dadurch begründet sein, dass die rechnerische Ist-Auslastung der Kapazitäten gemäß Standard nicht der tatsächlichen Auslastung entspricht. Das bedeutet, dass ein Händler allein nur weniger als 15.000 Orders (1.500 Std. · 60 Min./Std. : 6 Min./Order) leisten kann. Der Grund kann einerseits in einer gegenüber dem Standard erhöhten Ist-Bearbeitungszeit und andererseits in einer geringeren Arbeitskapazität liegen.

zu 4.a):

Die **zeitbedingte Beschäftigungsabweichung** spiegelt Abweichungen von der zur Erstellung einer Betriebsleistung bzw. eines Kostenträgers notwendigen Standardbearbeitungszeit wider. Kann im Beispiel in der zentralen Wertpapierabteilung eine Order statt zu den vorgesehenen 6 Minuten nur zu 9 Minuten gehandelt werden, errechnet sich folgende Abweichung:

zeitbedingte Beschäftigungsabweichung

= Ist-Menge · (Standard-Bearbeitungszeit – Ist-Bearbeitungszeit) : 60 Min./Std.
· Standardkostensatz EUR/Std.

zeitbedingte Beschäftigungsabweichung

= 14.500 · (6 Min. – 9 Min.) : 60 Min./Std. · 70 EUR/Std. = **- 50.750 EUR**

In diesem Fall sind 50.750 EUR des negativen Produktivitätsergebnisses als zeitbedingte Beschäftigungsabweichung erklärt. Statt der gemäß Standardbearbeitungszeit eigentlich benötigten Kapazität von 1.450 Stunden wird jetzt ein Kapazitätsbedarf von 2.175 Stunden (= 14.500 Order · 9 Min./ Order : 60 Min./Std.) erforderlich. Der Mehrbedarf von 725 Stunden macht die Beschäftigung des zweiten Händlers nötig, falls eine Teilzeitkraft mit halber Kapazität, die ausreichen würde (2.175 Stunden entsprechen 1,45 Mitarbeitern), nicht realisierbar ist.

Bei den Ursachen für eine Abweichung von der Standardbearbeitungzeit können zwei grundsätzliche Faktoren unterschieden werden: Wenn zwar der Standardarbeitsablauf, nicht aber die Standardeinzelzeiten pro zugehörigem Arbeitsschritt eingehalten werden, handelt es sich um eine **einzelzeitbedingte Abweichung**. Können hingegen die Standardeinzelzeiten, nicht aber der Standardarbeitsablauf selbst realisiert werden, weil bestimmte Arbeitschritte doppelt oder gar nicht bzw. gänzlich andere Tätigkeiten durchgeführt werden, liegt eine **arbeitsablaufbedingte Abweichung** vor. Selbstverständlich können beide Faktoren auch in Kombination auftreten, in dem z.B. ein Arbeitsschritt doppelt und mit erhöhter Bearbeitungszeit ausgeführt wird.

zu 4.b):

Die **kapazitätsbedingte Beschäftigungsabweichung** resultiert aus einer Veränderung der in den Standardstückkosten verarbeiteten Standardkapazität pro Mitarbeiter. Die Ursachen für eine solche Abweichung können in zwei Determinanten differenziert werden, die auch beide gleichzeitig eintreten können:

Die **bruttobedingte Abweichung** ist auf eine extern bestimmte Veränderung der Bruttoarbeitskapazität zurückzuführen. So führt eine tarifvertraglich vereinbarte Arbeitszeitverkürzung zu einer Verminderung, die Streichung von Feiertagen hingegen zu einer Erhöhung der Brutto- und damit c.p. auch der Nettokapazität. Eine Reduzierung der geplanten Wochenarbeitszeit von 39 auf tatsächliche 35 Stunden pro Woche hätte im Beispiel folgende Konsequenzen:

Die Bruttoarbeitskapazität würde bei konstanten 250 Arbeitstagen von 1.950 auf 1.750 Stunden pro Mitarbeiter sinken. Bei einer unveränderten Standardabwesenheitszeit von 38 Tagen und einer persönlichen Verteilzeit von 9,29 % der Anwesenheitszeit sinkt die Nettokapazität von 1.500 auf nur noch 1.346,15 Stunden pro Mitarbeiter. Dieser Rückgang von 153,85 Stunden pro Mitarbeiter bewertet zum jeweiligen Standardkostensatz pro Funktionstyp drückt kostenrechnerisch die kapazitätsbedingte Beschäftigungsabweichung aus. Diese Arbeitszeitverkürzung hat in der Wertpapierabteilung faktische Auswirkungen. Die Ordermenge kann nicht mehr allein durch einen Händler abgewickelt werden, da nicht einmal der Kapazitätsbedarf bei Einhaltung der Standardbearbeitungszeit von 1.450 Stunden durch die Nettoarbeitskapazität eines Händlers von nun 1.346,15 Stunden abgedeckt ist. Die Beschäftigung des zweiten Händlers wäre also aus diesem Grunde unvermeidlich. Für die Sachbearbeiter resultieren im Moment noch keine Konsequenzen, allerdings ist die neue Arbeitskapazität nun bis auf wenige Stunden ausgelastet (4.038,45 – 3.987,5 = 50,95 Stunden), so dass bereits ein geringfügiger Mengenanstieg von 204 Girosammel- oder 102 Streifband-Order zu einer kostenwirksamen Personalaufstockung führen muss.

Bei der **nettobedingten Abweichung** bleibt zwar die Bruttokapazität konstant, jedoch ergibt sich eine Veränderung der Nettoproduktivzeit durch Abweichungen von den standardmäßigen Abwesenheits- und/oder persönlichen Verteilzeiten. Wenn der erste Händler zum Beispiel statt der standardmäßig vorgesehen fünf Krankheits- und drei Seminartage (bei unverändertem Urlaub von 30 Tagen) nun 15 Tage krank und 5 Tage auf einem Seminar ist, sinkt seine Nettokapazität von 1.500 auf 1.415,09 Stunden. Damit kann er aber den Kapazitätsbedarf von 1.450 Stunden nicht mehr allein bewältigen, so dass sich die Weiterbeschäftigung des zweiten Händlers wiederum nicht vermeiden lässt. Der Effekt wird noch verstärkt, wenn auch die tatsächlichen persönlichen Verteilzeiten den Standard von 9,29 % der Anwesenheitszeit überschreiten. Ein Unterschreiten der Standardvorgaben führt hingegen zu einem Anstieg der maximalen Leistungsmenge. Dadurch entsteht ein Kosteneinsparungspotential, das bei Ausnutzung zu einer Verringerung der Beschäftigungsabweichung und einem verbesserten Produktivitätsergebnis führt.

Die Analyse der Beschäftigungsabweichung führt somit zusammenfassend zu einer Differenzierung in drei verschiedene Ursachen, die wiederum jeweils in zwei weitere Teilabweichungsgründe unterschieden werden können:

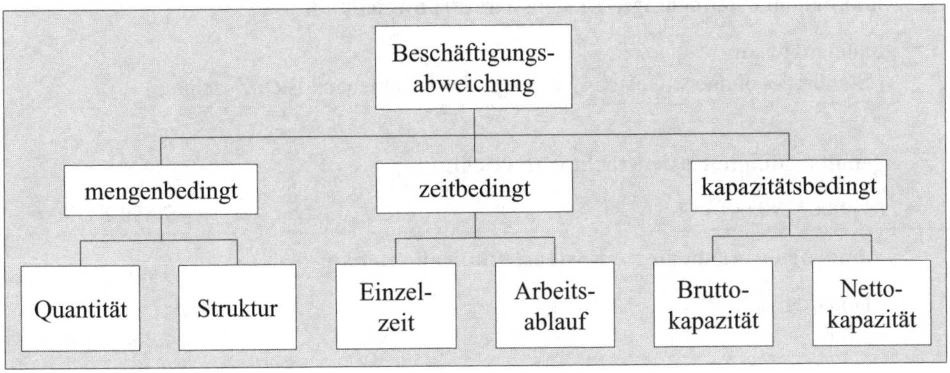

Abb. 22.4: Ursachen von Beschäftigungsabweichungen

zu 5.:

Während eine Erhöhung des Marktpreises durch Tarifsteigerungen (Personalkosten) bzw. Inflation (Sachkosten) sowie eine automatische Höherstufung innerhalb der Tarifgruppe aufgrund gestiegener Berufsjahre nicht vom Kostenstellen-Leiter zu verantworten ist, trägt er jedoch die Verantwortung für Beförderungen in höhere Tarifgruppen, für freiwillige Zulagen, für im Einzelfall vereinbarte höhere Lohnnebenkosten (z.B. durch Abschluss einer Kapitallebensversicherung zur Altersvorsorge) oder Abweichungen von der durch den Standardbearbeiter vorgegebenen Gehalts- bzw. Tarifgruppenstruktur. Bei letzteren Ursachen handelt es sich demgemäß nicht mehr um Preisabweichungen, sondern um **Kostenstrukturabweichungen**. Die in den Standardstückkosten angesetzten Standardkosten pro Mitarbeitertyp stimmen folglich nicht in jedem Fall mit den tatsächlich gezahlten Personalkosten überein. Der Grund liegt in einer nicht dem Standard entsprechenden Bezahlung (kostenbedingt) und/oder in einer Abweichung vom Standardbearbeiter (bearbeiterbedingt).

In Ergänzung zum obigen Beispiel betragen die Ist-Kosten eines Wertpapierhändlers nicht mehr 105.152 EUR, sondern nunmehr 117.205,71 EUR. Nach Isolierung der Preisabweichungen von 152 EUR bzw. 205,71 EUR beläuft sich die Kostenstrukturabweichung folglich auf 12.000 EUR. Die Personalkosten des Wertpapierhändlers liegen deshalb um 12.000 EUR höher als der Standard-Personalkostensatz von 105.000 EUR, weil das Grundgehalt (inkl. der geplanten Tarifsteigerung von 5 %) 90.000 statt 84.000 EUR und der Lohnnebenkostenzuschlag 30 % statt der geplanten 25 % beträgt. Die **kostenbedingte Abweichung** lässt sich damit in eine gehalts- und in eine lohnnebenkostenbezogene Ursache aufspalten:

	gehaltsbedingte Kostenstrukturabweichung	
=	(Ist-Gehalt – Standardgehalt) · Ist-Lohnnebenkosten-Zuschlag	
	lohnnebenkostenbedingte Kostenstrukturabweichung	
=	Standardgehalt · (Standard-Lohnnebenkosten-Zuschlag – Ist-Lohnnebenkosten-Zuschlag)	

	gehaltsbedingte Kostenstrukturabweichung	
=	(84.000 – 90.000) · 1,3 =	**- 7.800 EUR**
	lohnnebenkostenbedingte Kostenstrukturabweichung	
=	Standardgehalt · 84.000 · (1,25 – 1,3) =	**- 4.200 EUR**

Die Abweichung zweiten Grades von 300 EUR ist hier im Beispiel voll der gehaltsbezogenen Kostenstrukturabweichung zugerechnet worden.

Wenn außerdem statt des erforderlichen Sachbearbeiters z.B. ein teurerer Händler eingesetzt wurde, liegt eine **bearbeiterbedingte Kostenstrukturabweichung** in Höhe von 60.000 EUR vor. Statt der Personalkosten von 45.000 EUR für einen Sachbearbeiter werden selbst bei Einhaltung der Standardkosten nun 105.000 EUR für einen Wertpapierhändler benötigt. Die Aktienorder werden damit zu überhöhten Kosten abgewickelt. Dieser Produktivitätsnachteil verbleibt als Kostenstrukturabweichung im Produktivitätsergebnis, in dem die Stückkostenverrechnung weiterhin zum Preis des Sachbearbeiters erfolgt. Kann durch die Abweichung vom Standardbearbeiter gegebenenfalls auch die Standardbearbeitungszeit des Sachbearbeiters von 15 Minuten (bei der Girosammelverwahrung) nicht eingehalten werden, muss das bei der zeitbedingten Beschäftigungsabweichung als weiterer Produktivitätsnachteil erfasst werden.

zu 6.:

Für die einzelnen Abweichungsarten kann die Verantwortung in Abhängigkeit von den Ursachen wie folgt festgemacht werden:

Preisabweichungen sind durch Veränderungen der Marktpreise (z.B. Tariferhöhungen) verursacht. Da der einzelne Kostenstellen-Leiter in der Regel selbst keinen Einfluss auf die Preisgestaltung nehmen kann, liegt die Verantwortung nicht bei ihm. Die Verantwortung kann jedoch zentral bei dem Kostenarten-Verantwortlichen und damit innerhalb der Bank liegen, wenn dieser ausreichenden Einfluss auf die Beschaffungspreise hat.

Verbrauchsabweichungen bedeuten einen Mehreinsatz von variablen Produktionsfaktoren, der in jedem Fall intern zu verantworten ist. Je nachdem, ob die Abweichungsanalyse die Ursache auf Gesamtbankebene (z.B. unübersichtliche Gestaltung von Formularen, was zu Folgefehlern führt) oder Kostenstellenebene (z.B. häufiges Verschreiben der Mitarbeiter beim

Ausfüllen von Formularen) lokalisiert, haben der Prozess-Verantwortliche (Formulargestalter/-einkäufer) oder der Kostenstellen-Leiter die Verantwortung zu tragen.

Beschäftigungsabweichungen müssen im Hinblick auf Verantwortungen differenziert untersucht werden:

- **Kapazitätsabweichungen** sind häufig auf externe, nicht zu verantwortende Einflussfaktoren zurückzuführen. So werden die Bruttoarbeitszeit und die tariflichen Urlaubstage vom Markt diktiert. Auch Krankheiten und persönliche Verteilzeiten sind individuell vom Mitarbeiter abhängig. Allerdings hat insbesondere das Betriebsklima durchaus Einfluss auf diese Faktoren. Für das Betriebsklima ist aber nicht allein der Leiter einer Organisationseinheit, sondern auch das Führungsverhalten des Managements allgemein sowie die Betreuung durch die Personalabteilung verantwortlich. Eine Verantwortung kann folglich nicht generell verankert werden, sondern muss im Einzelfall individuell beurteilt werden. Lediglich die Abwesenheit durch Seminartage lässt sich direkt steuern. Aber auch die Nichteinhaltung der Standardseminartage kann sowohl durch den Kostenstellenverantwortlichen als auch durch ein mangelndes internes bzw. externes Seminarangebot begründet sein. Umgekehrt können überdurchschnittliche Fehlzeiten wegen Seminaren nicht generell negativ beurteilt werden, wenn notwendige neue Erkenntnisse vermittelt werden. Wichtig ist ein angemessenes Verhältnis, was in einer ursachen-und personenspezifischen Dokumentation festgehalten werden kann.

- **Zeitabweichungen** sind in jedem Fall durch interne Unwirtschaftlichkeiten verursacht und damit intern durch die Produktions-Verantwortlichen zu vertreten. Die Ursache für Abweichungen vom Standardarbeitsablauf bzw. der Standardbearbeitungszeit kann jedoch sowohl durch gesamtbankbedingte Faktoren als auch durch kostenstellenspezifische Besonderheiten hervorgerufen sein. So muss z.B. eine mangelnde DV-Unterstützung des Arbeitsablaufes durch den Prozess- bzw. DV-Kosten-Verantwortlichen, eine mangelnde Organisation innerhalb der Einheit aber vom dortigen Leiter verantwortet werden. Allerdings gibt es auch in den Leistungseinheiten Zweifelsfälle zu klären: Liegt die Verantwortung für eine mangelnde Arbeitsplatzanordnung bzw. Qualifikation der Mitarbeiter in jedem Fall beim Kostenstellen-Verantwortlichen oder trifft die Organisations- bzw. Personalabteilung nicht zumindest eine Teilverantwortung?

- **Mengenabweichungen** müssen zunächst nach marktbedingten und institutsspezifischen Ursachen differenziert werden. So können Überkapazitäten durch einen Mengenrückgang im Marktausmaß (z.B. der Wertpapier-Order bei einem Börsen-Crash) nicht in der Verantwortung der Abteilung liegen, wenn ein Abbau der Ist-Kosten nicht zeitgleich möglich oder gewünscht ist. Institutsspezifische Mengenabnahmen lassen jedoch auf eine mangelnde Marktbearbeitung schließen und führen zu einer Verantwortung des Produkt- bzw. Marketing-Verantwortlichen. Filialspezifische Überkapazitäten durch selbstverschuldete Mengenrückgänge bedeuten schließlich eine Verantwortung der jeweiligen Filiale.

Kostenstrukturabweichungen, die durch überhöhte Personalkosten oder nicht dem Standardbearbeiter entsprechenden Personaleinsatz ausgelöst werden, sind intern von demjenigen zu verantworten, der die Entscheidung über den Personaleinsatz bzw. die Bezahlung trifft.

Dies kann der Kostenstellen-Leiter sein, wenn dezentrale Kompetenzen vorliegen, ist aber zentral in jedem Fall durch die Personalabteilung als dem generell für Personalkosten Verantwortlichen zu kontrollieren und abzuzeichnen.

zu 7.:

Abschließend wird verdeutlicht, welche Auswirkungen die ermittelten Abweichungen auf die Standardstückkosten des kommenden Jahres haben. Dabei gilt generell, dass nicht zu verantwortende Abweichungen von Planwerten (Preisabweichung, bruttokapazitätsbedingte Beschäftigungsabweichung) in die neuen Stückkosten eingebaut werden müssen. Dagegen bleiben intern zu verantwortende Abweichungen vom Standard (Verbrauchsabweichung, mengen-, zeit- und ggf. nettokapazitätsbedingte Beschäftigungsabweichungen, Kostenstrukturabweichung) außen vor, damit Unwirtschaftlichkeiten der Leistungserstellung im Produktivitätsergebnis verbleiben und nicht an Kunden im Marktergebnis weiterverrechnet werden.

Für die einzelnen Abweichungsarten bedeutet das:

Preisabweichungen werden bei der jährlichen Neubewertung der Stückkostensätze zentral eingearbeitet. Die veränderten Preise der Produktionsfaktoren werden in die neuen Standardstückkosten (speziell in den Standardkostensatz) übernommen und in der nächsten Planung des Produktivitätsergebnisses berücksichtigt. Dadurch erhöhen sich in der Regel die Kosten einer Leistungseinheit (z.B. einer Bearbeitungsminute).

Verbrauchsabweichungen werden nicht über angepasste Stückkosten in das Marktergebnis weiterverrechnet, da diese Unwirtschaftlichkeiten nicht in Standards transformiert und dem Leistungsabnehmer willkürlich belastet werden dürfen, sondern beim verantwortlichen Leistungsersteller verbleiben.

Beschäftigungsabweichungen werden differenziert nach Ursachen behandelt:

- **Kapazitätsabweichungen** sind bei der Neuberechnung der Stückkosten zu berücksichtigen, sofern sie auf Änderungen extern vorgegebener Marktdaten beruhen. Das bedeutet, dass eine Veränderung der Bruttoarbeitstage, der Bruttoarbeitszeit pro Arbeitstag oder der tariflichen Urlaubstage zu einem erhöhten Standardkostensatz führen. Sind Krankheits- und Seminartage sowie die persönlichen Verteilzeiten nicht als interne Durchschnittswerte, sondern als externe Marktwerte definiert worden, resultiert nur aus veränderten Marktdaten selbst eine Stückkostenanpassung. Interne Abweichungen von den marktorientierten Nicht-Produktivzeiten beeinflussen die neuen Standardstückkosten dann nicht. Bei der Definition als bankinterner Durchschnittswert hingegen schlagen sich Abweichungen automatisch in einem neuen Durchschnittswert nieder, der dann zwangsläufig auch zu einem neuen Standardkostensatz führt.

- **Zeitabweichungen** dürfen nicht in die Stückkostenkalkulation einbezogen werden, sondern müssen als Unwirtschaftlichkeit im Produktivitätsergebnis bleiben. Nur die Standard-, nicht aber die Ist-Bearbeitungszeit hat Einfluss auf die Höhe der Stückkosten.

- **Mengenabweichungen** sind für die Neukalkulation irrelevant, da die Standardstückkosten unabhängig vom Beschäftigungsgrad stets auf Basis der maximalen Leistungsmengen errechnet werden, so dass nicht ausgelastete Kapazitäten als Leerkosten im Produktivitätsergebnis ausgewiesen und gesteuert werden.

Kostenstrukturabweichungen werden ebenfalls nicht in neue Standardstückkosten umgesetzt, weil Produktivitätsvor- oder -nachteile nicht durch Kunden im Marktergebnis verursacht worden sind, sondern im Produktivitätsergebnis entstanden sind und deshalb dort verbleiben müssen.

Getroffene Maßnahmen zur Reduzierung von verbrauchs-, mengen- und zeitbedingten Beschäftigungs- oder Kostenstrukturabweichungen schlagen sich somit nicht in der Neuberechnung der Standardstückkosten nieder, sondern verbessern das Produktivitätsergebnis des nächsten Jahres, falls die Maßnahmen mit kostenwirksamen Einsparungen an Betriebskosten verbunden sind.

Veränderungen der marktorientierten, extern bestimmten Standards fließen hingegen in die Stückkostenkalkulation des nächsten Jahres ein. So werden neu vorgegebene Standardbearbeitungszeiten bzw. -arbeitsabläufe, neu festgelegte Standardkosten bzw. -bearbeiter sowie neu vereinbarte Standardbruttokapazitäten bzw. Urlaubstage in die Stückkostenberechnung übernommen. Die Standardstückkosten werden damit den veränderten Marktgegebenheiten angepasst und spiegeln stets den aktuellen Marktpreis wider.

Die Behandlung der Abweichungen bei der Neuberechnung von Stückkosten hat auch Auswirkungen auf ihr Vorliegen im Plan-Produktivitätsergebnis:

- Die **Preisabweichung** kann wegen der externen Determinierung nicht im Plan-Produktivitätsergebnis erscheinen, da bei Kenntnis von Preissteigerungen zum Planungszeitpunkt eine Einarbeitung in die Standard(stück)kosten und in die Plankosten erfolgt, deren Kosteneffekte sich neutralisieren.

- Sollte ein unwirtschaftlicher Mehrverbrauch bereits im Planungszeitpunkt aufgrund besonderer, festzuhaltender Umstände sicher sein, kann schon im Plan-Produktivitätsergebnis eine **Verbrauchsabweichung** erscheinen.

- Grundsätzlich können alle Ursachen für **Beschäftigungsabweichungen** bereits im Plan-Produktivitätsergebnis möglich sein, soweit sie im Planungszeitpunkt bekannt sind. Insbesondere quantitätsbedingte Beschäftigungsabweichungen, bei denen die geplante Bearbeitungsmenge unterhalb der Maximalleistungsmenge liegt, werden in der Praxis - wie auch im Beispiel - häufig bereits im Plan-Produktivitätsergebnis vorkommen. Aber auch Abweichungen von der Standardbearbeitungszeit (z.B. wegen schlechter Arbeitsplatzanordnung) oder den Fehl- bzw. persönlichen Verteilzeiten können bei Kenntnis bereits in der Planung festgehalten werden. Zusätzliche Abweichungen entstehen dann nur noch, wenn im Ist Veränderungen gegenüber dem Plan auftauchen. Lediglich Strukturabweichungen und Abweichungen von der Bruttokapazität können im Plan-Produktivitätsergebnis nicht vorliegen, da ihre Kenntnis in das Produktivitätsergebnis eingebaut wird. So führt eine bekannte Arbeitsverkürzung oder -verlängerung zu einer Veränderung des Standardkostensatzes und damit über die verrechneten Standardstückkosten auch zu einer Anpassung im Produktivitätsergebnis.

- **Kostenstrukturabweichungen** können ebenfalls bereits im geplanten Produktivitätsergebnis vorliegen, da sie als Unwirtschaftlichkeiten nicht in die marktorientierten Standardstückkosten einbezogen werden dürfen.

Fallstudie 23: Granularität und insolvenzspezifische Verbundeffekte als Einflussgrößen für den Value at Risk des Kreditportfolios

Die Volksbank Rheintal eG ist eine regional agierende Bank im schönen Badener Land. Die Bank vergibt ausschließlich Kredite an Winzergesellschaften in der Region. Trotz ihrer regionalen Orientierung verfügt die Bank über ein ausgefeiltes Risikomanagementsystem, welches die Bank in die Lage versetzt, sowohl die Value at Risk einzelner Kredite als auch die zwischen den Kreditnehmern bestehenden Ausfallkorrelationen mit hoher Zuverlässigkeit zu schätzen.

In einer Vorstandssitzung wird der Vorschlag von Herrn Schattenburg, Bereichsleiter für die methodischen Grundsatzfragen, in Erwägung gezogen, dass die Kreditrisiken nicht nur gemessen, sondern auch durch eine aktive Risikopolitik gesteuert werden sollen. Als frischer Universitätsabsolvent bekommen Sie von Herrn Schattenburg den Auftrag, schnellstmöglich ein Konzept zu erarbeiten, welches die Kreditrisiken der Bank nachhaltig zu reduzieren vermag.

Aus Ihrer Studienzeit wissen Sie, dass die Höhe des Value at Risk eines Kreditportfolios vor allem durch zwei Einflussfaktoren determiniert wird, nämlich die Granularität des Kreditportfolios sowie die zwischen den Kreditnehmern bestehenden insolvenzspezifischen Verbundeffekte. Sie beabsichtigen zunächst, den Bankvorständen den Wirkungsmechanismus der beiden Einflussfaktoren auf die Höhe des Portfoliorisikos aufzuzeigen.

1. Erläutern Sie allgemein den theoretischen Hintergrund der risikoreduzierenden Effekte der Granularität!

2. Erläutern Sie den Zusammenhang zwischen den insolvenzspezifischen Verbundeffekten und der Wirkungseffizienz der Granularität zur Reduktion des Portfoliorisikos!

Um Ihre Thesen zu verdeutlichen, haben Sie ein Beispielportfolio I konstruiert. Es besteht aus drei Großkrediten der selben Rating-Klasse mit jeweils einem Kredit-Exposure von 7, 8 beziehungsweise 9 Mio. EUR. Zur Kalkulation der erwarteten Verluste wird seitens der Bank unterstellt, dass die erwarteten Ausfallraten der drei Kredite genau der durchschnittlichen Ausfallrate der Winzergesellschaften der Region entsprechen, welche sich auf 1 % beläuft. Die Rückzahlungsquoten der Kredite nach einem eventuellen Ausfall werden vereinfachend als 0 % angenommen. Auf Basis eines Worst-Case-Szenarios ist es Ihnen gelungen, auch die mit einem Konfidenzniveau von 99,87 % festgestellten maximalen Ausfallraten der Kredite herzuleiten. Diese betragen 20 %. Abbildung 23.1 gibt die Zusammensetzung des Beispielportfolios wieder:

	Kredit-Exposure	Erwartete Ausfallrate	Maximale Ausfallrate (99,87 % Konfidenzniveau)
Kredit 1	8 Mio. EUR	1 %	20 %
Kredit 2	9 Mio. EUR	1 %	20 %
Kredit 3	7 Mio. EUR	1 %	20 %

Abb. 23.1: Zusammensetzung des Beispielportfolios I

Des weiteren ist Ihnen bekannt, dass zwischen den Winzergesellschaften eine insolvenzspezifische Korrelation besteht. Nach einer Analyse der historischen Daten konnten Sie diese auf 0,8 schätzen.

3. Bestimmen Sie auf Basis der Ihnen bekannten Informationen die Höhe des Value at Risk des Beispielportfolios I!

Um den durch die Erhöhung der Granularität hervorgerufenen Risikoreduktionseffekte deutlich aufzuzeigen, überlegen Sie nun, das Beispielportfolio so umzustrukturieren, dass die Anzahl der Kreditnehmer bei unverändertem Gesamtkreditvolumen des Portfolios verdoppelt wird. Das Beispielportfolio II unterscheidet sich vom Beispielportfolio I somit nur hinsichtlich der Anzahl der Kreditnehmer und der Höhe des Kredit-Exposure einzelner Kreditnehmer. Die insolvenzspezifische Korrelation zwischen den Kreditnehmern bleibt dabei unverändert. Abbildung 23.2 zeigt die Zusammensetzung dieses Portfolios:

	Kredit-Exposure	Erwartete Ausfallrate	Maximale Ausfallrate (99,87 % Konfidenzniveau)
Kredit 1.1	4 Mio. EUR	1 %	20 %
Kredit 1.2	4 Mio. EUR	1 %	20 %
Kredit 2.1	4,5 Mio. EUR	1 %	20 %
Kredit 2.2	4,5 Mio. EUR	1 %	20 %
Kredit 3.1	3,5 Mio. EUR	1 %	20 %
Kredit 3.2	3,5 Mio. EUR	1 %	20 %

Abb. 23.2: Zusammensetzung des Beispielportfolios II

4. Berechnen Sie die Höhe des Value at Risk des Beispielportfolios II und vergleichen Sie das Ergebnis mit dem Ergebnis der Teilaufgabe 3! Gehen Sie dabei von einer einheitlichen insolvenzspezifischen Korrelation von 0,8 aus!

5. Wie ändert sich das Ergebnis von Teilaufgabe 4, wenn man von einer einheitlichen insolvenzspezifischen Korrelation von 0,4 ausgeht?

Ihre Präsentation wird von den Bankvorständen begeistert aufgenommen. Nun werden Sie aufgefordert, eine konkrete Strategie auszuarbeiten, um den Value at Risk des Kreditportfolios innerhalb kürzester Zeit nachhaltig zu reduzieren. Da es kurzfristig kaum möglich ist, die

Risikostruktur des bestehenden Kreditportfolios durch angepasste Risikopolitik zu beeinflussen, kommt nur die Kooperation mit einer Partnerbank in Betracht. Dabei erscheint die Volksbank Walldorf eG, welche hauptsächlich Kredite an Software-Unternehmen vergibt, ein geeigneter Kandidat zu sein, da die Risikomanagementsysteme der beiden Banken identisch aufgebaut sind und zudem die Volksbank Walldorf dasselbe interne Rating-System wie die Volksbank Rheintal anwendet.

Zu Ihrer Erleichterung ist Ihr Studienkollege Herr Niemann bei der Volksbank Walldorf angestellt und für das dortige Risikomanagement zuständig. In einer Bar namens „Seattle" treffen sich die alten Studienkollegen, und nach einer schlaflosen Nacht wird ein Konzept über ein Risikotausch zwischen den beiden Banken erarbeitet. Das Konzeptpapier sieht vor, dass die beiden Banken sich kreuzweise an den unerwarteten Kreditverlusten der Partnerbank zu 50 % beteiligen. Dabei bleiben die Kredite jedoch weiterhin in den Büchern der jeweiligen Banken. Um die Vorstände der beiden Banken von diesem Konzept überzeugen zu können, wird seitens Herrn Niemann ein Beispielportfolio III konstruiert. Im Portfolio enthalten sind die folgenden drei Kredite (vgl. Abb. 23.2):

	Kredit-Exposure	Erwartete Ausfallrate	Maximale Ausfallrate (99,87 % Konfidenzniveau)
Kredit I	9 Mio. EUR	1,5 %	25 %
Kredit II	8 Mio. EUR	1,5 %	25 %
Kredit III	7 Mio. EUR	1,5 %	25 %

Abb. 23.3: Zusammensetzung des Beispielportfolios III von Volksbank Walldorf

Es sind drei Kredite an drei Software-Unternehmen, die derselben Rating-Klasse angehören. Die erwartete Ausfallrate dieser Rating-Klasse beläuft sich auf 1,5 %. Vereinfachend wird unterstellt, das die Rückzahlungsquoten der Kredite 0 % betragen. Ferner kann zwischen den Kreditnehmern eine einheitliche insolvenzspezifische Korrelation in Höhe von 0,95 geschätzt werden. Nach dem Vergleich der statistischen Daten der beiden Banken wird die zwischen den Branchen Weinbau und Software-Entwicklung bestehende insolvenzspezifische Korrelation auf 0,10 geschätzt.

Die sich aus dem Risikotausch ergebenden Auswirkungen auf die Value at Risk der Kreditportfolios beider Banken sollen rechnerisch ermittelt werden. Wie in alter Studienzeit fangen die beiden an zu rechnen. Den Berechnungen werden dabei die Beispielportfolios II und III zugrunde gelegt.

6. Ermitteln Sie für die jeweiligen Banken das Ausmaß der sich aus der Risikotauschstrategie resultierenden risikoreduzierenden Effekte und interpretieren Sie die Ergebnisse!

Die Präsentation vor den Bankvorständen der beiden Banken ist durchwegs gelungen. Im Anschluss fügt ein Bankvorstand hinzu, dass er in einer Studie gelesen haben möchte, dass zwischen den Branchen Weinbau und Software-Entwicklung allgemein eine negative insolvenzspezifische Korrelation in Höhe von - 0,1 bestehen sollte. Demnach sei bewiesen worden, dass eine Konjunkturflaute der Branche Software-Entwicklung immer mit einem höheren Weinkonsum verbunden sei.

7. Um wieviel ändern sich die Ergebnisse der Teilaufgabe 6, wenn nun von einer insolvenzspezifischen Korrelation von - 0,1 zwischen den beiden Branchen ausgegangen wird?

Lösungsvorschlag zu Fallstudie 23:

zu 1.:

Die Strategie der Diversifikation über die Granularität ergibt sich aus der (möglichst gleichmäßigen) Aufteilung des Kreditvolumens eines Kreditportfolios auf möglichst viele Kreditnehmer. Auf diese Weise kann das besondere Risikopotential von Ausfällen größerer Kredite begrenzt werden, welche insbesondere bei den durch Größenkonzentration geprägten Kreditportfolios häufiger vorkommen und deren kumuliertes Auftreten für die Bank solvenzbedrohend sein können.

Besteht ein Kreditportfolio beispielsweise nur aus einem einzigen Kredit mit einem Volumen von 100 Mio. EUR und mit einer erwarteten Ausfallrate von 5 %, so beträgt der erwartete Verlust dieses Portfolios 5 Mio. EUR. Des weiteren wird mit 5 %-iger Wahrscheinlichkeit damit gerechnet, dass ein Kreditvolumen in Höhe von insgesamt 100 Mio. EUR ausfallen wird. Besteht das Portfolio nun aus zwei unabhängigen Krediten mit jeweils einem Volumen von 50 Mio. EUR und mit jeweils einer erwarteten Ausfallrate von 5 %, so beträgt der erwartete Verlust des Portfolios nach wie vor 5 Mio. EUR. Die Wahrscheinlichkeit jedoch, dass ein Gesamtverlust in Höhe von 100 Mio. EUR eintreten wird, beträgt nur 0,25 % (= 5 % · 5 %). Damit wird das Extremrisiko, dass sämtliche Kredite dieses Portfolios ausfallen, und damit ein Verlust von 100 Mio. EUR entsteht, um 95 % (= (5 % – 0,25 %) / 5 %) reduziert.

zu 2.:

Das Prinzip der Diversifikation über die Nutzung von Risikoverbundeffekten basiert auf den Erkenntnissen der für den Wertpapierbereich entwickelten Portfolio-Selection-Theorie. Diese besagt, dass das Gesamtrisiko eines Portfolios dann gesenkt werden kann, wenn unterschiedlich risikobehaftete und in ihrer Entwicklung nicht gleichverlaufende Anlagen miteinander kombiniert werden.

Übertragen auf den Kreditbereich bedeutet dies, dass etwaige **Risikointerdependenzen** zwischen den einzelnen Kreditnehmern oder zwischen übergeordneten (Wirtschafts-)Sektoren, denen die Kreditnehmer zugeordnet sind, genutzt werden können, um das Kreditportfoliorisiko zu reduzieren.

Statistisch werden solche Risikointerdependenzen durch **Korrelationen** abgebildet, die sich theoretisch zwischen + 1 und - 1 bewegen. Dabei impliziert ein Korrelationsmaß von + 1 eine strikt positive Risikointerdependenz zwischen Kreditnehmern oder Kreditnehmersektoren. Interpretiert werden kann dies in der Weise, dass in einem solchen Fall eine Erhöhung (Verminderung) der Ausfallrate bei einem Kreditnehmer(-sektor) mit einer stets identischen Erhöhung (Verminderung) der Ausfallrate beim anderen Kreditnehmer(-sektor) verknüpft ist. Mit abnehmender positiver Korrelation reduziert sich nun diese Risikointerdependenz.

Bei der Anwendung der Diversifikationsstrategie über die Granularität ist zu beachten, dass der Value at Risk eines Kreditportfolios nur dann reduziert wird, wenn zwischen den Kreditnehmern insolvenzspezifische Korrelationen existieren, die kleiner als + 1 sind. Sollte zwischen den Kreditnehmern eine insolvenzspezifische Korrelation von genau + 1 bestehen, so ergibt sich der Value at Risk des Kreditportfolios aus der Summe der Value at Risk aller einzelnen Kredite. **Die Wirkungseffizienz der Granularität wird somit auf Null reduziert**. Diesem Fall nähert man sich, wenn z.B. das Kreditportfolio nur aus Kreditnehmern besteht, die der gleichen Branche angehören und aus der gleichen Region stammen. Damit ist ein Kreditportfolio in seiner extremsten Form durch das Konzentrationsrisiko geprägt. Mit sinkenden positiven Ausfallkorrelationen reduziert sich der Value at Risk des Kreditportfolios dann aber entsprechend.

zu 3.:

Sind die Value at Risk der einzelnen Kredite bekannt, so ergibt sich der Value at Risk des Kreditportfolios aus der Zusammenführung der Value at Risk der einzelnen Kredite und der zwischen den Krediten bestehenden insolvenzspezifischen Korrelationen. Folgende Formel zeigt die Vorgehensweise zur Ermittlung des Value at Risk des Beispielportfolios I:

$$VaR_{\text{Beispielportfolio I}} = \sqrt{\begin{array}{l} VaR^2_{\text{Kredit 1}} + VaR^2_{\text{Kredit 2}} + VaR^2_{\text{Kredit 3}} \\ + 2 \cdot VaR_{\text{Kredit 1}} \cdot VaR_{\text{Kredit 2}} \cdot \rho_{1,2} \\ + 2 \cdot VaR_{\text{Kredit 1}} \cdot VaR_{\text{Kredit 3}} \cdot \rho_{1,3} \\ + 2 \cdot VaR_{\text{Kredit 2}} \cdot VaR_{\text{Kredit 3}} \cdot \rho_{2,3} \end{array}}$$

mit: $VaR_{\text{Beispielportfolio I}}$ = Value at Risk des Beispielportfolios I; $\rho_{1,2}$ = insolvenzspezifische Korrelation zwischen den Kreditnehmern 1 und 2

Um den Value at Risk des Beispielportfolios I herzuleiten, müssen zunächst die Value at Risk der einzelnen Kredite ermittelt werden.

Bei dem Kredit 1 beträgt die maximal zu erwartende Ausfallrate 20 %, die mit einem Konfidenzniveau von 99,87 % nicht überschritten wird. Angesichts eines Kredit-Exposure von 8 Mio. EUR und eine Rückzahlungsquote von 0 % weist der sich aus diesem Kreditgeschäft ergebende maximale Verlust eine Höhe von 1.600.000 EUR auf.

Maximaler Verlust des Kredits 1 = 20 % · 8 Mio. EUR = **1.600.000 EUR**

Der bereits zum Zeitpunkt der Kreditvergabe kalkulierbare erwartete Verlust des Kredits 1 beläuft sich auf 80.000 EUR.

Erwarteter Verlust des Kredits 1 = 1 % · 8 Mio. EUR = **80.000 EUR**

Da der Value at Risk eines Kredits oder eines Kreditportfolios den Verlust darstellt, der über den erwarteten hinausgeht, ergibt sich der Value at Risk des Kredits 1 als die Differenz zwischen dem maximalen und dem erwarteten Verlust und beträgt demnach 1.520.000 EUR (=

1.600.000 EUR – 80.000 EUR). Die Abbildung 23.4 zeigt die Ermittlung der Value at Risk der einzelnen Kredite des Portfolios der Volksbank Rheintal:

	Maximaler Kreditverlust (99,87 % Konfidenzniveau)	Erwarteter Kreditverlust	Value at Risk der Kredite
	(1)	(2)	(3) = (1) – (2)
Kredit 1	1.600.000 EUR = 20 % · 8 Mio. EUR	80.000 EUR = 1 % · 8 Mio EUR	1.520.000 EUR
Kredit 2	1.800.000 EUR = 20 % · 9 Mio. EUR	90.000 EUR = 1 % · 9 Mio EUR	1.710.000 EUR
Kredit 3	1.400.000 EUR = 20 % · 7 Mio. EUR	70.000 EUR = 1 % · 7 Mio EUR	1.330.000 EUR
Summe	4.800.000 EUR	240.000 EUR	4.560.000 EUR

Abb. 23.4: Ermittlung der Value at Risk der einzelnen Kredite für das Portfolio der Volksbank Rheintal

Der Value at Risk des Beispielportfolios I lässt sich folgendermaßen ermitteln:

$$\text{VaR}_{\text{Beispielportfolio I}} = \sqrt{\begin{aligned} &1.520.000\,\text{EUR}^2 + 1.710.000\,\text{EUR}^2 + 1.330.000\,\text{EUR}^2 \\ &+ 2 \cdot 1.520.000\,\text{EUR} \cdot 1.710.000\,\text{EUR} \cdot 0{,}8 \\ &+ 2 \cdot 1.520.000\,\text{EUR} \cdot 1.330.000\,\text{EUR} \cdot 0{,}8 \\ &+ 2 \cdot 1.710.000\,\text{EUR} \cdot 1.330.000\,\text{EUR} \cdot 0{,}8 \end{aligned}}$$

$$= \mathbf{4.246.829\ EUR}$$

Der Value at Risk des Kreditportfolios beläuft sich bei gegebener insolvenzspezifischer Korrelation von 0,8 auf 4.246.829 EUR und fällt damit um 313.171 EUR (= 4.560.000 EUR – 4.246.829 EUR) geringer aus als die Summe der Value at Risk der einzelnen Kredite.

zu 4.:

Abbildung 23.5 zeigt das Risikobild des Beispielportfolios II, welches nun gegenüber dem Beispielportfolio I eine höhere Granularität aufweist:

	Maximaler Kreditverlust (99,87 % Konfidenzniveau)	Erwarteter Kreditverlust	Value at Risk der Kredite
	(1)	(2)	(3) = (1) – (2)
Kredit 1.1	800.000 EUR = 20 % · 4 Mio. EUR	40.000 EUR = 1 % · 4 Mio EUR	760.000 EUR
Kredit 1.2	800.000 EUR = 20 % · 4 Mio. EUR	40.000 EUR = 1 % · 4 Mio EUR	760.000 EUR
Kredit 2.1	900.000 EUR = 20 % · 4,5 Mio. EUR	45.000 EUR = 1 % · 4,5 Mio EUR	855.000 EUR
Kredit 2.2	900.000 EUR = 20 % · 4,5 Mio. EUR	45.000 EUR = 1 % · 4,5 Mio EUR	855.000 EUR
Kredit 3.1	700.000 EUR = 20 % · 3,5 Mio. EUR	35.000 EUR = 1 % · 3,5 Mio EUR	665.000 EUR
Kredit 3.2	700.000 EUR = 20 % · 3,5 Mio. EUR	35.000 EUR = 1 % · 3,5 Mio EUR	665.000 EUR
Summe	4.800.000 EUR	240.000 EUR	4.560.000 EUR

Abb. 23.5: Ermittlung der Value at Risk der einzelnen Kredite für das Beispielportfolio II

Aus der Abbildung 23.4 ist zu entnehmen, dass die Summe der Value at Risk der einzelnen Kredite des Beispielportfolios II sich gegenüber der des Beispielportfolios I nicht geändert hat. Die Auswirkung der Granularität zeigt sich erst an der Höhe des sich nun einstellenden Value at Risk des Kreditportfolios:

$$VaR_{\text{Beispielportfolio II}} = \sqrt{\begin{bmatrix} 760.000\text{ EUR} \\ 760.000\text{ EUR} \\ 855.000\text{ EUR} \\ 855.000\text{ EUR} \\ 665.000\text{ EUR} \\ 665.000\text{ EUR} \end{bmatrix}^T \cdot \begin{bmatrix} 1 & 0,8 & 0,8 & 0,8 & 0,8 & 0,8 \\ 0,8 & 1 & 0,8 & 0,8 & 0,8 & 0,8 \\ 0,8 & 0,8 & 1 & 0,8 & 0,8 & 0,8 \\ 0,8 & 0,8 & 0,8 & 1 & 0,8 & 0,8 \\ 0,8 & 0,8 & 0,8 & 0,8 & 1 & 0,8 \\ 0,8 & 0,8 & 0,8 & 0,8 & 0,8 & 1 \end{bmatrix} \cdot \begin{bmatrix} 760.000\text{ EUR} \\ 760.000\text{ EUR} \\ 855.000\text{ EUR} \\ 855.000\text{ EUR} \\ 665.000\text{ EUR} \\ 655.000\text{ EUR} \end{bmatrix}}$$

$$= \mathbf{4.163.559\ EUR}$$

Der Value at Risk des Beispielportfolios II, welches gegenüber dem Beispielportfolio I eine höhere Granularität aufweist, beträgt 4.163.559 EUR. Die sich daraus ergebende Reduktion des Portfoliorisikos beträgt 83.270 EUR (= 4.246.829 EUR – 4.163.559 EUR). Dies entspricht (lediglich) einem Diversifikationseffekt von ca. 1,96 %. Verantwortlich dafür ist die hohe Korrelation zwischen den Kreditnehmern. Die Diversifikationsstrategie versagt völlig, wenn zwischen den Kreditnehmern eine Korrelation von +1 bestünde.

zu 5.:

Wird unterstellt, dass zwischen den Kreditnehmern eine einheitliche insolvenzspezifische Korrelation von 0,4 – eine Halbierung der bisherigen Korrelation – besteht, so beläuft sich der Value at Risk des Beispielportfolios auf insgesamt 3.227.764 EUR:

$$VaR_{\text{Beispielportfolio II}} = \sqrt{\begin{bmatrix} 760.000\text{ EUR} \\ 760.000\text{ EUR} \\ 855.000\text{ EUR} \\ 855.000\text{ EUR} \\ 665.000\text{ EUR} \\ 665.000\text{ EUR} \end{bmatrix}^T \cdot \begin{bmatrix} 1 & 0{,}4 & 0{,}4 & 0{,}4 & 0{,}4 & 0{,}4 \\ 0{,}4 & 1 & 0{,}4 & 0{,}4 & 0{,}4 & 0{,}4 \\ 0{,}4 & 0{,}4 & 1 & 0{,}4 & 0{,}4 & 0{,}4 \\ 0{,}4 & 0{,}4 & 0{,}4 & 1 & 0{,}4 & 0{,}4 \\ 0{,}4 & 0{,}4 & 0{,}4 & 0{,}4 & 1 & 0{,}4 \\ 0{,}4 & 0{,}4 & 0{,}4 & 0{,}4 & 0{,}4 & 1 \end{bmatrix} \cdot \begin{bmatrix} 760.000\text{ EUR} \\ 760.000\text{ EUR} \\ 855.000\text{ EUR} \\ 855.000\text{ EUR} \\ 665.000\text{ EUR} \\ 665.000\text{ EUR} \end{bmatrix}}$$

$$= \mathbf{3.227.764\ EUR}$$

Nach der Halbierung der insolvenzspezifischen Korrelation reduziert sich der Value at Risk des Beispielportfolios auf 3.227.764. Dies entspricht einer weiteren Risikoreduktion in Höhe von 935.795 EUR (= 4.163.559 EUR – 3.227.764). Im Vergleich zum Value at Risk des Beispielportfolios I ist das Portfolio II nun um fast 24 % weniger riskant.

zu 6.:

Die Value at Risk der einzelnen Kredite des Beispielportfolios III der Volksbank Walldorf lassen sich wie folgt herleiten (vgl. Abb. 23.6):

	Maximaler Kreditverlust (99,87 % Konfidenzniveau)	Erwarteter Kreditverlust	Value at Risk der Kredite
	(1)	(2)	(3) = (1) – (2)
Kredit I	2.250.000 EUR = 25 % · 9 Mio. EUR	135.000 EUR = 1,5 % · 9 Mio EUR	2.115.000 EUR
Kredit II	2.000.000 EUR = 25 % · 8 Mio. EUR	120.000 EUR = 1,5 % · 8 Mio EUR	1.880.000 EUR
Kredit III	1.750.000 EUR = 25 % · 7 Mio. EUR	105.000 EUR = 1,5 % · 7 Mio EUR	1.645.000 EUR
Summe	6.000.000 EUR	360.000 EUR	5.640.000 EUR

Abb. 23.6: Ermittlung der Value at Risk der einzelnen Kredite für das Portfolio der Volksbank Walldorf

Der Value at Risk des Kreditportfolios wird folgendermaßen ermittelt:

$$\text{VaR}_{\text{Beispielportfolio II}} = \sqrt{\begin{bmatrix} 2.115.000\text{ EUR} \\ 1.880.000\text{ EUR} \\ 1.645.000\text{ EUR} \end{bmatrix}^T \cdot \begin{bmatrix} 1 & 0{,}95 & 0{,}95 \\ 0{,}95 & 1 & 0{,}95 \\ 0{,}95 & 0{,}95 & 1 \end{bmatrix} \cdot \begin{bmatrix} 2.115.000\text{ EUR} \\ 1.880.000\text{ EUR} \\ 1.645.000\text{ EUR} \end{bmatrix}}$$

$$= \mathbf{5.545.701\ EUR}$$

Demnach beläuft sich der Value at Risk des Beispielportfolios III auf 5.545.701 EUR.

Nach dem Konzeptpapier der beiden Herren wird der Value at Risk jedes Kredits von den beiden Banken gleichermaßen getragen. Dementsprechend ergibt sich für die Beispielportfolios der beide Volksbanken die gleiche Risikostruktur, welche der Abbildung 23.7 zu entnehmen ist.

	Branchenzugehörigkeit	Kreditnehmer	Value at Risk der einzelnen Kredite
Kreditportfolio nach Risikotausch	Weinbau	1	760.000 EUR
		2	855.000 EUR
		3	665.000 EUR
	Software-Entwicklung	I	1.057.500 EUR
		II	940.000 EUR
		III	822.500 EUR

Abb. 23.7: Zusammensetzung des Kreditportfolios der beiden Volksbanken nach Risikotausch

Dadurch entsteht für die Beispielportfolios der beiden Banken eine Korrelationsmatrix, die nun der Abbildung 23.8 zu entnehmen ist:

	Kredit 1	Kredit 2	Kredit 3	Kredit I	Kredit II	Kredit III
Kredit 1	1	0,8	0,8	0,1	0,1	0,1
Kredit 2	0,8	1	0,8	0,1	0,1	0,1
Kredit 3	0,8	0,8	1	0,1	0,1	0,1
Kredit I	0,1	0,1	0,1	1	0,95	0,95
Kredit II	0,1	0,1	0,1	0,95	1	0,95
Kredit III	0,1	0,1	0,1	0,95	0,95	1

Abb. 23.8: Korrelationsmatrix des Kreditportfolios nach Risikoteilung

Die dunkel schraffierten Flächen der Abbildung 23.8 repräsentieren die insolvenzspezifischen Korrelationen innerhalb der jeweiligen Kreditnehmergruppen. Die weißen Fläche drücken die zwischen den beiden Kreditnehmergruppen bestehende Korrelation aus. In diesem Fall beträgt sie 0,1. Damit ist sichtbar, dass die insolvenzspezifischen Korrelationen innerhalb einer

Kreditnehmergruppe einen hohen Wert und zwischen den beiden Branchen eher einen niedrigeren Wert aufweisen.

Der Value at Risk der Beispielportfolios der beiden Volksbanken lässt sich wie folgt herleiten:

$$VaR_{Portfolio} = \sqrt{\begin{bmatrix} 760.000\text{ EUR} \\ 855.000\text{ EUR} \\ 665.000\text{ EUR} \\ 1.057.500\text{ EUR} \\ 940.000\text{ EUR} \\ 822.500\text{ EUR} \end{bmatrix}^T \cdot \begin{bmatrix} 1 & 0{,}8 & 0{,}8 & 0{,}1 & 0{,}1 & 0{,}1 \\ 0{,}8 & 1 & 0{,}8 & 0{,}1 & 0{,}1 & 0{,}1 \\ 0{,}8 & 0{,}8 & 1 & 0{,}1 & 0{,}1 & 0{,}1 \\ 0{,}1 & 0{,}1 & 0{,}1 & 1 & 0{,}95 & 0{,}95 \\ 0{,}1 & 0{,}1 & 0{,}1 & 0{,}95 & 1 & 0{,}95 \\ 0{,}1 & 0{,}1 & 0{,}1 & 0{,}95 & 0{,}95 & 1 \end{bmatrix} \cdot \begin{bmatrix} 760.000\text{ EUR} \\ 855.000\text{ EUR} \\ 665.000\text{ EUR} \\ 1.057.500\text{ EUR} \\ 940.000\text{ EUR} \\ 822.500\text{ EUR} \end{bmatrix}}$$

$$= \mathbf{3.671.990\ EUR}$$

Sowohl für die Volksbank Rheintal als auch für die Volksbank Walldorf kann mit einer Wahrscheinlichkeit von 99,87 % davon ausgegangen werden, dass der VaR eines identischen Beispielportfolios bei beiden Banken einen Wert von 3.671.990 EUR nicht überschreiten wird.

		Volksbank Rheintal	Volksbank Walldorf
VaR des Kreditportfolios vor Risikotausch	(1)	4.246.829 EUR	5.545.701 EUR
VaR des Kreditportfolios nach Risikotausch	(2)	3.671.990 EUR	3.671.990 EUR
Absolute Risikoreduktion bei den einzelnen Banken	(3) = (1) – (2)	574.839 EUR	1.873.711 EUR
Relative Risikoreduktion bei den einzelnen Banken	(4) = (3) / (1)	13,54 %	33,79 %

Abb. 23.9: Risikoreduktionseffekte bei den beiden Volksbanken bei einer unterstellten insolvenzspezifischen Korrelation von 0,1 zwischen den beiden Kreditnehmergruppen

Wie aus der Abbildung 23.9 zu entnehmen ist, ergibt sich für die Volksbank Rheintal durch den vorgeschlagenen Risikotausch eine absolute Risikoreduktion in Höhe von 574.839 EUR bzw. ein Rückgang des Portfoliorisikos um 13,54 %. Für die Volksbank Walldorf beträgt die absolute und die relative Risikoreduktion 1.873.711 EUR respektive 33,79 %. Beide Banken werden von der Risikotauschstrategie profitieren, wobei die Volksbank Walldorf relativ gegenüber der Volksbank Rheintal dadurch begünstigt wird, dass sie ein viel höheres Stand-Alone-Risiko aufweist. Es liegt somit nahe, dass die Volksbank Walldorf bei der tatsächlichen Durchführung dieser Strategie eine entsprechende Prämie an die Volksbank Rheintal zu entrichten hat.

Aus Sicht einer Gesamtbetrachtung beläuft sich die Summe der Kreditrisiken der beiden Banken vor dem Risikotausch auf insgesamt 9.792.530 EUR (= 4.246.829 EUR + 5.545.701 EUR). Nach dem Risikotausch reduziert sich diese Summe auf 7.343.980 EUR (= 2 · 3.671.990 EUR). Damit ergibt sich in einer Gesamtbetrachtung eine absolute beziehungsweise relative Risikoreduktion um 2.448.550 EUR beziehungsweise 25 %. Diese Ergebnisse sind vor allem darauf zurückzuführen, dass die Portfoliostrukturen der beiden Banken zum einen durch die Erhöhung der Granularität und zum anderen durch die Senkung der insolvenzspezifischen Korrelationen innerhalb des Portfolios erheblich verbessert werden.

<u>zu 7.:</u>

Wird zwischen den Kreditnehmergruppen eine insolvenzspezifische Korrelation von - 0,1 festgestellt, d.h., existiert eine gegenläufige Tendenz in bezug auf die Insolvenzentwicklung zwischen den beiden Gruppen, so beläuft sich der Value at Risk der Beispielportfolios der beiden Banken auf 3.303.282 EUR:

$$\mathrm{VaR}_{\mathrm{Portfolio}} = \sqrt{\begin{bmatrix} 760.000\ \mathrm{EUR} \\ 855.000\ \mathrm{EUR} \\ 665.000\ \mathrm{EUR} \\ 1.057.500\ \mathrm{EUR} \\ 940.000\ \mathrm{EUR} \\ 822.500\ \mathrm{EUR} \end{bmatrix}^T \cdot \begin{bmatrix} 1 & 0{,}8 & 0{,}8 & -0{,}1 & -0{,}1 & -0{,}1 \\ 0{,}8 & 1 & 0{,}8 & -0{,}1 & -0{,}1 & -0{,}1 \\ 0{,}8 & 0{,}8 & 1 & -0{,}1 & -0{,}1 & -0{,}1 \\ -0{,}1 & -0{,}1 & -0{,}1 & 1 & 0{,}95 & 0{,}95 \\ -0{,}1 & -0{,}1 & -0{,}1 & 0{,}95 & 1 & 0{,}95 \\ -0{,}1 & -0{,}1 & -0{,}1 & 0{,}95 & 0{,}95 & 1 \end{bmatrix} \cdot \begin{bmatrix} 760.000\ \mathrm{EUR} \\ 855.000\ \mathrm{EUR} \\ 665.000\ \mathrm{EUR} \\ 1.057.500\ \mathrm{EUR} \\ 940.000\ \mathrm{EUR} \\ 822.500\ \mathrm{EUR} \end{bmatrix}}$$

$$= \mathbf{3.303.282\ EUR}$$

Abbildung 23.10 gibt die Risikoreduktionseffekte wieder:

		Volksbank Rheintal	Volksbank Walldorf
VaR des Kreditportfolios vor Risikotausch	(1)	4.246.829 EUR	5.545.701 EUR
VaR des Kreditportfolios nach Risikotausch	(2)	3.303.282 EUR	3.303.282 EUR
Absolute Risikoreduktion bei den einzelnen Banken	(3) = (1) – (2)	943.547 EUR	2.242.419 EUR
Relative Risikoreduktion bei den einzelnen Banken	(4) = (3) / (1)	22,22 %	40,44 %

Abb. 23.10: Risikoreduktionseffekte bei den beiden Volksbanken bei einer unterstellten insolvenzspezifischen Korrelation von - 0,1 zwischen den beiden Kreditnehmergruppen

Nach dem Risikotausch beläuft sich die Summe der Value at Risk der beiden Banken auf insgesamt 6.606.564 EUR (= 2 · 3.303.282 EUR). In der Gesamtbetrachtung beläuft sich die absolute beziehungsweise relative Risikoreduktion durch die nun teilweise negativen insolvenzspezifischen Korrelationen innerhalb des Portfolios auf 3.185.966 EUR beziehungsweise 32,53 %.

<u>Fallstudie 24:</u> **Prozessorientierte Standard-Einzelkostenrechnung**

Die Marburger Actien Bank AG plant, die Kalkulation der Betriebskosten der von ihr angebotenen Bankleistungen in Zukunft auf der Basis einer prozessorientierten Standard-Einzelkostenrechnung durchzuführen. Sie werden gebeten, die Vorzüge dieser Kalkulationsmethode am Beispiel der Bankdienstleistung „Bearbeitung eines Barschecks" zu demonstrieren.

1. Nennen Sie wesentliche Kritikpunkte an der traditionellen Bankkostenrechnung und erläutern Sie stichwortartig die Grundprinzipien der prozessorientierten Standard-Einzelkostenrechnung!

2. Skizzieren Sie die Vorgehensweise der prozessorientierten Standard-Einzelkostenrechnung zur Ermittlung von Kostensätzen für einzelne Bankprodukte!

Aus didaktischen Gründen beschränken Sie sich in Ihren folgenden Ausführungen über die Ermittlung der prozessorientierten Standard-Einzelkosten für die Bankleistung „Bearbeitung eines Barschecks" auf die Personal-Einzelkosten, welche über die Ermittlung von Standard-Bearbeitungszeiten und deren Bewertung mit Einzelkosten-Zeitfaktoren verteilt werden.

Mittels intensiver Ablaufstudien und Zeitmessungen haben Sie die zur Erstellung dieser Bankdienstleistung notwendigen Arbeitsschritte mit den zugehörigen durchschnittlichen Bearbeitungszeiten sowie den beteiligten Kostenstellen ermittelt und in der nachstehenden Abbildung 24.1 zusammengestellt.

Aktivität	Kostenstellen			
	Kasse	Scheck-bearbeitung	Expedition	EDV
• Entgegennahme und formelle Prüfung des Schecks	0,15			
• Prüfung der Deckung und der Unterschrift	1,00			
• Auszahlung	0,30			
• Sammeltransport der Schecks zur zentralen Abwicklungsstelle			30	
• Formularprüfung		0,50		
• Vorsortieren der Schecks		0,30		
• Maschinelle Erfassung und Verfilmung der Schecks				0,01
• Sammeltransport der Schecks ins Archiv			6	

Abb. 24.1: Standard-Bearbeitungszeiten (in Minuten) bei der Bearbeitung eines Barschecks

Der von Mitarbeitern der Expedition durchgeführte Transport der Barschecks erfolgt gemeinsam mit Verrechnungsschecks, Überweisungen und Lastschriften.

Die in den betroffenen Kostenstellen monatlich anfallenden Personal-Einzelkosten sind der folgenden Übersicht zu entnehmen (vgl. Abb. 24.2).

	Kostenstellen		
	Kasse	Scheck-bearbeitung	EDV
Personal-Einzelkosten	47.520 EUR	5.136 EUR	106.200 EUR

Abb. 24.2: Durchschnittlich anfallende Personal-Einzelkosten bei der Bearbeitung eines Barschecks

Über die monatliche Maximalkapazität der beteiligten Kostenstellen liegen Ihnen die folgenden Informationen vor:

Kostenstelle	Monatliche Maximalkapazität
Kasse	600 Stunden
Scheckbearbeitung	80 Stunden
Expedition	160 Stunden
EDV	50 Stunden

Abb. 24.3: Monatliche Maximalkapazität der beteiligten Kostenstellen

3. Ermitteln Sie auf Basis der Ihnen vorliegenden Zahlen die Standard-Stückkosten der Betriebsleistung „Bearbeitung eines Barschecks“!

4. Welche Ursachen können grundsätzlich für ein negatives Produktivitätsergebnis verantwortlich sein?

Hinsichtlich der Anzahl der im vergangenen Geschäftsjahr monatlich bearbeiteten Barschecks liegt Ihnen die folgende Statistik vor:

Monat	Anzahl der monatlich bearbeiteten Barschecks
Januar	4.291
Februar	3.937
März	3.928
April	3.994
Mai	4.068
Juni	3.705
Juli	3.902
August	3.950
September	4.140
Oktober	4.392
November	5.054
Dezember	5.850

Abb. 24.4: Auslastung der Kostenstelle „Scheckbearbeitung" im vergangenen Geschäftsjahr

5. a) Analysieren Sie das Produktivitätsergebnis der Kostenstelle „Scheckbearbeitung" exemplarisch für die Monate August (angefallene Ist-Kosten = 5.136 EUR) und Dezember (angefallene Ist-Kosten = 5.477,60 EUR)!

   Gehen Sie dabei vereinfachend davon aus, dass es sich bei den Kosten ausschließlich um Fixkosten handelt. Berücksichtigen Sie zusätzlich, dass es der Gewerkschaft gelungen ist, zum 1.12. eine wider Erwarten kräftige Anhebung der Gehälter in den unteren Gehaltsgruppen, der auch die Mitarbeiter der Kostenstelle „Scheckbearbeitung" angehören, durchzusetzen!

   b) Wie beurteilen Sie die Kapazitätsdimensionierung der Kostenstelle „Scheckbearbeitung"?

Lösungsvorschlag zu Fallstudie 24:

zu 1.:

Das wesentliche Merkmal der traditionellen Bankkostenrechnung ist das Prinzip der **Vollkostenrechnung**. Diese Vorgehensweise äußert sich darin, dass grundsätzlich sämtliche Periodenkosten (auf Ist- oder Normalkostenbasis), also Einzel- und Gemeinkosten bzw. variable und fixe Kosten in mehreren Rechnungsschritten den einzelnen Kostenstellen und Kostenträgern zugerechnet werden. Daraus ergeben sich die folgenden Kritikpunkte:

- **Gemeinkostenschlüsselung:** Über fragwürdige Verteilungskriterien werden Kostenbestandteile in die Stückkosten eingerechnet, die in keiner verursachungsgerechten Beziehung zum Kalkulationsobjekt (z.B. einer einzelnen Bankleistung) stehen.

- **Fixkostenproportionalisierung:** Fixe Kosten werden auf die pro Periode erstellten Leistungseinheiten verteilt, ohne dass eine direkte (Kausal-)Beziehung zu den einzelnen Geschäften besteht. Somit werden fixe Kosten faktisch wie variable Kosten behandelt, ohne danach zu differenzieren, ob sie mengenabhängig (variabel) oder durch Zeitablauf (fix) entstehen. Insbesondere bei schwankender Beschäftigung kann eine solche (unkontrollierte) Verrechnung von Fixkosten zu nur bedingt entscheidungsrelevanten Ergebnissen führen.

Grundprinzipien der **prozessorientierten Standard-Einzelkostenrechnung (PSEK)**:

(1) **Prozessorientierung**

Ziel der PSEK ist die kostenrechnerische Erfassung und Bewertung sämtlicher bankbetrieblicher Prozesse (= kostenstellenübergreifende Aktivitätsbündel), die zur Produktion und/ oder zum Vertrieb von Bankprodukten durchgeführt werden.

(2) **Orientierung an den prozessabhängigen Einzelkosten**

Die anfallenden Kostengrößen werden entsprechend ihrem nachvollziehbaren Leistungszusammenhang den jeweiligen bankbetrieblichen Prozessen zugerechnet. Mit der Definition prozessabhängiger Einzelkosten wird die traditionell übliche Gemeinkostenschlüsselung weitgehend vermieden. Es erfolgt lediglich eine zeitliche Schlüsselung der Fixkosten, die aber durch die Standardisierung (siehe (3)) in ihren Auswirkungen kontrolliert wird.

(3) **Kalkulation der Kostensätze auf der Basis von Standard-Arbeitsabläufen, Standard-Bearbeitungszeiten bzw. Standard-Verbrauchsmengen sowie stellenbezogener Auslastungsvorgaben**

Die Bestimmung der Standard-Einzelkosten erfolgt durch die Bewertung normierter Zeit- und Mengenverbräuche mit Planpreisen. Durch die Bezugnahme auf Zeit- und Mengenstandards wird das Problem der (unkontrollierten) Fixkostenproportionalisierung vermieden. Kalkuliert wird stets unter der kombinierten Voraussetzung:

- Voll- bzw. Planauslastung der Kostenstellen und
- Einhaltung der Standard-Bearbeitungszeiten und Standard-Verbrauchsmengen.

Somit werden nur Nutzkostenanteile auf die Kostenträger verrechnet. Auftretende Kostenabweichungen werden als Restkosten (im Regelfall Leerkosten) gesondert erfasst und gesteuert.

(4) Relativierung der Einzel-/Gemeinkosten-Betrachtung und Zuordnung der Arbeitsprozesse zur tiefstmöglichen Bezugsgröße in den Dimensionen

Weitere steuerungsrelevante Informationen lassen sich gewinnen und die Kostenzurechnung im Sinne des Verursachungsprinzips optimieren, wenn man die PSEK im Sinne einer „relativen Prozesskostenrechnung" konzipiert. Entsprechend dem Aufbau des bankbetrieblichen Ergebniswürfels werden Produktarten, Kundengruppen und Geschäftsstellen als Dimensionen für die hierarchische Zurechnung der Kosten unterschieden. Dabei werden die Kosten jeweils jener Bezugsgröße in den Dimensionen zugeordnet, bei der die Zuordnung gerade noch ohne Schlüsselung erfolgen kann.

zu 2.:

1. Stufe: Systematisierung der Produktkataloge nach Zins- und Provisionsprodukten

   Ziel: Isolierung der standardisierten Betriebsleistung

2. Stufe: Durchführung von Arbeitsablaufstudien

   Ziel: Identifikation der hinter den Produkten stehenden (kostenstellenübergreifenden) Aktivitätsbündel im Sinne von Prozessen

3. Stufe: Ermittlung des Zeit- und/oder Mengengerüsts der innerbetrieblichen Aktivitäten für jedes Produkt

   Ziel: Ermittlung der Standard-Bearbeitungszeiten und Standard-Verbrauchsmengen

4. Stufe: Bewertung des Zeit-/Mengengerüsts der Aktivitäten für jedes Produkt

   Ziel: Ermittlung der Einzelkosten-Zeitfaktoren (Personal und EDV-Leistungen) sowie der Einzelkosten-Stückfaktoren (Sachmittelleistungen)

5. Stufe: Multiplikation der Standard-Zeiten bzw. Standard-Verbrauchsmengen mit den Einzelkosten-Zeit- bzw. -Stückfaktoren und Addition über alle Aktivitäten

   Ergebnis: Standard-Einzelkostensätze für jedes Produkt

zu 3.:

Standard-Bearbeitungszeiten pro Scheck (in Minuten)

Kasse: $0{,}15 + 1{,}00 + 0{,}30 = 1{,}45 \ \frac{\text{Minuten}}{\text{Scheck}}$

Scheckbearbeitung: $0{,}5 + 0{,}3 = 0{,}80 \ \frac{\text{Minuten}}{\text{Scheck}}$

EDV: $0{,}01 \ \frac{\text{Minuten}}{\text{Scheck}}$

Die Standard-Bearbeitungszeiten der Kostenstelle „Expedition“ sind zur Ermittlung der Standard-Einzelkosten nicht relevant, da sie dem einzelnen Scheck nicht zugerechnet werden können und somit (bezogen auf den einzelnen Scheck) **Gemeinkosten** darstellen.

Monatliche Maximalkapazität (in Minuten)

Kasse: $600 \frac{\text{Stunden}}{\text{Monat}} \cdot 60 \frac{\text{Minuten}}{\text{Stunde}} = 36.000 \frac{\text{Minuten}}{\text{Monat}}$

Scheckbearbeitung: $80 \frac{\text{Stunden}}{\text{Monat}} \cdot 60 \frac{\text{Minuten}}{\text{Stunde}} = 4.800 \frac{\text{Minuten}}{\text{Monat}}$

EDV: $50 \frac{\text{Stunden}}{\text{Monat}} \cdot 60 \frac{\text{Minuten}}{\text{Stunde}} = 3.000 \frac{\text{Minuten}}{\text{Monat}}$

Einzelkosten-Zeitfaktoren (in EUR/Minute)

allgemein:

$$\text{Einzelkosten - Zeitfaktor} = \frac{\text{Summe Einzelkosten einer Kostenstelle pro Zeiteinheit}}{\text{Maximalkapazität einer Kostenstelle pro Zeiteinheit}}$$

Kasse: $\frac{47.520 \text{ EUR/Monat}}{36.000 \text{ Minuten/Monat}} = 1{,}32 \frac{\text{EUR}}{\text{Minute}}$

Scheckbearbeitung: $\frac{5.136 \text{ EUR/Monat}}{4.800 \text{ Minuten/Monat}} = 1{,}07 \frac{\text{EUR}}{\text{Minute}}$

EDV: $\frac{106.200 \text{ EUR/Monat}}{3.000 \text{ Minuten/Monat}} = 35{,}40 \frac{\text{EUR}}{\text{Minute}}$

Berechnung der Standard-Stückkosten

$$1{,}45 \; \frac{\text{Minuten}}{\text{Scheck}} \cdot 1{,}32 \; \frac{\text{EUR}}{\text{Minute}} \qquad \text{(Kasse)}$$

$$0{,}80 \; \frac{\text{Minuten}}{\text{Scheck}} \cdot 1{,}07 \; \frac{\text{EUR}}{\text{Minute}} \qquad \text{(Scheckbearbeitung)}$$

$$+ \; 0{,}01 \; \frac{\text{Minuten}}{\text{Scheck}} \cdot 35{,}40 \; \frac{\text{EUR}}{\text{Minute}} \qquad \text{(EDV)}$$

$$= \; 1{,}914 \; \frac{\text{EUR}}{\text{Scheck}} \qquad \text{(Kasse)}$$

$$+ \; 0{,}856 \; \frac{\text{EUR}}{\text{Scheck}} \qquad \text{(Scheckbearbeitung)}$$

$$+ \; 0{,}354 \; \frac{\text{EUR}}{\text{Scheck}} \qquad \text{(EDV)}$$

$$= \; \mathbf{3{,}124} \; \frac{\textbf{EUR}}{\textbf{Scheck}}$$

zu 4.:

Ein negatives Produktivitätsergebnis zeigt an, dass die tatsächlich entstandenen Ist-Betriebskosten nicht vollständig durch die auf die Betriebsleistung verrechneten Standard-Betriebskosten gedeckt sind. Als mögliche Ursachen kommen in Frage:

(1) **Beschäftigungsabweichung**: Kostenüberschreitung aufgrund mangelnder Fixkostendegression verursacht durch Untätigkeit, unproduktives und/oder erfolgloses Arbeiten

(2) **Verbrauchsabweichung**: Kostenüberschreitungen aufgrund höherer variabler Kosten (z.B. höherer Materialverbrauch)

(3) **Preisabweichung**: Kostenüberschreitungen aufgrund höherer Beschaffungspreise

zu 5.a):

Das Produktivitätsergebnis ergibt sich stets als Differenz zwischen den Standard-Betriebskosten und den Ist-Betriebskosten:

Produktivitätsergebnis = Standard-Betriebskosten – Ist-Betriebskosten

Für den Monat **August** kann das Produktivitätsergebnis der Kostenstelle „Scheckbearbeitung" gemäß Abbildung 24.5 folgendermaßen ermittelt werden:

	(1)	Ist-Anzahl der bearbeiteten Schecks	3.950 Schecks
	(2)	Einzelkosten-Zeitfaktor	1,07 EUR / Scheck
	(3)	Standard-Bearbeitungszeit pro Scheck	0,80 Minuten
	(4) = (2) · (3)	Stückkosten pro Scheck	0,856 EUR / Scheck
	(5) = (1) · (4)	(Verrechnete) Standard-Betriebskosten	3.381,20 EUR
–	(6)	Ist-Betriebskosten	5.136 EUR
=	(7) = (5) – (6)	Produktivitätsergebnis	- 1.754,80 EUR

Abb. 24.5: Ermittlung des Produktivitätsergebnisses der Kostenstelle „Scheckbearbeitung" für den Monat August

Die Restkosten der Kostenstelle entspricht dem negativen Produktivitätsergebnis und weist demnach eine Höhe von **1.754,80 EUR** auf.

Die Restkostenanalyse erfolgt allgemein nach folgendem Schema:

	Restkosten
–	Verbrauchsabweichung (= Ist-Kosten – Fixkosten)
–	Beschäftigungsabweichung (Leerkosten)
=	Preisabweichung

Abbildung 24.6 gibt die Analyse der Restkosten der Kostenstelle „Scheckbearbeitung" wieder:

	(1)	Restkosten	1.754,80 EUR
	(2)	Ist-Betriebskosten	5.136 EUR
	(3)	Fixkosten	5.136 EUR
–	(4) = (2) – (3)	Verbrauchsabweichung	0 EUR
	(5)	Monatliche Maximalkapazität	4.800 Minuten
	(6)	Standard-Bearbeitungszeit pro Scheck	0,80 Minuten
	(7) = (5) / (6)	Maximalbeschäftigung	6.000 Schecks
	(8)	Ist-Beschäftigung	3.950 Schecks
	(9) = (7) – (8)	Leerkapazität	2.050 Schecks
	(10)	Stückkosten pro Scheck	0,856 EUR
–	(11) = (9) · (10)	Beschäftigungsabweichung (Leerkosten)	1.754,80 EUR
=	(12) = (1) – (4) – (11)	Preisabweichung	0 EUR

Abb. 24.6: Restkostenanalyse der Kostenstelle „Scheckbearbeitung" für den Monat August

Bei den Restkosten vom Monat August handelt es sich ausschließlich um Leerkosten, die durch eine negative Abweichung von der Maximalbeschäftigung (**Beschäftigungsabweichung**) verursacht werden.

Für den Monat **Dezember** kann das Produktivitätsergebnis der Kostenstelle „Scheckbearbeitung" gemäß Abbildung 24.7 folgendermaßen ermittelt werden:

	(1)	Ist-Anzahl der bearbeiteten Schecks	5.850 Schecks
	(2)	Stückkosten pro Scheck	0,856 EUR
	(3) = (1) · (2)	(Verrechnete) Standard-Betriebskosten	5.007,60 EUR
–	(4)	Ist-Betriebskosten	5.477,60 EUR
=	(5) = (3) – (4)	Produktivitätsergebnis	- 470 EUR

Abb. 24.7: Ermittlung des Produktivitätsergebnisses der Kostenstelle „Scheckbearbeitung" für den Monat Dezember

Die Restkosten der Kostenstelle betragen **470 EUR**.

Die Analyse der Restkosten ist der Abbildung 24.8 zu entnehmen:

	(1)	Restkosten	470 EUR
	(2)	Ist-Betriebskosten	5.477,60 EUR
	(3)	Fixkosten	5.477,60 EUR
–	(4) = (2) – (3)	Verbrauchsabweichung	0 EUR
	(5)	Maximalbeschäftigung	6.000 Schecks
	(6)	Ist-Beschäftigung	5.850 Schecks
	(7) = (5) – (6)	Leerkapazität	150 Schecks
	(8)	Stückkosten pro Scheck	0,856 EUR
–	(9) = (7) · (8)	Beschäftigungsabweichung (Leerkosten)	128,40 EUR
=	(10) = (1) – (4) – (9)	Preisabweichung	341,60 EUR

Abb. 24.8: Restkostenanalyse der Kostenstelle „Scheckbearbeitung" für den Monat Dezember

Die Restkosten der Abrechnungsperiode Dezember setzen sich zusammen aus 128,40 EUR Leerkosten sowie 341,60 EUR für gegenüber der Planung erhöhte Faktorpreise, die auf die unplanmäßig kräftige Gehaltserhöhung für die Mitarbeiter der Kostenstelle zurückzuführen sind.

zu 5.b):

Mit Blick auf die durchschnittliche Auslastung der Kostenstelle „Scheckbearbeitung" lässt sich feststellen, dass die Maximalkapazität lediglich im Monat Dezember annähernd erreicht wird. Die übrigen Monate sind durch teilweise erhebliche Leerkapazitäten gekennzeichnet. Zur Reduzierung der Restkosten bietet sich im Personalbereich ein Abbau der Kapazitäten an, wobei diese Maßnahme in den beschäftigungsintensiven Monaten durch Teilzeitkräfte beziehungsweise Springer ergänzt werden könnte.

<u>Fallstudie 25:</u> **Value at Risk für das Währungsrisiko**

Die Privatbank Hämmerle & Münzing in Baden-Baden hat sich entschieden, neuerdings auch Geschäfte in Fremdwährung abzuschließen. Am ersten Tag konnte eine Kundeneinlage in JPY und ein Kundenkredit in USD abgeschlossen werden, wie die folgenden Angaben zeigen:

JPY-Kundeneinlage:

- Einlagevolumen: 40.000.000 JPY
- Nominalzins: 2 %
- Laufzeit: 1 Jahr
- Zinszahlung: am Ende der Laufzeit
- Tilgung: am Ende der Laufzeit

USD-Kundenkredit:

- Kreditvolumen: 300.000 USD
- Nominalzins: 6 %
- Laufzeit: 2 Jahre
- Zinszahlung: jährlich nachschüssig
- Tilgung: am Ende der Laufzeit

Als jüngster Mitarbeiter der Controlling-Abteilung werden Sie mit der Risikobestimmung der Fremdwährungspositionen betraut, welche ab heute in die Risikokalkulation der Privatbank einfließen werden.

Bei den beiden Kundengeschäften in Fremdwährung handelt es sich um fixe Zinszahlungen, weshalb diese aus Banksicht nicht nur dem Wechselkurs-, sondern zusätzlich dem Zinsänderungsrisiko unterliegen. Aus diesem Grund haben Sie die aktuellen Zinsstrukturen in den jeweiligen Währungen zusammengestellt, welche in Abbildung 25.1 dargestellt sind.

	GKM-Sätze für jeweilige Fristigkeit		
Währung	TGZ	1 Jahr	2 Jahre
EUR	3,257 %	3,483 %	3,728 %
USD	3,189 %	3,316 %	3,381 %
JPY	0,000 %	0,089 %	0,145 %

Abb. 25.1: Zinsstrukturen in den verschiedenen Währungen

Um das Risiko mit Hilfe des analytischen Grundmodells eruieren zu können, haben Sie auf Basis einer wöchentlichen Haltedauer die notwendigen Inputdaten ermittelt. Diese sind aus Abbildung 25.2 ersichtlich:

	ZB-AF respektive Kassakurs	Standard-abweichung	Korrelationen				
			ZB-AF JPY[0,1]	ZB-AF USD[0,1]	ZB-AF USD[0,2]	KK EUR/JPY	KK EUR/USD
ZB-AF JPY[0,1]	0,99910	0,0008	1,00	- 0,06	- 0,09	- 0,07	0,07
ZB-AF USD[0,1]	0,96790	0,0019	- 0,06	1,00	0,60	- 0,03	- 0,07
ZB-AF USD[0,2]	0,93560	0,0028	- 0,09	0,60	1,00	- 0,10	- 0,17
KK EUR/JPY	0,00917	0,0203	- 0,07	- 0,03	- 0,10	1,00	0,59
KK EUR/USD	1,09859	0,0157	0,07	- 0,07	- 0,17	0,59	1,00

Abb. 25.2: Zerobond-Abzinsfaktoren, Kassakurse (KK) und paarweise Korrelationen

1. Erläutern Sie zunächst kurz die grundsätzliche Vorgehensweise zur Bestimmung eines analytisch berechneten Value at Risk bei Währungspositionen!

2. a) Ermitteln Sie für die einzelnen Cash Flows in USD und JPY jeweils das Zinsänderungsrisiko für ein Sicherheitsniveau von 99,87 % (Z-Wert von 3) und eine einwöchige Haltedauer!

   b) Wie hoch ist jeweils das Wechselkursrisiko für die beiden Positionen?

3. Welche Value at Risk resultieren für die JPY- und die USD-Position bei einem Sicherheitsniveau von 99,87 % und einer unterstellten wöchentlichen Haltedauer? Verwenden Sie zur Beantwortung der Frage die in Abbildung 25.2 angegebenen paarweisen Korrelationen!

4. Ermitteln Sie den Value at Risk des gesamten Portfolios bestehend aus den beiden Positionen unter Berücksichtigung der in Abbildung 25.2 angegebenen paarweisen Korrelationen!

5. Fassen Sie die Ergebnisse in den Teilaufgaben 2 und 3 in einer Tabelle zusammen und zeigen Sie den Risikodiversifikationseffekt auf!

Lösungsvorschlag zu Fallstudie 25:

zu 1.:

Beim analytischen Grundmodell wird prinzipiell von der Prämisse ausgegangen, dass sich die stetigen Veränderungsraten – sowohl der Marktzinsen (beziehungsweise der Zerobond-Abzinsfaktoren) im In- und Ausland als auch der Wechselkurse – approximativ als normalverteilt charakterisieren lassen. Auf diese Verteilungsannahme aufbauend, werden zunächst die Standardabweichungen (Volatilitäten) der jeweils als Risikoparameter zugrundegelegten stetigen Veränderungsraten der Marktzinsen (Zerobond-Abzinsfaktoren) und Devisenkurse in der Regel aus der Historie abgeleitet. Mit diesen werden in einem zweiten Schritt entweder direkt anhand von Bewertungsmodellen oder aber indirekt unter Verwendung von laufzeitspezifischen Sensitivitätsparametern, wie Durationskonzepten oder der Basispoint Value-Methode, die laufzeitspezifischen Zinsänderungsrisiken ermittelt. Da sich Wechselkursschwankungen und Marktzinsänderungen bekanntermaßen nicht unabhängig voneinander vollziehen, sind die laufzeitspezifischen und währungsinduzierten Marktwertrisiken schließlich unter Berücksichtigung der Korrelationen zu einem Gesamtrisiko zu aggregieren. Um dieses Konzept für Hämmerle & Münzing nutzbar zu machen, bietet sich die sechsstufige Vorgehensweise im Risikomodell RiskMaster® an:

währungsinduzierter Risikoeffekt:

Stufe 1: RP_{KK} = stetige Veränderungsrate des Kassakurses
RV_{KK} = Summe der Barwerte der Einzelpositionen in Referenzwährung

Stufe 2: Berechnung der STD (RP_{KK})

Stufe 3: $RMZ_{KK} = STD(RP_{KK}) \cdot \text{Z-Wert}$

Stufe 4: $RF_{KK} = e^{RMZ\,(KK)} - 1$

Stufe 5: $VaR_{KK} = RF_{KK} \cdot RV_{KK}$

Stufe 6: Verrechnung mehrerer Value at Risk anhand der Korrelationskoeffizientenmatrix

zinsinduzierter Risikoeffekt:

Stufe 1: $RP_{ZB\text{-}AF}$ = stetige Veränderungsrate des Zerobond-Abzinsfaktors
$RV_{ZB\text{-}AF}$ = Summe der Barwerte der Einzelpositionen in Referenzwährung

Stufe 2: Berechnung der STD ($RP_{ZB\text{-}AF}$)

Stufe 3: $RMZ_{ZB\text{-}AF} = STD(RP_{ZB\text{-}AF}) \cdot \text{Z-Wert}$

Stufe 4: $RF_{ZB\text{-}AF} = e^{RMZ\,(ZB\text{-}AF)} - 1$

Stufe 5: $VaR_{ZB\text{-}AF} = RF_{ZB\text{-}AF} \cdot RV_{ZB\text{-}AF}$

Stufe 6: Verrechnung mehrerer Value at Risk anhand der Korrelationskoeffizientenmatrix

In einem ersten Schritt ist der **Risikoparameter** (RP) und das **Risikovolumen** (RV) zu ermitteln. Als Risikoparameter für das Währungsrisiko dient die Veränderung des Devisenkurses, für das Zinsänderungsrisiko die Veränderung des Zerobond-Abzinsfaktors. Der Annahme folgend, die stetigen Veränderungsraten der Devisenkurse beziehungsweise Zerobond-Abzinsfaktoren verhalten sich in der Zukunft genauso wie in der Vergangenheit, können diese zu Prognosezwecken verwendet werden. Das Risikovolumen wird bestimmt, indem im Falle des Währungsrisikos die barwertige Nettoposition in der jeweiligen Währung bestimmt wird. Beim Zinsänderungsrisiko wird für jeden Cash Flow ein separater Value at Risk bestimmt, weshalb als Risikovolumen der Barwert des jeweiligen Cash Flows dient.

Nach der Berechnung der Standardabweichung des Risikoparameters folgt die Berechnung der **Risikomesszahl** (RMZ). Diese ergibt sich aus Multiplikation der Standardabweichung der relevanten stetigen Veränderungsrate mit dem Z-Wert. Unter der Prämisse, dass sich das Risiko in der Gefahr eines steigenden Risikoparameters manifestiert, bestimmt sich die Risikomesszahl einer Long-Position (Short-Position) aus der Multiplikation des positiven (negativen) Z-Wertes mit der Standardabweichung.

Durch Potenzierung der Eulerschen Zahl e mit der Risikomesszahl und anschließender Subtraktion von 1 erhält man den **Risikofaktor** (RF).

Der jeweilige **VaR** resultiert schließlich aus der Multiplikation dieses Risikofaktors mit dem Risikovolumen (RV). Soll der sich ergebende VaR maximal mit einer Wahrscheinlichkeit von 0,13 % überschritten werden, so ist ein Z-Wert von 3 resp. - 3 anzusetzen.

Um das sich aus dem Halten der Fremdwährungsprodukte ergebende Gesamtrisiko zu bestimmen, werden die einzelnen VaR in einem letzten Schritt über die **Korrelationskoeffizientenmatrix** miteinander verrechnet, wodurch in der Regel ein risikoreduzierender Effekt eintritt.

zu 2.a):

Der Ansatz eines Sicherheitsniveaus in Höhe von 99,87 % bedeutet für die Hämmerle & Münzing Privatbank, dass der Cash Out Flow in JPY, bei welchem das Risiko in einem positiven Risikoparameter liegt nach einem Jahr ein zinsinduziertes Marktwertrisiko in folgender Höhe aufweist:

$$\text{VaR}(\text{ZB-AF}_{\text{JPY}}[0,1]) = -40.800.000\ \text{JPY} \cdot 0{,}9991 \cdot 0{,}00917\ \text{EUR/JPY} \cdot (e^{(0{,}0008 \cdot 3)} - 1)$$
$$= \mathbf{-\ 898{,}20\ EUR}$$

Es besteht mithin unter den getroffenen Modellannahmen lediglich eine Wahrscheinlichkeit von 0,13 %, dass der Marktwert dieser Position aufgrund von Änderungen im 1-jährigen Zerobond-Abzinsfaktor innerhalb eines Monats um mehr als 898,20 EUR sinkt.

Bei den USD Cash In Flows liegt das Risiko in negativen Risikoparametern (negativen Veränderungsraten des Zerobond-Abzinsfaktors), weshalb der Z-Wert ein negatives Vorzeichen trägt. Der Value at Risk der Zinszahlung nach einem Jahr beträgt:

$$\begin{aligned} VaR\,(ZB\text{-}AF_{USD}[0,1]) &= 18.000\text{ USD} \cdot 0{,}9679 \cdot 1{,}09859\text{ EUR/USD} \cdot (e^{(0{,}0019 \cdot (-3))} - 1) \\ &= \mathbf{-\,108{,}79\ EUR} \end{aligned}$$

Für die 2-jährige Rückzahlung (inklusive Zinsen) gilt das folgende zinsinduzierte Marktwertrisiko:

$$\begin{aligned} VaR\,(ZB\text{-}AF_{USD}[0,2]) &= 318.000\text{ USD} \cdot 0{,}9356 \cdot 1{,}09859\text{ EUR/USD} \cdot (e^{(0{,}0028 \cdot (-3))} - 1) \\ &= \mathbf{-\,2.734{,}07\ EUR} \end{aligned}$$

<u>zu 2.b):</u>

Zur Ermittlung des wechselkursinduzierten Marktwertrisikos in der jeweiligen Währung ist in analoger Weise der jeweilige Nettomarktwert mit den entsprechenden Risikokoeffizienten zu multiplizieren:

VaR der JPY-Nettoposition (Cash Out Flow):

$$\begin{aligned} VaR\,(KK_{EUR/JPY}) &= -\,40.800.000\text{ JPY} \cdot 0{,}9991 \cdot 0{,}00917\text{ EUR/JPY} \cdot (e^{(0{,}0203 \cdot 3)} - 1) \\ &= \mathbf{-\,23.471{,}84\ EUR} \end{aligned}$$

VaR der USD-Nettoposition (Cash In Flow):

$$\begin{aligned} VaR\,(KK_{EUR/USD}) &= (18.000\text{ USD} \cdot 0{,}9679 + 318.000\text{ USD} \cdot 0{,}9356) \cdot 1{,}09859 \\ &\quad \text{EUR/USD} \cdot (e^{(0{,}0157 \cdot (-3))} - 1) \\ &= \mathbf{-\,15.918{,}46\ EUR} \end{aligned}$$

<u>zu 3.:</u>

Der Value at Risk für die JPY-(USD-)Position kann über eine JPY-(USD-)Korrelationskoeffizientenmatrix berechnet werden. Da das Risiko – wie die Resultate in Teilaufgabe 2.a) und 2.b) zeigen – für das Währungs- und Zinsänderungsrisiko bei der JPY-(USD-)Position nur in einem steigenden (sinkenden) Risikoparameter liegt, reicht die Berechnung eines Szenarios.

Der Value at Risk für die JPY-Position berechnet sich wie folgt:

$$\mathrm{VaR}_{\text{JPY-Position}} = \sqrt{\begin{bmatrix} -898{,}20\ \mathrm{EUR} & -23.471{,}84\ \mathrm{EUR} \end{bmatrix} \cdot \begin{bmatrix} 1 & -0{,}07 \\ -0{,}07 & 1 \end{bmatrix} \cdot \begin{bmatrix} -898{,}20\ \mathrm{EUR} \\ -23.471{,}84\ \mathrm{EUR} \end{bmatrix}}$$

$$= \sqrt{\begin{array}{l} (-898{,}20\ \mathrm{EUR})^2 + (-23.471{,}84\ \mathrm{EUR})^2 \\ + \ 2 \cdot (-898{,}20\ \mathrm{EUR}) \cdot (-23.471{,}84\ \mathrm{EUR}) \cdot (-0{,}07) \end{array}}$$

$$= \mathbf{23.426{,}11\ EUR}$$

Nach demselben Vorgehen kann der Value at Risk für die USD-Position berechnet werden:

$$\mathrm{VaR}_{\text{USD-Position}} = \sqrt{\begin{bmatrix} -108{,}79\ \mathrm{EUR} & -2.734{,}07\ \mathrm{EUR} & -15.918{,}46\ \mathrm{EUR} \end{bmatrix} \cdot \begin{bmatrix} 1 & 0{,}60 & -0{,}07 \\ 0{,}60 & 1 & -0{,}17 \\ -0{,}07 & -0{,}17 & 1 \end{bmatrix} \cdot \begin{bmatrix} -108{,}79\ \mathrm{EUR} \\ -2.734{,}07\ \mathrm{EUR} \\ -15.918{,}46\ \mathrm{EUR} \end{bmatrix}}$$

$$= \sqrt{\begin{array}{l} (-108{,}79\ \mathrm{EUR})^2 + (-2.734{,}07\ \mathrm{EUR})^2 + (-15.918{,}46\ \mathrm{EUR})^2 \\ + 2 \cdot (-108{,}79\ \mathrm{EUR}) \cdot (-2.734{,}07\ \mathrm{EUR}) \cdot (0{,}60) \\ + 2 \cdot (-108{,}79\ \mathrm{EUR}) \cdot (-15.918{,}46\ \mathrm{EUR}) \cdot (-0{,}07) \\ + 2 \cdot (-2.734{,}07\ \mathrm{EUR}) \cdot (-15.918{,}46\ \mathrm{EUR}) \cdot (-0{,}17) \end{array}}$$

$$= \mathbf{15.690{,}80\ EUR}$$

<u>zu 4.:</u>

Der Value at Risk für das Portfolio muss anhand von zwei Szenarien berechnet werden. Dieses Vorgehen ist notwendig, da das Portfolio aus einer Short- und einer Long-Position besteht. Dadurch ist nicht mehr explizit ersichtlich, ob das Risiko in sinkenden oder steigenden Risikoparametern besteht. Dies bedingt die Berechnung der „Value at Risk" negativer Risikoparameter bei der JPY-Position und positiver Risikoparameter bei der USD-Position.

Die „Value at Risk" negativer Risikoparameter bei der JPY-Position lauten wie folgt:

Rückzahlung inklusive Zinsen der Einlage:

$$\text{VaR (ZB-AF}_{JPY}[0,1]) = -\ 40.800.000\ \text{JPY} \cdot 0{,}9991 \cdot 0{,}00917\ \text{EUR/JPY} \cdot (e^{(0{,}0008 \cdot (-3))} - 1)$$
$$= \mathbf{896{,}04\ EUR}$$

Wechselkurs EUR/JPY:

$$\text{VaR (KK}_{EUR/JPY}) = -\ 40.800.000\ \text{JPY} \cdot 0{,}9991 \cdot 0{,}00917\ \text{EUR/JPY} \cdot (e^{(0{,}0203 \cdot (-3))} - 1)$$
$$= \mathbf{22.085{,}06\ EUR}$$

Die „Value at Risk" positiver Risikoparameter bei der USD-Position sind die folgenden:
Zinszahlung nach einem Jahr:

$$\text{VaR (ZB-AF}_{USD}[0,1]) = 18.000\ \text{USD} \cdot 0{,}9679 \cdot 1{,}09859\ \text{EUR/USD} \cdot (e^{(0{,}0019 \cdot 3)} - 1)$$
$$= \mathbf{109{,}41\ EUR}$$

Kapitaldienst des zweiten Jahres:

$$\text{VaR (ZB-AF}_{USD}[0,2]) = 318.000\ \text{USD} \cdot 0{,}9356 \cdot 1{,}09859\ \text{EUR/USD} \cdot (e^{(0{,}0028 \cdot 3)} - 1)$$
$$= \mathbf{2.757{,}13\ EUR}$$

Wechselkurs EUR/USD:

$$\text{VaR (KK}_{EUR/USD}) = (18.000\ \text{USD} \cdot 0{,}9679 + 318.000\ \text{USD} \cdot 0{,}9356) \cdot 1{,}09859\ \text{EUR/USD} \cdot (e^{(0{,}0157 \cdot 3)} - 1)$$
$$= \mathbf{16.686{,}16\ EUR}$$

Obige „Value at Risk" stellen Chancen und nicht Risiken dar, wie anhand des positiven Vorzeichen ersichtlich ist. Dennoch ist es aufgrund des Mixes im Portfolio möglich, dass diese Chancen durch entsprechende Risiken aus anderen Cash Flows im Portfoliokontext übertroffen werden.

Mit diesen „Value at Risk" und jenen aus Teilaufgabe 2.a) und 2.b) können in einem ersten Schritt die Risikovektoren für die zwei Szenarien aufgestellt werden. Die Reihenfolge der Risikovektoren entspricht einfachheitshalber jener der Korrelationskoeffizientenmatrix in der Aufgabenstellung:

[VaR (ZB-AF$_{JPY}$[0,1]) VaR (ZB-AF$_{USD}$[0,1]) VaR (ZB-AF$_{USD}$[0,2]) VaR (KK$_{EUR/JPY}$) VaR (KK$_{EUR/USD}$)]

Für Szenario 1, welches von positiven Z-Werten ausgeht, hat der Risikovektor folgendes Aussehen:

[- 898,20 EUR 109,41 EUR 2.757,13 EUR - 23.471,84 EUR 16.686,16 EUR]

Der Risikovektor des 2. Szenarios, welcher die Value at Risk mit negativen Z-Werten enthält sieht wie folgt aus:

[896,04 EUR - 108,79 EUR - 2.734,07 EUR 22.085,06 EUR -15.918,46 EUR]

Damit ergibt sich über die Verrechnung mit der Korrelationskoeffizientenmatrix für **Szenario 1** folgender Value at Risk:

$$VaR_{Port.\,1} = \sqrt{\begin{bmatrix} -898{,}20\text{ EUR} & 109{,}41\text{ EUR} & 2.757{,}13\text{ EUR} & -23.471{,}84\text{ EUR} & 16.686{,}16\text{ EUR} \end{bmatrix} \cdot \begin{bmatrix} 1 & -0{,}06 & -0{,}09 & -0{,}07 & 0{,}07 \\ -0{,}06 & 1 & 0{,}60 & -0{,}03 & -0{,}07 \\ -0{,}09 & 0{,}60 & 1 & -0{,}10 & -0{,}17 \\ -0{,}07 & -0{,}03 & -0{,}10 & 1 & 0{,}59 \\ 0{,}07 & -0{,}07 & -0{,}17 & 0{,}59 & 1 \end{bmatrix} \cdot \begin{bmatrix} -898{,}20\text{ EUR} \\ 109{,}41\text{ EUR} \\ 2.757{,}13\text{ EUR} \\ -23.471{,}84\text{ EUR} \\ 16.686{,}16\text{ EUR} \end{bmatrix}}$$

$VaR_{Portfolio\,1}$ = **19.198,75 EUR**

Entsprechend ergibt sich für **Szenario 2** der Value at Risk wie folgt:

$$VaR_{Port.\,2} = \sqrt{\begin{bmatrix} 896{,}04\text{ EUR} & -108{,}79\text{ EUR} & -2.734{,}07\text{ EUR} & 22.085{,}06\text{ EUR} & -15.918{,}46\text{ EUR} \end{bmatrix} \cdot \begin{bmatrix} 1 & -0{,}06 & -0{,}09 & -0{,}07 & 0{,}07 \\ -0{,}06 & 1 & 0{,}60 & -0{,}03 & -0{,}07 \\ -0{,}09 & 0{,}60 & 1 & -0{,}10 & -0{,}17 \\ -0{,}07 & -0{,}03 & -0{,}10 & 1 & 0{,}59 \\ 0{,}07 & -0{,}07 & -0{,}17 & 0{,}59 & 1 \end{bmatrix} \cdot \begin{bmatrix} 896{,}04\text{ EUR} \\ -108{,}79\text{ EUR} \\ -2.734{,}07\text{ EUR} \\ 22.085{,}06\text{ EUR} \\ -15.918{,}46\text{ EUR} \end{bmatrix}}$$

$VaR_{Portfolio\,2}$ = **18.105,77 EUR**

Als Value at Risk für das Portfolio dient vorzugsweise der höhere Wert, um auf der sicheren Seite zu bleiben. Demnach wird für das Portfolio ein Value at Risk von 19.198,75 EUR angesetzt.

zu 5.:

Die Ergebnisse aus den Teilaufgaben 2 bis 4 sind in Abbildung 25.3 zusammengefasst:

	Risikoparameter					
	ZB-AF JPY	EUR/JPY	ZB-AF USD [0; 1]	ZB-AF USD [0; 2]	EUR/USD	Summe
Einzel-risiken	898,20	23.471,84	108,79	2.734,07	15.918,46	43.131,36
Produkt-risiken	23.426,11		15.690,80			39.116,91
Portfolio-risiko	19.198,75					19.198,75

Abb. 25.3: Zusammenfassung der Resultate in absoluten Zahlen (in EUR)

Der Diversifikationseffekt von den Einzelrisiken zu den Produktrisiken beträgt ca. 9 % (= (39.116,91 EUR – 43.131,36 EUR) / 43.131,36). Ein weiterer Diversifikationseffekt resultiert, indem die Produktrisiken zum Portfoliorisiko aus den beiden Produkten zusammengefasst werden. Dieser beträgt 51 % (= (19.198,75 EUR – 39.116,91 EUR) / 39.116,91).

Fallstudie 26: **Alternative Möglichkeiten des Kreditrisikotransfers**

Herr Kolix Fehlermann ist nach seinem Studium im Bereich des Kreditrisikomanagements der Insolvenzia Bank tätig. Das Kreditportfolio der Insolvenzia Bank enthält am 31.12.05 folgende Kreditpositionen.

- 1.250 Anteile an der Anleihe „Phonika AG" mit einer Restlaufzeit von 4 Jahren; Nennwert 100.000 EUR; Nominalzins 4,5 % p.a.
- Forderungen aus Kreditkarten amerikanischer Privatkunden in Höhe von 1 Mrd. USD
- Diverse Darlehen an im Bereich der Luftfahrtindustrie tätige Unternehmen im Umfang von 800 Mio. EUR
- Kredite an klein- und mittelständische Unternehmen in Höhe von 1,25 Mrd. EUR

Herr Fehlermann stellt fest, dass ein Ausfall der Phonika-Anleihe verheerende Auswirkungen auf das Kreditportfolio der Insolvenzia Bank hätte, weshalb er sich gegen einen Ausfall der genannten Anleihe absichern möchte. Dazu schließt die Insolvenzia Bank mit der Riskia Bank einen Credit Default Swap zu folgenden Konditionen ab:

• Nominalbetrag:	125 Mio. EUR
• Abschlusszeitpunkt (t_0):	31.12.05
• Referenzschuldner:	„Phonika AG"
• Referenzaktivum:	4,5 % Anleihe „Phonika AG" 05-09
• Laufzeit:	4 Jahre
• Prämie p.a.:	152 Basispunkte (BP)
• Abwicklungsform:	Cash Settlement
• Vertraglich vereinbarte Kreditereignisse:	- Konkurs - Nicht erfolgte Zahlung bei Fälligkeit - Zahlungsverweigerung

1. Stellen Sie die Grundstruktur des Credit Default Swaps graphisch dar, und erläutern Sie die zwischen den Vertragsparteien anfallenden Zahlungsströme!

Während der Laufzeit des Credit Default Swaps stellt Kolix Fehlermann fest, dass der Kurs der Phonika-Anleihe aufgrund negativer Nachrichten aus dem Telekombereich seit längerem rückläufig ist und am 31.12.06 noch 91,73 % des Nennwerts beträgt. Um sich gegen weitere bonitätsinduzierte Marktwertverluste abzusichern, erkundigt sich Kolix Fehlermann erneut bei der Riskia Bank, die ihm eine dazu geeignete Credit Spread Put Option zu folgenden Konditionen zum Kauf anbietet:

• Nominalbetrag:	125 Mio. EUR
• Abschlusspunkt (t_1):	31.12.06
• Referenzschuldner:	„Phonika AG"
• Referenzaktivum:	4,5 % Anleihe „Phonika AG" 05-09
• Laufzeit:	1 Jahr

- Strike Spread: 270 BP
- Libor: 5 %
- Prämie p.a.: 100 BP
- Ausübungsform: europäisch
- Abwicklungsform: Physical Settlement

2. a) Stellen Sie für die Credit Spread Put Option die Grundstruktur bei Abschluss dar und erläutern Sie die Zahlungsströme!

   b) Bei Fälligkeit der Credit Spread Put Option weist die Phonika Anleihe einen Spread von 345 BP zu Libor auf. Berechnen Sie die Ausgleichszahlung welche aus der Credit Spread Put Option per 31.12.07 resultiert.

Hinweis: Ein Einbezug der bei Kauf bezahlten Prämie ist nicht notwendig. Unterstellen Sie dabei eine flache Zinsstruktur.

Am 30.06.08 muss die Phonika AG infolge von Fehlinvestitionen Konkurs anmelden. Der Kurswert der Anleihe bricht daraufhin auf 36,8 % ein.

3. Welche Auswirkungen hat der Konkurs der Phonika AG auf die Zahlungswirkungen des Credit Default Swaps?

Kurz nach der Zahlungsunfähigkeit der Phonika AG muss Kolix Fehlermann entsetzt feststellen, dass die Riskia Bank ihren Zahlungsverpflichtungen aus dem Credit Default Swap nicht nachkommen kann.

4. Zeigen Sie die Grundstruktur einer alternativen Form des Kreditrisikotransfers auf, die zusätzlich zum Ausfallrisiko auch das Gegenparteirisiko, welches vom Risikokäufer ausgeht, transferiert!

Nach den negativen Erfahrungen mit dem vorherigen Einzelgeschäft sucht Kolix Fehlermann nach Möglichkeiten, um das Kreditrisiko der verbleibenden Positionen zu optimieren. Herr Fehlermann ist besorgt, dass aufgrund schlechter amerikanischer Konjunkturaussichten die Ausfälle aus Kreditkartenforderungen ansteigen werden. Er weiss, dass die Chicago Mercantile Exchange mit dem Handel von Futures und Optionen auf den CME-Quarterly Bankruptcy-Index (CME-QBI) die erste börsengehandelte Alternative zu den sonst üblichen OTC-Kreditderivaten anbietet. Der CME-QBI steht im 1. Quartal 09 auf 300 Punkten. Ein Indexpunkt entspricht 1.000 neuen Konkursanträgen vor US-Gerichten pro Quartal. Der CME-QBI-Futures-Kontrakt wird zu einem Preis von 300.000 USD gehandelt. Fehlermann schätzt, dass die Insolvenzia Bank bei 1.000 Konkursanträgen vor US-Gerichten selbst durchschnittlich von 20 Ausfällen betroffen sein wird. Die durchschnittliche Ausfallssumme pro Konkurs betrage 2.500 USD.

5. a) Berechnen Sie die Höhe des erwarteten Verlusts der Kreditkartenausfälle und die Anzahl Futures-Kontrakte, die Herr Fehlermann kaufen muss, um einen über den erwarteten Verlust hinausgehenden Ausfall zu vermeiden!

   b) Im 2. Quartal 09 steht der CMI-QBI auf 350 Punkten. Berechnen Sie den Wert der Futures-Position sowie den entstandenen Verlust aus den Kreditkartenausfällen.

An einem Kongress mit dem Thema Kreditderivate macht Herr Fehlermann die Bekanntschaft mit dem Leiter des Kreditrisikomanagements der in Dubai domizilierten Petroleum Bank. Diese weist strukturell hohe Kreditrisikokonzentrationen im Bereich der Erdölindustrie auf, die sie bestrebt ist zu reduzieren.

6. Zeigen Sie inwiefern die beiden Banken den Diversifikationsgrad ihrer Kreditportfolios mit Hilfe eines doppelten Basket Credit Default Swaps optimieren können und erläutern Sie kurz die Vorgehensweise!

Das Kreditportfolio der Insolvenzia Bank enthält schließlich noch eine Vielzahl an Krediten von klein- und mittelständischen Unternehmen. Herr Fehlermann erinnert sich, dass andere Banken die Kreditrisiken dieser Positionen mit dem Konstrukt einer Synthetischen Securitisation transferieren. Dieses Instrument könnte zukünftig auch für die Insolvenzia Bank von Interesse sein, weshalb sich Herr Fehlermann das nötige Wissen anhand der von der Großbank UBS durchgeführten HAT Transaktion aneignen möchte (vgl. Abbildung 26.1). Diese weist eine Laufzeit von 5 Jahren auf.

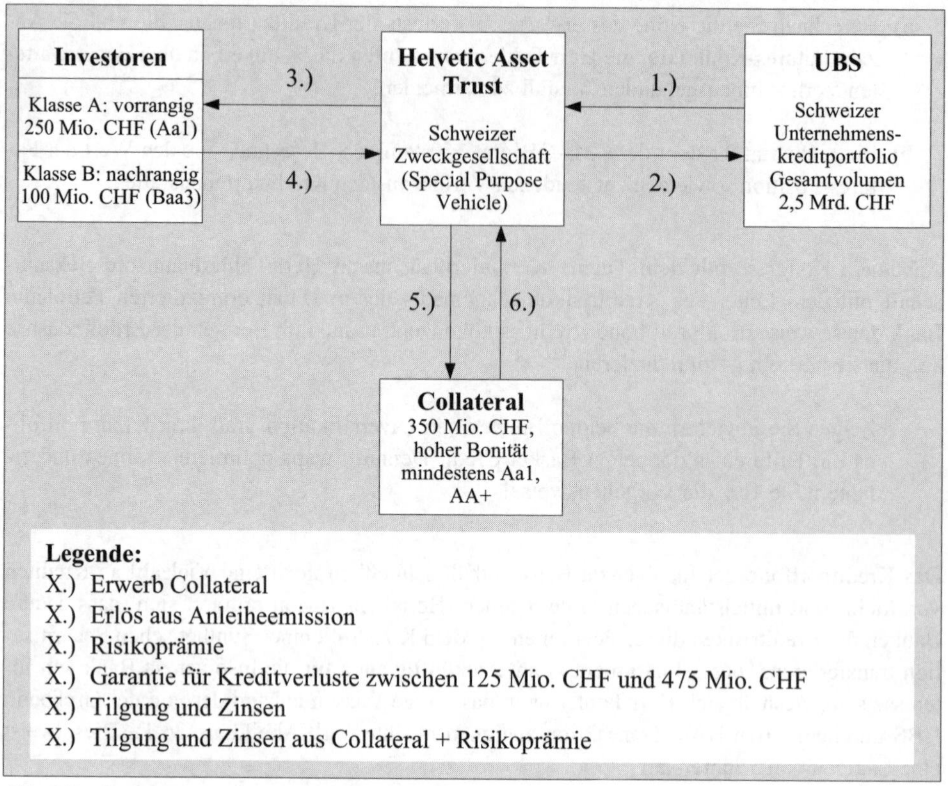

Abb. 26.1: Struktur einer Synthetischen Securitisation

7. Leider kann Herr Fehlermann die Transaktion nicht auf Anhieb verstehen. Zudem sind auf seinem Ausdruck die Ziffern zur Legendenbeschriftung wegen eines Druckfehlers durch ein X ersetzt worden. Helfen Sie Herrn Fehlermann die Zahlungsströme richtig zuzuordnen und beschreiben Sie kurz die Funktionsweise dieses Konstrukts.

Lösungsvorschlag zu Fallstudie 26:

zu 1.:

Bei Credit Default Swaps ist die Auszahlung vom Eintritt eines Kreditereignisses im Referenzaktivum abhängig. Die Phonika-Anleihe, mit 4,5 % Nominalverzinsung und 4 Jahren Restlaufzeit, dient als Referenzaktivum, das im Besitze der Insolvenzia Bank (**Risikoverkäufer**) bleibt. Die Riskia Bank (**Riskokäufer**) übernimmt lediglich das der Phonika-Anleihe inhärente Kreditrisiko. Dafür erhält sie von der Insolvenzia Bank eine Prämie in Höhe von 152 BP pro Jahr auf den Nominalbetrag bis zum Eintreten eines allfälligen Kreditereignisses. Dies entspricht einem Betrag von 1.900.000 EUR (= 0,0152 · 125 Mio. EUR) pro Jahr über eine Laufzeit von 4 Jahren. Die Grundstruktur des Credit Default Swap ist in Abbildung 26.2 dargestellt.

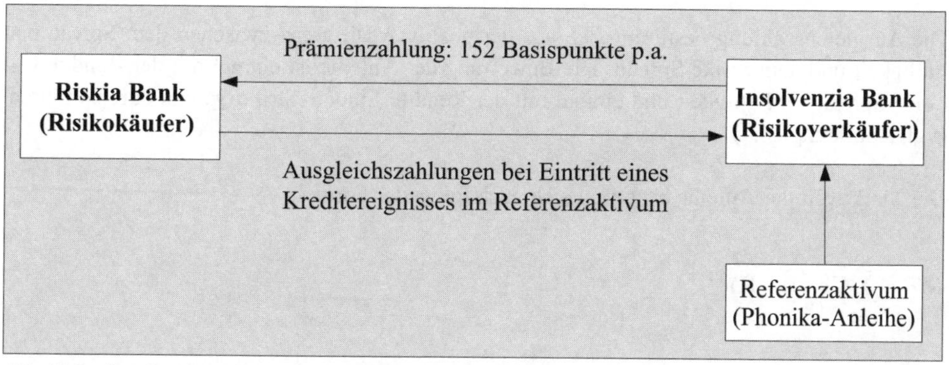

Abb. 26.2: Grundstruktur eines Credit Default Swaps

zu 2.a):

Bei einer Credit Spread Put Option handelt es sich um eine Verkaufsoption, der als Basis die Renditedifferenz (Credit Spread) zwischen einer risikolosen Benchmark und der risikobehafteten Phonika-Anleihe zugrundeliegt. Verschlechtert sich die Bonitätsbeurteilung der Phonika-Anleihe, so erhöht sich dementsprechend der Credit Spread. Der Strike Spread dieser Option ist in Höhe von 270 BP festgelegt. Die Credit Spread Put Option gibt der Insolvenzia Bank das Recht, die zugrundeliegende Anleihe zu dem festgelegten Credit Spread am Ende der Laufzeit zu verkaufen. Ist der Credit Spread bei Fälligkeit höher als der vereinbarte Strike Spread, erhält die Insolvenzia Bank die Renditedifferenz als Ausgleichszahlung. Wird hingegen ein unter dem Strike Spread liegender Spread festgestellt, verfällt die Option wertlos. Die Insolvenzia Bank muss für das erhaltene Recht eine Prämie von 100 BP leisten.

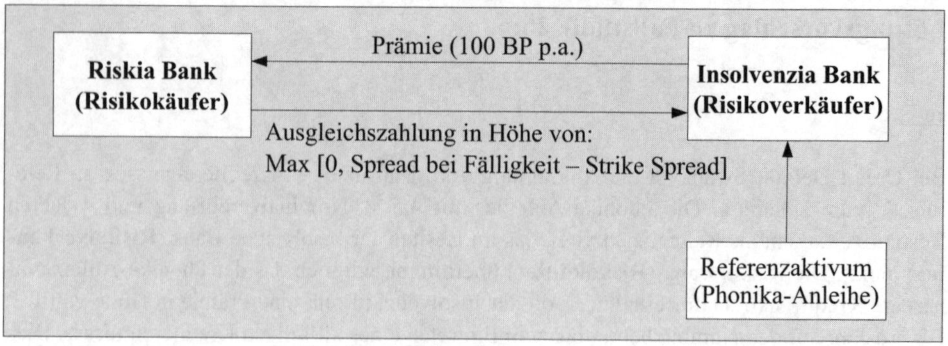

Abb. 26.3: Grundstruktur einer Credit Spread Option

zu 2.b):

Die Ausgleichszahlung bestimmt sich aus der positiven Differenz zwischen dem Spread bei Fälligkeit und dem Strike Spread. Die Bewertung der Anleihe ist einmal mit der Rendite Libor + Spread bei Fälligkeit und einmal mit der Rendite Libor + Strike Spread durchzuführen (vgl. Abbildung 26.4)

Der Marktwert der Anleihe bestimmt sich nach folgender Formel:

$$M_0 = \sum_{t=1}^{n} CF_t \cdot (1+R)^{-t}$$

mit: M_0 = Marktwert im Zeitpunkt 0; CF_t = Cash Flow (Rückfluss) im Zeitpunkt t; R = Marktrendite; t = Zeitindex; n = Restlaufzeit

Strike-Rendite: Libor + 270 BP = 5 % + 2,70 % = 7,70 %
Markt-Rendite: Libor + 345 BP = 5 % + 3,45 % = 8,45 %

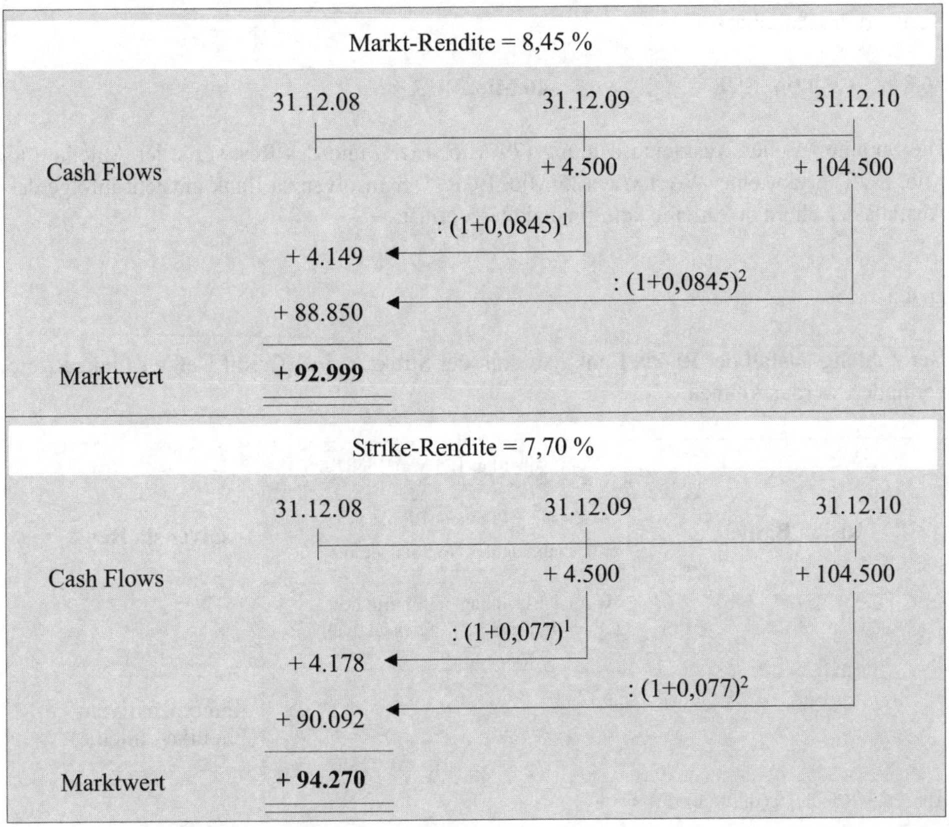

Abb. 26.4: Bewertung der Anleihe auf Basis der Markt- bzw. Strike-Rendite

Die Differenz der beiden Anleihenpreise beläuft sich auf 1.271 EUR und entspricht der Ausgleichszahlung pro Anteil. Die Insolvenzia Bank besitzt 1.250 Anteile an der Phonika-Anleihe, womit sich die gesamte Ausgleichszahlung auf **1.588.750 EUR** (= 1.271 EUR · 1.250 Anteile) beläuft.

zu 3.:

Der Konkurs stellt eines der drei vertraglich vereinbarten Kreditereignisse des Credit Default Swaps dar. Durch den Eintritt eines der Kreditereignisse wird der Credit Default Swap beendet. Als Abwicklungsform wurde Cash Settlement vereinbart, weshalb die Riskia Bank der Insolvenzia Bank eine Ausgleichszahlung zu leisten hat. Diese bestimmt sich wie folgt:

Ausgleichszahlung aus dem Credit Default Swap:

= (Nennwert zu pari (in %) – $\text{Marktpreis}_{\text{nach Kreditereignis}}$ (in %)) · Nominalbetrag

= (100 % - 36,8 %) · 125 Mio. EUR = **79 Mio. EUR**

Restwert der Anleihe:

36,8 % · 125 Mio. EUR = **46 Mio. EUR**

Die Summe aus der Ausgleichszahlung (79 Mio. EUR) und des Restwerts der Anleihe (46 Mio. EUR) ergibt einen Wert von 125 Mio. EUR. Der Insolvenzia Bank entsteht infolge des Ausfalls der Phonika-Anleihe kein finanzieller Verlust.

zu 4.:

Der Zahlungsausfall der Riskia Bank hätte mit der Struktur einer Credit Default Linked Note verhindert werden können.

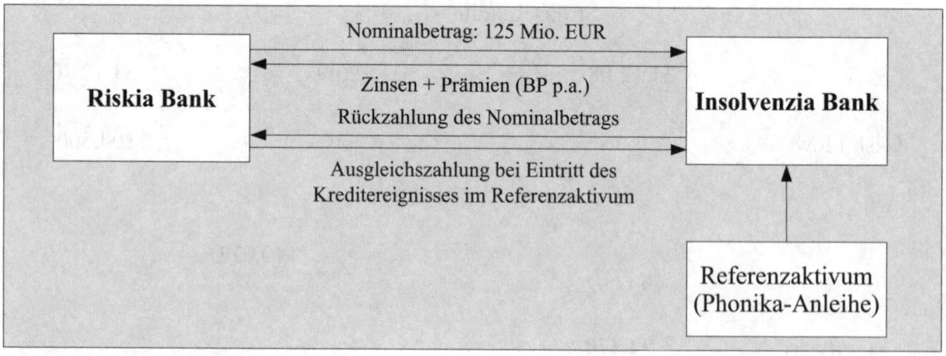

Abb. 26.5: Credit Default Linked Note

Erläuterungen:
Die Riskia Bank investiert in die Schuldnerqualität des Referenzschuldners (Phonika AG), indem sie die Credit Default Linked Note des Gläubigers (Insolvenzia Bank) erwirbt. Der Nominalbetrag der Credit Default Linked Note beträgt 125 Mio. EUR. Die Riskia Bank übernimmt als Risikokäufer mit der Credit Default Linked Note das Kreditrisiko der Phonika AG (Referenzschuldner).

Während der 4-jährigen Laufzeit der Credit Default Linked Note erhält die Riskia Bank von der Insolvenzia Bank einen Kupon von 4,5 % p.a. auf den Nominalwert der Credit Default Linked Note. Zusätzlich zahlt die Insolvenzia Bank der Riskia Bank eine entsprechende Prämie (in BP p.a.).

Falls die Phonika AG während der Laufzeit der Credit Default Linked Note einen Kreditausfall erleidet, wird die Credit Default Linked Note von der Insolvenzia Bank beendet. Die Riskia Bank erhält keine weiteren Kupons mehr. Statt dessen wird die Credit Default Linked Note unter Abzug einer Ausgleichszahlung, z.B. in Höhe der Differenz zwischen Nominal- und Restwert der Anleihe zurückgezahlt. Tritt während der Laufzeit kein Kreditausfall bei der Phonika AG auf, erhält die Riskia Bank den Nominalwert zurück.

zu 5.a):

Der erwartete Verlust der Insolvenzia Bank pro 1.000 Konkursanträge beziehungsweise pro Indexpunkt beträgt 50.000 USD (= 20 · 2.500 USD). Bei einem Indexstand von 300 Punkten resultiert folglich ein erwarteter Gesamtverlust von 15 Mio. USD (= 50.000 USD pro 1.000 Konkursanträge · 300 Indexpunkte).

Die Anzahl zu kaufender CME-QBI Futures Kontrakte bestimmt sich wie folgt:

- 1 CME-QBI Punkt entspricht 1.000 USD.

- 50.000 USD / 1.000 USD = **50 Futures Kontrakte** zu je einem Preis von 300.000 USD

zu 5.b):

Bei einem Indexstand von 350 Punkten im 2. Quartal 09 hat sich die Situation folgendermaßen verändert:

Der Kreditkartenausfall der Insolvenzia ist um 2,5 Mio. USD von 15 Mio. USD auf 17,5 Mio. USD gestiegen.

Die Futures-Position hat hingegen wie folgt an Wert gewonnen:

50 Kontrakte · 1.000 USD · (350 Punkte – 300 Punkte) = **2.500.000 USD**

Damit konnte ein über den erwarteten Verlust hinausgehender Ausfallverlust vermieden werden.

zu 6.:

Eine Möglichkeit zur Optimierung des Diversifikationsgrads der Kreditportfolios der Insolvenzia Bank und der Petroleum Bank kann unter Verwendung eines doppelten Basket Credit Default Swaps erreicht werden. Dieser entspricht einem Credit Default Swap, der sich auf mehrere Referenzaktiva von verschiedenen Schuldnern bezieht (vgl. Abb. 26.6).

Es bietet sich an, ausgewählte Schuldner aus der Luftfahrtindustrie der Insolvenzia Bank als Basket zugrundezulegen. Die Petroleum Bank wird entsprechend die an die Erdölindustrie vergebenen Kredite in einem Basket zusammenfassen. Die beiden Industrien sind aufgrund der geringen, wenn nicht sogar negativen Ausfallkorrelation geeignet, die Kreditportfolios beider Banken zu diversifizieren. Während die Luftfahrtindustrie beispielsweise von tiefen Erdölpreisen profitiert, schwächt sich im Gegensatz dazu der Geschäftsgang der Erdölindustrie ab, was tendenziell zu gehäuften Insolvenzen führt. Die Insolvenzia Bank müsste im Anschluss eines Kreditereignisses in der Erdölindustrie eine Ausgleichszahlung leisten. Für die Petroleum Bank gilt umgekehrt entsprechendes.

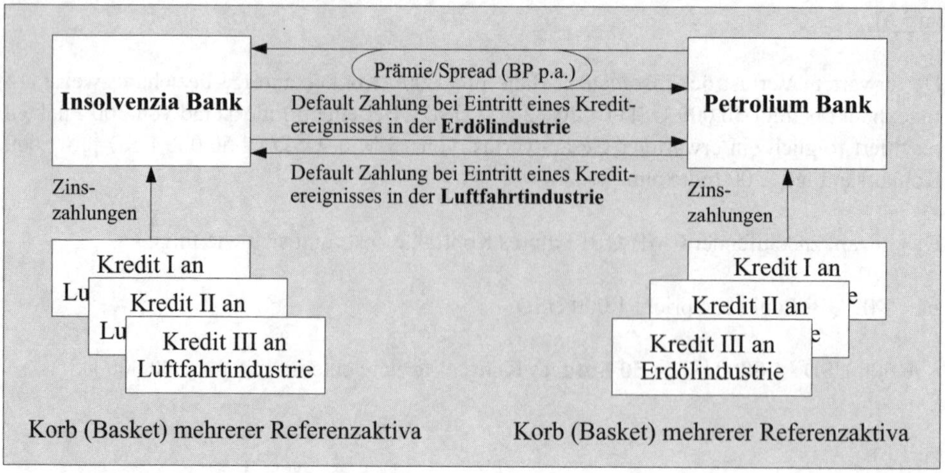

Abb. 26.6: Doppelter Basket Credit Default Swap

zu 7.:

Um das Kreditrisiko zu transferieren, wird ein Credit Default Swap mit der Zweckgesellschaft Helvetic Asset Trust (HAT) abgeschlossen. Treten in dem vertraglich festgelegten Zeitraum von fünf Jahren Kreditverluste ein, so muss die UBS die anfänglichen Verluste in Höhe von 125 Mio. CHF selbst übernehmen. Übersteigen die aufgelaufenen Kreditverluste den genannten Selbstbehalt, so muss HAT den darüber hinausgehenden Teil übernehmen, welcher jedoch auf eine Höhe von **350 Mio. CHF** (2) beschränkt ist. Für diese Risikoübernahme leistet die UBS jährlich eine **Risikoprämie** (1). HAT emittiert daraufhin zwei Anleihetranchen, die sich hinsichtlich der Rangstellung der Gläubigerposition unterscheiden (Klasse A: vorrangig; Klasse B: nachrangig). Mit dem **Emissionserlös** (4) erwirbt HAT Anleihen hoher Bonität, die den Zweck eines **Collaterals** (5) (Pfand) besitzen und in erster Linie zur Sicherstellung der Forderungen der UBS aus dem Credit Default Swap dienen. Sobald die Ansprüche der UBS aus dem Credit Default Swap befriedigt sind, wird das verbleibende Collateral zuerst zur Tilgung der Anleihen aus Klasse A und schließlich aus Klasse B verwendet. Während der Laufzeit werden die **Zinsen** (6) aus dem Collateral zusammen mit der **Risikoprämie an die Investoren** (3) weitergeleitet (vgl. Abb. 26.7).

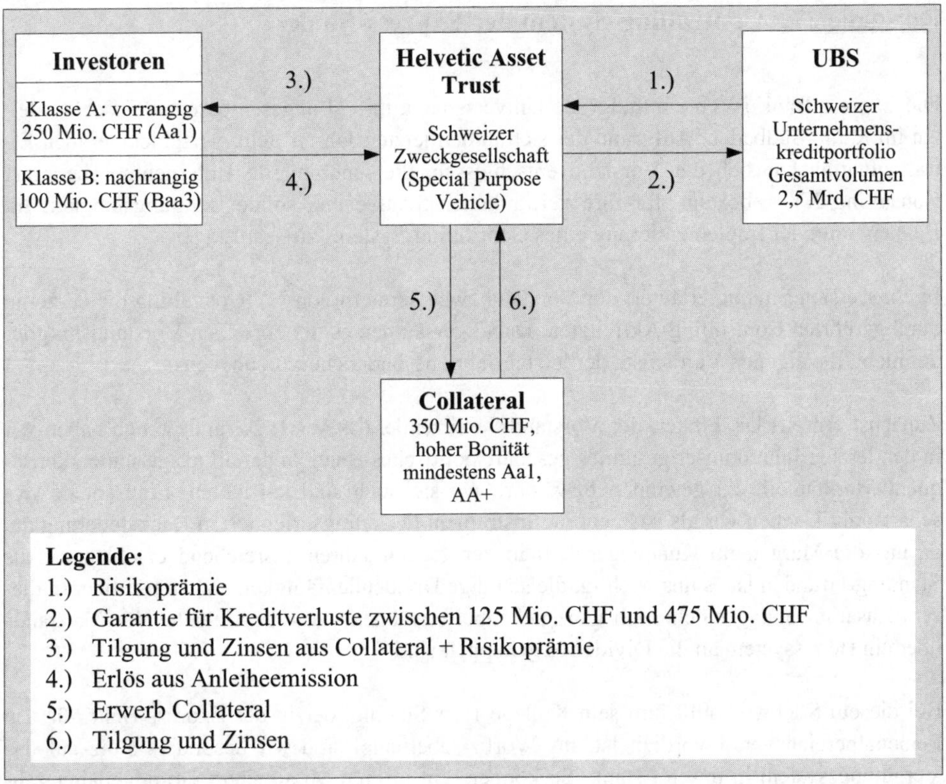

Abb. 26.7: HAT-Transaktion

Fallstudie 27: **Controlling-System der Express-Bank**

Die Express-Bank ist eine mittelgroße Universalbank mit 14 angeschlossenen Geschäftsstellen im Raum Südbaden. Aufgrund der sich in den letzten Jahren stetig verschlechternden Ertragssituation hat sich der Vorstand entschlossen, die renommierte Unternehmensberatung Consulting XY – bekannt für ihre vertrauliche, kreative und solide Beratungstätigkeit für Banken – mit der Implementierung eines Controlling-Systems zu beauftragen.

In einer ersten Sitzung erläutert der Vorstand zwei Beratern von XY Consulting die derzeitig durchgeführten Controlling-Aktivitäten. Dabei versäumen es die einzelnen Vorstandsmitglieder nicht, die eigenen Verdienste der letzten Jahre besonders hervorzuheben.

Zunächst ergreift Dr. Firster, der Vorstandsvorsitzende, das Wort: „Grundsätzlich haben wir in den letzten Jahren unser gesamtes geschäftspolitisches Handeln darauf ausgerichtet, konsequent Marktanteile zu gewinnen bzw. dort, wo sie hoch sind, zu halten. Eine solche Geschäftspolitik sehen wir als das zentrale Instrument der ertragsorientierten Banksteuerung an, da uns die Margen im Kundengeschäft in den letzten Jahren ausreichend erschienen. Aus Standing-Gründen ist es uns wichtig, die ständige Dividendenfähigkeit sicherzustellen. In diesem Zusammenhang möchte ich ganz nebenbei erwähnen, dass die Gehälter des Vorstands über ein Bonussystem an die Dividende gekoppelt sind."

Bei diesem Stichwort fällt ihm sein Kollege Herr Staubig, der in der Express-Bank für den Personalbereich verantwortlich ist, ins Wort: „Überhaupt sind wir besonders stolz auf das Vergütungssystem in unserer Bank. So können wir unseren Mitarbeitern Grundgehälter zahlen, die der starken Marktstellung und der Größe der Bank entsprechen. Des weiteren partizipieren unsere Angestellten von zahlreichen freiwilligen Leistungszulagen. Vor dem Hintergrund einer gerechten Ausgestaltung unseres Prämiensystems erhalten alle jeweils denselben Prozentsatz auf ihr Grundgehalt zugeschlagen. Diese Leistungszulagen orientieren sich, ebenso wie die Vorstandsgehälter, an der Dividendensumme. Zudem sind unsere Mitarbeiter bei der Vermittlung von Versicherungsprodukten anteilig an der Provision beteiligt."

Die entstandene kurze Pause seiner Kollegen nutzend, ergreift Herr Märt das Wort, um endlich einige Bemerkungen zum Kundengeschäft der Express-Bank loszuwerden. „Grundsätzlich werden unsere Kundenbeziehungen nach Cross-Selling-Kennziffern, Marktpotentialen und ähnlichem beurteilt. Da wir überzeugt sind, dass die Dauer einer Kundenbeziehung ebenfalls eine wichtige Voraussetzung für deren Rentabilität ist, wird hierauf großer Wert gelegt.

Im Marktbereich sind unsere Mitarbeiter in erster Linie vielgerühmte Produktspezialisten. In dieser Funktion beraten sie die Kunden. Da somit jeder Kunde mehrere Kundenberater hat, ist immer ein Mitarbeiter als Hauptansprechpartner bestimmt. Nichtsdestotrotz können Konfliktsituationen entstehen, in denen der Vorstand die Moderation übernimmt, um zur Lösung der Unstimmigkeiten beizutragen. Die Konditionskompetenzen sind in Abhängigkeit von der hierarchischen Stellung des Mitarbeiters und von der Größe des jeweiligen Kundengeschäftes geregelt, prinzipiell sind sie jedoch eng begrenzt. Bei Abweichungen von den Kompetenzregelungen ist wiederum der Vorstand einzuschalten. Jeder Mitarbeiter ist einem Profit Center zugeordnet, allerdings hat jeder seine Produkterfolge individuell zu verantworten. Insgesamt sind wir stolz auf die transparente Organisationshierarchie in unserer Bank. Die Kunden wissen genau, wen sie ihrer eigenen Bedeutung gemäß bei Problemen ansprechen müssen. Leider sind die Abläufe gelegentlich noch etwas langsam und störanfällig."

Im weiteren Verlauf der Sitzung bittet Dr. Firster seinen Kollegen Herrn Zähler über dessen Verantwortungsbereich, das Rechnungswesen, zu berichten. „Unser Budgetsystem ist so aufgebaut, dass der Vorstand die von ihm fixierten Marktziele auf die einzelnen Geschäfte herunterbricht und diese den Marktbereichen vorgibt. Dabei handelt es sich überwiegend um Volumens- und Kostenbudgets, wobei erstere als adäquat gelten, weil die Konditionen zentral fixiert werden. Wenn ich an dieser Stelle bereits eine Anregung geben darf, so schlage ich vor, dass nach der Implementierung des Controlling-Systems der Vorstand grundsätzlich über sämtliche Abweichungen von vorgegebenen Planzahlen informiert wird, damit von dort aus Weisungen für Gegensteuerungsmaßnahmen erlassen werden können. Die Geschäftsleitung ist es nämlich auch, die aufgrund ihrer übergeordneten Sichtweise Probleme im Marktbereich anspricht und somit als Frühwarner fungiert. Das sogenannte Self Controlling sollte nur der zweiten Führungsebene zugebilligt werden."

Da ihm die Ausführungen und Ideen seines Kollegen etwas zu ausschweifend erscheinen, ergreift Dr. Firster wiederum das Wort: „Wir als Vorstand sind uns der besonderen Verantwortung für den Marktbereich bewusst. Aus diesem Grund verwenden wir einen großen Teil unserer Arbeitszeit darauf, mit wichtigen Kunden zu verhandeln, Geschäfte abzuschließen und den Mitarbeitern Anregungen für das operative Geschäft zu geben. Für die notwendigen Controlling-Analysen haben wir eine Gruppe von Universitätsabsolventen angeworben, die für den Vorstand in regelmäßigen Abständen einen Controlling-Report erstellt. Dieser wird von uns jedoch wegen der starken Belastung im Tagesgeschäft nur sporadisch ausgewertet."

„Wenn ich vielleicht noch einige Erläuterungen meinen Aufgabenbereich betreffend machen darf", meldet sich Herr Zähler, der die Unterbrechung seiner Ausführungen nur ungern hingenommen hat. „Trotz des Siegeszuges der Marktzinsmethode haben wir im Vorstand seinerzeit entschieden, die Schichtenbilanzmethode als entscheidungsorientiertes Zinsverrechnungskonzept beizubehalten. Dies schon deshalb, weil nur so die Verknüpfungen zwischen passivischer Mittelherkunft und aktivischer Mittelverwendung anschaulich aufgezeigt werden können. Außerdem bin ich der Meinung, dass die Spar- und Sichteinlagen nur über die Finanzierungsannahmen der Goldenen Bilanzregel bzw. nach dem Liquiditätsprinzip angemessen zu kalkulieren sind. Allerdings bin ich äußerst unzufrieden damit, dass die Einlagenseite in jüngster Zeit auch einen Teil der Zinsspanne beansprucht, denn schließlich werden die Margen ausschließlich im Kreditgeschäft verdient.

Und nun zu einem Projekt, das unter meiner Leitung im letzten Jahr umgesetzt wurde: Die Betriebskosten werden bei uns seit neuestem nach der modernen Prozesskostenrechnung kalkuliert. Dabei werden selbstverständlich die auf Gesamtbankebene anfallenden Overhead- und die Eigenkapitalkosten in die Kostensätze miteinbezogen, denn schließlich sind diese auch mitzuverdienen.

Hinsichtlich der Risikokosten haben wir uns im Vorstand darauf verständigt, diese nicht in die Kalkulation einzubeziehen, da die Individualisierung der Kreditkundenbeziehung dem Versicherungsprinzip widersprechen würde.

Als Auswertungsrechnung steht eine ausgebaute Produktkalkulation zur Verfügung. Da es wegen des in der Geschäftsstellenrechnung entstehenden Verrechnungssaldos ständig Konflikte zwischen den Marktbereichen und der Zentrale gab, findet diese im operativen Controlling praktisch keine Verwendung."

„Abschließend möchte ich erwähnen", bemerkt Dr. Firster, „dass wir mit unserer konsequent ertragsorientierten Ausrichtung der Geschäftspolitik in keinster Weise in eine Schieflage geraten können. Von daher reichen die nach Bankenaufsichtsrecht geforderten Rechnungen aus, es wird darüber hinaus also kein Risikocontrolling betrieben".

Versetzen Sie sich in die Lage der beiden Unternehmensberater von XY Consulting und analysieren Sie kritisch das Controlling der Express-Bank. Orientieren Sie sich dabei an den Bausteinen eines integrierten, zukunftsweisenden Controlling-Systems!

Lösungsvorschlag zu Fallstudie 27:

Aufgabe der Unternehmensberatung XY ist es, in der Express-Bank ein integriertes, zukunftsweisendes Controlling-System zu implementieren. Aufbauend auf den Kritikpunkten der derzeitigen Controlling-Aktivitäten ist es erforderlich, zunächst eine controlling-adäquate Infrastruktur einzurichten. Diese besteht aus den folgenden vier Bausteinen:

- Ertragsorientierte Geschäftsphilosophie
- Marktorientierte Duale Strukturorganisation
- Institutionalisierter Controlling-Zyklus
- Steuerungsadäquates Führungs-Informationssystem

Ertragsorientierte Geschäftsphilosophie

Die ertragsorientierte Geschäftsphilosophie als zentrales Element ertragsorientierter Banksteuerung ist gleichbedeutend mit einer Managementkonzeption, die die betonte Ertragsorientierung zum tragenden Fundament erhebt. Demnach hat bei sämtlichen geschäftspolitischen Überlegungen und Handlungen auf allen Führungsebenen der Bank das Bankergebnis im Mittelpunkt zu stehen. Die Ausgestaltung des Zielsystems, der betrieblichen Anreizsysteme und der Kalkulationssysteme zur Messung von Kunden- und Marktattraktivitäten stellen Indikatoren dar, anhand derer überprüft werden kann, inwieweit in der Express-Bank eine ertragsorientierte Geschäftsphilosophie existiert.

Anhaltspunkte für ein ertragsorientiertes, das heißt vorrangig an Rentabilitätskriterien ausgerichtetes **Zielsystem** lassen sich bei der Express-Bank nicht feststellen. So wird vom Vorstand die Gewinnung von Marktanteilen bzw. das Halten von hohen Marktanteilen als das zentrale Element ertragsorientierter Banksteuerung angesehen. Hingegen bedeutet die konsequente Umsetzung einer ertragsorientierten Geschäftsphilosophie, dass die Wachstumspolitik nicht als Selbstzweck betrieben wird, sondern als Mittel zum Zwecke der Rentabilitätsmehrung bzw. -sicherung angesehen wird. Konkret heißt das, dass stets eine Abstimmung zwischen wachstumsbedingtem Rentabilitätsbedarf einerseits und wachstumsbedingtem Rentabilitätspotential andererseits zu erfolgen hat. Ebenfalls hat sich die Risikopolitik im Sinne der ertragsorientierten Geschäftsphilosophie dem Primat der Rentabilität unterzuordnen. So ist die Übernahme von Risiken zum einen von den entsprechenden potentiellen Rentabilitätsbeiträgen, zum anderen von der vorhandenen (je nach Belastungsfall unterschiedlich zu definierenden) Risikotragfähigkeit der Bank abhängig zu machen. Aufgabe der XY Consulting muss es sein, auf allen Entscheidungsebenen ein ertragsorientiertes Zielsystem einzurichten, das sich primär an Rentabilitätskriterien ausrichtet und Wachstums- und Risikopolitik als Instrument zur Rentabilitätsmehrung bzw. -sicherung ansieht.

Des weiteren ist für die Umsetzung einer ertragsorientierten Geschäftsphilosophie die Existenz eines **ertragsorientierten Anreizsystems**, das im Einklang mit den Entscheidungskompetenzen und -verantwortlichkeiten steht, charakteristisch. So ist zum einen das betriebliche Vergütungssystem an Leistungskriterien auszurichten. Zum anderen ist die Synchronisation von Gesamtbank-Rentabilitätszielen und persönlichen Einkommens- und Karrierezielen anzustreben. Diesen soeben formulierten Anforderungen kommt das betriebliche Anreizsystem der Express-Bank nicht nach. Das Vergütungssystem der Express-Bank sieht zwar Leistungszulagen vor, jedoch orientiert sich diese Zulage nicht an der individuellen Leistung des einzelnen Mitarbeiters, sondern wird als für alle Mitarbeiter gleicher Prozentsatz auf das jeweilige Grundgehalt bezahlt. Des weiteren ist zu kritisieren, dass sich das Bonussystem für die Vorstandsgehälter sowie die Leistungszulagen für die Mitarbeiter an der Dividende ausrichten. Dies birgt die Gefahr, dass möglicherweise aus Eigeninteressen des Vorstandes bei schlechter Ertragslage Ausschüttungen zu Lasten der notwendigen Thesaurierung vorgenommen werden. Ebenso kann eine Synchronisation von Gesamtbank-Rentabilitätszielen und persönlichen Einkommens- und Karrierezielen nicht erreicht werden, wenn die Mitarbeiter anteilig an der Provision für die Vermittlung von Versicherungsprodukten beteiligt werden. Allenfalls unter Cross-Selling-Aspekten ist eine solche Regelung in begrenztem Umfang zuzulassen.

Weiterer wichtiger Indikator für die Existenz einer ertragsorientierten Geschäftsphilosophie ist die ertragsorientierte Ausgestaltung der **Kalkulationssysteme zur Bemessung von Kunden- und Marktattraktivitäten**. In der Express-Bank werden die Kundenbeziehungen u.a. nach Cross-Selling-Kennziffern (z.B. Anzahl der Konten pro Kunde) und nach Marktpotentialen beurteilt. Es werden also keine kundenbezogenen Ergebniszahlen, weder als Ist- noch als Plan- oder Potentialzahlen, ermittelt. Diese Größen bilden jedoch die Voraussetzung für die Ableitung von kunden- bzw. segmentspezifischen Entscheidungen, wie zum Beispiel der Konditionenpolitik, mit deren Hilfe sich das Kundengeschäft ertragsorientiert steuern lässt.

Marktorientierte Duale Strukturorganisation

Da neben der Durchsetzung einer bestimmten geistigen Grundhaltung auch der konkrete organisatorische Rahmen vorhanden sein muss, damit die ertragsorientierte Geschäftsphilosophie umgesetzt werden kann, bildet die marktorientierte Duale Strukturorganisation den zweiten Baustein einer controlling-adäquaten Infrastruktur.

Bezüglich der Organisationsstruktur der Express-Bank lässt sich feststellen, dass die Marktbereiche nach produktbezogenen Gesichtspunkten gegliedert sind. Dies hat zur Folge, dass der Kunde für die verschiedenen Produktwünsche unterschiedliche Berater kontaktieren muss. Für den Ergebnisbereich des Kundengeschäfts ist nicht ausschließlich der Marktbereich verantwortlich, da auch der Vorstand mit wichtigen Kunden verhandelt und Geschäfte abschließt. Hinsichtlich der Kompetenzen besteht keine eindeutige Abgrenzung zwischen den dezentralen Marktbereichen und der Zentrale.

Im Sinne einer besseren Kundenorientierung sind bei der Express-Bank für den Marktbereich **kundenorientierte Profit Center** einzurichten, die die grundsätzliche Zuständigkeit für alle Geschäfte im Kundenbereich haben. Die Marktbereiche werden dabei nach Kundenmerkmalen gegliedert, da sich die Organisationsstruktur an der Quelle des Kundenerfolges orientieren soll, um so eine Ausrichtung an den Bedürfnissen des Kunden zu ermöglichen. So wäre es vorstellbar, dass der Marktbereich sich in die Oberbereiche „Mengenkunden", „Vermögende Privatkunden" und „Firmenkunden" gliedert. Eine weitere Unterteilung beispielsweise der Mengenkunden ließe sich nach den Merkmalen „Einkommensklasse" und/oder „Berufsgruppenzugehörigkeit“ vornehmen. Jedes dieser Marktsegmente ist möglichst umfassend durch eine Organisationseinheit zu bedienen, so dass stets derselbe Kundenberater, unabhängig von den Produktwünschen des Kunden, für diesen zuständig ist. Auf diese Weise ist eine verbesserte Kundenansprache und über Cross-Selling-Bemühungen eine effektivere Ausschöpfung des Kundengruppenpotentials zu erreichen. Den Profit Centern wird zur besseren Steuerung und Beurteilung der Mitarbeiter bzw. Organisationseinheiten sowie aus Motivationsgründen die volle Ertragsverantwortung übertragen, wobei Aufgaben und Kompetenzen unter Berücksichtigung des Kongruenzprinzips jeweils klar abzugrenzen sind. Mit Hilfe des Führungskonzepts **Management by Objectives**, d.h. Führung durch Zielvereinbarung, kann die Regelungsintensität begrenzt und die Koordination der Marktbereiche ermöglicht werden.

Die Querschnittskoordination der dezentralen Marktbereiche erfolgt durch die Einrichtung von **Produkt- und Fachressorts** mit funktionellen Weisungsrechten und struktureller Ergebnisverantwortung. Dabei sind unter den produktorientierten Fachressorts mit struktureller Rentabilitäts- und Risikoverantwortung die Bereiche zu verstehen, die nur zentral, also aus Sicht der Gesamtbank gesteuert werden können. Hierzu gehören die Aufgaben des Portfolio-Managements, wodurch die Geschäftsstruktur der Bank im Hinblick auf die Marktchancen und -risiken der einzelnen Geschäftsfelder gesteuert wird. Auch die Aufgaben des Bilanzstrukturmanagements, also die Steuerung der Geschäftsstruktur im Hinblick auf Bilanzstrukturrisiken und struktureller Rentabilität, sind hier zu nennen. Aufgrund der Verantwortung für diese Aufgaben haben die produktorientierten Fachressorts die Kompetenz, steuernd in die Geschäftskompetenzen der Marktbereiche einzugreifen. Die funktionsorientierten Fachressorts mit zentraler Service- und Abwicklungsverantwortung haben die Aufgabe, die Marktbereiche zu entlasten, insbesondere hinsichtlich einer fokussierten Betreuung von verschiedenen Zielgruppen und kompetenter Beratungsleistung für Spezialprodukte sowie durch die zentrale Bearbeitung und Abwicklung von Bankgeschäften.

Aufgrund der Ausführungen der Vorstandsmitglieder kann von einer transparenten Organisationshierarchie in der Express-Bank nicht die Rede sein. Der Abbau von Hierarchien ist durch die **Errichtung von prozessgetriebenen Strukturen** anstelle von bürokratischen Zuständigkeitsregelungen zu erreichen.

Institutionalisierter Controlling-Zyklus

Mit der Institutionalisierung des Controlling-Zyklus sind die im Sinne der ertragsorientierten Geschäftsphilosophie formulierten strategischen und operativen Ziele in die entsprechenden Plangrößen, die als Orientierung für die Gesamtbank sowie die einzelnen Profit Center und Kundengeschäfte dienen, umzusetzen. Diese Größen bilden auch die Grundlage und die Voraussetzung zur Durchführung von Abweichungsanalysen und eventuell vorzunehmende Kurskorrekturen.

Bei der Express-Bank erfolgt die Planung hierarchisch von oben nach unten, indem die Geschäftsleitung die von ihr fixierten Marktziele auf die einzelnen Geschäfte herunterbricht. Mit der Vorgabe von Volumens- und Kostenbudgets sowie der zentralen Fixierung der Konditionen im Kundengeschäft hat der Marktbereich keine Möglichkeit, auf die Plangrößen Einfluss zu nehmen. Eine direkte Mitwirkung der Marktbereiche ist durch die Organisation des Planungsprozesses nach dem **Gegenstromverfahren** zu erreichen. Hierbei setzt nach der ersten Planungsphase, die von oben nach unten abläuft, in einer zusätzlichen zweiten Phase des Planungsprozesses auf unterster Ebene ein progressiver Rücklauf ein, durch den auf jeder hierarchischen Stufe die unmittelbar nachgeordneten Pläne schrittweise koordiniert und zusammengefasst werden. Erst danach wird durch die Abstimmung der Rückläufe mit den vorläufigen Plangrößen das Gesamtsystem der Pläne festgelegt. Hinsichtlich der Plangrößen sind zunächst ausgehend von der benötigten Mindestrentabilität für die Gesamtbank die Soll- bzw. Mindestmargen im Kundengeschäft zu planen. Zur Vervollständigung des Planungssystems sind ergänzend Volumens- und Kostenbudgets aufzustellen.

In engem Zusammenhang mit dem Planungsprozess ist die regelmäßige Zielerreichungskontrolle und die systematische Abweichungsanalyse zu sehen, bei denen das Prinzip des „**Management by Exceptions**" gelten sollte. Danach entscheidet jeder Mitarbeiter in seinem Bereich selbständig. Sobald Probleme auftreten, die sich im Rahmen seiner Kompetenzen nicht mehr regeln lassen, greift der Vorgesetzte ein. Entgegen den Vorschlägen von Vorstandsmitglied Zähler ist der Vorstand keinesfalls über sämtliche Abweichungen der Planzahlen zu informieren.

Im Sinne einer möglichst weitgehenden Selbständigkeit sind das Problembewusstsein, die Kompetenz und die Verantwortlichkeit in den dezentralen Marktbereichen nach den Grundsätzen des **Self Controlling** zu vereinen. Dabei fungiert jeder Mitarbeiter – und nicht wie in der Express-Bank nur die zweite Führungsebene – als sein eigener Controller, indem er eigenständige Soll-Ist-Vergleiche durchführt, woraus sich entsprechendes Problembewusstsein entwickelt.

Prinzipiell sollten sämtliche Entscheidungen und Aktivitäten in der Express-Bank nach den Grundsätzen des **Dualen Steuerungsmodells** koordiniert werden. Ein Aspekt dieses Modells, der die organisatorische Zuordnung von Entscheidungskompetenzen und Verantwortlichkeiten betrifft, ist die Unterscheidung von zentraler und dezentraler Steuerung. Dabei obliegen der zentralen Struktursteuerung all jene Problemkreise, die nur aus Sicht der Gesamtbank beurteilt werden können. Zu den konkreten Aufgaben gehören u. a. die Entscheidungen über die von der Bank betriebene Fristen- und Währungstransformation, die gesamthafte Sicherstellung der Einhaltung bankaufsichtsrechtlicher Vorschriften sowie die strategische Fixierung der Entscheidungsfelder für die Marktbereiche, also etwa zentrale Produkt-, Geschäftsfeld- und Investitionsentscheidungen.

Im Gegensatz dazu sind der dezentralen Markt-(bereichs-)steuerung all jene Aufgaben zuzuweisen, die mit dem Kundengeschäft „vor Ort" verbunden sind. Dies betrifft die Akquisition von Kundenvolumina mit ausreichenden Margen bzw. Deckungsbeiträgen. Hierzu müssen den Marktbereichen auch die erforderlichen Kompetenzen zugeordnet sowie die entsprechenden entscheidungsrelevanten Informationen zur Verfügung gestellt werden.

Um sicherzustellen, dass trotz der grundsätzlichen Autarkie der dezentralen Marktbereiche keine aus Gesamtbanksicht unerwünschten Fehlentwicklungen auftreten, besteht eine ganz wesentliche Aufgabe der zentralen Struktursteuerung darin, dafür Sorge zu tragen, dass die „vor Ort" abgeschlossenen Kundengeschäfte in ihren Ergebnis- und Strukturwirkungen den

Gesamtbankzielen folgen. Zu den für diesen Zweck zur Verfügung stehenden Maßnahmen gehören der Abschluss kompensatorischer Eigengeschäfte, die Aufstellung von Zielvereinbarungen und ergänzende Hilfsinstrumente wie Limite, Richtkonditionen und Bonus-Malus-Systeme.

Mit einer derartigen Zweiteilung der Managementbereiche ist zu erreichen, dass der Vorstand der Express Bank nicht mehr direkt in die Entscheidungen des Marktes eingreift und somit Zeit zur Erledigung seiner eigentlichen Aufgaben hat. Des weiteren werden die Kundenberater über die erforderlichen Kompetenzen zur Steuerung des Marktbereiches verfügen können, was derzeit nicht gegeben ist.

Steuerungsadäquates Führungsinformationssystem

Abgeleitet aus der formalen Komponente des Controlling, wonach die Koordination sämtlicher Unternehmensaktivitäten durch ein **systematisches Informationsmanagement** sichergestellt werden soll, beinhaltet der vierte Baustein eines Controlling-Systems für Banken das steuerungsadäquate Führungsinformationssystem. Dieses bildet die informatorische Grundlage für die Managemententscheidungen. Es dient vor allem der Erfassung, der Speicherung und der Distribution von relevanten Informationen, damit die richtigen Informationen zur rechten Zeit am richtigen Ort zur Verfügung stehen.

Ein steuerungsadäquates Informationssystem hat sicherzustellen, dass es allen Ebenen der Bank **entscheidungsrelevante Ergebnisinformationen** liefert, damit die Auswirkungen von Geschäften unmittelbar sichtbar werden. Für die Umsetzung der zentralen Struktursteuerung und der dezentralen Markt-(bereichs-)steuerung im Sinne des Dualen Steuerungsmodells ist es von daher unbedingt erforderlich, dass die Erfolgswirkungen der getroffenen Entscheidungen tatsächlich sauber isolierbar sind und den Verursachern eindeutig zugerechnet werden können. Mit Hilfe der Marktzinsmethode als entscheidungsorientiertem Zinsverrechnungskonzept ist es möglich, den Zinsüberschuss verursachungsgerecht aufzuteilen. Zum einen ist der Strukturbeitrag, der das Ergebnis aus der Fristen- und Währungstransformation darstellt, der Zentraldisposition zuzuordnen. Zum anderen steht mit dem Konditionsbeitrag eine einzelgeschäftsbezogene Ergebnisinformation zur Verfügung, die den Erfolg aus einem einzelnen Kundenkredit- oder -einlagengeschäft dem jeweiligen Kundenberater im Marktbereich zuordnet. Dagegen nimmt die in der Express-Bank angewendete Schichtenbilanzmethode eine willkürliche Verknüpfung von Aktiv- und Passivgeschäften vor (hier nach dem Liquiditätsprinzip), wodurch eine verursachungsgerechte Aufteilung des Zinsüberschusses verhindert wird. Hierin ist der zentrale Kritikpunkt dieses Verfahrens zu sehen, das insofern nicht als entscheidungsorientiert bezeichnet werden kann.

Mit der Einführung der modernen Prozesskostenrechnung ist die Express-Bank bereits auf dem richtigen Wege, weitere Erfolgskomponenten neben dem Zinsbeitrag und den Provisionserträgen in die Kalkulation einzubeziehen. Jedoch ist das Kostenrechnungssystem dahingehend zu modifizieren, dass in der Kalkulation Standard-Kostensätze ermittelt werden, die nur die dem Prozess direkt zurechenbaren Einzelkosten beinhalten. Die in dieser Weise umzusetzende Standard-Einzelkostenrechnung zeichnet sich also durch die kostenrechnerische Erfassung und Bewertung sämtlicher bankbetrieblicher Prozesse zur Produktion und/oder zum Vertrieb von Bankprodukten, durch die Orientierung an den prozessabhängigen Einzelkosten sowie durch die Kalkulation von Kostensätzen auf Basis von Standard-Arbeitsabläufen, -Bearbeitungszeiten und -Verbrauchsmengen aus.

Als weitere Erfolgskomponente sind Ausfallrisikokosten in Form von Standard-Risikokosten für den erwarteten Verlust in jedem Fall in die Margenkalkulation von Krediten einzubeziehen, da im Sinne des Versicherungsprinzips innerhalb einer Rating-Klasse die tatsächlich angefallenen Ausfallrisikokosten durch die vereinnahmten Risikoprämien der nicht ausfallenden Kredite verdient werden müssen. Die Risikoprämien sind als erwarteter Verlust ex ante einzelgeschäftsbezogen zu kalkulieren. Die Grundgleichung für die Kalkulation des erwarteten Verlusts eines einzelnen Kredits verknüpft die Ausfallwahrscheinlichkeit, die für die Rating-Klasse des Kreditnehmers gilt, multiplikativ mit dem Produkt aus Kredit-Exposure bei Ausfall und (1 – Verlustquote), womit die Wertkonsequenzen des Ausfalls eines Kreditnehmers beschrieben werden.

Daneben muss das in der Express-Bank einzurichtende steuerungsadäquate Führungsinformationssystem der Forderung nach **Transparenz der Ergebnisentstehung** nachkommen. Demnach soll sich das Ergebnis des Markbereiches aus den Ergebnisrechnungen in den Dimensionen Kunden, Produkte und/oder Geschäftsstellen herleiten lassen. Aufbauend auf der Einzelgeschäftskalkulation gemäß Marktzinsmethode lassen sich neben der in der Express-Bank bereits existierenden Produktergebnisrechnung auch die Kunden- und die Geschäftsstellenrechnung durchführen. Letztere zeichnet sich dadurch aus, dass ein Verrechnungssaldo nicht existiert, die Bewertung eines solchen demnach keine Konflikte erzeugen kann. Auch hier wird wiederum die Notwendigkeit der Einführung der Marktzinsmethode bei der Express-Bank deutlich. Das Kundengeschäftsergebnis ist zu ergänzen durch die Ergebnisse in den zentralen Handels-, Refinanzierungs- und Anlagebereichen sowie durch die auf Gesamtbankebene anfallenden Overheadkosten, um so das Betriebsergebnis zu erhalten.

Das Führungsinformationssystem hat des weiteren **Risikoinformationen** zu liefern. Hierzu gehören Daten über die Risikoidentifikation für die verschiedenen Risikokategorien. Darauf aufbauend hat die Risikomessung zu erfolgen, worunter die Quantifizierung des Risikotragfähigkeitspotentials, des Risikopotentials sowie der Risiko-Ertrags-Chancen fallen. Somit liefert das Führungsinformationssystem die informatorische Grundlage für ein effizientes Risikocontrolling, das in jeder Bank vorhanden sein muss. Die alleinige Orientierung an bankaufsichtsrechtlichen Vorschriften reicht hierzu nicht aus. Dies schon deswegen, weil zunächst derzeit bestimmte Risikokategorien (man denke nur an das Zinsänderungsrisiko im bilanzwirksamen Kommerz-Geschäft) gar nicht Gegenstand der Risikobegrenzungsvorschriften sind und aufsichtsrechtliche Vorschriften auch keinen systematischen Konnex zum Konzept ertragsorientierter Banksteuerung aufweisen.

Fallstudie 28: **Geschäftsstellenrechnung**

Auf Beschluss der Geschäftsleitung der Retailbank AG soll zur Überprüfung der Rentabilität der Geschäftsstellen erstmals eine systematische Geschäftsstellenrechnung durchgeführt werden. Frühere Versuche, eine derartige Rechnung zu realisieren, waren stets an dem wenig zufriedenstellenden Instrumentarium zur Bewertung des über die Zentrale verrechneten Einlagenüberschusses bzw. -defizits der Filialen und der dadurch fehlenden Akzeptanz bei den Geschäftsstellenleitern gescheitert. Die im vergangenen Jahr implementierte Marktzinsmethode ermöglicht jedoch unter Umgehung dieser Problematik eine allseits akzeptierte Filialkalkulation.

Als mit der Marktzinsmethode bestens vertrauter Mitarbeiter werden Sie mit der Durchführung der Geschäftsstellenrechnung für die beiden Filialen der Retailbank betraut.

Ausgangspunkt Ihrer Arbeit ist die Zinsertragsbilanz der Retailbank AG, die der folgenden Abbildung 28.1 zu entnehmen ist.

Aktiva	Volumen (Mio. GE)	Positionszins	GKM-Zins	Passiva	Volumen (Mio. GE)	Positionszins	GKM-Zins
Barreserve	12	0,00 %	0,00 %	Verbindlichkeiten ggü. Banken	36	10,02 %	10,02 %
Forderungen ggü. Banken	54	9,68 %	9,68 %	Kundeneinlagen	252	6,62 %	9,25 %
Kundenkredite	243	11,20 %	9,97 %	Inhaberschuldverschreibungen	51	8,50 %	8,40 %
Wertpapiere	34	7,95 %	7,95 %	Eigenkapital	21	0,00 %	7,43 %
Sachanlagen	17	0,00 %	7,80 %				
∑ bzw. Ø	360	9,76 %	9,30 %	∑ bzw. Ø	360	6,84 %	9,10 %

Abb. 28.1: Zinsertragsbilanz der Retailbank AG

Die Verteilung der Kundenkredite und Kundeneinlagen auf die beiden Geschäftsstellen verteilen sowie die jeweiligen (Durchschnitts-)Konditionen sind der folgenden Abbildung 28.2 zu entnehmen. Die für die Margenermittlung der Kundengeschäfte jeweils relevanten Geld- und Kapitalmarkt-Zinssätze sind in der sich anschließenden Abbildung 28.3 zusammengestellt.

1. Erläutern Sie den Vorteil der Marktzinsmethode gegenüber den traditionellen Ansätzen im Hinblick auf die Filialkalkulation!

2. Ermitteln Sie zunächst den Zinsüberschuss der Retailbank AG! Spalten Sie diesen anschließend in die Erfolgsquellen auf, indem Sie die entsprechenden Zinsüberschussbeiträge dezentral den Marktbereichen sowie zentral der Zentraldisposition und den weiteren zentralen Steuerungsbereichen zuordnen!

Geschäftsart	Geschäftsstelle I		Geschäftsstelle II	
	Volumen in Mio. GE	Positions-zins	Volumen in Mio. GE	Positions-zins
kurzfristige Kredite				
• fest	35	11,50 %	48	10,82 %
• variabel	29	14,70 %	28	13,96 %
langfristige Kredite				
• fest	24	7,80 %	18	8,12 %
• variabel	32	10,80 %	29	10,44 %
Sichteinlagen	24	0,50 %	22	0,50 %
Termineinlagen	28	8,95 %	65	9,81 %
Sparbriefe	20	7,60 %	45	7,80 %
Spareinlagen	21	5,10 %	27	5,45 %
Summe	213	–	282	–

Abb. 28.2: Kundengeschäfte und zugehörige Konditionen der Geschäftsstellen der Retailbank

Geschäftsart	relevante GKM-Zinssätze	
	Geschäftsstelle I	Geschäftsstelle II
kurzfristige Kredite		
• fest	9,80 %	9,92 %
• variabel	11,80 %	11,80 %
langfristige Kredite		
• fest	7,50 %	8,02 %
• variabel	9,95 %	9,95 %
Sichteinlagen	10,27 %	10,27 %
Termineinlagen	9,28 %	9,32 %
Sparbriefe	7,95 %	8,15 %
Spareinlagen	9,74 %	9,74 %

Abb. 28.3: Relevante Geld- und Kapitalmarkt-Zinssätze für die Geschäftsstellenrechnung der Retailbank

Hinweis: Die von Geschäftsstelle zu Geschäftsstelle teilweise unterschiedlichen GKM-Zinssätze bei festverzinslichen Bilanzpositionen sind auf unterschiedliche Kontrahierungszeitpunkte zurückzuführen. Den variabel verzinslichen Krediten ist vereinfachend jeweils ein aktueller, kurzfristiger Geldmarktsatz zugeordnet, der somit für beide Geschäftsstellen identisch ist.

3. a) Ermitteln Sie auf Basis der Ihnen vorliegenden Informationen die durchschnittlichen (Konditions-)Margen der einzelnen Geschäftsarten sowie die durchschnittliche Gesamtmarge sowohl für beide Geschäftsstellen als auch für das Kundengeschäft der Retailbank insgesamt!

   b) Arbeiten Sie die wesentlichen Unterschiede in Bezug auf die Rentabilität der beiden Geschäftsstellen heraus!

Nach intensiven Recherchen ist es Ihnen gelungen, über die (Brutto-)Margen hinaus noch weitere Ergebniskomponenten der Geschäftsstellen in Erfahrung zu bringen, die in der folgenden Abbildung 28.4 aufgeführt sind.

Ergebniskomponenten	Geschäftsstelle I	Geschäftsstelle II
Provisionserlöse	1,086 Mio. GE	1,450 Mio. GE
Standard-Betriebskosten	1,853 Mio. GE	2,497 Mio. GE
Ist-Betriebskosten	2,748 Mio. GE	3,284 Mio. GE

Abb. 28.4: Weitere Ergebniskomponenten der Geschäftsstellen der Retailbank

<u>Hinweis:</u> Bei den hier ausgewiesenen Ist-Betriebskosten sind bankinterne Verrechnungen bereits berücksichtigt. Diese Verrechnung wird bei Inanspruchnahme von Dienstleistungen durch Kunden einer Geschäftsstelle bei einer anderen Geschäftsstelle der gleichen Bank vorgenommen, um die daraus resultierende Inkongruenz zwischen dem Ort der Kostenentstehung einerseits und dem Ort der Ertragsvereinnahmung aus dieser Kundenverbindung andererseits zu beseitigen.

Des weiteren konnten Sie ausfindig machen, dass in Geschäftsstelle I 0,724 Mio. GE, in Geschäftsstelle II 1,177 Mio. GE an Standard-Risikokosten in den Konditionen verrechnet sind. Insgesamt fielen im Kundengeschäft 3,166 Mio. GE an Ist-Risikokosten an.

4. a) Ermitteln Sie auf der Basis dieser Daten für beide Geschäftsstellen jeweils das Netto-(Markt-)Ergebnis und das Produktivitätsergebnis sowie den direkten Ergebnisbeitrag für das Kundengeschäft insgesamt!

   b) Erläutern Sie die wesentlichen Unterschiede zwischen den beiden Geschäftsstellen hinsichtlich der Ergebniskomponenten! Erläutern Sie des weiteren den Einfluss des Kreditrisikoergebnisses auf den direkten Ergebnisbeitrag im Kundengeschäft.

5. Zur Steigerung der Gesamtbankrentabilität ist geplant, die durchschnittliche Brutto-Gesamtmarge der Geschäftsstelle II sukzessive an das Niveau der Geschäftsstelle I heranzuführen. Welche Auswirkungen hätte diese Strategie auf die Bruttozinsspanne der Retailbank, wenn es gelänge, die (Brutto-)Margendifferenz zwischen den Geschäftsstellen auf die Hälfte zu reduzieren?

   Führen Sie Ihre Simulationsrechnung unter der Annahme durch, dass die aktuelle Geschäftsstruktur der Retailbank bis auf die zu untersuchende Margenerhöhung unverändert bleibt (ceteris paribus-Bedingung)!

Lösungsvorschlag zu Fallstudie 28:

zu 1.:

Das Ziel der Geschäftsstellenrechnung besteht in der Ermittlung des spezifischen Beitrages der einzelnen Filialen zum Gesamterfolg der Bank, um auf diese Weise ein Beurteilungskriterium für die Rentabilität einer Geschäftsstelle zu erhalten.

Das Hauptproblem im Rahmen der Filialkalkulation resultiert aus dem Phänomen, dass Filialen typischerweise eine **unausgeglichene Bilanz** aufweisen. So existieren einerseits Geschäftsstellen mit hohem Einlagenvolumen und relativ schwach ausgeprägtem Kreditgeschäft (Einlagenfilialen), andererseits sind Niederlassungen mit einer gegenläufigen Struktur (Kreditfilialen) anzutreffen. Die aus diesem Ungleichgewicht entstehenden Residualgrößen (Überschüsse bzw. Defizite) werden durch Verrechnung mit der Zentrale ausgeglichen. Zur leistungsgerechten Beurteilung der Filialen sind in der traditionellen Filialkalkulation verschiedene Ansätze entwickelt worden, deren Gemeinsamkeit in dem Versuch besteht, einen leistungsgerechten und entscheidungsorientierten Bewertungsmaßstab für diese (aktivischen oder passivischen) Verrechnungssalden zu finden. Das Ergebnis dieser Versuche kann jedoch allenfalls mit Abstrichen überzeugen.

Durch die für die Marktzinsmethode charakteristische Vorgehensweise, Aktiv- und Passivgeschäfte streng getrennt voneinander zu kalkulieren, ohne eine (willkürliche) Verknüpfung zwischen den beiden Bilanzseiten vorzunehmen, tritt das Problem einer ungleichgewichtigen Bilanz gar nicht mehr auf. Mit dem **Fehlen eines Verrechnungssaldos** entfällt auch die Notwendigkeit, diesen bewerten zu müssen. Stattdessen werden die sich aus der Gegenüberstellung von vereinbartem Positionszins und alternativem Geld- und Kapitalmarktzins ergebenden Konditionsbeiträge der jeweiligen Geschäftsstelle einfach addiert. Zur Margenberechnung sind diese kumulierten Konditionsbeiträge auf das **Geschäftsvolumen** der Filiale, das sich aus der **Summe von Aktiv- und Passivvolumen** der Niederlassung ergibt, zu beziehen.

zu 2.:

Zunächst ermittelt sich der Zinsüberschuss aus der Differenz von Zinserträgen und Zinsaufwendungen. Unter Verwendung der in Abbildung 28.1 gegebenen durchschnittlichen aktivischen und passivischen Positionszinsen ergibt sich folgender Zinsüberschuss:

Zinsüberschuss: 9,76 % · 360 Mio. GE – 6,84 % · 360 Mio. GE = 10,512 Mio. GE

Die entscheidungsgerechte Aufteilung des Zinsüberschusses ist wie folgt vorzunehmen:

Die Konditionsbeiträge der Kundenkredite und der Kundeneinlagen werden den dezentralen Marktbereichen zugerechnet, weshalb diese folgende Zinsbeiträge zu verantworten haben:

- Konditionsmarge Kundenkredite:
(11,20 % – 9,97 %) · 243 Mio. GE = 1,23 % · 243 Mio. GE = 2,9889 Mio. GE
- Konditionsmarge Kundeneinlagen:
(9,25 % – 6,62 %) · 252 Mio. GE = 2,63 % · 252 Mio. GE = 6,6276 Mio. GE

dezentral zu verantwortende Zinsüberschussbeiträge **9,6165 Mio. GE**

Neben dem Strukturbeitrag werden auch die Konditionsbeiträge auf die Positionen Sachanlagen, Inhaberschuldverschreibungen und Eigenkapital zentral zugeordnet, so dass die entsprechenden Zentralbereiche folgende Zinsbeiträge zu verantworten haben:

1. Konditionsbeiträge Zentralpositionen
    - Sachanlagen:
    (0 % – 7,80 %) · 17 Mio. GE = - 7,80 % · 17 Mio. GE = - 1,326 Mio. GE
    - Inhaberschuldverschreibungen:
    (8,40 % – 8,50 %) · 51 Mio. GE = - 0,10 % · 51 Mio. GE = - 0,051 Mio. GE
    - Eigenkapital:
    (7,43 % – 0 %) · 21 Mio. GE = 7,43 % · 21 Mio. GE = 1,560 Mio. GE

    Summe Konditionsbeiträge Zentralpositionen 0,1833 Mio. GE
2. Strukturbeitrag

    (9,30 % – 9,10 %) · 360 Mio. GE = 0,20 % · 360 Mio. GE = 0,7200 Mio. GE

zentral zu verantwortende Zinsüberschussbeiträge **0,9033 Mio. GE**

Zinsüberschuss **10,5198 Mio. GE**

Eine leichte Differenz zu dem oben berechneten Zinsüberschuss ergibt sich aufgrund der Verwendung von auf zwei Nachkommastellen gerundeten Durchschnittszinssätzen der Positionszinsen.

zu 3.a):

Geschäftsart	Geschäftsstelle I				Geschäftsstelle II				Kundengeschäft-insgesamt	
	Volumen in Mio. GE	Positions-zins	GKM-Zins	Brutto-marge	Volumen in Mio. GE	Positions-zins	GKM-Zins	Brutto-marge	Volumen in Mio. GE	Brutto-marge
kurzfristige Kredite										
• fest	35	11,50 %	9,80 %	1,70 %	48	10,82 %	9,92 %	0,90 %	83	1,24 %
• variabel	29	14,70 %	11,80 %	2,90 %	28	13,96 %	11,80 %	2,16 %	57	2,54 %
langfristige Kredite										
• fest	24	7,80 %	7,50 %	0,30 %	18	8,12 %	8,02 %	0,10 %	42	0,21 %
• variabel	32	10,80 %	9,95 %	0,85 %	29	10,44 %	9,95 %	0,49 %	61	0,68 %
Sichteinlagen	24	0,50 %	10,27 %	9,77 %	22	0,50 %	10,27 %	9,77 %	46	9,77 %
Termineinlagen	28	8,95 %	9,28 %	0,33 %	65	9,81 %	9,32 %	- 0,49 %	93	- 0,24 %
Sparbriefe	20	7,60 %	7,95 %	0,35 %	45	7,80 %	8,15 %	0,35 %	65	0,35 %
Spareinlagen	21	5,10 %	9,74 %	4,64 %	27	5,45 %	9,74 %	4,29 %	48	4,44 %
Summe bzw. Ø	213			2,47 %	282			1,54 %	495	1,94 %

Summe Konditionsbeiträge im Kundengeschäft = Summe Konditionsbeiträge Geschäftsstelle I + Summe Konditionsbeiträge Geschäftsstelle II

= 213 Mio. GE · 2,47 % + 282 Mio. GE · 1,54 %

= 5,2611 Mio. GE + 4,3428 Mio. GE

= 9,6039 Mio. GE

Summe Konditionsbeiträge im Kundengeschäft

= 495 Mio. GE · 1,94 %

≈ 9,603 Mio. GE

Abb. 28.5: (Brutto-)Margenermittlung für die Geschäftsstellen der Retailbank

zu 3.b):

- Während es sich bei der Geschäftsstelle I um eine Kreditfiliale handelt (die Kredite belaufen sich auf 56 % des Filial-Geschäftsvolumens), zeichnet sich Geschäftsstelle II durch einen Einlagenüberhang (56 % des Filial-Geschäftsvolumens) aus.
- Die Geschäftsstelle II weist eine im Vergleich zur Geschäftsstelle I zum Teil erheblich geringere Ertragskraft auf, wobei bei den Termineinlagen sogar eine negative (Brutto-)Marge zu verzeichnen ist.
- Mit Ausnahme der festverzinslichen langfristigen Kredite konnte die Geschäftsstelle I im Aktivgeschäft durchgängig höhere Konditionen durchsetzen als die Geschäftsstelle II; im Passivgeschäft wurden in Geschäftsstelle I Termin- und Spareinlagen sowie Sparbriefe zu niedrigeren Sätzen als in Geschäftsstelle II akquiriert.
- Die Durchschnittsmarge der Geschäftsstelle I (2,47 %) ist um mehr als 60 % höher als die der Geschäftsstelle II (1,54 %); bedingt durch das im Vergleich zu Geschäftsstelle II geringere Geschäftsvolumen (213 Mio. GE gegenüber 282 Mio. GE) schlägt sich diese höhere Filialmarge in der Marge des gesamten Kundengeschäftes jedoch nur unterproportional nieder.

zu 4.a):

Die Zusammensetzung des direkten Ergebnisbeitrages aus dem Kundengeschäft, differenziert nach den beiden Geschäftsstellen, ist der nachfolgenden Abbildung 28.6 zu entnehmen.

zu 4.b):

Der Vergleich beider Geschäftsstellen ist anhand der relativen Ergebniskomponenten vorzunehmen, da mit diesen Kennzahlen die Größenunterschiede beider Geschäftsstellen eliminiert werden. Abbildung 28.6 verdeutlicht, dass das Netto-(Markt-)Ergebnis – bezogen auf das Geschäftsvolumen – der Geschäftsstelle I deutlich höher ist als das von Geschäftsstelle II. Neben den bereits in Teilaufgabe 3.b) festgestellten Unterschieden in der Konditionsgestaltung ist die Ursache hierfür insbesondere in den deutlich höheren (relativen) Standard-Risikokosten, die zur Abdeckung der erwarteten Verluste im Kreditgeschäft kalkuliert werden, der Geschäftsstelle II zu suchen.

Dagegen weist Geschäftsstelle I ein schlechteres Produktivitätsergebnis als Geschäftsstelle II (- 0,42 % versus - 0,28 %) auf. Das heißt, dass es Geschäftsstelle II besser gelungen ist, Ist-Betriebskosten in Orientierung an die Standard-Betriebskosten zu realisieren bzw. die erforderlichen Standard-Betriebskosten mit den abgeschlossenen Geschäften zu verdienen.

In Verbindung mit dem negativen Kreditrisikoergebnis, das sich über alle Kundengeschäfte betrachtet aus der Differenz von Standard-Risikokosten und Ist-Risikokosten errechnet, ergibt sich aus der Summe der Netto-(Markt-)Ergebnisse und Produktivitätsergebnisse über beide Geschäftsstellen das Kundengeschäftsergebnis.

Zu beachten ist, dass die Beurteilung der Leistung beider Geschäftsstellen einerseits am Netto-(Markt-)ergebnis vorzunehmen ist. Hier stellt sich die Frage, ob beide Geschäftsstellen ihren erforderlichen Beitrag zur Abdeckung gesamtbankbezogener Overhead-Kosten und der Eigenkapitalkosten erbracht haben bzw. wie weit sie den erforderlichen Deckungsbeitrag über- oder unterschritten haben. Andererseits hat der Teil des Produktivitätsergebnisses, der in den Verantwortungsbereich der Geschäftsstellen fällt, in die Leistungsbeurteilung der Geschäftsstellen einzugehen.

Unter Steuerungsaspekten ist das Kreditrisikoergebnis, das hier unter dem Aspekt seiner Entstehung im Kundengeschäftsergebnis angesiedelt ist, dem zentralen Verantwortungsbereich für das Kreditportfolio-Management zuzuordnen, wobei in das Gesamtbank-Kreditportfolio sämtliche Kredit- und Bonitätsrisiko-behafteten Positionen eingehen.

Ergebniskomponenten		Geschäftsstelle I GV: 213 Mio. GE		Geschäftsstelle II GV: 282 Mio. GE		Kundengeschäft insgesamt GV: 495 Mio. GE	
		absolut in Mio. GE	relativ in % des GV	absolut in Mio. GE	relativ in % des GV	absolut in Mio. GE	relativ in % des GV
	Konditionsbeitrag	5,261	2,47 %	4,343	1,54 %	9,604	1,94 %
	– Standard-Risikokosten	– 0,724	– 0,34 %	– 1,177	– 0,42 %	– 1,901	– 0,38 %
	– Standard-Betriebskosten	– 1,853	– 0,87 %	– 2,497	– 0,88 %	– 4,350	– 0,88 %
	+ Provisionserlöse	+ 1,086	+ 0,51 %	+ 1,450	+ 0,51 %	+ 2,536	+ 0,51 %
(1)	**= Netto-(Markt-)Ergebnis**	**= 3,770**	**= 1,77 %**	**= 2,119**	**= 0,75 %**	**= 5,889**	**= 1,19 %**
	Standard-Betriebskosten	1,853	0,87 %	2,497	0,88 %	4,350	0,88 %
	– Ist-Betriebskosten	– 2,748	– 1,29 %	– 3,284	– 1,16 %	– 6,032	– 1,22 %
(2)	**= Produktivitätsergebnis**	**= - 0,895**	**= - 0,42 %**	**= - 0,787**	**= - 0,28 %**	**= - 1,682**	**= - 0,34 %**
	Standard-Risikokosten					1,901	0,38 %
	– Ist-Risikokosten					– 3,166	– 0,64 %
(3)	**= Risikoergebnis ***					**= - 1,265**	**= - 0,26 %**
(1)+(2)+(3)	**Kundengeschäftsergebnis**					**= 2,942**	**= 0,59 %**

* Anmerkung: Das Risikoergebnis ist hier aufgrund seiner Entstehung im Kundengeschäftsergebnis angesiedelt. Unter Steuerungsaspekten wäre es auch möglich, das Risikoergebnis als eine Komponente Nicht-Kundengeschäftsergebnis auszuweisen, da es zentral gesteuert wird.

Abb. 28.6: Ermittlung der Komponenten des Kundengeschäftsergebnisses (mit GV = Geschäftsvolumen)

zu 5.:

Die (Brutto-)Margendifferenz zwischen den beiden Geschäftsstellen beträgt derzeit 0,93 %-Punkte (= 2,47 % – 1,54 %).

Um diese Margendifferenz zu halbieren, müsste die Geschäftsstelle II in Zukunft eine um 0,465 %-Punkte (= 0,93 %-Punkte : 2) höhere Durchschnittsmarge von 2,005 % (= 1,54 % + 0,465 %-Punkte) erzielen.

Bei ansonsten unveränderter Geschäftsstruktur beträgt die durchschnittliche (Brutto-)Marge im Kundengeschäft nach Erhöhung der Filialmarge:

$$\frac{213\,\text{Mio. GE}}{495\,\text{Mio. GE}} \cdot 2{,}47\,\% + \frac{282\,\text{Mio. GE}}{495\,\text{Mio. GE}} \cdot 2{,}005\,\%$$

$$= \quad 0{,}43 \cdot 2{,}47\,\% + 0{,}57 \cdot 2{,}005\,\% \;=\; \mathbf{2{,}20\,\%}$$

Die Marge im Kundengeschäft würde sich von 1,94 % auf 2,20 %, also um 0,26 %-Punkte erhöhen.

Die Auswirkung der Filialmargenerhöhung auf die Bruttozinsspanne lässt sich über den **Volumenanteil der Kundengeschäfte** an der Bilanzsumme der Gesamtbank berechnen.

$$\text{relatives Kundengeschäftsvolumen} = \frac{\text{Kundengeschäftsvolumen}}{\text{Bilanzsumme}}$$

Für das Beispiel gilt: relatives Kundengeschäftsvolumen $= \dfrac{495\,\text{Mio. GE}}{360\,\text{Mio. GE}} = \mathbf{1{,}375}$

Die **Veränderung der Bruttozinsspanne** ergibt sich, indem die Veränderung der Marge im Kundengeschäft mit dem relativen Kundengeschäftsvolumen multipliziert wird.

Δ Bruttozinsspanne = relatives Kundengeschäftsvolumen · Δ Marge im Kundengeschäft

Δ Bruttozinsspanne = 1,375 · 0,26 %-Punkte = 0,36 %-Punkte

Die Bruttozinsspanne der Gesamtbank würde sich also gegenüber der Ausgangssituation um 0,36 %-Punkte erhöhen.

Dasselbe Ergebnis ergibt sich selbstverständlich auch, wenn man die absolute Veränderung der Konditionsbeiträge bei Geschäftsstelle II in Höhe von 1,3113 Mio. GE (= 0,465 % · 282 Mio. GE) auf die Bilanzsumme von 360 Mio. GE bezieht: 1,3113 Mio. GE / 360 Mio. GE = 0,36 %.

Fallstudie 29: **Eigenkapitalbedarfsanalyse**

Mit einiger Verspätung trifft Ernst Zweifel, das für den Bereich Rechnungswesen und Controlling zuständige Mitglied der Geschäftsleitung einer Münchner Privatbank, zur Sitzung der Geschäftsleitung ein. Den Schwerpunkt der heutigen Zusammenkunft bildet die Planung der Geschäftsstruktur für das kommende Geschäftsjahr 06.

Seine Kollegen erläutern ihm zunächst die wesentlichen Ergebnisse des bisherigen Sitzungsverlaufs. Den Ausgangspunkt der Überlegungen bildete das Ziel, die im Vergleich zur örtlichen Konkurrenz unbefriedigende Ertragslage durch ein verstärktes Wachstum und eine Umstrukturierung der derzeitigen Bilanz zu verbessern. Dabei war man sich darüber einig, dass insbesondere das Wachstum im Kundenkreditgeschäft forciert werden sollte. Klarheit herrschte auch darüber, dass diese Strategie nahezu zwangsläufig mit höheren Risiken einhergeht. Angesichts der bisher geringen Ausfälle war man jedoch sicher, dieses höhere Risiko tragen zu können.

Im einzelnen sollte die Aktivseite der Bank im kommenden Geschäftsjahr 06 das folgende Aussehen haben:

• Barreserve		180 Mio. EUR
• Forderungen an inländische Kreditinstitute		390 Mio. EUR
• Forderungen an Kunden		1.423 Mio. EUR
davon: Hypotheken	451 Mio. EUR	
• Wertpapiere		933 Mio. EUR
• Beteiligungen		122 Mio. EUR
• Sachanlagen		132 Mio. EUR
		3.180 Mio. EUR

Nachdem Zweifel die Vorstellungen seiner Kollegen zur Kenntnis genommen hat, weist er darauf hin, dass man bei einer derartigen Strukturverschiebung den dafür notwendigen Eigenkapitalzuwachs nicht vergessen dürfe. Wenn er sich recht erinnere, hätte man den vom Gesetzgeber vorgeschriebenen Wert von 8 % für den Solvabilitätskoeffizienten im laufenden Geschäftsjahr nur unter Einbeziehung des vorhandenen Ergänzungskapitals soeben erfüllen können. Abschließend gibt er zu Bedenken, dass an eine externe Kapitalzuführung derzeit nicht zu denken sei, so dass der gesamte neue Eigenkapitalbedarf aus dem erwirtschafteten Gewinn zu decken ist. Nach einer kurzen Pause und betretenem Schweigen beginnen Zweifel und seine Kollegen zu rechnen.

1. Ermitteln Sie zunächst auf Basis der aktuellen Geschäftsstruktur

   a) die derzeitige (bilanzielle) Eigenkapitalquote sowie

   b) den derzeitigen Solvabilitätskoeffizienten!

Die Bilanz für das laufende Geschäftsjahr sowie Angaben über das Ergänzungskapital und die Anrechnungsfaktoren im Solvabilitätskoeffizienten können Sie den folgenden Abbildungen 29.1 bis 3 entnehmen.

Aktiva	(in Mio. EUR)				Passiva
Barreserve		170	Verbindlichkeiten ggü. Kreditinstituten		774
Forderungen an inländische Kreditinstitute		384	Verbindlichkeiten ggü. Kunden		1.800
Forderungen an Kunden		1.226	Schuldverschreibungen		314
davon: Hypotheken	406		davon: nachrangig	9	
Wertpapiere		1.000	Gezeichnetes Kapital		36
Beteiligungen		100	Kapitalrücklage		40
Sachanlagen		120	Gewinnrücklage		36
Summe		3.000	Summe		3.000

Abb. 29.1: Bilanz der Münchner Privatbank für das laufende Geschäftsjahr 05

Anmerkungen:

- Der Wertpapierbestand setzt sich ausschließlich aus Anleihen des Bundes und der Länder zusammen.
- Außerbilanzielle Risikoaktiva existieren nicht.
- Bei den Beteiligungen handelt es sich ausschließlich um Beteiligungen an Industrieunternehmen.

Komponenten des Ergänzungskapitals	Volumen
Nachrangige Anleihen	9,0 Mio. EUR
Stille Reserven im	
• Immobilienbestand	0,9 Mio. EUR
• Wertpapierbestand	12,5 Mio. EUR
Summe	22,4 Mio. EUR

Abb. 29.2: Vorhandenes Ergänzungskapital im laufenden Geschäftsjahr 05

Risikoaktiva	Anrechnungsfaktor
Sachanlagen	100 %
Beteiligungen	100 %
Forderungen an Kunden	
• Hypotheken	50 %
• restliche	100 %
Forderungen an inländische Kreditinstitute	20 %

Abb. 29.3: Relevante Anrechnungsfaktoren im Solvabilitätskoeffizienten

2. Ermitteln Sie auf Basis der Ihnen bekannten Plan-Daten den zusätzlichen (bilanziellen) Eigenkapitalbedarf für das Geschäftsjahr 06!

   Berücksichtigen Sie dabei:

   - dass im Beteiligungsportfolio der Bank keine Veränderungen vorgenommen werden sollen,
   - dass der Anteil des Ergänzungskapitals am bilanziellen Eigenkapital prognosegemäß leicht von 20 % auf 19 % zurückgehen wird,
   - dass sich der Wertpapierbestand wiederum ausschließlich aus Anleihen des Bundes und der Länder zusammensetzen wird,
   - dass angesichts der zahlreichen, bislang nicht ausgenutzten Kreditlinien der Solvabilitätskoeffizient vorsichtshalber einen Wert von 9,5 % nicht unterschreiten soll.

3. Für den in Aufgabe 2 ermittelten (bilanziellen) Eigenkapitalbedarf lassen sich zwei Einflussfaktoren unterscheiden: Ausweitung des Geschäftsvolumens sowie Veränderungen in der Risikostrukutur (einschließlich der Sicherheitsanforderung) gegenüber dem laufenden Jahr.

   Spalten Sie den (bilanziellen) Eigenkapitalbedarf in den

   a) wachstumsbedingten und den

   b) strukturbedingten Eigenkapitalbedarf auf!

In der Vergangenheit musste die Bankleitung ihre Plan-Werte häufiger revidieren, da der sich auf Basis dieser Zahlen ergebende zusätzliche Eigenmittelbedarf nicht darzustellen war.

4. Beschreiben Sie stichwortartig, welche Ansatzpunkte einer Bank allgemein im Rahmen der Planung zur Verfügung stehen, um den notwendigen Eigenkapitalzuwachs auf das als erreichbar erachtete Niveau zu begrenzen!

Nach eingehenden Beratungen kommt die Geschäftsleitung zu dem Ergebnis, dass angesichts der geltenden Marktverhältnisse und der derzeit fehlenden Möglichkeit für eine externe Eigenkapitalaufnahme aus dem Gewinn (nach Dividende und Steuern) bestenfalls 7 Mio. EUR den (Gewinn-)Rücklagen zugeführt werden können.

5. Berechnen Sie exemplarisch, wie die Plan-Werte für

   a) die Wachstumsrate,

   b) den durchschnittlichen Anrechnungsfaktor im Solvabilitätskoeffizienten,

   c) den Anteil des Ergänzungskapitals am bilanziellen Eigenkapital korrigiert werden müssten, um den notwendigen Eigenkapitalbedarf auf den oben genannten Zielwert begrenzen zu können!

Gehen Sie bei Ihren Berechnungen davon aus, dass jeweils ausschließlich die angesprochenen Parameter angepasst werden (ceteris paribus-Bedingung)!

Lösungsvorschlag zu Fallstudie 29:

zu 1.a):

Bilanzielles Eigenkapital

• Gezeichnetes Kapital		36 Mio. EUR
• Kapitalrücklage	+	40 Mio. EUR
• Gewinnrücklage	+	36 Mio. EUR
		112 Mio. EUR

Derzeitige **Eigenkapitalquote** (bezogen auf das bilanziell ausgewiesene Kernkapital)

$$\frac{112 \text{ Mio. EUR}}{3.000 \text{ Mio. EUR}} = \mathbf{3{,}73\,\%}$$

zu 1.b):

Haftendes Eigenkapital

• Bilanzielles Eigenkapital		112,0 Mio. EUR
• Ergänzungskapital	+	22,4 Mio. EUR
		134,4 Mio. EUR

Angerechnetes Risikovolumen

Angerechnete Risikoaktiva	Volumen (in Mio. EUR)	Anrechnungs-faktor	Anrechnungs-volumen (in Mio. EUR)
Sachanlagen	120	100 %	120,0
Beteiligungen	100	100 %	100,0
Forderungen an Kunden			
• Hypotheken	406	50 %	203,0
• restliche	820	100 %	820,0
Forderungen an inl. Kreditinstitute	384	20 %	76,8
Summe bzw. Ø	1.830	72,12 %	1.319,8

Derzeitiger Solvabilitätskoeffizient (SK)

$$SK = \frac{\text{Haftendes Eigenkapital}}{\text{Angerechnetes Risikovolumen}} = \frac{134{,}40 \text{ Mio. EUR}}{1.319{,}8 \text{ Mio. EUR}} = \mathbf{10{,}18\,\%}$$

zu 2.:

Zunächst ist unter Verwendung der gegebenen Plan-Daten die notwendige Eigenkapitalquote zu ermitteln.

Dabei ist der folgende Zusammenhang zwischen bilanzieller Eigenkapitalquote und dem Solvabilitätskoeffizienten heranzuziehen:

$$\mathbf{EKQ} = \frac{\mathbf{RQ \cdot DAF \cdot SK}}{\mathbf{1 + Z}}$$

mit: EKQ = bilanzielle Eigenkapitalquote; RQ = Anteil der angerechneten Risikoaktiva an der Bilanzsumme; DAF = durchschnittlicher Anrechnungsfaktor der Risikoaktiva im Solvabilitätskoeffizienten; SK = Solvabilitätskoeffizient; Z = Ergänzungskapital in % des Kernkapitals

Es folgt die Ermittlung der einzelnen Parameter auf Basis der Plan-Daten.

Anteil der angerechneten Risikoaktiva an der Bilanzsumme (RQ)

• Forderungen an inl. Kreditinstitute	390 Mio. EUR
• Forderungen an Kunden	+ 1.423 Mio. EUR
• Beteiligungen	+ 122 Mio. EUR
• Sachanlagen	+ 132 Mio. EUR
	2.067 Mio. EUR

$$\text{RQ} = \frac{\text{Risikovolumen}}{\text{Bilanzsumme}} = \frac{2.067\,\text{Mio. EUR}}{3.180\,\text{Mio. EUR}} = \mathbf{65\,\%}$$

Durchschnittlicher Anrechnungsfaktor der Risikoaktiva im Solvabilitätskoeffizienten (DAF)

Angerechnete Risikoaktiva	Volumen (in Mio. EUR)	Anrechnungsfaktor	Anrechnungsvolumen (in Mio. EUR)
Sachanlagen	132	100 %	132,0
Beteiligungen	122	100 %	122,0
Forderungen an Kunden			
• Hypotheken	451	50 %	225,5
• restliche	972	100 %	972,0
Forderungen an inl. Kreditinstitute	390	20 %	78,0
Summe bzw. Ø	2.067	74 %	1.529,5

$$\text{DAF} = \frac{\text{angerechntetes Risikovolumen}}{\text{Risikovolumen}} = \frac{1.529{,}5 \text{ Mio. EUR}}{2.067 \text{ Mio. EUR}} = \mathbf{74\,\%}$$

Solvabilitätskoeffizient (SK)

SK = **9,5 %**

Ergänzungskapital in % des Kernkapitals (Z)

Z = **19 %**

Auf Basis der Plan-Daten ergibt sich also eine **notwendige Eigenkapitalquote** (EKQ^{Plan}) von:

$$EKQ^{Plan} = \frac{0{,}65 \cdot 0{,}74 \cdot 0{,}095}{1 + 0{,}19} = \mathbf{3{,}8399\,\%}$$

Der **zusätzliche (bilanzielle) Eigenkapitalbedarf** ergibt sich aus der Differenz zwischen Plan- und vorhandenem Ist-Eigenkapital:

$$\begin{aligned}\text{Eigenkapitalbedarf} &= \text{Eigenkapital}^{Plan} - \text{Eigenkapital}^{Ist}\\ &= 3{,}8399\,\% \cdot 3.180 \text{ Mio. EUR} - 112 \text{ Mio. EUR}\\ &= 122{,}11 \text{ Mio. EUR} - 112 \text{ Mio. EUR} = \mathbf{10{,}11\ Mio.\ EUR}\end{aligned}$$

zu 3.:

Allgemein gilt für den gesamten (bilanziellen) **Eigenkapitalbedarf** die folgende Gleichung:

$$\begin{aligned}\text{Eigenkapitalbedarf} &= \text{Eigenkapital}^{Plan} - \text{Eigenkapital}^{Ist}\\ &= EKQ^{Plan} \cdot BS^{Ist} \cdot (1 + BSWR) - EKQ^{Ist} \cdot BS^{Ist}\\ &= BS^{Ist} \cdot [EKQ^{Plan} \cdot (1 + BSWR) - EKQ^{Ist}]\end{aligned}$$

mit: BS = Bilanzsumme; BSWR = Bilanzsummenwachstumsrate

Ausgehend von dieser Gleichung lassen sich der wachstumsbedingte und der strukturbedingte Eigenkapitalbedarf bestimmen.

zu 3.a):

Mit dem **wachstumsbedingten Eigenkapitalbedarf** wird der Teil des notwendigen Eigenkapitalwachstums erklärt, der ausgehend von der vorliegenden Risikostruktur des laufenden Jahres allein durch das Wachstum der Bilanzsumme entsteht.

$$\text{wachstumsbedingter Eigenkapitalbedarf} = BS^{Ist}\left[EKQ^{Ist}(1+BSWR)-EKQ^{Ist}\right]$$

Durch Einsetzen der gegebenen Größen ergibt sich folgender wachstumsbedingter Eigenkapitalbedarf:

$$\text{wachstumsbedingter Eigenkapitalbedarf} = 3.000\text{ Mio. EUR}\cdot\left[\frac{112\text{ Mio. EUR}}{3.000\text{ Mio. EUR}}(1+0{,}06)-\frac{112\text{ Mio. EUR}}{3.000\text{ Mio. EUR}}\right]$$

$$= \mathbf{6{,}72\ Mio.\ EUR}$$

Die aus der Ausweitung des Geschäftsvolumens resultierende Wachstumsrate des Eigenkapitals entspricht generell der Wachstumsrate der Bilanzsumme.

$$BSWR = \frac{180\text{ Mio. EUR}}{3.000\text{ Mio. EUR}} = \frac{6{,}72\text{ Mio. EUR}}{112\text{ Mio. EUR}} = 6\,\%$$

<u>zu 3.b):</u>

Der **strukturbedingte Eigenkapitalbedarf** stellt den aus den strukturellen Veränderungen gegenüber der Situation im laufenden Jahr resultierenden Zuwachs des Eigenkapitals dar.

$$\text{strukturbedingter Eigenkapitalbedarf} = BS^{Ist}\cdot(1+BSWR)\left[EKQ^{Plan}-EKQ^{Ist}\right]$$

Unter Verwendung der gegebenen Plan- und Ist-Daten ergibt sich der strukturbedingte Eigenkapitalbedarf:

$$\text{strukturbedingter Eigenkapitalbedarf} = 3.000\text{ Mio. EUR}\cdot(1+0{,}06)\cdot\left[\frac{0{,}65\cdot 0{,}74\cdot 0{,}095}{1+0{,}19}-\frac{112\text{ Mio. EUR}}{3.000\text{ Mio. EUR}}\right]$$

$$= 3.180\text{ Mio. EUR}\ \cdot\ [3{,}8399\,\% - 3{,}7333\,\%]$$

$$= 3{,}39\text{ Mio. EUR}$$

Während die Erhöhung der Risikoquote auf 65 % und die Steigerung des durchschnittlichen Anrechnungsfaktors auf 74 %, in der sich die Verschärfung der Risikostruktur ausdrückt, sowie die Reduktion des Ergänzungskapitals auf 19 % zusätzlichen Eigenkapitalbedarf verursachen, wirkt die Reduktion des Solvabilitätskoeffizienten auf 9,5 % entlastend.

zu 4.:

Korrektur der **Plan-Struktur**

Mögliche Ansatzpunkte sind zum Beispiel:

- Reduzierung des geplanten Anteils der Risikoaktiva an der Bilanzsumme **RQ** (z.B. durch einen höheren Anteil der nicht bzw. mit einem Anrechnungsfaktor von Null angerechneten Bundesanleihen)
- Reduzierung des geplanten durchschnittlichen Anrechnungsfaktors der Risikoaktiva im Solvabilitätskoeffizienten **DAF** (z.B. durch einen höheren Anteil der Position „Forderungen an inländische Kreditinstitute“ anstelle von „Forderungen an Kunden“)
- Erhöhung des geplanten Anteils des Ergänzungskapitals am bilanziellen Eigenkapital **Z** (beispielsweise durch Aufnahme nachrangiger Darlehen)

Korrektur des **Plan-Wachstums**

Zur Senkung des notwendigen Eigenkapitalbedarfs müsste das geplante Bilanzsummenwachstum reduziert werden.

Korrektur der **Plan-Risikonorm**

Um den notwendigen Eigenkapitalbedarf zu reduzieren, müsste die geplante Höhe des Solvabilitätskoeffizienten **SK** herabgesetzt werden (z.B. auf die gesetzlich vorgeschriebene Mindesthöhe von 8 %).

zu 5.:

Den Ausgangspunkt für sämtliche Berechnungen bildet die Bestimmungsgleichung für das bilanzielle Eigenkapital (EK) auf Basis der vorläufigen Plan-Werte:

$$\text{bilanzielles EK}^{\text{Plan}} = \text{EK-Quote}^{\text{Plan}} \cdot \text{Bilanzsumme}^{\text{Plan}}$$

$$\text{bilanzielles EK}^{\text{Plan}} = \frac{\text{RQ}^{\text{Plan}} \cdot \text{DAF}^{\text{Plan}} \cdot \text{SK}^{\text{Plan}}}{1 + \text{Z}^{\text{Plan}}} \cdot \text{BS}^{\text{Ist}} \cdot (1 + \text{BSWR})$$

In Aufgabe 2 ergab sich unter Verwendung der gegebenen Plan-Daten ein Wert für das bilanzielle Eigenkapital in Höhe von:

$$\text{bilanzielles EK}^{\text{Plan}} = \frac{0{,}65 \cdot 0{,}74 \cdot 0{,}095}{1 + 0{,}19} \cdot 3.000 \text{ Mio. EUR} \cdot (1 + 0{,}06)$$

$$= 3{,}8399\,\% \cdot 3.180 \text{ Mio. EUR} = \mathbf{122{,}11 \text{ Mio. EUR}}$$

Das als erreichbar erachtete bilanzielle Eigenkapital (= Ist-Eigenkapital zuzüglich möglicher Eigenkapitalzuwachs) beträgt jedoch nur:

112 Mio. EUR + 7 Mio. EUR = **119 Mio. EUR**

Im folgenden ist jeweils ein Parameter unter Beibehaltung der übrigen Plan-Größen (ceteris paribus-Bedingung) zu korrigieren, so dass das realisierbare Eigenkapital in Höhe von 119 Mio. EUR erreicht wird.

zu 5.a):

Korrektur der **Bilanzsummenwachstumsrate BSWR**

Die ursprünglich geplante Wachstumsrate der Bilanzsumme beträgt:

$$\frac{3.180\text{ Mio. EUR}}{3.000\text{ Mio. EUR}} - 1 = \mathbf{6\,\%}$$

Die Bestimmungsgleichung für das bilanzielle Eigenkapital ändert sich also auf:

$$\frac{0{,}65 \cdot 0{,}74 \cdot 0{,}095}{1 + 0{,}19} \cdot 3.000\text{ Mio. EUR} \cdot (1 + \mathbf{BSWR_2^{Plan}}) = 119\text{ Mio. EUR}$$

$$\mathbf{BSWR_2^{Plan}} = \left(119\text{ Mio. EUR} \cdot \frac{1 + 0{,}19}{0{,}65 \cdot 0{,}74 \cdot 0{,}095} \cdot \frac{1}{3.000\text{ Mio. EUR}}\right) - 1 = \mathbf{3{,}3\,\%}$$

Mit dem möglichen Eigenkapitalzuwachs (= 7 Mio. EUR) vereinbar ist, bei gleicher Bilanzstruktur anstelle der ursprünglich geplanten 6 %, lediglich eine Wachstumsrate von 3,3 %.

Hinweis: Die notwendige **Eigenkapitalquote** wird von einer veränderten Wachstumsrate nicht berührt und bleibt konstant bei 3,8399 %.

zu 5.b):

Korrektur des **durchschnittlichen Anrechnungsfaktors DAF**

Wiederum ist von der Bestimmungsgleichung für das Eigenkapital auszugehen:

$$\frac{0{,}65 \cdot \mathbf{DAF_2^{Plan}} \cdot 0{,}095}{1 + 0{,}19} \cdot 3.000\text{ Mio. EUR} \cdot (1 + 0{,}06) = 119\text{ Mio. EUR}$$

Durch Umformung erhält man:

$$\frac{0{,}65 \cdot \mathbf{DAF_2^{Plan}} \cdot 0{,}095}{1+0{,}19} = 3{,}7421\,\%$$

Daraus wird deutlich, dass der Anteil des als erreichbar erachteten bilanziellen Eigenkapitals an der geplanten Bilanzsumme 3,7421 % (= 119 Mio. EUR : 3.180 Mio. EUR) beträgt.

$$\mathbf{DAF_2^{Plan}} = \frac{0{,}037421 \cdot (1+0{,}19)}{0{,}65 \cdot 0{,}095} = \mathbf{72{,}11\,\%}$$

Der durchschnittliche Anrechnungsfaktor DAF müsste von ursprünglich geplanten 74 % auf 72,11 % gesenkt werden.

<u>zu 5.c):</u>

Korrektur des **Anteils des Ergänzungskapitals am bilanziellen Eigenkapital Z**

Die revidierte Bestimmungsgleichung lautet:

$$\frac{0{,}65 \cdot 0{,}74 \cdot 0{,}095}{1+\mathbf{Z_2^{Plan}}} = 3{,}7421\,\%$$

$$\mathbf{Z_2^{Plan}} = \frac{0{,}65 \cdot 0{,}74 \cdot 0{,}095}{0{,}037421} - 1 = \mathbf{22{,}11\,\%}$$

Der Anteil des Ergänzungskapitals am gesamten bilanziellen Eigenkapital müsste von ursprünglich geplanten 19 % auf 22,11 % gesteigert werden.

Zusammenfassend bleibt festzuhalten, dass neben einer – wie in dieser Aufgabe berechnet – isolierten Anpassung einzelner Einflussgrößen des Eigenkapitals bzw. der Eigenkapitalquote natürlich auch eine kombinierte (und damit für den einzelnen Parameter moderatere) Anpassung der verschiedenen Bestimmungsgrößen erfolgen kann, um die gewollte Entlastung beim notwendigen Eigenkapitalzuwachs zu erreichen.

Fallstudie 30: **IVG als Ansatz eines wertorientierten Vergütungssystems**

Der Vorstandsvorsitzende der äusserst erfolgreich am Markt agierenden Leipziger Bank AG, Karl Knopp, war schon seit langem bestrebt, ein neues Vergütungssystem für die Vorstandsmitglieder einzuführen, das eine Kopplung der Entlohnung an den Erfolg der Bank ermöglicht. Reine Optionsprogramme schienen ihm dazu in der Vergangenheit immer zu stark marktumfeldgetrieben und auch seitens des Grossaktionärs Scheich Abinemsi bestand der Einwand, dass die Gefahr kursbeeinflussender Maßnahmen des Vorstands zu groß sei.

Auf einem Seminar hat Herr Knopp vom Konzept der Incremental Value Generation (IVG) gehört. Für die nächste Vorstandssitzung bittet Sie Herr Knopp, den IVG der Leipziger Bank AG des letzten Jahres (2004) zu ermitteln. Glücklicherweise hat er sich einige Notizen gemacht, die er Ihnen zur Verfügung stellt.

Demzufolge bestimmt sich der IVG gemäss folgender Gleichung:

$$IVG_t = \Delta EK_{t,t-1}^{BW} \cdot MBV_t + EK_{t-1}^{BW} \cdot (MBV_t - MBV_{t-1}) + FCF_t^{Netto}$$

mit: $\Delta EK_{t,t-1}^{BW}$ = Veränderung des buchwertigen Eigenkapitals zwischen t-1 und t durch Kapitalerhöhungen oder Kapitalrückzahlungen bzw. Aktienrückzahlungen; MBV = Markt-/Buchwertverhältnis; EK_{t-1}^{BW} = Buchwert des Eigenkapitals in t-1; FCF_t^{Netto} = Freier Cash Flow Netto im Jahr t.

Für die empirische Analyse wurde als Adaption vorgeschlagen, das Markt-/Buchwertverhältnis im Ausgangsjahr (MBV_t) losgelöst von der aktuellen Marktbewertung zu bestimmen. Dazu kann der funktionale Zusammenhang zwischen MBV und der Eigenkapitalrentabilität (EKR) mittels Regression der Vergangenheitsdaten mehrerer Vergleichsinstitute genutzt werden. Des weiteren sollen Veränderungen des MBV nur in den Fällen IVG-relevant einfließen, in denen strukturelle Entscheidungen des Managements (z.B. Aktienrückkäufe oder Kapitalerhöhungen) das MBV nachhaltig verändern.

Da die Leipziger Bank AG international tätig ist, haben Sie sich dazu entschlossen, die Regression zur Bestimmung des MBV anhand der EKR mittels Daten internationaler Grossbanken der letzten fünf Jahre durchzuführen. Um den Beobachtungsrahmen in einem ersten Schritt überschaubar zu halten, haben Sie sich dazu entschlossen, die Werte für fünf Banken zu erheben, die in Abbildung 30.1 dargestellt sind.

Bank	Kennzahl	2000	2001	2002	2003	2004
1	MBV	2,88	2,64	2,61	2,90	2,91
	EKR	17,5 %	23,5 %	20,0 %	20,0 %	16,3 %
2	MBV	2,01	1,92	2,42	2,45	1,70
	EKR	14,0 %	14,4 %	11,0 %	13,0 %	11,0 %
3	MBV	3,60	3,87	3,40	2,60	2,55
	EKR	24,0 %	28,6 %	22,0 %	19,4 %	21,4 %
4	MBV	0,84	1,21	1,13	1,45	1,59
	EKR	3,0 %	1,5 %	1,3 %	5,3 %	14,1 %
5	MBV	1,98	2,37	1,65	1,41	2,35
	EKR	20,0 %	20,7 %	12,9 %	13,8 %	17,5 %

Abb. 30.1: MBV und EKR ausgewählter Vergleichsbanken

1. Berechnen Sie die lineare Einfachregressionsgleichung nach der Methode der kleinsten Quadrate mit dem MBV als abhängiger und der EKR als unabhängiger Variable! Stellen Sie diese Regressionsgleichung grafisch dar und interpretieren Sie sie ökonomisch!

Für Ihre weiteren Berechnungen entnehmen Sie den Geschäftsberichten der Leipziger Bank AG der beiden vergangenen Jahre darüber hinaus folgende Daten:

Eigenkapital 31.12.04 (inkl. eigener Aktien)	60.000 Mio. EUR
Veränderung des Eigenkapitals 31.12.04 gegenüber 31.12.03	0 Mio. EUR
davon • Gewinneinbehaltung	3.000 Mio. EUR
• Kapitalrückzahlung/Dividenden	- 1.500 Mio. EUR
• Kapitalerhöhung/-vernichtung	- 2.000 Mio. EUR
• Sonstiges	500 Mio. EUR
Marktkapitalisierung	
• per 31.12.03	108.000 Mio. EUR
• per 31.12.04	115.000 Mio. EUR
Markt-/Buchwertverhältnis MBV per 31.12.03	1,8
Freier Cash Flow (Netto)	7.250 Mio. EUR
davon • Kapitalrückzahlung/Dividenden	- 1.500 Mio. EUR
• Aktienrückkäufe/Kapitalerhöhung	- 5.750 Mio. EUR
Reingewinn	4.500 Mio. EUR

Abb. 30.2: Auszug aus dem Geschäftsbericht 2004 der Leipziger Bank AG

2. Berechnen Sie auf Basis der gegebenen Daten das mittels der Regressionsgleichung bestimmte „faire“ MBV der Leipziger Bank AG für das Jahr 2004 sowie die managementverursachte Veränderung des MBV!

3. a) Ermitteln Sie den IVG, der sich unter Berücksichtigung der in Teilaufgabe 2 berechneten Werte ergibt!

   b) Wie beurteilen Sie die von Herrn Knopp im Vorfeld Ihrer Berechnungen geäußerte Meinung, dass dem Vorstand, wie auch anderen ausgewählten Führungskräften, aufgrund hervorragender Leistungen ein erheblicher Bonus zustehen sollte? Setzen Sie dazu den IVG in Relation zum Buchwert des Eigenkapitals und zum Marktwert des Eigenkapitals jeweils am 31.12.03!

   c) Welche andere Bezugsgröße könnte als Vergleichsbasis zum IVG herangezogen werden, um ein performance-orientiertes Vergütungssystem zu schaffen?

Lösungsvorschlag zu Fallstudie 30:

Zu 1.:

Bei der Methode der kleinsten Quadrate gilt es die Summe der Abweichungsquadrate zu minimieren. Dazu wird die Summe der Abweichungsquadrate als Funktion der Regressionskoeffizienten interpretiert. Für den Fall unserer linearen Einfachregression $MBV^{regr.} = a + b \cdot EKR$ sind die Regressionskoeffizienten a und b dabei so zu bestimmen, dass die Funktion $SKQ(a,b) = \sum_{i=1}^{n}\left(MBV_i - MBV_i^{regr.}\right)^2 = \sum_{i=1}^{n}(MBV_i - a - b \cdot EKR_i)$ ein Minimum annimmt.

Zur Problemlösung müssen die beiden ersten partiellen Ableitungen gleich null gesetzt werden. Löst man das sich ergebende Gleichungssystem dann nach a und b auf, so ergibt sich:

$$a = \frac{\sum_{i=1}^{n} EKR_i^{\,2} \cdot \sum_{i=1}^{n} MBV_i - \sum_{i=1}^{n} EKR_i \cdot \sum_{i=1}^{n} EKR_i MBV_i}{n \cdot \sum_{i=1}^{n} EKR_i^{\,2} - \left(\sum_{i=1}^{n} EKR_i\right)^2}$$

$$b = \frac{n \cdot \sum_{i=1}^{n} EKR_i MBV_i - \sum_{i=1}^{n} EKR_i \cdot \sum_{i=1}^{n} MBV_i}{n \cdot \sum_{i=1}^{n} EKR_i^{\,2} - \left(\sum_{i=1}^{n} EKR_i\right)^2}$$

Die Quadrate der beobachteten Eigenkapitalrentabilitäten und Markt-/Buchwertverhältnisse sowie deren Produkt sind in Abbildung 30.3 dargestellt.

Bank	Jahr	MBV	EKR	MBV^2	EKR^2	EKR · MBV
1	2000	2,88	17,5 %	8,294	3,1 %	0,504
1	2001	2,64	23,5 %	6,970	5,5 %	0,620
1	2002	2,61	20,0 %	6,812	4,0 %	0,522
1	2003	2,90	20,0 %	8,410	4,0 %	0,580
1	2004	2,91	16,3 %	8,468	2,7 %	0,474
2	2000	2,01	14,0 %	4,040	2,0 %	0,281
2	2001	1,92	14,4 %	3,686	2,1 %	0,276
2	2002	2,42	11,0 %	5,856	1,2 %	0,266
2	2003	2,45	13,0 %	6,003	1,7 %	0,319
2	2004	1,70	11,0 %	2,890	1,2 %	0,187
3	2000	3,60	24,0 %	12,960	5,8 %	0,864
3	2001	3,87	28,6 %	14,977	8,2 %	1,107
3	2002	3,40	22,0 %	11,560	4,8 %	0,748
3	2003	2,60	19,4 %	6,760	3,8 %	0,504
3	2004	2,55	21,4 %	6,503	4,6 %	0,546
4	2000	0,84	3,0 %	0,706	0,1 %	0,025
4	2001	1,21	1,5 %	1,464	0,0 %	0,018
4	2002	1,13	1,3 %	1,277	0,0 %	0,015
4	2003	1,45	5,3 %	2,103	0,3 %	0,077
4	2004	1,59	14,1 %	2,528	2,0 %	0,224
5	2000	1,98	20,0 %	3,920	4,0 %	0,396
5	2001	2,37	20,7 %	5,617	4,3 %	0,491
5	2002	1,65	12,9 %	2,723	1,7 %	0,213
5	2003	1,41	13,8 %	1,988	1,9 %	0,195
5	2004	2,35	17,5 %	5,523	3,1 %	0,411
$\sum$		56,44	386,2 %	142,037	71,8 %	9,864

Abb. 30.3: Basisdaten zur Kleinstquadratschätzung

Es ergeben sich somit folgende Werte für die Regressionskoeffizienten:

$$a = \frac{71{,}8\,\% \cdot 56{,}44 - 386{,}2\,\% \cdot 9{,}864}{25 \cdot 71{,}8\,\% - (386{,}2\,\%)^2} = 0{,}8036$$

$$b = \frac{25 \cdot 9{,}864 - 386{,}2\,\% \cdot 56{,}44}{25 \cdot 71{,}8\,\% - (386{,}2\,\%)^2} = 9{,}4120$$

Die sich damit ergebende Regressionsgleichung lautet $MBV^{regr.} = 0{,}8036 + 9{,}4120 \cdot EKR$. Sie ist mitsamt allen Ausgangswerten in Abbildung 30.4 dargestellt.

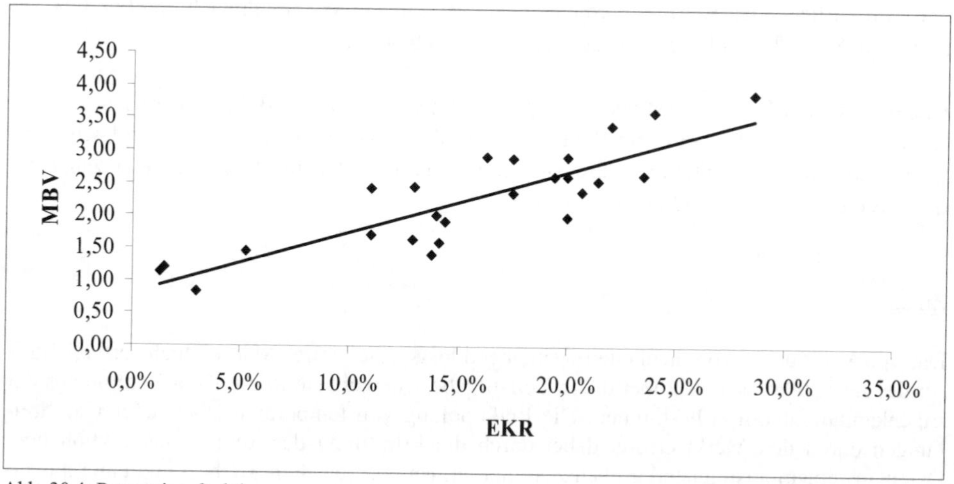

Abb. 30.4: Regressionsfunktion

Für eine fundierte Aussage wäre der Stichprobenumfang von derzeit nur fünf Instituten noch zu erweitern. Des weiteren gilt es die Güte der Regressionsfunktion zu eruieren. Eine mögliche Kennzahl dazu stellt das lineare einfache Bestimmtheitsmaß R^2 dar. Es gibt den Anteil der durch die Regressionsfunktion erklärten Abweichungsquadratsumme an der zu erklärenden Gesamtabweichungsquadratsumme wieder. Die Berechnung kann gemäß folgender Formel erfolgen

$$r^2 = 1 - \frac{\sum_{i=1}^{n} MBV_i^{\,2} - a \cdot \sum_{i=1}^{n} MBV_i - b \cdot \sum_{i=1}^{n} EKR_i MBV_i}{\sum_{i=1}^{n} MBV_i^{\,2} - \frac{1}{n}\left(\sum_{i=1}^{n} MBV_i\right)^2}$$

und ergibt für unseren Fall damit einen Wert von

$$r^2 = 1 - \frac{142{,}037 - 0{,}8036 \cdot 56{,}44 - 9{,}4120 \cdot 9{,}864}{142{,}037 - \frac{1}{25}(56{,}44)^2} = 0{,}7371$$

Das bedeutet, dass 73,71 % der Variation des Markt-/Buchwertverhältnisses durch die Regressionsfunktion erklärt werden können, was in unserem Zusammenhang bereits einen relativ hohen Wert darstellt.

Zum Zweck der Interpretation der Regressionsfunktion gilt es die beiden Regressionskoeffizienten genauer zu beleuchten und deren ökonomischen Aussagegehalt zu bestimmen. Dabei gibt der y-Achsenabschnitt a an, wie hoch das MBV ist, falls eine EKR von 0 % ausgewiesen wird. Im vorliegenden Beispiel wird eine Bank bei einer Eigenkapitalrentabilität von 0 % am Markt mit 80,36 % des Buchwerts des Eigenkapitals bewertet.

Die Steigung der Regressionsfunktion b gibt an, um wie viel das MBV bei einer Zunahme der EKR steigt. Sofern die Leipziger Bank AG vom Markt wie die untersuchten Vergleichsinstitue bewertet wird, bedeutet dies, dass eine Steigerung der EKR um 1 %-Punkt eine Zunahme des MBV um 9,412 %-Punkte zur Folge hat.

Zu 2.:

Das von Marktunvollkommenheiten weitgehend losgelöste „faire“ Markt-/Buchwertverhältnis für das Jahr 2004 lässt sich über die in Teilaufgabe 1 berechnete Regressionsfunktion aus der Eigenkapitalrentabilität bestimmen. Die Entkopplung von temporären Über- oder Untertreibungen durch den Markt erfolgt dabei durch die Ermittlung der Regressionsfunktion über Daten aus einem ausreichend großen Zeitintervall (in unserem Fall 5 Jahre) und einer ausreichend großen Anzahl vergleichbar am Markt positionierter Institute.

Die Eigenkapitalrentabilität der Leipziger Bank AG ergibt sich als Quotient aus dem Reingewinn und dem Eigenkapitalbestand zum Stichtag 31.12.04. Der Eigenkapitalbestand zum Jahresende kann dabei als Bezugsbasis herangezogen werden, da es vom 31.12.03 auf den 31.12.04 keine Eigenkapitalveränderung gegeben hat.

$$\text{EKR} = \frac{4.500}{60.000} = 7{,}5\,\%$$

Für das Jahr 2004 ergibt sich für die Leipziger Bank AG somit als regressiertes MBV

$$\text{MBV}^{\text{regr.}} = 0{,}8036 + 9{,}4120 \cdot 7{,}5\,\% = 1{,}5095$$

Eine managementverursachte MBV-Veränderung kann bei der Leipziger Bank AG im Jahr 2004 in Form der erfolgten Kapitalvernichtung festgestellt werden. Zu deren Bestimmung kann der folgende, über den multiplikativen Zusammenhang zwischen EKR, Kurs/Gewinn-Verhältnis und MBV herleitbare Zusammenhang gelten:

$$\Delta \mathrm{MBV}_{t,t-1}^{KE/KV} = \left(\frac{1}{1+\frac{\Delta \mathrm{EK}_{t,t-1}^{KE/KV}}{\mathrm{EK}_{t-1}}} - 1 \right) \cdot \mathrm{MBV}^{\mathrm{regr.}}$$

mit: $\Delta \mathrm{MBV}_{t,t-1}^{KE/KV}$ = Änderung des Markt-/Buchwert-Verhältnisses durch Kapitalvernichtung und/oder Kapitalerhöhungen von t-1 nach t; $\Delta \mathrm{EK}_{t,t-1}^{KE/KV}$ = Eigenkapitalveränderung durch erfolgte Kapitalvernichtung (-) und/oder Kapitalerhöhungen (+) von t-1 nach t.

Aus diesem Zusammenhang resultiert für die Leipziger Bank AG eine MBV-Veränderung in Höhe von

$$\Delta \mathrm{MBV}_{04,03}^{KE/KV} = \left(\frac{1}{1+\frac{-2.000}{60.000}} - 1 \right) \cdot 1{,}5095 = 0{,}0490$$

Zu 3.a):

Für die Berechnung des IVG kann die in der Aufgabenstellung gegebene Formel verwandt werden. In dieser ist das MBV mit dem in Teilaufgabe 2 berechneten regressierten MBV, sowie die Veränderung des MBV mit der managementverursachten Veränderung zu ersetzen:

$$\mathrm{IVG}_t = \Delta \mathrm{EK}_{t,t-1}^{BW} \cdot \mathrm{MBV}^{\mathrm{regr.}} + \mathrm{EK}_{t-1}^{BW} \cdot \mathrm{MBV}^{\mathrm{regr.}} \cdot \left(\frac{1}{1+\frac{\Delta \mathrm{EK}_{t,t-1}^{KE/KV}}{\mathrm{EK}_{t-1}}} - 1 \right) + \mathrm{FCF}_t^{\mathrm{Netto}}$$

Für die Leipziger Bank AG ergibt sich somit im Jahr 2004:

$$\mathrm{IVG}_{04} = \Delta \mathrm{EK}_{04,03}^{BW} \cdot \mathrm{MBV}^{\mathrm{regr.}} + \mathrm{EK}_{03}^{BW} \cdot \mathrm{MBV}^{\mathrm{regr.}} \cdot \left(\frac{1}{1+\frac{\Delta \mathrm{EK}_{04,03}^{KE/KV}}{\mathrm{EK}_{03}}} - 1 \right) + \mathrm{FCF}_{04}^{\mathrm{Netto}}$$

$$= 0 \cdot 1{,}5095 + 60.000 \cdot 1{,}5095 \cdot 0{,}0490 + 7.250 = 11.687{,}93 \text{ Mio. EUR}$$

Zu 3.b):

Setzt man die in Teilaufgabe 3.a) berechnete inkrementelle Wertgenerierung ins Verhältnis zum bilanziellen Eigenkapital, so scheint die Aussage von Herrn Knopp angesichts eines Ergebnisses von 19,48 % (= 11.687,93 Mio. EUR / 60.000 Mio. EUR) durchaus gerechtfertigt. Es kann argumentiert werden, dass auf jeden EUR bilanzielles Eigenkapital im Jahr 2004 über 19 Cent an zusätzlichem Unternehmenswert erwirtschaftet wurde – ein Wert, der vermutlich auch im Vergleich mit einer risikoadjustierten Renditeerwartung sehr hoch liegt.

Das Bild wird relativiert, wenn man für die Basis das bilanzielle Eigenkapital durch den Marktwert des Eigenkapitals zum Stichtag 31.12.03 ersetzt. In dieser Konstellation ergibt sich nur noch ein Wert von 10,82 % (= 11.687,93 Mio. EUR / 108.000 Mio. EUR). Misst man dieses Ergebnis an Renditeerwartungen des Kapitalmarktes, so ist das Ergebnis für die Leipziger Bank bei Annahme eines risikolosen Zinssatzes von 4 %, einer Marktrisikoprämie von 5 % und einem für Banken unterstellbaren Beta nahe 1 nur noch als leicht überdurchschnittlich zu betrachten.

Problematisch bei der ersten der beiden vorgestellten Kennzahlen ist, dass das bilanzielle Eigenkapital für einen Aktionär nur untergeordneten Charakter haben kann, da er ja eine Performance auf sein eingesetztes Kapital erwirtschaften will, welches durch den Kurswert repräsentiert wird. Bei der Wahl des Marktwertes des Eigenkapitals als Basis zur Quotientenberechnung wiederum stellt sich das Problem, dass mit dem IVG ja ein von temporären Marktunvollkommenheiten losgelöstes Performancemaß geschaffen wurde, dieser Bestrebung somit zuwider gehandelt würde. Darüber hinaus bestünde das Problem nun nicht mehr darin, dass der Vorstand auf seine Vergütung durch marktwertsteigernde Aussagen positiv beeinflussen könnte, sondern durch marktwertvernichtende, da diese den Quotienten steigern würden.

Zu 3.c):

Ein denkbarer Weg wäre, seitens der Hauptversammlung eine absolute Mindestperformance festzulegen, an welcher der Vorstand gemessen wird. Für die Leipziger Bank AG wäre es so beispielsweise möglich gewesen, dass die Bonuszahlung erst erfolgt, sofern in einem Jahr ein Mindest-IVG von 10 Mrd. EUR erzielt wurde. Bei Überschreiten dieser Grenze wäre es denkbar, den Vorstand am Mehrerfolg anteilsmäßig partizipieren zu lassen.

Fallstudie 31: **Risikoadjustierte Eigenkapitalkosten im Risiko-Chancen-Kalkül**

Die Geschäftsleitung der international tätigen Transglobal-Bank AG will ein effizientes Risiko-Management aufbauen. Der zur Unterstützung dieses Projektes von der Risiko-Bank AG abgeworbene Controller Torsten Tollkühn versucht bei seinem ersten Vortrag, die Geschäftsleitung und die diversen Abteilungsleiter dieser Bank von den Vorzügen der Konzeption eines integrierten Risiko-Managements zu überzeugen.

Torsten Tollkühn unterscheidet bei seinem Vortrag die drei wesentlichen Unternehmensbereiche Z, A und W der Transglobal-Bank AG. Bei einer zuvor durchgeführten Untersuchung der innerhalb dieser Unternehmensbereiche vorgenommenen Geschäfte konnte Tollkühn folgende Informationen gewinnen:

	Unternehmensbereich	Z	A	W
	Risikokategorie	Zinsänderungs-risiko	Aktienkurs-risiko	Währungs-risiko
(1)	Risikovolumen (in 1.000 GE)	200.000	150.000	80.000
(2)	Performance-Erwartungswert (stetige Werte)	5 %	10 %	13 %
(3)	Standardabweichung der stetigen Veränderungsraten	5,5 %	10 %	14 %

Abb. 31.1: Relevante Daten der Unternehmensbereiche Z, A und W

Des weiteren hat Tollkühn von der Geschäftsleitung der Transglobal-Bank AG erfahren, dass über alle Geschäftstätigkeiten einer Periode hinweg bei einer Eigenkapitalausstattung von insgesamt 119,04 Mio. GE eine Ziel-ROE (Return on Equity) in Höhe von 25 % (vor Steuern) erzielt werden soll. Außerdem ist zu beachten, dass Tollkühn grundsätzlich alle Prozentwerte immer auf vier Nachkommastellen genau berechnet, während er alle Zahlenangaben über Geldbeträge großzügig auf 1.000 GE rundet.

1. Erläutern Sie kurz das Grundprinzip des Risiko-Chancen-Kalküls! Gehen Sie dabei insbesondere auf die Gleichgewichtsbedingung im Risiko-Chancen-Kalkül ein!

2. Ermitteln Sie für die einzelnen Unternehmensbereiche Z, A und W sowie für die Gesamtbank

   a) das Risikopotential beziehungsweise den Value at Risk anhand des analytischen Grundmodells mit einem Z-Wert von 3 (99,87 %-iges Sicherheitsniveau) und vollständig positiven Korrelationen zwischen den Risikoarten Z, A und W (das Risiko bei den in Z, A, W definierten Risikoparametern liegt in negativen stetigen Veränderungsraten),

b) die geforderten Eigenkapitalkosten und

c) den Ziel-RORAC. Ihnen ist bekannt, dass es verschiedene Varianten zur Berechnung des RORAC gibt. Berechnen Sie nun den RORAC zum einen unter der Annahme, dass die gesamten geforderten Eigenkapitalkosten auf das ökonomische Kapital bezogen werden und zum anderen, dass auf den Teil des anlagefähigen Buchwerts des Eigenkapitals, der nicht als ökonomisches Kapital zur Verfügung steht, zumindest die risikofreie Verzinsung verrechnet wird.

Vergleichen Sie die Ergebnisse und erläutern Sie kurz die Vor- und Nachteile dieser verschiedenen Vorgehensweisen. Gehen Sie dabei von einem risikofreien Zins in Höhe von 4 % aus.

Hinweis: Gehen Sie im folgenden davon aus, dass der gesamte Ergebnisanspruch auf Gesamtbankebene auf das ökonomische Kapital bezogen wird, um den Ziel-RORAC zu bestimmen.

3. Eine weitere wichtige Kennzahl im Rahmen des integrierten Risiko-Managements ist der sogenannte Risikokapital-Eigenkapital Koeffizient (REK). Bestimmen Sie den REK für die Transglobal-Bank AG. Interpretieren Sie dieses Ergebnis!

4. Wie beurteilen Sie die Aussichten, dass die zu verrechnenden Eigenkapitalkosten tatsächlich verdient werden können?

Die Transglobal-Bank AG entscheidet sich schließlich, den von Torsten Tollkühn vorgeschlagenen Risiko-Chancen-Kalkül einzuführen. Am Jahresende können für die drei Unternehmensbereiche folgende Ergebnisse festgestellt werden:

Unternehmensbereich	Z	A	W
Realisierte Netto-Ergebnisse (in 1.000 GE)	7.580	13.600	8.720

Abb. 31.2: Realisierte Netto-Ergebnisse der Unternehmensbereiche Z, A und W

Torsten Tollkühn gerät in Verzückung, denn er sieht jetzt die Möglichkeit, die Geschäftsleitung mit Hilfe des Ist-RAROC endgültig von seinen Ideen zu überzeugen.

5. Berechnen Sie für die einzelnen Unternehmensbereiche sowie für die Gesamtbank die Ist-RORACs und Ist-RAROCs!

Lösungsvorschlag zu Fallstudie 31:

zu 1.:

Im Risiko-Chancen-Kalkül wird erklärt, dass die Bereitstellung von ökonomischem Kapital für die Übernahme von Risiken die Verrechnung von risikoadjustierten Eigenkapitalkosten erfordert, die (zumindest im zeitlichen Durchschnitt) von den entsprechenden (Netto-) Erfolgsbeiträgen mindestens erwirtschaftet werden müssen.

Die **(Un-)Gleichgewichtsbedingung** im Risiko-Chancen-Kalkül besagt, dass die **realisierten** oder **realisierbaren (Netto-)Erfolgsbeiträge** aus Risikopositionen mindestens so groß sein müssen wie die **risikoadjustierten Eigenkapitalkosten**. Unter den realisierbaren (Netto-)Erfolgen sind hier die in den Marktwerten bereits enthaltenen, aber von der Bank noch nicht realisierten Gewinne bestimmter Risikopositionen zu verstehen. Diese können beispielsweise aus den Kurswertveränderungen von Aktivpositionen festverzinslicher Wertpapiere entstehen, die erst beim tatsächlichen Verkauf der Wertpapiere zu realisierten Gewinnen oder Verlusten führen und vorher lediglich Buchgewinne oder -verluste darstellen. Demgegenüber stehen auf der anderen Seite die risikoadjustierten Eigenkapitalkosten.

Die (Un-)Gleichgewichtsbedingung dieses Grundsatzes gilt prinzipiell für sämtliche Erfolgsrisiken des Bankgeschäfts. Hierzu zählen neben den Ausfallrisiken des Kreditgeschäfts und den Marktrisiken insbesondere auch die sonstigen betrieblichen Risiken, wie z.B. Betrugsrisiken, technische Risiken, Rechtsrisiken, etc. Für Erfolgsrisiken, die einzeln, aber insbesondere auch kumulativ erhebliche Ertragsgefahren darstellen können, müssen risikoadjustierte Eigenkapitalkosten kalkuliert und verrechnet werden.

Vor diesem Hintergrund werden die risikoadjustierten Eigenkapitalkosten als Ausdruck einer geforderten (Mindest-)**Ertrags-/Risiko-Relation** für die Risikoübernahme festgelegt. Nur unter Einhaltung dieser geforderten Ertrags-/Risiko-Relation dürfen die betroffenen Geschäftsbereiche überhaupt Risiken übernehmen. Die Ertrags-/Risiko-Relation ergibt sich letztlich aus einer Weiterentwicklung des im Rahmen der Risikomessung vorgestellten **Value at Risk-Konzepts**. Dabei wurden Kennzahlen zur risikoadjustierten Performance Messung kreiert. Zu diesen Kennzahlen zählt auch die Kennziffer **RORAC**. Die Abkürzung RORAC steht für "return on risk adjusted capital". Danach ist zur Bestimmung dieser Kennziffer der (Netto-)Erfolg aus Bankgeschäften in Relation zum Risikokapital beziehungsweise ökonomischen Kapital zu setzen. Zur Verrechnung der risikoadjustierten Eigenkapitalkosten müssen also die geforderten (Netto-)Erfolgsbeiträge sowie das Risiko beziehungsweise das ökonomische Kapital fixiert und anschließend in Relation zueinander gesetzt werden.

Zur Berechnung des Risikos beziehungsweise des ökonomischen Kapitals ist unabhängig von der zeitlichen Ausrichtung – Soll-Vorgabe von Risikolimiten oder Kontrollrechnung des Ist-ökonomischen Kapitals – wiederum auf die Erkenntnisse des Value at Risk-Konzepts zurückzugreifen. Für **sämtliche Erfolgsrisiken** des Bankgeschäfts lässt sich, wie im Rahmen der Risikomessung bereits erörtert wurde, ein Value at Risk quantifizieren. Demnach ist die Risikomessung im Value at Risk nicht nur auf **Marktrisiken** beschränkt. Vielmehr kann auch für

Kreditausfallrisiken ein Value at Risk berechnet werden. Dazu sind lediglich die (negativen) Schwankungen des Risikoergebnisses für Kreditausfallrisiken, indem Standard-Risikokosten und Ist-Risikokosten gegenübergestellt werden, zu bestimmen. Außerdem lässt sich auch für **sonstige betriebliche Risiken** ein Value at Risk bestimmen, indem entweder der über gesamtgeschäftsbezogene Ergebnisschwankungen quantifizierte Value at Risk um Marktrisiken und Adressausfallrisiken bereinigt wird oder mit Hilfe spezieller Verfahren die sonstigen betrieblichen Risiken einzeln erfasst und über Korrelationen miteinander verbunden werden.

zu 2.a):

Die Berechnung des VaR für die einzelnen Geschäftsfelder erfolgt nach dem bekannten Schema des analytischen Grundmodells, wobei die Stufen 1 und 2 in der Aufgabenstellung bereits gegeben sind:

Stufe 3: Bestimmung der Risikomesszahl (RMZ) durch Fixierung des Sicherheitsniveaus mit Hilfe des Z-Wertes:
RMZ (RP) = STD (RP) · Z-Wert

Unternehmensbereich	Z	A	W
Risikomesszahl	5,5 % · (- 3) = - 0,165	10 % · (- 3) = - 0,3	14 % · (- 3) = - 0,42

Stufe 4: Ableitung des Risikofaktors
RF (RP) = $e^{RMZ\,(RP)} - 1$

Unternehmensbereich	Z	A	W
Risikofaktor	$e^{-0,165} - 1$ = - 0,152106	$e^{-0,3} - 1$ = - 0,259182	$e^{-0,42} - 1$ = - 0,342953

Stufe 5: Ermittlung eines einzelnen Value at Risk:
VaR (RP) = RV · RF (RP)

Unternehmensbereich	Z	A	W
Value at Risk (auf 1.000 GE gerundet)	200 Mio. · (- 0,1521) = - 30.421.000 GE	150 Mio. · (- 0,2592) = - 38.877.000 GE	80 Mio. · (- 0,3430) = - 27.436.000 GE

Stufe 6: Da die Korrelation zwischen den einzelnen Risikoparametern der Geschäftsfelder jeweils 1 beträgt, ergibt sich der Value at Risk des Unternehmens aus der Summe der Einzelrisiken:

$\text{VaR}_{\text{Gesamtbank}}$ = (- 30.421.000 GE) + (- 38.877.000 GE) + (- 27.436.000 GE)
= **- 96.734.000 GE**

zu 2.b):

Zur Ermittlung der absoluten Eigenkapitalkosten ist lediglich das Eigenkapital mit der Ziel-ROE zu multiplizieren. Demnach resultieren absolute Eigenkapitalkosten in Höhe von:

Absolute Eigenkapitalkosten = 119.040.000 GE · 25 % = **29.760.000 GE**

Für die Berechnung der bereichsspezifischen Eigenkapitalkosten sind die Eigenkapitalkosten der Gesamtbank mit dem Anteil des bereichsspezifischen Risikokapitals am gesamten Risikokapital zu multiplizieren (vgl. für die Ergebnisse Abb. 31.3).

zu 2.c):

Wie bereits erläutert, setzt der RORAC die Nettoergebnisse der Gesamtbank respektive der Geschäftsbereiche in Relation zum entsprechenden ökonomischen Kapital. Ein Unterschied ergibt sich durch die jeweilige Behandlung der risikofreien Verzinsung.

(a) Der gesamte Ergebnisanspruch auf Gesamtbankebene inklusive der risikofreien Verzinsung auf den anlagefähigen Buchwert des Eigenkapitals wird auf das ökonomische Kapital bezogen, um den Ziel-RORAC zu bestimmen:

$$\text{Ziel-RORAC}_{(a)} = \frac{29.760.000\text{GE}}{96.734.000\text{GE}} = \mathbf{30{,}7648\ \%}$$

(b) In den Ergebnisanspruch aus ökonomischem Kapital wird die risikofreie Verzinsung auf den Teil des anlagefähigen Buchwerts des Eigenkapitals, der das ökonomische Kapital übertrifft, nicht einbezogen.

$$\text{Ziel-RORAC}_{(b)} = \frac{29.760.000\text{GE} - (119.040.000\text{GE} - 96.734.000\text{GE}) \cdot 4\%}{96.734.000\text{GE}} = \mathbf{29{,}8424\ \%}$$

Wird der gesamte Ergebnisanspruch auf das ökonomische Kapital bezogen, liegt eine einfache und transparente Methode vor. Um allerdings einen aussagefähigen Soll/Ist-Vergleich zu ermöglichen, muss die Konditionsmarge des Eigenkapitals in der Ist-Rechnung berücksichtigt werden. Dies kann grundsätzlich auf zwei alternative Arten geschehen:

- (Anteilige) Verteilung des Konditionsbeitrags des Eigenkapitals im Bankportfolio (Voraussetzung ist eine differenzierte Allokation des Eigenkapitals zu Buchwerten)
- Zurechnung der Konditionsmarge des Eigenkapitals zum Ergebnisbeitrag des Anlagebereichs (Voraussetzung ist eine Übertragung der in der Marktzinsmethode vorgenommenen Abgrenzung von Ergebnisbereichen auf die risikoadjustierte Kennzahlensystematik)

Wird die risikofreie Verzinsung auf den anlagefähigen Buchwert des Eigenkapitals abzüglich des ökonomischen Kapitals nicht in den Ergebnisanspruch aus ökonomischem Kapital einbezogen, bedeutet dies eine Aufspaltung der Soll-Marktwertrendite in eine „risikolose" Komponente und eine auf das ökonomische Kapital bezogene Risikoprämie. Diese Vorgehensweise entspricht konzeptionell der dem CAPM zugrundeliegenden Gleichung der Wertpapierlinie. Problematisch erscheint bei dieser Vorgehensweise, dass hier Kapitalgrößen miteinander verknüpft werden, die methodisch nicht vergleichbar sind. Denn im Gegensatz zum (anlagefähigen) Buchwert des Eigenkapitals handelt es sich beim ökonomischen Kapital nicht um einen Kapitalbetrag, der im Bankportfolio investiert ist, sondern um eine Messgröße für das Verlustpotential von Risikopositionen.

Ein weiterer Ansatz reduziert den auf das ökonomische Kapital anzurechnenden Ergebnisanspruch um die risikofreie Verzinsung auf die Gesamtheit des anlagefähigen Buchwerts des Eigenkapitals. Hierbei handelt es sich wiederum um eine einfache und sehr transparente Methode. Die Vorgehensweise entspricht dem Modell einer Zentraldisposition des Eigenkapitals. Nachteilig ist allerdings zu vermerken, dass obwohl entsprechendes Eigenkapital für den Fall vorgehalten werden muss, dass ökonomisches Kapital bei Verlusten in Anspruch genommen wird, der Ziel-RORAC den risikofreien Zins jedoch nicht als Komponente enthält. Die rechnerischen Ergebnisse zu 2.a) bis 2.c) werden schließlich in Abbildung 31.3 zusammengefasst:

	Unternehmensbereich	Z	A	W	Gesamt
	Risikokategorie	Zinsänderungsrisiko	Aktienkursrisiko	Währungsrisiko	
(1)	Risikovolumen (in 1.000 GE)	200.000	150.000	80.000	430.000
(2)	Eigenmittelunterlegung (in 1.000 GE)	119.040			
(3)	Eigenkapitalkosten [= (2) · 25 %] (in 1.000 GE)	29.760			
(4)	Performance-Erwartung (in %) (diskrete Werte)	5,13	10,52	13,88	ø 8,6381 *
(5)	Performance-Erwartungswert [= (1) · (4)] (in 1.000 GE)	10.260	15.780	11.104	37.144
(6)	Volatilität bzw. Standardabweichung (in %)	5,5	10	14	ø 8,6512*
(7)	Ökonomisches Kapital = VaR [= $\lvert(1) \cdot (e^{(6) \cdot (-3)} - 1)\rvert$] (in 1.000 GE)	30.421	38.877	27.436	96.734
(8)	Ziel-RORAC (in %)	30,7648			30,7648
(9)	Ergebnisanspruch aus ökonomischem Kapital [= - ((7) · (8))] (in 1.000 GE)	9.359	11.960	8.441	29.760
(10)	Performanceerwartung in % des ökonomischen Kapitals [= (5) / (7)]	33,7267	40,5896	40,4724	38,3979
(11)	Risikobedingung ex ante erfüllt? [(10) > (8)]	ja	ja	ja	ja

Abb. 31.3: Planung der risikoadjustierten Ergebnisse der Unternehmensbereiche Z, A und W
* volumensgewichteter Durchschnittswert

zu 3.:

Der **Risikokapital-Eigenkapital Koeffizient (REK)** legt fest, welcher Prozentsatz des gesamten haftenden Eigenkapitals im Rahmen eines bestimmten Sicherheitsniveaus zur Risikoabdeckung zur Verfügung steht. Diese geschäftspolitische Vorgabe drückt somit zusammen mit dem statistischen Sicherheitsniveau in der Value at Risk Berechnung die Risikobereitschaft beziehungsweise den Risikoappetit der Geschäftsleitung aus.

Für die Transglobal-Bank AG errechnet sich ein REK in Höhe von:

REK = Risikokapital / Eigenkapital = 96.734.000 GE / 119.040.000 GE = **81,2618 %**

Der REK von 81,2618 % bedeutet, dass auch im angenommenen Maximalbelastungsfall höchstens 81,2618 % der verfügbaren Risikodeckungsmassen einschließlich des offenen Eigenkapitals verbraucht werden dürfen.

zu 4.:

Eine Tendenzaussage zur Wahrscheinlichkeit, mit der die verrechneten Eigenkapitalkosten tatsächlich verdient werden, kann aus dem prozentualen Verhältnis der Ergebnisansprüche aus Risikopositionen zum Perfomance-Erwartungswert abgeleitet werden. Je geringer dieser Wert ausfällt, desto höher ist grundsätzlich die Wahrscheinlichkeit, dass die Performance-Erwartung die verrechneten Ergebnisansprüche erreicht beziehungsweise sogar übertrifft.

Die so berechneten Anteilswerte zeigen, dass die verrechneten Ergebnisansprüche im Durchschnitt über alle Positionen 80,1206 % der Performance-Erwartung ausmachen. Es müssten also im Durchschnitt über alle Geschäfte mehr als 80 % der ursprünglichen Performance-Erwartung erwirtschaftet werden, um die risikoadjustierten Eigenkapitalkosten zu verdienen. Dabei ist in einer bereichsspezifischen Betrachtung die Sicherheit, die risikoadjustierten Eigenkapitalkosten auch tatsächlich zu erwirtschaften, im Unternehmenssektor A am größten. Insbesondere im Unternehmenssektor Z ist mit einem Wert von 91,2183 % der Prozentanteil der risikoadjustierten Eigenkapitalkosten am Performance-Erwartungswert überdurchschnittlich hoch, so dass hier die Wahrscheinlichkeit des Überschreitens der risikoadjustierten Eigenkapitalkosten durch das tatsächlich erzielte Ergebnis deutlich geringer ist.

	Unternehmensbereich	Z	A	W	Gesamt
(5)	Performance-Erwartungswert (in 1.000 GE)	10.260	15.780	11.104	37.144
(9)	Ergebnisansprüche aus Risikopositionen (in 1.000 GE)	9.359	11.960	8.441	29.760
	Anteil an der Performance-Erwartung [= (9) / (5)] (in %)	91,2183	75,7921	76,0177	ø 80,1206

Abb. 31.4: Anteil der geforderten Ergebnisansprüche aus Risikokapital an der Performance-Erwartung

zu 5.:

Der Ist-RAROC (risk adjusted return on (risk adjusted) capital) ergibt sich als Differenz zwischen dem Ist-RORAC und dem Ziel-RORAC. Somit wird anhand des Ist-RAROCs sofort deutlich, ob ein Geschäftsbereich tatsächlich seine risikoadjustierten Eigenkapitalkosten erwirtschaftet hat oder nicht (vgl. Abb. 31.5).

	Unternehmensbereich	Z	A	W	Gesamt
(12)	Realisiertes Ergebnis aus Risikopositionen (in 1.000 GE)	7.580	13.600	8.720	29.900
(13)	Risikoadjustierte Ergebnisse [= (12) – (9)] (in 1.000 GE)	- 1.779	1.640	279	140
(14)	**Ist-RORAC** [= (12) / (7)] (in %)	24,9170	34,9821	31,7831	30,9095
(15)	Ergebnisansprüche ex post verdient?	nein	ja	ja	ja
(16)	**Ist-RAROC** [= (14) – (8)] (in %)	- 5,8478	4,2173	1,0183	0,1447

Abb. 31.5: Kontrolle der risikoadjustierten Ergebnisse der Unternehmensbereiche Z, A und W

Anhand der Ist-RAROCs wird sofort ersichtlich wie die verschiedenen Geschäftsbereiche abgeschnitten haben. Deutlich wird hier, dass Geschäftsbereiche A und W ihre risikoadjustierten Eigenkapitalkosten erwirtschaftet haben. Diese zwei Bereiche waren so erfolgreich, dass das negative Ergebnis aus dem Bereich Z überkompensiert werden konnte.

Fallstudie 32: Laufzeit- und Marktbewertungsmethode

Duncan McCalf, selbständiger Unternehmensberater mit dem Spezialgebiet Aufsichtsrecht für Banken, wurde von der deutschen Privatbank Kohlen & Reibach beauftragt, Eigenmittelanforderungen zu berechnen, denen die Bank gemäß Kreditwesengesetz Genüge zu leisten hat.

Besondere Dringlichkeit erfährt dabei die Berechnung des Eigenmittelbedarfes für Finanzinnovationen, da die Privatbank ein Engagement in Futures beabsichtigt und sich zunächst über die bereits vorhandenen Risiken und Eigenmittelanforderungen in diesem Risikosegment im klaren sein möchte. In dieses Risikosegment fallen bei Kohlen & Reibach nur zwei Finanzswaps. Zunächst stellt Duncan McCalf fest, dass es bei einer separaten Ermittlung der erforderlichen Eigenmittel für diese Finanzinnovationen nur darum gehen kann, dass Gegenparteirisiko in Form des Ausfallrisikos aus diesen Positionen zu berechnen. Die beiden Finanzswaps weisen folgende Charakteristika auf:

Zinsswap

• Swapvolumen:	200 Mio. EUR
• Ursprungslaufzeit:	4 Jahre
• Abschlusszeitpunkt:	31.12.03
• Zinsbasis	
- fest:	7 %
- variabel:	6-Monats-Euribor
• Rolle der Bank:	Intermediär
• Swappartner:	Wurstkonserven Import-Export (WIE) AG, Rheinfelden
	Transatlantische Containerhafen (TACH) AG, Brunsbüttel

Die aus dem Zinsswap resultierenden Zahlungsströme (ohne Berücksichtigung der von der Privatbank Kohlen & Reibach vereinnahmten Gebühren) sind in der folgenden Abbildung 32.1 dargestellt.

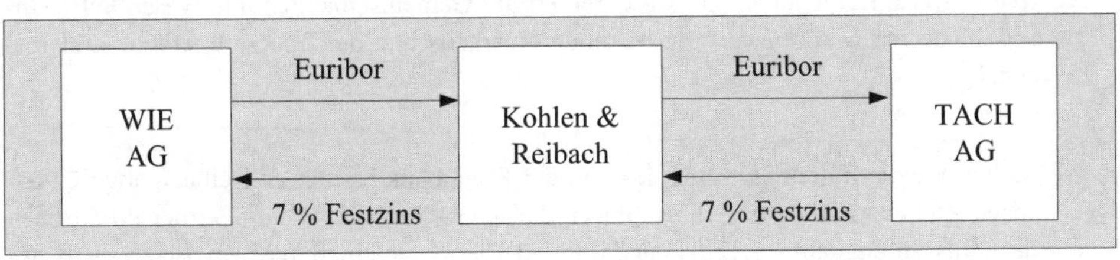

Abb. 32.1: Zahlungsströme des Zinsswaps

Währungsswap

• Swapvolumen	200 Mio. EUR
• Ursprungslaufzeit:	4 Jahre
• Abschlusszeitpunkt (t_0):	31.12.03
• Devisenkurs in t_0:	1 CHF = 1,50 EUR

- 4-Jahres-EUR-Zins in t_0: 8 %
- 4-Jahres-CHF-Zins in t_0: 7 %
- Rolle der Bank: Intermediär
- Swappartner: Savoir-Vivre S.A., Genf
  Schmalhans AG, Leer/Ostfriesland

Die sich aus dem Währungsswap ergebenden Zahlungsströme (ohne Berücksichtigung der von der Privatbank Kohlen & Reibach vereinnahmten Gebühren) sind der folgenden Übersicht zu entnehmen:

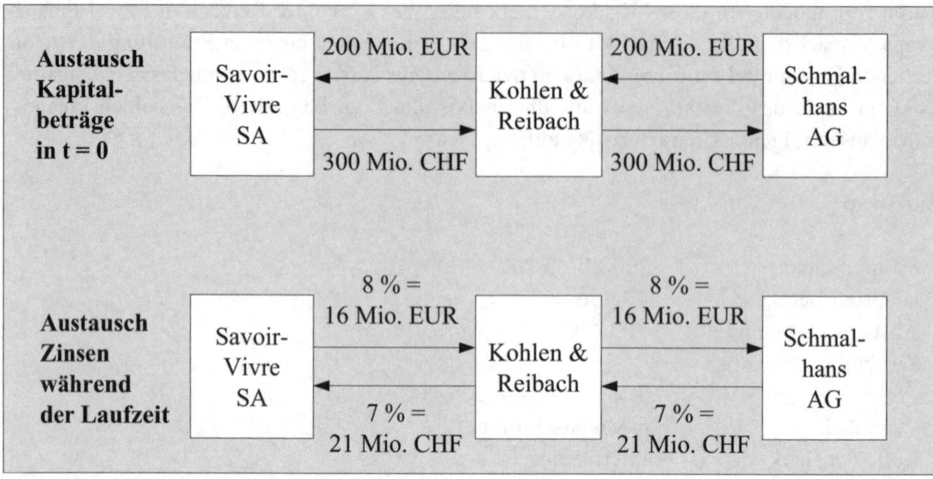

Abb. 32.2: Zahlungsströme des Währungsswaps

Sie würden gerne mit Duncan McCalf zusammenarbeiten, müssen zu diesem Zwecke jedoch zunächst Ihr aufsichtsrechtliches Fachwissen unter Beweis stellen!

1. Die BaFin lässt im Rahmen der Ermittlung der notwendigen Eigenmittel zwei alternative Bewertungsmethoden zu. Beschreiben Sie Gemeinsamkeiten und wesentliche Unterschiede der Marktbewertungsmethode einerseits und der Laufzeitmethode andererseits!

2. a) Stellen Sie die Zahlungsströme des von der Privatbank Kohlen & Reibach abgeschlossenen Zinsswaps für den Fall graphisch dar, dass die WIE AG als Partner direkt nach der Zinszahlung am 31.12.04 ausfällt und die Bank einen fiktiven Ersatzswap abschließen muss, um die durch den Ausfall entstandene offene Position zu schließen. Unterstellen Sie dabei, dass für den Ersatzswap im Gegenzug zu den 6-Monats-Euribor-Zahlungen ein jährlicher Festzins von 8,5 % zu zahlen ist.

Ermitteln Sie zum Stichtag 31.12.04 das anzurechnende Risikovolumen für den Zinsswap gemäß den Vorschriften des Grundsatzes I

b) nach der Marktbewertungsmethode und

c) nach der Laufzeitmethode!

3. a) Stellen Sie die Zahlungsströme des von der Privatbank Kohlen & Reibach abgeschlossenen Währungsswaps für den Fall graphisch dar, dass die Savoir-Vivre S.A. unmittelbar nach der Zinszahlung am 31.12.04 ausfällt und die Bank einen fiktiven Ersatzswap abschließt. Unterstellen Sie dabei, dass am 31.12.04 die folgenden Konditionen gelten:

   - EUR-Zins bei einem Ersatzswap mit einer Laufzeit von drei Jahren: 7 %
   - CHF-Zins bei einem Ersatzswap mit einer Laufzeit von drei Jahren: 7,5 %
   - Devisenkurs: 1 EUR = 1,60 CHF

   Ermitteln Sie zum Stichtag 31.12.04 das anzurechnende Risikovolumen für den Währungsswap

   b) nach der Marktbewertungsmethode und

   c) nach der Laufzeitmethode!

4. Im Rahmen der Laufzeitmethode stellt, je nachdem, ob der Eindeckungsaufwand bei Abschluss eines Ersatzswaps von Zinssatz- oder von Wechselkursänderungen abhängt, entweder die Restlaufzeit (Zinssätze) oder die Ursprungslaufzeit (Wechselkurse) das maßgebliche Laufzeitkriterium dar.

   Verdeutlichen Sie anhand der in Aufgabe 2 und 3 ermittelten Ergebnisse die Berechtigung dieser differenzierten Vorgehensweise!

Lösungsvorschlag zu Fallstudie 32:

zu 1.:

Das gemeinsame Merkmal beider Bewertungsverfahren besteht in der grundsätzlichen Vorgehensweise bei der Ermittlung des mit Eigenmitteln zu unterlegenden anzurechnenden Risikovolumens. Dieses berechnet sich nach der folgenden Formel:

Anzurechnendes Risikovolumen = Risikoäquivalentes Volumen · Anrechnungsfaktor

Die positionsspezifischen Anrechnungsfaktoren (Adressengewichtung) sind unabhängig von der gewählten Methode und betragen je nach Bonität des Kontraktpartners 0 % (z.B. Forderungen an inländische öffentliche Haushalte), 20 % (z.B. Forderungen an inländische Banken) oder 50 % (z.B. Forderungen an ausländische Banken). Da es sich bei dem überwiegenden Teil der Marktteilnehmer im Derivatehandel regelmäßig um Adressen mit hohem Standing handelt, wird die Adressengewichtung bei innovativen außerbilanziellen Geschäften generell auf maximal 50 % begrenzt (50 %-Cap). Abweichend von diesen kontraktpartnerbezogenen Anrechnungssätzen sind nicht bilanzwirksame wechselkursabhängige Geschäfte mit einer Ursprungslaufzeit von bis zu 14 Kalendertagen ebenso wie Termin- und Optionsgeschäfte, die täglichen Einschusszahlungen unterliegen und bei denen eine bonitätsmäßig einwandfreie Börseneinrichtung Schuldner oder Garant für das Institut ist, gänzlich von der Anrechnung ausgenommen.

Zugrunde gelegt werden bei Termingeschäften und Optionsrechten über Gegenstände, die eine bestimmte Laufzeit aufweisen, die Laufzeit des Gegenstandes, bei Termingeschäften und Optionsrechten auf variabel verzinsliche Wertpapiere und bei währungsgleichen Zinsswaps ohne Festzinsteil, die bis zum nächstfolgenden Zinsanpassungstermin verbleibende Zeitspanne, bei anderen Swapgeschäften, Termingeschäften und Optionsrechten die Laufzeit des Geschäftes.

Materielle Unterschiede zwischen beiden Methoden bestehen im Hinblick auf die Ermittlung des **risikoäquivalenten Volumens**. Bei der **Marktbewertungsmethode** errechnet sich das risikoäquivalente Volumen aus der Addition des aktuellen Eindeckungsaufwands („Current Exposure"), der dem Barwert, der sich bei den derzeitigen Marktverhältnissen ergebenden Wiederbeschaffungskosten entspricht, und eines Zuschlags („Potential Exposure" bzw. „Add On") zur Berücksichtigung zukünftig möglicher Marktveränderungen.

	Current Exposure
+	Potential Exposure
=	Risikoäquivalentes Volumen nach der Marktbewertungsmethode

Das „Potential Exposure" ergibt sich aus der Multiplikation des Nominal- bzw. des Kontraktvolumens mit dem relevanten Zuschlagssatz, der von der jeweiligen zugrunde gelegten **Laufzeit** des betreffenden Geschäftes abhängt (vgl. Abb. 32.3).

Eindeckungsaufwand beruhend auf Änderungen von …	… Zinssätzen	... Aktienkursen	… Wechselkursen
Laufzeitkriterium	Restlaufzeit		
bis 1 Jahr	0 %	6 %	1 %
über 1 Jahr bis 5 Jahre	0,5 %	8 %	5 %
über 5 Jahre	1,5 %	10 %	7,5 %

Abb. 32.3: Zuschlagssätze für Finanzderivate nach der Marktbewertungsmethode gemäß Grundsatz I

Handelsbuchinstitute haben die Marktbewertungsmethode bei Swapgeschäften, Termingeschäften und Optionsrechten sowie bei für diese Risikoaktiva übernommenen Gewährleistungen zwingend anzuwenden.

Die **Laufzeitmethode** ist dagegen einfacher strukturiert. Sie verzichtet völlig auf die Berechnung des momentanen Ausfallrisikos (derzeitige Wiederbeschaffungskosten) und ermittelt das risikoäquivalente Volumen pauschal über rest- bzw. ursprungslaufzeitbezogene Zuschlagssätze. Nichthandelsbuchinstituten gestattet die BaFin die Anwendung der Laufzeitmethode für alle Geschäfte, deren Eindeckungsaufwand ausschließlich auf Änderungen von Zinssätzen, Wechselkursen oder dem Goldpreis beruht.

$$\begin{array}{c}\text{Risikoäquivalentes Volumen}\\ \text{nach der Laufzeitmethode}\end{array} = \text{Bemessungsgrundlage} \cdot \text{laufzeitbezogener Zuschlagssatz}$$

Abweichend von den oben angeführten allgemeinen Kriterien zur Bemessung der Laufzeit gelten bei der Laufzeitmethode die Spezifika, dass bei Geschäften mit Zinssätzen als Risikofaktor die Restlaufzeit, bei Geschäften mit Wechselkursen oder Goldpreis als Risikofaktor die Ursprungslaufzeit angesetzt wird.

Eindeckungsaufwand beruhend auf Änderungen von …	… Zinssätzen	… Wechselkursen oder des Goldpreises
Laufzeit bis 1 Jahr	0,5 %	2 %
Laufzeit 1 Jahr bis 2 Jahre	1 %	5 %
Zuschlag für jedes weitere Jahr	1 %	3 %

Abb. 32.4: Zuschlagssätze für Finanzderivate nach der Laufzeitmethode gemäß Grundsatz I

Beachten Sie, dass eine vollständige Unterlegung der positionsinhärenten Risiken von Finanzderivaten auch noch eine Unterlegung des Marktrisikos verlangt, von der hier indes abstrahiert wird.

zu 2.a):

Ausgangssituation:

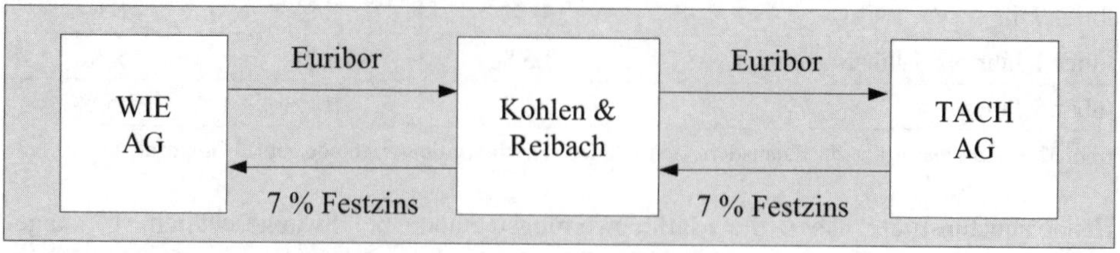

Abb. 32.5: Zahlungsströme des Zinsswaps vor Ausfall des Swappartners

Der Zahlungsstrom nach Ausfall der WIE AG unmittelbar nach der Zinszahlung am 31.12.04 ist in der folgenden Abbildung 32.6 dargestellt.

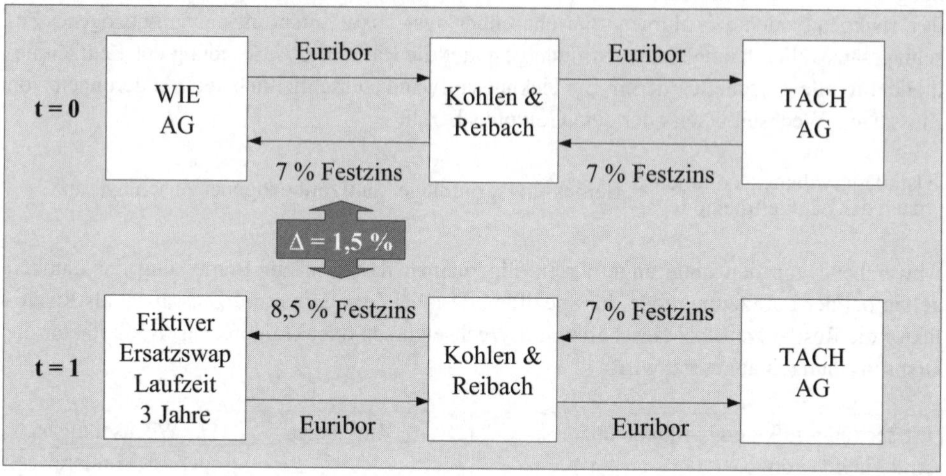

Abb. 32.6: Zahlungsströme des Zinsswaps nach Ausfall des Swappartners

zu 2.b):

Marktbewertungsmethode

- **Bemessungsgrundlage**

Swapvolumen: 200 Mio. EUR

- **Verlust pro Jahr der Restlaufzeit**

Der Verlust pro Jahr der Restlaufzeit beläuft sich auf 3 Mio. EUR p.a. [= 200 Mio. EUR · (7 % – 8,5 %)].

- **„Current Exposure"**

Der Barwert der Verluste (= „Current Exposure"), der sich aus der Abzinsung mit dem aktuellen Festzins von 8,5 % ergibt, beträgt bei drei noch ausstehenden Zinszahlungen:

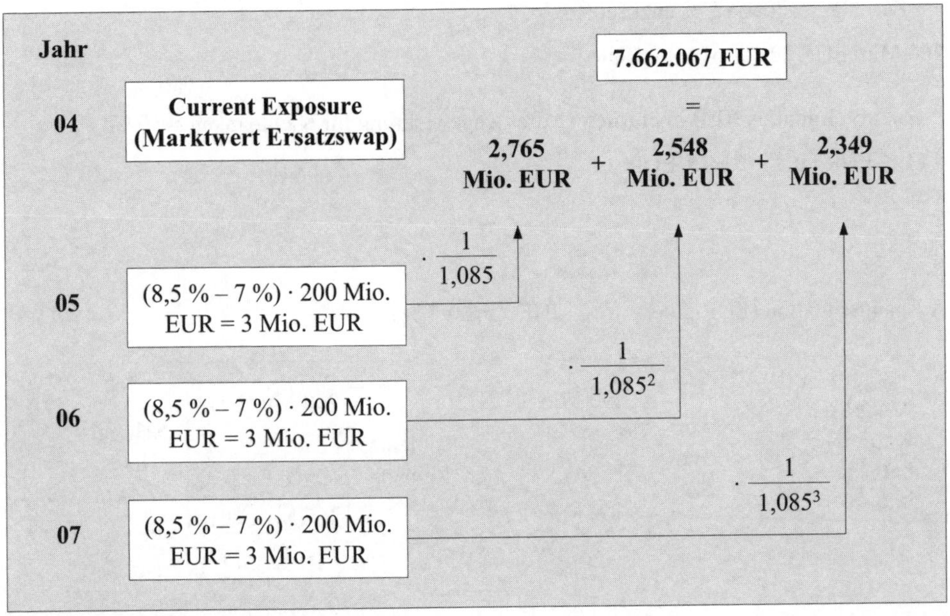

Abb. 32.7: Berechnung des Current Exposure

- **„Potential Exposure"**

Der Zuschlag für das zukünftige Risiko (= „Potential Exposure") beträgt bei einer Restlaufzeit von drei Jahren (Zuschlagssatz 0,5 %):

200 Mio. EUR · 0,5 % = 1 Mio. EUR

- **Risikoäquivalentes Volumen**

7.662.067 EUR + 1.000.000 EUR = 8.662.067 EUR

- **Anzurechnendes Risikovolumen** (Adressengewichtung für Nichtbanken = 50 %)

8.662.067 EUR · 0,5 = 4.331.034 EUR

<u>zu 2.c):</u>

Laufzeitmethode

- **Bemessungsgrundlage**

Swapvolumen: 200 Mio. CHF

- **Risikoäquivalentes Volumen**

Das risikoäquivalente Volumen ergibt sich aus der Multiplikation des Swapvolumens mit den laufzeitbezogenen Zuschlagssätzen. Da es sich bei einem Zinsswap um ein von Änderungen der relevanten **Zinssätze** abhängiges Geschäft handelt, ist für die Restlaufzeit von drei Jahren ein Zuschlagssatz von 2 % anzusetzen.

200 Mio. EUR · 2 % = 4 Mio. EUR

- **Anzurechnendes Risikovolumen** (Adressengewichtung für Nichtbanken = 50 %)

4 Mio. EUR · 0,5 = 2 Mio. EUR

zu 3.a):

Ausgangssituation (EUR-Zins = 8 %; CHF-Zins = 7 %):

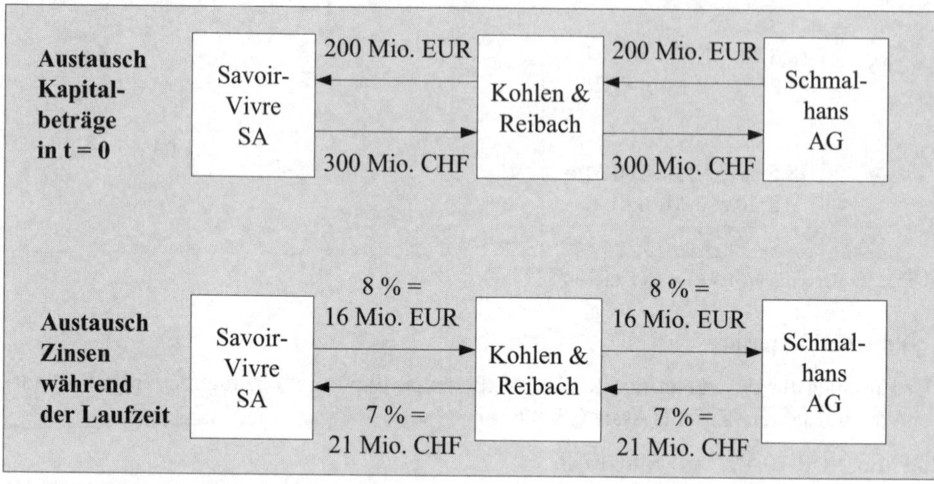

Abb. 32.8: Zahlungsströme des Währungsswaps vor Ausfall des Swappartners

Der Zahlungsstrom nach Ausfall der Savoir-Vivre S.A. nach einem Jahr (EUR-Zins = 7 %; CHF-Zins = 5 %; Devisenkurs 1,60 CHF/EUR) stellt sich wie folgt dar (vgl. Abb. 32.9).

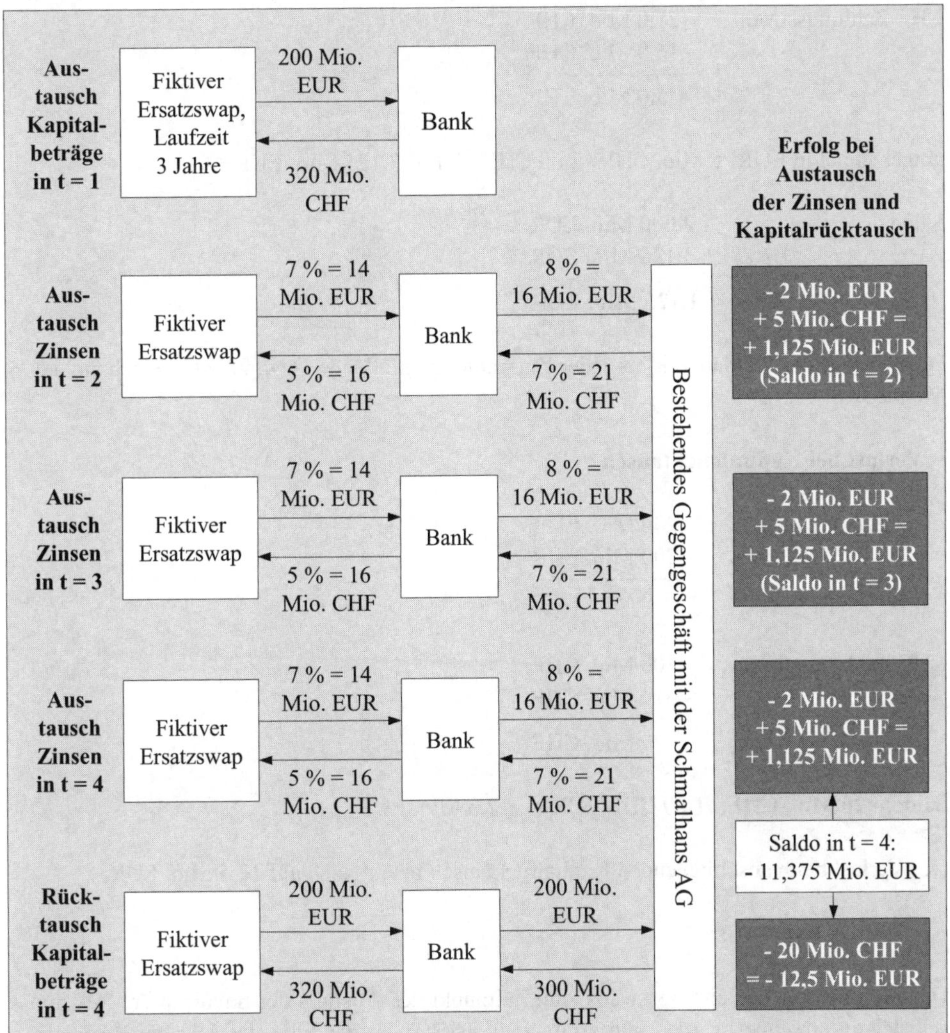

Abb. 32.9: Zahlungsströme des Währungsswaps nach Ausfall des Swappartners

zu 3.b):

Marktbewertungsmethode

- **Saldo aus dem Austausch der Zinszahlungen p.a.**

EUR-Zahlungsstrom:	14,0 Mio. EUR
	- 16,0 Mio. EUR
	- 2,0 Mio. EUR

CHF-Zahlungsstrom:	21,0 Mio. CHF	
	- 16,0 Mio. CHF	
	5,0 Mio. CHF	

umgerechnet in EUR: 5 Mio. CHF / 1,60 CHF/EUR = 3,125 Mio. EUR

Saldo:	- 2,000 Mio. EUR
	+ 3,125 Mio. EUR
	1,125 Mio. EUR

Der pro Jahr der Restlaufzeit bei jeder Zinszahlung anfallende Gewinn beläuft sich auf 1,125 Mio. EUR.

- **Verlust bei Kapitalrücktausch**

EUR-Zahlungsstrom:	200 Mio. EUR
	- 200 Mio. EUR
	0 Mio. EUR

CHF-Zahlungsstrom:	300 Mio. CHF
	- 320 Mio. CHF
	- 20 Mio. CHF

Saldo: **- 20 Mio. CHF** / 1,60 CHF/EUR = - 12,5 Mio. EUR

Der Verlust beim abschließenden Kapitalrücktausch beläuft sich auf 12,5 Mio. EUR.

- **„Current Exposure“**

Der Marktwert des Währungsswaps zum Zeitpunkt des Ausfalls der Savoir-Vivre S.A. muss selbständig errechnet werden und ergibt sich als Barwert der für jedes Jahr der Restlaufzeit saldierten zukünftigen Gewinne sowie Verluste. Die Diskontierung wird hier vereinfachend mit dem gültigen EUR-Zinssatz für dreijährige Restlaufzeiten (= 7 %) vorgenommen (exakter wäre eine Diskontierung mit den jeweils laufzeitspezifischen Zerobond-Abzinsfaktoren).

Gewinn im 1. Jahr:	1,125 Mio. EUR / 1,07	=	1.051.402 EUR
Gewinn im 2. Jahr:	1,125 Mio. EUR / $1{,}07^2$	=	982.619 EUR
Gewinn im 3. Jahr:	1,125 Mio. EUR / $1{,}07^3$	=	918.335 EUR
Verlust im 3. Jahr:	- 12,5 Mio. EUR / $1{,}07^3$	=	- 10.203.724 EUR
Summe der Barwerte:			- 7.251.368 EUR

- **„Potential Exposure“**

Der Zuschlagssatz für Wechselkursrisiken mit einer Restlaufzeit von einem bis zu fünf Jahren beträgt 5 %. Das „Potential Exposure“ beläuft sich somit auf:

200 Mio. EUR · 5 % = 10 Mio. EUR

- **Risikoäquivalentes Volumen**

7.251.368 EUR + 10 Mio. EUR = 17.251.368 EUR

- **Anzurechnendes Risikovolumen** (Adressengewichtung für Nichtbanken = 50 %)

17.251.368 EUR · 0,5 = **8.625.684 Mio. EUR**

zu 3.c):

Laufzeitmethode

- **Bemessungsgrundlage**

Swapvolumen = 200 Mio. CHF

- **Risikoäquivalentes Volumen**

Das risikoäquivalente Volumen ergibt sich aus der Multiplikation des Swapvolumens mit den laufzeitbezogenen Zuschlagssätzen. Da es sich bei einem Währungsswap um ein von Änderungen der relevanten **Wechselkurse** abhängiges Geschäft handelt, ist die **Ursprungslaufzeit** zur Bestimmung des Multiplikators anzusetzen.

200 Mio. EUR · (5 % + 3 · 3 %) = 28 Mio. CHF

- **Anzurechnendes Risikovolumen** (Adressengewichtung für Nichtbanken = 50 %)

28 Mio. CHF · 0,5 = **14 Mio. CHF**

zu 4.:

Die Beispiele haben gezeigt, dass der Marktwert von **Zinsswaps** wesentlich von der **Restlaufzeit** des Geschäfts abhängt, die nach dem Ausfall eines Partners noch verbleibt. Da ein Austausch der Kapitalbeträge nicht stattfindet, kann sich das Risiko lediglich in den alljährlich stattfindenden Zinszahlungen realisieren. Somit sinkt das Ausfallrisiko tendenziell mit abnehmender Restlaufzeit. Die Umrechnungssätze bei der Laufzeitmethode sind deshalb sinnvollerweise restlaufzeitbezogen formuliert.

Der Marktwert von **Währungsswaps** wird dagegen maßgeblich durch den potentiellen, wechselkursinduzierten Verlust beim abschließenden Rücktausch der Kapitalbeträge determiniert. Dieser findet lediglich am Ende des zu bewertenden Geschäfts statt, so dass von der abnehmenden Restlaufzeit des Währungsswaps tendenziell keine Minderung des Ausfallrisikos ausgeht. Das Ausfallrisiko hängt vielmehr von der **Ursprungslaufzeit** ab, da eine (nachteilige) Veränderung des Wechselkurses umso wahrscheinlicher wird, je länger ein solcher Währungsswap läuft.

Fallstudie 33: **Dimensionale Ergebnisrechnung im Bank-Controlling**

Die Very Important-Bank engagiert sich als Global-Player im internationalen Wholesale-Geschäft mit Standorten an allen wichtigen Finanzplätzen der Welt. Als Group-Controller sind Sie bei der VI-Bank am Hauptsitz in Zürich beschäftigt. Dort sind Sie verantwortlich für das betriebliche Rechnungswesen.

Um die strategischen Entscheidungen, mit welchen Produkten, welche Kunden in welchen Regionen betreut werden sollen, und um die regionale Ressourcenallokation optimal zu unterstützen, hat sich die Geschäftsleitung der VI-Bank entschieden, ein weltweites Management Accounting einzuführen.

Entsprechend dem Selbstverständnis der VI-Bank muss dies dem State of the Art entsprechen. Sie haben daher ein System vorgeschlagen, das auf der Kostenseite dem Konzept der „relativen Prozesskostenrechnung" folgt. Das für Controlling zuständige Mitglied der Geschäftsleitung ist mit Ihrem Vorschlag grundsätzlich einverstanden.

1. Er bittet Sie, für die nächste Sitzung des „Group Executive Boards", ein höchstens ein- bis zweiseitiges Memo zu verfassen, das in einfacher und klarer Form die grundsätzliche Funktionsweise und die Vorteile des Konzeptes beschreibt.

Da er um die kritische Haltung seiner Kollegen gegenüber Kostenrechnungssystemen im Wholesale-Geschäft weiß, bittet er Sie darüber hinaus, ein kleines Demonstrationsbeispiel zu konzipieren, das unmittelbar der Praxis der VI-Bank entstammt.

Zusammen mit einem Berater einer renommierten Consulting-Firma gehen Sie dieses Problem an. Sie entschließen sich, das Emissions-Geschäft in Zürich mit folgenden Organisationseinheiten als Beispiel zu wählen:

Kostenstelle I:	„Corporate Finance Team 1"	Front Profit Center, das Beratungen durchführt
Kostenstelle II:	„Corporate Finance Team 2"	Front Profit Center, das Beratungen durchführt
Kostenstelle III:	„Abwicklung Primärmarkt Emissionen"	Cost Center, dessen Aufgabe die detaillierte Abwicklung von Primärmarkt-Emissionen darstellt

Um auch die Verrechnungsproblematik in das Modell einzubeziehen, empfiehlt Ihnen der Berater zusätzlich, die folgenden Kostenstellen (Cost Center) aufzunehmen:

Kostenstelle IV:	„Rechnungswesen“	Stabstelle, die das Rechnungswesen des Standortes durchführt
Kostenstelle V:	„Gebäude Zürich“	technische Gebäudekostenstelle, auf der die Gebäudekosten gesammelt werden
Kostenstelle VI:	„EDV-Betrieb“	Kostenstelle für das Rechenzentrum, das die EDV-Leistungen erbringt

Der Produkt-Katalog für den von Ihnen gewählten Bereich weist folgende Struktur auf:

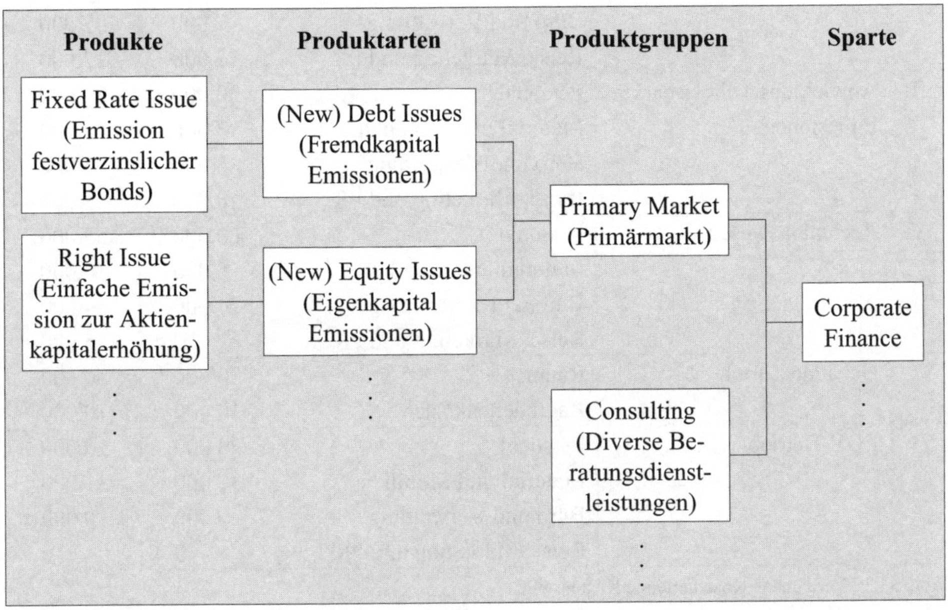

Abb. 33.1: Ausschnitt aus dem Produktkatalog der VI-Bank

Um auch die Kosten berücksichtigen zu können, die keiner Sparte verursachungsgerecht zugeordnet werden können, definieren Sie darüber hinaus das Element „nicht spartenspezifische Kosten“.

Aus Ihrer Kostenstellen- und Kostenartenrechnung leiten Sie realistische Verhältnisse für verdichtete Kostenartenwerte je Kostenstelle ab. Für Ihr Beispiel ergibt sich folgende Aufstellung:

Kostenstelle	Kostenart (verdichtet)	Budget (in GE)	Ist (in GE)
I Corporate Finance Team 1	Personal	60.000	60.000
	Material und Mobilien	6.000	6.000
	Büro und Verwaltung	4.000	4.000
	Reise, Marketing und PR	10.000	10.000
II Corporate Finance Team 2	Personal	90.000	90.000
	Material und Mobilien	11.000	11.000
	Büro und Verwaltung	7.000	7.000
	Reise, Marketing und PR	12.000	12.000
III Abwicklung Primärmarkt Emissionen	Personal	60.000	70.000
	Material und Mobilien	7.000	7.000
	Büro und Verwaltung	5.000	5.000
	Reise, Marketing und PR	8.000	8.000
IV Rechnungswesen	Personal	60.000	55.000
	Material und Mobilien	6.000	6.000
	Büro und Verwaltung	4.000	4.000
	Reise, Marketing und PR	0	5.000
V Gebäude Zürich	Raum	30.000	30.000
	Raumnebenkosten	10.000	10.000
VI EDV-Betrieb	Personal	20.000	20.000
	Material und Mobilien	31.000	31.000
	Büro und Verwaltung	9.000	9.000
	Reise, Marketing und PR	0	0

Abb. 33.2: Verdichtete Kostenarten je Kostenstelle

Nach einer Diskussion mit den Experten halten Sie fest, dass

- die Kosten der Gebäudekostenstelle (Kst. V), die die Räume der Kostenstellen I-IV enthält, auf Basis der genutzten Quadratmeter an diese Kostenstellen verteilt werden sollen,
- die Kosten der Kostenstelle „EDV-Betrieb“ über die Transaktionsmengen an die Nutzerkostenstellen I - IV verteilt werden sollen und
- die Komponenten „Material und Mobilien“, „Büro und Verwaltung“ und „Raum“ einen indirekten Bezug als Arbeitsplatzkosten zur Anzahl und zu den Kosten der Mitarbeiter in den Organisationseinheiten der VI-Bank aufweisen, die Kosten für „EDV“ sowie „Reise, Marketing und PR“ jedoch nicht.

Kosten-stelle	Aktivität	Zeit-anteil	Produktbezug	Kundenbezug
I	1. Strukturierung spezifischer Transaktionen	30 %	Produkt Fixed R. Issue: 100 %	Einbezug in Einzelkunden-Rechnung via Produkt-Durchschnittskosten
	2. Entwicklung von Finanzierungs-konzepten	30 %	Produktart Debt Issues: 90 % Produktart Equity Issues: 10 %	Aufteilung im Verhältnis der Primär-markt-Transaktionsmengen der Einzelkunden in der Periode
	3. Generelle Beratungsmandate	30 %	Produktgruppe Prim. Markt: 50 % Produktgruppe Consulting: 50 %	Kundengruppe Öffentl. Institut.: 90 % Kundengruppe Firmen: 10 %
	4. Führung, Verwaltung, Schulung	10 %	Sparte Corporate Finance: 100 %	nicht-kundenspezifisch: 100 %
II	5. Strukturierung spezifischer Transaktionen	40 %	Produkt Fixed R. Issue: 50 % Produkt Right Issue: 50 %	Einbezug in Einzelkunden-Rechnung via Produkt-Durchschnittskosten
	6. Allgemeine Beratung für Firmen	30 %	Produktart Debt Issues: 50 % Produktart Equity Issues: 50 %	Kundengruppe Firmen: 100 %
	7. Produkt-Entwicklung	20 %	Produktart Debt Issues: 70 % Produktart Equity Issues: 30 %	nicht-kundenspezifisch: 100 %
	8. Führung, Verwaltung, Schulung	10 %	Produktgruppe Prim. Market: 100 %	nicht-kundenspezifisch: 100 %

Abb. 33.3: Tätigkeiten und Kostenabhängigkeiten in den Kostenstellen

Kosten-stelle	Aktivität	Zeit pro Fall	Zähl-größe	Produktbezug	Kundenbezug	Weiter-belastungs-Steuerung
III	9. Abwicklung Fixed Rate Issues	25 Std.	Fixed Rate Issues-Trans-aktionen	Produkt Fixed Rate Issues: 100 %	Einbezug in Einzelkunden-Rechnung über Produkt-Durchschnittskosten	Kst. I und II: Verrechnung pro Fixed Rate Issue Transaktion
	10. Abwicklung Right Issues	20 Std.	Right Issues-Trans-aktionen	Produkt Right Issues: 100 %	Einbezug in Einzelkunden-Rechnung über Produkt-Durchschnittskosten	Kst. I und II: Verrechnung pro Right Issue Transaktion
	11. Allgemeine Kunden-betreuung	5 Std./Kd.	Aktuelle Kundenzahl	Prod.art Debt Issues: 60 % Prod.art Equity Issues: 40 %	Kundengr. Firmen: 60 % Kundengruppe Öffentl. Institutionen: 40 %	indirekt *
	12. Führung, Verwaltung	5 Std./MA	Anzahl Mitarbeiter (= MA)	Prod.art Debt Issues: 60 % Prod.art Equity Issues: 40 %	nicht-kundenspezifisch: 100 %	indirekt *

Kosten-stelle	Aktivität	Zeit-anteil	Produktbezug	Kundenbezug	Weiter-belastungs-Steuerung
IV	13. Finanzielles Rechnungs-wesen	60 %	nicht-spartenspezifisch: 100 %	nicht-kundenspezifisch: 100 %	Kst. I: 50 % Kst. II: 50 % (Umlage)
	14. Betriebliches Rechnungs-wesen	30 %	nicht-spartenspezifisch: 100 %	nicht-kundenspezifisch: 100 %	analog 13.
	15. Führung, Verwaltung	10 %	nicht-spartenspezifisch: 100 %	nicht-kundenspezifisch: 100 %	analog 13.

Fortsetzung Abb. 33.3

Hinweis zu Abbildung 33.3:

* Die Abwicklungs- und Frontabteilungen haben in den Gesprächen darauf bestanden, dass nur Verrechnungspreise für die Durchführung der Fixed Rate- und Right-Issues-Transaktionen gebildet werden sollen. Die geplanten Kosten der Tätigkeiten 11 und 12 sind anteilig (über Aufschläge auf die Grundpreise pro Transaktion) weiterzubelasten.

Ihr Berater kennt dieses Problem bereits aus einer anderen Bank und schlägt folgendes Vorgehen vor:

1. Auf Basis des geplanten Stundenpreises wird zu Beginn des Jahres der Grundpreis der Tätigkeiten 9 und 10 festgestellt.
2. Auf Basis der geplanten Mengen der Tätigkeiten 11 und 12, sowie des Stundenpreises sind die Kosten der Aktivitäten festzustellen und auf die Produkte aufzuteilen. Die Summe der Kosten für die Produktart „Debt Issues" beziehungsweise „Equity Issues" wird anschließend ins Verhältnis zu den Kosten der Aktivität 9 respektive 10 gesetzt und hieraus ein prozentualer Aufschlag für die Produktart berechnet, der bei jeder Durchführung einer Transaktion für die Front-Teams 1 und 2 Anwendung findet und zu einer zweiten (parallel durchgeführten) Belastung auf der Ebene Produktart führt.

Im nächsten Schritt führen Sie nun eine Analyse der Tätigkeiten und Kostenabhängigkeiten in den Kostenstellen durch. Nach Diskussionen mit den Abteilungen stellen Sie fest, dass wegen des komplexen Aufgabenspektrums sowie der psychologischen Widerstände in den Front-Teams (Kst. I und II) und in der Stabsabteilung „Rechnungswesen" (Kst. IV) eine Abbildung der einzelnen Tätigkeiten zunächst nur mit Hilfe von prozentualen Zeitanteilen realisierbar ist. Die Abteilungen bestätigen Ihnen jedoch, dass die von Ihnen erhobenen Zeitanteile im Zeitablauf sehr stabil sind und im Durchschnitt sicherlich der Realität entsprechen.

Für die Abwicklungseinheit (Kst. III) erscheinen Zeit-Standards auf Basis der bearbeiteten Fälle resp. auf Basis allgemeiner Zählgrößen möglich.

Gemäß dem Konzept der relativen Prozesskostenrechnung sind neben den Tätigkeiten, Zählgrößen und Zeiten ebenfalls der Produkt- und der Kundenbezug der Aktivitäten zu erheben. Des weiteren stellen Sie den Weiterbelastungsbezug für die Abwicklungs- und die Stabsabteilung (Kst. III und IV) fest, da diese Kostenstellen Leistungen für andere Abteilungen („interne Kunden") erbringen. Hochverdichtet ergibt sich für Ihr Demonstrationsmodell das in der voranstehenden Abbildung 33.3 dargestellte Bild.

Im nächsten Schritt haben Sie die Kostenabhängigkeiten für jene Sachkostenarten ermittelt, die Sie direkt den Kostenträgern zurechnen wollen:

Kosten-stelle	Kostenart	Produktbezug	Kundenbezug	Weiter-belastungs-Steuerung
I	Reise, Marketing und PR	Produktgruppe Primary Market: 50 % Produktgruppe Consulting: 50 %	Kundengruppe Öffentl. Institutionen: 90 % Kundengruppe Firmen: 10 %	
	EDV-Kosten	Produkt Fixed Rate Issue: 50 % Produktart Debt Issue: 20 % Sparte Corporate Finance: 30 %	über Produkt-Kosten auf Einzelkunden: 50 % nicht-kundenspezifisch: 50 %	
II	Reise, Marketing und PR	Produktart Debt Issues: 50 % Produktart Equity Issues: 50 %	Kundengruppe Firmen: 100 %	
	EDV-Kosten	Produkt Fixed Rate Issue: 50 % Produkt Right Issue: 30 % Produktart Debt Issues: 10 % Produktart Equity Issues: 10 %	über Produkt-Kosten auf Einzelkunden: 80 % nicht-kundenspezifisch: 20 %	
III	Reise, Marketing und PR	Produkt Fixed Rate Issue: 100 %	über Produkt-Kosten auf Einzelkunden: 100 %	indirekt **
	EDV-Kosten	Produkt Fixed Rate Issue: 2/3 Produkt Right Issue: 1/3	über Produkt-Kosten auf Einzelkunden: 100 %	indirekt **
II	EDV-Kosten	nicht-spartenspezifisch: 100 %	nicht-kundenspezifisch: 100 %	Kst. I: 50 % Kst. II: 50 %

Abb. 33.4: Kostenabhängigkeiten der den Kostenträgern direkt zurechenbaren Sachkostenarten

Hinweis zu Abbildung 33.4:

** Verrechnung über separaten Zuschlag: Alle Kosten, die dem Produkt Fixed Rate Issue zugeordnet wurden, über Zuschlag zu Tätigkeit 9; alle Kosten, die dem Produkt Right Issue zugeordnet wurden, über Zuschlag zu Tätigkeit 10.

Nun definieren Sie im nächsten Schritt für Ihr Demonstrationsbeispiel eine kleine statistische Datenbank, die die Mengenwerte für Ihre Zählgrößen enthält:

Kostenstelle	Zählgröße	Wert Budget	Wert Ist
I	Belegte Quadratmeter	250	
	EDV-Transaktionen	16.667	
	Erwartete Anwesenheit in Stunden	200	
	Fixed Rate Issues-Transaktionen		4
II	Belegte Quadratmeter	300	
	EDV-Transaktionen	30.000	
	Erwartete Anwesenheit in Stunden	300	
	Fixed Rate Issues-Transaktionen		4
	Right Issues-Transaktionen		4
III	Belegte Quadratmeter	200	
	EDV-Transaktionen	20.000	
	Erwartete Anwesenheit in Stunden	400	
	Fixed Rate Issues-Transaktionen	8	8
	Right Issues-Transaktionen	5	4
	Anzahl Kunden	16	16
	Anzahl Mitarbeiter	4	4
IV	Belegte Quadratmeter	250	
	EDV-Transaktionen	33.333	
	Erwartete Anwesenheit in Stunden	200	

Für die Inanspruchnahme der Produkte durch die Kunden definieren Sie gleichfalls Werte. Um das Beispiel nicht zu kompliziert zu machen, legen Sie nur Werte für einen Einzelkunden (den „Kanton Zürich", der zum Segment „Öffentliche Institutionen" gehört) sowie Werte für die restlichen Kunden dieses Segmentes und die „Firmenkunden" fest. Die Datenbank weist damit folgendes Bild auf:

Kostenstelle	Kunde	Produkt	Anzahl Transaktionen Ist
I	Kanton Zürich	Fixed Rate Issues	1
I	Sonstige Kunden des Segmentes „Öffentliche Institutionen"	Fixed Rate Issues	3
II	Segment „Firmenkunden"	Fixed Rate Issues	4
		Right Issues	4

Nun definieren Sie noch die Erlöse und Risikokosten, die Sie für Ihr Beispiel in eine Tabelle einstellen:

Kostenstelle	Produkt	Kunde	Erlöse und Risikokosten	Wert (in GE)
I	Fixed Rate Issue	Kanton Zürich	Zinserlöse	3.000
			Handelserlöse	2.000
			Dienstleistungserlöse	80.000
			Risikokosten	6.000
		Sonstige Kunden des Segmentes „Öffentl. Institutionen“	Zinserlöse	7.000
			Handelserlöse	8.000
			Dienstleistungserlöse	150.000
			Risikokosten	14.000
II	Fixed Rate Issue	Segment „Firmenkunden“	Zinserlöse	10.000
			Handelserlöse	10.000
			Dienstleistungserlöse	230.000
			Risikokosten	20.000
	Right Issue	Segment „Firmenkunden“	Zinserlöse	5.000
			Handelserlöse	5.000
			Dienstleistungserlöse	90.000
			Risikokosten	10.000

Einen besonderen Stellenwert nehmen bei der VI-Bank Kundenberatungen ein, die gemeinsam von mehreren Profit Centern durchgeführt werden. Um auch diesen Aspekt zu berücksichtigen, integrieren Sie in ihr Demonstrationsbeispiel eine typische Einzelfall-Verrechnung, wie sie in der Praxis vorkommt:

Kostenstelle I und II haben eine gemeinsame Kundenberatung für einen Firmenkunden beziehungsweise das Produkt „Right Issue“ durchgeführt. Sie haben sich geeinigt, dass Kostenstelle II, bei der die Erlöse und Kosten ursprünglich gebucht wurden, 10.000 GE des entsprechenden Dienstleistungserlöses, 10 % der Zeit, die sie direkt für das Produkt gearbeitet hat, sowie 10 % der EDV-Kosten des Produktes verrechnet.

Um die internationale Ressourcen-Allokation zu optimieren, werden bestimmte Aktivitäten für alle operativen Standorte in zentralen Konzernkostenstellen abgewickelt und mittels Umlagen an die betroffenen Standorte weitergegeben. Für Ihren Standort Zürich nehmen Sie folgende Weiterbelastungen vom Konzern an:

Leistende Kostenstelle	Empfangende Kostenstelle	Produkt-Bezug	Kunden-Bezug	Weiterbe-lastungsart	Wert (in GE)
Konzern-Kostenstelle A	Zürich	nicht-spartenspezifisch	nicht-kundenspezifisch	Umlage	10.000
Konzern-Kostenstelle B	Zürich	nicht-spartenspezifisch	nicht-kundenspezifisch	Umlage	10.000

Sie entschließen sich, diese in der Profit Center-Rechnung an die beiden Front-Teams (Kostenstellen I und II) je zur Hälfte weiterzugeben.

Für eventuelle Ist-Standard-Abweichungen legen Sie folgende Zuordnungen fest:

Kostenstelle I: Sparte: „Corporate Finance" / nicht-kundenspezifisch

Kostenstelle II: Produktgruppe: „Primary Market" / nicht-kundenspezifisch

Kostenstelle III: Produktgruppe: „Primary Market" / nicht-kundenspezifisch

Kostenstelle IV: nicht-spartenspezifisch / nicht-kundenspezifisch

Fast haben Sie es geschafft! Nun definieren Sie noch die Auswertungen, in die Sie Ihre Ergebnisse eintragen werden:

Für die Profit Center-Rechnung, die einen raschen Überblick für das Management geben soll, wählen Sie die folgende grundsätzliche Form. Da Sie in Ihrer Demonstration beispielhaft das elementare Profit Center „Corporate Finance Team 1" sowie den Wirtschaftsraum Zürich als Ganzes rechnen wollen, legen Sie gleich zwei Ergebnisspalten an:

Profit Center-Rechnung	Wirtschaftsraum Zürich	Profit Center: „Corporate Finance Team 1"
Erlöse: • Originär • Verrechnet		
Risikokosten		
Originäre Betriebskosten: • Personal • Material und Mobilien • Büro und Verwaltung • Reise, Marketing und PR • Raum- und Raumnebenkosten		
Verteilungen: • EDV • Raum		
Deckungsbeitrag I		
Verrechnungen: • von/an: • von/an:		
Deckungsbeitrag II		
Umlagen: • von/an: • von/an:		
Deckungsbeitrag III		

Für die Einzelprodukte sehen Sie das folgende Raster vor. Da Sie eine Produkt-Rechnung je Profit Center wünschen, legen Sie für Ihr Demonstrationsbeispiel auch hier wiederum zwei Spalten an:

Einzelprodukt: …	Gesamtergebnis: Wirtschaftsraum Zürich	Teilergebnis: Profit Center „Corporate Finance Team 1“
Erlöse: • Zinserlöse • Handelserlöse • Dienstleistungserlöse Risikokosten		
Profit Center Kosten: • Personal • Arbeitsplatz • EDV-Betrieb • Sonstige, direkt zugeordnete Sachkosten		
Cost Center Kosten: • Cost Center: … • Cost Center: …		
Deckungsbeitrag Produkt …		

Für alle Elemente der Produkt-Hierarchie oberhalb der Einzelprodukte sehen Sie folgendes grundsätzliche Raster vor:

Name des Elementes der Produkt-Hierarchie: … (z.B.: Produktgruppe: Primary Market)	Gesamtergebnis: Wirtschaftsraum Zürich	Teilergebnis: Profit Center „Corporate Finance Team 1“
Deckungsbeitrag untergeordnetes Element … (z.B.: Produktart: Debt Issues) Deckungsbeitrag untergeordnetes Element … (z.B.: Produktart: Equity Issues) ... **Total untergeordnete Ebene** (z.B.: Produktarten)		
Direkt zugeordnete Kosten des Elementes • Profit Center Kosten: - Personal - Arbeitsplatz - EDV-Betrieb - Sonstige, direkt zugeordnete Sachkosten - Ist-Standard-Abweichungen		
• Cost Center Kosten: - Cost Center: … - Cost Center: … - Ist-Standard-Abweichungen		
Deckungsbeitrag Element …		

Die Kunden-Rechnung wollen Sie nicht je elementarem Profit Center berechnen, sondern nur auf Ebene „Wirtschaftsraum Zürich“. Hier wählen Sie für die Einzelkunden und Kundensegmente die folgende Form:

Name des Elementes: …	Zahl Transaktionen	Erlöse	Risikokosten	Betriebskosten	Deckungsbeitrag
Produkt … Produkt … Produkt … **Teilergebnis Produkte**					
Sonstige, direkte Kosten der untergeordneten Ebenen					
Sonstige, direkte Kosten des Elementes: • Profit Center • Cost Center					
Total …					

Das „Gesamtergebnis Kunden" stellen Sie wie folgt dar:

Gesamtergebnis Kunden	Erlöse	Risiko-kosten	Betriebs-kosten	Deckungs-beitrag
Kundensegment: … • Teilergebnis Produkte • Direkte Segmentkosten **Total**				
Kundensegment: ... • Teilergebnis Produkte • Direkte Segmentkosten **Total**				
Teilergebnis Segmente				
nicht-kundenspezifische Kosten: • Profit Center • Cost Center				
Gesamtergebnis				

Dabei wählen Sie für die Berechnung der Betriebskosten je Produkt/Kunde in der ersten Phase einen pragmatischen Ansatz der Form: Anzahl Transaktionen · Produkt-Durchschnittskosten. Die Produkt-Durchschnittskosten ergeben sich als: Produkt-Kosten / Gesamtanzahl Einheiten einer definierten Bezugsgröße für den Wirtschaftsraum. Im Demonstrationsbeispiel sind jeweils die Anzahl der in einer Periode bearbeiteten Transaktionen die Bezugsgrößen für die Produkte „Fixed Rate Issue" und „Right Issue".

Damit liegen alle Ausgangsdaten vor. Leider ist der Freitagnachmittag inzwischen schon sehr fortgeschritten. Da Ihr Berater unbedingt sein Flugzeug erreichen musste, hat er sich bereits von Ihnen verabschiedet. So ist es an Ihnen, die nun folgenden Aufgaben selbst zu bewältigen.

2. Berechnen Sie die Standard-Stundenpreise der Kostenstellen I - IV!

   Hinweis: Beachten Sie dabei eventuelle Differenzierungsnotwendigkeiten, die aus der Zeilenstruktur der Auswertungstabellen erwachsen!

3. Bestimmen Sie zunächst die Grundpreise der Tätigkeiten 9 und 10 sowie im Anschluss daran die Aufschläge für die den beiden Aktivitäten direkt zurechenbaren Sachkosten sowie die Aufschläge für die Tätigkeiten 11 und 12, die Sie für die Weiterbelastung benötigen!

4. Berechnen Sie die Auswertungen, indem Sie dabei, wie es Ihnen Ihr Berater empfohlen hat, schrittweise vorgehen!

a) Berechnen Sie als erstes die Kosten je Kombination „Tätigkeit/Produktelement" für die Produkt-Rechnung und „Tätigkeit/Kundenelement" für die Kunden-Rechnung!

b) Ermitteln Sie daraufhin die Sachkosten je Produktelement für die Produkt-Rechnung und je Kundenelement für die Kunden-Rechnung!

c) Bestimmen Sie anschließend eventuelle Verrechnungs-/Umlage-Werte, da Sie diese für die Produkt- und die Profit Center-Rechnung benötigen!

d) Ermitteln Sie im folgenden die Abweichung der Ist- von den Standard-Kosten für Ihre Kostenstellen, und zwar in einer einzigen Zahl, um die Geschäftsleitung nicht mit einer zu hohen Komplexität zu konfrontieren!

e) Stellen Sie anschließend als erstes die Profit Center-Rechnung (siehe S. 338) auf!

f) Führen Sie danach die Produkt-Rechnung sukzessive von den Einzelprodukten über alle Elemente der Produkthierarchie bis hin zum Gesamtergebnis Produkte (siehe S. 340) durch!

Hinweis: Das Gesamtergebnis Produkte enthält neben dem Deckungsbeitrag der Sparte Corporate Finance auch alle nicht-spartenspezifischen Kosten.

g) Erstellen Sie als letztes die Kunden-Rechnung für den „Kanton Zürich", die Segmente „Öffentliche Institutionen" und „Firmenkunden" sowie das „Gesamtergebnis Kunden" (siehe S. 341)!

5. Bewerten Sie die Qualität der von Ihnen für die erste Phase geplanten Kunden-Rechnung!

Lösungsvorschlag zu Fallstudie 33:

zu 1.:

Produktion und Vertrieb der Produkte der Very-Important Bank beruhen auf einer Vielzahl von Arbeitsprozessen. Die adäquate kostenrechnerische Erfassung und Bewertung dieser Prozesse ermöglicht die relative Prozesskostenrechnung. Sie beruht auf den folgenden Prinzipien:

1. Beschreibung der Arbeitsprozesse der Bank und Ermittlung zugehöriger Zeit- und Sachressourcenverbräuche
2. Bewertung der Aktivitäten mit Standard-Kosten, so dass Produkten, Kunden und Profit Centern ausschließlich wirtschaftlich gerechtfertigte Kosten zugewiesen und Unwirtschaftlichkeiten separat analysiert werden können
3. Verursachungsgerechte Zuordnung der Arbeitsprozesse zu den Elementen der Produkt- und Kunden-Dimension
4. Separate Weiterbelastung der Prozesskosten, so dass die Leistungsbeziehungen zwischen den Organisationseinheiten der VI-Bank adäquate Berücksichtigung in der Profit Center-Rechnung finden.

Im Rahmen der relativen Prozesskostenrechnung wird der jeweilige Kostenanfall dabei innerhalb der Auswertungs-Dimension (Produkte, Kunden, Profit Center) jeweilig jener Bezugsgröße zugeordnet, bei der die Zuordnung gerade noch ohne Schlüsselung erfolgen kann. So werden z.B. Tätigkeiten wie die „allgemeine Betreuung der institutionellen Anlagekunden“, die mehrere Produkte gemeinsam betreffen, im Rahmen der Produkt-Dimension auf einer höheren Ebene, z.B. der Sparte „Anlageprodukte“ zugeordnet und gleichzeitig im Rahmen der Kunden-Dimension direkt als Einzelkosten des Segmentes „Institutionelle Anlagekunden“ ausgewiesen.

Durch die Verwendung der gleichartigen Standard-Kosten-Basis in allen drei Dimensionen entsprechen einander die Gesamtergebnisse der Produkt-, Kunden und Profit Center-Auswertungen der VI-Bank. Damit gewährleistet das Konzept die Integration in das Gesamtbankergebnis und ermöglicht gleichzeitig die Erstellung optimaler dimensionsspezifischer Auswertungen.

Produkt-, Kunden- und Linien-Manager der VI-Bank erhalten so verursachungsgerechte Informationen, mit deren Hilfe Sie Ihre Verantwortungsbereiche optimal steuern können.

zu 2.:

Neben den originären Kostenarten „Personal“, „Material und Mobilien“, „Büro und Verwaltung“ gehen die verteilten Raumkosten in den Standard-Stundenpreis je Kostenstelle ein. Diese werden ermittelt, indem die Kosten der Kostenstelle „Gebäude Zürich“ von insgesamt 40.000 GE gemäß den belegten Quadratmetern verteilt werden.

Empfänger	belegte Quadratmeter	prozentualer Anteil	verteilte Raumkosten
Kst. I	250	25 %	10.000 GE
Kst. II	300	30 %	12.000 GE
Kst. III	200	20 %	8.000 GE
Kst. IV	250	25 %	10.000 GE
	1.000	100 %	40.000 GE

Die Summe dieser Kosten für jede Kostenstelle, die in direktem Bezug zur Anzahl der Mitarbeiter steht, ist auf die Anzahl der erwarteten Anwesenheitsstunden (= Maximalkapazität) der Kostenstelle zu beziehen. Die folgende Übersicht gibt die Standard-Stundenpreise an, wobei für die Kostenstellen I und II aufgrund der Zeilenstruktur der Auswertung Produkt-Rechnung die Stundenpreise in die Teilkomponenten „Personal" und „Arbeitsplatz" aufgeteilt werden.

Kosten-stelle	Anwesen-heits-stunden	Personal-Kosten	Teil-Preis „Personal"	Arbeits-platzkosten	Teil-Preis „Arbeits-platz"	Standard-Stundenpreis
	(1)	(2)	(2) : (1)	(3)	(3) : (1)	[(2) + (3)] : (1)
Kst. I	200	60.000 GE	300 GE	20.000 GE	100 GE	
Kst. II	300	90.000 GE	300 GE	30.000 GE	100 GE	
Kst. III	400	60.000 GE		20.000 GE		200 GE
Kst. IV	200	60.000 GE		20.000 GE		400 GE

<u>zu 3.:</u>

1. Ermittlung der Kosten der Basis-Tätigkeiten 9 und 10

Tätigkeit	Produkt-bezug	Geplanter Zeitaufwand	Standard-Stunden-preis	Geplante Kosten
		(1)	(2)	(1) · (2)
9. Abwicklung Fixed Rate Issue-Transaktionen	Fixed Rate Issue	8 Transak. · 25 Std. pro Transaktion = 200 Std.	200 GE	40.000 GE
10. Abwicklung Right Issue-Transaktionen	Right Issue	5 Transak. · 20 Std. pro Transaktion = 100 Std.	200 GE	20.000 GE

2. Berechnung des Aufschlages für die direkt zugeordneten Sachkosten der Kostenstelle III

Zu den direkt zurechenbaren Sachkosten zählen neben den Kosten „Reise, Marketing und PR" die EDV-Kosten, die auf der Kostenstelle VI erfasst werden. Sie sind zunächst gemäß der Anzahl EDV-Transaktionen auf die Kostenstellen I - IV zu verteilen.

Empfänger	EDV-Transaktionen	prozentualer Anteil	verteilte EDV-Kosten
Kst. I	16.667	16,67 %	10.000 GE
Kst. II	30.000	30,00 %	18.000 GE
Kst. III	20.000	20,00 %	12.000 GE
Kst. IV	33.333	33,33 %	20.000 GE
	100.000	100,00 %	60.000 GE

Die an der Kostenstelle III anfallenden Sachkosten werden gemäß ihrem Produktbezug den Tätigkeiten 9 und 10 über einen Aufschlag zugerechnet.

Aufschlag auf Tätigkeit 9 Abwicklung Fixed Rate Issues:

Kostenart	Produktbezug	Geplante Kosten	
Reise, Marketing und PR	Fixed Rate Issues zu 100 %	8.000 GE · 100 % =	8.000 GE
EDV	Fixed Rate Issues zu 2/3	12.000 GE · 2/3 =	8.000 GE
			16.000 GE

Aufschlag auf Tätigkeit 9: $\frac{16.000\,GE}{40.000\,GE} =$ 40 % auf die geplanten Kosten

Aufschlag auf Tätigkeit 10 Abwicklung Right Issues:

Kostenart	Produktbezug	Geplante Kosten	
EDV	Right Issues zu 1/3	12.000 GE · 1/3 =	4.000 GE

Aufschlag auf Tätigkeit 10: $\frac{4.000\,GE}{20.000\,GE} =$ 20 % auf die geplanten Kosten

3. Berechnung der Kosten der Tätigkeiten 11 und 12, die via Tätigkeiten 9 und 10 weiterbelastet werden

Tätigkeit	Geplanter Zeitaufwand	Standard-Stunden-preis	Geplante Kosten
	(1)	(2)	(3) = (1) · (2)
11. Allgemeine Kunden-betreuung	16 Kunden · 5 Std. pro Kunde in der Periode = 80 Std.	200 GE	16.000 GE
12. Führung, Verwaltung	4 Mitarbeiter · 5 Std. pro Mitarbeiter in der Periode = 20 Std.	200 GE	4.000 GE

Berechnung des Aufschlages auf Tätigkeit 9 Abwicklung Fixed Rate Issues:

Tätigkeit	Produktbezug	Geplante Kosten
11. Allgemeine Kundenbetreuung	Debt Issues zu 60 %	16.000 GE · 60 % = 9.600 GE
12. Führung, Verwaltung	Debt Issues zu 60 %	4.000 GE · 60 % = 2.400 GE

Aufschlag auf Tätigkeit 9 mit Produktbezug "Debt Issues":

$$\frac{12.000\,\text{GE}}{40.000\,\text{GE}} = 30\,\%\text{ auf die geplanten Kosten}$$

Berechnung des Aufschlages auf Tätigkeit 10 Abwicklung Right Issues:

Tätigkeit	Produktbezug	Geplante Kosten
11. Allgemeine Kundenbetreuung	Equity Issues zu 40 %	16.000 GE · 40 % = 6.400 GE
12. Führung, Verwaltung	Equity Issues zu 40 %	4.000 GE · 40 % = 1.600 GE

Aufschlag auf Tätigkeit 10 mit Produktbezug "Equity Issues":

$$\frac{8.000\,\text{GE}}{20.000\,\text{GE}} = 40\,\%\text{ auf die geplanten Kosten}$$

4. Darstellung pro Transaktion

Tätigkeit	Standard-Kosten pro Transaktion	Produktbezug
9. Abwicklung Fixed Rate Issues	5.000 (Grundpreis) + 2.000 (Marketing-, EDV-Kosten: 40%) + 1.500 (Tätigkeiten 11 und 12: 30 %) = 8.500 GE	Fixed Rate Issues Fixed Rate Issues Debt Issues
10. Abwicklung Right Issues	4.000 (Grundpreis) + 800 (Marketing-, EDV-Kosten: 20%) + 1.600 (Tätigkeiten 11 und 12: 40 %) = 6.400 GE	Right Issues Right Issues Equity Issues

zu 4.a):

Berechnung der Kosten pro **Tätigkeit-/Produktelement für die Produkt-Rechnung**

- **Kostenstelle I** (mit prozentualer Zeitverteilung)

Tätig-keit	Gesamtzeit der Tätigkeit (Zeitanteil · erwart. Std. der Kst.)	Produkt-element	Anteil	Zeit	Stunden-(teil-)preis	Standard-Kosten
	(1)		(2)	(3) = (1) · (2)	(4)	(5) = (3) · (4)
1.	60 Std. (30 % · 200 Std.)	Fixed Rate Issues	100 %	60 Std.	300 GE (Personal) 100 GE (Arbeits-platz)	18.000 GE 6.000 GE
2.	60 Std. (30 % · 200 Std.)	Debt Issues	90 %	54 Std.	300 GE (Personal) 100 GE (Arbeits-platz)	16.200 GE 5.400 GE
		Equity Issues	10 %	6 Std.	300 GE (Personal) 100 GE (Arbeits-platz)	1.800 GE 600 GE
3.	60 Std. (30 % · 200 Std.)	Primärmarkt	50 %	30 Std.	300 GE (Personal) 100 GE (Arbeits-platz)	9.000 GE 3.000 GE
		Consulting	50 %	30 Std.	300 GE (Personal) 100 GE (Arbeits-platz)	9.000 GE 3.000 GE
4.	20 Std. (10 % · 200 Std.)	Corporate Finance	100 %	20 Std.	300 GE (Personal) 100 GE (Arbeits-platz)	6.000 GE 2.000 GE

• **Kostenstelle II** (mit prozentualer Zeitaufteilung)

Tätigkeit	Gesamtzeit der Tätigkeit (Zeitanteil · erwart. Std. der Kst.)	Produktelement	Anteil	Zeit	Stunden-(teil-)preis	Standard-Kosten
	(1)		(2)	(3) = (1) · (2)	(4)	(5) = (3) · (4)
5.	120 Std. (40 % · 300 Std.)	Fixed Rate Issues	50%	60 Std.	300 GE (Personal) 100 GE (Arbeitsplatz)	18.000 GE 6.000 GE
		Right Issues	50%	60 Std.	300 GE (Personal) 100 GE (Arbeitsplatz)	18.000 GE 6.000 GE
6.	90 Std. (30 % · 300 Std.)	Debt Issues	50%	45 Std.	300 GE (Personal) 100 GE (Arbeitsplatz)	13.500 GE 4.500 GE
		Equity Issues	50%	45 Std.	300 GE (Personal) 100 GE (Arbeitsplatz)	13.500 GE 4.500 GE
7.	60 Std. (20 % · 300 Std.)	Debt Issues	70%	42 Std.	300 GE (Personal) 100 GE (Arbeitsplatz)	12.600 GE 4.200 GE
		Equity Issues	30%	18 Std.	300 GE (Personal) 100 GE (Arbeitsplatz)	5.400 GE 1.800 GE
8.	30 Std. (10 % · 300 Std.)	Primärmarkt	100 %	30 Std.	300 GE (Personal) 100 GE (Arbeitsplatz)	9.000 GE 3.000 GE

- **Kostenstelle III** (ohne Zeitaufteilung)

Tätigkeit	Gesamtzeit der Tätigkeit (Ist-Menge d. Zählgröße · Standard-Zeit)	Produktelement	Anteil	Zeit	Stundenpreis	Standard-Kosten
	(1)		(2)	(3) = (1) · (2)	(4)	(5) = (3) · (4)
9.	200 Std. (8 Transakt. · 25 Std.)	Fixed Rate Issues	100 %	200 Std.	200 GE	40.000 GE
10.	80 Std. (4 Transakt. · 20 Std.)	Right Issues	100 %	80 Std.	200 GE	16.000 GE
11.	80 Std. (16 Kunden · 5 Std.)	Debt Issues	60 %	48 Std.	200 GE	9.600 GE
		Equity Issues	40 %	32 Std.	200 GE	6.400 GE
12.	20 Std. (4 Mitarbeiter · 5 Std.)	Debt Issues	60 %	12 Std.	200 GE	2.400 GE
		Equity Issues	40 %	8 Std.	200 GE	1.600 GE

- **Kostenstelle IV** (mit prozentualer Zeitaufteilung)

Tätigkeit	Gesamtzeit der Tätigkeit (Zeitanteil · erwart. Std. der Kst.)	Produktelement	Anteil	Zeit	Stundenpreis	Standard-Kosten
	(1)		(2)	(3) = (1) · (2)	(4)	(5) = (3) · (4)
13.	120 Std. (60 % · 200 Std.)	nichtspartenspezifisch	100 %	120 Std.	400 GE	48.000 GE
14.	60 Std. (30 % · 200 Std.)	nichtspartenspezifisch	100 %	60 Std.	400 GE	24.000 GE
15.	20 Std. (10 % · 200 Std.)	nichtspartenspezifisch	100 %	20 Std.	400 GE	8.000 GE

Berechnung der Kosten pro **Tätigkeit-/Kundenelement für die Kunden-Rechnung**

Für die Kundendimensionen müssen nur jene Tätigkeiten berechnet werden, die nicht über die Produkt-Durchschnittskosten in die Kunden-Rechnung einfließen!

- **Kostenstelle I** (mit prozentualer Zeitaufteilung)

Tätigkeit	Gesamtzeit der Tätigkeit (Zeitanteil · erwart. Std. der Kst.)	Kundenelement	Anteil	Zeit	Stundenpreis	Standard-Kosten
	(1)		(2)	(3) = (1) · (2)	(4)	(5) = (3) · (4)
2.	60 Std. (30 % · 200 Std.)	Kanton Zürich	25 %	15 Std.	400 GE	6.000 GE
		sonst. Kunden Öffentliche Institutionen	75 % *	45 Std.	400 GE	18.000 GE
3.	60 Std. (30 % · 200 Std.)	Öffentliche Institutionen	90 %	54 Std.	400 GE	21.600 GE
		Firmen	10 %	6 Std.	400 GE	2.400 GE
4.	20 Std. (10 % · 200 Std.)	nichtkundenspezifisch	100 %	20 Std.	400 GE	8.000 GE

* Die Prozentaufteilung ergibt sich aus dem Verhältnis der Transaktionsmengen der Kunden für die von der Tätigkeit umfassten Produkte in der Kostenstelle:

- Kunde Kanton Zürich: 1 Transaktion (Fixed Rate Issue)
- Sonstige Kunden des Segmentes „Öffentliche Institutionen": 3 Transaktionen (Fixed Rate Issues)

- **Kostenstelle II** (mit prozentualer Zeitaufteilung)

Tätigkeit	Gesamtzeit der Tätigkeit (Zeitanteil · erwart. Std. der Kst.)	Kundenelement	Anteil	Zeit	Stundenpreis	Standard-Kosten
	(1)		(2)	(3) = (1) · (2)	(4)	(5) = (3) · (4)
6.	90 Std. (30 % · 300 Std.)	Firmen	100 %	90 Std.	400 GE	36.000 GE
7.	60 Std. (20 % · 300 Std.)	nichtkundenspezifisch	100 %	60 Std.	400 GE	24.000 GE
8.	30 Std. (10 % · 300 Std.)	nichtkundenspezifisch	100 %	30 Std.	400 GE	12.000 GE

- **Kostenstelle III** (ohne Zeitverteilung)

Tätigkeit	Gesamtzeit der Tätigkeit (Ist-Menge d. Zählgröße Standard-Zeit)	Kundenelement	Anteil	Zeit	Stundenpreis	Standard-Kosten
	(1)		(2)	(3) = (1) · (2)	(4)	(5) = (3) · (4)
11.	80 Std. (16 Kunden · 5 Std.)	Öffentliche Institutionen	40 %	32 Std.	200 GE	12.800 GE
		Firmen	60 %	48 Std.	200 GE	19.200 GE
12.	20 Std. (4 Mitarbeiter · 5 Std.)	nichtkundenspezifisch	100 %	20 Std.	200 GE	4.000 GE

- **Kostenstelle IV** (mit prozentualer Zeitaufteilung)

Tätigkeit	Gesamtzeit der Tätigkeit (Zeitanteil · erwart. Std. der Kst.)	Kundenelement	Anteil	Zeit	Stundenpreis	Standard-Kosten
	(1)		(2)	(3) = (1) · (2)	(4)	(5) = (3) · (4)
13.	120 Std. (60 % · 200 Std.)	nichtkundenspezifisch	100 %	120 Std.	400 GE	48.000 GE
14.	60 Std. (30 % · 200 Std.)	nichtkundenspezifisch	100 %	60 Std.	400 GE	24.000 GE
15.	20 Std. (10 % · 200 Std.)	nichtkundenspezifisch	100 %	20 Std.	400 GE	8.000 GE

zu 4.b):

Berechnung der **Sachkosten je Produktelement**

Kst.	Kostenart	Summe	Produktelement	Anteil	Standard-Kosten
		(1)		(2)	(3) = (1) · (2)
I	Reise, Marketing und PR	10.000 GE	Primary Markets	50 %	5.000 GE
			Consulting	50 %	5.000 GE
	EDV-Kosten	10.000 GE	Fixed Rate Issues	50 %	5.000 GE
			Debt Issues	20 %	2.000 GE
			Corporate Finance	30 %	3.000 GE
II	Reise, Marketing und PR	12.000 GE	Debt Issues	50 %	6.000 GE
			Equity Issues	50 %	6.000 GE
	EDV-Kosten	18.000 GE	Fixed Rate Issues	50 %	9.000 GE
			Right Issues	30 %	5.400 GE
			Debt Issues	10 %	1.800 GE
			Equity Issues	10 %	1.800 GE
III	Reise, Marketing und PR	8.000 GE	Fixed Rate Issues	100 %	8.000 GE
	EDV-Kosten	12.000 GE	Fixed Rate Issues	2/3	8.000 GE
			Right Issues	1/3	4.000 GE
IV	EDV-Kosten	20.000 GE	nicht-spartenspezifisch	100 %	20.000 GE

Berechnung der **Sachkosten je Kundenelement**

Kst.	Kostenart	Summe	Kundenelement	Anteil	Standard-Kosten
		(1)		(2)	(3) = (1) · (2)
I	Reise, Marketing und PR	10.000 GE	Öffentliche Institutionen	90 %	9.000 GE
			Firmen	10 %	1.000 GE
	EDV-Kosten	10.000 GE	nicht-kundenspezifisch	50 %	5.000 GE
II	Reise, Marketing und PR	12.000 GE	Firmen	100 %	12.000 GE
	EDV-Kosten	18.000 GE	nicht-kundenspezifisch	20 %	3.600 GE
IV	EDV-Kosten	20.000 GE	nicht-kundenspezifisch	100 %	20.000 GE

zu 4.c):

Berechnung der **Verrechnungen und Umlagen**

- **Kostenstelle IV** (mit prozentualer Zeitaufteilung)

Umlage der nicht-sparten- bzw. nicht-kundenspezifischen Kosten

Tätigkeit bzw. Kostenart	Gesamtkosten	Weiterbelastungsanteil	Weiterbelastungswert
	(1)	(2)	(3) = (1) · (2)
13.	60 % · 200 Std. · 400 GE/Std. = 48.000 GE	Kst. I: 50 % Kst. II: 50 %	24.000 GE 24.000 GE
14.	30 % · 200 Std. · 400 GE/Std. = 24.000 GE	Kst. I: 50 % Kst. II: 50 %	12.000 GE 12.000 GE
15.	10 % · 200 Std. · 400 GE/Std. = 8.000 GE	Kst. I: 50 % Kst. II: 50 %	4.000 GE 4.000 GE
anteilige EDV-Kosten	20.000 GE	Kst. I: 50 % Kst. II: 50 %	10.000 GE 10.000 GE

- **Kostenstelle III** (ohne Zeitverteilung)

Tätigkeit	Standard-Kosten pro Transaktion gemäß 3.d)	Produktbezug	Anzahl Transaktionen für empfangende Kst.	Weiterbelastungswert
	(1)		(2)	(3)=(1)·(2)
9.	5.000 GE (Basis-Tätigkeit 9)	Fixed Rate Issues	4 für Kst. I 4 für Kst. II	20.000 GE 20.000 GE
	2.000 GE (Aufschlag Marketing-, EDV-Kosten)	Fixed Rate Issues	4 für Kst. I 4 für Kst. II	8.000 GE 8.000 GE
	1.500 GE (Aufschlag Tätigkeiten 11 und 12)	Debt Issues	4 für Kst. I 4 für Kst. II	6.000 GE 6.000 GE
10.	4.000 GE (Basis-Tätigkeit 9)	Right Issues	4 für Kst. II	16.000 GE
	800 GE (Aufschlag Marketing-, EDV-Kosten)	Right Issues	4 für Kst. II	2.400 GE
	1.600 GE (Aufschlag Tätigkeiten 11 und 12)	Equity Issues	4 für Kst. II	6.400 GE

• **Spezifische Einzelfall-Verrechnung**

10 % der Standard-Kosten mit dem Produktbezug Right Issues verrechnet Kostenstelle II der Kostenstelle I.

Tätigkeit bzw. Kostenart	Kosten mit dem Produktbezug Right Issue		Verrechnung an Kst. I
5.	60 Std. · 300 GE (Personal) =	18.000 GE	1.800 GE
	60 Std. · 100 GE (Arbeitsplatz) =	6.000 GE	600 GE
Marketing- und PR-Kosten	12.000 GE · 50 % =	6.000 GE	600 GE
EDV-Kosten		18.000 GE	600 GE

<u>zu 4.d):</u>

Berechnung der **Abweichungen der Ist- von den Standard-Kosten**

- Kostenstelle I: keine Abweichungen
- Kostenstelle II: keine Abweichungen

- Kostenstelle III:

	Ist-Kosten (originäre Kosten + Verteilungen)	110.000 GE
–	Standard-Kosten aus Aktivitäten (380 Std. · 200 GE/Std.)	76.000 GE
–	direkt zugeordnete Standard-Kosten	20.000 GE
=	Abweichung	**14.000 GE**

- Kostenstelle IV: (im Total) keine Abweichung

zu 4.e):

Auswertung Profit Center-Rechnung

Profit Center-Rechnung	Wirtschaftsraum Zürich	Profit Center: „Corporate Finance Team 1“
Erlöse:		
• Originär	600.000 GE	250.000 GE
• Verrechnet		10.000 GE
Risikokosten	50.000 GE	20.000 GE
Originäre Betriebskosten:		
• Personal	295.000 GE	60.000 GE
• Material und Mobilien	70.000 GE	6.000 GE
• Büro und Verwaltung	25.000 GE	4.000 GE
• Reise, Marketing und PR	30.000 GE	10.000 GE
• Raum- und Raumnebenkosten	40.000 GE	
Verteilungen:		
• EDV		10.000 GE
• Raum		10.000 GE
Deckungsbeitrag I	**90.000 GE**	**140.000 GE**
Verrechnungen:		
• von/an: Kostenstelle II		3.600 GE
• von/an: Kostenstelle III		34.000 GE
Deckungsbeitrag II	**90.000 GE**	**102.400 GE**
Umlagen:		
• von/an: Kostenstelle IV		50.000 GE
• von/an: Konzern	20.000 GE	10.000 GE
Deckungsbeitrag III	**70.000 GE**	**42.400 GE**

zu 4.f):

Auswertung Produkt-Rechnung

- **Einzelprodukte**

Produkt **Fixed Rate Issue**	Gesamtergebnis: Wirtschaftsraum Zürich	Teilergebnis: Profit Center „Corporate Finance Team 1“
Erlöse:		
• Zinserlöse	20.000 GE	10.000 GE
• Handelserlöse	20.000 GE	10.000 GE
• Dienstleistungserlöse	460.000 GE	230.000 GE
Risikokosten	40.000 GE	20.000 GE
Profit Center Kosten:		
• Personal	36.000 GE	18.000 GE
• Arbeitsplatz	12.000 GE	6.000 GE
• EDV-Betrieb	14.000 GE	5.000 GE
• Sonstige, direkt zugeordnete Sachkosten	0 GE	0 GE
Cost Center Kosten:		
• Abwicklung Fixed Rate Issues (Kst. III)	56.000 GE	28.000 GE
Deckungsbeitrag Produkt **Fixed Rate Issue**	**342.000 GE**	**173.000 GE**

Produkt **Right Issue**	Gesamtergebnis: Wirtschaftsraum Zürich	Teilergebnis: Profit Center „Corporate Finance Team 1“
Erlöse:		
• Zinserlöse	5.000 GE	
• Handelserlöse	5.000 GE	
• Dienstleistungserlöse	90.000 GE	10.000 GE*
Risikokosten	10.000 GE	0 GE
Profit Center Kosten:		
• Personal	18.000 GE	1.800 GE*
• Arbeitsplatz	6.000 GE	600 GE*
• EDV-Betrieb	5.400 GE	600 GE*
• Sonstige, direkt zugeordnete Sachkosten	0 GE	600 GE*
Cost Center Kosten:		
• Abwicklung Right Issues (Kst. III)	20.000 GE	
Deckungsbeitrag Produkt **Right Issue**	**40.600 GE**	**6.400 GE**

* Werte gemäß Einzelfall-Verrechnung von Kostenstelle II an Kostenstelle I

- **Produktarten**

Produktart **Debt Issues**	Gesamtergebnis: Wirtschaftsraum Zürich	Teilergebnis: Profit Center „Corporate Finance Team 1“
Deckungsbeitrag Produkt Fixed Rate Issue	342.000 GE	173.000 GE
…		
Total Produkte	**342.000 GE**	**173.000 GE**
Direkt zugeordnete Kosten der Produktart		
• Profit Center Kosten:		
- Personal	42.300 GE	16.200 GE
- Arbeitsplatz	14.100 GE	5.400 GE
- EDV-Betrieb	3.800 GE	2.000 GE
- Sonstige, direkt zugeordnete Sachkosten	6.000 GE	0 GE
• Cost Center Kosten:		
- Abwicklung Primärmarkt (Kst. III)	12.000 GE	6.000 GE
Deckungsbeitrag Produktart **Debt Issues**	**263.800 GE**	**143.400 GE**

Produktart **Equity Issues**	Gesamtergebnis: Wirtschaftsraum Zürich	Teilergebnis: Profit Center „Corporate Finance Team 1“
Deckungsbeitrag Produkt Right Issue	40.600 GE	6.400 GE
…		
Total Produkte	**40.600 GE**	**6.400 GE**
Direkt zugeordnete Kosten der Produktart		
• Profit Center Kosten:		
- Personal	20.700 GE	1.800 GE
- Arbeitsplatz	6.900 GE	600 GE
- EDV-Betrieb	1.800 GE	0 GE
- Sonstige, direkt zugeordnete Sachkosten	6.000 GE	0 GE
• Cost Center Kosten:		
- Abwicklung Primärmarkt (Kst. III)	8.000 GE	0 GE
Deckungsbeitrag Produktart **Equity Issues**	**- 2.800 GE**	**4.000 GE**

- **Produktgruppen**

Produktgruppe **Primary Market**	Gesamtergebnis: Wirtschaftsraum Zürich	Teilergebnis: Profit Center „Corporate Finance Team 1“
Deckungsbeitrag Produktart Debt Issues	263.800 GE	143.400 GE
Deckungsbeitrag Produktart Equity Issues	- 2.800 GE	4.000 GE
Total Produktarten	**261.000 GE**	**147.400 GE**
Direkt zugeordnete Kosten der Produktgruppe		
• Profit Center Kosten:		
- Personal	18.000 GE	9.000 GE
- Arbeitsplatz	6.000 GE	3.000 GE
- EDV-Betrieb	0 GE	0 GE
- Sonstige, direkt zugeordnete Sachkosten	5.000 GE	5.000 GE
• Cost Center Kosten:		
- Ist-Standard-Abweichungen	14.000 GE	0 GE
Deckungsbeitrag Produktgruppe **Primary Market**	**218.000 GE**	**130.400 GE**

Produktgruppe **Consulting**	Gesamtergebnis: Wirtschaftsraum Zürich	Teilergebnis: Profit Center „Corporate Finance Team 1“
Total Produkte	**0 GE**	**0 GE**
Direkt zugeordnete Kosten der Produktgruppe		
• Profit Center Kosten:		
- Personal	9.000 GE	9.000 GE
- Arbeitsplatz	3.000 GE	3.000 GE
- EDV-Betrieb	0 GE	0 GE
- Sonstige, direkt zugeordnete Sachkosten	5.000 GE	5.000 GE
• Cost Center Kosten	0 GE	0 GE
Deckungsbeitrag Produktgruppe **Consulting**	**- 17.000 GE**	**- 17.000 GE**

- **Sparte**

Sparte **Corporate Finance**	Gesamtergebnis: Wirtschaftsraum Zürich	Teilergebnis: Profit Center „Corporate Finance Team 1"
Deckungsbeitrag Produktgruppe: Primary Market	218.000 GE	130.400 GE
Deckungsbeitrag Produktgruppe: Consulting	- 17.000 GE	- 17.000 GE
Total Produktgruppen	**201.000 GE**	**113.400 GE**
Direkt zugeordnete Kosten der Sparte		
• Profit Center Kosten:		
- Personal	6.000 GE	6.000 GE
- Arbeitsplatz	2.000 GE	3.000 GE
- EDV-Betrieb	3.000 GE	2.000 GE
- Sonstige, direkt zugeordnete Sachkosten	0 GE	0 GE
• Cost Center Kosten	0 GE	0 GE
Deckungsbeitrag Sparte **Corporate Finance**	**190.000 GE**	**102.400 GE**

- **Gesamtergebnis Produkte**

Gesamtergebnis Produkte	Gesamtergebnis: Wirtschaftsraum Zürich	Teilergebnis: Profit Center „Corporate Finance Team 1"
Deckungsbeitrag Sparte Corporate Finance	190.000 GE	102.400 GE
…		
Total Sparten	**190.000 GE**	**102.400 GE**
Nicht-spartenspezifische Kosten		
• Profit Center Kosten	0 GE	0 GE
• Cost Center Kosten:		
- Rechnungswesen (Kst. IV)	100.000 GE	50.000 GE
- Konzern (Kst. A und B)	20.000 GE	10.000 GE
Gesamtergebnis	**70.000 GE**	**42.400 GE**

zu 4.g): **Auswertung Kunden-Rechnung**

Produkt-Durchschnittskosten „Fixed Rate Issue": 118.000 GE / 8 = 14.750 GE
Produkt-Durchschnittskosten „Right Issue": 49.400 GE / 4 = 12.350 GE

- **einzelner Kunde**

Kunde **Kanton Zürich**	Zahl Transaktionen	Erlöse	Risikokosten	Betriebskosten	Deckungsbeitrag
Produkt Fixed Rate Issue	1	85.000 GE	6.000 GE	14.750 GE	64.250 GE
…					
Teilergebnis Produkte		**85.000 GE**	**6.000 GE**	**14.750 GE**	**64.250 GE**
Sonstige, direkte Kosten des Kunden:					
• Profit Center				6.000 GE	- 6.000 GE
• Cost Center				0 GE	0 GE
Total Kanton Zürich		**85.000 GE**	**6.000 GE**	**20.750 GE**	**58.250 GE**

- **Kundensegmente**

Kundensegment **Öffentliche Institutionen**	Zahl Transaktionen	Erlöse	Risikokosten	Betriebskosten	Deckungsbeitrag
Produkt Fixed Rate Issue	4	250.000 GE	20.000 GE	59.000 GE	171.000 GE
…					
Teilergebnis Produkte		**250.000 GE**	**20.000 GE**	**59.000 GE**	**171.000 GE**
Sonstige, direkte Kosten der Einzelkunden				24.000 GE	- 24.000 GE
Sonstige, direkte Kosten des Segments:					
• Profit Center				30.600 GE	- 30.600 GE
• Cost Center				6.400 GE	- 6.400 GE
Total Öffentl. Institutionen		**250.000 GE**	**20.000 GE**	**120.000 GE**	**110.000 GE**

Kundensegment **Firmenkunden**	Zahl Transaktionen	Erlöse	Risikokosten	Betriebskosten	Deckungsbeitrag
Produkt Fixed Rate Issue	4	250.000 GE	20.000 GE	59.000 GE	171.000 GE
Produkt Right Issue	4	100.000 GE	10.000 GE	49.400 GE	40.600 GE
Teilergebnis Produkte		**350.000 GE**	**30.000 GE**	**108.400 GE**	**211.600 GE**
Sonstige, direkte Kosten der Einzelkunden				0 GE	0 GE
Sonstige, direkte Kosten des Segments:					
• Profit Center				51.400 GE	- 51.400 GE
• Cost Center				9.600 GE	- 9.600 GE
Total Firmenkunden		**350.000 GE**	**30.000 GE**	**169.400 GE**	**150.600 GE**

- **Gesamtergebnis Kunden**

Gesamtergebnis Kunden	Erlöse	Risikokosten	Betriebskosten	Deckungsbeitrag
Kundensegment Öffentliche Institutionen				
• Teilergebnis Produkte	250.000 GE	20.000 GE	59.000 GE	171.000 GE
• Direkte Kunden-/ Segment-Kosten			61.000 GE	- 61.000 GE
Total	**250.000 GE**	**20.000 GE**	**120.000 GE**	**110.000 GE**
Kundensegment Firmenkunden				
• Teilergebnis Produkte	350.000 GE	30.000 GE	108.400 GE	211.600 GE
• Direkte Kunden-/ Segment-Kosten			61.000 GE	- 61.000 GE
Total	**350.000 GE**	**30.000 GE**	**169.400 GE**	**150.600 GE**
Teilergebnis Segmente	**600.000 GE**	**50.000 GE**	**289.400 GE**	**260.600 GE**
nicht-kundenspezifische Kosten:				
• Profit Center			52.600 GE	52.600 GE
• Cost Center			138.000 GE*	138.000 GE
Gesamtergebnis	**600.000 GE**	**50.000 GE**	**480.000 GE**	**70.000 GE**

* Hinweis: Dieser Betrag enthält auch die vom Konzern unter der Kennzeichnung „nicht-kundenspezifisch“ umgelegten Kosten, sowie die Abweichungen der Kostenstelle III, die dieser Ebene zugeordnet wurden!

zu 5.:

Die Betriebskostenwerte je Produkt in der Kunden-Rechnung können nur als Näherungsgrößen aufgefasst werden, da mit Durchschnittspreisen gearbeitet wird. Diese Durchschnittswerte unterstellen, dass z.B. die Bearbeitung einer „Fixed Rate Issue" bei allen Kunden im Durchschnitt gleich lang dauert. Dies trifft für den Wholesale-Bereich selbstverständlich nur bedingt zu. Entsprechend müssen die Kundenverantwortlichen die Auswertungen bei der Analyse qualitativ bewerten. Daher ist es in der zweiten Phase der Implementierung der Kundenrechnung unbedingt erforderlich, dass die Fondsmanager für bestimmte, wichtige Aktivitäten den Zeitaufwand pro Kunde erfassen.

Fallstudie 34: **Messung des Zinsspannenrisikos im Elastizitätskonzept**

Theo Fix und Werner Fertig haben sich vor wenigen Wochen entschlossen, unter dem Namen „Fix & Fertig" eine gemeinsame Beratungsgesellschaft für Banken zu gründen. Ihr Geschäftsschwerpunkt liegt in der umfassenden Beratung von Banken in sämtlichen mit dem Management von Zinsänderungsrisiken zusammenhängenden Fragen. Das Glanzstück ihres Dienstleistungsangebots besteht dabei in der Quantifizierung des Zinsspannenrisikos, die Fix & Fertig auf Basis des Elastizitätskonzepts durchführen.

Einer ihrer ersten Mandanten ist die Regio-Bank mit Sitz in Freiburg. Diese Bank musste in der Vergangenheit feststellen, dass die von ihr mit Hilfe der Zinsbindungsbilanz kalkulierten Ergebnisveränderungen als Folge von Marktzinsschwankungen regelmäßig nicht mit den tatsächlich realisierten Ergebnissen übereinstimmten. Um in Zukunft das Zinsspannenrisiko effizienter zu steuern, werden Fix & Fertig mit dem Projekt „Messung des Zinsspannenrisikos im Elastizitätskonzept" betraut.

Aufgrund ihrer hohen Problemlösungskompetenz sind Fix & Fertig bereits nach kurzer Zeit in der Lage, der Geschäftsleitung der Regio-Bank Bericht über ihre Analyseergebnisse zu erstatten. Den Ausgangspunkt ihrer Präsentation bildet dabei die in folgender Abbildung 34.1 dargestellte, nach fest- und variabel verzinslichen Bankgeschäften strukturierte Zinsertragsbilanz der Regio-Bank (F = festverzinslich, V = variabel verzinslich).

Aktiva		Vol. (in Mio. EUR)	Zins (in %)	Passiva		Vol. (in Mio. EUR)	Zins (in %)
F	Hypothekendarlehen	168	6,50	F	Wertpapiere	118	5,50
F	Betriebsmittelkredite	170	5,25	F	Interbankenverbindlichkeiten	148	5,00
F	Interbankenkredite	70	4,50	V	Spareinlagen	235	3,00
V	Existenzgründungsdarlehen	114	6,00	V	Termineinlagen	79	4,00
V	Kontokorrentkredite	178	9,00	V	Sichteinlagen	120	3,00
	∑ bzw. Ø	700	6,55		∑ bzw. Ø	700	3,96

Abb. 34.1: Zinsertragsbilanz der Regio-Bank zum 31.12.04

Schlüpfen Sie nun in die Rolle von Fix & Fertig und gehen Sie bei der Präsentation folgendermaßen vor:

1. Bestimmen Sie zunächst mit Hilfe der Zinsbindungsbilanz die Veränderung der Bruttozinsspanne bei einer unterstellten Marktzinssteigerung von 1 %-Punkt!

   Hinweis: Rechnen Sie auf vier Nachkommastellen genau!

Um der Geschäftsleitung einen Überblick über die durchschnittliche Veränderung der Verzinsung der variablen Bilanzpositionen der Bank in Abhängigkeit von Marktzinsschwankungen zu gewähren, haben Sie die Zinsdifferenzen zwischen den Wendepunkten der letzten abgeschlossenen Zinsanstiegs- und Zinssenkungsphase analysiert. Die Ergebnisse ihrer Analyse sind in der folgenden Abbildung 34.2 zusammengestellt.

Produktart	Zinsdifferenz	Referenzzinssatz
3-Monats-Euribor	+ 10,0 %	–
Existenzgründungsdarlehen	+ 6,5 %	3-Monats-Euribor
Kontokorrentkredite	+ 9,1 %	3-Monats-Euribor
Spareinlagen	+ 2,5 %	3-Monats-Euribor
Termineinlagen	+ 7,6 %	3-Monats-Euribor
Sichteinlagen	0,0 %	3-Monats-Euribor

Abb. 34.2: Zinsdifferenzen zwischen den Wendepunkten der letzten abgeschlossenen Zinsanstiegs- und Zinssenkungsphase

2. a) Ermitteln Sie für jede Geschäftsart die jeweilige Zinsanpassungselastizität und interpretieren Sie deren Aussagegehalt am Beispiel der Kontokorrentkredite!

   b) Stellen Sie nun - ausgehend von den obigen Zinsanpassungselastizitäten - eine Zinselastizitätsbilanz zum 31.12.04 auf und bestimmen Sie die Veränderung der Bruttozinsspanne bei einem unterstellten Marktzinsanstieg von 1 %-Punkt!

   Gehen Sie dabei von den Prämissen aus, dass die Geschäftsstruktur im kommenden Jahr konstant bleibt und keine Festzinspositionen zur Prolongation anstehen.

   Hinweis: Rechnen Sie wiederum auf vier Nachkommastellen genau!

3. a) Skizzieren Sie dann die wesentlichen konzeptionellen Unterschiede zwischen der Zinsbindungs- und der Zinselastizitätsbilanz!

   b) Zeigen Sie daran anschließend in einer detaillierten Analyse auf, wie die errechneten Ergebnisunterschiede (vgl. Teilaufgaben 1 und 2.b) zustandekommen!

   c) Welche Bedingungen müssen erfüllt sein, damit die über die Elastizitätsbilanz kalkulierte Zinsüberschussveränderung der mit Hilfe der Zinsbindungsbilanz kalkulierten Zinsüberschussveränderung entspricht.

4. a) Erläutern Sie kurz allgemein, welche zusätzlichen Ergebniseffekte sich durch den Einbezug auslaufender Festzinsgeschäfte sowie durch strukturelle Änderungen der Bilanz ergeben können!

b) Bestimmen Sie die Veränderung der Bruttozinsspanne unter Berücksichtigung der in der folgenden Abbildung 34.3 dargestellten, im Geschäftsjahr 05 auslaufenden und zu prolongierenden Festzinsgeschäfte.

Zu prolongierende Festzinsgeschäfte im Geschäftsjahr 05	Volumen (in Mio. EUR)	Aktuelle Neugeschäftskondition	Neugeschäftselastizität	Referenzzinssatz
Hypothekendarlehen	168	8,00 %	0,99	5-Jahres-GKM-Zins
Betriebsmittelkredite	170	7,00 %	0,90	2-Jahres-GKM-Zins
Interbankenkredite	70	5,75 %	1,00	2-Jahres-GKM-Zins
Interbankenverbindlichk.	148	6,50 %	1,00	3-Jahres-GKM-Zins

Abb. 34.3: Zu prolongierende Festzinsgeschäfte im Geschäftsjahr 05

Gehen Sie dabei folgendermaßen vor:

b1) Ermitteln Sie zunächst die deterministischen Festzinsablaufeffekte der zu prolongierenden Festzinspositionen!

b2) Transformieren Sie dann die Zinsanpassungselastizitäten der Festzinsneugeschäfte mit Hilfe nachstehender Renditeelastizitäten in Kreuz-Elastizitäten gegenüber dem 1-jährigen und dem 5-jährigen Kapitalmarktzins!

Rendite	1 Jahr	2 Jahre	3 Jahre	4 Jahre	5 Jahre
$\varepsilon_{\text{1 Jahr}}$	1,00	0,55	0,31	0,12	0
$\varepsilon_{\text{5 Jahre}}$	0	0,45	0,69	0,88	1,00

Abb. 34.4: Renditeelastizitäten für Laufzeiten von 1 bis 5 Jahren

b3) Integrieren Sie die unter 4.b1) und 4.b2) ermittelten zusätzlichen Effekte in die Elastizitätsbilanz und bestimmen Sie darauf aufbauend die Elastizitätsüberhänge gegenüber dem 3-Monats-Euribor, dem 1-Jahres- und dem 5-Jahres-Kapitalmarktzins als Referenzzinssätze sowie die Veränderung der Bruttozinsspanne unter der Annahme einer Parallelverschiebung der GKM-Zinsstrukturkurve um + 1 %-Punkt!

5. a) Zeigen Sie zunächst allgemein, wie das Zinsspannenrisiko im Rahmen des Risikomodells RiskMaster® bestimmt werden kann! Differenzieren Sie dabei zwischen der Ermittlung referenzzinsspezifischer Zinsspannenrisiken und dem gesamten Zinsspannenrisiko.

b) Ermitteln Sie schließlich mittels der in Teilaufgabe 4.b3) bestimmten Elastizitätsüberhänge die referenzzinsspezifischen Zinsspannenrisiken und das gesamte Zinsspannenrisiko der Regio-Bank.

Legen Sie Ihren Berechnungen dabei die folgenden Marktdaten zugrunde:

Referenzzins	Standard-abweichung (Haltedauer von 1 Jahr)	Korrelationen		
		3-Monats-Euribor	1-Jahres-GKM-Zins	5-Jahres-GKM-Zins
3-Monats-Euribor	15,8754 %	1	0,7025	0,4573
1-Jahres-GKM-Zins	21,3047 %	0,7025	1	0,6781
5-Jahres-GKM-Zins	22,8072 %	0,4573	0,6781	1

Abb. 34.5: Marktdaten zur Messung des Zinsspannenrisikos mittels referenzzinsspezifischer Elastizitätsüberhänge

Hinsichtlich der Zinsstrukturkurve wird des weiteren ein normaler Verlauf mit einem 3-Monats-Euribor von 4,75 %, einem 1-jährigen Kapitalmarktzins von 5,25 % und einem 5-jährigen Kapitalmarktzins von 7,5 % unterstellt.

Bei den angegebenen Standardabweichungen handelt es sich um Standardabweichungen stetiger jährlicher Veränderungsraten der Referenzzinssätze.

Als Z-Wert sei ein Wert in Höhe von 3 gewählt.

Lösungsvorschlag zu Fallstudie 34:

<u>zu 1.:</u>

Festzinsaktiva

• Hypothekendarlehen		168 Mio. EUR
• Betriebsmittelkredite	+	170 Mio. EUR
• Interbankenkredite	+	70 Mio. EUR
		408 Mio. EUR

Festzinspassiva

• Wertpapiere		118 Mio. EUR
• Interbankenverbindlichkeiten	+	148 Mio. EUR
		266 Mio. EUR

Festzinsüberhang Aktiv

408 Mio. EUR – 266 Mio. EUR = **142 Mio. EUR**

Zinsüberschussveränderung bei Zinssteigerung um 1 %-Punkt (= Steigerung des Zinsaufwandes)

142 Mio. EUR · (- 1 %) = **- 1,42 Mio. EUR**

Veränderung der Bruttozinsspanne bei 1 %-iger Marktzinssteigerung

$$\frac{-1{,}42 \text{ Mio. EUR}}{700 \text{ Mio. EUR}} = \mathbf{-\,0{,}2029\ \%}$$

Gemäß der auf Basis der **Zinsbindungsbilanz** durchgeführten Analyse müsste die Bruttozinsspanne der Bank bei einem Zinsanstieg um 1 %-Punkt um 0,2029 %-Punkte zurückgehen.

<u>zu 2.a):</u>

Allgemein gilt: $\text{Zinsanpassungselastizität} = \frac{\Delta \text{ Positionszins}}{\Delta \text{ Marktzins}}$

Für die einzelnen variablen Bilanzpositionen ergeben sich danach die folgenden **Zinsanpassungselastizitäten**:

• Kontokorrentkredite: $\frac{9{,}1\,\%}{10{,}0\,\%} = \mathbf{0{,}91}$

• Existenzgründungsdarlehen: $\frac{6{,}5\,\%}{10{,}0\,\%} = 0{,}65$

• Sichteinlagen: $\frac{0,0\,\%}{10,0\,\%} = \mathbf{0}$

• Spareinlagen: $\frac{2,5\,\%}{10,0\,\%} = \mathbf{0,25}$

• Termineinlagen: $\frac{7,6\,\%}{10,0\,\%} = \mathbf{0,76}$

Da im kommenden Geschäftsjahr keine Festzinsgeschäfte auslaufen, weisen sämtliche festverzinslichen Positionen der Bank eine Zinsanpassungselastizität von 0 auf.

Interpretation der Zinsanpassungselastizität der Kontokorrentkredite:

Die Zinsanpassungselastizität der Kontokorrentkredite in Höhe von 0,91 zeigt an, dass sich eine Veränderung des 3-Monats-Euribor im Durchschnitt **mit dem Faktor 0,91** auf den Positionszins dieser Geschäftsart auswirkt; d.h. bei einem Anstieg des 3-Monats-Euribor um 1 %-Punkt wird sich der Zinssatz für Kontokorrentkredite voraussichtlich um 1 % · 0,91 = 0,91 %-Punkte erhöhen.

zu 2.b):

Die nachfolgende Abbildung 34.6 zeigt die Elastizitätsbilanz der Regio-Bank zum 31.12.04.

Die **gesamte**, auf Basis der Elastizitätsbilanz kalkulierte **Zinsüberschussveränderung** ergibt sich aus der Differenz der durchschnittlichen (aktivischen und passivischen) Zinsanpassungselastizitäten multipliziert mit der Bilanzsumme. Sie beläuft sich auf absolut

700 Mio. EUR · (0,3373 – 0,1697) · 1 % = + 1,1732 Mio. EUR

bzw. relativ (in % der Bilanzsumme):

$$\frac{1{,}1732\ \text{Mio. EUR}}{700\ \text{Mio. EUR}} = \mathbf{+\,0{,}1676}$$

zu 3.a):

Der grundlegende Unterschied der beiden Konzepte zur Kalkulation des Zinsänderungsrisikos besteht darin, dass die Zinsbindungsbilanz ausschließlich die **festverzinslichen** Bilanzpositionen betrachtet. Die einzige Ursache des Zinsspannenrisikos bilden demzufolge aktivische bzw. passivische Festzinsüberhänge. Dagegen bezieht die Zinselastizitätsbilanz darüber hinaus ausdrücklich auch die variabel verzinslichen Positionen unter Berücksichtigung ihrer spezifischen Zinsanpassungselastizitäten in die Analyse mit ein. Zudem unterstellt die Zinsbindungsbilanz, dass eine Marktzinssteigerung um 1 %-Punkt auch zu einer Zinserhöhung um 1 %-Punkt bei den variabel verzinslichen Bilanzpositionen führt. Übersetzt in die Sprache des Elastizitätskonzepts bedeutet dies, dass bei den variabel verzinslichen Positionen ohne weitere Differenzierung generell mit einer **Zinsanpassungselastizität von 1** kalkuliert wird.

Block	Geschäftsart	Volumen (in Mio. EUR)	Zinsanpassungs-elastizität	Δ Ertrag bei Anstieg des TGZ um 1 %-Punkt (in Mio. EUR)	Block	Geschäftsart	Volumen (in Mio. EUR)	Zinsanpassungs-elastizität	Δ Aufwand bei Anstieg des TGZ um 1 %-Punkt (in Mio. EUR)
F	Hypothekendarlehen	168	0	0	F	Wertpapiere	118	0	0
	Betriebsmittelkredite	170	0	0		Interbankenverbindlichkeiten	148	0	0
	Interbankenkredite	70	0	0		Σ bzw. Ø „fest“	266	0	0
	Σ bzw. Ø „fest“	408	0	0	V	Spareinlagen	235	0,25	+ 0,5875
V	Existenzgründungsdarlehen	114	0,65	+ 0,7410		Termineinlagen	79	0,76	+ 0,6004
	Kontokorrentkredite	178	0,91	+ 1,6198		Sichteinlagen	120	0	0
	Σ bzw. Ø „variabel“	292	0,8085	+ 2,3608		Σ bzw. Ø „variabel“	434	0,2737	+ 1,1879
	Σ bzw. Ø	700	0,3373	+ 2,3608		Σ bzw. Ø	700	0,1697	+ 1,1879

Abb. 34.6: Elastizitätsbilanz der Regio-Bank zum 31.12.04

zu 3.b):

Zur detaillierten Analyse der Unterschiede zwischen Zinsbindungsbilanz einerseits und Elastizitätsbilanz andererseits erscheint es sinnvoll, die Bilanz der betrachteten Bank in **drei** verschiedene Blöcke zu unterteilen:

(1) Der Block, bei dem den festverzinslichen Aktiva in gleicher Höhe festverzinsliche Passiva gegenüberstehen (**Festzinsblock** bzw. F/F-Schicht; hier: 266 Mio. EUR).

(2) Der Block der festverzinslichen Aktiva (Passiva), denen auf der anderen Bilanzseite variabel verzinsliche Passiva (Aktiva) gegenüberstehen (**Festzinsüberhang** bzw. F/V-Schicht; hier: aktivischer Festzinsüberhang 142 Mio. EUR).

(3) Der Block, der auf beiden Seiten der Bilanz aus variabel verzinslichen Positionen besteht (**variabler Block** bzw. V/V-Schicht; hier: 292 Mio. EUR).

zu (1): **F/F-Schicht**

Hier errechnet sich für beide Konzepte eine Ergebnisveränderung von 0, da eine eventuelle Marktzinsänderung wegen der auf beiden Bilanzseiten getroffenen Festzinsvereinbarung keine Auswirkungen auf die jeweiligen Positionszinsen in dieser Periode hat (Zinsanpassungselastizität = 0).

zu (2): **F/V-Schicht**

In der Elastizitätsbilanz werden **sämtliche** (fest- und variabel verzinsliche) Bilanzpositionen mit ihren spezifischen Zinsanpassungselastizitäten erfasst. Für das dem aktivischen Festzinsüberhang entsprechende Passivvolumen (= 142 Mio. EUR) wird die durchschnittliche Zinsanpassungselastizität der variabel verzinslichen Passiva (= 0,2737) zugrundegelegt, die nur gut ein Viertel der in der Zinsbindungsbilanz unterstellten Elastizität von 1 beträgt. Folglich errechnet sich aus dieser Schicht eine Ergebnisveränderung in Höhe von absolut - 0,3887 Mio. EUR (= 142 Mio. EUR · (0 – 0,2737) · 1 %) bzw. relativ - 0,0555 % (= - 0,3887 Mio. EUR / 700 Mio. EUR).

zu (3): **V/V-Schicht**

Da die variablen Aktivzinsen mit einer Zinsanpassungselastizität von 0,8085 reagibler sind als die variablen Passivzinsen mit einer Zinsanpassungselastizität von 0,2737, erhöht sich im Falle eines Anstiegs des 3-Monats-Euribor um 1 %-Punkt der Ergebnisbeitrag des rein variablen dritten Blocks und damit der Zinsüberschuss um 1,5616 Mio. EUR (= 292 Mio. EUR · (0,8085 – 0,2737) · 1 %-Punkt) bzw. die Bruttozinsspanne um 0,2231 %-Punkte (1,5616 / 700 Mio. EUR). Somit erhöht sich in Zinsanstiegsphasen die Zinsspanne der Bank, während sie sich in Zinssenkungsphasen verringert.

Der **Elastizitätssaldo** der Gesamtbilanz ist ebenfalls positiv (0,3373 – 0,1697 = 0,1676), so dass die negative Ergebnisveränderung in der F/V-Schicht durch die positive Veränderung des Zinsüberschusses in der V/V-Schicht überkompensiert wird.

Die unterschiedliche Vorgehensweise der beiden Konzepte zur Ermittlung der Zinsüberschussveränderung für den Fall einer Marktzinssteigerung um 1 %-Punkt und die hierdurch eklatant voneinander abweichenden Resultate sind in der folgenden Abbildung 34.7 noch einmal im Überblick dargestellt.

Schicht	**Zinsbindungsbilanz**	**Elastizitätsbilanz**
F/F	0	0
F/V	142 Mio. EUR · (- 1 %) = - 1,420 Mio. EUR	142 Mio. EUR · (0 – 0,2737) · 1 % = - 0,3887 Mio. EUR
V/V	nicht betrachtet	292 Mio. EUR · (0,8085 – 0,2737) · 1 % = + 1,5616 Mio. EUR
Summe	- 1,420 Mio. EUR	1,1729 Mio. EUR

Abb. 34.7: Analyse der Zinsüberschussveränderung nach Zinsbindungs- und Elastizitätsbilanz

zu 3.c):

Die Elastizitätsbilanz kommt dann zum gleichen Ergebnis wie die Zinsbindungsbilanz, wenn sämtliche variabel verzinslichen Positionen der Bank eine **Zinsanpassungselastizität von 1** aufweisen. Nur unter dieser Voraussetzung wäre nämlich die implizite Prämisse der Zinsbindungsbilanz erfüllt, dass sich jede Marktzinsveränderung in vollem Umfang in der Verzinsung der variabel verzinslichen Positionen niederschlägt. Um diese Bedingung zu erfüllen, müsste die Bank sämtliche variabel verzinslichen Positionen **durch 3-Monats-Geld ersetzen** (Zinsanpassungselastizität = 1), so dass im Ergebnis neben den Festzinspositionen ausschließlich 3-Monats-Geld-Forderungen bzw. -Verbindlichkeiten vorhanden wären.

zu 4.a):

Der Einbezug innerhalb des Betrachtungszeitraums **auslaufender Zinsbindungen** erfordert zunächst Annahmen über deren weitere Disposition. Wird davon ausgegangen, dass auslaufende Zinsbindungen prolongiert, d.h. durch Neugeschäfte der gleichen Produktart verlängert werden, dann ergeben sich zwischen dem Abschlussdatum eines auslaufenden Festzinsaltgeschäfts und dem zukünftigen Neugeschäftsabschlussdatum i.d.R. Unterschiede im Zinsniveau und/oder in der Zinsstruktur, so dass das Neugeschäft zu einer von der ursprünglichen Verzinsung abweichenden Kondition abgeschlossen werden muss. Dies führt zu einer Veränderung der Zinsspanne, wobei **zwei Effekte** zu unterscheiden sind:

- Der erste Effekt trägt der Tatsache Rechnung, dass sich die Zinsspanne auch dann als Folge auslaufender Zinsbindungen verändern kann, wenn die Marktzinsen innerhalb der Betrachtungsperiode konstant bleiben. Verantwortlich dafür sind in der Vergangenheit, d.h. zwischen ursprünglichem Geschäftsabschlussdatum und aktuellem Betrachtungszeitpunkt stattgefundene Marktzinsänderungen, die jeweils zu Veränderungen der Neugeschäftskonditionen geführt haben. Diese vom Betrachtungszeitpunkt aus gesehen bereits in der Vergangenheit vollzogene Veränderung der Neugeschäftskondition wird als **deterministischer Festzinsablaufeffekt** (FAE) bezeichnet. Der deterministische Charakter dieses Effektes ergibt sich aus der Tatsache, dass die vergangene Entwicklung nicht mehr unsicher ist, sondern deren Erfolgswirkung zum aktuellen Betrachtungszeitpunkt bereits feststeht.

- Neben der in der Vergangenheit bereits eingetretenen und im Jahr der Prolongation erfolgswirksam werdenden Änderung der Neugeschäftskondition ist als weiterer Effekt die mögliche Veränderung der Neugeschäftskondition als Folge sich im Jahr der Prolongation ändernder Marktzinsen zu berücksichtigen, die als **Elastizitätseffekt im Festzinsablauf** bezeichnet wird. Dies geschieht analog zur Behandlung variabel verzinslicher Positionen über die Zinsanpassungselastizität.

Hinsichtlich der Ergebniswirkung **struktureller Änderungen der Bilanz** lassen sich ebenfalls **zwei Effekte** unterscheiden.

- Der erste Effekt trägt dabei der Tatsache Rechnung, dass sich aufgrund von Volumensumschichtungen innerhalb der Bilanz i.d.R. die Durchschnittsverzinsung der Aktiv- und Passivseite verändert (**Struktureffekt I**).
- Neben der Veränderung des durchschnittlichen Aktiv- bzw. Passivzinses führen strukturelle Änderung der Bilanz zu einer neuen Gewichtung der Zinsanpassungselastizitäten der einzelnen Bilanzpositionen und damit zu einer Veränderung der durchschnittlichen Zinsanpassungselastizitäten der Aktiv- und Passivseite respektive der Zinssensitivität der Bruttozinsspanne (**Struktureffekt II**).

zu 4.b1):

Die deterministischen Festzinsablaufeffekte zu prolongierender Festzinspositionen sind Ausdruck sich in der Vergangenheit vollzogener Veränderungen der Festzinsneugeschäftskonditionen. Sie ergeben sich durch Bildung der Differenzen zwischen den Neugeschäftskonditionen von Festzinspositionen im aktuellen Betrachtungszeitpunkt und den Neugeschäftskonditionen zum Zeitpunkt des jeweiligen Geschäftsabschlusses.

Für die einzelnen auslaufenden Festzinspositionen ergeben sich die folgenden deterministischen Festzinsablaufeffekte:

- Hypothekendarlehen: 8,00 % – 6,50 % = **1,50 %**
- Betriebsmittelkredite: 7,00 % – 5,25 % = **1,75 %**
- Interbankenkredite: 5,75 % – 4,50 % = **1,25 %**
- Interbankenverbindlichkeiten: 6,50 % – 5,00 % = **1,50 %**

zu 4.b2):

Um zu verhindern, dass durch den Einbezug der Elastizitätseffekte im Festzinsablauf eine Vielzahl an Elastizitätsüberhängen aufgrund der Tatsache entsteht, dass für Festzinsneugeschäfte jeweils der zinsbindungsgleiche Kapitalmarktzins den Referenzzins mit dem höchsten Bestimmtheitsmaß darstellt, kann die Zinsanpassungselastizität von Festzinsneugeschäften mit Laufzeiten über einem und unter fünf Jahren in **Kreuz-Elastizitäten** gegenüber dem 1- und 5-jährigen Kapitalmarktzins transformiert werden. Grundlage hierfür bildet die Beobachtung, dass die Veränderung der Kapitalmarktzinsen in diesem Laufzeitbereich teils durch den 1-jährigen Kapitalmarktzins, teils durch den 5-jährigen Kapitalmarktzins erklärt werden kann.

Bei **festverzinslichen Kapitalmarktgeschäften** entsprechen die Kreuz-Elastizitäten den in Abbildung 34.4 dargestellten Renditeelastizitäten. Bei **festverzinslichen Kundengeschäften** bestimmen sich die Kreuz-Elastizitäten aus der Multiplikation von Neugeschäftselastizität des Kundengeschäfts (ZE) und den in Abbildung 34.4 dargestellten Renditeelastizitäten (RE) des zinsbindungsgleichen Kapitalmarktgeschäfts. Für die einzelnen Festzinsabläufe ergeben sich damit folgende Kreuz-Elastizitäten (ε_{Kreuz}):

Zu prolongierende Festzinsgeschäfte	**Kreuz-Elastizität** gegenüber dem **1**-Jahres-GKM-Zins ($\varepsilon_{Kreuz\ 1;LZ} = RE_{1;LZ} \cdot ZE_{LZ}$)	**Kreuz-Elastizität** gegenüber dem **5**-Jahres-GKM-Zins ($\varepsilon_{Kreuz\ 5;LZ} = RE_{5;LZ} \cdot ZE_{LZ}$)
Hypothekendarlehen	-	1,00 · 0,99 = 0,990
Betriebsmittelkredite	0,55 · 0,90 = 0,495	0,45 · 0,90 = 0,405
Interbankenkredite	0,55 · 1,00 = 0,550	0,45 · 1,00 = 0,450
Interbankenverbindlichk.	0,31 · 1,00 = 0,310	0,69 · 1,00 = 0,690

Abb. 34.8: Kreuz-Elastizitäten der im Geschäftsjahr 05 auslaufenden Festzinspositionen

zu 4.b3):

In der nachfolgenden Abbildung 34.9 ist die Elastizitätsbilanz unter Berücksichtigung auslaufender Festzinsgeschäfte dargestellt.

Die **Integration der Effekte auslaufender Zinsbindungen in die Elastizitätsbilanz** erfolgt durch Einfügen dreier zusätzlicher Spalten, in denen die Kreuz-Elastizitäten bezüglich des 1- und 5-jährigen Marktzinses und die deterministischen Festzinsablaufeffekte angezeigt werden. Zu beachten gilt dabei, dass eine Relativierung der ermittelten Werte über den Anteil der in der Betrachtungsperiode auslaufenden Volumina am Gesamtvolumen der betreffenden Produktart vorzunehmen ist. Durch Gewichtung der Elastizitäten und deterministischen Festzinsablauffekte mit den jeweiligen Volumina erhält man die entsprechenden Durchschnittswerte der Aktiva und Passiva. Als Differenz aus dem durchschnittlichen Aktivzins in Höhe von 6,55 % und dem durchschnittlichen Passivzins in Höhe von 3,96 % ergibt sich eine **Bruttozinsspanne** in Höhe von **2,59 %**, die die Bank am Ende der Betrachtungsperiode erwirtschaftet hätte, falls sich während der Betrachtungsperiode weder die Geld- und Kapitalmarktzinsstruktur ändert, noch Festzinsbindungen auslaufen würden. Unabhängig von der zukünftigen Zinsentwicklung wirkt ein positiver **Saldo deterministischer Festzinsablaufeffekte** von **0,5928 %-Punkten** auf die Höhe der zukünftigen Zinsspanne. Dieser resultiert aus dem hohen Volumensanteil der in einer Niedrigzinsphase abgeschlossenen und in der Betrachtungsperiode auslaufenden Hypothekendarlehen, Betriebsmittelkrediten und Interbankenkrediten. Infolge ihres deterministischen Charakters ist jedoch dieser Effekt bei der Quantifizierung des Zinsspannenrisikos **nicht** zu berücksichtigen.

Geschäftsart	Vol. (in Mio. EUR)	Zinsanpassungs-elastizitäten			determ. Festzins-ablauf-effekt
		3 M.	1 J.	5 J.	
Hypothekendarlehen	168	0	0	0,99	1,50 %
Betriebsmittelkredite	170	0	0,495	0,405	1,75 %
Interbankenkredite	70	0	0,55	0,45	1,25 %
Σ bzw. Ø „fest“	408	0	0,3006	0,6536	1,5613 %
Existenzgründungs-darlehen	114	0,65	-	-	-
Kontokorrentkredite	178	0,91	-	-	-
Σ bzw. Ø „variabel“	292	0,8085	-	-	-
Σ bzw. Ø	700	0,3373	0,1752	0,3810	0,91 %

Geschäftsart	Vol. (in Mio. EUR)	Zinsanpassungs-elastizitäten			determ. Festzins-ablauf-effekt
		3 M.	1 J.	5 J.	
Wertpapiere	118	0	0	0	-
Interbankenver-bindlichkeiten	148	0	0,31	0,69	1,50 %
Σ bzw. Ø „fest“	266	0	0,1725	0,3839	0,8346 %
Spareinlagen	235	0,25	-	-	-
Termineinlagen	79	0,76	-	-	-
Sichteinlagen	120	0	-	-	-
Σ bzw. Ø „variabel“	434	0,2737	-	-	-
Σ bzw. Ø	700	0,1697	0,0656	0,1459	0,3172 %

Abb. 34.9: Elastizitätsbilanz unter Berücksichtigung auslaufender Festzinsgeschäfte

Aufgrund der Tatsache, dass sich die Zinsanpassung der variabel verzinslichen Positionen überwiegend am 3-Monats-Euribor orientiert und die Neugeschäftselastizitäten zu prolongierender Festzinsaltgeschäfte mit Hilfe von Renditeelastizitäten in Kreuz-Elastizitäten zum 1- und 5-jährigen Kapitalmarktzins als Referenzzins transformiert werden können, ergeben sich darüber hinaus **drei referenzzinsspezifische Elastizitätsüberhänge**. Da es sich dabei ausschließlich um aktivische Überhänge handelt (3 Monate: 0,1676; 1 Jahr: 0,1096; 5 Jahre: 0,2351), besteht für die Regio-Bank damit ein Zinsspannenrisiko in der Gefahr sinkender Zinsen.

Zur Messung der Zinsüberschussveränderung müssen die referenzzinsspezifischen Elastizitätsüberhänge jeweils mit der unterstellten Referenzzinsänderung multipliziert und anschließend unter Berücksichtigung des deterministischen Festzinsablaufeffektes aggregiert werden. Im Falle einer **Parallelverschiebung** der Zinsstrukturkurve um 1 %-Punkt nach oben, können die referenzzinsspezifischen Elastizitätsüberhänge zunächst aufaddiert und erst gesamthaft mit einer Marktzinserhöhung von 1 %-Punkt multipliziert werden. Da die drei referenzzinsspezifischen Elastizitätsüberhänge in der Summe 0,5123 betragen, resultiert bei einer Marktzinserhöhung um 1 %-Punkt über sämtliche Laufzeiten ein elastizitätsbedingter Anstieg der Bruttozinsspanne um **0,5123 %-Punkte**. Unter Berücksichtigung des positiven Saldos deterministischer Festzinsablaufeffekte in Höhe von 0,5928 %-Punkten ergibt sich damit in der Summe eine Erhöhung der Bruttozinsspanne um **1,1051 %-Punkte** auf **3,6951 %**.

<u>zu 5.a):</u>

Zunächst ist zu konstatieren, dass aufgrund des deterministischen Charakters des vergangenheitsbezogenen Festzinsauflaufeffektes und der Struktureffekte I und II im Risikomodell RiskMaster® lediglich die referenzzinsspezifischen Elastizitätsüberhänge bei der Quantifizierung des Zinsspannenrisikos berücksichtigt werden.

In einem ersten Schritt sind zunächst die Standardabweichungen (STD) der als **Risikoparameter** zugrundezulegenden stetigen Veränderungsraten der Referenzzinsen (RZ) 3-Monats-Euribor, 1-Jahres- und 5-Jahres-Kapitalmarktzins zu bestimmen.

Aus der Multiplikation der Standardabweichung (STD) der stetigen Veränderungsrate der Referenzzinsen mit dem Z-Wert ist im Anschluss daran dann die sogenannte **Risikomesszahl** (RMZ) zu bestimmen. Da bei aktivischen Elastizitätsüberhängen (EÜ) das Risiko einer Verringerung der Zinsspanne in der Gefahr sinkender Zinsen besteht, ergibt sich die Risikomesszahl aus der Multiplikation des negativen Z-Werts mit der Standardabweichung. Bei passivischen Elastizitätsüberhängen besteht jedoch das Risiko in der Gefahr steigender Zinsen, so dass sich die Risikomesszahl aus der Multiplikation des positiven Z-Werts mit der Standardabweichung bestimmt.

Durch Potenzierung der Eulerschen Zahl e mit der ermittelten Risikomesszahl und anschließender Subtraktion von 1 wird die stetige Risikomesszahl sodann in eine diskrete Risikomesszahl transformiert. Aus der Multiplikation des daraus resultierenden **Risikofaktors** (RF) mit dem **aktuellen Referenzzins** (RZ_t) ergibt sich die in %-Punkten ausgedrückte, maximale

Änderung des Referenzzinses, unter Berücksichtigung des zugrundegelegten Sicherheitsniveaus. Dieses Ergebnis kann auch als VaR des Referenzzinses interpretiert werden. Die multiplikative Verknüpfung der kalkulierten maximalen Referenzzinsänderungen mit den referenzzinsspezifischen Elastizitätsüberhängen ($EÜ_t$) zum **referenzzinsspezifischen Zinsspannenrisiko** ($ZSPR_t^{EÜ}$) ermöglicht eine indirekte Berechnung des VaR. Die allgemeine Vorgehensweise zeigt sich anhand folgender Gleichungen:

(1) $RMZ_t^{RZ} = STD_t^{RZ} \cdot Z\text{-Wert}$

(2) $RF_t^{RZ} = e^{RMZ_t^{RZ}} - 1$

(3) $EÜ_t = Ø\, ZE_t^A - Ø\, ZE_t^P$

(4) $ZSPR_t^{EÜ} = EÜ_t \cdot RF_t^{RZ} \cdot RZ_t$

Um Aussagen über das **gesamte Zinsspannenrisiko** treffen zu können, gilt es zweierlei zu beachten: Zum einen müssen neben den Volatilitäten zusätzlich wiederum die paarweisen **Korrelationen** der Referenzzinsen berücksichtigt werden. Zum andern ist zu beachten, dass das Risiko für eine durch aktivische und passivische Elastizitätsüberhänge charakterisierte Bilanz sowohl in der Gefahr sinkender als auch in der Gefahr steigender Zinsen besteht. Der Gegenläufigkeit in den einzelnen Laufzeitbereichen ist dabei jeweils entweder über die Vorzeichen der Elastizitätsüberhänge bei der Aufstellung der Vektoren oder über veränderte Vorzeichen der relevanten Korrelationskoeffizienten Rechnung zu tragen. Aufgrund der fehlenden Linearität des natürlichen Logarithmus und der daraus folgenden Abweichung der Zinsspannenänderung, die sich bei einer negativen Risikomesszahl ergibt, von derjenigen, die bei einer positiven Risikomesszahl resultiert, muss das gesamte Zinsspannenrisiko sodann sowohl in Abhängigkeit eines Zinsanstiegs als auch in Abhängigkeit einer Zinssenkung bestimmt werden. Aus Vorsichtsgründen ist dann der größere der beiden Risikowerte als Zinsspannenrisiko zu betrachten. Allgemein bestimmt sich das gesamte Zinsspannenrisiko somit nach folgender Formel:

$$ZSPR^{EÜ} = \sqrt{\begin{bmatrix} ZSPR_{3\,M.}^{EÜ} & ZSPR_{1\,J.}^{EÜ} & ZSPR_{5\,J.}^{EÜ} \end{bmatrix} \cdot \begin{bmatrix} 1 & KOR\,(RZ_{3\,M.}, RZ_{1\,J.}) & KOR\,(RZ_{3\,M.}, RZ_{5\,J.}) \\ KOR\,(RZ_{1\,j.}, RZ_{3\,M.}) & 1 & KOR\,(RZ_{1\,J.}, RZ_{5\,J.}) \\ KOR\,(RZ_{5\,J.}, RZ_{3\,M.}) & KOR\,(RZ_{5\,J.}, RZ_{1\,J.}) & 1 \end{bmatrix} \cdot \begin{bmatrix} ZSPR_{3\,M.}^{EÜ} \\ ZSPR_{1\,J.}^{EÜ} \\ ZSPR_{5\,J.}^{EÜ} \end{bmatrix}}$$

zu 5.b):

Zur **referenzzinsspezifischen Zinsspannenrisikoberechnung** sei zunächst der Elastizitätsüberhang gegenüber dem 3-Monats-Euribor betrachtet. Da es sich um einen positiven Überhang handelt, besteht das Risiko für die Regio-Bank in der Gefahr eines sinkenden 3-Monats-Euribor und berechnet sich wie folgt:

(1) $\text{RMZ}_{3M.}^{RZ} = \text{STD}_{3M.}^{RZ} \cdot \text{Z-Wert} = 15{,}8754\,\% \cdot (-3) = -47{,}6262\,\%$

(2) $\text{RF}_{3M.}^{RZ} = e^{\text{RMZ}_{3M.}^{RZ}} - 1 = e^{-47{,}6262\,\%} - 1 = -37{,}8899\,\%$

(3) $\text{EÜ}_{3M.} = \varnothing\,\text{ZE}_{3M.}^{A} - \varnothing\,\text{ZE}_{3M.}^{P} = 0{,}3373 - 0{,}1697 = 0{,}1676$

(4) $\text{ZSPR}_{3M.}^{EÜ} = \text{EÜ}_{3M.} \cdot \text{RF}_{3M.}^{RZ} \cdot \text{RZ}_{3M.} = 0{,}1676 \cdot (-37{,}8899\,\%) \cdot 4{,}75\,\% = -0{,}3016\,\%$

Für die Risikomesszahl ergibt sich ein Wert in Höhe von - 47,6262 %. Nach Potenzierung der Eulerschen Zahl mit der Risikomesszahl und anschließender Subtraktion von 1 resultiert sodann ein Risikofaktor in Höhe von - 37,8899 %. Dieser besagt, dass nur gerade in 1,3 von 1.000 Fällen der 3-Monats-Euribor innerhalb eines Jahres von 4,75 % um mehr als 37,8899 % relativ sinkt. Aus der multiplikativen Verknüpfung der kalkulierten Referenzzinsänderung von absolut - 1,7998 %-Punkten (= 4,75 % · (- 0,378899)) mit dem referenzzinsspezifischen Elastizitätsüberhang in Höhe von 0,1676 errechnet sich das Zinsspannenrisiko zu **- 0,3016 %** (= (- 1,7998 %) · 0,1676). D.h. die Zinsspanne sinkt als Reaktion auf eine Veränderung des 3-Monats-Euribor innerhalb eines Jahres mit einer Wahrscheinlichkeit von weniger als 0,13 % um mehr als absolut 0,3016 %-Punkte.

In Analogie zur Berechnung des referenzzinsspezifischen Zinsspannenrisikos bezüglich des 3-Monats-Euribor berechnen sich die Zinsspannenrisiken hinsichtlich des 1- und 5-Jahres-Kapitalmarktzinses entsprechend zu:

$$\text{ZSPR}_{1J.}^{EÜ} = \text{EÜ}_{1J.} \cdot \text{RF}_{1J.}^{RZ} \cdot \text{RZ}_{1J.} = 0{,}1096 \cdot (-47{,}2254\,\%) \cdot 5{,}25\,\% = -0{,}2717\,\%$$

$$\text{ZSPR}_{5J.}^{EÜ} = \text{EÜ}_{5J.} \cdot \text{RF}_{5J.}^{RZ} \cdot \text{RZ}_{5J.} = 0{,}2351 \cdot (-49{,}5514\,\%) \cdot 7{,}5\,\% = -0{,}8737\,\%$$

Die Zinsspanne sinkt als Reaktion auf eine Veränderung des 1-Jahres-Kapitalmarktzinses (5-Jahres-Kapitalmarktzinses) innerhalb eines Jahres mit einer Wahrscheinlichkeit von weniger als 0,13 % um mehr als **0,2717 %-Punkte** (**0,8737 %-Punkte**) absolut.

Bei perfekt positiv korrelierten Risikoparametern würde sich das **gesamte Zinsspannenrisiko** aus der Addition der referenzzinsspezifischen Zinsspannenrisiken ergeben und betrüge - 1,447 % (= (- 0,3016 %) + (- 0,2717 %) + (- 0,8737 %)). Unter Berücksichtigung der in Abbildung 34.5 dargestellten paarweisen Korrelationen zwischen den stetigen Veränderungsraten des 3-Monats-Euribor, des 1-Jahres- und des 5-Jahres-Kapitalmarktzinses errechnet sich das **gesamte Zinsspannenrisiko** jedoch zu:

$$\mathrm{ZSPR}^{\mathrm{EÜ}} = \sqrt{\begin{bmatrix} 0{,}1676 \cdot 4{,}75\,\% & 0{,}1096 \cdot 5{,}25\,\% & 0{,}2351 \cdot 7{,}50\,\% \\ \cdot (e^{-47{,}6262\,\%} - 1) & \cdot (e^{-63{,}9141\,\%} - 1) & \cdot (e^{-68{,}4216\,\%} - 1) \end{bmatrix} \cdot \begin{bmatrix} 1 & 0{,}7025 & 0{,}4573 \\ 0{,}7025 & 1 & 0{,}6781 \\ 0{,}4573 & 0{,}6781 & 1 \end{bmatrix} \cdot \begin{bmatrix} 0{,}1676 \cdot 4{,}75\,\% \cdot (e^{-47{,}6262\,\%} - 1) \\ 0{,}1096 \cdot 5{,}25\,\% \cdot (e^{-63{,}9141\,\%} - 1) \\ 0{,}2351 \cdot 7{,}50\,\% \cdot (e^{-68{,}4216\,\%} - 1) \end{bmatrix}}$$

beziehungsweise

$$\mathrm{ZSPR}^{\mathrm{EÜ}} = \sqrt{\begin{aligned} &(-0{,}3016\,\%)^2 + (-0{,}2717\,\%)^2 + (-0{,}8737\,\%)^2 \\ &+ 2 \cdot 0{,}7025 \cdot (-0{,}3016) \cdot (-0{,}2717) \\ &+ 2 \cdot 0{,}4573 \cdot (-0{,}3016) \cdot (-0{,}8737) \\ &+ 2 \cdot 0{,}6781 \cdot (-0{,}2717) \cdot (-0{,}8737) \end{aligned}} = 1{,}2674\,\%$$

Wie obige Rechnung verdeutlicht, ist das gesamte Zinsspannenrisiko geringer als die Summe der referenzzinsspezifischen Zinsspannenrisiken. Bedingt durch die Berücksichtigung der Korrelationseffekte sinkt das Risiko von 1,447 % auf **1,2674 %**. Dies bedeutet, dass die Bruttozinsspanne als Reaktion auf eine Veränderung des 3-Monats-Euribor, des 1- und des 5-Jahres-Kapitalmarktzinses innerhalb eines Jahres mit einer Wahrscheinlichkeit von weniger als 0,13 % um mehr als 1,2674 % absolut sinkt. Der risikoreduzierende Effekt beläuft sich damit auf **0,1796 %-Punkte** bzw. **12,41 %**.

Fallstudie 35: Kalkulation von Ausfallrisikokosten mit der optionspreistheoretischen Risikokostenmethode

Luigi Del Credere, Mitarbeiter im Controlling-Bereich der „Banca Carbonara" in Lugano wird von seinem Vorgesetzten Massimo Bontempi für drei Tage zu einem Controller-Kongress nach Genf geschickt. Thema der Veranstaltung ist die „Kalkulation und Steuerung von Ausfallrisiken im Kreditgeschäft der Banken". Im Verlauf des Kongresses trifft Del Credere auf seinen ehemaligen Studienkollegen Olivier Ivre, der ebenfalls im Bereich Controlling bei einer Waadtländer Privatbank tätig ist. Ihr unverhofftes Wiedersehen begießen die beiden nach Beendigung des Kongresses daher ausgiebig.

Von seiner Dienstreise zurück, meldet sich Del Credere am folgenden Tag bei seinem Vorgesetzten, der sogleich über die im Rahmen des Kongresses diskutierten Themen informiert werden möchte. Besonders interessiert zeigt sich Bontempi dabei an der sogenannten optionspreistheoretischen Risikokostenmethode. Unglücklicherweise hat Del Credere seine gesamten Aufzeichnungen und Kongressunterlagen im Flugzeug liegen lassen. Er bittet daher Sie, als neuen Mitarbeiter im Controlling der Bank, für den in der kommenden Woche stattfindenden Controlling-Workshop einen kurzen Vortrag zu diesem Thema vorzubereiten.

1. a) Beschreiben Sie die Grundidee der optionspreistheoretischen Risikokostenmethode!

   b) Erklären Sie, weshalb sich die engagementspezifisch verrechneten Ausfallrisikokosten als eine vom Kreditnehmer zu bezahlende Optionsprämie interpretieren lassen!

Im Anschluss an den Workshop, äußert sich Bontempi anerkennend über Ihre Präsentation. Bezüglich der konkreten Anwendung der optionspreistheoretischen Risikokostenmethode bittet er Sie, diese anhand des folgenden Firmenkundenkredits zu demonstrieren.

- Kreditvolumen: 4 Mio. EUR
- Laufzeit: 5 Jahre
- Nominalzins: 8,25 %
- Disagio: 5 %
- Zinszahlung: jährlich
- Tilgung: endfällig
- Besicherung: keine

Als Inputdaten für das Kalkulationsmodell stehen Ihnen des weiteren die folgenden Unternehmensinformationen zur Verfügung (vgl. Abb. 35.1).

erwarteter jährlicher Ertrags-Cash Flow	14,9 Mio. EUR
Volatilität des Marktwerts der Aktiva (V)	9,5 %
aus qualitativen Faktoren der Unternehmensanalyse abgeleitete Adjustierungsfaktoren für • die Volatilität • die Ertrags-Cash Flows	 1,15 0,92
aktuelles bilanzielles Fremdkapital (K)	182 Mio. EUR
risikoloser Kapitalmarktzins (r)	6,3 %

Abb. 35.1: Aus der Unternehmensanalyse generierte Daten

2. a) Bestimmen Sie für die relevanten Laufzeitkategorien die kundenindividuellen Risikoprämiensätze (Risikostrukturkurve)! Verwenden Sie dabei das von GERDSMEIER/KROB vorgeschlagene Optionspreismodell!

<u>Hinweis:</u> Ermitteln Sie die Werte der Verteilungsfunktion der Standardnormalverteilung mit Hilfe der unten stehenden Tabelle!

	2. Nachkommastelle der Normalverteilungsquantile d									
d	0	1	2	3	4	5	6	7	8	9
1	0,8413	0,8438	0,8461	0,8485	0,8508	0,8531	0,8554	0,8577	0,8599	0,8621
1,1	0,8643	0,8665	0,8686	0,8708	0,8729	0,8749	0,8770	0,8790	0,8810	0,8830
1,2	0,8849	0,8869	0,8888	0,8907	0,8925	0,8944	0,8962	0,8980	0,8997	0,9015
1,3	0,9032	0,9049	0,9066	0,9082	0,9099	0,9115	0,9131	0,9147	0,9162	0,9177
1,4	0,9192	0,9207	0,9222	0,9236	0,9251	0,9265	0,9279	0,9292	0,9306	0,9319
1,5	0,9332	0,9345	0,9357	0,9370	0,9382	0,9394	0,9406	0,9418	0,9429	0,9441

b) Berechnen Sie den engagementspezifischen Risikokosten-Barwert für den genannten Firmenkundenkredit!

c) Wie verändert sich der Risikokosten-Barwert, wenn die Bank an Stelle der Blanko-Gewährung vom Kreditnehmer werthaltige Sicherheiten in Höhe von 30 % des Nominalbetrages erhält?

3. Erläutern Sie kurz Grenzen und konzeptionelle Schwächen der optionspreistheoretischen Risikokostenmethode!

Lösungsvorschlag zu Fallstudie 35:

zu 1.a):

Der **Grundgedanke** der optionspreistheoretischen Ausfallrisikobewertung besteht in der Überlegung, dass für die kreditgebende Bank eine Krisensituation immer dann eintritt, wenn der Ertragswert des finanzierten Unternehmens (Marktwert der Aktiva) unter den ökonomischen Wert des Fremdkapitals fällt (vgl. Abb. 35.2).

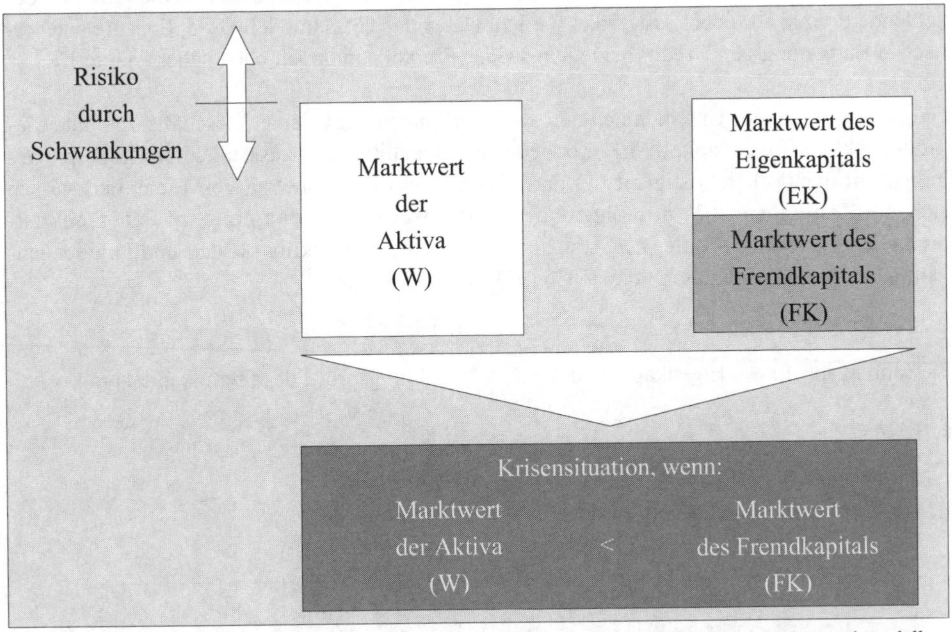

Abb. 35.2: Grundgedanke der kundenindividuellen Ausfallrisikobewertung mit Hilfe des Optionspreismodells

Die aufgezeigte Gefahr muss jede Bank bei der Kreditvergabe zukunftsbezogen einschätzen. Die Höhe des von ihr zu tragenden Risikos hängt dabei von vier **Einflussfaktoren** ab:

(1) der erwarteten Entwicklung der Ertragslage,

(2) der Wahrscheinlichkeit mit der die erwarteten Erträge anfallen,

(3) der Finanzierungsstruktur des kreditierten Unternehmens sowie

(4) der Laufzeit des Kreditengagements (Planungshorizont der Bank).

Die erste Einflussgröße, die erwartete Entwicklung der Ertragslage des Unternehmens, bestimmt den Marktwert der Aktiva. Da dieser zukunftsorientiert bestimmt werden muss, ist als zweites zu fragen, mit welcher Wahrscheinlichkeit die erwarteten Erträge anfallen. Die Bank muss hierfür die erwartete Ertragsstabilität (Volatilität) abschätzen.

Dem Bewertungsergebnis der Aktivseite ist der Marktwert des Fremdkapitals gegenüberzustellen. Hierfür ist als dritte Einflussgröße die Finanzierungsstruktur des Unternehmens zu ermitteln. Den vierten Faktor bildet schließlich der Planungshorizont der Bank. Langfristige Kredite sind für eine Bank grundsätzlich risikoreicher als kurzfristige. Aus diesen Informationen muss nun ein Gleichgewichtspreis für die Übernahme des Risikos eines möglichen Kreditausfalls ermittelt werden.

zu 1.b):

Anhand eines vereinfachenden Modells lässt sich illustrieren, weshalb sich das individuelle Ausfallrisiko eines Kreditnehmers durch ein Optionsrecht beziehungsweise die dafür zu bezahlende Prämie abbilden lässt. Dazu wird zunächst das Grundmodell der optionspreistheoretischen Bewertung von Kredit- beziehungsweise Fremdkapitalpositionen näher erläutert.

Geht man von einem Unternehmen aus, das zur Finanzierung seiner Geschäftsaktivitäten lediglich Aktien (Eigenkapital = EK) sowie als Fremdkapital (FK) ausschließlich Nullkuponanleihen mit identischer Fristigkeit (T) und einem Rückzahlungsbetrag von F emittiert, lassen sich die **Zahlungsprofile des Eigen- beziehungsweise Fremdkapitals** im Fälligkeitszeitpunkt der Zerobonds – unter der Annahme, dass keine Transaktionskosten und Dividendenzahlungen anfallen – wie folgt darstellen (vgl. Abb. 35.3):

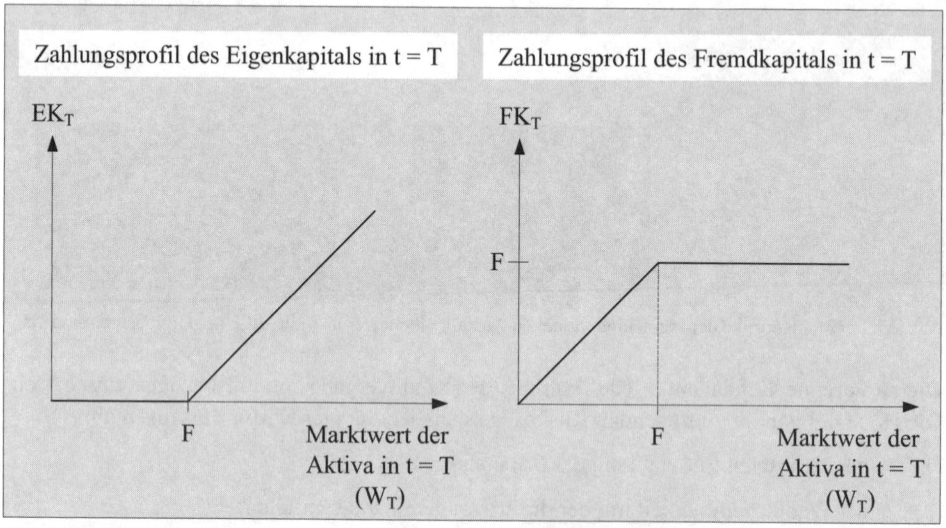

Abb. 35.3: Zahlungsprofil (Marktwert) des Eigen- und Fremdkapitals im Zeitpunkt T

Formal lassen sich die abgebildeten Zahlungsprofile der Eigen- und der Fremdkapitaltitel wie folgt darstellen:

$EK_T = \max(W_T - F; 0)$ für die Eigenkapitaltitel (Aktien) beziehungsweise

$FK_T = \min(W_T; F) = F - \max(F - W_T, 0)$ für die Fremdkapitaltitel (Zerobonds).

Im folgenden soll ausschließlich die **Zahlungsfunktion des Fremdkapitals** betrachtet werden.

Wie aus dem obengenannten Zahlungsprofil FK_T hervorgeht, lässt sich die Fremdkapitalposition des Unternehmens gedanklich in ein (replizierendes) Portfolio bestehend aus zwei Teilpositionen zerlegen, wobei die erste Teilposition im Zeitpunkt T eine sichere Zahlung in Höhe von F aufweist, während die Zahlung der zweiten von der Höhe des (unsicheren) Marktwertes der Aktiva im Zeitpunkt T abhängt. Betrachtet man den zweiten Summanden der obenstehenden Differenz (max $(F - W_T, 0)$) genauer, erkennt man, dass es sich hierbei um die Zahlungsfunktion einer Verkaufsoption (Put) handelt, deren „Basispapier" der Marktwert der Aktiva (W) und Basispreis der Rückzahlungsbetrag des Fremdkapitals (F) sind. Das Minuszeichen vor der Zahlungsfunktion des Puts weist darauf hin, dass es sich um eine Stillhalterposition (short Put) handelt.

Damit lässt sich die Position der Fremdkapitalgeber, also z.B. einer Bank, welche die Zerobonds des Unternehmens in ihrem Bestand hält, als ein Portfolio aus einem Bestand an risikofreien Fremdkapitaltiteln (F) und einer Stillhalterposition in einem europäischen Put auf die Unternehmensaktiva interpretieren. Formal bedeutet dies für den Zeitpunkt der Fälligkeit des Fremdkapitals:

$$FK_T = F - \max(F - W_T, 0) = F - P_T,$$

wobei P_T die Zahlungsfunktion der beschriebenen Verkaufsoption auf das Unternehmensvermögen darstellt.

Der gegenwärtige Marktwert des Fremdkapitals ($t = 0$) ergibt sich, indem man die aktuellen Marktwerte der beiden Teilpositionen des Portfolios bestimmt. Der Marktwert des Fremdkapitals in $t = 0$ beträgt demnach:

$$FK_0 = F \cdot (1+r)^{-T} - P_0(W_0, F, T),$$

und bei stetiger (kontinuierlicher) Verzinsung:

$$FK_0 = F \cdot e^{-r \cdot T} - P_0(W_0, F, T).$$

Das Ausfallrisiko, dem sich die Gläubiger des Unternehmens durch die Bereitstellung ihrer Mittel aussetzen, schlägt sich beim Fremdkapital also ausschließlich in der Optionsposition (short Put) des replizierenden Portfolios nieder, da nur die Option in ihrem Wert von der Wertentwicklung des Unternehmensvermögens abhängt. Für die **Übernahme des Ausfallrisikos** erhalten die Fremdkapitalgeber dementsprechend aus ihrer Stillhalterposition im Put eine Prämie, die als Risikoprämie zu interpretieren ist.

Hebt man die Annahme, dass das zu kreditierende Unternehmen Fremdkapital ausschließlich in Form von fristengleichen Nullkuponanleihen aufnimmt, im Sinne einer größeren Realitätsnähe auf und unterstellt, dass Teile des Fremdkapitals unterschiedlich lange zur Verfügung stehen, so müssen die in die Optionspreisformel zur Bewertung des kundenindividuellen Ausfallrisikos einfließenden Parameter F und T anders interpretiert werden. Für den Parameter F, den Basispreis der Option, wird nunmehr der ökonomische Wert des Fremdkapitals zum Zeitpunkt der Fälligkeit eines zu betrachtenden Kreditgeschäftes eingesetzt, während für den Zeitparameter T die (Rest-)Laufzeit des betreffenden Kredites in die Formel eingeht.

GERDSMEIER/KROB schlagen auf Basis des dargestellten Bewertungsansatzes die folgende vereinfachte **Optionspreisformel** zur Quantifizierung kundenindividueller Risikokosten vor, wobei der Barwert des Fremdkapitals ($F \cdot e^{-R \cdot T}$) durch die aktuellen bilanziellen Gesamtverbindlichkeiten (K) approximiert wird:

$$P = K \cdot N\left(d_2^*\right) - W \cdot N\left(d_1^*\right)$$

$$d_1^* = \frac{-\ln\left(\frac{W}{K}\right) - 0{,}5 \cdot V^2 \cdot T}{V \cdot \sqrt{T}} \text{ bzw. } d_2^* = \frac{-\ln\left(\frac{W}{K}\right) + 0{,}5 \cdot V^2 \cdot T}{V \cdot \sqrt{T}} = d_1^* + V \cdot \sqrt{T}$$

<u>zu 2.a):</u>

Auf Basis der aus der Unternehmensanalyse generierten Daten muss zunächst der **Marktwert der Aktiva** (W) bestimmt werden. Dazu ist der erwartete jährliche Ertrags-Cash Flow in Höhe von 14,9 Mio. EUR mit dem aus den qualitativen Faktoren der Unternehmensanalyse abgeleiteten Adjustierungsfaktor zu korrigieren. Es ergibt sich ein modifizierter Ertrags-Cash Flow in Höhe von 13,708 Mio. EUR (= 14,9 Mio. EUR · 0,92).

Den modifizierten (jährlichen) Ertrags-Cash Flow gilt es nun in den Marktwert der Aktiva zu transformieren. Dies geschieht durch Verrentung mit dem langfristigen, risikolosen Kapitalmarktzinssatz. Da der erwartete Ertrags-Cash Flow investitionstheoretisch einer unendlichen Annuität entspricht, kann der Marktwert der Aktiva wie folgt berechnet werden:

$$\text{Annuität} = \frac{I_0}{RBF_n^i},$$

mit: Annuität = erwarteter (modifizierter) Ertrags-Cash Flow des bewerteten Unternehmens; I_0 = Marktwert der Aktiva; RBF = Rentenbarwertfaktor; n = unendliche Laufzeit; i = langfristiger, risikoloser Kapitalmarktzinssatz

Für den Rentenbarwertfaktor ergibt sich:

$$RBF_n^i = \frac{(1+i)^n - 1}{i \cdot (1+i)^n} = \frac{(1+0{,}063)^{n=\infty} - 1}{0{,}063 \cdot (1+0{,}063)^{n=\infty}} = \frac{1}{0{,}063} = \mathbf{15{,}873}$$

Der gesuchte Marktwert der Aktiva berechnet sich, indem man die Formel der Annuität nach I_0 auflöst.

$$\text{Marktwert der Aktiva} = 13{,}708 \text{ Mio. EUR} \cdot 15{,}873 = \mathbf{217{,}587 \text{ Mio. EUR}}$$

Neben dem Markwert der Aktiva (W) gehen auch der Nominalwert der bilanziellen Verbindlichkeiten (K = 182 Mio. EUR) sowie der **adjustierte Volatilitätsparameter** V in das Optionspreismodell ein. Für die Volatilität ergibt sich:

V = 9,5% · 1,15 = **10,925 %**.

Auf Basis der quantifizierten Inputdaten errechnen sich für das Beispiel **laufzeitspezifische Optionsprämien**, die in Form einer Risikostrukturkurve des Kunden abgebildet werden (vgl. Abb. 35.4).

<table>
<tr><th></th><th colspan="2">Ertrags-Cash Flow</th><th colspan="2">Volatilität (V)</th><th colspan="3">Nominalwert des aktuellen bilanziellen Fremdkapitals (K)</th></tr>
<tr><td>Stufe 1:
Quantitative Analyse auf Basis von Vergangenheits- und Gegenwartsdaten</td><td colspan="2">14,9 Mio. EUR</td><td colspan="2">9,5 %</td><td colspan="3">182 Mio. EUR</td></tr>
<tr><td></td><td colspan="2">·</td><td colspan="2">·</td><td colspan="3"></td></tr>
<tr><td>Stufe 2:
Qualitative Analyse durch zukunftsorientierte Adjustierung der Vergangenheits- und Gegenwartsdaten</td><td colspan="2">0,92</td><td colspan="2">1,15</td><td colspan="3"></td></tr>
<tr><td></td><td colspan="2">=</td><td colspan="2">=</td><td colspan="3"></td></tr>
<tr><td>Ergebnis: erwartete Größen</td><td colspan="2">13,708 Mio. EUR</td><td colspan="2">10,925 %</td><td colspan="3">182 Mio. EUR</td></tr>
<tr><td></td><td colspan="2">↓</td><td colspan="2">↓</td><td colspan="3">↓</td></tr>
<tr><td rowspan="2">Dateninput:</td><td colspan="2">Marktwert der Aktiva (W)</td><td colspan="2">Volatilität (V)</td><td colspan="3">Nominalwert des aktuellen bilanziellen Fremdkapitals (K)</td></tr>
<tr><td colspan="2">217,587 Mio. EUR</td><td colspan="2">10,925 %</td><td colspan="3">182 Mio. EUR</td></tr>
<tr><td>Bewertung:</td><td colspan="7">Berechnung der Optionspreise
≙ laufzeitspezifische Risikoprämien</td></tr>
<tr><td>Ergebnis:</td><td colspan="7">Kundenindividuelle Risikostrukturkurve</td></tr>
<tr><td>Laufzeit (T) in Jahren</td><td>1</td><td>2</td><td>3</td><td>4</td><td>5</td><td>...</td><td>10</td></tr>
<tr><td>Risikoprämiensatz
(= P(T)/K) (gerundet))</td><td>0,255 %</td><td>0,943 %</td><td>1,911 %</td><td>2,775 %</td><td>3,604 %</td><td>...</td><td>7,221 %</td></tr>
</table>

Abb. 35.4: Bestimmung der kundenindividuellen Risikostrukturkurve

Anhand der Fristigkeit von 2 Jahren (T = 2) sei die konkrete Vorgehensweise zur Berechnung laufzeitspezifischer Risikoprämiensätze im folgenden beispielhaft beschrieben (Hinweis: Sämtliche Berechnungen wurden mit ungerundeten Teilergebnissen durchgeführt!):

Zunächst müssen die in die Optionspreisformel einfließenden Normalverteilungsquantile d_1^* beziehungsweise d_2^* berechnet werden. Für T = 2 ergibt sich:

$$d_1^* = \frac{-\ln\left(\frac{W}{K}\right) - 0{,}5 \cdot V^2 \cdot T}{V \cdot \sqrt{T}} = \frac{-\ln\left(\frac{217{,}587 \text{ Mio. EUR}}{182 \text{ Mio. EUR}}\right) - 0{,}5 \cdot 0{,}10925^2 \cdot 2}{0{,}10925 \cdot \sqrt{2}}$$

$$= -1{,}233175017 \approx -1{,}23$$

$$d_2^* = d_1^* + V \cdot \sqrt{T} = 1{,}23 + 0{,}10925 \cdot \sqrt{2} = -1{,}075497168 \approx -1{,}08$$

Bei den Verteilungsfunktionen der Standardnormalverteilung gilt folgende Regel:

$$N\left(d_1^*\right) = N(-1{,}23) = 1 - N(1{,}23)$$

$$N\left(d_2^*\right) = N(-1{,}08) = 1 - N(1{,}08)$$

Die Werte der Verteilungsfunktionen der Standardnormalverteilung können der in der Aufgabenstellung angegebenen Tabelle entnommen werden. Diese betragen:

$$N\left(d_1^*\right) = 1 - 0{,}8907 = 0{,}1093$$

$$N\left(d_2^*\right) = 1 - 0{,}8599 = 0{,}1401$$

Für die absolute Optionsprämie P (T = 2) errechnet sich auf Basis der Optionsformel von GERDSMEIER/KROB:

$$P = K \cdot N\left(d_2^*\right) - W \cdot N\left(d_1^*\right) = 182 \text{ Mio. EUR} \cdot 0{,}1401 - 217{,}587 \text{ Mio. EUR} \cdot 0{,}1093$$

$$= \mathbf{1.715.940{,}90}$$

Setzt man abschließend die absolute Optionsprämie ins Verhältnis zum Nominalbetrag der bilanziellen Gesamtverbindlichkeiten, ergibt sich für die Fristigkeit T = 2 ein (relativer) Risikoprämiensatz in Höhe von 0,943 %.

$$\text{Risikoprämiensatz} = \frac{\text{absolute Optionsprämie}}{\text{Nominalwert des aktuellen bilanziellen Fremdkapitals}} = \frac{1.715.940{,}90 \text{ EUR}}{182 \text{ Mio. EUR}} \approx 0{,}943\,\%$$

Aus der in Abbildung 35.4 dargestellten Risikostrukturkurve wird ersichtlich, wie die Risikoprämien mit zunehmender Laufzeit ansteigen. Für Cash Flows, die erst nach fünf Jahren zurückfließen, ergibt sich bereits eine Risikoprämie von 3,604 %, während für Zahlungen, die bereits nach einem Jahr fällig sind, lediglich eine Risikoprämie von 0,255 % berechnet wurde.

Zu betonen ist des weiteren, dass die ermittelte Risikostrukturkurve für den betrachteten Kunden unabhängig davon gilt, welche Ausgestaltung der konkret zu bewertende Kredit hat. Damit können die laufzeitspezifischen Risikoprämiensätze auf die beiden in Teilaufgabe 2.b) beziehungsweise c) beschriebenen Kreditkonstellationen gleichermaßen angewendet werden.

zu 2.b):

Die Berechnung des **Risikokosten-Barwertes des Beispielkredites** erfolgt, indem man die in der Zukunft anfallenden und potentiell durch eine Krisensituation ausfallbedrohten Zins- bzw. Tilgungszahlungen jeweils mit den laufzeitäquivalenten Risikoprämiensätzen aus der Risikostrukturkurve des Kunden bewertet und die sich ergebenden Produkte anschließend summiert. Da bei der Kreditvergabe der Bank keine Kreditsicherheiten zur Verfügung stehen, sind prinzipiell sämtliche zukünftigen Kundenzahlungen von einem Ausfall des Kreditnehmers bedroht. Damit muss der Kundenzahlungsstrom vollständig mit den laufzeitspezifischen Risikoprämiensätzen bewertet werden, um den engagementspezifischen Risikokosten-Barwert zu quantifizieren (vgl. Abb. 35.5).

Der auf den ersten Blick sehr hoch erscheinende Wert für die Risikokosten des Kundenkredites stellt eine Barwertgröße dar und erfasst somit sämtliche über die Laufzeit des Kredites anfallenden Risikokosten. Der Risikokosten-Barwert muss demzufolge analog zu der im Margenkalkül von der Bruttomarge abzuziehenden (periodischen) Risikomarge mit dem Brutto-Konditionsbeitrags-Barwert verrechnet werden.

Jahr	Zahlungsstrom des Kundenkredits (EUR)	Laufzeitspezifische Risikoprämiensätze	Risikokosten (EUR)
	(1)	(2)	(3) = (1) · (2)
0	- 3.800.000	–	–
1	+ 330.000	0,255 %	841,50
2	+ 330.000	0,943 %	3.111,90
3	+ 330.000	1,911 %	6.306,30
4	+ 330.000	2,775 %	9.157,50
5	+ 4.330.000	3,604 %	156.053,20
Risikokosten-Barwert des Kundenkredits (Gewährung ohne Kreditsicherheiten)			**175.470,40**

Abb. 35.5: Ermittlung des einzelgeschäftsbezogenen Risikokosten-Barwertes auf Basis der Risikostrukturkurve

zu 2.c):

Geht man davon aus, dass das kreditnehmende Unternehmen der Bank **werthaltige Sicherheiten** in Höhe von 30 % des Nominalbetrages zur Verfügung stellt, muss die Kundenzahlung im Zeitpunkt T = 5 um den entsprechenden Sicherheitenbetrag reduziert werden, da nunmehr nur noch 70 % des in diesem Cash Flow enthaltenen Tilgungsbetrages ausfallbedroht sind. Die davorliegenden Kundenzahlungen bleiben dagegen unverändert. Abbildung 35.6 verdeutlicht die Auswirkungen der (Teil-)Besicherung auf den engagementspezifischen Risikokosten-Barwert.

Aufgrund der Sicherheitenstellung durch das kreditnehmende Unternehmen reduziert sich der Risikokosten-Barwert des Kredites gegenüber dem Blankokredit deutlich um 43.248 EUR (- 24,65 %).

Jahr	Zahlungsstrom des Kundenkredits (EUR)	Zu bewertender Zahlungsstrom	Laufzeitspezifische Risikoprämiensätze	Risikokosten (EUR)
	(1)	(2)	(3)	(4) = (2) · (3)
0	- 3.800.000	- 3.800.000	–	–
1	+ 330.000	+ 330.000	0,255 %	841,50
2	+ 330.000	+ 330.000	0,943 %	3.111,90
3	+ 330.000	+ 330.000	1,911 %	6.306,30
4	+ 330.000	+ 330.000	2,775 %	9.157,50
5	+ 4.330.000	+ 3.130.000	3,604 %	112.805,20
Risikokosten-Barwert des Kundenkredits bei Berücksichtigung der Kreditsicherheiten				**132.222,40**

Abb. 35.6: Auswirkung von Kreditsicherheiten auf den Risikokosten-Barwert eines Kreditgeschäftes

<u>zu 3.:</u>

Bei der optionspreistheoretischen Risikokostenmethode handelt es sich um ein Verfahren zur Kalkulation individueller Risikokosten. Damit löst sich das Verfahren von dem den segmentspezifischen Verfahren zugrundeliegenden Versicherungsprinzip i.e.S. und versucht, im Sinne einer größeren Verursachungsgerechtigkeit, das kundenindividuelle Ausfallrisiko zu quantifizieren beziehungsweise zu bewerten. Eine Risikokostenkalkulation ist somit auch für solche Kreditengagements möglich, die wegen der für die Vergangenheit nicht feststellbaren Häufigkeitsverteilungen durch segmentspezifische Ansätze nicht erfasst werden können (Großkreditgeschäft). Aufgrund des innerhalb des Verfahrens benötigten Dateninputs beschränkt sich die Anwendung des Ansatzes allerdings auf das **Firmenkreditgeschäft der Finanzinstitute**. Auf den Bereich des Kreditgeschäftes mit Privatkunden, einem wesentlichen Bestandteil des Kreditgeschäftes einer Bank, kann dagegen das diskutierte Kalkulationsverfahren nicht übertragen werden.

Neben der eingeschränkten Anwendbarkeit der optionspreistheoretischen Risikokostenmethode erschweren zudem einige **konzeptionelle Schwächen** die Umsetzung des Verfahrens in der Praxis.

Ein bedeutender Kritikpunkt am Konzept der optionspreistheoretischen Bewertung des Ausfallrisikos bezieht sich auf die implizit gemachte Annahme, dass eine **Krisensituation**, in der der Marktwert der Aktiva unter den ökonomischen Wert des Fremdkapitals sinkt, **lediglich im Zeitpunkt der Fälligkeit des Fremdkapitals bzw. der einzelnen Kundenzahlungen** auftreten kann. Durch diese Vereinfachung konnte das unternehmensspezifische Ausfallrisiko durch den (die) als Risikoprämie(n) zu interpretierenden Optionspreis(e) eines europäischen Puts auf das Unternehmensvermögen abgebildet werden. In der Praxis kann eine solche Krisensituation aber nicht nur zu den Fälligkeitszeitpunkten der einzelnen Kundenzahlungen beziehungsweise der als Fremdkapital unterstellten Zerobonds eintreten, sondern prinzipiell während der gesamten Laufzeit des Kreditgeschäftes bzw. des Fremdkapitals. Damit ist die Verwendung der Preisbildungsformel nach BLACK/SCHOLES für einen europäischen Put zur Quantifizierung unternehmensspezifischer Risikokosten nicht adäquat, da in diesem Fall die berechneten Risikokosten nur eine Preisuntergrenze für die auf Basis des tatsächlichen Ausfallrisikos zu vereinnahmenden Risikokosten darstellen.

Aus theoretischer Sicht wäre vielmehr die Verwendung einer Putpreisformel für den amerikanischen Optionstyp sinnvoll, da sich dadurch die Möglichkeit eines Ausfalles während der gesamten Laufzeit des Kreditengagements bzw. des Fremdkapitals besser abbilden ließe. In der optionspreistheoretischen Literatur findet sich allerdings bislang keine analytisch exakte Formel für den Preis einer amerikanischen Verkaufsoption, so dass sich eine Bank bei Verwendung der vorgestellten (europäischen) Optionsformel zumindest über deren konzeptionelle Unzulänglichkeiten im klaren sein sollte.

Noch schwerwiegender als die bisher dargestellten Probleme wiegt allerdings die Tatsache, dass bei der Bestimmung des Risikokosten-Barwertes für ein Kreditgeschäft der **Einfluss der während der Laufzeit des Geschäftes anfallenden Kundenzahlungen auf die Inputdaten des Optionspreismodells** und damit auf die Risikokosten für die noch ausstehenden Kundenzahlungen vernachlässigt wird. So wäre es denkbar, dass sich aufgrund der zurückfließenden Zahlungen während der Kreditlaufzeit die Inputdaten für das Optionsmodell derart ändern, dass das aus den noch ausstehenden Kundenzahlungen verbleibende Ausfallrisiko nicht mehr korrekt bewertet wird. Es müssten daher auf Basis der veränderten Datenkonstellation neue Risikokosten für die noch ausstehenden Kundenzahlungen ermittelt werden. Grundsätzlich lässt sich feststellen, dass eine Neubewertung des jeweils verbleibenden Kundenzahlungsstroms immer dann erfolgen sollte, wenn sich Veränderungen bei den Inputdaten des Optionspreismodells und damit letztlich des kundenindividuellen Ausfallrisikos ergeben.

Fallstudie 36: **Hedging mit Aktienindex-Futures**

Der Schwede Per Formens arbeitet als junger aufstrebender Portfolio-Manager bei der traditionsreichen Vermögensverwaltungsgesellschaft „Wait & See“ mit Sitz in Genf. Im Verlauf der allwöchentlich stattfindenden Sitzung des Anlageausschusses, dem Formens seit kurzem angehört, wird die voraussichtliche Marktentwicklung für das kommende Quartal erörtert. Aufgrund der weiterhin sehr restriktiven Notenbankpolitik, die in jüngster Zeit zu deutlich gestiegenen Zinsen geführt hat, wird eine baldige massive Abwärtskorrektur des Aktienmarktes für wahrscheinlich gehalten.

Diese wenig erfreulichen Aussichten werden allseits mit Bedauern zur Kenntnis genommen. Nach allgemeiner Einschätzung werde wohl keine andere Möglichkeit bleiben, als einen Teil der in den Kundendepots vorhandenen Aktienbestände vorsichtshalber zu verkaufen. Nachdem sich Formens im bisherigen Verlauf der Sitzung zurückgehalten hat, meldet er nun ernsthafte Zweifel an der geplanten Vorgehensweise an. Bei den teilweise marktengen Papieren könnten durch eine solche Strategie weitere Kursrückgänge in Gang gesetzt werden. Nicht zu vergessen seien auch die mit einem Verkauf und späteren Rückkauf der Aktien verbundenen Transaktionskosten.

Eine mögliche Alternative sieht Formens in dem Verkauf von Aktienindex-Terminkontrakten. Da die anderen Mitglieder des Anlageausschusses mit diesem neueren Finanzinstrument nicht besonders gut vertraut sind, möchte Formens die Funktionsweise von Aktienindex-Futures anhand des folgenden, von ihm betreuten Kunden-Portfolios demonstrieren.

Kunden-Portfolio per 20.08.05						
Aktiengattung	Anzahl	Preis (in CHF)	Wert (in CHF)	Beta (250 Tage)	Korrelation (250 Tage)	Portfolio-Anteil (in %)
Säure AG	1.200	268	321.600	0,9520	0,8495	16,55 %
Papyrus AG	1.700	112	190.400	0,7238	0,7932	9,80 %
Big Money Bank	750	618	463.500	0,6437	0,9425	23,85 %
Delirium Bräu	800	345	276.000	1,1731	0,7212	14,20 %
Liegpott AG	600	510	306.000	0,8361	0,6735	15,74 %
Renn & Sport AG	1.000	386	386.000	1,0942	0,8114	19,86 %
Summe bzw. Ø	6.050	321,24	1.943.500	0,8975	0,8127	100,00 %

Abb. 36.1: Stichtagsdaten des Kunden-Portfolios (fiktive Werte)

Dieses Portfolio soll über einen Terminkontrakt auf den Swiss Market Index (SMI-Future) mit Fälligkeit Januar 05 abgesichert werden. Da sämtliche Aktien des betrachteten Kundendepots auch im SMI vertreten sind und zudem eine relativ hohe Korrelation zu diesem Aktienindex aufweisen, sieht Formens den SMI-Future-Kontrakt als besonders geeignet für eine Hedgingstrategie an.

Die Kontraktspezifikationen für den SMI-Future sind im folgenden auszugsweise wiedergegeben:

- Basiswert: Swiss Market Index (SMI)
- Kontraktfälligkeiten: Als Kontraktmonate stehen jeweils die drei dem aktuellen Datum folgenden Monate des Zyklus März/Juni/September/Dezember zur Verfügung. Die maximale Restlaufzeit beträgt somit neun Monate. Der letzte Handelstag ist jeweils der dritte Freitag des Fälligkeitsmonats.
- Erfüllung: Cash Settlement (Barausgleich)
- anfänglicher Einschuss: 5.000 CHF
- Wert pro Index-Punkt: 10 CHF

Vereinfachend werden allfällige Sicherheitsleistungen, die aufgrund des an der EUREX gebräuchlichen Risk Based Margining anfallen, nicht berücksichtigt.

1. a) Was versteht man unter Aktienindex-Futures? Skizzieren Sie kurz die wesentlichen Charakteristika dieses Finanzinstrumentes!

   b) Zeigen Sie anhand ihrer möglichen Ausprägungen den Aussagegehalt der im Rahmen des Portfolio-Managements zunehmend verwendeten Kennzahl Beta auf!

2. a) Erläutern Sie die Transaktionen, die unter Berücksichtigung der Beta-Faktoren zur Absicherung des betrachteten Aktien-Portfolios mittels Aktienindex-Futures notwendig sind! Einem Blick auf seinen Reuters-Bildschirm entnimmt Formens, dass der SMI heute, am 20.08.05, bei 6.500 Punkten steht und dass der Kurs des Januar-SMI-Future-Kontraktes derzeit bei 6.525 notiert.

   b) Die eingegangene Futures-Position soll nach Ablauf von zwei Monaten, am 20.10.05, wieder glattgestellt werden. Zeigen Sie die Wertentwicklung des Aktienportfolios, die Wertentwicklung der Futures-Position sowie das Netto-Ergebnis der Hedging-Strategie für den Fall auf, dass der SMI am 20.10.05

      b1) bei 6.270 Punkten notiert beziehungsweise

      b2) bei 6.650 Punkten notiert.

   Gehen Sie bei Ihren Berechnungen davon aus, dass der Future-Kontrakt die absoluten Bewegungen des zugrundeliegenden Aktienindex während des Absicherungszeitraumes exakt nachvollzogen hat und dass die angegebenen Beta-Faktoren während der zwei Monate Haltedauer stabil geblieben sind!

3. Skizzieren Sie die Probleme, die bei der Verwendung der Kennzahl Beta im Rahmen des Portfolio-Managements auftreten können!

Lösungsvorschlag zu Fallstudie 36:

zu 1.a):

- Ein Aktienindex-Terminkontrakt (Future) beinhaltet die Verpflichtung, ein in seiner Zusammensetzung dem zugrundeliegenden Aktienindex entsprechendes Aktienportfolio zu einem bestimmten, in der Zukunft liegenden Termin abzunehmen (**Kauf** eines Terminkontraktes) beziehungsweise zu liefern (**Verkauf** eines Terminkontraktes); alternativ zur effektiven Lieferung von Aktien ist häufig auch ein Barausgleich (cash settlement) vorgesehen.
- Die Kontrakte werden an speziellen Terminbörsen (z.B. EUREX, LIFFE, CBOT) gehandelt. Ermöglicht wird ein solcher börsenmäßiger Handel durch ein hohes Maß an **Standardisierung** hinsichtlich Basisinstrument, Kontraktgröße und Fälligkeit; somit verbleibt der Preis des Futures als einzige zwischen Käufer und Verkäufer des Kontraktes zu vereinbarende Variable.
- Es können sowohl Kauf- (**Long-** => Abnahmeverpflichtung) als auch Verkauf- (**Short-** => Lieferverpflichtung) Positionen eingenommen werden.
- Die Kontrakte werden i.d.R. nicht bis zur Fälligkeit offengehalten, sondern bereits vorher durch eine genau entgegengesetzte Transaktion (Kauf-Position durch Verkauf, Verkaufsposition durch Kauf eines entsprechenden Kontraktes) glattgestellt.
- Zwischen Käufer und Verkäufer des Kontraktes ist stets ein **Clearing House** geschaltet, das für die Erfüllung und Abwicklung der Kontrakte verantwortlich ist.
- Während beim Eingehen einer Future-Position nicht der gesamte Kontraktwert, sondern lediglich ein Bruchteil davon (ca. 1 – 5 % des Kontraktwertes) als **Einschuss** (initial margin) zu zahlen ist, nimmt der Inhaber einer Future-Position in voller Höhe an den Kursveränderungen des zugrundeliegenden Basisinstrumentes teil. Daraus ergibt sich die für Future charakteristische **Hebelwirkung** (Leverage-Effekt). Die durch Kursbewegungen am entsprechenden Kassamarkt entstehenden Gewinne beziehungsweise Verluste in der Future-Position werden täglich mit der Einschussleistung verrechnet. Wird auf diese Weise ein bestimmter Betrag (maintenance margin) unterschritten, so ist der Positionsinhaber zu einem **Nachschuss** (variation margin) verpflichtet. Kann er diesen nicht erbringen, wird seine Position zwangsweise glattgestellt.

zu 1.b):

- Der Regressionskoeffizient **Beta** ist ein Maß für die Sensitivität eines Aktienkurses im Hinblick auf Schwankungen des Gesamtmarktes.
- Der Gesamtmarkt wird dabei i.d.R. repräsentiert durch einen geeigneten Aktienindex (z.B. Deutscher Aktienindex = DAX, Swiss Market Index = SMI etc.).

Mögliche Ausprägungen:

Beta > 1: Es kann mit einer im Vergleich zur Gesamtmarkttendenz **überproportionalen** Kursentwicklung der Aktie gerechnet werden.

Beta = 1: Für den Aktienkurs ist eine der Gesamtmarkttendenz **entsprechende** Entwicklung zu erwarten.

Beta < 1: Der Kurs der Aktie wird sich voraussichtlich im Vergleich zur Tendenz des Gesamtmarktes eher **unterproportional** entwickeln.

Beta < 0: Ein negatives Beta, das prinzipiell zwar möglich, aber in der Praxis äußerst selten zu finden ist, indiziert eine im Vergleich zur Gesamtmarkttendenz **gegenläufige** Entwicklung des Aktienkurses.

zu 2.a):

Für die Absicherung (Hedging) einer Kassaposition mittels Terminkontrakten muss grundsätzlich eine der Kassaposition **entgegengesetzte** Position am Terminmarkt aufgebaut werden. Da im vorliegenden Fall mit dem bestehenden Aktienportfolio am Kassamarkt eine Long-Position vorliegt, muss demzufolge am Terminmarkt eine **Short-Position** (Verkauf von Terminkontrakten) eingegangen werden.

Die notwendige Kontraktanzahl (Hedge Ratio) lässt sich über die folgende Formel errechnen:

$$\text{Hedge Ratio} = \frac{\text{Gesamtwert des Portfolios}}{\text{Wert des Future - Kontraktes}} \cdot \text{Portfolio-Beta}$$

Das **Portfolio-Beta** ermittelt sich dabei aus der Addition der mit ihrem Portfolio-Anteil gewichteten Einzel-Betas (vgl. Abb. 36.1):

$$\begin{array}{rl} & 0{,}9520 \cdot 16{,}55\,\% = 0{,}1576 \\ + & 0{,}7238 \cdot 9{,}80\,\% = 0{,}0709 \\ + & 0{,}6437 \cdot 23{,}85\,\% = 0{,}1535 \\ + & 1{,}1731 \cdot 14{,}20\,\% = 0{,}1666 \\ + & 0{,}8361 \cdot 15{,}74\,\% = 0{,}1316 \\ + & 1{,}0942 \cdot 19{,}86\,\% = 0{,}2173 \\ \hline & \mathbf{0{,}8975} \end{array}$$

Das Portfolio-Beta beträgt 0,8975. Der Wert eines Future-Kontraktes ergibt sich aus den Kontraktspezifikation des SMI-Futures, wonach bei jeder Änderung des SMI um einen Index-Punkt der Wert des Future-Kontraktes sich um 10 CHF ändert. Dementsprechend beträgt der aktuelle Wert eines SMI-Futures bei einer derzeitigen Kontraktkurs-Notierung von 6.525 Punkten 65.250 CHF (= 6.525 · 10 CHF). Als Hedge Ratio ergibt sich somit:

$$\text{Hedge Ratio} = \frac{1.943.500\,\text{CHF}}{6.525 \cdot 10\,\text{CHF}} \cdot 0{,}8975 = 29{,}79 \cdot 0{,}8975 = \mathbf{26{,}24}$$

Der erste Multiplikator aus der obigen Formel zur Bestimmung der Hedge Ratio gibt an, wieviele Kontrakte (hier: ca. 30) benötigt würden, um bei Index-Veränderungen einen wertmäßigen Ausgleich zwischen Portfolio und Absicherungsposition zu gewährleisten, wenn das Portfolio-Beta 1 beträgt. Da die Preissensitivität des Portfolios (Beta = 0,8975) geringer ist als die des SMI (Beta = 1), ist jedoch nur eine um das Portfolio-Beta korrigierte Anzahl von Kontrakten (wegen der nur ganzzahlig erhältlichen Kontraktzahlen entweder 26 oder 27 Kontrakte; im folgenden wird davon ausgegangen, dass 26 **Kontrakte** verkauft werden sollen) zur Absicherung notwendig.

Es müssten also 26 Kontrakte zum Kurs von 6.525 verkauft werden. Das entspricht bei einem Wert von 10 CHF pro Index-Punkt einem Gegenwert von:

6.525 · 10 CHF · 26 Kontrakte = **1.696.500 CHF**

Bei Eingehen der Short-Position ist für 26 Kontrakte ein Einschuss in Höhe von 130.000 CHF (26 Kontrakte · 5.000 CHF/Kontrakt) zu leisten, der mit später gegebenenfalls anfallenden Gewinnen beziehungsweise Verlusten verrechnet wird.

Hinweis: Bei der hier verwendeten Methode zur Bestimmung der Hedge Ratio handelt es sich lediglich um eine mögliche aus einer Fülle von in der Literatur vorgeschlagenen Verfahren. Das gemeinsame Ziel dieser Methoden besteht darin, das Hedge-Resultat zu optimieren, indem gegebenenfalls weitere beziehungsweise andere Einflussfaktoren der Kursentwicklung von Kassa- und/oder Future-Positionen berücksichtigt werden. Die Verwendung eines alternativen Hedge Ratio-Verfahrens wäre an dieser Stelle selbstverständlich möglich.

zu 2.b1):

Index-Stand: **6.270 Punkte**

prozentualer Rückgang des Index

$$\frac{6.500 - 6.270}{6.500} = \mathbf{3{,}54\ \%}$$

Auswirkung des Kursrückgangs auf den Wert des Aktienportfolios

- Portfolio-Beta: 0,8975
- Ausgangswert: 1.943.500 CHF

- Der im Marktdurchschnitt 3,54 %-ige Rückgang der Aktienkurse wirkt sich aufgrund des im Vergleich zum Index-Beta (= 1) niedrigeren Portfolio-Betas (= 0,8975) nur zu 89,75 % auf den Wert des Aktien-Portfolios aus. Der Wert des Portfolios beträgt nach dem Kursrückgang:

  1.943.500 CHF · (1 – 0,0354 · 0,8975) = **1.881.752 CHF**

Auswirkung des Kursrückgangs auf den Wert des Index-Futures

- Future-Kurs am 20.08.05: 6.525
- Future-Kurs am 20.10.05 (Index-Rückgang = 230 Punkte): 6.525 – 230 = 6.295
- Wert pro Index-Punkt: 10 CHF
- Gegenwert eines einzelnen Futures am 20.10.05: 6.295 · 10 CHF = 62.950 CHF
- Gegenwert der Future-Position: 62.950 CHF · 26 Kontrakte = 1.636.700 CHF

Die bestehende Future-Position kann am 20.10.05 durch einen **Kauf** von 26 Kontrakten zum Kurs von 6.295 glattgestellt werden.

Endabrechnung

Wertverlust des Aktienportfolios:

1.881.752 CHF	Kurswert des Portfolios am 20.10.05
– 1.943.500 CHF	Kurswert des Portfolios am 20.08.05
- 61.748 CHF	

Gewinn in der Future-Position:

6.525 · 10 CHF · 26 Kontr. =	1.696.500 CHF	Gegenwert beim Verkauf am 20.08.05
- 6.295 · 10 CHF · 26 Kontr. =	- 1.636.700 CHF	Gegenwert beim Kauf am 20.10.05
	+ 59.800 CHF	

Der Gewinn aus der Future-Position reicht nicht aus, um den Verlust des Aktienportfolios auszugleichen. Der Verlust beträgt insgesamt 1.948 CHF (59.800 CHF – 61.748 CHF). Diese Diskrepanz ist darauf zurückzuführen, dass wegen der Ganzzahligkeitsprämisse nicht eine exakt der berechneten Hedge Ratio (= 26,74) entsprechende Anzahl von Kontrakten verkauft wurde.

Beim Verkauf von **27 Kontrakten** hätte sich in der Future-Position ein Gewinn ergeben von:

6.525 · 10 CHF · 27 Kontr. =	+ 1.761.750 CHF	Gegenwert beim Verkauf am 20.08.05
- 6.295 · 10 CHF · 27 Kontr. =	- 1.699.650 CHF	Gegenwert beim Kauf am 20.10.05
	+ 62.100 CHF	

Der Gesamtsaldo wäre in diesem Fall allerdings positiv:

62.100 CHF	Future-Gewinn
- 61.748 CHF	Portfolio-Verlust
352 CHF	Netto-Gewinn

zu 2.b2):

Index-Stand: **6.650 Punkte**

Prozentualer Anstieg des Index

$$\frac{6.650 - 6.500}{6.500} = \mathbf{2{,}31\ \%}$$

Auswirkung des Kursanstiegs auf den Wert des Aktienportfolios

$1.943.500 \cdot (1 + 0{,}0231 \cdot 0{,}8975) =$ **1.983.793 CHF**

Auswirkung des Kursanstiegs auf den Wert des Index-Futures

- Future-Kurs am 20.08.05: 6.525
- Future-Kurs am 20.10.05 (Index-Anstieg = 150 Punkte): 6.525 + 150 = 6.675
- Wert pro Index-Punkt: 10 CHF
- Gegenwert des Futures am 20.10.05: 6.675 · 10 CHF = 66.750 CHF
- Gegenwert der Future-Position: 66.750 CHF · 26 Kontrakte = 1.735.500 CHF

Die bestehende Future-Position kann am 20.10.05 durch einen **Kauf** von 26 Kontrakten zum zwischenzeitlich gestiegenen Kurs von 6.675 glattgestellt werden.

Endabrechnung

Wertsteigerung des Aktienportfolios

1.983.793 CHF	Kurswert des Portfolios am 20.10.05
– 1.943.500 CHF	Kurswert des Portfolios am 20.08.05
+ 40.293 CHF	

Verlust in der Future-Position:

6.525 · 10 CHF · 26 Kontr. =	+ 1.696.500 CHF	Gegenwert beim Verkauf am 20.08.05
- 6.675 · 10 CHF · 26 Kontr. =	- 1.735.500 CHF	Gegenwert beim Kauf am 20.10.05
	- 39.000 CHF	

Der Gewinn aus der Wertsteigerung des Aktienportfolios reicht aus, um den Verlust aus der Future-Position auszugleichen, so dass der **Netto-Gewinn** 1.293 CHF (= 40.293 CHF – 39.000 CHF) beträgt. Dieses Ergebnis ist wiederum auf die notwendige Ganzzahligkeit bei der Anzahl der verkauften Kontrakte zurückzuführen.

Bei Verkauf von 27 **Kontrakten** hätte sich in der Future-Position ein Verlust ergeben von:

6.525 · 10 CHF · 27 Kontr. =	+ 1.761.750 CHF	Gegenwert beim Verkauf am 20.08.05
- 6.675 · 10 CHF · 27 Kontr. =	- 1.802.250 CHF	Gegenwert beim Kauf am 20.10.05
	- 40.500 CHF	

Der Gesamtsaldo wäre in diesem Fall positiv:

40.293 CHF	Portfolio-Gewinn
- 40.500 CHF	Future-Verlust
- 207 CHF	Netto-Verlust

Das Ziel des Hedgings, nämlich die **Immunisierung** des Aktienportfolios gegen Kursschwankungen, ist trotz des (relativ geringen) Netto-Verlustes nahezu vollständig erreicht worden. Mit Blick auf das erzielte Ergebnis wird allerdings ein **gravierender Nachteil** der Absicherung über Terminkontrakte (im Gegensatz z.B. zu Optionen) deutlich. Bei nicht erwarteten, für das Aktienportfolio günstigen Kursentwicklungen werden die sich ergebenden Wertsteigerungen des Portfolios stets kompensiert durch Verluste aus der Future-Position, so dass an vorteilhaften Kursentwicklungen nicht mehr partizipiert werden kann.

zu 3.:

Bei den Beta-Werten handelt es sich – wie im übrigen auch bei anderen im Rahmen des Portfolio-Managements verwendeten Kennzahlen (z.B. Korrelationskoeffizienten, Volatilitäten etc.) – um statistische Kennzahlen, die auf der Basis von **historischen** Kursverläufen ermittelt werden. Bei Verwendung dieser Kennzahlen unterstellt man, dass die ermittelten Beta-Faktoren auch in Zukunft stabil bleiben werden. Die Kennzahlen unterliegen jedoch insbesondere bei kurzen Betrachtungszeiträumen i.d.R. mehr oder weniger großen Schwankungen, die bei der Gestaltung einer Absicherungsstrategie berücksichtigt werden sollten. Darüber hinaus ist bei der Verwendung von Beta-Faktoren darauf zu achten, dass die **Korrelation** (also der Grad des Zusammenhangs zwischen zwei Kursverläufen) der betrachteten Aktie zum Aktienindex ausreichend groß ist. Für Aktien, deren Korrelationskoeffizient relativ gering ist, verliert der Beta-Faktor erheblich an Aussagekraft.

Fallstudie 37: **Regulatorische Behandlung des Gegenparteienrisikos**

Carlo Monte, der aufstrebende Aufsichtsrechtsexperte der Bank „Kohlen & Reibach", wird vom Vorstand beauftragt, die Auswirkungen der nunmehr definitiv verabschiedeten Regelungen von Basel II auf die Eigenmittelanforderungen bezüglich der von der Bank eingegangenen Gegenparteienrisiken zu untersuchen. Er nimmt diesen Auftrag mit Freude an und verspricht dem Vorstand – auch aufgrund des überschaubaren Kreditgeschäfts von „Kohlen & Reibach" – schnelle Resultate.

Zuerst bringt Monte in Erfahrung, dass die Bank per 31.12.04 insgesamt 10 (vorrangige) Kredite an Banken und große internationale Unternehmen mit folgenden Spezifikationen in ihrem Portfolio stehen hat (Nr. 1 bis 10):

Nr.	Gegenpartei/ Branche	Domizil	Umsatz (in Mio. EUR)	Nominalvolumen (in EUR)	Rating (extern)	Rating (intern)	Restlaufzeit (Jahre)
1	Brasi GmbH/ Bau	Deutschland	40	5 Mio.	AA+	1	3
2	Robot AG/ Maschinen	Deutschland	200	8 Mio.	BBB+	3	4
3	Piccolo SA/ Getränke	Frankreich	230	6 Mio.	BBB	3	2
4	Moskwitsch AG/Autos	Russland	1250	15 Mio.	AA-	2	5
5	Pedalo GmbH/ Schuhe	Italien	878	12 Mio.	A-	3	1
6	Bank I. Wolf/ Bank	Schweiz	412	9 Mio.	AAA	1	2
7	Handelsbank AG/Bank	Deutschland	655	11 Mio.	AA+	1	6
8	Thalia GmbH/ Bekleidung	Deutschland	95	10 Mio.	B-	6	8
9	Krueger Ltd./ Bank	Südafrika	946	18 Mio.	AAA	1	3
10	Fehlermann AG/ Sportartikel	Österreich	793	14 Mio.	BB-	5	1

Abb. 37.1: Kreditpositionen der Bank „Kohlen & Reibach"

Ausserdem sind drei außerbilanzielle Geschäfte in die Berechnungen mit einzubeziehen. Zum einen verfügt die Moskwitsch AG über eine Kreditzusage in Höhe von 2 Mio. EUR mit einer Ursprungslaufzeit von 2 Jahren von „Kohlen & Reibach", die sie allerdings noch nicht in Anspruch genommen hat und die eine Restlaufzeit von noch einem Jahr aufweist (Geschäft Nr. 11). Im weiteren hat „Kohlen & Reibach" Wertpapiere auf Termin von der Krueger Ltd. gekauft. Das Geschäftsvolumen beläuft sich dabei auf 4 Mio. EUR, die Restlaufzeit des Kontrakts beträgt 2 Jahre (Geschäft Nr. 12). Zudem ist ein Währungsswap zu berücksichtigen, den „Kohlen & Reibach“ mit der Savoir-Vivre SA sowie der Schmalhans AG abgeschlossen hat (Geschäft Nr. 13, die Spezifikationen wurden bereits in Fallstudie 32 aufgeführt. Beide Unternehmen wurden in die Ratingstufe 2 eingeteilt und erzielen einen jährlichen konsolidierten Umsatz von über 100 Mio. EUR). Das Risikovolumen ist gemäß Marktbewertungsmethode zu ermitteln.

Zu bemerken ist weiterhin, dass die Bilanzsumme fast aller Unternehmen einen Wert von 500 Mio. EUR überschreitet. Lediglich bei der Brasi GmbH wird dieser Wert unterschritten.

Monte erhält auch einen Auszug aus der Tabelle mit den einzelnen relevanten Kreditumrechnungsfaktoren für außerbilanzielle Geschäfte:

Kreditumrechnungsfaktor	Geschäfte
100 %	Bürgschaften und Garantien für Bilanzaktiva
	Bestellung von Sicherheiten für fremde Verbindlichkeiten
	Terminkäufe auf Bilanzaktiva mit unbedingter Abnahmeverpflichtung
	Plazierung von Termineinlagen
	unbezahlter Anteil von teileingezahlten Aktien und Wertpapieren
50 %	Eröffnung und Bestätigung von Akkreditiven
	Verpflichtungen aus 'Note Issuance Facilities' (NIFs) und 'Revolving Underwriting Facilities' (RUFs)
	Noch nicht in Anspruch genommene Kreditzusagen mit Ursprungslaufzeit von mehr als 1 Jahr
20 %	Eröffnung und Bestätigung von Dokumentenakkreditiven, die durch Warenpapiere gesichert werden

Abb. 37.2: Kreditumrechnungsfaktoren für außerbilanzielle Geschäfte

Zudem informiert sich Carlo Monte über das interne Ratingsystem von Kohlen & Reibach. Das Ratingsystem weist 6 Ratingstufen mit folgenden durchschnittlichen Ausfallraten auf:

Ratingklasse	1	2	3	4	5	6
durchschnittliche Ausfallrate	0,03 %	0,13 %	0,55 %	1,11 %	6,85 %	15,25 %

Im weiteren erhält Monte Informationen über die Besicherung der einzelnen Kredite. Die Brasi GmbH hat zur Besicherung ihres Kredits zum einen Schuldverschreibungen der Bundesrepublik Deutschland im Wert von 3,75 Mio. EUR hinterlegt (Restlaufzeit 4 Jahre), die Thalia GmbH hat ihren Kredit mit einem Grundpfandrecht auf die von ihr genutzten Büroräume (Verkehrswert 11 Mio. EUR) besichert.

Der Vorstand zeigt sich begeistert von Montes Ausführungen. Auf Nachfrage erklärt er dann auch noch zusätzlich, wie die Eigenmittelanforderungen für Privatkundenkredite berechnet werden und konstruiert zu diesem Zweck zwei Beispiele. Beim ersten Beispiel handelt es sich um einen Hypothekarkredit im Umfang von 0,5 Mio. EUR, mit Hilfe dessen eine Wohnliegenschaft im Wert von 0,6 Mio. finanziert werden soll. Dem Kreditnehmer wird aufgrund der Rating-Einstufung eine Ausfallwahrscheinlichkeit von 1,2 % zugeordnet. Die Laufzeit der Hypothek beträgt 30 Jahre. Beim zweiten Beispiel handelt es sich um einen revolvierenden Kredit – bspw. eine Kreditkartenforderung – im Umfang von 50.000 EUR. Der Schuldner verfügt über ein Rating, das eine Ausfallwahrscheinlichkeit von 0,6 % nach sich zieht.

1.a) Quantifizieren Sie die Eigenmittelanforderungen, die sich aus diesen Kreditrisiken nach den bis 2007 noch geltenden Regeln des BASLER AUSSCHUSSES (BASEL I) ergeben!

b) Ermitteln Sie die Eigenmittelanforderungen für Kreditrisiken, die sich gemäß dem „IR-Basisansatz“ nach Basel II ergeben; beziehen sie dabei die Restlaufzeiten nicht parametrisiert, sondern explizit mit ein!

Plötzlich fährt Monte ein ziemlicher Schreck durch die Glieder: Ihm fällt ein, dass das Gegenparteienrisiko ja nicht nur aus dem Kreditrisiko besteht. Auch das Adressenausfallrisiko der Handelsgeschäfte muss berücksichtigt werden. Monte sieht schon einige Nachtschichten auf sich zukommen, da er ja dem Vorstand bald Resultate präsentieren soll. Unverzüglich macht er sich an die Arbeit.

2. Berechnen Sie die Eigenmittelanforderungen für das Adressenausfallrisiko der Handelsgeschäfte von „Kohlen & Reibach“! Die Merkmale der getätigten Handelsgeschäfte werden dabei in Fallstudie 63 beschrieben. Unterstellen Sie dabei, dass zum Zeitpunkt 31.12.04 alle Geschäfte abgewickelt worden sind, deren Erfüllungszeitpunkt vor diesem Datum lag. Auch hat „Kohlen & Reibach“ per 31.12.04 keine Vorleistungen erbracht. Ebenso bestehen keine Provisions-, Zins-, Dividenden- oder Gebührenforderungen zu diesem Datum, die im Zusammenhang mit den Handelsbuchpositionen aus Fallstudie 63 stehen. Kalkulieren Sie mit einem Abzinsungssatz von 10 %.

Lösungsvorschlag zu Fallstudie 37:

zu 1.a):

Grundsätzlich entspricht die Eigenmittelanforderung nach den bis 2007 noch gültigen Bestimmungen des BASLER AUSSCHUSSES 8 % des anrechnungspflichtigen Risikovolumens. Das anrechnungspflichtige Risikovolumen wiederum ergibt sich aus der Multiplikation des Risikovolumens mit dem positionsspezifischen Risikogewicht, wobei das Risikovolumen bei Bilanzgeschäften dem Nominalwert entspricht. Bei ausserbilanziellen Geschäften muss zwischen „klassischen" ausserbilanziellen Geschäften und Derivaten unterschieden werden. Bei ersteren ergibt sich das Risikovolumen – auch risikoäquivalentes Volumen genannt („Kreditäquivalent") – als Produkt aus Nominalvolumen und Kreditumrechnungsfaktor, bei letzteren errechnet sich das Risikovolumen gemäß Laufzeit- oder Marktbewertungsmethode.

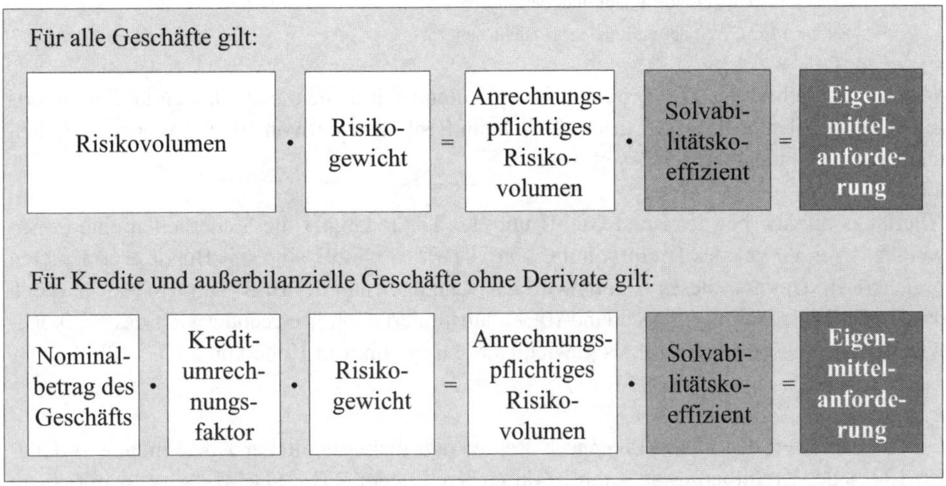

Abb. 37.3: Schema zur Ermittlung der Eigenmittelanforderungen für Kreditrisiken

In einem ersten Schritt sind nun die Risikogewichte für die einzelnen Geschäfte gemäß folgender Matrix zu identifizieren:

<table>
<tr><th></th><th colspan="6">Bilanzielle und ausserbilanzielle („traditionelle“ und „innovative“) Geschäfte</th></tr>
<tr><th rowspan="2"></th><th rowspan="2">Organisierte Terminbörsen mit Margin-System</th><th rowspan="2">Nichtbanken</th><th rowspan="2">Banken</th><th colspan="2">Staatliche Stellen</th><th rowspan="2">Hypothekarkredite, NIFs und RUFs</th></tr>
<tr><th>Zentralregierungen/ -banken</th><th>Sonstige öffentliche Haushalte</th></tr>
<tr><td>OECD-Staaten</td><td rowspan="2">0 %</td><td rowspan="2">100 %</td><td>20 % [1]</td><td>0 %</td><td>0 %, 20 %, 50 %, 100 % [3]</td><td rowspan="2">50 %</td></tr>
<tr><td>Nicht-OECD-Staaten</td><td>100 %
20 % [2]</td><td>100 %</td><td>100 %</td></tr>
</table>

Abb. 37.4: Bonitätsgewichte des Basler Ausschusses gemäß Vereinbarung von 1988 (Basel I)
1: inklusive multilateraler Entwicklungsbanken ausserhalb der OECD
2: bei Restlaufzeit von 1 Jahr oder darunter
3: nach Ermessen der nationalen Aufsichtsbehörden

Wie aus der Abbildung 37.4 ersichtlich wird, kommt sämtlichen Nichtbanken im Kreditportfolio von „Kohlen & Reibach“ grundsätzlich ein Risikogewicht von 100 % zu. Restlaufzeiten und Domizil können vernachlässigt werden.

Allerdings müssen bei der Brasi GmbH und der Thalia GmbH die Sicherheiten einbezogen werden: Drei Viertel des Kreditvolumens an die Brasi GmbH sind mit Bundeswertpapieren besichert. Im Umfang dieses Anteils wird das Risikogewicht der Brasi GmbH (100 %) durch das der Bundesrepublik Deutschland (0 %) substituiert. Somit errechnet sich das Risikogewicht für den gesamten Kredit als gewichteter Durchschnitt in Höhe von 25 % (= 0,75 · 0 % + 0,25 · 100 %).

Der Verkehrswert der Thalia-Liegenschaften beträgt mehr als die zur Anerkennung verlangten 100 % des Kreditbetrages. Somit ist dieser Kredit gemäß BASLER AUSSCHUSS mit einem Risikogewicht von 50 % zu versehen.

Bei den Banken muss zunächst zwischen in OECD- und Nicht-OECD-Ländern domizilierten Banken unterschieden werden. Die einzige Bank, die nicht in einem OECD-Land ihren Sitz hat, ist die Krueger Ltd. Ihr muss – da zudem die Restlaufzeit des Kredits ein Jahr überschreitet – ein Risikogewicht von 100 % zugewiesen werden. Alle anderen Banken erhalten ein Risikogewicht von 20 %. Ein Risikogewicht von 100 % gilt auch für alle ausserbilanziellen Geschäfte.

Die in der Aufgabenstellung angegebenen Nominalvolumina der bilanziellen Geschäfte entsprechen gerade den Risikovolumina der einzelnen Geschäfte (Exposure at Default, EAD). Demgegenüber ist das Nominalvolumen der Kreditzusage an die Moskwitsch AG mit einem Kreditumrechnungsfaktor von 50 %, das Nominalvolumen des Wertpapier-Terminkaufs von der Krueger Ltd. mit einem von 100 % zu multiplizieren. Dies führt zu einem EAD von 1 Mio. EUR (= 2 Mio. EUR · 50 %) für die Kreditzusage an die Moskwitsch AG respektive von 4 Mio. EUR (= 4 Mio. · 100 %) für das Termingeschäft mit der Krueger Ltd. Das EAD für den Währungsswap kann direkt der Fallstudie 32 entnommen werden, es beträgt 17,25 Mio. EUR.

Zusammenfassen lassen sich die bisher gewonnenen Erkenntnisse in folgender Matrix:

Nr. des Geschäfts	EAD_i (in Mio. EUR)	Risiko-gewicht	anrechnungspflichtiges Risikovolumen (in Mio. EUR)
1	5,00	25 %	1,25
2	8,00	100 %	8,00
3	6,00	100 %	6,00
4	15,00	100 %	15,00
5	12,00	100 %	12,00
6	9,00	20 %	1,80
7	11,00	20 %	2,20
8	10,00	50 %	5,00
9	18,00	100 %	18,00
10	14,00	100 %	14,00
11	1,00	100 %	1,00
12	4,00	100 %	4,00
13	17,25	100 %	17,25
Summe	**130,25**		**105,50**

Abb. 37.5: Anrechnungspflichtige Risikovolumina gemäß Basel I

Zuletzt muss das anrechnungspflichtige Risikovolumen mit dem Solvabilitätskoeffizienten in Höhe von 8 % multipliziert werden, um zur Eigenmittelanforderung für die Kreditrisiken zu gelangen. Somit ergibt sich eine Eigenmittelanforderung gemäß den geltenden Bestimmungen des BASLER AUSSCHUSSES von 8,44 Mio. EUR (= 105,50 Mio. EUR · 8 %).

Dem Hypothekarkredit wird gemäß Grundsatz I BaFin ein Risikogewicht von 50 % zugeordnet, was bei einem Exposure at Default in Höhe von 0,5 Mio. EUR zu einem anrechnungspflichtigen Risikovolumen von 0,25 Mio. EUR (= 50 % · 0,5 Mio. EUR) führt. Beim revolvierenden Kredit hingegen beträgt das Risikogewicht 100 %, das anrechnungspflichtige Risikovolumen somit 50.000 EUR (= 100 % · 0,05 Mio. EUR). Multipliziert mit einem Solvabilitätskoeffizienten von jeweils 8 % führt das zu Eigenmittelanforderungen von 20.000 EUR für den Hypothekarkredit und 4.000 EUR für den revolvierenden Kredit.

zu 1.b):

Versucht man, die Eigenmittelanforderungen gemäß „IR-Basisansatz" der neuen Bestimmungen des BASLER AUSSCHUSSES zu ermitteln, so zeigt sich, dass sich das Grundschema gemäß Abbildung 37.3 nicht verändert. Lediglich die Berechnung der Risikogewichte gestaltet sich unterschiedlich. So soll das Risikogewicht nicht mehr vom Domizil des Kreditnehmers abhängen, sondern vor allem vom Rating, welches dem Kreditnehmer zugewiesen wird. Zunächst sind die anrechnungspflichtigen Risikovolumina in den Kreditnehmerkategorien „Banken" und „Unternehmen" zu ermitteln, die sich als Produkt aus Risikogewicht und Kreditvolumen, respektive kreditäquivalentem Volumen, ergeben.

Das Risikogewicht eines Kredits hängt von mehreren Inputfaktoren ab: zum einen von der kreditnehmerspezifischen Ausfallwahrscheinlichkeit (Probability of Default des Kreditnehmers i, PD_i), zum anderen von der transaktionsspezifischen Verlustrate bei Ausfall (Loss given Default Rate der Transaktion i, LGD_i).

Zum besseren Verständnis wird der Algorithmus zur Berechnung der Risikogewichte in folgende Komponenten aufgespalten:

Das **Risikogewicht** (RG) wird über die Eigenkapitalanforderung (K) bestimmt.

Die **Eigenkapitalanforderung** (K) ist von der Ausfallwahrscheinlichkeit (PD), der Verlustrate bei Ausfall (LGD), der effektiven Restlaufzeit (M), der Restlaufzeitanpassung (b) und dem Korrelationsfaktor (R) abhängig.

Der **Korrelationsfaktor** (R) ist von der Ausfallwahrscheinlichkeit PD abhängig und unterscheidet sich je nach Kreditnehmerkategorie. In der Kategorie der Nicht-Privatkundenkredite liegt R in Abhängigkeit der Ausfallwahrscheinlichkeit PD zwischen 0,12 und 0,24. Bei kleinen Unternehmen, deren konsolidierter Umsatz den Betrag von 50 Mio. EUR nicht überschreitet, erfolgt in Abhängigkeit des Umsatzes ein Abschlag. Beträgt der Umsatz weniger als 5 Mio. EUR, so wird dieser Wert auf 5 Mio. EUR aufgerundet. In der Kategorie der Privatkunden wird danach unterschieden, ob ein Hypothekarkredit, ein revolvierender oder ein übriger Privatkundenkredit vorliegt. Bei den Hypothekarkrediten wird R als Konstante in Höhe von 0,15 festgesetzt. Bei den revolvierenden Privatkundenkrediten liegt R konstant bei 0,04. Bei den übrigen Privatkundenkrediten ist R abhängig von der Ausfallwahrscheinlichkeit.

Als **Verlustrate bei Ausfall** (LGD) wird im IR-Basisansatz unbesicherten vorrangigen Krediten ein Wert von 45 % zugewiesen, unbesicherten nachrangigen Krediten ein Wert von 75 %. Ist der Kredit entweder mit anerkannten finanziellen Sicherheiten oder gewerblichen respektive Wohnimmobilien besichert, so verringert sich der Wert. Die Brasi GmbH hat für ihren Kredit Staatspapiere hinterlegt. Zunächst muss nun vom gesamten Exposure der Teil quantifiziert werden, der als „abgesichert" gilt. Als Residualgröße resultiert der nichtabgesicherte Teil des Exposures. Allerdings sind die Volatilitäten der Marktpreise von Kredit respektive Sicherheit sowie eventuelle Fremdwährungsinkongruenzen über sogenannte „Sicherheitsmargensätze" (Haircuts, H) zu berücksichtigen. Der Sicherheitsmargensatz für den Kredit wird mit H_e, der für die Sicherheit mit H_c und der für eventuelle Fremdwährungsinkongruenzen mit H_{fx} bezeichnet.

$$EAD_{blanko} = EAD_{total} \cdot (1 + H_e) - \text{Marktwert der Sicherheit} \cdot (1 - H_c - H_{fx})$$

Gemäß Basler Ausschuss beträgt der Sicherheitsmargensatz für eine Schuldverschreibung der Bundesrepublik Deutschland (Rating: AAA) mit vierjähriger Restlaufzeit 2 %. Da die Schuldverschreibung auf EUR lautet, existieren keine Fremdwährungsinkongruenzen. Da der Kredit über keinen Marktwert verfügt, beträgt der entsprechende Sicherheitsmargensatz ebenfalls Null (einen Wert ungleich Null nähme dieser beispielsweise bei einem Wertpapierleihgeschäft an). Daraus resultiert ein unbesicherter Anteil am Exposure (EAD_{blanko}) in Höhe von 1,325 Mio. EUR (= 5 Mio. EUR · (1 + 0) – 3,75 Mio. EUR · (1 – 0 – 0,02 – 0). Dieser Betrag fließt nun in die Gleichung zur Bestimmung der korrigierten Verlustrate bei Ausfall ein. Diese lautet:

$$LGD_i \text{ inklusive finanzieller Sicherheit} = LGD_i \text{ exklusive Sicherheit} \cdot \frac{EAD_{blanko}}{EAD_{total}},$$

woraus eine korrigierte LGD_1 von 11,93 % (= 45 % $\cdot \frac{1.325.000 \text{ EUR}}{5.000.000 \text{ EUR}}$) resultiert.

Als zweite Position ist der Kredit an die Thalia GmbH besichert, und zwar mit einer Wohnimmobilie mit einem Verkehrswert von 11 Mio. EUR. Da das Verhältnis zwischen Verkehrswert der Immobilie und Nominalwert des Kredits über 30 % liegt, darf die Sicherheit berücksichtigt werden. Es gilt, dass dem Anteil im Umfang von 71,43 % (= 1 / 140 %) des Sicherheitenwerts von 11 Mio. EUR – also 7,857 Mio. EUR – die Mindest-LGD für Immobiliensicherheiten in Höhe von 35 % zugeordnet wird. Auf das restliche Exposure im Umfang von 2,143 Mio. EUR (= 10 Mio. EUR – 7,857 Mio. EUR) wird die LGD angewendet, wie sie für unbesicherte Kredite gilt, nämlich 45 %.

Mittels einer einfachen Mischrechnung lässt sich die Gesamt-LGD für diesen Kredit berechnen, indem die Teil-LGD jeweils mit ihrem Volumen gewichtet und schließlich addiert werden:

$$LGD_8 = \frac{7{,}857}{10} \cdot 35\,\% + \frac{10 - 7{,}857}{10} \cdot 45\,\% = 37{,}14\,\%$$

Für alle übrigen Kredite gilt eine LGD von 45 %, da alle vorrangig vergeben wurden.

Die **Restlaufzeit** (M) wird gemäß Aufgabenstellung nicht parametrisiert, sondern explizit berücksichtigt. Wäre das nicht der Fall, müsste für alle Kredite der Wert 2,5 für M eingesetzt werden. Bei der expliziten Berücksichtigung müssen aber zwei Besonderheiten beachtet werden: Zum einen sind Restlaufzeiten, die mehr als 5 Jahre betragen, auf 5 Jahre abzurunden. Ebenso sind Restlaufzeiten, die weniger als 1 Jahr betragen, auf 1 Jahr aufzurunden. Dies mit Ausnahme von Krediten mit einer Ursprungslaufzeit von weniger als einem Jahr, die nicht Teil einer fortlaufenden Finanzierung des Schuldners sind. Zum anderen gilt, dass für Unternehmen, bei denen sowohl die Bilanzsumme als auch die konsolidierten Umsätze weniger als 500 Mio. EUR betragen, eine summarische Restlaufzeit von 2,5 Jahren unterstellt werden darf, sofern diese Ausnahme von der nationalen Aufsicht zugestanden wird. Wird von dem Wahlrecht Gebrauch gemacht, so ist es für alle Unternehmen in besagter Gruppe anzuwenden.

Die **Restlaufzeitanpassung** (b) ist abhängig von der Ausfallwahrscheinlichkeit.

Aus diesen Komponenten modellieren sich die Risikogewichte für die einzelnen Kreditkategorien wie folgt, wobei zu erwähnen ist, dass N(.) den Wert für die Verteilungsfunktion, G(.) den Wert für die inverse Verteilungsfunktion der Standardnormalverteilung darstellt:

Kredite an Unternehmen, Banken, Staaten

(1) Kredite an Unternehmen mit einem konsolidierten Jahresumsatz unter 50 Mio. EUR:

$$RG = K \cdot 12{,}5$$

$$K = (LGD \cdot N\left(\sqrt{\frac{1}{1-R}} \cdot G(PD) + \sqrt{\frac{R}{1-R}} \cdot G(0{,}999)\right) - PD \cdot LGD) \cdot \frac{1}{1-1{,}5 \cdot b} \cdot (1 + (M - 2{,}5) \cdot b)$$

$$R = 0{,}12 \cdot \frac{1-e^{-50 \cdot PD}}{1-e^{-50}} + 0{,}24 \cdot (1 - \frac{1-e^{-50 \cdot PD}}{1-e^{-50}}) - 0{,}04 \cdot \left(1 - \frac{S - 5\text{ Mio. EUR}}{45\text{ Mio. EUR}}\right)$$

Dabei wird jedem Kredit die durchschnittliche Ausfallwahrscheinlichkeit der Ratingklasse zugewiesen, in die der Kreditnehmer eingeteilt wurde. Zudem erfolgt ein Abschlag auf den Korrelationsfaktor R, der vom Jahresumsatz in Mio. EUR (S) abhängt. Beträgt der Umsatz weniger als 5 Mio. EUR, so wird S automatisch auf 5 Mio. EUR angehoben.

$$b = (0{,}11852 - 0{,}05478 \cdot \ln(PD))^2$$

(2) Kredite an Unternehmen mit einem konsolidierten Jahresumsatz über 50 Mio. EUR sowie Kredite an Banken und Staaten:

$$RG = K \cdot 12{,}5$$

$$K = (LGD \cdot N\left(\sqrt{\frac{1}{1-R}} \cdot G(PD) + \sqrt{\frac{R}{1-R}} \cdot G(0{,}999)\right) - PD \cdot LGD) \cdot \frac{1}{1-1{,}5 \cdot b} \cdot (1 + (M - 2{,}5) \cdot b)$$

$$R = 0{,}12 \cdot \frac{1-e^{-50 \cdot PD}}{1-e^{-50}} + 0{,}24 \cdot (1 - \frac{1-e^{-50 \cdot PD}}{1-e^{-50}});$$

Dabei wird jedem Kredit die durchschnittliche Ausfallwahrscheinlichkeit der Ratingklasse zugewiesen, in die der Kreditnehmer eingeteilt wurde.

$$b = (0{,}11852 - 0{,}05478 \cdot \ln(PD))^2$$

Werden die effektiven Restlaufzeiten einbezogen, so ist jeweils die effektive Restlaufzeit für M einzusetzen. Allerdings gilt in diesem Fall für M ein Cap von 5, d.h. alle Restlaufzeiten, die mehr als 5 Jahre betragen, werden automatisch auf den Wert 5 hinunter skaliert.

Kredite an Privatkunden

(3) Hypothekarkredite:

$$RG = K \cdot 12{,}5$$

$$K = LGD \cdot N\left(\sqrt{\frac{1}{1-R}} \cdot G(PD) + \sqrt{\frac{R}{1-R}} \cdot G(0{,}999)\right) - PD \cdot LGD$$

$$R = 0{,}15$$

(4) revolvierende Privatkundenkredite:

$$RG = K \cdot 12{,}5$$

$$K = LGD \cdot N\left(\sqrt{\frac{1}{1-R}} \cdot G(PD) + \sqrt{\frac{R}{1-R}} \cdot G(0{,}999)\right) - PD \cdot LGD$$

$$R = 0{,}04$$

(5) übrige Privatkundenkredite:

$$RG = K \cdot 12{,}5$$

$$K = LGD \cdot N\left(\sqrt{\frac{1}{1-R}} \cdot G(PD) + \sqrt{\frac{R}{1-R}} \cdot G(0{,}999)\right) - PD \cdot LGD\,;$$

$$R = 0{,}03 \cdot \frac{1-e^{-35 \cdot PD}}{1-e^{-35}} + 0{,}16 \cdot \left(1 - \frac{1-e^{-35 \cdot PD}}{1-e^{-35}}\right)$$

Mit diesen Werten lässt sich nun das Risikogewicht, und durch Multiplikation des Risikogewichts mit dem Risikovolumen das anrechnungspflichtige Risikovolumen für jedes Geschäft bestimmen. Eine Übersicht liefert folgende Matrix, wobei das anrechnungspflichtige Risikovolumen jeweils mit ungerundeten Werten errechnet:

Nr.	Rating-klasse	EAD_i (in Mio. EUR)	PD_i	R_i	M_i	b_i
1	1	5,00	0,030 %	0,2293	3	0,3168
2	3	8,00	0,550 %	0,2111	4	0,1628
3	3	6,00	0,550 %	0,2111	2	0,1628
4	2	15,00	0,130 %	0,2324	5	0,2329
5	3	12,00	0,550 %	0,2111	1	0,1628
6	1	9,00	0,030 %	0,2382	2	0,3168
7	1	11,00	0,030 %	0,2382	6	0,3168
8	6	10,00	15,250 %	0,1201	8	0,0491
9	1	18,00	0,030 %	0,2382	3	0,3168
10	5	14,00	6,850 %	0,1239	1	0,0704
11	2	1,00	0,130 %	0,2324	1	0,2329
12	1	4,00	0,030 %	0,2382	2	0,3168
13	2	17,25	0,130 %	0,2324	3	0,2329
Σ		130,25				

Abb. 37.8: Komponenten der Eigenmittelanforderung gemäß Basel II

mit: PD_i = Ausfallwahrscheinlichkeiten; R_i = Korrelationsfaktoren; EAD_i = Kreditexposures; M_i = Restlaufzeiten; b_i = Restlaufzeitanpassungen

Nr.	LGD_i	RG_i	anrechnungspflichtiges RV_i $= EAD_i \cdot RG_i$	Eigenmittelanforderung $= RV_i \cdot 8\,\%$
1	11,93 %	4,21 %	210.646,54	16.851,72
2	45,00 %	90,39 %	7.231.528,21	578.522,26
3	45,00 %	66,73 %	4.003.992,91	320.319,43
4	45,00 %	54,59 %	8.188.634,72	655.090,78
5	45,00 %	54,90 %	6.588.332,57	527.066,61
6	45,00 %	12,15 %	1.093.873,85	87.509,91
7	45,00 %	30,46 %	3.350.277,42	268.022,19
8	37,14 %	233,33 %	23.332.766,50	1.866.621,32
9	45,00 %	16,73 %	3.011.378,81	240.910,31
10	45,00 %	149,82 %	20.974.467,80	1.677.957,42
11	45,00 %	22,45 %	224.523,59	17.961,89
12	45,00 %	12,15 %	486.166,16	38.893,29
13	45,00 %	38,52 %	6.644.980,94	531.598,48
Σ			85.341.570,02	6.827.325,60

Abb. 37.9: Ableitung der Eigenmittelanforderung gemäß Basel II

mit: LGD_i = Verlustraten bei Ausfall; RG_i = Risikogewichte; RV_i = Risikovolumina

Die Eigenmittelanforderung erhält man, indem das anrechnungspflichtige Risikovolumen netto mit dem Eigenmittelkoeffizienten von 8 % multipliziert wird:

85.341.570,02 EUR · 8 % = 6.827.325,60 EUR.

Die Bank „Kohlen & Reibach" ist also verpflichtet, Eigenmittel in Höhe von rund 6,83 Mio. EUR zur Absicherung ihrer Kreditrisiken bereit zu stellen.

Zusammenfassend lässt sich folgendes feststellen: gemäß dem IR-Basisansatz nach Basel II muss „Kohlen & Reibach" rund 19,11 % weniger an Eigenmitteln als in Basel I unterlegen. Die Bank profitiert jedoch davon, dass die Granularität des Kreditportfolios kein Parameter der Eigenmittelanforderung ist. Ansonsten hätte dies einen hohen Zuschlag zur Folge, da die Granularität des Kreditportfolios sehr gering ist.

	Basel I	Basel II	Differenz
Eigenmittelanforderung	8.440.000 EUR	6.827.325,60 EUR	- 19,11 %

Abb. 37.10: Eigenmittelanforderung nach Basel I und Basel II im Überblick

Zusätzlich sollen die Eigenmittelanforderungen, die aus den beiden hypothetischen Privatkundenkrediten entstehen, berechnet werden. Die Korrelation (R) ist bei den Hypothekarkrediten und den revolvierenden Krediten konstant und haben folgende Werte:

$R_{Hypo} = 0{,}15$

$R_{rev\ PKK} = 0{,}04$

Die Risikogewichte lassen sich nun mit der in Abbildung 37.7 dargestellten Formel berechnen:

$$RG_{Hypo} = (36{,}43\,\% \cdot N\left(\sqrt{\frac{1}{1-0{,}15}} \cdot G(1{,}20\,\%) + \sqrt{\frac{0{,}15}{1-0{,}15}} \cdot G(0{,}999)\right) - 1{,}20\% \cdot 36{,}43\%) \cdot 12{,}5$$
$$= 51{,}49\,\%$$

$$RG_{revPKK} = (45\% \cdot N\left(\sqrt{\frac{1}{1-0{,}04}} \cdot G(0{,}60\,\%) + \sqrt{\frac{0{,}04}{1-0{,}04}} \cdot G(0{,}999)\right) - 0{,}60\% \cdot 45\%) \cdot 12{,}5$$
$$= 11{,}59\,\%$$

Restlaufzeiten sind bei Privatkundenkrediten grundsätzlich nicht zu berücksichtigen. Da es zum Charakter eines revolvierenden Kredits gehört, nicht besichert zu sein (zumindest nach der Definition des BASLER AUSSCHUSSES), nimmt die LGD des revolvierenden Kredits den entsprechenden Wert für unbesicherte (vorrangige) Kredite an, nämlich 45 %. Beim Hypothekarkredit muss die Sicherheit wie bei den Unternehmenskrediten berücksichtigt werden. Als voll besichert gilt der Teil des Exposures, der dem Kehrwert von 140 % des Sicherheitenwerts entspricht, hier also 429.000 EUR (= 140 %$^{-1}$ · 600.000 EUR). Dies entspricht einem Anteil von 85,8 % am Gesamtexposure (= 429.000 EUR / 500.000 EUR). Als unbesichert gilt das restliche Exposure im Umfang von 71.000 EUR (= 500.000 EUR – 429.000 EUR) resp. 0,142 % (= 100 % - 85,8 %). Werden diese Anteile mit dem jeweils anwendbaren (Teil-) LGD multipliziert und addiert, so ergibt sich die für diesen Kredit anwendbare Gesamt-LGD in Höhe von 36,43 % (= 85,8 % · 35 % + 14,2 % · 45 %).

Die ermittelten Risikogewichte sind zuletzt mit dem jeweiligen EAD sowie dem Solvabilitätskoeffizienten zu multiplizieren, um die Eigenmittelanforderung zu erhalten:

$\text{Eigenmittelanforderung}_{Hypo} = 51{,}49\,\% \cdot 500.000\ \text{EUR} \cdot 8\,\% = 20.596\ \text{EUR}$

$\text{Eigenmittelanforderung}_{revPKK} = 11{,}59\,\% \cdot 50.000\ \text{EUR} \cdot 8\,\% = 463{,}60\ \text{EUR}$

Vergleicht man diese Werte mit den Werten, die nach den Bestimmungen des Grundsatzes 1 BaFin ermittelt wurden, so zeigt sich beim Hypothekarkredite eine Erhöhung der Eigenmittelanforderung um 596 EUR (= 20.000 EUR – 20.596 EUR), beim revolvierenden Kredit hingegen eine Verminderung der Anforderung um 3.536,40 EUR (= 4.000 EUR – 463,60 EUR).

zu 2.:

Bei der Anrechnung der Adressenausfallrisikopositionen des Handelsbuches ist zugrunde zu legen:

- bei **Geschäften mit Finanzinstrumenten, die nach Ablauf des vereinbarten Erfüllungszeitpunktes noch nicht abgewickelt sind**, der zugunsten des Instituts bestehende Unterschiedsbetrag zwischen dem vereinbarten Abrechnungspreis und dem aktuellen Marktwert des zugrundeliegenden Geschäftsgegenstands,

- bei **Vorleistungen** durch das Institut im Rahmen von Geschäften mit Finanzinstrumenten der Wert der geschuldeten Gegenleistung, wobei im Falle von grenzüberschreitenden Transaktionen Vorleistungen anrechnungspflichtig sind, wenn sie länger als einen Geschäftstag bestehen,

- bei **Pensions- und Leihgeschäften mit Rückübertragungspflicht** für den Verleiher eine eventuelle positive Differenz zwischen aktuellem Marktwert und erhaltenem Geldbetrag respektive aktuellem Marktwert der empfangenen Sicherheiten einschließlich der aufgelaufenen Zinsen. Ist die Bank in der Rolle des Entleihers, ist eine eventuelle negative Differenz zu unterlegen.

- bei **derivativen Instrumenten** ohne tägliche Einschusspflicht (Margin-System), deren Erfüllung von einer Wertpapier- oder Terminbörse weder geschuldet noch gewährleistet wird, der zugrundeliegende Kapitalbetrag bzw. der unter der Annahme tatsächlicher Erfüllung bestehende Anspruch des Instituts auf Lieferung oder Abnahme des Geschäftsgegenstandes (nach der Marktbewertungsmethode),

- bei **Forderungen in Form von Gebühren, Provisionen, Zinsen, Dividenden und Einschüssen,** die in einem unmittelbaren Zusammenhang mit den Posten des Handelsbuches stehen, der Buchwert, sofern die Forderungen nicht aus ausserbilanziellen Geschäften stammen oder von den Eigenmitteln abgezogen werden.

Bei der Ermittlung der Adressenausfallrisikopositionen des Handelsbuches gelten Rohwaren als Finanzinstrumente.

Gemäß Aufgabenstellung kann das Abwicklungsrisiko, das Vorleistungsrisiko und das Adressenausfallrisiko von Forderungen in Form von Gebühren, Provisionen, Zinsen, Dividenden und Einschüssen vernachlässigt werden, da solche nicht bestehen. Da „Kohlen & Reibach“ auch keine Wertpapierleih- respektive -pensionsgeschäfte tätigt, entsteht auch daraus keine Eigenmittelanforderung. Übrig bleibt das Adressenausfallrisiko aus derivativen Instrumenten. In diese Kategorie fallen die Geschäfte (4), (5), (8), (9), (10), (15), (16), (17), (18), (21) und (22) aus Fallstudie 63. Sämtliche Angaben sind auch der Fallstudie 63 zu entnehmen.

Die Eigenmittelanforderungen für Adressenausfallrisiken beschränken sich dabei aber auf derivative Instrumente, die keiner täglichen Nachschusspflicht unterliegen, mithin außerbörslich gehandelt werden. Wie nun der Aufgabenstellung in Fallstudie 63 entnommen werden kann, dürfen die Geschäfte (8), (21) und (22) aus diesem Grund vernachlässigt werden.

Bei den restlichen Geschäften ist – gemäß Grundsatz I BaFin – zunächst das risikoäquivalente Volumen mit Hilfe der Markbewertungsmethode zu ermitteln, das grundsätzlich aus dem Current Exposure und dem Potential Exposure besteht. Das risikoäquivalente Volumen ist daraufhin in einem zweiten Schritt mit dem gegenparteispezifischen Risikogewicht gemäß Abbildung 37.4 zu multiplizieren, um zum anrechnungspflichtigen Risikovolumen zu gelangen. Die Zuschlagssätze für das Potential Exposure finden sich in der folgenden Abbildung 37.11:

	Restlaufzeitbezogene Zuschlagssätze (Add on) für				
Restlaufzeit	Zins-kontrakte	Kontrakte auf Devisen und Gold	Aktien-kontrakte	Edelmetall-kontrakte (ohne Gold)	andere Rohstoff-kontrakte
≤ 1 Jahr	0,0 %	1,0 %	6,0 %	7,0 %	10,0 %
> 1 Jahr und ≤ 5 Jahre	0,5 %	5,0 %	8,0 %	7,0 %	12,0 %
> 5 Jahre	1,5 %	7,5 %	10,0 %	8,0 %	15,0 %

Abb. 37.11: Restlaufzeitbezogene Zuschlagssätze zur Ermittlung des Potential Exposure

Geschäft (4) wurde zu einem Kurs von 100,5 % abgeschlossen, der aktuelle Kurs beträgt 100 %. Diese Kursentwicklung ist für „Kohlen & Reibach" günstig, da es sich um einen Terminverkauf einer Anleihe handelt. Fiele die Hamburger Sparkasse zum aktuellen Zeitpunkt aus und müsste ein Ersatzkontrakt beschafft werden, so wären die Konditionen um 0,5 %-Punkte schlechter. Somit ergäbe sich bei Fälligkeit des Termingeschäfts in einem Jahr ein Verlust von 500.000 EUR (= 0,5 % · 100 Mio. EUR). Abgezinst auf den aktuellen Zeitpunkt ergibt sich somit ein Current Exposure von 454.545 EUR (= 500.000 EUR / (1 + 10 %)). Der Zuschlagssatz (Add on) für zinsbezogene Instrumente mit einer Laufzeit bis ein Jahr beträgt 0 %, was ein Potential Exposure von 0 nach sich zieht. Da die Gegenpartei eine Bank im OECD-Raum ist, kommt nach Grundsatz I ein Gegenpartei-Risikogewicht von 20 % zum Tragen (vgl. Abb. 37.4). Insgesamt resultiert somit ein **anrechnungspflichtiges Risikovolumen in Höhe von 90.909 EUR** (= (454.545 EUR + 0 EUR) · 20 %).

Auch **Geschäft (5)** weist eine für „Kohlen & Reibach" günstige Entwicklung auf, was im Fall des Ausfalls der Gegenpartei allerdings zu einem negativen Einfluss führen würde. Fällt die Hypovereinsbank als Gegenpartei beim Payer-Swap aus, so kann ein Ersatzswap zum aktuellen Zeitpunkt zwar beschafft werden, allerdings müsste „Kohlen & Reibach" bei einem unveränderten Swap-Inflow (Euribor) einen um 1 %-Punkt höheren Festsatz bezahlen (7,5 % anstelle von 6,5 %). Dies führt bei den beiden noch ausstehenden Zinsterminen in 30 und in 60 Tagen zu je einem Verlust von 66.667 EUR (= 80 Mio. EUR · 1 % · 1/12). Zinst man die erste Zahlung über einen Monat, die zweite Zahlung über zwei Monate auf den aktuellen Zeitpunkt ab (Zinssatz 10 %), resultiert somit ein Current Exposure von 131.755 EUR. Ein Potential Exposure ist wie bei Geschäft (4) nicht zu addieren. Das Risikogewicht für die Hypovereinsbank beläuft sich ebenfalls auf 20 %, womit sich ein **anrechnungspflichtiges Risikovolumen in Höhe von 26.351 EUR** ergibt.

Die **Geschäfte (9) und (10)** weisen ein Current Exposure von je 0 auf, da die Kurse bei Geschäftsabschluss jeweils gerade den Kursen zum aktuellen Zeitpunkt entsprechen. Somit muss lediglich das Potential Exposure berechnet werden. Dazu ist der mit dem aktuellen Kassakurs (Stichtagskursprinzip!) der Aktie bewertete Lieferanspruch respektive die Lieferverpflichtung mit dem zugehörigen Add on in Höhe von 6 % zu multiplizieren. Für Geschäft (9) resultiert ein Potential Exposure von 142.500 EUR (= 25.000 Aktien · 95 EUR · 6 %), für Geschäft (10) eines von 25.200 EUR (= 7.000 Aktien · 60 EUR · 6 %). Multipliziert mit dem Risikogewicht für die Gegenpartei in Höhe von 20 % ergibt sich **ein anrechnungspflichtiges Risikovolumen für Geschäft (9) von 28.500 EUR, für Geschäft (10) von 5.040 EUR.**

Der **Geschäft (15)** zugrunde liegende Terminkurs ist seit Geschäftsabschluss von 1,54 CHF/EUR auf 1,52 CHF/EUR gefallen. Da „Kohlen & Reibach" die CHF auf Termin verkauft. Müsste sie sich also zum aktuellen Zeitpunkt einen Ersatzkontrakt beschaffen, bekäme sie für ihre CHF mehr EUR als ursprünglich kontrahiert (64,935 Mio. EUR versus 65,789 Mio. EUR). Diese Entwicklung ist für die Bank positiv, womit ein Current Exposure von 0 resultiert. Zur Berechnung des Potential Exposure ist das Nominalvolumen mit dem aktuellen CHF/EUR-Kassakurs in EUR umzurechnen und mit dem korrespondierenden Add on in Höhe von 1 % zu multiplizieren, was einen Wert von 656.513 EUR ergibt. Das Risikogewicht für die Gegenpartei beträgt auch hier wieder 20 %, womit **ein anrechnungspflichtiges Risikovolumen von 131.303 EUR** resultiert.

Bei **Geschäft (16)** handelt es sich um einen Terminverkauf von USD, wobei der Terminkurs seit Geschäftsabschluss um 0,01 USD/EUR (= 0,96 USD/EUR – 0,95 USD/EUR) angestiegen ist. Würde das Geschäft am 31.12.04 neu abgeschlossen, erhielte „Kohlen & Reibach" also für die 10 Mio. USD bei Fälligkeit nur noch 10,417 Mio. EUR, im Gegensatz zu 10,526 Mio. EUR beim ursprünglichen Geschäft. Diese Differenz in Höhe von 109.649 EUR muss nun um einen Monat auf den aktuellen Zeitpunkt mit einem Satz von 10 % abgezinst werden. Damit ergibt sich ein Current Exposure von 108.782 EUR. Um das Potential Exposure zu ermitteln, sind die 10 Mio. USD mit dem aktuellen Kassakurs (0,9305 USD/EUR) in EUR umzurechnen und mit dem dazugehörigen Add on zu multiplizieren (1 %), was zu einem Wert von 107.469 EUR führt. Schließlich sind Current und Potential Exposure zu addieren und mit dem Risikogewicht für die Gegenpartei (20 %) zu gewichten. Dies führt zu **einem anrechnungspflichtigen Risikovolumen in Höhe von 43.250 EUR**.

Ebenso errechnen sich Current und Potential Exposure für **Geschäft (17)**. Dem Terminkauf von 40 Mio. CHF steht ein Verfall des entsprechenden Terminkurses in Höhe von 0,025 CHF/EUR (= 1,5500 CHF/EUR – 1,5250 CHF/EUR) gegenüber. Ein Ersatzkontrakt käme für „Kohlen & Reibach" also bei Fälligkeit am 15.03.01 um 423.057 EUR teurer, was abgezinst auf den aktuellen Zeitpunkt zu einem Current Exposure von 414.739 EUR führt. Das Potential Exposure beträgt – bei einem Add on von 1 % – 262.605 EUR (= 40 Mio. EUR / 1,5232 CHF/EUR · 1 %). Fasst man wiederum Current und Potential Exposure zusammen und multipliziert die Summe mit dem Risikogewicht für die Gegenpartei (20 %), resultiert ein **anrechnungspflichtiges Risikovolumen von 135.469 EUR**.

Schließlich ist das anrechnungspflichtige Risikovolumen von **Geschäft (18)** zu berechnen. Das Current Exposure beträgt 89.323 EUR (= (20 Mio. EUR / 0,88 USD/EUR – 20 Mio. EUR / 0,8765 USD/EUR) / $(1 + 10\%)^{2/12}$), das Potential Exposure 214.938 EUR (= 20 Mio. EUR / 0,9305 USD/EUR · 1 %). Die Summe aus Current und Potential Exposure multipliziert mit dem Risikogewicht der Gegenpartei in Höhe von 20 % ergibt das **anrechnungspflichtige Risikovolumen von 60.852 EUR**.

In der Summe ergibt sich somit ein anrechnungspflichtiges Risikovolumen für die Adressenausfallrisiken des Handelsbuches in Höhe von **521.674 EUR**. Die Risikokomponenten der risikoträchtigen Geschäfte werden tabellarisch in Abbildung 37.12 nochmals aufgeführt (alle Beträge in EUR):

	Current Exposure (in EUR) (1)	Potential Exposure (in EUR) (2)	risikoäquivalentes Volumen (in EUR) (3) = (1) + (2)	Risikogewicht der Gegenpartei (4)	anrechnungspflichtiges Risikovolumen (in EUR) (5) = (3) · (4)
(4)	454.545	0	454.545	20 %	90.909
(5)	131.755	0	131.755	20 %	26.351
(9)	0	142.500	142.500	20 %	28.500
(10)	0	25.200	25.200	20 %	5.040
(15)	0	656.513	656.513	20 %	131.303
(16)	108.782	107.469	216.251	20 %	43.250
(17)	414.739	262.605	677.344	20 %	135.469
(18)	89.323	214.938	304.261	20 %	60.852
Summe	**1.199.144**	**1.409.225**	**2.608.369**	**20 %**	**521.674**

Abb. 37.12: Anrechnungspflichtiges Risikovolumen für das Adressenausfallrisiko des Handelsbuches

Abschließend ist das gesamte anrechnungspflichtige Risikovolumen mit dem allgemein gültigen Unterlegungssatz von 8 % zu gewichten. Somit resultiert eine **Eigenmittelanforderung** für das Adressenausfallrisiko des Handelsbuches der Bank „Kohlen & Reibach" **von 41.734 EUR**.

Fallstudie 38: **Regulatorische Ansätze zur Behandlung des operationellen Risikos**

Dr. Marco Nero, CEO der Banca Bussilini, hat zu einer Geschäftsleitungssitzung geladen. Grund ist ein außerordentlich hoher Verlust bei der Banca Di Salvatore, einem der größten Konkurrenten der Banca Bussilini. Konsequenz werden weitreichende Maßnahmen wie Massenentlassung und operative Redimensionierung sein. Da sich die Banca Di Salvatore mehrheitlich im Besitz der Familie Di Salvatore befindet und diese der Öffentlichkeit gegenüber nur wenige Informationen preisgibt, kann Nero über die Ursachen nur spekulieren. Allerdings wird im Markt von schlagend gewordenen operationellen Risiken gemunkelt.

Infolgedessen hat Dr. Nero seinen jungen Assistenten Massimo Sandaletti schon vor zwei Tagen beauftragt, gezielt in diesem Fall zu recherchieren.

Bei der Durchsicht der neuesten Ausgabe des Italian Journal of Risk Management stößt Sandaletti auf einen äußerst interessanten Artikel: „Operational Risk Management als kritischer Erfolgsfaktor für Banken":

Das Management von Risiken im Allgemeinen und in der Finanzindustrie im Speziellen gilt als strategisch wichtiger Erfolgsfaktor. Dabei hat sich der Managementfokus sukzessive von Marktrisiken über Kreditrisiken bis hin zu operationellen Risiken verlagert. Ein zentraler Grund für diese Verlagerung ist in den zahlreichen aufsehenerregenden Verlusten namhafter Banken zu sehen, die primär auf operationelle Risiken zurückzuführen sind. Das systematische Management operationeller Risiken sowie die damit verbundene adäquate Eigenkapitalallokation ist daher vermehrt in den Mittelpunkt des Interesses gerückt. ...

Sandaletti ist bekannt, dass im Rahmen der Eigenmittelunterlegungs-Beschlüsse von Basel II auch operationelle Risiken gesondert mit Eigenkapital unterlegt werden müssen. Dazu wurde schon vor etlicher Zeit eine Task Force unter Leitung von Tino Fussili ins Leben gerufen. Da dieser gerade in den Ferien weilt, erklären Sie sich bereit, an dessen Stelle zu treten.

1. Definieren Sie den Begriff des operationellen Risikos im Rahmen des Regelwerks von Basel II!

2. Unternehmen Sie einen Versuch zur begrifflichen Systematisierung des operationellen Risikos:

   a) zum einen in den Dimensionen direkt und indirekt

   b) und zum andern nach den Kategorien intern und extern!

Die separate Unterlegung operationeller Risiken ist im Zuge des Konsultationsprozesses bei den meisten Banken nicht gerade auf große Gegenliebe gestoßen. Der BASLER AUSSCHUSS hielt allerdings an der Einführung einer expliziten Kapitalunterlegung fest, kam den Banken allerdings insofern entgegen, als ein flexibles Konzept mit unterschiedlichen Unterlegungsvarianten erarbeitet wurde.

3. a) Erläutern Sie Sandaletti die konzeptionellen Grundlagen der drei alternativen Ansätze zur Bestimmung der regulatorischen Eigenmittelanforderungen für operationelle Risiken im Rahmen von Basel II!

   b) Welche Anwendungsvoraussetzungen bestehen für den komplexesten Bemessungsansatz?

Sandaletti ist schon ganz verzweifelt. Ein großer Teil der Zeit ist verstrichen und Sie haben die ganze Nacht damit verbracht, die nötigen Grundlagen aufzuarbeiten. In einem nächsten Schritt sollen nun konkrete bankspezifische Kalkulationen angestellt werden. Als Mitglied des Kaders verfügt Sandaletti über einen Online-Zugang zum Management-Reporting-System der Banca Bussilini. Darin ist ersichtlich, dass die jährlichen Bruttoerträge in den vier Geschäftsfeldern der Bank wie folgt lauten:

Handel:	1 Mrd. EUR
Privatkundengeschäft:	0,5 Mrd. EUR
Zahlungsverkehr:	0,1 Mrd. EUR
Vermögensverwaltung:	0,8 Mrd. EUR

4. Ermitteln Sie die Eigenmittelunterlegung für operationelle Risiken auf Basis des Standardansatzes von Basel II! Unterstellen Sie vereinfachend, dass diese gleichzeitig der durchschnittlichen Unterlegungspflicht der letzten drei Jahre entspricht!

Für die geschäftsfeldspezifischen Beta-Faktoren wurden vom BASLER AUSSCHUSS folgende Werte vorgegeben:

Handel:	$Beta_2 = 18\,\%$
Privatkundengeschäft:	$Beta_3 = 12\,\%$
Zahlungsverkehr:	$Beta_5 = 18\,\%$
Vermögensverwaltung:	$Beta_7 = 12\,\%$

Lösungsvorschlag zu Fallstudie 38:

zu 1.)

Das operationelle Risiko wird vom BASLER AUSSCHUSS definiert als die Gefahr von unmittelbaren oder mittelbaren Verlusten, die infolge der Unangemessenheit oder des Versagens von **internen Verfahren**, **Menschen** und **Systemen** oder von **externen Ereignissen** eintreten. In dieser Definition ist das rechtliche Risiko enthalten, wohingegen für die Zwecke der aufsichtsrechtlich geforderten Mindestkapitalunterlegung von operationellen Risiken strategische und Reputationsrisiken ausgeklammert werden.

zu 2.a):

Die Definition operationeller Risiken kann in indirekter oder direkter Weise erfolgen. Bei der **indirekten** Definition entspricht das operationelle Risiko – im Sinne einer Residualgröße – allen Risiken, welche nicht den Kredit-, Währungs- oder Marktrisiken zugeordnet werden können. Mittlerweile können allerdings **direkte** Definitionsansätze als etabliert angesehen werden. Zur direkten Begriffsbestimmung des operationellen Risikos existiert eine Vielzahl unterschiedlicher Definitionen, wobei sich ein Konsens in Richtung der Definition des BASLER AUSSCHUSSES (siehe Antwort zu Frage 1) abzeichnet.

zu 2.b):

Operationelle Risiken können in einzelne Kategorien unterteilt werden (vgl. Abb. 38.1).

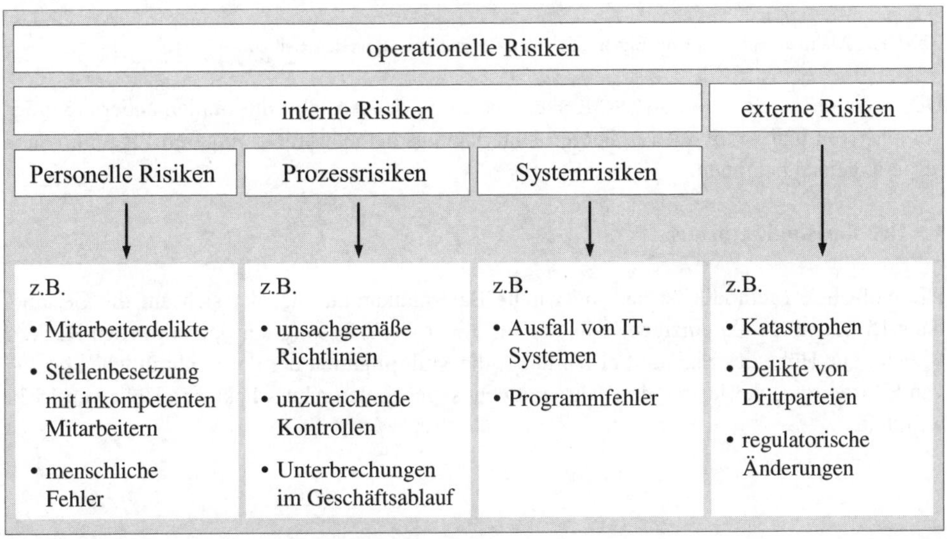

Abb. 38.1: Systematisierung operationeller Risiken

Sie lassen sich einerseits in **interne Risiken**, deren Ursachen innerhalb der Bank liegen, und andererseits in **externe Risiken**, deren Ursachen außerhalb des Einflussbereichs der Bank geortet werden müssen, unterscheiden. Interne Risiken können anschließend weiter in Personelle Risiken, Prozessrisiken und Systemrisiken differenziert werden.

zu 3.a):

Die drei zur Wahl stehenden Unterlegungsmethoden (vgl. Abb. 38.2) unterscheiden sich grundsätzlich in ihrer Komplexität und Risikosensitivität.

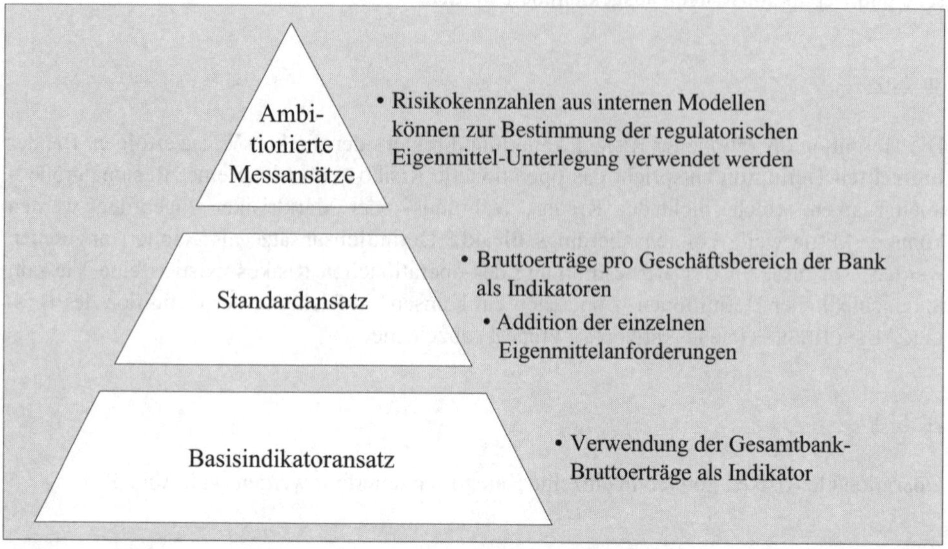

Abb. 38.2: Alternative Ansätze zur Eigenmittel-Unterlegung operationeller Risiken

Die Intention des BASLER AUSSCHUSSES besteht in der Absicht, die Implementierung einer komplexeren und somit aufwendigeren Unterlegungsmethode mit geringeren Eigenmittelanforderungen zu belohnen.

1. Der Basisindikatoransatz

Die einfachste Methodik ist der sogenannte Basisindikatoransatz, der sich auf die Gesamtbank-Bruttoerträge als einzigen Indikator für die grobe Erfassung der operationellen Risiken bezieht. Die Höhe der Eigenmittel wird über die Multiplikation der durchschnittlichen positiven Bruttoerträge der letzten drei Jahre mit dem sogenannten Alpha-Faktor in Höhe von 15 % ermittelt.

2. Der Standardansatz

Beim Standardansatz wird die Bank zunächst in 8 Geschäftsfelder unterteilt. Für jedes Geschäftsfeld dient der jeweilige Bruttoertrag als Indikator und als Näherungswert für die Höhe des operationellen Risikos in jedem dieser Geschäftsfelder. Lediglich im alternativen Standardansatz kann für die Geschäftsfelder Privatkunden- und Firmenkundengeschäft das Kreditvolumen als Indikator verwendet werden. Abbildung 38.3 verdeutlicht die vom BASLER AUSSCHUSS vorgesehenen Geschäftsfelder:

Geschäftsfelder	Indikator	Kapitalfaktoren
Unternehmensfinanzierung/-beratung	Bruttoerträge	$Beta_1 = 18\ \%$
Handel	Bruttoerträge	$Beta_2 = 18\ \%$
Privatkundengeschäft	Bruttoerträge	$Beta_3 = 12\ \%$
Firmenkundengeschäft	Bruttoerträge	$Beta_4 = 15\ \%$
Zahlungsverkehr und Wertpapierabwicklung	Bruttoerträge	$Beta_5 = 18\ \%$
Depot- und Treuhandgeschäfte	Bruttoerträge	$Beta_6 = 15\ \%$
Vermögensverwaltung	Bruttoerträge	$Beta_7 = 12\ \%$
Wertpapierprovisionsgeschäft	Bruttoerträge	$Beta_8 = 12\ \%$

Abb. 38.3: Systematisierungsgrundlagen zur Bemessung des operationellen Risikos im Standardansatz

Die Eigenkapitalunterlegung auf Gesamtbankebene wird ermittelt, indem zunächst die geschäftsfeldspezifischen Bruttoerträge mit den zugehörigen Beta-Faktoren multipliziert werden und so die Kapitalanforderung pro Geschäftsfeld bestimmt wird. Die Kapitalanforderung für die Gesamtbank entspricht dann der durchschnittlichen Summe der Kapitalanforderungen der einzelnen Geschäftsfelder der letzten drei Jahre.

Die Beta-Werte (vgl. Abb. 38.3) wurden vom BASLER AUSSCHUSS festgesetzt. Sie stellen einen branchenweiten Näherungswert dar für den dem operationellen Risiko zuzuordnenden Schadenverlauf in einem Geschäftsfeld.

3. Die ambitionierten Messansätze

Bei den ambitionierten Messansätzen kann die aus internen Modellen ermittelte Risikokennzahl für das operationelle Risiko zur Bestimmung der Eigenmittelunterlegung verwendet werden. Der Anwendung eines ambitionierten Messansatzes muss von der Bankenaufsicht zugestimmt werden.

zu 3. b):

Um einen ambitionierten Messansatz anwenden zu dürfen, haben die Banken u.a. folgende Mindestanforderungen zu erfüllen:

Generelle Anforderungen:

- Oberstes Verwaltungsorgan und Geschäftsleitung sind aktiv in die Überwachung des Management-Systems für operationelle Risiken involviert.
- Die Bank verfügt über ein konzeptionell solides Risikomanagementsystem für operationelle Risiken, das vollständig umgesetzt und integriert wurde.
- Die Bank verfügt über ausreichende Ressourcen zur Umsetzung des Ansatzes.

Qualitative Anforderungen:

- Die Bank muss über eine unabhängige Einheit für das Management operationeller Risiken verfügen.
- Das operationelle Risikomesssystem muss eng in die täglichen Risikomanagementprozesse der Bank integriert sein.
- Das Managementsystem für operationelle Risiken muss gut dokumentiert sein.
- Es werden regelmäßige Prüfungen der operationellen Risikomanagementprozesse durchgeführt.

Quantitative Anforderungen:

- Schwerwiegende Verlustereignisse müssen abgebildet werden (vergleichbar mit dem 99,99 %-igen Konfidenzniveau beim Kreditrisiko).
- Die Definition operationeller Risiken und der Verlustereignisse muss mit derjenigen des BASLER AUSSCHUSSES übereinstimmen.
- Die Eigenkapitalanforderung muss als Summe erwarteter und unerwarteter Verluste berechnet werden.
- Das Messsystem muss Schlüsselmerkmale wie die Nutzung interner Daten, die Integration sachdienlicher externer Daten und Szenarioanalysen beinhalten.

zu 4):

Ermittlung der Eigenmittelunterlegung für operationelle Risiken auf Gesamtbankebene

Die Eigenmittelunterlegung auf Gesamtbankebene ergibt sich hier aus der Summe der geschäftsfeldspezifischen Eigenmittelunterlegung für operationelle Risiken:

$$\text{Eigenmittelunterlegung}_{\text{operationelle Risiken}} = \sum(\text{Bruttoerträge}_n \cdot \text{Beta}_n)$$

Geschäftsfelder	Beta	Bruttoerträge (Mrd. EUR)	Eigenmittelunterlegung (in Mio. EUR)
Handel	18 %	1,0	180
Privatkundengeschäft	12 %	0,5	60
Zahlungsverkehr	18 %	0,1	18
Vermögensverwaltung	12 %	0,8	96
Summe		**2,4**	**354**

Die Eigenmittel zur Unterlegung der operationellen Risiken im Rahmen des Standardansatzes zu Basel II betragen auf Gesamtbankebene **354 Mio. EUR**.

Fallstudie 39: **Value at Risk eines Corporate-Bond-Portfolios**

Die Volksbank Sonnenbach eG hält ein Corporate-Bond-Portfolio, welches aus Anleihen besteht. Diese wurden von zwei Industrieunternehmen emittiert und unterscheiden sich hinsichtlich der Laufzeiten und Ausstattungen (vgl. Abb. 39.1).

	Anleihe I	Anleihe II
Aktuelles Rating	A	B
Nennwert	10.000 EUR	10.000 EUR
Rückzahlung	100 %	100 %
Stückzahl	100	150
Nominalzins	5 %	8 %
Restlaufzeit	2 Jahre	3 Jahre
Besicherungsquote	50 %	65 %

Abb. 39.1: Corporate-Bond-Portfolio der Volksbank Sonnenbach eG

Die Anleihen werden von der Allgemeinen Deutschen Rating-Agentur mit einem Rating-System bewertet, welches nur drei Rating-Einstufungen – nämlich A, B und C – umfasst. Die Agentur stellt den Corporate-Bond-Investoren regelmäßig eine Rating-Migrationsmatrix kostenlos zur Verfügung, welche die Wahrscheinlichkeiten der Rating-Migrationen der Anleihen für einen Betrachtungszeitraum von einem Jahr beschreibt. Die aktuelle Matrix ist in Abbildung 39.2 gegeben.

		Rating-Migrationswahrscheinlichkeiten		
		Rating am Jahresanfang		
		A	B	C
Rating am Jahresende	A	90%	3%	1%
	B	8%	85%	12%
	C	1%	9%	80%
	Default	1%	3%	7%

Abb. 39.2: Rating-Migrationsmatrix

Nach intensiver Recherche seitens der Agentur kann festgestellt werden, dass die zwei Kredite voneinander unabhängig sind. Zwischen den beiden Krediten besteht somit eine Korrelation von Null.

Zusätzlich erhalten Sie von der Agentur regelmäßig für die verschiedenen Rating-Klassen (Forward-)Zerobondrenditen, welche aus den rating-spezifischen Zinsstrukturen abgeleitet werden. Diese sind in Abbildung 39.3 wiedergegeben.

Rating am Jahresende	(Forward-)Zerobondrenditen zum Zeitpunkt t = 1 mit der Laufzeit			
	1 Jahr	2 Jahre	3 Jahre	4 Jahre
A	3,60 %	4,17 %	4,73 %	5,12 %
B	5,55 %	6,02 %	6,78 %	7,27 %
C	15,05 %	15,02 %	15,59 %	16,26 %
Default	-	-	-	-

Abb. 39.3: Rating-spezifische (Forward-)Zerobondrenditen zum Zeitpunkt t = 1

Als Bond-Portfoliomanager obliegt Herrn Ellison die Aufgabe, dem Bankvorstand binnen kürzester Zeit einen Bericht über den Risikostatus dieses Corporate-Bond-Portfolios zu überreichen. Die Risikobeurteilung soll auf Basis von CreditMetrics™ vorgenommen werden, wobei zur Quantifizierung des Value at Risk des Corporate-Bond-Portfolios zum einen die Methode der kumulierten Wahrscheinlichkeiten und zum anderen das analytische Grundmodell anzuwenden sind. Zunächst versucht sich Herr Ellison die grundsätzliche Vorgehensweise der beiden Methoden in Erinnerung zu rufen.

1. Erläutern Sie die allgemeinen Vorgehensweisen der beiden Methoden zur Quantifizierung des Value at Risk eines Corporate-Bond-Portfolios!

Nach Einlegen einer kurzen Meditationspause in seinem japanischen Garten fängt Herr Ellison an zu rechnen. Er beginnt seine Berechnung zunächst mit der Methode der kumulierten Wahrscheinlichkeiten.

2. a) Berechnen Sie jeweils für die Anleihe I und II die rating-spezifischen deterministischen Kurswerte am Ende des Risikohorizontes von einem Jahr!

   b) Ermitteln Sie den erwarteten Marktwertverlust des Corporate-Bond-Portfolios! Stellen Sie dazu sämtliche gemeinsame Kreditereignisse des Portfolios mit den dazugehörigen Eintrittswahrscheinlichkeiten und Portfoliowerten tabellarisch dar!

   c) Ermitteln Sie den Value at Risk des Corporate-Bond-Portfolios mit Hilfe der kumulierten Wahrscheinlichkeiten! Gehen Sie dabei von einem Sicherheitsniveau von 99,85 % aus!

Werden die möglichen Marktwerte der Anleihen am Ende des Risikohorizontes als normalverteilt unterstellt, so kann das analytische Grundmodell zur Quantifizierung des Portfoliorisikos herangezogen werden. Händereibend versucht Herr Ellison nun, das Portfoliorisiko mit Hilfe des analytischen Grundmodells zu quantifizieren.

3. a) Ermitteln Sie – im Rahmen des analytischen Grundmodells – den Value at Risk der einzelnen Anleihen mit einem Sicherheitsniveau von 99,85 %, welches einem Z-Wert von 2,968 entspricht!

b) Berechnen Sie auf Basis der Ergebnisse der Teilaufgabe 3.a) den Value at Risk des Corporate-Bond-Portfolios!

4. Vergleichen Sie die Ergebnisse der Teilaufgaben 2.c) und 3.b) und erläutern Sie den Ergebnisunterschied kritisch!

Lösungsvorschlag zu Fallstudie 39:

zu 1.:

Analog zur Quantifizierung des Value at Risk einer einzelnen Anleihe bestehen bei der Value at Risk-Bestimmung eines Corporate-Bond-Portfolios ebenfalls zwei alternative Vorgehensweisen, nämlich diejenige der kumulierten Wahrscheinlichkeiten und des analytischen Grundmodells.

Um die Methode zur Quantifizierung des Value at Risk eines Corporate-Bond-Portfolios über **kumulierte Wahrscheinlichkeiten** richtig anwenden zu können, müssen grundsätzlich die Eintrittswahrscheinlichkeiten für sämtliche **gemeinsame Kreditereignisse** – die **gemeinsamen Migrationswahrscheinlichkeiten** – bekannt sein. Dabei führen diese zu der Aussage, inwieweit es wahrscheinlich ist, dass die Rating-Änderung oder -Nichtänderung einer Anleihe zu einer Rating-Änderung oder -Nichtänderung von einer oder mehreren anderen Anleihen führt.

Die gemeinsamen Migrationswahrscheinlichkeiten lassen sich am einfachsten durch die Beobachtung der historischen gemeinsamen Rating-Bewegungen der Anleihen herleiten. Dabei werden die zwischen den Anleihen bestehenden Korrelationen explizit mit berücksichtigt. In einem Umkehrschluss lassen sich die gemeinsamen Migrationswahrscheinlichkeiten auch analytisch bestimmen, wenn die historischen Rating- bzw. Ausfallkorrelationen der Anleihen, die in der Regel von den Rating-Agenturen erhoben werden, bekannt sind.

Sind zwei Anleihen beispielsweise voneinander unabhängig (Korrelation = 0), so ergeben sich die gemeinsamen Migrationswahrscheinlichkeiten stets aus dem Produkt der Migrationswahrscheinlichkeiten der jeweiligen Anleihen. Aus der Abbildung 39.2 kann entnommen werden, dass die Eintrittswahrscheinlichkeit für ein gemeinsames Kreditereignis, bei dem beispielsweise die Rating-Einstufung der Anleihe I am Jahresende zwar konstant bleibt, jene der Anleihe II aber um eine Klasse abgestuft wird, 8,1 % (= 90 % · 9 %) beträgt. Die Eintrittswahrscheinlichkeit dieses Kreditereignisses ergibt sich wegen der Unabhängigkeit der Anleihen aus der multiplikativen Verknüpfung der Wahrscheinlichkeiten für die Rating-Beibehaltung der Anleihe I (90 %) und der Rating-Abstufung der Anleihe II (9 %).

Bei der Modellierung dieses Ansatzes gilt es, sämtliche denkbaren Kombinationen von gemeinsamen Kreditereignissen zu ermitteln. Für das Corporate-Bond-Portfolio mit zwei Anleihen und vier Rating-Konstellationen (A, B, C und Default) am Jahresende bedeutet dies, dass insgesamt 16 (= 4^2) mögliche Kombinationen von Kreditereignissen denkbar sind. Für jedes gemeinsame Kreditereignis ist ein ereignisspezifischer Portfoliowert zu bestimmen. Dieser setzt sich aus der Addition der rating-spezifischen deterministischen Kurswerte der einzelnen Anleihen zusammen. Werden sämtliche gemeinsame Kreditereignisse berücksichtigt und für jedes der Ereignisse ein Portfoliowert mit dazugehöriger Eintrittswahrscheinlichkeit ermittelt, kann der Value at Risk eines Corporate-Bond-Portfolios – in Analogie zur Vorgehensweise der Value at Risk-Bestimmung für eine einzelne Anleihe – mit Hilfe der kumulierten Wahrscheinlichkeiten abgeleitet werden.

Aus der obigen Ausführung wird klar, dass der Rechenaufwand exponentiell anwächst, sobald die Rating-Einstufung des Rating-Systems feiner und die Anzahl der sich im Portfolio befindlichen Anleihen größer wird. Die Anzahl der gemeinsamen Kreditereignisse steigt exponentiell mit der Anzahl der Anleihen und der Rating-Klassen an. So gibt es z.B. für ein Rating-System mit 7 Rating-Klassen (und 8 Rating-Konstellationen am Jahresende) und ein Portfolio mit 8 Anleihen insgesamt 16.777.216 (= 8^8) gemeinsame Kreditereignisse. Vor diesem Hintergrund gestaltet sich das Verfahren der Risikoquantifizierung mit Hilfe einer **analytischen Vorgehensweise** als eine übersichtlichere und vor allem leichtgängigere Methode. Allerdings setzt sie die Normalverteilung der Marktwerte am Ende des Risikohorizontes voraus. Zur Quantifizierung des Portfoliorisikos werden in einem ersten Schritt die Standardabweichungen der Marktwerte der einzelnen Anleihen am Ende des Risikohorizontes berechnet. In einem zweiten Schritt werden die ermittelten Standardabweichungen mit einem entsprechenden Z-Wert bewertet, um so die Value at Risk der einzelnen Anleihen herzuleiten. Unter Berücksichtigung der zwischen den Anleihen bestehenden Korrelationen werden die Value at Risk der einzelnen Anleihen schließlich zum Value at Risk des Corporate-Bond-Portfolios aggregiert.

zu 2.a):

Bei der Risikoquantifizierung mit Hilfe von kumulierten Wahrscheinlichkeiten werden in einem ersten Schritt die **deterministischen Kurswerte** der Anleihen am Jahresende für sämtliche Rating-Konstellationen ermittelt. Diese ergeben sich grundsätzlich durch die Bewertung der zukünftigen Zahlungsströme der Anleihe mit den rating-spezifischen (Forward-) Zerobondrenditen. Dabei lassen sich die Zahlungsströme der beiden Anleihen aus der Abbildung 39.4 entnehmen.

	Zahlungsströme am Ende vom:		
	1. Jahr	2. Jahr	3. Jahr
Anleihe I	50.000 EUR	1.050.000 EUR	-
Anleihe II	120.000 EUR	120.000 EUR	1.620.000 EUR

Abbildung 39.4: Zahlungsströme der Anleihen

So beträgt beispielsweise der deterministische Kurswert der Anleihe I für den Fall, dass der Anleihenemittent seine Rating-Klasse am Ende des Jahres beibehalten kann, 1.063.513,51 EUR:

$$1.063.513{,}51\,\text{EUR} = 50.000\text{ EUR} + \frac{1.050.000\text{ EUR}}{1{,}0360^1}$$

Wird die Rating-Klasse der Anleihe zum Jahresende von A auf B herabgestuft, so wird der deterministische Kurswert nunmehr auf 1.044.789,20 EUR beziffert:

$$1.044.789{,}20\text{ EUR} = 50.000\text{ EUR} + \frac{1.050.000\text{ EUR}}{1{,}0555^1}$$

Auf diese Weise können die deterministischen Kurswerte der beiden Anleihen für sämtliche Rating-Konstellationen ermittelt werden (vgl. Abb. 39.5). Dabei muss jedoch beachtet werden, dass der Marktwert der Anleihe im Falle eines Kreditausfalls dem Besicherungswert des Kredits entspricht. So beträgt der Wert der Anleihe I im Insolvenzfall 500.000 EUR (= Nennwert der Anleihe · Stückzahl · Besicherungsquote = 10.000 EUR · 100 Stück · 50 %).

	Deterministische Kurswerte am Jahresende	
Rating am Jahresende	Anleihe I	Anleihe II
A	1.063.513,51 EUR	1.728.726,57 EUR
B	1.044.789,20 EUR	1.674.940,51 EUR
C	962.646,68 EUR	1.448.829,26 EUR
Default	500.000,00 EUR	975.000,00 EUR

Abb. 39.5: Deterministische Kurswerte der Anleihen am Jahresende für sämtliche Rating-Konstellationen

zu 2.b):

In einem zweiten Schritt werden die Eintrittswahrscheinlichkeiten der gemeinsamen Kreditereignisse (gemeinsame Migrationswahrscheinlichkeiten) ermittelt. Für das Corporate-Bond-Portfolio, welches zwei Anleihen umfasst, gibt es demnach $4^2 = 16$ mögliche Kreditereignisse. Jedem dieser Ereignisse ist eine Eintrittswahrscheinlichkeit und ein ereignisspezifischer Portfoliowert zuzuordnen. Wegen der Unabhängigkeit der beiden Anleihen resultiert die Eintrittswahrscheinlichkeit eines Kreditereignisses, indem das Produkt aus den jeweiligen Migrationswahrscheinlichkeiten berechnet wird. Beispielsweise beträgt die Eintrittswahrscheinlichkeit dafür, dass die Anleihe I zum Jahresende ihre Rating-Klasse von A beibehält und die Rating-Klassen der Anleihe II sich um eine Stufe auf A verbessert, 2,70 % (= 90 % · 3 %). Da bei diesem gemeinsamen Kreditereignis beide Anleihen eine Rating-Klasse von A aufweisen, belaufen sich die deterministischen Kurswerte der Anleihen auf 1.063.513,51 EUR respektive 1.728.726,57 EUR (vgl. Abb. 39.5). Folglich ergibt sich der ereignisspezifische Portfoliowert aus der Summe der deterministischen Kurswerte der Anleihen, welcher 2.792.240 EUR (= 1.063.513,51 EUR + 1.728.726,57 EUR) beträgt.

In Abbildung 39.6 werden alle 16 denkbaren gemeinsamen Kreditereignisse des Corporate-Bond-Portfolios mit den dazugehörenden Eintrittswahrscheinlichkeiten und Portfoliowerten tabellarisch zusammengefasst:

Gemeinsame Kreditereignisse		Eintrittswahrscheinlichkeiten	Deterministische Portfoliowerte
Anleihe I	Anleihe II		
A	A	2,70 %	2.792.240 EUR
A	B	76,50 %	2.738.454 EUR
A	C	8,10 %	2.512.343 EUR
A	D	2,70 %	2.038.514 EUR
B	A	0,24 %	2.773.516 EUR
B	B	6,80 %	2.719.730 EUR
B	C	0,72 %	2.493.618 EUR
B	D	0,24 %	2.019.789 EUR
C	A	0,03 %	2.691.373 EUR
C	B	0,85 %	2.637.587 EUR
C	C	0,09 %	2.411.476 EUR
C	D	0,03 %	1.937.647 EUR
D	A	0,03 %	2.228.727 EUR
D	B	0,85 %	2.174.941 EUR
D	C	0,09 %	1.948.829 EUR
D	D	0,03 %	1.475.000 EUR
Summe der Eintrittswahrscheinlichkeiten = 100 % erwarteter Portfoliowert = **2.690.578 EUR**			

Abb. 39.6: Gemeinsame Kreditereignisse mit den dazugehörigen Eintrittswahrscheinlichkeiten und Portfoliowerte

Kennzeichnend für die gemeinsamen Migrationswahrscheinlichkeiten ist, dass diese sich zu 100 % summieren lassen. Führt man sämtliche möglichen Portfoliowerte mit den jeweiligen Eintrittswahrscheinlichkeiten zusammen, so ergibt sich ein erwarteter deterministischer Portfoliowert in Höhe von 2.690.578 EUR.

Der erwartete Marktwertverlust des Portfolios ergibt sich grundsätzlich aus der Differenz zwischen dem Marktwert des Portfolios, welcher sich bei unveränderten Rating-Einstufungen der Anleihen ergibt, und dem erwarteten Marktwert des Portfolios (bei dem die möglichen Rating-Migrationen der Anleihen ihre Berücksichtigung finden). Der Marktwert des Portfolios bei unveränderter Bonität der Anleihen (Kreditereignis A ; B) beträgt 2.738.454 EUR (= 1.063.513,51 EUR + 1.674.940,51 EUR). Von diesem Wert ist der erwartete Marktwert des Portfolios in Höhe von 2.690.578 EUR abzuziehen, um den erwarteten Marktwertverlust des Portfolios zu eruieren (vgl. Abb. 39.6). Dieser beläuft sich im Beispiel auf einen Wert von 47.876 EUR:

47.876 EUR = 2.738.454 EUR – 2.690.578 EUR

zu 2.c):

Um den Value at Risk des Corporate-Bond-Portfolios mit Hilfe der kumulierten Wahrscheinlichkeiten ermitteln zu können, werden die ereignisspezifischen Portfoliowerte im Rahmen einer Rangordnung ihrer Höhe nach geordnet. Abbildung 39.7 zeigt diese Vorgehensweise:

Rang	Gemeinsame Kreditereignisse		Deterministische Portfoliowerte	Eintrittswahrscheinlichkeiten	kumulierte Wahrscheinlichkeiten
	Anleihe I	Anleihe II			
1	A	A	2.792.240 EUR	2,70 %	2,70 %
2	B	A	2.773.516 EUR	0,24 %	2,94 %
3	A	B	2.738.454 EUR	76,50 %	79,44 %
4	B	B	2.719.730 EUR	6,80 %	86,24 %
5	C	A	2.691.373 EUR	0,03 %	86,27 %
6	C	B	2.637.587 EUR	0,85 %	87,12 %
7	A	C	2.512.343 EUR	8,10 %	95,22 %
8	B	C	2.493.618 EUR	0,72 %	95,94 %
9	C	C	2.411.476 EUR	0,09 %	96,03 %
10	D	A	2.228.727 EUR	0,03 %	96,06 %
11	D	B	2.174.941 EUR	0,85 %	96,91 %
12	A	D	2.038.514 EUR	2,70 %	99,61 %
13	B	D	2.019.789 EUR	0,24 %	99,85 %
14	D	C	1.948.829 EUR	0,09 %	99,94 %
15	C	D	1.937.647 EUR	0,03 %	99,97 %
16	D	D	1.475.000 EUR	0,03 %	100,00 %

Abb. 39.7: Der Höhe der Portfoliowerte nach geordnete gemeinsame Kreditereignisse und ihre kumulierten Wahrscheinlichkeiten

Ausgehend von einem Sicherheitsniveau von 99,85 % kann anhand der Abbildung 39.7 festgestellt werden, dass der Portfoliowert am Ende des Risikohorizontes den Wert von 2.019.789 EUR nicht unterschreiten wird. Die Differenz dieses Wertes zu dem erwarteten Marktwert des Portfolios entspricht dem unerwarteten Marktwertverlust, also dem **Value at Risk des Corporate-Bond-Portfolios**. Er beträgt bei dem gegebenen Sicherheitsniveau von 99,85 % **670.789 EUR** (= 2.690.578 EUR – 2.019.789 EUR).

zu 3.a):

Bei der Quantifizierung des Value at Risk des Corporate-Bond-Portfolios mit Hilfe des **analytischen Grundmodells** wird das Problem, welches mit dem hohen Ermittlungsaufwand der gemeinsamen Kreditereignisse verbunden ist, größtenteils umgangen. Infolgedessen ist die Value at Risk-Ermittlung mit einem geringeren Rechenaufwand verbunden. Dieser Vorteil wird dabei um so deutlicher, je mehr unterschiedliche Anleihen das Portfolio umfasst und je feiner die Einstufungen eines Rating-Systems sind.

Zunächst werden für jede einzelne Anleihe des Portfolios die jeweiligen **Standardabweichungen** von Marktwerten am Ende des Risikohorizontes ermittelt. Unter Zugrundelegung der Normalverteilungsannahme können in einem nächsten Schritt die **Value at Risk der einzelnen Anleihen** hergeleitet werden. **Der Value at Risk des Corporate-Bond-Portfolios** ergibt sich schließlich aus der Zusammenführung der Value at Risk der einzelner Anleihen unter Berücksichtigung der zwischen ihnen bestehenden paarweisen Korrelationen.

Im folgenden wird die Vorgehensweise zur Ermittlung des Value at Risk für die Anleihe I demonstriert. In einem ersten Schritt wird der erwartete Marktwert der Anleihe am Ende des Risikohorizontes berechnet. Abbildung 39.8 gibt diesen Rechenvorgang wieder:

Rating am Jahresende	Deterministischer Kurswert X_i in t = 1	Migrations- bzw. Eintritts-wahrscheinlichkeit $W(X_i)$	$W(X_i) \cdot X_i$
A	1.063.513,51 EUR	90%	957.162 EUR
B	1.044.789,20 EUR	8%	83.583 EUR
C	962.646,68 EUR	1%	9.626 EUR
D	500.000,00 EUR	1%	5.000 EUR
$\sum w_i \cdot x_i$ = erwarteter deterministischer Kurswert (EW):			**1.055.371 EUR**

Abb. 39.8: Ermittlung des erwarteten Marktwerts für die Anleihe I am Ende des Risikohorizontes

In einem nächsten Schritt wird die Standardabweichung (STD) der Marktwerte der Anleihe I am Ende des Risikohorizontes mittels folgender Gleichung berechnet:

$$\text{STD}_{\text{Anleihe I}} = \sqrt{\sum_{i=1}^{4} (X_i - \text{EW})^2 \cdot W(X_i)}$$

$$= \sqrt{\begin{array}{l}(1.063.513{,}51\,\text{EUR} - 1.055.371\,\text{EUR})^2 \cdot 90\,\% \\ + (1.044.789{,}20\,\text{EUR} - 1.055.371\,\text{EUR})^2 \cdot 8\,\% \\ + (962.646{,}68\,\text{EUR} - 1.055.371\,\text{EUR})^2 \cdot 1\,\% \\ + (500.000\,\text{EUR} - 1.055.371\,\text{EUR})^2 \cdot 1\,\%\end{array}}$$

$$= 56.912\,\text{EUR}$$

mit: X_i = Einzelereignis; $W(X_i)$ = Eintrittswahrscheinlichkeit des Einzelereignisses

Anschließend ergibt sich der Value at Risk der Anleihe durch die Multiplikation der Standardabweichung mit einem entsprechenden Z-Wert in Höhe von 2,968:

$$\text{Value at Risk}_{\text{Anleihe I}} = \text{Standardabweichung}_{\text{Anleihe I}} \cdot \text{Z-Wert}$$

$$= 56.912 \text{ EUR} \cdot 2{,}968$$

$$= \mathbf{168.915\ EUR}$$

Analog erfolgt die Ermittlung des Value at Risk für die Anleihe II. Abbildung 39.9 fasst die Rechenschritte zur Ermittlung der Value at Risk der beiden Anleihen zusammen. Der erwartete Marktwert des Portfolios am Ende des Risikohorizontes ergibt sich stets als Summe der Erwartungswerte der einzelnen Anleihen. Mit einer Höhe von 2.690.578 EUR (=1.055.372 EUR + 1.635.206 EUR) stimmt er weitestgehend mit dem in Teilaufgabe 2.b) ermittelten Erwartungswert überein (vgl. Abb. 39.6).

		Anleihe I	Anleihe II
Erwarteter Marktwert	(1)	1.055.372 EUR	1.635.206 EUR
Standardabweichung der Marktwerte	(2)	56.912 EUR	133.442 EUR
Z-Wert	(3)	2,968	2,968
Value at Risk der Anleihen	(4) = (2) · (3)	168.915 EUR	396.055 EUR

Abb. 39.9: Value at Risk-Bestimmung der einzelnen Anleihen

<u>zu 3.b):</u>

Der Value at Risk des Corporate-Bond-Portfolios lässt sich grundsätzlich durch die Zusammenführung der Value at Risk der einzelnen Anleihen und der zwischen den Anleihen bestehenden paarweisen Korrelationen herleiten. Folgende Formel zeigt diese Vorgehensweise allgemein:

$$\text{VaR}_{\text{Portfolio}} = \sqrt{\text{VaR}^2_{\text{Anleihe I}} + \text{VaR}^2_{\text{Anleihe II}} + 2 \cdot \text{VaR}_{\text{Anleihe I}} \cdot \text{VaR}_{\text{Anleihe II}} \cdot \text{KOR}(1,2)}$$

mit: $\text{VaR}_{\text{Portfolio}}$ = Value at Risk des Corporate-Bond-Portfolios; KOR (1, 2) = rating-spezifische Korrelation zwischen den Anleihen I und II

Da vereinfachend unterstellt wird, dass die rating-spezifische Korrelation wegen der Unabhängigkeit der beiden Anleihen einen Wert von Null aufweist, reduziert sich die oben stehende Formel wie folgt:

$$\text{VaR}_{\text{Portfolio}} = \sqrt{\text{VaR}^2_{\text{Anleihe I}} + \text{VaR}^2_{\text{Anleihe II}}}$$

$$= \sqrt{168.915 \text{ EUR}^2 + 396.055 \text{ EUR}^2}$$

$$= \mathbf{430.572\ EUR}$$

Der Value at Risk des Corporate-Bond-Portfolios beläuft sich damit auf insgesamt 430.572 EUR.

Ersichtlich wird nun, dass der Value at Risk des Portfolios um 134.398 EUR (= 168.915 EUR + 396.055 EUR – 430.572 EUR) niedriger ausfällt als die Summe der Value at risk der einzelnen Anleihen. Der hier vorliegende Diversifikationseffekt ist im wesentlichen auf die Korrelation von Null zurückzuführen. Würde die Anleihen miteinander perfekt korrelieren, entspräche der Value at Risk des Portfolios genau der Summe der Value at Risk der einzelnen Anleihen, und ein Diversifikationseffekt ist in diesem Fall nicht zu erwarten.

zu 4:

Mit dem Verfahren der kumulierten Wahrscheinlichkeiten wurde bereits ermittelt, dass der Value at Risk des Corporate-Bond-Portfolios mit einer Wahrscheinlichkeit von 99,85 % den Wert von 670.789 EUR nicht überschreiten wird. Die selbe Wahrscheinlichkeit entspricht bei der Normalverteilungsannahme einem Z-Wert in Höhe von 2,968, mit welchem der dabei resultierende Value at Risk des Portfolios 430.572 EUR beträgt. Dieser Wert fällt um 240.217 EUR (= 670.789 EUR – 430.572 EUR) oder um 35.82 % geringer aus als der Value at Risk, der sich aus dem tatsächlichen Verlauf der Marktwertverteilung der Anleihe ergibt.

Als zentraler Mangel des analytischen Grundmodells zur Messung des Kreditrisikos steht die Normalverteilungsannahme im Vordergrund. Diese widerspricht der Empirie, welche eine linksschiefe Verteilung der Marktwerte der Anleihe am Ende des Risikohorizontes belegt. Deshalb ist das analytische Grundmodell beim CreditMetrics^{TM} kaum geeignet, den Value at Risk des Corporate-Bond-Portfolios realitätsnah zu beschreiben. Zur Beschränkung der sich aus den Modellschwächen ergebenden Fehlschätzungen wird in der Praxis vorgeschlagen, bei der Modellierung des Value at Risk eines Corporate-Bond-Portfolios einen entsprechend höheren Z-Wert zu verwenden.

Fallstudie 40: **Value at Risk zinsinduzierter Marktwertrisiken**

Beat Barwert, Leiter der Treasury des Bankhauses Dangerfield, trifft bei einem von der Bank für Internationalen Zahlungsausgleich (BIZ) veranstalteten Kongress zum Thema „Risk-Management“ seinen ehemaligen Kommilitonen und jetzigen Partner einer amerikanischen Unternehmensberatung Billy Benchmark.

Barwert zeigt sich tief beeindruckt von den im Seminar vorgestellten Konzepten zur Messung und Steuerung von Gegenparteien- und Marktrisiken. Er muss allerdings eingestehen, dass angesichts der Komplexität der vorgestellten Konzepte einiges an ihm vorbeigegangen ist. Insbesondere bei der Präsentation der Möglichkeiten zur Bestimmung des zinsinduzierten Value at Risk und den in diesem Zusammenhang diskutierten Verfahren zur Analyse der Zinssensitivität von Marktwerten habe er stellenweise den Faden verloren. Da die Geschäftsleitung jedoch gerade hierfür besonderes Interesse bekundet habe, sei dies ausgesprochen bitter. Benchmark, der sich bestens mit modernen Zinsrisikomessverfahren auskennt, erklärt sich spontan bereit, die notwendige Aufklärungsarbeit zu leisten. Schlüpfen Sie nun in die Rolle von Benchmark und helfen Sie Barwert bei der Aufarbeitung seiner Wissensdefizite. Gehen Sie dabei folgendermaßen vor:

1. Erläutern Sie kurz die grundsätzliche Vorgehensweise bei der Quantifizierung zinsinduzierter Marktwertrisiken!

Wenden Sie sich anschließend der indirekten Bestimmung von Marktwertrisiken zu und weisen Sie Barwert zunächst in das Instrumentarium zur Analyse der Zinssensitivität von Marktwerten ein. Beginnen Sie dabei mit den klassischen Durationsanalyseverfahren.

2. Erklären Sie im einzelnen

   a) wie die Duration in ihrer Ursprungsversion nach MACAULAY definiert ist, wie sie zu interpretieren ist und welchen Einfluss die wesentlichen Bestimmungsfaktoren Nominalzins, Rendite und Tilgungszeitpunkt auf ihre Höhe ausüben;

   b) wie sich die Sensitivität eines Marktwertes gegenüber Marktzinsänderungen mit Hilfe der MACAULAY Duration abschätzen lässt;

   c) welche zentralen Mängel die Modified Duration als Sensitivitätsmaß aufweist und inwiefern die Marktwertänderung mit Hilfe der Effective Duration genauer approximiert werden kann!

Gehen Sie im Anschluss an die Darstellung der klassischen Durationsanalyseverfahren auf das Konzept der Key Rate Duration und die Basispoint Value Methode als moderne Konzepte zur Analyse der Zinssensitivität von Marktwerten ein.

3. a) Erläutern Sie kurz, worin der Vorteil der modernen Sensitivitätskennzahlen gegenüber den klassischen Durationskennzahlen besteht!

b) Beschreiben Sie dann zunächst allgemein, wie sich die Key Rate Durationen bzw. laufzeitspezifischen Basispoint Values einer Zinsrisikoposition bestimmen lassen! Differenzieren Sie dabei zwischen der analytisch exakten und der numerisch approximativen Bestimmung!

c) Ermitteln Sie – zur Veranschaulichung Ihrer bisherigen allgemeinen Erläuterungen – die Key Rate Durationen und die laufzeitspezifischen Basispoint Values der folgendermaßen ausgestalteten Zinsrisikoposition analytisch exakt und interpretieren Sie deren Aussagegehalt!

- Nennwert: 1 Mio. GE
- Zinskupon: 6 % (jährlich nachträglich)
- (Rest-)Laufzeit: 3 Jahre
- Aktueller Marktwert: 1 Mio. GE
- Tilgung: endfällig

Weitere Prämissen:

- Im betrachteten Beispiel werden die 1-, 2- und 3-Jahres-Zerobondrenditen als Key Rates festgelegt.
- Die Zerobond-Renditestruktur verlaufe normal mit einer 1-jährigen Zerobondrendite von 4,0 %, einer 2-jährigen von 5,025273 % und einer 3-jährigen von 6,082918 %.

4. a) Erläutern Sie nun zunächst allgemein, wie sich der Value at Risk von Zinsrisikopositionen im Risikomodell RiskMaster® mit Hilfe laufzeitspezifischer Basispoint Values bestimmen lässt! Differenzieren Sie dabei zwischen der Single Cash Flow-, der Produkt Cash Flow- und der Super Cash Flow-Variante!

b) Quantifizieren Sie dann das Marktwertrisiko der in Teilaufgabe 3.c) betrachteten Zinsrisikoposition und interpretieren Sie dessen Aussagegehalt. Gehen Sie dabei von den in Abbildung 40.1 aufgeführten Standardabweichungen und Korrelationen der stetigen wöchentlichen Veränderungsraten der relevanten Zerobondrenditen aus; als Z-Wert sei ein Wert in Höhe von 3 gewählt.

Zerobondrendite (ZBR)	Standard-abweichung	Korrelationen		
		ZBR_1 (1 Jahr)	ZBR_2 (2 Jahre)	ZBR_3 (3 Jahre)
ZBR_1 (1 Jahr)	3,681900 %	1	0,583420	0,517580
ZBR_2 (2 Jahre)	3,916850 %	0,583420	1	0,625835
ZBR_3 (3 Jahre)	3,997820 %	0,517580	0,625835	1

Abb. 40.1: Marktdaten zur indirekten Quantifizierung des Marktwertrisikos der betrachteten Zinsrisikoposition

c) Wie hoch ist der risikoreduzierende Effekt der paarweisen Korrelationen zwischen den stetigen Veränderungsraten der 1-, 2- und 3-Jahres-Zerobondrenditen?

5. a) Wenden Sie sich abschließend der direkten Quantifizierung von Marktwertrisiken zu und erklären Sie zunächst allgemein, wie gemäß RiskMaster® bei der Value at Risk-Bestimmung von Zinsrisikopositionen mittels Cash Flow-Neubewertung vorzugehen ist!

b) Ermitteln Sie dann unter Verwendung der in der folgenden Abbildung 40.2 dargestellten Marktdaten den Value at Risk der Zinsrisikoposition aus Teilaufgabe 3.c) direkt! Gehen Sie dabei wiederum von einem Z-Wert von 3 aus!

Zerobond-Abzinsfaktor (ZB-AF)	Standard-abweichung	Korrelationen		
		$ZB\text{-}AF_1$ (1 Jahr)	$ZB\text{-}AF_2$ (2 Jahre)	$ZB\text{-}AF_3$ (3 Jahre)
$ZB\text{-}AF_1$ (1 Jahr)	0,182164 %	1	0,635147	0,555264
$ZB\text{-}AF_2$ (2 Jahre)	0,331070 %	0,635147	1	0,804361
$ZB\text{-}AF_3$ (3 Jahre)	0,725689 %	0,555264	0,804361	1

Abb. 40.2: Marktdaten zur direkten Quantifizierung des Value at Risk der betrachteten Zinsrisikoposition

Lösungsvorschlag zu Fallstudie 40:

zu 1.:

Moderne Verfahren zur Quantifizierung zinsinduzierter Marktwertrisiken setzen an der **Wahrscheinlichkeitsverteilung** der Marktzinsänderungen an. In der Regel wird dabei von der Prämisse ausgegangen, die stetigen Veränderungsraten von Marktzinsen ließen sich approximativ als **normalverteilt** charakterisieren. Die Normalverteilung stimmt indes nicht exakt mit der empirisch beobachtbaren Verteilung stetiger Veränderungsraten von Marktzinsen überein. Insbesondere ordnet sie größeren Veränderungsraten kleinere Wahrscheinlichkeiten zu als empirisch beobachtet und erfasst beobachtbare „Ausreisser" nur unzureichend, weist jedoch gegenüber anderen statistischen Verteilungen den Vorteil auf, dass sie vollständig über die beiden Parameter Mittelwert und **Standardabweichung** (STD) beschrieben werden kann und Aussagen über die Wahrscheinlichkeit erlaubt, mit der bestimmte, aus Sicht der Bank negative Ausprägungen stetiger Veränderungsraten von Marktzinsen eintreten.

Auf der Grundlage dieser zentralen Verteilungsannahme von Marktzinsänderungen bestimmt sich das zinsinduzierte Marktwertrisiko sodann in **drei** Schritten:

(1) In einem **ersten Schritt** sind zunächst die **Volatilitäten** der jeweils als Risikoparameter zugrundegelegten stetigen Veränderungsraten von Marktzinsen (z.B. Zerobondrenditen) zu bestimmen. Diese statistischen Größen können als Standardabweichung aus historischen Zinsbewegungen ermittelt werden. Sie sind insbesondere abhängig vom Analysezeitraum, innerhalb dessen die Beobachtungsdaten gesammelt und für den die Daten ausgewertet werden sollen, von der Wahl der Zeitpunkte, zwischen denen die Marktzinsänderungen gemessen werden sollen sowie den gewünschten Signifikanzniveaus.

(2) Unter Berücksichtigung der spezifischen Zinsvolatilitäten sind in einem zweiten Schritt dann die laufzeitspezifischen Marktwertrisiken zu ermitteln. Diese können zum einen **direkt** anhand des Barwertmodells, zum andern **indirekt** über (daraus abgeleitete) laufzeitspezifische Sensitivitätsparameter bestimmt werden. Letztere zeigen dabei sowohl die Richtung als auch die Intensität der Reaktion von Marktwerten auf vorgegebene Marktzinsänderungen auf. Sensitivitätsanalysekonzepte umfassen bei Marktwertbetrachtungen die klassische Durationsanalyse, das Konzept der Key Rate Duration und die Basispoint Value-Methode.

(3) Da sich die Marktzinsänderungen unterschiedlicher Laufzeiten nun nicht unabhängig voneinander vollziehen, sondern sich vielmehr Interdependenzen zwischen diesen beobachten lassen, sind die laufzeitspezifischen Zinsrisiken in einem **dritten Schritt** schließlich unter Berücksichtigung der **Zinskorrelationen**, mit denen der statistische Zusammenhang zwischen den Zinsänderungen in den einzelnen Laufzeitbereichen zum Ausdruck gebracht werden kann, zum **Gesamtrisiko** zu aggregieren.

zu 2.a):

Die **Duration nach MACAULAY** ist definiert als gewogener Mittelwert der einzelnen Zahlungszeitpunkte, zu denen Zahlungen (Zins- und Tilgungszahlungen) stattfinden. Als Gewichtungsfaktor der einzelnen Zahlungszeitpunkte dient dabei das Verhältnis des Barwertes der jeweiligen Zahlung zum Barwert der gesamten Zahlungsreihe.

Formal:

$$D = \frac{\sum_{t=1}^{n} t \cdot CF_t \cdot (1+R)^{-t}}{M_0}$$

mit: D = Duration; M_0 = Marktwert im Zeitpunkt 0; CF_t = Cash Flow (Rückfluss) im Zeitpunkt t; R = Marktrendite; t = Zeitindex; n = Restlaufzeit

Interpretation:

Die Duration lässt sich als **durchschnittliche Kapitalbindungsdauer** einer Zinsrisikoposition interpretieren. Sie ist ein Maß für die „tatsächliche" Laufzeit von **kupontragenden** Zinsrisikopositionen und wird durch die zeitliche Struktur des Zahlungsstroms determiniert. Bei kupontragenden Zinsrisikopositionen ist sie wegen der Zinszahlungen stets kleiner als die Restlaufzeit. Durch die regelmäßig anfallenden Zinszahlungen findet quasi eine vorzeitige Rückzahlung des investierten Kapitals statt. Bei Zerobonds entspricht die Duration der Restlaufzeit, da nur am Laufzeitende Zahlungen anfallen.

Zwischen der Duration nach MACAULAY und ihren wesentlichen Bestimmungsfaktoren gilt der folgende **Wirkungszusammenhang**: Die MACAULAY-Duration einer Zinsrisikoposition ist im Verhältnis zu ihrer Restlaufzeit umso geringer,

- je höher die Nominalverzinsung,
- je höher die Marktrendite und
- je früher die Tilgung einsetzt.

zu 2.b):

Mit Hilfe der Duration nach MACAULAY lässt sich die Sensitivität eines Marktwertes gegenüber Veränderungen der Zinsstrukturkurve relativ einfach abschätzen. Hierzu ist die MACAULAY Duration lediglich durch den Term (1 + Marktrendite) zu dividieren. Analytisch ergibt sich diese als **Modified Duration** bezeichnete Größe aus der ersten Ableitung der „klassischen" Barwertformel nach der Marktrendite, dividiert durch den aktuellen Marktwert der Zinsrisikoposition.

Leitet man die klassische Barwertformel nach der Marktrendite R ab, dann ergibt sich:

$$\frac{\partial M_0}{\partial R} = \sum_{t=1}^{n} -t \cdot CF_t \cdot (1+R)^{-t-1} = -\frac{1}{1+R} \cdot \sum_{t=1}^{n} t \cdot CF_t \cdot (1+R)^{-t}$$

Der hinter dem Summenzeichen stehende Term entspricht der mit dem aktuellen Marktwert der Zinsrisikoposition multiplizierten Duration nach MACAULAY. Somit lässt sich dieser Ausdruck auch schreiben als:

$$\frac{\partial M_0}{\partial R} = -\frac{1}{1+R} \cdot D \cdot M_0$$

beziehungsweise

$$\frac{\partial M_0}{\partial R} = -MD \cdot M_0$$

mit: $MD = \text{Modified Duration} = \frac{1}{1+R} \cdot D$

Diese erste Ableitung kann zur linearen **Approximation** der konvexen Beziehung zwischen der Marktwertänderung und der Veränderung der Marktrendite einer Zinsrisikoposition verwendet werden. Wird obige Gleichung auf beiden Seiten durch den aktuellen Marktwert dividiert, so erhält man die prozentuale Änderung der Zinsrisikoposition $\partial M_0/M_0$ bei einer Änderung der Marktrendite um ∂R:

$$\frac{\frac{\partial M_0}{M_0}}{\partial R} = -MD$$

Dabei ist zu beachten, dass der Marktwert invers auf Renditeänderungen reagiert, d.h. sinkende Renditen führen zu höheren Marktwerten, steigende zu sinkenden Marktwerten.

<u>zu 2.c):</u>

Die Modified Duration weist als Maß für die Zinssensitivität von Marktwerten **drei** zentrale Mängel auf:

- Aufgrund der Diskontierung sämtlicher Cash Flows mit der aktuellen Marktrendite (Verfallrendite) eines Wertpapiers mit gleichem Zinskupon und identischer Restlaufzeit als einheitlichem Kalkulationszins, wird erstens implizit von einer **horizontalen Renditestruktur** ausgegangen.
- Zweitens bildet die Modified Duration lediglich die **Marktwertkonsequenzen von Parallelverschiebungen** dieser Renditestrukturkurve ab. Parallel bedeutet dabei nicht nur, dass

die Renditeänderungen für sämtliche Fristigkeiten völlig gleichgerichtet, statistisch gesprochen perfekt korreliert sein müssen, sondern auch, dass das Ausmaß der Renditeänderungen über das gesamte Fristenspektrum hinweg völlig identisch sein muss. Faktoranalysen zeigen jedoch, dass die Annahme perfekter Korrelationen nicht der Realität entsprechen. Darüber hinaus können auch Drehungen der Renditestruktur beobachtet werden.

- Je größer dabei das Ausmaß der Parallelverschiebung ist, desto ungenauer wird drittens der mit Hilfe laufzeitspezifischer Zerobondrenditen exakt berechnete Marktwert durch die Modified Duration approximiert. Ursache hierfür ist die Tatsache, dass **zwischen der Marktwert- und der Renditeänderung** einer Zinsrisikoposition ein **konvexer Zusammenhang** besteht, der mit Hilfe der Modified Duration lediglich linear approximiert werden kann. Zur Abschätzung der Marktwertkonsequenzen größerer Renditeänderungen verwendet, wird die Erhöhung des Marktwertes als Reaktion auf einen Renditerückgang daher tendenziell zu niedrig, die Verringerung in der Folge eines Renditeanstiegs dagegen tendenziell zu hoch eingeschätzt.

Im Rahmen des **Konzepts der Effective Duration** werden die Marktwertkonsequenzen von Marktzinsänderungen insofern genauer approximiert, als die Cash Flows nicht auf Basis einer horizontalen Zinsstrukturkurve bewertet, sondern die Barwerte mit Hilfe der aktuellen laufzeitspezifischen Zerobondrenditen beziehungsweise den korrespondierenden Zerobond-Abzinsfaktoren gebildet werden. Diese lassen sich synthetisch aus den am Markt beobachtbaren Renditestrukturkurven von Kuponpapieren replizieren. Die allgemeine Formel für die Berechnung der Effective Duration (ED) lautet demnach wie folgt:

$$ED = \frac{\sum_{t=1}^{n} t \cdot CF_t \cdot (1 + ZBR_t)^{-t}}{M_0}$$

mit: ED = Effective Duration; M_0 = Marktwert im Zeitpunkt 0; CF_t = Cash Flow (Rückfluss) im Zeitpunkt t; ZBR_t = laufzeitspezifische Zerobondrendite; t = Zeitindex; n = Restlaufzeit

Als Folge der Diskontierung der einzelnen Zahlungen mittels der laufzeitspezifischen Zerobondrenditen, resultiert nach dem Konzept der Effective Duration eine - verglichen mit dem Ansatz von MACAULAY - geringere durchschnittliche Kapitalbindungsdauer. Bei inversem Verlauf der Zinsstrukturkurve der Zerobondrenditen würde sich dagegen eine Effective Duration ergeben, die größer ist als die MACAULAY Duration. Dabei ist die Abweichung umso größer, je steiler die Renditestruktur verläuft und je länger die Restlaufzeit der betrachteten Zinsrisikoposition ist.

<u>zu 3.a):</u>

Im Unterschied zu den klassischen Durationsanalyseverfahren ist das Konzept der Key Rate Duration und das Basispoint Value-Verfahren in der Lage, die Marktwertkonsequenzen **komplexer**, d.h. paralleler **und** nicht-paralleler Veränderungen der Renditestruktur abzubilden. Die Marktwertsensitivität einer Zinsrisikoposition wird im Rahmen dieser Konzepte durch ein Set laufzeitspezifischer Sensitivitätskennzahlen (Key Rate Durationen, Basispoint Values) beschrieben. Jede dieser laufzeitspezifischen Sensitivitäten gibt dabei an, wie der Marktwert auf die Veränderung eines einzelnen Marktzinses reagiert. Während es sich im Falle der Key Rate Durationen dabei um prozentuale Marktwertänderungen handelt, sind die laufzeitspezifischen Basispoint Values Ausdruck der absoluten Marktwertänderung einer Zinsrisikoposition hinsichtlich der Veränderung einer einzelnen Zerobondrendite.

zu 3.b):

Key Rate Durationen und Basispoint Values können entweder analytisch bestimmt oder numerisch approximiert werden.

Im Gegensatz zur MACAULAY und Effective Duration ist eine analytische **Bestimmung der Key Rate Durationen** nur dann möglich, wenn das zeitliche Anfallen der Cash Flows einer Zinsrisikoposition mit den Laufzeiten der gewählten Key Rates übereinstimmt. Ist dies der Fall, dann ergeben sich die einzelnen Key Rate Durationen **analytisch** aus den partiellen Ableitungen der Barwertformel nach den laufzeitspezifischen Key Rates dividiert durch den aktuellen Marktwert und lassen sich nach folgender Formel berechnen:

$$KRD_t = -\frac{\frac{\partial M_0}{\partial KR_t}}{M_0}$$

$$= \frac{t \cdot CF_t \cdot (1 + KR_t)^{-t-1}}{M_0}$$

mit: KRD_t = laufzeitspezifische Key Rate Duration; M_0 = Marktwert im Zeitpunkt 0; CF_t = Cash Flow (Rückfluss) im Zeitpunkt t; KR_t = laufzeitspezifische Key Rate; t = Zeitindex

Für Zinsrisikopositionen, bei denen das zeitliche Anfallen der Cash Flows nicht mit den Laufzeiten der gewählten Key Rates übereinstimmt, lassen sich Key Rate Durationen vereinfachend **numerisch** approximieren. Unter Verwendung entsprechender Bewertungsmodelle sind hierbei zunächst die relativen Marktwertänderungen zu ermitteln, die sich für vorgegebene Veränderungen der einzelnen Key Rates (z.B. 0,10 %-Punkte) ceteris paribus ergeben. Zur Bewertung der Cash Flows, deren zeitlicher Anfall nicht mit der Laufzeit der jeweils gewählten Key Rates übereinstimmen, werden die relevanten Zinssätze bzw. deren Veränderung dabei durch lineare Interpolation bestimmt. Setzt man die sich ergebende Marktwertänderung anschließend in Relation zu den jeweils unterstellten Key Rate-Änderungen, dann erhält man die numerisch approximierten Key Rate Durationen. Für die numerische Berechnung der Key Rate Durationen einer Zinsrisikoposition gilt damit allgemein:

$$KRD_t = \frac{\frac{\Delta M_0}{M_0}}{\Delta KR_t}$$

mit: KRD_t = laufzeitspezifische Key Rate Duration; M_0 = Marktwert im Zeitpunkt 0; KR_t = laufzeitspezifische Key Rate; t = Zeitindex

Aufgrund der Division der relativen Marktwertänderung durch die unterstellte Key Rate-Änderung respektive der damit einhergehenden Annahme eines linearen Verlaufs zwischen Marktwert und Key Rate begeht man dabei – im Unterschied zur analytischen Key Rate Duration – bereits bei der Bestimmung der Key Rate Duration selbst einen Bewertungsfehler, der je nach Richtung und Ausmaß der unterstellten Key Rate-Änderung unterschiedlich hoch ausfällt.

Bei der **Ermittlung laufzeitspezifischer Basispoint Values** wird grundsätzlich nach den gleichen Prinzipien verfahren wie bei der Berechnung von Key Rate Durationen. **Analytisch** ergeben sich laufzeitspezifische Basispoint Values aus den partiellen Ableitungen der Barwertformel nach den laufzeitspezifischen Zerobondrenditen sowie anschließender Multiplikation mit einem Basispunkt und können nach folgender Formel ermittelt werden:

$$BPV_t = -\frac{\partial M_0}{\partial ZBR_t} \cdot 1BP$$

$$= t \cdot CF_t \cdot (1 + ZBR_t)^{-t-1} \cdot 1\,BP$$

mit: BPV_t = laufzeitspezifischer Basispoint Value; M_0 = Marktwert im Zeitpunkt 0; CF_t = Cash Flow (Rückfluss) im Zeitpunkt t; ZBR_t = laufzeitspezifische Zerobondrendite; t = Zeitindex; BP = Basispunkt

Numerisch werden die Basispoint Values approximiert, indem unter Verwendung entsprechender Bewertungsmodelle zunächst die absoluten Marktwertänderungen zu ermitteln sind, die sich für vorgegebene Veränderungen der einzelnen Zerobondrenditen, z.B. 1 Basispunkt, ceteris paribus ergeben. Setzt man diese anschließend in Relation zu den jeweils unterstellten Änderungen der Zerobondrenditen, dann erhält man die numerisch approximierten laufzeitspezifischen Basispoint Values. Für die Berechnung gilt allgemein:

$$BPV_t = -\frac{\Delta M_0}{\Delta ZBR_t (\text{in BP})}$$

mit: BPV_t = laufzeitspezifischer Basispoint Value; M_0 = Marktwert im Zeitpunkt 0; ZBR_t = laufzeitspezifische Zerobondrendite; t = Zeitindex; BP = Basispunkt

zu 3.c):

Für die betrachtete 6 %-ige Zinsrisikoposition mit 3 Jahren Restlaufzeit ergeben sich analytisch die folgenden **Key Rate Durationen**:

$$KRD_1 = \frac{1 \cdot 60.000\,GE \cdot (1{,}04)^{-2}}{1.000.000\,GE} = 0{,}055473$$

$$KRD_2 = \frac{2 \cdot 60.000\,GE \cdot (1{,}05025273)^{-3}}{1.000.000\,GE} = 0{,}103586$$

$$KRD_3 = \frac{3 \cdot 1.060.000\,GE \cdot (1{,}06082918)^{-4}}{1.000.000\,GE} = 2{,}510992$$

Interpretation:

Bei einer Schwankung der 1-Jahres-Key Rate um 1,0 %-Punkt verändert sich der Marktwert der 6 %-igen Zinsrisikoposition näherungsweise um **0,055473 %-Punkte**. Bei entsprechenden Änderungen der 2- und 3-Jahres-Key Rates schwankt der Marktwert um **0,103586 %-Punkte** bzw. **2,510992 %-Punkte**.

Für die betrachtete 6 %-ige Zinsrisikoposition resultieren analytisch die folgenden **laufzeitspezifischen Basispoint Values**:

$$BPV_1 = 1 \cdot 60.000\,GE \cdot (1{,}04)^{-2} \cdot 0{,}0001 = 5{,}55\,GE/BP$$

$$BPV_2 = 2 \cdot 60.000\,GE \cdot (1{,}05025273)^{-3} \cdot 0{,}0001 = 10{,}36\,GE/BP$$

$$BPV_3 = 3 \cdot 1.060.000\,GE \cdot (1{,}06082918)^{-4} \cdot 0{,}0001 = 251{,}10\,GE/BP$$

Interpretation:

Bei einer Veränderung der 1-jährigen Zerobondrendite um 1 Basispunkt, schwankt der Marktwert der 6 %-igen Zinsrisikoposition approximativ um **5,55 GE**, bei entsprechenden Schwankungen der 2- und 3-Jahres-Zerobondrenditen jeweils um **10,36 GE** bzw. **251,10 GE**.

zu 4.a):

Gemäß der standardisierten Vorgehensweise im Risikomodell **RiskMaster®** sind zur indirekten Quantifizierung von Marktwertrisiken mit Hilfe laufzeitspezifischer Basispoint Values zunächst die stetigen Veränderungsraten der **Zerobondrenditen als Risikoparameter** zu definieren.

In einem zweiten Schritt sind die **Standardabweichungen** (STD) **der Risikoparameter** zu bestimmen. Unter der Annahme, die stetigen Veränderungsraten der Zerobondrenditen verhielten sich in der Zukunft genauso wie in der Vergangenheit, können diese statistischen Größen aus historischen Zerobondrenditezeitreihen ermittelt und für Prognosezwecke verwendet werden.

Aus der Multiplikation der Standardabweichung (STD) der stetigen Veränderungsrate einer Zerobondrendite (ZBR_t) mit dem Z-Wert ergibt sich im Anschluss daran die sogenannte **Risikomesszahl** (RMZ). Da das Risiko einer Long-Position in der Gefahr steigender Zinsen (positiver Risikoparameter) besteht, bestimmt sich die Risikomesszahl aus der Multiplikation des positiven Z-Werts mit der Standardabweichung. Bei Short-Positionen (zukünftigen Mittelabflüssen) besteht das Risiko in der Gefahr sinkender Zinsen, so dass sich die Risikomesszahl aus der Multiplikation des negativen Z-Werts mit der Standardabweichung ergibt.
Durch Potenzierung der Eulerschen Zahl e mit der ermittelten Risikomesszahl und anschließender Subtraktion von 1 resultiert der **Risikofaktor** (RF). Da die laufzeitspezifischen Basispoint Values Ausdruck der absoluten Marktwertänderung einer Zinsrisikoposition hinsichtlich der Veränderung einer einzelnen Zerobondrendite um einen Basispunkt darstellt, ist die maximale Veränderung der Zerobondrendite in Basispunkten zu kalkulieren. Aus der Multiplikation des Risikofaktors mit der in Basispunkten ausgedrückten Zerobondrendite, ergibt sich die maximale Änderung der Zerobondrendite (in Basispunkten) unter Berücksichtigung des zugrundegelegten Sicherheitsniveaus. Anschließend kann die multiplikative Verknüpfung der kalkulierten, maximalen Referenzzinsänderung in Basispunkten mit den laufzeitspezifischen Basispoint Values (BPV_t) vorgenommen werden, welche den **Value at Risk eines Single Cash Flows** (VaR_t^{BPV}) darstellt. Als Gleichungen ergeben sich:

(1) $RMZ_t^{ZBR} = STD_t^{ZBR} \cdot Z\text{-}Wert$

(2) $RF_t^{ZBR} = e^{RMZ_t^{ZBR}} - 1$

(3) $BPV_t = t \cdot CF_t \cdot (1 + ZBR_t)^{-t-1} \cdot 1\,BP$

(4) $VaR_t^{BPV} = BPV_t \cdot RF_t^{ZBR} \cdot ZBR_t (in\ BP)$

Um Aussagen über das **Marktwertrisiko einer aus mehreren,** zu unterschiedlichen Zeitpunkten anfallenden **Single Cash Flows bestehenden Zinsrisikopositionen (Produkt Cash Flow)** treffen zu können, müssen neben den isolierten Marktwertrisiken der einzelnen Single Cash Flows zusätzlich auch die paarweisen **Korrelationen** der Risikoparameter bekannt sein. Da die Korrelationskoeffizienten i.d.R. Werte zwischen - 1 und + 1 annehmen, d.h. zwischen den einzelnen Zahlungen risikokompensierende Effekte bestehen, bestimmt sich der Value at Risk einer aus mehreren Single Cash Flows bestehenden Zinsrisikoposition VaR_{Gesamt}^{BPV} allgemein nach folgender Formel:

$$VaR_{Gesamt}^{BPV} = \sqrt{\begin{bmatrix} VaR_1^{BPV} & VaR_2^{BPV} & \dots & VaR_t^{BPV} \end{bmatrix} \cdot \begin{bmatrix} 1 & KOR(ZBR_1, ZBR_2) & \dots & KOR(ZBR_1, ZBR_t) \\ KOR(ZBR_2, ZBR_1) & 1 & \dots & KOR(ZBR_2, ZBR_t) \\ \dots & \dots & \dots & \dots \\ KOR(ZBR_t, ZBR_1) & KOR(ZBR_t, ZBR_2) & \dots & 1 \end{bmatrix} \cdot \begin{bmatrix} VaR_1^{BPV} \\ VaR_2^{BPV} \\ \dots \\ VaR_t^{BPV} \end{bmatrix}}$$

Zur **Risikoquantifizierung der sich aus mehreren Zinsrisikopositionen zusammensetzenden Super Cash Flows** sind zunächst laufzeitspezifische Basispoint Values für auf 1 GE normierte Cash Flows zu bestimmen. Jeder dieser normierten Basispoint Values gibt an, wie sich der Marktwert einer zu einem bestimmten Zeitpunkt in der Zukunft anfallenden Zahlung in Höhe 1 GE verändert, wenn sich die entsprechende laufzeitkongruente Zerobondrendite um einen Basispunkt verändert und kann anhand der mit der Renditeänderung korrespondieren Veränderung der Zerobond-Abzinsfaktoren abgelesen werden. Mit Hilfe dieser laufzeitspezifischen normierten Basispoint Values lassen sich dann Basispoint Values für entsprechende Cash Flows gleicher Laufzeit bestimmen. Dadurch müssen nicht alle Basispoint Values gleicher Laufzeit neu ermittelt werden, da diese sich aus den normierten Basispoint Values ableiten lassen.

Die Super Cash Flow-orientierte Quantifizierung des Marktwertrisikos kann damit grundsätzlich anhand obiger Formel zur produktspezifischen Risikoberechnung erfolgen. Zu beachten ist dabei allerdings, dass das Risiko für ein aus aktivischen und passivischen Zinsrisikopositionen bestehendes Portfolio i.d.R. sowohl in der Gefahr sinkender als auch in der Gefahr steigender Zinsen besteht. Der Gegenläufigkeit der Long- und Short-Positionen ist dabei jeweils entweder über die Vorzeichen der Super Cash Flows bei der Aufstellung der Vektoren oder über veränderte Vorzeichen der relevanten Korrelationskoeffizienten Rechnung zu tragen.

Aufgrund der fehlenden Linearität des natürlichen Logarithmus und der daraus folgenden Abweichung der Wertänderung, die sich bei einer negativen Risikomesszahl ergibt, von derjenigen, die bei einer positiven Risikomesszahl resultiert, muss im Falle eines Portfolios bestehend aus Long- und Short-Positionen das Marktwertrisiko der Gesamtposition sowohl in Abhängigkeit eines Zinsanstiegs als auch in Abhängigkeit einer Zinssenkung bestimmt werden. Aus Vorsichtsgründen ist dann der größere der beiden Risikowerte als Value at Risk zu betrachten.

zu 4.b):

Zur **Single Cash Flow-spezifischen Risikoberechnung** sei der in einem Jahr aus der 6 %-igen Zinsrisikoposition erwartete Single Cash Flow in Höhe von 60.000 GE betrachtet. Für diesen Cash Flow errechnet sich folgendes Marktwertrisiko:

(1) $RMZ_1^{ZBR} = STD_1^{ZBR} \cdot Z\text{-}Wert = 3{,}681900\,\% \cdot 3 = 11{,}045700\,\%$

(2) $RF_1^{ZBR} = e^{RMZ_1^{ZBR}} - 1 = e^{11{,}045700\,\%} - 1 = 11{,}678833\,\%$

(3) $BPV_1 = 1 \cdot CF_1 \cdot (1 + ZBR_1)^{-2} \cdot 1\,BP = 60.000\,GE \cdot (1{,}04)^{-2} \cdot 0{,}0001 = 5{,}55\,GE/BP$

(4) $VaR_1^{BPV} = BPV_1 \cdot RF_1^{ZBR} \cdot ZBR_1\,(\text{in BP})$

$= 5{,}55\,GE/BP \cdot 11{,}678833\,\% \cdot 400\,BP = 259{,}27\,GE$

Unter den getroffenen Annahmen errechnet sich ein Value at Risk in Höhe von **259,27 GE**. Dieser Wert bedeutet, dass der Marktwert der in einem Jahr erwarteten Zahlung in Höhe von 60.000 GE innerhalb einer Woche mit einer Wahrscheinlichkeit von weniger als 0,13 % (Z-Wert von 3 entspricht Konfidenzniveau von 99,87 %) um mehr als 259,27 GE sinkt.

Auf diese Weise lässt sich für jeden Single Cash Flow das entsprechende Verlustrisiko bestimmen. Für die in zwei und drei Jahren erwarteten Single Cash Flows ergeben sich auf die jeweiligen Risikoparameter bezogene Verluste in Höhe von:

$VaR_2^{BPV} = 10{,}36\,GE/BP \cdot 12{,}468782\,\% \cdot 502{,}5273\,BP = 649{,}15\,GE$

$VaR_3^{BPV} = 251{,}10\,GE/BP \cdot 12{,}742312\,\% \cdot 608{,}2918\,BP = 19.462{,}87\,GE$

Der Marktwert der in zwei (drei) Jahren erwarteten Zahlung in Höhe von 60.000 GE (1.060.000 GE) sinkt innerhalb einer Woche mit einer Wahrscheinlichkeit von weniger als 0,13 % um mehr als **649,15 GE (19.462,87 GE)**.

Unter Berücksichtigung der paarweisen Korrelationen zwischen den stetigen Veränderungsraten der 1-, 2- und 3-Jahres-Zerobondrenditen, errechnet sich der **Value at Risk der gesamten Zinsrisikoposition** zu:

$$\text{VaR}_{\text{Gesamt}}^{\text{BPV}} = \sqrt{\begin{bmatrix} 5{,}55\,\text{GE/BP} \cdot 400\,\text{BP} \cdot (e^{+11{,}045700\,\%} - 1) & 10{,}36\,\text{GE} \cdot 502{,}53\,\text{BP} \cdot (e^{+11{,}750550\,\%} - 1) & 251{,}10\,\text{GE/BP} \cdot 608{,}29\,\text{BP} \cdot (e^{+11{,}993460\,\%} - 1) \end{bmatrix} \cdot \begin{bmatrix} 1 & 0{,}583420 & 0{,}517580 \\ 0{,}583420 & 1 & 0{,}625835 \\ 0{,}517580 & 0{,}625835 & 1 \end{bmatrix} \cdot \begin{bmatrix} 5{,}55\,\text{GE/BP} \cdot 400\,\text{BP} \cdot (e^{+11{,}045700\,\%} - 1) \\ 10{,}36\,\text{GE/BP} \cdot 502{,}53\,\text{BP} \cdot (e^{+11{,}750550\,\%} - 1) \\ 251{,}10\,\text{GE/BP} \cdot 608{,}29\,\text{BP} \cdot (e^{+11{,}993460\,\%} - 1) \end{bmatrix}}$$

beziehungsweise

$$\text{VaR}_{\text{Gesamt}}^{\text{BPV}} = \sqrt{\begin{aligned} & 259{,}27\,\text{GE}^2 + 649{,}15\,\text{GE}^2 + 19.462{,}87\,\text{GE}^2 \\ & + 2 \cdot 0{,}583420 \cdot 259{,}27\,\text{GE} \cdot 649{,}15\,\text{GE} \\ & + 2 \cdot 0{,}517580 \cdot 259{,}27\,\text{GE} \cdot 19.462{,}87\,\text{GE} \\ & + 2 \cdot 0{,}625835 \cdot 649{,}15\,\text{GE} \cdot 19.462{,}87\,\text{GE} \end{aligned}} = 20.013{,}14\,\text{GE}$$

Der Marktwert der 6 %-igen Zinsrisikoposition sinkt innerhalb einer Woche mit einer Wahrscheinlichkeit von weniger als 0,13 % um mehr als **20.013,14 GE**.

zu 4.c):

Bei perfekt positiv korrelierten Risikoparametern würde sich das zinsänderungsinduzierte Marktwertrisiko des betrachteten Wertpapiers aus der Addition der Verlustrisiken der einzelnen Single Cash Flows ergeben. Danach betrüge das Verlustrisiko der 6 %-igen Zinsrisikoposition **20.371,29 GE** (= 259,27 GE + 649,15 GE + 19.462,87 GE). Unter Berücksichtigung der paarweisen Korrelationen zwischen den stetigen Veränderungsraten der 1-, 2- und 3-Jahres-Zerobondrenditen beläuft sich der Value at Risk der 6 %-ige Zinsrisikoposition – wie obige Rechnung verdeutlicht – jedoch nur auf 20.013,14 **GE**. Der risikoreduzierende Effekt der Korrelation beträgt damit **358,15 GE**.

zu 5.a):

Im Rahmen der direkten Value at Risk-Bestimmung mittels Cash Flow-Neubewertung gemäß RiskMaster® fungiert als Risikoparameter im Unterschied zur indirekten Quantifizierung von Marktwertrisiken mittels BPV-Methode nicht die stetige Veränderungsrate der Zerobondrenditen, sondern die **stetige Veränderungsrate der Zerobond-Abzinsfaktoren**, deren Standardabweichung (STD) zu berechnen ist.

Für einen in der Zukunft erwarteten Mittelzufluss (Long Position) ergibt sich die **Risikomesszahl** (RMZ) sodann aus der Multiplikation des negativen Z-Wertes, bei einem zukünftigen Mittelabfluss (Short Position) des positiven Z-Wertes mit der Standardabweichung.

Der **Risikofaktor** (RF) berechnet sich analog aus der Potenzierung der Eulerschen Zahl e mit der ermittelten Risikomesszahl und Subtraktion von 1. Die multiplikative Verknüpfung von aktuellem Marktwert der Zahlung, im Rahmen des RiskMaster® als **Risikovolumen** (RV) bezeichnet, und laufzeitspezifischem Risikofaktor führt schließlich zum **Value at Risk eines Single Cash Flow** $VaR_t^{ZB\text{-}AF}$. Die beschriebene formale Vorgehensweise wird mit den nachfolgenden Gleichungen erfasst:

(1) $RMZ_t^{ZB\text{-}AF} = STD_t^{ZB\text{-}AF} \cdot Z\text{-}Wert$

(2) $RF_t^{ZB\text{-}AF} = e^{RMZ_t^{ZB\text{-}AF}} - 1$

(3) $RV_t^{ZB\text{-}AF} = CF_t \cdot ZB\text{-}AF_t$

(4) $VaR_t^{ZB\text{-}AF} = RV_t^{ZB\text{-}AF} \cdot RF_t^{ZB\text{-}AF}$

Unter Berücksichtigung der zwischen den stetigen Veränderungsraten der Zerobond-Abzinsfaktoren einzelner Laufzeiten bestehenden **Korrelationen** ergibt sich der **Value at Risk einer sich aus mehreren Single Cash Flows zusammensetzenden Zinsrisikoposition** $VaR_{Gesamt}^{ZB\text{-}AF}$ allgemein nach:

$$VaR_{Gesamt}^{ZB\text{-}AF} = \sqrt{\begin{bmatrix} VaR_1^{ZB\text{-}AF} & VaR_2^{ZB\text{-}AF} & \ldots & VaR_t^{ZB\text{-}AF} \end{bmatrix} \cdot \begin{bmatrix} 1 & KOR(ZB\text{-}AF_1, ZB\text{-}AF_2) & \ldots & KOR(ZB\text{-}AF_1, ZB\text{-}AF_t) \\ KOR(ZB\text{-}AF_2, ZB\text{-}AF_1) & 1 & \ldots & KOR(ZB\text{-}AF_2, ZB\text{-}AF_t) \\ \ldots & \ldots & \ldots & \ldots \\ KOR(ZB\text{-}AF_t, ZB\text{-}AF_1) & KOR(ZB\text{-}AF_t, ZB\text{-}AF_2) & \ldots & 1 \end{bmatrix} \cdot \begin{bmatrix} VaR_1^{ZB\text{-}AF} \\ VaR_2^{ZB\text{-}AF} \\ \ldots \\ VaR_t^{ZB\text{-}AF} \end{bmatrix}}$$

Auch die **Super Cash Flow-orientierte Quantifizierung des Marktwertrisikos** kann anhand vorstehender Formel erfolgen. Hierzu sind lediglich anstelle einzelner Single Cash Flows die zu Super Cash Flows aggregierten laufzeitgleichen Zahlungen, der zu berücksichtigenden Geschäfte, der Berechnung des Risikovolumens zugrundezulegen. Der Gegenläufigkeit von Mittelzu- und -abflüssen ist wiederum entweder über die Vorzeichen der Super Cash Flows bei der Aufstellung der Vektoren oder über veränderte Vorzeichen der relevanten Korrelationskoeffizienten Rechnung zu tragen. Das Marktwertrisiko der Gesamtposition muss sowohl in Abhängigkeit eines Anstiegs als auch in Abhängigkeit einer Senkung der relevanten Zerobond-Abzinsfaktoren bestimmt werden. Aus Vorsichtsgründen ist dann wiederum der größere der beiden Risikowerte als Value at Risk zu betrachten.

zu 5.b):

Anstelle der stetigen wöchentlichen Veränderungsraten der Zerobondrenditen werden im folgenden die aus den Zeitreihen der 1-, 2- und 3-Jahres-Zerobondrenditen ermittelbaren stetigen wöchentlichen Veränderungsraten der Zerobond-Abzinsfaktoren als Risikoparameter zugrundegelegt. Die des weiteren benötigten aktuellen Zerobond-Abzinsfaktoren können aus den aktuellen Zerobondrenditen abgeleitet werden. In Abhängigkeit der Laufzeit resultieren die folgenden Werte:

- 1-jähriger Zerobond-Abzinsfaktor: 0,961539
- 2-jähriger Zerobond-Abzinsfaktor: 0,906593
- 3-jähriger Zerobond-Abzinsfaktor: 0,837652

Die **Single Cash Flow-spezifische Risikoberechnung** sei wiederum anhand des in einem Jahr erwarteten Single Cash Flows in Höhe von 60.000 GE betrachtet. Für diesen ergibt sich folgendes Marktwertrisiko:

$$(1)\quad RMZ_1^{ZB\text{-}AF} = STD_1^{ZB\text{-}AF} \cdot Z\text{-}Wert = 0{,}182164\,\% \cdot (-3) = -0{,}546492\,\%$$

$$(2)\quad RF_1^{ZB\text{-}AF} = e^{RMZ_1^{ZB\text{-}AF}} - 1 = e^{-0{,}546492\,\%} - 1 = -0{,}545001\,\%$$

$$(3)\quad RV_1^{ZB\text{-}AF} = CF_1 \cdot ZB\text{-}AF_1 = 60.000\,GE \cdot 0{,}961539 = 57.692{,}34\,GE$$

$$(4)\quad Var_1^{ZB\text{-}AF} = RV_1^{ZB\text{-}AF} \cdot RF_1^{ZB\text{-}AF} = 57.692{,}34\,GE \cdot (-0{,}545001\,\%) = -314{,}42\,GE$$

Unter den getroffenen Annahmen errechnet sich ein VaR in Höhe von **314,42 GE**. Dieser Wert bedeutet, dass der Marktwert der in einem Jahr erwarteten Zahlung in Höhe von 60.000 GE innerhalb einer Woche mit einer Wahrscheinlichkeit von weniger als 0,13 % um mehr als 314,42 GE sinkt. Auf diese Weise lässt sich für jeden Single Cash Flow das entsprechende Verlustrisiko bestimmen. Für die in zwei und drei Jahren erwarteten Single Cash Flows ergeben sich auf die jeweiligen Risikoparameter bezogene Verluste in Höhe von:

$$VaR_2^{ZB\text{-}AF} = RV_2^{ZB\text{-}AF} \cdot RF_2^{ZB\text{-}AF} = 54.395{,}58\,GE \cdot (-0{,}988294\,\%) = -537{,}59\,GE$$

$$VaR_3^{ZB\text{-}AF} = RV_3^{ZB\text{-}AF} \cdot RF_3^{ZB\text{-}AF} = 887.911{,}12\,GE \cdot (-2{,}15354\,\%) = -19.121{,}52\,GE$$

Der Marktwert der in zwei (drei) Jahren erwarteten Zahlung in Höhe von 60.000 GE (1.060.000 GE) sinkt innerhalb einer Woche mit einer Wahrscheinlichkeit von weniger als 0,13 % um mehr als **537,59 GE (19.121,52 GE)**.

Werden die paarweisen Korrelationen zwischen den stetigen Veränderungsraten der 1-, 2- und 3-Jahres-Zerobond-Abzinsfaktoren berücksichtigt, errechnet sich das **Verlustrisiko der gesamten Zinsrisikoposition** zu:

$$VaR_{Gesamt}^{ZB\text{-}AF} = \sqrt{\begin{bmatrix} 60.000\,GE \cdot 0{,}961539 \cdot (e^{-0{,}546492\,\%} - 1) & 60.000\,GE \cdot 0{,}906593 \cdot (e^{-0{,}993210\,\%} - 1) & 1.060.000\,GE \cdot 0{,}837652 \cdot (e^{-2{,}177067\,\%} - 1) \end{bmatrix} \cdot \begin{bmatrix} 1 & 0{,}635147 & 0{,}555264 \\ 0{,}635147 & 1 & 0{,}804361 \\ 0{,}555264 & 0{,}804361 & 1 \end{bmatrix} \cdot \begin{bmatrix} 60.000\,GE \cdot 0{,}961539 \cdot (e^{-0{,}546492\,\%} - 1) \\ 60.000\,GE \cdot 0{,}906593 \cdot (e^{-0{,}993210\,\%} - 1) \\ 1.060.000\,GE \cdot 0{,}837652 \cdot (e^{-2{,}177067\%} - 1) \end{bmatrix}}$$

beziehungsweise

$$\text{VaR}^{\text{ZB-AF}}_{\text{Gesamt}} = \sqrt{\begin{aligned} & 314{,}42\,\text{GE}^2 + 537{,}59\,\text{GE}^2 + 19.121{,}52\,\text{GE}^2 \\ & + 2 \cdot 0{,}635147 \cdot 314{,}42\,\text{GE} \cdot 537{,}59\,\text{GE} \\ & + 2 \cdot 0{,}555264 \cdot 314{,}42\,\text{GE} \cdot 19.121{,}52\,\text{GE} \\ & + 2 \cdot 0{,}804361 \cdot 537{,}59\,\text{GE} \cdot 19.121{,}52\,\text{GE} \end{aligned}} = 19.734{,}46\,\text{GE}$$

Der Marktwert der 6 %-igen Zinsrisikoposition sinkt innerhalb einer Woche mit einer Wahrscheinlichkeit von weniger als 0,13 % um mehr als **19.734,46 GE**.

Aufgrund der bestehenden Korrelationen zwischen den einzelnen Zerobond-Abzinsfaktoren von kleiner 1 entspricht der Value at Risk der Zinsrisikoposition nicht der Summe der Verlustrisiken der einzelnen Single Cash Flows, sondern fällt um **239,07 GE** geringer aus.

<u>Fallstudie 41:</u> **Integrierte Rendite-/Risikosteuerung des Zinsbuchs**

Vor dem Hintergrund der gravierenden Veränderungen im wirtschaftlichen Umfeld der Banken, die mit einer gewissen Verzögerung nun auch das Berner Oberland erreicht haben, hat die Geschäftsleitung der Regionalbank Zwischensee auf einer Strategiesitzung die Einführung einer konsequent an Rendite-/Risiko-Kriterien ausgerichteten Gesamtbanksteuerung beschlossen. In einem Konzeptpapier wurden die wichtigsten Prinzipien dieser neuen Ausrichtung festgehalten. Grundsätzlich ist die Gesamtbanksteuerung – ganz im Sinne der Wertorientierten Unternehmensführung – auf die Steigerung des Netto-Unternehmenswertes der Bank ausgerichtet, d.h. dass sämtliche Unternehmensbereiche über Barwertgrößen gesteuert werden, woraus sich der jeweilige Beitrag des Bereiches zur Steigerung des Reinvermögens ableiten lässt.

Da im Bereich Marktpreisrisikosteuerung weder das erforderliche Know How noch ausreichende Kapazitäten vorhanden sind, wird beschlossen, mit der Implementierung des Instrumentariums zur barwertigen Zinsbuchsteuerung eine Consulting-Unternehmung zu beauftragen. Die auf das Gedankengut des Ertragsorientierten Bankmanagements spezialisierte Unternehmensberatung R&S interessiert sich für den Auftrag und wird zu einer Präsentation eingeladen.

Versetzen Sie sich in die Lage eines Consultants von R&S und bereiten Sie die Präsentation vor! Damit die Ausführungen nicht allzu abstrakt sind, integrieren Sie in ihren Vortrag die aktuellen Daten zum Zinsbuch der Regionalbank Zwischensee, die ihnen freundlicherweise zur Verfügung gestellt wurden.

Mit dem entsprechenden EDV-Programm sind bereits sämtliche, per 31.10.2005 ausstehenden, zinsänderungsrisikorelevanten Zahlungsströme der Regionalbank Zwischensee erfasst worden. Zinsänderungsrisikorelevant sind alle zinsabhängigen Zahlungsströme, die bei Veränderung der Marktzinsen zu Barwertveränderungen führen. Während die Zahlungsströme von Festzinsgeschäften einfach in die Cash Flow-Aufstellung übernommen werden können, sind bei variabel verzinslichen Geschäften und Derivaten durch Duplikation beziehungsweise Zerlegung die Festzinspositionen erst zu identifizieren. Die bis zum 31.12.2015 ausstehenden Cash Flows wurden jährlich zum Periodenende zusammengefasst. Des weiteren erfolgte bereits die Saldierung von Cash In- und Outflows. Abbildung 41.1 stellt das Netto-Cash Flow-Profil des Zinsbuches graphisch dar.

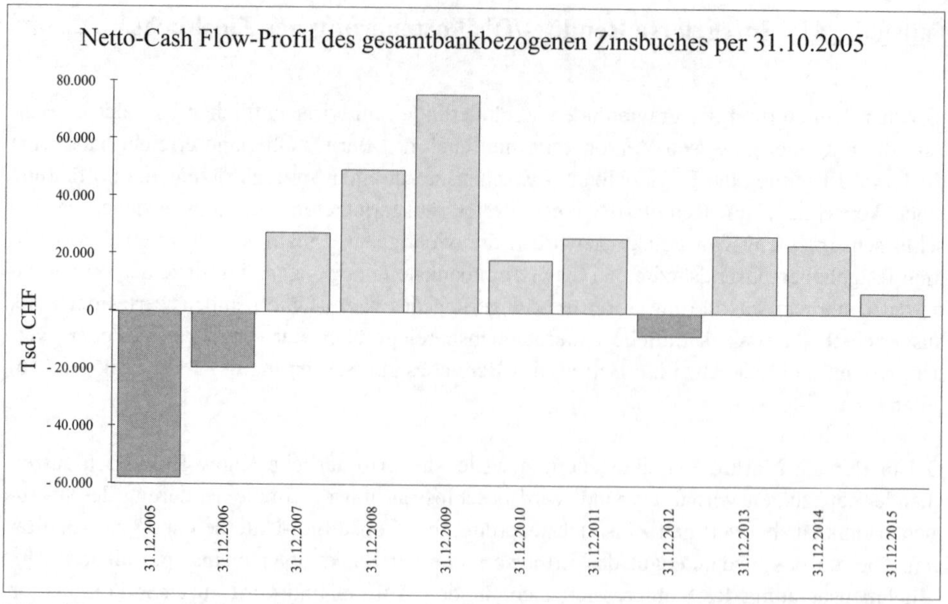

Abb. 41.1: Netto-Cash Flow-Profil für das gesamte Zinsbuch am Bewertungstag 31.10.2005

1. Erklären Sie anhand von Abbildung 41.1 allgemein, wie sich Zinsänderungen auf den Barwert (bzw. Marktwert) des Zinsbuches auswirken!

Abbildung 41.2 gibt – leider unvollständig – die aktuelle, aus den Cash Flows pro Position abgeleitete Barwertbilanz per 31.10.2005 der Regionalbank Zwischensee wieder. Die Barwerte pro Position ergeben sich aus der Abzinsung der jeweils pro Position ausstehenden, zinsänderungsrisikorelevanten Zahlungsströme mit den aktuellen Zinsen.

Zinsgebundene Aktiva	Barwert	Zinsgebundene Passiva	Barwert
Eigengeschäfte festverzinslich	537.256	Eigengeschäfte festverzinslich	0
Kundengeschäfte festverzinslich	437.667	Kundengeschäfte festverzinslich	607.833
Eigengeschäfte variabel	126.802	Eigengeschäfte variabel	50.153
Kundengeschäfte variabel	164.007	Kundengeschäfte variabel	483.926
Summe		Summe	

Abb. 41.2: Beispiel: Barwertbilanz am Bewertungstag 31.10.2005 (Beträge in Tsd. CHF)

2. Berechnen Sie aus den gegebenen Daten den aktuellen Barwert des Zinsbuches!

Im folgenden werden vier Zinsszenarien für den Simulationsstichtag 31.12.2006 unterstellt (vgl. Abb. 41.3). Zunächst wird angenommen, dass die Zinsstrukturkurve auch am 31.12.2006 das gleiche Niveau wie am 31.10.2005 aufweist. Des weiteren werden die aus der aktuellen Zinsstrukturkurve vom 31.10.2005 abgeleiteten Forward Rates als Zinsszenario angenommen. Schließlich wird jeweils ein Parallelshift um + 100 Basispunkte (BP) und um - 100 BP unterstellt.

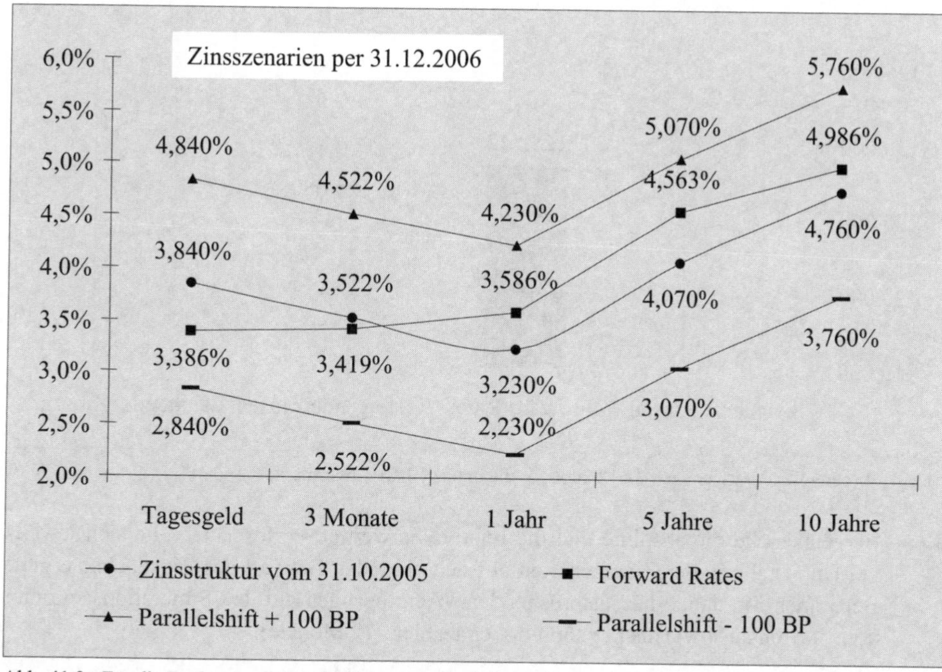

Abb. 41.3: Für die Performance-Simulation unterstellte Zinsszenarien per 31.12.2006

In Abbildung 41.4 sind die sich bei Anwendung der verschiedenen Zinsszenarien ergebenden Barwerte des Zinsbuches am Simulationsstichtag 31.12.2006 zusammengestellt. Dabei sind die Barwerte bereits um die Konditionsbeitrags-Barwerte des Neugeschäfts bereinigt. Es wird angenommen, dass während des Simulationszeitraumes auslaufende Zahlungsströme zu den aus den aktuellen Zinsen ableitbaren Forward Rates angelegt werden.

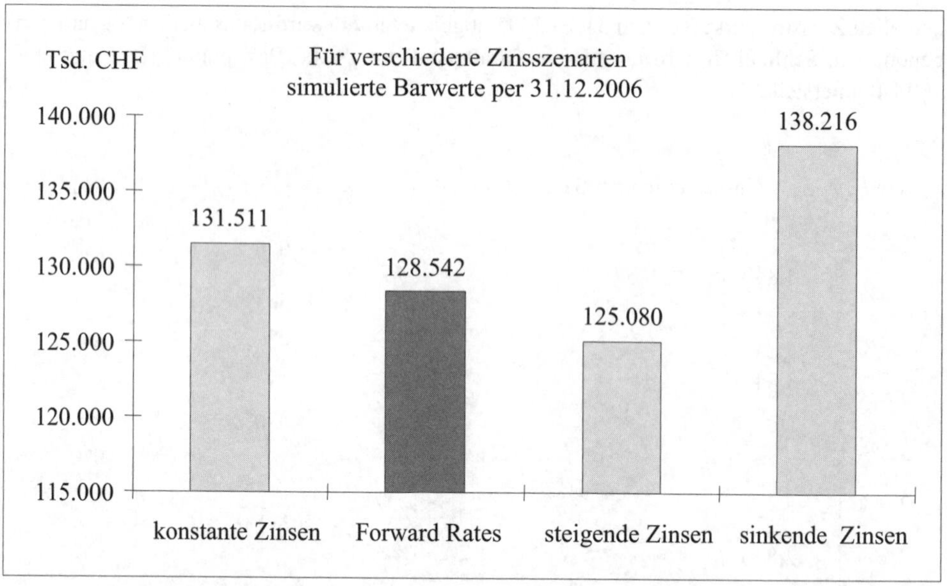

Abb. 41.4: Simulierte Barwerte per 31.12.2006 für die unterstellten Zinsszenarien

3. a) Berechnen Sie die absolute und die relative barwertige Performance, die sich jeweils bei Unterstellung der Zinsszenarien auf den aktuellen Barwert des Zinsbuches ergibt! Berechnen Sie dabei die entsprechenden Werte bezogen auf den Simulationszeitraum von 14 Monate sowie als per annum-Kennzahlen (12 Monate)!

   b) Erklären Sie, warum die Performance bei unterstellter Zinssteigerung und Zinssenkung extrem unterschiedlich ausfällt, obwohl in beiden Szenarien die gleiche Veränderung der aktuellen Zinsstrukturkurve um 100 Basispunkte unterstellt wird!

Zur Analyse des Risikostatus des Zinsbuches der Regionalbank Zwischensee werden die folgenden Daten durch das EDV-Programm ausgewiesen (vgl. Abb. 41.5).

	Value at Risk
Zinsbuch insgesamt	1.917 Tsd. CHF (95 %, Haltedauer: 10 Handelstage)
Festzinspositionen	4.767 Tsd. CHF (95 %, Haltedauer: 10 Handelstage)
Eigengeschäfte	1.490 Tsd. CHF (99 %, Haltedauer: 1 Handelstag)

Abb. 41.5: Informationen zum Risikostatus des Zinsbuches der Regionalbank Zwischensee per 31.10.2005

4. a) Wie hoch ist die relative Hedge-Wirkung der variablen Positionen auf den Value at Risk des gesamten Zinsbuches?

   b) Wie ist das (vergleichbare) Risiko des Eigengeschäftes im Vergleich zum Risiko des gesamten Zinsbuches einzuschätzen?

5. Führen Sie die in Teilaufgabe 3.a) berechnete Performance für das Zinsbuch bei Annahme konstanter Zinsen am Simulationsstichtag 31.12.2006 mit den Informationen zum aktuellen Risiko des Zinsbuches zu einer risikoadjustierten Performance-Kennziffer zusammen! Berechnen Sie diese sowohl mit den Werten, die sich auf den Analysezeitraum (292 Handelstage) beziehen, als auch als per annum-Kennzahl (250 Handelstage)!

Im folgenden soll aufgezeigt werden, wie sich aus der aktuellen Situation in Verbindung mit einer angenommenen Zinsentwicklung – hier: Zinsszenario konstante Zinsen – Steuerungsmaßnahmen für das Zinsbuch ableiten lassen.

6. Erläutern Sie zunächst die verschiedenen Steuerungsphilosophien, die der aktiven und der passiven Strategie zur Steuerung des Erfolgs aus dem Zinsbuch zugrunde liegen! Wie lassen sich diese unterschiedlichen Steuerungsansätze miteinander kombinieren?

In der Annahme, dass langfristig die risikobereinigte Rendite des Marktes nicht geschlagen werden kann, wird als ein geeignetes Benchmark-Profil für die Bestimmung des Ziel-RORAC ein den Markt abbildendes Portfolio aus Schweizer Obligationen angenommen (vgl. Abb. 41.6).

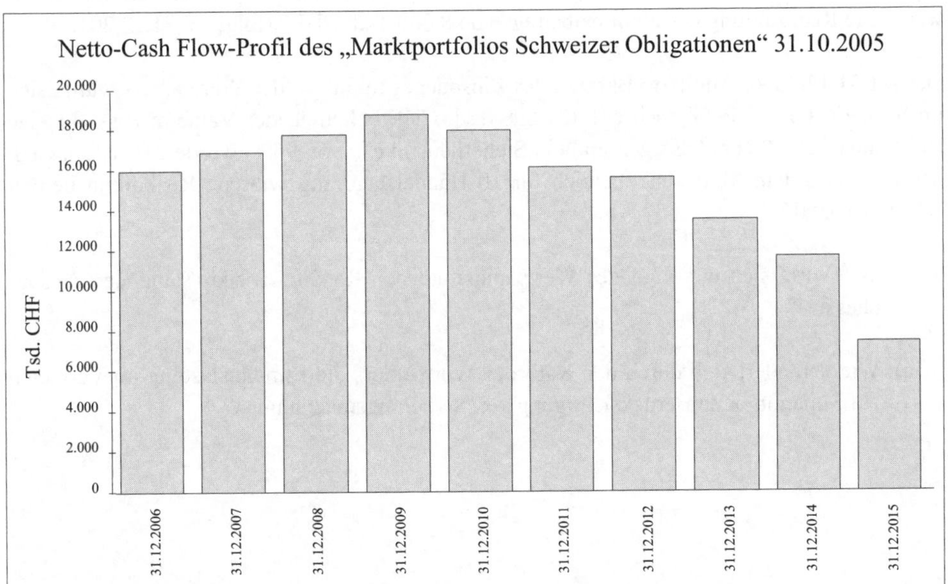

Abb. 41.6: Netto-Cash Flow-Profil des Portfolios „Marktportfolio Schweizer Obligationen" per 31.10.2005

Bei Investition des aktuellen Barwertes des Zinsbuches in das „Marktportfolio Schweizer Obligationen" ergeben sich für den Simulationszeitraum 31.10.2005 bis 31.12.2006 im Szenario konstanter Zinsen die in Abbildung 41.7 gegebenen Daten zur Performance und zum Risikostatus.

Barwert per 31.12.2006 im Szenario konstanter Zinsen	130.540 Tsd. CHF
Value at Risk (95 %, Haltedauer: 292 Handelstage)	6.621 Tsd. CHF

Abb. 41.7: Daten zur Performance und zum Risikostatus des Portfolios „Marktportfolio Schweizer Obligationen"

7. a) Wie ist das aktuelle Zinsbuch im Vergleich zum Benchmark-Portfolio „Marktportfolio Schweizer Obligationen" unter Rendite-/Risiko-Kriterien einzuschätzen?

   b) Welches Volumen ist in das „Marktportfolio Schweizer Obligationen" zu investieren, wenn das aktuelle Risiko des Zinsbuches beibehalten werden soll? Wie hoch ist die Performance (in Tsd. CHF) in diesem Fall?

   c) Warum ist es sinnvoll, die Umsetzung des Benchmark-Profils schrittweise vorzunehmen?

8. Erklären Sie verbal, wo die Ansatzpunkte liegen, um im Rahmen einer aktiven Steuerung die Performance des aktuellen Zinsbuches zu steigern?

Es wird vorgeschlagen, eine Obligation zu einem aktuellen Marktwert per 31.10.2005 in Höhe von 8.030 Tsd. CHF zu kaufen, die jährliche Couponzahlungen in Höhe von 4,4 % aufweist. Die Rückzahlung des Nominalbetrags von 8.000 Tsd. CHF erfolgt am 31.12.2012.

Der per 31.12.2006 simulierte Barwert des Zinsbuches inklusive des Wertpapiers würde sich im Szenario konstanter Zinsen auf 131.690 Tsd. CHF belaufen, der Value at Risk für eine Haltedauer von 10 Handelstagen und ein Sicherheitsniveau von 95 % würde 2.016 Tsd. CHF betragen. Das dem Marktrisikobereich für 10 Handelstage zugewiesene Risikolimit beträgt 2.100 Tsd. CHF.

9. a) Wie wirkt sich der Kauf des Wertpapiers auf den Rendite-/Risiko-Status des Zinsbuches aus?

   b) Wie verändert sich durch den Kauf des Wertpapiers die Limitauslastung im Vergleich zur Situation ohne Berücksichtigung von Steuerungsmaßnahmen?

Lösungsvorschlag zu Fallstudie 41:

zu 1.:

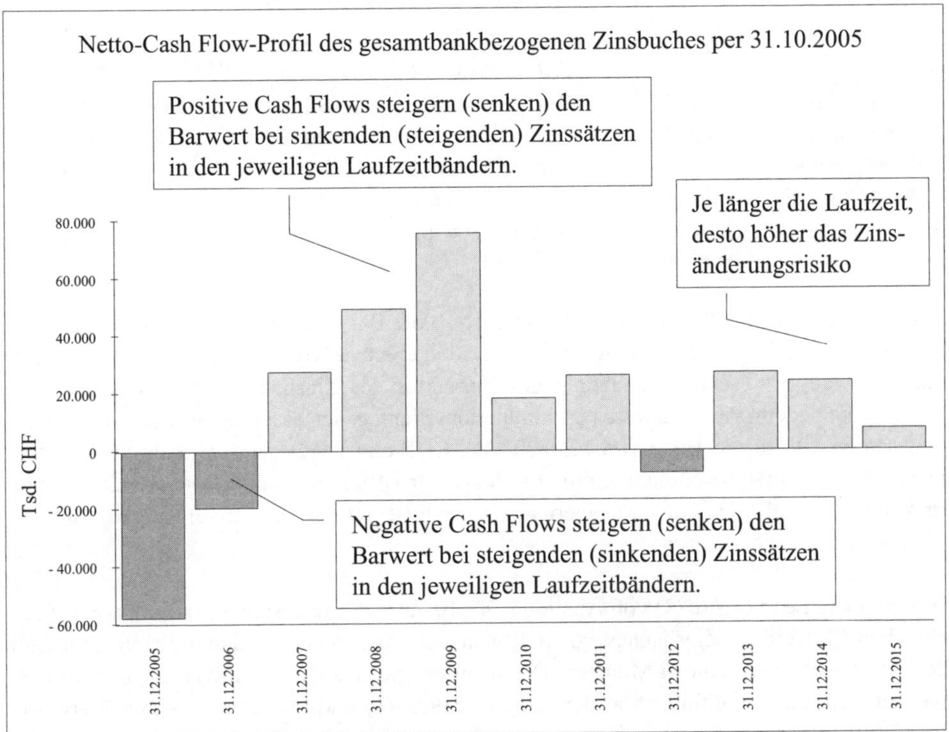

Abb. 41.8: Netto-Cash Flow-Profil für das gesamte Zinsbuch am Bewertungstag 31.10.2005 und die Auswirkungen von Zinsänderungen auf den Barwert des Zinsbuches

zu 2.:

Zinsgebundene Aktiva	Barwert	Zinsgebundene Passiva	Barwert
Eigengeschäfte festverzinslich	537.256	Eigengeschäfte festverzinslich	0
Kundengeschäfte festverzinslich	437.667	Kundengeschäfte festverzinslich	607.833
Eigengeschäfte variabel	126.802	Eigengeschäfte variabel	50.153
Kundengeschäfte variabel	164.007	Kundengeschäfte variabel	483.926
		Barwert des Zinsbuches	**123.820**
Summe	1.265.732	Summe	1.265.732

Abb. 41.9: Beispiel: Barwertbilanz am Bewertungstag 31.10.2005 (Beträge in Tsd. CHF)

zu 3.a):

Zinsszenario	Barwert per 31.12.2006	Barwertveränderung (14 Monate)	absolute Performance (14 Monate)	relative Performance (14 Monate)	absolute Performance p.a.	relative Performance p.a.
	(1)	(2) = (1) – 123.820 Tsd. CHF	(3) = (2) – 4.722 Tsd. CHF	(4) = (3) / 123.820 Tsd. CHF	(5) = (3) / 14 · 12	(6) = (5) / 123.820 Tsd. CHF
konstante Zinsen	131.511	7.691	2.969	2,398 %	2.545	2,055 %
Forward Rates	128.542	4.722	0	0,000 %	0	0,000 %
steigende Zinsen	125.080	1.260	- 3.462	- 2,796 %	- 2.967	- 2,396 %
sinkende Zinsen	138.216	14.396	9.674	7,813 %	8.292	6,697 %

Abb. 41.10: Performance-Simulation für den Zeitraum 31.10.2005 bis 31.12.2006 für die unterstellten Zinsszenarien (absolute Beträge in Tsd. CHF)

Während in der ersten Spalte von Abbildung 41.10 die Barwerte aufgeführt sind, die sich bei Eintritt des jeweiligen Zinsszenarios per 31.12.2006 ergeben (vgl. Abb. 41.4), resultiert die in Spalte (2) ausgewiesene Veränderung des Barwertes des Zinsbuches vom 31.10.2005 bis 31.12.2006, indem vom Barwert per Simulationsstichtag der aktuelle Barwert am Bewertungstag 31.10.2005 in Höhe von 123.820 Tsd. CHF abgezogen wird. Die absolute Performance für den Analysezeitraum ermittelt sich aus der Differenz von Barwertveränderung und risikolos zu erzielender Barwertsteigerung. Letztere ist mit der Barwertveränderung im Forward Rate-Szenario gegeben.

Bezieht man die in Spalte (3) von Abbildung 41.10 aufgeführte absolute Performance auf den aktuellen Barwert des Zinsbuches, so erhält man die entsprechende relative Erfolgsgröße für den Analysezeitraum von 14 Monaten. Die absolute und relative Performance per annum berechnet sich durch Multiplikation der in den Spalten (3) und (4) ausgewiesenen Werte mit dem Faktor 12 Monate / 14 Monate.

zu 3.b):

Entscheidend für die Performance aus den beiden Zinsszenarien mit symmetrischem Parallelshift sind die Spreads der Zinsen zu den Forward Rates, welche zu einer Performance von null führt. Vergleicht man in Abbildung 41.3 die Zinsstrukturkurve des Forward Rate-Szenarios mit den Zinsstrukturkurven, die sich aus dem Parallelshift der aktuellen Zinsstruktur ergeben, so zeigt sich, dass im längeren Laufzeitbereich die Abstände zwischen Forward Rates und Zinsen bei gestiegenem Zinsniveau wesentlich geringer sind als die zu den Zinsen bei gesunkenem Zinsniveau. Hier liegt genau die Ursache dafür, dass die vorliegenden aktivischen Überhänge im Netto-Cash Flow-Profil (vgl. Abbildung 41.1 bzw. 41.8) eine höhere positive Performance-Wirkung aufweisen als die negative Performance-Wirkung, die sich beim steigenden Zinsniveau einstellt. Würde man den symmetrischen Parallelshift auf die Zinsstrukturkurve der Forward Rates beziehen, so ergäbe sich eine symmetrische Performance-Entwicklung.

zu 4.a):

Für das Teilportfolio der Festzinspositionen beträgt der Value at Risk bei einem Sicherheitsniveau von 95 % für eine Haltedauer von 10 Handelstagen 4.767 Tsd. CHF. Den gleichen Value at Risk würde das gesamte Zinsbuch aufweisen, wenn die variabel verzinslichen Positionen als sofort fällig erfasst und somit von Zinsänderungsrisiken freigestellt worden wären. Im vorliegenden Fall beläuft sich der Value at Risk des gesamten Zinsbuches jedoch auf 1.917 Tsd. CHF. Die Ergänzung des Portfolios der Festzinspositionen um die variabel verzinslichen Positionen, die hier mit Hilfe des Elastizitätskonzeptes unter Ansatz von Ablauffiktionen für die Kapitalbindung (d.h. gemäß Elastizität der jeweiligen Positionen Kombination sofort fälliger Tranchen und Tranchen mit unterschiedlichen Laufzeiten, die das Tilgungsmuster abbilden) erfasst wurden, bewirkt also eine Reduktion des Risikos um 2.850 Tsd. CHF. Die Hedge-Wirkung beträgt somit 59,8 % (= 2.850 Tsd. CHF / 4.767 Tsd. CHF).

zu 4.b):

Um den Value at Risk der Eigengeschäfte mit dem des gesamten Zinsbuches vergleichen zu können, müssen beide Value at Risk-Größen auf die gleiche Haltedauer und das gleiche Sicherheitsniveau bezogen werden.

Zunächst ist das Sicherheitsniveau des Value at Risk für die Eigengeschäfte auf das Sicherheitsniveau des Zinsbuches in Höhe von 95 % anzupassen, indem dieser mit dem Verhältnis der jeweiligen Z-Werte für die Sicherheitsniveaus multipliziert wird:

$$\text{Value at Risk (95 \%)} = \frac{\text{Z-Wert (95 \%)}}{\text{Z-Wert (99 \%)}} \cdot \text{Value at Risk (99 \%)}$$

$$\text{Value at Risk (95 \%) Eigengeschäft} = \frac{1{,}654}{2{,}326} \cdot 1.490 \text{ Tsd. CHF} = 1.059{,}527 \text{ Tsd. CHF}$$

Die Umrechnung des Value at Risk des Eigengeschäftes für eine Haltedauer von einem Handelstag (HD_1) auf 10 Handelstage (HD_2) erfolgt anschließend mit Hilfe des Wurzelgesetzes:

$$\text{Value at Risk } (HD_2) = \frac{\text{Value at Risk } (HD_1)}{\sqrt{\frac{HD_1}{HD_2}}}$$

$$\text{Value at Risk (10 Handelstage) Eigengeschäft} = \frac{1.059{,}527 \text{ Tsd. CHF}}{\sqrt{\frac{1 \text{ Handelstag}}{10 \text{ Handelstage}}}} = 3.351 \text{ Tsd. CHF}$$

Der Value at Risk für das Eigengeschäft für eine Haltedauer von 10 Handelstagen und ein Sicherheitsniveau von 95 % macht somit ca. das 1,7-fache des vergleichbaren Value at Risk für das gesamte Zinsbuch aus. Somit geht ein stark risikoreduzierender Effekt vom Kundengeschäft auf das Risiko des Zinsbuches aus.

zu 5.:

Die RORAC-Kennziffer stellt eine risikoadjustierte Performance-Kennziffer dar, da die Performance für einen bestimmten Simulationszeitraum ins Verhältnis zu dem auf den gleichen Zeitraum bezogenen Risiko gesetzt wird.

$$\text{RORAC} = \frac{\text{Performance}}{\text{Value at Risk}}$$

Für das Szenario konstanter Zinsen sind die Performance-Größen für den Simulationszeitraum von 292 Handelstagen sowie per annum in Abbildung 41.10 mit 2.969 Tsd. CHF bzw. 2.545 Tsd. CHF bereits gegeben.

Da der Value at Risk für das Zinsbuch sich auf einen Simulationszeitraum von 10 Handelstagen bezieht, ist wiederum das Wurzelgesetz anzuwenden, um den Value at Risk für eine Haltedauer von 292 bzw. 250 Handelstagen zu erhalten:

$$\text{Value at Risk (292 Handelstage) Zinsbuch} = \frac{1.917\text{ Tsd. CHF}}{\sqrt{\frac{10\text{ Handelstage}}{292\text{ Handelstage}}}} = 10.359\text{ Tsd. CHF}$$

$$\text{Value at Risk (250 Handelstage) Zinsbuch} = \frac{1.917\text{ Tsd. CHF}}{\sqrt{\frac{10\text{ Handelstage}}{250\text{ Handelstage}}}} = 9.585\text{ Tsd. CHF}$$

Kennzahlen	Simulationszeitraum: 292 Handelstage	Simulationszeitraum: 250 Handelstage (= per annum)
Performance	2.969 Tsd. CHF	2.545 Tsd. CHF
Value at Risk	10.359 Tsd. CHF	9.585 Tsd. CHF
RORAC	28,66 %	26,55 %

Abb. 41.11: Rendite-/Risiko-Status des Zinsbuches per 31.12.2006 für das Szenario konstanter Zinsen

zu 6.:

Unter der passiven Steuerungsstrategie ist eine strategische, also langfristig ausgerichtete zentrale Struktursteuerung, die unabhängig von Zinsprognosen ist, zu verstehen. Diese erfolgt in Orientierung am RORAC einer Benchmark, die durch ein effizientes Marktportfolio gegeben wird.

Im Rahmen einer aktiven Steuerungsstrategie über einen kurzfristigen bzw. mittelfristigen Anlagehorizont wird versucht, in Abhängigkeit von der Zinsprognose bewusst Inkongruenzen im Cash Flow-Profil einzugehen, um einen über dem RORAC der Benchmark liegenden Ziel-RORAC zu erreichen. Es handelt sich somit um eine taktisch, operative Feinsteuerung, die in der Verantwortung der Treasury liegt.

Beide Strategien sind insofern aufeinander abzustimmen, als dass durch die Feinsteuerung die langfristige Orientierung an der Benchmark durch den Einsatz entsprechender Risikolimite nicht gefährdet werden darf. Somit fungiert die Vorgabe eines strategischen Benchmark-Cash Flows, der sich durch einen langfristigen Überhang der positiven Netto-Cash Flows auszeichnet (= langfristiger Aktivüberhang) als „Null-Linie" für die Dispositionsentscheidungen der Treasury.

zu 7.a):

Im Vergleich des „Marktportfolios Schweizer Obligationen" und des aktuellen Zinsbuches stellt sich die Frage, welches Portfolio das bessere Rendite-/Risiko-Verhältnis aufweist. Von daher ist aus den in Abbildung 41.7 gegebenen Daten zum „Marktportfolio Schweizer Obligationen" der RORAC – bezogen auf den Simulationszeitraum von 292 Handelstagen – zu berechnen.

Zunächst ergibt sich die Performance des „Marktportfolio Schweizer Obligationen" im Szenario konstante Zinsen aus der Differenz zwischen Barwertveränderung per 31.12.2006 und risikolos erzielbarer Barwertsteigerung im Forward Rate-Szenario.

Performance „Marktportfolio Schweizer Obligationen"

= (130.540 Tsd. CHF – 123.820 Tsd. CHF) – 4.722 Tsd. CHF = 1.998 Tsd. CHF

Der RORAC ergibt sich wiederum, indem die Performance auf den Value at Risk bezogen wird:

$$\text{RORAC „Marktportfolio Schweizer Obligationen"} = \frac{1.998\,\text{Tsd. CHF}}{6.621\,\text{Tsd. CHF}} = 30{,}18\ \%$$

Dieser RORAC ist höher als der RORAC für das Zinsbuch in Höhe von 28,66 %, der für den gleichen Simulationszeitraum in Teilaufgabe 6 bereits berechnet wurde, weshalb das „Marktportfolio Schweizer Obligationen" das bessere Rendite-/Risiko-Verhältnis aufweist.

Die folgende Abbildung 41.12 fasst den Vergleich des Rendite-/Risiko-Status von Zinsbuch und „Marktportfolio Schweizer Obligationen" nochmals in übersichtlicher Form zusammen.

Kennzahlen (Simulationszeitraum: 292 Handelstage)	Zinsbuch	„Marktportfolio Schweizer Obligationen"
Performance	2.969 Tsd. CHF	1.998 Tsd. CHF
Value at Risk	10.359 Tsd. CHF	6.621 Tsd. CHF
RORAC	28,66 %	30,18 %

Abb. 41.12: Rendite-/Risiko-Status des Zinsbuches und des „Marktportfolios Schweizer Obligationen" per 31.12.2006 für das Szenario konstanter Zinsen (Simulationszeitraum: 292 Handelstage)

zu 7.b):

Bei Investition des gleichen Barwertes in Höhe von 123.820 Tsd. CHF in das Benchmark-Portfolio „Marktportfolio Schweizer Obligationen“ beträgt der Value at Risk des aktuellen Zinsbuches (bei gleicher Haltedauer und gleichem Sicherheitsniveau) das 1,56-fache des Value at Risk des Benchmark-Portfolios. Das bedeutet, dass das 1,56-fache des aktuellen Barwertes des Zinsbuches, also 193.725 Tsd. CHF (= 123.820 Tsd. CHF · [10.359 Tsd. CHF/ 6.621 Tsd. CHF]), in das „Marktportfolio Schweizer Obligationen“ investiert werden kann. Nebenbei bemerkt ist die Voraussetzung hierfür allerdings, dass der Value at Risk des aktuellen Zinsbuches unter dem erlaubten Limit liegt, wovon in diesem Falle auszugehen ist. Die Performance würde sich dann entsprechend auf 3.126 Tsd. CHF (= 1.998 Tsd. CHF · [10.359 Tsd. CHF/ 6.621 Tsd. CHF]) erhöhen, so dass auch bei dem gestiegenen Investitionsvolumen der gleiche RORAC in Höhe von 30,18 % resultiert.

zu 7.c):

Die sofortige Umsetzung des Benchmark-Cash Flow-Profils würde bedeuten, dass ein Bündel von Hedge-Geschäften zeitnah abzuschließen wäre. Dadurch würde sich die Gefahr ergeben, dass die Erfolgsrechnung durch die Absicherungskosten übermäßig belastet würde.

Um die Erfolgsrechnung nicht unangemessen mit Transaktionskosten zu belasten, bietet es sich an, die Annäherung an das Cash Flow-Profil über einen längeren Zeitraum anzustreben. Im Rahmen einer schrittweisen Vorgehensweise werden Fälligkeiten im Eigengeschäft benchmark-konform angelegt. Des weiteren werden Refinanzierungsentscheidungen vor dem Hintergrund der gewählten Benchmark getroffen. Schließlich werden ausgewählte Hedge-Geschäfte in Abhängigkeit von der Marktlage durchgeführt.

zu 8.:

Um Steuerungsmaßnahmen im Rahmen der aktiven Steuerung abzuleiten, ist zunächst die Zinsstrukturkurve des angenommenen Zinsszenarios – hier das Szenario konstante Zinsen – mit der aus den aktuellen Zinsen hergeleiteten Zinsstrukturkurve der Forward Rates zu vergleichen. Im Falle der Regionalbank Zwischensee zeigt sich (vgl. Abb. 41.13), dass für Laufzeiten von über 3 Monaten die Forward Rates über den Zinsen des Szenarios liegen. Das bedeutet, dass für diese Laufzeiten Einzahlungsüberschüsse anzustreben sind, um gegenüber dem sicher erzielbaren Ergebnis im Forward Rate-Szenario eine Steigerung der Performance zu erreichen.

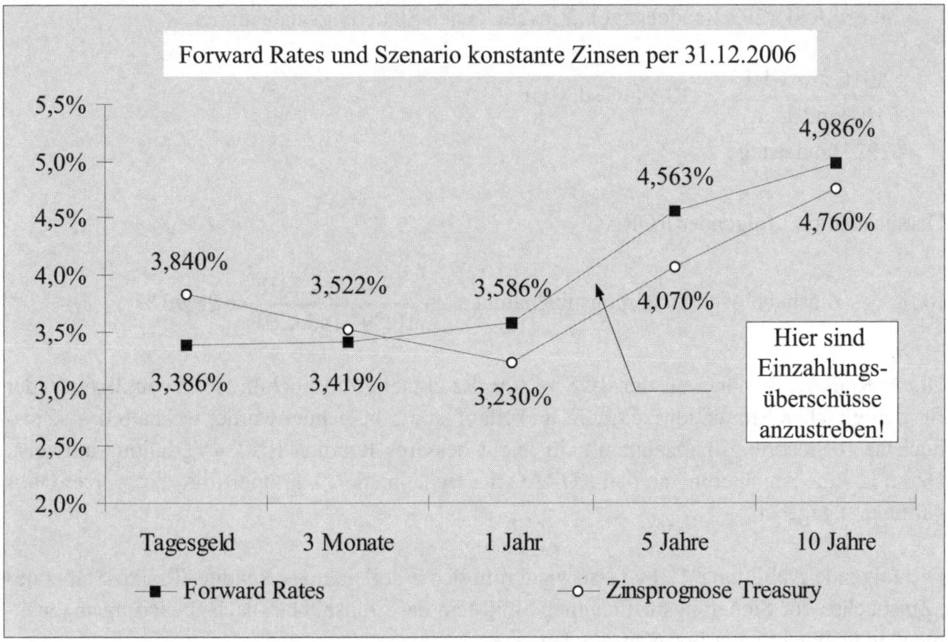

Abb. 41.13: Forward Rates und Zinsszenario konstante Zinsen per 31.12.2006

Im Laufzeitbereich von über 3 Monaten zeigt Abbildung 41.1 negative Cash Flows per Ende 31.12.2006 und 31.12.2012. Diese sind mindestens auszugleichen bzw. in das Positive zu steigern, um eine Performance-Verbesserung für das Zinsbuch zu bewirken. Mit der gleichen Zielsetzung könnten Maßnahmen ergriffen werden, welche die positiven Netto-Cash Flows in diesem Laufzeitbereich steigern. Mit diesen Maßnahmen erfolgt eine Annäherung an das Cash Flow-Profil der Benchmark „Marktportfolio Schweizer Obligationen" (vgl. Abb. 41.6).

Bei der konkreten Formulierung von Geschäften, mit denen die gewünschte Veränderung des Cash Flow-Profils erreicht werden kann, ist zu berücksichtigen, dass sich nach Abschluss dieser Geschäfte der Risikostatus des Zinsbuches verändert. Es ist also stets zu überprüfen, dass das gegebene Risikolimit nicht überschritten wird, um der Einhaltung der Risikotragfähigkeit Rechnung zu tragen.

<u>zu 9.a):</u>

Für die Performance des Zinsbuches einschließlich des gekauften Wertpapiers ergibt sich folgendes:

Performance „Zinsbuch nach Steuerungsmaßnahmen"

= (131.690 Tsd. CHF – 123.820 Tsd. CHF) – 4.722 Tsd. CHF = 3.148 Tsd. CHF

Der Value at Risk bezogen auf den Simulationszeitraum von 292 Handelstagen berechnet sich wie folgt:

Value at Risk (292 Handelstage) „Zinsbuch nach Steuerungsmaßnahmen“

$$= \frac{2.016\,\text{Tsd. CHF}}{\sqrt{\frac{10\,\text{Handelstage}}{292\,\text{Handelstage}}}} = 10.894\ \text{Tsd. CHF}$$

Daraus resultiert folgender RORAC:

$$\text{RORAC „Zinsbuch nach Steuerungsmaßnahmen“} = \frac{3.148\,\text{Tsd. CHF}}{10.894\,\text{Tsd. CHF}} = 28{,}90\ \%$$

Dieser RORAC ist höher als der RORAC für das aktuelle Zinsbuch in Höhe von 28,66 % der für den gleichen Simulationszeitraum in Teilaufgabe 5 berechnet wurde, weshalb das „Zinsbuch nach Steuerungsmaßnahmen“ ein leicht besseres Rendite-/Risiko-Verhältnis aufweist. Damit ist eine Annäherung an den RORAC der Benchmark („Marktportfolio Schweizer Obligationen“) gegeben.

Die folgende Abbildung 41.14 fasst wiederum den Vergleich des Rendite-/Risiko-Status des „Zinsbuches vor Steuerungsmaßnahmen“ mit dem des „Zinsbuches nach Steuerungsmaßnahmen“ in übersichtlicher Form zusammen.

Kennzahlen (Simulationszeitraum: 292 Handelstage)	Zinsbuch vor Steuerungsmaßnahmen	Zinsbuch nach Steuerungsmaßnahmen
Performance	2.969 Tsd. CHF	3.148 Tsd. CHF
Value at Risk	10.359 Tsd. CHF	10.894 Tsd. CHF
RORAC	28,66 %	28,90 %

Abb. 41.14: Rendite-/Risiko-Status des Zinsbuches vor und nach Steuerungsmaßnahmen per 31.12.2006 für das Szenario konstanter Zinsen

zu 9.b):

	Limit per 31.10.2005 (für 10 Handelstage)	2.100	100 %
–	Value at Risk (10 Handelstage; 99 %)	2.016	96 %
=	Freies Risikokapital	84	4 %

Abb. 41.15: Limitauslastung des Zinsbuches zum 31.10.2005 (Beträge in Tsd. CHF)

Wie Abbildung 41.15 zeigt verbessert sich die Limitauslastung von 91,3 % (= 1.917 Tsd. CHF / 2.100 Tsd. CHF) in der aktuellen Situation ohne Kauf des Wertpapiers auf 96 % bei Einsatz der vorgeschlagenen Steuerungsmaßnahme. Im Gegensatz zum vorliegenden Konzept der rollierenden Limite ist bei der Vergabe eines Jahreslimits, das durch Barwertveränderungen und den Verzinsungsanspruch aus risikoloser Verzinsung während des Jahres jeweils zu korrigieren ist, die Erreichung der Vermögensuntergrenze aus risikoloser Verzinsung des Zinsbuches – bei Einhaltung des Limits – gewährleistet.

Fallstudie 42: **Deckungsbeitragsrechnung im Barwertkalkül**

Herbert Hartmann, Firmenkundenbetreuer bei der Berliner Privatbank AG, ist immer auf der Suche nach neuen Geschäftsmöglichkeiten. Zur Intensivierung des Kreditgeschäfts hat er sich jüngst ein attraktives Finanzierungsprogramm für Jungunternehmer und Existenzgründer ausgedacht, das u.a. folgendes Angebot für einen Standard-Kredit beinhalten soll:

- Kreditvolumen: 120.000 EUR
- Kundenzins: 6,5 %
- Laufzeit: 4 Jahre
- Zinszahlung: jährlich nachschüssig
- Tilgung: jährlich in gleich hohen Raten

Aufgrund seiner langjährigen Erfahrung im Kreditgeschäft ist Hartmann der festen Meinung, dass unter Berücksichtigung des derzeitigen Zinsniveaus am Geld- und Kapitalmarkt diese Kreditvariante zu einer guten Marge für seine Ergebnisrechnung führen müsste. Um den genauen Ergebnisbeitrag für das Angebot zu erfahren, sucht Hartmann in der Controlling-Abteilung der Bank seinen alten Kollegen und Freund Ludwig Laber auf.

Ludwig Laber, der in der letzten Woche ein Seminar zur barwertigen Ergebnismessung im Kundengeschäft erfolgreich absolviert hat, möchte seine neu erworbenen Kenntnisse sofort anwenden und macht sich an die Arbeit, das dem Marktbereich zuzurechnende Netto-(Markt-) Ergebnis auf Barwertbasis zu ermitteln.

Die für die Kalkulation des Geschäftes relevanten Daten hat sich Laber in den folgenden Abbildungen 42.1 bis 42.3 zusammengestellt.

Laufzeit	GKM-Zins	Zerobond-Abzinsfaktor
1 Jahr	3,0 %	0,970874
2 Jahre	3,5 %	0,933352
3 Jahre	4,2 %	0,882939
4 Jahre	4,9 %	0,823097

Abb. 42.1: Aktuelle GKM-Zinsen und zugehörige Zerobond-Abzinsfaktoren

Rating-Klasse	1 Jahr	2 Jahre	3 Jahre	4 Jahre
1	0,21 %	0,25 %	0,32 %	0,36 %
2	0,39 %	0,48 %	0,53 %	0,59 %
3	0,97 %	1,02 %	1,07 %	1,12 %
4	1,58 %	1,74 %	1,88 %	1,95 %
5	3,45 %	3,49 %	3,52 %	3,64 %
6	5,98 %	6,12 %	6,27 %	6,50 %

Abb. 42.2: Marginale Ausfallwahrscheinlichkeiten für die sechs Rating-Klassen

	Beratung und Erstbearbeitung	Laufende Bestandspflege pro Jahr	Auflösungskosten
Verrechnungs-zeitpunkt	Zeitpunkt des Geschäftsabschlusses	(vereinfachend) jeweils am Ende eines Jahres	Zeitpunkt der Beendigung des Geschäftsvorfalls
Teilprozess Kredit	429,30 EUR	30,10 EUR	14,20 EUR
Teilprozess Besicherung	96,40 EUR	61,90 EUR	23,80 EUR

Abb. 42.3: Prozessbezogene Standard-Betriebskosten als Zeitwerte

1. a) Versetzen Sie sich in die Lage von Ludwig Laber und berechnen Sie für den Kredit zunächst den Konditionsbeitrags-Barwert durch die Konstruktion der zahlungsstrukturkongruenten GKM-Refinanzierungsgeschäfte!

   b) Berechnen Sie anschließend den Barwert der Standard-(Ausfall-)Risikokosten für einen Kreditnehmer der Risikoklasse 3! Die Rückzahlungsquote im Falle des Ausfalls des Kredits – ermittelt in Orientierung an die Art und die Werthaltigkeit der Sicherheit (Annahme hier: Sicherungsübereignung) – soll vereinfachend für das Kredit-Exposure in jedem Jahr 53 % betragen. Vernachlässigen Sie den Umstand, dass die zu zahlenden Risikoprämien, die in der Regel Bestandteil der periodischen Zinszahlung sind, ebenfalls ausfallgefährdet sind und von daher der Risikoprämien-Barwert eigentlich über ein Iterationsverfahren anzupassen wäre.

   c) Berechnen Sie nun noch den Barwert der Standard-Betriebskosten!

   d) Fassen Sie abschließend die Ergebnisse der Teilaufgaben 1.a) bis c) zum barwertigen Netto-(Markt-)Ergebnis (= Deckungsbeitrag II) des Kredites zusammen!

Kollege Hartmann kann jedoch mit dem barwertigen Netto-(Markt-)Ergebnis nicht viel anfangen. Er bittet Laber, die Netto-Marge für den Kredit zu bestimmen.

2. Kalkulieren Sie ausgehend von der (durchschnittlichen) Brutto-(Konditions-)Marge unter Berücksichtigung der weiteren Ergebniskomponenten die Netto-Marge für den Kredit!

Angesichts der von Seiten der Bankleitung formulierten Mindest-Netto-Marge in Höhe von ca. 1,4 % zur Abdeckung anteiliger Overhead-Kosten und anteiliger Eigenkapitalkosten ist Herbert Hartmann mit dem Ergebnis zufrieden.

Umgehend setzt sich Hartmann mit Gerd Gründer in Verbindung, der sich mit dem Gedanken trägt, in Kürze ein Fitness-Center in Bitterfeld zu eröffnen, um ihm das Kreditangebot zu unterbreiten. Da Gründer als ausgewiesener Branchenkenner (sein Onkel betreibt bereits seit Jahren ein gutgehendes Institut für Leibesübungen) ein bis ins Detail ausgearbeitetes Konzept und eine durchaus seriöse Finanzplanung präsentieren kann, bestätigt sich die Bonitätseinstufung in die Rating-Klasse 3. Da auch mit der oben angegebenen Verlustquote gerechnet werden kann, da eine Sicherungsübereignung vereinbart wird, und Gründer mit den Konditionen einverstanden ist, könnte Hartmann den oben kalkulierten Ergebnisbeitrag im Falle des Vertragsabschlusses für seinen Ergebnisbereich verbuchen. Noch am gleichen Tag kommt es zu einer Vereinbarung über die baldige Vertragsunterzeichnung.

Kurz bevor die unterschriftsreifen Kreditverträge unterzeichnet werden sollen, erscheint Gründer in der Bank und teilt Hartmann mit, dass noch eine kleine Änderung im Kreditvertrag vorgenommen werden müsse. Aufgrund einer unerwarteten Erbschaft belaufe sich sein Kreditbedarf nunmehr nicht mehr wie geplant auf 120.000 EUR, sondern nur noch auf 60.000 EUR. Ansonsten könnten die Vereinbarungen unverändert übernommen werden. Hartmann reagiert angesichts dieser unerwarteten Entwicklung zögerlich. Ihm ist klar, dass die Konditionen für Gründer angepasst werden müssen.

Wiederum fragt Hartmann bei Laber in der Controlling-Abteilung die relevanten Informationen an, um für die erneuten Verhandlungen mit Gründer über die Konditionen gewappnet zu sein. Laber, den die barwertige Ergebnisrechnung nicht mehr loslässt, überarbeitet die Kalkulation sofort. Er stellt sich sogar die Frage, auf welche Höhe der Kundenzins angepasst werden müsste, um das für die ursprüngliche Kreditsumme kalkulierte barwertige Netto-(Markt-)Ergebnis zu erzielen.

3. a) Berechnen Sie für die reduzierte Kreditsumme bei ansonsten unveränderten Konditionen das barwertige Netto-(Markt-)Ergebnis!

   b) Kalkulieren Sie die erforderliche Kundenkondition, mit der das gleiche barwertige Netto-(Markt-)Ergebnis wie mit der ursprünglich vereinbarten Kreditsumme erzielt würde?

Stolz präsentiert Laber die Ergebnisse, auf die Hartmann jedoch sehr ärgerlich reagiert. Der Kundenzins, den Laber berechnet hat, ließe sich auf gar keinen Fall durchsetzen. Außerdem bemerkt Hartmann, dass dieses Ergebnis nach seiner Überschlagsrechnung ohnehin nicht stimmen kann. Als Laber erklärt, wie er auf den Kundenzins gekommen ist, ist Hartmann sofort klar, dass die Vorgehensweise des Controllers nicht richtig ist.

4. a) Versetzen Sie sich in die Lage von Hartmann und erklären Sie dem Kollegen Laber, worin das Problem bei seiner Kalkulation liegt!

   b) Berechnen Sie anschließend für die reduzierte Kreditsumme die „richtige" Kundenkondition, die zur Erzielung des ursprünglichen Ergebnisbeitrags gemäß dieser Argumentation anzusetzen wäre!

Lösungsvorschlag zu Fallstudie 42:

zu 1.a):

	0	1 Jahr	2 Jahre	3 Jahre	4 Jahre
Zahlungsstrom Kundenkredit					
	- 120.000,00	+ 37.800,00	+ 35.850,00	+ 33.900,00	+ 31.950,00
Zahlungsstrukturkongruente GKM-Refinanzierung					
4-Jahres-Geld	+ 30.457,58 (· 4,9 % →)	- 1.492,42	- 1.492,42	- 1.492,42	- 31.950,00 (: 1,049)
3-Jahres-Geld	+ 31.101,32 (· 4,2 % →)	- 1.306,26	- 1.306,26	- 32.407,58 (: 1,042)	
2-Jahres-Geld	+ 31.933,64 (· 3,5 % →)	- 1.117,68	- 33.051,32 (: 1,035)		
1-Jahres-Geld	+ 32.896,74	- 33.883,64 (: 1,030)			
	+ 126.389,28				
Zahlungssalden					
KB-BW =	**+ 6.389,28**	**0,00**	**0,00**	**0,00**	**0,00**

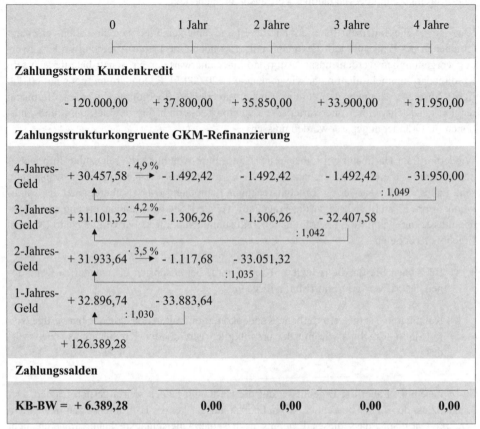

Abb. 42.4: Kalkulation des Konditionsbeitrags-Barwertes (= KB-BW) über die Konstruktion zahlungsstrukturkongruenter GKM-Refinanzierungsgeschäfte (Beträge in EUR)

zu 1.b):

Für die Berechnung der Standard-Risikokosten ist die Grundgleichung zur Bestimmung von erwarteten Verlusten im Kreditgeschäft anzuwenden. Demnach resultiert der einem einzelnen Kreditengagement zuzurechnende erwartete Verlust aus der multiplikativen Verknüpfung von Ausfallwahrscheinlichkeit, Kredit-Exposure bei Ausfall und Verlustquote (= 1 – Rückzahlungsquote). Während die erste Komponente auf die Bonitätseinstufung des Kreditnehmers abstellt, beschreiben die beiden anderen Komponenten die wertmäßigen Konsequenzen des Ausfalls.

Die in Abbildung 42.2 gegebenen marginalen Ausfallwahrscheinlichkeiten, die sich jeweils auf den möglichen Ausfall des Kredites während des ersten, des zweiten, des dritten oder des vierten Jahres beziehen, sind mit dem Betrag zu multiplizieren, der bei Ausfall in der entsprechenden Periode nach Berücksichtigung von Sicherheiten gefährdet ist. Da der Risikokosten-Barwert zu bestimmen ist, werden letztere Beträge als Barwertgrößen ermittelt.

Ausstehender Zahlungsstrom bei Ausfall des Kredits im ...	1 Jahr	2 Jahre	3 Jahre	4 Jahre
... 1. Jahr	37.800,00	35.850,00	33.900,00	31.950,00
Zerobond-Abzinsfaktor	0,970874	0,933352	0,882939	0,823097
Barwerte	36.699,04	33.460,67	29.931,63	26.297,95
barwertige Kredit-Exposure	**126.389,29**			
... 2. Jahr		35.850,00	33.900,00	31.950,00
Zerobond-Abzinsfaktor		0,933352	0,882939	0,823097
Barwerte		33.460,67	29.931,63	26.297,95
barwertige Kredit-Exposure		**89.690,25**		
... 3. Jahr			33.900,00	31.950,00
Zerobond-Abzinsfaktor			0,882939	0,823097
Barwerte			29.931,63	26.297,95
barwertige Kredit-Exposure			**56.229,58**	
... 4. Jahr				31.950,00
Zerobond-Abzinsfaktor				0,823097
Barwerte				26.297,95
barwertige Kredit-Exposure				**26.297,95**

Abb. 42.5: Ermittlung der Barwerte der bei Ausfall ausstehenden Zahlungsströme (Beträge in EUR)

Ausfall des Kredits im ...	... 1. Jahr	... 2. Jahre	... 3. Jahre	... 4. Jahre
barwertige Kredit-Exposure	126.389,29	89.690,25	56.229,58	26.297,95
Verlustquote = (1 – Rückzahlungsquote)	(1 – 53 %)	(1 – 53 %)	(1 – 53 %)	(1 – 53 %)
barwertige Kredit-Exposure · Verlustquote	59.402,97	42.154,42	26.427,90	12.360,04
Marginale Ausfallwahrscheinlichkeit	0,97 %	1,02 %	1,07 %	1,12 %
Barwertige (Teil-)Standard-(Ausfall-)Risikokosten	576,21	429,98	282,78	138,43
Summe: Barwertige Standard-(Ausfall-)Risikokosten	1.427,40			

Abb. 42.6: Kalkulation der barwertigen Standard-(Ausfall-)Risikokosten (Beträge in EUR)

zu 1.c):

Zeitpunkt	0	1 Jahr	2 Jahre	3 Jahre	4 Jahre
Teilprozess Kredit	429,30	30,10	30,10	30,10	44,30
Teilprozess Besicherung	96,40	61,90	61,90	61,90	85,70
Summe	525,70	92,00	92,00	92,00	130,00
Zerobond-Abzinsfaktoren	1	0,970874	0,933352	0,882939	0,823097
Barwertige (Teil-)Standard-Betriebskosten	525,70	89,32	85,87	81,23	107,00
Summe: Barwertige Standard-Betriebskosten	889,12				

Abb. 42.7: Kalkulation der barwertigen Standard-Betriebskosten (Beträge in EUR)

zu 1.d):

	Brutto-Konditionsbeitrags-Barwert (= Deckungsbeitrag I)	6.389,28 EUR
–	Standard-Risikokosten-Barwert	1.427,40 EUR
–	Standard-Betriebskosten-Barwert	889,12 EUR
+	Barwertige Provisionserlöse/Dienstleistungserträge	0,00 EUR
=	Barwertiges Netto-(Markt-)Ergebnis (= Deckungsbeitrag II)	4.072,76 EUR

Abb. 42.8: Deckungsbeitragsrechnung zur Bestimmung des barwertigen Netto-(Markt-)Ergebnisses

zu 2.:

Traditionell werden zur Ermittlung von Margen für zinsabhängige Geschäfte die periodischen Ergebnisgrößen auf das jeweils in der Periode im Geschäft gebundene Kapital bezogen. Überträgt man diese Überlegung auf Barwertgrößen, sind die in Teilaufgabe 1 als Barwertgrößen bestimmten Ergebniskomponenten auf den Barwert des gebundenen Kapitals zu beziehen, um die durchschnittliche Netto-Marge zu ermitteln.

Das pro Periode gebundene Kapital ist dem Zins- und Tilgungsplan zu entnehmen:

Zeitpunkt	Kunden-Cash Flow	Zinsen	Tilgung	gebundenes Kapital
	(1)	(2) = geb. Kapital des Vorjahres · 6,5 %	(3) = (1) – (2)	(4) = geb. Kapital des Vorjahres – (3)
0	- 120.000,00 EUR	–	–	120.000,00 EUR
1 Jahr	37.800,00 EUR	7.800,00 EUR	30.000,00 EUR	90.000,00 EUR
2 Jahre	35.850,00 EUR	5.850,00 EUR	30.000,00 EUR	60.000,00 EUR
3 Jahre	33.900,00 EUR	3.900,00 EUR	30.000,00 EUR	30.000,00 EUR
4 Jahre	31.950,00 EUR	1.950,00 EUR	30.000,00 EUR	0,00 EUR

Abb. 42.9: Zins- und Tilgungsplan

Anschließend berechnet sich der Barwert des gebundenen Kapitals wie folgt:

Jahr	Effektivsaldo	(Kassa-)Zerobond-Abzinsfaktor	Barwert des Effektivsaldos
	(1)	(2)	(3) = (1) · (2)
1. Jahr	120.000,00 EUR	0,970874	116.504,88 EUR
2. Jahr	90.000,00 EUR	0,933352	84.001,68 EUR
3. Jahr	60.000,00 EUR	0,882939	52.976,34 EUR
4. Jahr	30.000,00 EUR	0,823097	24.692,91 EUR
Summe			278.175,81 EUR

Abb. 42.10: Bestimmung des Barwertes des effektiv gebundenen Kapitals

Analog zur Berechnung der Brutto-(Konditions-)Marge als Quotient aus Konditionsbeitrags-Barwert und Barwert des gebundenen Kapitals werden die weiteren relativen Ergebniskomponenten bestimmt (vgl. Abb. 42.11).

	Brutto-(Konditions-)Marge (= Deckungsbeitrag I)	$\frac{6.389,28}{278.175,81}$ =	2,29685 %
–	Standard-Risikokosten-Marge	$\frac{1.427,40}{278.175,81}$ =	0,51313 %
–	Standard-Betriebskosten-Marge	$\frac{889,12}{278.175,81}$ =	0,31963 %
+	Provisionsmarge/Dienstleistungsmarge	$\frac{0,00}{278.175,81}$ =	0,00000 %
=	Netto-Marge (= Deckungsbeitrag II)	$\frac{4.072,76}{278.175,81}$ =	1,46410 %

Abb. 42.11: Deckungsbeitragsrechnung zur Bestimmung der (durchschnittlichen) Netto-Marge (Beträge in EUR)

<u>zu 3.a):</u>

Während sich die vom Kreditvolumen abhängigen absoluten Ergebniskomponenten bei nur 50 % des ursprünglich vereinbarten Kreditvolumens auf die Hälfte reduzieren, beläuft sich der stückbezogene Standard-Betriebskosten-Barwert nach wie vor auf 889,12 EUR. Wie der Deckungsbeitragsrechnung in Abbildung 42.12 zu entnehmen ist, ergibt sich für das reduzierte Kreditvolumen ein barwertiges Netto-(Markt-)Ergebnis in Höhe von 1.591,82 EUR.

	Brutto-Konditionsbeitrags-Barwert (= Deckungsbeitrag I)	3.194,64 EUR
–	Barwertige Standard-Risikokosten	713,70 EUR
–	Barwertige Standard-Betriebskosten	889,12 EUR
+	Provisionserlöse/Dienstleistungserträge	0,00 EUR
=	Netto-(Markt-)Ergebnis (= Deckungsbeitrag II)	1.591,82 EUR

Abb. 42.12: Deckungsbeitragsrechnung zur Bestimmung des barwertigen Netto-(Markt-)Ergebnisses für das reduzierte Kreditvolumen

zu 3.b):

Gemäß Aufgabenstellung soll durch die Anpassung der Kundenkondition ein barwertiger Soll-Deckungsbeitrag in Höhe von 4.072,76 EUR (siehe Teilaufgabe 1.d) erzielt werden. Neben diesem Soll-Deckungsbeitrag sind die barwertigen Standard-Betriebskosten von 889,12 EUR sowie die barwertigen Standard-Risikokosten im Konditionsbeitrags-Barwert zu verdienen. Zu berücksichtigen ist jedoch, dass nicht nur der Kondtionsbeitrags-Barwert sondern auch die Standard-Risikokosten über das Kredit-Exposure vom Kundenzahlungsstrom und damit vom Kundenzins abhängig ist. Formal stellt sich die Zielgleichung wie folgt dar, wobei KB-BW(KZ) für die Funktion des Konditionsbeitrags-Barwertes und RK-BW(KZ) für die Funktion des Standard-Risikokosten-Barwertes – beide Funktionen sind abhängig vom Kundenzins KZ – stehen:

$$\text{Soll-Deckungsbeitrag II} + \text{Standard-Betriebskosten-Barwert} = \text{KB-BW(KZ)} - \text{RK-BW(KZ)}$$

Für die Funktion des Konditionsbeitrags-Barwertes gilt bei reduziertem Kreditvolumen unter Verwendung der Zerobond-Abzinsfaktoren folgendes:

$$\begin{aligned}\text{KB-BW(KZ)} = \; -60.000 \; &+ \; (15.000 + 60.000 \cdot KZ) \cdot 0{,}970874 \\ &+ \; (15.000 + 45.000 \cdot KZ) \cdot 0{,}933352 \\ &+ \; (15.000 + 30.000 \cdot KZ) \cdot 0{,}882939 \\ &+ \; (15.000 + 15.000 \cdot KZ) \cdot 0{,}823097\end{aligned}$$

$$\text{KB-BW(KZ)} = -5.846{,}07 + 139.087{,}91 \cdot KZ$$

Die Funktionsgleichung für den Standard-Risikokosten-Barwert bei reduziertem Kreditvolumen lässt sich wie folgt herleiten:

$$\begin{aligned}\text{RK-BW(KZ)} = \; &(3{,}610262 \cdot 15.000 + 139.087{,}91 \cdot KZ) \cdot 47\,\% \cdot 0{,}97\,\% \\ + \; &(2{,}639388 \cdot 15.000 + 80.835{,}47 \cdot KZ) \cdot 47\,\% \cdot 1{,}02\,\% \\ + \; &(1{,}706036 \cdot 15.000 + 38.834{,}63 \cdot KZ) \cdot 47\,\% \cdot 1{,}07\,\% \\ + \; &(0{,}823097 \cdot 15.000 + 12.346{,}46 \cdot KZ) \cdot 47\,\% \cdot 1{,}12\,\%\end{aligned}$$

$$\text{RK-BW(KZ)} = 630{,}37 + 1.281{,}92 \cdot KZ$$

Setzt man diese beiden Funktionsgleichungen sowie die Werte für den Soll-Deckungsbeitrag II und den Standard-Betriebskosten-Barwert in die oben formulierte Zielgleichung ein, so ergibt sich folgendes:

$$4.072{,}77 + 889{,}12 = -5.846{,}07 + 139.087{,}91 \cdot KZ - (630{,}37 + 1.281{,}92 \cdot KZ)$$

$$\leftrightarrow \quad 11.438{,}33 = 137.805{,}99 \cdot KZ$$

$$\leftrightarrow \quad KZ = \frac{11.438{,}33}{137.805{,}99} = 8{,}30031\,\%$$

<u>zu 4.a):</u>

Damit beide Geschäfte als gleichwertig angesehen werden können, strebt Laber in seiner Kalkulation für beide Kredite das gleiche barwertige Netto-(Markt-)Ergebnis an. Die Beurteilung eines Geschäftes kann jedoch nicht ausschließlich anhand des barwertigen Ergebnisbeitrags erfolgen. Als ergänzende Information ist das im Geschäft gebundene Kapital einzubeziehen.

Wie das Beispiel zeigt, wird nach der Kalkulation von Laber bei reduziertem Kreditvolumen mit der Hälfte des Kapitaleinsatzes der gleiche barwertige Ergebnisbeitrag erzielt, wodurch aus Sicht der Bank dieses Geschäft keinesfalls gleichwertig, sondern vorteilhafter als die ursprüngliche Vereinbarung ist.

Die Vorteilhaftigkeit des Kredits mit reduziertem Volumen lässt sich unmittelbar in einer Information, nämlich der Netto-Marge, ablesen, welche das barwertige Netto-(Markt-)Ergebnis im Verhältnis zum Barwert des gebundenen Kapitals ausdrückt. Da in dem Kredit nur die Hälfte des Kapitals gebunden ist, ergibt sich für den Barwert des gebundenen Kapitals ebenfalls genau der hälftige Betrag von 139.087,91 EUR (= 278.175,81 EUR / 2) gegenüber dem ursprünglichen Angebot. Somit resultiert in der Kalkulation von Laber eine (durchschnittliche) Netto-Marge in Höhe von 2,92819 % (= 4.072,77 EUR / 139.087,91 EUR), die also doppelt so hoch ist wie in der ursprünglichen Vereinbarung. Die Vorteilhaftigkeit des veränderten Kredits – nämlich mit der Hälfte des Kapitaleinsatzes den gleichen Ergebnisbeitrag zu erzielen – zeigt sich somit unmittelbar in einer Größe, nämlich der Netto-Marge, die somit als Steuerungsgröße heranzuziehen ist.

<u>4.b):</u>

Gemäß der oben angeführten Argumentation ist auf das reduzierte Kreditvolumen die gleiche Netto-Marge in Höhe von 1,46410 % zu erzielen. Bezogen auf den Barwert des gebundenen Kapitals in Höhe von 139.087,91 EUR entspricht dies einem barwertigen Netto-(Markt-) Ergebnis in Höhe von 2.036,39 EUR. Setzt man diesen Wert in die ansonsten gleich lautende Zielgleichung von Teilaufgabe 3.b) ein, so ergibt sich folgendes:

$$2.036{,}39 + 889{,}12 = -5.846{,}07 + 139.087{,}91 \cdot KZ - (630{,}37 + 1.281{,}92 \cdot KZ)$$

$$\leftrightarrow \quad 9.401{,}95 = 137.805{,}99 \cdot KZ$$

$$\leftrightarrow \quad KZ = \frac{9.401{,}95}{137.805{,}99} = 6{,}82260\ \%$$

Damit also auch bei reduziertem Kreditvolumen eine Marge von 1,46410 % erreicht wird, müsste der Kundenzins von 6,5 % auf 6,82260 % angepasst werden.

Fallstudie 43: **Periodisierung des Konditionsbeitrags-Barwertes**

Die IBW-Bank vergibt am 01.08.05 an den Basler Uhrenfabrikanten Uhrs Wotsch einen Kredit zu folgenden Konditionen (vgl. Fallstudie 1):

- Kreditbetrag: 100.000 CHF
- Laufzeit: 4 Jahre
- Nominalzins: 8,5 %
- Disagio: 2 %
- Zinszahlung: jährlich nachschüssig
- Tilgung: in 4 gleichen Raten, jeweils zum Jahresende

Der Effektivzins des Kredites beträgt 9,4545940 %.

Die im Zeitpunkt des Geschäftsabschlusses am 01.08.05 am Geld- und Kapitalmarkt (GKM) gültigen Zinssätze für unterschiedliche Laufzeiten sowie die daraus abgeleiteten (Kassa-) Zerobond-Abzinsfaktoren lauten wie folgt:

Laufzeit	GKM-Satz	(Kassa-)Zerobond-Abzinsfaktor
1 Jahr	6,5 %	0,938967
2 Jahre	7,0 %	0,873152
3 Jahre	7,5 %	0,803806
4 Jahre	8,0 %	0,732154

Abb. 43.1: Geld- und Kapitalmarktzinsen am 01.08.05

1. a) Berechnen Sie mit Hilfe der oben angegebenen (Kassa-)Zerobond-Abzinsfaktoren den Konditionsbeitrags-Barwert!

   b) Erläutern Sie kurz, ob es sinnvoll ist, Kundengeschäfte ertragsorientiert ausschließlich über den Konditionsbeitrags-Barwert zu steuern!

2. a) Zur Periodisierung des Konditionsbeitrags-Barwertes existieren unterschiedliche Methoden. Welche sind Ihnen bekannt?

   b) Nennen Sie mögliche Kriterien, anhand derer die verschiedenen Verfahren zur Periodisierung des Konditionsbeitrags-Barwertes beurteilt werden können!

3. a) Ermitteln Sie die periodischen Konditionsbeiträge auf Zeitwertbasis (d.h. zu den jeweiligen Zahlungszeitpunkten) nach kapitalbindungsproportionaler Verteilung!

   b) Konstruieren Sie die zur Refinanzierung notwendigen GKM-Geschäfte, mit deren Hilfe sich die in Teilaufgabe 3.a) berechneten periodischen Konditionsbeiträge auch tatsächlich realisieren ließen!

4. Ermitteln Sie zusätzlich die periodischen Konditionsbeiträge

a) nach zeitproportionaler Verteilung,

b) nach kostenproportionaler Verteilung, unter der Annahme, dass 50 % der Betriebskosten in der ersten Periode, jeweils 15 % in der zweiten und dritten Periode und 20 % in der vierten Periode anfallen,

c) nach rückflussproportionaler Verteilung und

d) nach treasury-konformer Verteilung! Kalkulieren Sie für dieses letzte Verteilungsverfahren zusätzlich die Konditionsmargen pro Periode!

Lösungsvorschlag zu Fallstudie 43:

Hinweis: Sämtliche Ergebnisse der nachfolgenden Aufgaben sind aufgrund der höheren Genauigkeit mit ungerundeten Zwischenergebnissen berechnet, so dass es bei Berechnungen mit gerundeten Zwischenergebnissen zu Abweichungen kommen kann.

zu 1.a):

Zeitpunkt	Kapitaldienst	Zerobond-Abzinsfaktor	Barwert
01.08.06	33.500	0,938967	31.455,40
01.08.07	31.375	0,873152	27.395,13
01.08.08	29.250	0,803806	23.511,32
01.08.09	27.125	0,732154	19.859,67
Σ	121.250		102.221,52

Abb. 43.2: Ermittlung des Barwertes der Kapitaldienste

Der Konditionsbeitrags-Barwert errechnet sich als Differenz zwischen dem Barwert der Kapitaldienste (= Zins- und Tilgungszahlungen) des Kunden und dem Kreditauszahlungsbetrag.

	102.221,52 CHF	Barwert der Kapitaldienste
–	98.000,00 CHF	Kreditauszahlungsbetrag
=	**4.221,52 CHF**	Konditionsbeitrags-Barwert

zu 1.b):

Wie die obige Berechnung zeigt (vgl. Abb. 43.2), handelt es sich beim Konditionsbeitrags-Barwert um eine **extrem aggregierte Größe**, die keine genauen Aussagen über die Ausgestaltung des zugrundeliegenden Geschäfts – z.B. Laufzeitlänge und Tilgungsverlauf – zulässt. So kann die gleiche Höhe eines Barwertes durch ganz unterschiedliche Geschäfte erzeugt werden. Beispielsweise kann ein relativ kurzlaufendes Geschäft mit einer recht hohen jährlichen Marge den gleichen Erfolg erzielen wie ein – bedingt durch seine beträchtlich höhere Zahl an Einzahlungsüberschüssen – extrem laufzeitlanges Geschäft mit einer geringen jährlichen Marge.

Um zu vermeiden, dass das Geschäftsvolumen aufgrund der Preissensibilität von Kunden, die durch die hohen Kosten laufzeitkurzer Geschäfte abgeschreckt werden könnten, zurückgeht, wird sich ein Kundenbetreuer im Kreditbereich möglicherweise durch die Geschäftssteuerung anhand des Barwertes dazu veranlasst sehen, hauptsächlich laufzeitlange Geschäfte mit niedrigen und somit kundenfreundlicheren Margen abzuschließen. So wäre er in der Lage, einerseits das vereinbarte Neugeschäftsvolumen und andererseits auch die angestrebten Barwerte zu realisieren. Dass diese Strategie zu **falschen Steuerungsimpulsen** und einer einseitigen Verschiebung der Geschäftsstruktur zu längeren Laufzeiten und damit zu einem höheren Risiko der Kundenbeziehungen führen kann, wird in den meisten Fällen für das Wohl der Bank nicht förderlich sein. Somit kann festgehalten werden, dass durch die Beurteilung von Geschäften anhand ihres Barwertes wesentliche Informationen verloren gehen. Fehlsteuerungen sind folglich durch eine sofortige Vereinnahmung nicht auszuschließen.

Darüber hinaus besteht eine zentrale Anforderung an ein controlling-adäquates Kalkulationsinstrumentarium darin, dass sich die kalkulierten Kosten und Leistungen nicht nur in der innerbetrieblichen, sondern ebenfalls in der externen Erfolgsrechnung wiederfinden lassen. Da eine sofortige Vereinnahmung des Konditionsbeitrags im Zeitpunkt t = 0 jedoch dem sogenannten Realisationsprinzip widerspricht, würde dies eine totale Loslösung vom externen Ergebnisausweis zur Konsequenz haben. Die Folge einer solchen Vorgehensweise wären Verständnis- und Akzeptanzprobleme bei den Mitarbeitern, die daraus resultierten, dass der nach außen dokumentierte Erfolg ein völlig anderer ist, als es die interne Verrechnung ausweist. Dieser Aspekt der Transparenz ist nicht unerheblich, da auf diese Weise Unverständnis und Arbeitsunlust entstehen können, die sich in der Regel negativ auf das Betriebsergebnis auswirken werden.

<u>zu 2.a):</u>

Für die **periodische Verteilung des Konditionsbeitrags-Barwertes** existieren eine Fülle von Alternativen, die gewährleisten, dass die Abzinsung der periodisch verrechneten Überschussbeiträge zum Konditionsbeitrags-Barwert führt. Zu nennen sind hier die kosten-, zeit-, rückfluss-, kapitalbindungsproportionale und die treasury-konforme Verteilungsregel. Mit jeder Verteilungsregel ist ein anderer Finanzierungskapitalverlauf verbunden. Die entsprechende Umsetzung des anzuwendenden Konzepts der Überschussverteilung ist Aufgabe der Treasury (Zentraldisposition).

<u>zu 2.b):</u>

Über die Eignung der möglichen Kalkulationsverfahren ist anhand verschiedener Beurteilungskriterien zu entscheiden, deren Wichtigkeit durch die individuelle Situation der Bank determiniert wird. In diesem Zusammenhang ist zu prüfen:

- Steht die Verteilung des Konditionsbeitrags-Barwertes in Einklang mit den Möglichkeiten der Treasury, diese durch korrespondierende Geld- und Kapitalmarktgeschäfte real auch darzustellen?
- Ist die Verteilungsmethode offen für Zwecke der bilanzpolitischen Gestaltung des Jahresergebnisses?
- Steht die Verteilungsmethode in Einklang mit den externen Rechnungslegungsvorschriften, auch wenn keine entsprechenden Geld- und Kapitalmarktgeschäfte abgeschlossen werden?
- Entspricht das Verfahren dem traditionellen Denken der Praxis in (konstanten) Margengrößen?
- Ist die Art der Verteilung für die Mitarbeiter motivationsfördernd und daran anknüpfend geeignet als Grundlage für ein leistungsorientiertes Vergütungssystem?

zu 3.a):

Für die kapitalbindungsproportionale Verteilung des Konditionsbeitrags-Barwertes ist in einem **ersten Schritt** zunächst der Barwert des effektiv gebundenen Kapitals zu bestimmen.

Das pro Jahr gebundene Kapital ist dem in der folgenden Abbildung 43.3 dargestellten Zins- und Tilgungsplan in der Effektivrechnung zu entnehmen:

Zeitpunkt	Kunden-Cash Flow	Zinsen	Tilgung	Effektivsaldo
	(1)	(2) = Effektivsaldo des Vorjahres · 9,454594 %	(3) = (1) – (2)	(4) = Effektivsaldo des Vorjahres – (3)
01.08.05	- 98.000	–	–	98.000,00
01.08.06	+ 33.500	9.265,50	24.234,50	73.765,50
01.08.07	+ 31.375	6.974,23	24.400,77	49.364,73
01.08.08	+ 29.250	4.667,23	24.582,77	24.781,97
01.08.09	+ 27.125	2.343,03	24.781,97	0,00

Abb. 43.3: Zins- und Tilgungsplan in der Effektivrechnung

Das pro Jahr gebundene Kapital ist im folgenden mit den entsprechenden (Kassa-)Zerobond-Abzinsfaktoren auf den Zeitpunkt der Kreditauszahlung zu verbarwerten:

Jahr	Effektivsaldo	(Kassa-)Zerobond-Abzinsfaktor	Barwert des Effektivsaldos
	(1)	(2)	(3) = (1) · (2)
06	98.000,00	0,938967	92.018,78
07	73.765,50	0,873152	64.408,47
08	49.364,73	0,803806	39.679,65
09	24.781,97	0,732154	18.144,21
Σ			214.251,11

Abb. 43.4: Bestimmung des Barwertes des effektiv gebundenen Kapitals

Im **zweiten Schritt** ist nun die durchschnittliche Konditionsmarge für den Kredit zu bestimmen, indem der Konditionsbeitrags-Barwert auf den Barwert des effektiv gebundenen Kapitals bezogen wird.

$$\text{Ø Konditionsmarge} = \frac{\text{Konditionsbeitrags - Barwert}}{\text{Barwert des effektiv gebundenen Kapitals}}$$

$$= \frac{4.221{,}52\ \text{CHF}}{214.251{,}11\ \text{CHF}} = \mathbf{1{,}9703604\ \%}$$

Schließlich ergeben sich im **dritten Schritt** die periodischen Konditionsbeiträge als Zeitwerte aus der Multiplikation der durchschnittlichen Konditionsmarge mit dem jeweils pro Periode gebundenen Kapital. Durch die Multiplikation der periodischen Konditionsbeiträge als Zeitwerte mit den (Kassa-)Zerobond-Abzinsfaktoren erhält man die periodischen Konditionsbeiträge als Barwerte. In der Summe müssen diese natürlich wiederum den Konditionsbeitrags-Barwert ergeben (vgl. Abb. 43.5).

Zeitpunkt	Effektivsaldo	periodische Konditionsbeiträge	(Kassa-) Zerobond-Abzinsfaktor	periodische Konditionsbeiträge als Barwerte
	(1)	(2) = (1) · 1,9703604 %	(3)	(4) = (2) · (3)
01.08.06	98.000,00	1.930,95	0,938967	1.813,10
01.08.07	73.765,50	1.453,45	0,873152	1.269,08
01.08.08	49.364,73	972,66	0,803806	781,83
01.08.09	24.781,97	488,29	0,732154	357,51
Σ		4.845,36		4.221,52

Abb. 43.5: Bestimmung der periodischen Konditionsbeiträge nach kapitalbindungsproportionaler Verteilung

zu 3.b):

Die Berechnung der zur Realisierung der kalkulierten, kapitalbindungsproportionalen Konditionsbeiträge erforderlichen GKM-Gegengeschäfte ist der folgenden Abbildung 43.6 zu entnehmen.

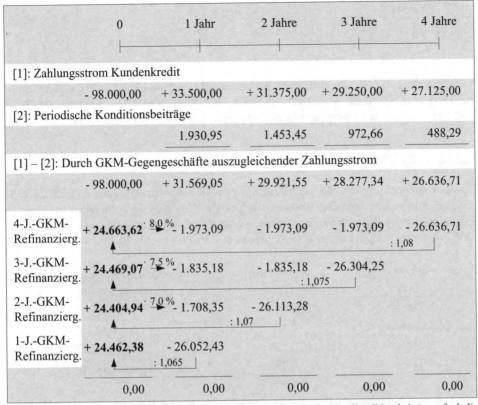

	0	1 Jahr	2 Jahre	3 Jahre	4 Jahre
[1]: Zahlungsstrom Kundenkredit					
	- 98.000,00	+ 33.500,00	+ 31.375,00	+ 29.250,00	+ 27.125,00
[2]: Periodische Konditionsbeiträge					
		1.930,95	1.453,45	972,66	488,29
[1] – [2]: Durch GKM-Gegengeschäfte auszugleichender Zahlungsstrom					
	- 98.000,00	+ 31.569,05	+ 29.921,55	+ 28.277,34	+ 26.636,71
4-J.-GKM-Refinanzierg.	**+ 24.663,62** · 8,0 %	- 1.973,09	- 1.973,09	- 1.973,09	- 26.636,71 (: 1,08)
3-J.-GKM-Refinanzierg.	**+ 24.469,07** · 7,5 %	- 1.835,18	- 1.835,18	- 26.304,25 (: 1,075)	
2-J.-GKM-Refinanzierg.	**+ 24.404,94** · 7,0 %	- 1.708,35	- 26.113,28 (: 1,07)		
1-J.-GKM-Refinanzierg.	**+ 24.462,38**	- 26.052,43 (: 1,065)			
	0,00	0,00	0,00	0,00	0,00

Abb. 43.6: Bestimmung der zur Realisierung der kapitalbindungsproportionalen Konditionsbeiträge erforderlichen GKM-Geschäfte

zu 4.a):

Bei der **zeitproportionalen Verteilung** wird die Erzielung konstanter Überschüsse beziehungsweise Entnahmebeträge im Zeitablauf angestrebt. Dabei sind die Zeitannuitäten mittels einer einfachen Gleichung bestimmbar. Sie basiert auf der Überlegung, dass sich der kalkulierte Konditionsbeitrags-Barwert (KB-BW) aus der Summe der vorerst noch unbekannten abgezinsten Zeitannuitäten (A) ergeben muss. Zu diesem Zweck sind die für die verschiedenen Laufzeiten (L) bereits berechneten (Kassa-)Zerobond-Abzinsfaktoren (ZB-AF[0,L]) zu verwenden. Als einzige Unbekannte verbleibt somit die im Zeitablauf konstante Zeitannuität.

$$\text{KB-BW} = A \cdot \sum_{L=1}^{n} \text{ZB-AF}[0;L]$$

Nach Umformung der obigen Gleichung lässt sich die gesuchte Zeitannuität wie folgt bestimmen:

$$A = \frac{KB\text{-}BW}{\sum_{L=1}^{n} ZB\text{-}AF[0;L]}$$

Nach Einsetzen des Konditionsbeitrags-Barwertes in Höhe von 4.221,52 CHF und der Summe der (Kassa-)Zerobond-Abzinsfaktoren von 3,348078 (= 0,938967 + 0,873152 + 0,803806 + 0,732154) ermittelt sich eine konstante Zeitannuität im Wert von **1.260,88 CHF**.

zu 4.b):

Bei der **kostenproportionalen Verteilung** wird ein im Zeitablauf konstantes Verhältnis zwischen Zinsüberschuss und Betriebskosten angestrebt. Um die entsprechenden periodischen Konditionsbeitrags-Barwerte zu bestimmen, ist der Konditionsbeitrags-Barwert von 4.221,52 CHF mit den jeweiligen Kostenfaktoren zu multiplizieren (vgl. Abb. 43.7).

betrachtete Periode	Kostenfaktoren	Konditionsbeitrags-Barwerte
	(1)	(2) = (1) · 4.221,52
1. Jahr	0,50	2.110,76
2. Jahr	0,15	633,23
3. Jahr	0,15	633,23
4. Jahr	0,20	844,30
	1,00	4.221,52

Abb. 43.7: Ermittlung der periodischen Konditionsbeitrags-Barwerte nach dem zeitlichen Anfall der Betriebskosten des Kredits

Die periodischen Zeitwerte ergeben sich daraufhin aus der Division mit den entsprechenden (Kassa-)Zerobond-Abzinsfaktoren (vgl. Abb. 43.8).

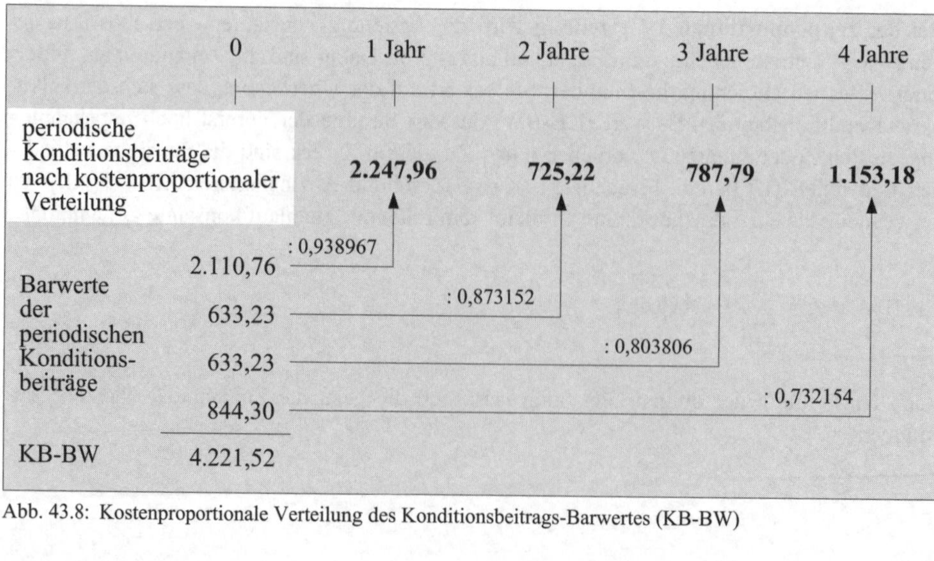

Abb. 43.8: Kostenproportionale Verteilung des Konditionsbeitrags-Barwertes (KB-BW)

zu 4.c):

Bei der **rückflussproportionalen Verteilung** wird als Bezugsgröße für die Verrentung der Anteil jeder Kundenzahlung am gesamten Kunden-Cash Flow zugrundegelegt. Dazu sind zunächst durch Multiplikation der periodischen Kundenzahlungen (1) mit den jeweiligen (Kassa-)Zerobond-Abzinsfaktoren (2) die Barwerte der Kapitaldienstleistungen zu ermitteln (3), die daraufhin ins Verhältnis zu ihrer Gesamtsumme gesetzt werden. Die sich daraus ergebenden Prozentwerte (4) sind mit dem bekannten Konditionsbeitrags-Barwert zu multiplizieren (5).

Zeitpunkt nach ... Jahren	Kapitaldienstleistungen	(Kassa-) Zerobond-Abzinsfaktoren	Barwerte der Kapitaldienstleistungen	Anteil an der Barwertsumme	Periodischer Anteil am Konditionsbeitrags-Barwert
	(1)	(2)	(3) = (1) · (2)	(4) = (3) / 102.221.52	(5) = 4.221,52 · (4)
1	33.500	0,938967	31.455,40	30,7718 %	1.299,04
2	31.375	0,873152	27.395,13	26,7998 %	1.131,36
3	29.250	0,803806	23.511,32	23,0004 %	970,96
4	27.125	0,732154	19.859,67	19,4281 %	820,16
Summe			102.221,52	100,0000 %	4.221,52

Abb. 43.9: Verteilungsschlüssel für die rückflussproportionale Verteilung des Konditionsbeitrags-Barwertes

Um die Periodenbeträge auf Zeitwertbasis zu ermitteln, sind die in Spalte (5) von Abbildung 43.9 ausgewiesenen Barwerte durch die jeweiligen (Kassa-)Zerobond-Abzinsfaktoren zu dividieren (vgl. Abb. 43.10).

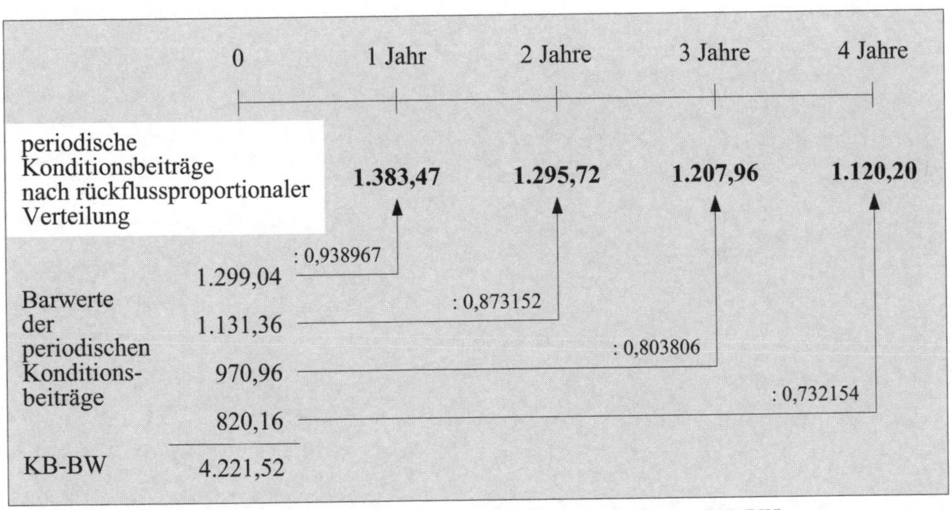

Abb. 43.10: Rückflussproportionale Verteilung des Konditionsbeitrags-Barwertes (KB-BW)

zu 4.d):

Die Besonderheit der treasury-konformen Verteilung des Konditionsbeitrags-Barwertes besteht darin, dass die Kapitalbindung des Kundengeschäfts auf das GKM-Gegengeschäft übertragen wird, weshalb diese Verteilungsmethode als effektivzinsabhängig zu bezeichnen ist. Für das Beispiel entsprechen die treasury-konformen GKM-Refinanzierungstranchen genau den Tilgungszahlungen des Kundenkredits laut Effektivzinsrechnung (vgl. Abb. 43.3). Um den GKM-Zinsaufwand für die einzelnen GKM-Refinanzierungsgeschäfte zu erhalten, sind die am Geld- und Kapitalmarkt gültigen Zinssätze auf diese GKM-Refinanzierungstranchen zu beziehen (vgl. Abb. 43.11).

GKM-Tranche	Volumen	GKM-Zinssätze	GKM-Zinsaufwand der Finanzierungstranchen
	(1)	(2)	(3) = (1) · (2)
1-Jahres-Refinanzierung	24.234,50	6,5 %	1.575,24
2-Jahres-Refinanzierung	24.400,77	7,0 %	1.708,05
3-Jahres-Refinanzierung	24.582,77	7,5 %	1.843,71
4-Jahres-Refinanzierung	24.781,97	8,0 %	1.982,56

Abb. 43.11: GKM-Refinanzierungstranchen und zugehörige periodische Zinsaufwendungen

Der GKM-Zinsaufwand einer Periode besteht aus den Zinsen auf die fällige Tranche und den jeweiligen Aufwendungen für die laufzeitlängeren Tranchen. Die periodischen Konditionsbeiträge nach dem Verfahren treasury-konformer Verteilung ergeben sich nun, indem für jede Periode der effektive Zinsertrag laut Effektivzinsrechnung um den Zinsaufwand der GKM-Refinanzierungsgeschäfte pro Periode vermindert wird (vgl. Abb. 43.12).

	0	1 Jahr	2 Jahre	3 Jahre	4 Jahre
[1]: Zahlungsstrom Kundenkredit					
	- 98.000,00	+ 33.500,00	+ 31.375,00	+ 29.250,00	+ 27.125,00
[2]: GKM-Finanzierungszahlungsreihe					
1-Jahres-Refinanzierung	+ 24.234,50	- 24.234,50 - 1.575,24			
2-Jahres-Refinanzierung	+ 24.400,77	- 1.708,05	- 24.400,77 - 1.708,05		
3-Jahres-Refinanzierung	+ 24.582,77	- 1.843,71	- 1.843,71	- 24.582,77 - 1.843,71	
4-Jahres-Refinanzierung	+ 24.781,97	- 1.982,56	- 1.982,56	- 1.982,56	- 24.781,97 - 1.982,56
Summe	+ 98.000,00	- 31.344,06	- 29.935,09	- 28.409,03	- 26.764,52
[1] + [2]: periodische Konditionsbeiträge nach treasury-konformer Verteilung					
		+ 2.155,94	**+ 1.439,91**	**+ 840,97**	**+ 360,48**

Abb. 43.12: Periodische Konditionsbeiträge gemäß treasury-konformer Verteilung

Abbildung 43.13 zeigt die Kalkulation der periodischen Konditionsmargen, die sich aus dem Verhältnis von Konditionsbeiträgen und dem jeweils pro Periode gebundenem Kapital – gemäß Zins- und Tilgungsplan in der Effektivrechnung (vgl. Abb. 43.3) – ergeben.

Periode	Periodischer Konditionsbeitrag	Effektivsaldo	**Konditionsmarge**
	(1)	(2)	(3) = (1) : (2)
1. Jahr	2.155,94	98.000,00	**2,200 %**
2. Jahr	1.439,91	73.765,50	**1,952 %**
3. Jahr	840,97	49.364,73	**1,704 %**
4. Jahr	360,48	24.781,97	**1,455 %**

Abb. 43.13: Periodische Konditionsmargen gemäß treasury-konformer Verteilung

Fallstudie 44: **Klassische Effektivzinsverfahren**

Der Physiker Theo Tüftler benötigt für den Ausbau seines Versuchslabors dringend 225.000 EUR. Da sein Eigenkapital bereits vollständig investiert ist, muss er diesen Betrag in vollem Umfang fremdfinanzieren. Der zuständige Kundenbetreuer seiner Hausbank legt ihm nach zähen Verhandlungen das folgende Kreditangebot vor:

- Nominalbetrag: 240.000 EUR (Auszahlung am 05.01.04)
- Nominalverzinsung: 8 %
- Disagio: 6,25 %
- Laufzeit: 3 Jahre
- Tilgung: halbjährlich in gleich hohen Raten, jeweils am 30.06. und am 03.01.
- Zinszahlung: halbjährlich nachschüssig

Tüftler beschließt daraufhin, noch ein weiteres Angebot einzuholen. Zu diesem Zweck bittet er seinen alten Schulfreund Dirk Dealer, der als Rentenhändler bei einer amerikanischen Großbank in New York arbeitet, sich für ihn um ein entsprechendes Kreditangebot zu kümmern. Als Dealer ihn nach kurzer Zeit zurückruft, unterbreitet er ihm exakt das gleiche Kreditangebot wie zuvor Tüftlers Hausbank. Erstaunlicherweise ist jedoch die von Dealer genannte Effektivverzinsung des Kredites etwas niedriger als diejenige, die ihm seine Hausbank für ihre Kreditofferte mitgeteilt hatte. Auf die Rückfrage Tüftlers erklärt Dealer, der von ihm berechnete Effektivzins sei korrekt. Er sei schließlich mit Hilfe des von ihm täglich benutzten US-Effektivzinsverfahrens berechnet worden. Eine entsprechende Rückfrage Tüftlers bei dem Kundenbetreuer seiner Hausbank ist dagegen wenig ergiebig. Nach welchem Verfahren der von ihm genannte Effektivzins berechnet worden sei, könne er nicht sagen. Sein Personalcomputer drucke stets nur das Endergebnis der Effektivzinsrechnung aus.

Tüftler, der als penibler Rechner bekannt ist, besorgt sich daraufhin die einschlägige Literatur zu den gängigen Effektivzinsverfahren und stellt eigene Berechnungen an. Dabei kommt er zu dem Ergebnis, dass seine Hausbank die Berechnung des Effektivzinses nur nach der in Deutschland geltenden Preisangabenverordnung (PAngV) durchgeführt haben könne.

1. Stellen Sie die klassischen Praxisvarianten der dynamischen Effektivzinsrechnung (PAngV, US, ICMA) einander gegenüber und vergleichen Sie diese anhand der Kriterien
   - Art der unterjährigen Zinsverrechnung,
   - Zeitpunkt der Zinskapitalisierung,

2. a) Stellen Sie die Zahlungsreihe für das Kreditangebot an Tüftler auf!

   b) Berechnen Sie darauf aufbauend den Effektivzins für diesen Kredit nach Preisangabenverordnung (PAngV) und

   c) nach US-Verfahren!

3. Bestimmen Sie auf der Basis einer stufenweisen Zins- und Tilgungsrechnung das in den drei Jahren der Kreditlaufzeit effektivzinskonstant abzugrenzende Disagio nach Preisangabenverordnung (PAngV)!

Lösungsvorschlag zu Fallstudie 44:

<u>zu 1.:</u>

Zu den wesentlichen und in der Praxis gängigsten klassischen Verfahren der dynamischen Effektivzinsrechnung zählen im einzelnen:

- Effektivzins nach der International Capital Market Association (ICMA)
- Effektivzins nach deutscher Preisangabenverordnung (PAngV)
- „amerikanischer" bzw. „US"-Effektivzins

Alle drei Verfahren basieren auf der sogenannten **Internen Zinsfußmethode**. Während die ICMA-Methode und das Verfahren gemäß PAngV grundsätzlich identisch sind, bestehen Differenzen zwischen den beiden genannten Verfahren und dem US-Effektivzins. Diese kommen dann zum Tragen, wenn unterjährige Zahlungen geleistet werden.

Die unterschiedliche Vorgehensweise der verschiedenen Verfahren in bezug auf die in der Aufgabenstellung genannten Kriterien sind in der folgenden Abbildung 44.1 zusammengestellt.

<table>
<tr><td rowspan="2">Unterscheidungs-kriterium</td><td colspan="3">Interner Zinsfuß nach</td></tr>
<tr><td colspan="2">US</td><td>ICMA bzw. PAngV</td></tr>
<tr><td>Unterjährige Zinsverrechnung</td><td>linear</td><td colspan="2">exponentiell</td></tr>
<tr><td rowspan="2">Zins-kapitalisierung</td><td colspan="3">unterjährig</td></tr>
<tr><td colspan="2">abhängig von den Laufzeiten der Finanzierungstranchen</td><td>unabhängig von den Zahlungs- bzw. Zinskapitalisierungsterminen tägliche Zinskapitalisierung</td></tr>
</table>

Abb. 44.1: Klassische Praxisvarianten der Internen Zinsfußmethode

zu 2.a):

Die Zahlungsreihe des Kredites hat das folgende Aussehen:

	05.01.04	30.06.04	03.01.05	30.06.05	03.01.06	30.06.06	03.01.07
Auszahlung	-225.000	0	0	0	0	0	0
Tilgung	0	40.000	40.000	40.000	40.000	40.000	40.000
Zinsen	0	9.600	8.000	6.400	4.800	3.200	1.600
Kapitaldienste		49.600	48.000	46.400	44.800	43.200	41.600

Abb. 44.2: Zahlungsreihe des Kredites (in EUR)

zu 2.b):

Der interne Zinsfuß (i) entspricht allgemein dem Zins, bei dem der Barwert der Rückzahlungsbeträge genauso hoch ist wie der Auszahlungsbetrag, d.h. der Kapitalwert der Zahlungsreihe Null ist. Er gibt dabei die Verzinsung des jeweils noch gebundenen Kapitals an.

Bei der Effektivzinsrechnung nach **PAngV/ICMA** wird im unterjährigen Bereich mit exponentiellen Zinsen kalkuliert. Die angefallenen Zinsen werden **täglich** kapitalisiert und am folgenden Tag wieder mitverzinst. Mit anderen Worten, es findet eine tägliche Zinseszinsberechnung statt unabhängig von der Frage, ob an diesem Tag eine Zahlung erfolgt oder nicht. Um nun die Gleichung zur Bestimmung des internen Zinsfußes aufstellen zu können, müssen die Rückzahlungsbeträge zu jedem Zins- und Tilgungstermin sowie die Zeiträume, die zwischen den Zins- und Tilgungsterminen sowie dem Auszahlungszeitpunkt liegen, bestimmt werden. Während die Kapitaldienste der Abbildung 44.2 entnommen werden können, sind die Zeiträume noch zu ermitteln. Dabei gilt, dass für die Berechnung dem Jahr 365 Tage mit 12 gleich langen Monaten zugrunde gelegt werden (entspricht 30,41667 Tagen pro Monat).

Zuerst sind die Zahlungstermine zu normieren. Das bedeutet, dass wenn ein Termin auf einen 31. eines Monats oder auf einen 28. oder 29. Februar fällt, er auf den 30. des Monats gesetzt wird.

Der Zeitabstand zwischen Auszahlungs- und den einzelnen Rückzahlungsterminen in ganzen Monaten (ZM) ergibt sich gemäß den folgenden Gleichungen, wobei die Platzhalter JJ, MM und TT die Jahres-, Monats respektive Tagesziffern darstellen und Z respektive A für Zahlung respektive Auszahlung steht:

$ZM = 12 \cdot (JJ_Z - JJ_A) + MM_Z - MM_A$ falls $TT_Z \geq TT_A$, respektive
$ZM = 12 \cdot (JJ_Z - JJ_A) + MM_Z - MM_A - 1$ falls $TT_Z < TT_A$

Der Zeitabstand in verbleibenden Tagen (ZT) ergibt sich aus

$ZT = 0$ falls $TT_Z = TT_A$, respektive
$ZT = TT_Z - TT_A$ falls $TT_Z > TT_A$, respektive
$ZT = 30 + TT_Z - TT_A$ falls $TT_Z < TT_A$

Der zur Abzinsung benötigte Zeitabstand in Jahren (ZJ) resultiert dann aus

$$ZJ = \frac{ZM}{12} + \frac{ZT}{365}$$

Dies sei am Beispiel des Rückzahlungstermins 03.01.06 beispielhaft dargestellt (Kapitaldienst gemäß Abbildung 44.2: 44.800 EUR):

$ZM = 12 \cdot (06 - 04) + 1 - 1 - 1 = 23$;
$ZT = 30 + 3 - 5 = 28$; und schließlich
$$ZJ = \frac{23}{12} + \frac{28}{365} = 1{,}99338$$

Für die einzelnen Rückzahlungstermine ergeben sich somit folgende Werte:

	Zeitabstand zwischen dem 05.01.04 und dem...					
	30.06.04	03.01.05	30.06.05	03.01.06	30.06.06	03.01.07
ZM	5	11	17	23	29	35
ZT	25	28	25	28	25	28
ZJ	0,485160	0,993379	1,485160	1,993379	2,485160	2,993379

Um den internen Zinsfuß zu berechnen, muss nun mit Hilfe der ermittelten Werte folgende Gleichung aufgestellt werden:

$$\begin{aligned} 225.000 \text{ EUR} = \; & 49.600 \text{ EUR} \cdot (1 + i_{PAngV/ICMA})^{-0,485160} \\ + \; & 48.000 \text{ EUR} \cdot (1 + i_{PAngV/ICMA})^{-0,993379} \\ + \; & 46.400 \text{ EUR} \cdot (1 + i_{PAngV/ICMA})^{-1,485160} \\ + \; & 44.800 \text{ EUR} \cdot (1 + i_{PAngV/ICMA})^{-1,993379} \\ + \; & 43.200 \text{ EUR} \cdot (1 + i_{PAngV/ICMA})^{-2,485160} \\ + \; & 41.600 \text{ EUR} \cdot (1 + i_{PAngV/ICMA})^{-2,993379} \end{aligned}$$

Zur Berechnung des internen Zinsfußes nach PAngV/ICMA wird im folgenden die lineare Interpolation (basierend auf dem Strahlensatz) als Näherungsverfahren angewendet.

Durch Probieren mit unterschiedlichen Zinssätzen für $i_{PAngV/ICMA}$ erhält man zunächst für

$i_{PAngV/ICMA}$ = 12 % => Kapitalwert der Zahlungsreihe = + 2.017,74 EUR und für

$i_{PAngV/ICMA}$ = 13 % => Kapitalwert der Zahlungsreihe = - 1.193,54 EUR.

Der gesuchte interne Zinsfuß nach PAngV/ICMA muss sich also zwischen 12 % und 13 % bewegen. Durch lineare Interpolation zwischen diesen beiden Kapitalwerten lässt sich dann der Zinssatz, bei dem der Kapitalwert approximativ Null ist, berechnen.

$$\frac{2.017,74-(-1.193,54)}{0,13-0,12}=\frac{2.017,74-0}{i_{PAngV/ICMA}-0,12} \Rightarrow i_{PAngV/ICMA}=12,62833\ \%$$

zu 2.c):

Bei dem sogenannten **„US"-Effektivzinsverfahren** erfolgt die Zinsverrechnung am jeweiligen Zahlungstermin. Zwischen den unterjährigen Zinsterminen wird dabei mit linearen Zinsen gerechnet. Die Tagezählung erfolgt hier „actual", d.h. die Tage einer Zeitperiode werden genau ausgezählt. So beträgt beispielsweise der Zeitraum zwischen der Zahlung am 30.06.04 und derjenigen am 03.01.05 gerundet 0,512329 Jahre (= (31 + 31 + 30 + 31 + 30 + 31 + 3) / 365), der Zeitraum zwischen der Zahlung am 03.01.05 und derjenigen am 30.06.05 gerundet 0,487671 Jahre (= (28 + 28 + 31 + 30 + 31 + 30) / 365). Da das Jahr 04 ein Schaltjahr ist, ergibt sich für den Zeitraum zwischen dem 05.01.04 und dem 30.06.04 ein Wert von 0,483607 Jahren (= 27 + 28 + 31 + 30 + 31 + 30) / 366).

Die Ausgangsgleichung lautet demnach:

$$\begin{aligned}225.000\ \text{EUR} = \quad & 49.600\ \text{EUR} \cdot (1 + i_{US} \cdot 0,483607)^{-1}\\ + \quad & 48.000\ \text{EUR} \cdot (1 + i_{US} \cdot 0,512329)^{-2}\\ + \quad & 46.400\ \text{EUR} \cdot (1 + i_{US} \cdot 0,487671)^{-3}\\ + \quad & 44.800\ \text{EUR} \cdot (1 + i_{US} \cdot 0,512329)^{-4}\\ + \quad & 43.200\ \text{EUR} \cdot (1 + i_{US} \cdot 0,487671)^{-5}\\ + \quad & 41.600\ \text{EUR} \cdot (1 + i_{US} \cdot 0,512329)^{-6}\end{aligned}$$

Durch Probieren mit unterschiedlichen Zinssätzen für i_{US} erhält man für

i_{US} = 12 % => Kapitalwert der Zahlungsreihe = + 480,31 EUR und für

i_{US} = 13 % => Kapitalwert der Zahlungsreihe = - 2.916,92 EUR.

Lineare Interpolation:

$$\frac{480,31-(-2.916,92)}{0,13-0,12}=\frac{480,31-0}{i_{US}-0,12} \Rightarrow i_{US}=12,141383\ \%$$

zu 3.:

Stufenweise Zins- und Tilgungsrechnung

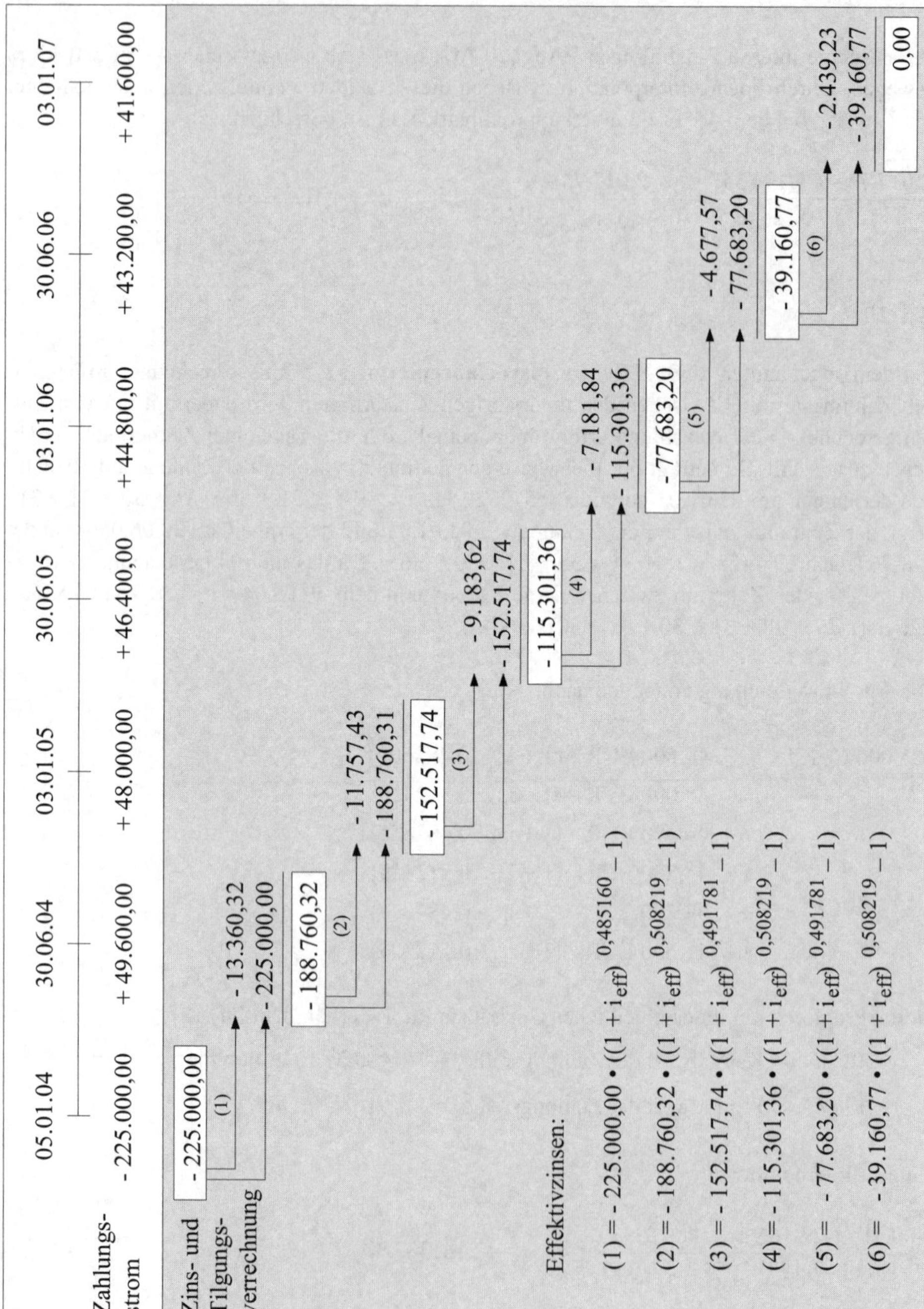

Abb. 44.3: Zins- und Tilgungsrechnung des Kredites (PAngV/ICMA)

Hinweis: Die stufenweise Zins- und Tilgungsrechnung sowie die folgende Disagioabgrenzung wurden auf Basis des mit Hilfe eines entsprechenden EDV-Programms auf sieben Nachkommastellen genau berechneten Effektivzinses (PAngV/ICMA) in Höhe von 12,625157 % durchgeführt.

Effektivzinskonstante Disagioabgrenzung

(1)	(2)	(3)	(4)	(5)	(6)	(7)
30.06.04	0,485160	225.000,00	240.000	13.360,32	9.600	3.760,32
03.01.05	0,508219	188.760,32	200.000	11.757,42	8.000	3.757,42
30.06.05	0,491781	152.517,74	160.000	9.183,62	6.400	2.783,62
03.01.06	0,508219	115.301,36	120.000	7.181,84	4.800	2.381,84
30.06.06	0,491781	77.683,20	80.000	4.677,57	3.200	1.477,57
03.01.07	0,508219	39.160,77	40.000	2.439,23	1.600	839,23
Summe		798.423,39	840.000	48.600,00	33.600	15.000,00

Abb. 44.4: Effektivzinskonstante Disagioabgrenzung des Kredites (PAngV/ICMA)

In Abbildung 44.4 sind in den einzelnen Spalten folgende Größen beschrieben:

(1) = Zahlungszeitpunkte
(2) = Zeitabstand zwischen den einzelnen Zahlungszeitpunkten in Jahren
(3) = effektiver durchschnittlicher Kapitalsaldo
(4) = nomineller durchschnittlicher Kapitalsaldo
(5) = effektiver Zinsertrag = $(3) \cdot ((1 + 12{,}6251578\ \%)^{(2)} - 1)$
(6) = nomineller Zinsertrag = $(4) \cdot 0{,}5 \cdot 4\ \%$
(7) = Disagio = (5) – (6)

Das in den einzelnen Jahren der Kreditlaufzeit abzugrenzende Disagio beträgt im

1. Jahr:	3.760,32 GE	+	3.757,42 GE	=	7.517,74 GE
2. Jahr:	2.783,62 GE	+	2.381,84 GE	=	5.165,46 GE
3. Jahr:	1.477,57 GE	+	839,23 GE	=	2.316,80 GE
insgesamt					**15.000,00 GE**

Fallstudie 45: **Treasury-konforme Effektivzinsrechnung und Margenkalkulation**

Die Bank Gottfried Stutz kalkuliert die Margen im Kreditgeschäft bis anhin mit Hilfe der Effektivzinsrechnung nach Preisangabeverordnung. Gestützt auf Ihr an der Universität im Wahlfach Bankmanagement erworbenes Wissen vertreten Sie als Leiter der Controlling-Abteilung jedoch die Ansicht, die Margenkalkulation müsse auf Basis der neuen marktzinsorientierten Effektivzinsrechnung erfolgen, da diese die Anforderungen an ein modernes controlling-adäquates Steuerungsinstrument am besten erfülle. Sie beschließen deshalb, die Konzeption des treasury-konformen Effektivzinses (TEZ) und der sich anschließenden marktzinsorientierten Margenkalkulation Ihren Kollegen der Geschäftsleitung in der nächsten Sitzung anhand des folgenden Beispiel-Kredites vorzustellen:

- Kreditvolumen (nominal): 100.000 CHF
- Nominalzins: 6,5 %
- Disagio: 5 %
- Laufzeit: 2 Jahre
- Zinszahlung: halbjährlich nachschüssig
- Tilgung: jährlich in gleich hohen Raten
- Effektivzins (TEZ): 10,46376 %

Die derzeit am Geld- und Kapitalmarkt (GKM) geltenden Zinssätze (jeweils p.a.) haben Sie bereits in folgender Abbildung zusammengestellt:

Fristigkeit	GKM-Zinssatz
6 Monate	5,0 %
1 Jahr	6,0 %
18 Monate	6,5 %
2 Jahre	7,0 %

Abb. 45.1: Geld- und Kapitalmarkt-Zinsstruktur im Abschlusszeitpunkt des Beispiel-Kredites

1. a) Skizzieren Sie stichwortartig das Anforderungsprofil, das ein controlling-adäquates Kalkulationsinstrumentarium zur Berechnung entscheidungsorientierter Margen erfüllen sollte!

   b) Wie ist vor diesem Hintergrund die Verwendung klassischer dynamischer Effektivzinsverfahren zur Margenkalkulation zu beurteilen?

2. a) Beschreiben Sie zunächst kurz die Prämissen, die bei der Berechnung des treasury-konformen Effektivzinses zugrunde gelegt werden!

   b) Erläutern Sie allgemein die Vorgehensweise zur Berechnung des treasury-konformen Effektivzinses!

c) Formulieren Sie anschließend das lineare Gleichungssystem zur Berechnung des treasury-konformen Effektivzinses für den Beispiel-Kredit!

d) Erstellen Sie schließlich die Zins- und Tilgungsrechnung für den Kredit nach TEZ!

Aus der Auflösung des Gleichungssystems mit Hilfe eines entsprechenden Solver-Programms resultieren die folgenden Auszahlungstranchen x_n:

X_n	Tranche	Betrag
x_1	6-Monats-Geld	3.088,42 CHF
x_2	1-Jahres-Geld	43.632,59 CHF
x_3	18-Monats-Geld	1.544,21 CHF
x_4	2-Jahres-Geld	46.734,78 CHF

Abb. 45.2: Auszahlungstranchen des Kredites nach TEZ

3. Stellen Sie – gemäß den Usancen am Geld- und Kapitalmarkt – die Zahlungsreihe der Opportunität auf und ermitteln Sie darauf aufbauend

a) den durchschnittlichen Opportunitätszins als 2-Jahres-Durchschnitt,

b) die durchschnittliche Gesamtmarge des Kredites als 2-Jahres-Durchschnitt und

c) die beiden Jahresmargen!

4. Zeigen Sie, dass bei Verwendung des treasury-konformen Effektivzinsverfahrens die Berechnung der periodischen Konditionsbeiträge

a) im Rahmen der Margenkalkulation auf Jahresbasis,

b) mit Hilfe der Cash Flow-Rechnung und

c) auf Basis der jahresdurchschnittlichen Zinsertragsbilanz zu identischen Ergebnissen führt!

Lösungsvorschlag zu Fallstudie 45:

zu 1.a):

Folgende **Anforderungen** sind an ein controlling-adäquates Instrumentarium zur Margenkalkulation zu stellen:

- Die Erfolgsbeiträge aus Kundengeschäften (Konditionsbeiträge) müssen von den Erfolgsbeiträgen aus Fristen- und Währungstransformationsentscheidungen getrennt ermittelt und jeweils in der Höhe richtig wiedergegeben werden.

- Die entscheidungsorientierte Marge eines Kundengeschäftes berechnet sich aus der Differenz zwischen Effektivzins des Kundengeschäftes und Effektivzins des Opportunitätsgeschäftes. Während der dynamische Effektivzins – ausschließlich auf das Kundengeschäft angewendet – in allen seinen Varianten noch ohne Wiederanlage- oder Nachfinanzierungsprämisse auskommt, muss nun bei der Margenkalkulation für die Berechnung des Effektivzinses von Kunden- und Opportunitätsgeschäft ein Effektivzinsverfahren angewendet werden, bei dem sich das Problem der zwischenzeitlichen Wiederanlage bzw. Nachfinanzierung nicht ergibt.

- Um potentielle Fehlsteuerungen im Transformationsbereich zu vermeiden, müssen die Alternativgeschäfte zum Kundengeschäft so kalkuliert sein, dass sie einem Treasurer echte Handlungsalternativen aufzeigen, d.h. man sollte die Opportunitätsgeschäfte tatsächlich in dieser Weise am Geld- und Kapitalmarkt vorfinden, um bei deren Realisierung auch vollständig strukturkongruent Gelder aufnehmen oder anlegen zu können.

- Weiterhin wäre aus Gründen der Nachvollziehbarkeit und Akzeptanz zu fordern, dass sich die kalkulierten Ergebnisse auch in der jährlichen Gewinn- und Verlustrechnung wiederfinden lassen. Dieser Punkt ist unter Praktikabilitätsaspekten mit nachstehender Anforderung abzuwägen, nämlich, dass sich

- ein einheitlicher Effektivzins sowohl beim Kundengeschäft wie auch bei der Opportunität kalkulieren lässt, der dazu führt, dass sich im zeitlichen Durchschnitt eine konstante effektive Marge ergibt, die damit in einer Größe die Vorteilhaftigkeit eines Kundengeschäftes verdichtet.

zu 1.b):

Zusammengefasst lassen sich die Ergebnisse aus der Beurteilung der klassischen Effektivzinsverfahren (US-Methode, nach Preisangabenverordnung (PAngV), Verfahren der International Capital Market Association (ICMA)) wie folgt darstellen:

Beurteilungskriterien	US-Verfahren	PAngV/ICMA Verfahren
(1) Steuerungsadäquanz für das Kundengeschäft	+	+
(2) Synchronisation von Bankbuchhaltung und Ergebnisrechnung	(+)	(+)
(3) Steuerungsadäquanz im Transformationsbereich	–	–

Abb. 45.3: Beurteilung der klassischen dynamischen Effektivzinsverfahren

Dazu ist folgendes zu bemerken:

zu (1):

Zum Kriterium der **Steuerungsadäquanz für das Kundengeschäft** ist zu bemerken, dass prinzipiell mit jedem klassischen dynamischen Verfahren der Effektivzinsrechnung entscheidungsrelevante Margen ermittelt werden können und damit eine controlling-adäquate Steuerung des Kundengeschäftes möglich ist, sofern bei der Konstruktion von Alternativgeschäften das Problem der zwischenzeitlichen Wiederanlage respektive Nachfinanzierung gelöst werden kann.

zu (2):

Grundsätzlich eignen sich die dynamischen Effektivzinsverfahren auch für eine **buchhalterische Erfassung**. Hinsichtlich der Kapitalbindung ist jedoch festzuhalten, dass beim PAngV/ICMA-Verfahren Probleme in der Verbuchung auftreten, was auf die exponentielle Verzinsung im unterjährigen Bereich zurückzuführen ist. Dies hat zur Konsequenz, dass hier keine lineare Kapitalbasis existiert, die als Bezugsbasis für den Zinsertrag herangezogen werden kann. Aus diesem Grund erscheint die Integration dieser Methode in das betriebliche Rechnungswesen nur bedingt möglich.

Das US-Verfahren ist ebenfalls nicht in der Lage, eine völlige GuV-Synchronisation in dem Sinne zu erzeugen, dass den realisierten Zinserträgen die tatsächlichen Zinsaufwendungen gegenübergestellt werden, da die Zinskapitalisierung beim Opportunitätsgeschäft nicht gemäß den tatsächlichen Usancen am Geld- und Kapitalmarkt erfolgt.

zu (3):

Dem Anspruch der **Treasury-Adäquanz** schließlich wird keines der klassischen dynamischen Effektivzinsverfahren gerecht. So wäre bei einer Effektivzinsrechnung und -kalkulation nach PAngV/ICMA-Verfahren aufgrund der täglichen Zinsverrechnung und Zinskapitalisierung eine Refinanzierung der jeweiligen Beträge praktisch nur durch Tagesgeld möglich, was für den Treasurer in dieser Weise natürlich keine echte Handlungsalternative darstellt.

<u>zu 2.a):</u>

Der treasury-konformen Effektivzinsrechnung sind folgende **Prämissen** zugrundegelegt:

- Die Zinsrechnung im unterjährigen Bereich erfolgt linear.
- Die am Geld- und Kapitalmarkt vorgefundene Notwendigkeit, auch für Gelder, deren Laufzeit im unterjährigen Bereich endet, am Laufzeitende Zinsen zahlen zu müssen, wird auf die Effektivzinsrechnung des Kundengeschäftes übertragen.
- Der ansonsten übliche Zinszahlungsrhythmus, wonach bei länger laufenden Geldern (über ein Jahr) nach Ablauf eines Jahres Zinsen zu zahlen sind, wird beibehalten bzw. ebenfalls auf die Kunden-Effektivzinsrechnung angewendet.

<u>zu 2.b):</u>

Die **Vorgehensweise** soll anhand des nachstehend allgemein definierten **Gleichungssystems** erläutert werden:

$x_1 + x_2 + ... + x_n$ = Auszahlungsbetrag

$x_1 \cdot (1 + i_{TEZ} \cdot \text{unterjährige Monate } x_1 / 12)$ = 1. unterjährige Zahlung im Jahr 1

$x_2 \cdot (1 + i_{TEZ} \cdot \text{unterjährige Monate } x_2 / 12)$ = 2. unterjährige Zahlung im Jahr 1

.

.

.

$x_3 \cdot (1 + i_{TEZ}) + x_4 \cdot i_{TEZ} + ... + x_n \cdot i_{TEZ}$ = 1. Jahreszahlung

$x_4 \cdot (1 + i_{TEZ} \cdot \text{unterjährige Monate } x_4 / 12)$ = 1. unterjährige Zahlung im Jahr 2

.

.

.

$x_n \cdot (1 + i_{TEZ})$ = letzte Zahlung

Erläuterungen zum Gleichungssystem:

Der Auszahlungsbetrag an den Kunden wird gedanklich in n Auszahlungstranchen zerlegt, die hier mit x_1 bis x_n bezeichnet sind. Die Anzahl der Tranchen n und damit die Gesamtzahl der Gleichungen hängt von der Zahlungsreihe des Kundengeschäftes ab. Durch die erste Gleichung wird sichergestellt, dass die Summe der Auszahlungstranchen mit dem Auszahlungsbetrag (= Nominalbetrag abzüglich Disagio) übereinstimmt.

Für die Ableitung der weiteren Gleichungen ist zunächst zwischen unterjährigen Zahlungen und den Terminen auf Jahresfrist zu unterscheiden. Für die erste Kategorie wird die Bestimmungsgleichung jeweils so aufgestellt, dass die noch unbekannte Tranche x multipliziert mit (1 + Effektivzins $i_{TEZ} \cdot$ Laufzeitanteil) der jeweiligen unterjährigen Kundenzahlung entspricht. Damit wird jede Kundenzahlung in einen Kapital- und einen effektiven Zinsertragsbestandteil aufgespalten, die dann bei der Bestimmung der kalkulatorischen Refinanzierung zugrundegelegt werden.

Für die Termine auf Jahresfrist gilt, dass unabhängig davon, ob der Kunde zu diesem Zeitpunkt eine Zahlung leistet, Zinsen verrechnet werden. Hierdurch wird der Prämisse Rechnung getragen, dass für länger als ein Jahr laufende Refinanzierungstranchen nach Ablauf eines Jahres Zinsen fällig werden und vom Treasurer zu zahlen sind. Im Gleichungssystem dokumentiert sich dieser Sachverhalt dadurch, dass neben der nach zwölf Monaten fälligen Kapitaltranche (im obigen System x_3) alle länger laufenden Tranchen (x_4 bis x_n), multipliziert mit dem Effektivzins für ein Jahr, ebenfalls in der linken Seite der Gleichung enthalten sind. In die rechte Seite der Gleichung wird wiederum grundsätzlich die Kundenzahlung eingestellt.

zu 2.c):

Auf der Basis des allgemein definierten Ansatzes ergibt sich für den Beispiel-Kredit das folgende Gleichungssystem mit fünf Gleichungen und fünf Unbekannten:

$$x_1 + x_2 + x_3 + x_4 = 95.000 \text{ CHF}$$

$$x_1 \cdot (1 + i_{TEZ} \cdot 6 / 12) = 3.250 \text{ CHF}$$

$$x_2 \cdot (1 + i_{TEZ}) + x_3 \cdot i_{TEZ} + x_4 \cdot i_{TEZ} = 53.250 \text{ CHF}$$

$$x_3 \cdot (1 + i_{TEZ} \cdot 6 / 12) = 1.625 \text{ CHF}$$

$$x_4 \cdot (1 + i_{TEZ}) = 51.625 \text{ CHF}$$

zu 2.d):

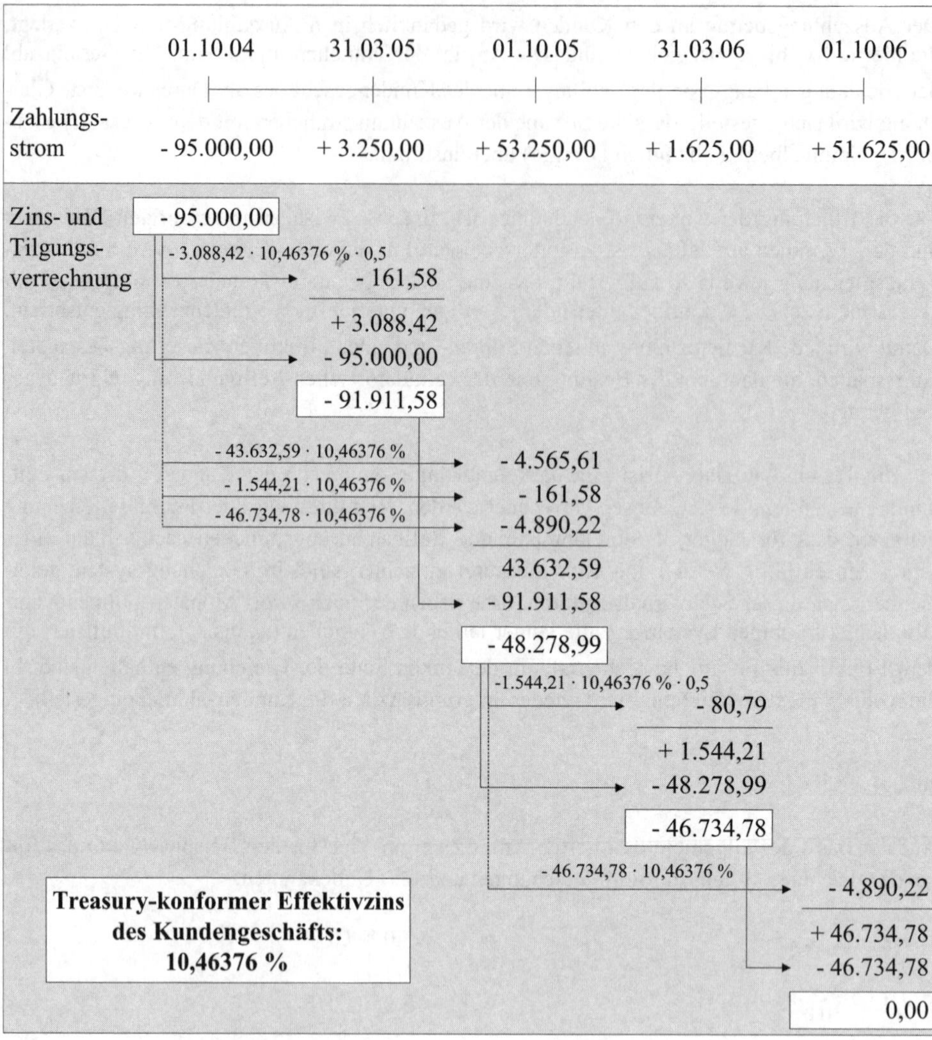

Abb. 45.4: Zins- und Tilgungsrechnung des Kundengeschäftes nach TEZ

Gemäß der Zins- und Tilgungsrechnung lässt sich nun der Effektivzins des Kundengeschäfts auch aus dem Quotienten von Zinsertrag und Kapitaleinsatz ermitteln:

$$\text{Effektiver Kreditzins} = \frac{\text{Zinsertrag}}{\text{Ø Kapitaleinsatz}}$$

$$= \frac{-95.000 + 3.250 + 53.250 + 1.625 + 51.625}{95.000 \cdot 0{,}5 + 91.911{,}58 \cdot 0{,}5 + 48.278{,}99 \cdot 0{,}5 + 46.734{,}78 \cdot 0{,}5}$$

$$= \frac{14.750{,}00}{140.962{,}67} = 10{,}46376\,\%$$

zu 3.a):

Beim Aufstellen der Zahlungsreihe der Opportunität werden in einem ersten Schritt die in Teilaufgabe 2.c) ermittelten Auszahlungstranchen als Refinanzierungstranchen interpretiert. Diese werden anschließend mit den jeweiligen Marktzinssätzen multipliziert, woraus im Ergebnis die Opportunitätszinszahlungen in den jeweiligen Teilperioden resultieren. Die Opportunitätszahlungsreihe erhält man schließlich aus der Addition der einzelnen Refinanzierungstranchen mit den jeweils dazugehörigen Opportunitätszinszahlungen. Für den Beispiel-Kredit sind die Ergebnisse in der folgenden Abbildung 45.5 zusammengefasst.

Finanzierungs-tranchen	GKM-Zinssätze	Opportunitätszinszahlungen in den Teilperioden	Zahlungsreihe der Opportunität
x_1: 3.088,42	5,00 %	77,21	**3.156,63**
x_2: 43.632,59	6,00 %	2.617,96 + 100,37 +3.271,43 = 5.989,76	**49.622,35**
x_3: 1.544,21	6,50 %	50,19	**1.594,40**
x_4: 46.734,78	7,00 %	3.271,43	**50.006,22**

Abb. 45.5: Kalkulation der Opportunitätszahlungsreihe

Die 6-Monats-Tranche wird mit einem Zinssatz von 5 % verzinst, so dass die erste Zahlung nach sechs Monaten einschließlich der Tilgung 3.165,63 CHF beträgt. Für die Zahlung nach einem Jahr ist nicht nur die 1-Jahres-Tranche zu verzinsen, sondern auch alle länger laufenden Gelder, woraus sich insgesamt eine Zahlung von 49.622,35 CHF ergibt. Die 18-Monats-Tranche verzinst sich dann für ein weiteres halbes Jahr mit 6,50 % und führt damit zu einer Zahlung von 1.594,40 CHF. Die letzte Zahlung nach Ablauf von zwei Jahren beträgt schließlich 50.006,22 CHF.

Zusammengefasst ergibt sich damit für die Opportunität die in der nachfolgenden Abbildung 45.6 wiedergegebene Zins- und Tilgungsrechnung.

Der durchschnittliche Opportunitätszins als 2-Jahres-Durchschnitt ergibt sich schließlich aus dem Quotienten von Zinsaufwand und Kapitaleinsatz:

$$\text{Ø Opportunitätszins} = \frac{\text{Zinsaufwand}}{\text{Ø Kapitaleinsatz}}$$

$$= \frac{+95.000 - 3.165{,}63 - 49.622{,}35 - 1.594{,}40 - 50.006{,}22}{95.000 \cdot 0{,}5 + 91.911{,}58 \cdot 0{,}5 + 48.278{,}99 \cdot 0{,}5 + 46.734{,}78 \cdot 0{,}5}$$

$$= \frac{9.388{,}60}{140.962{,}67} = 6{,}66034\ \%$$

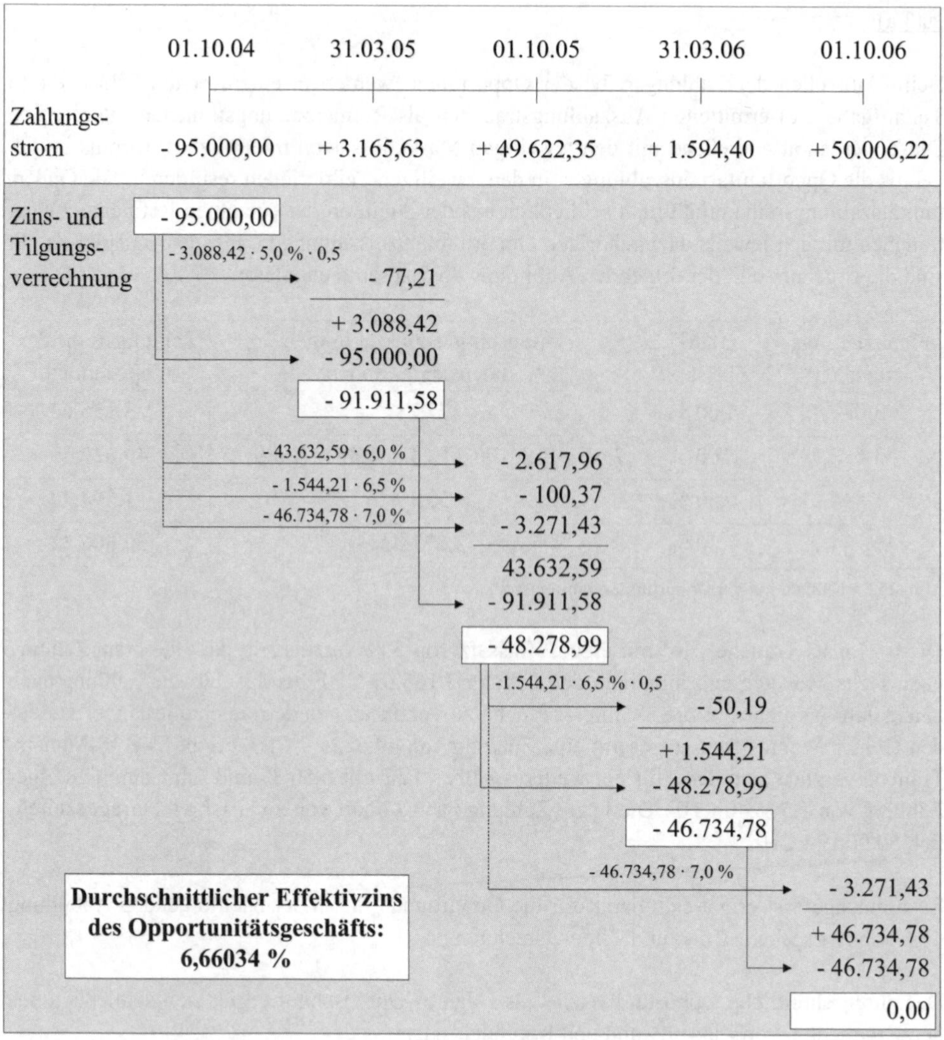

Abb. 45.6: Zins- und Tilgungsrechnung der Opportunität nach TEZ

zu 3.b):

Die durchschnittliche Gesamtmarge des Kredites als 2-Jahres-Durchschnitt ergibt sich schließlich aus der Differenz zwischen Effektivzins des Kundengeschäftes und durchschnittlichem Opportunitätszins und beträgt demnach:

Ø Bruttomarge	=	Effektiver Kreditzins	–	Ø Opportunitätszins
	=	10,46376 %	–	6,66034 %
	=	**3,80342 %**		

zu 3.c):

Bei der in Teilaufgabe 3.b) ermittelten Bruttomarge handelt es sich um eine Durchschnittsgröße, die zwar über die Gesamtlaufzeit von zwei Jahren Gültigkeit besitzt, in den einzelnen Perioden jedoch zum Teil starken Schwankungen unterworfen ist. Der Grund hierfür ist in der Tranchenorientierung zu sehen. Da für Tranchen unterschiedlicher Fristigkeit in Abhängigkeit vom Verlauf der Zinsstrukturkurve in der Regel unterschiedliche Zinssätze am Geld- und Kapitalmarkt zu zahlen sind, verändert sich der periodische Effektivzins der Opportunität, der sich rechnerisch aus dem Quotienten von Opportunitätszinsaufwand und gebundenem Kapital der jeweiligen Periode ergibt.

Im folgenden werden zunächst die periodischen Opportunitätszinssätze für das erste und das zweite Jahr ermittelt (vgl. Abb. 45.7), wobei sich der Opportunitätszinsaufwand aus dem stufenweisen Zins- und Tilgungsplan der Opportunität (vgl. Abb. 45.6) entnehmen lässt. Der Berechnung des durchschnittlich gebundenen Kapitals liegt die Annahme zugrunde, dass die aus dem stufenweisen Zins- und Tilgungsplan ermittelten Kapitalbindungsbeträge jeweils für ein halbes Jahr gebunden sind.

Jahr	Opportunitäts-zinsaufwand	durchschnittlich gebundenes Kapital	jährlicher Opportunitätszins
1	77,21 + 5.989,76 = 6.066,97	(95.000,00 + 91.911,58) / 2 = 93.455,79	**6,49181 %**
2	50,19 + 3.271,43 = 3.321,62	(48.278,99 + 46.734,78) / 2 = 47.506,89	**6,99187 %**

Abb. 45.7: Berechnung der jährlichen Opportunitätszinssätze

Die Jahresmargen ergeben sich dann aus der Gegenüberstellung des Effektivzinses des Kundengeschäftes mit den jährlichen Opportunitätszinssätzen (vgl. Abb. 45.8).

Jahr	Kundeneffektivzins	jährlicher Opportunitätszins	Jahresmarge
1	10,46376 %	6,49181 %	**3,97195 %**
2	10,46376 %	6,99187 %	**3,47189 %**

Abb. 45.8: Ermittlung der Jahresmargen

zu 4.a):

Im Rahmen der Margenkalkulation ermitteln sich die jährlichen Konditionsbeiträge durch Multiplikation des pro Jahr durchschnittlich gebundenen Kapitals mit den in Teilaufgabe 3.c) berechneten Jahresmargen (vgl. Abb. 45.9).

Jahr	Jahresmarge	durchschnittlich gebundenes Kapital	**Periodischer Konditionsbeitrag**
1	3,97195 %	(95.000,00 + 91.911,58) / 2 = 93.455,79	**3.712,02**
2	3,47189 %	(48.278,99 + 46.734,78) / 2 = 47.506,89	**1.649,39**

Abb. 45.9: Berechnung der jährlichen Konditionsbeiträge im Rahmen der Margenkalkulation

zu 4.b):

Mit Hilfe der Cash Flow-Rechnung lassen sich die periodischen Konditionsbeiträge wie folgt berechnen (vgl. Abb. 45.10): In einem ersten Schritt müssen aus der Differenz der Zahlungsreihen des Kundengeschäftes und des Opportunitätsgeschäftes die Einnahmeüberschüsse je Halbjahr quantifiziert werden. In einem zweiten Schritt führt die Zusammenfassung der beiden Halbjahresbeträge des ersten und der des zweiten Jahres zu den jährlichen Konditionsbeiträgen.

Monate	Einnahme (Kunden-Cash Flow)	Ausgabe (Refinanzierungs-Cash Flow)	Einnahme-überschuss pro Halbjahr	**Einnahme-überschuss pro Jahr**
6	3.250	3.165,63	84,37	
12	53.250	49.622,35	3.627,65	**3.712,02**
18	1.625	1.594,40	30,60	
24	51.625	50.006,21	1.618,79	**1.649,39**

Abb. 45.10: Jährliche Konditionsbeiträge gemäß Cash Flow-Rechnung

zu 4.c):

Zur Ermittlung der jährlichen Konditionsbeiträge auf Basis der Zinsertragsbilanz werden die Zinserträge des Kundengeschäftes den Zinsaufwendungen der Refinanzierung jeweils pro Jahr gegenübergestellt (vgl. Abb. 45.11).

Jahr	durchschn. gebundenes Kapital	Kunden-zins	Zins-ertrag	jährlicher Opportu-nitätszins	Zins-aufwand	**Konditions-beitrag**
1	93.455,79	10,46376 %	9.778,99	6,49181 %	6.066,97	**3.712,02**
2	47.506,89	10,46376 %	4.971,01	6,99187 %	3.321,62	**1.649,39**

Abb. 45.11: Berechnung der jährlichen Konditionsbeiträge auf Basis der Zinsertragsbilanz

Im Ergebnis führt, wie ersichtlich, auch dieser Ansatz zu den gleichen jährlichen Konditionsbeiträgen.

<u>Fallstudie 46:</u> **Grundmodell der Marktzinsmethode**

Für das laufende Geschäftsjahr liegt Ihnen die folgende, stark vereinfachte Bilanz der Zocker-Bank, die ausschließlich Geschäfte am Geld- und Kapitalmarkt tätigt, vor:

Aktiva	Volumen (in Mio. GE)		Passiva
3-Monats-Geld	30	40	Tagesgeld
4-Jahres-Kapitalmarktpapier	45	20	1-Jahres-Geld
10-Jahres-Kapitalmarktpapier	25	40	2-Jahres-Kassenobligation
∑ Aktiva	100	100	∑ Passiva

Abb. 46.1: Vereinfachte Bilanz der Zocker-Bank im laufenden Geschäftsjahr

1. Ermitteln Sie die Bruttozinsspanne und den Zinsüberschuss sowie für jede einzelne Bilanzposition den Zinsbeitrag (absolut und in %), welche die Zocker-Bank im laufenden Geschäftsjahr aus der Fristentransformation erwirtschaftet!

   Unterstellen Sie bei Ihren Berechnungen die folgende Zinsstruktur:

Fristigkeit	1 Tag	3 Monate	1 Jahr	2 Jahre	4 Jahre	10 Jahre
GKM-Zinssatz	5 %	5,5 %	6,1 %	6,8 %	7,5 %	8,1 %

Abb. 46.2: Zinsstruktur am Geld- und Kapitalmarkt (GKM)

2. Alternativ gelte die folgende Zinsstruktur im gleichen Geschäftsjahr:

Fristigkeit	1 Tag	3 Monate	1 Jahr	2 Jahre	4 Jahre	10 Jahre
GKM-Zinssatz	9 %	9,2 %	9,5 %	8,9 %	8,4 %	7,8 %

Abb. 46.3: Alternative Zinsstruktur am Geld- und Kapitalmarkt (GKM)

   Ermitteln Sie wiederum die Bruttozinsspanne und den Zinsüberschuss sowie für jede einzelne Bilanzposition den Zinsbeitrag (absolut und in %), welche die Zocker-Bank im laufenden Geschäftsjahr aus der Fristentransformation erwirtschaften würde, wenn die alternative Zinsstruktur gültig wäre!

3. Analysieren Sie, worauf die unterschiedlichen Ergebnisse in Aufgabe 1 und 2 zurückzuführen sind!

Auf Anregung einer bekannten Beratungsgesellschaft überlegt die Geschäftsleitung der Zokker-Bank, anstelle der Geld- und Kapitalmarktgeschäfte in Zukunft Kundengeschäfte abzuschließen. Sie werden gebeten, mittels einer Simulationsrechnung den auf diese Weise erzielbaren Zinsüberschuss aufzuzeigen.

Unterstellen Sie in Ihrer Analyse, dass die bisherigen Geld- und Kapitalmarktgeschäfte in der folgenden Weise durch Kundengeschäfte mit im Durchschnitt gleicher Fristigkeit und gleicher Zinsbindung ersetzt werden können (vgl. Abb. 46.4).

Volumen (in Mio. GE)	Geld- und Kapitalmarkt-geschäfte	Alternativ mögliche Kundengeschäfte	Kundenzins
40	Tagesgeld	Sichteinlagen	0,5 %
30	3-Monats-Geld	Wechselkredite	6,5 %
20	1-Jahres-Geld	Termineinlagen	5,5 %
40	2-Jahres-Kassenobligation	Spareinlagen	2,5 %
45	4-Jahres-Kapitalmarktpapier	Betriebsmittelkredite	8,6 %
25	10-Jahres-Kapitalmarktpapier	Hypothekendarlehen	8,8 %

Abb. 46.4: Alternativ mögliche Kundengeschäfte der Zocker-Bank

4. a) Stellen Sie anhand der vorliegenden Angaben eine Zinsertragsbilanz auf!

   Unterstellen Sie dabei, dass die normale Zinsstruktur aus Aufgabe 1 Gültigkeit besitzt!

   b) Ermitteln Sie differenziert für jede einzelne Bilanzposition die Konditionsmarge und den Konditionsbeitrag!

   c) Um welchen Betrag erhöht sich durch den Abschluss der Kundengeschäfte der Zinsüberschuss der Zocker-Bank im Vergleich zur Ausgangssituation?

5. Wie hoch wäre der Zinsüberschuss, wenn sich die Bank weiterhin im Volumen von 40 Mio. GE über Tagesgeld refinanzieren würde, anstatt diesen Betrag in Form von Sichteinlagen im Kundengeschäft zu akquirieren?

Lösungsvorschlag zu Fallstudie 46:

zu 1.:

GKM-Zinssatz	Aktiva	Volumen (in Mio. GE)		Passiva	GKM-Zinssatz
5,5 %	• 3-Monats-Geld	30	40	• Tagesgeld	5,0 %
7,5 %	• 4-Jahres-Kapitalmarktpapier	45	20	• 1-Jahres-Geld	6,1 %
8,1 %	• 10-Jahres-Kapitalmarktpapier	25	40	• 2-Jahres-Kassenobligation	6,8 %
7,05 %	Ø bzw. Σ Aktiva	100	100	Ø bzw. Σ Passiva	5,94 %
		Bruttozinsspanne: + 1,11 %			

Abb. 46.5: Zinsertragsbilanz der Zocker-Bank im ersten Jahr
(mit: SZ = Sollzins; TGZ = Tagesgeldzins; HZ = Habenzins; GKM = Geld- und Kapitalmarkt)

Zinsüberschuss: + 1,11 % · 100 Mio. GE = 1,11 Mio. GE

Einzelergebnisse:

Aktiva / Passiva	GKM-Zinssatz	TGZ	Fristen-transformations-marge	Volumen (in Mio. GE)	Zinsbeitrag (in Mio. GE)
• 3-Monats-Geld	5,50 %	5,0 %	+ 0,50 %	30	+ 0,150
• 4-Jahres-Kapitalmarktpapier	7,50 %	5,0 %	+ 2,50 %	45	+ 1,125
• 10-Jahres-Kapitalmarktpapier	8,10 %	5,0 %	+ 3,10 %	25	+ 0,775
Ø bzw. ∑ Aktiva	7,05 %	5,0 %	+ 2,05 %	100	+ 2,050
• Tagesgeld	5,00 %	5,0 %	0,00 %	40	0,000
• 1-Jahres-Geld	6,10 %	5,0 %	- 1,10 %	20	- 0,220
• 2-Jahres-Kassenobligation	6,80 %	5,0 %	- 1,80 %	40	- 0,720
Ø bzw. ∑ Passiva	5,94 %	5,0 %	- 0,94 %	100	- 0,940
Ø bzw. ∑ insgesamt			+ 0,555 %	200	**+ 1,110**

Abb. 46.6: Zinsüberschuss der Zocker-Bank bei normaler Zinsstruktur

Der bei normaler Zinsstruktur erzielte Zinsüberschuss in Höhe von 1,11 Mio. GE entspricht hier dem **Struktur-** bzw. **Fristentransformationsbeitrag**, da die Bank nur Geld- und Kapitalmarktgeschäfte abschließt und der Konditionsbeitrag von GKM-Geschäften gleich Null ist.

zu 2.:

GKM-Zinssatz	Aktiva	Volumen (in Mio. GE)		Passiva	GKM-Zinssatz
9,2 %	• 3-Monats-Geld	30	40	• Tagesgeld	9,0 %
8,4 %	• 4-Jahres-Kapitalmarktpapier	45	20	• 1-Jahres-Geld	9,5 %
7,8 %	• 10-Jahres-Kapitalmarktpapier	25	40	• 2-Jahres-Kassenobligation	8,9 %
8,49 %	Ø bzw. Σ Aktiva	100	100	Ø bzw. Σ Passiva	9,06 %
		Bruttozinsspanne: - 0,57 %			

Abb. 46.7: Zinsertragsbilanz der Zocker-Bank bei inverser Zinsstruktur

Zinsüberschuss: - 0,57 % · 100 Mio. GE = - 0,57 Mio. GE

Einzelergebnisse:

Aktiva / Passiva	GKM-Zinssatz	TGZ	Fristen-transformations-marge	Volumen (in Mio. GE)	Zinsbeitrag (in Mio. GE)
• 3-Monats-Geld	9,20 %	9,0 %	+ 0,20 %	30	+ 0,060
• 4-Jahres-Kapitalmarkt-papier	8,40 %	9,0 %	- 0,60 %	45	- 0,270
• 10-Jahres-Kapitalmarkt-papier	7,80 %	9,0 %	- 1,20 %	25	- 0,300
Ø bzw. ∑ Aktiva	8,49 %	9,0 %	- 0,51 %	100	- 0,510
• Tagesgeld	9,00 %	9,0 %	0,00 %	40	0,000
• 1-Jahres-Geld	9,50 %	9,0 %	- 0,50 %	20	- 0,100
• 2-Jahres-Kassenobligation	8,90 %	9,0 %	+ 0,10 %	40	+ 0,040
Ø bzw. ∑ Passiva	9,06 %	9,0 %	- 0,06 %	100	- 0,060
Ø bzw. ∑ insgesamt			- 0,285 %	200	**- 0,570**

Abb. 46.8: Zinsüberschuss der Zocker-Bank bei inverser Zinsstruktur

Der Zinsüberschuss, der hier wiederum dem Fristentransformationsbeitrag entspricht (vgl. Aufgabe 1), ist bei (teilweise) inverser Zinsstruktur negativ und beträgt - 0,57 Mio. GE.

zu 3.:

Die Bank betreibt eine **positive** Fristentransformation, d.h. sie nimmt kurzfristige Gelder auf, die sie in längerfristigen Aktiva wieder anlegt. Diese Strategie führt allerdings nur so lange zu einem positiven Ergebnis, wie eine **normale** Zinsstruktur herrscht, d.h. dass die Zinssätze für langfristige Gelder oberhalb der Zinssätze für kurzfristige Gelder liegen (vgl. Situation in Aufgabe 1).
Eine **inverse** Zinsstruktur ist demgegenüber dadurch gekennzeichnet, dass die langfristigen Zinssätze niedriger sind als die kurzfristigen Zinssätze. Eine solche Konstellation ist - zumindest teilweise - in der Situation von Aufgabe 2 gegeben. So liegt der 3-Monatszins (9,2 %) zwar - wie bei normaler Zinsstruktur - unterhalb des 1-Jahreszinses (9,5 %), jedoch oberhalb der Zinsen für 2-, 4-, sowie 10-Jahresgelder. In einem solchen Fall führt eine positive Fristentransformation zu Verlusten. Das gilt zumindest so lange, wie diese Zinskonstellation Gültigkeit besitzt.

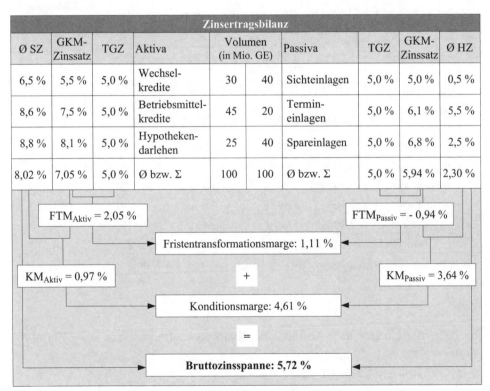

Zinsertragsbilanz

Ø SZ	GKM-Zinssatz	TGZ	Aktiva	Volumen (in Mio. GE)		Passiva	TGZ	GKM-Zinssatz	Ø HZ
6,5 %	5,5 %	5,0 %	Wechselkredite	30	40	Sichteinlagen	5,0 %	5,0 %	0,5 %
8,6 %	7,5 %	5,0 %	Betriebsmittelkredite	45	20	Termineinlagen	5,0 %	6,1 %	5,5 %
8,8 %	8,1 %	5,0 %	Hypothekendarlehen	25	40	Spareinlagen	5,0 %	6,8 %	2,5 %
8,02 %	7,05 %	5,0 %	Ø bzw. Σ	100	100	Ø bzw. Σ	5,0 %	5,94 %	2,30 %

FTM_{Aktiv} = 2,05 %

FTM_{Passiv} = - 0,94 %

Fristentransformationsmarge: 1,11 %

KM_{Aktiv} = 0,97 %

\+

KM_{Passiv} = 3,64 %

Konditionsmarge: 4,61 %

=

Bruttozinsspanne: 5,72 %

Abb. 46.9: Zinsertragsbilanz der Zocker-Bank bei Abschluss der alternativen Kundengeschäfte
(mit: SZ = Sollzins; KM = Konditionsmarge; HZ = Habenzins; FTM = Fristentransformationsmarge; TGZ = Tagesgeldzins; GKM = Geld- und Kapitalmarkt)

zu 4.a):

Die Zinsertragsbilanz der Zocker-Bank bei Abschluss der alternativen Kundengeschäfte ist der Abbildung 46.9 zu entnehmen.

zu 4.b):

Die den dezentralen Marktbereichen zuzurechnenden Zinsbeiträge aus den Kundengeschäften ergeben sich, indem jeweils der Kundenzins mit dem Zinssatz für ein Geld- und Kapitalmarktgeschäft gleicher Fristigkeit verglichen wird. Die Konditionsmarge bzw. der Konditionsbeitrag drückt somit die Vorteilhaftigkeit des Kundengeschäftes gegenüber dem fristengleichen Alternativgeschäft am Geld- und Kapitalmarkt aus.

Die Konditionsbeiträge und -margen, welche die Zocker-Bank durch den Abschluss von Kundengeschäften anstelle der Geld- und Kapitalmarktgeschäfte erzielen würde, sind in der folgenden Abbildung 46.10 wiedergegeben.

Aktiva / Passiva	Kunden-zinssatz	GKM-Zinssatz	Konditions-marge	Volumen (in Mio. GE)	Konditions-beitrag (in Mio. GE)
• Wechselkredite	6,50 %	5,50 %	1,00 %	30	+ 0,300
• Betriebs-mittelkredite	8,60 %	7,50 %	1,10 %	45	+ 0,495
• Hypotheken-darlehen	8,80 %	8,10 %	0,70 %	25	+ 0,175
Ø bzw. ∑ Aktiva	8,02 %	7,05 %	0,97 %	100	+ 0,970
• Sichteinlagen	0,50 %	5,00 %	4,50 %	40	+ 1,800
• Termineinlagen	5,50 %	6,10 %	0,60 %	20	+ 0,120
• Spareinlagen	2,50 %	6,80 %	4,30 %	40	+ 1,720
Ø bzw. ∑ Passiva	2,30 %	5,94 %	3,64 %	100	+ 3,640
Ø bzw. ∑ insgesamt			2,305 %	200	**+ 4,610**

Abb. 46.10: Ermittlung der Konditionsbeiträge und -margen der Kundengeschäfte

zu 4.c):

Die Zocker-Bank würde nach Abschluss der Kundengeschäfte insgesamt einen **Zinsüberschuss** in Höhe von

(8,02 % – 2,30 %) · 100 Mio. GE = **5,72 Mio. GE**

erzielen.

Im Vergleich zur Ausgangssituation, in der ausschließlich Geld- und Kapitalmarktgeschäfte getätigt wurden, würde der Zinsüberschuss um

5,72 Mio. GE – 1,11 Mio. GE = **4,61 Mio. GE**

– also um mehr als das Dreifache – höher ausfallen. Dieser **zusätzlich** erzielbare Zinsüberschuss entspricht genau der **Summe der Konditionsbeiträge** aus den Kundengeschäften.

Insgesamt ergibt sich der Zinsüberschuss somit aus der Zusammenfassung des Fristentransformationsergebnisses in Höhe von 1,11 Mio. GE und der Summe der Konditionsbeiträge von 4,61 Mio. GE (vgl. auch Abb. 46.9).

zu 5.:

Bei einem Ersatz der Sichteinlagen durch Tagesgeld wäre der Zinsüberschuss um den auf die Sichteinlagen entfallenden **Konditionsbeitrag** in Höhe von 1,8 Mio. GE niedriger, d.h.:

5,72 Mio. GE – 1,80 Mio. GE = **3,92 Mio. GE**

Das entspräche einem Rückgang des Zinsüberschusses um 31,45 %!

Fallstudie 47: **Expected-Loss-Kalkulation für das Ausfallrisiko**

Die Bank Credit Lyon räumt zum 01.01.05 der Modefirma Lagafeld eine Kreditlinie in Höhe von 10 Mio. EUR ein. Die Laufzeit dieses Kreditengagements beträgt 3 Jahre und die in Anspruch genommene Kreditsumme wird am Ende des dritten Jahres getilgt. Herr Aschenbach, der zuständige Mitarbeiter in der Kreditabteilung wird beauftragt, die Höhe der sich aus diesem Engagement ergebenden Standard-(Ausfall-)Risikokosten zu ermitteln, so dass diese als Basis für die Verhandlungen über die Zinskonditionen verwendet werden können.

Der Bank Credit Lyon ist es gelungen, ihr internes Rating-System an das externe Rating System der Rating-Agentur Goody's anzupassen. Demnach werden alle Kreditnehmer in 7 Rating-Klassen eingeteilt (vgl. Abb. 47.1).

Rating des Kreditnehmers	Durchschnittlich erwartete Ausfallrate(-wahrscheinlichkeit)
AAA	0,00 %
AA	0,03 %
A	0,05 %
BBB	0,20 %
BB	1,40 %
B	6,80 %
CCC	24,00 %

Abb. 47.1: Rating-Klassen des Kreditnehmers mit den zugehörigen durchschnittlich erwarteten Ausfallraten

Aus der Datenbasis der Rating-Agentur Goody's lässt sich über einen Zeitraum von 20 Jahren eine Rating-Migrationsmatrix für einen Risikohorizont von einem Jahr statistisch ermitteln. Diese sind der folgenden Abbildung 47.2 zu entnehmen:

		Rating-Migrationswahrscheinlichkeiten in % Rating am Jahresanfang						
		AAA	AA	A	BBB	BB	B	CCC
Rating am Jahresende	AAA	98,20	0,80	0,00	0,00	0,00	0,00	0,00
	AA	1,40	96,30	2,50	0,00	0,00	0,00	0,00
	A	0,40	2,87	93,20	4,80	0,00	0,00	0,00
	BBB	0,00	0,00	4,25	88,20	6,50	0,00	0,00
	BB	0,00	0,00	0,00	6,80	80,90	7,00	0,00
	B	0,00	0,00	0,00	0,00	11,20	75,40	10,00
	CCC	0,00	0,00	0,00	0,00	0,00	10,80	66,00

Abb. 47.2: Rating-Migrationswahrscheinlichkeiten sämtlicher Rating-Klassen

Zum Zeitpunkt der Entscheidung für die Kreditvergabe wird der Firma Lagafeld eine Rating-Klasse BBB zugewiesen. Für das erste Jahr hat die Firma 45 % der eingeräumten Kreditlinie in Anspruch genommen.

Als Sicherheit werden die Modekollektionen des Kreditnehmers mit einem Wert von 11 Mio. EUR anerkannt. Aus einer internen Studie geht hervor, dass die Entwicklung der Modebranche einen erheblichen Einfluss auf die Bonität des Kreditnehmers hat. Aus diesen Basisdaten lässt sich ableiten, dass im Insolvenzfall des Kreditnehmers die anerkannte Sicherheit nur noch einen Wert von 3 Mio. EUR aufweisen würde. Zudem zeigt die Statistik der Bank, dass die Kreditlinie der Kreditnehmer im Insolvenzfall durchschnittlich um 20 % überzogen wird.

1. Erläutern Sie die Grundgleichung zur Quantifizierung der Standard-(Ausfall-) Risikokosten!

2. Quantifizieren Sie die sich aus diesem Kreditgeschäft ergebenden periodischen Standard-(Ausfall-)Risikokosten unter der Annahme, dass sich die Rating-Einstufung des Kreditnehmers im Laufe des Kreditengagements nicht ändert!

3. Berechnen Sie die periodischen Standard-(Ausfall-)Risikokosten unter Berücksichtigung der Rating-Migrationen des Kreditnehmers!

Zum Zeitpunkt des Geschäftsabschlusses herrschen am Geld- und Kapitalmarkt (GKM) die folgenden gültigen Zinssätze sowie die dazugehörigen Kassa-Zerobond-Abzinsfaktoren für die entsprechenden Laufzeiten:

Laufzeit	GKM-Satz	Kassa-Zerobond-Abzinsfaktor
1 Jahr	5,0 %	0,95238
2 Jahre	5,5 %	0,89822
3 Jahre	6,0 %	0,83865
4 Jahre	6,5 %	0,77483

Abb. 47.3: GKM-Sätze und die dazugehörigen Kassa-Zerobond-Abzinsfaktoren

4. Ermitteln Sie zum 01.01.05 die barwertigen Standard-(Ausfall-)Risikokosten dieses Kreditgeschäfts unter der Berücksichtigung der Rating-Migrationen des Kreditnehmers!

Lösungsvorschlag zu Fallstudie 47:

zu 1.:

Das Ausfallrisiko liegt in der Gefahr begründet, dass die Rating-Einstufung eines Kreditnehmers in die Ausfall-Klasse („Default“-Klasse) abrutscht. Ist dies der Fall, finden die vereinbarten Kreditrückzahlungen nur teilweise oder gar nicht statt.

Grundsätzlich lässt sich das Ausfallrisiko in Bezug auf das Risikoverständnis in Expected Loss und Unexpected Loss unterscheiden. Der **Expected Loss** beschreibt Risikokosten, die bereits bei der Kreditvergabe aufgrund der aktuellen Rating-Einstufung des Kreditnehmers zu erwarten sind. Solche Risikokosten werden als Standard-Risikokosten bezeichnet und gehen in die Kalkulation des Kreditpreises ein. Die Standard-Risikokosten lassen sich jedoch weiter präzisieren, wenn die zukünftigen Rating-Entwicklungen des Kreditnehmers in das Rechenkalkül mit einbezogen werden. Der **Unexpected Loss** ist stets mit einer statistischen Wahrscheinlichkeitsaussage verbunden und beschreibt den mit einer bestimmter Wahrscheinlichkeit über den Expected Loss hinausgehenden Kreditverlust.

Die Höhe der Standard-(Ausfall-)Risikokosten wird grundsätzlich durch die folgenden drei Komponenten determiniert:

- Rating-spezifische, erwartete Ausfallrate (Ausfallwahrscheinlichkeit)
- Erwartetes Kreditvolumen bzw. Kreditäquivalent
- Erwartete Rückzahlungsquote bei Ausfall bzw. Insolvenz

Die Standard-Risikokosten ergeben sich in einfachster Form durch die multiplikative Verknüpfung der obigen Komponenten. Folgende Grundgleichung zeigt diesen Rechenvorgang:

Erwarteter Kreditverlust	=	Erwartete Ausfallrate	•	1 – Erwartete Rückzahlungsquote	•	Kreditvolumen (bei Ausfall)

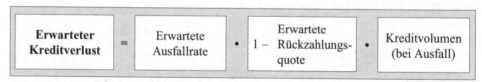

Abb. 47.4: Grundgleichung zur Quantifizierung von Standard-(Ausfall-)Risikokosten

Grundsätzlich werden die drei Komponenten als voneinander unabhängige Variablen modelliert. Es darf keinesfalls angenommen werden, dass diese im Laufe eines Kreditengagements konstant bleiben. So könnte sich beispielsweise die **Rating-Einstufung** eines Kreditnehmers während der Kreditlaufzeit wegen einer volatilen Ertragslage verändern. Verschlechtert sich die Ertragslage eines Kreditnehmers, so kann dies zu einer Erhöhung der erwarteten Ausfallwahrscheinlichkeit führen. Dies hat oft die Folge, dass der Kreditnehmer eine Rating-Abstufung erfährt, weil die Höhe der für ihn spezifischen erwarteten Ausfallrate nicht mehr mit der ursprünglichen Rating-Klasse konsistent ist.

Das **Kredit-Exposure** wird im klassischen Kreditgeschäft mit dem Buchwert aller ausstehenden Forderungen gleichgesetzt. Eine Alternative besteht in der barwertigen Quantifizierung des Kredit-Exposures, indem die noch ausstehenden Kunden-Cash Flows auf den Entscheidungszeitpunkt diskontiert werden. Wird dem Kreditnehmer eine Kreditlinie eingeräumt, bleibt die tatsächliche Inanspruchnahme der Kreditlinie während der Kreditlaufzeit keineswegs konstant. Besonderes in Krisensituationen besteht die Gefahr, dass die Kreditlinie in vollem Umfang ausgeschöpft oder sogar überzogen wird.

Der Kreditverlust ist um so geringer, je höher der Wert der Kreditsicherheiten ist. Dabei drückt die erwartete **Rückzahlungsquote** den Anteil des Kredit-Exposure aus, der durch die Verwertung der Kreditsicherheiten und Recovery-Maßnahmen vor der Insolvenz des Kreditnehmers geschützt ist. Ist die Rückzahlungsquote eines Kreditengagements hinreichend hoch (z.B. 100 %), so können im Insolvenzfall des Kreditnehmers Kreditverluste zum großen Teil oder gar gänzlich vermieden werden. Wichtige Determinanten für die Rückzahlungsquote sind neben der Höhe des Kredit-Exposure:

- die Höhe und Art der Kreditsicherheiten,

- die Rangstellung der beanspruchten Gläubigerposition sowie

- die Effektivität der Recovery-Maßnahmen.

Um den Wert von Kreditsicherheiten im Insolvenzfall des Kreditnehmers genau quantifizieren zu können, soll untersucht werden, inwieweit dieser durch zukünftige Einflüsse beeinträchtigt werden kann. Überprüft werden muss auch, inwiefern der Wert der gestellten Sicherheiten mit dem Solvenzereignis zusammenhängt. Ferner muss beachtet werden, dass der Zeitpunkt des Forderungsausfalls und der Zeitpunkt der Sicherheitsverwertung in der Regel nicht übereinstimmen.

<u>zu 2.:</u>

Die sich aus dem Kreditgeschäft ergebenden periodischen Standard-(Ausfall-)Risikokosten lassen sich relativ einfach ermitteln, wenn sich die Ausfallrate bzw. die Rating-Einstufung des betreffenden Kreditnehmers im Laufe des Kreditengagements nicht ändert. Die für die Rating-Klasse BBB spezifische durchschnittliche erwartete Ausfallrate beträgt 0,2 %.

Aus der Aufgabenstellung geht hervor, dass der Wert der Kreditsicherheit der Firma Lagafeld im Insolvenzfall 3 Mio. EUR beträgt. Um die erwartete Rückzahlungsquote im Insolvenzfall ermitteln zu können, muss die wertmäßige Summe der Kreditsicherheiten mit dem Kredit-Exposure im Insolvenzfall ins Verhältnis gesetzt werden.

In der Bankpraxis wird üblicherweise die drohende Insolvenz eines Kreditnehmers erst dann erkannt, wenn die vereinbarte Kreditlinie überzogen wird. Die durchschnittliche Kreditlinieninanspruchnahme eines vom Ausfall bedrohten Kreditnehmers beträgt nach Aufgabenstellung 120 %. Dementsprechend beläuft sich das Kredit-Exposure der Firma Lagafeld im Insolvenzfall auf 12 Mio. EUR (= 10 Mio. EUR · 120 %). Mit diesen Informationen lässt sich die Rückzahlungsquote des Kreditnehmers wie folgt ermitteln:

Rückzahlungsquote = 3 Mio. EUR / 12 Mio. EUR = 25 %

Unter Verwendung der Grundgleichung können die sich aus dem Kreditengagement ergebenden Standard-(Ausfall-)Risikokosten für das erste Jahr folgendermaßen ermittelt werden:

Standard-Risikokosten für das 1. Jahr	=	Erwartete Ausfallrate	•	Erwartete 1 – Rückzahlungsquote	•	Kreditvolumen (bei Ausfall)
18.000 EUR	=	0,20 %	•	1 – 25 %	•	12 Mio. EUR

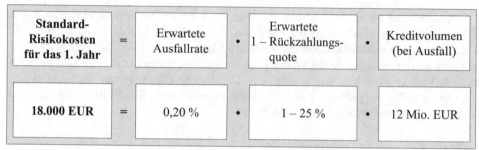

Abb. 47.5: Ermittlung der Standard-(Ausfall-)Risikokosten für das erste Jahr

Demnach beträgt der erwartete Kreditverlust für das erste Jahr 18.000 EUR. Es ist allerdings falsch anzunehmen, dass die jährlichen Standard-Risikokosten auf dieser Höhe verharren werden. Die Wahrscheinlichkeit, dass der Kreditnehmer im ersten Jahr solvent bleibt, beträgt 99,80 % (= 100 % – 0,20 %). Infolgedessen darf nicht angenommen werden, dass die Ausfallwahrscheinlichkeit des Kreditnehmers im zweiten Jahr ebenfalls 0,20 % betragen wird, obwohl seine Rating-Einstufung konstant bleibt. Sie ist nämlich davon abhängig, dass der Kreditnehmer im ersten Jahr nicht insolvent wird. Es handelt sich also um eine bedingte Wahrscheinlichkeit. Infolgedessen betragen die Ausfall- sowie Solvenzwahrscheinlichkeit des Kreditnehmers im zweiten Jahr jeweils 0,1996 % (= 99,80 % · 0,20 %) respektive 99,6004 % (= 99,80 % – 0,1996 %). Folglich beläuft sich die bedingte Ausfallwahrscheinlichkeit für das dritte Jahr auf 0,1992 % (= 99,6004 % · 0,20 %). Charakteristisch für die bedingten Wahrscheinlichkeiten ist, dass diese sich schließlich wieder zu 100 % summieren lassen (vgl. Abb. 47.6).

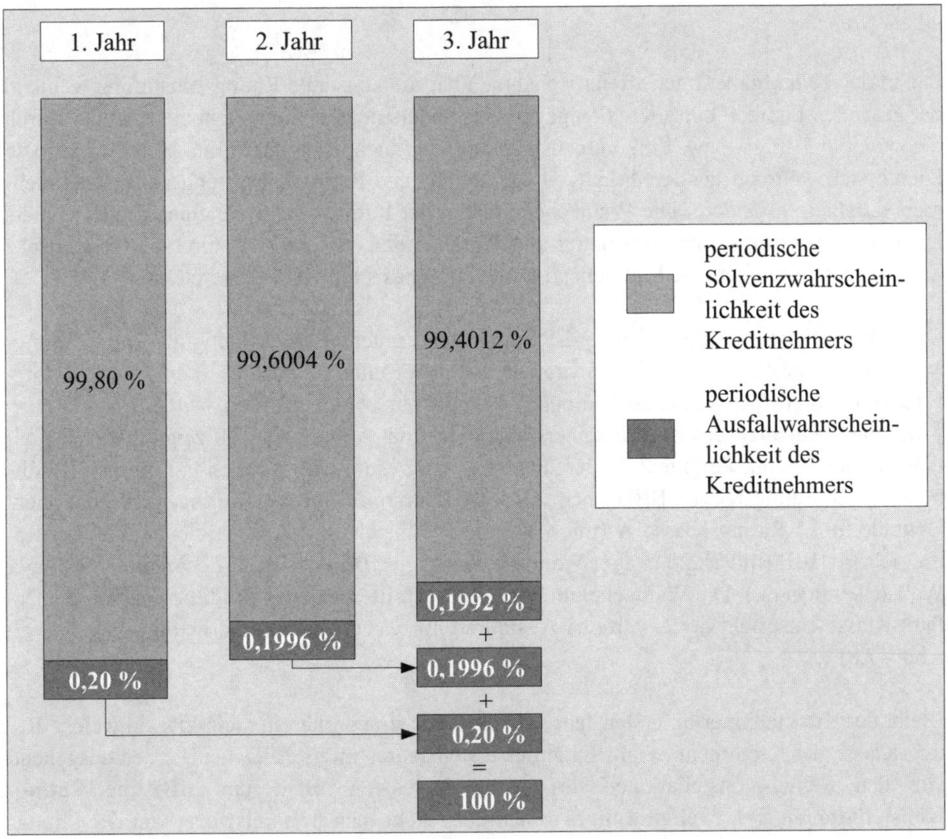

Abb. 47.6: Bedingte Ausfallwahrscheinlichkeiten während der Laufzeit des Kreditengagements

Abbildung 47.7 zeigt die Vorgehensweise des statischen Rechenkalküls zur Ermittlung der Standard-Risikokosten:

Jahr	Erwartete Ausfallrate	Erwartete Rückzahlungsquote	Kreditvolumen bei Ausfall	Standard-Risikokosten
	(1)	(2)	(3)	(4) = (1) · [1 – (2)] · (3)
1	0,2000 %	25 %	12 Mio. EUR	18.000 EUR
2	0,1996 %	25 %	12 Mio. EUR	17.964 EUR
3	0,1992 %	25 %	12 Mio. EUR	17.928 EUR
Summe:				53.892 EUR

Abb. 47.7: Quantifizierung der Standard-Risikokosten des Kreditgeschäfts

Mit dem statischen Rechenkalkül werden die sich aus dem Kreditengagement ergebenden Standard-Risikokosten auf insgesamt 53.892 EUR beziffert.

zu 3.:

Die in der Teilaufgabe 2 getroffene Annahme über die konstante Rating-Einstufung während der gesamten Laufzeit eines Kreditengagements widerspiegelt keineswegs die Realität. Durch eine volatile Ertrags- bzw. Einkommenslage des Kreditnehmers oder konjunkturelle Einflüsse könnte sich während der Kreditlaufzeit die anfängliche Rating-Einstufung eines Kreditnehmers durchaus verändern. Die Wahrscheinlichkeit der Rating-Änderung eines Kreditnehmers kann aus der Rating-Migrationsmatrix abgeleitet werden, welche sich durch eine historische Zeitreihenanalyse über eine hinreichend große Datenbasis hinweg eruieren lässt.

Die Quantifizierung der Standard-Risikokosten unter Berücksichtigung der Rating-Migrationen gestaltet sich komplizierter als jene unter Annahme konstanter Rating-Einstufung, weil die jährlichen bedingten Ausfallwahrscheinlichkeiten von den Migrationswahrscheinlichkeiten des Kreditnehmers abhängig sind. Abbildung 47.8 zeigt diese beispielhaft. Betrachtet zum Zeitpunkt der Kreditvergabe gibt es im vorliegenden Fall für den Kreditnehmer der Rating-Klasse BBB nach Ablauf des **ersten Jahres** 4 Rating-Konstellationen: Upgrade in die Rating-Klasse A (mit 4,8 %-iger Wahrscheinlichkeit), Beibehaltung der Rating-Klasse BBB (mit 88,20 %-iger Wahrscheinlichkeit), Downgrade auf BB (mit 6,80 %-iger Wahrscheinlichkeit). Die Wahrscheinlichkeit eines Abrutschens des Kreditnehmers in die Default-Klasse entspricht der erwarteten Ausfallrate für das erste Jahr und beträgt 0,20 % (vgl. Abb. 47.8).

Bleibt der Kreditnehmer im ersten Jahr solvent, so ist im vornherein nicht klar, in welche Rating-Klasse der Kreditnehmer am Ende des ersten Jahres migriert. Daher werden ausgehend von den Rating-Konstellationen des ersten Jahres (A, BBB und BB) die **Rating-Konstellationen des zweiten Jahres** konstruiert. Geht man beispielsweise von der Rating-Konstellation A am Ende des ersten Jahres aus, so kann aus der Rating-Migrationsmatrix der Abbildung 47.2 ersehen werden, dass davon ausgehend zum Ende des zweiten Jahres wiederum 4 (bedingte) Rating-Konstellationen resultieren können. Die Wahrscheinlichkeit, dass ein A-Kreditnehmer nach einem Jahr zum AA-Kreditnehmer wird, beträgt nach der Migrationsmatrix 2,50 %. Da es sich im zweiten Jahr ausschließlich um bedingte Wahrscheinlichkeiten handelt, beträgt die Wahrscheinlichkeit dafür, dass der Kreditnehmer zum Ende des ersten Jahres eine Rating-Klasse von A und anschließend zum Ende des zweiten Jahres eine Rating-Klasse von AA aufweist, 0,12 % (= 4,8 % · 2,50 %). Auf diese Weise können die Wahrscheinlichkeiten der restlichen 3 bedingten Rating-Konstellationen (A, BBB und Default) ermittelt werden, die jeweils eine Höhe von 4,4736 % (= 4,8 % · 93,20 %), 0,204 % (= 4,8 % · 4,25 %) und 0,0024 % (= 4,8 % · 0,05 %) aufweisen. Dabei entspricht die Summe der Wahrscheinlichkeiten dieser 4 bedingten Rating-Konstellationen wiederum der Wahrscheinlichkeit der Rating-Konstellation A im ersten Jahr (4,8 % = 0,12 % + 4,4736 % + 0,204 % + 0,0024 %).

Auf diese Weise können sämtliche Rating-Konstellationen des zweiten Jahres konstruiert, und darauf aufbauend bedingte Ausfallraten ermittelt werden. Werden die bedingten Ausfallwahrscheinlichkeiten des zweiten Jahres summiert, so beläuft sich die Ausfallrate des zweiten Jahres auf 0,2740 % (= 0,0024 % + 0,1764 % + 0,0952 %) (vgl. Abb. 47.8).

Da das Kreditengagement mit dem Ablauf des dritten Jahres ausläuft und das Konzept ausschließlich durch das Ausfallparadigma geprägt ist, ist eine detaillierte Berechnung für alle möglichen **Rating-Konstellationen im dritten Jahr** nicht zwingend erforderlich. Ausgehend von jeder Rating-Konstellation des zweiten Jahres kann jeweils eine bedingte Wahrscheinlichkeit für die Wanderung des Kreditnehmers in die Default-Klasse im dritten Jahr ermittelt werden. So beträgt beispielsweise die bedingte Wahrscheinlichkeit dafür, dass der Kreditnehmer im ersten Jahr eine Rating-Klasse von A und im zweiten Jahr eine Rating-Klasse von AA aufweist und dann anschließend im dritten Jahr ausfällt, 0,00004 % (= 4,8 % · 2,5 % · 0,03 %). Werden sämtliche bedingten Ausfallwahrscheinlichkeiten im dritten Jahr summiert, so beläuft sich die Ausfallwahrscheinlichkeit des Kreditnehmers im dritten Jahr auf 0,37404 % (vgl. Abb 47.8).

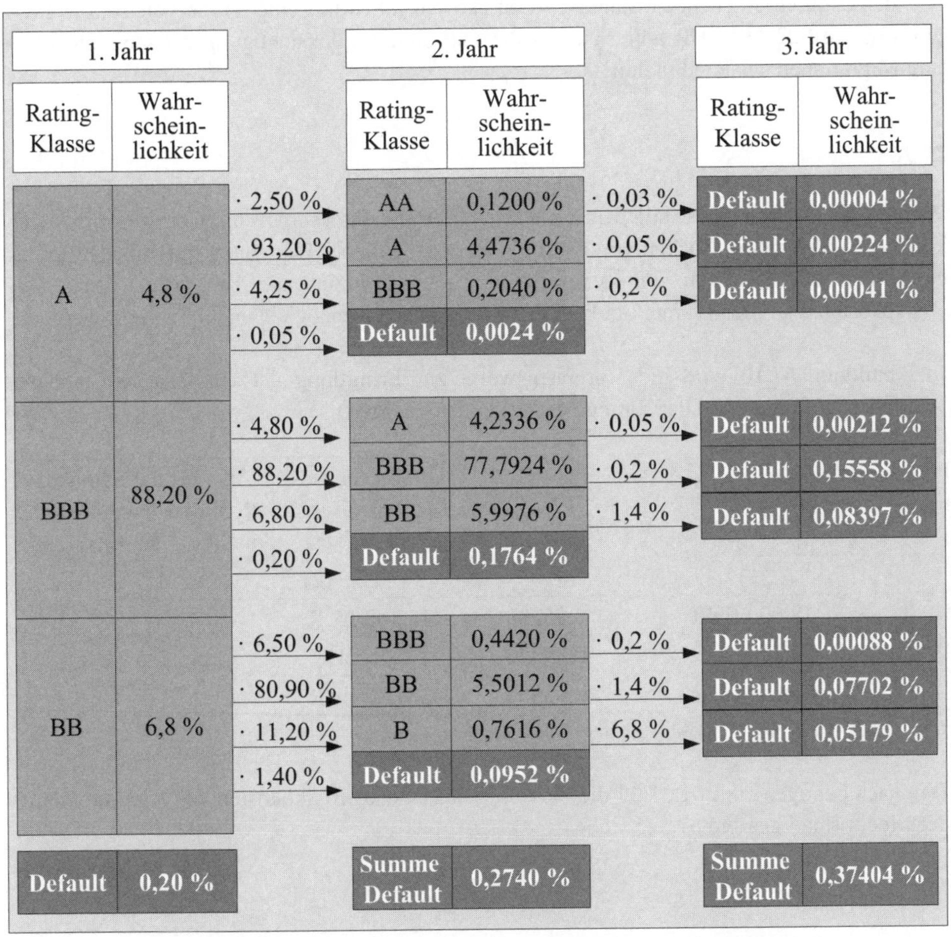

Abb. 47.8: Bedingte Ausfallwahrscheinlichkeiten unter Berücksichtigung der Rating-Migrationen

Mit Hilfe der Abbildung 47.9 lassen sich die gesuchten Standard-Risikokosten unter Berücksichtigung der Rating-Migrationswahrscheinlichkeit des Kreditnehmers im Rahmen eines statischen Rechenkalküls folgendermaßen ermitteln:

Jahr	Erwartete Ausfallrate	Erwartete Rückzahlungsquote	Kreditvolumen bei Ausfall	Standard-Risikokosten
	(1)	(2)	(3)	(4) = (1) · [1 – (2)] · (3)
1	0,20 %	25 %	12 Mio. EUR	18.000 EUR
2	0,2740 %	25 %	12 Mio. EUR	24.660 EUR
3	0,37404 %	25 %	12 Mio. EUR	33.664 EUR
Summe:				76.324 EUR

Abb. 47.9: Quantifizierung der Standard-Risikokosten des Kreditgeschäfts unter Berücksichtigung der Rating Migrationen

Die sich dadurch ergebenden Standard-Risikokosten fallen mit einer Höhe von 76.324 EUR um insgesamt 22.432 EUR höher aus als der Fall ohne Berücksichtigung der möglichen Rating-Migrationen des Kreditnehmers.

zu 4.:

Werden die Standard-(Ausfall-)Risikokosten dieses Kreditgeschäfts barwertig ermittelt, so können zum einen die Risiken von Krediten unterschiedlicher Laufzeiten miteinander verglichen, und zum anderen mittels eines Verrentungsprinzips die barwertigen Standard-Risikokosten über die gesamte Laufzeit des Kreditengagements gleichmäßig verteilt werden.

In Abbildung 47.10 wird die Vorgehensweise zur Ermittlung der barwertigen Standard-Risikokosten für den Fall der Rating-Migration demonstriert:

Jahr	Periodische Standard-Risikokosten	Zerobond-Abzinsfaktor	Barwert einzelner periodischer Risikokosten	Barwert der Standard-Risikokosten zum Zeitpunkt der Kreditvergabe
	(1)	(2)	(3) = (1) · (2)	
1	18.000 EUR	0,95238	17.143 EUR	67.525 EUR
2	24.660 EUR	0,89822	22150 EUR	
3	33.664 EUR	0,83865	28.232 EUR	

Abb. 47.10: Barwertige Standard-Risikokosten des Kreditengagements

Demnach betragen zum 01.01.05 die barwertigen Standard-Risikokosten des Kreditgeschäfts der Modefirma Lagafeld 67.525 EUR.

Fallstudie 48: **Rating-Migrationen und Bonitätsrisikokosten**

Als Chief Credit Officer der Quantam Bank wurden Sie gebeten, die Quantifizierung des Bonitätsrisikos eines Kredits mit Hilfe des Kreditrisikomodells CreditMetrics^{TM} in einer Vorstandssitzung vorzustellen. Bevor Sie die konkreten Berechnungen vornehmen, verschaffen Sie den Teilnehmenden vorerst einen kleinen Überblick über das angewendete Verfahren.

1. Beschreiben Sie die wichtigsten Eigenschaften des Kreditrisikomodells CreditMetrics^{TM}!

Bei dem Kredit handelt es sich um eine Anleihe der Soros AG, die im Zuge einer Anleihenemission begeben wurde. Zum Jahresanfang weist diese Anleihe ein Rating von Aaa auf. Die Anleihe der Soros AG hat des weiteren folgende Eigenschaften:

- Nennwert: 4 Mio. GE
- Rückzahlung: 100 %
- Nominalzins: 5 %
- Restlaufzeit: 5 Jahre
- Besicherungswert: 3,0 Mio. GE

Sie verfügen über eine Datenbank, in welcher die einjährigen Rating-Migrationen sämtlicher mit der Rating-Klasse Aaa bewerteten Anleihen der letzten 10 Jahre statistisch erfasst worden sind:

Anzahl der Anleihen mit Anfangs-Rating Aaa	Rating der Anleihen am Jahresende							
	Aaa	Aa	A	Bbb	Bb	B	Ccc	Ausfall
930	675	170	65	8	6	5	1	0

Abb. 48.1: Historische, einjährige Rating-Migrationen

Zusätzlich liegen Ihnen die (Forward-)Zerobondrenditen (FZR) für die verschiedenen Rating-Klassen vor, welche aus den rating-spezifischen Zinsstrukturen abgeleitet wurden (vgl. Abb. 48.2)

Rating am Jahresende	(Forward-)Zerobondrenditen zum Zeitpunkt t = 1			
	1 Jahr	2 Jahre	3 Jahre	4 Jahre
Aaa	3,60 %	4,17 %	4,73 %	5,12 %
Aa	3,65 %	4,22 %	4,78 %	5,17 %
A	3,72 %	4,32 %	4,93 %	5,32 %
Bbb	4,10 %	4,67 %	5,25 %	5,63 %
Bb	5,55 %	6,02 %	6,78 %	7,27 %
B	6,05 %	7,02 %	8,03 %	8,52 %
Ccc	15,05 %	15,02 %	14,03 %	13,52 %
Ausfall	-	-	-	-

Abb. 48.2: Rating-spezifische (Forward-)Zerobondrenditen zum Zeitpunkt t = 1

2. a) Berechnen Sie aus den in Abbildung 48.1 gegebenen Daten die Migrationswahrscheinlichkeiten für einen Aaa-Kredit für den Betrachtungszeitraum von einem Jahr!

   b) Berechnen Sie die deterministischen Kurswerte des Kredits für alle Rating-Konstellationen am Ende des Betrachtungszeitraums von einem Jahr (in t = 1)!

3. Ermitteln Sie auf Basis der Ergebnisse aus den Teilaufgaben 2.a) und 2.b) den deterministischen Erwartungswert und anschließend den erwarteten Verlust des Kredits!

4. Berechnen Sie den Value at Risk dieses Kredits

   a) zum einen unter der Normalverteilungsannahme über die Marktwertverteilung des Kredits und

   b) zum anderen mit Hilfe der kumulierten Wahrscheinlichkeiten.

   Verwenden Sie zur Lösung der Teilaufgabe 4.a) ein Sicherheitsniveau von 99,87 % (Z-Wert = 3)!

Lösungsvorschlag zu Fallstudie 48:

zu 1.:

Das Ziel von **CreditMetrics™** ist es, den potentiellen Marktwertverlust des Kredits auf Basis eines fixierten Zeit- bzw. Risikohorizontes bedingt durch Veränderungen in der Kontrahentenbonität zu quantifizieren.

Der Gegenstand der Risikomessung eines handelbaren Kredits stellt die möglichen **Barwert- respektive Marktwertänderungen** aufgrund eines geänderten Ratings (sogenannte Down- oder Upgradings), oder im Extremfall eines Kreditausfalls dar. Jeder dieser möglichen **Wanderungsbewegungen** (Migrationen) ist dabei eine Eintrittswahrscheinlichkeit zugeordnet, eine sogenannte **Migrationswahrscheinlichkeit**. Migriert ein Kreditnehmer im Laufe seines Kreditengagements in eine andere Rating-Klasse, dann hat dies zur Konsequenz, dass der dem Kreditgeschäft zugrundeliegende Zahlungsstrom mit einer neuen, der aktuellen Rating-Klasse entsprechenden Zinsstruktur zu bewerten ist. Da für diese neue Zinsstruktur andere Credit Spreads gelten, bedingt die Migration eine Änderung des Marktwertes des Kredits. So gibt es am Ende des Risikohorizontes für sämtliche möglichen Rating-Konstellationen jeweils einen rating-spezifischen Marktwert des Kredits, welcher mit einer definierten Eintrittswahrscheinlichkeit verbunden ist. Der erwartete Marktwertverlust des Kredits – Standard-(Bonitäts-)Risikokosten – lässt sich dabei nach dem Schema von Abbildung 48.3 herleiten.

Erwarteter Marktwertverlust des Kredits (Expected Loss)	=	Marktwert des Kredits bei gegebener Bonität	–	Erwarteter Marktwert des Kredits unter Berücksichtigung von Rating-Migrationen

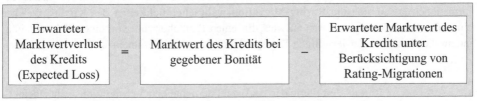

Abb. 48.3: Grundgleichung zur Herleitung des erwarteten Marktwertverlusts des Kredits

Aus den so ermittelten Marktwertänderungen und deren jeweiligen Eintrittswahrscheinlichkeiten lässt sich schließlich ein VaR ableiten, die immer mit einem im voraus zu fixierenden Risikohorizont verbunden ist. Wird der Value at Risk des Kredits mit Hilfe der **kumulierten Wahrscheinlichkeiten** ermittelt, so ergibt sich dieser stets als die Differenz zwischen dem erwarteten Marktwert des Kredits und dem Marktwert, der mit einer bestimmten Wahrscheinlichkeit nicht unterschritten wird. Abbildung 48.4 zeigt die allgemeine Vorgehensweise dieser Methode.

Unerwarteter Marktwertverlust des Kredits (Unexpected Loss)	=	Erwarteter Marktwert des Kredits am Ende des Risikohorizontes	—	Minimaler Markwert des Kredits, der bei einem vorgegebenen Sicherheitsniveau nicht unterschritten wird

Abb. 48.4: Grundgleichung zur Herleitung des unerwarteten Marktwertverlusts des Kredits

Kann die Verteilung der Marktwerte des Kredits am Ende des Betrachtungszeitraums als normal unterstellt werden, so bietet sich die **Standardabweichung** der Marktwerte des Kredits als ein geeignetes Maß an, um den Value at Risk des Kredits herzuleiten. Der Value at Risk ergibt sich als das Produkt der Standardabweichung mit einem entsprechenden Z-Wert:

Value at Risk des Kredits = Standardabweichung des Marktwerts · Z-Wert

zu 2.a):

Aus der Abbildung 48.1 geht hervor, dass von den 930 historischen Anleihen, die am Anfang eines Jahres mit der Rating-Klasse Aaa bewertet wurden, 675 ihr anfängliches Rating beibehalten konnten. 170 wurden auf Rating-Klasse Aa herabgestuft und 85 Anleihen mussten sich am Jahresende mit einer Rating-Klasse von A oder sogar niedriger begnügen. Aus diesen Informationen lassen sich die **Rating-Migrationswahrscheinlichkeiten** des Kredits, welcher ein anfängliches Rating von Aaa aufwies, für einen Risikohorizont von einem Jahr ableiten, indem die Anzahl in der jeweiligen Rating-Klasse durch die Gesamtanzahl der beobachteten Anleihen dividiert wird:

Rating-Klasse	Rating-Verteilung der Anleihen am Jahresende	Anzahl der Anleihen insgesamt	Migrationswahrscheinlichkeiten in %
	(1)	(2)	(3) = (1) / (2)
Aaa	675	930	72,581 %
Aa	170	930	18,280 %
A	65	930	6,989 %
Bbb	8	930	0,860 %
Bb	6	930	0,645 %
B	5	930	0,538 %
Ccc	1	930	0,108 %
Ausfall	0	930	0 %

Abb. 48.5: Herleitung der Rating-Migrationswahrscheinlichkeiten

Ausgehend von der Abbildung 48.5 bestehen für jeden Kreditnehmer insgesamt acht mögliche Zustände von Aaa bis zu einem Ausfall, dem er am Jahresende zugeordnet werden kann. Aufgrund der Berechnungen können sämtlichen Ereignissen unterschiedliche Eintrittswahrscheinlichkeiten zugeordnet werden. Für einen Kreditnehmer, der zum Zeitpunkt des Geschäftsabschlusses (in t = 0) in die Rating-Klasse Aaa eingestuft wurde, beträgt die Wahrscheinlichkeit, dass er am Ende des Jahres immer noch dieser Rating-Klasse angehört 72,581 %. Mit einer Wahrscheinlichkeit von 18,280 % wird sich die Bonität des Kreditnehmers um eine Rating-Klasse verschlechtern und mit einer Wahrscheinlichkeit 0,108 % wird sie sich z.B. im Bereich von Ccc bewegen. Kennzeichnend dabei ist, dass sämtliche Migrationswahrscheinlichkeiten sich stets zu 100 % summieren.

zu 2.b):

Aufgrund der Unsicherheit über den Marktwert des Kredits am Ende des Betrachtungszeitraums muss auf der Grundlage der sogenannten **deterministischen Kurswerte** ein Erwartungswert berechnet werden. Dabei beschreibt der deterministische Kurswert des Kredits – ausgehend von dem Betrachtungszeitpunkt (z.B. t = 0) – den rating-spezifischen Marktwert des Kredits am Ende des Betrachtungszeitraums (z.B. t = 1). Um deterministische Kurswerte zu ermitteln, müssen grundsätzlich die zukünftigen Zahlungsstöme des Kredits mit **(Forward-)Zerobondrenditen (FZR)** bzw. alternativ die (Forward-)Zerobondabzinsfaktoren, welche sich aus den rating-spezifischen Zinsstrukturen ableiten lassen, bewertet werden. Werden die deterministischen Kurswerte sämtlicher Rating-Konstellationen mit ihren jeweiligen Eintrittswahrscheinlichkeiten – Rating-Migrationswahrscheinlichkeiten – bewertet und anschließend zusammengeführt, so ergibt sich schließlich der erwartete Marktwert des Kredits am Ende des Betrachtungszeitraums. Abbildung 48.6 veranschaulicht die formale Vorgehensweise zur Bestimmung des Erwartungswertes.

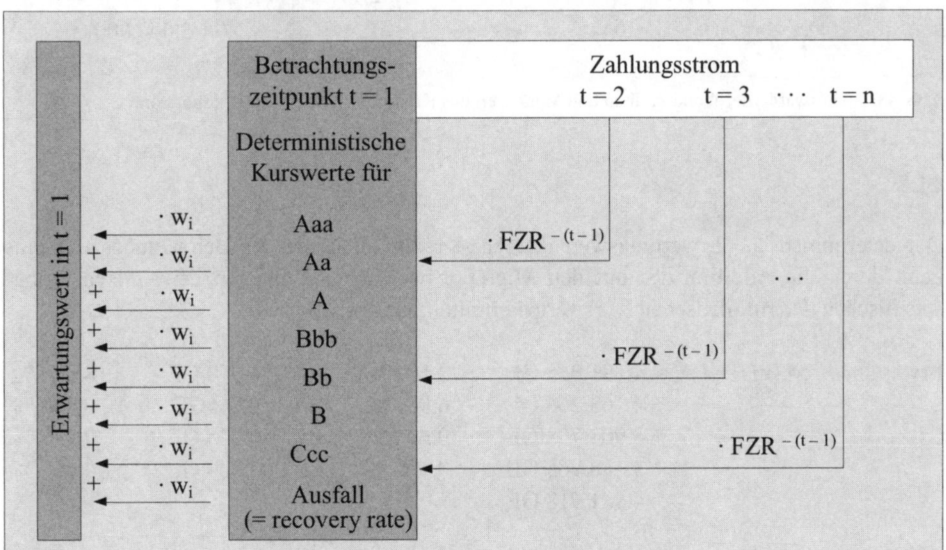

Abb. 48.6: Ermittlung des Erwartungswertes eines Kredits am Ende des Risikohorizontes

Mit Hilfe der entsprechenden (Forward-)Zerobondrenditen für eine Aaa-Bonität (vgl. Abb. 48.2) können die deterministischen Kurswerte berechnet werden. So beläuft sich beispielsweise der deterministische Kurswert eines Aaa-Kredits zum Zeitpunkt t = 1 bei unveränderter Bonität auf:

$$4.191.065 \text{ GE} = 200.000 \text{ GE} + \frac{200.000 \text{ GE}}{1{,}0360^1} + \frac{200.000 \text{ GE}}{1{,}0417^2} + \frac{200.000 \text{ GE}}{1{,}0473^3} + \frac{4.200.000}{1.0512^4}$$

Auf diese Weise lassen sich die deterministischen Kurswerte sämtlicher Rating-Konstellationen ermitteln (vgl. Abb. 48.7). Der deterministische Kurswert des Kredits beträgt im Insolvenzfall unter Berücksichtigung des Besicherungswertes 3.000.000 GE.

Rating am Jahresende	(Forward-)Zerobondrenditen – Laufzeit 1 Jahr	2 Jahre	3 Jahre	4 Jahre	Deterministische Kurswerte des Kredites am Jahresende (x_i)
AAA	3,60 %	4,17 %	4,73 %	5,12 %	4.191.065 GE
AA	3,65 %	4,22 %	4,78 %	5,17 %	4.184.010 GE
A	3,72 %	4,32 %	4,93 %	5,32 %	4.163.266 GE
BBB	4,10 %	4,67 %	5,25 %	5,63 %	4.119.865 GE
BB	5,55 %	6,02 %	6,78 %	7,27 %	3.903.708 GE
B	6,05 %	7,02 %	8,03 %	8,52 %	3.750.225 GE
CCC	15,05 %	15,02 %	14,03 %	13,52 %	3.188.965 GE
Ausfall	-	-	-	-	3.000.000 GE

Abb. 48.7: (Forward-)Zerobondrenditen und Marktwert des Kredits am Ende des Risikohorizontes

zu 3.:

Der deterministische Erwartungswert des Aaa-Kredits am Ende des Betrachtungszeitraums kann durch die Addition der mit den Migrationswahrscheinlichkeiten gewichteten ratingspezifischen deterministischen Kurswerten ermittelt werden:

$$\begin{aligned} \text{Erwartungswert (in t = 1)} &= 4.191.065 \text{ GE} \cdot 72{,}581\,\% + 4.184.010 \text{ GE} \cdot 18{,}280\,\% \\ &+ 4.163.266 \text{ GE} \cdot 6{,}989\,\% + 4.119.865\text{GE} \cdot 0{,}860\,\% \\ &+ 3.903.708 \text{ GE} \cdot 0{,}645\,\% + 3.750.225 \text{ GE} \cdot 0{,}538\,\% \\ &+ 3.188.965 \text{ GE} \cdot 0{,}108\,\% + 3.000.000 \text{ GE} \cdot 0{,}000\,\% \\ &= 4.181.918 \text{ GE} \end{aligned}$$

Der deterministische Erwartungswert des Kredits beläuft sich somit am Ende des unterstellten Risikohorizontes von einem Jahr auf 4.181.918 GE.

Der erwartete Marktwertverlust des Kredits bzw. die Standard-(Bonitäts-)Risikokosten ergeben sich grundsätzlich als Differenz zwischen dem Marktwert des Kredits bei gegebener

Bonität und dem Marktwert des Kredits unter Berücksichtigung von Rating-Migrationen (vgl. Abb. 48.3). Dabei stellt der Marktwert des Kredits bei gegebener Bonität den deterministischen Kurswert für den Fall dar, dass der Kreditnehmer am Ende des Risikohorizontes seine Rating-Klasse von Aaa beibehalten kann. Dieser beträgt 4.191.065 GE. Der Gleichung in Abbildung 48.3 zufolge beläuft sich der erwartete Kreditverlust auf 9.147 GE:

9.147 GE = 4.191.065 GE – 4.181.918 GE.

<u>zu 4.a):</u>

Um basierend auf dem erwarteten Kreditverlust den Value at Risk eines Kredits bestimmen zu können, bedarf es einer Aussage über die zugrundeliegende Wertverteilung dieses Kredits. Kann eine **Normalverteilung** unterstellt werden, dann steht mit der Standardabweichung ein etabliertes Schwankungsmaß für die Quantifizierung des Risikos zur Verfügung. Wie aus Abbildung 48.8 entnommen werden kann, beträgt die Standardabweichung 51.773 GE. Wird nun ein Z-Wert von 3 festgelegt, dann ist die negative Wertveränderung des Kredits, also der Value at Risk, mit einer Wahrscheinlichkeit von 99,87 % nicht größer als 155.318 GE.

$$\begin{aligned}\text{Value at Risk des Kredits} &= \text{Standardabweichung des Marktwerts} \cdot \text{Z - Wert} \\ &= 51.773\,\text{GE} \cdot 3 \\ &= 155.318\,\text{GE}\end{aligned}$$

		Deterministische Kurswerte x_i in t = 1 (in GE)	w_i (in %)	$w_i \cdot x_i$ (in GE)	$x_i - EW(x_i)$ (in GE)	$w_i \cdot [x_i - EW(x_i)]^2$ (in GE)
Rating in t = 1	Aaa	4.191.065 GE	72,581 %	3.041.902	9.147	60.722.187
	Aa	4.184.010 GE	18,280 %	764.819	2.091	799.429
	A	4.163.266 GE	6,989 %	290.981	-18.653	24.316.714
	Bbb	4.119.865 GE	0,860 %	35.440	-62.053	33.123.717
	Bb	3.903.708 GE	0,645 %	16.790	-278.210	499.360.233
	B	3.750.225 GE	0,538 %	20.163	-431.693	1.001.929.294
	Ccc	3.188.965 GE	0,108 %	10.287	-992.953	1.060.168.207
	Ausfall	3.000.000 GE	0,000 %	0	-1.181.918	0
Summe:		Erwarteter Kurswert des Kredits am Jahresende: $\sum w_i \cdot x_i = EW(x_i) = 4.181.918$ GE			Standardabweichung des Kurswerts: $STD(x_i) = \sqrt{\sum w_i \cdot [x_i - EW(x_i)]^2} = 51.773\,\text{GE}$	

Abb. 48.8: Berechnung von Erwartungswert und Standardabweichungen für einen Aaa-Kredit

Die Normalverteilungsannahme bei Kredit-Marktwerten steht jedoch im Widerspruch zur Realität, da diese nicht symmetrisch um den Erwartungswert verteilt sind. Dem aus Banksicht günstigsten Ereignis, der ordnungsgemäßen Rückführung des Kredits, welches mit einer sehr hohen Wahrscheinlichkeit eintritt, steht der Restwert des Kredits im Insolvenzfall in Höhe von 3.000.000 GE mit einer sehr geringen Eintrittswahrscheinlichkeit gegenüber (vgl. Abb. 48.9).

zu 4.b):

Berechnet man den Value at Risk unter Verwendung **der kumulierten Wahrscheinlichkeiten**, so ist aus Abbildung 48.9 abzulesen, dass beispielsweise ein Marktwert in Höhe von 1.040.860 GE mit einer Wahrscheinlichkeit von 99,87 % (≈ 99.892 %) nicht unterschritten wird. Hiervon ist der erwartete Marktwert von 4.181.918 GE abzuziehen, um den unerwarteten Marktwertverlust zu erhalten (vgl. Abb. 48.4). Demnach beträgt der Value at Risk des Kredits mit Hilfe der kumulierten Wahrscheinlichkeiten 431.693 GE.

431.693 GE = 4.181.918 GE – 3.750.225 GE

		Deterministische Kurswerte in t = 1	Eintritts-wahrscheinlichkeiten	Kumulierte Wahrscheinlichkeiten
Rating in t = 1	Aaa	4.191.065 GE	72,581 %	72,581 %
	Aa	4.184.010 GE	18,280 %	90,860 %
	A	4.163.266 GE	6,989 %	97,849 %
	Bbb	4.119.865 GE	0,860 %	98,710 %
	Bb	3.903.708 GE	0,645 %	99,355 %
	B	3.750.225 GE	0,538 %	99,892 %
	Ccc	3.188.965 GE	0,108 %	100,000 %
	Ausfall	3.000.000 GE	0 %	100,000 %

Abb. 48.9: Deterministische Kurswerte des Kredits am Jahresende mit den zugehörigen Eintrittswahrscheinlichkeiten

Verglichen mit dem sich aus der Normalverteilungsannahme resultierenden Ergebnis ist der mit den kumulierten Wahrscheinlichkeiten ermittelte Value at Risk um 276.375 GE höher. Die Normalverteilung ist also offensichtlich nicht geeignet, die potentiellen Wertänderungen eines Kredits oder eines Kreditportfolios adäquat zu beschreiben. Es ist viel mehr angebracht, Value at Risk-Aussagen – ohne Verwendung der Normalverteilungsannahme – unmittelbar auf Basis der empirischen Wahrscheinlichkeitsverteilung zu treffen.

Fallstudie 49: **Kalkulation des Treasury-Erfolgs im Wertbereich**

Seit Einführung der Marktzinsmethode als entscheidungsorientiertes Verrechnungszinskonzept werden die dezentralen Marktbereiche der KB-Bank erfolgreich gesteuert. Nach der Realisierung dieses Teilprojektes hat sich die Geschäftsleitung der KB-Bank nun zum Ziel gesetzt, ebenfalls ein geeignetes Steuerungsinstrument für den Bereich der Fristentransformation in der Zentraldisposition einzuführen, das auf dem Konzept der Marktzinsmethode aufbaut.

Theo Träscherer, der vor kurzem das Trainee-Programm bei der KB-Bank abgeschlossen hat, kann als neuer Mitarbeiter für die Controlling-Abteilung gewonnen werden. Während seines Studiums mit Schwerpunkt Bankmanagement hat er bereits das Barwertkonzept der Marktzinsmethode als ideales Steuerungsinstrument für die Zentraldisposition kennen gelernt. Theo Träscherer wird von seinem Vorgesetzten beauftragt, im Rahmen einer internen Schulung seinen Kollegen in der Controlling-Abteilung die Kalkulation des Überschusses aus der Fristentransformation, also des Treasury-Erfolgs im Wertbereich, mit Hilfe des Barwertkonzeptes zu erklären.

Versetzen Sie sich in die Lage von Theo Träscherer und verwenden Sie für Ihre Ausführungen die folgenden Kundengeschäfte als Beispiel.

Am 01.05.05 wird ein endfälliger 3-Jahres-Kredit mit einem Volumen von 500.000 GE und einer Effektivverzinsung von 9,0 % p.a. abgeschlossen. Zum gleichen Zeitpunkt wird über das gleiche Volumen eine 1-jährige Termineinlage, die dem Kunden mit 7,0 % vergütet wird, hereingenommen.

Das Zinsniveau am Geld- und Kapitalmarkt stellt sich in der Ausgangssituation wie folgt dar:

Laufzeit	GKM-Satz	Zerobond-Abzinsfaktor
1 Jahr	7,5 %	0,93023
2 Jahre	7,8 %	0,86034
3 Jahre	8,0 %	0,79329

Abb. 49.1: Geld- und Kapitalmarkt-Zinsstruktur und Zerobond-Abzinsfaktoren am 01.05.05

1. a) Berechnen Sie im Grundmodell der Marktzinsmethode die Konditionsmargen und -beiträge für den Kredit und die Einlage sowie die Fristentransformationsmarge und den Fristentransformationsbeitrag, die sich aus beiden Geschäften im ersten Jahr ergeben!

   b) Kalkulieren Sie die Konditionsbeitrags-Barwerte des Kredites und der Einlage sowie den Fristentransformationsbeitrags-Barwert zum 01.05.05! Wie hoch ist in diesem Zeitpunkt der Zinsüberschuss-Barwert?

   c) Erläutern Sie anhand der Prämissen des Grundmodells der Marktzinsmethode und derjenigen des Barwertkonzeptes, worauf die unterschiedlichen Ergebnisse aus den Teilaufgaben a) und b) zurückzuführen sind! Wie lassen sich das Grundmodell und das Barwertkonzept ineinander überführen?

Um den Erfolg der Zentraldisposition aus der Entscheidung, Fristentransformation zu betreiben, beurteilen zu können, ist jeweils für die nachfolgenden Perioden eine Benchmark festzulegen. Diese gibt an, welches Ergebnis sich in den jeweiligen Perioden risikofrei – basierend auf der Zinsstruktur in der Ausgangssituation – erzielen ließe.

Die arbitragefreie Fortrechnung der in der Ausgangssituation am 01.05.05 vorliegenden Zinsstrukturkurve führt zu den folgenden deterministischen Zerobond-Abzinsfaktoren:

		Zerobond-Abzinsfaktoren		
Laufzeit		1 Jahr	2 Jahre	3 Jahre
(Kassa-)	05	0,93023	0,86034	0,79329
(Forward-)	06	0,92486	0,85279	
Beginn in	07	0,92207		

Abb. 49.2: Deterministische Zerobond-Abzinsfaktoren abgeleitet aus der Zinsstrukturkurve vom 01.05.05

2. a) Zeigen Sie zunächst, wie sich der Forward-Zerobond-Abzinsfaktor ZB-AF[1;2] in Höhe von 0,85279, der eine am 01.05.08 anfallende Zahlung auf den 01.05.06 bezieht, über die Konstruktion von Geld- und Kapitalmarktgeschäften berechnen lässt!

   b) Ermitteln Sie anschließend das Gesamtergebnis (= pagatorischer Zinsüberschuss + kalkulatorischer Zinsüberschuss-Barwert) sowie dessen einzelne Komponenten zum 01.05.06, die sich aufgrund der arbitragefreien Fortrechnung der in der Ausgangssituation vorliegenden Zinsstruktur (vgl. Abb. 49.2) ergeben!

Aufgrund der günstigen Zinsprognose hat sich die Zentraldisposition in der Ausgangssituation entschieden, die Kundengeschäfte nicht durch entsprechende Gegengeschäfte am Geld- und Kapitalmarkt zu schließen.

3. Wie hoch wäre das dem Zentralbereich zuzuordnende kalkulatorische Treasury-Ergebnis, wenn nach einem Jahr die noch offene Position mit Geld- und Kapitalmarktgeschäften zu den dann gültigen Konditionen geschlossen würde?

Am 01.05.06 herrscht folgende Situation am Geld- und Kapitalmarkt:

Laufzeit	GKM-Satz	Zerobond-Abzinsfaktor
1 Jahr	6,5 %	0,93897
2 Jahre	6,6 %	0,87995
3 Jahre	7,1 %	0,81312

Abb. 49.3: Geld- und Kapitalmarkt-Zinsstruktur und Zerobond-Abzinsfaktoren am 01.05.06

4. Stellen Sie abschließend die verschiedenen Ergebnisse aus den Aufgaben 2 und 3 in einer Tabelle, welche die Periodenrechnung, die kalkulatorischen Barwerte sowie die Gesamtergebnisse enthält, zusammen!

Die Zentraldisposition beschließt, die Fristentransformation nach dem ersten Jahr zu beenden, um das soeben berechnete Treasury-Ergebnis zu realisieren. Dabei wird die periodische Verteilung des Konditionsbeitrages gemäß Grundmodell unterstellt.

5. Stellen Sie die Zahlungsströme der am 01.05.06 zur Beendigung der Fristentransformation abzuschließenden (Kassa-)Geld- und Kapitalmarktgeschäfte dar!

Alternativ ist es möglich, die Fristentransformation durch die Kombination aus einem 1-jährigen Kassa- und einem 1-jährigen Zerobond-Forwardgeschäft, die beide im Zeitpunkt 01.05.06 abgeschlossen werden, zu beenden.

Abbildung 49.4 gibt neben den deterministischen Zerobond-Abzinsfaktoren die benötigten deterministischen Zerobond-Forward Rates, die aus der arbitragefreien Fortrechnung der am 01.05.06 gültigen Zinsstrukturkurve resultieren, wieder.

		Zerobond-Abzinsfaktoren			Zerobond (-Forward)Rates		
Laufzeit		1 Jahr	2 Jahre	3 Jahre	1 Jahr	2 Jahre	3 Jahre
(Kassa-)	06	0,93897	0,87995	0,81312	6,50 %	6,60 %	7,14 %
(Forward-)	07	0,93715	0,86598		6,71 %	7,46 %	
Beginn in	08	0,92406			8,22 %		

Abb. 49.4: Deterministische Zerobond-Abzinsfaktoren und Zerobond-Forward Rates abgeleitet aus der Zinsstrukturkurve vom 01.05.06

6. a) Erklären Sie zunächst den Unterschied der Zerobond Rates für in t = 0 beginnende Geschäfte zu den in Abbildung 49.3 aufgeführten Geld- und Kapitalmarktzinssätzen!

b) Zeigen Sie des weiteren am Beispiel der 2-jährigen Zerobond-Forward Rate FR[1;2], die für ein am 01.05.07 beginnendes Forwardgeschäft gültig ist, wie sich aus den deterministischen Zerobond-Abzinsfaktoren die Zerobond-Forward Rates ableiten lassen!

c) Stellen Sie abschließend wiederum die Zahlungsströme der zur Beendigung der Fristentransformation abzuschließenden 1-jährigen Kassa- und Forwardgeschäfte dar!

Lösungsvorschlag zu Fallstudie 49:

zu 1.a):

Mit dem Instrument der Marktzinsmethode ist es möglich, den insgesamt erzielten Zinsüberschuss bzw. die Bruttozinsspanne verursachungsgerecht aufzuspalten und die Ergebniskomponenten den dafür verantwortlichen Entscheidungsbereichen zuzuordnen. In diesem Fall sind dies der Marktbereich, der den Kredit ausgegeben und die Einlage hereingeholt hat, sowie die Zentraldisposition, die für die Entscheidungen über das Ausmaß der Fristentransformation zuständig ist.

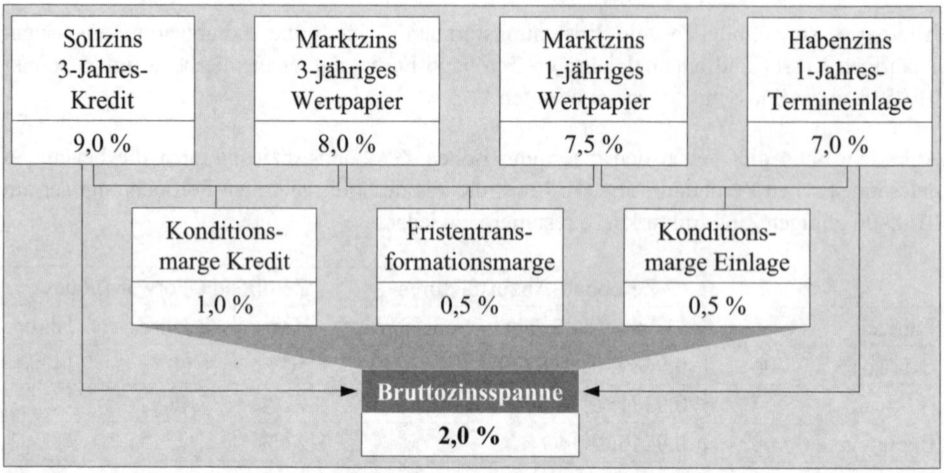

Abb. 49.5: Komponenten der Bruttozinsspanne gemäß Grundmodell der Marktzinsmethode

Der periodische Zinsüberschuss setzt sich aus den folgenden Komponenten zusammen:

Konditionsbeitrag Kredit	500.000 GE	·	1,0 %	=	5.000 GE
Konditionsbeitrag Einlage	500.000 GE	·	0,5 %	=	2.500 GE
Fristentransformationsbeitrag	500.000 GE	·	0,5 %	=	2.500 GE
Zinsüberschuss	500.000 GE	·	2,0 %	=	**10.000 GE**

Hinweis: Sämtliche Ergebnisse der nachfolgenden Aufgaben sind aufgrund der höheren Genauigkeit mit ungerundeten Zerobond-Abzinsfaktoren und ungerundeten Zerobond-Forward Rates berechnet, so dass es bei der Verwendung der auf fünf Nachkommastellen gerundeten Zerobond-Abzinsfaktoren bzw. der auf zwei Nachkommastellen gerundeten Zerobond-Forward Rates zu Abweichungen kommen kann.

zu 1.b):

Die Konditionsbeitrags-Barwerte für die Kundengeschäfte ermitteln sich, indem die Kunden-Cash Flows mit den jeweiligen Zerobond-Abzinsfaktoren, die sich aus der Zinsstruktur am 01.05.05 ergeben, auf den Zeitpunkt des Geschäftsabschlusses diskontiert und mit der Anfangsein- bzw. -auszahlung saldiert werden.

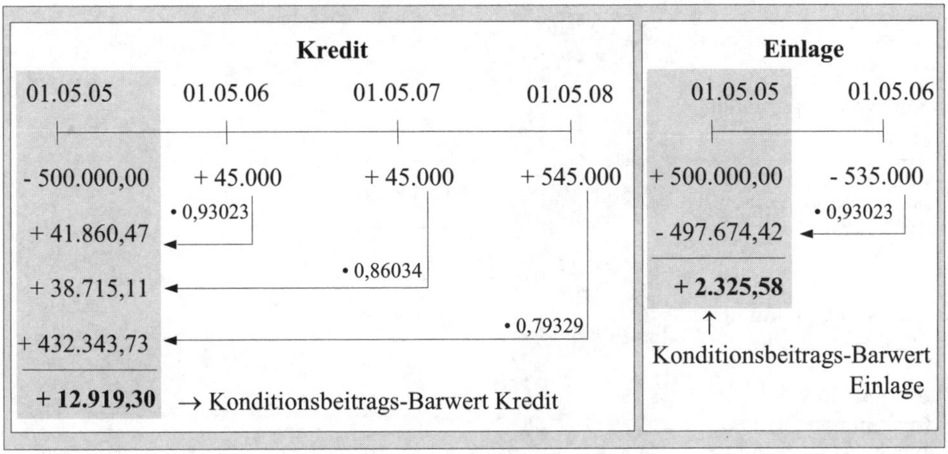

Abb. 49.6: Ermittlung des Konditionsbeitrags-Barwertes Kredit und Einlage zum Zeitpunkt 01.05.05

Ausgangspunkt für die Berechnung des Fristentransformationsbeitrags-Barwertes sind die Zahlungsreihen der Opportunitäten der Kundengeschäfte. Für den Kredit ist dies ein 3-jähriges (endfälliges) Geld- und Kapitalmarktgeschäft mit einer Verzinsung von 8,0 %, für die Einlage ein Geldmarktgeschäft mit einer Laufzeit von 1 Jahr zu 7,5 %. Die jeweiligen Zahlungen werden wie zuvor die Kunden-Cash Flows mit den jeweiligen Zerobond-Abzinsfaktoren auf den Zeitpunkt des Geschäftsabschlusses diskontiert. Die Summen der verbarwerteten GKM-Cash Flows werden voneinander abgezogen, um den Fristentransformationsbeitrags-Barwert per 01.05.05 zu erhalten. (vgl. Abb. 49.7)

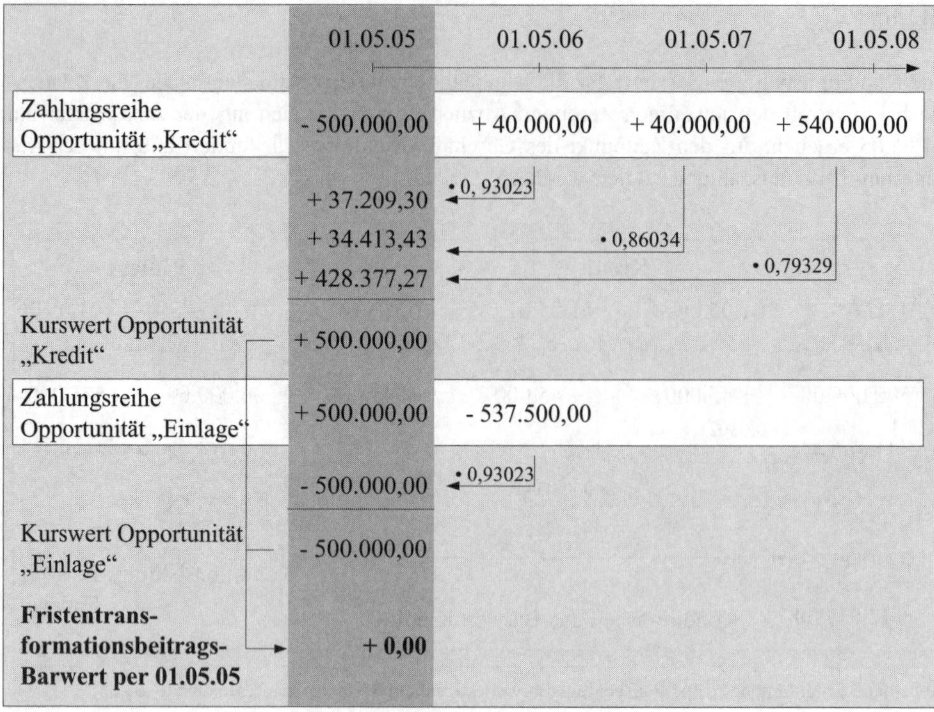

Abb. 49.7: Ermittlung des Transformationsbeitrags-Barwertes zum Zeitpunkt 01.05.05

Wie Abbildung 49.7 zeigt, sind die Ertragswerte der beiden GKM-Geschäfte identisch, so dass der Fristentransformationsbeitrags-Barwert gleich Null ist. Somit entspricht der Zinsüberschuss-Barwert der Summe aus den Konditionsbeitrags-Barwerten der beiden Kundengeschäfte:

Konditionsbeitrags-Barwert Kredit	12.919,30 GE
Konditionsbeitrags-Barwert Einlage	2.325,58 GE
Fristentransformationsbeitrags-Barwert	0,00 GE
Zinsüberschuss-Barwert	**15.244,88 GE**

zu 1.c):

Im **Konditionenbereich** lassen sich das Grundmodell der Marktzinsmethode und das Barwertkonzept ineinander überführen. So werden im Grundmodell periodische Konditionsbeiträge in Höhe von 5.000 GE für den Kredit und in Höhe von 2.500 GE für die Einlage ermittelt. Diskontiert man diese periodischen Ergebnisbeiträge mit den Zerobond-Abzinsfaktoren auf den Zeitpunkt 01.05.05, so erhält man die jeweiligen Konditionsbeitrags-Barwerte. Für den Kredit stellen die periodischen Konditionsbeiträge in Höhe von 5.000 GE die kapitalproportionale Periodisierung des Konditionsbeitrags-Barwertes von 12.919,30 GE über die Laufzeit von 3 Jahren dar.

Dagegen tritt im **Bereich der Fristentransformation** zunächst ein scheinbarer Widerspruch zwischen den Ergebnissen des Grundmodells und denen des Barwertkonzeptes auf. Im Grundmodell der Marktzinsmethode beträgt der periodische Fristentransformationsbeitrag 2.500 GE, im Barwertkonzept dagegen wird ein Fristentransformationsbeitrags-Barwert in Höhe von 0,00 GE ausgewiesen. Der Widerspruch löst sich jedoch auf, wenn man die unterschiedlichen Prämissen der beiden Ansätze berücksichtigt.

Im **Grundmodell** der Marktzinsmethode wird davon ausgegangen, dass die Zentraldisposition am 01.05.05 keine Gegengeschäfte für die Kundengeschäfte am Geld- und Kapitalmarkt abschließt. Aufgrund dieser Entscheidung der Zentraldisposition kann nach Ablauf eines Jahres der Erfolgsbeitrag aus der Fristentransformation vereinnahmt werden. Dieser lässt sich rechnerisch ermitteln, indem die jeweiligen laufzeitgleichen Opportunitäten zu den Kundengeschäften, die am 01.05.05 alternativ am Geld- und Kapitalmarkt hätten abgeschlossen werden können, bestimmt werden. Aus der Differenz zwischen dem Zinssatz für ein 3-jähriges Wertpapier (8,0 %) und demjenigen für ein 1-jähriges Wertpapier (7,5 %) ergibt sich bezogen auf einen Kapitaleinsatz von 500.000 GE ein Fristentransformationsbeitrag in Höhe von 2.500 GE. Des weiteren beinhaltet der Zinsüberschuss, der am 01.05.06 vereinnahmt wird, die Konditionsbeiträge des Kredites und der Einlage von 5.000 GE bzw. 2.500 GE. Mit der Rückzahlung der Einlage nach einem Jahr endet der Betrachtungszeitraum des Grundmodells, womit dieses als Ex-post-Analyseinstrument einperiodischer liquiditätsmäßiger Erfolgswirkungen interpretiert werden kann.

Das **Barwertkonzept** geht nun über das Grundmodell hinaus, indem zukünftige Zahlungsströme in die Berechnung des aktuellen Wertes einer Position eingehen. Es unterstellt eine strukturneutrale Deckung der Kundengeschäfte durch den Abschluss der entsprechenden Gegengeschäfte am Geld- und Kapitalmarkt zum Zeitpunkt 01.05.05, wodurch die Fristentransformation als Erfolgsquelle ausgeschaltet wird. Folglich beträgt der Fristentransformationsbeitrags-Barwert, der im Gegensatz zum Grundmodell für den Zeitpunkt 01.05.05 ermittelt wird, 0,00 GE.

zu 2.a):

Mit Hilfe des Forward-Zerobond-Abzinsfaktors ZB-AF[1;2] ist es möglich, eine Zahlung die nach drei Jahren (t = 3) anfällt, auf den Zeitpunkt t = 1 zu beziehen. Der Ermittlung dieses Forward-Zerobond-Abzinsfaktors liegt die Überlegung zugrunde, welcher Betrag, der auf Basis der in t = 0 (01.05.05) gültigen Zinsstruktur zukünftig in t = 1 (01.05.06) angelegt wird, in t = 3 (01.05.08) zu einer Rückzahlung von 1 GE führt.

Ausgangspunkt der Berechnungen bildet die Rückzahlung in t = 3 (01.05.08) in Höhe von 1 GE. Um diese zu erhalten, ist in t = 0 (01.05.05) ein Betrag in Höhe von 0,92593 GE für 3 Jahre zu 8 % am Geld- und Kapitalmarkt anzulegen. Diese Geldanlage führt zu jährlichen Zinszahlungen von 0,07407 GE. Um die Zinszahlung, die in t = 2 (01.05.07) anfällt, auszugleichen, ist eine Refinanzierung am Geld- und Kapitalmarkt über 0,06871 GE zu 7,8 % erforderlich. Schließlich sind die Zahlungsströme der 3-Jahres-Geldanlage und der 2-Jahres-Refinanzierung in t = 0 (01.05.05) durch eine 1-jährige Refinanzierung zu 7,5 % zu eliminieren. Aus der Summierung der Zahlungen, die aus den drei Geld- und Kapitalmarktgeschäften in t = 1 (01.05.06) anfallen, ergibt sich der Zerobond-Abzinsfaktor ZB-AF[1;2] in Höhe von 0,85279.

Forward-Zerobond-Abzinsfaktor ZB-AF[1;2]:

GKM-Geschäft	Lauf-zeit	GKM-Satz	t = 0 (01.05.00)	t = 1 (01.05.01)	t = 2 (01.05.02)	t = 3 (01.05.03)
Geldanlage	3 J.	8,0 %	- 0,92593	+ 0,07407	+ 0,07407	+ 1
Refinanzierg.	2 J.	7,8 %	+ 0,06871	- 0,00536	- 0,07407	
Refinanzierg.	1 J.	7,5 %	+ 0,85721	- 0,92150		
			0	- 0,85279	0	+ 1

=> **ZB-AF[1;2] = 0,85279**

zu 2.b):

Das Gesamtergebnis zum Zeitpunkt 01.05.06 gibt an, welcher Zinsüberschuss nach einem Jahr sicher realisiert werden kann, wenn bereits im Zeitpunkt t = 0 (01.05.05) die nach einem Jahr offene Position aus dem Kredit durch Gegengeschäfte geschlossen würde. Es setzt sich zusammen aus den Erfolgsbeiträgen, die gemäß Grundmodell zu diesem Zeitpunkt liquiditätswirksam sind, sowie den auf diesen Zeitpunkt bezogenen Barwerten der Konditions- und der Fristentransformationsbeiträge. Für die Berechnung der Barwerte werden die Forward-Zerobond-Abzinsfaktoren verwendet, die sich aus der am 01.05.05 gültigen Zinsstruktur ableiten lassen. Mit ihrer Hilfe werden die zukünftigen Zahlungen aus t = 2 (01.05.07) und t = 3 (01.05.08) auf den Zeitpunkt t = 1 (01.05.06) bezogen.

Die Berechnung des **Konditionsbeitrags-Barwertes** des Kredites am 01.05.01 gibt folgende Abbildung wieder:

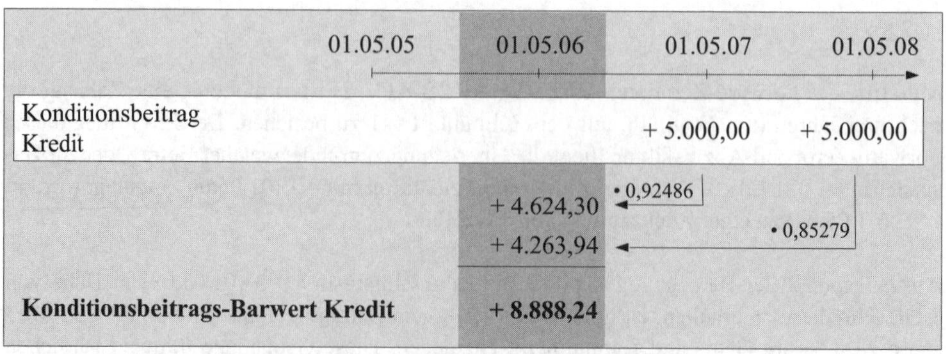

Abb. 49.8: Ermittlung des Konditionsbeitrags-Barwertes Kredit zum Zeitpunkt 01.05.06

Der Saldo aus den deterministischen Kurswerten der beiden Opportunitätsgeschäfte zum Zeitpunkt 01.05.06 bildet den **Fristentransformationsbeitrags-Barwert**. Während sich der deterministische Kurswert der Opportunität „Kredit" durch die Abzinsung der ausstehenden

Zahlungsreihe mit den entsprechenden Forward-Zerobond-Abzinsfaktoren berechnet, entspricht der deterministische Kurswert der Opportunität „Einlage" dem Rückzahlungsbetrag des 1-jährigen Wertpapiers am 01.05.06, nämlich - 500.000 GE.

	01.05.05	01.05.06	01.05.07	01.05.08
Zahlungsreihe Opportunität „Kredit"	- 500.000,00	+ 40.000,00	+ 40.000,00	+ 540.000,00
Zahlungsreihe Opportunität „Einlage"	+ 500.000,00	- 537.500,00		
aggregierte Zahlungsreihe	0,00	- 497.500,00	+ 40.000,00	+ 540.000,00
Fristentransformationsbeitrag		+ 2.500,00		
Kurswert des 1-Jahres-GKM-Geschäftes		- 500.000,00		
			+ 40.000,00	+ 540.000,00
		+ 36.994,40	• 0,92486	
		+ 460.506,60		• 0,85279
Kurswert des ausstehenden Zahlungsstroms des 3-Jahres GKM-Geschäftes		+ 497.500,00		
Fristentransformationsbeitrags-Barwert per 01.05.06		**- 2.500,00**		

Abb. 49.9: Ermittlung des Fristentransformationsbeitrags-Barwertes zum Zeitpunkt 01.05.06

Das Gesamtergebnis am 01.05.06 setzt sich also wie folgt zusammen:

pagatorische Zinsüberschuss-Komponenten gemäß Grundmodell:	
• Konditionsbeitrag Kredit	5.000,00 GE
• Fristentransformationsbeitrag	2.500,00 GE
• Konditionsbeitrag Einlage	2.500,00 GE
kalkulatorische Barwerte der zukünftigen Erfolgskomponenten:	
• Konditionsbeitrags-Barwert Kredit	8.888,24 GE
• Fristentransformationsbeitrags-Barwert	- 2.500,00 GE
Gesamtergebnis zum 01.05.06	**16.388,24 GE**

zu 3.:

Zunächst ist das Gesamtergebnis mit dessen Komponenten zu berechnen, das erzielt wird, wenn die Zentraldisposition durch den Abschluss entsprechender Geschäfte zu den am 01.05.06 am Geld- und Kapitalmarkt gültigen Konditionen die Fristentransformation nach einem Jahr beendet.

Dabei ist festzustellen, dass die Entscheidung der Zentraldisposition keine Auswirkungen auf die periodischen Erfolgskomponenten hat, die im Zeitpunkt 01.05.06 vereinnahmt werden.

Hingegen ändern sich die Barwerte der zukünftigen Erfolgsbeiträge, da diese nun unter Verwendung der Zerobond-Abzinsfaktoren der neuen Zinsstrukturkurve zu ermitteln sind.

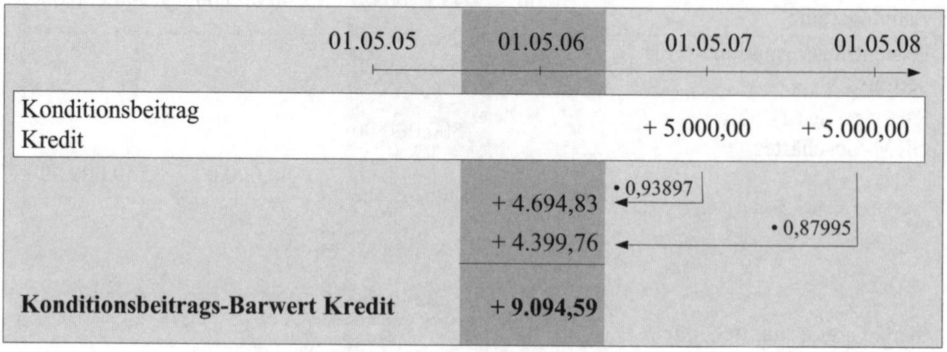

Abb. 49.10: Ermittlung des Konditionsbeitrags-Barwertes zum Zeitpunkt 01.05.06

	01.05.05	01.05.06	01.05.07	01.05.08
Zahlungsreihe Opportunität „Kredit“	- 500.000,00	+ 40.000,00	+ 40.000,00	+ 540.000,00
Zahlungsreihe Opportunität „Einlage“	+ 500.000,00	- 537.500,00		
aggregierte Zahlungsreihe	0,00	- 497.500,00	+ 40.000,00	+ 540.000,00
Fristentransformations-beitrag		+ 2.500,00		
Kurswert des 1-Jahres-GKM-Geschäftes		- 500.000,00		
			+ 40.000,00	+ 540.000,00
		+ 37.558,69	← • 0,93897	
		+ 475.173,74		← • 0,87995
Kurswert des ausstehenden Zahlungsstroms des 3-Jahres GKM-Geschäftes		+ 512.732,43		
Fristentransformationsbeitrags-Barwert per 01.05.06		**12.732,43**		

Abb. 49.11: Ermittlung des Fristentransformationsbeitrags-Barwertes zum Zeitpunkt 01.05.06

pagatorische Zinsüberschuss-Komponenten gemäß Grundmodell:	
• Konditionsbeitrag Kredit	5.000,00 GE
• Fristentransformationsbeitrag	2.500,00 GE
• Konditionsbeitrag Einlage	2.500,00 GE
kalkulatorische Barwerte der zukünftigen Erfolgskomponenten:	
• Konditionsbeitrags-Barwert Kredit	9.094,59 GE
• Fristentransformationsbeitrags-Barwert	12.732,43 GE
Gesamtergebnis zum 01.05.06	**31.827,02 GE**

Vergleicht man nun dieses Gesamtergebnis mit demjenigen, das sich als Benchmark für die Zentraldispositon aus der arbitragefreien Fortrechnung der in der Ausgangssituation vorliegenden Zinsstruktur ergab (vgl. Aufgabe 2), so erhält man das kalkulatorische Treasury-Ergebnis zum 01.05.06 in Höhe von 15.438,78 GE (= 31.827,02 GE – 16.388,24 GE).

Im Einzelnen setzt es sich aus den folgenden, der Zentraldisposition zuzurechnenden Komponenten zusammen:

periodischer Fristentransformationsbeitrag	2.500,00 GE
Fristentransformationsbeitrags-Barwert	12.732,43 GE
Veränderung des Konditionsbeitrags-Barwertes	206,35 GE
kalkulatorisches Treasury-Ergebnis zum 01.05.06	**15.438,78 GE**

<u>zu 4.:</u>

Die Übersicht auf der folgenden Seite fasst die Ergebnisse zusammen:

			pagatorische Periodenrechnung				kalkulatorische Barwerte			
	Ent-scheidungs-zeitpunkt	Zeitpunkt des Schliessens der offenen Positionen	Konditions-beitrag Kredit	Fristen-transforma-tions-beitrag	Konditions-beitrag Einlage	paga-torischer Zins-überschuss	KB-Barwert	FT-Barwert	kalk. Zins-überschuss-Barwert	(kalk.) Gesamt-Ergebnis (pag. ZÜ+ kalk. ZÜ-Barwert)
	(0)	(1)	(2)	(3)	(4)	(5) = (2)+(3)+(4)	(6)	(7)	(8) = (6) + (7)	(9) = (5) + (8)
I.	01.01.00	01.01.00	-	-	-	-	15.244,88	-	15.244,88	15.244,88
II.	01.01.01	01.01.00	+ 5.000	+ 2.500	+ 2.500	+ 10.000	8.888,24	- 2.500	6.388,24	16.388,24
III.	01.01.01	01.01.01	+ 5.000	+ 2.500	+ 2.500	+ 10.000	9.094,59	12.732,43	21.827,02	31.827,02
IV.	01.01.01	△ (III. – II.)	0	0	0	0	206,35	15.232,43	15.438,78	15.438,78

•1,075 (I. → II.)

31.827,02 Gesamtergebnis 01.05.06 (= pagatorischer Zinsüberschuss + kalkulatorischer Zinsüberschuss-Barwert)

15.438,78 kalkulatorisches Treasury-Ergebnis 01.05.06 (= 2.500 + 206,35 + 12.732,43)

Abb. 49.12: Zusammenstellung der Ergebnisse

zu 5.:

Zur Beendigung der Fristentransformation müssten ein 1- und ein 2-jähriges Kassageschäft am Geld- und Kapitalmarktgeschäft abgeschlossen werden, welche die folgenden Zahlungsströme aufweisen:

	01.05.06	01.05.07	01.05.08
Opportunität „Kredit“		+ 40.000,00	+ 540.000,00
2 J.-Kassageschäft	+ 506.566,60 (• 0,066 →)	- 33.433,40	- 540.000,00 (: 1,066)
1 J.-Kassageschäft	+ 6.165,83	(← : 1,065) - 6.566,60	
Summe	**+ 512.732,43**	**- 40.000,00**	**- 540.000,00**

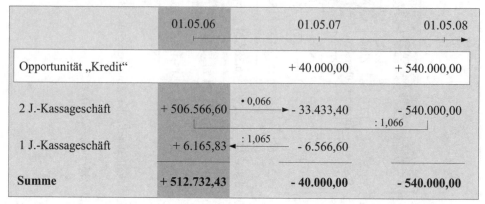

Abb. 49.13: Zahlungsströme der zur Beendigung der Fristentransformation am 01.05.06 abzuschließenden Kassageschäfte am Geld- und Kapitalmarkt

Nach einem Jahr weist der Kundenkredit noch eine Restlaufzeit von 2 Jahren auf. Unterstellt man eine Verteilung des Konditionsbeitrages gemäß Grundmodell, so ist lediglich die Zahlungsreihe der Opportunität zum Kredit durch die Kombination von Gegengeschäften am Geld- und Kapitalmarkt auszugleichen. Die Beendigung der Fristentransformation am 01.05.06 erfolgt durch eine 2-Jahres-Refinanzierung am Geld- und Kapitalmarkt in Höhe von 506.566,60 GE zu einem Zinssatz von 6,6 %. Dies führt nach einem Jahr zu einer Zinszahlung von 33.433,40 GE und nach zwei Jahren zu einem Kapitaldienst in Höhe von 540.000 GE. Da die Zinszahlung nach dem ersten Jahr nicht ausreicht, um den Cash Flow der Opportunität zum Kundenkredit in Höhe von + 40.000 GE auszugleichen, ist eine weitere, nämlich eine 1-jährige Refinanzierung am Geld- und Kapitalmarkt im Umfang von 6.165,83 GE abzuschließen. Fasst man die 1- und die 2-jährige Refinanzierung zusammen, so ergibt sich der Barwert aus der Opportunitätszahlungsreihe des Kundenkredites in Höhe von 512.732,43 GE, wenn man auf diese die Zinsstruktur am Geld- und Kapitalmarkt vom 01.05.06 anwendet.

zu 6.a):

Während es sich bei den in Abbildung 49.3 aufgeführten Geld- und Kapitalmarktzinssätzen um die Zinssätze für Wertpapiere mit jährlicher Zinszahlung handelt, geben die Zerobond Rates die jährliche Verzinsung von Zerobonds, also Wertpapieren mit nur einem Auszahlungs- und einem Rückzahlungsbetrag, an. Bis auf die 1-jährigen Zinssätze, die immer identisch sind, sind die Zerobond Rates grundsätzlich höher, da die Zinseffekte von während der Laufzeit anfallenden Zinszahlungen in den Zerobond Rates enthalten sind. Aus diesem Grund lassen sich Zahlungen über Zeiträume, die über ein Jahr hinausgehen, durch einfaches Potenzieren der Zerobond Rates mit der Laufzeit aufzinsen. Dies gilt auch für die ebenfalls in Abbildung 49.4 angegebenen Zerobond-Forward Rates.

Der auf den ersten Blick identische Zinssatz in Höhe von 6,6 % für 2-jährige Wertpapiere mit jährlicher Zinszahlung und Zerobonds beruht auf der Rundung der 2-jährigen Zerobond Rate, die auf vier Nachkommastellen gerundet 6,6033 % beträgt.

zu 6.b):

Allgemein gilt für den Zusammenhang von Zerobond-Forward Rates und Zerobond-Abzinsfaktoren:

$$\text{ZB-AF}[t;L] \cdot (1 + \text{FR}[t;L])^L = 1$$

$$\Leftrightarrow \quad \text{FR}[t;L] = \sqrt[L]{\frac{1}{\text{ZB-AF}[t;L]}} - 1$$

mit: t = Zeitpunkt der Zahlung in Höhe des Zerobond-Abzinsfaktors bzw. des Beginns des Forwardgeschäftes
L = Laufzeit des Geschäftes

Für die 2-jährige Zerobond-Forward Rate **FR[1;2]** für ein am 01.05.07 beginnendes Geschäft lässt sich wie folgt ableiten:

$$\text{FR}[1;2] = \sqrt[2]{\frac{1}{\text{ZB-AF}[1;2]}} - 1 = \sqrt[2]{\frac{1}{0{,}86598}} - 1 = \mathbf{7{,}46\ \%}$$

zu 6.c):

Alternativ soll die Beendigung der Fristentransformation durch die Kombination eines Kassa- und eines Zerobond-Forwardgeschäftes vorgenommen werden. Zunächst ist die Zahlung aus der Opportunität des Kredites, die am 01.05.08 in Höhe von 540.000 GE anfällt, durch ein 1-jähriges Zerobond-Forwardgeschäft über 506.060,04 GE mit Beginn am 01.05.07 und einer deterministischen Verzinsung von 6,71 % auszugleichen. Des weiteren ist ein 1-jähriges Kassageschäft abzuschließen, das nach einem Jahr, also am 01.05.07, zu einer Zahlung in Höhe von 546.060,04 GE führt, so dass unter Berücksichtigung der Zahlung aus dem Zerobond-Forwardgeschäft die 40.000 GE aus der Opportunitätszahlungsreihe genau kompensiert werden. Dieses 1-jährige Kassageschäft mit einer Verzinsung von 6,5 % muss demnach über ein Volumen von 512.732,43 GE lauten.

	01.05.06	01.05.07	01.05.08
Opportunität „Kredit“		+ 40.000,00	+ 540.000,00
2 J.-Zerobond-Forwardgeschäft		+ 506.060,04 ← : 1,0671	- 540.000,00
1 J.-Kassageschäft	+ 512.732,43 ← : 1,065	- 546.060,04	
Summe	**+ 512.732,43**	**- 40.000,00**	**- 540.000,00**

Abb. 49.14: Zahlungsströme der zur Beendigung der Fristentransformation am 01.05.06 abzuschließenden Kassa- und Forwardgeschäfte am Geld- und Kapitalmarkt

Fallstudie 50: **Berücksichtigung von Liquiditätserfordernissen im Marktzinsmodell**

Die stark vereinfachte Bilanz der in Deutschland beheimateten Reservebank AG hat das folgende Aussehen:

Aktiva	Bilanz (in Mio. GE)		Passiva
Mindestreserve	3,5	Sichteinlagen	90,0
Kundenkredite	110,0	Termineinlagen (3 Monate)	55,0
Wertpapiere	86,5	Termineinlagen (12 Monate)	30,0
		Schuldverschreibungen	25,0
Summe Aktiva	200,0	Summe Passiva	200,0

Abb. 50.1: Bilanz der Reservebank AG

Die Bank kalkuliert die Marge ihrer Passivprodukte bisher über eine Korrektur der Einlagenzinsen um den jeweiligen Mindestreserve-Satz. Als erst kürzlich eingestellter und damit unvoreingenommener Mitarbeiter vertreten Sie dagegen die Ansicht, dass nur ein entsprechend korrigierter Geld- und Kapitalmarktzins zu einem korrekten Ergebnis führt. Die für Ihre Argumentation relevanten Daten haben Sie bereits in der folgenden Tabelle zusammengestellt:

Passiva	Ø Laufzeit	Ø Kundenzins	GKM-Zins
Sichteinlagen	1 Tag	1,00 %	3,75 %
Termineinlagen	3 Monate	3,00 %	3,50 %
Termineinlagen	12 Monate	2,75 %	3,25 %
Schuldverschreibungen	48 Monate	3,20 %	3,60 %

Abb. 50.2: Ausgangsdaten zur Kalkulation der Mindestreserve-Kosten

Zudem erfahren Sie, dass der von der Europäischen Zentralbank (EZB) festgelegte Mindestreserve-Satz (MRS) derzeit 2 % beträgt und die bei ihr unterhaltenen Mindestreserven mit einem Satz von 4,27 % verzinst werden (Mindestreserve-Zins, MRZ)

1. Kalkulieren Sie die Konditionsbeiträge der Passivprodukte zunächst ohne Berücksichtigung der Mindestreserve-Kosten!

2. Zeigen Sie am Beispiel der Termineinlagen, dass die bisher praktizierte Kalkulationsmethode (Korrektur des Einlagenzinses) zu falschen Ergebnissen führt!

3. Wie verändern sich die Konditionsbeiträge der einzelnen Geschäftsarten bei korrekter Berücksichtigung der Mindestreserve-Kosten?

4. Skizzieren Sie anhand des vorliegenden Beispiels die Auswirkungen einer Senkung der Mindestreserve-Sätze auf die Bilanzstruktur sowie auf den von der Bank erzielten Konditions- und Strukturbeitrag (eine Berechnung der Auswirkungen ist nicht erforderlich!).

Lösungsvorschlag zu Fallstudie 50:

zu 1.:

Passiva	GKM-Satz	Kundenzins	Konditionsmarge	Volumen (in Mio. GE)	Konditionsbeitrag (in Mio. GE)
	(1)	(2)	(3) = (1) – (2)	(4)	(5) = (3) · (4)
Sichteinlagen	3,75 %	1,00 %	2,75 %	90	2,475
3-M.-Termineinlagen	3,50 %	3,00 %	0,50 %	55	0,275
12-M.-Termineinlagen	3,25 %	2,75 %	0,50 %	30	0,150
Schuldverschreibungen	3,60 %	3,20 %	0,40 %	25	0,100
Ø bzw. Summe	3,5875 %	2,0875 %	1,50 %	200	3,000

Abb. 50.3: Ermittlung der Konditionsbeiträge ohne Berücksichtigung der Mindestreserve-Kosten

Die Summe der Konditionsbeiträge sämtlicher Passiva ohne Berücksichtigung der Mindestreserve-Kosten beträgt 3 Mio. GE.

zu 2.:

Margenermittlung auf Basis des korrigierten Einlagenzinses

Es gilt allgemein:

$$\textbf{korrigierter Einlagenzins} = \frac{\text{Einlagenzins}}{1-(\text{MRS}-\text{MRS}\cdot\text{MRZ})}$$

Bei den gegebenen Werten:

- Einlagenzins Sichteinlagen: 1,00 %
- Mindestreserve-Satz (MRS) Sichteinlagen: 2,00 %
- Mindestreserve-Zins (MRZ): 4,27 %

ergibt sich – eingesetzt in die Formel – folgender korrigierter Einlagenzins:

$$\frac{1{,}0\,\%}{1-(2\,\%-2\,\%\cdot 4{,}27\,\%)} = \frac{1{,}0\,\%}{0{,}980854} = 1{,}01952\,\%$$

Die **Marge** der Sichteinlagen beträgt demnach:

Geld- und Kapitalmarkt-Zins – korrigierter Einlagenzins

3,75 % – 1,01952 % = **2,73048 %**

Margenermittlung auf Basis des korrigierten Geld- und Kapitalmarkt-Zinssatzes

Es gilt allgemein:

korrigierter Geld- und Kapitalmarkt-Zins = GKM-Satz – MRS · (GKM-Satz – MRZ)

Bei den gegebenen Werten:

- Tagesgeldzins: 3,75 %
- Mindestreserve-Satz Sichteinlagen: 2,00 %

ergibt sich – eingesetzt in die Formel – folgender korrigierter GKM-Satz:

3,75 % – 2 % · (3,75 % – 4,27 %) = **3,7604 %**

Die **Marge** der Termineinlagen beträgt demnach:

korrigierter GKM-Zins – Einlagenzins

3,7604 % – 1,00 % = **2,7604 %**

Kontrollrechnung

Um die ermittelten Margen auf ihre Richtigkeit zu überprüfen, wird gefragt, welcher Zinsaufwand sich ergeben würde, wenn die Refinanzierung der nach Abzug der für Sichteinlagen zu unterhaltenden Mindestreserve (2 % · 90 Mio. GE = 1,8 Mio. GE) verbleibenden 88,2 Mio. GE nicht in Form einer Kunden-Sichteinlage, sondern alternativ durch eine **Kapitalaufnahme am Geld- und Kapitalmarkt** erfolgen würde. Die Differenz der Zinsaufwendungen ergibt bezogen auf das Ausgangsvolumen von 90 Mio. GE die Marge der Sichteinlagen (vgl. Abb. 50.4).

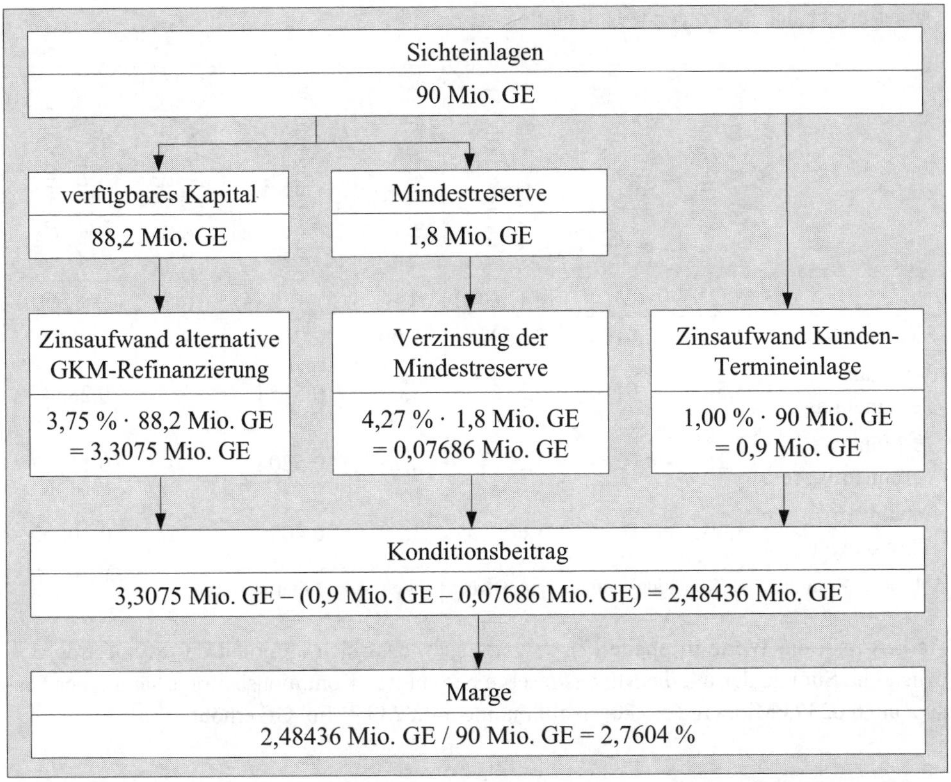

Abb. 50.4: Kontrollrechnung zur Berücksichtigung der Mindestreserve-Kosten am Beispiel der Sichteinlagen

Nur die zweite Alternative, d.h. die **Korrektur des Geld- und Kapitalmarktzinses**, führt zum richtigen Ergebnis (Konditionsmarge = 2,7604 %)!

<u>zu 3.:</u>

Die Korrektur der jeweiligen Geld- und Kapitalmarktzinsen erfolgt durch Subtraktion eines Korrekturfaktors, der dem um die Mindestreserve-Verzinsung bereinigten Mindestreserve-Satz entspricht. Ist der Korrekturfaktor seinerseits negativ, weil die Verzinsung der Mindestreserve über der Verzinsung am Geld- und Kapitalmarkt in der entsprechenden Laufzeit liegt, so ergibt sich ein Zuschlag auf den ursprünglichen GKM-Satz. Zu beachten ist, dass die (langfristigen) Schuldverschreibungen keiner Mindestreservepflicht unterliegen.

Einlagenart	GKM-Satz	Korrekturfaktor
Sichteinlagen	3,75 %	2 % · (3,75 % – 4,27 %) = - 0,0104 %
3-M.-Termineinlagen	3,50 %	2 % · (3,50 % – 4,27 %) = - 0,0154 %
12-M.-Termineinlagen	3,25 %	2 % · (3,25 % – 4,27 %) = - 0,0204 %

Abb. 50.5: Ermittlung der Mindestreserve-Korrekturfaktoren

Daraus ergibt sich das folgende Kalkulationsschema:

Passiva	GKM-Zins (in %)	Korrekturfaktor (in %-Punkten)	GKM-Zins korrigiert (in %)	Kundenzins (in %)	Konditionsmarge (in %)	Volumen (in Mio. GE)	Konditionsbeitrag (in Mio. GE)
	(1)	(2)	(3)=(1)–(2)	(4)	(5)=(3)–(4)	(6)	(7)=(5)·(6)
Sichteinlagen	3,75	- 0,0104	3,7604	1,00	2,7604	90	2,48436
3-Monats-Termineinlagen	3,50	- 0,0154	3,5154	3,00	0,5154	55	0,28347
12-Monats-Termineinlagen	3,25	- 0,0204	3,2704	2,75	0,5204	30	0,15612
Schuldverschreibungen	3,60	0	3,6000	3,20	0,4000	25	0,10000

Abb. 50.6: Ermittlung der Konditionsbeiträge unter Berücksichtigung der Mindestreserve

Addiert man die Werte in Spalte (7), so zeigt sich, dass sich aufgrund der Mindestreservepflicht die Summe der um die Mindestreserve bereinigten Konditionsbeiträge sämtlicher Passiva um 0,02395 Mio. GE (= 0,80 %) auf nunmehr 3,02395 Mio. GE erhöht.

zu 4.:

Auswirkungen auf die Bilanzstruktur

Eine Senkung der Mindestreserve-Sätze ermöglicht ceteris paribus eine **Reduzierung der Barreserve**, da die Barreserve jeweils nur zumindest die Höhe des Mindestreserve-Solls erreichen muss. Das Mindestreserve (MR)-Soll beträgt in der Ausgangssituation des Beispiels:

$$\text{MR-Soll} = 90 \text{ Mio. GE} \cdot 2\,\% + 55 \text{ Mio. GE} \cdot 2\,\% + 30 \text{ Mio. GE} \cdot 2\,\% = 3{,}5 \text{ Mio. GE}$$

Bei einer Senkung der Mindestreserve-Sätze könnte die Barreserve somit unter diesen Wert gesenkt werden.

Auswirkungen auf den Konditionsbeitrag

Ob sich eine Senkung der Mindestreserve-Sätze in höheren oder tieferen Konditionsbeiträgen niederschlägt, hängt davon ab, wie hoch die Europäische Zentralbank die Mindestreserven verzinst. In dieser Aufgabe, welche ungefähr die Zinsstruktur im Herbst 2001 widerspiegelt, führte eine Senkung der Mindestreservepflicht zu einer Minderung des passivischen Konditionsbeitrages. Dies deshalb, weil die EZB die Mindestreserven zu einem Satz verzinst, der sämtliche alternativen GKM-Refinanzierungen übertrifft. Läge die Mindestreserve-Verzinsung unter dem Satz für die durchschnittliche GKM-Verzinsung in Höhe von 3,5875 %, so würde eine Senkung der Mindestreservepflicht zu einer Erhöhung des passivischen Konditionsbeitrags führen.

Auf der Aktivseite führt eine Verminderung der Mindestreserve dazu, dass mehr Geld in die übrigen Aktivpositionen fließt. Ob sich dies per Saldo in einer Erhöhung des aktivischen Konditionsbeitrags niederschlägt, hängt von den Zinskonstellationen auf der Aktivseite ab.

Auswirkungen auf den Strukturbeitrag

Grundsätzlich ergibt sich bei der gegebenen Konstellation mit der Verpflichtung zur Haltung einer Mindestreserve eine Verminderung des Strukturbeitrags. Dies folgt aus der Tatsache, dass sich durch die Mindestreservepflicht der Konditionsbeitrag erhöht, was jedoch nur auf die Korrektur des GKM-Satzes zurückzuführen ist. Die durchschnittlichen Einlagezinsen verändern sich nicht. Somit geht – bei unveränderten Einlagesätzen und unverändertem Tagesgeldsatz – eine Erhöhung des Konditionsbeitrags zwingend mit einer Verringerung des Strukturbeitrags einher. Eine Senkung des Mindestreservesatzes führt somit wieder zu einer Erhöhung des Strukturbeitrags (und einer Senkung des Konditionsbeitrags).

Ebenso wie beim Konditionsbeitrag hängt es von der konkreten Zinsstruktur auf der Aktivseite ab, ob sich der Strukturbeitrag auf der Aktivseite erhöht oder nicht.

Fallstudie 51: **Erweiterte ROI-Analyse anhand der UBS-Konzernrechnung**

Beim Surfen durch das Internet gelangen Sie auf die Homepage der schweizerischen Großbank UBS (http://www.ubs.com). Als Sie auf die Seite „Analysten und Aktionäre" gehen, um sich über die UBS Aktie zu informieren, finden Sie den Link zum aktuellen Finanzbericht der UBS für das Jahr 2003. Sofort fällt Ihnen das ROI-Analyse-Konzept ein, mit dessen Hilfe die systematische Ergebnisaufspaltung der veröffentlichten Gesamtbankergebniszahlen vorgenommen werden kann. Voller Tatendrang beginnen Sie, die folgenden Aufgaben zu bearbeiten.

1. Zur Einstimmung auf die bevorstehenden Aufgaben schildern Sie kurz die Intentionen der ROI-Analyse!

Erfolgsrechnung UBS-Konzern				
Mio. CHF (Ausnahmen sind angegeben) Für das Geschäftsjahr endend am	31.12.03	31.12.02	31.12.01	Δ in % 31.12.02
Geschäftsertrag				
Zinsertrag	40.159	39.963	52.277	0
Zinsaufwand	- 27.860	- 29.417	- 44.236	- 5
Erfolg Zinsengeschäft	12.299	10.546	8.041	17
Wertberichtigungen für Kreditrisiken	- 116	- 206	- 498	- 44
Zinserfolg nach Wertberichtigungen für Kreditrisiken	12.183	10.340	7.543	18
Erfolg Dienstleistungs- und Kommissionsgeschäft	17.345	18.221	20.211	- 5
Erfolg Handelsgeschäft	3.883	5.572	8.802	- 30
Übriger Erfolg	561	- 12	558	
Total Geschäftsertrag	33.972	34.121	37.114	0
Geschäftsaufwand				
Personalaufwand	17.231	18.524	19.828	- 7
Sachaufwand	6.086	7.072	7.631	- 14
Abschreibungen	2.307	3.981	2.937	- 42
Total Geschäftsaufwand	25.624	29.577	30.396	- 13
Ergebnis vor Steuern und Minderheitsanteilen	8.348	4.544	6.718	84
Steuern	1.618	678	1.401	139
Ergebnis vor Minderheitsanteilen	6.730	3.866	5.317	74
Minderheitsanteile	-345	-331	- 344	4
Konzernergebnis	6.385	3.535	4.973	81

Abb. 51.1: Erfolgsrechnung 2003 UBS Konzern
(Quelle: UBS Finanzbericht 2003, S. 90)

Bilanz UBS-Konzern			
in Mio. CHF	31.12.03	31.12.02	Δ in % 31.12.02
Passiven			
Verpflichtungen gegenüber Banken	127.153	83.178	53
Barhinterlagen für ausgeliehene Wertschriften	53.278	36.870	45
Repurchase-Geschäfte	415.863	366.858	13
Verpflichtungen aus Handelsbeständen	143.957	106.453	35
Negative Wiederbeschaffungswerte	93.646	81.282	15
Verpflichtungen gegenüber Kunden	347.358	306.876	13
Rechnungsabgrenzungen	13.673	15.331	- 11
Anleihen und Kassenobligationen	120.237	129.411	- 7
Übrige Verpflichtungen	31.316	12.339	154
Total Fremdkapital	1.346.481	1.138.598	18
Minderheitsanteile	4.073	3.529	15
Eigenkapital			
Aktienkapital	946	1.005	- 6
Kapitalreserven	6.938	12.638	- 45
Umrechnungsdifferenzen	- 983	- 159	- 518
Gewinnreserven	36.725	32.638	13
Eigene Aktien	- 8.180	- 7.131	- 15
Total Eigenkapital	35.446	38.991	- 9
Total Passiven	1.386.000	1.181.118	17
Total nachrangige Verpflichtungen	9.301	10.102	- 8

Abb. 51.2: Auszug der Bilanz per 31.12.2003 UBS Konzern
(Quelle: UBS Finanzbericht 2003, S. 91)

2. a) Berechnen Sie unter Verwendung der in den Abbildungen 51.1 und 51.2 gegebenen Informationen die ROI-Kennzahlen des Grundschemas (Prozentsätze auf drei Stellen nach dem Komma gerundet) für die UBS (Konzern) für die Jahre 2002 und 2003!

   Beachten Sie dabei die folgenden Hinweise:

   - Verwenden Sie jeweils die Bilanzsumme als Durchschnittsgröße von Jahresanfangs- und Jahresendbestand zur Relativierung der absoluten Ergebnisgrößen! Die Bilanzsumme per Ende 2001 lautet auf 1.253.297 Mio. CHF.

   - Für das Eigenkapital ist ebenfalls jeweils der Durchschnittswert anzusetzen. Neben den in der Bilanz ausgewiesenen Eigenkapitalgrößen sind die Minderheitsanteile* in die Durchschnittsbildung einzubeziehen. Per Ende 2001 betrug das in der Bilanz ausgewiesene Eigenkapital 43.530 Mio. CHF, die Minderheitsanteile* zu diesem Stichtag beliefen sich auf 4.112 Mio. CHF.

- Bei der Berechnung der Eigenkapitalrentabilität nach Steuern ist das Ergebnis vor Minderheitsanteilen* zu verwenden.

* Die Minderheitsanteile auf der Passivseite der Bilanz und der den Minderheitsaktionären zustehende Teil des Reingewinns stellen eine Besonderheit der Konzernrechnung dar, die sich aus der Konsolidierung von Konzerngesellschaften, an der die UBS nicht zu 100 % beteiligt ist, ergibt.

b) Stellen Sie die berechneten Kennzahlen im ROI-Grundschema in übersichtlicher Form dar!

3. Erläutern Sie markante Entwicklungen der Kennzahlen im Zeitvergleich! Verwenden Sie dabei auch ergänzende Kennzahlen, die für die Interpretation der Kennzahlen hilfreich sind!

4. a) Berechnen Sie die Kennzahlen des bis zum Marktwert des Eigenkapitals erweiterten ROI-Schemas wiederum für die Jahre 2002 und 2003!

Verwenden Sie dabei die folgenden Informationen über die UBS Aktie:

	2002	2003
Nennwert der Aktie	0,80 CHF	0,80 CHF
Anzahl Aktien per Ende des Jahres (in Mio.)	1.256,298	1.183,047
Aktienkurs per Ende des Jahres	67,20 CHF	84,70 CHF

Abb. 51.3: (Quelle: UBS Finanzbericht 2003)

b) Stellen Sie die berechneten Kennzahlen im erweiterten ROI-Schema übersichtlich dar!

Ausgehend von den in den Teilaufgaben 2 und 4 berechneten Kennzahlen führen Sie im folgenden eine Kennzahlensimulation durch, um deren kumulativen Durchschlageffekt auf den Marktwert des Eigenkapitals festzustellen. Nehmen Sie an, dass aufgrund der rückläufigen Geschäftstätigkeiten im Investment Banking die Handelsspanne um weitere 0,1%-Punkte zurückgeht, gleichzeitig die Cost/Income Ratio auf 80 % ansteigt, da es nicht gelingt, die Kosten im Griff zu halten!

5. Berechnen Sie – soweit möglich – die veränderten Kennzahlen des ROI-Grundschemas sowie des erweiterten ROI-Schemas, um den Effekt auf den Marktwert des Eigenkapitals zu bestimmen! Gehen Sie dabei davon aus, dass einerseits für die übrigen Kennzahlen des ROI-Grundschemas die certeris-paribus-Bedingung gilt und andererseits im erweiterten ROI-Schema die Anzahl Aktien, das Eigenkapital pro Aktie und das Kurs/Gewinn-Verhältnis konstant bleiben (= Werte des Jahres 2003)!

Lösungsvorschlag zu Fallstudie 51:

zu 1.:

Mit der ROI-Analyse auf Basis gesamtbankbezogener externer Daten bzw. durch die systematische Aufspaltung der Eigenkapitalrentabilität in ihre einzelnen Ergebniskomponenten und deren mathematische Verknüpfung zur ROI-Kennzahlenhierarchie für die Gesamtbank werden im wesentlichen drei Intentionen verfolgt:

- Schaffung einer aussagefähigen Vergleichsgrundlage für zentrale Erfolgskennzahlen im Betriebs-, Zeit- und Soll-/Ist-Vergleich;
- Darstellung der vielfältigen Ansatzpunkte zur Steuerung der Bankrentabilität bzw. des Unternehmenswertes;
- Verdeutlichung der „Durchschlagwirkung" von Veränderungen der Einflussgrößen in ihrem kumulativen Gesamteffekt.

zu 2.a):

Hinweis: Sämtliche Kennzahlen sind direkt berechnet, das heißt indem in die Kennzahlendefinitionen die absoluten Beträge (angegeben jeweils in Mio. CHF) eingesetzt sind. Alternativ dazu ist es teilweise möglich, die Kennzahlenverknüpfungen zu nutzen, was zu den gleichen Ergebnissen führt (sieht man von leichten Rundungsdifferenzen ab).

durchschnittliche Bilanzsumme — 2002 — 2003

$$= \frac{\text{Jahresanfangsbestand + Jahresendbestand der Bilanzsumme}}{2} \qquad = \frac{1.253.297 + 1.181.118}{2} = 1.217.208 \qquad = \frac{1.181.118 + 1.386.000}{2} = 1.283.559$$

durchschnittliches Eigenkapital — 2002 — 2003

$$= \frac{\text{Jahresanfangsbestand + Jahresendbestand von (Eigenkapital + Minderheitsanteile)}}{2} \qquad = \frac{(43.530 + 4.112) + (38.991 + 3.529)}{2} = 45.081 \qquad = \frac{(38.991 + 3.529) + (35.446 + 4.073)}{2} = 41.020$$

Bruttozinsspanne 2002 2003

$$= \frac{\text{Überschuss im zinsabhängigen Geschäft}}{\text{Ø Bilanzsumme}} \quad = \frac{10.546}{1.217.208} \quad = \frac{12.299}{1.283.559}$$

$$= 0{,}866\ \% \quad = 0{,}958\ \%$$

Provisionsspanne 2002 2003

$$= \frac{\text{Überschuss im zinsindifferenten Geschäft}}{\text{Ø Bilanzsumme}} \quad = \frac{18.221}{1.217.208} \quad = \frac{17.345}{1.283.559}$$

$$= 1{,}497\ \% \quad = 1{,}351\ \%$$

Handelsspanne 2002 2003

$$= \frac{\text{Nettoerfolg aus dem Handelsgeschäft}}{\text{Ø Bilanzsumme}} \quad = \frac{5.572}{1.217.208} \quad = \frac{3.883}{1.283.559}$$

$$= 0{,}458\ \% \quad = 0{,}303\ \%$$

AOSE-Spanne 2002 2003

$$= \frac{\text{Sonstige und außerordentliche Erträge (netto)}}{\text{Ø Bilanzsumme}} \quad = \frac{-12}{1.217.208} \quad = \frac{561}{1.283.559}$$

$$= 0{,}001\ \% \quad = 0{,}044\ \%$$

Bruttoertragsspanne 2002 2003

$$= \frac{\text{Summe Erträge}}{\text{Ø Bilanzsumme}} \quad = \frac{34.327}{1.217.208} \quad = \frac{34.088}{1.283.559}$$

$$= 2{,}820\ \% \quad = 2{,}656\ \%$$

Personalkostenspanne 2002 2003

$$= \frac{\text{Personalaufwand}}{\text{Ø Bilanzsumme}} \quad = \frac{18.524}{1.217.208} \quad = \frac{17.231}{1.283.559}$$

$$= 1{,}522\ \% \quad = 1{,}342\ \%$$

Sachkostenspanne 2002 2003

$$= \frac{\text{Sachaufwand einschließlich Abschreibungen}}{\text{Ø Bilanzsumme}} \quad = \frac{7.072 + 3.981}{1.217.208} \quad = \frac{6.086 + 2.307}{1.283.559}$$

$$= 0{,}908\ \% \quad = 0{,}654\ \%$$

Bruttobedarfsspanne

	2002	2003
$= \frac{\text{Summe Personal- und Sachaufwendungen (einschl. Abschreibungen)}}{\text{Ø Bilanzsumme}}$	$= \frac{29.577}{1.217.208}$	$= \frac{25.624}{1.283.559}$
	= 2,430 %	= 1,996 %

Bruttogewinnspanne

	2002	2003
$= \frac{\text{Bruttoertrag} - \text{Bruttobedarf}}{\text{Ø Bilanzsumme}}$	$= \frac{34.327 - 29.577}{1.217.208}$	$= \frac{34.088 - 25.624}{1.283.559}$
	= 0,390 %	= 0,659 %

Risikospanne

	2002	2003
$= \frac{\text{Risikoaufwendungen (= Wertberichtigungen für Kreditrisiken)}}{\text{Ø Bilanzsumme}}$	$= \frac{-206}{1.217.208}$	$= \frac{-116}{1.283.559}$
	= - 0,017 %	= - 0,009 %

Reingewinnspanne

	2002	2003
$= \frac{\text{Bruttogewinn} - \text{Risikoaufwendungen}}{\text{Ø Bilanzsumme}}$	$= \frac{4.750 - 206}{1.217.208}$	$= \frac{8.464 - 116}{1.283.559}$
	= 0,373 %	= 0,650 %

Eigenkapitalquote

	2002	2003
$= \frac{\text{Ø Eigenkapital}}{\text{Ø Bilanzsumme}}$	$= \frac{45.081}{1.217.208}$	$= \frac{41.020}{1.283.559}$
	= 3,704 %	= 3,196 %

Eigenkapitalrentabilität vor Steuern

	2002	2003
$= \frac{\text{Reingewinn (vor Steuern)}}{\text{Ø Eigenkapital}}$	$= \frac{4.544}{45.081}$	$= \frac{8.348}{41.020}$
	= 10,080 %	= 20,351 %

Steuerquote

	2002	2003
$= \frac{\text{Steuern}}{\text{Reingewinn (vor Steuern)}}$	$= \frac{678}{4.544}$	$= \frac{1.618}{8.348}$
	= 14,921 %	= 19,382 %

Eigenkapitalrentabilität nach Steuern

	2002	2003
$= \frac{\text{Reingewinn (nach Steuern)}}{\text{Ø Eigenkapital}}$	$= \frac{3.866}{45.081}$	$= \frac{6.730}{41.020}$
	= 8,576 %	= 16,407 %

zu 2.b):

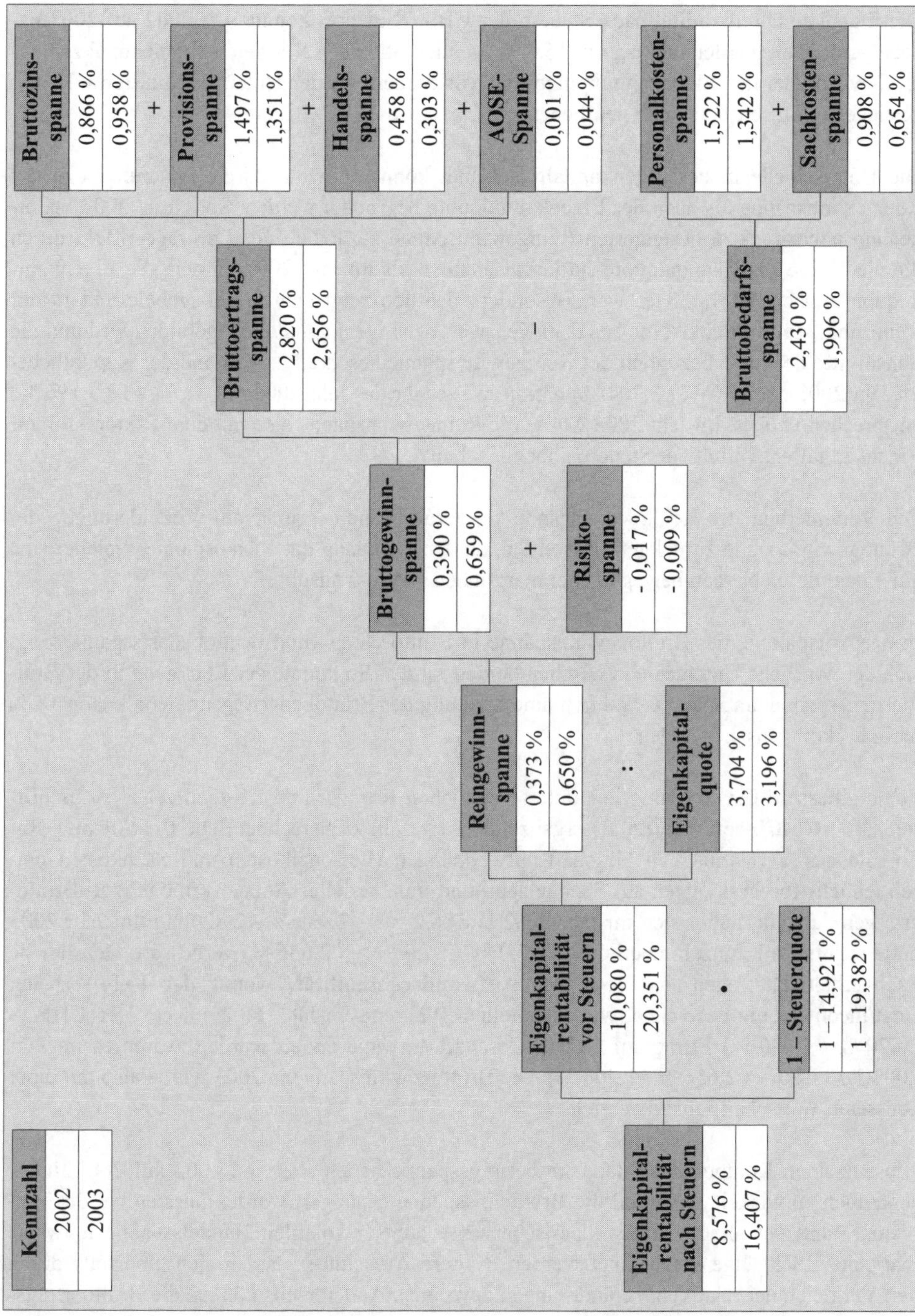

Abb. 51.4: ROI-Grundschema UBS (Konzern) mit Kennzahlen für 2002 und 2003

zu 3.:

Die Eigenkapitalrentabilität nach Steuern der UBS (Konzern) konnte von 2002 auf 2003 nahezu verdoppelt werden und lag mit 16,4 % im internationalen Vergleich auf einem akzeptablen Niveau. Bei der Eigenkapitalrentabilität vor Steuern ist der Unterschied aufgrund einer gestiegenen Steuerquote noch deutlicher.

Die Unterschiede in der Eigenkapitalrentabilität können sowohl durch Änderungen in der Reingewinnspanne als auch der Eigenkapitalquote begründet werden. So wurde 2003 bei einer um nahezu 75 % gesteigerten Reingewinnspanne zusätzlich der Leverage-Effekt durch die niedrigere Eigenkapitalquote stärker ausgenutzt als im Jahr 2002, in dem die Eigenkapitalquote um ca. 14 % höher war. Besonders deutlich zeigt sich dieser Hebeleffekt in der Kennzahl „**Kapitalhebel**“, die aus dem Kehrwert der Eigenkapitalquote gebildet wird und die Sensitivität der EKR bezüglich der Reingewinnspanne beschreibt. Während der Kapitalhebel im Jahr 2002 nur 27 (= 1 / 3,704 %) betrug, war er für das Jahr 2003 mit 31,3 (= 1 / 3,196 %) entsprechend höher. Im Jahr 2003 wurde die Reingewinnspanne also mit dem Faktor 31,3 zur Eigenkapitalrentabilität vor Steuern „hochgehebelt“.

Die Veränderung der Reingewinnspanne wiederum konnte primär auf Veränderungen der Bruttogewinnspanne zurückgeführt werden, da der Rückgang der Risikospanne, welcher sich auf einem tiefen Niveau bewegte, eher marginalen Einfluss ausübte.

In der Aufspaltung der Bruttogewinnspanne in Bruttoertrags- und Bruttobedarfsspanne zeigt sich der wirkliche Unterschied zwischen beiden Jahren. So konnte der Rückgang in der Bruttoertragsspanne um knapp 6 % durch eine Senkung der Bruttobedarfsspanne von knapp 18 % mehr als kompensiert werden.

Für die bessere Einschätzung des unterschiedlichen Ertrags- und Kostenniveaus ist es hilfreich, die **Cost/Income Ratio** als ergänzende Kennzahl zu berechnen. Die Cost/Income Ratio, die das Verhältnis von Geschäftsaufwendungen (Personalkosten und Sachkosten einschließlich Abschreibungen auf Sachanlagen und immaterielles Anlagevermögen) zu Bruttoerträgen darstellt, belief sich im Jahr 2002 auf 86,2 % (= 2,430 % / 2,820 %). Im Jahr 2003 hatte sich diese Kennzahl deutlich auf 75,2 % (= 1,996 % / 2,656 %) verbessert. Der gleiche Sachverhalt lässt sich auch mit der **Aufwandsrentabilität**, womit der Kehrwert der Cost/Income Ratio bezeichnet wird, darstellen. Während im Jahr 2002 nur ca. 1,16 CHF (= 2,820 % / 2,430 %) Ertrag auf 1 CHF Geschäftsaufwand erzielt wurden, waren es im Jahr 2003 1,33 CHF (= 2,656 % / 1,996 %). Die Bruttogewinnspanne in 2003 wurde also mit einer „besseren Wirtschaftlichkeit“ erzielt.

Die einzelnen Komponenten der Bruttoertragsspanne haben sich von 2002 auf 2003 unterschiedlich entwickelt. Während die Bruttozinsspanne gesteigert wurde, mussten bei der Provisions- und vor allem bei der klassischerweise äußerst volatilen Handelsspanne teilweise markante Rückgänge verzeichnet werden. Nähere Aufschlüsse lassen sich einerseits durch den Vergleich der relativen Veränderungen gewinnen. Andererseits können die Bruttoertragsspannen hinsichtlich der relativen Zusammensetzung in beiden Jahren verglichen werden. Danach ist zu erkennen, dass die Bruttozinsspanne mit einem Anteil von 36,1 % (= 0,958 % /

2,656 %) in 2003 gegenüber 30,7 % in 2002 (= 0,866 % / 2,820 %) am deutlichsten an Gewicht gewonnen hat. Während der Anteil der Provisionsspanne 2003 mit 50,9 % (= 1,351 % / 2,656 %) gegenüber 53,1 % (= 1,497 % / 2,820 %) in 2002 auf hohem Niveau relativ betrachtet leicht abnahm, verringerte sich der Anteil der Handelsspanne von 16,2 % (= 0,458 % / 2,820 %) auf 11,4 % (= 0,303 % / 2,656 %) deutlich. Demgegenüber stieg die AOSE-Spanne von einem Anteil von 0,0 % (= 0,001 % / 2,820 %) in 2002 auf 1,7 % (= 0,044 % / 2,656 %) in 2003. Für die Interpretation ist an dieser Stelle die Kenntnis der einzelnen Komponenten, aus denen sich die AOSE-Spanne zusammensetzt, erforderlich. Hierfür sind die Anmerkungen im Finanzbericht zu Rate zu ziehen.

Der Rückgang der Bruttobedarfsspanne von 2002 auf 2003 ist im wesentlichen auf die Reduzierung der Sachkostenspanne zurückzuführen. Dies zeigt sich entsprechend in der zunehmenden Bedeutung der Personalkostenspanne, deren Anteil von 62,6 % (= 1,522 % / 2,430 %) auf 67,2 % (= 1,342 % / 1,996 %) anwuchs.

Die gesamte Kosten- und Ertragssituation der beiden Jahre lässt sich zusammenfassend mit Hilfe der Kennzahlen Kostenhebel und Sicherheitskoeffizient vergleichen. Der **Kostenhebel** gibt an, mit dem wie vielfachen sich eine relative Veränderung der Bruttoertragsspanne – unter Ansatz der ceteris paribus-Bedingung für die gesamten Aufwendungen – auf die Reingewinnspanne niederschlägt. Hier zeigt sich für das Jahr 2003 mit 4,1 (= 2,656 % / 0,650 %) ein tieferer Wert als im Jahr 2002, in dem die Durchschlagwirkung von Veränderungen der Bruttoertragsspanne mit dem 7,6-fachen (= 2,820 % / 0,373 %) Prozentsatz auf die Reingewinnspanne quantifiziert werden konnte. Durch den Kehrwert des Kostenhebels, den sogenannten **Sicherheitskoeffizient**, wird der gleiche Sachverhalt auf eine andere Weise ausgedrückt. Der Sicherheitskoeffizient gibt an, um wie viel Prozent die Bruttoertragsspanne maximal zurückgehen darf, damit die Reingewinnspanne nicht negativ wird. Sie drückt damit aus, wie empfindlich der Bruttoertrag – bei konstanter Kostensituation – gegenüber Ertragsrückgängen ist. Hier zeigte sich im Jahr 2003 mit 24,5 % (= 0,650 % / 2,656 %) ein deutlich verbesserter Wert gegenüber 2002, wo der Sicherheitskoeffizient bei 13,2 % (= 0,373 % / 2,820 %) lag.

zu 4.a):

Vorbemerkungen:

(1) Obwohl die oberste Kennzahl im erweiterten ROI-Schema der Marktwert des Eigenkapitals per Ende des Jahres und damit eine Stichtagsgröße ist, wird das durchschnittliche Eigenkapital – wie im ROI-Grundschema – für die Bildung der Kennzahl Eigenkapital pro Aktie verwendet, um die konsistente Weiterführung des Grundschemas zu gewährleisten.

(2) In der Analyse der Ist-Zahlen ergibt sich das Kurs/Gewinn-Verhältnis im Rückschluss vom gegebenen Kurs pro Aktie in Verbindung mit dem Gewinn pro Aktie. Sofern das erweiterte ROI-Schema zu Planungszwecken eingesetzt wird, ist für das Kurs/Gewinn-Verhältnis ein geschätzter Wert einzusetzen, mit dessen Hilfe der gesuchte (Ziel-)Kurs pro Aktie und damit der angestrebte Marktwert des Eigenkapitals abgeleitet werden kann.

Eigenkapital pro Aktie | 2002 | 2003

$$= \frac{\text{Ø Eigenkapital}}{\text{Anzahl Aktien}} \quad = \frac{45.081\,\text{Mio. CHF}}{1.256{,}298\,\text{Mio.}} \quad = \frac{41.020\,\text{Mio. CHF}}{1.183{,}047\,\text{Mio.}}$$

$$= 35{,}88\,\text{CHF} \qquad = 34{,}67\,\text{CHF}$$

Gewinn pro Aktie | 2002 | 2003

= Eigenkapital pro Aktie · Eigenkapitalrentabilität (n. St.)

$$= 35{,}88\,\text{CHF} \cdot 8{,}576\,\% \qquad = 34{,}67\,\text{CHF} \cdot 16{,}407\,\%$$

$$= 3{,}08\,\text{CHF} \qquad = 5{,}69\,\text{CHF}$$

Kurs/Gewinn-Verhältnis | 2002 | 2003

$$= \frac{\text{Kurs pro Aktie}}{\text{Gewinn pro Aktie}} \quad = \frac{67{,}20\,\text{CHF}}{3{,}08\,\text{CHF}} \quad = \frac{84{,}70\,\text{CHF}}{5{,}69\,\text{CHF}}$$

$$= 21{,}8 \qquad = 14{,}9$$

Marktwert des Eigenkapitals | 2002 | 2003

= Kurs pro Aktie · Anzahl Aktien

$$= 67{,}20\,\text{CHF} \cdot 1.256{,}298\,\text{Mio.} \qquad = 84{,}70\,\text{CHF} \cdot 1.183{,}047\,\text{Mio.}$$

$$= 84{,}423\,\text{Mrd. CHF} \qquad = 100{,}204\,\text{Mrd. CHF}$$

Markt-/Buchwertverhältnis | 2002 | 2003

$$= \frac{\text{Kurs pro Aktie}}{\text{Eigenkapital pro Aktie}} \quad = \frac{67{,}20\,\text{CHF}}{35{,}88\,\text{CHF}} \quad = \frac{84{,}70\,\text{CHF}}{34{,}67\,\text{CHF}}$$

$$= 1{,}9 \qquad = 2{,}4$$

zu 4.b):

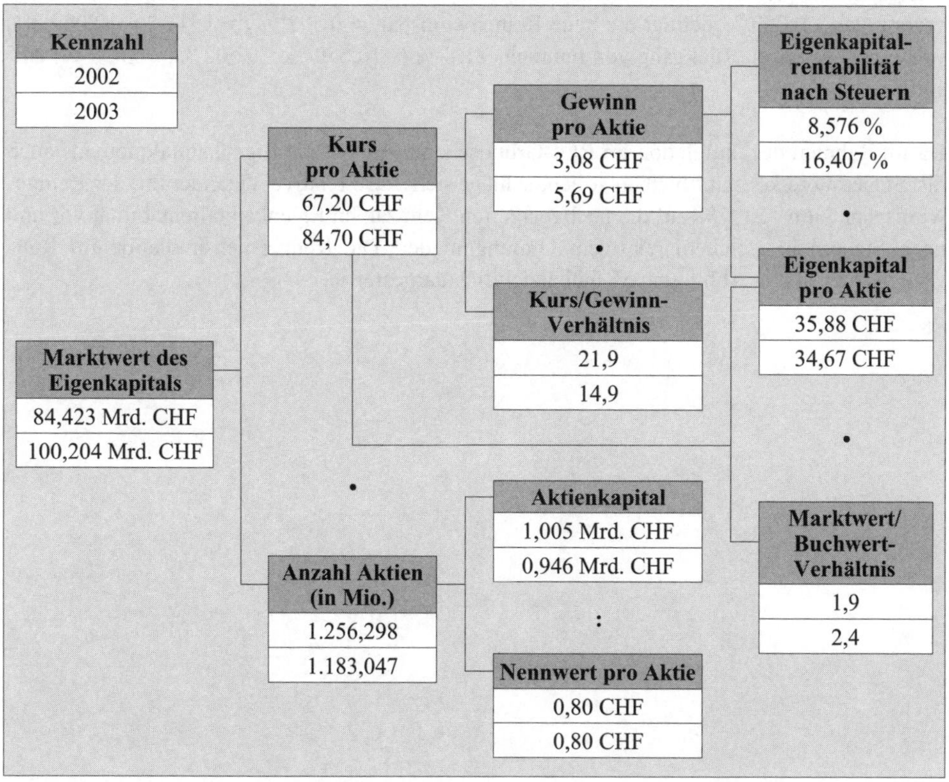

Abb. 51.5: Erweitertes ROI-Schema UBS (Konzern) mit Kennzahlen für 2002 und 2003

zu 5.:

Mit dem simulierten Rückgang um 0,1 %-Punkte ergibt sich eine neue Handelsspanne von 0,203 %. Dies entspricht einem relativen Einbruch von 33,0 % (= 0,1 % / 0,303 %). Da der Anteil der Handelsspanne an der Bruttoertragsspanne mit 11,41 % (= 0,303 % / 2,656 %) etwas mehr als ein Zehntel ausmacht, schlägt sich diese Veränderung nur mit einem relativen Rückgang von 3,8 % (= 33,00 % · 11,41 % oder 0,1 % / 2,656 %) auf die Bruttoertragsspanne nieder, die somit einen neuen Wert von 2,556 % (= 2,656 % – 0,1 %) annimmt.

Da die simulierte Cost/Income Ratio 80 % betragen soll, ergibt sich auf Basis der neuen Bruttoertragsspanne eine neue Bruttobedarfsspanne von 2,045 % (= 80 % · 2,556 %). Wiederum relativ ausgedrückt steigt die Bruttobedarfsspanne um 2,5 % (= [2,045 % – 1,996 %] / 1,996 %).

Führt man die neue Bruttoertragsspanne und die neue Bruttobedarfsspanne zusammen, so ergibt sich in der Simulation eine neue Bruttogewinnspanne von 0,511 % (= 2,556 % – 2,045 %). Im Vergleich zur Situation im Jahr 2002 bedeutet dies einen relativen Rückgang um 22,5 % (= [0,659 % – 0,511 %] / 0,659 %), worin sich der kumulative Effekt des Ertragsrückgangs bei gleichzeitiger Aufwandssteigerung ausdrückt. In Verbindung mit der Risikospanne von - 0,009 % beträgt die neue Reingewinnspanne 0,502 % (= 0,511 % – 0,009 %), was einem relativen Rückgang von nunmehr 21,8 % (= [0,650 % – 0,502 %] / 0,650 %) entspricht.

Da im Rahmen der Simulation im ROI-Grundschema sowohl die Eigenkapitalquote als auch die Steuerquote konstant bleiben sollen, schlägt sich diese relative Veränderung der Reingewinnspanne um - 21,8 % auf die nachgelagerten Kennzahlen Eigenkapitalrentabilität vor und nach Steuern in gleichem relativem Umfang nieder. Die Kennzahlensimulation im ROI-Grundschema ist in Abbildung 51.6 übersichtlich dargestellt.

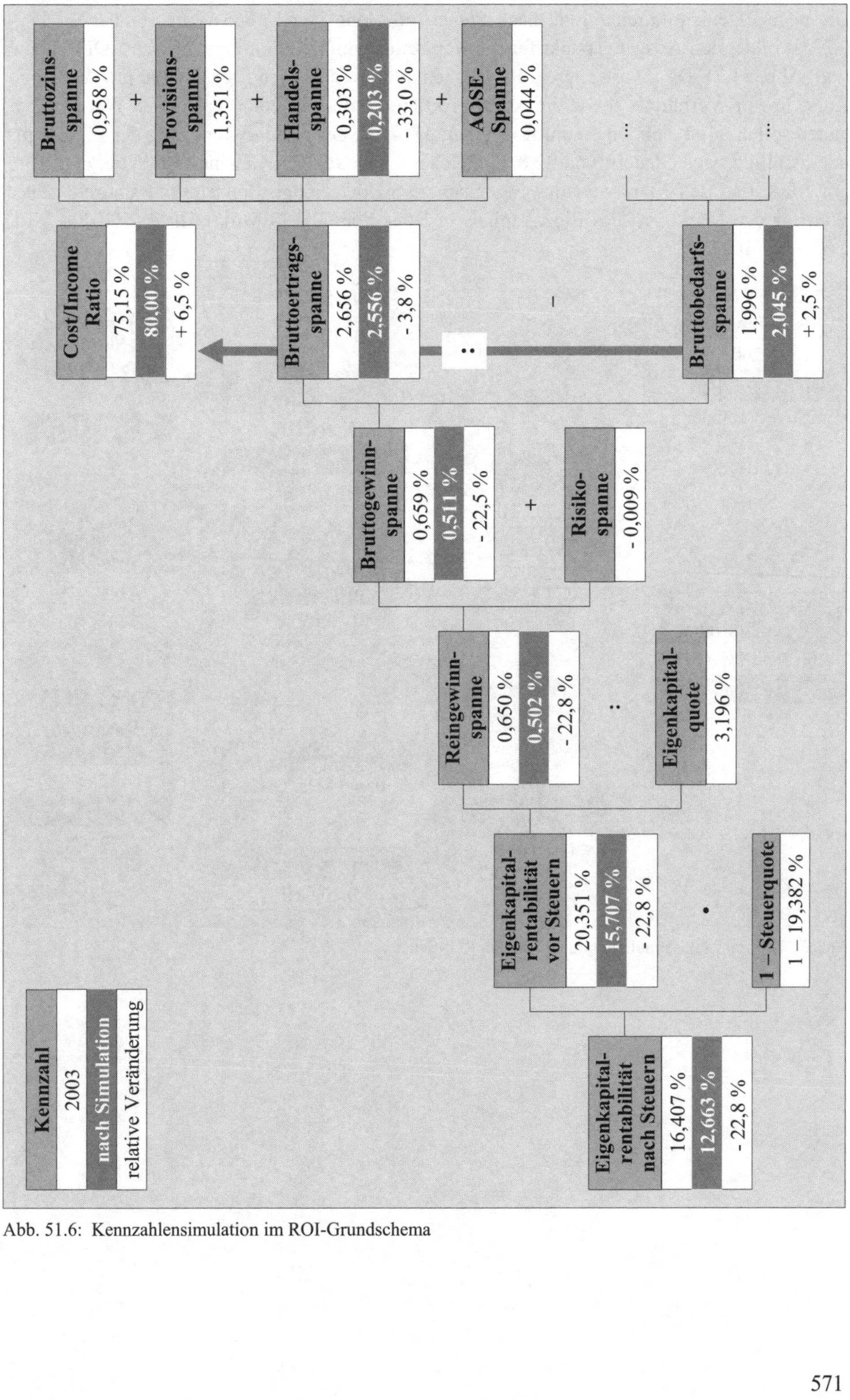

Abb. 51.6: Kennzahlensimulation im ROI-Grundschema

Die neue Eigenkapitalrentabilität nach Steuern in Höhe von 12,663 % (= 16,407 % · [1 – 0,228]) bildet den Ausgangspunkt für die Kennzahlensimulation im erweiterten ROI-Schema (vgl. Abb. 51.7). Da im erweiterten ROI-Schema die Kennzahlen Eigenkapital pro Aktie und Kurs/Gewinn-Verhältnis sowie die Anzahl Aktien die im Jahr 2003 realisierten Werte beibehalten sollen, lässt sich wiederum feststellen, dass sich der relative Rückgang der Eigenkapitalrentabilität nach Steuern von 22,8 % gleichermaßen auf den Gewinn pro Aktie, den Kurs pro Aktie und den Marktwert des Eigenkapitals niederschlägt. Somit ergibt sich ein neuer Wert für den Marktwert des Eigenkapitals in Höhe von 77,383 Mrd. CHF (= 100,204 Mrd. CHF · [1 – 0,228]).

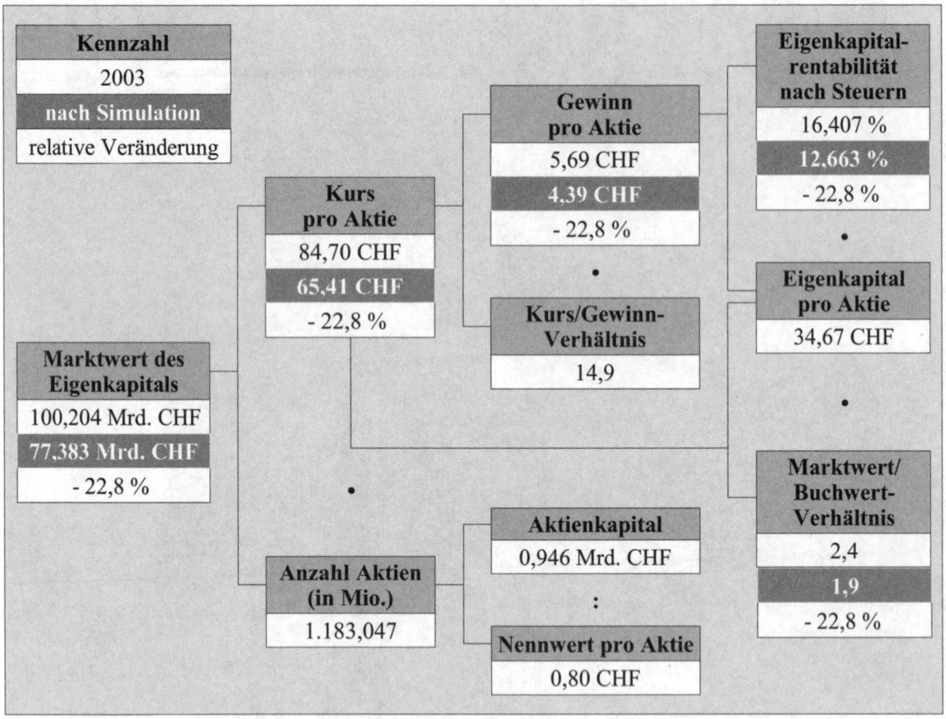

Abb. 51.7: Kennzahlensimulation im erweiterten ROI-Schema

Fallstudie 52: **Währungstransformationsbeitrag**

Gerd Grenzenlos arbeitet während der Semesterferien als Praktikant beim Bankhaus Redlich in der Controlling-Abteilung. Grenzenlos bekommt die Aufgabe, seine Kollegen bei der Kalkulation des Zinsüberschusses und der Aufspaltung in dessen Erfolgsquellen nach der Marktzinsmethode zu unterstützen. Die stark vereinfachte Zinsertragsbilanz der Bank hat derzeit das folgende Aussehen:

Geschäftsart	Volumen (in Mio. EUR)	Ursprungslaufzeit	vereinbarter Positionszins	fristengleicher GKM-Zins	TGZ
Aktiv:					
• Darlehen	220	3 Jahre	11,0 %	8,0 %	6 %
Passiv:					
• Termineinlagen	55	1 Jahr	6,0 %	7,0 %	6 %
• Schuldverschreibungen	65	2 Jahre	7,5 %	7,5 %	6 %
• Schuldverschreibungen	100	3 Jahre	8,0 %	8,0 %	6 %

Abb. 52.1: Zinsertragsbilanz des Bankhauses Redlich in der Ausgangssituation

Grenzenlos hat den Eindruck, dass es mit der Ertragskraft des Hauses nicht zum Besten bestellt ist und beschließt, nach Verbesserungsmöglichkeiten zu suchen. Von seinem japanischen Brieffreund weiß Grenzenlos, dass das Zinsniveau in Japan traditionell deutlich niedriger ist als das deutsche Zinsniveau. Beim Studium des Wirtschaftsteils seiner Tageszeitung stellt er fest, dass auch in anderen Ländern solche unterschiedlich verlaufenden Zinsstrukturkurven anzutreffen sind. So ergibt sich zur Zeit an den jeweiligen Geld- und Kapitalmärkten das folgende Bild:

Währung	Fristigkeit			
	1 Tag	1 Jahr	2 Jahre	3 Jahre
EUR	6,0 %	7,0 %	7,5 %	8,0 %
USD	8,0 %	8,5 %	8,7 %	9,0 %
CHF	5,0 %	6,0 %	7,0 %	7,5 %
JPY	5,0 %	5,3 %	5,7 %	6,0 %

Abb. 52.2: Daten zur Zinsstruktur ausgewählter Währungen

Grenzenlos erkennt sofort, dass sich solche Zinsunterschiede in der Weise ausnutzen lassen, dass man in einer Hochzinswährung anlegt, während man sich in einer Niedrigzinswährung refinanziert. Bei einem Gespräch mit dem Treasurer der Bank erfährt Grenzenlos, dass die derzeitigen, ausschließlich in EUR kontrahierten Geschäfte der Bank ohne weiteres durch die folgenden, in bezug auf Laufzeit und Zinsbindung gleichartigen Fremdwährungsgeschäfte ersetzt werden könnten (vgl. Abb. 52.3).

Geschäftsart	Volumen (in Fremdwährung)	Währung	Ursprungslaufzeit	vereinbarter Positionszins
Aktiv:				
• Darlehen	200	USD	3 Jahre	12,0 %
Passiv:				
• Termineinlagen	50	USD	1 Jahr	7,5 %
• Schuldverschreibungen	100	CHF	2 Jahre	7,0 %
• Schuldverschreibungen	10.000	JPY	3 Jahre	6,0 %

Abb. 52.3: Alternativ mögliche Fremdwährungsgeschäfte des Bankhauses Redlich

1. Ermitteln Sie den derzeitigen Zinsüberschuss des Bankhauses Redlich und differenzieren Sie diesen nach seinen Erfolgsquellen Konditions- und Strukturbeitrag!

2. a) Erstellen Sie die Zinsertragsbilanz unter der Annahme, dass die Bank anstelle der Geschäfte in Inlandswährung die angegebenen Fremdwährungsgeschäfte (vgl. Abb. 52.3) abschließen würde! Gehen Sie bei der Umrechnung in EUR von den folgenden, aktuell gültigen Devisenkursen aus:

   1 USD = 1,10 EUR
   100 CHF = 65,00 EUR
   100 JPY = 1,00 EUR

   b) Stellen Sie mit allgemeinen Formeln dar, wie sich das Zinsergebnis von Fremdwährungspositionen unter Berücksichtigung des Währungstransformationsbeitrages aufspalten lässt!

   c) Ermitteln Sie den Zinsüberschuss, der sich aus dem Abschluss der angegebenen Fremdwährungsgeschäfte ergibt und differenzieren Sie diesen nach seinen Erfolgsquellen! Wie hoch ist der durch die Währungstransformation zusätzlich erzielbare Zinsüberschuss?

3. a) Welche Voraussetzung muss allgemein zur Erzielung eines positiven Währungstransformationsbeitrages gegeben sein?

   b) Erläutern Sie, welche spezifischen Risiken möglicherweise mit einem Währungswechsel verbunden sein können!

   Argumentieren Sie jeweils anhand der USD-Positionen des Beispiels!

Lösungsvorschlag zu Fallstudie 52:

<u>zu 1.:</u>

Ermittlung des Zinsüberschusses

220 Mio. EUR	·	11,0 %	=	24,200 Mio. EUR
- 55 Mio. EUR	·	6,0 %	=	- 3,300 Mio. EUR
- 65 Mio. EUR	·	7,5 %	=	- 4,875 Mio. EUR
- 100 Mio. EUR	·	8,0 %	=	- 8,000 Mio. EUR
				8,025 Mio. EUR

Erfolgsquellen des Zinsüberschusses

Bilanzposition	Konditionsbeitrag (in Mio. EUR)	Strukturbeitrag (in Mio. EUR)	Zinsergebnisbeitrag (in Mio. EUR)
Darlehen	(11 % – 8 %) · 220 = 6,600	(8 % – 6 %) · 220 = 4,400	11,000
Termineinlagen	(7 % – 6 %) · 55 = 0,550	(6 % – 7 %) · 55 = - 0,550	0,000
Schuldverschreibungen (2 Jahre)	(7,5 % – 7,5 %) · 65 = 0,00	(6 % – 7,5 %) · 65 = - 0,975	- 0,975
Schuldverschreibungen (3 Jahre)	(8 % – 8 %) · 100 = 0,00	(6 % – 8 %) · 100 = - 2,000	- 2,000
Summe	7,150	0,875	8,025

Abb. 52.4: Aufspaltung des derzeitigen Zinsüberschusses

<u>zu 2.a):</u>

Umrechnung der Fremdwährungsbeträge in EUR

• Darlehen:	200 Mio. USD ·	1,10	EUR/USD	=	220 Mio. EUR
• Termineinlagen:	50 Mio. USD ·	1,10	EUR/USD	=	55 Mio. EUR
• Schuldverschreibungen:	100 Mio. CHF ·	0,65	EUR/CHF	=	65 Mio. EUR
• Schuldverschreibungen:	10.000 Mio. JPY ·	0,01	EUR/JPY	=	100 Mio. EUR

Zinsertragsbilanz

Bilanzposition	Volumen (in Mio. EUR)	vereinbarter Positionszins	fristengleicher GKM-Zins (FW)	fristengleicher GKM-Zins (EUR)	TGZ (EUR)
Aktiv:					
• Darlehen (USD)	220	12,0 %	9,0 %	8,0 %	6,0 %
Passiv:					
• Termineinlagen (USD)	55	7,5 %	8,5 %	7,0 %	6,0 %
• Schuldverschreibungen (CHF)	65	7,0 %	7,0 %	7,5 %	6,0 %
• Schuldverschreibungen (JPY)	100	6,0 %	6,0 %	8,0 %	6,0 %

Abb. 52.5: Zinsertragsbilanz bei Abschluss der alternativ möglichen Fremdwährungsgeschäfte

<u>zu 2.b):</u>

Allgemeine Formeln zur Aufspaltung des Zinsergebnisses bei Fremdwährungsgeschäften:

(mit: IW = Inlandswährung WT = Währungstransformation
FW = Fremdwährung FT = Fristentransformation)

Aktivpositionen

- Kond.-Beitrag = ($\text{Positionszins}_{FW}$ – fristengl. GKM-Satz_{FW}) · Volumen
- WT-Beitrag = (fristengl. GKM-Satz_{FW} – fristengl. GKM-Satz_{IW}) · Volumen
- FT-Beitrag = (fristengl. GKM-Satz_{IW} – TGZ_{IW}) · Volumen

Der **Strukturbeitrag** setzt sich aus dem Währungs- und dem Fristentransformationsbeitrag zusammen, so dass gilt:

- Strukturbeitrag = (fristengl. GKM-Satz_{FW} – TGZ_{IW}) · Volumen
  = WT-Beitrag + FT-Beitrag

Passivpositionen

- Kond.-Beitrag = (fristengl. GKM-Satz_{FW} – $\text{Positionszins}_{FW}$) · Volumen
- WT-Beitrag = (fristengl. GKM-Satz_{IW} – fristengl. GKM-Satz_{FW}) · Volumen
- FT-Beitrag = (TGZ_{IW} – fristengl. GKM-Satz_{IW}) · Volumen

Es gilt wiederum:

- Strukturbeitrag = (TGZ_{IW} – fristengl. GKM-$Satz_{FW}$) · Volumen

  = WT-Beitrag + FT-Beitrag

zu 2.c):

Ermittlung des Zinsüberschusses (in EUR)

220 Mio. EUR	·	12,0 %	=	26,400 Mio. EUR
- 55 Mio. EUR	·	7,5 %	=	- 4,125 Mio. EUR
- 65 Mio. EUR	·	7,0 %	=	- 4,550 Mio. EUR
- 100 Mio. EUR	·	6,0 %	=	- 6,000 Mio. EUR
				11,725 Mio. EUR

Erfolgsquellen des Zinsüberschusses

Bilanzposition	Konditionsbeitrag (in Mio. EUR)	Währungstrans-formationsbeitrag (in Mio. EUR)	Fristentrans-formationsbeitrag (in Mio. EUR)	Zins-überschuss (in Mio. EUR)
Darlehen (USD)	(12 % – 9 %) · 220 = 6,600	(9 % – 8 %) · 220 = 2,200	(8 % – 6 %) · 220 = 4,400	13,200
Termineinlagen (USD)	(8,5% – 7,5%) · 55 = 0,550	(7 % – 8,5%) · 55 = - 0,825	(6 % – 7 %) · 55 = - 0,550	- 0,825
Schuldver-schreibungen (CHF)	(7 % – 7 %) · 65 = 0,000	(7,5% – 7 %) · 65 = 0,325	(6 % –7,5%) · 65 = - 0,975	- 0,650
Schuldver-schreibungen (JPY)	(6 % – 6 %) · 100 = 0,000	(8 % – 6 %) · 100 = 2,000	(6 % – 8 %) · 100 = - 2,000	0,000
Summe	7,150	3,700	0,875	11,725

Abb. 52.6: Aufspaltung des Zinsüberschusses bei Abschluss der Fremdwährungsgeschäfte

Der durch den Abschluss der angegebenen Fremdwährungsgeschäfte zusätzlich erzielbare Zinsüberschuss entspricht dem Währungstransformationsbeitrag in Höhe von **3,7 Mio. EUR**.

zu 3.a):

- Der Währungstransformationsbeitrag errechnet sich aus der Differenz zwischen dem Geld- und Kapitalmarktsatz in Inlandswährung und dem GKM-Satz für die entsprechende Laufzeit in Fremdwährung, multipliziert mit dem jeweiligen Volumen.

- Somit ergibt sich immer dann ein positiver Währungstransformationsbeitrag, wenn gilt:

für **Aktiv**positionen: $GKM_{FW} > GKM_{IW}$

für **Passiv**positionen: $GKM_{FW} < GKM_{IW}$

- Sind diese Voraussetzungen nicht erfüllt, dann weist die jeweilige Geschäftsart einen negativen Währungstransformationsbeitrag auf.

- So liegt beispielsweise die USD-Zinsstrukturkurve in sämtlichen betrachteten Laufzeitbereichen oberhalb der EUR-Zinsstrukturkurve; somit ergibt sich für das USD-Darlehen (Aktivposition) ein **positiver** Währungstransformationsbeitrag (da für den 3-Jahres-Bereich gilt: $GKM_{FW} > GKM_{IW}$), während die USD-Termineinlagen (Passivposition) einen **negativen** Währungstransformationsbeitrag aufweisen (auch im 1-Jahres-Bereich gilt: $GKM_{FW} > GKM_{IW}$). Der Netto-Beitrag aus der Währungstransformation ist für die USD-Positionen wegen des deutlich höheren Aktivvolumens bei ebenfalls höherer Marge positiv.

<u>zu 3.b):</u>

Mögliche Risiken einer Währungstransformation:

- Während der Laufzeit der eingegangenen Fremdwährungspositionen kann sich die **relative Lage** der relevanten **Zinsstrukturkurven** zueinander dergestalt ändern, dass eine ursprünglich vorteilhafte Zinsdifferenz sich in ihr Gegenteil verkehrt. So ist beispielsweise denkbar, dass die in der Ausgangslage in sämtlichen relevanten Laufzeitbereichen oberhalb der EUR-Zinsstrukturkurve liegende USD-Zinsstrukturkurve durch Zinssenkungen im USD-Bereich und/oder Zinssteigerungen im EUR-Raum schließlich unterhalb der EUR-Zinsstrukturkurve liegt. In der Folge, d.h. nach Ablauf der Zinsbindung wäre der zuvor positive Währungstransformationsbeitrag der USD-Darlehen dann negativ. Ein gewisser Ausgleich entstünde allerdings durch den nunmehr positiven Währungstransformationsbeitrag der USD-Termineinlagen.

  Der **Netto-Effekt** solcher Zinsstrukturverschiebungen hängt im wesentlichen von dem Ausmaß und der zeitlichen Erstreckung der relativen Zinsveränderungen ab. Je länger die vorteilhafte Zinsdifferenz bestehen bleibt, desto höher sind die kumulierten Währungstransformationsbeiträge, die sich im Zeitablauf aufbauen und mit später möglicherweise anfallenden negativen Währungstransformationsbeiträgen verrechnet werden können.

- Die zweite Risikokategorie im Rahmen der Währungstransformation besteht in möglicherweise während der Transformationslaufzeit auftretenden nachteiligen **Wechselkursveränderungen**. So ist beispielsweise denkbar, dass der Kurs des USD von 1,1 EUR/USD in der Ausgangssituation auf einen niedrigeren Wert fällt. Davon betroffen wären zum einen die Zinszahlungen und zum anderen der Rückzahlungsgegenwert der USD-Positionen. So ergibt sich bei gesunkenem Dollarkurs aus der Umrechnung in EUR für die USD-Darlehen (Aktivposition) ein Verlust, der teilweise durch den ebenfalls gesunkenen EUR-Gegenwert der USD-Termineinlagen (Passivposition) kompensiert wird.

Der **Netto-Effekt** der Wechselkursveränderungen ist auch hier wiederum im wesentlichen abhängig von dem Ausmaß und dem zeitlichen Anfall der Kursänderungen. Solange die Wechselkurse an den Zinszahlungs- und Rückzahlungsterminen unverändert bleiben bzw. sich nicht nachteilig verändern, beeinflussen zwischenzeitliche Kursveränderungen das Ergebnis der Währungstransformation nicht.

Den aufgezeigten Risiken aus Veränderungen der relativen Lage der Zinsstrukturkurven und/ oder der Wechselkurse stehen naturgemäß beim Eintritt von vorteilhaften Veränderungen auch **entsprechende Chancen** gegenüber.

Fallstudie 53: **ROI-Schema und vertikale Erweiterungen**

Siegfried Sucher hat soeben seine neue Stelle als Chef-Controller bei der ROI-Bank in Tropfheim angetreten. Sein Vorgänger, der die Bank nach heftigen Meinungsverschiedenheiten mit der Geschäftsleitung im Streit verlassen hat, hat kurz vor seinem Stellenwechsel noch einige auf dem Computer installierte Auswertungsprogramme mit dem „Code Red“-Virus infiziert.

Davon betroffen sind auch Teile der Datei „Konkurrenzbankenanalyse“ (vgl. Abb. 53.1), die in diesem Jahr erstmals systematisch durchgeführt worden ist. Für die Volksbank Tropfheim, dem seit Jahren hartnäckigsten Konkurrenten der ROI-Bank, erscheinen anstelle von Zahlen nur noch wirre Buchstabenkombinationen am Bildschirm.

ROI-Kennzahl	BZSP	PSP	AOSESP	BBSP	BGSP	RGSP	EKQ	EKR v.St.
Volksbank	aLSD	bcci	iBw	klxZ	wXya	mkwR	doRF	TsVA
Sparkasse	2,63 %	0,36 %	0,32 %	2,18 %	1,13 %	0,47 %	3,96 %	11,87 %
ROI-Bank	2,31 %	0,97 %	0,00 %	2,26 %	1,02 %	0,92 %	5,45 %	16,88 %
Durchschnitt	VI	R	U	S	WA	S	HE	RE

Abb. 53.1: Konkurrenzbankenvergleich ROI-Bank für das Jahr 04

(mit: BZSP = Bruttozinsspanne; PSP = Provisionsspanne; BBSP = Bruttobedarfsspanne; BGS = Bruttogewinnspanne; RGSP = Reingewinnspanne; EKQ = Eigenkapitalquote; EKR v. St. = Eigenkapitalrentabilität vor Steuern)

Suchers erste Aufgabe besteht darin, die publizierten Zahlen der Volksbank Tropfheim erneut zu analysieren und präsentationsgerecht aufzubereiten.

1. Ermitteln Sie zunächst auf Basis der Bilanz und der Gewinn- und Verlustrechnung für das Geschäftsjahr 04, die in den nachfolgenden Abbildungen 53.2 und 53.3 wiedergegeben sind, die ROI-Kennzahlenhierarchie der Volksbank Tropfheim mit der Eigenkapitalrentabilität nach Steuern als oberste Zielgröße!

2. Vervollständigen Sie den in Abbildung 53.1 wiedergegebenen „Konkurrenzbankenvergleich“ mit den Kennzahlen der Volksbank Tropfheim sowie den jeweiligen Durchschnittswerten! Skizzieren Sie kurz die wesentlichen Unterschiede der drei analysierten Banken in bezug auf ihre ROI-Kennzahlen!

Aktiva	(in Mio. GE)		Passiva
Kasse	15,00	Verbindlichkeiten ggü. Banken	69,96
Forderungen an Banken	50,00	Verbindlichkeiten ggü. Nichtbanken	247,50
Forderungen an Nichtbanken	231,00	Gezeichnetes Kapital	5,20
Wertpapiere	34,00	Rücklagen	7,34
	330,00		330,00

Abb. 53.2: Bilanz der Volksbank Tropfheim zum 31.12.04

Aufwendungen	(in Tsd. GE)		Erträge
Zinsen und zinsähnliche Aufwendungen	17.655,0	Zinsen und zinsähnliche Erträge aus Kredit- und Geldmarktgeschäften	24.452,0
Aufwendungen für Dienstleistungsgeschäfte	19,0	Laufende Erträge aus Wertpapieren	2.715,0
Abschreibungen und Wertberichtigungen auf Forderungen und Wertpapiere	1.521,0	Provisionen und andere Erträge aus Dienstleistungsgeschäften	794,0
Gehälter, Löhne, Aufwendungen für die Altersversorgung	3.541,0	Sonstige Erträge	567,0
Soziale Abgaben	353,0		
Sachaufwand	1.966,0		
Abschreibungen und Wertberichtigungen auf Grundstücke und Gebäude sowie auf die Betriebs- und Geschäftsausstattung	655,0		
Gewinnsteuern	1.687,4		
Periodenüberschuss	1.130,6		
Summe der Aufwendungen	28.528,0	Summe der Erträge	28.528,0

Abb. 53.3: Gewinn- und Verlustrechnung der Volksbank Tropfheim zum 31.12.04

Nach getaner Arbeit weist Sucher die Geschäftsleitung der ROI-Bank darauf hin, dass sich durch weitere Analysen auf Basis des ROI-Grundschemas zusätzliche Erkenntnisse von erheblicher Aussagekraft gewinnen lassen.

3. Ermitteln Sie die folgenden Strukturkennzahlen für die Volksbank Tropfheim!

a) horizontale Ertragsstruktur:

- Zinsergebnisanteil am Bruttoertrag
- Provisionsergebnisanteil am Bruttoertrag
- Anteil der sonstigen Erträge am Bruttoertrag

b) horizontale Kostenstruktur:

- Personalkostenanteil an den Betriebskosten
- Sachkostenanteil an den Betriebskosten

c) horizontale Ergebnisstruktur:

- Aufwandsrentabilität/-produktivität
- Belastung des Zinsüberschusses durch die Risikokosten

d) vertikale Ergebnisstruktur:

- Kapitalhebel („Financial Leverage")
- Kostenhebel („Operating Leverage") beim Zinsüberschuss und beim Bruttoertrag
- Sicherheitskoeffizient beim Zinsüberschuss und beim Bruttoertrag.

Interpretieren Sie die in Teilaufgabe 3.d) ermittelten Strukturkennzahlen!

Ein besonderes Interesse bekundet die Geschäftsleitung der ROI-Bank an Kennzahlen zu den Kostenintensitäten und Mitarbeiterproduktivitäten der Konkurrenz. Durch eine Indiskretion einer Volksbank-Mitarbeiterin erfährt Sucher, dass das Institut im Geschäftsjahr 04 24.811 Kundeneinlagekonten, 17.000 Kundenkreditkonten, 13.640 Kunden und 50 Mitarbeiter hatte, von denen 40 im Kundengeschäft eingesetzt waren.

4. Führen Sie eine vertikal differenzierte Analyse

a) der Bruttobedarfsspanne (Kostenintensitäten) und

b) der Bruttoertragsspanne (Mitarbeiterproduktivitäten) der Volksbank Tropfheim durch!

Lösungsvorschlag zu Fallstudie 53:

zu 1.:

- Durchschnittlicher Aktivzins $= \frac{\text{Zinsertrag}}{\text{Bilanzsumme}}$

$$= \frac{24{,}452 \text{ Mio. GE} + 2{,}715 \text{ Mio. GE}}{330 \text{ Mio. GE}} = \mathbf{8{,}232\ \%}$$

- Durchschnittlicher Passivzins $= \frac{\text{Zinsaufwand}}{\text{Bilanzsumme}}$

$$= \frac{17{,}655 \text{ Mio. GE}}{330 \text{ Mio. GE}} = \mathbf{5{,}350\ \%}$$

- Bruttozinsspanne $= \frac{\text{Zinsertrag} - \text{Zinsaufwand}}{\text{Bilanzsumme}}$

BZSP $= \frac{(24{,}452 + 2{,}715 - 17{,}655) \text{ Mio. GE}}{330 \text{ Mio. GE}} = \mathbf{2{,}882\ \%}$

- Provisionsspanne $= \frac{\text{Provisionsertrag} - \text{Provisionsaufwand}}{\text{Bilanzsumme}}$

PSP $= \frac{(0{,}794 - 0{,}019) \text{ Mio. GE}}{330 \text{ Mio. GE}} = \mathbf{0{,}235\ \%}$

- Spanne aus außerordentlichen und sonstigen Erträgen $= \frac{\text{sonstige Erträge}}{\text{Bilanzsumme}}$

AOSESP $= \frac{0{,}567 \text{ Mio. GE}}{330 \text{ Mio. GE}} = \mathbf{0{,}172\ \%}$

- Bruttoertragsspanne = Bruttozinsspanne + Provisionsspanne + AOSE-Spanne

BESP = 2,882 % + 0,235 % + 0,172 % = **3,289 %**

- Personalkostenspanne $= \frac{\text{Personalaufwand}}{\text{Bilanzsumme}}$

PKSP $= \frac{(3{,}541 + 0{,}353)\ \text{Mio. GE}}{330\ \text{Mio. GE}} = \mathbf{1{,}180\ \%}$

- Sachkostenspanne $= \frac{\text{Sachaufwand + Abschreibungen u. Wertberichtigungen auf Sachanlagen}}{\text{Bilanzsumme}}$

SKSP $= \frac{(1{,}966 + 0{,}655)\ \text{Mio. GE}}{330\ \text{Mio. GE}} = \mathbf{0{,}794\ \%}$

- Bruttobedarfsspanne = Personalkostenspanne + Sachkostenspanne

BBSP = 1,180 % + 0,794 % = **1,974 %**

- Bruttogewinnspanne = Bruttoertragsspanne – Bruttobedarfsspanne

BGSP = 3,289 % – 1,974 % = **1,315 %**

- Risikospanne $= \frac{\text{Abschreibungen und Wertberichtigungen auf Forderungen und Wertpapiere}}{\text{Bilanzsumme}}$

RSP $= \frac{-1{,}521\ \text{Mio. GE}}{330\ \text{Mio. GE}} = \mathbf{-0{,}461\ \%}$

- Reingewinnspanne $= \frac{\text{Periodenüberschuss + Gewinnsteuern}}{\text{Bilanzsumme}}$

RGSP $= \frac{(1{,}1306 + 1{,}6874)\ \text{Mio. GE}}{330\ \text{Mio. GE}} = \mathbf{0{,}854\ \%}$

- Eigenkapitalquote $= \frac{\text{Eigenkapital}}{\text{Bilanzsumme}}$

EKQ $= \frac{(5{,}20 + 7{,}34)\ \text{Mio. GE}}{330\ \text{Mio. GE}} = \mathbf{3{,}8\ \%}$

- Eigenkapitalrentablilität vor Steuern $= \frac{\text{Periodenüberschuss} + \text{Gewinnsteuern}}{\text{Eigenkapital}}$

EKR v. St. $= \frac{(1{,}1306 + 1{,}6874)\ \text{Mio. GE}}{12{,}54\ \text{Mio. GE}} = \mathbf{22{,}472\ \%}$

- Steuersatz $= \frac{\text{Gewinnsteuern}}{\text{Periodenüberschuss} + \text{Gewinnsteuern}}$

s $= \frac{1{,}6874\ \text{Mio. GE}}{(1{,}1306 + 1{,}6874)\ \text{Mio. GE}} = \mathbf{59{,}879\ \%}$

- Eigenkapitalrentabilität nach Steuern $= \frac{\text{Periodenüberschuss}}{\text{Eigenkapital}}$

EKR n. St. $= \frac{1{,}1306\ \text{Mio. GE}}{12{,}54\ \text{Mio. GE}} = \mathbf{9{,}016\ \%}$

Aus den soeben berechneten Kennzahlen ergibt sich die folgende ROI-Kennzahlenhierarchie der Volksbank Tropfheim für das Geschäftsjahr 04:

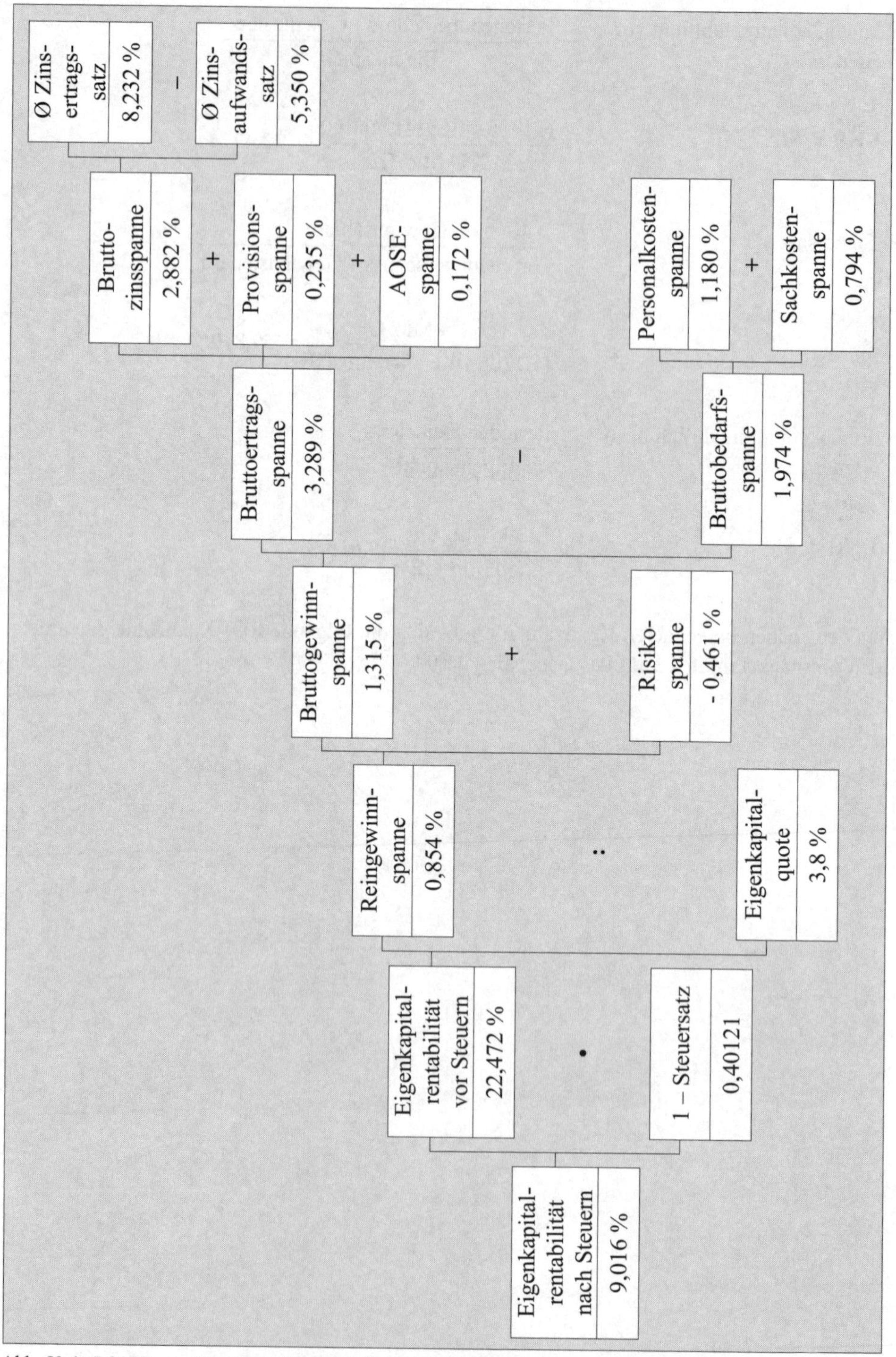

Abb. 53.4: ROI-Kennzahlenhierarchie der Volksbank Tropfheim für das Geschäftsjahr 04

zu 2.:

ROI-Kennzahl	BZSP	PSP	AOSESP	BBSP	BGSP	RGSP	EKQ	EKR v.St.
Volksbank	2,88 %	0,24 %	0,17 %	1,97 %	1,32 %	0,85 %	3,80 %	22,47 %
Sparkasse	2,63 %	0,36 %	0,32 %	2,18 %	1,13 %	0,47 %	3,96 %	11,87 %
ROI-Bank	2,31 %	0,97 %	0,00 %	2,26 %	1,02 %	0,92 %	5,45 %	16,88 %
Durchschnitt	2,61 %	0,52 %	0,16 %	2,14 %	1,16 %	0,75 %	4,40 %	17,07 %

Abb. 53.5: Vervollständigter Konkurrenzbankenvergleich ROI-Bank für das Jahr 04

Wesentliche Unterschiede in den ROI-Kennzahlen:

- **Bruttozinsspanne:** Mit einer um 19,79 % (Volksbank) bzw. 12,17 % (Sparkasse) niedrigeren Bruttozinsspanne fällt die ROI-Bank gegenüber den beiden anderen Banken deutlich ab.

- **Provisionsspanne:** Im Provisionsgeschäft weist die ROI-Bank den mit Abstand höchsten Wert auf. Der Stellenwert des Dienstleistungsgeschäftes bei der ROI-Bank wird auch dadurch deutlich, dass der Anteil der Provisionsspanne an der Bruttoertragsspanne fast 30 % ausmacht.

- **AOSE-Spanne:** Während die AOSE-Spanne der Sparkasse beinahe doppelt so hoch ist wie die der Volksbank, weist die ROI-Bank keine weiteren Ertragskomponenten als die Ergebnisbeiträge aus dem zinsabhängigen und dem zinsindifferenten Geschäft aus.

- **Bruttoertragsspanne:** In der Summe der Ertragskomponenten ergeben sich nur geringfügige Differenzen zwischen den drei Banken. Die Bruttoertragsspanne der Sparkasse ist mit 3,31 % am höchsten.

- **Bruttobedarfsspanne:** Der durch Erträge zu deckende Verwaltungsaufwand liegt bei der Volksbank mit 1,97 % unter den entsprechenden Werten der Konkurrenzbanken. Die ungünstigste Kostensituation weist die ROI-Bank auf.

- **Bruttogewinnspanne:** Die vergleichsweise schlechten Werte der ROI-Bank bei der Bruttoertragsspanne und insbesondere der Bruttobedarfsspanne zeigen sich auch beim Vergleich der Bruttogewinnspannen.

- **Reingewinnspanne:** Bedingt durch eine offensichtlich erheblich weniger stark negative Risikospanne nimmt die ROI-Bank bei der Reingewinnspanne knapp gefolgt von der Volksbank den führenden Rang ein. Die Sparkasse fällt hier mit einer Risikospanne von - 0,66 % (= 0,47 % - 1,13 %) deutlich zurück.

- **Eigenkapitalquote:** Die ROI-Bank weist mit einer Eigenkapitalquote von 5,45 % die mit weitem Abstand solideste Eigenmittelausstattung auf.

- **Eigenkapitalrentabilität vor Steuern:** Die unterschiedlichen Eigenkapitalquoten sorgen schließlich dafür, dass sich die bei der Reingewinnspanne festgestellte Rangfolge wieder zugunsten der Volksbank verschiebt (**Leverage-Effekt**). So ist die Reingewinnspanne der ROI-Bank zwar höher als die der Volksbank, jedoch wirkt die geringere Eigenkapitalquote als stärkerer Hebel, so dass die Eigenkapitalrentabilität der ROI-Bank niedriger als die der Volksbank ausfällt.

zu 3.a):

Horizontale Ertragsstruktur

- Zinsergebnisanteil am Bruttoertrag: $\frac{BZSP}{BESP} = \frac{2{,}882}{3{,}289} = 87{,}63\ \%$

- Provisionsergebnisanteil am Bruttoertrag: $\frac{PSP}{BESP} = \frac{0{,}235}{3{,}289} = 7{,}15\ \%$

- Anteil der sonst. Erträge am Bruttoertrag: $\frac{AOSESP}{BESP} = \frac{0{,}172}{3{,}289} = 5{,}23\ \%$

zu 3.b):

Horizontale Kostenstruktur

- Personalkostenanteil an Betriebskosten: $\frac{PKSP}{BBSP} = \frac{1{,}180}{1{,}974} = 59{,}78\ \%$

- Sachkostenanteil an Betriebskosten: $\frac{SKSP}{BBSP} = \frac{0{,}794}{1{,}974} = 40{,}22\ \%$

zu 3.c):

Horizontale Ergebnisstruktur

- Aufwandsrentabilität/-produktivität: $\frac{BESP}{BBSP} = \frac{3{,}289}{1{,}974} = 1{,}67$

- Belastung des Zinsüberschusses durch das Risikoergebnis: $\frac{RSP}{BZSP} = \frac{-0{,}461}{2{,}882} = -16{,}00\ \%$

zu 3.d):

Vertikale Ergebnisstruktur

- Kapitalhebel („Financial Leverage"): $\frac{\text{EKR v. St.}}{\text{RGSP}} = \frac{22{,}472}{0{,}854} = 26{,}31$

  bzw. $\frac{1}{\text{EKQ}} = \frac{100}{3{,}8} \approx 26{,}31$

Interpretation:

Die Reingewinnspanne wird um das 26,31-fache zur Eigenkapitalrentabilität vor Steuern hochgehebelt. So bewirkt z.B. ein Rückgang der Reingewinnspanne um 0,1 %-Punkte einen Rückgang der Eigenkapitalrentabilität vor Steuern um 2,631 %-Punkte. Dieser Kapitalhebel wird von der Eigenkapitalquote determiniert. Bei einem Anstieg der Eigenkapitalquote auf 5 % würde sich dieser Kapitalhebel z.B. auf 20 (= 100 : 5) reduzieren.

- Kostenhebel („Operating Leverage")

  beim Zinsüberschuss: $\frac{\text{BZSP}}{\text{RGSP}} = \frac{2{,}882}{0{,}854} = 3{,}37$

  beim Bruttoertrag: $\frac{\text{BESP}}{\text{RGSP}} = \frac{3{,}289}{0{,}854} = 3{,}85$

Interpretation:

Der Kostenhebel zeigt an, wie stark Veränderungen des Zinsüberschusses bzw. der Bruttoertragsspanne auf die Reingewinnspanne durchschlagen. So hat eine 10 %-ige Reduzierung des Zinsüberschusses (Bruttoertrages) der Volksbank Tropfheim bei gleichbleibenden Kosten einen 33,7 %-igen (38,5 %-igen) Rückgang der Reingewinnspanne zur Folge.

- Sicherheitskoeffizient

  beim Zinsüberschuss: $\frac{\text{RGSP}}{\text{BZSP}} = \frac{0{,}854}{2{,}882} = 29{,}63\ \%$

  beim Bruttoertrag: $\frac{\text{RGSP}}{\text{BESP}} = \frac{0{,}854}{3{,}289} = 25{,}97\ \%$

Interpretation:

Geht die Bruttozinsspanne (Bruttoertragsspanne) um mehr als 29,63 % (25,97 %) zurück, gerät die Volksbank bei der derzeitigen Bruttogewinnspanne und Risikospanne in die Verlustzone, d.h. die Reingewinnspanne wird negativ. Je kleiner dieser Prozentsatz ist, desto gefährdeter ist die betreffende Bank bei Ertragsschwankungen.

zu 4.a):

Es lassen sich folgende Mitarbeiter (MA-)bezogenen ROI-Kennzahlen ermitteln:

- Geschäftsvolumen pro MA: $\frac{330 \text{ Mio. GE}}{50} = 6.600.000 \text{ GE}$
- Personalkosten pro MA: $\frac{(3{,}541 + 0{,}353) \text{ Mio. GE}}{50} = 77.880 \text{ GE}$
- Sachkosten pro MA: $\frac{(1{,}966 + 0{,}655) \text{ Mio. GE}}{50} = 52.420 \text{ GE}$
- Betriebskosten pro MA: $77.880 \text{ GE} + 52.420 \text{ GE} = 130.300 \text{ GE}$

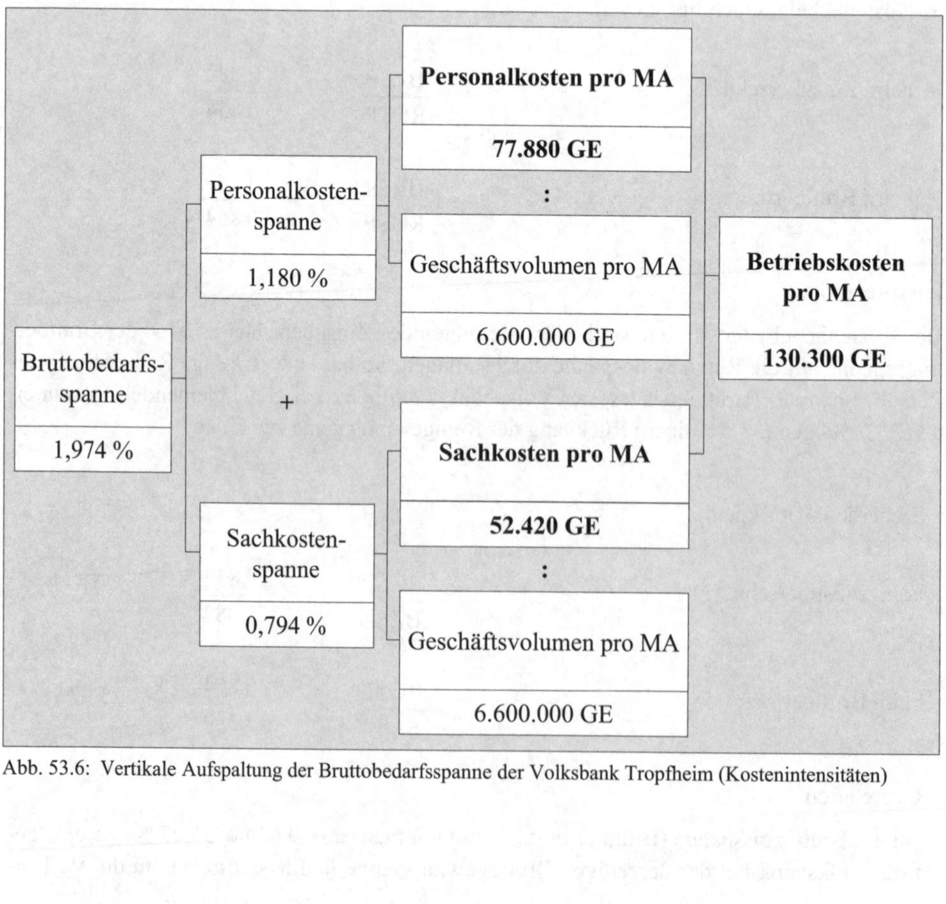

Abb. 53.6: Vertikale Aufspaltung der Bruttobedarfsspanne der Volksbank Tropfheim (Kostenintensitäten)

zu 4.b):

- Bruttoertrag:

  Zinsüberschuss + Provisionsüberschuss + sonstige Erträge

  $= (24.452.000 + 2.715.000 - 17.655.000) + (794.000 - 19.000) + 567.000$

  $= 9.512.000 + 775.000 + 567.000 \qquad = 10.854.000 \text{ GE}$

- Bruttoertrag pro MA: $\frac{10{,}854 \text{ Mio. GE}}{50} = 217.080 \text{ GE}$

- Zinsüberschuss pro MA: $\frac{9{,}512 \text{ Mio. GE}}{50} = 190.240 \text{ GE}$

- Provisionsüberschuss pro MA: $\frac{0{,}775 \text{ Mio. GE}}{50} = 15.000 \text{ GE}$

- sonstige Erträge pro MA: $\frac{0{,}567 \text{ Mio. GE}}{50} = 11.340 \text{ GE}$

- Kundengeschäftsvolumen pro Kundengeschäfts-MA: $\frac{(231 + 247{,}5) \text{ Mio. GE}}{40} = 11.962.500 \text{ GE}$

- $\frac{\text{Kundengeschäftsvolumen}}{\text{Geschäftsvolumen}}$: $\frac{(231 + 247{,}5) \text{ Mio. GE}}{330 \text{ Mio. GE}} = 1{,}45$

- $\frac{\text{Kundengeschäfts-MA}}{\text{Gesamtzahl der MA}}$: $\frac{40}{50} = 0{,}8$

- Kundengeschäftsvolumen pro Kunde: $\frac{(231 + 247{,}5) \text{ Mio. GE}}{13.640} = 35.081 \text{ GE}$

- Einlagekonten pro Kunde: $\frac{24.811}{13.640} = 1{,}82$

- Kreditkonten pro Kunde: $\frac{17.000}{13.640} = 1{,}25$

- Kontenzahl pro Kunde: $\frac{24.811 + 17.000}{13.640} = 3{,}1$

- Konten pro Kundengeschäfts-MA: $\frac{24.811+17.000}{40} = 1.045,3$

- Betriebsergebnis pro MA vor Risikokosten: $\frac{\text{Bruttoertrag}}{\text{MA}} - \frac{\text{Bruttokosten}}{\text{MA}} =$

$217.080 \text{ GE} - 130.300 \text{ GE} = 86.780 \text{ GE}$

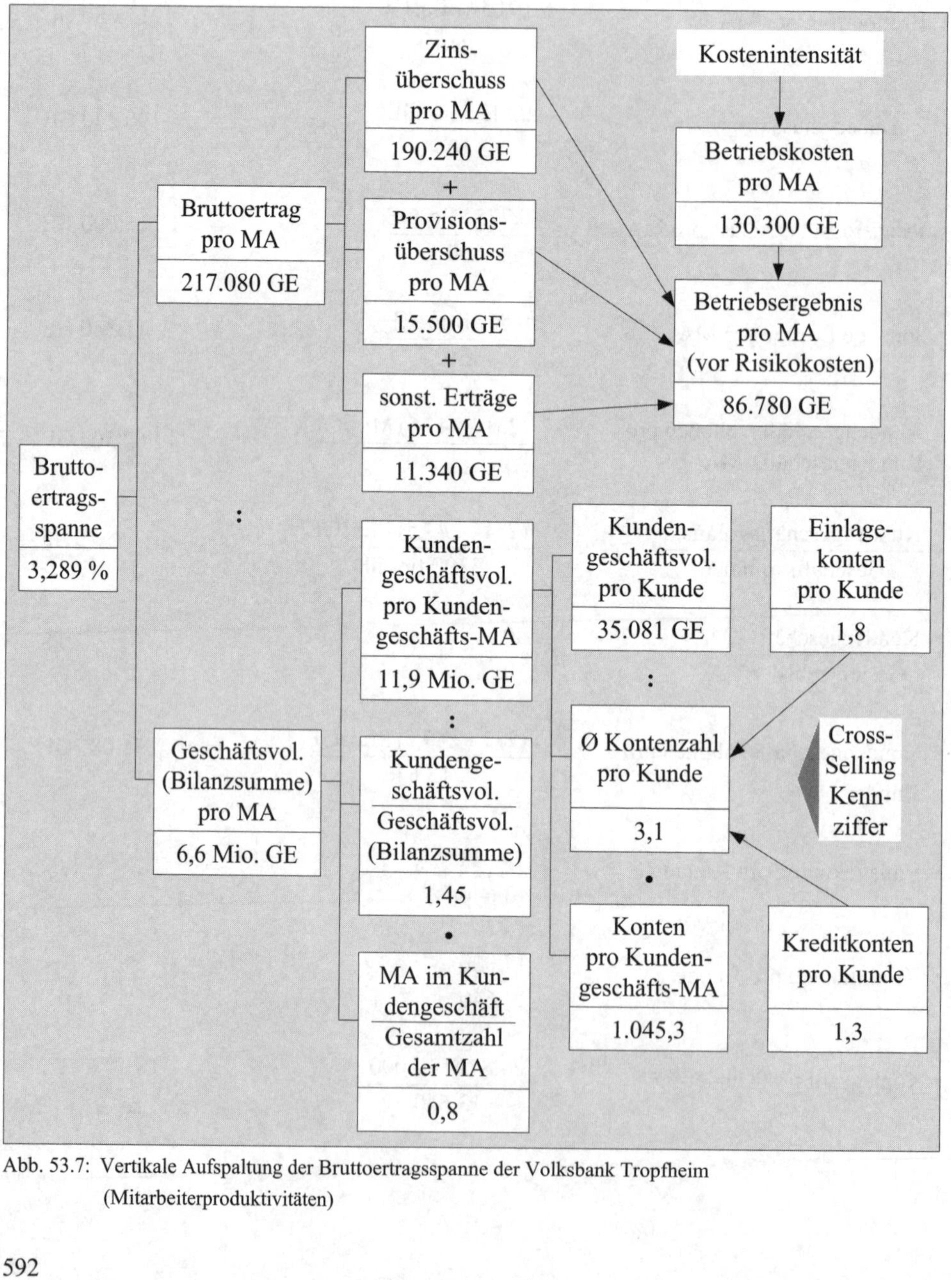

Abb. 53.7: Vertikale Aufspaltung der Bruttoertragsspanne der Volksbank Tropfheim (Mitarbeiterproduktivitäten)

<u>Fallstudie 54:</u> **Risikoadjustierte Kennzahlensystematik**

Die Weitblicker Privatbank AG hat sich von den erfahrenen Finanzmarktspezialisten der Hei-Pi Norden eG beraten lassen. Als Ergebnis dieses Beratungsprojekts wurde ein System risikoadjustierter Kennzahlen aufgebaut, mit dessen Hilfe eine integrierte Rentabilitäts-/Risikosteuerung ermöglicht wird. Nach der Einführung dieses Kennzahlensystems gelingt es der Weitblicker Privatbank in der Folge, regelrecht sensationelle, überdurchschnittliche Ergebnisse zu erzielen.

Deshalb wird die Geschäftsleitung der Weitblicker Privatbank AG von internationalen Fachkreisen gebeten, endlich das Geheimnis dieser einmaligen Pionierleistung preiszugeben. Um sich nicht der vorhandenen Wettbewerbsvorteile zu berauben, beschließt die Bank, zunächst nur die Bankenaufsicht zu informieren. In einer groß angelegten Konferenz wird den Spitzenkräften der Bankenaufsicht das Gesamtkonzept vorgestellt.

1. Definieren und erklären Sie kurz die Kennziffern RORAC und RAROC als zentrale Kennziffern in der risikoadjustierten Ergebnismessung! Gehen Sie des weiteren auch auf die Zusammenhänge zwischen diesen beiden Kennziffern ein!

Die Geschäftsleitung erklärt, dass die Bank über ein bilanzielles Eigenkapital in Höhe von 200 Mio. GE verfügt. Die haftenden und bankenaufsichtsrechtlich anerkannten Eigenmittel betragen 313,55 Mio. GE, von denen aus Vorsichtsgründen lediglich 40 % den Geschäftsbereichen als (Gesamt-)Risikolimit zur Verfügung gestellt werden. Während dem Geschäftsbereich A dabei ein Risikolimit in Höhe von 110 Mio. GE zugewiesen wird, erhält der Geschäftsbereich B ein Risikolimit in Höhe von 22 Mio. GE.

Der verdutzte Chef der Bankenaufsicht erwidert erstaunt, dass da doch wohl etwas nicht stimmen könne, da die Summe aus beiden Risikolimiten auf gar keinen Fall dem gesamten Risikolimit entspricht.

2. Zeigen Sie ihm das Missverständnis auf, indem Sie die unterstellte Korrelation (KOR) der Ergebnisentwicklung beider Geschäftsbereiche berechnen, in der sich die Risikoverbundeffekte ausdrücken!

   <u>Hinweis:</u> Die Formel zur Berechnung des Gesamtrisikolimits lautet wie folgt:

$$\text{Risiko}_{\text{Gesamt}} = \sqrt{\text{Risiko}_A^{\,2} + \text{Risiko}_B^{\,2} + 2 \cdot \text{Risiko}_A \cdot \text{Risiko}_B \cdot \text{KOR}}$$

Die Experten der Bankenaufsicht lassen sich offensichtlich nur sehr schwer von der Genialität des Konzepts überzeugen. Mangels vorbereiteter Folien soll deshalb am Overhead-Projektor direkt ein Kennzahlensystem aufgezeichnet werden.

3. Leiten Sie, ausgehend von einer Eigenkapitalrentabilität nach Steuern von 16 % und einem Steuerfaktor von 50 % die RORAC-Ziel-Kennziffern sowie die Nettoergebnisanforderungen für die Geschäftsbereiche A und B ab und stellen Sie die Zusammenhänge in Form eines Kennzahlenschemas dar! Gehen Sie dabei davon aus, dass das erforderliche Nettoergebnis vollständig auf das Risikokapital zu erzielen ist! Des weiteren sind beiden Geschäftsbereichen Risikolimite auf Stand-alone-Basis zuzuweisen.

Mittlerweile scheinen die Damen und Herren der Bankenaufsicht sich für das Konzept zu begeistern. Sie bitten darum, doch einmal die auf die bisherigen Plan-Zahlen folgende Ist-Rechnung zu präsentieren. Deshalb wird eiligst der Controller der Weitblicker Privatbank AG aufgefordert, die Ist-Zahlen zusammenzustellen. Er gibt folgende Ist-Daten bekannt:

	Geschäftsbereich A	Geschäftsbereich B
Risikokategorie	Zinsänderungsrisiko	Aktienkursrisiko
Risikovolumen	800 Mio. GE	100 Mio. GE
Standardabweichung (des stetigen Ergebniserwartungswertes)	7 %	11 %
Brutto-Ergebnis	110,40 Mio. GE	25,60 Mio. GE
Betriebskosten	64 Mio. GE	8 Mio. GE

Abb. 54.1: Ist-Daten der Weitblicker Privatbank AG

In beiden Geschäftsbereichen besteht die Gefahr negativer Abweichungen vom Erwartungswert. Zwischen den beiden Geschäftsbereichen wurde eine Ist-Korrelation in Höhe von 0,7 festgestellt. Die Risikoquantifizierung erfolgt auf der Basis einer maximalen Verlustwahrscheinlichkeit von 97,7 %, was im Rahmen des analytischen Grundmodells einem Z-Wert von 2 entspricht.

4. Stellen Sie – wiederum durch Aufstellung eines Kennzahlenschemas – eine Verknüpfung der geschäftsbereichsbezogenen Ist-RORAC-Kennziffern mit der Ist-Eigenkapitalrentabilität nach Steuern auf Gesamtbankebene her! Aus dem Kennzahlenschema soll auch hervorgehen, inwieweit die Geschäftsbereiche das zugewiesene Risikolimit ausnutzen konnten! Interpretieren Sie kurz Ihre Ergebnisse!

   <u>Hinweis:</u> Die Berechnung des Risikokapitals (Value at Risk) erfolgt auf Basis des analytischen Grundmodells: $\text{VaR} = \text{RV} \cdot \left(e^{\text{STD} \cdot \text{Z-Wert}} - 1\right)$

Lösungsvorschlag zu Fallstudie 54:

zu 1.:

Unter dem Begriff **Risk Adjusted Profitability Measurement** (RAPM) sind Kennzahlen entwickelt worden, mit deren Hilfe eine risikoadjustierte Ergebnismessung durchgeführt werden kann. Zentrale Größen des RAPM-Instrumentariums stellen dabei die Kennziffern RORAC und RAROC dar.

Die Abkürzung **RORAC** steht für den Ausdruck **return on risk adjusted capital**. Im Kern geht es dabei um die Berechnung des Verhältnisses der Erträge eines Bankgeschäftes zum zugeordneten Risikokapital. Als Risikokapital bezeichnet man die Gesamtheit der Risikodekkungspotentiale, die mindestens vorgehalten werden muss, um selbst dann, wenn die vorab definierte Maximalbelastungssituation eintreten sollte, solvent zu bleiben.

Demgemäß ist zunächst der unter Berücksichtigung der direkt zurechenbaren Kosten zu erwirtschaftende Nettoerfolg einzelner Bankgeschäfte zu quantifizieren. Dieser Nettoerfolg entspricht der im Zähler der RORAC-Kennziffer einzusetzenden Größe, die anschließend ins Verhältnis zum zugeordneten, dem Risiko entsprechenden Risikokapital gesetzt wird. Daraus resultiert schlussendlich die Kennziffer RORAC

$$\text{RORAC} = \frac{\text{Nettoergebnis}}{\text{Risikokapital}}$$

Die Kennziffer **RAROC** hat im Zähler eine risikoadjustierte Ergebnisgröße, die aus der Differenz zwischen Ist-Nettoergebnis und der Ergebnisforderung resultiert. Im Nenner ist wiederum – wie bei der RORAC-Kennziffer – das Risikokapital eingesetzt.

$$\text{RAROC} = \frac{\text{Ist - Nettoergebnis} - \text{Ergebnisforderung}}{\text{Risikokapital}}$$

Damit erklärt die Kennziffer RAROC, welcher Beitrag nach Abzug der Ergebnisforderung als „Übergewinn" zum ökonomischen Gewinn durch das einzelne Geschäft bzw. den Geschäftsbereich geleistet wird, wobei das Risikokapital die Bezugsbasis für die absoluten Ergebnis-Größen bildet. Auf Gesamtbankebene gibt der RORAC den in Bezug auf das Risikokapital ausgedrückten ökonomischen Gewinn an.

Durch die folgende Umformung wird der Zusammenhang zwischen RORAC und RAROC deutlich:

$$\text{RAROC} = \frac{\text{Ist - Nettoergebnis}}{\text{Risikokapital}} - \frac{\text{Ergebnisforderung}}{\text{Risikokapital}}$$

$$= \text{Ist-RORAC} - \text{Ziel-RORAC}$$

zu 2.:

Durch die Berücksichtigung der Korrelationseffekte vermindert sich das Gesamtrisiko im Vergleich zur Addition der Einzelrisiken. Mit Hilfe der angegebenen Formel lässt sich die Korrelation bestimmen. Zur Berücksichtigung des Wunsches der Geschäftsleitung, nur 40 % der Risikodeckungsmassen zur Verfügung zu stellen, muss das maximale Risikodeckungspotential mit dem Faktor 40 % bzw. 0,4 multipliziert werden:

313,55 Mio. GE · 40 % = 125,42 Mio. GE

Aus der für die Verteilung des maximalen Gesamtlimits aufzustellenden Gleichung:

$$125{,}42 = \sqrt{110^2 + 22^2 + 2 \cdot KOR \cdot 110 \cdot 22}$$

folgt durch Umstellungen:

$$\frac{125{,}42^2 - 110^2 - 22^2}{2 \cdot 110 \cdot 22} = KOR = \mathbf{0{,}65}$$

Dieser Korrelationskoeffizient von 0,65 drückt aus, dass die Ergebnisentwicklung der beiden Geschäftsbereiche nicht vollständig gleichgerichtet verläuft. Teilweise gegenläufige Tendenzen erlauben es, den beiden Geschäftsbereichen Risikolimite zuzuordnen, die das Gesamtlimit in ihrer Summe übersteigen.

zu 3.:

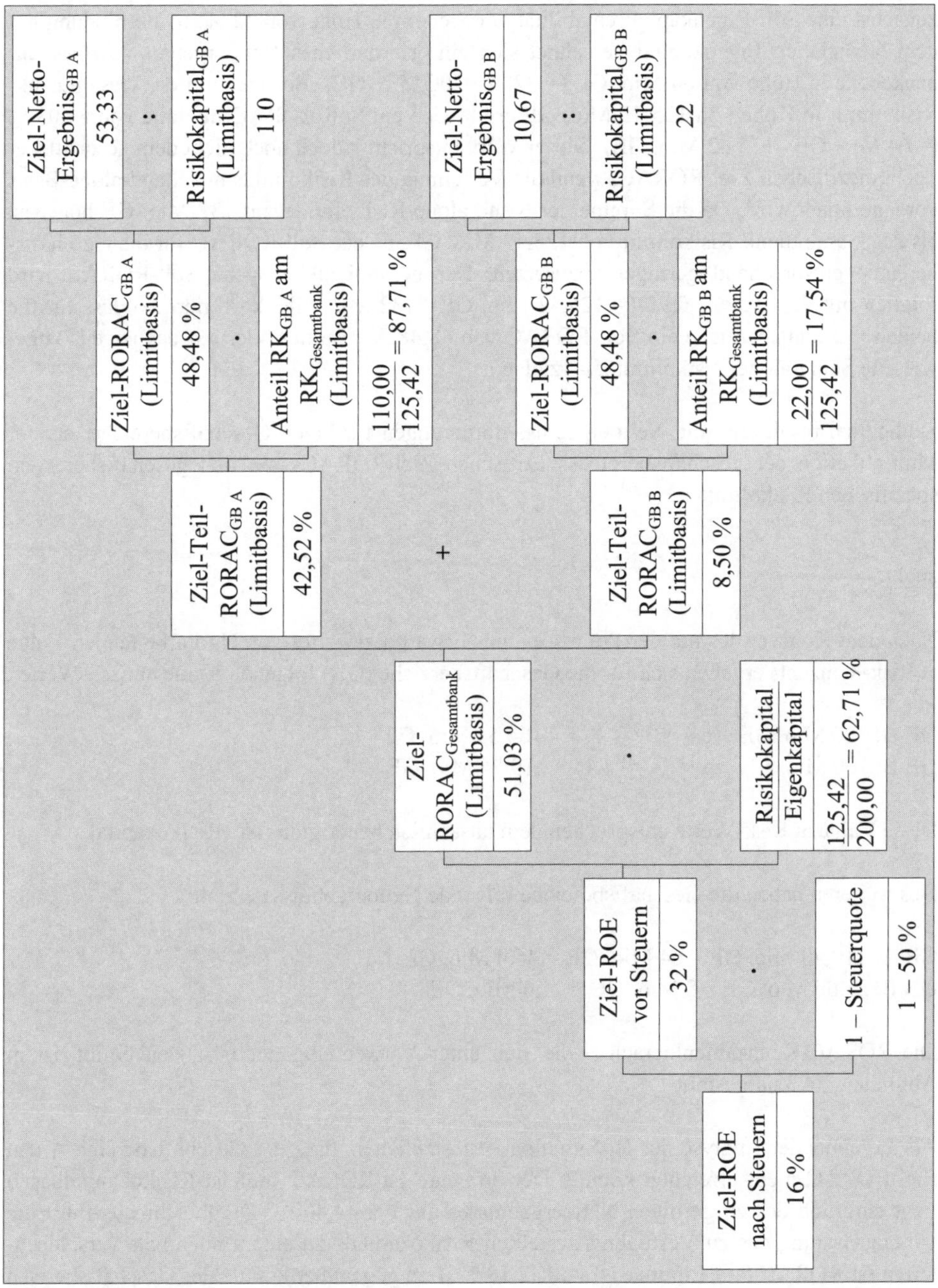

Abb. 54.2: Planungsschema der RORAC-Kennzahlenhierarchie (die Zahlen beruhen auf ungerundeten Zwischenergebnissen)

Mit Hilfe der gegebenen Daten ergibt sich die RORAC-Kennzahlenhierarchie wie in Abbildung 54.2 dargestellt. Aus der Soll-Eigenkapitalrentabilität nach Steuern von 16 % resultiert zunächst eine Soll-Eigenkapitalrentabilität vor Steuern in Höhe von 32 %. In Verbindung mit dem bilanziellen Eigenkapital berechnet sich ein erforderliches Nettoergebnis auf Gesamtbankebene in Höhe von 64 Mio. GE (= 32 % · 200 Mio. GE). Bezogen auf das Gesamtbank-Risikolimit in Höhe von 125,42 Mio. GE ergibt sich ein Soll-RORAC in Höhe von 51,03 % (= 64 Mio. GE / 125,42 Mio. GE). Dieser Wert entspricht jedoch noch nicht dem geschäftsbereichsspezifischen Ziel-RORAC, wenn die Verteilung des Risikolimits auf Stand-alone-Basis vorgenommen wird. Da die Summe der Stand-alone-Risikolimite mit 132 Mio. GE höher ist als das Gesamtbank-Risikolimit von 125,42 Mio. GE, ist der Soll-RORAC für die Geschäftsbereiche entsprechend geringer anzusetzen. Der gesamtbankbezogene Soll-RORAC wird folglich mit dem Faktor 0,95 (= 125,42 Mio. GE / 132 Mio. GE) korrigiert, so dass für die beiden Geschäftsbereiche ein Soll-RORAC von 48,48 % resultiert, der auf das jeweils zugewiesene Stand-alone-Risikolimit zu erzielen ist.

Schließlich resultieren die Nettoergebnisanforderungen für beide Geschäftsbereiche aus der Multiplikation der geschäftsbereichsspezifischen Ziel-RORACs mit den geschäftsbereichsspezifischen Risikolimiten.

zu 4.:

Nach dem Konzept des mit der Prämisse eines Erwartungswertes von Null arbeitenden Value at Risk-Konzepts ergeben sich für die Geschäftsbereiche (GB) folgende Value at Risk-Werte:

GB A: 800 Mio. GE · $(e^{7\,\% \cdot -2} - 1)$ = - 104,51 Mio. GE
GB B: 100 Mio. GE · $(e^{11\,\% \cdot -2} - 1)$ = - 19,75 Mio. GE

Diese Value at Risk-Werte entsprechen dem tatsächlich benötigten (Ist-)Risikokapital.

Des weiteren haben die Geschäftsbereiche folgende Nettoergebnisse erzielt:

GB A: 110,40 Mio. GE – 64 Mio. GE = 46,4 Mio. GE
GB B: 25,60 Mio. GE – 8 Mio. GE = 17,6 Mio. GE

Die RORAC-Kennzahlenhierachie, die sich unter Verwendung der Ist-Daten ergibt, ist in Abbildung 54.3 dargestellt.

Als Ergebnis der Analyse der Ist-Situation ist festzuhalten, dass der Geschäftsbereich A den Ziel-RORAC nicht erreichen konnte. Der erreichte Ist-RORAC (auf Ist-Risikokapitalbasis) liegt aufgrund des zu geringen Nettoergebnisses nur bei 44,40 %. Darüber hinaus führt die Unterauslastung des zu Verfügung gestellten Risikokapitals zu einem nochmals verschlechterten Ist-RORAC (auf Limitbasis) von 42,18 %. Demgegenüber konnte der Geschäftsbereich B einen Ist-RORAC (auf Ist-Risikokapitalbasis) in Höhe von 89,11 % erzielen. Durch die auch hier festzustellende Unterauslastung des zugewiesenen Risikolimits ergibt sich zwar ein Ist-RORAC (auf Limitbasis) von nur noch 80 %. Dieser Wert liegt aber deutlich über dem geforderten Ziel-RORAC von 48,48 %.

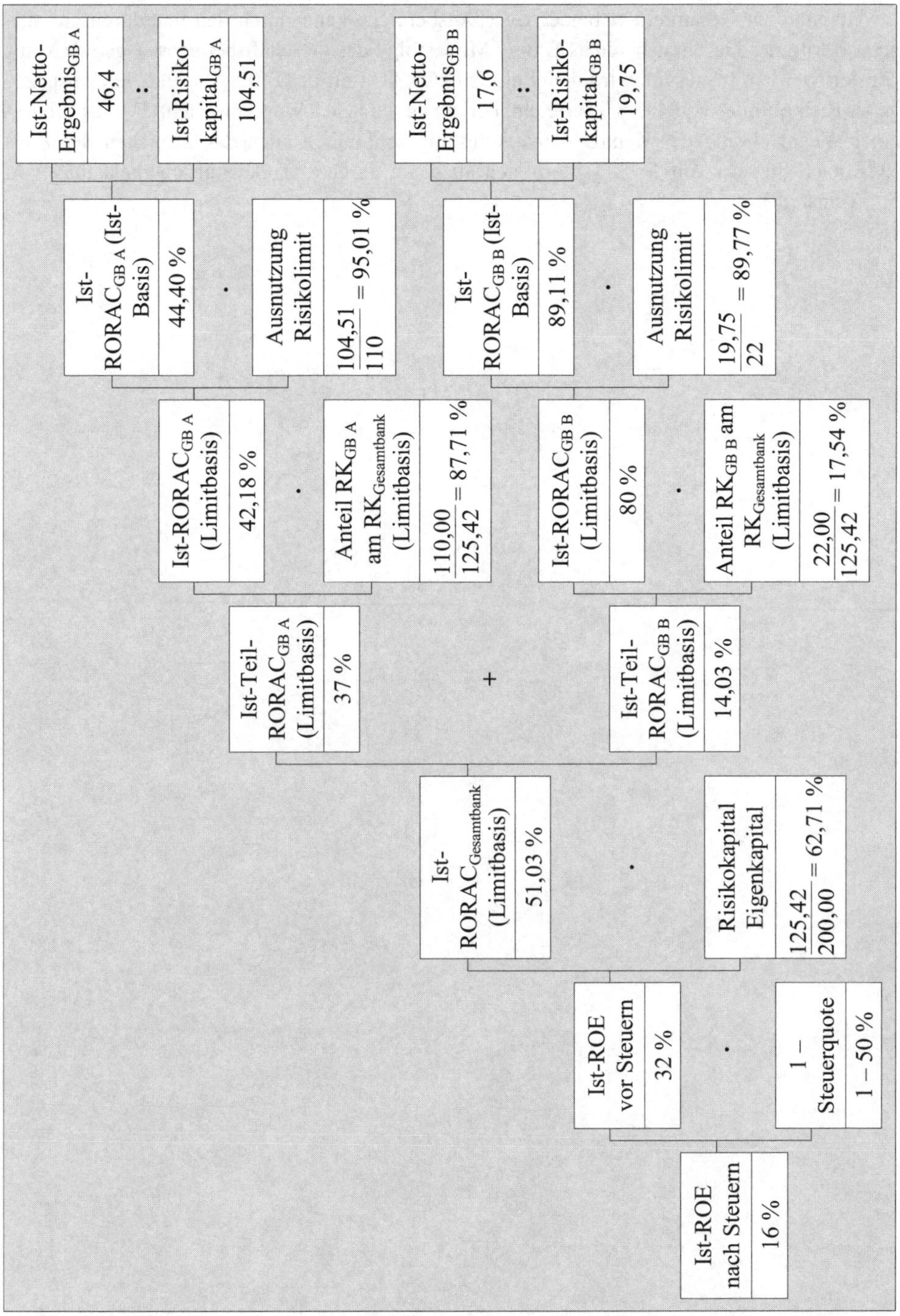

Abb. 54.3: Ist-RORAC-Kennzahlenhierarchie (die Zahlen beruhen auf ungerundeten Zwischenergebnissen)

Im kumulativen Gesamteffekt beider Geschäftsbereiche kann durch den überdurchschnittlichen Erfolg des Geschäftsbereichs B der „Misserfolg“ des Geschäftsbereichs A gerade kompensiert werden. Insgesamt wird damit ein Ist-RORAC (auf der Basis geschäftsbereichsbezogener Risikolimite) von 48,48 % erreicht, der genau dem Ziel-Wert entspricht. Daraus folgt in einer Weiterführung der Kennzahlenverknüpfung schließlich auch das Erreichen der Ziel-ROE nach Steuern von 16 % (sofern sich auch die geschätzte Gewinnsteuerbelastung von 50 % einstellt).

<u>Fallstudie 55:</u> **Konzept der Finanzbewirtschaftung bei der UBS**

Die Prozesse der Finanzbewirtschaftung der UBS sind auf die konzernweite, koordinierte Bewirtschaftung aller finanzbezogenen Risiken ausgerichtet. Group Treasury ist für die Bewirtschaftung dieser Risiken und damit für die effiziente Nutzung der finanziellen Ressourcen des Konzerns zuständig (Quelle: UBS Handbuch 2003/2004).

1. a) Welches ist das übergeordnete Ziel der Finanzbewirtschaftung bei der UBS?

   b) Welche Bereiche umfasst die Finanzbewirtschaftung?

   c) Skizzieren Sie die Ziele, die in den einzelnen Bereichen verfolgt werden!

2. a) Berechnen Sie beispielhaft für die Bewirtschaftung des Zinsänderungsrisikos die Zinssensitivität des Bankbuchs anhand der Basispoint Value-Methode für die CHF-Positionen und interpretieren Sie deren Aussagegehalt. Gehen Sie dabei von folgenden Daten aus:

	Innerhalb 1 Mt.	1 bis 3 Mte.	3 bis 12 Mte.	1 bis 5 Jahre	Über 5 Jahre
CHF	- 1.324.068	2.425.655	2.552.862	1.215.641	- 56.636
USD	1.569.370	2.367.135	123.790	- 976.203	- 357.395
EUR	–	366	10.977	220.448	321.876
GBP	–	–	- 402.888	763.424	1.095.569
JPY	–	–	–	- 2.125	- 7.274
Total	245.302	4.793.156	2.284.741	1.221.185	996.140

Abb. 55.1: Fiktive Marktwerte der Netto-Cash Flows nach Laufzeit und Währungen (in Tsd. CHF)

Für den Schweizer Geld- und Kapitalmarkt gelten folgende laufzeitspezifischen Zerobondrenditen:

Fristigkeit	Zerobondrenditen p.a.
Innerhalb 1 Mt.	3,4672 %
1 bis 3 Mte.	3,4610 %
3 bis 12 Mte.	3,3510 %
1 bis 5 Jahre	3,5511 %
Über 5 Jahre	3,9461 %

   b) Erläutern Sie kurz die Kennzahlen „Net interest income at risk“ und „Economic value sensitivity“!

3. Beschreiben Sie die Prozesse der Liquiditätsbewirtschaftung und der Finanzierung!

4. a) Erklären Sie, mit welcher Strategie sich das Umwandlungsrisiko aus bilanziellen Fremdwährungspositionen minimieren lässt!

   b) Erläutern Sie kurz den Währungstransformationsprozess bei der UBS und dessen Vorteile!

   c) Welche Mittel stehen der Bank zur Verfügung, um ein verbleibendes Restwährungsrisiko zu eliminieren?

5. Schildern Sie geschäftspolitische Maßnahmen im Rahmen der Eigenkapitalbewirtschaftung, die zur Maximierung des Shareholder Value beitragen!

6. a) Simulieren Sie die Wirkung eines Rückkaufs eigener Aktien mit anschließender Vernichtung. Die Motivation des Aktienrückkaufs besteht darin, nicht benötigte Liquidität (Annahme: Rentabilität = 0 %) an die Aktionäre zurückzuführen und über Gewinnverdichtung den Wert pro Aktie zu steigern. Erstellen Sie dazu eine vereinfachte Bilanz für die Situation vor und nach dem Aktienrückkauf und berechnen Sie gleichzeitig die Kennzahlenwerte für das erweiterte ROI-Schema – ausgehend von der Eigenkapitalrentabilität nach Steuern – bis zum Marktwert des Eigenkapitals!

   b) Stellen Sie für die Situation vor und nach dem Aktienrückkauf die berechneten Kennzahlen im erweiterten ROI-Schema übersichtlich dar und interpretieren Sie die Ergebnisse!

Dazu stehen Ihnen die folgenden Informationen zur Verfügung (vor Rückkauf):

Gezeichnetes Kapital:	4.443,80 Mio. CHF (= 444,38 Mio. Aktien à 10 CHF)
Reserven:	34.936,2 Mio. CHF
Kurs/Gewinn-Verhältnis:	14,30
Ø Eigenkapital	39.380 Mio. CHF
Ø Fremdkapital:	952.674 Mio. CHF
Gewinn (nach Steuern)	7.619 Mio. CHF

Gehen Sie von der Prämisse aus, dass 5 % der ausstehenden Aktien zurückgekauft werden, und das Kurs/Gewinn-Verhältnis konstant gehalten wird.

Lösungsvorschlag zu Fallstudie 55:

zu 1.a):

Das vorrangige Ziel der Finanzbewirtschaftung besteht darin, unter dem optimalen Einsatz der finanziellen Ressourcen den Shareholder Value zu maximieren.

zu 1.b):

Die Finanzbewirtschaftung bei der UBS AG umfasst folgende Bereiche:

- Bewirtschaftung des Zinsänderungsrisikos
- Liquiditätsbewirtschaftung und Finanzierung
- Bewirtschaftung des Währungsrisikos
- Eigenkapitalbewirtschaftung

zu 1.c):

Bewirtschaftung des Zinsänderungsrisikos:

Alle nicht handelsbezogenen Zinsrisiken werden an dem Ort erfasst, wo sie entstehen, und je nach **Laufzeit** und **Währung** der Transaktion entweder der **Group Treasury** oder dem **Cash and Collateral Trading (CCT)** zugewiesen. Deshalb sind nur diese Geschäftsbereiche berechtigt Zinsrisiken aktiv zu bewirtschaften. Bei Bedarf transferiert die Group Treasury einen Teil ihrer Risiken an das CCT, welches diese gegebenenfalls am Markt veräußern kann. Dadurch soll den Geschäftsbereichen (beispielsweise mithilfe der Marktzinsmethode) die Möglichkeit gegeben werden, eine vom Zinsänderungsrisiko unabhängige Marge erreichen zu können.

Liquiditätsbewirtschaftung und Finanzierung:

Die Liquiditätsbewirtschaftung muss sicherstellen, dass der Konzern jederzeit seinen Zahlungsverpflichtungen nachkommen kann. Dazu dient ein integriertes System, das alle innerhalb des Konzerns bekannten Cash Flows sowie die Verfügbarkeit erstklassiger Sicherheiten erfasst. Auf Basis dessen wird die Liquidität unter Einbezug von Szenarioanalysen und Stressfaktoren bewirtschaftet.

Die Group Treasury kann dadurch sämtliche Finanzierungstätigkeiten koordinieren, womit einerseits eine Finanzierung der Geschäftstätigkeit zu geringen Kosten angestrebt wird. Andererseits erreicht sie damit eine ausgewogene Diversifikation der Finanzierungsquellen und Verbindlichkeiten.

Bewirtschaftung des Währungsrisikos:

Die Aufgabe der Bewirtschaftung des Währungsrisikos besteht darin die Eigenmittel der UBS sowie die erwarteten zukünftigen Cash Flows vor ungünstigen Wechselkursschwankungen zu schützen. Dabei sind die folgenden übergeordneten Grundsätze zu beachten:

- Das Eigenkapital muss in Schweizer Franken investiert sein
- Die Konzeption der Prozesse zur Bewirtschaftung des Währungsrisiko sind darauf ausgerichtet, das Risiko gegenüber dem Schweizer Franken zu minimieren
- Große Risiken aus Fremdwährungspositionen werden aktiv bewirtschaftet und gegebenenfalls gegen ungünstige Wechselkursschwankungen immunisiert

Eigenkapitalbewirtschaftung:

Die Eigenkapitalbewirtschaftung soll einerseits eine solide Kapitalisierung und Kreditwürdigkeit sowie die Einhaltung regulatorischer Bestimmungen beinhalten und gleichzeitig den Shareholder Value maximieren. Andererseits ist permanent zu kontrollieren, ob die einzelnen Geschäftsbereiche über hinreichend Kapital verfügen. Im Falle eines Kapitalüberschusses soll dieses mittels innovativer Methoden an die Aktionäre zurückgeführt werden.

zu 2.a):

Die allgemeine Formel zur Ermittlung laufzeitspezifischer Basispoint Values lautet wie folgt:

$$BPV_t = t \cdot CF_t \cdot (1 + ZBR_t)^{-t-1} \cdot 1\,BP$$

mit: BPV_t = laufzeitspezifischer Basispoint Value; CF_t = Cash Flow (Rückfluss) im Zeitpunkt t; ZBR_t = laufzeitspezifische Zerobondrendite; t = Zeitindex; BP = Basispunkt

Für die Marktwerte der Netto-Cash Flows des Bankbuchs resultieren die folgenden laufzeitspezifischen Basispoint Values:

Dabei sind für die unterjährigen Marktwerte der Netto-Cash Flows zuerst die Zerobondrenditen p.a. auf 1 respektive 3 Monate zu transferieren.

$$(1 + 0{,}034672)^{\frac{1}{12}} - 1 = 0{,}2844\,\%$$

$$(1 + 0{,}034610)^{\frac{3}{12}} - 1 = 0{,}8542\,\%$$

$$BPV_{\text{innerhalb 1 Mt.}} = \frac{1}{12} \cdot (-1.324.068.000) \cdot (1 + 0{,}002844)^{-1\frac{1}{12}} \cdot 0{,}0001 = -11.000\ \text{CHF/BP}$$

$$BPV_{1\,bis\,3\,Mte.} = \frac{3}{12} \cdot 2.425.655.000 \cdot (1+0{,}008542)^{-1\frac{3}{12}} \cdot 0{,}0001 = 60.000\ CHF/BP$$

$$BPV_{3\,bis\,12\,Mte.} = 1 \cdot 2.552.862.000 \cdot (1+0{,}033510)^{-2} \cdot 0{,}0001 = 239.000\ CHF/BP$$

$$BPV_{1\,bis\,5\,Jahre} = 5 \cdot 1.215.641.000 \cdot (1+0{,}035511 \cdot)^{-6} \cdot 0{,}0001 = 493.000\ CHF/BP$$

$$BPV_{über\,5\,Jahre} = 10 \cdot (-56.636.000) \cdot (1+0{,}039461)^{-11} \cdot 0{,}0001 = -37.000\ CHF/BP$$

Interpretation:

Bei einer Zinssatzerhöhung der jeweiligen laufzeitspezifischen Zerobondrendite um 1 Basispunkt respektive 0,01 %, verändern sich die Marktwerte der CHF-Positionen um - 11.000 CHF, 60.000 CHF, 239.000 CHF, 493.000 CHF und -37.000 CHF.

zu 2.b):

Die Kennzahl **„Net interest income at risk"** misst die Veränderung des Zinsüberschusses, welcher sich auf Grund von Schwankungen der Zinssätze über die nächsten zwölf Monate ergibt. Die Kennzahl ist für eine kurzfristige Betrachtungsweise geeignet, da sie den Zinsanpassungseffekt aller fälligen Positionen über die nächsten zwölf Monate berücksichtigt.

Die **„Economic value sensitivity"** misst potentielle Schwankungen des Fair Value der Zinsrisikopositionen aufgrund von abrupten Änderungen des allgemeinen Zinsniveaus (Zinsschock). Sie lässt Aussagen über das langfristige Zinssatzrisiko zu, da sie den gegenwärtigen Wert aller zukünftigen Cash Flows berücksichtigt, die aus bestehenden Bilanzpositionen hervorgehen.

zu 3.:

Liquiditätsbewirtschaftung:

Eine Anzahl von Grundsätzen regeln die Festlegung von Limiten für Liquiditätsrisiken. Diese werden von der Konzernleitung festgelegt und vom Group Treasury Committee unter dem Vorsitz des Group Treasurer überwacht. Im Falle einer Liquiditätskrise ergreifen regionale Task Forces unter der Führung der verantwortlichen Geschäftsleitungen alle nötigen Notfallmaßnahmen.

Grundlage für die Liquiditätsbewirtschaftung bildet ein integriertes System, das alle bekannten Cash Flows innerhalb des Konzerns und die Verfügbarkeit erstklassiger Sicherheiten zur Absicherung einer allfälligen zusätzlichen Finanzierung aufzeigt. Die Liquidität wird unter Einbezug einer Reihe möglicher Szenarien und Stressfaktoren defensiv bewirtschaftet.

Finanzierung

Eine ausgeglichene Struktur der Passiven erreicht die UBS durch die Erschließung von Finanzierungsquellen, die nach Märkten, Produkten und Währungen diversifiziert sind.

zu 4.a):

Eine währungskongruente Refinanzierung aller Fremdwährungspositionen stellt sicher, dass Fremdwährungspositionen jederzeit ohne negative Währungseffekte veräußert werden können. Dieser Grundsatz gilt auch für ausländische Anlagen inklusive ausländischer Kapitalbeteiligungen. Mit der konsequenten Rückführung von ausländischen Dividenden und Eigenmitteln in Schweizer Franken wird sichergestellt, dass das Eigenkapital des Konzerns in Schweizer Franken angelegt ist.

zu 4.b):

Beim Währungstransformationsprozess werden die monatlichen Fremdwährungsgewinne oder Verluste aus den Originalwährungen regelmäßig am Monatsende direkt in Schweizer Franken umgetauscht. Die Fremdwährungspositionen sind jeweils zu aktuellen Monatsendkursen in Schweizer Franken umgerechnet. Diese Vorgehensweise weist folgende Vorteile auf:

- Verringerung der durch Währungsschwankungen bedingten Ertragsvolatilität
- Effizientere Bewirtschaftung des dem Kosten- und Ertrags-Fluss inhärenten Währungsrisikos durch die Aufgliederung nach Transaktionswährungen
- Verwendung identischer Devisenkurse sowohl für die Finanzrechnung, als auch für die Managementrechnung

zu 4.c):

Der Währungstransformationsprozess kann die Anfälligkeit der jährlichen Erträge bezüglich Währungsschwankungen reduzieren, aber nicht gänzlich vermeiden. Deshalb sichert die Group Treasury die Risiken aus den bedeutendsten Fremdwährungspositionen ab. Die Mittel dazu sind einerseits **Devisenterminkontrakte**, andererseits gelangen auch **Fremdwährungsoptionen** zur Anwendung (vgl. dazu auch Fallstudie 56).

zu 5.:

- **Rückkauf von eigenen Aktien:**

Durch einen Aktienrückkauf mit anschließender Vernichtung kann einer laufenden Zunahme des Kapitalüberschusses entgegengewirkt und überschüssige Liquidität an die Aktionäre zurückgeführt werden. Die Anzahl ausstehender Aktien reduziert sich, wodurch eine Gewinnverdichtung pro Aktie erfolgt.

- **Aktiensplit:**

Der Aktiensplit entspricht der Teilung einer Aktie in mehrere Aktien mit kleinerem Nennwert, wobei der Gesamtwert aller sich im Umlauf befindlichen Aktien nicht ändert. UBS nahm im Jahr 2000 einen Split ihrer Aktien im Verhältnis 2:1 vor. Der Nennwert reduzierte sich dabei von 20 CHF auf 10 CHF und die Anzahl Aktien verdoppelte sich auf 430,9 Mio. Stück. Ein weiterer Split im Verhältnis 3 : 1 wurde 2001 durchgeführt. Wie gezeigt ändert sich theoretisch der Marktwert des Eigenkapitals durch das Splitting nicht. Mit dieser Maßnahme kann hingegen ein liquiderer Aktienhandel erreicht werden, womit Marktwertsteigerungen verbunden sein können.

- **Kotierung an verschiedenen Börsenplätzen:**

Am 16. Mai 2000 erfolgte die Kotierung der UBS-Namenaktie an der New York Stock Exchange (NYSE). Durch die Kotierung will die UBS ihre finanzielle Flexibilität zur Wahrnehmung von Expansionschancen in den USA steigern. Diese wurde durch die Fusion der UBS mit Paine Webber Group Inc. im November 2000 bereits wahrgenommen. Die Hälfte des Übernahmepreises wurde in Form von Aktien geleistet.

- **Nennwertrückzahlung:**

Die Nennwertrückzahlung stellt eine steuergünstige Ausschüttungsalternative an die UBS-Aktionäre dar. Sie entspricht in der Schweiz einer Kapitalrückzahlung und unterliegt deshalb für Schweizer Anleger nicht der Einkommenssteuer. Für ausländische Anleger besteht der Vorteil darin, dass auf die Nennwertrückzahlung keine Verrechnungssteuer erhoben wird. Für die UBS ist diese Möglichkeit allerdings nach zwei erfolgten Nennwertrückzahlungen in den Jahren 2001 und 2002 bei einem heutigen Nennwert von 0,80 CHF pro Aktie praktisch ausgeschöpft.

zu 6.a):

Aus den gegebenen Informationen lässt sich die aus Abbildung 55.2 ersichtliche Bilanz vor dem Aktienrückkauf aufstellen.

Aktiva	(in Mio. CHF)			Passiva
Anlage- und Umlaufvermögen	992.054	Fremdkapital		952.674
		Eigenkapital		39.380
		• Aktienkapital	4.443,8	
		• Reserven	34.936,2	
Summe	992.054	Summe		992.054

Abb. 55.2: Bilanz vor Aktienrückkauf

Die folgende Berechnung der für das ROI-Schema relevanten Kennzahlen beruht jeweils auf ungerundeten Zwischenergebnissen.

Eigenkapital pro Aktie

$$= \frac{\text{Ø Eigenkapital}}{\text{Anzahl Aktien}} = \frac{39.380 \text{ Mio. CHF}}{444{,}380 \text{ Mio.}} = 88{,}62 \text{ CHF}$$

Eigenkapitalrentabilität (n. St.)

$$= \frac{\text{Gewinn (n. St.)}}{\text{Ø Eigenkapital}} = \frac{7.619 \text{ Mio. CHF}}{39.380 \text{ Mio. CHF}} = 19{,}35\ \%$$

Gewinn pro Aktie

$$= \text{Eigenkapital pro Aktie} \cdot \text{Eigenkapitalrentabilität (n. St.)} = 88{,}62 \text{ CHF} \cdot 19{,}35\ \% = 17{,}15 \text{ CHF}$$

Kurs pro Aktie

$$= \text{Gewinn pro Aktie} \cdot \text{Kurs/Gewinn-Verhältnis} = 17{,}15 \text{ CHF} \cdot 14{,}30 = 245{,}20 \text{ CHF}$$

Marktwert des Eigenkapitals

$$= \text{Kurs pro Aktie} \cdot \text{Anzahl Aktien} = 245{,}20 \text{ CHF} \cdot 444{,}380 \text{ Mio.} = 108.951{,}7 \text{ Mio. CHF}$$

Gesamthaft sind 5 % der ausstehenden Aktien zu einem Kurs von 245,20 CHF zurückzukaufen. Diese werden anschließend durch Kapitalherabsetzung vernichtet, wodurch sich das Aktienkapital auf 4.221,61 Mio. CHF (= 4.443,8 Mio. CHF · (1 – 0,05)) verringert. Der gesamte Aktienrückkauf weist einen ungerundeten Gesamtbetrag von 5.447,585 Mio. CHF (= 22,219 Mio. Aktien · 245,20 CHF) auf. Die Reserven nehmen um 5.225,395 Mio. CHF (= 5.447,585 Mio. CHF – 222,19 Mio. CHF) ab, was dem Aktienrückkaufsbetrag nach Berücksichtigung der Kapitalherabsetzung entspricht. Die Reserven betragen nach dem Aktienrückkauf noch 29.710,805 Mio. CHF. Aus der folgenden Abbildung 55.3 ist die Bilanzsituation nach dem Aktienrückkauf ersichtlich.

Aktiva	(in Mio. CHF)			Passiva
Anlage- und Umlaufvermögen	986.606,415	Fremdkapital		952.674,000
		Eigenkapital		33.932,415
		• Aktienkapital	4.221,610	
		• Reserven	29.710,805	
Summe	986.606,415	Summe		986.606,415

Abb. 55.3: Bilanz nach Aktienrückkauf

Im folgenden sind die ROI-Kennzahlen für die Situation nach Aktienrückkauf zu berechnen, welche wiederum auf ungerundeten Zwischenergebnissen beruhen.

Eigenkapital pro Aktie

$$= \frac{\text{Ø Eigenkapital}}{\text{Anzahl Aktien}} = \frac{33.932{,}415 \text{ Mio. CHF}}{422{,}161 \text{ Mio.}} = 80{,}38 \text{ CHF}$$

Eigenkapitalrentabilität (n. St.)

$$= \frac{\text{Gewinn (n. St.)}}{\text{Ø Eigenkapital}} = \frac{7.619 \text{ Mio. CHF}}{33.932{,}415 \text{ Mio. CHF}} = 22{,}45\ \%$$

Gewinn pro Aktie

= Eigenkapital pro Aktie · Eigenkapitalrentabilität (n. St.) = 80,38 CHF · 22,45 % = 18,05 CHF

Kurs pro Aktie

= Gewinn pro Aktie · Kurs/Gewinn-Verhältnis = 18,05 CHF · 14,30 = 258,08 CHF

Marktwert des Eigenkapitals

= Kurs pro Aktie · Anzahl Aktien = 258,08 CHF · 422,161 Mio. = 108.951,7 Mio. CHF

<u>zu 6.b):</u>

In der nachfolgenden Abbildung 55.4 werden die zuvor berechneten Kennzahlenwerte einander gegenübergestellt.

Interpretation:

Durch den Kennzahlenvergleich für die Situation vor und nach dem Aktienrückkauf können folgende Konklusionen gemacht werden.

1. Das Eigenkapital pro Aktie sinkt, weil der Rückkaufkurs größer als der Buchwert des Eigenkapitals pro Aktie ist. Im umgekehrten Fall würde das Eigenkapital pro Aktie steigen.

2. Die Eigenkapitalrentabilität steigt verursacht durch den positiven Leverage-Effekt was zu einer Erhöhung des Verschuldungsgrades führt.

3. Der Gewinn pro Aktie steigt, weil der positive Leverage-Effekt von 2. den negativen Effekt von 1. überkompensiert.

4. Bei konstantem Kurs/Gewinn-Verhältnis steigt folglich der Marktwert pro Aktie, was aber auf den gesamten Marktwert des Eigenkapitals aufgrund der sinkenden Aktienanzahl keine Auswirkungen hat.

5. Der Marktwert des Aktienkapitals kann nur steigen, wenn das Kurs/Gewinn-Verhältnis durch den Aktienrückkauf steigt (möglich durch steigenden Kaufdruck, durch „Marktpsychologie" bei Ankündigung von Rückkäufen etc.). Modelltheoretisch könnte das Kurs/Gewinn-Verhältnis aufgrund des höheren Leverage-Risikos auch sinken. Im Grenzfall kann dies den gestiegenen Gewinn pro Aktie überkompensieren, so dass der Marktwert sogar sinken würde.

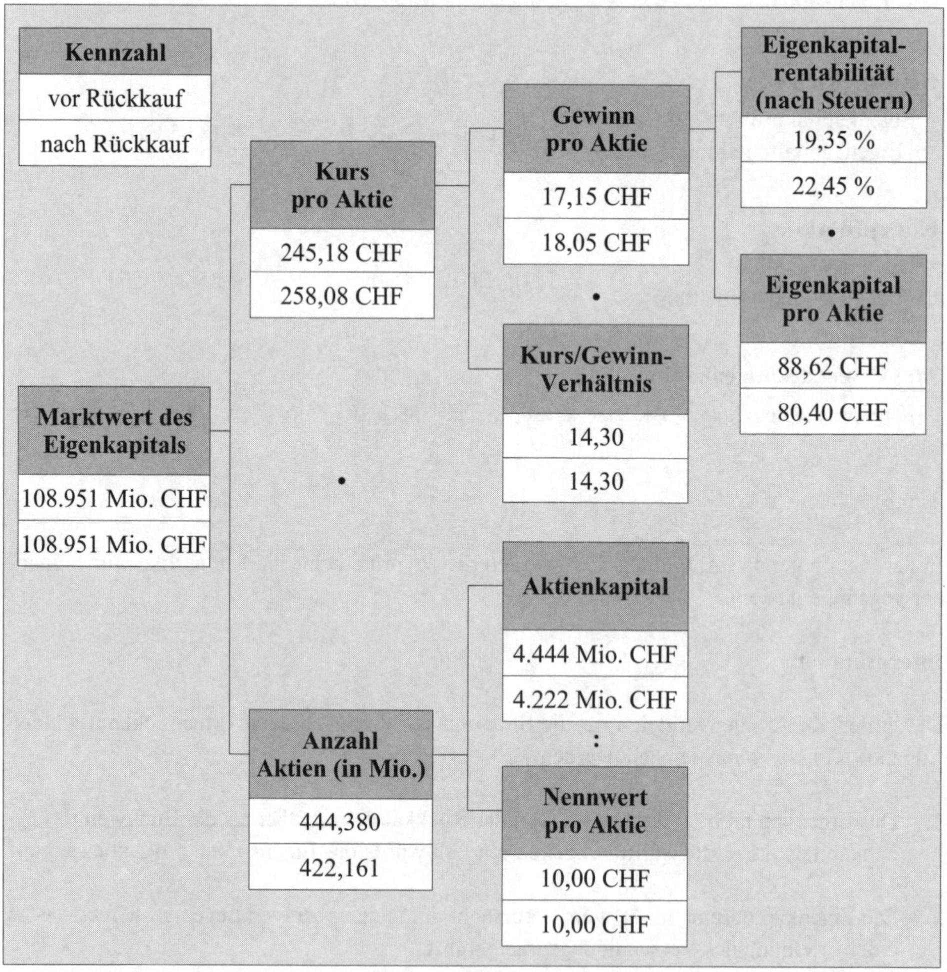

Abb. 55.4: Kennzahlenvergleich vor und nach dem Aktienrückkauf

Fallstudie 56: **Determinanten des Währungsrisikos**

Die Geschäftsleitung der Privatbank Neue Horizonte mit Sitz in Deutschland möchte ihrem Namen gerecht werden und eine neue Kompetenz in Geschäften mit Fremdwährung aufbauen. Dazu stellt sie einen neuen Mitarbeiter Herrn Pound ein, welcher über die notwendige Erfahrung für diesen Bereich verfügt. Er wird von der Geschäftsleitung gebeten, die Grundlagen des Devisenhandelsgeschäfts und dessen Risiken respektive Möglichkeiten zur Absicherung derselben in einem Vortrag darzustellen. Versetzen Sie sich in die Lage von Herrn Pound und beantworten Sie die folgenden Fragen.

1. Welche Instrumente im Devisenhandelsgeschäft kennen Sie? Ordnen Sie diese dem Devisenkassahandel und Devisenterminhandel zu!

Um das Verständnis für die Risiken im Devisenhandelsgeschäft zu fördern, hat Herr Pound ein Beispiel mit fiktiven Zahlenwerten für die Geschäftsleitung vorbereitet. Es sei angenommen, dass die Bank eine Forderung per 01.12.06 über 25.000.000 GBP habe und eine Verbindlichkeit per 01.12.07 über 40.000.000 GBP eingegangen sei. Der Kassakurs soll im Beispiel für den Betrachtungszeitpunkt, den 01.12.05, 2 EUR/GBP betragen.

Die Zinsen am GKM in in- und ausländischer Währung sind in Abbildung 56.1 dargestellt:

	GKM-Sätze für jeweilige Fristigkeit	
Währung	1 Jahr	2 Jahre
EUR	3,20 %	3,40 %
GBP	5,50 %	5,65 %

Abb. 56.1: Zinsstrukturen in den verschiedenen Währungen

2. a) Worin besteht das Risiko für die Bank bei den zwei obigen Positionen?

   b) Wie hoch wäre der ein- beziehungsweise zweijährige arbitragefreie Terminkurs für den EUR/GBP Wechselkurs? Berechnen Sie die Terminkurse ausgehend von oben genannter Forderung respektive Verbindlichkeit über die Konstruktion von Geld- und Kapitalmarkttranchen!

   c) Ermitteln Sie den Swapsatz [1;2]!

   d) Zeigen Sie, wie das Risiko der beiden Positionen aus der Kombination eines Outright Forwards und eines Devisenswaps immunisiert werden kann!

Die Geschäftsleitung ist mit der Präsentation von Herrn Pound bis jetzt sehr zufrieden. Allerdings interessiert sich die Geschäftsleitung zusätzlich für derivative Instrumente. Deshalb zeigt Herr Pound an einem zweiten Beispiel das Prinzip des Hedgings mittels Devisenfutures und Devisenoptionen. Dabei sei von einer Longposition in Höhe von 2 Mio. GBP ausgegangen, die am 01.12.05 bei einem Kassakurs von 2 EUR/GBP einem Gegenwert von 4 Mio. EUR entspricht und bis zum 01.02.06 abgesichert werden soll!

Da diese Position bei sinkendem Kassakurs einen (kalkulatorischen) Bewertungsverlust erleidet, sollen Sie sich wiederum in die Lage von Herrn Pound versetzen und der Geschäftsleitung in einem ersten Schritt die Funktion von Futures erklären. Dabei gehen Sie bei Ihren Berechnungen von einem (diskreten) Zinssatz bis zur Futuresfälligkeit von 3,2 % p.a. für den EUR und 5,4 % p.a. für das GBP aus.

Die GBP/EUR-Devisenfutures-Kontrakte sind wie folgt charakterisiert:

- Kontraktfälligkeit: 20.03.06
- Kontraktvolumen: 50.000 GBP
- Tick value: 5 EUR (1 Tick = 0,0001 EUR/GBP)

3. a) Wie viele GBP/EUR-Devisenfutures-Kontrakte müssen abgeschlossen werden, wenn das Nominalwertprinzip zur Anwendung kommt? Muss eine Long- oder eine Shortposition eingegangen werden?

Gehen Sie davon aus, dass am 01.02.06 der Zinssatz im Euroraum auf 3,22 % und jener in Großbritannien auf 5,43 % angestiegen ist. Der Wechselkurs hat sich von 2 EUR/GBP auf 1,9 EUR/GBP verringert.

b) Wie hoch ist der Gewinn respektive Verlust in der Kassa- und Futuresposition bei den entsprechenden Veränderungen? Wenden Sie für die Berechnungen wiederum das Nominalwertprinzip an!

Zum Abschluss soll der Geschäftsleitung anhand des Beispiels aus Teilaufgabe 3 die Absicherung mit Hilfe von Devisenoptionen präsentiert werden.

Die zusätzlichen Angaben bezüglich der GBP/EUR-Devisenoption sind wie folgt gegeben:

- Kontraktfälligkeit: 20.03.06
- Kontraktvolumen: 50.000 GBP
- Tick value: 5 EUR

Der Ausübungspreis liege bei 2,1 EUR/GBP und die annualisierte Standardabweichung der stetigen Kassakursveränderungen betrage 11 %.

4. a) Berechnen Sie den Preis der Put-Option am 01.12.05!

Verwenden Sie dafür die folgende Optionspreisformel:

$$P = E \cdot e^{(-r_d \cdot t)} N(-d_2) - S \cdot e^{(-r_f \cdot t)} N(-d_1)$$

$$d_1 = \frac{\ln\left(\frac{S}{E}\right) + \left(r_d - r_f + \frac{STD^2}{2}\right) \cdot t}{STD \cdot \sqrt{t}} \quad \text{und} \quad d_2 = d_1 - STD \cdot \sqrt{t}$$

mit: P = Wert der Put-Option; E = Ausübungspreis; S = Devisenkassakurs; r_f = ausländische stetige Rendite bis zur Optionsfälligkeit; r_d = inländische stetige Rendite bis zur Optionsfälligkeit; t = Restlaufzeit der Option als Jahresbruchteil; STD = annualisierte Standardabweichung logarithmierter Kassakursveränderungen; N(...) = Wahrscheinlichkeitswert der kumulierten Standardnormalverteilung

Hinweis: Im Anschluss an die Aufgabenstellung ist ein Ausschnitt aus einer Standardnormalverteilungstabelle angehängt (vgl. Abbildung 56.2)!

b) Welche Kontrakt-Anzahl wird für einen delta-neutralen Fixed-Hedge benötigt?

Hinweis: Das Delta einer Put-Devisenoption berechnet sich wie folgt:

$$\frac{\delta P}{\delta S} = e^{-r_f \cdot t} \cdot \left(N(d_1) - 1\right)$$

c) Wie hoch ist der Gewinn/Verlust bei einem delta-neutralen Fix-Hedge, wenn sich die Zinsen und der Wechselkurs gemäß Teilaufgabe 3 verändern?

	2. Nachkommastelle des Z-Wertes									
Z	0	1	2	3	4	5	6	7	8	9
0,8	0,7881	0,7910	0,7939	0,7967	0,7995	0,8023	0,8051	0,8078	0,8106	0,8133
0,9	0,8159	0,8186	0,8212	0,8238	0,8264	0,8289	0,8315	0,8340	0,8365	0,8389
1,0	0,8413	0,8438	0,8461	0,8485	0,8508	0,8531	0,8554	0,8577	0,8599	0,8621
1,1	0,8643	0,8665	0,8686	0,8708	0,8729	0,8749	0,8770	0,8790	0,8810	0,8830
1,2	0,8849	0,8869	0,8888	0,8907	0,8925	0,8944	0,8962	0,8980	0,8997	0,9015
1,3	0,9032	0,9049	0,9066	0,9082	0,9099	0,9115	0,9131	0,9147	0,9162	0,9177
1,4	0,9192	0,9207	0,9222	0,9236	0,9251	0,9265	0,9279	0,9292	0,9306	0,9319
1,5	0,9332	0,9345	0,9357	0,9370	0,9382	0,9394	0,9406	0,9418	0,9429	0,9441
1,6	0,9452	0,9463	0,9474	0,9484	0,9495	0,9505	0,9515	0,9525	0,9535	0,9545
1,7	0,9554	0,9564	0,9573	0,9582	0,9591	0,9599	0,9608	0,9616	0,9625	0,9633
1,8	0,9641	0,9649	0,9656	0,9664	0,9671	0,9678	0,9686	0,9693	0,9699	0,9706
1,9	0,9713	0,9719	0,9726	0,9732	0,9738	0,9744	0,9750	0,9756	0,9761	0,9767
2,0	0,9772	0,9778	0,9783	0,9788	0,9793	0,9798	0,9803	0,9808	0,9812	0,9817
2,1	0,9821	0,9826	0,9830	0,9834	0,9838	0,9842	0,9846	0,9850	0,9854	0,9857
2,2	0,9861	0,9864	0,9868	0,9871	0,9875	0,9878	0,9881	0,9884	0,9887	0,9890
2,3	0,9893	0,9896	0,9898	0,9901	0,9904	0,9906	0,9909	0,9911	0,9913	0,9916
2,4	0,9918	0,9920	0,9922	0,9925	0,9927	0,9929	0,9931	0,9932	0,9934	0,9936
2,5	0,9938	0,9940	0,9941	0,9943	0,9945	0,9946	0,9948	0,9949	0,9951	0,9952

Abb. 56.2: Standardnormalverteilung – Verteilungsfunktion ($F_N(-z) = 1 - F_N(z)$)

Lösungsvorschlag zu Fallstudie 56:

zu 1.:

Der Handel an den internationalen Devisenmärkten findet in zwei Hauptsegmenten statt, dem Devisenkassa- und dem Devisenterminhandel (vgl. Abb. 56.3).

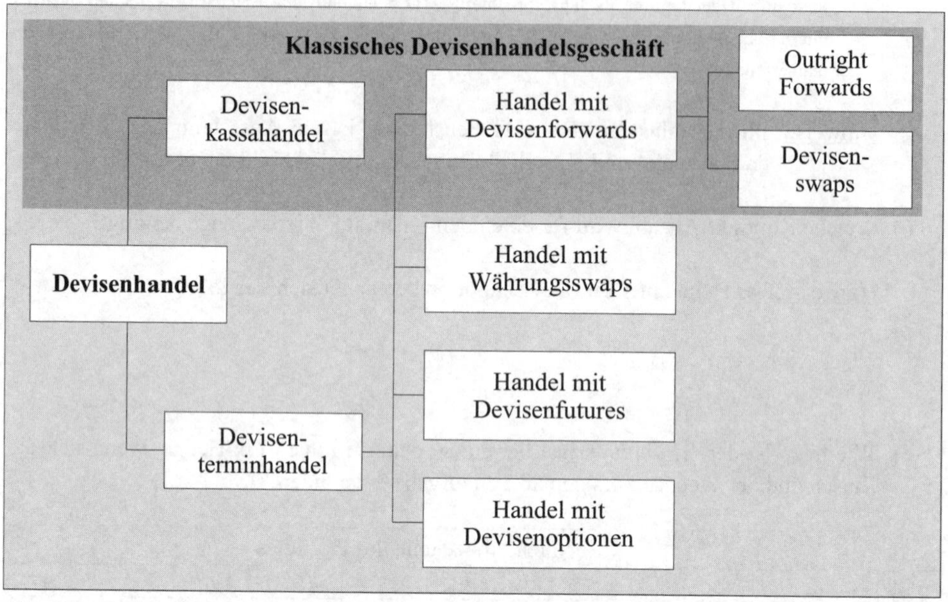

Abb. 56.3: Struktur des Devisenhandelsgeschäftes

Im Devisenterminhandel lassen sich die Segmente Devisenforward-, Währungsswap-, Devisenfutures- und Devisenoptionshandel unterscheiden. Zusammen mit dem Devisenkassahandel bildet der Devisenforwardhandel mit seinen Teilsegmenten Outright- und Devisenswaphandel das, was im klassischen Sinn allgemein unter dem Begriff des Devisenhandels subsumiert wird.

zu 2.a):

Das Risiko der Forderung liegt in einem sinkenden Terminkurs über ein Jahr, während das Risiko der Verbindlichkeit entsprechend in einem steigenden zweijährigen Terminkurs liegt.

zu 2.b):

Die Berechnung des einjährigen arbitragefreien Terminkurses erfolgt in einem ersten Schritt anhand einer einjährigen Geldanlage über 23.696.682,46 GBP zu 5,5 %, damit ein Cash-Out-Flow in t = 1 über 25 Mio. GBP resultiert. Diese Geldanlage wird finanziert, indem 47.393.364,93 EUR (= 2 EUR/GBP · 23.696.682,46) aufgenommen und in GBP getauscht werden. Die Geldaufnahme wiederum wird in t = 1 zurückbezahlt, wobei zusätzlich ein Zinssatz von 3,2 % berücksichtigt werden muss (vgl. Abbildung 56.4). Der Terminkurs wird nun durch die Division der beiden absoluten Netto-Cash Flows berechnet und es ergibt sich:

	in GBP	
Zeitpunkt	t = 0	t = 1
Geldanlage zu 5,5 % (1 J.)	- 23.696.682,46	25.000.000,00
Kassageschäft zu 2 EUR/GBP	23.696.682,46	0,00
Netto-Cash Flows	0,00	25.000.000,00
	in EUR	
Zeitpunkt	t = 0	t = 1
Kassageschäft zu 2 EUR/GBP	- 47.393.364,93	
Geldaufnahme zu 3,2 % (1 J.)	47.393.364,93	- 48.909.952,61
Netto-Cash Flows	0,00	- 48.909.952,61

Abb. 56.4: Konstruktion eines 1-Jahres Outright-Geschäfts anhand von Geld- und Kapitalmarktgeschäften

Damit ergibt ein **Terminkurs** in Höhe von **1,9564 EUR/GBP** (48.909.952,61 EUR / 25.000.000,00 GBP).

Der zweijährige arbitragefreie Terminkurs wird nach dem gleichen Prinzip konstruiert. Dazu müssen die Geld- und Kapitalmarktgeschäfte so konstruiert werden, dass als Saldo jeweils nur noch ein Netto-Cash Flow in EUR und GBP in t = 2 resultiert. Dazu werden 37.860.861,33 GBP aufgenommen, welche sich in t = 2 inklusive Zinsen auf 40 Mio. GBP belaufen. Des weiteren ist durch eine GKM-Anlage die Zahlung in t = 1 glattzustellen. Die aus den beiden GKM-Geschäften resultierende Nettoeinzahlung von 35.833.241,74 GBP ist durch einen entsprechenden Kassaverkauf gegen GBP zu neutralisieren. Es sind somit zwei Einzeltransaktionen nötig, um die Auszahlung von - 40.000.000 GBP in t = 2 zu replizieren. Die resultierende Nettoeinzahlung in Höhe von 35.833.241,74 GBP wird durch einen Kassakauf EUR gegen GBP zu einem Kassakurs von 2 EUR/GBP kompensiert (vgl. Abbildung 56.5).

	in GBP		
Zeitpunkt	t = 0	t = 1	t = 2
Geldaufnahme zu 5,65 % (2 J.)	37.860.861,33	- 2.139.138,67	- 40.000.000,00
Geldanlage zu 5,5 % (1 J.)	- 2.027.619,59	2.139.138,67	
Saldo aus GKM-Geschäften	35.833.241,74	0,00	- 40.000.000,00
Kassageschäft zu 2 EUR/GBP	**- 35.833.241,74**		
Netto-Cash Flows	0,00	0,00	- 40.000.000,00

	in EUR		
Zeitpunkt	t = 0	t = 1	t = 2
Kassageschäft zu 2 EUR/GBP	**71.666.483,48**		

Abb. 56.5: Konstruktion eines 2-Jahres Outright-Geschäfts anhand von Geld- und Kapitalmarktgeschäften

Netto müssen die 71.666.483,48 EUR (= 2 EUR/GBP · 35.833.241,74 GBP) mit Hilfe von Geld- und Kapitalmarktgeschäften so angelegt werden, dass in t = 2 eine Auszahlung erfolgt, ohne dass zwischenzeitliche Zahlungen anfallen. Dazu benötigt es wiederum eine Geldanlage und eine Geldaufnahme, um die Zinszahlung in t = 1 zu kompensieren. In Abbildung 56.6 wird die Geldanlage mit - x bezeichnet. Diese wirft in t = 1 0,034 · x Zinsen ab und zahlt 1,034 · x (Zinsen und Tilgung) in t = 2 aus. Die Zinszahlung nach einem Jahr wird mit einer einjährigen Geldaufnahme über 0,034 / 1,032 · x ausgeglichen.

	in EUR		
Zeitpunkt	t = 0	t = 1	t = 2
Kassageschäft zu 2 EUR/GBP	71.666.483,48		
Geldanlage zu 3,4 % (2 J.)	**- x**	0,034 · x	1,034 · x
Geldaufnahme zu 3,2 % (1 J.)	**(0,034 / 1,032) · x**	- 0,034 · x	
Saldo aus GKM-Geschäften	**- 71.666.483,48**	0,00	x
Netto-Cash Flows	0,00	0,00	x

Abb. 56.6: Ermittlung der Geldanlage und Geldaufnahme

Die Summe aus der Geldanlage und der Geldaufnahme in t = 0 muss genau den 71.666.483,48 EUR entsprechen, weshalb folgende Gleichung gilt:

$$\frac{0{,}034}{1{,}032} \cdot x - x = -\,71.666.483{,}48 \text{ EUR}$$

Aufgelöst nach x ergibt sich folgende Gleichung:

$$x = \frac{-\,71.666.483{,}48 \text{ EUR}}{\left(\frac{0{,}034}{1{,}032} - 1\right)} = 74.108.027{,}01 \text{ EUR}$$

Entsprechend müssen 74.108.027,01 EUR aufgenommen werden, um in t = 2 auf die Zahlung von 76.627.699,93 EUR zu kommen (vgl. Abb. 56.7).

	in EUR		
Zeitpunkt	t = 0	t = 1	t = 2
Kassageschäft zu 2 EUR/GBP	71.666.483,48		
Geldanlage zu 3,4 % (2 J.)	- 74.108.027,01	2.519.672,92	76.627.699,93
Geldaufnahme zu 3,2 % (1 J.)	2.441.543,53	- 2.519.672,92	
Saldo aus GKM-Geschäften	- 71.666.483,48	0,00	76.627.699,93
Netto-Cash Flows	0,00	0,00	**76.627.699,93**

Abb. 56.7: Berechnung des Netto-Cash Flows in EUR

Es ist ersichtlich, dass die 40.000.000 GBP in t = 2 den 76.627.699,93 EUR in t = 2 entsprechen, da die oben aufgeführten Geschäfte getätigt werden könnten, welche in der Summe als einzige Ein- und Auszahlung die genannten Beträge ergeben. Aus diesen beiden Größen lässt sich der **Terminkurs** in Höhe von **1,9157 EUR/GBP** (76.627.699,93 EUR / 40.000.000,00 GBP) ableiten.

zu 2.c):

Der Swapsatz [1;2] kann entweder direkt über die Terminkurse oder im Sinne eines impliziten Swapsatzes als Differenz zwischen dem Swapsatz [0;2] und dem Swapsatz [0;1] berechnet werden (vgl. Abb. 56.8).

Swapsatz [0;1]	1,9564 EUR/GBP – 2,0000 EUR/GBP = - 0,0436 EUR/GBP
Swapsatz [0;2]	1,9157 EUR/GBP – 2,0000 EUR/GBP = - 0,0843 EUR/GBP
Impliziter Swapsatz [1;2]	1,9157 EUR/GBP – 1,9564 EUR/GBP = **- 0,0407 EUR/GBP**

Abb. 56.8: Berechnung des Swapsatzes [1;2]

zu 2.d):

Die beiden Positionen werden so immunisiert, dass der Forderung in t = 1 eine Verbindlichkeit zum selben Zeitpunkt und der Verbindlichkeit in t = 2 eine Forderung in t = 2 gegenübersteht. Es existieren zwei unterschiedliche Möglichkeiten, welche eine solche Immunisierung anhand eines Outright Forwards und eines Devisenswaps bewerkstelligen. Die erste Möglichkeit besteht darin, zum einen ein Outright Forward über eine Forderung in Höhe von 15 Mio. GBP und eine Verbindlichkeit in Höhe von 29,346 Mio. EUR (15 Mio. GBP · 1,9564 EUR/GBP) abzuschließen und zum anderen ein sell-and-buy-Devisenswap [1;2] über 40 Mio. GBP einzugehen. Bei diesem verpflichtet sich die Bank 40 Mio. GBP in t = 1 gegen 78,256 EUR (40 Mio. GBP · 1,9564 EUR/GBP) zu tauschen und 76,628 Mio. EUR (40 Mio. GBP · 1,9157 EUR/GBP) in t = 2 gegen 40 Mio. GBP wieder zurückzutauschen. In Abbildung 56.9 sind die beiden Möglichkeiten der Immunisierung dargestellt. Dabei wird ersichtlich, dass die Ausgangssituation jeweils genau kompensiert wird.

	t = 0	t = 1	t = 2
Ausgangssituation	0 GBP	25.000.000 GBP	- 40.000.000 GBP
1. Möglichkeit			
Outright Forward		15.000.000 GBP	
Devisenswap		- 40.000.000 GBP	40.000.000 GBP
2. Möglichkeit			
Outright Forward			15.000.000 GBP
Devisenswap		- 25.000.000 GBP	25.000.000 GBP

Abb. 56.9: Immunisierung des Währungsrisikos

zu 3.a):

Die Kontraktanzahl berechnet sich nach dem Nominalwertprinzip wie folgt:

$$\text{Kontraktanzahl} = \frac{\text{Nominalwert der Kassaposition}}{\text{Kontraktvolumen des Devisenfutures}} = \frac{2.000.000\ \text{GBP}}{50.000\ \text{GBP}} = \mathbf{40}$$

Um die Position gegen einen Anstieg des Wechselkurses abzusichern, muss eine Shortposition in die Futures eingegangen werden.

zu 3.b):

Unterstellt man eine konstante Futures-Basis (zinsbedingte Differenz zwischen Terminkurs und Kassakurs), so sind am 01.12.05 40 März-02-Kontrakte zu kaufen. Der entsprechende Terminkurs beträgt bei einem EUR-Zins von 3,2 % und einem USD-Zins von 5,4 %:

$$\text{TK} = \frac{\left((1+0{,}032)\cdot\frac{110}{360}\right)}{\left((1+0{,}054)\cdot\frac{110}{360}\right)} \cdot 2\frac{\text{EUR}}{\text{GBP}} = 1{,}9583\frac{\text{EUR}}{\text{GBP}}$$

Am 01.02.06 soll der aktuelle Kassakurs auf 1,9 EUR/GBP gefallen sein. Dies führt in der Kassaposition zu einem Verlust in Höhe von **- 200.000 EUR** (= (1,9 EUR/GBP – 2 EUR/GBP) · 2 Mio. GBP). Um die Wertveränderung der Futuresposition vom 01.12.05 bis zum 01.02.06 bestimmen zu können, ist wiederum der Terminkurs auf den 20.03.05 zu berechnen. Bei fälligkeitskongruenten EUR- und GBP-Zinssätzen von 3,22 % beziehungsweise 5,43 % errechnet sich dieser zu:

$$TK = \frac{\left((1+0{,}0322)\cdot\frac{48}{360}\right)}{\left((1+0{,}0543)\cdot\frac{48}{360}\right)}\cdot 1{,}9\frac{EUR}{GBP} = 1{,}8602\frac{EUR}{GBP}$$

Es ergibt sich somit zwischen dem 01.12.05 und dem 01.02.06 eine Terminkursdifferenz von 1,9583 – 1,8602 = 0,0981 EUR bzw. 981 Ticks. Bei einem Verkauf der 40 Futures-Kontrakte am 01.02.06 kann somit ein Gewinn von 981 · 5 EUR/Kontrakt · 40 Kontrakte = **196.200 EUR** realisiert werden. Es wird deutlich, dass der Gewinn aus dem Futures-Hedge den Verlust in der Kassaposition damit nicht ganz kompensiert hat. Der Grund liegt darin, dass ein statischer Hedge angewendet wurde, welcher nur bei infinitesimal kleinen Veränderungen einen exakten Hedge darstellt.

<u>zu 4.a):</u>

Zur Berechnung des Put-Optionspreises wird auf die folgende Optionspreisformel zurückgegriffen:

$$P = E\cdot e^{(-r_d\cdot t)}N(-d_2) - S\cdot e^{(-r_f\cdot t)}N(-d_1)$$

$$d_1 = \frac{\ln\left(\frac{S}{E}\right)+\left(r_d - r_f + \frac{STD^2}{2}\right)\cdot t}{STD\cdot\sqrt{t}} \quad \text{und } d_2 = d_1 - STD\cdot\sqrt{t}$$

mit:

S = Devisenkassakurs = 2 EUR/GBP
E = Ausübungspreis = 2,1 EUR/GBP
r_f = stetige Rendite in GBP = ln(1 + 5,4 %) = 5,26 %
r_d = stetige Rendite in EUR = ln(1 + 3,2 %) = 3,15 %
t = Restlaufzeit der Option als Jahresbruchteil = 110 Tage / 360 Tage = 0,3056
STD = annualisierte Standardabweichung = 11 %

Damit ergeben sich für d_1 und d_2 die folgenden Werte:

$$d_1 = \frac{\ln\left(\frac{2}{2{,}1}\right)+\left(0{,}0315-0{,}0526+\frac{0{,}11^2}{2}\right)\cdot 0{,}3056}{0{,}11\cdot\sqrt{0{,}3056}} = -0{,}88$$

$$d_2 = -0{,}88 - 0{,}11\cdot\sqrt{0{,}3056} = -0{,}94$$

$$P = 2{,}1\cdot e^{(-0{,}0315\cdot 0{,}3056)}N(0{,}94) - 2\cdot e^{(-0{,}0526\cdot 0{,}3056)}N(0{,}88)$$

was einem Optionspreis von 0,1235 EUR je GBP entspricht:

$$P = 2{,}1 \cdot e^{(-0{,}0315 \cdot 0{,}3056)} \cdot 0{,}8264 - 2 \cdot e^{(-0{,}0526 \cdot 0{,}3056)} \cdot 0{,}8106 = \mathbf{0{,}1235}$$

zu 4.b):

Zur Bestimmung der zur Absicherung der Kassaposition nötigen Kontrakt-Anzahl muss beim delta-neutralen Fix-Hedge zuvor das Put-Delta bei Öffnung der Position bestimmt werden. Im Fall der betrachteten Put-Option berechnet sich das Delta gemäß:

$$\frac{\delta P}{\delta S} = e^{(-r_f \cdot t)} \cdot \left(N(d_1) - 1\right) \text{ bzw. für das Beispiel}$$

$$\frac{\delta P}{\delta S} = e^{(-\,0{,}0526 \cdot 0{,}3056)} \cdot \left(N(-\,0{,}88) - 1\right) = e^{(-\,0{,}0526 \cdot 0{,}3056)} \cdot \left(1 - N(\,0{,}88) - 1\right) = \mathbf{-\,0{,}7977}$$

Die zum delta-neutralen Hedging benötigte Kontrakt-Anzahl lässt sich beispielsweise mit Hilfe folgender Gleichung ermitteln:

$$\frac{\text{Kassapositionsvolumen}}{\text{Kontraktvolumen}} \cdot \frac{1}{\text{Options - Delta}} = \text{Kontraktanzahl}$$

Im gewählten Beispiel wären somit **50 Put-Optionen** (| 2.000.000/50.000 · 1/(- 0,7977) | = 50,15 ≈ 50) zu kaufen. Der Kaufpreis der Optionen beläuft sich demnach auf 308.750 EUR (= 0,1235 EUR/GBP · 50.000 GBP · 50 Kontrakte).

zu 4.c):

Am 01.02.06, soll die Optionsposition bei folgenden Konstellationen wieder verkauft werden:

$S = 1{,}9$; $E = 2{,}1$; $r_d = 0{,}0317$; $r_f = 0{,}0529$; $t = 0{,}1333$ (= 48 / 360); STD = 0,11.

Die Put-Prämie beläuft sich dann auf:

$$P = 2{,}1 \cdot e^{(-\,0{,}0317 \cdot 0{,}1333)} \cdot N(2{,}58) - 1{,}9 \cdot e^{(-\,0{,}0529 \cdot 0{,}1333)} N(2{,}54) = \mathbf{0{,}2046}$$

Die Optionen können nun zu einem Gesamtpreis in Höhe von 511.500 EUR (= 0,2046 EUR/GBP · 50.000 GBP · 50 Kontrakte) verkauft werden, was einem Gewinn von 202.750 EUR (= 511.500 EUR – 308.750 EUR) entspricht.

Dieser Gewinn kann auch berechnet werden, indem von der Veränderung des Optionspreises in Höhe von 811 Ticks (= (0,2046 – 0,1235) · 10.000) ausgegangen wird:

811 Ticks/Kontrakt · 5 EUR/Tick · 50 Kontrakte = **202.750 EUR**

Damit wurde der Verlust in der Kassaposition durch den Gewinn in der Option überkompensiert. Da das Optionsdelta lediglich eine Punktsensitivität zur Veränderung des Kassakurses darstellt, der Optionspreis jedoch eine Funktion des Kassakurses sowie der in- und ausländischen Zinsen, der Restlaufzeit und der Volatilität ist, wird ein solcher Hedge niemals perfekt sein.

Fallstudie 57: **Risikostatus und Risikolimite auf Gesamtbank- und Geschäftsbereichsebene**

Vom Vorstand Ihrer Bank wird Ihnen die Aufgabe zugeteilt, täglich den Risikostatus der Gesamtbank zu ermitteln. Unter „Risikostatus" versteht der Vorstand den maximalen Verlust, der mit einer vorgegebenen Wahrscheinlichkeit eintrifft.

Die Bank besteht aus vier verschiedenen Geschäftsbereichen. Der erste Bereich, dem Sie sich zuwenden, ist der Eigenhandel mit Aktien. Momentan besteht das Portfolio der Bank aus Papieren der drei folgenden Unternehmen: CS-Group, Nestlé und Roche. Nachdem Sie auf Basis von historischen Tagesrenditen die Standardabweichungen der einzelnen Werte und die Korrelationen zwischen diesen ermittelt haben, geht es nun darum, den Value at Risk (VaR) für den Bereich Eigenhandel mit Aktien zu ermitteln.

1. Berechnen Sie den VaR für folgende Sicherheitsniveaus: 84,13 %, 97,72 % und 99,98 % und stellen Sie den Zusammenhang zwischen Sicherheitsniveau und VaR näherungsweise graphisch dar! Ihnen stehen dabei folgende Tabellen zur Verfügung:

	CS-Group	Nestlé	Roche
Kurs (CHF)	47,8	294,7	129,1
Anzahl	4.000	1.000	1.500
Standardabweichung	1,80 %	1,19 %	1,21 %

Abb. 57.1: Aktienportfolio Eigenhandel (Standardabweichung auf Tagesbasis)

Korrelationskoeffizienten	CS-Group	Nestlé	Roche
CS-Group	1	0,5689	0,3140
Nestlé	0,5689	1	0,3609
Roche	0,3140	0,3609	1

Abb. 57.2: Korrelationskoeffizienten auf Tagesbasis

	1. Nachkommastelle des Z-Wertes				
Z-Werte	0	2	4	6	8
0	50,00 %	57,93 %	65,54 %	72,57 %	78,81 %
1	84,13 %	88,49 %	91,92 %	94,52 %	96,41 %
2	97,72 %	98,61 %	99,18 %	99,53 %	99,74 %
3	99,87 %	99,93 %	99,97 %	99,98 %	99,99 %
4	100,00 %	100,00 %	100,00 %	100,00 %	100,00 %

Abb. 57.3: Z-Werte und entsprechende Sicherheitsniveaus (gerundet auf zwei Stellen hinter dem Komma)

Als zusätzliche Information erhalten Sie die VaR der anderen Geschäftsbereiche sowie die Korrelationen zwischen den einzelnen Geschäftsbereichen.

	Eigenhandel Aktien	Eigenhandel Renten	Eigenhandel Devisen	Kreditgeschäft
VaR	???	39.795,5	36.153,3	572.943,3

Abb. 57.4: VaR der Geschäftsbereiche bei einem Sicherheitsniveau von 99,98 % auf Tagesbasis (Stand-alone)

Korrelations-koeffizient	Eigenhandel Aktien	Eigenhandel Renten	Eigenhandel Devisen	Kreditgeschäft
Eigenhandel Aktien	1	0,6238	0,8752	0,7231
Eigenhandel Renten	0,6238	1	0,6926	0,5012
Eigenhandel Devisen	0,8752	0,6926	1	0,4129
Kreditgeschäft	0,7231	0,5012	0,4129	1

Abb. 57.5: Korrelationskoeffizienten der Geschäftsbereiche auf Tagesbasis

2. Ermitteln Sie nun den Risikostatus der Gesamtbank für ein Sicherheitsniveau in Höhe von 99,98 %, (Z-Wert von 3,6) und interpretieren Sie die resultierende Kennzahl!

Nachdem Sie den Risikostatus der Gesamtbank auf Tagesbasis ermittelt haben, sollen Sie zusätzlich den Risikostatus auf 10-Tages- und auf Jahresbasis (250 Tage) ermitteln.

3. Benutzen Sie hierfür die vereinfachte Version des Wurzelgesetzes. Können Sie auf Basis der verfügbaren Informationen auch die eigentlich korrekte Version des Wurzelgesetzes anwenden? Beurteilen Sie Ihr Ergebnis!

4. Der Vorstand teilt Ihnen mit, dass Risikodeckungsmassen in Höhe von 50 Mio. GE zur Verfügung stehen. Welcher Risikokapital-Eigenkapital Koeffizient (REK) resultiert auf Basis einer Haltedauer von 250 Tagen und einem Sicherheitsniveau in Höhe von 99,98 % (Z-Wert von 3,6) daraus und was lässt sich über die Risikoneigung der Geschäftsleitung sagen?

Für das kommende Geschäftsjahr möchte die Geschäftsleitung den REK konstant halten, wobei allerdings von einem Wachstum der Risikodeckungsmassen in Höhe von 10 % ausgegangen wird. Fraglich ist nun, wie das zur Verfügung stehende Risikokapital auf die Geschäftsbereiche verteilt werden soll. Dabei wird vorgeschlagen, das Risikokapital ohne Berücksichtigung von Korrelationseffekten auf die Geschäftsbereiche zu verteilen.

5. a) Diskutieren Sie diesen Vorschlag!

   b) Als Alternative schlagen Sie vor, die Korrelationseffekte zwischen den einzelnen Geschäftsbereichen doch zu berücksichtigen. Von welchen impliziten Annahmen gehen Sie dabei aus?

Nachdem Sie erfahren haben, dass den einzelnen Handelsbereichen jeweils Risikokapital in Höhe von 75.000 GE auf Tagesbasis zugewiesen wurde, wollen Sie ausfindig machen, was diese Zuweisung für den Kreditbereich bedeutet. Sie gehen davon aus, dass die Korrelationen zwischen den Bereichen konstant bleiben.

6. Berechnen Sie unter Berücksichtigung der Korrelationseffekte die Höhe des dem Kreditbereich zur Verfügung gestellten Risikokapitals! Erläutern Sie die berechnete Kennzahl! Handelt es sich hierbei um einen marginalen VaR? Erläutern Sie in diesem Zusammenhang die Bedeutung des marginalen VaR!

Lösungsvorschlag zu Fallstudie 57:

zu 1.:

Um den VaR des Aktienportfolios auszurechnen, müssen zuerst die VaR der einzelnen Aktienpositionen ermittelt werden. Dazu kann das Risikomodell RiskMaster® verwendet werden. Danach erfolgt die Berechnung der VaR für Aktienkursrisiken anhand folgender Stufen:

Stufe 1: Definition des Risikoparameters (RP): **Stetige Aktienkursrenditen**
Definition des Risikovolumens (RV): **Aktienkurs · Stückzahl**
Stufe 2: Berechnung der Standardabweichung des Risikoparameters
Stufe 3: Bestimmung der Risikomesszahl (RMZ) durch Fixierung des Sicherheitsniveaus mit Hilfe des Z-Wertes:
$RMZ (RP) = STD (RP) \cdot Z\text{-Wert}$
Stufe 4: Ableitung des Risikofaktors
$RF (RP) = e^{RMZ (RP)} - 1$
Stufe 5: Ermittlung eines einzelnen Value at Risk:
$VaR (RP) = RV \cdot RF (RP)$
Stufe 6: Verrechnung mehrerer Value at Risk anhand der Korrelationskoeffizientenmatrix

Die den vorgegebenen Sicherheitsniveaus entsprechenden Z-Werte lassen sich Abbildung 57.3 entnehmen. Das Risiko liegt hier in einer negativen Abweichung vom Erwartungswert. Entsprechend ist mit negativen Z-Werten zu rechnen. Folglich ist der VaR für die Z-Werte: - 1, - 2 und - 3,6 zu bestimmen.

Z-Wert = - 1	CS-Group	Nestlé	Roche
Risikomesszahl	- 1,80 %	- 1,19 %	- 1,21%
Risikofaktor	- 1,78 %	- 1,18 %	- 1,20 %
Risikovolumen	191.200	294.700	193.650
VaR_{-1}	- 3.410,8	- 3.486,1	- 2.329,0

Abb. 57.6: VaR der einzelnen Aktienpositionen für ein Sicherheitsniveau von 84,13 %

Z-Wert = - 2	CS-Group	Nestlé	Roche
Risikomesszahl	- 3,60 %	- 2,38 %	- 2,41%
Risikofaktor	-3,54 %	- 2,35 %	-2,39 %
Risikovolumen	191.200	294.700	193.650
VaR_{-2}	- 6.760,8	- 6.931,1	- 4.630,1

Abb. 57.7: VaR der einzelnen Aktienpositionen für ein Sicherheitsniveau von 97,72 %

Z-Wert = - 3,6	CS-Group	Nestlé	Roche
Risikomesszahl	- 6,48 %	- 4,29 %	- 4,35 %
Risikofaktor	- 6,27 %	- 4,19 %	- 4,26 %
Risikovolumen	191.200	294.700	193.650
$VaR_{-3,6}$	- 11.996,9	- 12.358,3	- 8.254,3

Abb. 57.8: VaR der einzelnen Aktienpositionen für ein Sicherheitsniveau von 99,98 %

Anhand der zur Verfügung stehenden Korrelationskoeffizientenmatrix lässt sich nun der VaR des Aktienportfolios bestimmen:

$$VaR_{-1}^{Pf} = \sqrt{\begin{bmatrix}-3.410,8 & -3.486,1 & -2.329,0\end{bmatrix} \cdot \begin{bmatrix}1 & 0,5689 & 0,3140 \\ 0,5689 & 1 & 0,3609 \\ 0,3140 & 0,3609 & 1\end{bmatrix} \cdot \begin{bmatrix}-3.410,8 \\ -3.486,1 \\ -2.329,0\end{bmatrix}}$$

$VaR_{-1}^{Pf} = \mathbf{7.320{,}4\ GE}$

Die Berechnung für Z = - 2 respektive - 3,6 erfolgt analog und führt zu folgenden Ergebnissen:

$VaR_{-2}^{Pf} = \mathbf{14.537{,}0\ GE}$

$VaR_{-3,6}^{Pf} = \mathbf{25.870{,}8\ GE}$

Es lässt sich erkennen, dass die maximalen Verluste, die mit einer entsprechenden Wahrscheinlichkeit nicht übertroffen werden, bei einer Erhöhung des Sicherheitsniveaus überproportional zunehmen. Abbildung 57.9 verdeutlicht diesen Sachverhalt graphisch:

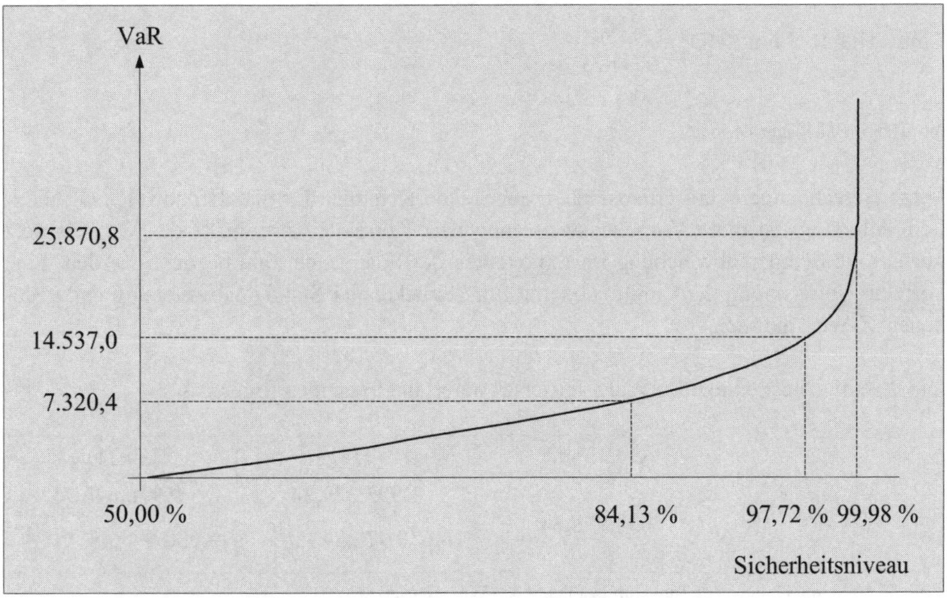

Abb. 57.9: VaR in Abhängigkeit der zugrundeliegenden Sicherheitsniveaus

<u>zu 2.:</u>

Der Risikostatus der Gesamtbank lässt sich wiederum anhand der Korrelationskoeffizientenmatrix und den entsprechenden Einzel-VaR berechnen:

$$VaR_{gesamt} = \sqrt{\begin{bmatrix} 25.870,8 & 39.795,5 & 36.153,3 & 572.941,9 \end{bmatrix} \cdot \begin{bmatrix} 1 & 0,6238 & 0,8752 & 0,7231 \\ 0,6238 & 1 & 0,6926 & 0,5012 \\ 0,8752 & 0,6926 & 1 & 0,4129 \\ 0,7231 & 0,5012 & 0,4129 & 1 \end{bmatrix} \cdot \begin{bmatrix} 25.870,8 \\ 39.795,5 \\ 36.153,3 \\ 572.941,9 \end{bmatrix}} = \mathbf{630.978,54\ GE}$$

<u>zu 3.:</u>

Bei der vereinfachten Version des Wurzelgesetzes wird die Umrechnung des Tageslimits in ein 10-Tages- respektive Jahreslimit durch Multiplikation des Tageslimits mit der Wurzel aus dem Quotienten der entsprechenden Haltedauern erreicht.

$$\text{Limit}(HD_1) = \text{Limit}(HD_2) \cdot \sqrt{\frac{HD_1}{HD_2}}$$

mit: HD_t = Haltedauer Periode t

Diese Berechnungen sind grundsätzlich auch ohne Kenntnis der Standardabweichung möglich. Allerdings ist diese Vorgehensweise ungenau. Korrekterweise dürfte das Wurzelgesetz nur auf die Standardabweichung im Exponenten der Eulerschen Zahl bezogen werden. Eine korrekte Umrechnung der Limite ist somit nur bei bekannter Standardabweichung und gegebenem Z-Wert möglich.

Die vereinfachte Version des Wurzelgesetzes liefert die folgenden Ergebnisse:

	Overnight	10 Tage	250 Tage
VaR	**630.978,54**	**1.995.329,34** $= 630.978{,}54 \cdot \sqrt{\frac{10}{1}}$	**9.976.646,71** $= 630.978{,}54 \cdot \sqrt{\frac{250}{1}}$

Abb. 57.10: Umrechnung des Tageslimits anhand des Wurzelgesetzes

<u>zu 4.:</u>

Der Risikokapital-Eigenkapital Koeffizient (REK) spiegelt die Höhe des Risikokapitals im Verhältnis zu den gesamten Risikodeckungsmassen wider. Die Höhe des REK in Verbindung zu dem von der Geschäftsleitung gewählten Sicherheitsniveau definiert die Risikobereitschaft der Bank. Im Beispiel beträgt der REK bei einem Sicherheitsniveau von 99,98 % und einer Haltedauer von 1 Jahr ca. 20 % (= 9.976.646,71 GE / 50.000.000 GE), d.h. mit einer Wahrscheinlichkeit von 99,98 % beträgt der maximale Verlust nicht mehr als 20 % der gesamten Risikodeckungsmassen, was einer eher konservativen Risikopolitik entspricht.

<u>zu 5.a):</u>

Für das kommende Geschäftsjahr wird mit Risikodeckungsmassen in Höhe von 55 Mio. GE kalkuliert. Soll der REK konstant bei 20 % gehalten werden, bedeutet dies, dass Risikokapital in Höhe von 11 Mio. GE zu verteilen ist. Eine Möglichkeit besteht nun darin, dieses Risikokapital ohne Berücksichtigung der Korrelationseffekte auf die verschiedenen Geschäftsbereiche zu verteilen. Geschieht dies, wird das Gesamtbank-Risikopotential allerdings erheblich geringer als 11 Mio. GE ausfallen, da Diversifikationseffekte risikoreduzierend wirken. Hier wird das Vorsichtsprinzip stark betont.

zu 5.b):

Werden die Korrelationseffekte doch berücksichtigt, wird erwartet, dass sich die (Markt-) Risikostrukturen im Planungszeitraum nur unwesentlich verschieben und keine strategischen Portfolio-Umstrukturierungen zwischen Geschäftsfeldern geplant sind.

zu 6.:

Zunächst muss das Gesamtbank-Risikokapital auf Tagesbasis ermittelt werden. Dazu wird wiederum das Wurzelgesetz herangezogen.

$$\text{Tageslimit}_{\text{gesamt}} = \frac{11\ \text{Mio. GE}}{\sqrt{250}} = \mathbf{695.701{,}1\ GE}$$

$$\text{VaR}_{\text{gesamt}} = 695.701{,}1\ \text{GE}$$

$$= \sqrt{[75.000 \quad 75.000 \quad 75.000 \quad X] \cdot \begin{bmatrix} 1 & 0{,}6238 & 0{,}8752 & 0{,}7231 \\ 0{,}6238 & 1 & 0{,}6926 & 0{,}5012 \\ 0{,}8752 & 0{,}6926 & 1 & 0{,}4129 \\ 0{,}7231 & 0{,}5012 & 0{,}4129 & 1 \end{bmatrix} \cdot \begin{bmatrix} 75.000 \\ 75.000 \\ 75.000 \\ X \end{bmatrix}}$$

Diese Gleichung kann allgemein wie folgt dargestellt werden:

$$\text{VaR}_{\text{gesamt}} = (a^2 + b^2 + c^2 + d^2 + 2ab \cdot \text{COR}(a,b) + 2ac \cdot \text{COR}(a,c) + 2ad \cdot \text{COR}(a,d) + 2bc \cdot \text{COR}(b,c) + 2bd \cdot \text{COR}(b,d) + 2cd \cdot \text{COR}(c,d))^{0,5}$$

Da a = b = c kann die Gleichung wie folgt vereinfacht werden, indem b und c durch a ersetzt werden:

$$\text{VaR}_{\text{gesamt}} = (3a^2 + d^2 + 2a^2 \cdot (\text{COR}(a,b) + \text{COR}(a,c) + \text{COR}(b,c)) + 2ad \cdot (\text{COR}(a,d) + \text{COR}(b,d) + \text{COR}(c,d)))^{0,5}$$

Werden obige Zahlen eingesetzt und d durch X ersetzt, erhält man folgende Formel:

$$695.701{,}09 = (3 \cdot 75.000^2 + X^2 + 2 \cdot 75.000^2 \cdot (0{,}6238 + 0{,}8752 + 0{,}6926) + 2 \cdot 75.000 \cdot X \cdot (0{,}7231 + 0{,}5012 + 0{,}4129))^{0,5}$$

Quadriert man die Gleichung und multipliziert die Terme soweit möglich aus, erhält man:

$$484.000.000.000 = 16.875.000.000 + X^2 + 24.655.500.000 + 245.580 \cdot X$$
$$= X^2 + 245.580 \cdot X - 442.469.500.000 = 0$$

Löst man die quadratische Gleichung nach X auf, erhält man ein Tageslimit für den Kreditbereich in Höhe von **553.632,1 GE,** welches den Stand-alone-VaR des Kreditbereichs repräsentiert. Dieses Risikopotential kann der Kreditbereich unabhängig eingehen, damit die Gesamtbank innerhalb der gewählten Risikotoleranzen bleibt. Hierbei handelt es sich nicht um einen marginalen VaR. Um diesen zu berechnen, müsste man das Risikopotential ermitteln, welches aus den Handelsbereichen erwächst (203.790,3 GE) und dieses vom Gesamtbank-Risikopotential in Höhe von 695.701,1 GE subtrahieren. So erhält man einen marginalen VaR in Höhe von 491.910,8 GE. Diese Kennzahl besagt, welche Risikoreduktion auf Gesamtbankebene eine Eliminierung des Kreditbereichs nach sich zöge.

Fallstudie 58: **Der Ergebniswürfel**

Robert Rechner ist in der Geschäftsleitung der VIP-Bank für den Controlling-Bereich zuständig. Er hat erkannt, dass es nur durch eine größtmögliche Transparenz im Hinblick auf Entstehung und Zusammensetzung des Ergebnisses möglich ist, seine Kollegen in der Geschäftsleitung von der Notwendigkeit bestimmter geschäftspolitischer Entscheidungen zu überzeugen.

Im Zuge seiner Bemühungen um eine aussagefähige Ergebnisrechnung für die Vertriebswege, Kundengruppen und Geschäftsarten der Bank möchte Rechner in der heutigen Sitzung der Geschäftsleitung verschiedene, von ihm neu konzipierte Auswertungsrechnungen vorführen. Um die dabei gewählte Vorgehensweise möglichst anschaulich zu demonstrieren, hat Rechner einen Würfel mit den drei Dimensionen Geschäftsstellen, Kundengruppen und Produktarten entworfen (vgl. Abb. 58.1).

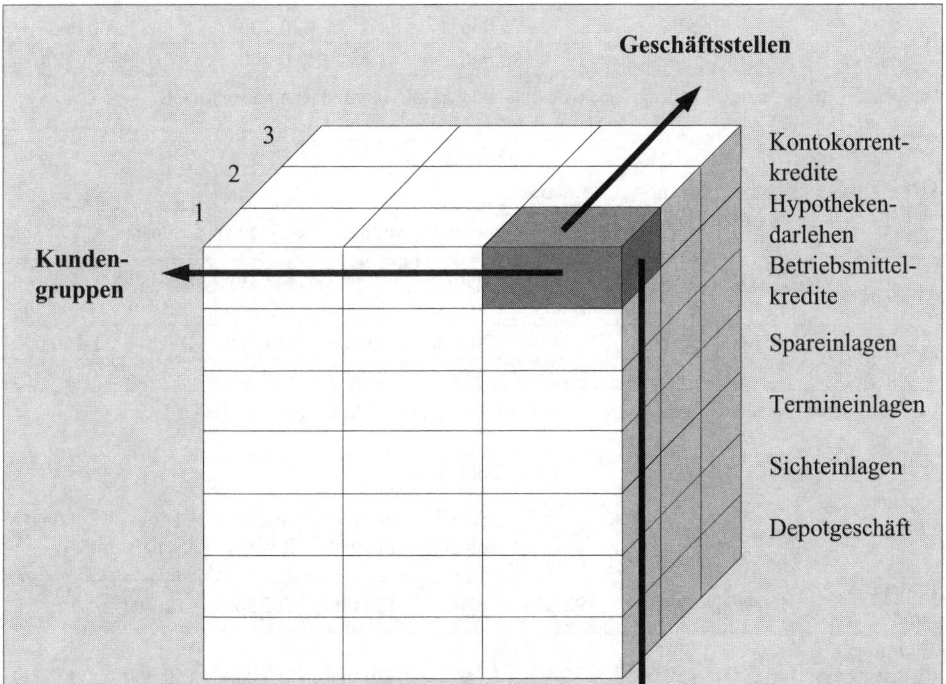

Abb. 58.1: Ergebniswürfel der VIP-Bank

Die Gesamtheit des Würfels stellt dabei die Summe der von der Bank im letzten Geschäftsjahr erzielten Netto-(Markt-)Ergebnisse dar. Da sich jeder Teilwürfel als Netto-Ergebnis eines

Einzelgeschäfts jeweils einer bestimmten Geschäftsstelle, einer bestimmten Kundengruppe und einem bestimmten Produkt exakt zuordnen lässt, ergibt die Aggregation der verschiedenen Teilwürfel in eine bestimmte Richtung den spezifischen Ergebnisbeitrag einer bestimmten Geschäftsstelle (Kundengruppe oder Produktart). Die Addition der Ergebnisbeiträge über sämtliche Geschäftsstellen (sämtliche Kundengruppen oder sämtliche Produktarten) wiederum ergibt das insgesamt erzielte Netto-(Markt-)Ergebnis im Kundengeschäft.

Die bei der Betrachtung von jeweils nur zwei Dimensionen entstehenden Matrizen hat Rechner auf der Grundlage der Marktergebnisse der VIP-Bank für das Geschäftsjahr 05 bereits zusammenstellen lassen (vgl. Abb. 58.2 bis 58.4).

Geschäfts-stellen	Kundengruppen			Summe
	Firmenkunden	Vermögende Privatkunden	Mengenkunden	
1	**480.927**	120.000	320.000	?
2	400.000	90.000	10.000	500.000
3	70.000	270.000	920.000	1.260.000
Summe	?	480.000	1.250.000	?

Abb. 58.2: Unvollständige Kundengruppen-Geschäftsstellen-Matrix: Marktergebnisse (in GE)

Geschäfts-stellen	Geschäftsarten							Summe
	Konto-korrent-kredite	Hypo-theken-darlehen	Betriebs-mittel-kredite	Spar-einlagen	Termin-einlagen	Sicht-einlagen	Depot-geschäft	
1	**185.940**	**254.292**	**68.535**	**40.000**	**39.000**	**226.160**	**107.000**	?
2	70.000	150.000	40.000	50.000	70.000	70.000	50.000	500.000
3	240.000	300.000	90.000	70.000	90.000	330.000	140.000	1.260.000
Summe	?	?	?	?	?	?	?	?

Abb. 58.3: Unvollständige Geschäftsarten-Geschäftsstellen-Matrix: Marktergebnisse (in GE)

Kunden-gruppen	Geschäftsarten							Summe
	Konto-korrent-kredite	Hypo-theken-darlehen	Betriebs-mittel-kredite	Spar-einlagen	Termin-einlagen	Sicht-einlagen	Depot-geschäft	
Firmen-kunden	**155.940**	**194.292**	**198.535**	**0**	**129.000**	**216.160**	**57.000**	?
Vermögen-de Privat-kunden	140.000	150.000	0	0	- 20.000	50.000	160.000	480.000
Mengen-kunden	200.000	360.000	0	160.000	90.000	360.000	80.000	1.250.000
Summe	?	?	?	?	?	?	?	?

Abb. 58.4: Unvollständige Geschäftsarten-Kundengruppen-Matrix: Marktergebnisse (in GE)

Bedauerlicherweise sind jedoch einige Geschäftsvorfälle des Jahres 05 aus dem Kundensegment „Firmenkunden“ der Geschäftsstelle 1 in diesen Auswertungsrechnungen noch nicht berücksichtigt worden, so dass die jeweils dunkel unterlegten Zahlen in den Matrizen noch um die Marktergebnisse dieser bislang unberücksichtigten Geschäftsvorfälle (vgl. Abb. 58.5) korrigiert werden müssen.

Nr. des Geschäfts-vorfalls	Jahresdurch-schnittsvolumen	Geschäftsart	Brutto-(Konditions-) Marge	Brutto-(Konditions-) beitrag
13.841	60.000 GE	Termineinlage	1,00 %	600 GE
13.842	130.000 GE	Betriebsmittelkredit	2,20 %	2.860 GE
13.843	200.000 GE	Hypothekendarlehen	2,30 %	4.600 GE
13.844	1.000.000 GE*	Depotgeschäft	–	0 GE
13.845	100.000 GE	Termineinlage	0,80 %	800 GE
13.846	90.000 GE	Kontokorrentkredit	5,90 %	5.310 GE
13.847	80.000 GE	Sichteinlage	4,80 %	3.840 GE
13.848	160.000 GE	Hypothekendarlehen	2,10 %	3.360 GE

Abb. 58.5: Nicht berücksichtigte Geschäftsvorfälle der Geschäftsstelle 1 im Segment „Firmenkunden" für das Jahr 05 (* Depotvolumen)

1. Sie werden als jüngster Mitarbeiter der Abteilung für diese Unachtsamkeit verantwortlich gemacht und erhalten von Ihrem Chef den Auftrag, die noch fehlenden Marktergebnisse schnellstmöglich zu ermitteln.

Glücklicherweise haben Sie die zur Kalkulation benötigten Daten griffbereit:

- Ausfallwahrscheinlichkeiten der Kunden gemäß Bonitätseinstufung des bankinternen Rating-Systems und engagementspezifische, geschätzte Rückzahlungsquote

Geschäftsvorfall	Ausfallwahrscheinlichkeit	Kredit-Exposure	Rückzahlungsquote
13.842	0,30 %	130.000 GE	50 %
12.843	0,10 %	200.000 GE	70 %
13.846	0,50 %	90.000 GE	40 %
13.848	0,30 %	160.000 GE	60 %

- Direkte Betriebserlöse

  jährliche Pauschalgebühr pro Kredit: 200 GE
  Buchungsgebühr: 1 GE pro Buchungsposten
  Provisionserträge für Depotabrechnung 13.844: 0,7 % auf das Depotvolumen

- Anzahl der Buchungsposten

  Kontokorrentkredite (Geschäftsvorfall Nr. 13.846): 120
  Sichteinlagen (Geschäftsvorfall Nr. 13.847): 400

- Standard-Einzelkosten (direkte Betriebskosten) pro Geschäftsvorfall, Kundengruppe „Firmenkunden"

Kontokorrentkredite: 1.300 GE
Hypothekendarlehen: 1.200 GE
Betriebsmittelkredit: 1.400 GE
Termineinlagen: 200 GE
Sichteinlagen: 400 GE

- Standard-Einzelkosten (direkte Betriebskosten) Depotkundenbetreuung und Depotadministration für Geschäftsvorfall Depotabrechnung 13.844: 4.000 GE

2. Vervollständigen Sie mit Hilfe der in Aufgabe 1 ermittelten, bisher nicht berücksichtigten Daten

   a) die Kundengruppen-Geschäftsstellen-Matrix,

   b) die Geschäftsarten-Geschäftsstellen-Matrix und

   c) die Geschäftsarten-Kundengruppen-Matrix der VIP-Bank für das Geschäftsjahr 05!

Nachdem Sie die Matrizen mit den absoluten Beträgen vervollständigt haben, überlegen Sie sich, dass sich der Ergebniswürfel ebenso aus den Nettomargen der Einzelgeschäfte zusammensetzen lässt, indem für jedes Geschäft das Marktergebnis auf das jeweilige Geschäftsvolumen bezogen wird.

3. Führen Sie die Margenrechnung beispielhaft für die Würfeldimensionen Geschäftsarten und Geschäftsstellen durch und stellen Sie die Ergebnisse in der Geschäftsarten-Geschäftsstellen-Matrix (Margen auf zwei Nachkommastellen gerundet) zusammen!

   Gehen Sie dabei von den in Abbildung 58.6 gegebenen Anteilen für die jeweiligen Geschäftsstellen bzw. Geschäftsarten am durchschnittlichen Geschäftsvolumen aus! Dabei beziehen sich die Anteile der bilanziellen Geschäfte auf das bilanzielle Kundenvolumen von insgesamt 119,260 Mio. GE, die Anteile für das Depotgeschäft auf das in den Depots betreute Kundenvermögen in Höhe von 81,660 Mio. GE im Jahr 05.

Geschäfts-stellen	Geschäftsarten							Summe*
	Konto-korrent-kredite	Hypo-theken-darlehen	Betriebs-mittel-kredite	Spar-einlagen	Termin-einlagen	Sicht-einlagen	Depot-geschäft	
1	2,89 %	12,11 %	4,51 %	1,68 %	5,58 %	3,86 %	44,89 %	30,63 %
2	1,15 %	5,99 %	3,05 %	1,68 %	11,74 %	1,22 %	12,25 %	24,83 %
3	4,19 %	15,72 %	7,55 %	3,55 %	8,39 %	6,15 %	42,86 %	44,54 %
Summe	8,23 %	33,82 %	15,11 %	6,91 %	25,71 %	11,23 %	100,00 %	100,00 %

Abb. 58.6: Geschäftsarten-Geschäftsstellen-Matrix: Volumenanteile (* Summe bezogen auf das bilanzielle Geschäft)

Lösungsvorschlag zu Fallstudie 58:

zu 1.:

Das Netto-(Markt-)Ergebnis einer Geschäftsart, einer Geschäftsstelle oder einer Kundengruppe lässt sich unabhängig vom gewählten Kalkulationsobjekt stets nach dem folgenden Kalkulationsschema ermitteln:

	Brutto-Konditionsbeitrag	= Deckungsbeitrag I
–	Standard-Risikokosten	
–	Standard-Betriebskosten	
+	Provisionserlöse/Dienstleistungserträge	
=	Netto-(Markt-)Ergebnis	= Deckungsbeitrag II

Auf Basis der vorliegenden Informationen ergibt sich demnach für die bislang in der Kalkulation nicht berücksichtigten Geschäftsvorfälle das in Abbildung 58.7 dargestellte Berechnungstableau. Dabei sind die Standard-Risikokosten nach der Grundgleichung für die Ermittlung von erwarteten Verlusten (= Ausfallwahrscheinlichkeit · Kredit-Exposure · [1 – Rückzahlungsquote]) kalkuliert.

Geschäftsvorfälle	Volumen	Brutto-Konditionsbeitrag	Standard-Risikokosten	Standard-Betriebskosten	direkte Betriebserlöse	Marktergebnis (Deckungsbeitrag II)
		(1)	(2)	(3)	(4)	(5) = (1)–(2)–(3)+(4)
13.841 Termineinlage	60.000	600	–	200	–	400
13.842 Betriebsmittelkredit	130.000	2.860	195	1.400	200	1.465
13.843 Hypothekendarlehen	200.000	4.600	60	1.200	200	3.540
13.844 Depotgeschäft	1.000.000*	0	–	4.000	7.000	3.000
13.845 Termineinlage	100.000	800	–	200	–	600
13.846 Kontokorrentkredit	90.000	5.310	270	1.300	320 (200+120 · 1)	4.060
13.847 Sichteinlage	80.000	3.840	–	400	400 (400 · 1)	3.840
13.848 Hypothekendarlehen	160.000	3.360	192	1.200	200	2.168
Summe		21.370	717	9.900	8.320	19.073

Abb. 58.7: Marktergebnisse der bislang nicht berücksichtigten Geschäftsvorfälle (in GE)

zu 2.a):

Zusammen mit der bisher feststehenden, unvollständigen Summe der Netto-(Markt-)Ergebnisse ergibt sich für die Kundengruppe „Firmenkunden" der Geschäftsstelle 1 ein Marktergebnis von:

	920.297 GE
+	19.073 GE
	940.000 GE

Die vervollständigte Kundengruppen-Geschäftsstellen-Matrix hat somit das folgende Aussehen:

Geschäfts-stellen	Kundengruppen			Summe
	Firmenkunden	Vermögende Privatkunden	Mengenkunden	
1	**500.000**	120.000	320.000	**940.000**
2	400.000	90.000	10.000	500.000
3	70.000	270.000	920.000	1.260.000
Summe	**970.000**	480.000	1.250.000	**2.700.000**

Abb. 58.8: Vervollständigte Kundengruppen-Geschäftsstellen-Matrix: Marktergebnisse (in GE)

zu 2.b):

Die **produktbezogenen** Marktergebnisse ergeben sich aus der Addition der bisher vorliegenden, unvollständigen produktbezogenen Werte der Geschäftsstelle 1 und der in Aufgabe 1 für das betreffende Produkt ermittelten Werte.

- Kontokorrentkredite:
  185.940 GE + 4.060 GE = **190.000 GE**
- Hypothekendarlehen:
  254.292 GE + 3.540 GE + 2.168 GE = **260.000 GE**
- Betriebsmittelkredit:
  68.535 GE + 1.465 GE = **70.000 GE**
- Termineinlagen:
  39.000 GE + 400 GE + 600 GE = **40.000 GE**
- Sichteinlagen:
  226.160 GE + 3.840 GE = **230.000 GE**
- Depotgeschäft:
  107.000 GE + 3.000 GE = **110.000 GE**

Daraus ergibt sich die folgende, vervollständigte Geschäftsarten-Geschäftsstellen-Matrix:

Geschäfts-stellen	Geschäftsarten							Summe
	Konto-korrent-kredite	Hypo-theken-darlehen	Betriebs-mittel-kredite	Spar-einlagen	Termin-einlagen	Sicht-einlagen	Depot-geschäft	
1	**190.000**	**260.000**	**70.000**	**40.000**	**40.000**	**230.000**	**110.000**	**940.000**
2	70.000	150.000	40.000	50.000	70.000	70.000	50.000	500.000
3	240.000	300.000	90.000	70.000	90.000	330.000	140.000	1.260.000
Summe	**500.000**	**710.000**	**200.000**	**160.000**	**200.000**	**630.000**	**300.000**	**2.700.000**

Abb. 58.9: Vervollständigte Geschäftsarten-Geschäftsstellen-Matrix: Marktergebnisse (in GE)

zu 2.c):

Die produktbezogenen Marktergebnisse der **Kundengruppe „Firmenkunden“** ergeben sich ebenfalls als Summe der in der Aufgabenstellung genannten und den in Aufgabe 1 ermittelten Werten:

- Kontokorrentkredite:
  155.940 GE + 4.060 GE = **160.000 GE**
- Hypothekendarlehen:
  194.292 GE + 3.540 GE + 2.168 GE = **200.000 GE**
- Betriebsmittelkredite:
  198.535 GE + 1.465 = **200.000 GE**
- Termineinlagen:
  129.000 GE + 400 GE + 600 GE = **130.000 GE**
- Sichteinlagen:
  216.160 GE + 3.840 GE = **220.000 GE**
- Depotgeschäft:
  57.000 GE + 3.000 GE = **60.000 GE**

Die vervollständigte Geschäftsarten-Kundengruppen-Matrix lautet folglich:

Kundengruppen	Geschäftsarten							Summe
	Kontokorrentkredite	Hypothekendarlehen	Betriebsmittelkredite	Spareinlagen	Termineinlagen	Sichteinlagen	Depotgeschäft	
Firmenkunden	**160.000**	**200.000**	**200.000**	**0**	**130.000**	**220.000**	**60.000**	**970.000**
Vermögende Privatkunden	140.000	150.000	0	0	- 20.000	50.000	160.000	480.000
Mengenkunden	200.000	360.000	0	160.000	90.000	360.000	80.000	1.250.000
Summe	**500.000**	**710.000**	**200.000**	**160.000**	**200.000**	**630.000**	**300.000**	**2.700.000**

Abb. 58.10: Vervollständigte Geschäftsarten-Kundengruppen-Matrix: Marktergebnisse (in GE)

Wie aus sämtlichen, nunmehr vervollständigten Matrizen deutlich wird, beträgt das **Gesamtergebnis aus dem Kundengeschäft** (gemessen als Summe aller Marktergebnisse) für das abgelaufene Geschäftsjahr 2.700.000 GE.

zu 3.:

Gegenüber der Zusammenstellung der Komponenten des Marktergebnisses weist die Darstellung der Nettomargen in der Geschäftsarten-Kundengruppen-Matrix folgende Vorteile auf. Zum einen lässt sich die Entwicklung der Erfolgsgrößen im Zeitablauf besser überwachen, da durch die Relativierung der Erfolgskomponenten Schwankungen in der jeweiligen Bezugsgröße eliminiert werden. Zum anderen bietet sich die Möglichkeit, den Kundengeschäftserfolg von Geschäftsstellen unterschiedlicher Größe miteinander zu vergleichen. Dabei können Durchschnittsgrößen, die aus den Margen aller Geschäftsstellen gebildet werden, wichtige Anhaltspunkte über den Markterfolg einer einzelnen Geschäftsstelle geben.

Zunächst sind die durchschnittlichen Kundengeschäftsvolumina der jeweiligen Geschäftsarten in den Geschäftsstellen durch Multiplikation der prozentualen Anteile mit dem jeweiligen bilanziellen bzw. außerbilanziellen durchschnittlichen Kundengeschäftsvolumen im Geschäftsjahr 05 zu berechnen (vgl. Abb. 58.11). Da die in Abbildung 58.6 angegebenen Volumenanteile auf zwei Stellen nach dem Komma gerundet sind, ergibt sich aus der Zusammenfassung der auf diese Weise berechneten bilanziellen Kundenvolumina (= 120,465 Mio. GE) eine leichte Rundungsabweichung zum in der Aufgabenstellung angegebenen bilanziellen Kundengeschäftsvolumen in Höhe von 119,260 Mio. GE.

Geschäfts-stellen	Geschäftsarten							Summe*
	Konto-korrent-kredite	Hypo-theken-darlehen	Betriebs-mittel-kredite	Spar-einlagen	Termin-einlagen	Sicht-einlagen	Depot-geschäft	
1	3,447	14,442	5,379	2,004	6,655	4,603	36,657	36,530
2	1,371	7,144	3,637	2,004	14,001	1,455	10,003	29,612
3	4,997	18,748	9,004	4,234	10,006	7,334	34,999	54,323
Summe	9,815	40,334	18,020	8,241	30,662	13,393	81,659	120,465

Abb. 58.11: Kundengeschäftsvolumina (in Mio. GE) der Geschäftsarten in den Geschäftsstellen (* bilanzielles Kundengeschäftsvolumen)

Die Nettomargen werden dann ermittelt, indem die Marktergebnisse der jeweiligen Geschäftsarten in den Geschäftsstellen (vgl. Abb. 58.9) auf die einzelnen Kundengeschäftsvolumina bezogen werden. Die Nettomargen in der Geschäftsarten-Geschäftsstellen-Matrix lauten wie in Abbildung 58.12 dargestellt. Dabei bezieht sich die durchschnittliche Nettomarge lediglich auf das bilanzielle Kundengeschäft.

Geschäfts-stellen	Geschäftsarten							Durch-schnitt*
	Konto-korrent-kredite	Hypo-theken-darlehen	Betriebs-mittel-kredite	Spar-einlagen	Termin-einlagen	Sicht-einlagen	Depot-geschäft	
1	5,51 %	1,80 %	1,30 %	2,00 %	0,60 %	5,00 %	0,30 %	2,27 %
2	5,11 %	2,10 %	1,10 %	2,50 %	0,50 %	4,81 %	0,50 %	1,52 %
3	4,80 %	1,60 %	1,00 %	1,65 %	0,90 %	4,50 %	0,40 %	2,06 %
Summe	5,09 %	1,76 %	1,11 %	1,94 %	0,65 %	4,70 %	0,37 %	1,99 %

Abb. 58.12: Geschäftsarten-Geschäftsstellen-Matrix: Nettomargen (* bezogen auf das bilanzielle Kundengeschäft)

Es zeigt sich, dass die Geschäftsstelle 3 relativ das beste Ergebnis im bilanziellen Geschäft erzielt. Ausschlaggebend hierfür ist der überdurchschnittliche Erfolg im Hypothekengeschäft und bei den Sichteinlagen verbunden mit den entsprechenden Volumenanteilen dieser Geschäftsarten in der Geschäftsstelle.

Fallstudie 59: **Kostenorientierte Mindestmargenkalkulation**

Teil 1: Vom Gewinnbedarf der Gesamtbank zur Durchschnittskondition im Kundengeschäft

Die Regionalbank AG will eine moderne Konditionensteuerung nach dem Konzept der kostenorientierten Mindestmargenkalkulation aufbauen und dabei die Eigenkapitalkosten volumensproportional auf alle Kundengeschäfte verteilen. Zur Leitung dieses Projekts wird Herr Goldring beauftragt, worauf er die Herren Pius und Olowsky – zwei erfahrene Controller der Bank – als Teammitglied rekrutiert. Als Leitfaden des Projekts entwirft Goldring ein idealtypisches Kalkulationsschema für die Einzelgeschäftskalkulation. Um die Konditionen für einzelne Kundengeschäfte bestimmen zu können, müssen zunächst die durchschnittlichen Konditionen im Kundengeschäft eruiert werden. Nach diversen Untersuchungen und Rücksprachen liegen Herrn Goldring nun folgende Daten vor:

- aktuelle Bilanzsumme 04: 5.650 Mio. EUR
- geplante Bilanzsumme 05: 6.046 Mio. EUR
- bilanzielles Risikovolumen (= angerechnetes Risikovolumen) 04: 3.729 Mio. EUR
- haftendes Eigenkapital (= Kernkapital) 04: 305,8 Mio. EUR
- dividendenpflichtiges Eigenkapital 04: 185 Mio. EUR
- Dividendensatz: 12 % auf das dividendenpflichtige Eigenkapital
- Steuersätze: 25 % auf thesaurierte sowie ausgeschüttete Gewinne
- Die Risikostruktur sowie die Solvabilität des Geschäftsjahres 04 sollen auch im Planjahr 05 unverändert bleiben. Auch im Geschäftsjahr 05 soll der gleiche Prozentsatz auf das dividendenpflichtige Eigenkapital als Dividende gezahlt werden.

1. Ermitteln Sie aus diesen Daten den für das Jahr 05 notwendigen Reingewinnbedarf (vor Steuern)!

Nach tagelangen Recherchen trägt das Teammitglied Pius – auf Basis der einzelgeschäftsbezogenen Ergebnissystematik – folgende Daten beziehungsweise Informationen zusammen:

- Betriebskosten Overhead 04: 26,1 Mio. EUR
- Provisionsüberschuss Nichtkundengeschäft 04: 3,0 Mio. EUR
- Kundengeschäftsvolumen 04 (Aktiv und Passiv): 8.305 Mio. EUR
- Sonstiges Ergebnis 04: -1,1 Mio. EUR

- Übrige Ergebnisbeiträge aus dem Nicht-Kundengeschäft 04:

(1) Eigengeschäft:	Zinserträge:	159,7 Mio. EUR
	Zinsaufwendungen:	69,1 Mio. EUR
	Saldo:	90,6 Mio. EUR
(2) Fristentransformation:		- 67,3 Mio. EUR
(3) kalkulatorische Mindestreserve:		+ 3,7 Mio. EUR

- Die Daten des Vorjahres sind leider nicht mehr verfügbar. Aus Vereinfachungsgründen nimmt Pius an, dass die verschiedenen Bilanzgrößen des Geschäftsjahres 04 mit den des Vorjahres übereinstimmen. Plandaten für 05 existieren – mit Ausnahme des angestrebten Wachstums des Geschäftsvolumens – nicht. Deshalb unterstellt Pius, dass sich die verschiedenen Ergebniskomponenten proportional zum durchschnittlichen Geschäftsvolumen verändern werden. Damit wird zum einen erreicht, dass das durchschnittliche Geschäftsvolumen des Geschäftsjahres 04 dem Geschäftsvolumen am Bilanzstichtag entspricht. Zum anderen ist die Wachstumsrate des durchschnittlichen Geschäftsvolumens vom Geschäftsjahr 04 zum Geschäftsjahr 05 auch als Wachstumsrate der relevanten GuV-Positionen zu betrachten.

2. Ermitteln Sie mit Hilfe der einzelgeschäftsbezogenen Ergebnissystematik den Soll-Deckungsbeitrag in % des durchschnittlichen Kundengeschäftsvolumens, der aus dem Kundengeschäft zur Abdeckung der Eigenkapital- und Overheadkosten erwirtschaftet werden muss!

Das Recherchenergebnis des Teammitglieds Olowsky zeigt sich wie folgt:

- Betriebskosten des Kundengeschäfts im Geschäftsjahr 04: 104,4 Mio. EUR
- Provisionsüberschuss Kundengeschäft im Geschäftsjahr 04: 27,5 Mio. EUR
- Ist-Risikokosten für das Geschäftsjahr 04: 8,5 Mio. EUR
- Aus einer Zinsertragsbilanz für das Geschäftsjahr 04 können folgende Informationen gewonnen werden:

  aktivisches Kundengeschäftsvolumen: 3.667 Mio. EUR
  Ø GKM-Satz (= Opportunität) 6,36 %

  passivisches Kundengeschäftsvolumen: 4.638 Mio. EUR
  Ø GKM-Satz (= Opportunität) 6,48 %

- Das Kundengeschäftsvolumen der Passivseite besteht ausschließlich aus mindestreservepflichtigen Geschäften.
- Der durchschnittliche Mindestreservesatz: 2 %
- Verzinsung der Mindestreserve: 2,5 %

Herrn Olowsky ist es ebenfalls nicht gelungen, Plandaten für das Geschäftsjahr 05 zu ermitteln. Deshalb unterstellt er, dass die sich hieraus ergebenden Verhältnisse der Kosten beziehungsweise Überschüsse zum Kundengeschäftsvolumen auch im Geschäftsjahr 05 konstant bleiben würden.

3. Berechnen Sie den zur Ermittlung der Durchschnittskonditionen erforderlichen

   a) (Standard-)Risikokostensatz (in % des aktivischen Kreditvolumens),

   b) (Standard-)Betriebskostensatz (in % des gesamten Kundengeschäftsvolumens), der 05 die gleiche Höhe erreicht wie im Geschäftsjahr 04,

   c) Mindestreserve-Kostensatz (in % des passivischen Kundengeschäftsvolumens), der bei der Korrektur der Opportunität zu berücksichtigen ist, sowie

   d) durchschnittlichen Provisionsüberschuss (in % des gesamten Kundengeschäftsvolumens)! Der Wert des Jahres 04 entspricht dem des Jahres 05!

4. Berechnen Sie die durchschnittliche Mindestkondition für das Kundenkreditgeschäft sowie die durchschnittliche Höchstkondition für das Kundeneinlagengeschäft!

5. Zeigen Sie anhand des gesamtbankbezogenen ROI-Schemas die Verknüpfung von Gewinnbedarf und Durchschnittskonditionen im Kundengeschäft auf!

Teil 2: Ableitung von produktspezifischen Richtkonditionen im Rahmen der Einzelgeschäftskalkulation

Im Anschluss des Projekts kommt Herrn Goldring der Auftrag zu, die Richtkondition für einen Existenzgründungskredit an einen Architekten zu ermitteln. Dabei weist dieser Kredit folgende Charakteristika auf:

• Kreditvolumen:	100.000 EUR
• Kreditzins:	7,26 %
• Disagio:	–
• Laufzeit:	5 Jahre
• Zinszahlung:	jährlich
• Tilgung:	endfällig

Der effektive Opportunitätszins dieses Kredits beläuft sich bei der derzeitigen Zinsstruktur auf 4,29 %. Des weiteren liegt Herrn Goldring auf Basis einer unlängst durchgeführten Ablaufstudie mit Zeitbedarfsanalysen für die Geschäftsart „Existenzgründungskredite" die folgenden Daten vor:

Personal

• Beratung:	680 EUR	(einmalig bei Abschluss des Kredites)
• Kreditwürdigkeitsprüfung:	420 EUR	(einmalig bei Abschluss des Kredites)
• Kreditabwicklung:	340 EUR	(pro Jahr)
• Kontoauswertung:	380 EUR	(pro Jahr)

EDV

• Buchungsvorgänge:	60,80 EUR	(pro Jahr)
• Auswertungen:	40 EUR	(pro Jahr)

Sachmittel

• Formulare:	8 EUR
• Ordner:	13 EUR

Auf Basis des bankinternen Rating-Systems belaufen sich die jährlichen Standard-Risikokosten dieses Kredits auf 400 EUR. Zudem wird der Value at Risk des Kredits mit einem Sicherheitsniveau von 99,87 % auf 4.000 EUR geschätzt.

Für das Produkt Existenzgründungskredit soll nun die entsprechende Richtkondition ermittelt werden. Herr Goldring möchte jedoch als erstes diese im Rahmen einer kostenorientierten Mindestmargenkalkulation einer differenzierten Analyse unterziehen.

6. Erläutern Sie kurz das Konzept der kostenorientierten Kalkulation von Mindestmargen im Kundengeschäft!

7. Ermitteln Sie diejenige Konditionsmarge, die mindestens erzielt werden muss, um die dem Existenzgründungskredit direkt zurechenbaren Kostenbestandteile zu decken (Mindestmarge II)! Dabei sind die Standard-Einzelkosten gleichmäßig auf die Laufzeit des Kredites zu verteilen.

8. Ermitteln Sie unter Berücksichtigung der Mindestmarge III die entsprechende Richtkondition des Kredits! Berücksichtigen Sie dabei einen Soll-Deckungsbeitrag für Eigenkapital- und Overheadkosten in Höhe von 0,64 % (vgl. Teil 1, Aufgabe 2)!

Auf Basis des gesamtbankbezogenen Ergebnisanspruchs und der Höhe des gesamtbankbezogenen Risikokapitals wird für alle Geschäftsbereiche der Bank eine Ziel-RORAC von 30 % gefordert. Das dem Geschäftsbereich Kredit zugewiesene Risikokapital entspricht der Höhe des Value at Risk des Kreditportfolios. Dabei wird von der Bankleitung vorsichtshalber unterstellt, dass die Kredite miteinander perfekt positiv korreliert sind. Der Value at Risk des Portfolios ergibt sich somit aus den additiven Verknüpfungen der Value at Risk der einzelnen Kredite.

9. Wie ändert sich das Ergebnis aus Teilaufgabe 8, wenn die Eigenkapitalkosten risikoadjustiert verteilt werden sollen?

Lösungsvorschlag zu Fallstudie 59:

Teil 1:

zu 1.:

Der Reingewinnbedarf für das Jahr 05 setzt sich aus den folgenden Komponenten zusammen:

- Thesaurierungsbedarf (bzw. Gewinneinbehaltungsbedarf)
- Ausschüttungsbedarf
- Steuern auf Thesaurierungs- und auf Ausschüttungsbedarf

Thesaurierungsbedarf

(1) Wachstumsrate des Geschäftsvolumens:

$$\frac{\text{abs. Wachstum des Geschäftsvolumens}}{\text{Geschäftvolumen 04}} = \frac{6.046 \text{ Mio. EUR} - 5.650 \text{ Mio. EUR}}{5.650 \text{ Mio. EUR}} = 7\,\%$$

(2) absolutes Wachstum des Risikovolumens:

Risikovolumen 04 · Wachstumsrate des Geschäftsvolumens
= 3.729 Mio. EUR · 7 % = 261,03 Mio. EUR

(3) Solvabilitätskoeffizient 04:

$$\frac{\text{Eigenkapital 04}}{\text{Risikovolumen 04}} = \frac{305{,}8 \text{ Mio. EUR}}{3.729 \text{ Mio. EUR}} = 8{,}2\,\%$$

(4) Thesaurierungsbedarf:

absolutes Wachstum des Risikovolumens · Solvabilitätskoeffizient
= 261,03 Mio. EUR · 8,2 % = **21,4 Mio. EUR**

Steuern auf den Thesaurierungsbedarf

(5) Steuern auf den Thesaurierungsbedarf

$$\frac{\text{Thesaurierungsbedarf} \cdot \text{Steuersatz}}{1 - \text{Steuersatz}} = \frac{21{,}4 \text{ Mio. EUR} \cdot 0{,}25}{1 - 0{,}25} = \mathbf{7{,}13\ Mio.\ EUR}$$

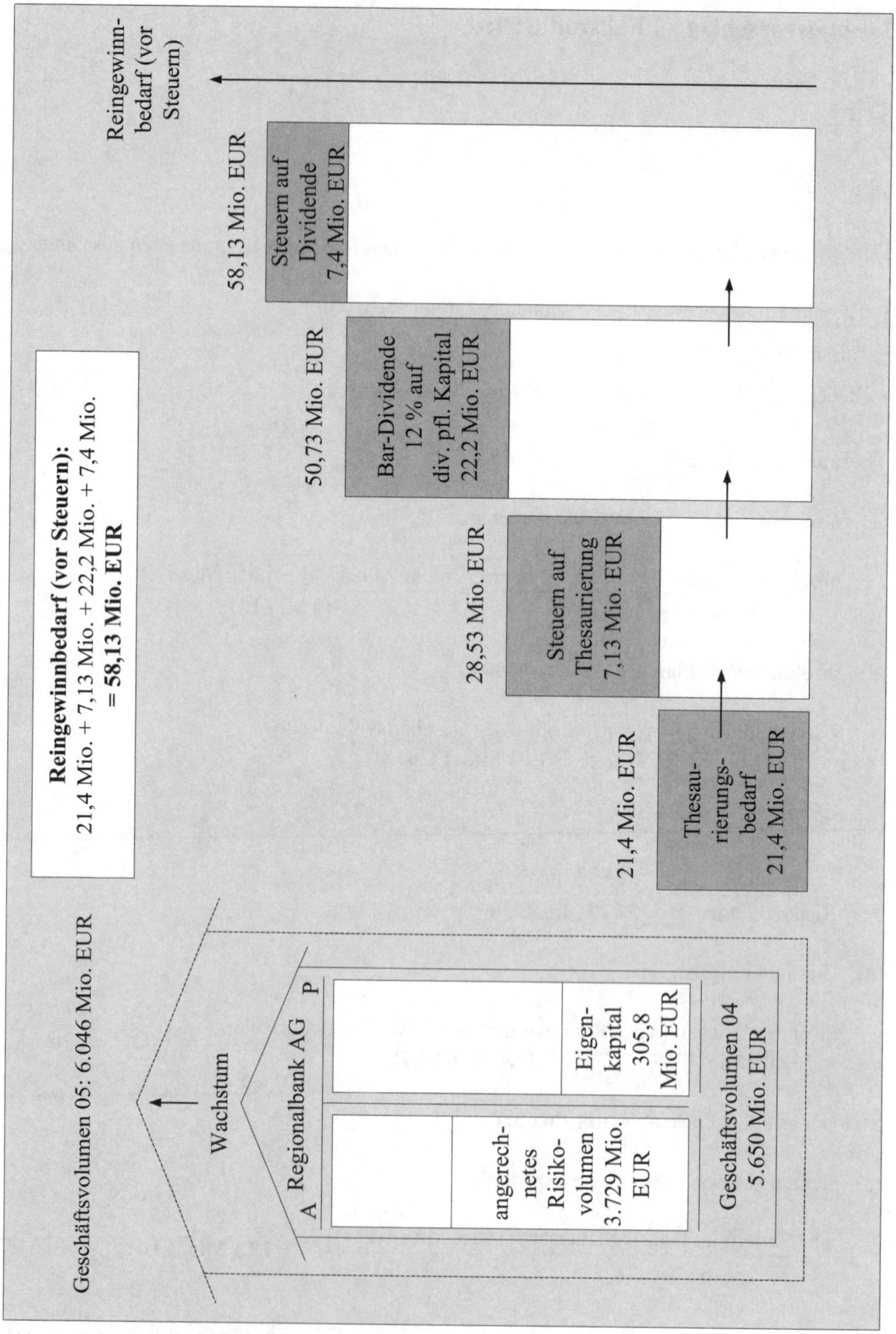

Abb. 59.1: Zusammensetzung des Reingewinnbedarfs für das Jahr 05

Ausschüttungsbedarf

(6) Bar-Dividende:

Dividendensatz · dividendenpfl. Kapital = 12 % · 185 Mio. EUR = **22,2 Mio. EUR**

Steuern auf den Ausschüttungsbedarf

(7) Steuern auf die Bar-Dividende:

$$\frac{\text{Bar-Dividende} \cdot \text{Steuersatz}}{1 - \text{Steuersatz}} = \frac{22{,}2 \text{ Mio. EUR} \cdot 0{,}25}{1 - 0{,}25} = \mathbf{7{,}4 \text{ Mio. EUR}}$$

Daraus ergibt sich ein Reingewinnbedarf in Höhe von **58,13 Mio. EUR**. Die Ergebnisse dieser Berechnungen werden in der voranstehenden Abbildung 59.1 zusammenfassend dargestellt.

zu 2.:

In der nachfolgenden Abbildung 59.2 wird skizziert, wie sich mit Hilfe der einzelgeschäftsbezogenen Ergebnissystematik der Soll-Deckungsbeitrag in % des Kundengeschäftsvolumens bestimmen lässt.

Hinweis zu Abbildung 59.2:

* Grundsätzlich wären hier Plandaten des Geschäftsjahres 05 sowie die durchschnittlichen Volumina der zugrundeliegenden Bilanzpositionen zur Kennzahlenbildung heranzuziehen. Aufgrund der getroffenen Annahmen (Bilanzpositionen des Vorjahres und des aktuellen Geschäftsjahres stimmen überein; Ergebnisgrößen entwickeln sich proportional zum durchschnittlichen Geschäftsvolumen) können aber die Werte des Jahres 04 (ohne Durchschnittsbildung) verwendet werden.

  Eine Ausnahme bildet in diesem Zusammenhang lediglich die Ermittlung der Kennzahl „Soll-Deckungsbeitrag Eigenkapitalkosten". Hier wird nämlich der Gewinnbedarf zugrundegelegt, der im Verlauf der kommenden Periode erwirtschaftet werden muss. Dieser – als Plangröße zu verstehender – Gewinnbedarf ist somit unbedingt auf das durchschnittliche Kundengeschäftsvolumen des Jahres 05 zu beziehen. Dieses durchschnittliche Kundengeschäftsvolumen beträgt bei einem geplanten Wachstum in Höhe von 7 % dabei 8.595,68 Mio. EUR (= (8.305 Mio. EUR + 8.305 Mio. EUR · 1,07) / 2).

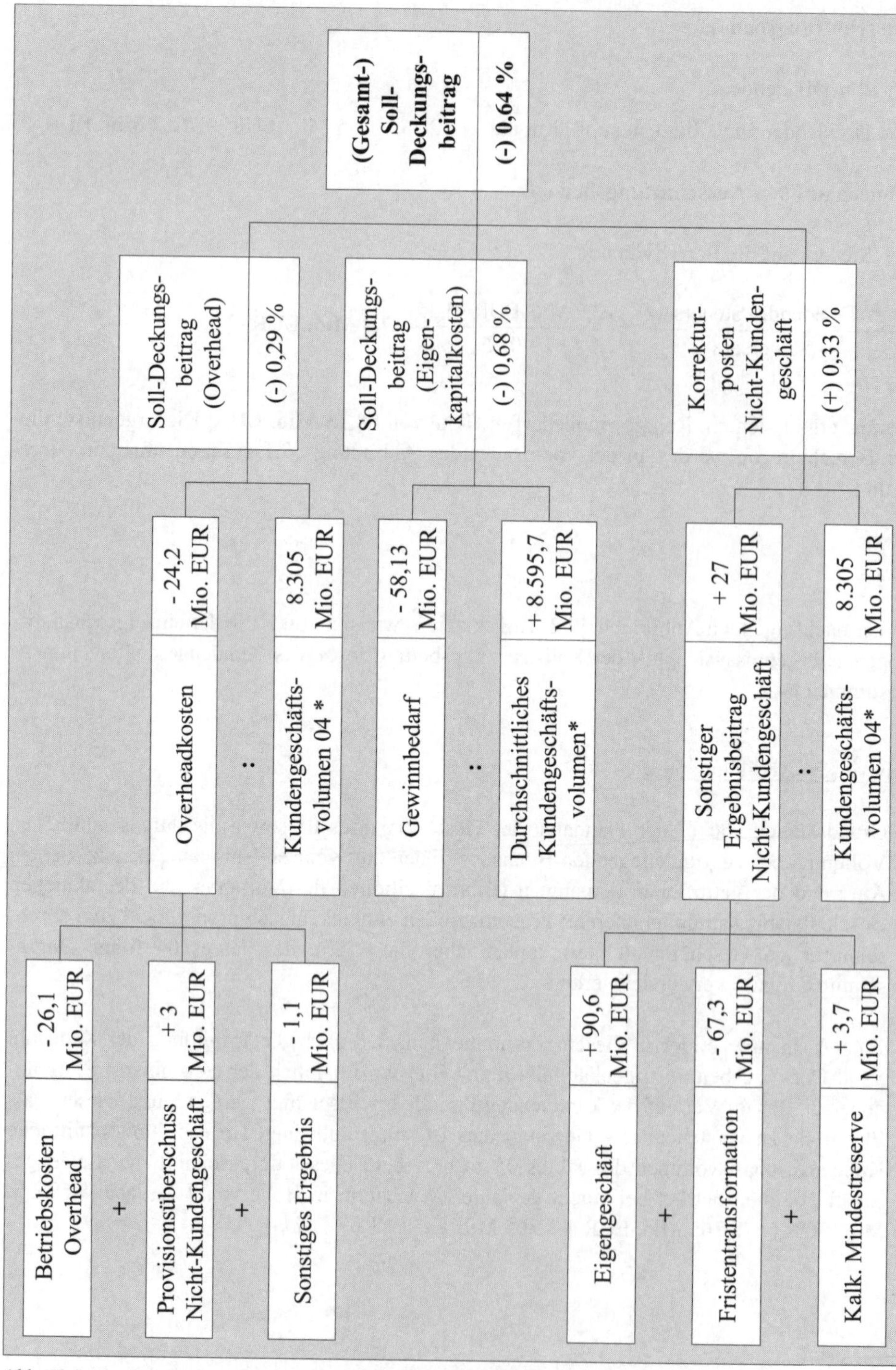

Abb. 59.2: Ermittlung des Soll-Deckungsbeitrages für 05

zu 3.a): Ermittlung der **(Standard-)Risikokosten**

Der **(Standard-)Risikokostensatz** ergibt sich aus der Division der (Standard-)Risikokosten durch das Kreditvolumen:

$$\frac{8{,}5\,\text{Mio. EUR}}{3.667\,\text{Mio. EUR}} = 0{,}23\,\%$$

(Standard-)Risikokostensatz: 0,23 % (Wert für 04 entspricht dem Wert für 05)

zu 3.b): Ermittlung der **(Standard-)Betriebskosten**

Der **(Standard-)Betriebskostensatz** ergibt sich aus der Division der Betriebskosten des Kundengeschäfts durch das gesamte Kundengeschäftsvolumen:

$$\frac{104{,}4\,\text{Mio. EUR}}{8.305\,\text{Mio. EUR}} = 1{,}26\,\%$$

(Standard-)Betriebskostensatz: 1,26 % (Wert für 04 entspricht dem Wert für 05)

zu 3.c): Ermittlung des **Mindestreserve-Kostensatzes**

Zur Ermittlung des Mindestreserve-Kostensatzes ist im Rahmen der Marktzinsmethode eine Korrektur des Opportunitätszinses um den Mindestreservesatz (MR-Satz) und die Verzinsung der Mindestreserve (MR-Zins) vorzunehmen. Zur Ermittlung des korrigierten Opportunitätszinses gilt allgemein folgende Formel:

korrigierter Opportunitätszins

= Opportunitätszins – (Opportunitätszins · MR-Satz) + (MR-Satz · MR-Zins)

korrigierter Opportunitätszins = 6,48 % – (6,48 % · 2 %) + (2 % · 2,5 %) = 6,4 %

Die Differenz zwischen dem durchschnittlichen Opportunitätszins der Passiva und dem korrigierten Opportunitätszins entspricht dem Mindestreserve-Kostensatz:

6,48 % – 6,40 % = 0,08 %

Mindestreserve-Kostensatz: 0,08 %

zu 3.d):

Ermittlung des **durchschnittlichen Provisionsüberschusses in %** mittels Division des Provisionsüberschusses durch das gesamte Kundengeschäftsvolumen

$$\frac{27{,}5\text{ Mio. EUR}}{8.305\text{ Mio. EUR}} = \mathbf{0{,}33\ \%} \qquad \text{(Wert für 04 entspricht dem Wert für 05)}$$

zu 4.:

Aus den Ergebnissen der Aufgaben 1 bis 3 können zusammenfassend die durchschnittlichen Mindestkonditionen für Kundenkreditgeschäfte beziehungsweise die durchschnittlichen Höchstkonditionen für Kundeneinlagengeschäfte ermittelt werden.

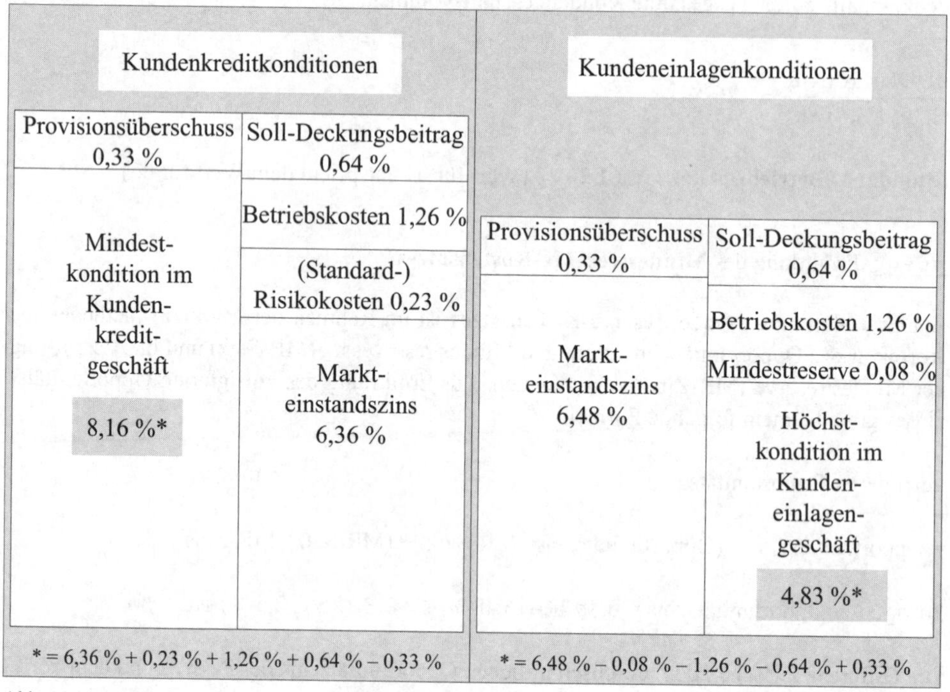

Abb. 59.3: Ermittlung von Mindest- und Höchstkonditionen im Kundengeschäft

zu 5.:

Das gesamtbankbezogene ROI-Schema, das die Verknüpfung von Gewinnbedarf und Durchschnittskonditionen im Kundengeschäft aufzeigt, ist in der Abbildung 59.4 dargestellt.

Die nicht durch Verknüpfung bestimmbaren Kennzahlen ergeben sich im einzelnen wie folgt:

$$\text{Risikospanne} = \frac{\text{Risikokosten}}{\text{Bilanzsumme}} = \frac{8{,}5\ \text{Mio. EUR}}{5.650\ \text{Mio. EUR}} = 0{,}15\ \%$$

$$\text{Bruttobedarfsspanne} = \frac{\text{Betriebskosten Kundengeschäft} + \text{Overheadkosten}}{\text{Bilanzsumme}} = \frac{(104{,}4 + 26{,}1)\ \text{Mio. EUR}}{5.650\ \text{Mio. EUR}} = 2{,}31\ \%$$

$$\text{AOSE - Spanne} = \frac{\text{Sonstiges Ergebnis}}{\text{Bilanzsumme}} = \frac{-1{,}1\ \text{Mio. EUR}}{5.650\ \text{Mio. EUR}} = -0{,}02\ \%$$

$$\text{Provisionsspanne} = \frac{\text{Provisionsüberschuss aus Kunden - und aus Nichtkundengeschäft}}{\text{Bilanzsumme}} = \frac{(27{,}5 + 3{,}0)\ \text{Mio. EUR}}{5.650\ \text{Mio. EUR}} = 0{,}54\ \%$$

$$\text{Kundengeschäftsanteil (Aktiva)} = \frac{\text{Kundenkreditvolumen}}{\text{Bilanzsumme}} = \frac{3.667\ \text{Mio. EUR}}{5.650\ \text{Mio. EUR}} = 64{,}90\ \%$$

$$\text{Zinsanteil Aktiv - Nichtkundengeschäft} = \frac{\text{Zinsertrag Eigengeschäft}}{\text{Bilanzsumme}} = \frac{159{,}7\ \text{Mio. EUR}}{5.650\ \text{Mio. EUR}} = 2{,}83\ \%$$

$$\text{Kundengeschäftsanteil (Passiva)} = \frac{\text{Kundeneinlagenvolumen}}{\text{Bilanzsumme}} = \frac{4.638\ \text{Mio. EUR}}{5.650\ \text{Mio. EUR}} = 82{,}09\ \%$$

$$\text{Zinsanteil Passiv - Nichtkundengeschäft} = \frac{\text{Zinsaufwand Eigengeschäft}}{\text{Bilanzsumme}} = \frac{69{,}1\ \text{Mio. EUR}}{5.650\ \text{Mio. EUR}} = 1{,}22\ \%$$

Aus der Verknüpfung ergibt sich eine Mindestreingewinnspanne in Höhe von 0,99 % (Der Wert 1,01% im Schema stellt eine rein rundungsbedingte Abweichung dar). Dabei liegt dieser Kennziffer eine bestimmte Annahme bzgl. der Entwicklung des Geschäftsvolumens zugrunde. Bei der Gewinnbedarfsanalyse wurde nämlich ein Wachstum des Geschäftsvolumens von 7 % unterstellt. Hieraus folgt ein durchschnittliches Geschäftsvolumen in Höhe von 5.847,75 Mio. EUR (= (5.650 Mio. EUR + 5.650 Mio. EUR · 1,07) / 2). Wenn nun der ermittelte Gewinnbedarf in Höhe von 67,07 Mio. EUR auf das durchschnittliche Geschäftsvolumen in Höhe von 5.847,75 Mio. EUR bezogen wird, so ergibt sich ein Wert von 0,99 % (= 67,07 Mio. EUR / 5.847,75 Mio. EUR), der der Mindestreingewinnspanne aus dem ROI-Schema entspricht (bei Berücksichtigung rundungsbedingter Abweichungen).

Dass bei der Berechnung der übrigen Kennzahlen das Geschäftsvolumen des Jahres 04 als Bezugsgröße diente, ist im Beispiel korrekt. Denn es wurde unterstellt, dass sich sämtliche Ergebniskomponenten aus der Gewinn- und Verlustrechnung proportional zur Veränderung des durchschnittlichen Geschäftsvolumens entwickeln werden.

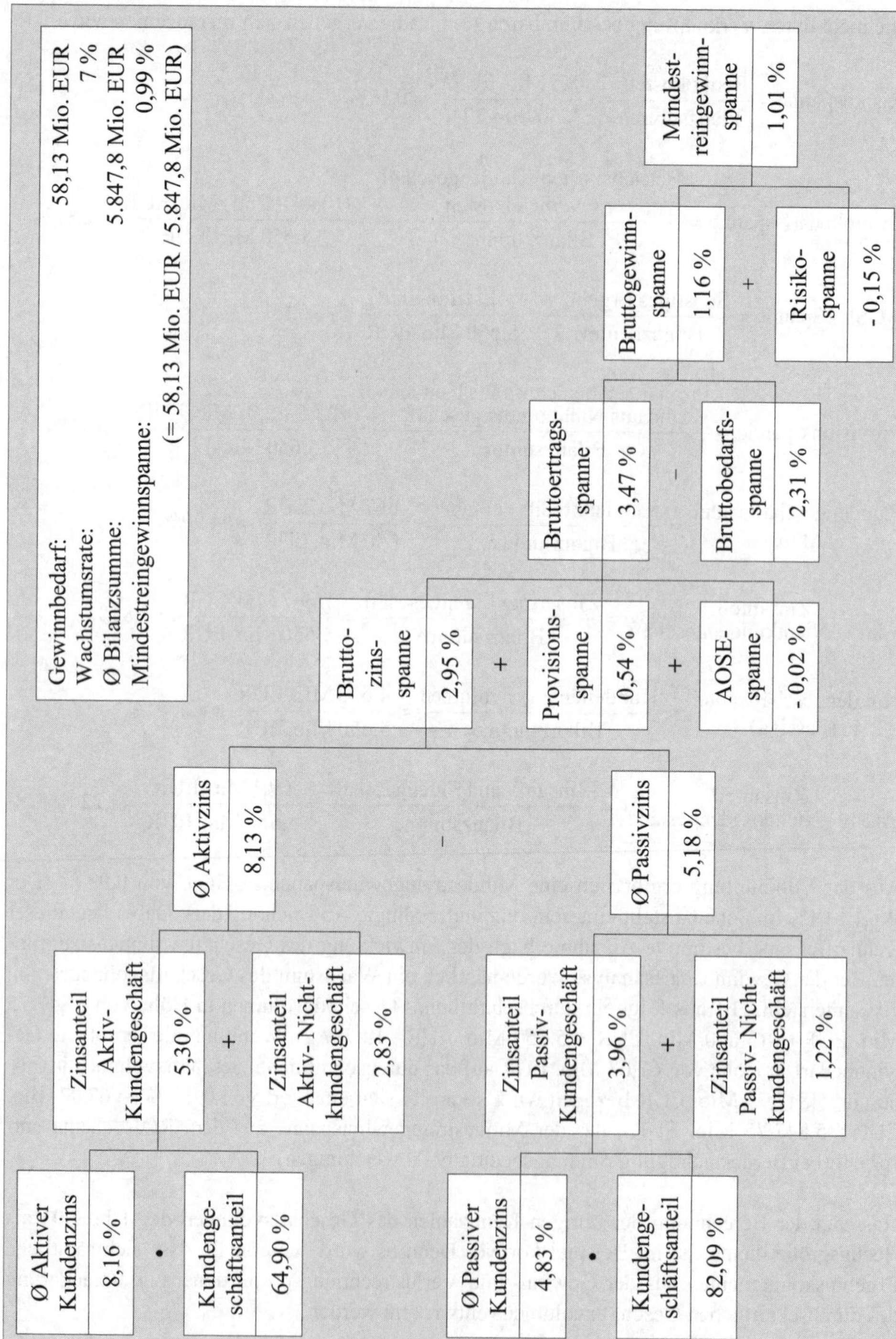

Abb. 59.4: Verknüpfung von Gewinnbedarf und durchschnittlicher Kundenkondition im ROI-Schema

Teil 2:

zu 6.:

Grundsätzlich lassen sich kurzfristige und langfristige Mindestmargen voneinander abgrenzen, wobei bezüglich letzterer zwei Ausprägungen unterschieden werden können.

Mindestmarge I

Die Mindestmarge I bestimmt die **kurzfristige Preisober- bzw. -untergrenze**. Sie ergibt sich in Einklang mit der Allgemeinen Betriebswirtschaftslehre aus der Überlegung, dass kurzfristig - sofern keine Kapazitätsengpässe bestehen - der Preis mindestens die variablen Kosten abzudecken hat, weil sonst das Ergebnis mit Durchführung des Geschäfts schlechter wäre als ohne dieses Geschäft.

Fragt man nun in Anwendung dieses strikten **Grenzkostenprinzips** nach den variablen Kostenkomponenten eines bilanzwirksamen Bankgeschäfts, so sind solche weder im Bereich der Betriebskosten im nennenswerten Umfang noch im Bereich der Risikokosten (und hier aus prinzipiellen Gründen) zu finden. Lediglich die über die **Marktzinsmethode** bestimmten Opportunitätskosten der Anlage bzw. Refinanzierung eines bilanzwirksamen Geschäfts können in diesem Sinne als Grenzkosten verstanden werden. Damit gilt folgerichtig für die Mindestmarge I, dass sie dort liegt, wo die **(Brutto-)Konditionsmarge null** ist bzw. wo der Kundenzins gerade den (korrigierten) Opportunitätszins als Einstandszins abdeckt.

Mindestmarge II

Die Mindestmarge II determiniert in Erweiterung zur erstgenannten die **langfristige, kostenorientierte Preisober- bzw. -untergrenze**. Sie muss also folgerichtig auch diejenigen Kostenkomponenten abdecken, die zumindest im Durchschnitt auch verdient werden müssen. Dabei werden in die Mindestmarge II nur solche Kosten eingerechnet, die den Geschäften (genauer: den Geschäftsarten) direkt zugerechnet werden können. Im Grunde handelt es sich hier jetzt um die Standard-Risikokosten, aber auch die verrechneten Standard-Betriebskosten mit Fixkostencharakter.

Konzeptionell könnte also die Mindestmarge II aus dem Saldo von Standard-Risikokosten, Standard-Betriebskosten und etwaigen direkten Dienstleistungserträgen kalkuliert werden. Wird dieser Saldo durch die Brutto-Marge eines Kundengeschäfts abgedeckt, ist die Mindestmarge II realisiert. Entsprechend ist das **Marktergebnis** (bzw. die **Nettomarge**) eines Kundengeschäfts dann genau **null**.

Mindestmarge III

Über die Mindestmarge III lässt sich ebenfalls eine **langfristige Preisober- bzw. -untergrenze** bestimmen. Allerdings deckt sie nun zusätzlich auch noch alle indirekten Kosten des Bankgeschäfts sowie die als Eigenkapitalkosten bezeichneten Mindest-Ansprüche an die Rentabilität des Eigenkapitals ab. Solche Kostenkomponenten (also Overheadkosten und Eigenkapitalkosten) müssen durch Maßnahmen der **Gemeinkostenschlüsselung** in die Mindestmarge gerechnet werden und haben damit im strengen Sinne eine nur begrenzte kostenrechnerische Qualität im Hinblick auf das Kostenverursachungsprinzip.

Um dies auch optisch zu unterstreichen, könnte man im Gegensatz etwa zu den klassischen Vertretern der Mindestmargenkalkulation im folgenden nicht von „Kosten" sprechen, sondern davon, dass die Mindestmarge III so hoch sein muss, dass sie einen bestimmten rechnerischen Beitrag zum Gesamtbankergebnis zu liefern in der Lage ist, der auch als „Soll-Deckungsbeitrag" zu definieren wäre.

Zusammenfassend kann also folgendes Kalkulationsschema (am Beispiel eines Kreditgeschäfts) dargestellt werden:

	Mindestmarge I (=> Konditionsmarge = 0)
+	Standard-Risikokosten (in % p.a.)
–	Zurechenbare Dienstleistungserträge (in % p.a.)
+	Standard-Betriebskosten
=	**Mindestmarge II** (= direkter Deckungsbedarf aus der Konditionsmarge)
+	anteilige Overheadkosten (in % p.a.)
+	anteilige Eigenkapitalkosten (in % p.a.)
=	**Mindestmarge III** (= gesamter Deckungsbedarf aus der Konditionsmarge)

Abb. 59.5: Kalkulationsschema zur Mindestmargenberechnung

zu 7.:

Zur Kalkulation der Mindestmarge II müssen die **direkt zurechenbaren** Kosten und Erträge ermittelt werden.

Standard-Risikokostensatz:

Werden die jährlichen Standard-Risikokosten des Existenzgründungskredits auf 400 EUR geschätzt, so beläuft sich der Standard-Risikokostensatz angesichts des Kreditvolumens von 100.000 EUR auf 0,4 %:

$$\frac{400 \text{ EUR}}{100.000 \text{ EUR}} = \mathbf{0{,}4\ \%}$$

Standard-Einzelkosten:

• Personal:	(680 EUR / 5 =)	136 EUR	Beratung
	(420 EUR / 5 =)	84 EUR	Kreditwürdigkeitsprüfung
		340 EUR	Kreditabwicklung
		380 EUR	Kontoauswertung
		940,00 EUR	
• EDV:		60,80 EUR	Buchungsvorgänge
		40,00 EUR	Auswertungen
		100,80 EUR	
• Sachmittel:	(8 EUR / 5 =)	1,60 EUR	Formulare
	(13 EUR / 5 =)	2,60 EUR	Ordner
		4,20 EUR	
Standard-Einzelkosten pro Jahr		**1.045,00 EUR**	

Bezogen auf das Kreditvolumen: $\frac{1.045\text{ EUR}}{100.000\text{ EUR}} = \mathbf{1{,}045\ \%}$

Der Standard-Betriebskostensatz beläuft sich demnach auf 1,045 %.

Direkte **Dienstleistungserträge** sind im vorliegenden Fall nicht zu verzeichnen.

Die **Mindestmarge II** errechnet sich als Saldo der dem Kredit direkt zurechenbaren (Standard-Einzel- und Standard-Risiko-)Kosten und Erträge (vgl. Abb. 59.5). Sie beläuft sich für den vorliegenden Existenzgründungskredit auf:

0,40 % + 1,045 % – 0 % = **1,445 %**

zu 8.:

Die Mindestmarge III errechnet sich wie folgt:

Mindestmarge II	1,445 %
(Gesamt-)Soll-Deckungsbeitrag	+ 0,64 %
Mindestmarge III	**2,085 %**

Wird die Mindestmarge III als Basis zur Kalkulation von Richtkondition herangezogen, so setzt sich die Richtkondition des Existenzgründungskredits aus dem effektiven Opportunitätszinssatz und der Mindestmarge III zusammen und beträgt demnach 6,475 % (= 4,29 % + 2,185 %).

zu 9.:

Das Eigenkapital wird nun in Form von Risikokapital den einzelnen Geschäftsbereichen zugewiesen. Der Ergebnisanspruch aus dem Risikokapital, welcher über das Kundengeschäft verdient werden soll, lässt sich wie folgt herleiten:

$$\text{Ergebnisanspruch aus Risikokapital} = \text{Risikokapital} \cdot \text{Ziel - RORAC}$$

Da die Kredite miteinander perfekt positiv korreliert sind, entspricht das dem Existenzgründungskredit zugewiesene Risikokapital genau der Höhe des VaR dieses Kredits. Der Ergebnisanspruch auf diesen Kredit beträgt:

$$1.200\ \text{EUR} = 4.000\ \text{EUR} \cdot 30\ \%$$

Bezogen auf das Kreditvolumen:

$$\frac{1.200\ \text{EUR}}{100.000\ \text{EUR}} = 1{,}2\ \%$$

Der (Gesamt-)Soll-Deckungsbeitrag beträgt nun (-) 1,16 % (vgl. auch Abb. 59.2):

$$-\ 0{,}29 - 1{,}2\ \% + 0{,}33\ \% = -\ 1{,}16\ \%$$

Die neue Mindestmarge III beträgt nun 2,605 % (= 1,445 % + 1,16 %). Demnach beläuft sich die Richtkondition des Kredits auf 6,895 % (= 4,29 % + 2,605 %).

Fallstudie 60: **Anwendungsvoraussetzungen für die Verwendung eines analytisch ermittelten Value at Risk**

In Ihrer Bank wurde ein Projekt gestartet, mit dessen Hilfe der Value at Risk verschiedenster Risikogrößen gemessen werden soll. Die Kalkulation des Value at Risk basiert im Rahmen dieses Projektes auf dem analytischen Grundmodell. Da Sie sich zum undifferenzierten Gebrauch des analytischen Ansatzes kritisch geäußert haben, wurden Sie mit der Aufgabe betraut, anhand eines vereinfachten Beispiels Ihre Kritik zu erhärten. Dazu wählen Sie eine Europäische Call Option auf eine Telekom-Aktie, welche am 27. Juni die folgenden Eigenschaften aufweist:

- Optionspreis: 3,071 EUR
- Ausübungspreis: 26,000 EUR
- Laufzeit bis zur Ausübung: 26 Wochen
- Dividendenrendite des Underlyings: 0 %

Der Kurs des Underlyings notiert am 27. Juni 24,18 EUR und der risikofreie (stetige) Zinssatz beläuft sich auf 4 % p.a.
Folgende Zeitreihe bestehend aus 26 Optionspreisen und Aktienkursen (Underlying) steht Ihnen für die Präsentation zusätzlich zur Verfügung:

Datum	Aktienkurs (in EUR)	Optionspreis (in EUR)	Datum (Fortsetzung)	Aktienkurs (in EUR)	Optionspreis (in EUR)
03. Januar	33,65	11,309	04. April	26,40	5,221
10. Januar	33,40	11,049	11. April	28,25	6,363
17. Januar	37,90	14,707	18. April	30,01	7,533
24. Januar	35,80	12,875	25. April	28,70	6,529
31. Januar	35,86	12,864	02. Mai	28,20	6,112
07. Februar	33,10	10,562	09. Mai	26,37	4,849
14. Februar	28,68	7,200	16. Mai	25,85	4,459
21. Februar	25,40	4,995	23. Mai	26,51	4,788
28. Februar	26,40	5,551	30. Mai	24,10	3,325
07. März	29,10	7,297	06. Juni	23,50	2,946
14. März	24,70	4,394	13. Juni	24,55	3,419
21. März	24,91	4,452	20. Juni	24,25	3,184
28. März	27,00	5,671	27. Juni	24,18	3,071
Standardabweichung der stetigen wöchentlichen Aktienkursrenditen		7,34 %	Standardabweichung der stetigen wöchentlichen Optionspreisrenditen		21,36 %

Abb. 60.1: Zeitreihe bestehend aus 26 wöchentlichen Optionspreisen

1. a) Beschreiben Sie zunächst allgemein, wie das Risiko von Optionspreisschwankungen im Rahmen des Risikomodells RiskMaster® bestimmt werden kann. Wählen Sie dazu ein dem Aktienkursrisiko entsprechendes Vorgehen!

   b) Welche zentrale Annahme im RiskMaster® würde bei der Berechnung des Value at Risk von Optionen verletzt? Begründen Sie Ihre Antwort kurz!

2. a) Welcher Value at Risk ergibt sich, wenn als Risikoparameter nicht die Rendite aus der Option, sondern jene des Underlyings dient, welche als annähernd normalverteilt angenommen wird? Welche Transformation wäre bei einer solchen Vorgehensweise nötig, um nicht das Risiko des Underlyings, sondern jenes der Option zu ermitteln?

   Die Optionspreisformel lautet wie folgt:

   $$C = S \cdot N(z_1) - X \cdot e^{-r \cdot T} \cdot N(z_2)$$

   wobei $z_1 = \dfrac{\ln\left(S/X\right) + \left(r + STD^2/2\right) \cdot T}{STD \cdot \sqrt{T}}$ und $z_2 = z_1 - STD \cdot \sqrt{T}$

   Hinweis: • Im Anschluss an die Aufgabenstellung ist ein Ausschnitt aus einer Standardnormalverteilungstabelle angehängt (vgl. Abbildung 60.2)!
   • Die annualisierte Standardabweichung soll aus den vorhandenen Daten berechnet werden!

   b) Wo liegen die Grenzen dieses Ansatzes?

3. a) Ermitteln Sie auf Basis der Optionspreise aus Abbildung 60.1 für eine Anzahl von 1.000 Optionen den Value at Risk am 27. Juni mit Hilfe einer historischen Simulation! Wählen Sie wiederum ein Konfidenzniveau von 92 %.

   b) Kennen Sie eine weitere Methode, die den Value at Risk mittels einer Simulation kalkuliert? Wo liegen die Unterschiede zur historischen Simulation (nur stichwortartige Antwort verlangt)?

4. Welche weiteren Anwendungsvoraussetzungen für die analytische Vorgehensweise zur Berechnung eines Value at Risk kennen Sie?

	Zweite Nachkommastelle des Z-Wertes									
Z	0	1	2	3	4	5	6	7	8	9
0,0	0,5000	0,5040	0,5080	0,5120	0,5160	0,5199	0,5239	0,5279	0,5319	0,5359
0,1	0,5398	0,5438	0,5478	0,5517	0,5557	0,5596	0,5636	0,5675	0,5714	0,5753
0,2	0,5793	0,5832	0,5871	0,5910	0,5948	0,5987	0,6026	0,6064	0,6103	0,6141
0,3	0,6179	0,6217	0,6255	0,6293	0,6331	0,6368	0,6406	0,6443	0,6480	0,6517
0,4	0,6554	0,6591	0,6628	0,6664	0,6700	0,6736	0,6772	0,6808	0,6844	0,6879
0,5	0,6915	0,6950	0,6985	0,7019	0,7054	0,7088	0,7123	0,7157	0,7190	0,7224
0,6	0,7257	0,7291	0,7324	0,7357	0,7389	0,7422	0,7454	0,7486	0,7517	0,7549
0,7	0,7580	0,7611	0,7642	0,7673	0,7704	0,7734	0,7764	0,7794	0,7823	0,7852
0,8	0,7881	0,7910	0,7939	0,7967	0,7995	0,8023	0,8051	0,8078	0,8106	0,8133
0,9	0,8159	0,8186	0,8212	0,8238	0,8264	0,8289	0,8315	0,8340	0,8365	0,8389
1,0	0,8413	0,8438	0,8461	0,8485	0,8508	0,8531	0,8554	0,8577	0,8599	0,8621
1,1	...	...	...	...	...	...	...	...	...	...

Abb. 60.2: Standardnormalverteilung – Verteilungsfunktion ($F_N(-z) = 1 - F_N(z)$)

Lösungsvorschlag zu Fallstudie 60:

zu 1.a):

Stufe 1: Definition des Risikoparameters (RP): Stetige Optionspreisveränderungen
Definition des Risikovolumens (RV): Marktpreis der Option

Stufe 2: Berechnung des Erwartungswertes und der Standardabweichung des Risikoparameters

Stufe 3: Bestimmung einer Risikomesszahl (RMZ) durch Fixierung des Sicherheitsniveaus mit Hilfe des Z-Wertes:
RMZ (RP) = STD (RP) · Z-Wert

Stufe 4: Ableitung des Risikofaktors
$RF\ (RP) = e^{RMZ\ (RP)} - 1$

Stufe 5: Ermittlung eines einzelnen Value at Risk:
VaR (RP) = RV · RF (RP)

zu 1.b):

Die analytische Vorgehensweise zur Berechnung des Value at Risk kann nur auf solche Positionen angewendet werden, bei der approximativ eine Normalverteilung unterstellt werden kann. Im Falle von Optionen gilt dies nicht mehr. Je nachdem, ob die Option im, am oder aus dem Geld ist, führen Veränderungen des Underlyings zu einer über- oder unterproportionalen Veränderung des Optionspreises. Dies hat zur Folge, dass die Normalverteilung als zentrale Annahme im RiskMaster® im Falle von Optionen selbst approximativ nicht mehr gilt.

zu 2.a):

Das Risiko der Call Option (Longposition) besteht darin, dass der Aktienkurs und damit auch der Call-Optionspreis sinken. Zwischen Optionspreis- und Aktienkursentwicklung kann zwar keine lineare Beziehung hergestellt werden. Diese ist auch nicht erforderlich, solange von einer normalverteilten Aktienkursrendite ausgegangen werden kann. Das Risiko aus der Optionsposition lässt sich dadurch quantifizieren, dass ausgehend von dem aktuellen Aktienkurs dessen Schwankungsintervall für eine negative Optionspreisentwicklung festgestellt wird. Dazu wird der Aktienkurs S_0 in t = 0 unter Berücksichtigung des Sicherheitsniveaus von 92 % mit dem Term $e^{-STD \cdot 1{,}40507}$ multipliziert. Der sich daraus mit dem entsprechenden Sicherheitsniveau ergebende hypothetische Aktienkurs S_1 in t = 1 wird ebenso wie der Aktienkurs S_0 in t = 0 in die Optionspreisformel eingesetzt. Die Differenz beider Optionspreise stellt das mit der gewünschten Wahrscheinlichkeit zutreffende Risiko dar. Allgemein lässt sich diese Vorgehensweise mit folgender Formel erfassen:

$$VaR_{Call} = C(S_1) - C(S_0) = C\left[S_0 \cdot e^{STD(r_{Underlying}) \cdot Z\text{-Wert}}\right] - C(S_0)$$

Der Value at Risk für eine Aktie errechnet sich demnach wie folgt:

Stufe 3: RMZ (RP) = STD (RP) · Z-Wert = - 0,0734 · 1,40507 = - 0,10313

Stufe 4: RF (RP) = $e^{RMZ\,(RP)} - 1 = e^{-0{,}10313} - 1 = -0{,}09799$

Stufe 5: VaR (RP) = RV · RF (RP) = 24,18 EUR · (- 0,09799) = - 2,3694 EUR

Verbunden mit diesem Value at Risk ist die Aussage, dass der Aktienkurs mit einem Sicherheitsniveau von 92 % den Wert von 21,8106 EUR (= 24,18 EUR – 2,3694 EUR) nicht unterschreiten wird.

Anschließend bleibt zu ermitteln, welchen Wert die Option bei einem Aktienkurs von 21,8106 EUR annimmt. Hierfür kommt die Black-Scholes Optionspreisformel zur Anwendung, mit welcher der Optionspreis approximativ berechnet werden kann:

$$C = S \cdot N(z_1) - X \cdot e^{-r \cdot T} \cdot N(z_2)$$

wobei $z_1 = \dfrac{\ln\left(S/X\right) + \left(r + STD^2/2\right) \cdot T}{STD \cdot \sqrt{T}}$ und $z_2 = z_1 - STD \cdot \sqrt{T}$

Die annualisierte Standardabweichung der stetigen Aktienkursrendite soll aus den zur Verfügung stehenden Angaben berechnet werden, weshalb auf das Wurzelgesetz zurückgegriffen werden muss:

$$\sigma_{\text{annualisiert}} = \sigma_{\text{wöchentlich}} \cdot \sqrt{52} = 0{,}0734 \cdot \sqrt{52} = 0{,}5293$$

Damit ergibt sich für z_1:

$$z_1 = \frac{\ln\left(21{,}8106\ \text{EUR}/26\ \text{EUR}\right) + \left(0{,}04 + 0{,}5293^2/2\right) \cdot 0{,}5}{0{,}5293 \cdot \sqrt{0{,}5}} = -0{,}2289\text{; gerundet: } \mathbf{-0{,}23}$$

und für z_2:

$$z_2 = -0{,}2289 - 0{,}5293 \cdot \sqrt{0{,}5} = -0{,}6032\text{; gerundet: } \mathbf{-0{,}6}$$

Der Preis für die Call-Option berechnet sich demnach gemäß:

$$C = 21{,}8106\ \text{EUR} \cdot N(-0{,}23) - 26\ \text{EUR} \cdot e^{-0{,}04 \cdot 0{,}5} \cdot N(-0{,}6)$$
$$C = 21{,}8106\ \text{EUR} \cdot (1 - N(0{,}23)) - 26\ \text{EUR} \cdot e^{-0{,}04 \cdot 0{,}5} \cdot (1 - N(0{,}6))$$
$$C = 21{,}8106\ \text{EUR} \cdot 0{,}409 - 26\ \text{EUR} \cdot e^{-0{,}04 \cdot 0{,}5} \cdot 0{,}2743 = \mathbf{1{,}93\ EUR}$$

Damit resultiert aus der Differenz des Preises, welcher mit einem Sicherheitsniveau von 92 % und einer Haltedauer von sieben Tagen nicht unterschritten wird und dem aktuellen Optionspreis (3,071 EUR) der VaR für eine Option:

1,93 EUR – 3,071 EUR = **- 1,141 EUR**

Bei 1.000 Optionen ergibt dies einen VaR in Höhe von **1.141 EUR** (= 1.000 · 1,141 EUR).

zu 2.b):

Problematisch wird der Ansatz bei der Aggregation einzelner VaR von Derivaten. Da die Optionspreise nicht normalverteilt sind, kann die Aggregation nicht anhand einer sonst üblichen Korrelationskoeffizientenmatrix erfolgen.

zu 3.a):

Für die Berechnung des VaR muss im Rahmen der historischen Simulation in einem **ersten Schritt** eine historische Zeitreihe bestehend aus Optionspreisen beobachtbar sein. Analog zur analytischen Vorgehensweise können auf Basis dieser Zeitreihe in einem **zweiten Schritt** stetige Wertänderungen berechnet werden (vgl. Abbildung 60.3, Spalte III). Einfacher wäre es allerdings, diskrete Veränderungsraten zu berechnen, weil im Gegensatz zu analytischen Modellen keine Verteilungsannahmen den Veränderungsraten gegenüber stehen. Wählt man das Vorgehen stetiger Wertänderungen (analog zum analytischen Grundmodell), wird in einem zweiten Schritt der Verlust für jede stetige Rendite wie in Stufe vier im RiskMaster® berechnet (vgl. Abbildung 60.3, Spalte IV):

$$\text{Verlust/Gewinn} = (e^{(\text{stetige Rendite bei entsprechendem Sicherheitsniveau})} - 1) \cdot \text{Optionspreis}$$

Für die stetige Rendite vom 3. – 10. Januar ergibt sich beispielhaft eine Wertänderung von:

$r_s = \ln(11{,}309\ \text{EUR} / 11{,}049\ \text{EUR}) = -2{,}33\ \%$ (vgl. auch Abbildung 60.3, Spalte III, oberster Wert)

Der Verlust für diesen Zeitraum ergibt dann **- 0,0706 EUR** (= $(e^{\ln(11{,}309\ \text{EUR} / 11{,}049\ \text{EUR})} - 1) \cdot 3{,}071$ EUR). Für 1.000 Optionen erhält man demnach einen Verlust in Höhe von **70,6 EUR** (= 0,0706 EUR · 1.000), wie in Abbildung 60.3, Spalte IV (oberster Wert) dargestellt.

Im **dritten Schritt** werden die historischen Gewinne oder Verluste der Größe nach geordnet (vgl. Abbildung 60.3, Spalte V). Der VaR kann dadurch auf Basis des unterstellten Sicherheitsniveaus durch Abzählen ermittelt werden.

Datum	Optionspreis (in EUR)	stetige Rendite	Wertveränderung (in EUR)*	aufsteigend sortiert (in EUR)	Wahrscheinlichkeit
(I)	(II)	(III)	(IV)	(V)	(VI)
03. Januar	11,309				
10. Januar	11,049	- 2,33 %	- 70,60 (1)	- 1.221,75 (10)	100 %
17. Januar	14,707	28,60 %	1.016,72 (2)	- 977,53 (6)	96 %
24. Januar	12,875	- 13,30 %	- 382,54 (3)	- 940,49 (7)	92 %
31. Januar	12,864	- 0,09 %	- 2,62 (4)	- 938,36 (21)	88 %
07. Februar	10,562	- 19,72 %	- 549,55 (5)	- 634,60 (18)	84 %
14. Februar	7,200	- 38,32 %	- 977,53 (6)	- 549,55 (5)	80 %
21. Februar	4,995	- 36,56 %	- 940,49 (7)	- 409,30 (16)	76 %
28. Februar	5,551	10,55 %	341,84 (8)	- 382,54 (3)	72 %
07. März	7,297	27,35 %	965,95 (9)	- 350,05 (22)	68 %
14. März	4,394	- 50,72 %	- 1.221,75 (10)	- 247,00 (19)	64 %
21. März	4,452	1,31 %	40,54 (11)	- 243,69 (13)	60 %
28. März	5,671	24,20 %	840,87 (12)	- 211,08 (24)	56 %
04. April	5,221	- 8,27 %	- 243,69 (13)	- 196,14 (17)	52 %
11. April	6,363	19,78 %	671,73 (14)	- 108,99 (25)	48 %
18. April	7,533	16,88 %	564,68 (15)	- 70,60 (1)	44 %
25. April	6,529	- 14,30 %	- 409,30 (16)	- 2,62 (4)	40 %
02. Mai	6,112	- 6,60 %	- 196,14 (17)	40,54 (11)	36 %
09. Mai	4,849	- 23,15 %	- 634,60 (18)	226,59 (20)	32 %
16. Mai	4,459	- 8,38 %	- 247,00 (19)	341,84 (8)	28 %
23. Mai	4,788	7,12 %	226,59 (20)	493,07 (23)	24 %
30. Mai	3,325	- 36,46 %	- 938,36 (21)	564,68 (15)	20 %
06. Juni	2,946	- 12,10 %	- 350,05 (22)	671,73 (14)	16 %
13. Juni	3,419	14,89 %	493,07 (23)	840,87 (12)	12 %
20. Juni	3,184	- 7,12 %	- 211,08 (24)	965,95 (9)	8 %
27. Juni	3,071	- 3,61 %	- 108,99 (25)	1.016,72 (2)	4 %

Abb. 60.3: Bestimmung des Value at Risk anhand einer historischen Simulation

* Die Wertveränderung wurde auf Basis ungerundeter Zwischenresultate berechnet.

Das Intervall der kumulierten Wahrscheinlichkeiten von 4 % ergibt sich, indem 100 % durch die Anzahl an Veränderungsraten (25) geteilt wird (vgl. Abbildung 60.3, Spalte VI).

Damit liefert die historische Simulation bei einem Sicherheitsniveau von 92 % ein VaR in Höhe von **- 940,49 EUR**.

Die Vorgehensweise geht damit von der impliziten Prämisse aus, dass die Informationen aus der ermittelten vergangenheitsorientierten Zeitreihe für die unterstellte Haltedauer Gültigkeit hat. Zusätzlich sei nochmals darauf hingewiesen, dass anhand einer Zeitreihe bestehend aus 25 Renditen im statistischen Sinne keine aussagekräftigen Resultate gewonnen werden können. Die Grundgesamtheit wurde für das Beispiel absichtlich klein gehalten, da sie ansonsten den Rahmen einer Fallstudie sprengen würde.

<u>zu 3.b):</u>

Im Unterschied zur historischen Simulation werden bei der Monte-Carlo-Simulation die Risikoparameter nicht aus historischen Zeitreihen abgeleitet, sondern anhand von Zufallszahlen im Rahmen vorgegebener Verteilungen simuliert.

<u>zu 4.:</u>

- Wenn eine beobachtete Zeitreihe für Prognosezwecke dienen soll, ist es wichtig, dass diese hinsichtlich Mittelwert, aber auch bezüglich Varianz und Kovarianz vom Zeitindex unabhängig ist. D.h. diese Werte sollten sich im Zeitablauf idealerweise nur geringfügig ändern, um die **Zeitstabilität** zu gewährleisten.
- Bei der Verknüpfung verschiedener VaR ist es wichtig, dass die Maßzahlen auf derselben **Haltedauer** beruhen. Dabei ist bei einer „Nivellierung“ mittels Wurzelgesetz Vorsicht geboten, da dieses auf restriktiven (in der Praxis meist nicht beobachtbaren) Annahmen beruht.

Fallstudie 61: **Aufsichtsrechtliche Erfassung des Liquiditätsrisikos**

Fritz Flüssig, Prokurist bei der Liquido-Bank, ist für die Liquiditätssteuerung in seinem Hause zuständig. In der Vergangenheit ist es Flüssig oft nur mit Mühe gelungen, plötzlich aufgetretenen Liquiditätsbedarf rechtzeitig und im erforderlichen Volumen darzustellen. Für heute nachmittag hat der Schweizer Unternehmensberater Beat Räppli, der sich als international anerkannter Fachmann auf die Steuerung von Liquiditätsrisiken spezialisiert hat, seinen Besuch angekündigt. Die Bilanz der Liquido-Bank hat derzeit das folgende Aussehen:

Aktiva			Bilanz in Mio. EUR		Passiva
Barreserve		6	Verbindlichkeiten gegenüber Kreditinstituten		77
Schecks		1	• täglich fällig	20	
Wechsel		2	• t < 1 Monate	14	
Forderungen an Kreditinstitute		74	• 1 Monate ≤ t < 3 Monate	11	
• t < 1 Monate	13		• 3 Monate ≤ t < 6 Monate	32	
• 1 Monate ≤ t < 3 Monate	54		Verbindlichkeiten gegenüber Kunden		127
• 6 Monate ≤ t < 12 Monate	7		• täglich fällige Gelder	25	
Schatzwechsel und unverzinsliche Schatzanweisungen		3	• t < 1 Monat	14	
			• 1 Monate ≤ t < 3 Monate	36	
Anleihen und Schuldverschreibungen		5	• 3 Monate ≤ t < 6 Monate	25	
Andere Wertpapiere		10	• Spareinlagen	27	
Forderungen an Kunden		128	Schuldverschreibungen		14
• davon t < 1 Monate	16		Pensionsrückstellungen		10
• davon 1 Monate ≤ t < 3 Monate	29		Gezeichnetes Kapital		2,5
• davon 3 Monate ≤ t < 6 Monate	32		Rücklagen		12,5
Beteiligungen		12			
Grundstücke und Gebäude		1			
Betriebs- und Geschäftsausstattung		1			
Summe Aktiva		243	Summe Passiva		243

Abb. 61.1: Bilanz der Liquido-Bank

Darüber hinaus erhält Räppli die folgenden Zusatzangaben:

- Die Position „Anleihen und Schuldverschreibungen" setzt sich ausschließlich aus börsengängigen festverzinslichen Wertpapieren, die Position „Andere Wertpapiere" zu 50 % aus börsengängigen Aktien, zu 20 % aus nicht börsengängigen Wertpapieren und zu 30 % aus zum Rücknahmekurs bilanzierten Anteilen an Geldmarktfonds zusammen.
- Die Wechsel weisen jeweils hälftig eine Restlaufzeit von einem Monat respektive zwei Monaten auf.
- 60 % der Schuldverschreibungen wurden am 01.10.04 mit einer Laufzeit von 10 Jahren emittiert, 40 % zu Beginn des Jahres 10, ebenfalls mit einer Laufzeit von 10 Jahren.
- Die aktivischen Wertansätze stellen grundsätzlich wertberichtigte Größen dar.
- Zusätzlich verfügt die Bank über unwiderrufliche Kreditzusagen von anderen Banken in Höhe von 20 Mio. EUR.

1.a) Zunächst soll Räppli das Konzept der in Deutschland geltenden aufsichtsrechtlichen Liquiditätsvorschriften skizzieren.

b) Anschließend soll er prüfen, ob die Liquido-Bank diese Regelungen per 31.12.04 erfüllt.

Im Verlauf der Unterredung kommt Räppli auf die häufiger auftretenden Engpässe bei der Sicherstellung der aufsichtsrechtlich verlangten Liquidität der Liquido-Bank zu sprechen. Auf die Frage von Räppli, welche konkreten Maßnahmen Flüssig bei Überschreitungen der vom Gesetzgeber vorgeschriebenen Liquiditätsnormen üblicherweise ergreift, erklärt Flüssig, dass in einem solchen Fall mit befreundeten Banken sogenannte „Karussellgeschäfte" abgeschlossen werden.

2. Welcher Gedanke liegt einem solchen „Karussellgeschäft" zugrunde? Und was wird wohl Räppli dazu sagen?

In der Folge diskutieren Flüssig und Räppli die Unterschiede zwischen den schweizerischen und deutschen Liquiditätsvorschriften. Räppli bemerkt, dass die Festlegung eines festen Verhältnisses von liquiden Aktiva zu liquiden Passiva in der Schweiz bereits seit langem Standard ist, während die deutschen Behörden diese Vorgehensweise erst seit dem Jahr 1998 anwenden.

3. a) Erläutern Sie zunächst in allgemeiner Form die Konzeption der direkten Liquiditätsnormen in der Schweiz!

b) Überprüfen Sie anschließend die Einhaltung der schweizerischen Vorschriften zur Kassa- und Gesamtliquidität anhand der nachstehenden Bilanz der Fluent-Bank (vgl.

Abb. 61.2)! Gehen Sie dabei davon aus, dass die Bilanzbestände den jeweils gesetzlich vorgeschriebenen Durchschnittswerten entsprechen!

Aktiva	Bilanz in Mio. CHF				Passiva
Flüssige Mittel		3,0	Verpflichtungen gegenüber Banken		30,0
Forderungen aus Geldmarkt-papieren		6,5	• davon t ≤ 3 Monate	29,0	
• davon diskontfähige Wechsel	3,5		Verpflichtungen gegenüber Kunden in Spar- oder Anlageform		19,0
Forderungen gegenüber Banken		30,0	Übrige Verpflichtungen gegenüber Kunden		90,0
• davon t ≤ 3 Monate	20,0		• davon t ≤ 3 Monate	60,0	
Forderungen gegenüber Kunden		75,0	Kassenobligationen		10,0
• davon ggü. öffentlich-rechtlichen Körperschaften	4,0		Anleihen und Pfandbriefdarlehen		8,5
• davon Betriebsmittelkredite	56,0		• davon Pfandbriefdarlehen	0,5	
Hypothekarforderungen		30,0	Sonstige Passiven		19,0
Handelsbestände in Wertschriften und Edelmetallen		14,0	Eigene Mittel		13,0
Beteiligungen		2,5			
Sachanlagen		20,0			
• davon Bankgebäude	3,5				
Sonstige Aktiva		8,5			
Summe Aktiva		189,5	Summe Passiva		189,5

Abb. 61.2: Bilanz der Fluent-Bank

Zusatzangaben:

- Die Position „Verpflichtungen ggü. Kunden in Spar- und Anlageform" beinhaltet keine gebundenen Vorsorgegelder.

- Die Position „Handelsbestände in Wertschriften und Edelmetallen" enthält Wertschriften in Höhe von 3,0 Mio. CHF, die bei der Nationalbank verpfändbar sind. Darüber hinaus verfügt die Fluent-Bank über keinerlei Edelmetallbestände.

- Weder in der Position „Forderungen aus Geldmarktpapieren" noch in der Position „Handelsbestände in Wertschriften und Edelmetallen" sind Papiere ausländischer Staaten, ausländischer Banken, öffentlich-rechtlichen Körperschaften oder gleichwertiger Natur enthalten.

- Von der Position „Forderungen ggü. Kunden" sind 6,0 Mio. CHF durch bei der Nationalbank verpfändbare Werte gedeckt.

- Die Konten ohne Rückzugsbeschränkung haben einen Bestand von insgesamt 53,0 Mio. CHF. Die Konten mit Rückzugsbeschränkung summieren sich auf insgesamt 19,0 Mio. CHF (Position „Verpflichtungen ggü. Kunden in Spar- und Anlageform").

- Für die Berechnungen soll vereinfachend davon ausgegangen werden, dass ein Überschuss der zu verrechnenden kurzfristigen Verbindlichkeiten über die leicht verwertbaren Aktiven von 9,5 Mio. CHF besteht.

Abschließend empfiehlt Räppli, das Liquiditätsrisiko nicht nur über die gesetzlichen Liquiditätsvorschriften, sondern ergänzend über ein System von Kennzahlen zu steuern.

4. Erläutern Sie den Aussagegehalt der folgenden, beispielhaft ausgewählten Kennzahlen zum Liquiditätsrisiko!

$$\text{Liquiditätsabrufindex} = \frac{\text{Liquiditätsreserve}}{\text{Abrufpotential aus Kreditzusagen und Einlagen}}$$

$$\text{Größenstruktur der Kundeneinlagen} = \frac{\text{Summe der Kundeneinlagen in den einzelnen Größenklassen}}{\text{Gesamte Kundeneinlagen}}$$

$$\text{Rückstandsquote im Kreditgeschäft} = \frac{\text{Volumen der Kredite mit Kapitaldienstrückständen}}{\text{Gesamtes Kreditvolumen}}$$

Lösungsvorschlag zu Fallstudie 61:

zu 1.a):

Das Konzept des Grundsatzes II basiert auf der Annahme, dass die Angemessenheit der Liquiditätsvorsorge eines Instituts primär von drei Faktoren bestimmt wird:

- vom Ausmaß der zu erwartenden Zahlungsströme
- vom Bestand an hochliquiden Aktiva sowie
- von den Refinanzierungslinien am Geldmarkt

Im Gegensatz zu den alten Grundsätzen II und III stellt der neue Grundsatz II auf Restlaufzeiten ab. So werden die zu einem bestimmten Zeitpunkt vorhandenen liquiden Aktiva (Zahlungsmittel) sowie die Passiva und außerbilanziellen Verbindlichkeiten nach ihren voraussichtlichen Restlaufzeiten in eines von vier Laufzeitbändern eingestellt. Die zwischen den Aktiv- und den Passivkomponenten der einzelnen Laufzeitbänder gebildeten Quotienten geben einen Überblick über die zu erwartenden Verhältnisse von Liquiditätszu- und -abflüssen. Börsennotierte, besonders gedeckte Wertpapiere gelten dabei als hochliquide Aktiva.

Die angesprochenen Laufzeitbänder sind bezüglich der Restlaufzeiten wie folgt definiert:

- Laufzeitband I: täglich fällig bis zu einem Monat
- Laufzeitband II: über einem Monat bis zu drei Monaten
- Laufzeitband III: über drei Monate bis zu sechs Monaten
- Laufzeitband IV: über sechs Monate bis zu zwölf Monaten

Die Liquidität eines Instituts wird als genügend angesehen, wenn – vom Meldestichtag an gerechnet – die innerhalb der nächsten 30 Tage zur Verfügung stehenden Zahlungsmittel die während dieses Zeitraums zu erwartenden Liquiditätsabflüsse mindestens decken. Beurteilt wird dies anhand der sogenannten Liquiditätskennziffer, die den Quotienten aus Aktiv- sowie Passivkomponenten des Laufzeitbandes I darstellt. Die Liquiditätskennziffer muss somit mindestens den Wert 1 annehmen. Zusätzlich sind drei sogenannte Beobachtungskennziffern zu melden, welche die Quotienten aus Aktiv- und Passivkomponenten der Laufzeitbänder II, III und IV darstellen. Hier werden keine Mindestwerte vorgeschrieben.

Zu beachten ist, dass positive Differenzen zwischen den Aktiv- und den Passivkomponenten jeweils in das nächsthöhere Laufzeitband vorgetragen werden dürfen und dort den Wert der Aktivkomponenten erhöhen.

zu 1.b):

Zunächst ist der Bestand an Zahlungsmitteln zu bestimmen, die gemäß § 3 Grundsatz II BAKred zwingend dem ersten Laufzeitband zuzurechnen sind:

Position	Volumen (in Mio. EUR)
1. Kassenbestand	6
2. Guthaben bei Zentralnotenbanken	0
3. Inkassopapiere (Schecks und sonstige Inkassopapiere, wenn sie innerhalb von 30 Tagen ab Einreichung zur Vorlage bestimmt und dem Einreicher bereits gutgeschrieben sind. Darunter fallen ferner fällige Schuldverschreibungen sowie Zins- oder Gewinnanteilscheine)	1
4. Unwiderrufliche Kreditzusagen, die das Institut erhalten hat	0
5. Nicht wie Anlagevermögen bewertete Wertpapiere, die zum Handel auf einem geregelten Markt in einem Mitgliedstaat der Europäischen Union oder an einer anerkannten Börse eines anderen Landes der Zone A zugelassen sind (börsennotierte Wertpapiere), einschließlich der dem Institut als Pensionsnehmer oder Entleiher im Rahmen von Pensionsgeschäften oder Leihgeschäften übertragenen Papiere	10
6. Gedeckte Schuldverschreibungen, einschließlich der dem Institut als Pensionsnehmer oder Entleiher im Rahmen von Pensionsgeschäften oder Leihgeschäften übertragenen gedeckten Schuldverschreibungen	0
7. In Höhe von 90 % der jeweiligen Rücknahmepreise die Anteile an Geldmarktfonds und Wertpapierfonds	2,7
Summe	19,7

Abb. 61.3: Zahlungsmittel, die zwingend dem ersten Laufzeitband zuzurechnen sind

In einem nächsten Schritt sind die weiteren Zahlungsmittel gemäß ihrer tatsächlichen Restlaufzeit in eines der vier Laufzeitbänder einzuordnen:

Position	Beträge in Mio. EUR in...			
	LZ-Band I	LZ-Band II	LZ-Band III	LZ-Band IV
1. Forderungen an das Europäische System der Zentralbanken (ESZB) und sonstigen Zentralbanken	0	0	0	0
2. Forderungen an Kreditinstitute	13	54	0	7
3. Forderungen an Kunden	16	29	32	0
4. Wechsel, sofern diese nicht unter den Nummern 2 und 3 erfasst werden	1	1	0	0
5. Sachforderungen des verleihenden Instituts auf Rückgabe der verliehenen Wertpapiere	0	0	0	0
6. Andere Schuldverschreibungen und andere festverzinsliche Wertpapiere einschließlich der dem Institut als Pensions- bzw. Leihnehmer im Rahmen von Pensionsgeschäften bzw. Leihgeschäften übertragenen festverzinslichen Wertpapiere	0	0	3	0
7. Ansprüche des Pensionsgebers auf Rückübertragung von Wertpapieren im Rahmen echter Pensionsgeschäfte	0	0	0	0
8. Geldforderungen des Pensionsnehmers aus unechten Pensionsgeschäften in Höhe des Rückzahlungsbetrags, sofern der aktuelle Marktwert der übertragenen Wertpapiere unter dem vereinbarten Rückzahlungspreis liegt	0	0	0	0
9. Ausgleichsforderungen gegen die öffentliche Hand (Ausgleichsfonds Währungsumstellung) einschließlich Schuldverschreibungen aus deren Umtausch	0	0	0	0
Summe	30	84	35	7

Abb. 61.4: Zahlungsmittel, die aufgrund ihrer Restlaufzeit den vier Laufzeitbändern zugerechnet werden

Für das Laufzeitband I resultiert somit ein Zahlungsmittel-Saldo von 49,7 (= 19,7 + 30), für die Laufzeitbänder II; III und IV einer von 84, 35 und 7. Diesen Zahlungsmittel-Saldi sind nun die Zahlungsverpflichtungen gegenüber zu stellen. Auch bei den Zahlungsverpflichtungen spezifiziert der Grundsatz II einige Positionen, die zwingend dem Laufzeitband I zuzurechnen sind:

Position	Volumen (in Mio. EUR)
1. 40 % der täglich fälligen Verbindlichkeiten gegenüber Kreditinstituten	8
2. 10 % der täglich fälligen Verbindlichkeiten gegenüber Kunden	2,5
3. 10 % der Spareinlagen	2,7
4. 5 % der Eventualverbindlichkeiten aus weitergegebenen Wechseln	0
5. 5 % der Eventualverbindlichkeiten aus übernommenen Bürgschaften und Gewährleistungsverträgen	0
6. 5 % des Haftungsbetrags aus der Bestellung von Sicherheiten für fremde Verbindlichkeiten	0
7. 20 % der Plazierungs- und Übernahmeverpflichtungen	0
8. 20 % der noch nicht in Anspruch genommenen, unwiderruflich zugesagten Kredite	4
Summe	17,2

Abb. 61.5: Verbindlichkeiten, die zwingend dem ersten Laufzeitband zuzurechnen sind

Die restlichen Positionen sind wiederum gemäß ihrer Restlaufzeit in eines der vier Bänder einzustellen:

Position	Beträge in Mio. EUR in...			
	LZ-Band I	LZ-Band II	LZ-Band III	LZ-Band IV
1. Verbindlichkeiten gegenüber dem ESZB und sonstigen Zentralnotenbanken	0	0	0	0
2. Verbindlichkeiten gegenüber Kreditinstituten, sofern diese keine Zahlungsverpflichtungen nach Nummer 3 darstellen	14	11	32	0
3. 20 % der Verbindlichkeiten von Zentralbanken gegenüber ihren Girozentralen und Zentralkassen sowie von Girozentralen und Zentralbanken gegenüber angeschlossenen Sparkassen und Kreditgenossenschaften	0	0	0	0
4. Verbindlichkeiten gegenüber Kunden	14	36	25	0
5. Sachverbindlichkeiten des entleihenden Instituts zur Rückgabe entliehener Wertpapiere	0	0	0	0
6. Sachverbindlichkeiten des Pensionsnehmers aus der Rückgabepflicht von Wertpapieren im Rahmen von Pensionsgeschäften	0	0	0	0
7. Geldverbindlichkeiten des Pensionsgebers aus unechten Pensionsgeschäften in Höhe des Rückzahlungsbetrags, sofern der aktuelle Marktwert der übertragenen Wertpapiere unter dem vereinbarten Rückzahlungspreis liegt	0	0	0	0
8. verbriefte Verbindlichkeiten	0	0	0	8,4
9. nachrangige Verbindlichkeiten	0	0	0	0
10. Genussrechtskapital	0	0	0	0
11. sonstige Verbindlichkeiten	0	0	0	0
Summe	28	47	57	8,4

Abb. 61.6: Verbindlichkeiten, die aufgrund ihrer Restlaufzeit den vier Laufzeitbändern zugerechnet werden

Bei den Zahlungsverpflichtungen ergibt sich für das Laufzeitband I ein Saldo von 45,2 (= 17,2 + 28), für die Laufzeitbänder II, III und IV einer von 47, 57 und 8,4. Um nun die Liquiditätskennzahl respektive die Beobachtungskennzahlen zu ermitteln, wird dem Saldo der Zahlungsmittel aus Laufzeitband I der Saldo der Zahlungsverpflichtungen aus Laufzeitband I gegenübergestellt und Quotient sowie Differenz ermittelt. Der Quotient beträgt 1,1, die Differenz 4,5. Da letztere positiv ist, mithin im Laufzeitband I also ein Zahlungsmittelüberschuss vorliegt, darf dieser Überschuss zur Berechnung der Beobachtungskennzahl in das Laufzeitband II vorgetragen werden, wo er den Saldo der Zahlungsmittel erhöht. In die Berechnung der Differenz zwischen Mitteln und Verpflichtungen im Laufzeitband II, die wiederum die Grundlage für einen etwaigen Übertrag auf Laufzeitband III darstellt, darf dieser Vortrag von Laufzeitband I aber nicht einfließen. Somit beträgt für dieses Laufzeitband der Quotient 1,38, die Differenz + 37. Auch hier ist die Differenz positiv, darf also in Laufzeitband III vorgetragen werden. Für dieses Laufzeitband beträgt der Quotient – nach Zurechnung des Zahlungsmittelüberschusses aus Laufzeitband II – 1,26, die Differenz (ohne Zurechnung des Vortrags) - 22. Im Laufzeitband III übersteigen also die Zahlungsverpflichtungen die Zahlungsmittel. Allerdings muss in diesem Fall ein negativer Saldo nicht in das nächste Laufzeitband vorgetragen werden. Schließlich ist noch der Quotient im letzten Laufzeitband zu ermitteln, der hier 0,83 beträgt.

		LZ-Band I	LZ-Band II	LZ-Band III	LZ-Band IV
Zahlungsmittel	(1)	49,7	84	35	7
Zahlungs-verpflichtungen	(2)	45,2	47	57	8,4
Saldo	(3) = (1) – (2)	4,5	37	- 22	- 1,4
Vortrag	(4)		4,5	37	0
Liquiditätskennzahl resp. Beobachtungs-kennzahlen	(5) = ((1) + (4)) / (2)	1,10	1,88	1,26	0,83

Abb. 61.7: Berechnung der Liquiditäts- und Beobachtungskennziffern der Liquido-Bank

Vom aufsichtsrechtlichen Standpunkt aus kann die Liquidität der Liquido-Bank – gemessen an der Liquiditätskennzahl – somit als ausreichend betrachtet werden, da sie mit 1,1 einen Wert annimmt, der 1 übersteigt.

zu 2.):

Bei Karussellgeschäften wird der Umstand ausgenutzt, dass für abgegebene und erhaltene unwiderrufliche Zusagen unterschiedlich hohe Anrechnungssätze gelten. Für abgegebene unwiderrufliche Zusagen beträgt dieser 20 %, für erhaltene unwiderrufliche Zusagen 100 %. Würde die Liquido-Bank eine Liquiditätskennzahl unter 1 ausweisen, so gäbe sie einer befreundeten Bank – welche die Liquiditätsnormen erfüllt – eine unwiderrufliche Kreditzusage und erhielte eine solche über dasselbe Volumen (ohne dass aber eine Absicht bestünde, diese jemals in Anspruch zu nehmen). Da nun die unter den „Zahlungsverpflichtungen" figurierenden abgegebenen Zusagen nur zu einem Fünftel des Nominalvolumens angerechnet werden, die unter den „Zahlungsmitteln" figurierenden erhaltenen Zusagen aber zum vollen Nominalvolumen, erhöht sich der Quotient aus Zahlungsmitteln und Zahlungsverpflichtungen bei den beiden Banken.

Räppli reagiert entsetzt, als er von den Praktiken der Liquido-Bank erfährt. Er weist Flüssig darauf hin, dass eine solche Praxis dem Zweck der Anrechnungsvorschriften widerspricht und vom BAKred nicht geduldet wird. Neben der ultimativen Aufforderung zur Einstellung solcher Geschäfte muss die Geschäftsleitung der Liquido-Bank damit rechnen, dass die Aufsichtsbehörde Maßnahmen gegen sie ergreift.

zu 3.a):

Die Liquiditätsnormen in der Schweiz schreiben ebenfalls ein bestimmtes Mindestverhältnis zwischen bilanzieller Liquidität und bestimmten Verbindlichkeiten vor. So sind z.B. gemäß schweizerischem Bankengesetz (zur Zeit) die folgenden Relationen einzuhalten:

(1) Notwendige **Kassaliquidität**

Greifbare Mittel $\geq$ 2,5 % der kurzfristigen Verbindlichkeiten

(2) Notwendige **Gesamtliquidität**

Greifbare Mittel + leicht verwertbare Aktiva $\geq$ 33 % der kurzfristigen Verbindlichkeiten

Interessant ist in diesem Zusammenhang, dass auch die schweizerischen Liquiditätsnormen auf Elementen der „Bodensatztheorie" basieren. So werden z.B. lediglich 20 % der Einlagen auf **Spar-, Depositen- und Einlageheften** (-konten) als kurzfristige Verbindlichkeit eingestuft. Folglich können die restlichen 80 % dieser Einlagenkategorie zur Finanzierung nichtliquider, d.h. mittel- und langfristiger Aktiva und damit zur Fristentransformation verwendet werden. Die Einhaltung der genannten Relationen soll sicherstellen, dass ein bestimmtes Maß an Fristentransformation nicht überschritten wird. Dabei gilt der folgende Zusammenhang: Die von einer Bank betriebene Fristentransformation ist umso geringer,

- je größer der Bestand an liquiden Aktiva und
- je kleiner der Bestand an liquiden Passiva ist.

zu 3.b):

Berechnung der Kassaliquidität der Fluent-Bank

Greifbare Mittel (gemäß Art. 19 Bank V):

Flüssige Mittel	**3,0 Mio. CHF**

(Kurzfristige) Verbindlichkeiten (gemäß Art. 19 Bank V):

Verpflichtungen ggü. Banken t $\leq$ 3 Monate (Bankenkreditoren)	29,0 Mio. CHF
Verpflichtungen ggü. Kunden t $\leq$ 3 Monate (Kundenkreditoren)	+ 60,0 Mio. CHF
Spar- und Einlagegelder zu 20 % = 0,2 · 19 Mio. CHF =	+ 3,8 Mio. CHF
	92,8 Mio. CHF

Es liegt eine Überdeckung vor, wenn gemäß Art. 19 Bank V gilt:

Greifbare Mittel > 2,5 % der (kurzfristigen) Verbindlichkeiten

Überprüfung:

3,0 Mio. CHF > 2,5 % · 92,8 Mio. CHF = 2,32 Mio. CHF

Die bankaufsichtrechtlichen Vorschriften zur Kassaliquidität werden von der Fluent-Bank erfüllt. Es liegt eine Überdeckung von 29,3 % (= (3,0 Mio. CHF – 2,32 Mio. CHF) / 2,32 Mio. CHF) vor.

Berechnung der Gesamtliquidität der Fluent-Bank

Greifbare Mittel und der leicht verwertbare Aktiven (gemäß Art. 17 Bank V):

Greifbare Mittel	3,0 Mio. CHF
Diskontfähige Wechsel und Geldmarktpapiere	+ 3,5 Mio. CHF
Verpfändbare Wertschriften	+ 3,0 Mio. CHF
Anrechenbare Forderungen ggü. Kunden (Kontokorrentdebitoren) und feste Vorschüsse	+ 6,0 Mio. CHF
	15,5 Mio. CHF

Kurzfristige Verbindlichkeiten (gemäß Art. 17 Bank V):

Überschuss der zu verrechnenden kurzfristigen Verbindlichkeiten über die zu verrechnenden leicht verwertbaren Aktiven	9,50 Mio. CHF
Verpflichtungen gegenüber Kunden (Kreditoren auf Sicht) ohne Rückzugsbeschränkung zu 50 % (0,5 · 53,0 Mio. CHF =)	+ 26,50 Mio. CHF
Spar- und Einlagegelder zu 15 % (0,15 · 19,0 Mio. CHF =)	+ 2,85 Mio. CHF
	38,85 Mio. CHF

Es liegt eine Überdeckung vor, wenn gemäß Art. 17 Bank V gilt:

Greifbare Mittel + leicht verwertbare Aktiven > 33 % der (kurzfristigen) Verbindlichkeiten

Überprüfung:

15,5 Mio. CHF > 33 % · 38,85 Mio. CHF = 12,8205 Mio. CHF

Auch bezüglich der Gesamtliquidität wird transparent, dass die bankaufsichtrechtlichen Vorschriften von der Fluent-Bank eingehalten werden, da das Mindestverhältnis von 33 % um gut 20 % (= (15,5 Mio. CHF – 12,8205 Mio. CHF) / 12,8205 Mio. CHF) überschritten wird.

zu 4.:

- **Liquiditätsabrufindex** = $\frac{\text{Liquiditätsreserve}}{\text{Abrufpotential aus Kreditzusagen und Einlagen}}$

Diese Kennzahl vermittelt einen Einblick darüber, inwieweit eine Bank auf unwägbare Liquiditätsabflüsse größeren Ausmaßes vorbereitet ist. Dabei ist das Risiko, aus der Inanspruchnahme bereits zugesagter Kredite bzw. aus dem Abzug von Einlagen in Liquiditätsschwierigkeiten zu geraten, tendenziell umso größer, je höher der Anteil der **Großkreditzusagen** bzw. **Großeinlagen** am Gesamtvolumen der Einlagen bzw. Kreditzusagen ist. Zur Deckung dieses gegebenenfalls auftretenden Liquiditätsbedarfs stehen prinzipiell neben der bilanziellen Liquidität auch noch bisher nicht ausgenutzte, offene Kreditlinien zur Verfügung. Zu prüfen ist in diesem Zusammenhang auch die jeweils erforderliche Vorlaufzeit und die Höhe des erzielbaren Liquiditätserlöses bei der Realisierung von Liquiditätsreserven.

- **Größenstruktur der Kundeneinlagen** = $\frac{\text{Summe der Kundeneinlagen in den einzelnen Größenklassen}}{\text{Gesamte Kundeneinlagen}}$

Diese nach Größenklassen differenzierte Kennzahl trägt wiederum der Erkenntnis Rechnung, dass das Abrufrisiko bei Großeinlagen besondere Relevanz besitzt. Somit kann die Größenstruktur der Einlagen ein erstes Indiz für die Höhe des **strukturellen Abrufrisikos** liefern und damit den Ausgangspunkt für eventuelle Gegensteuerungsmaßnahmen bilden.

- **Rückstandsquote im Kreditgeschäft** = $\frac{\text{Volumen der Kredite mit Kapitaldienstrückständen}}{\text{Gesamtes Kreditvolumen}}$

Diese Kennzahl gibt Auskunft über das relative Ausmaß des rückständigen Kreditvolumens. Damit verbunden ist die Gefahr, dass sich die Kapitalbindungsdauer bei Aktivgeschäften unplanmäßig verlängert (**Terminrisiko**) und sich damit der eingeplante Liquiditätszufluss aus diesen Geschäften verzögert.

<u>Fallstudie 62:</u> **Alternative Verfahren der Risikokapitalallokation**

Mit dem VaR-Instrumentarium lassen sich verschiedene Einzelrisiken messen und zum Gesamtbank-VaR aggregieren. Dieser Gesamtbank-VaR entspricht dem ökonomischen Kapital auf Gesamtbankebene. Im Rahmen der risikoadjustierten Performancemessung müssen einzelne Geschäftsbereichen gegebenenfalls sogar einzelne Geschäfte mit Risikokapital unterlegt werden. Da aufgrund der Diversifikationseffekte der Gesamtbank-VaR nicht der Summe der Einzelrisiken entspricht, stellt sich die Frage, wie die Verteilung des ökonomischen Kapitals auf die verschiedenen Teileinheiten geschehen soll.

1. Erläutern Sie die verschiedenen Kriterien, denen der Allokationsprozess genügen sollte!

Nachdem Sie sich mit den Kriterien zur Allokation beschäftigt haben, sollen Sie nun verschiedene Verfahren auf ihre Eignung zur Risikokapitalallokation prüfen. Hierzu betrachten Sie das Beispiel der Misero Bank. Diese unterhält drei Geschäftsbereiche. Dabei handelt es sich um einen Geschäftsbereich, dessen Risiken komplett zinsinduziert sind, einen der Aktienkursrisiken ausgesetzt ist und schließlich ein Geschäftsbereich, dem ausschließlich Risiken aus Immobiliengeschäften erwachsen. Diese Bereiche haben ihre eingegangen Risiken komplett selbst zu verantworten. Deshalb stellt sich die Frage, mit welchen Risikokapitalbeträgen die einzelnen Bereiche ausgestattet werden sollen, was entsprechende Auswirkungen auf die risikoadjustierte Ergebnismessung hat.

Das Management der Misero Bank beauftragt Sie, verschiedene Verfahren zur Risikokapitalallokation vorzustellen. Dazu erhalten Sie die folgenden Informationen.

Im Zinsbereich werden für die nächsten 4 Jahre die in Abbildung 62.1 wiedergegebenen Cash Flows erwartet. Die Zahlungen sind keinem Ausfallrisiko unterworfen, einzig Zinsänderungsrisiken können schlagend werden.

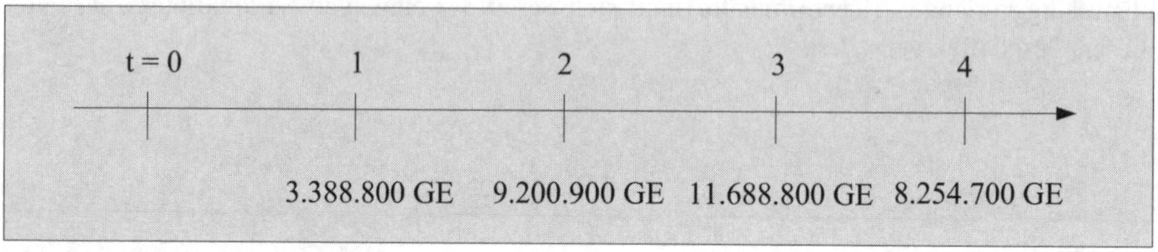

Abb. 62.1: Cash Flows aus Zinspositionen

Zur Bewertung der aus den zukünftigen Zahlungen erwachsenden Zinsänderungsrisiken benötigen Sie die relevanten Zerobond-Abzinsfaktoren und Standardweichungen. Diese können Sie Abbildung 62.2 entnehmen.

Laufzeit	ZB-Renditen	ZB-AF	Standard-abweichung	Korrelationen			
1	2,78 %	0,9730	0,2125 %	1	0,4231	0,3861	0,3098
2	3,42 %	0,9350	0,2796 %	0,4231	1	0,5102	0,4129
3	3,79 %	0,8944	0,3426 %	0,3861	0,5102	1	0,6316
4	4,35 %	0,8434	0,4102 %	0,3098	0,4129	0,6316	1

Abb.62.2: Zerobond-Daten

Der Aktienbereich umfasst wiederum zwei Teilbereiche. Teilbereich 1 betreibt aktives Portfoliomanagement. Der VaR des Portfolios wird von Ihnen momentan auf 150.000 GE geschätzt. Der zweite Teilbereich besteht aus einer strategischen Beteiligung an einer Konkurrenzunternehmung. Die Aktie der Konkurrenzunternehmung notiert aktuell zu 328,25 GE, wobei die Misero Bank im Besitz von 890 Stück ist. Die erwartete Standardabweichung beträgt 27,36 %. Zwischen den beiden Teilbereichen wird von einer Korrelation von 0,85 ausgegangen.

Vom Immobilienbereich erhalten Sie die Information, dass der VaR 78.000 GE beträgt.

Aufgrund eigener Recherchen bringen Sie in Erfahrung, dass zwischen den drei Geschäftsbereichen folgende Korrelationen bestehen:

	Zinsbereich	Aktienbereich	Immobilienbereich
Zinsbereich	1	0,6823	0,8127
Aktienbereich	0,6823	1	0,7509
Immobilienbereich	0,8127	0,7509	1

Abb. 62.3: Korrelationen zwischen den Geschäftsbereichen

2. Berechnen Sie auf Basis eines Z-Wertes von 2 zunächst die Stand-alone-VaR der drei Geschäftsbereiche sowie den Gesamtbank-VaR!

Die Geschäftsleitung kritisiert, dass sich die einzelnen VaR bei Anwendung dieses Verfahrens nicht zum Gesamtbank-VaR aufsummieren lassen.

3. Welche Aussagekraft haben die Stand-alone-VaR? Stellen Sie mit den adjustierten VaR ein Verfahren vor, bei dem dies gewährleistet ist!

Selbst mit Ihren Ausführungen zu den adjustierten VaR ist die Geschäftsleitung nicht vollständig zufrieden. Es wird kritisiert, dass die Bewertung der Vorteilhaftigkeit einzelner Geschäftsbereiche im Gesamtbankkontext weder auf Basis von Stand-alone-VaR noch auf Basis von adjustierten VaR möglich ist.

4. Was erwidern Sie auf diesen Kritikpunkt?

Sie schlagen zusätzlich vor, die Allokation auf Basis von marginalen VaR vorzunehmen. Als Beispiel beziehen Sie sich hierbei ausschließlich auf den Zinsbereich. Dieser ist wiederum untergliedert in drei separate Teilbereiche, deren Zahlungsströme Sie der folgenden Tabelle entnehmen können.

Zeitpunkt	1	2	3	4
Teilbereich A	1.896.000	1.628.500	1.267.000	7.291.200
Teilbereich B	956.800	7.203.000	691.800	405.000
Teilbereich C	536.000	369.400	9.730.000	558.500
Gesamt	3.388.800	9.200.900	11.688.800	8.254.700

Abb. 62.4: Cash Flows der Teilbereiche (in GE)

5. Berechnen Sie auf Basis dieser Information die marginalen VaR der Teilbereiche A, B und C!

6. Welche grundsätzliche Kritik ist bei der Verwendung von marginalen VaR anzuführen?

Da Sie in aktuellen Publikationen vom Kostenlückenverfahren gehört haben, welches konzeptionell auf den Ergebnissen des marginalen VaR aufbaut, entschließen Sie sich auch diesem zu widmen.

7. Wenden Sie das Kostenlückenverfahren für die Teilbereiche A, B und C des Zinsbereichs an und würdigen Sie dieses kritisch!

Nachdem Sie Ihre Ausführungen zum Kostenlückenverfahren fertig gestellt haben, ist Ihnen noch das Verfahren des inkrementelle VaR eingefallen.

8. Bestimmen Sie abschließend den inkrementellen VaR (InVaR) der drei Teilbereiche und würdigen Sie auch dieses Verfahren kritisch!

Lösungsvorschlag zu Fallstudie 62:

zu 1.:

- Die Risikokapitalallokation bildet die Basis für die risikoadjustierte Performancemessung, deshalb ist die Objektivität der Allokation von entscheidender Bedeutung. Wenn die allokierten Risikokapitalbeträge einzelner Positionen in ihrer Höhe durch strukturelle Veränderungen im übrigen Gesamtbankportfolio beeinflusst werden, ist eine objektive, isolierte Beurteilung der zu evaluierenden Position und ein darauf basierender Performance-Vergleich verschiedener Positionen nicht möglich.

- Ein weiteres Kriterium stellt die Möglichkeit, die den einzelnen Positionen zugewiesenen Risikokapitalbeträge zum ökonomischen Kapital der Gesamtbank zu aggregieren, dar. Nur wenn sich die innerhalb des Gesamtbankportfolios allokierten Risikokapitalbeträge zum ökonomischen Kapital der Gesamtbank zusammenfassen lassen, kann von einer mathematisch konsistenten Allokationsmethodik gesprochen werden. Eine summarische Aggregation wäre wünschenswert, da nur so die auf den allokierten Risikokapitalbeträgen basierenden RAPM-Kennzahlen auf einfache Art und Weise aggregiert werden können.

- Des weiteren ist die Problemstellung von Interesse, ob der zugeordnete Risikokapitalbetrag das durch eine (Teil-)Position übernommene zusätzliche Risiko im Sinne einer Grenzbetrachtung abbildet. Nur wenn dies gewährleistet ist, lassen sich Aussagen darüber treffen, inwieweit sich der Risikostatus der Bank durch hinzufügen oder abbauen der entsprechenden Position verändern würde.

zu 2.:

Anhand des Schemas im Risikomodell RiskMaster® lässt sich, beispielhaft für die in Zeitpunkt t = 2 fällige Zahlung, der Stand-alone-VaR des Zinsbereichs wie folgt ermitteln:

Stufe 1: Definition des Risikoparameters (RP): stetige Veränderungsrate der Zerobond-Abzinsfaktoren

Definition des Risikovolumens (RV): Multiplikation der Cash Flows mit den laufzeitspezifischen ZB-AF;

RV = CF · ZB-AF = 9.200.900 GE · 0,9350 = **8.602.841,5 GE**

Stufe 2: Berechnung der Standardabweichung des Risikoparameters: STD = **0,2796 %**

Stufe 3: Bestimmung der Risikomesszahl (RMZ) durch Fixierung des Sicherheitsniveaus mit Hilfe des Z-Wertes:

RMZ (RP) = STD (RP) · Z-Wert = 0,2796 % · (- 2) = **- 0,5592 %**

Stufe 4: Ableitung des Risikofaktors

$RF\ (RP) = e^{RMZ\ (RP)} - 1 = e^{-0{,}5592\ \%} - 1 =$ **- 0,5576 %**

Stufe 5: Ermittlung eines einzelnen Value at Risk:

$$\text{VaR (RP)} = \text{RV} \cdot \text{RF (RP)} = 8.602.841{,}5 \text{ GE} \cdot (-\ 0{,}5576\ \%) = \mathbf{-\ 47.969{,}44\ GE}$$

Stufe 6: Verrechnung mehrerer Value at Risk anhand der Korrelationskoeffizientenmatrix

Die weiteren Berechnungen können folgender Tabelle entnommen werden. Der Risikofaktor ist dabei jeweils auf 4 Nachkommastellen gerundet.

Zeitpunkt	1	2	3	4
Cash Flow (in GE)	3.388.800	9.200.900	11.688.800	8.254.700
Risikovolumen (in GE)	3.297.302,40	8.602.841,50	10.454.462,72	6.962.013,98
Risikofaktor	- 0,4241 %	- 0,5576 %	- 0,6829 %	- 0,8170 %
VaR-Einzelposition (in GE)	13.983,86	47.969.44	71.393,53	56.879,65

Abb. 62.4: Berechnung laufzeitspezifischer VaR

Die Aggregation zum VaR des Geschäftsbereichs erfolgt anhand der bekannten Korrelationskoeffizientenmatrix.

$$\text{VaR}_{\text{Zinsbereich}} = \sqrt{\begin{bmatrix} 13.983{,}86 & 47.969{,}44 & 71.393{,}53 & 56.879{,}65 \end{bmatrix} \cdot \begin{bmatrix} 1 & 0{,}4231 & 0{,}3861 & 0{,}3098 \\ 0{,}4231 & 1 & 0{,}5102 & 0{,}4129 \\ 0{,}3861 & 0{,}5102 & 1 & 0{,}6316 \\ 0{,}3098 & 0{,}4129 & 0{,}6316 & 1 \end{bmatrix} \cdot \begin{bmatrix} 13.983{,}86 \\ 47.969{,}44 \\ 71.393{,}53 \\ 56.879{,}65 \end{bmatrix}} = \mathbf{153.420{,}15\ GE}$$

Für den Aktienbereich gilt es zunächst den VaR der Beteiligung und im nächsten Schritt den Stand-alone-VaR des Aktienbereichs zu berechnen. Der VaR der Beteiligung berechnet sich nach dem Schema im Risikomodell RiskMaster® wie folgt:

Stufe 1: Definition des Risikoparameters (RP): stetige Aktienkursrendite

Definition des Risikovolumens (RV): Aktienkurs · Stückzahl = 328,25 GE · 890 = **292.142,5 GE**

Stufe 2: Berechnung der Standardabweichung des Risikoparameters: STD = **27,36 %**

Stufe 3: Bestimmung der Risikomesszahl (RMZ) durch Fixierung des Sicherheitsniveaus mit Hilfe des Z-Wertes:

$$\text{RMZ (RP)} = \text{STD (RP)} \cdot \text{Z-Wert} = 27{,}36\ \% \cdot (-\ 2) = \mathbf{-\ 54{,}72\ \%}$$

Stufe 4: Ableitung des Risikofaktors

$$\text{RF (RP)} = e^{\text{RMZ (RP)}} - 1 = e^{-\ 54{,}72\ \%} - 1 = \mathbf{-\ 42{,}1432\ \%}$$

Der Risikofaktor ist dabei wiederum auf vier Nachkommastellen gerundet.

Stufe 5: Ermittlung eines einzelnen Value at Risk:

$$\text{VaR (RP)} = \text{RV} \cdot \text{RF (RP)} = 292.142{,}5 \text{ GE} \cdot (-\,42{,}1432\ \%) = \mathbf{-\,123.118{,}20\ GE}$$

Stufe 6: Verrechnung mehrerer Value at Risk anhand der Korrelationskoeffizientenmatrix

Zusammen mit dem bereits bekannten VaR des Aktienportfolios und unter Berücksichtigung des Korrelationskoeffizienten in Höhe von 0,85 ergibt sich folgender VaR des Aktienbereichs:

$$\text{VaR}_{\text{Aktien}} = \sqrt{123.118{,}20^2 + 150.000{,}00^2 + 2 \cdot 123.118{,}20 \cdot 150.000{,}00 \cdot 0{,}85}$$

= 262.779,82 GE

Aggregation zum Gesamtbank-VaR:

$$\text{VaR}_{\text{Gesamtbank}} = \sqrt{\begin{bmatrix} 153.420{,}15 & 262.779{,}82 & 78.000{,}00 \end{bmatrix} \cdot \begin{bmatrix} 1 & 0{,}6823 & 0{,}8127 \\ 0{,}6823 & 1 & 0{,}7509 \\ 0{,}8127 & 0{,}7509 & 1 \end{bmatrix} \cdot \begin{bmatrix} 153.420{,}15 \\ 262.779{,}82 \\ 78.000{,}00 \end{bmatrix}}$$

= 451.578,05 GE

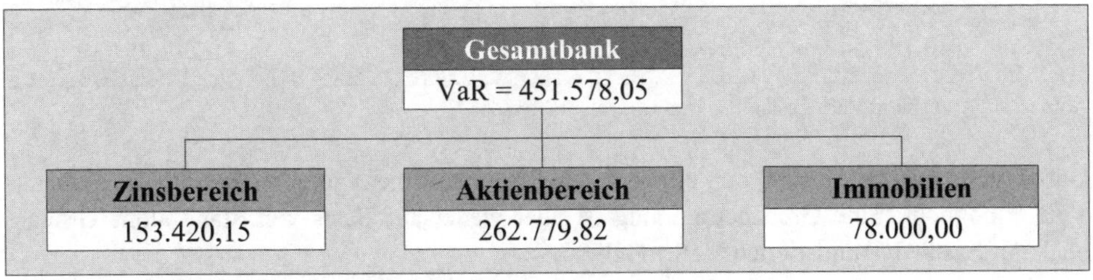

Abb. 62.5: Stand-alone-VaR der Gesamtbank und der einzelnen Geschäftsbereiche

<u>zu 3.:</u>

Zur Beurteilung des auf Stand-alone-Größen basierenden Allokationsverfahrens wird auf die anfangs definierten Kriterien zurückgegriffen. Es ist zu prüfen, ob auf Basis des jeweils allokierten ökonomischen Kapitals eine Grenzbetrachtung durchführbar ist. Dabei ist festzustellen, ob sich die zugewiesenen Risikokapitalbeträge summarisch zusammenfassen lassen und ob eine objektive, unabhängige Kalkulation von ökonomischem Kapital für im Bankportfolio enthaltene (Teil-)Positionen möglich ist.

Bezüglich der **Objektivität** erfüllt die Allokation auf Basis von Stand-alone-Größen die Forderungen. Eine objektive, isolierte Beurteilung der zu evaluierenden Position ist möglich, da die allokierten Beträge eines Bereichs nicht von der Struktur des Gesamtbankportfolios abhängen.

Allerdings ist eine **Grenzbetrachtung** aus eben diesem Grunde **nicht möglich**. Ebenso ist eine einfache summarische Aggregation zum Gesamtbank-VaR nicht möglich. Dies wird ersichtlich, wenn man den Gesamtbank-VaR in Höhe von 451.578,05 GE mit der Summe der VaR der Geschäftsbereiche von 494.199,97 GE vergleicht.

Ausgangsbasis für die Berechnung der adjustierten VaR bilden die Stand-alone-Größen (vgl. Abb. 62.6). Zunächst ist der **Adjustierungsfaktor** zu berechnen. Dieser ergibt sich, in dem der Gesamtbank-VaR ins Verhältnis zur Summe der Geschäftsbereichs-VaR gesetzt wird.

$$\text{Adjustierungsfaktor} = \frac{451.578{,}05\,\text{GE}}{(153.420{,}15 + 262.779{,}82 + 78.000)\,\text{GE}} = \mathbf{0{,}913755}$$

Um nun die adjustierten VaR zu erhalten, sind die Stand-alone-Größen mit dem Adjustierungsfaktor zu multiplizieren. Für den Zinsbereich ergibt sich somit beispielhaft ein VaR in Höhe von: 0,913755 · 153.420,15 GE = **140.188.54 GE**. Dabei wurde mit einem ungerundeten Adjustierungsfaktor gerechnet.

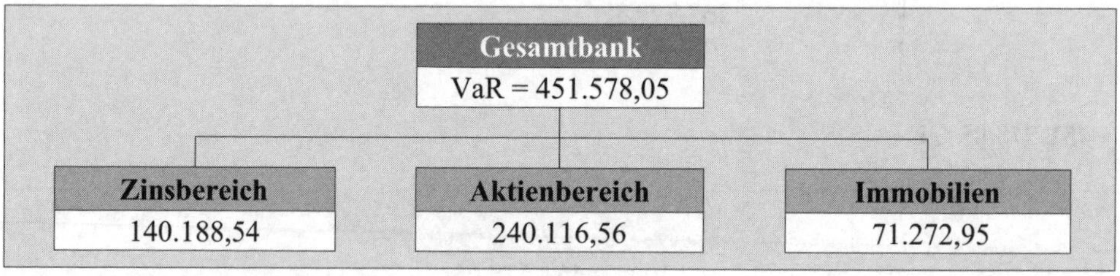

Abb. 62.6: Adjustierte VaR Gesamtbank und Geschäftsbereiche

Durch die Adjustierung wird nun eine einfache, summarische Aggregation zum Gesamtbank-VaR ermöglicht. Eine Grenzbetrachtung ist aber weder auf Basis von Stand-alone-Größen, noch auf Basis von adjustierten VaR möglich.

<u>zu 4.:</u>

Um eine Grenzbetrachtung durchzuführen, muss der Einfluss einzelner Geschäftsbereiche oder Geschäfte auf den Risikostatus der Gesamtbank untersucht werden. Dazu eignet sich die Allokation auf Basis von marginalen VaR. Hierbei wird der VaR der Gesamtbank einschließlich des zu evaluierenden Geschäftsbereichs, d.h. der Gesamtbank-VaR mit dem VaR der Gesamtbank ohne den entsprechenden Geschäftsbereich verglichen.

zu 5.:

Aus Abbildung 62.4 können die zukünftigen Zahlungsströme der drei relevanten Teilbereiche entnommen werden.

Der Stand-alone-VaR des Geschäftsbereichs in Höhe von 153.420,15 GE wurde bereits in Teilaufgabe 2 ermittelt. Um nun den marginalen VaR von Teilbereich A zu ermitteln, sind die Zahlungsströme aus diesem Teilbereich von den insgesamt im Geschäftsbereich zu erwartenden Zahlungsströmen zu subtrahieren.

Zeitpunkt	1	2	3	4
Gesamt	3.388.800	9.200.900	11.688.800	8.254.700
Teilbereich A	1.896.000	1.628.500	1.267.000	7.291.200
Differenz	1.492.800	7.572.400	10.421.800	963.500

Abb. 62.7: Gesamt Cash Flow abzüglich des Teilbereichs A

Die weiteren Berechnungen erfolgen analog zum Beispiel aus Teilaufgabe 2. Die einzelnen Risikovolumina ergeben sich durch die Multiplikation der in Abbildung 62.7 berechneten Cash Flow Differenzen, mit den laufzeitspezifischen ZB-AF. Die bereits in Teilaufgabe 2 kalkulierten Risikofaktoren sind mit dem Risikovolumen zu multiplizieren, woraus die Einzel-VaR resultieren.

Zeitpunkt	1	2	3	4
Cash Flow	1.492.800	7.572.400	10.421.800	963.500
ZB-AF	0,9730	0,9350	0,8944	0,8434
Risikovolumen	1.452.494,40	7.080.194,00	9.321.257,92	812.615,90
Risikofaktor	- 0,4241 %	- 0,5576 %	- 0,6829 %	- 0,8170 %
VaR-Einzelposition	- 6.160,03	- 39.479,16	- 63.654,87	- 6.639,07

Abb. 62.8: Berechnung laufzeitspezifischer VaR ohne Teilbereich A

Diese Einzel-VaR werden nun wieder anhand der bekannten Korrelationskoeffizientenmatrix aus Abb. 62.2 zum $VaR_{Gesamtbereich\ (ohne\ A)}$ aggregiert. Das Ergebnis in Höhe von 97.678,47 GE stellt den VaR des Gesamtbereichs abzüglich des Teilbereichs A dar. Wird dieser vom VaR des gesamten Zinsbereichs subtrahiert, resultiert der marginale VaR des Teilbereichs A.

$$\text{Marginaler } VaR_A = VaR_{Gesamtbereich} - VaR_{Gesamtbereich\ (ohne\ A)}$$

$$= 153.420,15 \text{ GE} - 97.678,48 \text{ GE} = \mathbf{55.741,67\ GE}$$

Analog können die marginalen VaR der Teilbereiche B und C ermittelt werden.

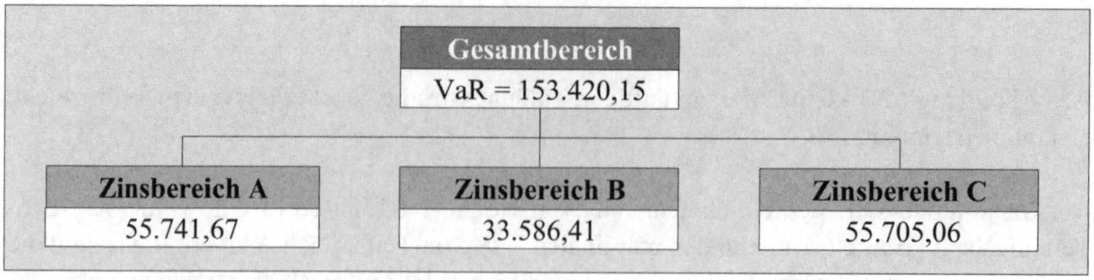

Abb. 62.9: Marginale VaR der Zinsbereiche A, B und C

zu 6.:

Die auf **marginalen** VaR-Größen basierende Allokation von ökonomischem Kapital zeichnet sich insbesondere durch die Fähigkeit des Modells aus, für jede abgegrenzte (Teil-)Position das hierdurch übernommene zusätzliche Risiko darzustellen. Dagegen ist ebenso wie bei der Stand-alone Sichtweise eine **summarische Zusammenführung der marginalen Risikokapitalbeträge** bis zum ökonomischen Kapital des Gesamtbankportfolios **nicht möglich**, da die Marginalbetrachtung zu einer systematischen Mehrfacherfassung der im Bankportfolio existierenden Risikoverbundeffekte führt.

Die Berücksichtigung sämtlicher Risikoverbundeffekte bei der Kalkulation marginaler VaR-Werte hat zudem den Nachteil, dass die Höhe des ökonomischen Kapitals einer (Teil-)Position durch die Struktur des übrigen Bankportfolios wesentlich beeinflusst wird. Im Gegensatz zur Stand-alone-Kalkulation scheint deshalb ein auf marginalem ökonomischem Kapital basierender **Performance-Vergleich** innerhalb des Bankportfolios nicht sinnvoll, da strukturelle Entscheidungen innerhalb eines Geschäftsbereiches über die veränderten Diversifikationspotentiale indirekt Einfluss auf das ökonomische Kapital eines anderen Geschäftsbereiches nehmen können.

zu 7.:

Das **Kostenlückenverfahren** soll im Rahmen einer Allokation auf Basis von marginalen Größen einen objektiven Performance-Vergleich ermöglichen. Als Kostenlücke wird dabei die Differenz zwischen dem VaR des gesamten Zinsbereichs ($VaR_{Zinsbereich}$) und der Summe der marginalen VaR der Teilbereiche definiert.

Das zugewiesene marginale Eigenkapital (vgl. Teilaufgabe 5) stellt beim Kostenlückenverfahren die Risikokapital-Unterschranke für den jeweiligen Teilbereich dar, während die auf Stand-alone-Basis zu ermittelnden Risikokapitalgrößen die Oberschranke bilden.

Diese Stand-alone-Teilbereichs-VaR errechnen sich analog zum in Teilaufgabe 2 vorgestellten Verfahren. Dazu ist exemplarisch die Berechnung der Einzel-VaR des Teilbereichs A in Abb. 62.10 dargestellt.

Zeitpunkt	1	2	3	4
Cash Flow	1.869.000	1.628.500	1.267.000	7.291.200
ZB-AF	0,9730	0,9350	0,8944	0,8434
Risikovolumen	1.844.808,00	1.522.647,50	1.133,204,80	6.149.398,08
Risikofaktor	- 0,4241 %	- 0,5576 %	- 0,6829 %	- 0,8170 %
VaR-Einzelposition	- 7.823,83	- 8.490,28	- 7.738,66	- 50.240,58

Abb. 62.10: Berechnung laufzeitspezifischer VaR des Teilbereichs A

Diese Einzel-VaR können anhand der bekannten Korrelationskoeffizientenmatrix aus Abb. 62.2 zum **Stand-alone VaR** des Teilbereichs A aggregiert werden und ergeben einen Wert von 63.041,51 GE. Für die Zinsbereiche B und C ergeben sich analog dazu die in Abb.62.11 dargestellten Werte.

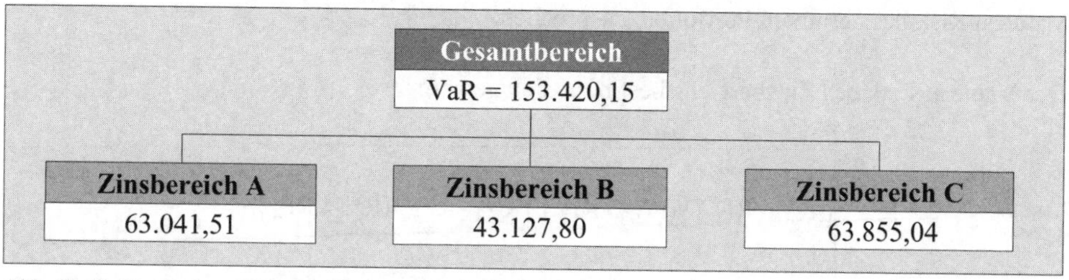

Abb. 62.11: Stand-alone-VaR der Zinsbereiche A, B und C

Die **Kostenlücke**, welche auf die drei Zinsbereiche verteilt werden muss, ergibt sich nun als:

Kostenlücke = 153.420,15 – (55.741,67 + 33.586,41 + 55.706,06) = 8.387,01

Die **Verteilung** der Kostenlücke erfolgt nun proportional zur Differenz der Ober- und Unterschranken, wie in Abb. 62.12 dargestellt.

	Ober-schranke (1)	Unter-schranke (2)	Differenz (3)	(3) in % von (2) (4)	Kostenlücke (=8.387,01) · (4) (5)	KlVaR = (5) + (2) (6)
Zinsbereich A	63.041,51	55.741,67	7.299,84	29,21%	2.449,81	58.191,48
Zinsbereich B	43.127,80	33.586,41	9.541,39	38,18%	3.202,07	36.788,48
Zinsbereich C	63.855,04	55.706,06	8.149,98	32,61%	2.735,12	58.440,18
Summe	170.024,35	145.033,14	24.991,20	100%	8.387,00	153.420,14
$VaR_{Zinsbereich}$	153.420,15	153.420,15				153.420,14

Abb. 62.12: Bestimmung des KlVaR der Zinsbereiche A, B und C

Beim Kostenlückenverfahren bleibt festzuhalten, dass dieses bezüglich der **Objektivität** die Forderungen nicht erfüllt, da eine isolierte Beurteilung der zu evaluierenden Position nicht möglich ist, da die allokierten Beträge eines Bereichs von der Struktur des Gesamtbank-portfolios abhängen.

Allerdings ist eine einfache **summarische Aggregation** zum Gesamtbank-VaR möglich. Die Forderung nach dem Grenzcharakter des allokierten Risikokapitals kann hingegen nur als teilweise erfüllt gelten.

zu 8.:

Der inkrementelle Value at Risk-Ansatz basiert auf dem Konzept des sogenannten **Delta-VaR** (DelVaR). Ähnlich wie beim in Teilaufgabe 3 vorgestellten adjustierten VaR und dem VaR gemäss Kostenlückenverfahren steht auch hier die additive Aggregation zugewiesener Risikokapitalbeträge zum ökonomischen Kapital der Gesamtbank bzw. eines Geschäftsbereichs im Vordergrund. Hierzu wird der Bewertungsansatz des Value at Risk methodisch modifiziert, so dass sich für jede innerhalb eines Portfolios enthaltene (Teil-) Position sogenannte **inkrementelle Value at Risk-Größen (InVaR)** bestimmen lassen, die in der Summe dem Value at Risk des gesamten Portfolios entsprechen.

Der Value at Risk des Zinsbereichs bestimmt sich gemäß:

$$\mathrm{VaR}_{\mathrm{Zinsbereich}} = \sqrt{\begin{array}{c}[(RV_1 \cdot RF_1)\ (RV_2 \cdot RF_2)\ (RV_3 \cdot RF_3)\ (RV_4 \cdot RF_4)] \cdot \\ \begin{bmatrix} 1 & Kor_{1,2} & Kor_{1,3} & Kor_{1,4} \\ Kor_{2,1} & 1 & Kor_{2,3} & Kor_{2,4} \\ Kor_{3,1} & Kor_{3,2} & 1 & Kor_{3,4} \\ Kor_{4,1} & Kor_{4,2} & Kor_{4,3} & 1 \end{bmatrix} \cdot \\ \begin{bmatrix} (RV_1 \cdot RF_1) \\ (RV_2 \cdot RF_2) \\ (RV_3 \cdot RF_3) \\ (RV_4 \cdot RF_4) \end{bmatrix}\end{array}}$$

Bezeichnet man den Zeilenvektor, der die Barwerte der zukünftigen Cash Flows enthält, mit **p**, die mit Hilfe der laufzeitspezifischen Risikofaktoren skalierte Korrelationskoeffizientenmatrix mit **Q** und die Transponente des Zeilenvektors mit **p'**, so gilt für den Zinsbereichs-VaR:

$$\mathrm{VaR}_{\mathrm{Zinsbereich}} = \sqrt{p \cdot Q \cdot p'}$$

Dies lässt sich erweitern zu:

$$\mathrm{VaR}_{\mathrm{Zinsbereich}} = \sqrt{p \cdot Q \cdot p'} \cdot \frac{\sqrt{p \cdot Q \cdot p'}}{\sqrt{p \cdot Q \cdot p'}} = p \cdot \frac{Q \cdot p'}{\sqrt{p \cdot Q \cdot p'}} = p \cdot \frac{Q \cdot p'}{\mathrm{VaR}_{\mathrm{Zinsbereich}}}$$

Der enthaltene Quotient $\frac{Q \cdot p'}{VaR_{Zinsbereich}}$ wird als **Delta-VaR** (DelVaR) des Zinsbereichportfolios bezeichnet und ergibt sich für die Misero Bank als:

$$DelVaR = \frac{\begin{bmatrix} & & \\ & Q & \\ & & \end{bmatrix} \cdot \begin{bmatrix} RV_1 \\ RV_2 \\ RV_3 \\ RV_4 \end{bmatrix}}{153.420{,}15\,GE} = \frac{\begin{bmatrix} 337{,}0137 \\ 634{,}5298 \\ 936{,}8834 \\ 1030{,}3235 \end{bmatrix}}{153.420{,}15\,GE} = \begin{bmatrix} 0{,}0022 \\ 0{,}0041 \\ 0{,}0061 \\ 0{,}0067 \end{bmatrix}$$

Mit Hilfe der DelVar-Matrix lässt sich nun für jeden der drei Teilbereiche der InVaR bestimmen, der als Messgröße für die Zuweisung von ökonomischem Kapital verwendet werden kann. Der InVaR für die Teilbereiche, deren barwertige Cash Flows durch den Zeilenvektor $\mathbf{p_i}$ dargestellt werden, ergibt sich als:

$$InVaR_i = p_i \cdot DelVaR = p_i \cdot \frac{Q \cdot p'}{VaR_{Zinsbereich}}$$

$$\mathbf{InVaR_{Teilbereich\ A}} = \begin{bmatrix} 0{,}0022 & 0{,}0041 & 0{,}0061 & 0{,}0067 \end{bmatrix} \cdot \begin{bmatrix} 1.844.808{,}00 \\ 1.522.647{,}50 \\ 1.133.204{,}80 \\ 6.149.398{,}08 \end{bmatrix} = \mathbf{58.567{,}57}$$

Für alle drei Teilbereiche ergibt sich schließlich die in Abb. 62.13 dargestellte Risikokapitalaufteilung.

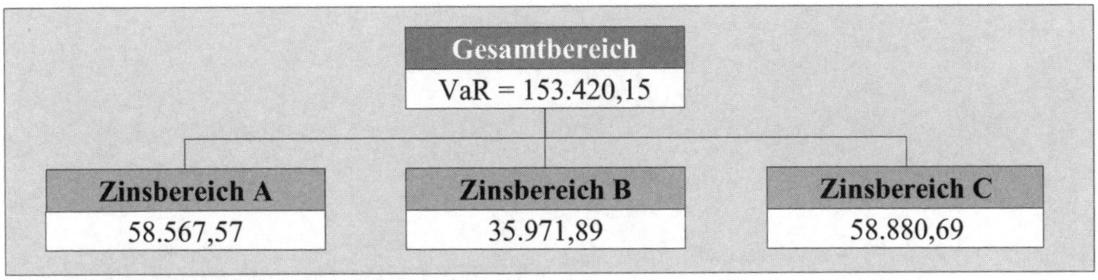

Abb. 62.13: InVaR der Zinsbereiche A, B und C

Beim inkrementellen VaR ist wie beim Kostenlückenverfahren festzuhalten, dass es bezüglich der **Objektivität** die Forderungen nicht erfüllt, da eine isolierte Beurteilung der zu evaluierenden Position nicht möglich ist, da die allokierten Beträge eines Bereichs von der Struktur des Gesamtbankportfolios abhängen.

Des weiteren ist wie beim Kostenlückenverfahren eine einfache **summarische Aggregation** zum Gesamtbank-VaR möglich. Die Forderung nach dem Grenzcharakter des allokierten Risikokapitals kann wiederum nur als teilweise erfüllt gelten.

Abschließend lässt sich sagen, dass keines der aktuellen Verfahren alle Kriterien zur Risikokapitalallokation befriedigend erfüllt. Deshalb sind je nach Zielsetzung der durchgeführten Analyse unterschiedliche Verfahren zur Allokation von ökonomischem Kapital einzusetzen. So scheiden beispielsweise der marginale VaR und der Stand-alone-VaR für den Fall aus, dass die Additivität der Teilbereichs-VaR zum Gesamtbank-VaR gegeben sein muss. Hingegen ist bei der strategischen Entscheidung über die Schließung eines Teilbereichs gerade der marginale VaR das beste Entscheidungskriterium. Für eine objektive Vergleichbarkeit der Risikoperformance verschiedener im Bankportfolio enthaltener (Teil-) Positionen im Zeitablauf liefert der Stand-alone-VaR aufgrund seiner Unabhängigkeit vom Gesamtportfolio die richtigen Entscheidungsinformationen.

Fallstudie 63: **Eigenmittelunterlegung des Marktrisikos**

Die deutsche Bank Kohlen & Reibach möchte die gemäß den bankaufsichtsrechtlichen Vorschriften notwendige Eigenmittelunterlegung für das positionsinhärente Marktrisiko ihrer Handelsgeschäfte berechnet wissen. Zu diesem Zwecke beauftragt sie den renommierten Risikomanagement-Experten Carlo Monte, zum 31. Dezember 2004 eine exakte Ermittlung des Marktrisikos vorzunehmen.

Zunächst listet Monte diesbezüglich die einzelnen Positionen des Handelsbuchs der Privatbank Kohlen & Reibach auf:

(1) Bundesanleihe der BRD (KB1), fällig am 31.12.08, Nennwert (NW) 150 Mio. EUR, Nominalzins 5 % p.a.

(2) EUR-Obligation der Banco de Santander (KB2), fällig am 30.11.06, NW 100 Mio. EUR, Nominalzins 7,5 % p.a.

(3) EUR-Anleihe der Daimler-Benz AG (KB3), fällig am 31.12.05, NW 100 Mio. EUR, Nominalzins 7,25% p.a.

(4) Terminverkauf einer 4-Jahres-Anleihe der Vereinigten Staaten von Amerika zu nominal 6,5 % p.a., aktueller Terminkurs 100 % (Terminkurs bei Geschäftsabschluss: 100,5 %), Restlaufzeit bis 31.12.05 und NW 100 Mio. EUR, Gegenpartei: Hamburger Sparkasse, Hamburg. Bei der erforderlichen Replikation dieser Position sind zwei festverzinsliche Positionen (KB4a und KB4b) einzustellen.

(5) Payer-Swap mit der Bayerischen Hypovereinsbank über 80 Mio. EUR mit einem Kupon von 6,5 % gegen 6-Monats-Euribor. Das nächste Euribor-Fixing ist in 30 Tagen, das letzte Fixing betrug 3,9 % und die Restlaufzeit des Swaps beträgt 60 Monate. Der Swap ist ebenfalls zu replizieren. Dupliziert werden kann dieser durch Einstellung einer festverzinslichen (KB5) und einer variabel verzinslichen Position (VB5). Am 31.12.04 könnte ein fiktiver Ersatzswap mit einer variablen Verzinsung in Höhe von 7,50 % abgeschlossen werden.

(6) Anleihe der Europäischen Entwicklungsbank (KB6), Fälligkeit 31.12.06, NW 75 Mio. EUR, Nominalzins 6,0 % p.a.

(7) Nullkuponanleihe der Weltbank (ZB7), fällig am 15.08.25, NW 50 Mio. EUR, Kurs 14,86 %.

(8) 200 Short Calls auf 5.000 Aktien der Aachener und Münchener Versicherung (AMB Generali Holding AG), Fälligkeit 30.06.05, Marktwert der Aktien 50 EUR/Stück, Volatilität 20 % p.a., Optionswert 12 EUR, Delta: 0,9772, Vega: - 0,003491, Gamma: - 0,0014. Das Geschäft wird über eine anerkannte Börse mit täglicher Nachschusspflicht abgewickelt.

(9) Terminkauf von 25.000 Allianz Holding (OTC-Geschäft), Verfalldatum 31.05.05, aktueller Terminkurs 105 EUR (entspricht dem Terminkurs bei Geschäftsabschluss). Aktueller Kassakurs der Aktie: 95 EUR. Bei der Duplikation ist eine festverzinsliche Position (KB9) zu berücksichtigen. Gegenpartei ist die Commerzbank, Frankfurt.

(10) Terminverkauf von 7.000 Aktien der Deutschen Bank AG, Laufzeit bis 30.09.05, aktueller Terminkurs 55 EUR (entspricht dem Terminkurs bei Geschäftsabschluss). Aktueller Kassakurs der Aktie: 60 EUR. Hier ist bei der Replikation ebenfalls eine festverzinsliche Position (KB10) entsprechend einzustellen. Gegenpartei ist die Dresdner Bank, Frankfurt.

(11) 25.000 Aktien der Bayer AG, Kurs 25 EUR.

(12) 60.000 Aktien der BMW AG, Kurs 30 EUR.

(13) 15.000 Aktien der Eon AG, Kurs 60 EUR.

(14) Kassakauf von 50 Mio. USD.

(15) Terminverkauf per 1.04.05 von 100 Mio. CHF, vereinbarter Terminkurs bei Abschluss des Geschäftes: 1,5400 CHF/EUR, Terminkurs per 31.12.04: 1,5200 CHF/EUR, Gegenpartei: Deutsche Bank, Frankfurt.

(16) Terminverkauf per 1.02.05 von 10 Mio. USD, vereinbarter Terminkurs bei Abschluss des Geschäftes: 0,9500 USD/EUR, Terminkurs per 31.12.04: 0,9600 USD/EUR, Gegenpartei: Hypovereinsbank, München.

(17) Terminkauf per 15.03.05 von 40 Mio. CHF, vereinbarter Terminkurs bei Abschluss des Geschäftes: 1,5500 CHF/EUR, Terminkurs per 31.12.04: 1,5250 CHF/EUR, Gegenpartei: Banque Nationale de Paris, Paris.

(18) Terminkauf per 1.03.05 von 20 Mio. USD, vereinbarter Terminkurs bei Abschluss des Geschäftes: 0,8800 USD/EUR, Terminkurs per 31.12.04: 0,8765 USD/EUR, Gegenpartei: Banca di Milano, Mailand.

(19) Bestand an Goldreserven im Wert von 10 Mio. USD.

(20) Long-Position von 25 kg Platin im Wert von 750.000 USD.

(21) Terminverkauf von 10 kg Platin zu einem Kurs von 30.000 USD pro kg per 31.12.05 an einer anerkannten Terminbörse mit täglicher Nachschusspflicht. Die Terminkurse entsprechen bei den Rohstoffen den Kassakursen (KB 21).

(22) Terminverkauf von 10.000 Barrel Rohöl zu einem Kurs von 40 USD pro Barrel per 30.01.05 an einer anerkannten Terminbörse mit täglicher Nachschusspflicht. Die Terminkurse entsprechen bei den Rohstoffen den Kassakursen (KB 22).

Die Zinszahlungen erfolgen bei allen Papieren jährlich nachträglich und das Kern- sowie Ergänzungskapital beläuft sich auf insgesamt 30 Mio. EUR.

Zum Stichtag kostet 1 EUR 1,5232 CHF respektive 0,9305 USD.

Am 31.12.04 gilt zudem folgende Zerobondrenditestruktur:

1 M.	5 M.	9 M.	11 M.	12 M.	23 M.	24 M.	36 M.	48 M.	60 M.	> 10 J.
3,50	3,70	4,00	4,63	4,89	5,34	5,46	5,66	5,94	6,37	10,00

Abb. 63.1: Zerobondrenditestruktur (in %)

Unter Verwendung der laufzeitkongruenten Zerobondrenditen hat Monte die jeweiligen **internen Renditen** (Yield to Maturity) ermittelt, die nachfolgend angeführt sind:

KB1	KB2	KB3	KB4a	KB4b	KB5	VB5	KB6	ZB7	KB9	KB10	KB21	KB22
5,90	5,32	4,89	5,90	4,89	6,28	3,50	5,44	10,00	3,70	4,00	4,89	3,50

Abb. 63.2: Interne Renditen (in %) der Bilanzpositionen von Kohlen & Reibach

Als Maß für die Zinssensitivität setzen die Bankaufsichtsbehörden zumeist die Modified Duration an. Für die Positionen von Kohlen & Reibach lauten diese wie folgt:

KB1	KB2	KB3	KB4a	KB4b	KB5	VB5	KB6	ZB7	KB9	KB10	KB21	KB22
3,51	1,75	0,95	3,45	0,95	4,16	0,08	1,84	18,77	0,40	0,72	0,95	0,08

Abb. 63.3: Modified Durationen der Positionen von Kohlen & Reibach

1. Versetzen Sie sich nun in die Situation von Carlo Monte und identifizieren Sie zunächst die anrechungspflichtigen Positionen für das spezifische und das allgemeine Marktrisiko! Legen Sie dabei die Vorschriften des Grundsatzes I BaFin zugrunde und klassifizieren Sie die Positionen dementsprechend!

   Gehen Sie dabei ein auf

   a) die Zinspositionen; berechnen Sie hierbei die Marktwerte (in Mio. EUR) und Modified Durations jeweils auf zwei Nachkommastellen genau,

   b) die Aktienpositionen,

   c) die Devisen- und Goldpositionen,

   d) die Rohstoff- sowie Edelmetallpositionen,

   e) die Optionspositionen

2. Quantifizieren Sie die notwendigen Eigenmittelanforderungen für das spezifische und das allgemeine Marktrisiko zunächst separat für

   a) die Zinspositionen gemäß der Durationsmethode,

   b) die Aktienpositionen,

   c) die Devisen- und Goldpositionen gemäß der Standardmethode,

   d) die Rohstoff- sowie Edelmetallpositionen gemäß dem Verfahren mit Fristigkeitsfächern und

   e) die Optionspositionen mittels Delta-plus-Verfahren!

   f) Berechnen Sie schließlich die Gesamteigenmittelanforderungen für die hier eingegangenen Marktrisiken gemäß Grundsatz I BaFin in Mio. EUR und runden Sie auf zwei Nachkommastellen!

Lösungsvorschlag zu Fallstudie 63:

zu 1.a):

Unterlegungspflichtig sind sowohl bei den Zins- wie auch bei den Aktienpositionen lediglich die Geschäfte des Handelsbuches, wobei aufgrund der Aufgabenstellung eine Differenzierung in Trading- und Non-Trading-Book redundant ist. Um die zinsrisikotragenden Positionen zu identifizieren, wird zunächst die **Bruttoposition der Wertpapiere** zu Marktwerten ermittelt. Hinzu addiert werden muss die **Bruttoposition in Zinsderivaten**, so sie zu einer Erhöhung des Zinsänderungsrisikos beitragen. Forward Rate Agreements (FRA), Futures, Swaps und Optionen sind jeweils getrennt nach Long- und Short-Positionen zu erfassen. Bei der Auflösung der Derivate in ihre Underlyings, also den zugrundeliegenden Basispapieren, sind unterschiedliche Prinzipien anwendbar. Bei FRAs und Futures findet das „Duplikationsprinzip i.w.S." der Kapitalmarkttheorie Anwendung. Auf Swaps kann dieses oder alternativ das „Duplikationsprinzip i.e.S." der Marktzinsmethode angewendet werden. Bei beiden Duplikationsprinzipien ist grundsätzlich der Zahlungsstrom des jeweils zugrundeliegenden Instrumentes zu replizieren. Bei Optionen findet schließlich ein vereinfachtes Verfahren, das Szenario-Matrix-Verfahren oder das Delta-plus-Verfahren Anwendung.

Um die Nettopositionen für jeden Geschäftsgegenstand zu ermitteln, dürfen einander ausgleichende Zinspositionen prinzipiell aufgerechnet werden, falls sie bestimmte Voraussetzungen (z.B. identischer Emittent) erfüllen. Dies ist hier nicht gegeben, so dass die Nettopositionen exakt den Marktwerten der einzelnen Bruttopositionen entsprechen. Um die einzustellenden Positionen ermitteln zu können, müssen die Geschäfte 4, 5, 9, 10, 21 und 22 zunächst dupliziert werden:

Der Terminverkauf (4) der USA-Anleihe, kann dupliziert werden durch

- eine **4-Jahres-Kassa-Shortposition** in der zugrundeliegenden Anleihe (KB4a) und
- eine **Kassa-Longposition** in einer Anleihe, die in 12 Monaten einen Geldzufluss in Höhe von 6,5 Mio. EUR (Kupon-Zahlung) und von 100 Mio. EUR (Tilgung, KB4b) führt.

Der Payer-Swap (5) – bei welchem die Bank jeweils Festzinsen zahlt – mit der Bayerischen Hypovereinsbank als Swap-Partner entspricht

- einer **Shortposition** in einem **Kupon-Bond** (KB5) über 80 Mio. EUR mit einem Kupon von 6,5 %, Restlaufzeit 60 Monate und
- einer **Longposition** in einem **variabel verzinslichen Bond** (VB5) auch über nominal 80 Mio. EUR mit dem 6-Monats-Euribor als Referenzzinssatz, dessen nächstes Zinsfixing in 30 Tagen liegt. (Das letzte Euribor-Fixing lag bekanntlich bei 3,9 %.)

Ferner sind die bei der Synthetisierung der **Aktienterminkäufe** notwendigen festverzinslichen Positionen korrekt einzustellen:

Der Aktienterminkauf (9) wird repliziert durch eine

- Longposition in Aktien der Allianz Holding und eine

- **Shortposition** in einem **Kuponbond** der in fünf Monaten eine Zahlung von 2.625.000 EUR (KB9) garantiert und eine Verzinsung zum gültigen Marktzins von 3,70 % aufweist.

Der Aktienterminverkauf (10) lässt sich hingegen synthetisieren mit einer

- Shortposition in Aktien der Deutschen Bank und einer
- **Longposition** in einem **Kuponbond** (KB10), der durch einen Zahlungsstrom von 385.000 EUR in 9 Monaten und einen Kupon in Höhe von 4 % charakterisiert ist.

Das Deltaäquivalent, also der mit dem Optionsdelta gewichtete Marktwert, ist lediglich bei den Aktien- und nicht bei den Zinspositionen zu erfassen.

Bei der Duplikation des Platin- (Rohöl-) Terminverkaufs (21 respektive 22) ergibt sich eine

- Shortposition in Platin (Rohöl) und eine
- **Longposition** in einem **Kuponbond** KB21 (KB22), der durch einen Zahlungsstrom von 0,3 Mio. USD / 0.9305 USD/EUR = 322.407 EUR in 12 Monaten (0,4 Mio. USD / 0.9305 USD/EUR = 429.876 EUR in 1 Monat) und einen Kupon in Höhe von 4,89 % (3,50 %) charakterisiert ist.

Damit die Nettopositionen nun vollständig berechnet und zur Kalkulation der notwendigen Eigenmittelunterlegung in die entsprechenden Durationsbänder eingestellt werden können, müssen die Marktwerte (MW) der einzelnen Positionen bestimmt werden. Diese ergeben sich grundsätzlich durch die Diskontierung der einzelnen Cash Flows mit den adäquaten **Zerobond-Renditen** oder alternativ mit der **internen Rendite** der Papiere. Erstere Vorgehensweise sei beispielhaft anhand der vierjährigen Bundesanleihe verdeutlicht, die einen 5 %-Kupon aufweist:

- $MW_{KB1} = \frac{7.500.000}{1,0489^1} + \frac{7.500.000}{1,0546^2} + \frac{7.500.000}{1,0566^3} + \frac{157.500.000}{1,0594^4} = 145.289.600 \text{ EUR}$

$$KW = \frac{MW}{NW} \Rightarrow KW_{KB1} = \frac{145.289.600 \text{ EUR}}{150.000.000 \text{ EUR}} = 96,86\,\%$$

Der Marktwert beläuft sich folglich auf 145.289.600 EUR und entspricht somit einem Kurswert von 96,86 %.

Bei Anwendung der internen Rendite können die Marktwerte wie nachfolgend ermittelt werden (interne Renditen gerundet):

- $MW_{KB2} = \frac{7.500.000}{1,0532^{11/12}} + \frac{107.500.000}{1,0532^{23/12}} = 104.485.554 \text{ EUR}$

- $MW_{KB3} = \frac{107.250.000}{1,0489^1} = 102.249.976 \text{ EUR}$

- $MW_{KB4a} = \frac{6.500.000}{1{,}0590^1} + \frac{6.500.000}{1{,}0590^2} + \frac{6.500.000}{1{,}0590^3} + \frac{106.500.000}{1{,}0590^4} = 102.083.833 \text{ EUR}$

- $MW_{KB4b} = \frac{106.500.000}{1{,}0489^1} = 101.534.941 \text{ EUR}$

- $MW_{KB5} = \frac{5.200.000}{1{,}0628^1} + \frac{5.200.000}{1{,}0628^2} + \frac{5.200.000}{1{,}0628^3} + \frac{5.200.000}{1{,}0628^4} + \frac{85.200.000}{1{,}0628^5}$

  $= 80.735.381 \text{ EUR}$

- $MW_{KB6} = \frac{4.500.000}{1{,}0544^1} + \frac{79.500.000}{1{,}0544^2} = 75.776.110 \text{ EUR}$

Der Marktwert für den Zerobond ergibt sich durch Multiplikation des in der Aufgabenstellung angegebenen Kurses mit dem Nennwert.

- $MW_{ZB7} = 14{,}86\,\% \cdot 50 \text{ Mio. EUR} = 7.430.000 \text{ EUR}$

Bei der Ermittlung des Marktwertes für die Kuponbonds der Positionen 9 und 10 ist darauf zu achten, dass es sich um gebrochene Laufzeiten handelt, die bei der Diskontierung entsprechend zu berücksichtigen sind:

- $MW_{KB9} = \frac{2.625.000 \cdot (1 + 0{,}037)^{5/12}}{1{,}037^{5/12}} = 2{,}625 \text{ Mio. EUR}$

- $MW_{KB10} = \frac{385.000 \cdot (1 + 0{,}040)^{9/12}}{1{,}04^{9/12}} = 0{,}385 \text{ Mio. EUR}$

- $MW_{KB21} = \frac{322.407 \cdot (1 + 0{,}489)^1}{1{,}0489^1} = 322.407 \text{ EUR}$

- $MW_{KB22} = \frac{429.876 \cdot (1 + 0{,}035)^{1/12}}{1{,}035^{1/12}} = 429.876 \text{ EUR}$

Um den Marktwert einer variablen Zahlung, etwa der des Swaps, zu berechnen, ist es hilfreich, sich zunächst die anfallenden Cash Flows klarzumachen. Die Bank erhält in einem Monat eine Zinszahlung über 3,9 % für eine Laufzeit von 6 Monaten und die Rückzahlung des Swapbetrages in Höhe von 80 Mio. EUR. Der Marktwert der beiden Zahlungen ergibt sich nun durch Abzinsung mit dem entsprechenden Zinssatz (3,5 %) unter Berücksichtigung der gebrochenen Laufzeit:

- $MW_{VB5} = \frac{80 \text{ Mio.} \cdot (1 + 0{,}039)^{6/12}}{1{,}035^{1/12}} = 81.311.642 \text{ EUR}$

Die in der Aufgabenstellung angegebenen Durationen wurden bekanntermaßen mit nachfolgender Formel ermittelt, wobei die angeführte Macaulay Duration noch mit dem Term 1/(1+R) zu multiplizieren ist, um die Modified Duration zu erhalten.

$$D = \frac{\sum_{t=1}^{n} t \cdot CF_t \cdot (1+R)^{-t}}{M_0}$$

mit: D = Duration; M_0 = Marktwert im Zeitpunkt 0; CF_t = Cash Flow (Rückfluss) im Zeitpunkt t; R = Marktrendite; t = Zeitindex; n = Restlaufzeit

Insgesamt ergibt sich für das Portfolio aus Zinspositionen folgendes Bild:

Nr.	Position	long/ short	Restlaufzeit in Jahren	Marktwert in EUR	Kurswert gerundet	Modified Duration
(1)	KB1	long	4,000	145.289.600	96,86 %	3,51
(2)	KB2	long	1,917	104.485.554	104,45 %	1,75
(3)	KB3	long	1,000	102.249.976	102,25 %	0,95
(4)	KB4a	short	4,000	102.083.833	102,08 %	3,45
	KB4b	long	1,000	101.534.941	101,53%	0,95
(5)	KB5	short	5,000	80.735.381	100,93 %	4,16
	VB5	long	0,083	81.311.642	101,64 %	0,08
(6)	KB6	long	2,000	75.776.110	101,03 %	1,84
(7)	ZB7	long	20,625	7.430.000	14,86 %	18,77
(9)	KB9	short	0,417	2.625.000	100,00 %	0,40
(10)	KB10	long	0,750	385.000	100,00 %	0,72
(21)	KB21	long	1,000	322.407	100,00 %	0,95
(22)	KB22	long	0,083	429.876	100,00 %	0,08

Abb. 63.4: Portfolio aus Zinspositionen

zu 1.b):

Für die Berechnung des erforderlichen Eigenmittelstandards der Aktienkursrisiken, die durch das Halten oder Eingehen von Aktienpositionen im Handelsbestand generiert werden, findet wie bei den Zinspositionen der Building Block Approach Anwendung. Durch diese separate Behandlung der einzelnen risikobehafteten Positionen wird implizit eine vollständig positive Korrelation zwischen diesen unterstellt. Es werden hier sämtliche Long- und Short-Positionen in Aktien und ihnen ähnlichen Positionen erfasst, vorausgesetzt, sie zählen zum Trading Book und sind nicht bereits beim Zinsänderungsrisiko berücksichtigt worden, wie etwa Vorzugsaktien ohne Wandelrecht.

Hinsichtlich der Eigenmittelanforderungen für das spezifische und das allgemeine Marktrisiko sind analog zum Zinsänderungsrisiko sowohl die Bruttogesamtposition als auch die einzelnen Nettopositionen relevant. Zunächst gilt es, die Bruttoposition in Aktien zu Marktwerten zu berechnen. In einem zweiten Schritt muss die Bruttoposition in Aktienderivaten durch die Anwendung des Duplikationsprinzips i.w.S. für Forwards, Futures und Swaps sowie des Delta-plus-Verfahrens für Optionen ermittelt werden. Die **Bruttogesamtposition** in Aktieninstrumenten bildet, wiederum in Analogie zu den Zinsinstrumenten, die Bemessungsgrundlage für das **spezifische Risiko**. Das **allgemeine Marktrisiko** hingegen bezieht sich auf die aggregierten **Nettopositionen** aller nationalen Aktienmärkte, mithin die jeweilige Differenz zwischen der Summe der Long- und Short-Positionen an jedem nationalen Aktienmarkt, womit implizit ein Beta-Faktor von 1 unterstellt wird. Deshalb muss für jeden nationalen Aktienmarkt, auf dem das Institut tätig ist, eine separate Berechnung durchgeführt werden.

<u>zu 1.c):</u>

Die Eigenmittelunterlegung für das Fremdwährungsrisiko soll Verlustrisiken abdecken, die der Bank aus dem Halten oder Eingehen von Positionen in **Fremdwährungen** einschließlich **Gold** erwachsen. Im Gegensatz zum Zinsänderungs- und Aktienkursrisiko werden bei den noch folgenden Risikoarten **alle Bankgeschäfte** erfasst, folglich auch die im Non-Trading-Book. Im Bereich des **Fremdwährungsrisikos** sind dies alle Geschäfte, die einen Fremdwährungsbezug und damit ein potentielles Fremdwährungsrisiko aufweisen. Aktiv- und Passivpositionen in den einzelnen Währungen sind wie folgt zu bestimmen:

Aktivpositionen sind

1. unter Aktiva der Bilanz auszuweisende Vermögensgegenstände einschließlich zeitanteiliger Erträge, auch wenn diese noch nicht den zugehörigen bilanziellen Posten zugeordnet worden sind,

2. Liefer- und Zahlungsansprüche aus Kassa- und Termingeschäften sowie Ansprüche auf die Zahlung von Kapitalbeträgen aus Finanz-Swaps,

3. Eventualansprüche auf Rückgabe von in Pension gegebenen Gegenständen,

4. dem Institut im Falle der Ausübung eigener oder fremder Optionsrechte zustehende Liefer- oder Zahlungsansprüche aus Devisen- oder Goldoptionen sowie sonstige eigene Optionsrechte,

5. unwiderrufliche Garantien und Gewährleistungen sowie vergleichbare Instrumente, die mit Sicherheit in Anspruch genommen werden, soweit ihre Inanspruchnahme zu einer Zunahme der Aktivpositionen führen wird.

Passivpositionen sind

1. unter Passiva der Bilanz auszuweisende Schulden einschließlich zeitanteiliger Aufwendungen, auch wenn diese noch nicht den zugehörigen bilanziellen Posten zugeordnet worden sind,

2. Liefer- und Zahlungsverpflichtungen aus Kassa- und Termingeschäften sowie Verpflichtungen zur Zahlung von Kapitalbeträgen aus Finanz-Swaps,

3. Eventualverbindlichkeiten auf Rückgabe von in Pension genommenen Gegenständen der Aktivposition Nummer 1,

4. vom Institut im Falle der Ausübung eigener oder fremder Optionsrechte zu erfüllende Liefer- oder Zahlungsverpflichtungen aus Devisen- oder sowie sonstige fremde Optionsrechte

5. unwiderrufliche Garantien und Gewährleistungen sowie vergleichbare Instrumente, die mit Sicherheit in Anspruch genommen werden, soweit ihre Inanspruchnahme zu einer Zunahme der Passivpositionen führen wird.

Basis für die Quantifizierung der Eigenmittelunterlegung ist auch hier die Definition der „offenen Gesamtposition“. Zur Messung dieser, sind die offenen Positionen in den einzelnen Währungen auf geeignete Weise zu aggregieren. Wesentlich bei der Festlegung des Aggregationsmodus ist die Art und Weise der Behandlung der drei risikodeterminierenden Faktoren **Wechselkursvolatilität**, **Wechselkurskorrelation** und **Diversifikationsgrad des Gesamtportfolios**. Sie sollen so verknüpft werden, dass eine möglichst simple aber dennoch adäquate Methode zur Bestimmung der risikobehafteten Fremdwährungspositionen zur Verfügung steht. Anwendung findet die sogenannte „**Middle-case-Methode**“. Zwischen den einzelnen Fremdwährungspositionen wird keine perfekte Korrelation unterstellt, sondern lediglich eine innerhalb des Intervalls zwischen - 1 und + 1. Verluste in einer Fremdwährungsposition (z.B. long CHF) können somit nur teilweise durch Gewinne in entgegengesetzten (z.B. short USD) ausgeglichen werden. Die offene Fremdwährungsposition wird bestimmt, indem zunächst - in die jeweilige Landeswährung umgerechnet - die Teilsummen getrennt nach Long- und Shortpositionen ermittelt werden. Die offene Fremdwährungsposition entspricht dann der größeren der beiden Teilsummen.

<u>zu 1.d):</u>

Die Eigenmittelanforderungen für das Rohstoffrisiko werden für das Risiko erhoben, das mit dem Halten oder Eingehen von Positionen in **Rohstoffen** inklusive **Edelmetallen** (ohne Gold) verbunden ist. Die Ermittlung der Nettoposition erfolgt analog zu den bisher vorgestellten Risikokategorien durch Aggregation der folgenden Positionen:

Aktivpositionen sind

1. unter Aktiva der Bilanz auszuweisende Rohwarenbestände,

2. Lieferansprüche aus Swap-, Kassa- und Termingeschäften,

3. dem Institut im Falle der Ausübung eigener oder fremder Optionsrechte zustehende Lieferansprüche,

4. Eventualansprüche auf Rückgabe von in Pension gegebenen Gegenständen der Aktivposition Nummer 1.

Passivpositionen sind

1. Lieferverpflichtungen aus Swap-, Kassa- und Termingeschäften,

2. vom Institut im Falle der Ausübung eigener oder fremder Optionsrechte zu erfüllende Lieferverpflichtungen,

3. Eventualverbindlichkeiten auf Rückgabe von in Pension genommenen Gegenständen der Aktivposition Nummer 1.

Durch Saldierung der Long-/Shortpositionen innerhalb desselben Geschäftsgegenstandes und Umrechnung in die Heimatwährung ergibt sich die Nettoposition in einzelnen Rohstoff- und Edelmetallgeschäften.

<u>zu 1.e):</u>

Die BaFin unterteilt das Optionspreisrisiko in ein „lineares“ und ein „nicht-lineares“ Risiko. Unter dem **linearen Optionspreisrisiko** wird das Deltarisiko verstanden, mithin die Sensitivität des Optionspreises gegenüber Preisveränderungen des Basiswertes. Mathematisch ist der Deltawert die erste Ableitung der Optionspreisfunktion C(.) nach dem Basiswert. Streng genommen kann das Deltarisiko nicht als lineares Risiko aufgefasst werden sondern als konvexes, da ein linearer Zusammenhang zwischen Optionspreis- und Basiswertpreisveränderung nur bei infinitesimalen Änderungen besteht, die in der Praxis selten zu beobachten sind. Demzufolge ist der **Deltawert** der Option (der deltagewichtete Marktwert) bei dem entsprechenden Basiswert, hier den Aktienpositionen, einzustellen. Zusätzlich sind die **nicht-linearen** Komponenten des **Optionspreisrisikos** zu unterlegen. Diese umfassen mit dem Gamma-, dem Vega-, dem Theta- und dem Rhorisiko insgesamt vier Komponenten: Das **Gammarisiko** ist ein Maß für die Sensitivität des Optionsdeltas gegenüber Preisveränderungen des Basiswertes, folglich die zweite Ableitung von C(.) nach dem Basiswert. Das **Vegarisiko** misst die Sensitivität des Optionspreises gegenüber Schwankungen der Volatilität des Basiswertes und entspricht somit der ersten Ableitung von C(.) nach der Volatilität. Mit Verkürzung der (Rest-) Laufzeit der Option fällt ceteris paribus der Optionspreis. Das **Thetarisiko** beschreibt, wie empfindlich der Optionspreis auf eine Veränderung der (Rest-) Laufzeit reagiert und kann somit als erste Ableitung von C(.) nach der Verfallzeit der Option dargestellt werden. Das **Rhorisiko** drückt schließlich die Abhängigkeit des Optionspreises vom „risikolosen“ Zinssatz aus, also die erste Ableitung von C(.) nach dem Zinssatz. Separat zu unterlegen sind indes gemäß BASLER AUSSCHUSS nur das Gamma- und das Vegarisiko.

zu 2.a):

Um die zur Risikoabdeckung notwendige Eigenmitteldeckung zu berechnen, stehen für Zinspositionen zwei alternative Standardmethoden zur Verfügung, die **Jahresbandmethode** und die **Durationsmethode**, wobei letztere im folgenden anzuwenden ist.

Position	Duration	modified Duration der Pos.	Zinsänderung	Gewicht	Barwert Netto-Positionen in Mio. EUR		Gewichtete Netto-Position.		Geschl. Position	Verbleibende offene Position	
					long	short	long	short		long	short
5b	< 1 M.	0,08	1,00 %	0,08 %	81,31		65.049			65.049	
22	< 1 M.	0,08	1,00 %	0,08 %	0,43		344			344	
9	3-6 M.	0,40	1,00 %	0,40 %		2,63		10.520			10.520
10	6-12 M.	0,72	1,00 %	0,72 %	0,39		2.772			2.772	
21	6-12 M.	0,95	1,00 %	0,95 %	0,32		3.063			3.063	
4b	6-12 M.	0,95	1,00 %	0,95 %	101,53		964.582			964.582	
3	6-12 M.	0,95	1,00 %	0,95 %	102,25		971.375			971.375	
Summe Zone 1					**286,23**	**2,63**	**2.007.185**	**10.520**	**0**	**2.007.185**	**10.520**
2	1,0-1,9 J.	1,75	0,90 %	1,575 %	104,49		1.645.647			1.645.647	
6	1,9-2,8 J.	1,84	0,80 %	1,472 %	75,78		1.115.424			1.115.424	
Summe Zone 2					**180,27**	**0**	**2.761.071**	**0**	**0**	**2.761.071**	**0**
4a	3,6-4,3 J.	3,45	0,75 %	2,5875 %		102,10		2.641.419	2.641.419	1.183.330	
1	3,6-4,3 J.	3,51	0,75 %	2,6325 %	145,29		3.824.749				
5a	4,3-5,7 J.	4,16	0,70 %	2,9120 %		80,74		2.351.014			2.351.014
7	> 20 J.	18,77	0,60 %	11,262 %	7,43		836.767			836.767	
Summe Zone 3					**152,72**	**182,84**	**4.661.516**	**4.992.433**	**2.641.419**	**2.020.097**	**2.351.014**
Summe über alle Zonen					**619,22**	**185,47**	**9.429.772**	**5.002.953**	**2.641.419**	**6.788.353**	**2.361.534**

Abb. 63.5: Quantifizierung des allgemeinen Marktrisikos bei Zinspositionen mittels Durationsmethode gemäß BaFin (Stufen 1 bis 3)

Die Basis beider Verfahren bildet eine Zinsablaufbilanz (Stromgrößenkonzept) mit festen Gewichtungssätzen, deren im Detail unterschiedliche Zeitraster sich aus jeweils drei laufzeitrespektive durationsabhängigen Zonen zusammensetzen. Die Einstellung der erfassten Positionen, die grundsätzlich zu Marktwerten (marked to market) vorzunehmen ist, in die einzelnen Zonen der Zinsablaufbilanz sowie die konkrete Ermittlung der Risikowerte, erfolgt in Abhängigkeit vom gewählten Verfahren unterschiedlich. Basis beider Verfahren bildet die in Aufgabe 1 berechnete Netto-Short- respektive Netto-Longposition im Handelsbestand insgesamt. Das einer Position zugemessene **Zinsänderungsrisiko** ergibt sich stets als voraussichtliche **Marktwertänderung** infolge einer explizit unterstellten **Zinsänderung**. Die Zinsrisikopositionen müssen für jede Währung einzeln berechnet werden, das heißt, eine Aufrechnung zwischen zwei Positionen in unterschiedlichen Währungen ist unzulässig.

Abbildungen 63.5, 63.6 und 63.7 illustrieren die 5-stufige Vorgehensweise der Durationsmethode. Zunächst wird jede einzelne Zinsposition mit ihrem Marktwert gemäß ihrer Duration in das entsprechende Band eingestellt. Das Risikoerfassungssystem der Durationsmethode differenziert drei Zonen oder Anrechnungsbereiche in 15 verschiedene Bänder. Auf der zweiten Stufe werden die Marktwerte mit ihren durch das Band zugewiesenen spezifischen Gewichten (Modified Duration · unterstellte Zinsänderung) multipliziert und so die **Bruttoeigenmittelunterlegung** berechnet. Für Kohlen & Reibach beläuft sich diese auf insgesamt 14.432.725 EUR (9.429.772 EUR + 5.002.953 EUR). Der BASLER AUSSCHUSS lässt indes mit dem vertikalen und dem horizontalen Hedging zwei weitere Aufrechnungsmöglichkeiten zu. Im Rahmen des vertikalen Hedgings, der Aufrechnung innerhalb der einzelnen Durationsbänder, können innerhalb des Durationsbandes 3,6 - 4,3 Jahre insgesamt 2.641.419 EUR kompensiert werden.

	Verbleibende offene Position		Geschlossene Position in den Zonen	Endgültige offene Positionen der Zonen	
	long	short		long	short
Zone 1	2.007.185	10.520	10.520	1.996.665	0
Zone 2	2.761.072	0	0	2.761.072	0
Zone 3	2.020.096	2.351.014	2.020.096	0	330.918
Summe über alle Zonen				4.757.737	330.918
Offene Position über alle Zonen				4.426.819	

Abb. 63.6: Zoneninternes horizontales Hedging

		Offene Positionen der Zonen	Aufrechnung Zonen 1/2	Verbleibende offene Positionen	Aufrechnung Zonen 2/3	Verbleibende offene Positionen	Aufrechnung Zonen 1/3	Verbleibende offene Positionen
Zone 1	long	1.996.665		1.996.665		1.996.665		1.996.665
	short	0		0		0		0
Zone 2	long	2.761.072		2.761.072	330.918	2.430.154		2.430.154
	short	0		0	0	0		0
Zone 3	long	0		0	0	0	0	0
	short	330.918		330.918	330.918	0		0
Total			0		330.918		0	4.426.819

Abb. 63.7: Zonenübergreifendes horizontales Hedging

		Disallowance Factor	Volumen	Eigenmittel-bedarf
Vertikales Hedging, geschlossene Position in den Bändern		5 %	2.641.419	132.071
Horizontales Hedging zonenintern; geschlossene Position in	Zone 1	40 %	10.520	4.208
Horizontales Hedging zonenintern; geschlossene Position in	Zone 2	30 %	0	0
Horizontales Hedging zonenintern; geschlossene Position in	Zone 3	30 %	2.020.096	606.029
Horizontales Hedging, zonenübergreifend; geschlossene Position zwischen	Zonen 1 und 2	40 %	0	0
Horizontales Hedging, zonenübergreifend; geschlossene Position zwischen	Zonen 2 und 3	40 %	330.918	132.367
Horizontales Hedging, zonenübergreifend; geschlossene Position zwischen	Zonen 1 und 3	100 %	0	0
Übrige offene Position		100 %	4.426.819	4.426.819
Kapitalunterlegung für allgemeines Marktrisiko (Summe)				5.301.494

Abb. 63.8: Kalkulation der Eigenmittelanforderung für das allgemeine Marktrisiko von Zinspositionen gemäß BaFin (Stufen 4 und 5)

Auf der vierten Stufe (vgl. Abb. 63.6 und 63.7) vollzieht sich dann das horizontale Hedging. Zunächst darf innerhalb der drei Zonen und danach zonenübergreifend aufgerechnet werden. Schließlich wird auf der fünften Stufe die (Netto-) Eigenmittelunterlegung für das den Zinspositionen anhaftende allgemeine Marktrisiko durch Addition ermittelt (vgl. Abb. 63.8). Insgesamt müssen also **5.301.494 EUR** an **Eigenmitteln** zur Abdeckung des den Zinspositionen anhaftenden allgemeinen Marktrisikos bereitgestellt werden.

Die Eigenmittelunterlegung für das spezifische Risiko soll als Schutz vor ungünstigen Kursentwicklungen eines spezifischen Wertpapieres dienen, die im **Emittenten** begründet sind.

Die Bemessungsgrundlage zur Berechnung des Eigenmittelbedarfes für das spezifische Risiko bei **Zinspositionen** bildet die Nettogesamtposition in Zinsinstrumenten. Eine Aufrechnung der einzelnen zinsrisikotragenden Positionen ist nur bei einander deckenden Positionen derselben Emission gestattet. Bei Wertpapieren aus unterschiedlichen Emissionen ist eine Aufrechnung auch dann nicht zulässig, wenn die Papiere von demselben Emittenten begeben sind, da naturgemäß Differenzen etwa bei Kupon, Liquidität oder Tilgungsmerkmalen zu divergierenden Kursen führen können. Zu der Kategorie „**Staat**“ zählen sämtliche Arten von Staatspapieren (inkl. Anleihen, Schatzwechseln und anderen kurzfristigen Instrumenten). Den nationalen Aufsichtsbehörden bleibt jedoch das Recht vorbehalten, bei Wertpapieremissionen bestimmter ausländischer Staaten das spezifische Risiko mit einem Gewicht ungleich Null zu belegen. Insbesondere gilt dies bei Wertpapieren, die auf eine fremde Währung lauten. Unter dem Begriff „**Qualifiziert**“ werden Aktiva subsumiert, wie beispielsweise Wertpapiere öffentlicher Schuldner oder multilateraler Entwicklungsbanken, die bestimmte Kriterien erfüllen. Für die Wertpapiere der Kategorie „**Sonstige**“ gilt grundsätzlich eine Unterlegung von 8 %.

	Emittent	Barwert Netto-Positionen (in EUR)	Restlaufzeit (Jahre)	Gewichtung	Unterlegung	EM-Anforderung (in EUR)
(1)	BRD	145.289.600	4,00	0 %	8 %	0
(2)	Banco de Santander	104.485.554	1,92	12,50 %	8 %	1.044.856
(3)	Daimler Benz	102.249.976	1,00	12,50 %	8 %	1.022.500
(4a)	USA	102.083.833	4,00	0 %	8 %	0
(4b)	Staatspapier	101.534.941	1,00	0 %	8 %	0
(5a)	Hypovereinsbank	80.735.381	5,00	Befreit	8 %	0
(5b)	Staatspapier	81.311.642	0,08	Befreit	8 %	0
(6)	EWB	75.776.110	2,00	12,50 %	8 %	757.761
(7)	Weltbank	7.430.000	2,71	20 %	8 %	118.880
(9)	Staatspapier	2.625.000	0,42	0 %	8 %	0
(10)	Staatspapier	385.000	0,75	0 %	8 %	0
(21)	Staatspapier	322.407	1,00	0 %	8 %	0
(22)	Staatspapier	429.876	0,08	0 %	8 %	0
Gesamteigenmittelunterlegung für das spezifische Risiko						2.943.997

Abb. 63.9: Quantifizierung des spezifischen Risikos bei Zinspositionen gemäß BaFin

Von Eigenmittelanforderungen für das spezifische Risiko **befreit** sind Zinsswaps, Währungsswaps, FRAs, Forward-Devisenkontrakte und Zinsfutures sowie Futures auf einen Zinsindex. Anders hingegen Futures-Kontrakte, denen eine Schuldverschreibung oder ein auf einem Korb von Schuldverschreibungen basierender Index zugrunde liegt.

Wie in Abbildung 63.9 deutlich wird beläuft sich der Eigenmittelbedarf für das den Zinspositionen anhaftende spezifische Risiko auf **2.943.997 EUR**. Daraus resultiert ein Eigenmittelbedarf für das **gesamte Marktrisiko aus Zinspositionen von 8.245.298 EUR** (= 5.301.301 EUR + 2.943.997 EUR).

zu 2.b):

Nr.	Position	Marktwert(-äquivalent)		
(8)	Deltaäquivalent der 200 Short-Calls auf 5.000 Aktien der Aachener und Münchener Versicherung; Marktwert der Aktien: 50 EUR/Stück; Delta: 0,9772; -short-	200 · 50 EUR · 5.000 · 0,9772	=	- 4.886.000 EUR
(9)	25.000 Aktien der Allianz-Holding; Stichtagskurs:105 EUR; -long-	25.000 ·105 EUR	=	+ 2.625.000 EUR
(10)	7.000 Aktien der Deutschen Bank AG; Stichtagskurs: 55 EUR; -short-	7.000 · 55 EUR	=	- 385.000 EUR
(11)	25.000 Aktien der Bayer AG; Stichtagskurs: 25 EUR; -long-	25.000 · 25 EUR	=	+ 625.000 EUR
(12)	60.000 Aktien der BMW AG; Stichtagskurs: 30 EUR; -long-	60.000 · 30 EUR	=	+ 1.800.000 EUR
(13)	15.000 Aktien der Eon AG; Stichtagskurs: 60 EUR; -long-	15.000 · 60 EUR	=	+ 900.000 EUR
Bruttogesamtposition				**11.221.000 EUR**
Nettogesamtposition				**679.000 EUR**
Eigenmittelanforderung für das spezifische Risiko		(11.221.000 EUR – 0.5 · 385.000 EUR) · 4 %	=	+ 441.140 EUR
Eigenmittelanforderung für das allgemeine Marktrisiko		679.000 EUR · 8 %	=	54.320 EUR
Marktrisikounterlegung der Aktienpositionen		441.140 EUR + 54.320 EUR	=	**495.460 EUR**

Abb. 63.10: Messung des Marktrisikos bei Aktienpositionen gemäß BaFin

Die erforderliche Eigenmittelunterlegung für das allgemeine Marktrisiko lässt sich nach dem Standardverfahren - getrennt für jeden Aktienmarkt - berechnen, indem die Nettogesamtposition mit 8 % multipliziert wird. Zur Ermittlung der Unterlegung für das spezifische Marktrisiko ist grundsätzlich die Bruttogesamtposition mit 4 % zu multiplizieren. Der hälftige Abschlag auf die Deutsche Bank-Position ist bei der Ermittlung des spezifischen Marktrisikos darf vorgenommen werden, da diese Position in einem gängigen Aktienindex notiert ist (Erfordernis der „Hochliquidität"), an einer deutschen Wertpapierbörse gehandelt wird (Erfordernis der „hohen Anlagequalität") und insgesamt nicht mehr als einen Anteil von 5 % an der gesamten Bruttogesamtposition darstellt.

Differenziert werden muss somit zwischen der **Brutto**- und der **Nettogesamtposition**. Entsprechend müssen zunächst die Marktwerte der einzelnen Positionen berechnet, saldiert respektive addiert und unterlegt werden, wie in Abbildung 63.10 angeführt.

Die Bruttogesamtposition beläuft sich auf 11.221.000 EUR. Nach Saldierung der Summe aller Long- und Shortpositionen ergibt sich eine unterlegungspflichtige Gesamtposition für das allgemeine Marktrisiko in Höhe von 679.000 EUR. Multipliziert man die Nettogesamtposition mit 8 % und die Bruttogesamtposition (nach Abzug der Hälfte der Deutsche Bank-Position) mit 4 %, resultiert eine Eigenmittelunterlegung von insgesamt **495.460 EUR** für das den Aktienpositionen anhaftende spezifische und allgemeine Kursrisiko.

zu 2.c):

Im Bereich des Fremdwährungsrisikos sieht der Grundsatz I eine relativ einfache Anrechnungssystematik für offene Nettopositionen in Devisengeschäften als Standardverfahren vor, die im angelsächsischen Raum deshalb auch unter dem Begriff „**Shorthand-Method**“ bekannt ist. Die Determinierung der notwendigen Eigenmittelunterlegung lässt sich durch folgende Schritte charakterisieren:

1. Ermittlung der offenen Nettopositionen in den einzelnen Währungen.
2. Umrechnung mit den aktuellen Wechselkursen in die jeweils heimische Währung.
3. Separate Addition aller aktivischen und passivischen Nettopositionen.
4. Unterlegung der größeren der beiden Summen (Long- oder Short-Gesamtposition) zuzüglich der Position in Gold mit 8 % Eigenmitteln.

1. Schritt: Ermittlung der offenen Nettopositionen in USD und CHF

Geschäfte in **USD**	aktivische (Long-)Position	passivische (Short-)Position
(14) Kassakauf	50 Mio.	
(16) Terminverkauf		10 Mio.
(18) Terminkauf	20 Mio.	
Summe	70 Mio.	10 Mio.
Nettoposition in USD	**60 Mio.**	

Abb. 63.11: Shorthand-Method für USD

Geschäfte in **CHF**	aktivische (Long-)Position	passivische (Short-)Position
(15) Terminverkauf		100 Mio.
(17) Terminkauf	40 Mio.	
Summe	40 Mio.	100 Mio.
Nettoposition in CHF		**60 Mio.**

Abb. 63.12: Shorthand-Method für CHF

2. Schritt: Umrechnung der einzelnen Nettoposition in EUR zu den aktuellen Wechselkursen

$$\frac{60\text{ Mio. USD}}{0{,}9305\text{ USD/EUR}} = 64.481.462\text{ EUR long}$$

$$\frac{60\text{ Mio. CHF}}{1{,}5232\text{ CHF/EUR}} = 39.390.756\text{ EUR short}$$

3. Schritt: Separate Addition aller Nettolong- und Nettoshortpositionen

Dieser Schritt ist hier redundant, da es jeweils nur eine Position gibt.

4. Schritt: Unterlegung der größeren der beiden zuzüglich der Goldposition mit Eigenmitteln

Der Bestand an Goldreserven beläuft sich auf 10.746.910 EUR (10 Mio. USD / 0.9305 USD/EUR) und wird zu den 64.481.462 Mio. EUR long hinzuaddiert. **Die erforderliche Eigenmittelunterlegung** von 8 % für das **Fremdwährungsrisiko** bezieht sich somit auf insgesamt 75.228.372 EUR und beträgt folglich **6.018.270 EUR**.

Eine Befreiung (Bagatellgrenze) von der Unterlegung ist hier nicht zulässig, da die Summe aller in die Währung der Rechnungslegung umgerechneten Aktiv- und Passivpositionen in beiden fremden Währungen den Betrag von 100 % der Eigenmittel übersteigt und die Währungsgesamtposition (75.228.372 Mio. EUR) höher als 2 % der Eigenmittel ist.

<u>zu 2.d):</u>

Bei dem Verfahren mit Fristigkeitsfächern müssen Banken, wie auch bei dem vereinfachten Verfahren, zunächst die Nettoposition je Rohstoff nach dem oben beschriebenen Schema zum jeweils aktuellen Kassakurs umrechnen. Diese offenen Positionen sind in sieben verschiedene Fristigkeitsfächer entsprechend ihrer Laufzeit einzustellen (vgl. Abb. 63.13). In einem **ersten Schritt** können gegenläufige Positionen innerhalb der Fristigkeitsfächer aufgerechnet werden. Die Privatbank Kohlen & Reibach kann diese Option nur im ersten Fristigkeitsfach nutzen. Um dem „forward gap" Risiko - dem Risiko, dass sich der Terminpreis aus Gründen ändert, die nicht mit einer Zinssatzänderung in Zusammenhang stehen - und dem Zinsänderungsrisiko innerhalb eines Laufzeitbandes explizit Rechnung zu tragen, muss die aufgerechnete Position in Höhe von 859.752 EUR (je 429.876 EUR auf der long- wie auf der short-Seite) mit 1,5 % Eigenmitteln unterlegt werden. Der erste Anrechnungsbetrag beträgt somit **12.896 EUR**. In einem **zweiten Schritt** kann die verbliebene offene Position aus kürzeren Fristigkeitsfächern vorgetragen und mit längerfristigen Engagements, sofern gegenläufig, aufgerechnet werden. Da eine solche Verrechnung naturgemäß ungenau ist, wird für jedes Fristigkeitsfach, über das hinweg die offene Position vorgetragen wird, eine Unterlegung in Höhe von 0,6 % der absolut vorgetragen Position gefordert. So muss die offene Position des ersten Fristigkeitsfaches

(376.142 EUR long) dreimal vorgetragen werden, bis sie mit der verbliebenen offenen Position des vierten Faches (322.407 EUR short) verrechnet werden kann. Insgesamt werden hier absolut 1.128.426 EUR (= 3 · 376.142 EUR) vorgetragen. Dies führt zum zweiten Anrechnungsbetrag von **6.771 EUR**. (= 1.128.426 EUR · 0,6 %). Innerhalb des vierten Fristigkeitsfaches können 644.814 EUR aufgerechnet werden (je 322.407 auf der long- wie auf der short-Seite). Multipliziert mit 1,5 % führt dies zum dritten Teilanrechnungsbetrag von **9.672 EUR**. Schließlich verbleiben 53.735 EUR (= 376.142 EUR – 322.407 EUR) auf der long-Seite im vierten Fristigkeitsfach, die nicht geschlossen werden können und deshalb mit 15 % Eigenmitteln – also **8.060 EUR** – unterlegt werden müssen. Infolgedessen ergibt sich im Beispiel ein Eigenmittelbedarf zur Abdeckung des allgemeinen Marktrisikos bei Rohstoffpositionen von **37.399 EUR** (=12.896 EUR + 6.771 EUR + 9.672 EUR + 8.060 EUR).

		Laufzeitbänder (Fristigkeitsfächer); Beträge in EUR							**Summe (Betrag)**
		0 bis 1 Monat	**1 bis 3 Monate**	**3 bis 6 Monate**	**6 bis 12 Monate**	**1 bis 2 Jahre**	**2 bis 3 Jahre**	**größer 3 Jahre**	
Position	long	806.018							806.018
	short	- 429.876			- 322.407				- 752.283
fächerspezifische Aufrechnung geschlossener Positionen		859.752 (je 429.876 long/short)							859.752
Resultierende offene Position	long	376.142							
	short				- 322.407				
Vortrag			376.142	376.142	376.142				1.128.426
1. fächerübergreifende Aufrechnung					644.814				644.814
Resultierende offene Position	long				53.735				
	short								
Aufrechnung insgesamt		859.752			644.814				

Abb. 63.13: Verfahren mit Fristigkeitsfächern gemäß Grundsatz I BaFin

zu 2.e):

Die Basler Marktrisikoregelungen sehen, je nach Ermessen der nationalen Behörden, im Rahmen der Standardverfahren bis zu drei Möglichkeiten zur Begrenzung der Optionspreisrisiken vor: Während beim vereinfachten Verfahren die Eigenmittelanforderungen für das spezifische Risiko und das allgemeine Marktrisiko in einem Schritt ermittelt werden, wird bei der Szenario-Analyse und dem Delta-plus-Verfahren separat vorgegangen. Bei beiden Verfahren wird in analoger Weise zunächst die Eigenmittelanforderung für das spezifische Risiko berechnet, bevor separat die für das allgemeine Marktrisiko ermittelt wird.

Beim **Delta-plus-Verfahren**, das – wie auch die Szenario-Analyse – als Zwischenschritt zu den internen Modellen konzipiert wurde, werden die mit Optionen verbundenen Sensitivitäts-

Parameter zur Begrenzung des Marktrisikos explizit verwendet. Dem linearen Risiko wird – in Analogie zum Duplikationsprinzip i.w.S. – durch die Berücksichtigung der Marktrisiken des Basiswertes und der Finanzierungsposition bei der entsprechenden Risikokategorie Rechnung getragen. Im Unterschied zum Duplikationsprinzip werden nicht die exakt replizierten Positionen, sondern der deltagewichtete Marktwert des Basiswertes in das jeweilige Standardmessverfahren eingestellt.

Das nicht-lineare Optionspreisrisiko wird durch die separate Unterlegung des Gamma- und des Vegarisikos erfasst. Theta- und Rhorisiko werden hingegen vernachlässigt. Grundlage bildet die Taylor-Expansion, die es prinzipiell ermöglicht, die Veränderung einer beliebigen Funktion mittels eines Polynoms abzuschätzen. Da der Optionspreis gemäß dem gängigen Optionsbewertungskonzept nach Black und Scholes von fünf fundamentalen Größen abhängt, offeriert die Taylorreihe eine elegante Möglichkeit, die Einflussgrößen der einzelnen Modellparameter zu isolieren. Bei Variation des Aktienkurses (S) und der Volatilität (σ) stellt sich die Gleichung zur Approximation der Optionspreisveränderung eines Calls ΔC wie folgt dar:

$$\Delta C = f(S, \sigma)$$

$$= \frac{\delta C}{\delta S} \cdot \Delta S + \frac{\delta C}{\delta \sigma} \cdot \Delta \sigma + \frac{1}{2} \cdot \frac{\delta^2 C}{\delta S^2} \cdot \Delta S^2 + \frac{1}{2} \cdot \frac{\delta^2 C}{\delta \sigma^2} \cdot \Delta \sigma^2 + \frac{\delta^2 C}{\delta S \delta \sigma} \cdot \Delta S \Delta \sigma + \ldots$$

$$= \text{Delta}_{\text{Call}} \cdot \Delta S + \text{Vega}_{\text{Call}} \cdot \Delta \sigma + \frac{1}{2} \text{Gamma}_{\text{Call}} \cdot \Delta S^2 + \frac{1}{2} \cdot \frac{\delta^2 C}{\delta \sigma^2} \cdot \Delta \sigma^2 \ldots$$

Durch die ersten drei Terme der Gleichung lässt sich eine Optionspreisveränderung hinreichend genau approximieren. Hieraus lassen sich jetzt die Bestimmungsgleichungen für das Gamma- und das Vegarisiko leicht separieren. Für das **Gammarisiko** lautet diese:

$$\Delta C = \frac{1}{2} \cdot \frac{\delta^2 C}{\delta S^2} \cdot \Delta S^2 = \frac{1}{2} \cdot \text{Gamma}_{\text{Call}} \cdot \Delta S^2$$

Die Marktwertänderung des Basiswertes (ΔS) wird durch die Multiplikation des Basiswertes mit einem bestimmten Faktor ermittelt. Dieser soll das allgemeine Marktrisiko des Underlyings abbilden. Handelt es sich beim Basiswert um eine Anleihe, so ist der korrespondierende Gewichtungssatz gemäß Durationsmethode zu verwenden (vgl. Abb. 63.5). Bei Basiswerten in Form von Aktien, Aktienindizes, Fremdwährungen oder Gold sind prinzipiell 8 % und bei Rohstoffen sowie Edelmetallen 15 % anzusetzen. Da es sich bei Geschäft (8) um einen Call auf Aktien handelt, beläuft sich ΔS hier auf 4 EUR (8 % · 50 EUR). Da die Gamma-Werte für Calls und Puts grundsätzlich positiv sind, hat die BaFin festgelegt, dass gekaufte Optionen einen positiven Gamma-Effekt und geschriebene einen negativen aufweisen sollen. Weist ein Portfolio mehrere Gamma-Effekte bezüglich eines Basiswertes auf, so sind diese zu einem Netto-Gamma-Effekt zu saldieren. Der gesamte Eigenmittelbedarf für das Gammarisiko entspricht dann der **Summe** des absoluten Betrages aller **negativen Netto-Gamma-Effekte**, in diesem Fall also - 0,0014. Für die 200 Calls auf jeweils 5.000 Aktien der Aachener und Münchener Versicherungen beläuft sich damit der Eigenmittelbedarf zur Abdeckung des Gammarisikos auf **11.200 EUR** (= 200 · 5.000 · |1/2 · (- 0,0014) · (4 EUR)^2|).

Das **Vegarisiko** lässt sich durch folgende Gleichung beschreiben:

$$\Delta C = \frac{\delta C}{\delta \sigma} \cdot (\Delta\sigma \cdot \sigma) = \text{Vega}_{\text{Call}} \cdot (\Delta\sigma \cdot \sigma)$$

Das Vega gibt bei einer einprozentigen absoluten Veränderung der Volatilität den EUR-Betrag an, um den sich der Optionspreis absolut verändert. Verändert sich im Beispiel die Volatilität um 1 %-Punkt auf 21 %, dann verändert sich der Optionspreis entsprechend um absolut 0,3491 EUR. Die BaFin unterstellt prinzipiell eine Veränderung des Vegas von ± 25 %. Für die Aufgabe bedeutet dies bei der unterstellten Volatilität von 20 % somit eine Veränderung von absolut ± 5 %-Punkten (± 25 % · 0,2). Hier müssen dementsprechend **17.455 EUR** (= 200 · 5.000 · |-0,003491 EUR · ± 5 %-Punkte|) zur Unterlegung des Vegarisikos aufgewendet werden. Insgesamt beläuft sich somit der Eigenmittelbedarf für das nicht-lineare Optionspreisrisiko auf **28.655 EUR** (= 11.200 EUR + 17.455 EUR).

Dem linearen Optionspreisrisiko von Geschäft (8) wird dadurch Rechnung getragen, dass das Deltaäquivalent bei den Aktienpositionen eingestellt wird (vgl. Abb. 63.10).

zu 2.f):

Insgesamt müssen damit mindestens **14.825.082 EUR** an Eigenmitteln zur adäquaten **Unterlegung der Marktrisiken** gemäß den Anforderungen des Grundsatz I BaFin bereitgestellt werden (vgl. Abb. 63.14).

	Unterlegungsbetrag
allgemeines Marktrisiko Zinspositionen	5.301.494
spezifisches Marktrisiko Zinspositionen	2.943.997
allgemeines Marktrisiko Aktienpositionen	54.320
spezifisches Marktrisiko Aktienpositionen	441.140
Marktrisiko Fremdwährungen	6.018.270
Marktrisiko Rohstoffe	37.399
nicht-lineares Optionspreisrisiko	28.655
Summe	**14.825.275**

Abb. 63.14: Eigenmittel-Unterlegungserfordernisse für die Marktrisiken von Kohlen & Reibach

Fallstudie 64: **Strategische Geschäftsfeldplanung**

Das Bankhaus Schlau & Meier möchte die Geschäftspolitik des Hauses in Zukunft mit Hilfe von strategischen Geschäftsfeldern steuern. Als Grundlage für die strategische Planung soll die junge Diplom-Kauffrau Fach-Simpel zunächst die aktuelle Situation der Bank analysieren.

Die Aktivitäten im Kundengeschäft sind in fünf strategische Geschäftsfelder (SGF) aufgeteilt, die wie folgt definiert sind:

- SGF 1: Retailkunden
- SGF 2: Vermögende Privatkunden
- SGF 3: Klein- und Mittelbetriebe
- SGF 4: Großunternehmen
- SGF 5: Institutionelle Kunden

Informationen über das Volumen der einzelnen SGF können der vorliegenden Bilanz entnommen werden. Die darin enthaltenen Bilanzbestände entsprechen dabei auch dem jahresdurchschnittlichen Geschäftsvolumen der jeweiligen Geschäftsart.

Aktiva		Bilanz in Mio. GE			Passiva
Kasse		6,50	Verbindlichk. ggü. Banken		25,11
Forderungen an Banken		24,30	Verbindlichk. ggü. Kunden		
Wertpapiere		3,88	• Sichteinlagen	14,67	
Forderungen an Kunden			• Termineinlagen	22,68	
• Kontokorrentkredite	28,24		• Spareinlagen	29.29	66,64
• Ratenkredite	7,34		Kassenobligationen		2,91
• Darlehen	10,91		Gezeichnetes Kapital		4,95
• Hypotheken	14,85	61,34	Rücklagen		3,24
Grundstücke und Gebäude		3,95			
sonstige Vermögensgegenstände		2,88			
Summe Aktiva		**102,85**	Summe Passiva		**102,85**

Abb. 64.1: Bilanz des Bankhauses Schlau & Meier

Über die Aufteilung des Kundengeschäftsvolumens auf die einzelnen Geschäftsfelder erhält Frau Fach-Simpel die folgenden Informationen:

Den Retailkunden sind Sichteinlagen in Höhe von 11,080 Mio. GE, Spareinlagen in Höhe von 18,900 Mio. GE sowie sämtliche Ratenkredite zuzurechnen. Darüber hinaus sind ihnen Hypotheken mit einem Volumen von 10,910 Mio. GE zur Baufinanzierung zuzuordnen.

Auf das Geschäft mit „Vermögenden Privatkunden“ entfallen Hypotheken im Umfang von 3,940 Mio. GE und Termineinlagen in Höhe von 3,600 Mio. GE. Diese Kundengruppe unterhält außerdem 1,100 Mio. GE in Kassenobligationen.

Den Klein- und Mittelbetrieben sind Kontokorrentkredite in Höhe von 22,440 Mio. GE sowie langfristige Darlehen in Höhe von 7,455 Mio. GE zuzurechnen. Sie unterhalten ferner Sichteinlagen im Umfang von 3,590 Mio. GE und Termineinlagen mit einem Volumen von 10,000 Mio. GE.

Die Großunternehmen nahmen zur Finanzierung langfristige Darlehen in Höhe von 3,455 Mio. GE sowie Kontokorrentkredite in Höhe von 5,800 Mio. GE in Anspruch. Von den Termineinlagen ist dieser Kundengruppe 3,880 Mio. GE zuzuordnen.

Schließlich halten die „Institutionellen Kunden“ die restlichen Kassenobligationen. Ebenfalls auf dieses Geschäftsfeld entfallen Spareinlagen in Höhe von 10,390 Mio. GE sowie Termineinlagen in einem Umfang von 5,200 Mio. GE.

Das Bankhaus Schlau & Meier arbeitet mit einem modernen, entscheidungsorientierten Kalkulationsverfahren. Aufgrund einer Auswertung der in den letzten 10 Jahren erzielten Bruttomargen konnten für die einzelnen Geschäftsarten die folgenden Durchschnittswerte ermittelt werden:

- Kontokorrentkredite: 4,10 %
- Ratenkredite: 5,80 %
- langfristige Darlehen: 1,30 %
- Hypotheken: 1,10 %
- Sichteinlagen: 4,50 %
- Termineinlagen: 1,00 %
- Spareinlagen: 2,20 %
- Kassenobligationen: 0,50 %

Im Gegensatz zum Wertbereich existiert derzeit noch kein adäquates Kostenkalkulationssystem für die Ermittlung und Zurechnung der Betriebskosten. Daher hat die Geschäftsleitung für die Aufteilung der gesamten Betriebskosten im Kundengeschäft (Personal- und Sachkosten) in Höhe von 1.873.400 GE die folgende Schlüsselung, die sich an der Personalkapazität der einzelnen Geschäftsfelder orientiert, festgelegt:

- SGF 1: 7,5
- SGF 2: 2
- SGF 3: 6
- SGF 4: 2,25
- SGF 5: 1,25

Keinem speziellen Geschäftsfeld zurechenbar blieben 344.800 GE an Gemeinkosten des Kundengeschäfts übrig.

In den zurückliegenden zehn Jahren entstanden dem Bankhaus durchschnittlich folgende (Ausfall-) Risikokosten:

- Kontokorrentkredite: 0,80 %
- Ratenkredite: 1,20 %
- Darlehen 0,50 %
- Hypotheken 0,30 %

An Gebühren und Provisionserträgen konnten insgesamt 661.230 GE eingenommen werden. Davon entfielen 108.720 GE auf Geschäftsfeld 3 und 40.840 auf Geschäftsfeld 4. Der restliche Anteil ist den „Vermögenden Privatkunden" zuzurechnen.

1. a) Erstellen Sie auf Basis der Ihnen vorliegenden Informationen eine Geschäftsfeldstrukturtabelle des Kundengeschäfts und stellen Sie diese graphisch in Form einer strategischen Geschäftsfeldkurve dar!

   b) Eine vorgeschaltete Gewinnbedarfsanalyse ergab für das Kundengeschäft der Bank eine Ziel-Rentabilität von 1,2 %. Konnte die Bank mit der gegebenen Geschäftsstruktur diese Vorgabe erreichen? Unterstellen Sie dabei, dass keine weiteren Erfolgskomponenten existieren. Gehen Sie kurz auf den Beitrag der einzelnen Geschäftsfelder zum Kundengeschäftsergebnis ein!

2. Zusammen mit ihrem Ehemann, dem Unternehmensberater Herrn Fach-Simpel, überlegt Frau Fach-Simpel, welche Maßnahmen die Bank ergreifen könnte, um die Ziel-Rentabilität in Höhe von 1,2 % des Kundengeschäftsvolumens in Zukunft zu erreichen. Das Ergebnis ihrer angeregten Diskussionen ist in der nachfolgenden Abbildung 64.2 wiedergegeben (die Pfeile deuten die Richtung der geplanten Veränderungen an).

   a) Skizzieren Sie kurz, welche Strategien den in der Tabelle abgebildeten Zielwerten zugrunde liegen. Gehen Sie dabei für jedes SGF sowohl auf die Volumens- als auch auf die Ertragskomponenten ein. Nennen Sie wesentliche Einflussfaktoren, die neben der eigenen derzeitigen Geschäftsstruktur bei der Formulierung der Ziel-Geschäftsstruktur noch berücksichtigt werden sollten!

   b) Verdeutlichen Sie die beabsichtigten Strukturveränderungen graphisch, indem Sie die Ziel-Geschäftsfeldkurve der Ist-Geschäftsfeldkurve in einer Abbildung gegenüberstellen!

SGF	Geschäftsvolumen (Kredite + Einlagen)	Ergebniskomponenten				
		Zinsergebnis	Provisionsergebnis	Risikokosten	Betriebskosten	(Direktes) Betriebsergebnis
1	53.000.000 ↑	1.650.000 ↑ [3,11 %] ↑	100.000 ↑ [0,19 %] ↑	135.300 ↑ [0,26 %] ↑	887.400 ↑ [1,67 %] ↑	727.300 ↑ [1,37 %] ↑
2	9.300.000 ↑	92.500 ↑ [0,99 %] ↑	568.100 ↑ [6,11 %] ↑	12.900 ↑ [0,14 %]	226.800 ↑ [2,44 %] ↑	420.900 ↑ [4,52 %] ↑
3	47.000.000 ↑	1.353.200 ↑ [2,88 %] ↓	125.000 ↑ [0,27 %] ↑	235.000 ↑ [0,50 %]	644.800 ↑ [1,37 %] ↑	598.400 ↑ [1,27 %] ↓
4	14.100.000 ↑	347.200 ↑ [2,46 %] ↓	45.000 ↑ [0,32 %] ↑	63.700 ↑ [0,45 %] ↓	230.700 ↑ [1,64 %] ↓	97.800 ↑ [0,69 %] ↑
5	18.600.000 ↑	312.800 ↑ [1,68 %] ↑	0	0	125.700 ↑ [0,68 %] ↓	187.100 ↑ [1,01 %] ↑
restliche Gemeinkosten des Kundengeschäfts	0	0	0	0	327.500 ↓ [0,23 %]	- 327.500 ↑ [- 0,23 %]
Summe	142.000.000	3.715.700 [2,62 %]	878.100 [0,62 %]	446.900 [0,31 %]	2.442.900 [1,72 %]	1.704.000 [1,20 %]

Abb. 64.2: Strategische Zielwerte für die Geschäftsfeldstruktur im Kundengeschäft des Bankhauses Schlau & Meier (in GE)

Lösungsvorschlag zu Fallstudie 64:

zu 1.a):

Die Erstellung der Geschäftsfeldstrukturtabelle für das Kundengeschäft setzt zunächst die Berechnung der Ertragskraft der einzelnen strategischen Geschäftsfelder (SGF) voraus. Dazu müssen für alle Produkte und Kunden eines SGF sämtliche Zins- und Provisionserträge sowie alle dem Geschäftsfeld zurechenbaren Kosten ermittelt werden.

SGF 1 (Retailkunden):

Zinsergebnis:

Position (1)	Volumen (2)	Ø Bruttomarge (3)	Zinsergebnis (4) = (2) · (3)
Ratenkredite	7,340 Mio. GE	5,80 %	425.720 GE
Hypotheken	10,910 Mio. GE	1,10 %	120.010 GE
Sichteinlagen	11,080 Mio. GE	4,50 %	498.600 GE
Spareinlagen	18,900 Mio. GE	2,20 %	415.800 GE
Summe bzw. Durchschnitt	48,230 Mio. GE	3,03 %	1.460.130 GE

Gebühren bzw. Provisionserlöse: 0 GE

Risikokosten:

Position (1)	Volumen (2)	Kreditausfallquote (3)	Risikokosten (4) = (2) · (3)
Ratenkredite	7,340 Mio. GE	1,20 %	88.080 GE
Hypotheken	10,910 Mio. GE	0,30 %	32.730 GE
Summe	18,250 Mio. GE	0,66 %	120.810 GE

Betriebskosten (Verteilung nach der angegebenen Schlüsselung):

$$\frac{1.873.400\,\text{GE}}{7{,}5+2+6+2{,}25+1{,}25}\cdot 7{,}5 = 739.500\,\text{GE}$$

SGF 2 (Vermögende Privatkunden):

Zinsergebnis:

Position (1)	Volumen (2)	Ø Bruttomarge (3)	Zinsergebnis (4) = (2) · (3)
Hypotheken	3,940 Mio. GE	1,10 %	43.340 GE
Termineinlagen	3,600 Mio. GE	1,00 %	36.000 GE
Kassenobligationen	1,100 Mio. GE	0,50 %	5.500 GE
Summe bzw. Durchschnitt	8,640 Mio. GE	0,98 %	84.840 GE

Gebühren bzw. Provisionserlöse: 511.670 GE

Risikokosten:

Position (1)	Volumen (2)	Kreditausfall-quote (3)	Risikokosten (4) = (2) · (3)
Hypotheken	3,940 Mio. GE	0,30 %	11.820 GE

Betriebskosten: $\frac{1.873.400}{7{,}5 + 2 + 6 + 2{,}25 + 1{,}25} \cdot 2 = 197.200\,\text{GE}$

SGF 3 (Klein- und Mittelbetriebe):

Zinsergebnis:

Position (1)	Volumen (2)	Ø Bruttomarge (3)	Zinsergebnis (4) = (2) · (3)
Kontokorrentkredite	22,440 Mio. GE	4,10 %	920.040 GE
Darlehen	7,455 Mio. GE	1,30 %	96.915 GE
Sichteinlagen	3,590 Mio. GE	4,50 %	161.550 GE
Termineinlagen	10,000 Mio. GE	1,00 %	100.000 GE
Summe bzw. Durchschnitt	43,485 Mio. GE	2,94 %	1.278.505 GE

Gebühren bzw. Provisionserlöse: 108.720 GE

Risikokosten:

Position (1)	Volumen (2)	Kreditausfall-quote (3)	Risikokosten (4) = (2) · (3)
Kontokorrentkredite	22,440 Mio. GE	0,80 %	179.520 GE
Darlehen	7,455 Mio. GE	0,50 %	37.275 GE
Summe	29,895 Mio. GE	0,73 %	216.795 GE

Betriebskosten: $\frac{1.873.400\,\text{GE}}{7{,}5+2+6+2{,}25+1{,}25} \cdot 6 = 591.600\,\text{GE}$

SGF 4 (Großunternehmen):

Zinsergebnis:

Position (1)	Volumen (2)	Ø Bruttomarge (3)	Zinsergebnis (4) = (2) · (3)
Kontokorrentkredite	5,800 Mio. GE	4,10 %	237.800 GE
Darlehen	3,455 Mio. GE	1,30 %	44.915 GE
Termineinlagen	3,880 Mio. GE	1,00 %	38.800 GE
Summe bzw. Durchschnitt	13,135 Mio. GE	2,45 %	321.515 GE

Gebühren bzw. Provisionserlöse: 40.840 GE

Risikokosten:

Position (1)	Volumen (2)	Kreditausfall-quote (3)	Risikokosten (4) = (2) · (3)
Kontokorrentkredite	5,800 Mio. GE	0,80 %	46.400 GE
Darlehen	3,455 Mio. GE	0,50 %	17.275 GE
Summe	9,255 Mio. GE	0,69 %	63.675 GE

Betriebskosten: $\frac{1.873.400\,\text{GE}}{7{,}5+2+6+2{,}25+1{,}25} \cdot 2{,}25 = 221.850\,\text{GE}$

SGF 5 (Institutionelle Kunden):

Zinsergebnis:

Position (1)	Volumen (2)	Ø Bruttomarge (3)	Zinsergebnis (4) = (2) · (3)
Termineinlagen	5,200 Mio. GE	1,00 %	52.000 GE
Spareinlagen	10,390 Mio. GE	2,20 %	228.580 GE
Kassenobligationen	1,810 Mio. GE	0,50 %	9.050 GE
Summe bzw. Durchschnitt	17,400 Mio. GE	1,66 %	289.630 GE

Gebühren bzw. Provisionserlöse: 0 GE

Risikokosten: 0 GE

Betriebskosten: $\frac{1.873.400\,\text{GE}}{7{,}5 + 2 + 6 + 2{,}25 + 1{,}25} \cdot 1{,}25 = 123.250\,\text{GE}$

Die restlichen, einem spezifischen Geschäftsfeld nicht zurechenbaren Gemeinkosten des Kundengeschäfts in Höhe von 344.800 GE werden als Gemeinkostenblock **gesondert** erfasst. In der Zusammenstellung der Ergebniskomponenten ergibt sich die in der nachfolgenden Abbildung 64.3 dargestellte Geschäftsfeldstrukturtabelle.

Werden die einzelnen Geschäftsfelder nach ihrer relativen Ertragskraft angeordnet, so ergibt sich die Geschäftsfeldkurve der Bank (vgl. Abb. 64.4). Die relative Ertragskraft eines Geschäftsfeldes, die auch abschnittsweise die Steigung der Geschäftsfeldkurve bestimmt, ergibt sich dabei aus dem Quotienten des Betriebsergebnisses und des Geschäftsvolumens des jeweiligen Geschäftsfeldes.

SGF	Geschäfts-volumen (Kredite + Einlagen)	Ergebniskomponenten				
		Zins-ergebnis	Provisions-ergebnis	Risiko-kosten	Betriebs-kosten	(Direktes) Betriebs-ergebnis
1	48.230.000	1.460.130 [3,03 %]	0	120.810 [0,25 %]	739.500 [1,53 %]	599.820 [1,24 %]
2	8.640.000	84.840 [0,98 %]	511.670 [5,92 %]	11.820 [0,14 %]	197.200 [2,28 %]	387.490 [4,48 %]
3	43.485.000	1.278.505 [2,94 %]	108.720 [0,25 %]	216.795 [0,50 %]	591.600 [1,36 %]	578.830 [1,33 %]
4	13.135.000	321.515 [2,45 %]	40.840 [0,31 %]	63.675 [0,48 %]	221.850 [1,69 %]	76.830 [0,58 %]
5	17.400.000	289.630 [1,66 %]	0	0	123.250 [0,71 %]	166.380 [0,96 %]
Gemein-kosten	0	0	0	0	344.800 [0,26 %]	- 344.800 [- 0,26 %]
Summe	130.890.000	3.434.620 [2,62 %]	661.230 [0,51 %]	413.100 [0,32 %]	2.218.200 [1,69 %]	1.464.550 [1,12 %]

Abb. 64.3: Ist-Geschäftsfeldstrukturtabelle des Bankhauses Schlau & Meier (in GE)

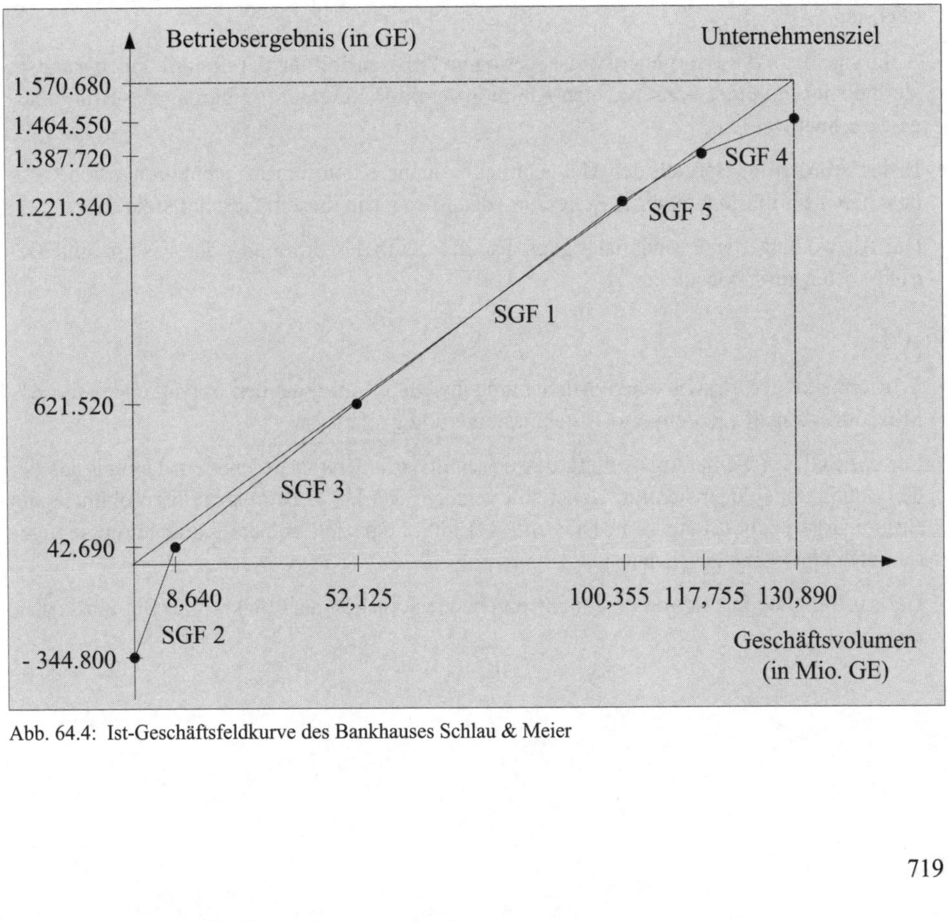

Abb. 64.4: Ist-Geschäftsfeldkurve des Bankhauses Schlau & Meier

zu 1.b):

Aus der Graphik geht deutlich hervor, dass das **Unternehmensziel** (Betriebsergebnis = 1,2 % des Kundengeschäftsvolumens; hier: 1,2 % · 130,890 Mio. GE = 1,57068 Mio. GE) mit der derzeitigen Geschäftsstruktur nicht erreicht werden konnte. Deutliche Unterschiede bestehen hinsichtlich der Ertragskraft der einzelnen Geschäftsfelder. Während die Geschäftsfelder 1 und 2 das anvisierte Unternehmensziel übertreffen (die Steigung ist größer als die der Zielgerade), wird dieses Ziel von den übrigen Bereichen teilweise deutlich verfehlt.

zu 2.a):

Abbildung 64.2 lässt erkennen, dass grundsätzlich in allen Geschäftsfeldern - jedoch in unterschiedlichem Ausmaß - eine Wachstumsstrategie verfolgt wird, um das ehrgeizige Rentabilitätsziel von 1,2 % aus dem Kundengeschäft zu erzielen. In Verbindung mit den Ertrags- und Aufwandskomponenten ergeben sich die angestrebten Rentabilitätssteigerungen in den einzelnen Geschäftsfeldern. Mögliche geschäftsfeldbezogene Strategien werden im folgenden skizziert:

SGF 1:

- Im Geschäftsbereich der Retailkunden ist der geplante Volumenzuwachs mit ca. 10 % am höchsten.
- Aufgrund der i.d.R. vergleichsweise geringen Preissensibilität der Retailkunden kann in Verbindung mit einer konsequenten Konditionspolitik mit einer Steigerung der Bruttomarge gerechnet werden.
- Bisher wurden im Bereich der Mengenkunden keine Kontoführungsgebühren erhoben, so dass deren Einführung zu einer Steigerung des Ertrages in diesem Geschäftsfeld führt.
- Die Ausweitung der Geschäftstätigkeit hat die deutliche Erhöhung der Risiko- und Betriebskosten zur Konsequenz.

SGF 2:

- Schwerpunkt der strategischen Ausrichtung bei den Vermögenden Privatkunden ist das Provisionsgeschäft, in dem eine Ergebnissteigerung geplant ist.
- Für das SGF 2 ist eine Ausweitung des Geschäftsvolumens in geringerem Umfang als bei den Retailkunden beabsichtigt. Dabei soll versucht werden trotz Ausbau des Volumens die Bruttomarge leicht zu steigern. Dies soll z.B. durch speziell auf die Kundengruppe zugeschnittene Produkte geschehen.
- Die Anstrengungen sind mit einem entsprechenden Anstieg der Risiko- und Betriebskosten verbunden.

SGF 3:

- Beim Zinsergebnis wird aufgrund des äusserst kompetitiven Marktumfeldes mit einem leichten Rückgang gerechnet. Das Provisionsgeschäft in der Kundengruppe soll intensiviert werden.
- In diesem Geschäftsfeld wird mit einem im Verhältnis zum Wachstum des Geschäftsvolumens proportionalen Anstieg der Betriebskosten gerechnet.

SGF 4:

- Im Geschäftsfeld der Großkunden, das in der Ausgangssituation die geringste Rentabilität aufwies, ist ein nur unterdurchschnittlicher Volumenszuwachs im zinsabhängigen Geschäft geplant.
- Dieser Zuwachs wird von einem im Vergleich zu den Privatkunden deutlich weniger starken Anstieg der Bruttomarge begleitet, da große Firmenkunden üblicherweise sehr konditionsbewusst sind.
- Durch den effizienteren Einsatz der Mitarbeiter im Großkundengeschäft sollen die Betriebskosten gesenkt werden.
- Des weiteren wird eine Senkung der Risikokosten über den Einsatz moderner Verfahren der Bonitätsprüfung angestrebt.

SGF 5:

- In diesem Geschäftsfeld ist aufgrund des geringen Marktpotentials ein unterdurchschnittlicher Volumenszuwachs bei nahezu gleichbleibenden Margen und leicht sinkenden Betriebskosten geplant.

Im Bereich der Gemeinkosten liegt der Schwerpunkt der strategischen Ausrichtung in der Vermeidung von Kostensteigerungen. Durch ein erhöhtes Kostenbewusstsein bei Einzelentscheidungen ist es möglich, den Gemeinkostenblock leicht zu reduzieren.

Weitere zu beachtende Einflussfaktoren sind u.a.:

Kundenanalyse

- Zahl der Kunden und Nichtkunden in den einzelnen Geschäftsfeldern (Marktanteile)
- Cross Selling-Kennziffern
- Struktur der nachgefragten Produkte (Substitutionsmöglichkeiten?)
- Sensibilität der einzelnen SGF auf Konditionsänderungen
- Intensität der Kundenverbindung (Hausbankfunktion?)

Konkurrenz- / Wettbewerbsanalyse

- Wird das SGF von der Konkurrenz aktiv „bearbeitet“?
- In welchen Bereichen haben die Konkurrenzbanken besondere Stärken bzw. Schwächen?
- Zukunftspläne der Konkurrenz (Antizipation wahrscheinlicher Entwicklungen)
- Marktstellung der Wettbewerber

zu 2.b):

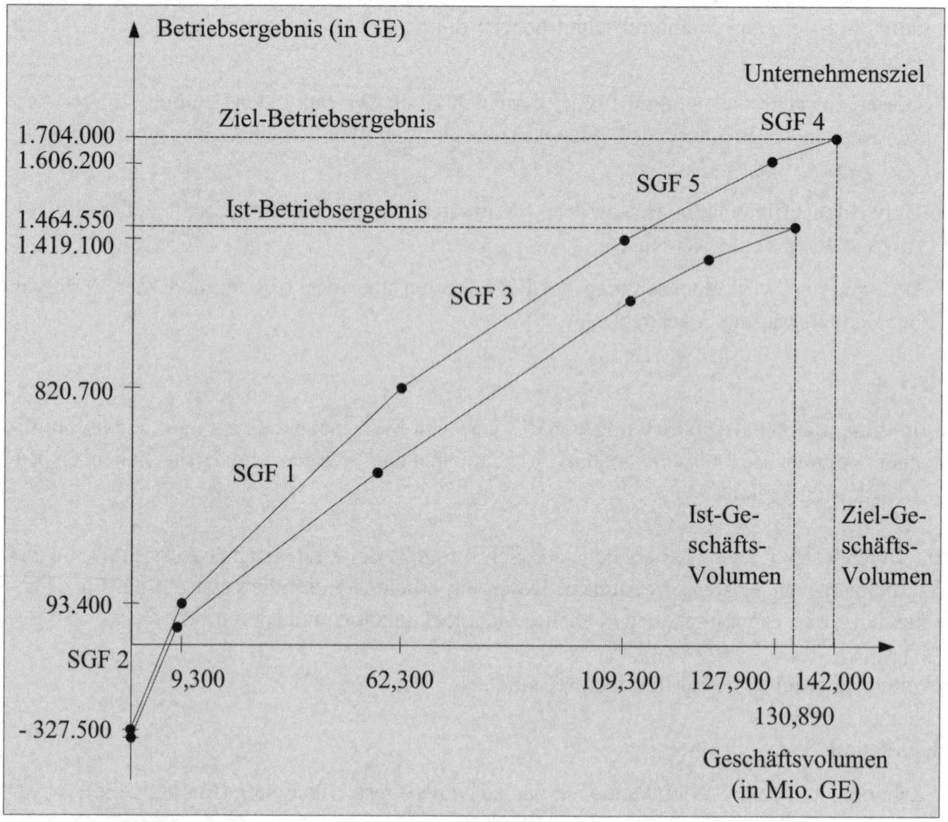

Abb. 64.5: Entwicklung der Ziel-Geschäftsstruktur des Bankhauses Schlau & Meier

Fallstudie 65: **Behandlung eigener Aktien am Beispiel der UBS**

Als Assistent der Geschäftsleitung einer Schweizer Privatbank sollen Sie die Auswirkungen des Haltens eigener Aktien auf die Eigenkapitalrentabilität sowie die regulatorische Behandlung eigener Aktien betrachten.

Sie entschließen sich, Ihre Ausführungen anhand tatsächlicher Daten der UBS AG vorzustellen. Dem Finanzbericht 2003 entnehmen Sie dazu folgende Kennzahlen:

	31.12.03	31.12.02
Geschäftsertrag		
Zinsertrag	40.159	39.963
Zinsaufwand	- 27.860	- 29.417
Erfolg Zinsgeschäft	12.299	10.546
Wertberichtigungen für Kreditrisiken	- 116	- 206
Zinserfolg nach Wertberichtigungen für Kreditrisiken	12.183	10.340
Erfolg Dienstleistungs- und Kommissionsgeschäft	17.345	18.221
Erfolg Handelsgeschäft	3.883	5.572
Übriger Erfolg	561	- 12
Total Geschäftsertrag	**33.972**	**34.121**
Geschäftsaufwand		
Personalaufwand	17.231	18.524
Sachaufwand	6.086	7.072
Abschreibungen	2.307	3.981
Total Geschäftsaufwand	**25.624**	**29.577**
Ergebnis vor Steuern und Minderheitsanteilen	8.348	4.544
Steuern	1.618	678
Ergebnis vor Minderheitsanteilen	6.730	3.866
Minderheitsanteile	- 345	- 331
Konzernergebnis	**6.385**	**3.535**

Abb. 65.1: Erfolgsrechnung UBS Konzern 2002/2003 (in Mio. CHF)

	31.12.03	31.12.02
Total Aktiven	***1.386.000***	***1.181.118***
Total Fremdkapital	**1.346.481**	**1.138.598**
Minderheitsanteile	**4.073**	**3.529**
Aktienkapital	946	1.005
Kapitalreserven	6.938	12.638
Netto nicht in der Erfolgsrechnung berücksichtigte Gewinne/Verluste, nach Steuern	- 983	- 159
Gewinnreserven	36.725	32.638
Eigene Aktien	- 8.180	- 7.131
Total Eigenkapital	**35.446**	**38.991**
Total Passiven	***1.386.000***	***1.181.118***

Abb. 65.2: Bilanz UBS Konzern 2002/2003 (in Mio. CHF)

1. a) Berechnen Sie auf Basis der gegebenen Daten die ROI-Kennzahlen der UBS für das Jahr 2003 und stellen Sie diese im ROI-Grundschema dar!

   b) Wie hoch wäre die Eigenkapitalrentabilität der UBS gewesen, wenn sowohl an den beiden Stichtagen, als auch während des gesamten Jahres 2003 keine eigenen Aktien gehalten worden wären und stattdessen eine ergebnisneutrale Alternativanlage in gleichem Volumen getätigt worden wäre?

   c) Da eigene Aktien nicht zum Fair Value, sondern zu Anschaffungskosten bewertet werden, gehen Sie in einem weiteren Schritt von keiner ergebnisneutralen Alternativanlage aus, sondern nehmen für die Alternativanlage eine durchschnittliche Kursrendite von 6 % p.a. an und unterstellen eine durchschnittliche Haltedauer von einem halben Jahr. Rechnen Sie das Ergebnis der Alternativanlage dem Handelsbereich zu und stellen Sie Ihr Ergebnis wiederum im ROI-Grundschema dar!

   d) Welche Auswirkungen hätte eine gesetzliche Veränderung, die keinen Abzug eigener Aktien bis zu deren Vernichtung und eine gleichzeitige Bewertung zum Fair Value vorsähe, auf die ROI-Kennzahlen? Unterstellen Sie dazu eine Kursrendite der UBS-Aktien von 6 % p.a.!

Im Folgenden untersuchen Sie die Auswirkungen des Haltens eigener Aktien auf die BIZ-Eigenkapitalquoten der UBS. Unterstellen Sie dazu, dass das Kapital, welches für den Kauf eigener Aktien genutzt wurde (Bilanzwert 31.12.03), für alternative Bilanzgeschäfte aufgewendet worden wäre, die bezüglich des Risikoanrechnungsfaktors dem durchschnittlichen Bilanzgeschäft der UBS entsprochen hätten. Dazu entnehmen Sie dem Anhang der Konzernrechnung die in den Abbildungen 65.3 und 65.4 auf der folgenden Seite dargestellten Daten.

	31.12.03	
	Bilanzwert bzw. Kontraktvolumen	Risikogewichteter Betrag
Bilanzaktiven	911.296	212.176
Ausserbilanz- und andere Positionen	12.993.111	21.456
Marktrisikopositionen	–	18.269
Total risikogewichtete Aktiven	–	**251.901**

Abb. 65.3: Risikogewichtete Aktiven (BIZ) gemäß Anhang zur Konzernrechnung 2003 (in Mio. CHF)

	31.12.03	
	Kapital (in Mio. CHF)	Solvabilitäts-koeffizient (in %)
Tier-1-Kapital	29.765	11,8
davon: Hybrides Tier-1-Kapital	3.224	1,3
Tier-2-Kapital	3.816	1,5
Gesamttotal (Tier-1- und 2-Kapital)	**33.581**	**13,3**

Abb. 65.4: BIZ-Eigenkapitalquoten gemäß Anhang zur Konzernrechnung 2003

2. Wie hoch wären die BIZ-Eigenkapitalquoten gewesen, wenn die UBS AG statt des Kaufs eigener Aktien die beschriebenen alternativen Bilanzgeschäfte getätigt hätte?

Lösungsvorschlag zu Fallstudie 65:

zu 1.a):

Zur Berechnung der Kapitalbasis werden bei der Bilanzsumme sowie beim Eigenkapital Durchschnittsgrößen verwendet.

Das durchschnittliche Eigenkapital 2003 ergibt sich bei Annahme einer kontinuierlichen Eigenkapitalveränderung als das arithmetische Mittel der beiden Stichtagsgrößen. Dabei sind die Minderheitsanteile gemäss IFRS dem Eigenkapital zuzurechnen.

$$\text{Durchschnittliches Eigenkapital} = \frac{(35.446 + 4.037) + (38.991 + 3.529)}{2}$$
$$= 41.020 \text{ Mio. CHF}$$

Die durchschnittliche Bilanzsumme ergibt sich entsprechend als:

$$\text{Durchschnittliche Bilanzsumme} = \frac{1.386.000 + 1.181.118}{2} = 1.283.559 \text{ Mio. CHF}$$

Die Steuerquote der UBS im Jahr 2003 beläuft sich auf 19,38 % ($= \frac{1.618}{8.348}$).

Für die Berechnung der Risikospanne werden für den Zähler des Quotienten die Wertberichtigungen für Kreditrisiken eingesetzt.

$$\text{Risikospanne} = \frac{-116}{1.283.559} = -0{,}009\ \%$$

Zur Berechnung der Eigenkapitalquote wird das durchschnittliche bilanzielle Eigenkapital durch die durchschnittliche Bilanzsumme dividiert:

$$\text{Eigenkapitalquote} = \frac{41.020}{1.283.559} = 3{,}196\ \%$$

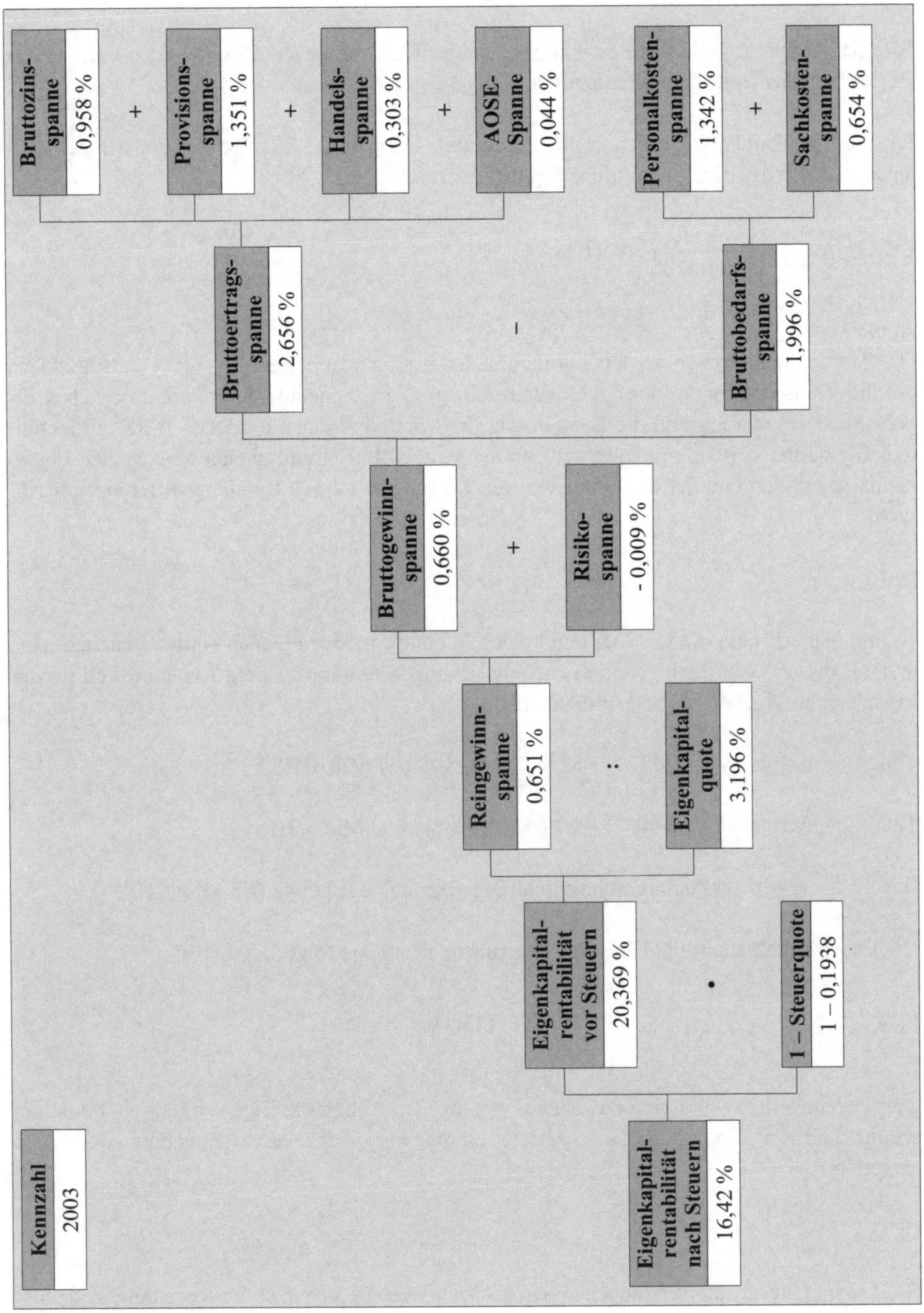

Bruttozins-spanne
0,958 %
+
Provisions-spanne
1,351 %
+
Handels-spanne
0,303 %
+
AOSE-Spanne
0,044 %
Personalkosten-spanne
1,342 %
+
Sachkosten-spanne
0,654 %
Bruttoertrags-spanne
2,656 %
–
Bruttobedarfs-spanne
1,996 %
Bruttogewinn-spanne
0,660 %
+
Risiko-spanne
- 0,009 %
Reingewinn-spanne
0,651 %
:
Eigenkapital-quote
3,196 %
Eigenkapital-rentabilität vor Steuern
20,369 %
•
1 – Steuerquote
1 – 0,1938
Eigenkapital-rentabilität nach Steuern
16,42 %
Kennzahl
2003

Abb. 65.5: ROI-Grundschema UBS Konzern 2003

Alternativ kann anstelle der Bestimmung aus der Kennzahlenverknüpfung auch eine direkte Berechnung der Eigenkapitalrentabilität erfolgen:

Für die Eigenkapitalrentabilität ergibt sich mittels Division des Ergebnisses vor Minderheitsanteilen durch das durchschnittliche Eigenkapital:

$$EKR_{\text{nach Steuern 03}} = \frac{6.730}{41.020} = 16{,}41\ \%$$

Anmerkung:
Die Abweichung zur von der UBS kommunizierten Eigenkapitalrendite von 18,2 % lässt sich auf die Vernachlässigung der Dividendenzahlungen, die Annahme einer kontinuierlichen Eigenkapitalveränderung und die Betrachtung der Minderheitsanteile gemäss IFRS zurückführen. Die geringfügige Differenz zwischen der mittels ROI-Grundschema berechneten Eigenkapitalrentabilität und der direkt berechneten Kennzahl ist durch Rundungsdifferenzen verursacht.

zu 1.b):

Nimmt man an, dass die UBS zu den beiden Stichtagen keine eigenen Aktien gehalten hätte und aus dieser Veränderung keine Ergebniswirkungen resultiert wären, so hätten sich für das Eigenkapital folgende Stichtagsgrößen ergeben:

Total Eigenkapital $_{02}$ = 38.991 + 3.529 + 7.131 = 49.651 Mio. CHF

Total Eigenkapital $_{03}$ = 35.446 + 4.073 + 8.180 = 47.699 Mio. CHF

Das daraus resultierende durchschnittliche Eigenkapital läge bei 48.675 Mio. CHF.

Die Eigenkapitalrentabilität hätte sich dementsprechend wie folgt dargestellt:

$$EKR_{\text{nach Steuern 03 ohne eigene Aktien I}} = \frac{6.730}{48.675} = 13{,}83\ \%$$

Dies bedeutet, dass sich durch das Halten von eigenen Aktien die Eigenkapitalrentabilität um absolut 2,58 %-Punkte (16,41 % – 13,83 %) erhöht, was einer relativen Zunahme von 18,7 % entspricht.

zu 1.c):

Die Kursrendite auf die gehaltenen eigenen Aktien, welche sich auch im Rechnungsabschluss nach IAS 32, respektive der zugehörigen Interpretation SIC 16, nicht in der Erfolgsrechnung niederschlägt, wird nicht berücksichtigt, da die Bewertung eigener Aktien nicht zum Fair Value, sondern zu Anschaffungskosten erfolgt. Die damit verbundene Problematik wird bei der UBS AG dadurch entschärft, dass im Jahr 2003 bei einem Endbestand von knapp über 8 Mrd.

CHF eigener Aktien im Laufe des Jahres Erwerb sowie Veräußerung und Vernichtung in etwa gleichem Volumen stattfanden. Davon ausgehend kann bei Annahme eines kontinuierlichen Kaufvorganges näherungsweise die in der Aufgabenstellung festgelegte Haltedauer für den Endbestand der eigenen Aktien von einem halben Jahr hergeleitet werden. Geht man weiterhin für Schweizer Aktien von einer langfristigen durchschnittlichen Kursrendite von 6 % aus (ein Wert, den die UBS 2003 zwar deutlich übertroffen hat, der sich aber aus dem langfristigen Total Investor Return (TIR) für Schweizer Aktien von 8 % abzüglich der langfristigen Dividendenrendite von knapp 2 % ergibt), so muss die Gewinngröße, welche zur Berechnung der Eigenkapitalrentabilität verwendet wird, noch um diese nicht berücksichtigte Kursrendite korrigiert werden. Der Umstand, dass die Dividendenrendite außer Acht gelassen wird, ist damit zu begründen, dass für gehaltene eigene Aktien keine Dividendenausschüttung stattfindet.

Es ergibt sich somit unter Berücksichtigung der Kursrendite auf die Alternativanlage ein korrigiertes Handelsergebnis von:

$$\text{Handelsergebnis}_{\text{03 korrigiert}} = 3.883 + 0{,}06 \cdot 0{,}5 \cdot 8.180 = 4.128 \text{ Mio. CHF}$$

Respektive ein korrigiertes Ergebnis vor Minderheitsanteilen von:

$$\begin{aligned}\text{Konzernergebnis}_{\text{03 korrigiert}} &= 6.730 + (0{,}03 \cdot 8.180) \cdot (1 - 0{,}1938) = 6.730 + 198 \\ &= 6.928 \text{ Mio. CHF}\end{aligned}$$

Der zusätzliche Ergebnisbeitrag von 198 Mio. CHF erhöht auch das bilanzielle Eigenkapital sowie die Bilanzsumme zum Stichtag 31.12.03:

$$\begin{aligned}\text{Durchschnittliches Eigenkapital}_{\text{korrigiert}} &= \frac{(47.699 + 198) + 49.651}{2} \\ &= 48.774 \text{ Mio. CHF}\end{aligned}$$

$$\begin{aligned}\text{Durchschnittliche Bilanzsumme}_{\text{korrigiert}} &= \frac{(1.386.000 + 198) + 1.181.118}{2} \\ &= 1.283.685 \text{ Mio. CHF}\end{aligned}$$

Die somit resultierende Eigenkapitalrentabilität beläuft sich auf:

$$\text{EKR}_{\text{nach Steuern 03 ohne eigene Aktien II}} = \frac{6.928}{48.774} = 14{,}20\ \%$$

Die Zunahme der Eigenkapitalrentabilität durch das Halten eigener Aktien hätte sich somit auf 2,21 %-Punkte (16,41 % – 14,20 %), bzw. eine relative Zunahme von 15,56 % gegenüber dem Ergebnis aus Teilaufgabe 1.c reduziert.

Das ROI-Grundschema für den Fall, dass keine eigenen Aktien gehalten werden und die Alternativanlage eine Kursrendite von 6 % p.a. erwirtschaftet, ist in Abb. 65.6 auf der folgenden Seite dargestellt.

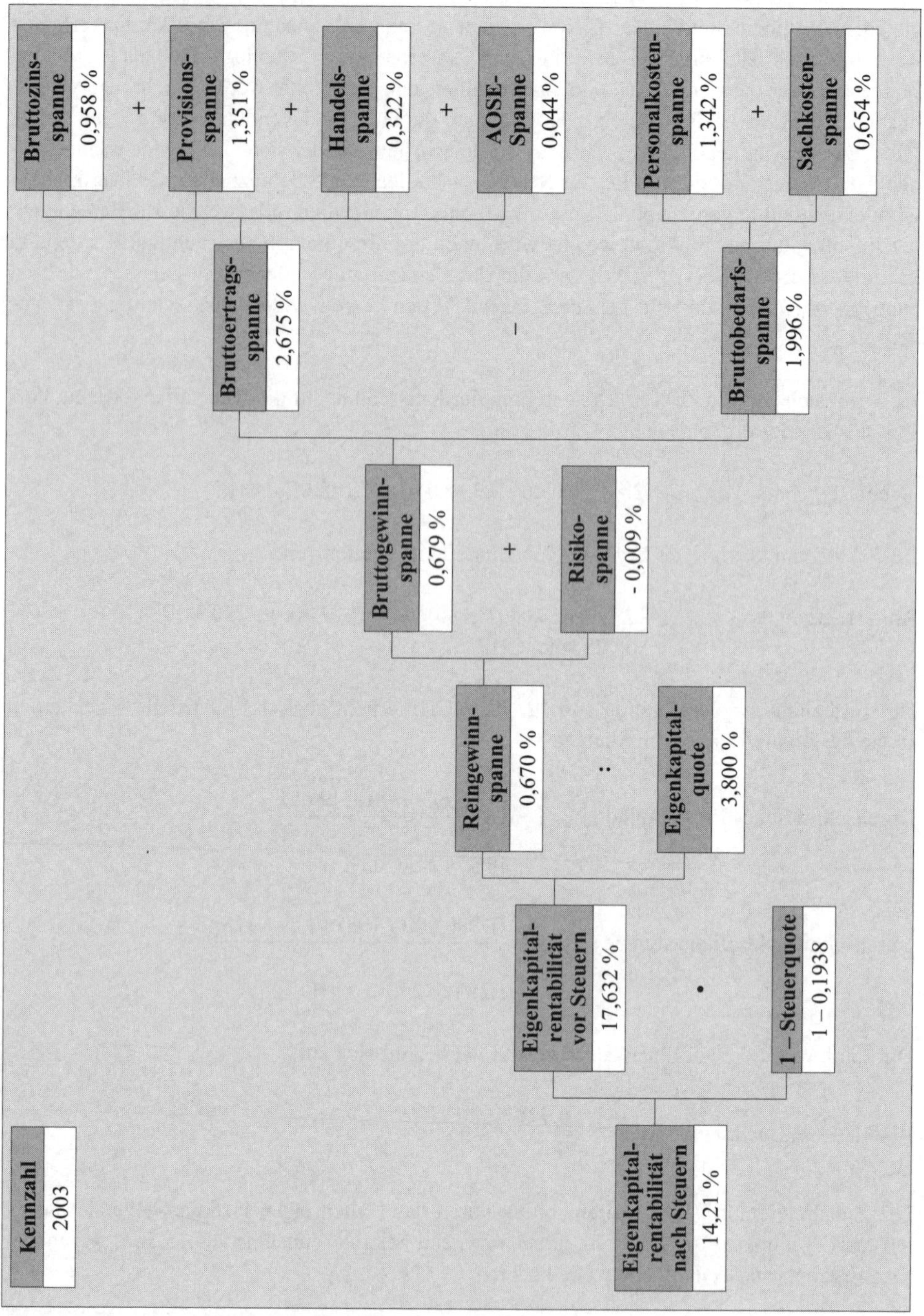

Abb. 65.6: ROI-Grundschema nach Verkauf eigener Aktien UBS Konzern 2003

zu 1.d):

Der Entfall des Abzugs eigener Aktien bei der Eigenkapitalberechnung und die gleichzeitige Bewertung zum Fair Value hätten die gleichen Auswirkungen wie das Halten einer Alternativanlage, das in Teilaufgabe 1.c vorgestellt wurde. Durch die bestehende Gesetzgebung wird also derzeit die Möglichkeit geboten, die kommunizierte Eigenkapitalrentabilität durch eine Erhöhung des Verschuldungsgrades zu erhöhen, bevor eine Rückzahlung des Eigenkapitals erfolgt ist.

zu 2.:

Gemäß Basler Ausschuss werden sowohl bei der Ermittlung der risikogewichteten Aktiven als auch bei der Berechnung der Eigenmittel die eigenen Aktien, unabhängig davon, ob sie zur Vernichtung vorgesehen in einer zweiten Handelslinie oder durch den Handelsbereich gekauft wurden, abgezogen. Um einen vom Besitz eigener Aktien losgelösten durchschnittlichen Risikoanrechnungsfaktor für das Bilanzgeschäft zu berechnen, müssen sie daher aus der Bilanzsumme herausgerechnet werden:

$$\text{Bilanzsumme}_{\text{03 ohne eigene Aktien}} = 1.386.000 - 8.180 = 1.377.820 \text{ Mio. CHF}$$

Der aus diesen Bilanzgeschäften resultierende risikogewichtete Betrag ergibt sich durch Summation des risikogewichteten Betrages für die Bilanzaktiven sowie jenen Betrages für die Marktrisikopositionen aus Abbildung 65.3, welcher im Falle der UBS mit Hilfe eines Value at Risk-Modells berechnet wurde, abzüglich der vollständig angerechneten eigenen Aktien:

$$\text{Risikogewichtete Aktiven aus Bilanzpositionen}_{03} = 212.176 + 18.269 = 230.445 \text{ Mio. CHF}$$

Somit ergibt sich ein durchschnittlicher Anrechnungsfaktor (DAF) von:

$$\text{DAF} = \frac{230.445}{1.377.820} = 16{,}73\ \%$$

Das **Total der risikogewichteten Aktiven** wäre bei Tätigung alternativer Bilanzgeschäfte mit dem durchschnittlichen Anrechnungsfaktor der UBS anstelle des Kaufs eigener Aktien um 16,73 % · 8.180 Mio.CHF = 1.369 Mio. CHF auf **253.270 Mio. CHF** (= 251.901 + 1.369) gewachsen.

Da die eigenen Aktien, wie auch ein vorhandener Verlustvortrag, ungedeckter Wertberichtigungs- und Rückstellungsbedarf des laufenden Geschäftsjahres und die keiner Aktivposition direkt zurechenbaren Kapitalaufrechnungsdifferenzen (Goodwill) gemäß Art. 11a des Bundesgesetzes über Banken und Sparkassen der Schweiz, zur Berechnung des **Tier-1-Kapitals** in Abzug gebracht werden, erhöht sich dieses durch die nun nicht vorhandene Abzugsposition um 8.180 Mio. CHF auf nunmehr **37.945 Mio. CHF** (= 29.765 + 8.180).

Mittels Division der Eigenmittelgrößen durch das Total der risikogewichteten Aktiva ergeben sich schließlich die in der folgenden Tabelle dargestellten BIZ-Eigenkapitalquoten:

	Kapital (in Mio. CHF) 31.12.03	Kennzahl (in %) 31.12.03
Tier-1-Kapital	37.945	15,0
Davon: Hybrides Tier-1-Kapital	3.224	1,3
Tier-2-Kapital	3.816	1,5
Gesamttotal (Tier-1 und 2)	**41.761**	**16,5**

Abb. 65.7: BIZ-Eigenkapitalquoten nach Verkauf eigener Aktien

Somit kann festgestellt werden, dass die Tätigung von Alternativanlagen gegenüber dem Kauf eigener Aktien einen Anstieg der BIZ-Gesamt-Eigenkapitalquote um absolut 3,2 %-Punkte oder relativ 24,1 % mit sich gebracht hätte.

Dieses Ergebnis liegt knapp unter dem Wert, der sich bei einer überschlägigen Betrachtung ergeben hätte. Setzt man die Zunahme des Tier-1-Kapitals ins Verhältnis zum Ausgangswert des Gesamttotals aus Tier-1- und Tier-2-Kapital, ergibt sich eine Zunahme von 24,4 % (= 8.180 / 33.581). Dass die Zunahme der BIZ-Gesamt-Eigenkapitalquote mit 24,1 % tiefer ausfällt ist damit zu begründen, dass bei der überschlägigen Betrachtung die Veränderung der risikogewichteten Aktiva vernachlässigt wird.

Über die Anforderungen der BIZ hinaus muss die UBS als Schweizer Bank auch die Eigenkapitalanforderungen der Eidgenössischen Bankenkommission (EBK) erfüllen. Da die Eigenkapitalquoten gemäß EBK-Richtlinien nicht kommuniziert werden, soll auf die Unterschiede nur kurz eingegangen werden.

Neben anderen Risikogewichten für bestimmte Vermögenswerte und Forderungen gegenüber OECD-Banken werden durch die EBK auch eigene Aktien abweichend behandelt. Dabei trennt die EBK zwischen eigenen Aktien, die sich in direktem oder indirektem Besitz im Handelsbuch der Bank befinden, und eigenen Aktien, die über eine zweite Handelslinie mit dem Ziel der Vernichtung gekauft wurden.

Für eigene Aktien, die über eine zweite Handelslinie gekauft wurden, gibt es keinen Unterschied zur Behandlung durch die BIZ. Sie werden sowohl bei der Ermittlung der risikogewichteten Aktiven als auch bei der Berechnung der Eigenmittel abgezogen.

Die eigenen Aktien, welche nicht im Rahmen einer zweiten Handelslinie mit dem Ziel der Vernichtung gekauft wurden, sondern dem Handelsbereich zuzuordnen sind, werden bei der Berechnung des Tier-1-Kapitals nicht in Abzug gebracht, sondern sind gemäß Art. 12k der Bankenverordnung vollständig mit Eigenkapital zu unterlegen, respektive mit einem Risikoanrechnungssatz von 1250 % zu gewichten. Entsprechend erfolgt auch kein Abzug bei den Eigenmitteln, da anderenfalls eine doppelte Berücksichtigung erfolgen würde.

Neben der Auswirkung höherer Risikogewichte fällt auch durch dieses Vorgehen die Eigenkapitalquote gemäß EBK-Richtlinien geringer als die BIZ-Eigenkapitalquote aus (sofern der Wert ohne eigene Aktien über 8 % liegt, was ohnehin von einer Bank erfüllt werden muss), da diese als ein gewichteter Durchschnitt der regulatorischen Eigenkapitalquote ohne eigene

Aktien im Handelsbereich mit der sich aus dem Risikoanrechnungsfaktor von 1250 % ergebenden Eigenkapitalquote von 8 % bestimmt wird.

<u>Fallstudie 66:</u> **Strukturelle Reihenfolge der Fallstudien gemäß Gliederungslogik im „Ertragsorientierten Bankmanagement"**

Nachdem Sie nun bei der letzten Fallstudie angelangt sind, haben Sie sicherlich bemerkt, dass die vorangegangenen Fallstudien nicht gemäß dem strukturellen Aufbau der Bände 1 und 2 des Ertragsorientierten Bankmanagements angeordnet sind.

1. Ordnen Sie als letzte Aufgabe die Fallstudien 1 bis 64 entsprechend der Gliederungslogik im „Ertragsorientierten Bankmanagement". Die nachfolgende Übersicht zeigt alle Fallstudien entsprechend der in diesem Buch angegebenen Reihenfolge.

Fallstudie:	Titel der Fallstudie
Fallstudie 1:	Methoden zur Ermittlung des Konditionsbeitrags-Barwertes
Fallstudie 2:	Immunisierung des Zinsspannenrisikos mit Zinsswaps
Fallstudie 3:	Capital Asset Pricing Model (CAPM) und Eigenkapitalkosten
Fallstudie 4:	Hedging mit Caps und Floors
Fallstudie 5:	Abgrenzung von Risikobelastungsszenarien im Risikotragfähigkeitskalkül und regulatorische Erfordernisse
Fallstudie 6:	Erfolgsquellenanalyse bei schwankenden Zinssätzen
Fallstudie 7:	Leistungsstörung im Kreditgeschäft
Fallstudie 8:	Bestimmung von Markteinstandszinssätzen
Fallstudie 9:	Unexpected-Loss-Kalkulationen für das Ausfallrisiko im Kreditportfolio
Fallstudie 10:	Einsatz der ROI-Analyse im Fusions-Controlling
Fallstudie 11:	Strukturergebnisvorlauf und zinsinduziertes Marktwertrisiko
Fallstudie 12:	Strukturergebnisvorlauf und Währungsrisiko
Fallstudie 13:	Berechnung des Value at Risk im analytischen Grundmodell
Fallstudie 14:	Ausfall eines Swap-Partners
Fallstudie 15:	Struktureller Gewinnbedarf und ROI-Kennzahlen
Fallstudie 16:	Ermittlung des Gesamt-Eigenmittelunterlegungserfordernisses
Fallstudie 17:	Limitsteuerung und Limitkontrolle im Handelsbereich
Fallstudie 18:	Herleitung von Zielrentabilitäten aus Kapitalmarkterfordernissen
Fallstudie 19:	Abweichungsanalyse im Zinsüberschuss-Budget
Fallstudie 20:	Berücksichtigung gespaltener Geld- und Kapitalmarktsätze im Perioden- und Barwertkalkül
Fallstudie 21:	Vergleich von Marktzinsmethode und Pool-Methode
Fallstudie 22:	Abweichungsanalyse im Produktivitätsergebnis
Fallstudie 23:	Granularität und insolvenzspezifische Verbundeffekte als Einflussgrößen für den Value at Risk des Kreditportfolios
Fallstudie 24:	Prozessorientierte Standard-Einzelkostenrechnung

Fallstudie 25:	Value at Risk für das Währungsrisiko
Fallstudie 26:	Alternative Möglichkeiten des Kreditrisikotransfers
Fallstudie 27:	Controlling-System der Express-Bank
Fallstudie 28:	Geschäftsstellenrechnung
Fallstudie 29:	Eigenkapitalbedarfsanalyse
Fallstudie 30:	IVG als Ansatz eines wertorientierten Vergütungssystems
Fallstudie 31:	Risikoadjustierte Eigenkapitalkosten im Risiko-Chancen-Kalkül
Fallstudie 32:	Laufzeit- und Marktbewertungsmethode
Fallstudie 33:	Dimensionale Ergebnisrechnung im Bank-Controlling
Fallstudie 34:	Messung des Zinsspannenrisikos im Elastizitätskonzept
Fallstudie 35:	Kalkulation von Ausfallrisikokosten mit der optionspreistheoretischen Risikokostenmethode
Fallstudie 36:	Hedging mit Aktienindex-Futures
Fallstudie 37:	Regulatorische Behandlung des Gegenparteienrisikos
Fallstudie 38:	Regulatorische Ansätze zur Behandlung des operationellen Risikos
Fallstudie 39:	Value at Risk eines Corporate-Bond-Portfolios
Fallstudie 40:	Value at Risk zinsinduzierter Marktwertrisiken
Fallstudie 41:	Integrierte Rendite-/Risikosteuerung des Zinsbuchs
Fallstudie 42:	Deckungsbeitragsrechnung im Barwertkalkül
Fallstudie 43:	Periodisierung des Konditionsbeitrags-Barwertes
Fallstudie 44:	Klassische Effektivzinsverfahren
Fallstudie 45:	Treasury-konforme Effektivzinsrechnung und Margenkalkulation
Fallstudie 46:	Grundmodell der Marktzinsmethode
Fallstudie 47:	Expected-Loss-Kalkulation für das Ausfallrisiko
Fallstudie 48:	Rating-Migrationen und Bonitätsrisikokosten
Fallstudie 49:	Kalkulation des Treasury-Erfolgs im Wertbereich
Fallstudie 50:	Berücksichtigung von Liquiditätserfordernissen im Marktzinsmodell
Fallstudie 51:	Erweiterte ROI-Analyse anhand der UBS-Konzernrechnung
Fallstudie 52:	Währungstransformationsbeitrag
Fallstudie 53:	ROI-Schema und vertikale Erweiterungen
Fallstudie 54:	Risikoadjustierte Kennzahlensystematik
Fallstudie 55:	Konzept der Finanzbewirtschaftung bei der UBS
Fallstudie 56:	Determinanten des Währungsrisikos
Fallstudie 57:	Risikostatus und Risikolimite auf Gesamtbank- und Geschäftsbereichsebene
Fallstudie 58:	Der Ergebniswürfel
Fallstudie 59:	Kostenorientierte Mindestmargenkalkulation

Fallstudie 60:	Anwendungsvoraussetzungen für die Verwendung eines analytisch ermittelten Value at Risk
Fallstudie 61:	Aufsichtsrechtliche Erfassung des Liquiditätsrisikos
Fallstudie 62:	Alternative Verfahren der Risikokapitalallokation
Fallstudie 63:	Eigenmittelunterlegung des Marktrisikos
Fallstudie 64:	Strategische Geschäftsfeldplanung
Fallstudie 65:	Behandlung eigener Aktien am Beispiel der UBS

Abb. 66.1: Gliederung der Fallstudien

Lösungsvorschlag zu Fallstudie 66:

zu 1.:

Abbildung 66.2 gibt die strukturelle Reihenfolge der Fallstudie gemäß der Gliederungslogik des „Ertragsorientierten Bankmanagements“ wieder.

Fallstudie:	Titel der Fallstudie
Fallstudie 27:	Controlling-System der Express-Bank
Fallstudie 46:	Grundmodell der Marktzinsmethode
Fallstudie 21:	Vergleich von Marktzinsmethode und Pool-Methode
Fallstudie 52:	Währungstransformationsbeitrag
Fallstudie 8:	Bestimmung von Markteinstandszinssätzen
Fallstudie 6:	Erfolgsquellenanalyse bei schwankenden Zinssätzen
Fallstudie 50:	Berücksichtigung von Liquiditätserfordernissen im Marktzinsmodell
Fallstudie 44:	Klassische Effektivzinsverfahren
Fallstudie 45:	Treasury-konforme Effektivzinsrechnung und Margenkalkulation
Fallstudie 1:	Methoden zur Ermittlung des Konditionsbeitrags-Barwertes
Fallstudie 43:	Periodisierung des Konditionsbeitrags-Barwertes
Fallstudie 7:	Leistungsstörung im Kreditgeschäft
Fallstudie 49:	Kalkulation des Treasury-Erfolgs im Wertbereich
Fallstudie 20:	Berücksichtigung gespaltener Geld- und Kapitalmarktsätze im Perioden- und Barwertkalkül
Fallstudie 47:	Expected-Loss-Kalkulation für das Ausfallrisiko
Fallstudie 48:	Rating-Migrationen und Bonitätsrisikokosten
Fallstudie 35:	Kalkulation von Ausfallrisikokosten mit der optionspreistheoretischen Risikokostenmethode
Fallstudie 24:	Prozessorientierte Standard-Einzelkostenrechnung
Fallstudie 42:	Deckungsbeitragsrechnung im Barwertkalkül
Fallstudie 58:	Der Ergebniswürfel
Fallstudie 33:	Dimensionale Ergebnisrechnung im Bank-Controlling
Fallstudie 22:	Abweichungsanalyse im Produktivitätsergebnis
Fallstudie 28:	Geschäftsstellenrechnung
Fallstudie 53:	ROI-Schema und vertikale Erweiterungen
Fallstudie 51:	Erweiterte ROI-Analyse anhand der UBS-Konzernrechnung
Fallstudie 10:	Einsatz der ROI-Analyse im Fusions-Controlling
Fallstudie 65:	Behandlung eigener Aktien am Beispiel der UBS
Fallstudie 29:	Eigenkapitalbedarfsanalyse
Fallstudie 30:	IVG als Ansatz eines wertorientierten Vergütungssystems
Fallstudie 15:	Struktureller Gewinnbedarf und ROI-Kennzahlen

	...ostenorientierte Mindestmargenkalkulation
	...tegische Geschäftsfeldplanung
	...ung von Zielrentabilitäten aus Kapitalmarkterfordernissen
	...weichungsanalyse im Zinsüberschuss-Budget
...:	Berechnung des Value at Risk im analytischen Grundmodell
...ie 60:	Anwendungsvoraussetzungen für die Verwendung eines analytisch ermittelten Value at Risk
Fallstudie 31:	Risikoadjustierte Eigenkapitalkosten im Risiko-Chancen-Kalkül
Fallstudie 57:	Risikostatus und Risikolimite auf Gesamtbank- und Geschäftsbereichsebene
Fallstudie 17:	Limitsteuerung und Limitkontrolle im Handelsbereich
Fallstudie 5:	Abgrenzung von Risikobelastungsszenarien im Risikotragfähigkeitskalkül und regulatorische Erfodernisse
Fallstudie 55:	Konzept der Finanzbewirtschaftung bei der UBS
Fallstudie 34:	Messung des Zinsspannenrisikos im Elastizitätskonzept
Fallstudie 40:	Value at Risk zinsinduzierter Marktwertrisiken
Fallstudie 11:	Strukturergebnisvorlauf und zinsinduziertes Marktwertrisiko
Fallstudie 2:	Immunisierung des Zinsspannenrisikos mit Zinsswaps
Fallstudie 4:	Hedging mit Caps und Floors
Fallstudie 56:	Determinanten des Währungsrisikos
Fallstudie 25:	Value at Risk für das Währungsrisiko
Fallstudie 12:	Strukturergebnisvorlauf und Währungsrisiko
Fallstudie 3:	Capital Asset Pricing Model (CAPM) und Eigenkapitalkosten
Fallstudie 36:	Hedging mit Aktienindex-Futures
Fallstudie 39:	Value at Risk eines Corporate-Bond-Portfolios
Fallstudie 9:	Unexpected-Loss-Kalkulationen für das Ausfallrisiko im Kreditportfolio
Fallstudie 23:	Granularität und insolvenzspezifische Verbundeffekte als Einflussgrößen für den Value at Risk des Kreditportfolios
Fallstudie 14:	Ausfall eines Swap-Partners
Fallstudie 26:	Alternative Möglichkeiten des Kreditrisikotransfers
Fallstudie 38:	Regulatorische Ansätze zur Behandlung des operationellen Risikos
Fallstudie 63:	Eigenmittelunterlegung des Marktrisikos
Fallstudie 37:	Regulatorische Behandlung des Gegenparteienrisikos
Fallstudie 32:	Laufzeit- und Marktbewertungsmethode
Fallstudie 16:	Ermittlung des Gesamt-Eigenmittelunterlegungserfordernisses
Fallstudie 61:	Aufsichtsrechtliche Erfassung des Liquiditätsrisikos
Fallstudie 62:	Alternative Verfahren der Risikokapitalallokation
Fallstudie 54:	Risikoadjustierte Kennzahlensystematik
Fallstudie 41:	Integrierte Rendite-/Risikosteuerung des Zinsbuchs

Abb. 66.2: Reihenfolge der Fallstudien gemäß Gliederungslogik